KNAUR

Außerdem erschienen:
KONZ – 1000 ganz legale Steuertricks

Quellenhinweise
Dieses Werk soll dem Leser helfen, seine Steuererklärung für das Jahr 2021 zu erstellen. Demzufolge wurde die für das Jahr 2021 gültige Rechtslage zugrunde gelegt. Gültig sind das Einkommensteuergesetz 2021, die aktuellen amtlichen Richtlinien, die Schreiben des Bundesministers der Finanzen, die Rechtsprechung des Bundesfinanzhofs und der Finanzgerichte. Vorzugsweise wird auf Veröffentlichungen des Bundesfinanzhofs im »Bundessteuerblatt« (BStBl) und der Finanzgerichte in den »Entscheidungen der Finanzgerichte« (EFG), beide Stollfuß-Verlag Bonn, Bezug genommen. Dieses Buch wurde sorgfältig bearbeitet. Gleichwohl kann eine Garantie für die Ratschläge nicht übernommen werden. Eine Haftung der Autoren und des Verlags ist ausgeschlossen.

Wichtiger Hinweis: In diesem Buch sind die Steuerformulare verwendet, wie sie bei Drucklegung verfügbar waren. Es handelt sich dabei um Entwurfsfassungen. Die endgültigen Vordrucke werden erst Ende des Jahres vorliegen, so dass es zu Abweichungen kommen kann.

Steuerberater der geplagten Steuerbürger

Als Verfasser des millionenfach verkauften Werkes »KONZ – Das Arbeitsbuch zur Steuererklärung« galt Franz Konz (1926 – 2013) als Steuerberater der geplagten Steuerbürger. Zeile für Zeile gingen Franz Konz und Friedrich Borrosch für dieses Buch die aktuellen Steuerformulare durch und zeigten knallhart, was sich an Steuereinsparungen herauswirtschaften lässt. Seit 2013 führt Friedrich Borrosch diese Arbeit mit einem bewährten Expertenteam fort.

Dazu eine Leserzuschrift:
». . . Endlich ein Fachbuch, das verständlich geschrieben ist.«

Friedrich Borrosch
Dipl.-Finanzwirt/Steuerberater

KONZ

Das Arbeitsbuch zur Steuererklärung 2021/2022

Mit den Einkommensteuertabellen für 2021

31. Ausgabe

KNAUR

Dieses Werk entspricht dem ehemaligen *Kleinen Konz*.

Besuchen Sie uns im Internet:
www.knaur.de

FSC
www.fsc.org
MIX
Papier aus verantwortungsvollen Quellen
FSC® C083411

Völlig überarbeitete Neuausgabe November 2021

Ein Imprint der Verlagsgruppe
Droemer Knaur GmbH & Co. KG, München.

Umschlaggestaltung: ZERO Werbeagentur, München
Satz: Vornehm Mediengestaltung GmbH, München
Druck und Bindung: CPI books GmbH, Leck

ISBN 978-3-426-79144-8
5 4 3 2 1

Steuervorschau und wichtige Nachrichten vorab

Die Steuererklärung zum Corona-Jahr 2021

Die Corona-Pandemie hatte uns alle auch im Jahr 2021 fest im Griff. Steuerlich gesehen war das Jahr 2021 – wie bereits 2020 – erneut ein ganz besonderes. Ein Konjunkturpaket folgte dem nächsten. Zahlreiche Steueränderungen sollten die Wirtschaft in Gang halten bzw. für Aufschwung nach der Krise sorgen.

Was bedeutet Corona für Ihre Steuererklärung 2021?

Sofern sich die zahlreichen Steueränderungen auf Ihre Steuererklärung 2021 auswirken, haben wir es in die aktuelle Ausgabe des KONZ-Steuerratgebers eingearbeitet. Darüber hinaus gilt es bei der Steuererklärung 2021 die folgenden Punkte besonders zu beachten …

Kurzarbeitergeld – Die Sache mit der Steuerprogression

Zunächst die gute Nachricht: Kurzarbeitergeld ist steuerfrei (§ 3 Nr. 2 EStG). Jetzt kommt ein ABER: Es handelt sich um Lohnersatzleistungen, die dem Progressionsvorbehalt (nach § 32b EStG) unterliegen. Das Kurzarbeitergeld geht damit in die Berechnung des Steuersatzes der übrigen – steuerpflichtigen – Einkünfte ein, die dadurch höher besteuert werden. Eine Besteuerung von hinten durch die Brust über das Knie ins Auge. So wird dabei gerechnet:
Bei einem zu versteuernden Einkommen von z. B. 25.000 € zahlen Sie nach der Grundtabelle 3.626 € Steuer, etwa 14,5 %. Da das Finanzamt die 5.000 € Kurzarbeitergeld Ihrem zu versteuernden Einkommen zuschlägt, müssten Sie für die nun insgesamt 30.000 € eigentlich 5.091 € Steuer zahlen, also etwa 17,0 % – wenn das Kurzarbeitergeld steuerpflichtig wäre. Ist es aber nicht! Trotzdem zahlen Sie mehr, denn das Finanzamt kassiert von Ihnen 17,0 % von 25.000 €, also 4.250 €.
So kostet Sie das Kurzarbeitergeld 624 € Steuern extra plus Kirchensteuer! Mehr dazu unter ➤ Rz 678 f.

Kurzarbeitergeld – Steuern sparen mit der Einzelveranlagung

Wenn einer der Ehepartner arbeitslos oder in Kurzarbeit ist, könnte die Einzelveranlagung günstiger sein. Das Kurzarbeiter- oder Arbeitslosengeld ist zwar steuerfrei, da es aber bei der Berechnung des Steuersatzes berücksichtigt wird, wirkt es sich steuererhöhend aus (Progressionsvorbehalt; § 32b EStG). Dazu wird in der Anlage N in > Zeile 28 nach der Höhe des Kurzarbeiter- und in > Zeile 36 des

Hauptformulars nach der Höhe des Arbeitslosengelds gefragt. Durch den Progressionsvorbehalt kann der Vorteil des Ehegattentarifs verloren gehen, sich sogar ins Gegenteil kehren. Doch aufgepasst: Es kommt immer darauf an, wie die Einkünfte zwischen Ihnen und Ihrem Ehepartner verteilt sind.
Ist das Kurzarbeiter-/Arbeitslosengeld relativ hoch und sind die steuerpflichtigen Einkünfte des Ehepartners eher bescheiden, ist meistens die Einzelveranlagung günstiger. Mehr dazu unter ➤ Rz 87 f.

Homeoffice – Checkliste für das häusliche Arbeitszimmer
Werden Arbeitszimmerkosten geltend gemacht, überprüft der Fiskalritter anhand einer Checkliste systematisch die Voraussetzungen. Natürlich ist diese Checkliste inzwischen auch bei den Steuerzahlern bekannt und kann Ihnen nützliche Dienste leisten, indem Sie zumindest auf dem Papier alles das erfüllen, was der Fiskalritter für die Steuerminderung erwartet. Wie Sie die Kosten des Homeoffice steuerlich geltend machen, lesen Sie unter ➤ Rz 744 ff.

Homeoffice in Coronazeiten mit vollem Kostenabzug
Haben Sie 2020 oder 2021 wegen der Corona-Pandemie Ihren Arbeitsplatz weitaus überwiegend vom Betrieb in Ihr häusliches Arbeitszimmer verlegen müssen, haben Sie für diesen Zeitraum im Arbeitszimmer den Mittelpunkt Ihrer Tätigkeit und können zumindest für diese Zeit die vollen Kosten des Arbeitszimmers absetzen – sofern es denn ausschließlich für Ihren Job genutzt wurde. Lesen Sie hierzu weiter unter ➤ Rz 744 ff.

Computer sofort zu 100 % steuerlich absetzen!
Wohl ausgelöst durch die Coronakrise, hat der Fiskus die bisherige 3-jährige Nutzungsdauer für Computer auf 1 Jahr gesenkt. Sie können Ihren als Arbeitsmittel genutzten Computer seit 2021 also sofort in voller Höhe abschreiben, auch wenn er z.B. mit Anschaffungskosten von 1.500 € über der Grenze für geringwertige Wirtschaftsgüter liegt (BMF-Schreiben v. 26.02.2021 – BStBl 2021 I S.298). Diese Sofortabschreibung ist nicht nur für Ihren PC oder Ihr Notebook möglich, sondern auch für die Peripheriegeräte wie Drucker, Modem, Scanner etc. sowie für weitere Hardware und auch Software, die Sie vorrangig für berufliche Zwecke nutzen.

Gut zu wissen: Die verkürzte Nutzungsdauer gilt auch für Hard- und Software, die bereits 2020 angeschafft wurde. In der Steuererklärung 2020 mussten die Anschaffungskosten noch auf drei Jahre verteilt werden, wenn sie mehr als 952 € betragen haben. Für 2021 können Sie nun den Restwert in voller Höhe geltend machen.

Weitere Neuerungen zum Steuerjahr 2021

Pauschbeträge für Behinderte

Pauschbeträge werden ohne jeden Abzug in den elektronischen Lohnsteuerabzugsmerkmalen (ELStAM) eingetragen oder bei der Ermittlung des Einkommens berücksichtigt, sind also unabhängig vom Vorliegen besonderer Ausgaben und von der Höhe des Einkommens (§ 33b EStG). Wenn Ihr Grad der Behinderung 50 % und mehr beträgt, haben Sie einen Schwerbehindertenausweis, den Sie beim Finanzamt vorlegen können (Fotokopie genügt).
Bei einem Grad der Behinderung unter 50 % brauchen Sie zum Nachweis eine Bescheinigung des Versorgungsamts oder einen Rentenbescheid. Seit 2021 muss darin nicht mehr bescheinigt sein, dass die Behinderung auf einer typischen Berufskrankheit beruht oder Sie in Ihrer Beweglichkeit beeinträchtigt sind.
Diese Neuerung gehört neben der Anhebung der Pauschbeträge, der Einführung einer Fahrtkostenpauchale und der Erhöhung des Pflegepauschbetrags zu den lange überfälligen und nun endlich eingeführten Änderungen für Menschen mit Behinderung.
Mehr dazu lesen Sie unter ➤ Rz 278 ff.
Die Pauschbeträge sind Jahresbeträge. Wer also z. B. am 30. Dezember als Körperbehinderter anerkannt wurde, erhält für dieses Jahr den vollen maßgebenden Freibetrag. Bei rückwirkender Erhöhung des Körperbehinderungsgrades wird der Steuerfreibetrag ebenfalls rückwirkend gewährt. Der Grad der Behinderung wird nach der allgemeinen körperlichen Lage beurteilt – nicht nach Ihren Fähigkeiten, einen Beruf auszuüben.

Gut zu wissen:
Nimmt Ihr Kind wegen fehlender oder geringer Einkünfte den Pauschbetrag nicht selbst in Anspruch, können Sie ihn in Ihrer Steuererklärung ansetzen. Sie haben also die Wahl, den Pauschbetrag

dort anzusetzen, wo er sich am günstigsten auswirkt. Auch Groß- und Stiefeltern können den Behindertenpauschbetrag für das Kind in Anspruch nehmen, wenn das Kindergeld bzw. der Kinderfreibetrag auf sie übertragen worden ist. (Siehe auch ➤ Rz 288 f.)

Verbilligte Vermietung – neuer Grenzwert ab 2021!
Wenn Sie Wohnungen verbilligt an Angehörige vermieten, konnten Sie bis einschließlich 2020 Ihre Werbungskosten nur dann zu 100 % absetzen, wenn die vereinbarte Warmmiete, also inkl. Nebenkosten, mindestens 66 % der ortsüblichen Warmmiete betrug. Lagen Sie unter dieser Grenze, haben Ihnen die Fiskalritter gnadenlos Ihre Werbungskosten gekürzt. Immer nach der Devise, warum einfach, wenn es auch kompliziert geht, hat der Fiskus die Regelungen zur verbilligten Vermietung geändert. Seit 2021 gilt Folgendes:

- Beträgt die Warmmiete mindestens 66 % der ortsüblichen Miete, ist weiterhin der volle Werbungskostenabzug möglich.
- Beträgt die Warmmiete zwischen 50 % und 66 % der ortsüblichen Miete, hängt der volle Werbungskostenabzug davon ab, ob Sie über einen Zeitraum von 30 Jahren insgesamt einen Überschuss aus der Vermietung der Immobilie erzielen. Ist die Überschussprognose (ein Muster finden Sie unter ➤ Rz 1022 dagegen negativ, werden die Werbungskosten anteilig entsprechend der Mietverbilligung gekürzt;
- Beträgt die Warmmiete weniger als 50 % der ortsüblichen Miete, wird der Werbungskostenabzug ohne Wenn und Aber anteilig entsprechend der Mietverbilligung gekürzt.

Mehr dazu lesen Sie unter ➤ Rz 1008 ff.

Erst die Benutzerhinweise auf Seite 33 lesen:
So macht sich das Buch voll bezahlt

INHALT

Vorwort

Liebe Leserinnen,
liebe Leser,

schenken Sie dem Fiskus nicht Ihr Steuergeld!

Vielen Steuerzahlern ist die Erstellung einer Steuererklärung ein Graus. Belege, Nachweise, Quittungen suchen. Sich durch unverständliche Formulare quälen. Und schließlich noch das aussichtslose Unterfangen, die steuerlichen Regelungen verstehen zu wollen.

Da wundert es nicht, dass viele Steuerzahler erst gar keine Steuererklärung einreichen, wenn sie gesetzlich nicht dazu verpflichtet sind (mehr dazu unter ➤ Rz 26 dieses Ratgebers).

Auf diese Weise schenken wir dem Fiskus Jahr für Jahr Millionenbeträge. Ein schöner Nebeneffekt für Vater Staat – dank seines komplizierten Steuerrechts!

»Das Recht ist für die Wachen da!«, so sagt man. Dies gilt ganz besonders für das Steuerrecht. Schnell werden Sie beim Schmökern in diesem Ratgeber eine Reihe von Tipps finden, die Sie direkt bei Ihrer nächsten Steuererklärung anwenden können. Sie werden sich wundern, wie rasch sich dabei mehrere Hundert Euro an Steuern sparen lassen.

Eine Reihe von Hinweisen bezieht sich auf die steuergünstige Gestaltung Ihrer persönlichen Verhältnisse. Auf diese Weise sparen Sie in kommenden Jahren so manchen Steuertaler.

Ihr KONZ-Expertenteam

Abkürzungen

AfA	=	Absetzung für Abnutzung (Abschreibung)
AO	=	Abgabenordnung
BFH	=	Bundesfinanzhof
BFH/NV	=	nicht amtlich veröffentlichtes BFH-Urteil
BGB	=	Bürgerliches Gesetzbuch
BMF	=	Bundesministerium der Finanzen
BSG	=	Bundessozialgericht
BStBl	=	Bundessteuerblatt
BUKG	=	Bundesumzugskostengesetz
BV	=	II. Berechnungs-Verordnung
BVerfG	=	Bundesverfassungsgericht
EB-FAGO	=	Ergänzende Bestimmungen zur Finanzamts-Geschäftsordnung
EFG	=	Entscheidungen der Finanzgerichte
EStDV	=	Einkommensteuer-Durchführungsverordnung
EStG	=	Einkommensteuergesetz
EStH	=	Amtliche Einkommensteuer-Hinweise
EStR	=	Amtliche Einkommensteuer-Richtlinien
FG	=	Finanzgericht
HFR	=	Höchstrichterliche Finanzrechtsprechung
LStR	=	Lohnsteuer-Richtlinien
rk	=	rechtskräftiges Urteil
Rz	=	Randziffer
SolZ	=	Solidaritätszuschlag
UStG	=	Umsatzsteuergesetz
ZPO	=	Zivilprozessordnung
✎	=	**Für viele Steuerzahler besonders wichtig**
✎✎	=	**Verdient ganz besondere Beachtung**

Gute Ideen leben von
ihrer Verlässlichkeit.

1 Ein paar wichtige Worte vorab

In diesem Kapitel erfahren Sie, was Sie von dem Buch erwarten und 1
wie Sie es am besten nutzen können.

**Ganz gleich, ob Sie Ihre Steuererklärung online oder noch ganz traditio- 2
nell auf Papier erstellen: Dieses *Arbeitsbuch* hilft Ihnen, alle Möglichkeiten des Steuersparens aufzuspüren und den Rahmen der Gesetze trickreich auszuschöpfen. Außerdem können Sie doppelt sparen: die Steuer und das Steuerberaterhonorar. Denn mit dem *Arbeitsbuch* sind Sie von fremder Hilfe unabhängig. Aber erwarten Sie nicht das Schema F von uns. Auch ist einiges ungewöhnlich dargestellt, aber nur mit dem Ziel, Sie zum Nachdenken anzuregen, wo für Sie steuerlich ein Spielraum besteht.**

Mit diesem Buch wollen wir Ihre steuerliche Phantasie anregen. Die steu- 3
erlichen Bestimmungen ändern sich fast täglich. Kaum ein Urteil ohne Gegenurteil. Selbst der Bundesfinanzhof (BFH) entscheidet mal so und mal so. Wo Ihr Sachbearbeiter in Ihrer Steuererklärung noch munter Posten gestrichen hat, setzt ein anderer Bearbeiter in der Einspruchstelle ein Okay-Häkchen – natürlich nur, wenn Sie auch Einspruch einlegen und sich nicht vorschnell ins Bockshorn jagen lassen. Das Wort »Steuerverkürzung« oder gar »-hinterziehung« sollte Sie nicht schrecken, solange Sie fein säuberlich alles nachvollziehbar erklären. Denn das Finanzamt kann ja entscheiden, ob es die »Steuerverkürzung« anerkennt oder nicht.

Benutzerhinweise – So macht sich das Buch voll bezahlt 4

Das Buch enthält genaue Anweisungen zum Ausfüllen der Steuerformulare – ob per Hand oder am Bildschirm. Sie gehen die Formulare Zeile für Zeile durch und lesen im *Arbeitsbuch* nach, was dazu geschrieben steht. Antworten zu bestimmten Fragen finden Sie am schnellsten über das Inhaltsverzeichnis oder das Stichwortregister.

Abschnitte, die mit ✎ gekennzeichnet sind, sind wichtig. Besondere Aufmerksamkeit verdienen Abschnitte mit ✎✎. Hier versäumen Sie oft, Chancen zur Steuerersparnis wahrzunehmen.

Zur Orientierung: Ab ➤ Rz 64 wird das jeweilige Formular oben auf der Seite genannt. Ab ➤ Rz 69 steht die Nummer der Formularzeile im laufenden Text zwischen zwei Balken. Die nachfolgenden Tipps und Übersichten beziehen sich immer auf diese voranstehende Formularzeile.

✎ 1.1 So füllen Sie die Formulare aus

5 Es geht auf herkömmliche Art und Weise mit dem Kugelschreiber ➤ Rz 12 oder elektronisch am Bildschirm.

1.1.1 »Mein ELSTER« – die »bürgerfreundliche« Online-Steuererklärung

6 »Was haben die sich bloß dabei gedacht, ihr Programm nach der diebischen Elster zu benennen?«, sinnieren Sie. »Wo doch Diebstahl und Steuer so dicht beieinanderliegen.« Wer dem Fiskus hier ein gehöriges Maß an Selbstironie zutraut, geht wohl doch etwas zu weit. Elster ist schlicht die Abkürzung für »**El**ektronische **St**eu**er**er**k**lärung«.
Dessen ungeachtet, geht es dem Fiskus natürlich darum, durch unsere Mithilfe die Steuern noch müheloser einzusammeln – auch wenn er uns die Online-Steuererklärung als »bürgerfreundlich« anpreist. Letztendlich sollte uns das egal sein, wenn auch wir Vorteile davon haben.

7 **Belege einreichen nicht mehr nötig!**
Sie brauchen grundsätzlich keine Belege und separaten Aufstellungen an Ihr Finanzamt zu senden. Es genügt, wenn Sie diese für eventuelle Rückfragen »vorhalten«, also aufbewahren.

Nutzen Sie für Hinweise und Erläuterungen zu den Aufwendungen, die Sie geltend machen, die Eintragungsmöglichkeiten in Elster. Diese sind in der Regel für die Bearbeitung Ihrer Steuererklärung ausreichend. **Legen Sie das *KONZ Arbeitsbuch* griffbereit daneben, und Sie sehen stets, welche Eintragungen Ihnen einen schönen Steuerrabatt verschaffen.**

Kann das Finanzamt Belege anfordern?
Zwar verzichtet das Finanzamt zunächst auf die Vorlage von Belegen, doch wenn diese für die Bearbeitung Ihrer Steuererklärung erforderlich sind, weil Ihnen beispielsweise erstmals Aufwendungen entstanden sind, fordert Ihr Finanzamt die Belege von Ihnen an.

Die Elster-Steuererklärung bietet noch eine Reihe weiterer Vorteile:

1. **Sie können sicher sein, dass Ihre Daten bei der Nutzung von Elster zutreffend übernommen werden;** Eingabefehler im Finanzamt gehören der Vergangenheit an.
2. **Die Daten werden automatisch auf Vollständigkeit und Plausibilität geprüft.** Gegebenenfalls ergeht ein Fehlerhinweis.
3. **Mancher Bearbeiter schaut nicht mehr so genau hin.** Er macht mit Ihrer Steuererklärung einen schnellen Punkt für seine Statistik, wenn er Ihre – durch das Elster-Programm – bereits auf Vollständigkeit geprüften Daten ruck, zuck übernimmt. Im Übrigen sind die Bearbeiter

angewiesen, die mit Elster abgegebenen Steuererklärungen *bevorzugt* zu bearbeiten – Sie kommen auf diese Weise also schneller zu Ihrer Erstattung!

4. **Sie erfahren sofort, wie hoch die Steuererstattung/Nachzahlung sein wird.** Im direkten Vergleich mit dem späteren Steuerbescheid haben Sie die 100 %ige Kontrolle, ob alles glatt über die Bühne gegangen ist.
5. **Das Programm Elster wird vom Fiskus kostenlos zur Verfügung gestellt,** Sie haben also keine Mehrausgaben.
6. **Mit der Datenübernahme aus dem Vorjahr haben Sie eine perfekte Vorlage.** Sie brauchen nur noch die Änderungen einzugeben.
7. Mit dem **Belegabruf (vorausgefüllte Steuererklärung)** können Sie Ihre Daten in die Steuererklärung übernehmen.
8. Nach der Bearbeitung Ihrer Steuererklärung durch das Finanzamt können Sie das Ergebnis Ihres Steuerbescheids in einer verschlüsselten Datei elektronisch abrufen. So können Abweichungen bequem überprüft werden.

Diese handfesten Vorteile sprechen für sich, oder? Also, dann nichts wie ran an die Elster-Steuererklärung!

So bekommen Sie das Elster-Programm: 8

1. Sie gehen auf die Website www.elster.de,
2. legen ein Benutzerkonto an, und schon kann es losgehen.

Erscheint das amtliche Formular auf dem Bildschirm, nehmen Sie sich ggf. die Vorjahreserklärung dazu (Datenübernahme aus dem Vorjahr über Auswahl »08« in der Kopfzeile) und gehen es Zeile für Zeile durch. Mit der Auswahl »F 5« statt »F 9« unter »Eingabemodus« in der Kopfzeile werden Sie Schritt für Schritt systematisch durch die Formulare geführt und holen sich so knappe, aber hilfreiche Erläuterungen. Lesen Sie parallel dazu im *KONZ Arbeitsbuch* nach, ob sich an der jeweiligen Stelle etwas deichseln lässt.
Mit der Auswahl »Steuerberechnung« unter »Extras/Rechnersymbol« in der Kopfzeile wird die tarifliche Einkommensteuer berechnet. Im Fall einer Nachzahlung ist jetzt noch Zeit, an der Steuererklärung zu basteln. Zu Ihrer Beruhigung: Bei jedem Rechengang prüft das Programm, ob die Angaben in der Steuererklärung vollständig und in sich schlüssig sind. Andernfalls bekommen Sie einen Fehlerhinweis. Es wird also nur dann gerechnet, wenn die Erklärung zumindest formell in Ordnung ist.

Wie werden die Formulare abgeschickt?
Mit der Auswahl »Datenübermittlung« in der Kopfzeile bringen Sie Ihre Steuererklärung auf den Weg. Vor der Übertragung prüft das Programm blitzschnell, ob die Angaben vollständig und plausibel sind, und meldet Ihnen ggf. einen Fehler.

9 **Vollständig online oder eigenhändig unterschreiben und ab zur Post – Sie haben die Wahl**

Für eine papierlose Abgabe (authentifizierte Übermittlung) ist eine kostenlose und einmalige Registrierung in Mein ELSTER notwendig. Sie erhalten ein Zertifikat, mit dem Sie Ihre Steuererklärung ohne Unterschrift elektronisch versenden können. **Ohne Papier und Briefmarke. Einfach online übertragen und fertig ist die Laube.**

Alternativ können Sie Ihre Erklärung auch nicht authentifiziert, das heißt ohne Zertifikat übermitteln. Nach erfolgreicher elektronischer Übermittlung der Daten müssen Sie die »komprimierte Steuererklärung« ausdrucken – sie enthält nur die Teile des Formulars, die von Ihnen ausgefüllt wurden – und **unterschreiben.** Dann heißt es: **Steuererklärung (= ausgedruckte »Kurzerklärung«) nebst Anlagen** (wie z.B. Anlage VL, Belege für Spenden, Steuerbescheinigungen) **eintüten und auf dem Postweg ab ans Finanzamt.**

10 **Telenummer**

Das Programm vergibt bei jeder Datenübermittlung eine gesonderte Telenummer. Sie steht auf Seite 2 der komprimierten Steuererklärung und erscheint auch später auf dem Steuerbescheid. Sie dient dazu, Verwechslungen zu vermeiden im Fall, dass die Steuererklärung berichtigt werden muss. Außerdem können Sie durch Vergleich der Telenummer in der Steuererklärung und im Steuerbescheid feststellen, ob die richtige Steuererklärung Grundlage des Steuerbescheids ist.

11 **Mehr Durchblick mit automatischer Prüfung des Steuerbescheids**

Haben Sie Ihren Steuerbescheid auf dem Postweg erhalten, können Sie die Daten auch online mit dem Elster-Programm abrufen. Im Anschluss an diesen Download werden die Bescheiddaten mit der Steuerberechnung verglichen und eventuelle Abweichungen am Bildschirm dargestellt.

Damit dieser automatische Vergleich glatt über die Bühne geht, wählen Sie, *bevor* Sie Ihre Steuererklärung an das Finanzamt übermitteln, im »Senden«-Dialog die Option, dass Sie die Abholung der Bescheiddaten nutzen wollen. Betätigen Sie dazu die Schaltfläche »Schlüssel zur Bescheiddatenabholung erzeugen bzw. einlesen«. Nach dem Erzeugen/Einlesen wird die Schaltfläche »Daten mit Möglichkeit der Bescheiddatenabholung übermitteln« aktiviert.

Auf diese Weise sichern Sie sich ab für den Fall, dass das Finanzamt klammheimlich von Ihren Angaben in der Steuererklärung abgewichen ist. Wie Sie sich gegen einen falschen Steuerbescheid zur Wehr setzen können, dazu mehr unter ➤ Rz 1138 ff.

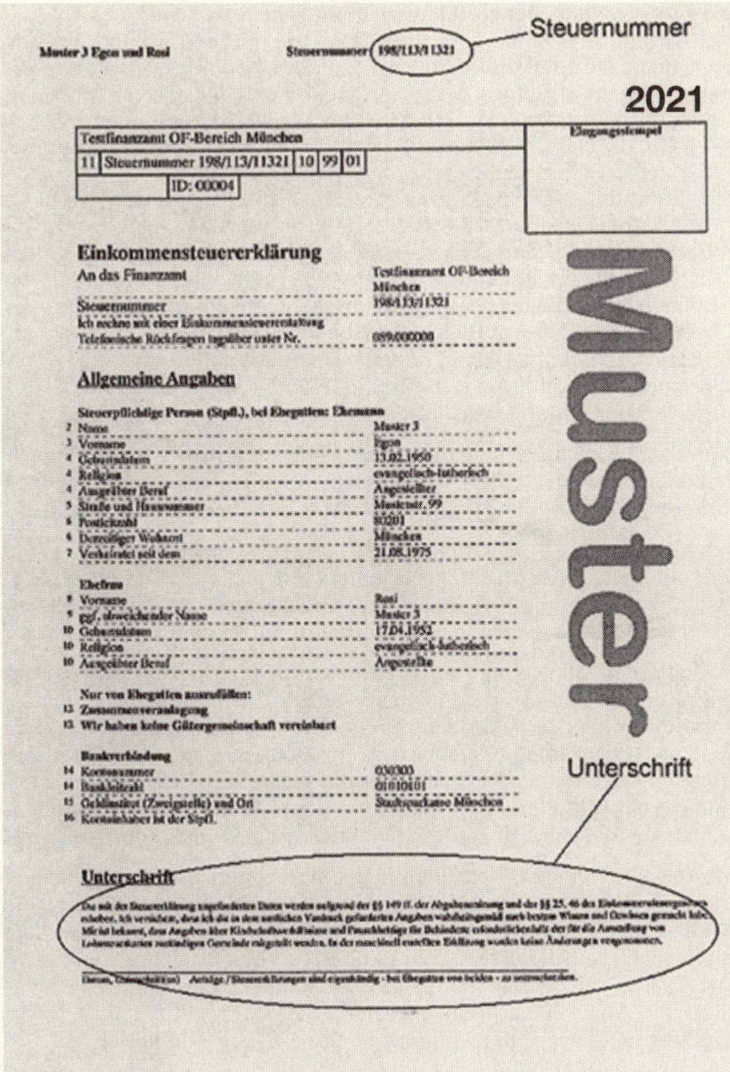

Muster 3 Egon und Rosi   Steuernummer 198/113/11321

Testfinanzamt OF-Bereich München
11 Steuernummer 198/113/11321 10 99 01
ID: 00004

Eingangsstempel

Einkommensteuererklärung

An das Finanzamt	Testfinanzamt OF-Bereich München
Steuernummer	198/113/11321
Ich rechne mit einer Einkommensteuererstattung	
Telefonische Rückfragen tagsüber unter Nr.	089/000000

Allgemeine Angaben

Steuerpflichtige Person (Stpfl.), bei Ehegatten: Ehemann

2	Name	Muster 3
3	Vorname	Egon
4	Geburtsdatum	13.02.1950
4	Religion	evangelisch-lutherisch
4	Ausgeübter Beruf	Angestellter
5	Straße und Hausnummer	Musterstr. 99
6	Postleitzahl	80201
6	Derzeitiger Wohnort	München
7	Verheiratet seit dem	21.08.1975

Ehefrau

8	Vorname	Rosi
9	ggf. abweichender Name	Muster 3
10	Geburtsdatum	17.04.1952
10	Religion	evangelisch-lutherisch
10	Ausgeübter Beruf	Angestellte

Nur von Ehegatten auszufüllen:

13 **Zusammenveranlagung**
13 **Wir haben keine Gütergemeinschaft vereinbart**

Bankverbindung

14	Kontonummer	030303
14	Bankleitzahl	01010101
15	Geldinstitut (Zweigstelle) und Ort	Stadtsparkasse München
16	Kontoinhaber ist der Stpfl.	

Unterschrift

Die mit der Steuererklärung angeforderten Daten werden aufgrund der §§ 149 ff. der Abgabenordnung und der §§ 25, 46 des Einkommensteuergesetzes erhoben. Ich versichere, dass ich die in dem amtlichen Vordruck geforderten Angaben wahrheitsgemäß nach bestem Wissen und Gewissen gemacht habe. Mir ist bekannt, dass Angaben über Kinderbetreuungskosten und Pauschbeträge für Behinderte erforderlichenfalls der für die Ausstellung von Lohnsteuerkarten zuständigen Gemeinde mitgeteilt werden. In der maschinell erstellten Erklärung wurden keine Änderungen vorgenommen.

Datum, Unterschrift(en)   Anträge / Steuererklärungen sind eigenhändig - bei Ehegatten von beiden - zu unterschreiben.

Die vorausgefüllte Steuererklärung: Mehr Schein als Sein!

Das Angebot der Steuerverwaltung klingt verlockend, ist aber irreführend, denn die Steuererklärung ist keineswegs bereits ausgefüllt. Die Steuerzahler können über das ElsterOnline-Portal lediglich übernehmen, was im Finanzamt unter ihrer Steuer- bzw. Identifikationsnummer gespeichert ist.

Das sind

- die persönlichen Stammdaten,
- die Religionszugehörigkeit,
- vom Arbeitgeber übermittelte Lohnsteuerbescheinigungen,
- Lohnersatzleistungen (z.B. Arbeitslosen-, Kranken-, Elterngeld).
- Mitteilungen über den Bezug von Rentenleistungen,
- Beiträge zu Kranken- und Pflegeversicherungen,
- Vorsorgeaufwendungen (z.B. Riester- oder Rürup-Verträge),
- Beiträge für Vermögenswirksame Leistungen (VWL/VL).

Der Abruf der Daten ist erst ab dem 28.2. des folgenden Jahres möglich, weil dem Finanzamt frühestens dann die entsprechenden Informationen vorliegen.*

Von Vorteil ist, dass die vorhandenen Daten nicht mehr eingegeben, sondern nur noch überprüft und ggf. ergänzt werden müssen. So können Fehler bei der Erfassung vermieden werden. Allerdings muss jeder Steuerzahler nach wie vor selbst seine absetzbaren Aufwendungen auflisten.

Schon bei der Anmeldung zur ElsterOnline-Steuererklärung wird es kniffelig. Zunächst muss sich der Steuerzahler registrieren, auch wenn er schon im Vorjahr seine Steuererklärung mit ElsterFormular abgegeben hat. Zur Registrierung braucht er ein elektronisches Zertifikat. Das Zertifikat mit Freischaltcode schickt ihm das Finanzamt nach der Registrierung per Post ins Haus. Wer dieses Procedere hinter sich hat, bekommt zum ersten Mal zu sehen, welche Daten bereits im Finanzamt vorliegen.

Wer die zur Verfügung gestellten Daten übernimmt, muss sie unbedingt prüfen, denn das Finanzamt haftet nicht für deren Richtigkeit. Es sind die Steuerzahler, die mit ihrer Unterschrift in der Verantwortung stehen. Und es gibt Fehlerquellen zuhauf: Die Lohnsteuerbescheinigung kann nicht korrekt übermittelt sein, mal hat der Krankenversicherer oder Rententräger die Angaben verdreht oder verbummelt. Es gilt also, alle Daten sorgfältig mit den eigenen Unterlagen abzugleichen. Das kostet Zeit.

Letztendlich stellt sich heraus: Zeit und Mühe spart weniger der Steuerzahler, sondern mehr das Finanzamt.

---

* Siehe hierzu aber »Steuervorschau und wichtige Nachrichten«

1.1.2 Ausfüllen der Formulare mit der Hand

Steuerformulare erhalten Sie zum einen schnell und unkompliziert über das Internet, z. B. auf *www.bundesfinanzministerium.de* unter »Service« am linken Bildrand »Formulare A-Z«. Auf der folgenden Seite klicken Sie sodann auf »Formular-Management-System« und finden sämtliche Steuerformulare. Auch hat jedes Finanzamt seine eigene Internetseite, zu finden unter *www.finanzamt.de*. Hier sind ebenfalls die wichtigsten Steuerformulare abrufbar. 12
Zum anderen sind die Formulare in Papierform bei jedem Finanzamt zu bekommen. Anruf genügt, und Ihr Finanzamt schickt Ihnen sicherlich einen kompletten Formularsatz zu.

Besorgen Sie sich zwei Formularsätze. Einen davon legen Sie erst mal auf die Seite. Der zweite ist sozusagen Ihre Ideenschmiede oder Spielwiese: Darauf fertigen Sie eine Probeerklärung an. Am besten mit Bleistift, so können Sie nach Belieben radieren, ändern, ergänzen. Sie grasen Zeile für Zeile ab: auf der einen Seite die Formulare – auf der anderen das *Arbeitsbuch* zum Nachlesen. Dadurch geht Ihnen nicht durch die Lappen, wo sich etwas deichseln lässt.
Füllen Sie nur die weißen Felder der Vordrucke aus. Wenn der Platz nicht ausreicht, machen Sie weitere Angaben auf einem gesonderten Blatt, das Sie als Anlage bezeichnen.
Sofern nicht im besonderen Fall Centbeträge verlangt werden, runden Sie Einnahmen ab und Ausgaben auf – also immer schön zu Ihren Gunsten.
Die endgültige Fassung übertragen Sie auf den unberührten Formularsatz, den Sie zu guter Letzt kopieren: Sie müssen schließlich nachprüfen können, was das Finanzamt von Ihren Angaben (un)freundlicherweise unter den Tisch hat fallen lassen. Vergessen Sie nicht, etwaige Bescheinigungen, Zusammenstellungen und Nachweise zu kopieren und auch Ihre Notizen zur Steuererklärung aufzubewahren.

Formularkopien genügen
Zu überzogenen Anforderungen der Finanzämter an die eingereichten Formulare sagt der Bundesfinanzhof: Alles Unsinn. Die Daten können ohne weiteres auch Kopien entnommen werden. Ebenso wenig darf sich das Finanzamt daran stören, wenn der Steuerzahler Vordrucke eines anderen Bundeslandes verwendet (BFH-Urt. v. 22.5.2006, Az VI R 15/02).
Und: Bloß keine Umstände beim Ausdruck von Formularen!

Das Steuerrecht ist schon kompliziert genug, da müssen Sie sich nicht noch damit herumquälen, Formulare (wie die Originale) doppelseitig auszudrucken. Denn der Bundesfinanzhof sagt: »Eine Einkommensteuererklärung ist auch dann ›nach amtlich vorgeschriebenem Vordruck‹ abgegeben, wenn ein – auch einseitig – privat gedruckter oder fotokopierter Vordruck verwendet wird, der dem amtlichen Muster entspricht« (BFH v. 22.5.2006, BStBl 2007 II S. 2). Recht so!

✎ 1.2 Der Umgang mit dem Finanzamt

13 Für Ihr Finanzamt sind Sie kein guter Kunde oder Geschäftspartner, sondern ein *Steuerpflichtiger,* und so werden Sie auch behandelt: Sie erhalten keine Briefe, sondern *Anhörungen, Verwaltungsakte* oder *Bescheide.* Das Finanzamt ist jedoch verpflichtet, Ihre Rechte zu achten, daher sollten Sie die wenigen Rechte, die Sie haben, kennen. Lesen Sie dazu Kapitel 20 – Umgang mit dem Finanzamt – ➤ Rz 1118 ff.

Denken Sie an Ihre Fahrtkosten?

14 **Wenn Sie diese Hinweise beachten, werden sich dieses Buch und Ihr Tüfteln in den Steuerformularen voll bezahlt machen. Das Buch selbst macht sich voll bezahlt, wenn Sie als Werbungskosten in Zeile > 48 – 49 der Anlage N nicht nur den Kaufpreis, sondern auch die Erwerbsnebenkosten ansetzen (etwa die Fahrtkosten zur – möglicherweise weit entfernten – Buchhandlung mit 0,30 € je gefahrenen Kilometer).**

Haben Ihnen die Steuerformulare einen ganzen Abend oder gar ein Wochenende verleidet, so mag Sie vielleicht trösten, dass 48 % der Deutschen ihre Steuererklärung allein ausfüllen, ohne steuerkundigen Beistand. Wenn Sie den Knüller gefunden haben, mit dem sich was deichseln lässt, dann lassen Sie nicht locker, bis der Fiskus einen gehörigen Abschlag vornimmt. Außerdem rate ich Ihnen:

15 **TIPP Stellen Sie sich dümmer, als Sie sind**

Sie brauchen sich dem Finanzamt gegenüber nicht als Steuerexperte zu erkennen geben, selbst wenn Sie einer sind. Je dümmer Sie sich stellen, umso weniger erwartet man von Ihnen. Anders gesagt: Je weniger Sie nach Meinung des Finanzamts vom Steuerrecht verstehen, desto weniger wird man es Ihnen anlasten, wenn Ihnen der eine oder andere Fehler unterläuft. Bedenken Sie: Sie unterschreiben die Steuererklärung mit der Versicherung, die Angaben nach bestem Wissen und Gewissen gemacht zu haben.

16

Aber aufgepasst bei den Einnahmen: Geben Sie bestimmte Einnahmen nicht an, heißt das für das Finanzamt, dass Sie sie nicht bezogen haben. Das kann ins Auge gehen, ganz besonders, wenn Sie einem Bekannten oder Verwandten eine Quittung ausgestellt haben, die der seinem Finanzamt präsentiert. Über die tückischen »Kontrollmitteilungen«, die meistens Betriebsprüfer auf den Weg schicken, und zwar über alles, was ihnen bedeutsam erscheint, kann der Fiskalritter von den Einnahmen erfahren und ganz scheinheilig nach Nebenjobs als Gärtner, Hauswart oder als Hüter von Kindern fragen.

»Halb so schlimm, ich bin eben vergesslich«, sagen Sie, »dann kann mir keiner was wollen.«

In welchen Fällen eine Ausrede zieht, dazu mehr unter ➤ Rz 1141.

Das Gesetz regelt klipp und klar, was zu versteuern ist. Stammen die Ein- 17
nahmen aus einer der sieben im Gesetz genannten Einkunftsarten, setzt der Fiskus seine Schröpfköpfe an.

Bei den **Ausgaben** hingegen lässt Ihnen der Gesetzgeber etwas »Spielraum«, den Sie unbedingt nutzen sollten: Ausgaben sind nämlich dann absetzbar, wenn sie in Zusammenhang mit steuerpflichtigen Einnahmen stehen. Und ob dieser Zusammenhang gegeben ist, entscheiden zunächst einmal Sie selbst. Schöpfen Sie also bei den Aufwendungen aus dem Vollen, und machen Sie geltend, was nur eben geht. Das Finanzamt muss dann die Kosten prüfen und jede Streichung begründen. Und ob der Zusammenhang zwischen Einnahmen und Ausgaben für den steuerlichen Abzug der Kosten ausreicht, darüber kann man trefflich streiten. Da lässt der Bearbeiter schon mal lieber fünfe gerade sein.

Und außerdem:

Ein steuerlich Unbedarfter setzt oft ganz arglos und meistens mit Erfolg 18
Ausgaben an, die ein Steuerexperte erst überhaupt nicht als abzugsfähig in Erwägung zieht …

TIPP Folgen Sie Ihrem gesunden Rechtsempfinden! 19

»Was ich nicht weiß, macht mich nicht heiß«, sagen Sie sich und setzen frechweg einfach alle Ausgaben an, die nach Ihrem natürlichen Empfinden absetzbar sind oder sein sollten. So weit, so gut, aber seien Sie so schlau und tun Sie es zunächst ohne jegliche Begründung. Schließlich wollen Sie ja nicht den Vordenker für den Fiskalritter spielen. Zieht der nicht mit und streicht Ihnen Kosten, muss er seinen Bescheid stichhaltig begründen. Sind Sie mit seiner Begründung nicht zufrieden, legen Sie vorsorglich Einspruch ein und bitten Sie um nähere Erläuterung. Dann muss er Farbe bekennen und die Gründe seiner Ablehnung offenlegen.

In besonderen Fällen kommen Sie nicht umhin, Gesetzestexte, Richtlinien und Urteile nachzulesen. Daher der folgende …

20 **TIPP Steuergesetze sind im Internet kostenlos verfügbar**

Das Bundesministerium der Justiz stellt das gesamte aktuelle Steuerrecht kostenlos im Internet bereit. Die Gesetze und Rechtsverordnungen können in ihrer geltenden Fassung abgerufen werden.
Den Text der Abgabenordnung finden Sie z. B. unter AO, den Text des Einkommensteuergesetzes unter EStG.
Fundstelle: www.gesetze-im-internet.de.

21 **Zu Ihrer Beruhigung**

Irren ist menschlich, und nur wer gar nichts tut, macht keinen Fehler. Auch keine Übertragungsfehler.
»Völlig unverständlich ist mir, wie es dazu gekommen ist, dass in meiner letzten Steuererklärung nur Mieteinnahmen in Höhe von 12.822 Euro stehen, wo doch laut Mietbuch die Mieten 21.822 Euro betragen haben. Da muss mir wohl ein Zahlendreher unterlaufen sein«, sagen Sie.
Dieses Versehen müssen Sie unverzüglich dem Finanzamt mitteilen, indem Sie eine berichtigte Steuererklärung abgeben. Das schreibt die Abgabenordnung für diesen Fall ausdrücklich vor.
»Und wenn ich den Irrtum gar nicht bemerke?«, fragen Sie.
Dann schlummert ein Fehler mehr in den Steuerakten. Vielleicht entdeckt ihn das Finanzamt später und berichtigt den Steuerbescheid, aber steuerstrafrechtlich sind Sie aus dem Schneider, denn, wie gesagt: Irren ist menschlich …

22 Übrigens: Um Zahlendreher oder andere Übertragungsfehler in Steuererklärungen aufzudecken, werden die Angaben vom Bearbeiter im Finanzamt zumindest stichprobenweise mit denen der Vorjahreserklärung verglichen. Denn auch der Fiskus weiß, wie leicht ein Irrtum möglich ist. Zur sog. Schlüssigkeit einer Steuererklärung mehr unter ➤ Rz 47.

✎ **Steuerersparnisse ergeben sich nur aufgrund steuergünstiger Verhält-**
23 **nisse.** Sind Ihre Verhältnisse nicht steuergünstig, ändern Sie sie entsprechend. Beachten Sie: Eine Änderung kann sich nur für die Zukunft auswirken, weil der Fiskus Änderungen mit Wirkung auf die Vergangenheit nicht anerkennt. Sie müssen also schon im laufenden Jahr Ihre Verhältnisse anpassen, damit Sie in der nächsten Steuererklärung davon profitieren können.

Das Beste geben die Götter uns umsonst.
(Ernst Jünger)

2 Überblick

In diesem Kapitel zeige ich, welche Formulare Sie benötigen. Außerdem erkläre ich einige wichtige Begriffe aus dem Steuerrecht. 24

2.1 Diese Formulare benötigen Sie

Vorbemerkung 25

Eine Steuererklärung sollten Sie tunlichst nur dann abgeben, wenn Sie es entweder müssen (➤ Rz 26 ff.) oder wenn Sie mit einer Steuererstattung rechnen. Unter welchen Umständen ein freiwilliger Antrag auf Veranlagung Erfolg verspricht, also eine Steuererstattung zu erwarten ist, dazu mehr unter ➤ Rz 28 f.

Wer **gesetzlich verpflichtet** ist, eine Steuererklärung abzugeben, muss sie bis Ende Juli des Folgejahres dem zuständigen Finanzamt zuleiten. Für die Steuererklärung 2021 ist der späteste Abgabetermin also der 31. Juli 2022. Da dies ein Sonntag ist, verschiebt sich das Ende der Abgabefrist auf Montag, den 1. August 2022! Zur Verlängerung der Abgabefrist, insbesondere wenn eine Nachforderung des Finanzamts droht, mehr unter ➤ Rz 1126.

Bei **freiwilliger** Abgabe einer Steuererklärung (z.B. zwecks Erstattung zu viel gezahlter Lohnsteuer) haben Sie mindestens vier Jahre Zeit. Die Steuererklärung für 2021 sollte demnach bis Ende des Jahres 2025 beim Finanzamt eingegangen sein.

Entsprechendes gilt, wenn zu Unrecht Abgeltungsteuer einbehalten wurde. Dazu mehr unter ➤ Rz 893 ff.

Wann Sie zur Abgabe einer Steuererklärung verpflichtet sind 26

Als Arbeitnehmer müssen Sie zumeist nicht Jahr für Jahr eine Steuererklärung abgeben, denn durch den monatlichen Abzug der Lohnsteuer haben Sie Ihren Obolus an Vater Staat bereits entrichtet. In manchen Fällen führt das System der Lohnsteuerberechnung allerdings zu falschen Ergebnissen, d.h., es wurde zu viel oder zu wenig Lohnsteuer einbehalten. Der Fiskus interessiert sich logischerweise nur für Fälle, in denen er womöglich zu wenig Lohnsteuer kassiert hat, und fordert daher eine Steuererklärung an (Quelle: § 46 EStG), wenn

- sonstige steuerpflichtige Einkünfte von mehr als 410 € jährlich (z.B. aus Vermittlungsgeschäften/Provisionen, Zinsen, Vermietung oder auch Renten) anfielen,

- Arbeitslohn von mehreren Arbeitgebern gleichzeitig bezogen wurde (eine Lohnsteuerkarte mit Steuerklasse VI),
- Ehegatten die Steuerklassen III/V statt IV/IV haben,
- ein Freibetrag auf der Lohnsteuerkarte eingetragen war oder
- ein Ausbildungsfreibetrag übertragen wurde.

27 Da Ihnen das Finanzamt erst dann eine Nachzahlung aufbrummen kann, wenn es Ihre Steuererklärung vorliegen hat, werden Sie diese möglichst spät abgeben. Dazu mehr unter ➤ Rz 1123 ff.

28 Steuererstattungsfälle

Im umgekehrten Fall, wenn also zu viel Lohnsteuer einbehalten wurde, müssen Sie selbst aktiv werden und mit Abgabe einer Steuererklärung einen Antrag auf Veranlagung stellen. Dies sind die wichtigsten Fälle, die zu einer **Steuererstattung** führen können:

- keine ununterbrochene Beschäftigung während des ganzen Jahres, bedingt z.B. durch Berufseinstieg oder -ausstieg oder Arbeitslosigkeit,
- Verluste aus einer anderen Einkunftsart, z.B. Vermietung,
- berufliche Ausgaben (Werbungskosten) von mehr als 1.000 € (➤ Rz 680 ff.),
- Eheschließung oder Familienzuwachs, sofern dies noch nicht auf der Lohnsteuerkarte eingetragen war,
- Lohnsteuerabzug bei Ehegatten, die beide Arbeitslohn bezogen haben, nach Lohnsteuerklasse IV/IV. Je höher der Unterschied im Bruttoverdienst, umso höher kann die Erstattung sein.

Egal, ob Sie Einkommensteuerzahler sind, also Vorauszahlungen auf die Steuer entrichten müssen, oder Ihre Steuer allein durch den monatlichen Lohnsteuerabzug erhoben wird, es wird immer nach demselben Schema gerechnet und dieselbe Steuertabelle angewendet. Das Schema finden Sie unter ➤ Rz 37, die Tabelle unter ➤ Rz 1148.

✎✎ **Mit eDaten schneller an die Steuererstattung!**

Zahlreiche Daten, die Sie für Ihre Steuererklärung benötigen, werden dem Finanzamt mittlerweile online übermittelt. Hierzu zählen beispielsweise Bruttoarbeitslöhne und die zugehörigen Lohnsteuerabzugsbeträge, bestimmte Beiträge zur Kranken- und Pflegeversicherung, Altersvorsorgebeiträge, Lohnersatzleistungen und Renten (sog. eDaten).

Seit dem Kalenderjahr 2019 verzichtet die Finanzverwaltung auf die Angabe dieser eDaten in Ihrer Einkommensteuererklärung. In den Steuerformularen sind die entsprechenden Zeilen/Bereiche besonders hervorgehoben und mit e gekennzeichnet.

Zum einen sparen Sie sich so die Mühe, die entsprechenden Belege herauszusuchen. Zum anderen müssen einzelne Steuerformulare auf diese

Weise erst gar nicht mehr ausgefüllt und eingereicht werden. Die Abgabe der Anlagen entfällt, wenn

- die elektronisch übermittelten Daten zutreffen und
- in den nicht mit ⓔ gekennzeichneten Zeilen/Bereichen keine Eintragungen vorzunehmen sind.

Das Hauptformular (ESt 1 A, ➤ Rz 64 ff.) ist allerdings in jedem Fall abzugeben! Dieses Hauptformular, auch »Mantelbogen« genannt, fragt nach Ihren persönlichen Daten und erfordert Ihre Unterschrift.

Formulare für die Einkommensteuererklärung 2021 29

Für die Estellung der Einkommensteuererklärung haben sich die Fiskalbürokraten mehr als 20 verschiedene Steuerformulare ausgedacht. Die wichtigsten sind:

- der **Hauptvordruck** (➤ Rz 64 ff.) für die allgemeinen/persönlichen Angaben,
- die **Anlage Sonstiges** (➤ Rz 98 ff.) für sonstige Angaben und Anträge, z.B. Antrag zur Aufteilung der Abzugsbeträge bei Einzelveranlagung von Ehegatten/Lebenspartnern, Verlustabzüge, Spendenvorträge, verbleibende Freibeträge für bestandsgeschützte Altanteile an Investmentfonds, negative Einkünfte mit Bezug zu Drittstaaten,
- die **Anlage Vorsorgeaufwand** (➤ Rz 103) für Beiträge zu unterschiedlichsten Versicherungen wie Renten-, Kranken-, Haftpflicht- und Lebensversicherung,
- die **Anlage Sonderausgaben** (➤ Rz 164 ff.) für die Berücksichtigung von z.B. Kirchensteuer, Spenden und Mitgliedsbeiträgen, Berufsausbildungskosten (ohne Versicherungsaufwendungen und Altersvorsorgebeiträge).
- Die **Anlage AV** (➤ Rz 235 ff.) befasst sich mit »Riester-Sparen«.
- Die **Anlage Außergewöhnliche Belastungen** (➤ Rz 276 ff.) dient der Eintragung von Krankheits- und Pflegekosten sowie der Geltendmachung von Pauschbeträgen bei Behinderung.
- Mit der **Anlage Haushaltsnahe Aufwendungen** (➤ Rz 348 ff.) machen Sie Aufwendungen für haushaltsnahe Beschäftigungsverhältnisse, Dienst- und Handwerkerleistungen geltend.
- Mit der **Anlage Kind** (➤ Rz 413 ff.) beantragen Sie den Kinderfreibetrag, den Entlastungsbetrag für Alleinerziehende, den Ausbildungsfreibetrag sowie den Abzug von Kinderbetreuungskosten.
- Die **Anlage N** (➤ Rz 489) ist von Arbeitnehmern und Pensionären auszufüllen.
- Die **Anlagen KAP/KAP-BET/KAP-INV** (➤ Rz 882 ff.) sind häufig entbehrlich, da die Einkommensteuer auf Kapitalerträge durch den

Steuerabzug (= Abgeltungsteuer) abgegolten ist. »Häufig« – wohlgemerkt! Denn die Abgabe einer Anlage KAP und damit die Zusammenstellung der Kapitalerträge bleibt Ihnen nicht erspart, wenn

- der Sparerpauschbetrag nicht bzw. nicht vollständig berücksichtigt wurde,
- Sie von der Günstigerprüfung Gebrauch machen möchten. Das Finanzamt prüft dann, ob sich eine niedrigere Besteuerung Ihrer Kapitalerträge ergibt und Ihr persönlicher Steuersatz weniger als 25 % beträgt.
- Kapitalerträge ausnahmsweise nicht dem Steuerabzug unterlegen haben (z.B. aus Darlehen an Arbeitgeber und Privatpersonen) oder
- anrechenbare Steuerbeträge anderen Einkunftsarten zuzurechnen sind (z.B. Zinsen aus der Instandhaltungsrücklage bei Wohneigentumsgemeinschaften).

- In der **Anlage R** (➤ Rz 938 ff.) – »R« steht für Renteneinkünfte – wird nach gesetzlichen und privaten Renten aus dem Inland gefragt.
- Die **Anlage R-AV/bAV** (➤ Rz 977 ff.) ist für Angaben zu Leistungen aus Altersvorsorgeverträgen und aus der betrieblichen Altersversorgung vorgesehen.
- Die **Anlage R-AUS** (➤ Rz 938 ff.) benötigen Sie für Angaben zu Renten und anderen Leistungen aus ausländischen Versicherungen oder einem ausländischen Rentenvertrag.
- Die **Anlage V** (➤ Rz 1015 ff.) ist von Vermietern auszufüllen.

Zusätzlich kommen für die ein oder anderen Steuerzahler noch folgende Vordrucke in Betracht:

- Die **Anlage Energetische Maßnahmen** (➤ Rz 337 ff.) ist auszufüllen, wenn Sie die Steuerermäßigung für energetische Maßnahmen an einem zu eigenen Wohnzwecken genutzten eigenen Gebäude beantragen.
- Die **Anlage U** (➤ Rz 223 ff.) benötigen Sie für den Abzug von Unterhaltsleistungen an den geschiedenen oder dauernd getrennt lebenden Ehegatten als Sonderausgaben.
- Für die Berücksichtigung von Unterhaltsleistungen an bedürftige Personen machen Sie Angaben in der **Anlage Unterhalt** (➤ Rz 377 ff.).
- **Ausländische Zinsen**, z.B. aus einer Beteiligung an einem Investmentfonds, müssen Sie zusätzlich in der **Anlage AUS** erklären.
- In die **Anlage SO** (= sonstige Einkünfte, ➤ Rz 992 ff.) sind u.a. Erträge aus Spekulationsgeschäften (»privaten Veräußerungsgeschäften«) einzutragen.
- Mit der **Anlage G** bzw. **S** erklären Gewerbetreibende respektive Freiberufler gewerbliche Einkünfte und Einkünfte aus selbständiger Arbeit. Diese Anlagen werden in diesem Buch allerdings nicht behandelt.

Zu Formularen für die Lohnsteuerermäßigung siehe ➤ Rz 1107 ff. 30

Wer werben will, muss lächeln.
(Manager Schütte)

2.2 Allgemeines zur Lohn- und Einkommensteuer

2.2.1 Begriffe aus dem Steuerrecht

In diesem Buch werden Begriffe verwendet, die nicht allen Lesern geläufig sind und deshalb der Erläuterung bedürfen: 31

Einkommensteuer	Steuer, die natürliche Personen (also Sie und ich) nach ihrem zu versteuernden Jahreseinkommen zu entrichten haben.
Körperschaftsteuer	Steuer, die juristische Personen (z.B. AG oder GmbH) nach ihrem zu versteuernden Jahreseinkommen zu entrichten haben.
Lebenspartner/in	Lebenspartner, die nach dem Lebenspartnerschaftsgesetz (LPartG) eine Lebenspartnerschaft begründet haben, können – wie Ehegatten – zusammen zur Einkommensteuer veranlagt werden.
Lohnsteuer	Die vom Arbeitslohn einbehaltene Einkommensteuer. Sie wird bei der Veranlagung zur Einkommensteuer angerechnet.
Kapitalertragsteuer	Die von Gewinnausschüttungen von Kapitalgesellschaften einbehaltene Einkommensteuer. Sie wird bei der Veranlagung zur Einkommensteuer angerechnet.
Abgeltungsteuer	Die Bank behält bei der Auszahlung von Zinsen eine Abgeltungsteuer ein, wenn Sie ihr keinen Freistellungsauftrag erteilt haben.
Werbungskosten	Alle Ausgaben, die im Zusammenhang mit steuerpflichtigen Einnahmen der folgenden Einkunftsarten 4 – 7 stehen.
Einkunftsarten	Das Einkommensteuergesetz kennt sieben Einkunftsarten: 1. Land- und Forstwirtschaft 2. Gewerbebetrieb 3. Selbständige Arbeit 4. Nichtselbständige Arbeit 5. Kapitalvermögen 6. Vermietung und Verpachtung 7. Sonstige Einkünfte (z.B. Renten oder private Veräußerungsgeschäfte)

Einkünfte	Einkünfte sind bei den Einkunftsarten 1 – 3 der Gewinn oder Verlust, bei den Einkunftsarten 4 – 7 der Überschuss der Einnahmen über die Werbungskosten oder Verlust.
Veranlagung	Festsetzung einer Steuer durch Steuerbescheid.
Lohnsteuerermäßigung	Freibetrag auf der Lohnsteuerkarte.
Steuersatz	Ihre Steuer in Prozent Ihres zu versteuernden Einkommens (➤ Rz 34).
Progressionsvorbehalt	Arbeitslosengeld, Elterngeld, Kurzarbeiter- und Schlechtwettergeld usw. sind zwar steuerfrei, werden aber bei der Ermittlung des Steuersatzes berücksichtigt.
Verheiratete	Eheleute, die nicht dauernd getrennt leben.
Alleinstehende	Unverheiratete; Ehegatten, die dauernd getrennt leben.

2.2.2 Steuerbelastung 2021

32 Hier finden Sie eine einfache, aber nützliche Tabelle, mit deren Hilfe Sie leicht feststellen können, wie viel Steuerersparnis Ihnen eine Ausgabe bringt. Dazu müssen Sie nur in etwa die Höhe Ihres zu versteuernden Einkommens ausrechnen. Für die Berechnung verwenden Sie am besten das Schema unter ➤ Rz 37. Zugleich zeigt Ihnen die Tabelle in aller Deutlichkeit, wie unverschämt der Fiskus in Ihre Taschen langt und was Sie fordern müssen, wenn es um eine Gehaltserhöhung oder um den Lohn für eine Nebenbeschäftigung geht. Zur besseren Übersicht ist die Steuerbelastungstabelle in größeren Stufen aufgebaut, wobei die steuerliche Belastung der letzten 1.000 € des zu versteuernden Einkommens angegeben wird.
Mit Hilfe der Steuerbelastungstabelle können Sie schnell die steuerliche Belastung durch eine Einkommenserhöhung bzw. die Entlastung durch eine Einkommensminderung veranschlagen.

33 **Beispiel**

Durch zusätzliche Ausgaben wird sich Ihr zu versteuerndes Einkommen für 2021 von 46.000 € um 3.000 € auf 43.000 € verringern. Der Fiskus beteiligt sich an den

ersten 1.000 € mit	36,9 % =	369 €
zweiten 1.000 € mit	36,4 % =	364 €
dritten 1.000 € mit	35,9 % =	359 €
Insgesamt mit		1.092 €

Steuerbelastungstabelle 2021 für den Grundtarif (ohne KiSt und SolZ) 34

(geringfügige Abweichungen bleiben vorbehalten)

Zu versteuerndes Einkommen	Einkommensteuer insgesamt nach Grundtabelle		Belastung der letzten 1.000 €	Zu versteuerndes Einkommen	Einkommensteuer insgesamt nach Grundtabelle		Belastung der letzten 1.000 €
€	€	%	%	€	€	%	%
8.000	0	0,00	0,00	**44.000**	9.747	22,15	35,90
9.000	0	0,00	0,00	**45.000**	10.111	22,47	36,40
10.000	36	0,36	3,60	**46.000**	10.480	22,78	36,90
11.000	191	1,74	15,50	**47.000**	10.852	23,09	37,20
12.000	366	3,05	17,50	**48.000**	11.228	23,39	37,60
13.000	561	4,32	19,50	**49.000**	11.609	23,69	38,10
14.000	776	5,54	21,50	**50.000**	11.994	23,99	38,50
15.000	1.010	6,73	23,40	**51.000**	12.383	24,28	38,90
16.000	1.253	7,83	24,30	**52.000**	12.776	24,57	39,30
17.000	1.500	8,82	24,70	**53.000**	13.173	24,85	39,70
18.000	1.751	9,73	25,10	**54.000**	13.575	25,14	40,20
19.000	2.006	10,56	25,50	**55.000**	13.981	25,42	40,60
20.000	2.266	11,33	26,00	**56.000**	14.391	25,70	41,00
21.000	2.529	12,04	26,30	**57.000**	14.805	25,97	41,40
22.000	2.797	12,71	26,80	**58.000**	15.223	26,25	41,80
23.000	3.069	13,34	27,20	**59.000**	15.643	26,51	42,00
24.000	3.346	13,94	27,70	**60.000**	16.063	26,77	42,00
25.000	3.626	14,50	28,00	**61.000**	16.483	27,02	42,00
26.000	3.911	15,04	28,50	**62.000**	16.903	27,26	42,00
27.000	4.199	15,55	28,80	**63.000**	17.323	27,50	42,00
28.000	4.492	16,04	29,30	**64.000**	17.743	27,72	42,00
29.000	4.789	16,51	29,70	**65.000**	18.163	27,94	42,00
30.000	5.091	16,97	30,20	**66.000**	18.583	28,16	42,00
31.000	5.396	17,41	30,50	**67.000**	19.003	28,36	42,00
32.000	5.706	17,83	31,00	**68.000**	19.423	28,56	42,00
33.000	6.020	18,24	31,40	**69.000**	19.843	28,76	42,00
34.000	6.338	18,64	31,80	**70.000**	20.263	28,95	42,00
35.000	6.660	19,03	32,20	**71.000**	20.683	29,13	42,00
36.000	6.986	19,41	32,60	**72.000**	21.103	29,31	42,00
37.000	7.317	19,78	33,10	**73.000**	21.523	29,48	42,00
38.000	7.651	20,13	33,40	**74.000**	21.943	29,65	42,00
39.000	7.990	20,49	33,90	**75.000**	22.363	29,82	42,00
40.000	8.333	20,83	34,30	**80.000**	24.463	30,58	42,00
41.000	8.681	21,17	34,80	**90.000**	28.663	31,85	42,00
42.000	9.032	21,50	35,10	**100.000**	32.863	32,86	42,00
43.000	9.388	21,83	35,60	**110.000**	37.063	33,69	42,00

Liegt Ihr Einkommen als Alleinstehender **über 274.613 €**, so liegt die Belastung des darüber hinausgehenden Einkommens durchgehend bei 45 % – s. ➤ Rz 39.

Steuerbelastungstabelle 2021 für den Splittingtarif (ohne KiSt und SolZ)

(geringfügige Abweichungen bleiben vorbehalten)

Zu versteuerndes Einkommen	Einkommensteuer insgesamt nach Splittingtabelle		Belastung der letzten 1.000 €	Zu versteuerndes Einkommen	Einkommensteuer insgesamt nach Splittingtabelle		Belastung der letzten 1.000 €
€	€	%	%	€	€	%	%
15.000	0	0,00	0,00	**70.000**	13.320	19,03	32,40
16.000	0	0,00	0,00	**71.000**	13.644	19,22	32,40
17.000	0	0,00	0,00	**72.000**	13.972	19,41	32,80
18.000	0	0,00	0,00	**73.000**	14.302	19,59	33,00
19.000	0	0,00	0,00	**74.000**	14.634	19,78	33,20
20.000	72	0,36	7,20	**75.000**	14.968	19,96	33,40
21.000	222	1,06	15,00	**76.000**	15.302	20,13	33,40
22.000	382	1,74	16,00	**77.000**	15.640	20,31	33,80
23.000	552	2,40	17,00	**78.000**	15.980	20,49	34,00
24.000	732	3,05	18,00	**79.000**	16.322	20,66	34,20
25.000	922	3,69	19,00	**80.000**	16.666	20,83	34,40
26.000	1.122	4,32	20,00	**81.000**	17.012	21,00	34,60
27.000	1.332	4,93	21,00	**82.000**	17.362	21,17	35,00
28.000	1.552	5,54	22,00	**83.000**	17.712	21,34	35,00
29.000	1.780	6,14	22,80	**84.000**	18.064	21,50	35,20
30.000	2.020	6,73	24,00	**85.000**	18.418	21,67	35,40
31.000	2.262	7,30	24,20	**86.000**	18.776	21,83	35,80
32.000	2.506	7,83	24,40	**87.000**	19.134	21,99	35,80
33.000	2.752	8,34	24,60	**88.000**	19.494	22,15	36,00
34.000	3.000	8,82	24,80	**89.000**	19.858	22,31	36,40
35.000	3.250	9,29	25,00	**90.000**	20.222	22,47	36,40
36.000	3.502	9,73	25,20	**91.000**	20.590	22,63	36,80
37.000	3.756	10,15	25,40	**92.000**	20.960	22,78	37,00
38.000	4.012	10,56	25,60	**93.000**	21.330	22,94	37,00
39.000	4.270	10,95	25,80	**94.000**	21.704	23,09	37,40
40.000	4.532	11,33	26,20	**95.000**	22.080	23,24	37,60
41.000	4.794	11,69	26,20	**96.000**	22.456	23,39	37,60
42.000	5.058	12,04	26,40	**97.000**	22.836	23,54	38,00
43.000	5.326	12,39	26,80	**98.000**	23.218	23,69	38,20
44.000	5.594	12,71	26,80	**99.000**	23.602	23,84	38,40
45.000	5.866	13,04	27,20	**100.000**	23.988	23,99	38,60
46.000	6.138	13,34	27,20	**101.000**	24.376	24,13	38,80
47.000	6.414	13,65	27,60	**102.000**	24.766	24,28	39,00
48.000	6.692	13,94	27,80	**103.000**	25.158	24,43	39,20
49.000	6.970	14,22	27,80	**104.000**	25.552	24,57	39,40
50.000	7.252	14,50	28,20	**105.000**	25.948	24,71	39,60
51.000	7.536	14,78	28,40	**106.000**	26.346	24,85	39,80
52.000	7.822	15,04	28,60	**107.000**	26.748	25,00	40,20
53.000	8.108	15,30	28,60	**108.000**	27.150	25,14	40,20
54.000	8.398	15,55	29,00	**109.000**	27.554	25,28	40,40
55.000	8.690	15,80	29,20	**110.000**	27.962	25,42	40,80
56.000	8.984	16,04	29,40	**120.000**	32.126	26,77	41,64

Zu versteuerndes Einkommen	Einkommensteuer insgesamt nach Splittingtabelle		Belastung der letzten 1.000 €	Zu versteuerndes Einkommen	Einkommensteuer insgesamt nach Splittingtabelle		Belastung der letzten 1.000 €
€	€	%	%	€	€	%	%
57.000	9.280	16,28	29,60	**130.000**	36.326	27,94	42,00
58.000	9.578	16,51	29,80	**140.000**	40.526	28,95	42,00
59.000	9.880	16,75	30,20	**150.000**	44.726	29,82	42,00
60.000	10.182	16,97	30,20	**160.000**	48.926	30,58	42,00
61.000	10.486	17,19	30,40	**170.000**	53.126	31,25	42,00
62.000	10.792	17,41	30,60	**180.000**	57.326	31,85	42,00
63.000	11.100	17,62	30,80	**190.000**	61.526	32,38	42,00
64.000	11.412	17,83	31,20	**200.000**	65.726	32,86	42,00
65.000	11.724	18,04	31,20	**210.000**	69.926	33,30	42,00
66.000	12.040	18,24	31,60	**220.000**	74.126	33,69	42,00
67.000	12.356	18,44	31,60	**230.000**	78.326	34,05	42,00
68.000	12.676	18,64	32,00	**240.000**	82.526	34,39	42,00
69.000	12.996	18,83	32,00	**250.000**	86.726	34,69	42,00

Liegt Ihr Einkommen als Verheirateter **über 549.226 €,** so liegt die Belastung des darüber hinausgehenden Einkommens durchweg bei 45 % – s. ➤ Rz 39.

Bis Mitte Juli arbeiten wir alle für Vater Staat! 35

Bei diesen Zahlenkolonnen wird einem schon ganz schummrig. Fast schwarz vor Augen kann einem werden, wenn man sich die rechte Spalte »Belastung der letzten 1.000 €« näher ansieht. Steuerlast bis zu 42 %! Bei Arbeitnehmern kommen die Zwangsbeiträge zur Sozialversicherung noch obendrauf.

Kluge Köpfe haben ausgerechnet: Rund 53 % des sauer Verdienten gehen regelmäßig an Steuern und Abgaben drauf. Anders ausgedrückt: Mitte Juli ist »Steuerzahlergedenktag«, denn erst ab dann arbeiten Sie für das eigene Portemonnaie.

Wie Sie sich aus diesem staatlichen Würgegriff befreien, dazu mehr unter ➤ Rz 519.

Die Grenzbelastung im Einkommensteuertarif 2021 36

Für Ihre künftigen Planungen zeigt die Übersicht unter ➤ Rz 38 in graphischer Form die Einkommensteuerbelastung im Grenzbereich in Prozent für 2021.

Die Grenzbelastung ist für Fragen der Steuerersparnis maßgebend. Der Prozentsatz zeigt Ihnen:

1. In dieser Höhe wird jeder zusätzlich verdiente Euro besteuert.
2. In dieser Höhe beteiligt sich der Fiskus an jedem Euro, den Sie zusätzlich einkommensmindernd abziehen.

Die Durchschnittsbelastung ist indessen niedriger als die Grenzbelastung, weil sie den Grundfreibetrag und die Steuerprogression berücksichtigt. Für Fragen der Steuerplanung ist indessen nur die Grenzbelastung maßgebend.

2.2.3 Vereinfachtes Schema zur Selbstberechnung der Steuer für 2021

37 Hier können Sie sozusagen nach **Schema F** mit Bleistift und Papier ausrechnen, wie hoch Ihr Steuerobolus für 2021 sein wird. Am besten gehen Sie wie folgt vor:

- Zunächst ermitteln Sie Ihre Einkünfte, indem Sie von den jeweiligen Einnahmen die dazugehörigen Werbungskosten abziehen.
- Von der so berechneten Summe der Einkünfte sind Entlastungsbeträge für über 64-Jährige und Alleinerziehende abzuziehen; was verbleibt, ist der Gesamtbetrag der Einkünfte.
- Besonders kompliziert ist der Abzug der Sonderausgaben (insbesondere Versicherungsbeiträge), da diese vielfach nur im Rahmen von Höchstbeträgen abziehbar sind.

			Steuerpflichtiger (Euro)	Ehegatte (Euro)
1. Einkünfte aus Land- und Forstwirtschaft			+	+
2. Einkünfte aus Gewerbebetrieb			+	+
3. Einkünfte aus selbständiger Arbeit				
	Steuerpflichtiger (Euro)	Ehegatte (Euro)		
4. Einkünfte aus nichtselbständiger Arbeit				
Arbeitslohn *lt. Lohnsteuerbescheinigung*				
Werbungskosten (mindest. Pauschbetrag von 1 000 € pro Person)	-	-		
verbleiben				
Versorgungsbezüge				
Versorgungsfreibeträge (je nach Beginn der Versorgungsbezugs: bis 2005: 40%, max. 3 900 €, Beginn des Versorgungsbezugs 2021: 15,2%, max. 1 482 €)	-	-		
Werbungskosten (mindest. Pauschbetrag von 102 € pro Person)	-	-	▶+	▶+
5. Einkünfte aus Kapitalvermögen				
Einnahmen *lt. Jahresbescheinigung*				
Sparer-Pauschbetrag (801 € pro Person)	-	-	▶+	▶+
6. Einkünfte aus Vermietung und Verpachtung			+	+
7. Sonstige Einkünfte				
Einnahmen *(z.B. steuerpflichtiger Anteil der Rentenbezüge)*				
Rentenfreibetrag	-	-		
Werbungskosten (mindest. Pauschbetrag von 102 € pro Person)	-	-	▶+	▶+
Spekulationsgewinne *aus privaten Veräußerungsgeschäften (Freigrenze: 600 € pro Person)*			+	+
		Zwischensumme		
				▶+
			Summe der Einkünfte	
		Steuerpflichtiger (Euro)	Ehegatte (Euro)	
Altersentlastungsbetrag für vor dem 2.1.1956 Geborene, max. 1 900 €				▶-
Entlastungsbetrag für Alleinerziehende, min. 4 008 €				-
Freibetrag für Land- und Forstwirte (ggf. 900 €, bei Ehegatten 1 800 €)				-
			Gesamtbetrag der Einkünfte	
Verlustabzug nach § 10d EStG				-
Sonderausgaben für Riester-Beiträge (§ 10 a EStG, wenn günstiger als Zulagen-Förderung)				-
Sonderausgaben für Vorsorgeaufwendungen				-
Übrige Sonderausgaben (Berufsausbildungskosten, Kirchensteuer, Spenden, ... mindestens 36 € pro Person)				-
Außergewöhnliche Belastungen (Krankheitskosten, Aufwendungen bei Behinderung, ...)				-
			Einkommen	
Freibeträge für Kinder (Kinderfreibetrag, Betreuungsfreibetrag, sofern günstiger als Kindergeld)				-
			Zu versteuerndes Einkommen	
Steuer 2021 nach Grund- bzw. Splittingtabelle				
Steuerermäßigungen z.B. für Parteispenden, haushaltsnahe Dienstleistung/Beschäftigung/Handwerkerleistungen				-
Kindergeld / Riester-Zulagen (wenn die Berücksichtigung von Freibeträgen günstiger ist)				+
Bereits gezahlte Steuer (Lohn-, Einkommen, Kapitalertragsteuer)				-
Erstattungsbetrag / Nachzahlung				

38 2.2.4 Steuerbelastung im Einkommensteuertarif 2021

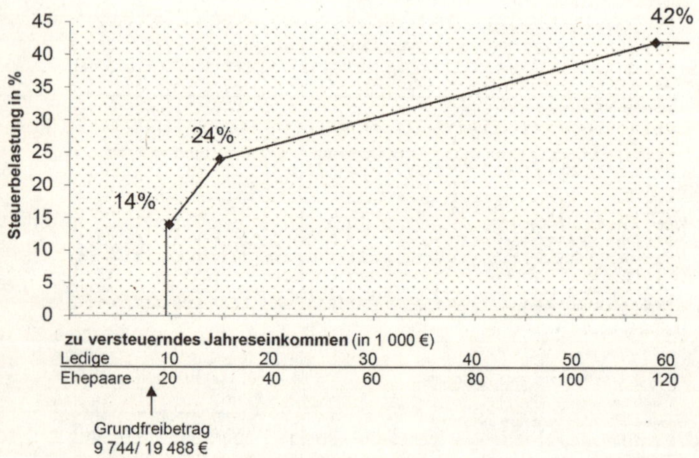

2.2.5 Aufbau des Einkommensteuertarifs 2021

39 Der Einkommensteuertarif 2021 unterteilt das zu versteuernde Einkommen in drei Zonen:

I. Steuerfreie Zone	II. Progressionszone	III. Proportionalzone
Steuersatz 0%	**Steuersatz 14 bis 42%**	**Steuersatz 42%**
Darunter fallen: Ledige bis 9 744 €	Darunter fallen: Ledige mit 9 745 bis 57 918 €	Darunter fallen: Ledige ab 57 919 €
Verheiratete bis 19 488 €	Verheiratete mit 19 489 bis 115 836 €	Verheiratete ab 115 838 €
Jahreseinkommen*	Jahreseinkommen*	Jahreseinkommen*

* nach Abzug aller Freibeträge und Pauschalen

Die Reichensteuer

Es gibt sogar eine weitere Zone – für **Spitzenverdiener.** Liegt das zu versteuernde Einkommen über 274 613 €/549.226 € (Alleinstehende/Ehegatten), beträgt der Steuersatz 45 statt 42 %.

Spitzelsteuersatz nur 10 %! 40

Steuersätze von 30, 42 oder gar 45 % und evtl. Kirchensteuer sowie ggf. der Soli-Zuschlag kommen noch obendrauf. Wem da nicht schwarz vor Augen wird, der hat wirklich gute Nerven.
Dabei könnte doch alles so einfach sein …
Stellen Sie sich vor, Sie zahlen pauschal 10 % Einkommensteuer auf Ihre Einnahmen, müssen keine Steuererklärung abgeben und haben daher auch keinen Ärger mit dem Finanzamt. Unvorstellbar? O nein!
Für verdeckte Ermittler der Nachrichtendienste ist das Realität!

Wie das Bundesfinanzministerium verlauten ließ, müssen die Informanten von Verfassungsschutz und BND lediglich 10 % ihrer Prämien an den Fiskus abführen. Begründung: Die Schlapphüte können ja keine Abendessen oder andere Werbungskosten von der Steuer absetzen. »Sonst ist die Tätigkeit ja nicht mehr geheim.«
So sollen von den 5 Mio. € für die berühmt-berüchtigte »Liechtenstein-DVD« 500.000 € Einkommensteuer einbehalten worden sein. Der »normale« Steuerzahler hätte dafür mehr als 2 Mio. € Steuern gezahlt!
Das nenne ich ein Reformmodell! Jeder Steuerzahler führt auf Antrag die pauschale »Spitzelsteuer« von 10 % der Einnahmen ab, streng geheim, versteht sich.

Die Wirkung der Steuerprogression
Schauen Sie sich an, wie Ihnen der Fiskus durch die Steuerprogression in die Tasche langt: 41

Steuerprogression 2021		
Einkommen	Steuer nach Grundtarif	durchschnittlicher Steuersatz
20.000 €	2.266 €	rd. 11,33 %
40.000 €	8.333 €	rd. 20,83 %
Also, bei doppelt hohem Einkommen beträgt die Steuer mehr als das Dreifache. Die ganze Misere wird erst so richtig deutlich, wenn Sie sich die Steuerbelastung für die zweiten 20.000 € ansehen. Dafür bittet Sie der Fiskus mit sage und schreibe 6.067 € zur Kasse. Das sind schon stolze 30,34 %!		

2.2.6 Zum Grundfreibetrag

Nach einem Machtwort des Bundesverfassungsgerichts in Karlsruhe darf 42
das Existenzminimum nicht besteuert werden. Als Existenzminimum wird das angesehen, was Sozialhilfeempfängern auch ohne Beschäftigung steuerfrei zusteht. Die folgende Übersicht zeigt, wie hoch Ihr zu versteuerndes Einkommen sein darf, damit bei Ihnen keine Steuer anfällt:

43

Entwicklung des Grundfreibetrags und des Einkommensteuertarifs			
Jahr	Grundfreibetrag	Eingangssteuersatz	Spitzensteuersatz
2018	9.000 €	14,0 %	42,0 % ab 54.950 € 45,0 % ab 260.533 €
2019	9.168 €	14,0 %	42,0 % ab 55.961 € 45,0 % ab 265.327 €
2020	9.408 €	14,0 %	42,0 % ab 57.052 € 45,0 % ab 270.501 €
2021	9.744 €	14,0 %	42,0 % ab 57.919 € 45,0 % ab 274.613 €
2022	9.984 €	14,0 %	42,0 % ab 58.597 € 45,0 % ab 277.826 €

Die Grundfreibeträge sind in die Einkommensteuertabellen eingearbeitet (vgl. ➤ Rz 1149).

44

Welche Beträge beim monatlichen Lohnsteuerabzug steuerfrei bleiben

Nachfolgend sind die Mindestgrenzen angegeben, ab denen man Lohnsteuer zu zahlen hat. Dabei ergeben sich unterschiedliche Beträge, je nachdem, ob für Sie die allgemeine oder die besondere Lohnsteuertabelle anzuwenden ist. Der Unterschied zwischen den beiden Tabellen liegt in der Höhe der als Freibetrag eingearbeiteten Vorsorgepauschale, mit der im laufenden Jahr Ihre Versicherungsbeiträge abgegolten werden. In der allgemeinen Lohnsteuertabelle, die vorrangig für sozialversicherungspflichtige Arbeitnehmer gedacht ist, ist die Vorsorgepauschale höher, weil sie eine Zusatzkomponente für die Altersvorsorgebeiträge (Rentenversicherung) enthält. Diese Freibetragskomponente fehlt bei der besonderen Lohnsteuertabelle, die deshalb in erster Linie bei nicht sozialversicherungspflichtigen Arbeitnehmern zur Anwendung kommt, wie Beamten, Richtern, Soldaten etc., Pensionären und Rentnern, die sich ihre Rente durch einen Job aufbessern.

Beginn der Lohnsteuerpflicht		
Allgemeine Lohnsteuertabelle		
	2021	
Steuerklasse	Monatstabelle	Jahrestabelle
	€	€
I/IV	1.121,16 €	13.453,99 €
II	1.509,24 €	18.110,99 €
III	2.127,91 €	25.534,99 €
V	108,49 €	1.301,99 €
VI	0,83 €	9,99 €
Besondere Lohnsteuertabelle		
	2021	
Steuerklasse	Monatstabelle	Jahrestabelle
	€	€
I/IV	1.021,66 €	12.259,99 €
II	1.391,33 €	16.659,99 €
III	1.945,08 €	23.340,99 €
V	98,91 €	1.186,99 €
VI	0,83 €	9,99 €

Wir verstehen nur,
was wir selber machen.
(Kant)

3 Die ersten Schritte

> Die Hinweise in diesem Kapitel sollten Sie beachten, bevor Sie mit der Erstellung Ihrer Steuererklärung beginnen. 45

3.1 Ordnen der Unterlagen

Die erste Steuererklärung ist immer die schwerste. Bei der zweiten können Sie nach dem Motto »Hoch lebe der Vorgang« arbeiten, d.h., die Vorjahreserklärung dient Ihnen als Vorlage. Hat sich bei Ihnen nichts geändert, 46

- übernehmen Sie die Daten des Vorjahres (online oder manuel auf Papier),
- rufen die aktuellen Steuerdaten vom Finanzamt ab und spielen sie via Mein ELSTER in Ihre aktuelle Steuererklärung ein oder
- tragen ruck, zuck die aktuellen Zahlen in die entsprechenden Kästchen der aktuellen Steuerformulare ein,

und fertig ist die Steuererklärung!

Alles muss schlüssig sein 47

Die Vorjahreserklärung ist aber noch aus einem anderen Grund wichtig: Die diesjährige muss mit ihr **schlüssig** sein. Nehmen wir an, ein Mietnomade hat Sie um 5.000 € betrogen und Sie geben entsprechend weniger Mieteinnahmen als im Vorjahr an. Der Finanzer sieht sich auf jeden Fall Ihre Vorjahreserklärung an, vergleicht die Zahlen und fragt zuerst sich und später Sie, wie der Rückgang der Mieteinnahmen wohl zu erklären ist. Wollen Sie Rückfragen vermeiden, vermerken Sie am Rand: Mietausfall 5.000 €.

Oder Sie haben Geld ins Ausland verbracht und setzen deshalb keine Zinseinnahmen an. War es sehr viel Geld, können Sie nicht einfach sagen: »Hab ich für Reisen gebraucht.« Zu Auslandserträgen mehr unter ➤ Rz 910ff. 48

Belege sortieren 49

Eine gewisses Maß an Ordnung ist angebracht, damit man sich nicht unnötig lange mit der Steuererklärung aufhalten muss.

Das Wichtigste ist die **Ablage der Unterlagen nach Kalenderjahren.** Denn die Einkommensteuer wird nach dem Einkommen erhoben, das der Steuerzahler in einem ganz bestimmten Kalenderjahr bezogen hat (§ 25 EStG). Am besten legen Sie für jedes Kalenderjahr einen eigenen Ordner an.

Sie können sich die Arbeit zusätzlich erleichtern, wenn Sie die Sortierung Ihrer Belege an den Formularen ausrichten.

Guter Rat

Im Ordner für das betreffende Fiskaljahr legen Sie Fächer an für:

1. Anlage Sonderausgaben: Spenden, Berufsausbildungskosten.
2. Anlage Vorsorgeaufwand und Anlage AV: Versicherungsbeiträge, Riester-Sparen: Beitragsrechnungen der Assekuranz werden üblicherweise in einem gesonderten Ordner abgeheftet. Machen Sie dann für die Steuererklärung eine Kopie oder zumindest eine Notiz über die Beitragshöhe.
3. Anlage Außergewöhnliche Belastungen: Krankheitskosten, Kosten einer Haushaltshilfe, Unterhaltsleistungen.
4. Anlage Haushaltsnahe Aufwendungen: Handwerkerrechnungen, Belege der Minijob-Zentrale zur Haushaltshilfe, Rechnungen für haushaltsnahe Dienstleistungen (Gärtner, Fensterputzer, Umzugsunternehmen …).
5. Anlage Kind: Angaben zur Berufsausbildung volljähriger Kinder, Kinderbetreuungskosten.
6. Anlage N (Einkünftige aus nichtselbstständiger Arbeit): Gehaltsbezüge, Lohnsteuerbescheinigung, Anlage VL (vermögenswirksame Leistungen), Reisekosten, Arbeitsmittel, Fachliteratur, Telefonkosten.
7. Anlagen KAP (Kapitaleinkünfte): Jahres- und Steuerbescheinigungen der Bank.
8. Anlage V (Vermietung und Verpachtung): Erhaltungsaufwendungen, Zinsen.

Haben Sie noch Einkünfte aus anderen Einkunftsarten, gehen Sie entsprechend vor.

50 »Welche Unterlagen sind für die Steuererklärung eigentlich von Bedeutung?«, fragen sich viele jedes Jahr aufs Neue. Bei Beantwortung dieser Frage hilft folgende

Checkliste

A. Allgemeine Angaben/Angaben zu Personen

I. Steuernummer, Identifikationsnummer, Finanzamt, Steuerbescheid des Vorjahres

II. Kinder

- Höhe des erhaltenen Kindergeldes (maßgeblich ist jedoch Anspruch)
- Wenn Kinder 18 Jahre oder älter und noch in der Ausbildung sind:

1. Schul- oder Studienbescheinigung bzw. Berufsausbildungsvertrag
2. ggf. Bescheinigung über Wehrdienst/Zivildienstzeit/Freiwilliges Soziales Jahr

- Zahlungen für die Betreuung oder Unterbringung des Kindes
- Anschrift und Aufwendungen bei auswärtiger Unterbringung
- ggf. Unterhaltszahlungen an Kinder

B. Versicherungen, Spenden, Krankheitskosten usw.

I. Versicherungen

- (Freiwillige) Beiträge zur Deutschen Rentenversicherung, zu Pensionskassen und Versorgungswerken, Lebens-, Kranken-, Unfall- und private Haftpflichtversicherungen einschließlich Kfz- und Grundbesitzerhaftpflicht sowie Bescheinigungen zur Riester-Rente

II. Spenden, Krankheitskosten, Unterhaltszahlungen, Steuerberatungskosten usw.

- Spenden an Vereine, politische Vereinigungen und Parteien usw.
- Kosten ärztlicher Behandlung, Kurkosten usw.
- Unterhaltszahlungen an getrennt lebende, geschiedene Ehepartner sowie an hilfsbedürftige Personen wie z. B. Eltern oder sonstige nahe Verwandte
- Steuerberatungskosten (wegen ggf. anteilig enthaltener Werbungskosten)
- Ausbildungskosten wie z. B. Studiengebühren usw.

C. Haushaltsnahe Beschäftigung/Dienstleistungen, Handwerkerleistungen

I. Haushaltsnahe Beschäftigung

- Belege über Ihre Aufwendungen/Arbeitsvertrag

II. Haushaltsnahe Dienstleistungen/Handwerkerleistungen

- Rechnung
- Nachweis der Zahlung auf das Konto des Unternehmers

D. Nichtselbständige Tätigkeit

I. Einnahmen

- Lohnsteuerbescheinigung
- Nachweis der Bundesagentur für Arbeit bzw. der Krankenkasse über den Bezug von Lohnersatzleistungen wie z. B. Arbeitslosengeld, Elterngeld, Krankengeld, Kurzarbeitergeld, Mutterschaftsgeld usw.

II. Werbungskosten

- Fahrten zwischen Wohnung und erster Tätigkeitsstätte:

1. Adresse der Tätigkeitsstätte
2. Anzahl der Kilometer (einfache Entfernung) zwischen Ihrer Wohnung und erster Tätigkeitsstätte
3. Anzahl der Arbeitstage (ohne Urlaubs- und Krankheitstage)
4. ggf. Unfallkosten bei Unfall auf einer Fahrt zwischen Wohnung und erster Tätigkeitsstätte

- Reisekosten/Einsatzwechseltätigkeit

1. Spesenabrechnungen/Erstattungen durch Arbeitgeber
2. Aufstellung über dienstliche Fahrten, wenn länger als acht Stunden von Betrieb oder Wohnung abwesend

   Mögliche Aufstellung:

   Datum Uhrzeit Abfahrt: Uhrzeit Rückkehr: Zielort/Grund der Reise

- Arbeitszimmer
- Wenn Sie ein Arbeitszimmer nutzen und es den Mittelpunkt der gesamten betrieblichen und beruflichen Betätigung bildet oder Ihnen (zumindest) für einen Teil Ihrer betrieblich beruflichen Tätigkeit kein anderer Arbeitsplatz zur Verfügung steht:

1. Angaben zur Gesamtwohnfläche und zur Größe des Arbeitszimmers
2. Angaben zu den angefallenen Kosten (Miete, Nebenkosten, Erhaltungskosten usw.)
3. Unterlagen über die Einrichtungsgegenstände des Arbeitszimmers, soweit diese neu angeschafft wurden oder zuvor privaten Zwecken dienten

- Doppelte Haushaltsführung

  Wenn Sie am Ort Ihrer Arbeitsstätte eine zusätzliche Wohnung unterhalten:

1. Adresse
2. Beginn der Wohnungsnutzung und ggf. angefallene Umzugskosten
3. Kosten für laufenden Unterhalt, wie Miete, Gas, Strom, Wasser usw.
4. Anzahl der Fahrten zu Ihrer Familienwohnung (Erstwohnung), Entfernungskilometer zwischen beiden Wohnungen

- Sonstige Werbungskosten
  Folgende Ausgaben sollten Sie zusammenstellen, soweit sie im Zusammenhang mit Ihrem Beschäftigungsverhältnis stehen:

1. Arbeitskleidung
2. Büromaterial, Fachliteratur
3. Fortbildungskosten (sofern nicht vom Arbeitgeber getragen/erstattet)
4. Bewerbungskosten
5. Umzugskosten, wenn Umzug beruflich bedingt war
6. Berufshaftpflicht, Beiträge zur Unfall-/Rechtschutzversicherung, die auch berufliche Risiken abdecken, Beiträge für Mitgliedschaften in Berufsverbänden oder Gewerkschaften
7. Aufwendungen für Computer, wenn dieser auch beruflich genutzt wird (bitte Bescheinigung des Arbeitgebers beifügen)

E. Kapitaleinkünfte

- Erträgnisaufstellungen, Depotauszüge, Jahresbescheinigungen, Steuerbescheinigungen Ihrer Bank bzw. Ihrer Banken

Des Weiteren sind folgende Unterlagen relevant:

- Zinseinnahmen aus Privatdarlehen
- Gewinnausschüttungen aus Anteilen an Kapitalgesellschaften, die nicht über ein Bankdepot geflossen sind
- Zinsen aus sonstigen Kapitalforderungen (z. B. Steuererstattungen)
- Zinsen aus Bausparguthaben

F. Renten, private Veräußerungsgeschäfte und sonstige Einkünfte

I. Private Veräußerungsgeschäfte

- Immobilien:

1. Verträge über An- und Verkauf
2. Zusammenstellungen der Anschaffungskosten/des Veräußerungserlöses
3. Zusammenstellungen der Veräußerungskosten (Kosten für Fahrten, Inserate, Makler, Notar ...)

II. Renteneinkünfte

- Rentenbescheid, Rentenanpassungsmitteilungen

III. Sonstige Einkünfte

Erforderlich sind Nachweise über

- gelegentliche Einnahmen, z. B. aus Provisionen für Vermittlungen
- Unterhaltszahlungen vom getrennt lebenden oder geschiedenen Ehepartner
- sonstige wiederkehrende Bezüge

G. Vermietung und Verpachtung

I. Allgemeines

- Separate Aufstellung sowie Belegsammlung je Objekt
- Im Fall der Neuanschaffung:

1. notarieller Kaufvertrag
2. Belege über Nebenkosten wie z. B. Grunderwerbsteuer, Landesjustizkasse, Notarkosten usw.
3. ggf. Darlehensvertrag über Finanzierung des Kaufpreises etc.

- Im Fall der Neuerrichtung:

1. notarieller Kaufvertrag für Grundstück
2. gesamte Herstellungskosten inkl. aller Nebenkosten, sonstige Nebenkosten
3. ggf. Darlehensvertrag über Finanzierung des Grundstückes bzw. der Herstellungskosten

II. Einnahmen

- Mieteinnahmen netto sowie vereinnahmte Umsatzsteuer bei umsatzsteuerpflichtiger Vermietung
- vereinnahmte Umlagen, erhaltene Nachzahlungen oder gezahlte Erstattungen
- Garagenmieten sowie sonstige Einnahmen, z. B. Zinsen aus Bausparguthaben in Zusammenhang mit einer Bausparfinanzierung

III. Werbungskosten

- Finanzierungskosten, insbesondere Bescheinigung über gezahlte Schuldzinsen
- Betriebskosten, z. B. Gas, Wasser, Strom, Grundsteuer, Kaminkehrer, Kanalgebühren etc.
- Erhaltungsaufwendungen wie z. B. Reparaturen

- Kosten Hausverwalter, allgemeine Verwaltungskosten, Gebäudeversicherungen, Kontogebühren
- Nebenkostenabrechnung
- Maklergebühren, Kosten für Zeitungsanzeigen
- Kosten für Inventar und Gartenanlagen

3.2 Erklärungsstrategie – so machen Sie es richtig

3.2.1 Beweise durch Belege

Eigentlich leben wir ja in einem Rechtsstaat, und da gelten einige eherne Regeln. Eine davon betrifft die Beweisfrage. Bei den Einnahmen trägt der Fiskus die Beweislast, bei den Ausgaben der Steuerzahler (§ 88 AO). Also lassen Sie sich bloß nicht in Beweisnot bringen, weil Ihnen ein Beleg fehlt. Deshalb: Alles aufbewahren. 51

Ist Ihnen eine Rechnung abhanden gekommen, fertigen Sie einen Eigenbeleg, aus dem sich alles Notwendige ergibt. Haben Sie die Ausgabe unbar geleistet, verweisen Sie auf den entsprechenden Kontoauszug. Keine Belege? Lesen Sie dazu ➤ Rz 55 ff.

TIPP Ohne Beleg zum Steuerrabatt – so erstellt man die Steuererklärung heute 52

Finanzamt goes online ist kein Titel eines Zukunftsromans, sondern längst Realität. Steuererklärungen sollen elektronisch – möglichst via ELSTER – übertragen werden (➤ Rz 6). Die Rechner des Finanzamts prüfen und bearbeiten die Steuererklärungen vollautomatisch. Nur wenn die Plausibilitätsprüfung Alarm schlägt, werden die Angaben genauer geprüft. Da stören Papierbelege nur. Daher heißt es in der amtlichen Anleitung zur Steuererklärung nun: ***»Belege sind mit der Einkommensteuererklärung nur dann einzureichen,wenn in den Vordrucken/Anleitungen ausdrücklich darauf hingewiesen wird; im Übrigen sind diese aufzubewahren (Belegvorhaltepflicht) und nur auf Anforderung des Finanzamts einzureichen.«*** Sie können also Werbungskosten, Spenden oder Kosten für Handwerker ohne Beleg steuerlich geltend machen, müssen aber damit rechnen, dass Nachweise vom Finanzamt angefordert werden. Wann dies der Fall ist, weiß nur der Rechner des Finanzamts. Anhaltspunkt dafür können allerdings die Nichtbeanstandungsgrenzen der Finanzverwaltung sein (➤ Rz 55 f.). Bleiben Ihre Eintragungen im Formular in diesem Rahmen, haben Sie gute Chancen, ohne Steuerbeleg eine kräftigen Steuerrabatt zu bekommen.

53 **Aufbewahrungspflichten**
Als Privatperson sind Sie grundsätzlich nicht verpflichtet, einmal eingereichte Belege aufzubewahren. Das gilt auch für Belege im Zusammenhang mit vermietetem Grundbesitz. Denn: Der Sachbearbeiter im Finanzamt muss bereits bei der Veranlagung die Einkünfte so eingehend prüfen, dass eine erneute Vorlage von Unterlagen entbehrlich ist. Lediglich für Gewerbetreibende gelten andere Maßstäbe. Je nach Art der Unterlagen müssen diese bis zu zehn Jahren gehortet werden (§ 147 AO).

54 Sie könnten Ihre Belege nach Rückgabe durch das Finanzamt also getrost vernichten. Ich rate Ihnen jedoch, sie etwa zwei Jahre aufzubewahren, denn auf der Ausgabenseite haben Sie ja die Beweislast. Und wenn das Finanzamt Ihre Ausgaben streicht und Sie den Bescheid später anfechten wollen, müssen Sie Ihre Kosten ggf. erneut nachweisen.

55 3.2.2 Manchmal geht es auch ganz ohne Belege

Das Finanzamt kann nicht alle Steuererklärungen intensiv überprüfen, das leuchtet ein. Daher werden sämtliche Steuerfälle vom Computer gefiltert. Nur wer auffällt, wird gesondert bearbeitet. Der Rest wird durchgewunken.

Nur, auf welche Sachverhalte springt der Rechner des Finanzamts denn an? Diese Frage ist leider nicht so leicht zu beantworten, da die Filter immer wieder überarbeitet und neu gesetzt werden. Einen Anhaltspunkt können die folgenden Grenzwerte geben, die einmal vom Bundesfinanzministerium als »Nichtbeanstandungsgrenzen« herausgegeben wurden.

56 **Außergewöhnliche Belastungen mit Einzelaufstellung (➤ Rz 276 ff.)**

Krankheitskosten (selbst getragene) jährlich bis zu	2.050 €
Fahrtkosten Behinderter bis zu	900 €
Sonderausgaben mit Einzelaufstellung	
Versicherungsbeiträge (➤ Rz 103 ff.) jährlich bis zu	2.050 €
Spenden (➤ Rz 170 ff.) mit Einzelbeträgen unter 25 € jährlich bis zu insges.	200 €
Berufliche Werbungskosten (➤ Rz 680 ff.)	
Doppelte Haushaltsführung (➤ Rz 862 ff.) monatlich bis zu	100 €
Arbeitsmittel (➤ Rz 724 ff.)	
Fachliteratur jährlich bis zu	110 €
Berufskleidung (typische) jährlich bis zu	110 €
Berufskleidung bei Schmutzberufen jährlich bis zu	120 €

Werkzeug jährlich bis zu	100 €
Aktentasche jährlich bis zu	150 €
Kontoführungsgebühren jährlich bis zu	16 €
Beiträge an Berufsverbände jährlich bis zu	unbegrenzt
Telefonkosten jährlich bis zu	75 €
Andere berufliche Kosten mit Einzelaufstellung jährlich bis zu	500 €
Fahrten zur Arbeitsstätte (➤ Rz 686 ff.)	
Anzahl der Arbeitstage bei Fünftagewoche bis zu	230 Tage
Anzahl der Arbeitstage bei Sechstagewoche bis zu	285 Tage
Hausbesitz (➤ Rz 1015 ff.)	
Reparaturkosten lt. Einzelaufstellung jährlich bis zu	25.500 €

Quittung aus Gefälligkeit? 57

Haben Sie andere für ihre Hilfe bezahlt, z.B. für Schreibarbeiten, Hüten der Kinder oder Reparaturen am Haus, will der Fiskalritter meistens eine unterschriebene Quittung sehen.

»Na gut, meine fleißigen Helfer unterschreiben notfalls alles«, sagen Sie.

Doch müssen Sie damit rechnen, dass der Fiskalritter eine Kontrollmitteilung für das Finanzamt Ihrer hilfsbereiten Freunde fertigt, wenn die Quittung nach Gefälligkeit riecht, denn ein alter Steuergrundsatz lautet: »Was der eine als Ausgabe absetzt, muss der andere als Einnahme versteuern.« Es sind wegen solcher Vorfälle schon langjährige Freundschaften in die Brüche gegangen (➤ Rz 16). 58

Sollte ein Bekannter Ihnen mit einem Schreiben seines Finanzamts vor der Nase wedeln, bewahren Sie ruhig Blut. Übersenden Sie dem Finanzamt eine Lohnsteueranmeldung über das Bare für die Freundschaftshilfe! Dann müssen Sie für die Aushilfe zwar 25 % dieses Betrags als pauschale Lohnsteuer bezahlen (➤ Rz 606, Fall Nr. 2), aber damit ist die Sache erledigt, und Sie können sich wieder an Ihrem Stammtisch blicken lassen. Die pauschale Lohnsteuer können Sie natürlich steuerlich absetzen. 59

Beim Hausbau besteht die Gefahr, dass der Fiskalritter dem Arbeitsamt und dieses der Berufsgenossenschaft Mitteilung macht. Dann muss u.U. der Bau nachversichert werden (§ 31a AO). Sie können solchem Ungemach vorbeugen, indem Sie nur Kumpels um Quittungen angehen, die Sozialhilfeempfänger oder arbeitslos sind. Die können dann sagen, sie hätten die Arbeit als Selbständige ausgeführt. Dazu vermerken sie auf der Quittung: »Die Arbeiten wurden von mir weder zeit- noch weisungsgebunden erledigt.« (➤ Rz 490) 60

61 Was die Aufwendungen für haushaltsnahe Dienstleistungen oder Handwerkerleistungen betrifft, genügen dem höchst misstrauischen Finanzamt einfache Barquittungen nicht. Da will es eindeutige Nachweise haben, dass Ihr Kumpel das Geld tatsächlich erhalten hat. Sie müssen also den Bankauszug vorlegen, aus dem die Überweisung des Geldes hervorgeht (➤ Rz 363 ff.).

62 »Und wenn ich einem angeblichen Helfer Geld überweise und es später von ihm zurückbekomme, weil er ja gar nicht für mich gearbeitet hat?«, fragen Sie.

Hm … Da würde ich lieber steuerehrlich bleiben.

TIPP »Gehe nicht zu deinem Fürst …

63 … wenn du nicht gerufen wirst.« Wenn Sie glauben, es sei das Beste, Ihre Steuererklärung gleich an der Amtsstelle durchzusprechen, seien Sie gewarnt: Es kann Ihnen nämlich passieren, dass Sie dort sehr schnell ein dummes Gesicht machen, wenn man Ihnen Fragen stellt, auf die Sie nicht vorbereitet sind. Außerdem verlieren Sie leicht Ihr »Recht auf Gehör«. Was es damit auf sich hat, dazu mehr unter ➤ Rz 1120.
Das Beste ist also, die Erklärung postalisch zuzustellen oder einfach in den Hausbriefkasten des Finanzamts zu werfen.

4 Der Hauptvordruck für die Einkommensteuererklärung

Wer eine Steuererklärung abgeben muss oder möchte, kommt um den zweiseitigen Hauptvordruck nicht herum. Darin machen Sie allgemeine Angaben zu Ihrer Person und Ihren Familienangehörigen. 64

4.1 Formularkopf

65

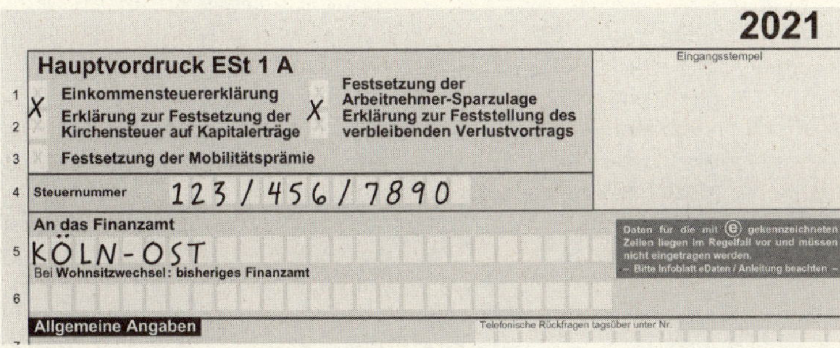
2021
Hauptvordruck ESt 1 A
Eingangsstempel
1 X Einkommensteuererklärung X Festsetzung der Arbeitnehmer-Sparzulage
2 Erklärung zur Festsetzung der Kirchensteuer auf Kapitalerträge Erklärung zur Feststellung des verbleibenden Verlustvortrags
3 Festsetzung der Mobilitätsprämie
4 Steuernummer 123/456/7890
An das Finanzamt
5 KÖLN-OST
Bei Wohnsitzwechsel: bisheriges Finanzamt
6
Daten für die mit (e) gekennzeichneten Zeilen liegen im Regelfall vor und müssen nicht eingetragen werden. – Bitte Infoblatt eDaten / Anleitung beachten –
Allgemeine Angaben
Telefonische Rückfragen tagsüber unter Nr.

Zunächst kreuzen Sie in > Zeile 1 an, dass Sie 66

- eine **Einkommensteuererklärung** abgeben.

Ferner können Sie vermerken, ob Sie

- die **Arbeitnehmersparzulage** beantragen (> Zeile 1),
- in der Anlage KAP die **Kirchensteuer auf Kapitalerträge** festsetzen lassen müssen (erforderlich, wenn Sie der Bank keine Angaben zur Kirchensteuerpflicht gemacht haben) (> Zeile 2),
- in der Anlage Sonstiges einen **Verlustabzug** feststellen lassen möchten (Einzelheiten unter ➤ Rz 100 ff.) (> Zeile 2) und/oder
- die neue Mobilitätsprämie bantragen möchten (> Zeile 3).

Hinweis zur Mobilitätsprämie ab 2021 – die neue Entfernungspauschale für Geringverdiener

Pendler mit einem zu versteuernden Einkommen bis zur Höhe des Grundfreibetrags von 9.744 € – 19.488 € bei zusammenveranlagten Ehegatten/Lebenspartnern – können für Fahrten zu einer ersten Tätigkeits-/Betriebsstätte ab dem 21. Entfernungskilometer alternativ zur erhöhten Entfernungspauschale von 0,35 € eine Mobilitätsprämie erhalten.

Der entsprechende Antrag ist zusammen mit der Einkommensteuererklärung zu stellen. Im Fall des Falles kreuzen Sie > Zeile 3 des Hauptvordrucks an und füllen die Anlage Mobilitätsprämie aus. Mehr dazu unter (➤ Rz 691).

2021

Hauptvordruck ESt 1 A

Eingangsstempel

1 Einkommensteuererklärung — Festsetzung der Arbeitnehmer-Sparzulage

2 Erklärung zur Festsetzung der Kirchensteuer auf Kapitalerträge — Erklärung zur Feststellung des verbleibenden Verlustvortrags

3 Festsetzung der Mobilitätsprämie

4 **Steuernummer**

An das Finanzamt

5

Daten für die mit (e) gekennzeichneten Zeilen liegen im Regelfall vor und müssen nicht eingetragen werden.
– Bitte Infoblatt eDaten / Anleitung beachten –

Bei **Wohnsitzwechsel: bisheriges Finanzamt**

6

Allgemeine Angaben

Telefonische Rückfragen tagsüber unter Nr.

7

Steuerpflichtige Person (**stpfl. Person**)
Nur bei Zusammenveranlagung: **Ehemann** oder **Person A** *) (Ehepartner/-in A / Lebenspartner/-in A nach dem LPartG)

*) Bitte Anleitung beachten.

8 Identifikationsnummer (IdNr.) — Geburtsdatum T T M M J J J J

9 Name

10 Vorname

Religionsschlüssel:
Evangelisch = EV
Römisch-Katholisch = RK
nicht kirchensteuerpflichtig = VD
Weitere siehe Anleitung

11 Titel, akademischer Grad — Religion

12 Straße (derzeitige Adresse)

13 Hausnummer — Hausnummerzusatz — Adressergänzung

14 Postleitzahl (Inland) — Postleitzahl (Ausland)

15 Wohnort

16 Staat (falls Anschrift im Ausland)

17 Ausgeübter Beruf

18 Verheiratet / Lebenspartnerschaft begründet seit dem T T M M J J J J — Verwitwet seit dem T T M M J J J J — Geschieden / Lebenspartnerschaft aufgehoben seit dem T T M M J J J J — Dauernd getrennt lebend seit dem T T M M J J J J

Nur bei Zusammenveranlagung: **Ehefrau** oder **Person B** (Ehepartner/-in B / Lebenspartner/-in B nach dem LPartG)

19 IdNr. — Geburtsdatum T T M M J J J J

20 Name

21 Vorname

Religionsschlüssel:
Evangelisch = EV
Römisch-Katholisch = RK
nicht kirchensteuerpflichtig = VD
Weitere siehe Anleitung

22 Titel, akademischer Grad — Religion

Bitte füllen Sie die Zeilen 23 bis 27 nur aus, wenn die Adressangaben von den Zeilen 12 bis 16 abweichen.

23 Straße

24 Hausnummer — Hausnummerzusatz — Adressergänzung

25 Postleitzahl (Inland) — Postleitzahl (Ausland)

26 Wohnort

27 Staat (falls Anschrift im Ausland)

28 Ausgeübter Beruf

Nur von Ehegatten / Lebenspartnern auszufüllen

29 Zusammenveranlagung — Einzelveranlagung von Ehegatten / Lebenspartnern — Wir haben Gütergemeinschaft vereinbart

2021ESt1A011 – Juli 2021 – **2021ESt1A011**

Bankverbindung – Bitte stets angeben –

IBAN (inländisches Geldinstitut)
31 DE

IBAN (ausländisches Geldinstitut)
32

BIC zu Zeile 32
33

Kontoinhaber/-in
34 stpfl. Person / Ehemann / Person A — Ehefrau / Person B oder: **Name** (im Fall der Abtretung bitte amtlichen Abtretungsvordruck einreichen)

Der Steuerbescheid soll nicht mir / uns zugesandt werden, sondern:

– Nur ausfüllen, wenn dem Finanzamt keine entsprechende Bekanntgabevollmacht vorliegt –

Name
35

Vorname
36

Straße
37

Hausnummer — Hausnummerzusatz — Postfach
38

Postleitzahl (Inland) — Postleitzahl (Ausland)
39

Wohnort
40

Staat (falls Anschrift im Ausland)
41

Antrag auf Festsetzung der Arbeitnehmer-Sparzulage

15

		stpfl. Person / Ehemann / Person A	Ehefrau / Person B
42	Für alle vom Anbieter übermittelten elektronischen Vermögensbildungsbescheinigungen wird die Festsetzung der Arbeitnehmer-Sparzulage beantragt.	17 1 = Ja	18 1 = Ja

Einkommensersatzleistungen

18

	– ohne Beträge lt. Zeile 28 der Anlage N –	stpfl. Person / Ehemann / Person A EUR	Ehefrau / Person B EUR
43	– die dem Progressionsvorbehalt unterliegen, z. B. Arbeitslosengeld, Elterngeld, Insolvenzgeld, Krankengeld, Mutterschaftsgeld, Verdienstausfallentschädigung (Infektionsschutzgesetz)	120 ,—	121 ,— ⓔ
44	– vergleichbare Leistungen i. S. d. Zeile 43 aus einem EU- / EWR-Staat oder der Schweiz	136 ,—	137 ,—

Ergänzende Angaben zur Steuererklärung

45 Über die Angaben in der Steuererklärung hinaus sind weitere oder abweichende Angaben oder Sachverhalte zu berücksichtigen. Diese ergeben sich aus der beigefügten Anlage, welche mit der Überschrift **„Ergänzende Angaben zur Steuererklärung"** gekennzeichnet ist. 175 1 = Ja

Hinweis: Wenn über die Angaben in der Steuererklärung hinaus weitere oder abweichende Angaben oder Sachverhalte berücksichtigt werden sollen, tragen Sie bitte eine „1" ein. Gleiches gilt, wenn bei den in der Steuererklärung erfassten Angaben bewusst eine von der Verwaltungsauffassung abweichende Rechtsauffassung zugrunde gelegt wurde. Falls Sie mit Abgabe der Steuererklärung lediglich Belege und Aufstellungen einreichen, ist keine Eintragung vorzunehmen.

Unterschrift

Datenschutzhinweis:

Die mit der Steuererklärung / dem Antrag angeforderten Daten werden aufgrund der §§ 149, 150 und 181 Abs. 2 der Abgabenordnung, der §§ 25, 46 und 51a Abs. 2d des Einkommensteuergesetzes sowie des § 14 Abs. 4 des Fünften Vermögensbildungsgesetzes erhoben.

Informationen über die Verarbeitung personenbezogener Daten in der Steuerverwaltung und über Ihre Rechte nach der Datenschutz-Grundverordnung sowie über Ihre Ansprechpartner in Datenschutzfragen entnehmen Sie bitte dem allgemeinen Informationsschreiben der Finanzverwaltung. Dieses Informationsschreiben finden Sie unter www.finanzamt.de (unter der Rubrik „Datenschutz") oder erhalten Sie bei Ihrem Finanzamt.

46 Die Steuererklärung wurde unter Mitwirkung eines Angehörigen der steuerberatenden Berufe i. S. d. §§ 3 und 4 des Steuerberatungsgesetzes erstellt: 1 = Ja

47 **Datum, Unterschrift(en)** **Steuererklärungen sind eigenhändig – bei Ehegatten / Lebenspartnern von beiden – zu unterschreiben.**	Bei der Anfertigung dieser Steuererklärung hat mitgewirkt:

2021ESt1A012 **2021ESt1A012**

An das Finanzamt ... 67

Für die Bearbeitung Ihrer Steuererklärung ist das Finanzamt zuständig, in dessen Bezirk Sie Ihren Wohnsitz haben. Sind Sie bereits finanzamtlich erfasst, wissen Sie ja, wohin Sie Ihre Steuererklärung senden müssen. Sind Sie umgezogen, könnte ein anderes Finanzamt für Sie zuständig sein. Schicken Sie Ihre Steuererklärung trotzdem an das bisher zuständige Finanzamt. Es leitet sie nebst Steuerakten »zuständigkeitshalber« dem anderen Finanzamt zu, das sich dann bei Ihnen meldet. So geht alles schneller, und Sie kommen eher an Ihre Erstattung.

Die **Steuernummer** – aus dem Bescheid des Vorjahrs oder der Änderungsmitteilung des Finanzamts – tragen Sie ebenfalls im Kopf des Formulars ein.

Das Joch des guten Willens
ist sanft, und seine Last ist leicht.
(Jesus von Nazareth)

4.2 Allgemeine Angaben – Zeile 7 – 41

♦ *Musterfall Familie Huber (Allgemeine Angaben)* 68

So sehr wir die uns zustehenden Steuervergünstigungen mit allem Nachdruck verfechten, so sehr wollen wir dem Finanzamt aber auch helfen, dass es sich mit unserer Erklärung nicht allzu lange aufhalten muss.
Deshalb füllen wir die Formulare so musterhaft aus, wie es sich der Finanzminister in der amtlichen Anleitung für Familie Huber vorstellt.
Die Eheleute Huber wollen für 2021 eine Steuererstattung erreichen. Sie stellen deshalb einen Antrag auf Einkommensteuerveranlagung. Herr Huber kreuzt zunächst einmal das Kästchen auf Seite 1 ganz oben links an. Da für das Jahr 2020 ebenfalls eine Antragsveranlagung durchgeführt wurde, trägt er außerdem die Steuernummer aus dem Einkommensteuerbescheid 2020 ein.
Herr Huber ist Metallbauer. Er heißt mit Vornamen Heribert, ist am 18.10.1964 geboren und wohnt mit seiner Ehefrau Hannelore in Köln. Sie haben am 12.1.1990 geheiratet. Frau Huber ist am 17.10.1969 geboren; sie arbeitet in der Nähe ihrer Wohnung halbtags als Pflegekraft.

2021

Hauptvordruck ESt 1 A

Eingangsstempel

1 X Einkommensteuererklärung — X Festsetzung der Arbeitnehmer-Sparzulage

2 Erklärung zur Festsetzung der Kirchensteuer auf Kapitalerträge — Erklärung zur Feststellung des verbleibenden Verlustvortrags

3 Festsetzung der Mobilitätsprämie

4 **Steuernummer** 1234567890

An das Finanzamt

5 KÖLN-OST

Bei Wohnsitzwechsel: bisheriges Finanzamt

6

Daten für die mit (e) gekennzeichneten Zeilen liegen im Regelfall vor und müssen nicht eingetragen werden. – Bitte Infoblatt eDaten / Anleitung beachten –

Allgemeine Angaben

7 Telefonische Rückfragen tagsüber unter Nr.

Steuerpflichtige Person (**stpfl. Person**)
Nur bei Zusammenveranlagung: **Ehemann** oder **Person A** *) (Ehepartner/-in A / Lebenspartner/-in A nach dem LPartG) — *) Bitte Anleitung beachten.

8 Identifikationsnummer (IdNr.) 52345678901 — Geburtsdatum 18101964

9 Name HUBER

Religionsschlüssel: Evangelisch = EV, Römisch-Katholisch = RK, nicht kirchensteuerpflichtig = VD, Weitere siehe Anleitung

10 Vorname HERIBERT

11 Titel, akademischer Grad — Religion RK

12 Straße (derzeitige Adresse) REMSCHEIDER STR.

13 Hausnummer 5 — Hausnummerzusatz A — Adressergänzung

14 Postleitzahl (Inland) 51103 — Postleitzahl (Ausland)

15 Wohnort KÖLN

16 Staat (falls Anschrift im Ausland)

17 Ausgeübter Beruf METALLBAUER

18 Verheiratet / Lebenspartnerschaft begründet seit dem 12011990 — Verwitwet seit dem — Geschieden / Lebenspartnerschaft aufgehoben seit dem — Dauernd getrennt lebend seit dem

Nur bei Zusammenveranlagung: **Ehefrau** oder **Person B** (Ehepartner/-in B / Lebenspartner/-in B nach dem LPartG)

19 IdNr. 63456789012 — Geburtsdatum 17101969

20 Name HUBER

Religionsschlüssel: Evangelisch = EV, Römisch-Katholisch = RK, nicht kirchensteuerpflichtig = VD, Weitere siehe Anleitung

21 Vorname HANNELORE

22 Titel, akademischer Grad — Religion RK

Bitte füllen Sie die Zeilen 23 bis 27 nur aus, wenn die Adressangaben von den Zeilen 12 bis 16 abweichen.

23 Straße

24 Hausnummer — Hausnummerzusatz — Adressergänzung

25 Postleitzahl (Inland) — Postleitzahl (Ausland)

26 Wohnort

27 Staat (falls Anschrift im Ausland)

28 Ausgeübter Beruf PFLEGEKRAFT

Nur von Ehegatten / Lebenspartnern auszufüllen

29 X Zusammenveranlagung — Einzelveranlagung von Ehegatten / Lebenspartnern — Wir haben Gütergemeinschaft vereinbart

2021ESt1A011 — 2021ESt1A011

Zeile 8 und 19 Identifikationsnummer (IdNr.)

Das Bundeszentralamt für Steuern hat Ihnen für steuerliche Zwecke eine 69
Identifikationsnummer erteilt. Sie ist lebenslang gültig und daher mit dem Zuteilungsschreiben sorgfältig aufzubewahren, auch wenn Sie derzeit steuerlich nicht geführt werden (§ 139 b AO).

Was sagt die Identifikationsnummer über mich aus?
Jeder Bundesbürger kann genau identifiziert werden. Egal, ob Säugling oder Rentner, ob steuerpflichtig oder nicht, jede Person erhält zur eindeutigen Identifizierung im Besteuerungsverfahren eine 11-stellige Identifikationsnummer. Sie ändert sich auch bei Umzug oder Heirat nicht, enthält indessen keine persönlichen Informationen über Sie und das zuständige Finanzamt. Zusätzlich zur Nummer werden beim Bundeszentralamt für Steuern die wichtigsten persönlichen Daten wie Name, Anschrift, Geschlecht, Geburtsdatum und Geburtsort sowie das zuständige Finanzamt erfasst. Auf diese Weise ist sichergestellt, dass eine Nummer nicht mehrfach vergeben wird.
Ab welchem Kalenderjahr die Identifikationsnummer die Steuernummer komplett ersetzen wird, ist noch nicht entschieden.

So überwacht uns das Finanzamt
Mit Hilfe der Identifikationsnummer lassen die Ämter ihrer Kontrollwut freien Lauf. Über diese Nummer sammelt das Bundeszentralamt für Steuern die Daten bei Auszahlung von Löhnen/Gehältern, Renten und Kapitalerträgen und ordnet sie jedem Steuerzahler zu. Auf die Daten hat das zuständige Finanzamt uneingeschränkt Zugriff.

Arbeitseinkünfte
Identifikationsnummer und Geburtsdatum des Arbeitnehmers genügen, um über eine Internet-Schnittstelle Löhne und Steuerabzugsbeträge beim Finanzamt anzumelden.

Renten/Beiträge zur Kranken- und Pflegeversicherung
Die Träger der Rentenversicherungen informieren die Finanzämter über den Bezug von gesetzlichen oder privaten Renten. Mit Hilfe der Identifikationsnummer können die Renten dem jeweiligen Bezieher zugeordnet werden (§ 22 a EStG). Ebenso läuft es mit Ihren Beiträgen zur Kranken- und Pflegeversicherung. Auch wenn Sie privat versichert sind, werden Ihre Beiträge automatisch dem Finanzamt gemeldet.

Wer von seinem Leiden nichts weiß und auch keinerlei Beschwerden hat, ist nicht arbeitsunfähig.

(Management Wissen)

Kapitalerträge/Kontenabfrage
Banken und Versicherungen müssen die Zahlung von Kapitalerträgen nach amtlich vorgeschriebenem Muster bescheinigen (§ 32 d EStG). An das Bundeszentralamt für Steuern ergeht eine Mitteilung, in welcher Höhe jeweils Abgeltungsteuer einbehalten worden ist. Auf diese Weise wird kontrolliert, ob die evtl. über die Freistellungsaufträge hinausgehende Steuer einbehalten wurde (§ 45 d EStG). Über eine Kontenabfrage können sich die Finanzämter umfassend informieren. Dabei geht es nicht nur um die Festsetzung von Steuern: In Vollstreckungssachen oder bei Anträgen auf Steuerstundung prüft der Fiskus, ob der Insolvente nicht doch noch irgendwo Geld auf einem Konto hat.

Vorausgefüllte Steuererklärung auf dem Vormarsch!
Sie können die beim Finanzamt gespeicherten Steuerdaten wie z. B.

- die persönlichen Stammdaten,
- die Religionszugehörigkeit,
- Daten der elektronischen Lohnsteuerbescheinigung,
- Angaben zu den Rentenbezügen des jeweiligen Veranlagungsjahres,
- Kranken- und Versicherungsbeiträge,
- Vorsorgebeiträge zur gesetzlichen Rentenversicherung,
- Riester- und Rürup-Vorsorgebeiträge

elektronisch abrufen und in Ihre ELSTER-Steuererklärung übernehmen. So müssen Sie wenigstens diese Belege schon nicht mehr hervorkramen. Das Finanzamt möchte zu diesen – ihm bereits online übermittelten – Beträgen auch keine Eintragungen Ihrerseits mehr sehen.

In den Formularen steht daher folgende Erläuterung:

Daten für die mit (e) gekennzeichneten Zeilen liegen im Regelfall vor und müssen nicht eingetragen werden.
– Bitte Infoblatt eDaten / Anleitung beachten –

Damit ist die Steuererklärung jedoch noch nicht komplett erstellt, denn Ihre Steuervergünstigungen und Werbungskosten müssen schon weiterhin Sie selbst eintragen und geltend machen. Und nur diese bringen Ihnen am Ende eine dicke Steuererstattung!

Zeile 8 und 19 Geburtsdatum 70

Das Geburtsdatum hat für folgende Punkte Bedeutung:

a) Ab dem Jahr, in dem Sie 65 werden, wird automatisch ein Altersentlastungsbetrag berücksichtigt. Wer bereits im Jahr 2005 oder früher seinen 65. Geburtstag gefeiert hat (Jahrgänge 1940 und früher), erhält einen Freibetrag in Höhe von max. 1.900 €. Er berechnet sich wie folgt: **40 % des Arbeitslohns und der positiven Summe der übrigen Einkünfte – allerdings ohne Versorgungsbezüge und Renten.**
Ab dem Jahr 2005 fällt der Freibetrag von Jahr zu Jahr geringer aus. Wer im Jahr 2021 65 Jahre wird (Jahrgang 1956), erhält einen Freibetrag von 15,2 %, max. 722 €. Sie müssen allerdings nicht fürchten, dass Sie von Jahr zu Jahr einen geringeren Freibetrag erhalten. Ihr einmal errechneter Altersentlastungsbetrag bleibt Ihnen für die Zukunft erhalten. Die Absenkung von Prozentsatz und Höchstbetrag gilt stets für spätere Jahrgänge (§ 24a EStG, Schema ➤ Rz 37 und ➤ Rz 71).

b) Wenn Sie über 55 Jahre sind, steht Ihnen unter Umständen ein Freibetrag von 45.000 € für Gewinne aus dem Verkauf oder der Aufgabe eines Betriebs zu (Quelle: § 16 Abs. 4 EStG).

TIPP 71

Wie Sie mit Ihrer besseren Hälfte Steuern sparen!

Halten Sie es traditionell? Der Mann sorgt für das Geld, die Frau für den Haushalt? Dann geht Ihnen vielleicht schon seit längerem ein zweiter Altersentlastungsbetrag durch die Lappen. Überträgt der Mann einen Teil von seinem Hab und Gut auf die Frau, so dass sie Einkünfte von 4.750 € hat, bekommt sie ebenfalls den vollen Altersentlastungsbetrag.

Berechnung des Höchstbetrags des Altersentlastungsbetrags:

- Geburtsjahrgang 1940 oder früher: Einkünfte 4.750 € × 40 % = 1.900 €
- Geburtsjahrgang 1941: Einkünfte 4.750 € × 38,4 % = 1.824 €
- Geburtsjahrgang 1942: Einkünfte 4.750 € × 36,8 % = 1.748 €
- Geburtsjahrgang 1943: Einkünfte 4.750 € × 35,2 % = 1.672 €
- …
- Geburtsjahrgang 1953: Einkünfte 4.750 € × 19,2 % = 912 €
- Geburtsjahrgang 1954: Einkünfte 4.750 € × 17,6 % = 836 €
- Geburtsjahrgang 1955: Einkünfte 4.750 € × 16,0 % = 760 €
- Geburtsjahrgang 1956: Einkünfte 4.750 € × 15,2 % = 722 €

In Frage kommt z. B. eine vermietete Eigentumswohnung oder was sonst noch Geld bringt, das Sie bisher versteuern mussten. Also nicht nur die Übertragung auf Kinder kann lukrativ sein, auch den eigenen Ehepartner sollte man dafür einspannen.

72 Zeile 12 - 16 Anschrift

An die hier angegebene Anschrift geht der Bescheid des Finanzamts. Haben Sie zwei Anschriften, unter denen Sie amtlich gemeldet sind, überlegen Sie genau, welche Sie hier angeben, denn sie ist maßgebend für die Entfernungsangabe für Fahrten zwischen Wohnung und erster Tätigkeitsstätte in > Zeile 31 – 40 der Anlage N (➤ Rz 686 ff.).

73 Zeile 11 und 22 Religion

Zusätzlich zu den bekannten Kürzeln »EV« (evangelisch), »RK« (römisch-katholisch) oder »VD« (nicht kirchensteuerpflichtig) gibt es noch folgende Abkürzungen für Religionsgemeinschaften:

Religion	Schlüssel	Religion	Schlüssel
altkatholisch	AK	israelitisch-badisch	IB
freie Religionsgemeinschaft Alzey	FA	israelitische Kultussteuer Land Hessen	IL
freireligiös-badisch	FB	israelitische Bekenntnissteuer (Bayern) israelitische Kultussteuer Frankfurt/M. jüdische Kultusgemeinden Koblenz und Bad Kreuznach Synagogengemeinde Saar	IS
freireligiös-PFALZ	FG	israelitisch-württembergisch	IW
freireligiös-MAINZ	FM	jüdische Kultussteuer (NRW)	JD
freireligiöse Gemeinde Offenbach/M.	FS	jüdische Kultussteuer (Hamburg)	JH

Kirchensteuerpflicht
Sind Sie Mitglied in einer Religionsgemeinschaft, welche eine Körperschaft des öffentlichen Rechts ist, sind Sie automatisch kirchensteuerpflichtig (Art. 140 GG). Die Kirchensteuerpflicht endet durch Tod, Kirchenaustritt oder Aufgabe des Wohnsitzes im Inland, und zwar mit Ablauf des Monats, in den dieses Ereignis fällt. Der Hauptteil der Kirchensteuer stammt aus einem Zuschlag zur Einkommensteuer und Lohnsteuer in Form eines festen Prozentsatzes, erhoben von den Finanzbehörden. Deshalb wirkt sich jeder Steuerspartipp auch auf die Kirchensteuer aus.

Kirchenaustritt 74
Nach Austritt aus der Religionsgemeinschaft sind Sie von der Kirchensteuer befreit. Sind Sie in 2021 ausgetreten, weisen Sie durch entsprechende Angaben darauf hin, z. B. »ev. bis 31.3.2021«, und fügen als Nachweis eine Kopie der Austrittsbescheinigung bei. Die Befreiung von der Kirchensteuer wird mit Beginn des Folgemonats – im obigen Beispiel also ab April – wirksam.

Spende statt Kirchensteuer?
Wer aus der Kirche ausgetreten ist und seiner Kirchengemeinde Geld zuwenden möchte, kann dies mit steuerlicher Wirkung tun: in Form einer Spende (➤ Rz 182).

Aufgepasst:

1. Kirchensteuer und Kirchgeld sind Sonderausgaben. Vergessen Sie nicht, die entsprechenden Beträge in > Zeile 4 der Anlage Sonderausgaben anzusetzen (➤ Rz 165).
2. Zum ärgerlichen Kirchgeld im Einzelnen siehe ➤ Rz 168.
3. Zur Berechnung der Kirchensteuer bei glaubensverschiedener Ehe siehe ➤ Rz 656.
4. Zur Lohnkirchensteuer siehe ➤ Rz 655 ff.

Zeile 17 und 28 Ausgeübter Beruf 75

Die Angabe des Berufs soll dem Bearbeiter beim Finanzamt helfen, die von Ihnen gemachten Angaben daraufhin zu prüfen, ob sie schlüssig sind. Dies gilt natürlich insbesondere für die geltend gemachten Aufwendungen wie z. B. Werbungskosten.

76 Zeile 18 Familienstand

Angaben zum Familienstand machen nur Verheiratete, Verwitwete oder Geschiedene. Als besonders heikel gilt die Frage »Dauernd getrennt lebend seit …« Die Angaben in dieser Zeile sind entscheidend dafür, ob die Voraussetzungen für eine Zusammenveranlagung und damit für den günstigen Splittingtarif gegeben sind. Wer

- im Veranlagungsjahr verheiratet war,
- zu dieser Zeit nicht dauernd getrennt gelebt hat und
- in > Zeile 29 die Zusammenveranlagung wählt,

dem ist der günstige Splittingtarif sicher. Die > Zeile 18 und die > Zeile 29 sind also im Zusammenhang zu sehen.

17 begründet seit dem 12011990 | Verwitwet seit dem T T M M J J J J | aufgehoben seit dem T T M M J J J J | Dauernd getrennt lebend seit dem T T M M J J J J

Nur bei Zusammenveranlagung: **Ehefrau** oder **Person B** (Ehegatte B / Lebenspartner[in] B nach dem LPartG)

18 IdNr. 63456789012 | Geburtsdatum 17101969

19 Name HUBER

20 Vorname HANNELORE

21 Titel, akademischer Grad

Religionsschlüssel:
Evangelisch = EV
Römisch-Katholisch = RK
nicht kirchensteuerpflichtig = VD
Weitere siehe Anleitung

Religion RK

Bitte füllen Sie die Zeilen 22 bis 26 nur aus, wenn die Adressangaben von den Zeilen 11 bis 15 abweichen.

22 Straße

23 Hausnummer | Hausnummerzusatz | Adressergänzung

24 Postleitzahl (Inland) | Postleitzahl (Ausland)

25 Wohnort

26 Staat (falls Anschrift im Ausland)

27 Ausgeübter Beruf PFLEGEKRAFT

Nur von Ehegatten / Lebenspartnern auszufüllen

28 X Zusammenveranlagung | Einzelveranlagung von Ehegatten / Lebenspartnern | Wir haben Gütergemeinschaft vereinbart

Verwitwet seit dem …

Bei verwitweten Personen wird auch im Jahr nach dem Tod des Ehegatten der günstige Splittingtarif angewendet (Witwensplitting). Die amtliche Begründung dazu lautet: Der Tod des Ehegatten ist ohnehin so schmerzlich, dass zusätzlich der Verlust des Splittingtarifs nicht zugemutet werden kann.

Prüfen Sie aber nach, ob der günstige Steuertarif tatsächlich berücksichtigt wurde, denn möglicherweise hat der Bearbeiter bei der Computereingabe statt einer 2 (für Splittingtarif) eine 1 (für Grundtarif) eingetippt.

Dauernd getrennt lebend seit dem …
Diese Frage gilt als besonders heikel, denn: Wer im Veranlagungsjahr zwar verheiratet war, aber bereits zu Beginn des Jahres dauernd getrennt gelebt hat, kann die Zusammenveranlagung und damit den günstigen Splittingtarif vergessen. Eine rein räumliche Trennung der Ehepartner (z.B. durch längeren Aufenthalt im Ausland oder gar im Gefängnis) spielt aber keine Rolle, sofern die »Lebensgemeinschaft«, wie das Gesetz sich ausdrückt, aufrechterhalten bleibt.

Mit nur einem Tag den Splittingtarif retten
Hat Ihr Ex-Partner erst am 2.1.2021 die gemeinsame Wohnung verlassen und sich von Ihnen dauerhaft getrennt, ist der Splittingtarif für 2021 noch gesichert. Dann tragen Sie ein:

	Verheiratet / Lebenspartnerschaft begründet seit dem	Verwitwet seit dem	Geschieden / Lebenspartnerschaft aufgehoben seit dem	Dauernd getrennt lebend seit dem
17	T T M M J J J J	T T M M J J J J	T T M M J J J J	0 2 0 1 2 0 2 1

TIPP Eine räumliche Trennung schließt die Zusammenveranlagung nicht aus!

Was heißt schon dauernd getrennt lebend? Manchmal sind es die berufliche 77
Tätigkeit oder das familiäre Umfeld, die ein Zusammenleben unmöglich machen. Können Sie beispielsweise sagen:
Wir leben lediglich räumlich, nicht aber persönlich und geistig getrennt. Der Auszug meiner voll berufstätigen Ehefrau ist durch die schwierige familiäre Situation mit meiner im selben Haus lebenden pflegebedürftigen Mutter begründet gewesen. Allerdings haben wir uns regelmäßig abends und an Wochenenden getroffen und gemeinsame Ausflüge, Urlaube und sonntägliche Kirchenbesuche unternommen. Die Kosten hierfür sowie den Unterhalt des gemeinsamen Sohnes haben wir beide stets gemeinsam getragen. Andere Partner hat es niemals gegeben, dann ist die Sache mit der Zusammenveranlagung und ist damit auch der Ehegattentarif gerettet. Schützenhilfe bekommen Sie vom Finanzgericht Münster (Urt. v. 22.2.2017 – Az. 7 K 2441/15 E).

Übrigens: Kennen Sie den Unterschied zwischen Grundtabelle und Splittingtabelle?

Alleinstehende versteuern ihr Einkommen nach der Grundtabelle. Bei Verheirateten gilt die Splittingtabelle. Dafür werden gedanklich die Einkommen der Ehegatten zusammengerechnet, sodann durch zwei geteilt (gesplittet) und jede Hälfte nach der Grundtabelle versteuert. Die Steuerbeträge werden wiederum addiert und in einem Steuerbescheid zusammengefasst. Um die doppelte Rechnerei zu vermeiden, gibt es die Splittingtabelle. Die Folge des Splittens: Die Steuerprogression schlägt nur halb so brutal zu. Sie steigt pro 5.000 € Einkommen um ca. 1,5 %, beim Grundtarif dagegen um ca. 3 %.

78 **Frage: Lohnt sich Heiraten wegen der Steuer?**

Antwort: Ein steuerlicher Vorteil ist nur dann zu erwarten, wenn die Einkünfte beider Partner unterschiedlich hoch sind.
Beziehen beide ein etwa gleich hohes Einkommen, ist der Steuervorteil gleich null. Hat einer kein Einkommen, beträgt der Splittingvorteil im Höchstfall 9.137 €.

Berechnung:

Zu versteuerndes Einkommen	130.000 €
Steuer nach Grundtabelle	45.463 €
Steuer nach Splittingtabelle	36.326 €
Steuervorteil	9.137 €

Verheiratete erhalten den Splittingtarif auch dann, wenn sie in > Zeile 29 kein Kästchen ankreuzen, weil sie ohne besonderen Antrag automatisch zusammen veranlagt werden.

Haben Sie das ganze Jahr über getrennt gelebt oder sind schon geschieden, ist der Anspruch auf den Splittingtarif vertan.

79 Bei der Einzelveranlagung von Ehegatten – die extra beantragt werden muss – zahlt hingegen jeder Ehegatte für sich Steuern nach der Grundtabelle. Sehen Sie hierzu auch ➤ Rz 83 und ➤ Rz 88. Zum Tarif und zur Steuerprogression finden Sie mehr unter ➤ Rz 38ff.

TIPP Schieben Sie als Allein- oder Hauptverdiener Ihre Scheidung so lange es geht hinaus

80 … und profitieren Sie so weiter vom Splittingtarif. Sehen Sie selbst, was er Ihnen bringt:

Zu versteuerndes Einkommen z. B.	60.000 €
Einkommensteuer darauf nach Grundtarif 2021	16.063 €
Einkommensteuer darauf nach Splittingtarif 2021	10.182 €
Steuervorteil des Splittingtarifs – pro Jahr –	5.881 €

Im Klartext: Nach der Scheidung zahlen Sie monatlich 490 € mehr in die Staatskasse und dazu evtl. noch Unterhalt.

Zeile 29 Wahl der Veranlagungsform 81

Hier einen Überblick zu gewinnen ist nicht ganz einfach. Das Gesetz unterscheidet zunächst zwischen der Einzelveranlagung und der Ehegattenveranlagung.
Ehegatten, die im Veranlagungsjahr mindestens einen Tag im Inland zusammengelebt haben, können zwischen Zusammenveranlagung und Einzelveranlagung wählen.

Zusammenveranlagung (§ 26b EStG) 82
Die günstigste Veranlagungsform ist im Allgemeinen die Zusammenveranlagung. Der Splittingtarif wirkt sich besonders günstig aus, wenn die Einkommen der Ehegatten unterschiedlich hoch sind. Dabei gilt: Je höher der Einkommensunterschied, umso höher der Splittingvorteil. Siehe auch ➤ Rz 78.

Einzelveranlagung von Ehegatten (§ 26a EStG) 83
Wenn es in der Ehe kriselt, wählen viele Eheleute die Einzelveranlagung, weil so jeder einen eigenen Steuerbescheid erhält. Allerdings zahlt dann jeder die für ihn festgesetzte Steuer nach der ungünstigen Grundtabelle. Getrennte Steuerbescheide lassen sich aber auch auf andere Art und Weise erreichen (➤ Rz 89).
In Ausnahmefällen kann die Einzelveranlagung von Ehegatten trotzdem günstiger sein, z.B. wenn

- einer von Ihnen negative Einkünfte hat, also Verluste, und der andere positive Einkünfte, also Überschüsse. Bei Zusammenveranlagung würden die negativen und die positiven Einkünfte miteinander verrechnet und es ergäbe sich vielleicht ein Nulleinkommen, also kein Verlustrücktrag. Bei der Einzelveranlagung ist aber ein Verlustrücktrag möglich, was günstiger sein kann. Zum Verlustabzug ➤ Rz 100;
- einer von Ihnen beiden gewerbliche Einkünfte hat, für die es einen günstigeren Tarif gibt. Dieser ermäßigte Steuersatz kann bei Zusammenveranlagung verlorengehen;
- einer von Ihnen Arbeitnehmer ist mit Anspruch auf die Vorsorgepauschale. Wenn der andere hohe Vorsorgeaufwendungen hat, kann eine Einzelveranlagung günstiger sein.

Ob für Sie die Einzelveranlagung besser ist, kann nur ein versierter Steuerfuchs ausbaldowern. »Ich gehe ins Finanzamt und lass mir ausrechnen, was günstiger ist«, sagen Sie. Gute Idee! …

84 TIPP Retten Sie mit einem gemeinsamen Wohnsitz den Splittingtarif!

Leben Sie schon das ganze Jahr über getrennt, weil Sie sich scheiden lassen wollen? Dann ist der Splittingtarif für Sie vertan, obwohl Sie noch verheiratet sind. Also fackeln Sie nicht lange, klemmen Sie sich eine Flasche Wein oder einen Blumenstrauß unter den Arm und machen Sie gutes Wetter bei Ihrem Nochgatten. Sie haben – steuerlich betrachtet – alles erreicht, wenn Sie bei ihm Ihren Hauptwohnsitz anmelden dürfen. Dann haben Sie eine gemeinsame Anschrift, und alles ist klar. Runzelt der Fiskalritter die Stirn, antworten Sie: »Keine dreisten Unterstellungen, bitte! Lesen Sie doch mal in den Einkommensteuerhinweisen 26 unter ›Getrenntleben‹ nach. Darin steht, dass das Finanzamt den Angaben der Ehegatten zu folgen hat.« Oder Sie sagen ihm: »Wir sind wieder zusammengezogen, um unsere Ehe zu retten. Meldebescheinigung anbei.« Das reicht aus, um den Splittingtarif zu erhalten, auch wenn Sie nach kurzer Zeit (frühestens einem Monat) wieder ausgezogen sind, weil es erneut gekracht hat (FG Nürnberg, Urteil v. 7.3.2005 – VI 160/2004).

Und jetzt alle, die sich scheiden lassen wollen, mal aufgepasst. Die Masche mit der gemeinsamen Wohnung läuft unter dem Begriff **»Versöhnungsversuch«**. Eherechtlich unterbricht ein Versöhnungsversuch nicht die Jahresfrist, vor deren Ablauf im Normalfall eine Scheidung nicht möglich ist (§ 1567 Abs. 2 BGB). Wenn Sie also partout nach einem Jahr Trennung geschieden werden wollen, steht ein zwischenzeitlicher Versöhnungsversuch dem nicht entgegen.

85 TIPP Einen Tag verheiratet reicht für den Splittingtarif

Der Splittingtarif steht Ihnen bereits zu, wenn Sie nur einen Tag im Kalenderjahr verheiratet waren.

»Wenn ich also am 31. 12. heirate, erhalte ich für das abgelaufene Jahr noch den Splittingtarif«, staunen Sie.

Ja, sicher. Genauso, wenn Sie z. B. im Monat Mai geschieden werden, aber zu Anfang des Jahres noch nicht getrennt gelebt haben. Beachten Sie: Die Angaben im Scheidungsprozess zum Getrenntleben sind steuerlich nicht maßgebend (BFH-Urt. v. 12.6.1991 – BStBl 1991 II S. 806). Erklären Sie also dem Finanzamt, dass die wirkliche Trennung erst nach Jahresbeginn stattgefunden hat – sofern das zutrifft.

TIPP Am Versorgungsausgleich verdienen 86

Im Scheidungsverfahren führt das Familiengericht den Versorgungsausgleich durch, sofern die Eheleute im Güterstand der Zugewinngemeinschaft gelebt haben (➤ Rz 90). Dabei wird die Altersversorgung untereinander aufgeteilt – also das Konto bei der Rentenversicherung oder Versorgungskasse halbiert. Wollen Sie Ihren Ruhegeldanspruch nicht gefährden, können Sie den Anspruch Ihres Ex-Partners in einem Schlag auszahlen.
»Woher nehmen, wenn nicht stehlen?«, fragen Sie.
Na, von der Bank, per Darlehen. Die Schuldzinsen setzen Sie als *vorweggenommene Werbungskosten* bei den sonstigen Einkünften an, da sie mit Ihren künftigen Rentenbezügen im Zusammenhang stehen. Sie tragen sie also in > Zeile 37 der Anlage R unter Werbungskosten ein, und schon sparen Sie Steuern (BFH-Urt. v. 5.5.1993 – BStBl. 1993 II S. 867). Mehr dazu unter ➤ Rz 973 f. Wie sich in Zusammenhang mit dem Versorgungsausgleich darüber hinaus Steuern sparen lassen, dazu mehr unter ➤ Rz 232 f.

TIPP Einzelveranlagung von Ehegatten bei Kurzarbeit oder Arbeitslosigkeit 87

Wenn einer der Ehepartner arbeitslos oder in Kurzarbeit ist, könnte die Einzelveranlagung günstiger sein. Das Kurzarbeiter- oder Arbeitslosengeld ist zwar steuerfrei, wird aber bei der Berechnung des Steuersatzes berücksichtigt, d. h., es wirkt sich steuererhöhend aus (Progressionsvorbehalt; § 32b EStG). Dazu wird in der Anlage N in > Zeile 28 (➤ Rz 679 f.) nach der Höhe des Kurzarbeiter- und in > Zeile 43 des Hauptformulars nach der Höhe des Arbeitslosengelds gefragt. Durch den Progressionsvorbehalt kann der Vorteil des Splittingtarifs verlorengehen, sich sogar ins Gegenteil kehren. Doch aufgepasst: Es kommt immer darauf an, wie die Einkünfte zwischen Ihnen und Ihrem Ehepartner verteilt sind.

Ist das Kurzarbeiter-/Arbeitslosengeld relativ hoch und sind die steuerpflichtigen Einkünfte des anderen Ehepartners eher bescheiden, ist meistens die Einzelveranlagung günstiger.

TIPP Antrag auf Einzelveranlagung abschmettern 88

Für das Jahr der Trennung können Eheleute grundsätzlich die Zusammenveranlagung wählen, weil sie zu Beginn des Jahres – und das ist entscheidend – noch nicht getrennt gelebt haben. Allerdings muss das Finanzamt einzeln veranlagen, wenn **einer** der Ehegatten dies beantragt.

Der einseitige Antrag auf Einzelveranlagung ist jedoch unwirksam, wenn der Ex-Partner keine eigenen Einkünfte hat oder diese so gering sind, dass keine Einkommensteuer anfällt. Das wäre dann unerlaubte Schikane. Aber auch wenn diese Voraussetzungen nicht vorliegen, kann die Wahl der Einzelveranlagung unbillig sein. Hier hilft dann am besten eine Klage vor dem Zivilgericht auf Zustimmung zur Zusammenveranlagung mit Androhung von Schadenersatz.

89 **TIPP**

Aufteilungsbescheid schafft klare Verhältnisse

Der Vorteil der Zusammenveranlagung liegt ganz klar im günstigen Ehegattentarif. Der Nachteil: Es gibt nur **einen** Steuerbescheid.
Möchten Sie festhalten, wie viel Steuer auf welchen Ehegatten entfällt, müssen Sie nicht zwangsläufig die Einzelveranlagung wählen und damit den ungünstigen Grundtarif in Kauf nehmen.
Denn: Getrennte Steuerbescheide lassen sich auch auf andere Art und Weise erreichen: mit einem Aufteilungsantrag gem. § 279 AO. Über den Aufteilungsantrag entscheidet das Finanzamt durch einen schriftlichen Aufteilungsbescheid. Der Bescheid ist nach § 122 AO beiden Ehegatten bekanntzugeben.
Sind die Voraussetzungen für eine Aufteilung erfüllt, besteht ein Rechtsanspruch auf Erteilung des Aufteilungsbescheids. Dessen Form und Inhalt sind in § 279 Abs. 2 AO geregelt. Dabei geht es im Wesentlichen um die Darstellung der Berechnungsgrundlagen für die Aufteilung. Dadurch wird den Beteiligten eine Überprüfung und ggf. die Anfechtung ermöglicht.
Winkt eine Erstattung, beantragen Sie, das Finanzamt möge diese anteilig vornehmen, unter Beachtung der von jedem Ehepartner geleisteten Vorauszahlungen und der einbehaltenen Lohn- und Kapitalertragsteuer (BFH-Urt. v. 19.10.1982 – BStBl 1983 II S. 162). Weil es in einer kriselnden Ehe vielfach auch wegen Geld zum Streit kommt, schafft ein Aufteilungsbescheid zumindest bei der Steuer klare Verhältnisse.

✎ **Guter Rat**

Ein Aufteilungsantrag ist auch bei intakter Ehe nützlich

Ein Aufteilungsantrag schützt vor Haftungsansprüchen des Fiskus, wenn dieser einen der Ehepartner nach vorangegangener Zusammenveranlagung als Haftungsschuldner für die Einkommensteuerschulden des pleitegegangenen anderen Ehepartners in Anspruch nehmen will.
Mit dem Aufteilungsantrag kann es sogar glücken, dass das Finanzamt einem Ehepartner Lohnsteuer erstattet, während es dem bankrotten Ehepartner noch mehr Steuern aufbrummt, ihn aber mangels Masse in Ruhe lässt. Quelle: § 261 AO (Niederschlagung von Steueransprüchen).

Zeile 29 Angaben zum Güterstand der Gütergemeinschaft 90

Sie mögen es glauben oder nicht, auch der eheliche Güterstand hat steuerliche Auswirkung. Kennen Sie sich mit den Güterständen aus? Nicht so gut? Dann hören Sie:

Es gibt den gesetzlichen Güterstand der Zugewinngemeinschaft und zwei Wahlgüterstände: die Gütergemeinschaft und die Gütertrennung. Wählen Sie keinen besonderen Güterstand, sind Sie automatisch in der Zugewinngemeinschaft. Sie entspricht während der Ehe der Gütertrennung, d.h., jeder bezieht seine Einkünfte und verwaltet sein Vermögen selbst. Nach Auflösung der Ehe – durch Tod oder Scheidung – wird der während der Ehe erwirtschaftete Zugewinn allerdings geteilt. Wenn überhaupt, dann wird meistens Gütertrennung vereinbart, was bedeutet, dass der spätere Zugewinn nicht geteilt zu werden braucht.

Steuerliche Auswirkung haben alle Güterstände bei der Erbschaftsteuer, bei der Einkommensteuer nur die Gütergemeinschaft. Dazu Folgendes:

In ganz seltenen Fällen wählen Heiratslustige die Gütergemeinschaft. Auf diesen Güterstand richtet sich das Interesse des Fiskus, weil hier Arbeitsverträge zwischen den Ehegatten steuerlich nicht zulässig sind.

»Wird das Finanzamt nachprüfen, ob ich mich hier vertue und einen anderen Güterstand ankreuze, als ich tatsächlich habe?«, fragen Sie.

Da hätte es aber viel zu tun! Nein, so pingelig sind die Finanzämter Gott sei Dank nicht. Obschon sie genau wissen, dass es viele Steuerzahler gibt, die nicht wissen, welchem Güterstand sie angehören. Sie aber sollten schon genau hinsehen, wo Sie Ihr Kreuzchen machen – oder es einfach weglassen.

TIPP Mit modifizierter Zugewinngemeinschaft den Fiskus austricksen 91

Im Fall der Gütertrennung schlägt der Fiskus bei der Erbschaftsteuer erbarmungslos zu. Dagegen hilft die sog. modifizierte Zugewinngemeinschaft. Sie wählen dafür keinen besonderen Güterstand und landen damit automatisch in der Zugewinngemeinschaft, vereinbaren aber in einem Ehevertrag, dass im Fall einer Scheidung ein Zugewinnausgleich nicht stattfindet. Möglich ist auch, eine andere Ausgleichsquote als die Hälfte zu vereinbaren (Palandt zu § 1408 BGB).

92 Zeile 31 – 34 Bankverbindung

Erwarten Sie eine Steuererstattung, kommen Sie um die Angabe einer Bankverbindung nicht herum, denn die Finanzämter führen Steuererstattungen nur unbar aus. Hat sich Ihre Bankverbindung geändert, machen Sie sicherheitshalber einen dicken Vermerk!

Bankverbindung – Bitte stets angeben –

IBAN (inländisches Geldinstitut)
31 DE57440100460304509500
IBAN (ausländisches Geldinstitut)
32
BIC zu Zeile 32
33 PBNKDEFF440 Achtung! Neues Konto!
Kontoinhaber/-in
34 X stpfl. Person / Ehemann / Person A | Ehefrau / Person B | oder: Name (im Fall der Abtretung bitte amtlichen Abtretungsvordruck einreichen)

Der Steuerbescheid soll nicht mir / uns zugesandt werden, sondern:

Gut zu wissen:
Bei einer inländischen Bankverbindung – IBAN beginnt mit DE – müssen Sie > Zeile 33 (BIC) nicht ausfüllen.

Keine Familie kann das Schild
»Hier ist alles in Ordnung«
vor die Tür hängen.
(Aus China)

93 Zeile 35 – 41 Empfangsvollmacht

Soll ein anderer als Sie den Steuerbescheid empfangen, erteilen Sie hier eine entsprechende Empfangsvollmacht.
Die Eintragungen sind nicht zu verwechseln mit den Angaben zu > Zeile 46. Dort können Sie eintragen, wer Ihnen geschäftsmäßig bei der Steuererklärung geholfen hat – für eventuelle Rückfragen des Finanzamts, die der Bearbeiter gern telefonisch erledigt. Nicht anzugeben brauchen Sie Angehörige (§ 6 StBerG) oder jemand anderen, der Ihnen aus Gefälligkeit oder bei Gelegenheit geholfen hat.

Teilen Sie nie mit einem Kredithai!
Überlegen Sie gut, wenn Sie sich, vielleicht auf Anraten eines Lohnsteuerhilfevereins, den Erstattungsbetrag von einem Kredithai durch Abtretung an ihn vorfinanzieren lassen wollen (§ 46 AO). Das Finanzamt spielt mit, wenn Sie den dafür vorgesehenen Abtretungsvordruck beifügen. Der einbehaltene Abschlag für Zinsen und Gebühren beträgt aber mindestens 10 % der Steuererstattung.

Zeile 42 Arbeitnehmer-Sparzulage 94

Für zulagebegünstigte vermögenswirksame Leistungen setzt das Finanzamt nach Ablauf des Kalenderjahres auf Antrag eine Arbeitnehmer-Sparzulage fest. Diesen Antrag stellen Sie durch Eintragung einer »1«.

	Antrag auf Festsetzung der Arbeitnehmer-Sparzulage	stpfl. Person / Ehemann / Person A	Ehefrau / Person B
42	Für alle vom Anbieter übermittelten elektronischen Vermögensbildungsbescheinigungen wird die Festsetzung der Arbeitnehmer-Sparzulage beantragt.	17 1 = Ja	18 1 = Ja

(15)

Die notwendigen Daten (elektronische Vermögensbildungsbescheinigung) werden von Ihrem Anbieter elektronisch an das Finanzamt übermittelt.

Die frühere Anlage VL wird nicht mehr ausgestellt.

Ein Anspruch auf Arbeitnehmer-Sparzulage besteht regelmäßig nur, wenn das zu versteuernde Einkommen 17.900 €, bei zusammen veranlagten Ehegatten/Lebenspartnern 35.800 € nicht übersteigt. Bei Vermögensbeteiligungen am Unternehmen des Arbeitgebers und Vermögensbeteiligungen an anderen Unternehmen besteht ein Anspruch auf Arbeitnehmer-Sparzulage, wenn das zu versteuernde Einkommen 20.000 €, bei zusammen veranlagten Ehegatten/Lebenspartnern 40.000 € nicht übersteigt.
Die Arbeitnehmer-Sparzulage wird in der Regel erst nach Ablauf der Sperrfrist ausgezahlt. Haben Sie vor Ablauf der Sperrfrist unschädlich über Ihren Vertrag verfügt (z. B. bei längerer Arbeitslosigkeit), wird Ihnen die Arbeitnehmer-Sparzulage vorzeitig ausgezahlt. Entsprechendes gilt, wenn ein Bausparvertrag zugeteilt wird. Bei einer Anlage zum Wohnungsbau (z. B. Grundstücksentschuldung) wird Ihnen die Arbeitnehmer-Sparzulage jährlich ausgezahlt.

Schlechte Zeiten haben ihre Auslesefunktion.

Zeile 43 – 44 Einkommensersatzleistungen – Progressionsvorbehalt für Kranken-, Eltern-, Mutterschaftsgeld und anderes mehr 95

	Einkommensersatzleistungen – ohne Beträge lt. Zeile 28 der Anlage N –	stpfl. Person / Ehemann / Person A EUR	Ehefrau / Person B EUR
43	– die dem Progressionsvorbehalt unterliegen, z. B. Arbeitslosengeld, Elterngeld, Insolvenzgeld, Krankengeld, Mutterschaftsgeld, Verdienstausfallentschädigung (Infektionsschutzgesetz)	120 ,–	121 ,–
44	– vergleichbare Leistungen i. S. d. Zeile 43 aus einem EU- / EWR-Staat oder der Schweiz	136 ,–	137 ,–

(18)

Vom Fiskus gewährte Steuervorteile sollten Sie nicht unbedingt als endgültig betrachten, da ihm einige Gesetze eine Handhabe bieten, später nachzuhaken. So z.B. der § 32b EStG, der mit Progressionsvorbehalt überschrieben ist. Wenn Sie steuerfreies Arbeitslosen-, Kranken-, Eltern- oder Mutterschaftsgeld bezogen haben, müssen Sie damit rechnen, dass Ihre steuerpflichtigen Einkünfte deswegen höher besteuert werden. Vorbehalt zur progressiven Besteuerung heißt das Zauberwort, Sie nachträglich zur Kasse zu bitten. Wie dabei gerechnet wird, zeigt das Beispiel unter ➤ Rz 678.
Hier sind nur die folgenden Einkommensersatzleistungen einzutragen, die nicht vom Arbeitgeber gezahlt wurden:

- Insolvenzgeld (einschließlich vorfinanziertem);
- Arbeitslosengeld (ohne sog. Arbeitslosengeld II), Teilarbeitslosengeld, Zuschüsse zum Arbeitsentgelt, Übergangsgeld;
- Krankengeld, Mutterschaftsgeld, Verletztengeld, Übergangsgeld oder vergleichbare Einkommensersatzleistungen nach den sozialversicherungsrechtlichen Vorschriften;
- Mutterschaftsgeld, Zuschuss zum Mutterschaftsgeld, Sonderunterstützung nach dem Mutterschutzgesetz sowie der Zuschuss bei Beschäftigungsverboten für die Zeit vor oder nach einer Entbindung sowie für den Entbindungstag während einer Elternzeit nach beamtenrechtlichen Vorschriften;
- Arbeitslosenbeihilfe nach dem Soldatenversorgungsgesetz;
- Versorgungskrankengeld oder Übergangsgeld nach dem Bundesversorgungsgesetz;
- Verdienstausfallentschädigung nach dem Unterhaltssicherungsgesetz;
- aus dem Europäischen Sozialfonds finanziertes Unterhaltsgeld sowie Leistungen nach § 10 SGB III, die dem Lebensunterhalt dienen;
- Elterngeld nach dem Bundeselterngeld- und Elternzeitgesetz;
- vergleichbare Einkommensersatzleistungen aus einem EU-/EWR-Staat oder der Schweiz.

Gut zu wissen: Die Leistungsbeträge werden grundsätzlich elektronisch an die Finanzverwaltung übermittelt. Also: Vergesslichkeit macht sich hier nicht bezahlt.
Haben Sie 2021 von Ihrem Arbeitgeber

- Kurzarbeitergeld,
- einen Zuschuss zum Mutterschaftsgeld,
- eine Verdienstausfallentschädigung nach dem Infektionsschutzgesetz,
- Aufstockungsbeträge nach dem Altersteilzeitgesetz oder
- Altersteilzeitzuschläge aufgrund der Besoldungsgesetze des Bundes und der Länder

erhalten, ist die Summe der ausgezahlten Beträge in Ihrer Lohnsteuerbescheinigung unter Nummer 15 ausgewiesen. Sie gehört nicht hierher in > Zeile 43 des Hauptformulars, sondern – da vom Arbeitgeber gezahlt – in > Zeile 28 der Anlage N.

Zeile 45 Ergänzende Angaben zur Steuererklärung 96

»Steuerfuchs, pass auf!«
Das Finanzamt möchte Ihre Steuererklärung am liebsten online erhalten. Darüber hinaus sollen möglichst keine Belege mehr unaufgefordert eingereicht werden (siehe ➤ Rz 52).
Nur was ist, wenn Sie anderer Meinung sind als das Finanzamt und beispielsweise ein häusliches Arbeitszimmer geltend machen möchten, obwohl Sie einen Arbeitsplatz im Betrieb haben.
Schnell ist dann die Grenze zur Steuerhinterziehung überschritten, denn Ihre abweichende Auffassung von Recht und Gerechtigkeit war für das Finanzamt nicht erkennbar.
In diesen Fällen heißt es, > Zeile 45 mit einer 1 zu markieren und das Finanzamt auf Ihre abweichende Meinung aufmerksam zu machen.

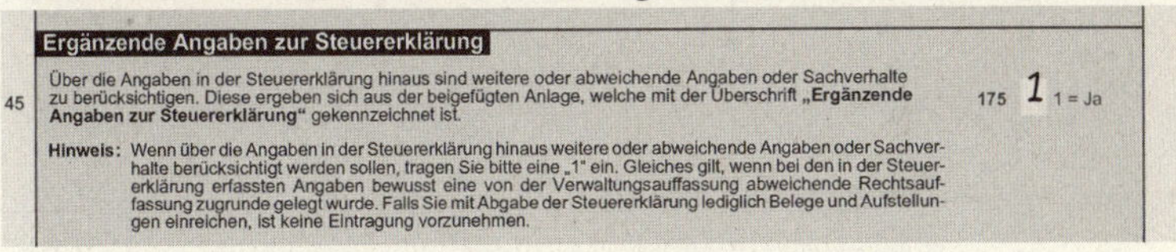
Ergänzende Angaben zur Steuererklärung

45 Über die Angaben in der Steuererklärung hinaus sind weitere oder abweichende Angaben oder Sachverhalte zu berücksichtigen. Diese ergeben sich aus der beigefügten Anlage, welche mit der Überschrift **„Ergänzende Angaben zur Steuererklärung"** gekennzeichnet ist. 175 1 1 = Ja

Hinweis: Wenn über die Angaben in der Steuererklärung hinaus weitere oder abweichende Angaben oder Sachverhalte berücksichtigt werden sollen, tragen Sie bitte eine „1" ein. Gleiches gilt, wenn bei den in der Steuererklärung erfassten Angaben bewusst eine von der Verwaltungsauffassung abweichende Rechtsauffassung zugrunde gelegt wurde. Falls Sie mit Abgabe der Steuererklärung lediglich Belege und Aufstellungen einreichen, ist keine Eintragung vorzunehmen.

Gleiches gilt, wenn Sie sich auf ein anhängiges Verfahren vor dem Bundesfinanzhof berufen möchten. Dazu mehr unter ➤ Rz 1145.

Zeile 46 – 47 Unterschrift/Mitwirkung bei der Anfertigung der Steuererklärung 97

Ehegatten müssen das Hauptformular gemeinsam unterschreiben, auch wenn nur ein Ehegatte Einkünfte bezogen hat.
Wird die Unterschrift eines Ehegatten vergessen, muss das Finanzamt die Steuererklärung zurücksenden, damit die fehlende Unterschrift nachgeholt werden kann. Über diese Verzögerung ärgert sich das Finanzamt, wenn von Ihnen eine Steuernachzahlung zu erwarten ist …
Muss ein minderjähriges Kind wegen eigener Einkünfte eine Steuererklärung abgeben, unterschreiben die Eltern als dessen gesetzliche Vertreter.

5 Die Anlage Sonstiges

Der Titel »Sonstiges« lässt es schon vermuten: Die wirklich wichtigen Eintragungen werden hier wohl eher selten vorzunehmen sein. Wir beschränken uns daher auf die wesentlichen Zeilen dieses Formulars. 98

Zeile 6 Spendenvortrag 99

Spenden sind nur bis zu bestimmten Höchstbeträgen abziehbar. Wirken sich Ihre Spenden steuerlich einmal nicht in vollem Umfang aus (weil z. B. Ihr Einkommen im betreffenden Jahres besonders gering war oder Sie eine große Spende aus einer Erbschaft getätigt haben), wird dieser Teil Ihrer Zuwendungen vom Finanzamt gesondert festgestellt.
Haben Sie einen solchen – gesonderten – Feststellungsbescheid zum 31.12.2020 erhalten, tragen Sie in > Zeile 6 in das entsprechende Feld eine »1« ein. Der Spendenvortrag wird dann automatisch vom Finanzamt berücksichtigt.

Zeile 7 – 8 Verlustabzug 100

Verluste verringern Ihr Vermögen, das ist wahrlich kein Grund zum Jubeln. Steuerlich gesehen haben sie allerdings etwas Gutes, denn sie mindern die positiven Einkünfte und drücken damit Ihre Steuerlast. Hier das Grundsätzliche:
Es muss zwischen Verlustausgleich und Verlustabzug unterschieden werden. Unter **Verlustausgleich** versteht man den Ausgleich von positiven und negativen Einkünften innerhalb ein und desselben Jahres. **Verlustabzug** ist der Rücktrag nicht ausgeglichener Verluste in das Vorjahr oder der Vortrag ins folgende Jahr. Wobei die Reihenfolge »erst Rücktrag, dann Vortrag« einzuhalten ist.

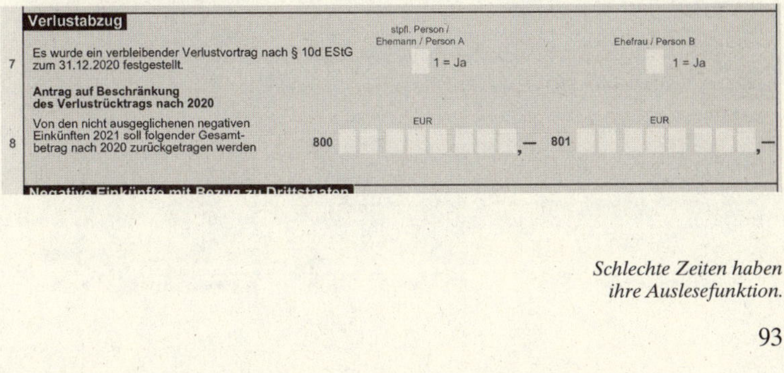
Verlustabzug

		stpfl. Person / Ehemann / Person A	Ehefrau / Person B
7	Es wurde ein verbleibender Verlustvortrag nach § 10d EStG zum 31.12.2020 festgestellt.	1 = Ja	1 = Ja
	Antrag auf Beschränkung des Verlustrücktrags nach 2020		
8	Von den nicht ausgeglichenen negativen Einkünften 2021 soll folgender Gesamtbetrag nach 2020 zurückgetragen werden	800 EUR ,–	801 EUR ,–

Negative Einkünfte mit Bezug zu Drittstaaten

Schlechte Zeiten haben ihre Auslesefunktion.

2021

1 Name

2 Vorname

Anlage Sonstiges

Diese Anlage ist bei Zusammenveranlagung von Ehegatten / Lebenspartnern gemeinsam auszufüllen.

3 **Steuernummer**

Sonstige Angaben und Anträge

Steuerermäßigung bei Belastung mit Erbschaftsteuer 18

4 Ich beantrage eine Steuerermäßigung, weil in dieser Steuererklärung Einkünfte erklärt worden sind, die als Erwerb von Todes wegen ab 2017 der Erbschaftsteuer unterlegen haben (lt. gesonderter Aufstellung). 185 1 = Ja

Steuerbegünstigung für schutzwürdige Kulturgüter

Abzugsbetrag EUR

5 Steuerbegünstigung nach § 10g EStG für schutzwürdige Kulturgüter, die weder zur Einkunftserzielung noch zu eigenen Wohnzwecken genutzt werden 151 ,—

Spendenvortrag

stpfl. Person / Ehemann / Person A — Ehefrau / Person B

6 Es wurde ein verbleibender Spendenvortrag nach § 10b EStG zum 31.12.2020 festgestellt. 1 = Ja 1 = Ja

Verlustabzug

stpfl. Person / Ehemann / Person A — Ehefrau / Person B

7 Es wurde ein verbleibender Verlustvortrag nach § 10d EStG zum 31.12.2020 festgestellt. 1 = Ja 1 = Ja

Antrag auf Beschränkung des Verlustrücktrags nach 2020

8 Von den nicht ausgeglichenen negativen Einkünften 2021 soll folgender Gesamtbetrag nach 2020 zurückgetragen werden 800 EUR ,— 801 EUR ,—

Negative Einkünfte mit Bezug zu Drittstaaten

stpfl. Person / Ehemann / Person A — Ehefrau / Person B

9 Es wurden verbleibende negative Einkünfte nach § 2a Abs. 1 Satz 5 EStG zum 31.12.2020 festgestellt. 1 = Ja 1 = Ja

Freibetrag für bestandsgeschützte Alt-Anteile an Investmentfonds

stpfl. Person / Ehemann / Person A — Ehefrau / Person B

10 Es wurde ein verbleibender Freibetrag für bestandsgeschützte Alt-Anteile an Investmentfonds nach § 56 Abs. 6 Satz 2 InvStG zum 31.12.2020 festgestellt. 1 = Ja 1 = Ja

Antrag zur Aufteilung der Abzugsbeträge bei Einzelveranlagung von Ehegatten / Lebenspartnern

11 Laut übereinstimmendem Antrag sind die Sonderausgaben, außergewöhnlichen Belastungen, die Steuerermäßigung für haushaltsnahe Beschäftigungsverhältnisse, Dienstleistungen und Handwerkerleistungen sowie die Steuerermäßigung für energetische Maßnahmen bei zu eigenen Wohnzwecken genutzten Gebäuden je zur Hälfte aufzuteilen. 222 1 = Ja

(Der Antrag auf Aufteilung in einem anderen Verhältnis als je zur Hälfte
- des Freibetrages zur Abgeltung eines Sonderbedarfs bei Berufsausbildung eines gemeinsamen volljährigen Kindes ist in Zeile 64 der Anlage Kind,
- bei Übertragung des Behinderten- oder Hinterbliebenen-Pauschbetrags eines gemeinsamen Kindes ist in Zeile 72 der Anlage Kind,
- bei Übertragung der behinderungsbedingten Fahrtkostenpauschale eines gemeinsamen Kindes ist in Zeile 75 der Anlage Kind

zu stellen.)

Forschungszulage

12 Es wird beantragt, die Festsetzung der Einkommensteuer bis zur Festsetzung der Forschungszulage oder bis zur gesonderten und einheitlichen Feststellung von Anteilen an der festgesetzten Forschungszulage zurückzustellen. 860 1 = Ja
– **Bei einer anspruchsberechtigten Personengesellschaft: Erläuterungen lt. gesonderter Aufstellung** –

2021AnlSonstiges411 – Juli 2021 – **2021AnlSonstiges411**

Beispiel

Angenommen, Sie hatten in den Jahren 2020 und 2021 Einkünfte in folgender Höhe:

	2020	**2021**
Arbeitseinkünfte	40.000 €	42.000 €
Vermietungseinkünfte	– 24.000 €	– 60.000 €
Summe der Einkünfte	16.000 €	– 18.000 €

Der Vermietungsverlust kann 2021 durch die Arbeitseinkünfte nicht vollständig ausgeglichen werden. Der verbleibende Verlust in Höhe von 18.000 € wird also per Verlustabzug zunächst in das Vorjahr 2020 zurückgetragen. Es bleibt ein Restverlust in Höhe von (16.000 € – 18.000 € =) – 2.000 €. Dieser wird im Folgejahr berücksichtigt und mindert als Verlustvortrag die Einkommensteuer des Jahres 2022.

»Moment mal! Sie ziehen den Verlust des Jahres 2021 im Jahr 2020 so weit ab, dass ich auf null komme. Aber was ist mit meinem Grundfreibetrag? Es könnten doch in 2020 immerhin 9.408 € stehenbleiben, und dennoch würde ich keine Steuer bezahlen.«

Richtig. Damit das Finanzamt Sie nicht um Ihren Grundfreibetrag im Rücktragsjahr 2020 bringen kann, lesen Sie folgenden …

TIPP Mit spitzem Bleistift Geld verdienen 101

Der Fiskus zieht Verluste ab, bis sich für das Rücktragsjahr ein Einkommen von null ergibt, und das, obwohl in den Jahren 2016 bis 2019 Erwerbsbezüge in folgender Höhe steuerfrei waren:

2017:	8.820/17.640 €*
2018:	9.000/18.000 €*
2019:	9.168/18.336 €*
2020:	9.408/18.816 €*

* ledig/verheiratet

Damit das Finanzamt also nicht mehr Verluste im Rücktragsjahr abzieht, als Sie brauchen, um auf eine Steuer von null zu kommen, lassen Sie sich ausrechnen, wie hoch der Rücktrag sein muss, damit sich keine Steuer für Sie ergibt. Auf ebendiesen Betrag begrenzen Sie Ihren Verlustrücktrag, indem Sie ihn in die > Zeile 8 eintragen. Der Rest mindert als Verlustvortrag Ihre Steuerlast im folgenden Jahr. Soll der Verlust ausschließlich in Folgejahren berücksichtigt werden, tragen Sie »0« ein.

102 Zeile 11 Antrag zur Aufteilung der Abzugsbeträge bei Ehegatten/Lebenspartnern

Haben Sie die Einzelveranlagung gewählt (➤ Rz 83 f.), werden Aufwendungen für haushaltsnahe Dienstleistungen, Handwerkerleistungen, Kinderbetreuungskosten und außergewöhnliche Belastungen wie bei der Zusammenveranlagung ermittelt und sodann je zur Hälfte abgezogen. Mit einer »1« bestätigen Sie die hälftige Aufteilung. Auf gemeinsamen Antrag können Sie Aufwendungen für ein Kind aber auch beliebig untereinander aufteilen (Anlage Kind: > Zeile 64 Berufsausbildung, > Zeile 72 Behinderten-Pauschbetrag und > Zeile 82 Kinderbetreuungskosten).

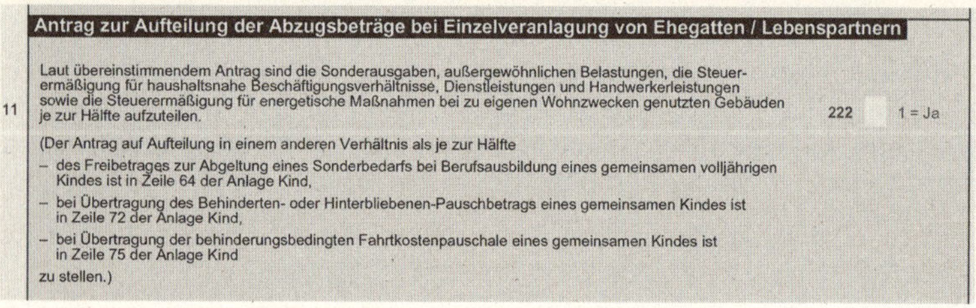
Antrag zur Aufteilung der Abzugsbeträge bei Einzelveranlagung von Ehegatten / Lebenspartnern

11 Laut übereinstimmendem Antrag sind die Sonderausgaben, außergewöhnlichen Belastungen, die Steuerermäßigung für haushaltsnahe Beschäftigungsverhältnisse, Dienstleistungen und Handwerkerleistungen sowie die Steuerermäßigung für energetische Maßnahmen bei zu eigenen Wohnzwecken genutzten Gebäuden je zur Hälfte aufzuteilen. 222 1 = Ja

(Der Antrag auf Aufteilung in einem anderen Verhältnis als je zur Hälfte
- des Freibetrages zur Abgeltung eines Sonderbedarfs bei Berufsausbildung eines gemeinsamen volljährigen Kindes ist in Zeile 64 der Anlage Kind,
- bei Übertragung des Behinderten- oder Hinterbliebenen-Pauschbetrags eines gemeinsamen Kindes ist in Zeile 72 der Anlage Kind,
- bei Übertragung der behinderungsbedingten Fahrtkostenpauschale eines gemeinsamen Kindes ist in Zeile 75 der Anlage Kind

zu stellen.)

Günstiger ist eine andere als hälftige Aufteilung, wenn sich Abzugsbeträge bei einem Ehegatten wegen zu geringer Einkünfte nicht auswirken. Manchmal kann es das Beste sein, alles bei einem Ehegatten abzuziehen, wenn sich bei ihm die Abzugsbeträge wegen eines wesentlich höheren Steuersatzes stärker auswirken.

6 Die Anlage Vorsorgeaufwand

Zeile 4 - 56 Übersicht 103

Bei der Berechnung des Einkommens können Sonderausgaben abgezogen werden. Das sind private Ausgaben, die nach den §§ 10 bis 10c EStG – zumeist aus sozial- oder steuerpolitischen Gründen – zum Abzug zugelassen sind. Der Abzug ist teilweise der Höhe nach begrenzt.

Hier ein grober Überblick:

Art der Sonderausgaben	§ 10 Abs. 1	➤ Rz	Absetzbar
• Basisversorgung im Alter			
gesetzl. Rentenversicherung etc.	Nr. 2a	➤ 108 ff.	Höchstbeträge
Berufsständische Rentenvers.	Nr. 2a	➤ 111 ff.	Höchstbeträge
private Rentenversicherung neuen Rechts (Abschluss nach 2004)	Nr. 2b	➤ 114 ff.	Höchstbeträge
• Sonstige Vorsorgeaufwendungen			
gesetzliche Kranken-, Pflege- u. Arbeitslosenversicherung	Nr. 3a	➤ 118 ff.	Höchstbeträge
Private Kranken- u. Pflegeversicherung	Nr. 3a	➤ 121 f.	Höchstbeträge
Erwerbs- u. Berufsunfähigkeitsversicherung	Nr. 3a	➤ 131	Höchstbeträge
Unfallversicherung	Nr. 3a	➤ 133	Höchstbeträge
Haftpflichtversicherung	Nr. 3a	➤ 134 ff.	Höchstbeträge
Risikolebensversicherung	Nr. 3a	➤ 137 ff.	Höchstbeträge
Kapitallebensversicherung alten Rechts (88 %)	Nr. 3b	➤ 137 ff.	Höchstbeträge

2021

Anlage Vorsorgeaufwand

Diese Anlage ist bei Zusammenveranlagung von Ehegatten / Lebenspartnern gemeinsam auszufüllen.

Daten für die mit (e) gekennzeichneten Zeilen liegen im Regelfall vor und müssen nicht eingetragen werden. – Bitte Infoblatt eDaten / Anleitung beachten –

52

Zeile			
1	Name		
2	Vorname		
3	Steuernummer		

Angaben zu Vorsorgeaufwendungen

Beiträge zur Altersvorsorge

Zeile		Kz	stpfl. Person / Ehemann / Person A EUR	Kz	Ehefrau / Person B EUR	
4	Arbeitnehmeranteil lt. Nr. 23 a/b der Lohnsteuerbescheinigung	300	,–	400	,–	(e)
5	Beiträge zur landwirtschaftlichen Alterskasse, zu berufsständischen Versorgungseinrichtungen, die den gesetzlichen Rentenversicherungen vergleichbare Leistungen erbringen (abzüglich steuerfreier Zuschüsse lt. Nr. 22 b der Lohnsteuerbescheinigung) – ohne Beiträge, die in Zeile 4 geltend gemacht werden –	301	,–	401	,–	
6	Beiträge zu gesetzlichen Rentenversicherungen – ohne Beiträge, die in Zeile 4 geltend gemacht werden –	302	,–	402	,–	
7	Erstattete Beiträge und / oder steuerfreie Zuschüsse zu den Zeilen 4 bis 6 (ohne Zuschüsse, die von den Beiträgen lt. Zeile 8 abzuziehen sind und ohne Zuschüsse lt. Zeile 9 und 10)	309	,–	409	,–	(e)
8	Beiträge zu zertifizierten Basisrentenverträgen (sog. Rürup-Verträge) mit Laufzeitbeginn nach dem 31.12.2004 (abzüglich steuerfreier Zuschüsse) – ohne Altersvorsorgebeiträge, die in der Anlage AV geltend gemacht werden –	303	,–	403	,–	(e)
9	Arbeitgeberanteil / -zuschuss lt. Nr. 22 a/b der Lohnsteuerbescheinigung	304	,–	404	,–	(e)
10	Arbeitgeberanteil zu gesetzlichen Rentenversicherungen im Rahmen einer pauschal besteuerten geringfügigen Beschäftigung (bitte Anleitung beachten)	306	,–	406	,–	

Beiträge zur inländischen gesetzlichen Kranken- und Pflegeversicherung

Zeile		Kz	stpfl. Person / Ehemann / Person A EUR	Kz	Ehefrau / Person B EUR	
11	Arbeitnehmerbeiträge zu Krankenversicherungen lt. Nr. 25 der Lohnsteuerbescheinigung	320	,–	420	,–	(e)
12	In Zeile 11 enthaltene Beiträge, aus denen sich kein Anspruch auf Krankengeld ergibt	322	,–	422	,–	
13	Arbeitnehmerbeiträge zu sozialen Pflegeversicherungen lt. Nr. 26 der Lohnsteuerbescheinigung	323	,–	423	,–	(e)
14	Zu den Zeilen 11 bis 13: Von der Kranken- und / oder sozialen Pflegeversicherung erstattete Beiträge	324	,–	424	,–	(e)
15	In Zeile 14 enthaltene Beiträge zur Krankenversicherung, aus denen sich kein Anspruch auf Krankengeld ergibt, und zur sozialen Pflegeversicherung	325	,–	425	,–	(e)
16	Beiträge zu Krankenversicherungen – ohne Beiträge, die in Zeile 11 geltend gemacht werden – (z. B. bei Rentnern, bei freiwillig gesetzlich versicherten Selbstzahlern)	326	,–	426	,–	(e)
17	In Zeile 16 enthaltene Beiträge zur Krankenversicherung, aus denen sich ein Anspruch auf Krankengeld ergibt	328	,–	428	,–	
18	Beiträge zu sozialen Pflegeversicherungen – ohne Beiträge, die in Zeile 13 geltend gemacht werden – (z. B. bei Rentnern, bei freiwillig gesetzlich versicherten Selbstzahlern)	329	,–	429	,–	(e)
19	Zu den Zeilen 16 bis 18: Von der Kranken- und / oder sozialen Pflegeversicherung erstattete Beiträge	330	,–	430	,–	(e)
20	In Zeile 19 enthaltene Beiträge zur Krankenversicherung, aus denen sich ein Anspruch auf Krankengeld ergibt	331	,–	431	,–	
21	Zuschuss zu den Beiträgen lt. Zeile 16 und / oder 18 – ohne Beträge lt. Zeile 37 und 39 – (z. B. von der Deutschen Rentenversicherung)	332	,–	432	,–	(e)
22	Über die Basisabsicherung hinausgehende Beiträge zu Krankenversicherungen (z. B. für Wahlleistungen, Zusatzversicherungen) abzüglich erstatteter Beiträge	338	,–	438	,–	

Beiträge zur inländischen privaten Kranken- und Pflegeversicherung

Zeile		Kz	stpfl. Person / Ehemann / Person A EUR	Kz	Ehefrau / Person B EUR	
23	Beiträge zu Krankenversicherungen (nur Basisabsicherung, keine Wahlleistungen)	350	,–	450	,–	(e)
24	Beiträge zu Pflege-Pflichtversicherungen	351	,–	451	,–	(e)
25	Zu den Zeilen 23 und 24: Von der privaten Kranken- und / oder Pflege-Pflichtversicherung erstattete Beiträge	352	,–	452	,–	(e)
26	Zuschuss von dritter Seite zu den Beiträgen lt. Zeile 23 und / oder 24 (z. B. von der Deutschen Rentenversicherung)	353	,–	453	,–	(e)
27	Über die Basisabsicherung hinausgehende Beiträge zu Krankenversicherungen (z. B. für Wahlleistungen, Zusatzversicherungen) und / oder zu zusätzlichen Pflegeversicherungen abzüglich erstatteter Beiträge	354	,–	454	,–	

2021AnlVor241 – April 2021 – 2021AnlVor241

ANLAGE VORSORGEAUFWAND

Renten-, Lebens- und (Sozial-)Versicherungsbeiträge

2022

Beiträge zur ausländischen gesetzlichen oder privaten Kranken- und Pflegeversicherung

Zeile			stpfl. Person / Ehemann / Person A EUR		Ehefrau / Person B EUR
31	Beiträge (abzüglich steuerfreier Zuschüsse – ohne Beiträge lt. Zeile 37 –) zur Krankenversicherung, die mit einer inländischen Krankenversicherung vergleichbar ist (nur Basisabsicherung, keine Wahlleistungen)	333	,–	433	,–
32	In Zeile 31 enthaltene Beiträge zur Krankenversicherung, aus denen sich kein Anspruch auf Krankengeld ergibt	334	,–	434	,–
33	Beiträge (abzüglich steuerfreier Zuschüsse – ohne Beiträge lt. Zeile 39 –) zur sozialen Pflegeversicherung / Pflege-Pflichtversicherung, die mit einer inländischen Pflegeversicherung vergleichbar ist	335	,–	435	,–
34	Zu den Zeilen 31 bis 33: Von der Kranken- und / oder sozialen Pflegeversicherung / Pflege-Pflichtversicherung erstattete Beiträge	336	,–	436	,–
35	In Zeile 34 enthaltene Beiträge zur Krankenversicherung, aus denen sich kein Anspruch auf Krankengeld ergibt, und zur sozialen Pflegeversicherung	337	,–	437	,–
36	Über die Basisabsicherung hinausgehende Beiträge (abzüglich erstatteter Beiträge) zu Krankenversicherungen und zusätzlichen Pflegeversicherungen (z. B. für Wahlleistungen, Zusatzversicherungen)	339	,–	439	,–

Steuerfreie Arbeitgeberzuschüsse

Zeile					
37	Gesetzliche Krankenversicherung lt. Nr. 24 a der Lohnsteuerbescheinigung	360	,–	460	,– e
38	Private Krankenversicherung lt. Nr. 24 b der Lohnsteuerbescheinigung	361	,–	461	,– e
39	Gesetzliche Pflegeversicherung lt. Nr. 24 c der Lohnsteuerbescheinigung	362	,–	462	,– e

Als Versicherungsnehmer für andere Personen übernommene Kranken- und Pflegeversicherungsbeiträge

– „Andere Personen" sind z. B. Kinder, für die **kein** Anspruch auf Kindergeld / Kinderfreibetrag besteht (bei Anspruch auf Kindergeld / Kinderfreibetrag sind die Eintragungen in den Zeilen 31 bis 42 der Anlage Kind vorzunehmen). –

Zeile		IdNr. der mitversicherten Person	Name, Vorname, Geburtsdatum der mitversicherten Person
40	600		

Zeile			stpfl. Person / Ehegatten / Lebenspartner EUR
41	Beiträge (abzüglich steuerfreier Zuschüsse) zu privaten Krankenversicherungen (nur Basisabsicherung, keine Wahlleistungen)	601	,– e
42	Beiträge (abzüglich steuerfreier Zuschüsse) zu Pflege-Pflichtversicherungen	602	,– e
43	Zu den Zeilen 41 und 42: Von der privaten Kranken- und / oder Pflege-Pflichtversicherung erstattete Beiträge	603	,– e
44	Beiträge (abzüglich erstatteter Beiträge) zu privaten Kranken- und / oder Pflegeversicherungen (ohne Basisabsicherung, z. B. für Wahlleistungen, Zusatzversicherungen)	604	,–

Weitere sonstige Vorsorgeaufwendungen

Zeile			stpfl. Person / Ehemann / Person A EUR		Ehefrau / Person B EUR
45	Arbeitnehmerbeiträge zur Arbeitslosenversicherung lt. Nr. 27 der Lohnsteuerbescheinigung	370	,–	470	,– e

Beiträge (abzüglich steuerfreier Zuschüsse und erstatteter Beiträge) zu

Zeile			stpfl. Person / Ehegatten / Lebenspartner EUR
46	– Versicherungen gegen Arbeitslosigkeit – ohne Beiträge, die in Zeile 45 geltend gemacht werden –	500	,–
47	– freiwilligen eigenständigen Erwerbs- und Berufsunfähigkeitsversicherungen	501	,–
48	– Unfall- und Haftpflichtversicherungen sowie Risikoversicherungen, die nur für den Todesfall eine Leistung vorsehen	502	,–
49	– Rentenversicherungen mit Kapitalwahlrecht und / oder Kapitallebensversicherungen mit einer Laufzeit von mindestens 12 Jahren sowie einem Laufzeitbeginn und der ersten Beitragszahlung vor dem 1.1.2005	503	,–
50	– Rentenversicherungen ohne Kapitalwahlrecht mit Laufzeitbeginn und erster Beitragszahlung vor dem 1.1.2005 (auch steuerpflichtige Beiträge zu Versorgungs- und Pensionskassen) – ohne Altersvorsorgebeiträge, die in der Anlage AV geltend gemacht werden –	504	,–

Ergänzende Angaben zu Vorsorgeaufwendungen

Zeile			stpfl. Person / Ehemann / Person A		Ehefrau / Person B
51	Haben Sie zu Ihrer Krankenversicherung oder Ihren Krankheitskosten Anspruch auf steuerfreie Zuschüsse, steuerfreie Arbeitgeberbeiträge oder steuerfreie Beihilfen?	307	2 = Nein	407	2 = Nein
	Es bestand 2021 keine gesetzliche Rentenversicherungspflicht aus dem **aktiven** Dienstverhältnis / aus der Tätigkeit				
52	– als Beamter / Beamtin	380	1 = Ja	480	1 = Ja
53	– als Vorstandsmitglied / GmbH-Gesellschafter-Geschäftsführer/in	381	1 = Ja	481	1 = Ja
54	– als (z. B. Praktikant/in, Student/in im Praktikum) Bezeichnung	382	1 = Ja	482	1 = Ja
55	Aufgrund des genannten Dienstverhältnisses / der Tätigkeit bestand hingegen eine Anwartschaft auf Altersversorgung	383	1 = Ja 2 = Nein	483	1 = Ja 2 = Nein
56	Es wurde Arbeitslohn aus einem **nicht aktiven** Dienstverhältnis – insbesondere Betriebsrente / Werkspension – bezogen, bei dem es sich nicht um steuerbegünstigte Versorgungsbezüge (Zeilen 11 bis 16 der Anlage N) handelt. Bei Altersteilzeit ist hier keine Eintragung vorzunehmen.	385	1 = Ja	485	1 = Ja

2021AnlVor242 2021AnlVor242

104 **Beim Abzug von Vorsorgeaufwendungen wird zwischen drei grundsätzlichen Gruppen unterschieden:**
– Beiträge zur Altersvorsorge (Basisversorgungsbeiträge),
– Beiträge zu Kranken- und Pflegeversicherung (Basisabsicherung),
– Beiträge zu übrigen sonstigen Vorsorgeaufwendungen.

105 **In welcher Höhe werden Sie steuerlich entlastet?**
Versicherungsbeiträge wirken sich häufig nicht oder nicht in voller Höhe steuerlich aus. Dies ist wichtig zu wissen, denn bevor Sie mühevoll sämtliche Beiträge des letzten Jahres zu Lebens- und Unfallversicherungen zusammensuchen, sollten Sie wissen, ob sich diese Mühe überhaupt lohnt.

Unter ➤ Rz 156 ff. lesen Sie, wie sich die Vorsorgehöchstbeträge berechnen und welche Beiträge sich in welcher Höhe auswirken. Anhand der Übersichten können Sie abschätzen, ob und in welcher Höhe Sie Versicherungsbeiträge überhaupt in das Formular eintragen müssen.

Wer hat zum Steuerbogenformular den Text erfunden?
Ob der in jenen Stunden, da er dies Wunderwirr gebar,
wohl ganz – oder total – war?
(Joachim Ringelnatz)

106 **eDaten liegen dem Finanzamt bereits vor und müssen nicht eingetragen werden!**
Alle Daten für die mit ⓔ gekennzeichneten Zeilen werden dem Finanzamt vom Arbeitgeber bzw. den Versicherungsunternehmen elektronisch übermittelt. Sie müssen diese Daten also nicht mehr in die Anlage Vorsorgeaufwand eintragen.

Das bedeutet: Arbeitnehmer müssen ihre Sozialversicherungsbeiträge im Regelfall nicht mehr in die Anlage Vorsorgeaufwand übertragen!

Möchten Sie von diesen Daten abweichen, sind die Eintragungen weiterhin vorzunehmen. Bei Versicherungsbeiträgen wird dies wohl eher selten der Fall sein. Wenn Sie dennoch Eintragungen vornehmen, werden diese in aller Regel vom Finanzamt mit den übermittelten Daten überschrieben, also aufgepasst.

Wichtig zu wissen: Beiträge für Wahl- und Zusatzleistungen der Kranken- und Pflegeversicherungen werden dem Finanzamt nicht übermittelt. Diese müssen Sie der Bescheinigung Ihrer Versicherung entnehmen und selbst in > Zeile 22 oder 27 eintragen.

Zeile 4 – 10 Beiträge zur Altersvorsorge 107

Hier beantragen Sie Steuervergünstigungen für Beiträge zugunsten Ihrer **Basisversorgung im Alter**. Das sind Beiträge in

a) die gesetzliche Rentenversicherung, einzutragen in > Zeile 4, 6, 9 und 10 (zu entnehmen der Lohnsteuerbescheinigung Zeile 22 und 23),

b) landwirtschaftliche Alterskassen, einzutragen in > Zeile 5,

c) berufsständische Versorgungseinrichtungen, einzutragen in > Zeile 5 und 9,

d) in die kapitalgedeckte private Rentenversicherung (Rürup-Rente), einzutragen in > Zeile 8.

Beispiel

Der kaufmännische Angestellte Felix, verheiratet, hat in 2021 einen Bruttolohn von 40.000 € bezogen. Er hat geleistet:

Beiträge in die Rentenversicherung 9,30 % von 40.000 € =	3.720 €
Beiträge zur privaten Rentenversicherung (Rürup-Rente)	720 €

In die Anlage Vorsorgeaufwand trägt Felix ein:

	Beiträge zur Altersvorsorge		stpfl. Person / Ehemann / Person A EUR		Ehefrau / Person B EUR
4	Arbeitnehmeranteil lt. Nr. 23 a/b der Lohnsteuerbescheinigung	300	3720,-	400	,-
5	Beiträge zur landwirtschaftlichen Alterskasse, zu berufsständischen Versorgungseinrichtungen, die den gesetzlichen Rentenversicherungen vergleichbare Leistungen erbringen (abzüglich steuerfreier Zuschüsse lt. Nr. 22 b der Lohnsteuerbescheinigung) – ohne Beiträge, die in Zeile 4 geltend gemacht werden –	301	,-	401	,-
6	Beiträge zu gesetzlichen Rentenversicherungen – ohne Beiträge, die in Zeile 4 geltend gemacht werden –	302	,-	402	,-
7	Erstattete Beiträge und / oder steuerfreie Zuschüsse zu den Zeilen 4 bis 6 (ohne Zuschüsse, die von den Beiträgen lt. Zeile 8 abzuziehen sind und ohne Zuschüsse lt. Zeile 9 und 10)	309	720,-	409	,-
8	Beiträge zu zertifizierten Basisrentenverträgen (sog. Rürup-Verträge) mit Laufzeitbeginn nach dem 31.12.2004 (abzüglich steuerfreier Zuschüsse) – ohne Altersvorsorgebeiträge, die in der Anlage AV geltend gemacht werden –	303	3720,-	403	,-
9	Arbeitgeberanteil / -zuschuss lt. Nr. 22 a/b der Lohnsteuerbescheinigung	304	,-	404	,-

In welcher Höhe seine Beiträge abzugsfähig sind, dazu die Berechnungen unter ➤ Rz 161.

108 Zeile 4, 6 – 10 Gesetzliche Rentenversicherung

Die in einer Lohnsteuerbescheinigung ausgewiesenen Beiträge zur gesetzlichen Rentenversicherung eines Arbeitnehmers werden vom Arbeitgeber elektronisch an das Finanzamt übermittelt. Eintragungen in > Zeile 4 und 9 sind deshalb nicht erforderlich.

Wichtig zu wissen: Haben Sie darüber hinaus **freiwillige Zahlungen** an die Rentenversicherungsanstalt geleistet (Höherversicherung) oder sind Sie als Nichtarbeitnehmer freiwillig in der gesetzlichen Rentenversicherung, gehören die Beiträge in > Zeile 6. Diese Beiträge werden nicht automatisch berücksichtigt und **müssen** daher **auf jeden Fall eingetragen werden!**

Hintergrundwissen für Interessierte …
> Zeile 4 ist für die in Zeile 23 der Lohnsteuerbescheinigung aufgeführten Arbeitnehmeranteile zur gesetzlichen Rentenversicherung vorgesehen. Der Arbeitnehmeranteil ist vom Lohn oder Gehalt abgezogen worden und beträgt 9,30 % des Arbeitslohns. Zusätzlich hat der Arbeitgeber Beiträge in derselben Höhe geleistet (Zeile 22 der Lohnsteuerbescheinigung und > Zeile 9 der Anlage Vorsorgeaufwand).

22. Arbeitgeberanteil	a) zur gesetzlichen Rentenversicherung		
	b) an berufsständische Versorgungseinrichtungen		
23. Arbeitnehmeranteil	a) zur gesetzlichen Rentenversicherung		
	b) an berufsständische Versorgungseinrichtungen		
24. Steuerfreie Arbeitgeberzuschüsse zur			

109 Die Beiträge zur gesetzlichen Rentenversicherung werden durch sog. Beitragsbemessungsgrenzen eingeschränkt. Für das Jahr 2021 bleibt Arbeitslohn oberhalb von monatlich 7.100 €/6.700 € (West/Ost) rentenversicherungsfrei.

110 **Erst Sonderausgabenabzug der RV-Beiträge, dann Steuerpflicht der Renten**
Zwar können Sie in der Ansparphase Steuervorteile in Anspruch nehmen, dafür wird die Rentenzahlung später zum größten Teil, bei Inanspruchnahme der Renten ab 2040 sogar zu 100 % steuerpflichtig sein. Zur Steuerpflicht der Renten siehe ➤ Rz 938 ff.

»Wer hat sich diese Sauerei denn bloß ausgedacht?«, rufen Sie empört. »2021 wirken sich nur 92 % meiner Beiträge steuerlich aus, aber später soll ich 100 % meiner Rente versteuern!«
Traurig, aber wahr, denn die Robenträger vom Bundesfinanzhof entschieden (Urt. v. 18.11.2009 – Az X R 9/07), dass die Regelungen des Alterseinkünftegesetzes verfassungsgemäß sind.

Zeile 5 Landwirtschaftliche Alterskassen, berufsständische Versorgungseinrichtungen 111

In > Zeile 5 gehören Rentenversicherungsbeiträge selbständig tätiger Landwirte und Freiberufler.

5	Beiträge zur landwirtschaftlichen Alterskasse, zu berufsständischen Versorgungseinrichtungen, die den gesetzlichen Rentenversicherungen vergleichbare Leistungen erbringen (abzüglich steuerfreier Zuschüsse lt. Nr. 22 b der Lohnsteuerbescheinigung) – ohne Beiträge, die in Zeile 4 geltend gemacht werden –	301	,–	401	,–

Diese Berufsgruppen nehmen eine Sonderstellung ein. Sie haben eigene Rentenversicherungen – landwirtschaftliche Alterskassen und berufsständische Versorgungswerke – gegründet und sorgen so weitgehend ohne staatliche Einmischung für die spätere Rente vor. Diese Institutionen erwirtschaften oftmals weitaus höhere Renten als die gesetzliche Rentenversicherung. 112

TIPP Mit Zusatzbeiträgen doppelt verdienen 113

Alterskassen und Versorgungswerke arbeiten in der Regel nicht nach dem Prinzip des Generationenvertrags, wonach die Beitragszahler die Rentenzahlungen von heute finanzieren. Vielmehr handelt es sich häufig um kapitalgedeckte Systeme, bei denen jeder Beitragszahler für seine eigene Altersvorsorge Gelder anspart. Je nach Alterskasse oder Versorgungswerk werden diese Gelder – für heutige Verhältnisse – üppig verzinst. Allein der Garantiezins liegt nicht selten noch über 2 %!
Sie sehen, hierin ist eine sichere Geldanlage mit ansehnlicher Verzinsung verborgen, die Sie für sich nutzen können. Denn zusätzlich zu den Pflichtbeiträgen können Sie oftmals bis zur Höhe eines Jahresbeitrags freiwillig Zahlungen erbringen. Neben der Garantieverzinsung lockt ein Steuerbonus, denn auch zusätzliche Beiträge drücken die Steuer. Beträgt Ihr Grenzsteuersatz (inkl. Kirchensteuer) 35 %, beschert Ihnen ein Zusatzbeitrag von 5.000 € einen Steuerrabatt von (5.000 € × 92 % × 35 % =) 1.610 € (sage und schreibe 32,2 %!).

114 Zeile 8 Kapitalgedeckte private Renten versicherung (Rürup-Versicherung)

Hintergrundwissen für Interessierte …
Bei Kapitallebensversicherungen und Rentenversicherungen mit Kapitalwahlrecht wird zwischen Alt- und Neuverträgen unterschieden. Lebensversicherungen alten Rechts, deren Laufzeit vor dem 1.1.2005 begonnen hat, sind steuerbegünstigt, wenn die Beiträge bis zu diesem Stichtag als Sonderausgaben abzugsfähig waren. Sie gehören zu den »weiteren sonstigen« Vorsorgeaufwendungen, einzutragen in > Zeile 49 – 50 (➤ Rz 127 ff.).

115 Die Lebensversicherungen neuen Rechts (> Zeile 8) sind steuerbegünstigt, wenn sie die vertraglich vereinbarte Auszahlung einer monatlichen, lebenslangen Rente nicht vor Vollendung des 60. Lebensjahrs (bei Neuverträgen seit 1.1.2012: 62 Jahre) beinhalten. Auch eine Versicherung gegen Berufsunfähigkeit muss auf Rentenbasis abgeschlossen sein. Zudem dürfen die Ansprüche aus den Versicherungen neuen Rechts weder vererblich, übertragbar, beleihbar, veräußerbar noch kapitalisierbar sein.

8	Beiträge zu zertifizierten Basisrentenverträgen (sog. Rürup-Verträge) mit Laufzeitbeginn nach dem 31.12.2004 (abzüglich steuerfreier Zuschüsse) – ohne Altersvorsorgebeiträge, die in der Anlage AV geltend gemacht werden –	303	,–	403	,– e

116 Kennen Sie sich bei Ihren Versicherungen nicht so recht aus, sollten Sie unbedingt Ihren Versicherungsvertreter fragen, denn **nur Leibrentenversicherungen, die Sie in > Zeile 8 eintragen können, bringen Ihnen echte Steuervorteile. Die Beiträge sind 2021 zu 92 % abzugsfähig**, wohingegen übrige private Rentenversicherungsverträge nur selten Steuervorteile bringen.

Übrigens: Mit Kapitaldeckung ist gemeint, dass Ihre Beiträge Ihre spätere Rente finanzieren, streng nach dem Motto: »Jeder für sich.« Sie ist das Gegenteil vom Umlageverfahren, das in der gesetzlichen Rentenversicherung gilt. Hier finanzieren die Beitragszahler die aktuelle Rentnergeneration, man spricht daher auch vom Generationenvertrag.

117 Zeile 10 Arbeitgeberanteil zur gesetzlichen Rentenversicherung bei geringfügig Beschäftigten (sog. Minijobs)

10	Arbeitgeberanteil zu gesetzlichen Rentenversicherungen im Rahmen einer pauschal besteuerten geringfügigen Beschäftigung (bitte Anleitung beachten)	306	,–	406	,–

Mit dieser Zeile im Formular hat die Steuerverwaltung für Sie einen **Fallstrick** ausgelegt, in dem Sie sich verfangen könnten.

Sind Sie im Rahmen eines Minijobs auf 450-€-Basis tätig, entrichtet Ihr Arbeitgeber Pauschalbeiträge zur Sozialversicherung sowie eine Pauschalsteuer in Höhe von insgesamt 30 % Ihres Arbeitslohns. Auf die Rentenversicherung entfällt dabei ein Beitrag in Höhe von 15 % Ihres Arbeitslohns. In > Zeile 10 sollen Sie nun diesen pauschalen Arbeitgeberanteil eintragen.

Warum das Finanzamt diese Angaben zum Minijob von Ihnen haben möchte, fragen Sie sich?
Rentenversicherungsbeiträge sind lediglich im Rahmen von Höchstbeträgen steuerlich abzugsfähig. Dabei werden (nach neuem Recht) insbesondere die Rentenversicherungsbeiträge, und zwar sowohl Ihre als auch die des Arbeitgebers angesetzt. Davon werden, bezogen auf das Jahr 2021, 92 % berücksichtigt; anschließend wird der steuerfreie Arbeitgeberanteil zur gesetzlichen Rentenversicherung wieder abgezogen. Und zum steuerfreien Arbeitgeberanteil gehört nun einmal auch der Pauschalbeitrag beim Minijob.

Im Ergebnis führt die Eintragung in > Zeile 10 damit zu einer **Kürzung abzugsfähiger Rentenversicherungsbeiträge**, wie folgende Berechnung zeigt:

Arbeitnehmeranteil zur gesetzlichen Rentenversicherung (Hauptbeschäftigung)	3.720 €
Arbeitgeberanteil zur gesetzlichen Rentenversicherung (Hauptbeschäftigung)	3.720 €
Arbeitgeberanteil zur gesetzlichen Rentenversicherung (Minijob)	810 €
Rentenversicherungsbeiträge insgesamt:	8.250 €
Davon 92 %	7.590 €
./. Arbeitgeberanteile zur gesetzlichen Rentenversicherung (3.720 € + 810 € =)	– 4.530 €
Steuerlich abzugsfähig	3.060 €

Ohne Berücksichtigung der Beiträge aus dem Minijob hätte sich ein abzugsfähiger Betrag in Höhe von 3.870 € ergeben!
»Das ist mir viel zu kompliziert«, wenden Sie sich ab. »Zeile 10 hab ich nicht verstanden, daher trage ich dort auch nichts ein.«
Steuerlich gesehen fahren Sie ohne Eintragung zwar günstiger, aber steuerehrlich ist das nicht …

118 Zeile 11 – 44 Beiträge zur gesetzlichen/ privaten Kranken- und Pflegeversicherung

Auch hier sind in vielen Fällen Eintragungen nicht erforderlich, da die Daten elektronisch an das Finanzamt übermittelt wurden.

Haben Sie allerdings freiwillige Zusatzbeiträge zur Kranken- und Pflegeversicherung geleistet (Wahlleistungen/Zusatzversicherung/zusätzliche Pflegeversicherung) oder sind **Beiträge an ausländische Kranken- und Pflegeversicherungen** geflossen, müssen Sie sie **auf jeden Fall hier eintragen, denn diese Beiträge werden nicht automatisch berücksichtigt**!

Hintergrundwissen für Interessierte …
Die tatsächlich geleisteten Beiträge zur privaten und gesetzlichen Krankenversicherung und zur gesetzlichen Pflegeversicherung (soziale Pflegeversicherung und private Pflegepflichtversicherung) werden in vollem Umfang steuerlich berücksichtigt. So weit, so gut. Doch wenn die Sache so einfach wäre, bräuchten wir nicht zig Formularzeilen und Eintragungsfelder, um unsere Beiträge in der Anlage Vorsorgeaufwand unterzubringen.

Warum der Aufwand?
Das Bundesverfassungsgericht sagt, was für die notwendige Absicherung gegen Krankheit und für den Fall der Pflege aufgewendet werden muss, steht dem Steuerzahler nicht – auch nicht für Steuerzahlungen – zur Verfügung. Diese Versicherungsbeiträge müssen daher in vollem Umfang steuerlich abzugsfähig sein.

Aber eben nur **diese notwendige Absicherung,** hat sich die Finanzverwaltung gedacht, als sie dieses Formular zusammengehext hat. Denn unbegrenzt abzugsfähig sollen nur die Beiträge zur »Basisabsicherung« sein,

- keine »freiwilligen« Zusatzbeiträge für »Wahlleistungen«,
- keine Beiträge, die für den Anspruch auf Krankengeld aufgewendet werden.
- Erstattungen und Zuschüsse müssen abgezogen werden;
- ausländische Versicherungsbeiträge sollen nur zum Abzug kommen, wenn die Versicherung mit einer inländischen gesetzlichen Einrichtung vergleichbar ist,
- und, und, und …

Das Ende vom Lied: 32 Formularzeilen und sage und schreibe 60 Eintragungsfelder! Aber der Reihe nach …
Es ist zwischen den Basiskranken- und Pflegepflichtversicherungsbeiträgen einerseits sowie weiteren sonstigen Vorsorgeaufwendungen (Beiträge zu Kranken- und Pflegeversicherungen, die über die Basisabsicherung hinausgehen, Beiträge zu Arbeitslosen-, Erwerbs- und Berufsunfähigkeitsversicherungen, zu Unfall- und Haftpflichtversicherungen sowie zu Renten- und Lebensversicherungen) andererseits zu unterscheiden.

Übersteigen die Beiträge für die Basisabsicherung (Basiskrankenversicherung und Pflegepflichtversicherung) den Höchstbetrag von 1.900 €/ 2.800 € pro Person, sind sie als Sonderausgaben zu berücksichtigen.

Eine betragsmäßige Deckelung auf den Höchstbetrag findet in diesen Fällen nicht statt. Ein zusätzlicher Abzug von Beiträgen, die über die Basisabsicherung hinausgehen, oder von weiteren sonstigen Vorsorgeaufwendungen (z.B. Arbeitslosen-, Unfall- oder Haftpflichtversicherungen) ist daneben nicht möglich.

Die meisten der in den > Zeilen 11 – 39 einzutragenden Beträge werden dem Finanzamt von den zuständigen Stellen übermittelt und müssen daher nicht gesondert eingetragen werden (eDaten). Maßgebend sind die tatsächlichen Beitragszahlungen. Daher sind sowohl die im Jahr 2021 geleisteten als auch die in 2021 erstatteten Beiträge zur Basisabsicherung einzutragen.

Übrigens: Fallbeispiele mit der Berechnung abzugsfähiger Versicherungsbeiträge finden Sie unter ➤ Rz 160 ff.

Der Grund dafür, dass das Steuerformular zwischen Beiträgen zu inländischen und ausländischen Kranken- und Pflegeversicherungen unterscheidet, ist weniger die steuerliche Behandlung als der Nachweis der Beiträge. Inländische Krankenversicherungsunternehmen (gesetzlich oder privat) übermitteln die im Jahr 2021 geleisteten und erstatteten Beiträge bis Ende Februar 2022 elektronisch an die Finanzverwaltung (eDaten), nicht so ausländische Versicherungsgesellschaften. Die Angaben in den > Zeilen 11 – 27 (Beiträge zu inländischen Versicherungen) kann das Finanzamt also mit den elektronisch übermittelten Daten abgleichen, die Angaben zu ausländischen Versicherungen (> Zeilen 31 – 36) muss es hingegen mittels beigefügter Nachweise und Belege selbst prüfen.

119 Zeile 11 – 22 Gesetzliche Kranken- und Pflegeversicherung (Inland)

Die Beiträge zur gesetzlichen Krankenversicherung sind mit Ausnahme der Beitragsanteile für Wahl- und Komfortleistungen oder einen Krankengeldanspruch in voller Höhe zu berücksichtigen.

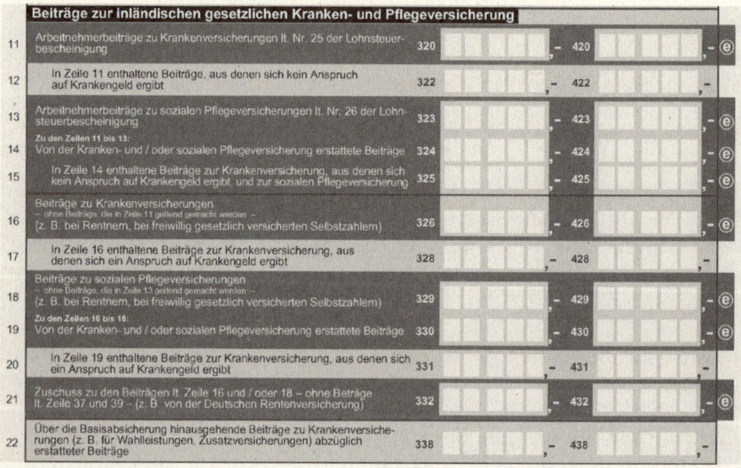

	Beiträge zur inländischen gesetzlichen Kranken- und Pflegeversicherung				
11	Arbeitnehmerbeiträge zu Krankenversicherungen lt. Nr. 25 der Lohnsteuerbescheinigung	320	,–	420	,– e
12	In Zeile 11 enthaltene Beiträge, aus denen sich kein Anspruch auf Krankengeld ergibt	322	,–	422	,–
13	Arbeitnehmerbeiträge zu sozialen Pflegeversicherungen lt. Nr. 26 der Lohnsteuerbescheinigung	323	,–	423	,– e
14	Zu den Zeilen 11 bis 13: Von der Kranken- und / oder sozialen Pflegeversicherung erstattete Beiträge	324	,–	424	,– e
15	In Zeile 14 enthaltene Beiträge zur Krankenversicherung, aus denen sich kein Anspruch auf Krankengeld ergibt, und zur sozialen Pflegeversicherung	325	,–	425	,– e
16	Beiträge zu Krankenversicherungen – ohne Beiträge, die in Zeile 11 geltend gemacht werden – (z. B. bei Rentnern, bei freiwillig gesetzlich versicherten Selbstzahlern)	326	,–	426	,– e
17	In Zeile 16 enthaltene Beiträge zur Krankenversicherung, aus denen sich ein Anspruch auf Krankengeld ergibt	328	,–	428	,–
18	Beiträge zu sozialen Pflegeversicherungen – ohne Beiträge, die in Zeile 13 geltend gemacht werden – (z. B. bei Rentnern, bei freiwillig gesetzlich versicherten Selbstzahlern)	329	,–	429	,– e
19	Zu den Zeilen 16 bis 18: Von der Kranken- und / oder sozialen Pflegeversicherung erstattete Beiträge	330	,–	430	,– e
20	In Zeile 19 enthaltene Beiträge zur Krankenversicherung, aus denen sich ein Anspruch auf Krankengeld ergibt	331	,–	431	,–
21	Zuschuss zu den Beiträgen lt. Zeile 16 und / oder 18 – ohne Beträge lt. Zeile 37 und 39 – (z. B. von der Deutschen Rentenversicherung)	332	,–	432	,– e
22	Über die Basisabsicherung hinausgehende Beiträge zu Krankenversicherungen (z. B. für Wahlleistungen, Zusatzversicherungen) abzüglich erstatteter Beiträge	338	,–	438	,–

Sozialversicherungspflichtige Arbeitnehmer – Zeile 11 – 15
haben grundsätzlich **Anspruch auf Krankengeld**, sodass die Beiträge in > Zeile 11 **von Amts wegen** um 4 % gekürzt werden. Einzutragen sind hier daher die ungekürzten Beiträge. Wurden Basisversicherungsbeiträge gezahlt, aus denen sich **kein Krankengeldanspruch** ergibt, sind sie in > Zeile 12 einzutragen. Das ist z.B. der Fall, wenn der Arbeitgeber den verminderten Beitrag zur Krankenversicherung ohne Lohnfortzahlungsanspruch gezahlt hat, was nur selten der Fall sein dürfte. Beitragserstattungen müssen gesondert in > Zeile 14 (Erstattungen insgesamt) und ggf. zusätzlich in > Zeile 15 (davon ohne Krankengeldanspruch) eingetragen werden.

Beispiel
Die Eheleute Huber haben im Jahr 2021 zusätzlich zu den Beiträgen zur Altersvorsorge folgende Versicherungsbeiträge geleistet:

Arbeitnehmeranteil zur gesetzlichen Krankenversicherung:	3.600 €
Pflegeversicherungsbeiträge:	453 €

Beiträge zur Arbeitslosenversicherung: 658 €
Haftpflichtversicherung: 500 €

Beiträge zur inländischen gesetzlichen Kranken- und Pflegeversicherung

Zeile		Kz		Kz	
11	Arbeitnehmerbeiträge zu Krankenversicherungen lt. Nr. 25 der Lohnsteuerbescheinigung	320	3600,-	420	,-
12	In Zeile 11 enthaltene Beiträge, aus denen sich kein Anspruch auf Krankengeld ergibt	322	,-	422	,-
13	Arbeitnehmerbeiträge zu sozialen Pflegeversicherungen lt. Nr. 26 der Lohnsteuerbescheinigung	323	453,-	423	,-
14	Zu den Zeilen 11 bis 13: Von der Kranken- und / oder sozialen Pflegeversicherung erstattete Beiträge	324	,-	424	,-
15	In Zeile 14 enthaltene Beiträge zur Krankenversicherung, aus denen sich kein Anspruch auf Krankengeld ergibt, und zur sozialen Pflegeversicherung	325	,-	425	,-

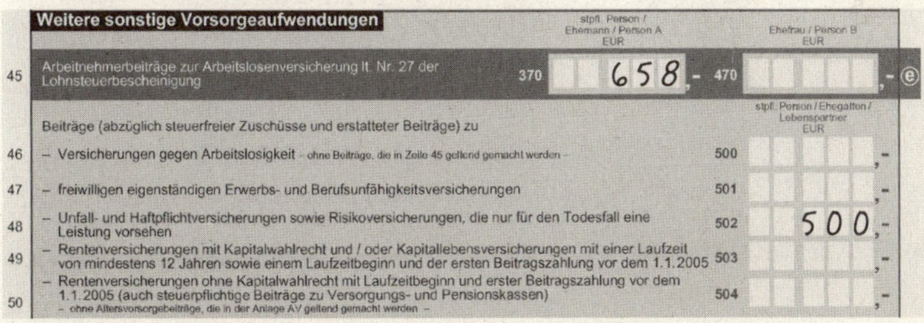

Weitere sonstige Vorsorgeaufwendungen

Zeile		Kz	stpfl. Person / Ehemann / Person A EUR	Kz	Ehefrau / Person B EUR
45	Arbeitnehmerbeiträge zur Arbeitslosenversicherung lt. Nr. 27 der Lohnsteuerbescheinigung	370	658,-	470	,-

Zeile	Beiträge (abzüglich steuerfreier Zuschüsse und erstatteter Beiträge) zu	Kz	stpfl. Person / Ehegatten / Lebenspartner EUR
46	– Versicherungen gegen Arbeitslosigkeit – ohne Beiträge, die in Zeile 45 geltend gemacht werden –	500	,-
47	– freiwilligen eigenständigen Erwerbs- und Berufsunfähigkeitsversicherungen	501	,-
48	– Unfall- und Haftpflichtversicherungen sowie Risikoversicherungen, die nur für den Todesfall eine Leistung vorsehen	502	500,-
49	– Rentenversicherungen mit Kapitalwahlrecht und / oder Kapitallebensversicherungen mit einer Laufzeit von mindestens 12 Jahren sowie einem Laufzeitbeginn und der ersten Beitragszahlung vor dem 1.1.2005	503	,-
50	– Rentenversicherungen ohne Kapitalwahlrecht mit Laufzeitbeginn und erster Beitragszahlung vor dem 1.1.2005 (auch steuerpflichtige Beiträge zu Versorgungs- und Pensionskassen) – ohne Altersvorsorgebeiträge, die in der Anlage AV geltend gemacht werden –	504	,-

Rentner und freiwillig Versicherte – Zeile 16 – 22
haben in aller Regel **keinen Anspruch auf Krankengeld**, sodass die Beiträge in > Zeile 16 nicht von Amts wegen um 4 % gekürzt werden. Sollten in Ausnahmefällen Beiträge und Beitragserstattungen mit Anspruch auf Krankengeld vorliegen, sind diese in den > Zeilen 17 bzw. 20 einzutragen. Für diesen Beitragsteil erfolgt dann wiederum eine Kürzung.

Beispiel
Bernhard und Heidemarie Horstrup beziehen beide Renteneinkünfte. Folgende Versicherungsbeiträge sind im Jahr 2021 angefallen:

Beiträge zur gesetzlichen Krankenversicherung
lt. Rentenbezugsmitteilung (Ehemann/Ehefrau): 1.580 €/1.185 €
Pflegeversicherungsbeiträge (Ehemann/Ehefrau): 390 €/293 €
Unfall- und Haftpflichtversicherung: 500 €

ANLAGE VORSORGEAUFWAND 2022
Renten-, Lebens- und (Sozial-)Versicherungsbeiträge

Zeile					
16	Beiträge zu Krankenversicherungen – ohne Beiträge, die in Zeile 11 geltend gemacht werden – (z. B. bei Rentnern, bei freiwillig gesetzlich versicherten Selbstzahlern)	326	1580,-	426	1185,- ⓔ
17	In Zeile 16 enthaltene Beiträge zur Krankenversicherung, aus denen sich ein Anspruch auf Krankengeld ergibt	328	,-	428	,-
18	Beiträge zu sozialen Pflegeversicherungen – ohne Beiträge, die in Zeile 13 geltend gemacht werden – (z. B. bei Rentnern, bei freiwillig gesetzlich versicherten Selbstzahlern)	329	390,-	429	293,- ⓔ
19	Zu den Zeilen 16 bis 18: Von der Kranken- und / oder sozialen Pflegeversicherung erstattete Beiträge	330	,-	430	,- ⓔ
20	In Zeile 19 enthaltene Beiträge zur Krankenversicherung, aus denen sich ein Anspruch auf Krankengeld ergibt	331	,-	431	,-
21	Zuschuss zu den Beiträgen lt. Zeile 16 und / oder 18 – ohne Beiträge lt. Zeile 37 und 39 – (z. B. von der Deutschen Rentenversicherung)	332	,-	432	,- ⓔ

Zeile	Weitere sonstige Vorsorgeaufwendungen		stpfl. Person / Ehemann / Person A EUR		Ehefrau / Person B EUR
45	Arbeitnehmerbeiträge zur Arbeitslosenversicherung lt. Nr. 27 der Lohnsteuerbescheinigung	370	,-	470	,- ⓔ
	Beiträge (abzüglich steuerfreier Zuschüsse und erstatteter Beiträge) zu				stpfl. Person / Ehegatten / Lebenspartner EUR
46	– Versicherungen gegen Arbeitslosigkeit – ohne Beiträge, die in Zeile 45 geltend gemacht werden –			500	,-
47	– freiwilligen eigenständigen Erwerbs- und Berufsunfähigkeitsversicherungen			501	,-
48	– Unfall- und Haftpflichtversicherungen sowie Risikoversicherungen, die nur für den Todesfall eine Leistung vorsehen			502	500,-
49	– Rentenversicherungen mit Kapitalwahlrecht und / oder Kapitallebensversicherungen mit einer Laufzeit von mindestens 12 Jahren sowie einem Laufzeitbeginn und der ersten Beitragszahlung vor dem 1.1.2005			503	,-
50	– Rentenversicherungen ohne Kapitalwahlrecht mit Laufzeitbeginn und erster Beitragszahlung vor dem 1.1.2005 (auch steuerpflichtige Beiträge zu Versorgungs- und Pensionskassen) – ohne Altersvorsorgebeiträge, die in der Anlage AV geltend gemacht werden –			504	,-

Wahlleistungen, Zusatzversicherungen – Zeile 22

In diese Kennziffern könnten Sie sicherlich so einige Beiträge eintragen. Auf Anhieb fallen Ihnen ein:

- Beiträge zu Auslandskrankenversicherungen,
- die Zahnzusatzversicherung oder
- die zusätzliche Versicherung für Krankenhauskosten.

Zeile					
22	Über die Basisabsicherung hinausgehende Beiträge zu Krankenversicherungen (z. B. für Wahlleistungen, Zusatzversicherungen) abzüglich erstatteter Beiträge	338	,-	438	,-

Wichtig zu wissen: Über die Basisabsicherung hinausgehende Beträge für Wahlleistungen oder Zusatzversicherungen werden dem Finanzamt nicht übermittelt (keine eDaten)! Diese Beiträge **müssen** daher **auf jeden Fall eingetragen werden!**

Allerdings wird Ihre Mühe vermutlich nicht belohnt werden, denn die Eintragungen in > Zeile 22 wirken sich nur dann aus, wenn die Höchstbeträge von 2.800 €/5.600 € bzw. 1.900 €/3.800 € nicht bereits durch Basiskranken- und Pflegeversicherungsbeiträge überschritten werden. Und dies ist bei den meisten Arbeitnehmern der Fall.

TIPP Ein Bonus der Versicherung ist keine Erstattung! 120

Seitdem Beiträge zur Basiskrankenversicherung in vollem Umfang steuerlich abzugsfähig sind, ist die Freude über Beitragserstattungen der Krankenversicherung getrübt. Soweit diese Erstattungen auf Basis-Krankenversicherungsbeiträge entfallen, mindern sie den Steuerabzug und erhöhen damit die Steuerlast (siehe > Zeile 14, 19 und 25). Damit sind sie quasi in vollem Umfang steuerpflichtig!

Der Bundesfinanzhof hat allerdings klargestellt: Bonuszahlungen der Krankenkassen sind keine Beitragsrückerstattungen (Urt. v. 1.6.2016 – Az. X R 17/15).

Erhalten Sie also Zuschüsse von Ihrer Kasse für die Teilnahme an besonderen Vorsorge- oder Gesundheitsprogrammen, sind diese nicht als Erstattung von Beiträgen in die Anlage Vorsorgeaufwand einzutragen!

Zeile 23 - 27 Private Kranken- und Pflegeversicherung (Inland) 121

Beiträge zu einer privaten Krankenversicherung sind als Sonderausgaben abziehbar, wenn sie auf Vertragsleistungen entfallen, die in Art, Umfang und Höhe auf dem Niveau der gesetzlichen Krankenversicherung liegen (Basisleistungen). Beitragsteile, die der Finanzierung von Wahl- und Komfortleistungen oder Krankengeld dienen, gehören nicht zur Basisabsicherung.

Die Aufteilung der Krankenversicherungsbeiträge erfolgt durch die Krankenversicherungsunternehmen in typisierender Form.

Beiträge zur gesetzlichen Pflegeversicherung führen in vollem Umfang zum Sonderausgabenabzug.

Wie bei den gesetzlichen Kranken- und Pflegeversicherungsbeiträgen sind auch hier verschiedene Eintragungsmöglichkeiten zu beachten:

- Beiträge zur Krankenversicherung (Basisabsicherung) – > Zeile 23,
- Beiträge zur Pflegepflichtversicherung – > Zeile 24,
- erstattete Beiträge – > Zeile 25,
- Zuschüsse zu Beiträgen lt. > Zeile 23 und 24 von dritter Seite – > Zeile 26,
- Beiträge (abzgl. steuerfreier Zuschüsse und Erstattungen) für Wahl- und Komfortleistungen (Kranken- und/oder Pflegeversicherung) – > Zeile 27,

Wichtig zu wissen: Über die Basisabsicherung hinausgehende Beträge für Wahlleistungen oder Zusatzversicherungen werden vom Finanzamt nicht automatisch berücksichtigt (keine eDaten)! Diese Beiträge **müssen** Sie daher **auf jeden Fall angeben!**

Beispiel
Willi Schaefers ist Beamter, seine Frau Nicole Hausfrau. Folgende Vorsorgeaufwendungen sind 2021 – zusätzlich zu den Beiträgen zur Altersvorsorge – angefallen:

Versicherungsbeiträge 2021	Ehemann	Ehefrau	Kind
Beiträge zur privaten Krankenversicherung (davon Komfort-/Wahlleistungen)	1.600 € (250 €)	1.900 € (380 €)	540 € (140 €)
Beiträge zur privaten Pflegeversicherung	125 €	125 €	55 €
Unfall- und Haftpflichtversicherungsbeiträge	900 €		

In die **Anlage Vorsorgeaufwand** tragen die Schaefers ein:

Beiträge zur inländischen privaten Kranken- und Pflegeversicherung

Zeile					
23	Beiträge zu Krankenversicherungen (nur Basisabsicherung, keine Wahlleistungen)	350	1350,-	450	1520,- ⓔ
24	Beiträge zu Pflege-Pflichtversicherungen	351	125,-	451	125,- ⓔ
	Zu den Zeilen 23 und 24:				
25	Von der privaten Kranken- und / oder Pflege-Pflichtversicherung erstattete Beiträge	352	,-	452	,- ⓔ
26	Zuschuss von dritter Seite zu den Beiträgen lt. Zeile 23 und / oder 24 (z. B. von der Deutschen Rentenversicherung)	353	,-	453	,- ⓔ
27	Über die Basisabsicherung hinausgehende Beiträge zu Krankenversicherungen (z. B. für Wahlleistungen, Zusatzversicherungen) und / oder zu zusätzlichen Pflegeversicherungen abzüglich erstatteter Beiträge	354	250,-	454	380,-

Weitere sonstige Vorsorgeaufwendungen

Zeile			stpfl. Person / Ehemann / Person A EUR		Ehefrau / Person B EUR
45	Arbeitnehmerbeiträge zur Arbeitslosenversicherung lt. Nr. 27 der Lohnsteuerbescheinigung	370	,-	470	,- ⓔ
	Beiträge (abzüglich steuerfreier Zuschüsse und erstatteter Beiträge) zu				stpfl. Person / Ehegatten / Lebenspartner EUR
46	– Versicherungen gegen Arbeitslosigkeit – ohne Beiträge, die in Zeile 45 geltend gemacht werden –			500	,-
47	– freiwilligen eigenständigen Erwerbs- und Berufsunfähigkeitsversicherungen			501	,-
48	– Unfall- und Haftpflichtversicherungen sowie Risikoversicherungen, die nur für den Todesfall eine Leistung vorsehen			502	900,-
49	– Rentenversicherungen mit Kapitalwahlrecht und / oder Kapitallebensversicherungen mit einer Laufzeit von mindestens 12 Jahren sowie einem Laufzeitbeginn und der ersten Beitragszahlung vor dem 1.1.2005			503	,-
50	– Rentenversicherungen ohne Kapitalwahlrecht mit Laufzeitbeginn und erster Beitragszahlung vor dem 1.1.2005 (auch steuerpflichtige Beiträge zu Versorgungs- und Pensionskassen) – ohne Altersvorsorgebeiträge, die in der Anlage AV geltend gemacht werden –			504	,-

Außerdem tragen Sie in den > Zeilen 31 – 34 der **Anlage Kind** ein:

	Beiträge zur inländischen Kranken- und Pflegeversicherung (Nicht in der Anlage Vorsorgeaufwand enthalten)		EUR
	Aufwendungen von mir / uns als Versicherungsnehmer geschuldet und von mir / uns getragen		
31	Beiträge zu Krankenversicherungen des Kindes (nur Basisabsicherung, keine Wahlleistungen)	66	400,–
32	Beiträge zur sozialen Pflegeversicherung und / oder zur privaten Pflege-Pflichtversicherung	67	55,–
33	Von den Versicherungen lt. den Zeilen 31 und / oder 32 erstattete Beiträge	68	,–
34	Über die Basisabsicherung hinausgehende Beiträge zu Kranken- und Pflegeversicherungen des Kindes (z. B. für Wahlleistungen, Zusatzversicherungen) abzüglich erstatteter Beiträge	69	140,–

TIPP Mit Beitragsvorauszahlungen Steuern sparen 122

Spargroschen bei der Bank verlieren seit Jahren an Wert, denn die Verzinsung ist niedriger als die Inflation. Da sind Alternativen gefragt. Eine könnte die Vorauszahlung von Krankenversicherungsbeiträgen sein. Dabei machen Sie sich folgende Rahmenbedingungen zunutze:

- Versicherungsbeiträge werden bei Zahlung steuerlich berücksichtigt.
- Basiskrankenversicherungsbeiträge sind zu 100 % steuerlich abzugsfähig.
- Bei Kranken- und Pflegeversicherungsbeiträgen von mehr als 5.600 € (Ehegatten) gehen sonstige Versicherungsbeiträge ins Leere (s. ➤ Rz 118).

Was Ihnen das bringen kann, zeigt folgendes Beispiel:
Ihr Grenzsteuersatz liegt bei 35 %. Jahr für Jahr zahlen Sie 6.000 € an Basis-Krankenversicherungsbeiträgen. Zusätzlich fallen 3.000 € an Beiträgen für Zusatz-, Haftpflicht- und Unfallversicherungen an. Steuerwirksam sind aber nur 6.000 €.

Würden Sie nun im Jahr 2022 den Jahresbeitrag für 2023 im Voraus entrichten, ergäbe sich folgende Berechnung:

2022: abzugsfähige Versicherungsbeiträge	12.000 €
2023: mangels Basis-Krankenversicherungsbeiträgen abzugsfähige übrige Versicherungsbeiträge	3.000 €

Der Steuervorteil liegt also zum einen darin, dass Sie mit der Steuerveranlagung für 2022 bereits 35 % der vorausgezahlten Beiträge zurückerhalten (2.100 €). Zum anderen wirken sich in 2023 die zusätzlichen Versicherungsbeiträge aus, die ansonsten ins Leere gingen (**Steuervorteil: 1.050 €!**).

Wichtig zu wissen: Auch dieser Steuerdreh hat seine Grenzen. Vorausgezahlte Kranken- und Pflegeversicherungsbeiträge werden maximal in Höhe des Dreifachen des vertraglich geschuldeten Jahresbeitrags berücksichtigt, der auf die Basisabsicherung entfällt. Die Einhaltung dieser Regelung wird vom Finanzamt geprüft.

123 **TIPP** **Vergessen Sie Ihre Reisekrankenversicherung nicht**

Eine Auslandskrankenversicherung können Sie von der Steuer absetzen. Die Beiträge gehören deshalb unbedingt in > Zeile 22 (bei gesetzlich Krankenversicherten) bzw. in > Zeile 27 (wenn Sie privat krankenversichert sind).

124 Zeile 31 - 36 Gesetzliche/Private Kranken- und Pflegeversicherung (Ausland)

Beiträge an Kranken- und Pflegeversicherungen im Ausland werden nicht automatisch an die deutsche Fiskalbürokratie gemeldet. Da ein automatischer Abgleich in diesem Fall also nicht möglich ist, müssen Sie die Beiträge in den > Zeilen 31 – 36 eintragen.

Beiträge zur ausländischen gesetzlichen oder privaten Kranken- und Pflegeversicherung

			stpfl. Person / Ehemann / Person A EUR		Ehefrau / Person B EUR
31	Beiträge (abzüglich steuerfreier Zuschüsse – ohne Beträge lt. Zeile 37 –) zur Krankenversicherung, die mit einer inländischen Krankenversicherung vergleichbar ist (nur Basisabsicherung, keine Wahlleistungen)	333	,–	433	,–
32	In Zeile 31 enthaltene Beiträge zur Krankenversicherung, aus denen sich kein Anspruch auf Krankengeld ergibt	334	,–	434	,–
33	Beiträge (abzüglich steuerfreier Zuschüsse – ohne Beträge lt. Zeile 39 –) zur sozialen Pflegeversicherung / Pflege-Pflichtversicherung, die mit einer inländischen Pflegeversicherung vergleichbar ist	335	,–	435	,–
	Zu den Zeilen 31 bis 33:				
34	Von der Kranken- und / oder sozialen Pflegeversicherung / Pflege-Pflichtversicherung erstattete Beiträge	336	,–	436	,–
35	In Zeile 34 enthaltene Beiträge zur Krankenversicherung, aus denen sich kein Anspruch auf Krankengeld ergibt, und zur sozialen Pflegeversicherung	337	,–	437	,–
36	Über die Basisabsicherung hinausgehende Beiträge (abzüglich erstatteter Beiträge) zu Krankenversicherungen und zusätzlichen Pflegeversicherungen (z. B. für Wahlleistungen, Zusatzversicherungen)	339	,–	439	,–

Liegen Ihnen Bescheinigungen über die geleisteten Beiträge vor, sind die Eintragungen schnell gemacht. Es gilt dasselbe Prinzip wie bei den Beiträgen zu inländischen Versicherungsgesellschaften.

Schwieriger wird es bei den sog. Globalbeiträgen zur Sozialversicherung, die in vielen Ländern erhoben werden. Hier ist der Arbeitgeber gefordert (da es sich ja um Sozialversicherungsbeiträge im Rahmen eines Arbeitsverhältnisses handelt). Er hat den Gesamtbeitrag zur Sozialversicherung auf Grundlage jährlich aktualisierter Aufteilungsmaßstäbe der Finanzverwaltung in Renten-, Kranken-, Pflegeversicherung und sonstige Vorsorgeaufwendungen aufzuteilen. Komplizierter geht es kaum …

Sie braucht das nicht weiter zu kümmern, denn das ist Aufgabe des Lohnbüros.

Zeile 40 - 44 Für andere Personen übernommene Kranken- und Pflegeversicherungsbeiträge 125

Beiträge können grundsätzlich nur vom Versicherungsnehmer geltend gemacht werden. In den Fällen, in denen Sie als Versicherungsnehmer die Beiträge zur Kranken- und Pflegeversicherung (Basisabsicherung) des von Ihnen (mit)versicherten eingetragenen Lebenspartners leisten, können Sie die entsprechenden Eintragungen hier vornehmen.

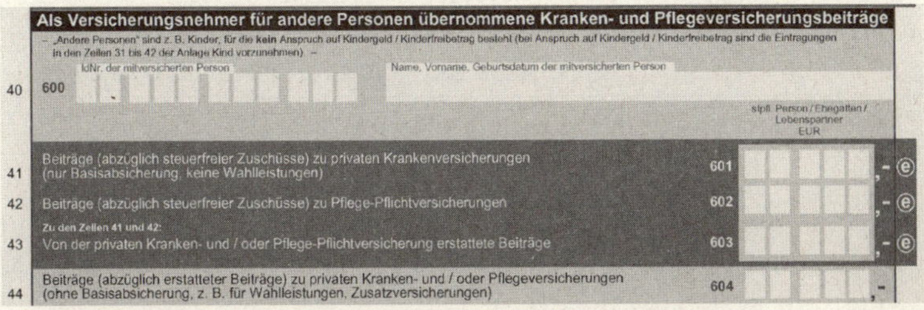

Als Versicherungsnehmer für andere Personen übernommene Kranken- und Pflegeversicherungsbeiträge

– „Andere Personen" sind z. B. Kinder, für die **kein** Anspruch auf Kindergeld / Kinderfreibetrag besteht (bei Anspruch auf Kindergeld / Kinderfreibetrag sind die Eintragungen in den Zeilen 31 bis 42 der Anlage Kind vorzunehmen) –

Zeile		Kz	stpfl. Person / Ehegatten / Lebenspartner EUR
40	600 IdNr. der mitversicherten Person / Name, Vorname, Geburtsdatum der mitversicherten Person		
41	Beiträge (abzüglich steuerfreier Zuschüsse) zu privaten Krankenversicherungen (nur Basisabsicherung, keine Wahlleistungen)	601	,– ⓔ
42	Beiträge (abzüglich steuerfreier Zuschüsse) zu Pflege-Pflichtversicherungen	602	,– ⓔ
43	Zu den Zeilen 41 und 42: Von der privaten Kranken- und / oder Pflege-Pflichtversicherung erstattete Beiträge	603	,– ⓔ
44	Beiträge (abzüglich erstatteter Beiträge) zu privaten Kranken- und / oder Pflegeversicherungen (ohne Basisabsicherung, z. B. für Wahlleistungen, Zusatzversicherungen)	604	,–

Beachten Sie:

- Versicherungsbeiträge, die Sie für den Ex-Ehegatten übernehmen, gehören in **> Zeile 40 der Anlage Sonderausgaben.**
- Übernehmen Sie zusätzlich zum Unterhalt für bedürftige Personen auch deren Kranken- und Pflegeversicherungsbeiträge, sind die **> Zeilen 11 – 16 der Anlage Unterhalt** für Sie relevant.
- Zahlen Sie Kranken- und Pflegeversicherungsbeiträge für ein Kind, für das Kindergeld/Kinderfreibeträge gewährt werden, müssen Sie diese in den **> Zeilen 31 – 40 der Anlage Kind** eintragen (siehe hierzu auch den nachfolgenden Tipp).

TIPP Als Eltern Krankenkassenbeiträge des Kindes bei der Steuer geltend machen!

Eltern, die für ihre Kinder Kranken- und Pflegeversicherungsbeiträge übernehmen, können diese steuerlich bei sich als Sonderausgaben absetzen. **Das gilt im Übrigen auch dann, wenn die Eltern die Beiträge nicht direkt zahlen, sondern diese von der Ausbildungsvergütung des Kindes abgezogen werden.** 126

Voraussetzung ist, dass die Eltern

- noch Kindergeld erhalten und
- ihr in Ausbildung befindliches Kind mit Geld oder Kost und Logis unterstützen.

Die Einkünfte des Kindes haben dabei keinen Einfluss auf den Sonderausgabenabzug, so das Bundesfinanzministerium mit Schreiben vom 3.3.2019 (Az IV C 3 – S 2221/10/10005 :005).

Machen die Kinder bereits eine eigene Steuererklärung, können die Ausgaben zwischen Eltern und Kindern aufgeteilt werden. Eine Doppelberücksichtigung der Beiträge bei Eltern und Kind ist hingegen nicht vorgesehen ...

127 Zeile 45 - 50 Weitere sonstige Versicherungen/Vorsorgeaufwendungen

Zur sonstigen Lebensvorsorge gehören bestimmte Versicherungen, deren Beiträge – im Rahmen gewisser Höchstbeträge – steuerbegünstigt sind:

a) Arbeitslosen-, Erwerbs- und Berufsunfähigkeitsversicherung > Zeile 45 – 47
b) Unfall-, Haftpflicht-, Risikolebensversicherung > Zeile 48
c) Lebensversicherung alten Rechts (Abschluss vor dem 1.1.2005) – 88 % > Zeile 49 – 50

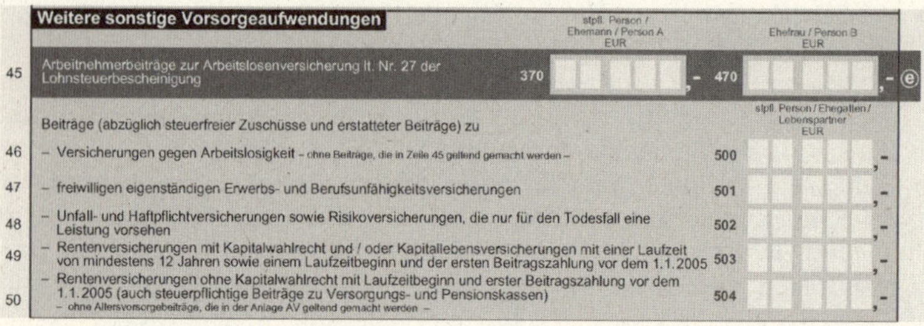

Weitere sonstige Vorsorgeaufwendungen

Zeile			stpfl. Person / Ehemann / Person A EUR		Ehefrau / Person B EUR
45	Arbeitnehmerbeiträge zur Arbeitslosenversicherung lt. Nr. 27 der Lohnsteuerbescheinigung	370	,-	470	,- ⓔ
	Beiträge (abzüglich steuerfreier Zuschüsse und erstatteter Beiträge) zu				stpfl. Person / Ehegatten / Lebenspartner EUR
46	– Versicherungen gegen Arbeitslosigkeit – ohne Beiträge, die in Zeile 45 geltend gemacht werden –			500	,-
47	– freiwilligen eigenständigen Erwerbs- und Berufsunfähigkeitsversicherungen			501	,-
48	– Unfall- und Haftpflichtversicherungen sowie Risikoversicherungen, die nur für den Todesfall eine Leistung vorsehen			502	,-
49	– Rentenversicherungen mit Kapitalwahlrecht und / oder Kapitallebensversicherungen mit einer Laufzeit von mindestens 12 Jahren sowie einem Laufzeitbeginn und der ersten Beitragszahlung vor dem 1.1.2005			503	,-
50	– Rentenversicherungen ohne Kapitalwahlrecht mit Laufzeitbeginn und erster Beitragszahlung vor dem 1.1.2005 (auch steuerpflichtige Beiträge zu Versorgungs- und Pensionskassen) – ohne Altersvorsorgebeiträge, die in der Anlage AV geltend gemacht werden –			504	,-

Aufwendungen hierfür können bis zum Höchstbetrag von 2.800 €/5.600 € (Alleinstehende/Ehegatten) geltend gemacht werden. Diesen Höchstbetrag können aber in aller Regel nur Selbständige, Gesellschafter-Geschäftsführer und nicht krankenversicherungspflichtige Vorstände abziehen, weil sie ihre Gesundheitsvorsorge komplett aus der eigenen Tasche finanzieren müssen. Wer entweder steuerfreie Zuschüsse zur Krankenversicherung erhält oder Anspruch auf Beihilfe bzw. freie Heilfürsorge hat, dem steht nur ein Höchstbetrag von 1.900 €/3.800 € zu.

Ergänzend zu dem Beispiel unter ➤ Rz 107: 128

Neben seinen Beiträgen zugunsten seiner Basisversorgung im Alter (Rente) hat Felix noch geleistet:

- *Arbeitslosen-, Kranken- und Pflegeversicherung (lt. Lohnsteuerbescheinigung):*

22. Arbeitgeber-anteil	a) zur gesetzlichen Rentenver-sicherung	3.740	00
	b) an berufsständische Versor-gungseinrichtungen		
23. Arbeitnehmer-anteil	a) zur gesetzlichen Rentenver-sicherung	3.740	00
	b) an berufsständische Versor-gungseinrichtungen		
24. Steuerfreie Arbeitgeber-zuschüsse	a) zur gesetzlichen Krankenver-sicherung	2.920	00
	b) zur privaten Krankenver-sicherung		
	c) zur gesetzlichen Pflegever-sicherung	470	00
25. Arbeitnehmerbeiträge zur gesetzlichen Kranken-versicherung		3.280	00
26. Arbeitnehmerbeiträge zur sozialen Pflegeversiche-rung		510	00
27. Arbeitnehmerbeiträge zur Arbeitslosenversiche-rung		600	00

- *Privat- und Kfz-Haftpflichtversicherung:* *350 €*
- *Beiträge zur Kapitallebensversicherung (Vertragsabschluss vor 2005):* *1.200 €*

ANLAGE VORSORGEAUFWAND **2022**

Renten-, Lebens- und (Sozial-)Versicherungsbeiträge

Angaben zu Vorsorgeaufwendungen — zutreffend sind, nicht ausgefüllt werden. – Bitte Infoblatt eDaten / Anleitung beachten – **52**

Zeile	Beiträge zur Altersvorsorge	Kz	stpfl. Person / Ehemann / Person A EUR	Kz	Ehefrau / Person B EUR
4	Arbeitnehmeranteil lt. Nr. 23 a/b der Lohnsteuerbescheinigung	300	3740,–	400	,–
5	Beiträge zur landwirtschaftlichen Alterskasse, zu berufsständischen Versorgungseinrichtungen, die den gesetzlichen Rentenversicherungen vergleichbare Leistungen erbringen (abzüglich steuerfreier Zuschüsse lt. Nr. 22 b der Lohnsteuerbescheinigung) – ohne Beiträge, die in Zeile 4 geltend gemacht werden –	301	,–	401	,–
6	Beiträge zu gesetzlichen Rentenversicherungen – ohne Beiträge, die in Zeile 4 geltend gemacht werden –	302	,–	402	,–
7	Erstattete Beiträge und / oder steuerfreie Zuschüsse zu den Zeilen 4 bis 6 (ohne Zuschüsse, die von den Beiträgen lt. Zeile 8 abzuziehen sind und ohne Zuschüsse lt. Zeile 9 und 10)	309	,–	409	,–
8	Beiträge zu zertifizierten Basisrentenverträgen (sog. Rürup-Verträge) mit Laufzeitbeginn nach dem 31.12.2004 (abzüglich steuerfreier Zuschüsse) – ohne Altersvorsorgebeiträge, die in der Anlage AV geltend gemacht werden –	303	720,–	403	,–
9	Arbeitgeberanteil / -zuschuss lt. Nr. 22 a/b der Lohnsteuerbescheinigung	304	3740,–	404	,–
10	Arbeitgeberanteil zu gesetzlichen Rentenversicherungen im Rahmen einer pauschal besteuerten geringfügigen Beschäftigung (bitte Anleitung beachten)	306	,–	406	,–
	Beiträge zur inländischen gesetzlichen Kranken- und Pflegeversicherung				
11	Arbeitnehmerbeiträge zu Krankenversicherungen lt. Nr. 25 der Lohnsteuerbescheinigung	320	3280,–	420	,–
12	In Zeile 11 enthaltene Beiträge, aus denen sich kein Anspruch auf Krankengeld ergibt	322	,–	422	,–
13	Arbeitnehmerbeiträge zu sozialen Pflegeversicherungen lt. Nr. 26 der Lohnsteuerbescheinigung	323	510,–	423	,–
14	Zu den Zeilen 11 bis 13: Von der Kranken- und / oder sozialen Pflegeversicherung erstattete Beiträge	324	,–	424	,–
15	In Zeile 14 enthaltene Beiträge zur Krankenversicherung, aus denen sich kein Anspruch auf Krankengeld ergibt, und zur sozialen Pflegeversicherung	325	,–	425	,–

Zeile	Steuerfreie Arbeitgeberzuschüsse	Kz	stpfl. Person / Ehemann / Person A EUR	Kz	Ehefrau / Person B EUR
37	Gesetzliche Krankenversicherung lt. Nr. 24 a der Lohnsteuerbescheinigung	360	2920,–	460	,–
38	Private Krankenversicherung lt. Nr. 24 b der Lohnsteuerbescheinigung	361	,–	461	,–
39	Gesetzliche Pflegeversicherung lt. Nr. 24 c der Lohnsteuerbescheinigung	362	,–	462	,–

Zeile	Weitere sonstige Vorsorgeaufwendungen	Kz	stpfl. Person / Ehemann / Person A EUR	Kz	Ehefrau / Person B EUR
45	Arbeitnehmerbeiträge zur Arbeitslosenversicherung lt. Nr. 27 der Lohnsteuerbescheinigung	370	600,–	470	,–

Zeile	Beiträge (abzüglich steuerfreier Zuschüsse und erstatteter Beiträge) zu	Kz	stpfl. Person / Ehegatten / Lebenspartner EUR
46	– Versicherungen gegen Arbeitslosigkeit – ohne Beiträge, die in Zeile 45 geltend gemacht werden –	500	,–
47	– freiwilligen eigenständigen Erwerbs- und Berufsunfähigkeitsversicherungen	501	,–
48	– Unfall- und Haftpflichtversicherungen sowie Risikoversicherungen, die nur für den Todesfall eine Leistung vorsehen	502	350,–
49	– Rentenversicherungen mit Kapitalwahlrecht und / oder Kapitallebensversicherungen mit einer Laufzeit von mindestens 12 Jahren sowie einem Laufzeitbeginn und der ersten Beitragszahlung vor dem 1.1.2005	503	1200,–
50	– Rentenversicherungen ohne Kapitalwahlrecht mit Laufzeitbeginn und erster Beitragszahlung vor dem 1.1.2005 (auch steuerpflichtige Beiträge zu Versorgungs- und Pensionskassen) – ohne Altersvorsorgebeiträge, die in der Anlage AV geltend gemacht werden –	504	,–

In welcher Höhe seine Beiträge abzugsfähig sind, dazu mehr unter *➤ Rz 156 ff.*

129 **Was von Versicherungen im Allgemeinen und im Besonderen zu halten ist:**

Die guten Versicherungen ins »Töpfchen« …
Wenn auch für Arbeitnehmer bei den Versicherungsbeiträgen nicht viel zu holen ist, so kann doch jeder aus den steuerlichen Bestimmungen einen gewissen Nutzen ziehen. Denn der Gesetzgeber hat bei der Auswahl der steuerlich abziehbaren Versicherungen eine glückliche Hand bewiesen, indem er nur Versicherungen steuerlich fördert, die für den Einzelnen wichtig sind. Somit haben Sie einen Anhaltspunkt, welche Versicherungen Sie abschließen sollten und welche Sie getrost vergessen können.

Die steuerlich geförderten Versicherungen sind deshalb wichtig, weil sie Sie vor Krankheitskosten, Armut im Alter und im Ernstfall vor massiven Schadenersatzforderungen schützen können. Für einzelne Risiken besteht sogar eine gesetzliche Versicherungspflicht.
Wenig beachtet wird das Risiko, in jungen Jahren, wenn noch keine ausreichende Alterssicherung besteht, durch Unfall erwerbsunfähig zu werden. Deshalb sollte eine Unfallversicherung bei jungen Menschen mit an erster Stelle stehen.

… die schlechten ins »Kröpfchen« 130
Alle oben nicht aufgeführten Versicherungen sind nicht abziehbar, weil sie Risiken betreffen, die nicht existenziell sind. Vergessen können Sie also alle Versicherungen, mit denen Sie Ihre Vermögenswerte gegen Beschädigung, Verlust oder Diebstahl versichern. Denn ein verlorengegangener Hausrat lässt sich durch Einschränkung verschmerzen bzw. bald ersetzen (beachte hierzu aber ➤ Rz 327). Auch eine Kaskoversicherung für das Auto wird steuerlich nicht gefördert. Notfalls kaufen Sie sich nach einem selbstverschuldeten Unfall billig eine alte Karre, die Sie auch überall hinbringt. Eine Reisegepäck- oder Reiseausfallversicherung und was es sonst noch alles gibt, was den Gesellschaften die Kassen füllt, beruhigt zwar Ihre Nerven, ist bei Ihrer Steuererklärung aber eine Nullnummer. Bei der Rechtsschutzversicherung scheint der Fiskus nach der Devise zu verfahren: »Wenn Sie gewinnen, haben Sie keine Kosten, weil Ihr Gegner zahlen muss. Wenn Sie verlieren, waren Sie im Unrecht und können ruhig steuerlich auf Ihren Kosten sitzenbleiben.«

Gut zu wissen: Eine Reisegepäckversicherung abzusetzen lässt sich vertreten, wenn Sie beruflich viel unterwegs sind und die Versicherung berufliche Risiken mit abdeckt. In diesem Fall können Sie den beruflichen Teil der Versicherungsprämie als Betriebsausgaben oder Werbungskosten geltend machen (BFH v. 19.2.1993 – BStBl 1993 II S.519). Siehe hierzu auch ➤ Rz 799.

Vergnügen und Genuss ja, aber nur in dem Maße,
als es zur Erhaltung der Gesundheit ausreicht.
(Baruch de Spinoza, Philosoph)

131 Zeile 45 – 47 Arbeitslosen-, Erwerbs-/Berufsunfähigkeitsversicherung

Maßgebend für > Zeile 45 ist der Betrag aus Zeile 27 der Lohnsteuerbescheinigung. Dieser Betrag enthält Ihren Arbeitnehmeranteil zur Arbeitslosenversicherung von 1,2 % und wird automatisch berücksichtigt (eDaten).

Beiträge zu eigenen, freiwilligen Versicherungen gegen Arbeitslosigkeit tragen Sie bitte selbst in > Zeile 46 sowie Beiträge zu eigenständigen Erwerbs- und Berufsunfähigkeitsversicherungen in > Zeile 47 ein.

132 **TIPP Berufsunfähigkeit versichern: Schutz vor finanziellem Ruin**

Gleich aus zwei guten Gründen ist der Abschluss einer Berufsunfähigkeitsversicherung eigentlich ein Muss:

1. Wer auf seine Arbeitskraft angewiesen ist, riskiert nach einer schweren Krankheit oder einem schlimmen Unfall den finanziellen Ruin. Denn seit 2001 gibt es keine gesetzliche Berufsunfähigkeitsrente mehr. Der Betroffene kann zwar noch mit einer Erwerbsminderungsrente rechnen, die beträgt aber je nach Dauer der Beschäftigung nur 20 bis 40 % des bisherigen Arbeitslohns. Besonders betroffen sind von dieser Neuregelung die nach 1960 Geborenen.
2. Die Berufsunfähigkeitsversicherung kann mit der privaten Leibrentenversicherung verbunden werden. Dann sind die Beiträge zu 92 % (Jahr 2021) steuerlich absetzbar (siehe ➤ Rz 137 ff.). Aber auch hier gilt, kein Licht ohne Schatten: Während reine Berufsunfähigkeitsrenten nur mit einem günstigen Ertragsanteil besteuert werden (➤ Rz 966), unterliegen die Rentenbezüge aus diesen kombinierten Verträgen der vollen Besteuerung (➤ Rz 940 ff.).

133 Zeile 48 Unfallversicherung

Beiträge für eine private Unfallversicherung gehen steuerlich oft ins Leere, da durch die üppigen Beiträge zur Sozialversicherung die Höchstbeträge für Vorsorgeaufwendungen meistens schon ausgeschöpft sind.

Wird von Ihrer Unfallversicherung hingegen auch ein berufliches Risiko, z.B. berufliche Fahrten, abgedeckt, können Sie die anteiligen Beiträge als Werbungskosten absetzen (> Zeile 48 – 48 der Anlage N). Als Faustregel gilt dabei: 50 % beruflich und 50 % privat (BMF-Schreiben v. 18.2.1997, BStBl 1997 I S.278; ➤ Rz 799).

Versicherungsvertreter sehen in der Unfallversicherung nicht gerade ihr liebstes Kind, da wegen der relativ geringen Jahresprämie nicht viel Provision zu ergattern ist. Gerade jungen Menschen aber, die noch keine ausreichende Altersversorgung haben, ist der Abschluss einer Unfallversicherung dringend zu empfehlen. Wie schnell kann durch einen tragischen Unfall eine strahlende Zukunft dahin sein. Finanzielle Mittel können dann helfen, das Leben etwas erträglicher zu gestalten.

Zeile 48 Haftpflichtversicherung 134

Anzusetzen sind **Haftpflichtbeiträge jeglicher Art,** sofern sie keine Betriebsausgaben oder Werbungskosten sind, also die Beiträge für die allgemeine Privathaftpflicht, für die Pkw-Haftpflicht, auch für das Wohnmobil, das Segelboot oder Ihren Hund.

TIPP Kfz-Haftpflichtversicherung für Ihren Sprössling 135

Fühlen Sie sich verpflichtet, Ihrem Sprössling ein Auto und die Haftpflichtversicherung zu finanzieren, können Sie Geld sparen, indem Sie das Gefährt nicht auf seinen, sondern auf Ihren Namen anmelden. Dadurch umgehen Sie den happigen Anfängertarif und erhalten den Zweitwagentarif: Prämiensatz nur etwa 140 % (SF 1/2 statt SF 0 = 230 %). Einen weiteren Vorteil haben Sie bei der Einkommensteuer, denn Sie können als Besserverdienender die Haftpflichtprämie als Sonderausgaben geltend machen.

Aber Achtung: Übernimmt später einmal Ihr Sprössling die Zahlung der Haftpflichtprämien, ohne dass der Pkw auf ihn umgemeldet wird, geraten Sie in eine böse Steuerfalle. Denn nach BFH-Rechtsprechung ist zum Abzug von Versicherungsbeiträgen als Sonderausgaben grundsätzlich nur berechtigt, wer die Beiträge als Versicherungsnehmer schuldet und entrichtet (BFH-Urt. v. 8.3.1995 – BStBl 1995 II S. 637).

»Also muss er mir das Geld für die Haftpflicht geben, und ich zahle es anschließend als Versicherungsnehmer ein«, sagen Sie. Nicht »geben«, sondern »schenken«, dann klappt es.

136 **TIPP**

Haftpflicht für Wohnungseigentum

Das Wohnen im eigenen Haus ist ein schönes, aber teures Vergnügen. Auch steuerlich ist hier nicht viel zu holen. Deshalb vergessen Sie nicht, wenigstens die Gebäudehaftpflicht in > Zeile 48 anzusetzen.
Für Ihre Eigentumswohnung soll Ihnen der Hausverwalter den Jahresbetrag nennen, der auf Ihre Wohnung entfällt. Als Selbstnutzer gehört der Betrag hier in > Zeile 48, als Vermieter bringen Sie ihn in der Anlage V als Werbungskosten unter (> Zeile 47).

137 Zeile 48 - 50 Lebensversicherungen

Kaum einer blickt bei den Regelungen für Lebensversicherungen noch durch. Selbst die Vertreter der Versicherungsbranche reden lieber über Sicherheit und Rendite ihrer Produkte als über deren steuerliche Vorteile. Denn um diese konkret zu beziffern, müssen alle Zahlen auf den Tisch, d.h. alle sonstigen Versicherungen des Kunden sowie die Art und Höhe seiner Einkünfte.
Bevor wir in die Einzelheiten gehen, zunächst ein Blick auf die verschiedenen Arten der Lebensversicherung:

1. Risikolebensversicherungen > Zeile 48
Fällig bei Tod der versicherten Person.
Anwendungen insbesondere

1. Absicherung von Angehörigen,
2. Sicherung von Verbindlichkeiten.

2. Kapitallebensversicherung > Zeile 49 (Altvertrag vor 2005)
Fällig bei Tod der versicherten Person oder nach Ablauf der Versicherungsdauer.
Anwendungen insbesondere

1. Normale Kapitalanlage kombiniert mit Todesfallrisiko,
2. Darlehenssicherung bei Immobilienfinanzierung, Restschuldversicherung,
3. Ausbildungs-, Aussteuer-, Sterbegeldversicherung.

3. Rentenversicherung > Zeile 8 (Neuvertrag nach 2004), > Zeile 50 (Altvertrag vor 2005)
Zusätzliche Altersversorgung in Form einer privaten Rente, mögliche Zusatzabsicherung im Fall der **Berufsunfähigkeit.**

4. Fondsgebundene Lebensversicherung
Entspricht weitgehend der Kapitallebensversicherung, die Sparanteile werden aber ausschließlich in Investmentfonds angelegt, somit keine Zinsgarantie.
Für diese Art der Lebensversicherung sieht der Vordruck keinen Eintrag vor. Die Beitragszahlungen sind also nicht steuerbegünstigt.

Die steuerliche Behandlung der Lebensversicherung 138
Sie können es sehen, wie Sie wollen, aber der Gesetzgeber nimmt Sie an die Hand und führt Sie zu den Lebensversicherungen, die seiner Ansicht nach für Sie nützlich sind, weil sie Ihr Leben im Alter absichern. Die steuerliche Förderung dieser Versicherungen besteht erstens im Abzug der Beiträge als Sonderausgaben und zweitens in der steuerlichen Behandlung der Leistungen. Beides kann unterschiedlich hoch sein.
Auch müssen Sie unterscheiden zwischen Altverträgen (Abschluss vor 2005) und Neuverträgen (Abschluss nach 2004). Das Steuerprivileg für die klassische Kapitallebensversicherung und die Rentenversicherung mit Kapitalwahlrecht besteht nur für Altverträge.

Übersicht zur steuerlichen Behandlung von Lebensversicherungen		
	Steuerabzug der Beiträge	**steuerliche Behandlung der Auszahlung**
Risikolebensversicherung		
Altvertrag (vor 2005) und **Neuvertrag (nach 2004)**	> Zeile 50 abzugsfähig im Rahmen des Höchstbetrags von 1.900 €/3.800 € bei Arbeitnehmern, Rentnern, Pensionären und 2.800 €/ 5.600 € bei Selbständigen (§ 10 Abs. 1 Nr. 3, Abs.4 EStG)	Steuerfrei
Kapitallebensversicherung/Rentenversicherung mit Kapitalwahlrecht		
Altvertrag (vor 2005)	> Zeile 49 abzugsfähig im Rahmen des Höchstbetrags von 1.900 €/3.800 € bei Arbeitnehmern, Rentnern, Pensionären und 2.800 €/5.600 € bei Selbständigen (§ 10 Abs. 1 Nr. 3, Abs.4 EStG)	Kapitalauszahlung: steuerfrei, § 20 Abs. 1 Nr. 6 EStG (Vertragsdauer mindest. 12 Jahre) Auszahlung als Rente: > Zeile 13 – 18 Anlage R Besteuerung mit Ertragsanteil

Übersicht zur steuerlichen Behandlung von Lebensversicherungen		
	Steuerabzug der Beiträge	**steuerliche Behandlung der Auszahlung**
Neuvertrag (nach 2004)	kein Sonderausgabenabzug	Kapitalauszahlung: Anlage KAP Differenz zwischen Auszahlung und eingezahlten Beiträgen steuerpflichtig (bei Auszahlung nach 60. bzw. bei Verträgen seit 1.1.2012 nach 62. Lebensjahr und Vertragsdauer mindest. 12 Jahre: Differenz zu 50 % steuerfrei) Auszahlung als Rente: > Zeile 13 – 18 Anlage R Besteuerung mit Ertragsanteil
Fondsgebundene Lebensversicherung		
Altvertrag (vor 2005)	kein Sonderausgabenabzug	steuerfrei § 20 Abs. 1 Nr. 6 EStG (Vertragsdauer mindest. 12 Jahre)
Neuvertrag (nach 2004)	kein Sonderausgabenabzug	Kapitalauszahlung: Anlage KAP Differenz zwischen Auszahlung und eingezahlten Beiträgen steuerpflichtig (bei Auszahlung nach 60. bzw. bei Verträgen seit 1.1.2012 nach 62. Lebensjahr Lebensjahr und Vertragsdauer mindest. 12 Jahre: Differenz zu 50 % steuerfrei) Auszahlung als Rente: > Zeile 13 – 18 Anlage R Besteuerung mit Ertragsanteil
Leibrentenversicherung (Basisversorgung)		

Übersicht zur steuerlichen Behandlung von Lebensversicherungen		
	Steuerabzug der Beiträge	**steuerliche Behandlung der Auszahlung**
Altvertrag (vor 2005)	> Zeile 50 abzugsfähig im Rahmen des Höchstbetrags von 1.900 €/3.800 € bei Arbeitnehmern, Rentnern, Pensionären und 2.800 €/ 5.600 € bei Selbständigen (§ 10 Abs. 1 Nr. 3, Abs.4 EStG)	> Zeile 13 – 18 Anlage R Besteuerung mit Ertragsanteil
Neuvertrag (nach 2004, Rürup-Vertrag)	> Zeile 8 92 % der Beiträge abzugsfähig im Rahmen des Höchstbetrags (= 25.787 €/ 51.574 €*)	> Zeile 4 – 9 Anlage R Rentenfreibetrag 18 – 50 %

* Alleinstehende/Ehegatte

»Mit der Übersicht sehe ich schon klarer«, sagen Sie. »Doch wie verhält es sich mit der Höchstbetragsberechnung? Und was versteht man unter dem Ertragsanteil für Renten?«

Rentenfreibetrag oder Ertragsanteil 139

In dem redlichen Bemühen unserer Volksvertreter, das Erheben von Steuern zu vereinfachen, werden die Gesetze kurioserweise immer komplizierter. Wo früher eine Tabelle genügte, aus der sich der steuerpflichtige Anteil der Renten ergab, gibt es jetzt eine zweite mit einem Rentenfreibetrag .

1. Die **Tabelle mit Ertragsanteil** (➤ Rz 966) gilt, wenn die Rentenbezüge nicht aus steuerbegünstigten Verträgen stammen, wie z.B. aus einer Rentenversicherung mit Kapitalwahlrecht. Hier gilt die Devise: kein oder nur geringer Steuerabzug, dafür niedriger Ertragsanteil.
2. Die **Tabelle mit Rentenfreibetrag** (➤ Rz 951) ist anzuwenden für alle Rentenbezüge, die auf steuerbegünstigten Verträgen beruhen (➤ Rz 940 ff.).

Zu den Lebensversicherungen im Sinne der > Zeile 49 gehören auch Pensions-, Versorgungs- und Sterbekassen sowie Ausbildungs- und Aussteuerversicherungen. Auch eine Versicherung zur Deckung der zu erwartenden Erbschaftsteuer zählt dazu. Die Aufwendungen kann nur der 140

Versicherungsnehmer geltend machen, also der unmittelbare Vertragspartner der Versicherungsgesellschaft. Gleichgültig ist, wer versichert ist und wem die Versicherungssumme letztendlich zufließt. Bei Kapitalversicherungen, bei denen im Gegensatz zu Risikoversicherungen auch im Erlebensfall die Versicherungssumme fällig wird, muss die **Vertragsdauer mindestens zwölf Jahre betragen**.

141 Beiträge zu den üblichen Kapitallebensversicherungen und zu Rentenversicherungen mit Kapitalwahlrecht können nur zu 88 % als Sonderausgaben geltend gemacht werden. Was Sie aber nicht sonderlich beunruhigen sollte, denn …

142 **Lebensversicherung als Steuersparmodell**
Meistens sind die Höchstbeträge für den Sonderausgabenabzug schon durch die Sozialversicherungsbeiträge ausgeschöpft, so dass sich die Beiträge steuerlich nicht auswirken. Was für Verträge vor 2005 bleibt, sofern sie mindestens zwölf Jahre laufen, ist die Steuerfreiheit der Zinserträge (§ 20 Abs. 1 Nr. 6 EStG).

143 Für Verträge, die nach dem 31.12.2004 abgeschlossen wurden, wurde dieses sog. Steuerprivileg beschnitten. Deren Erträge sind nur noch **zur Hälfte steuerfrei,** und dies auch nur, wenn

1. **der Vertrag mindestens zwölf Jahre läuft und**
2. **die Ablaufleistung nach dem 60. bzw. bei Verträgen ab 1.1.2012 nach dem 62. Geburtstag des Versicherungsnehmers ausbezahlt wird.**

In allen anderen Fällen sind die Erträge der neuen Kapitalversicherungen voll steuerpflichtig.

144 **Lebensversicherung als Altersvorsorge?**
Eine Kapitallebensversicherung ist von Hause aus ein Zwitter. Sie kombiniert das Todesfallrisiko mit der Altersvorsorge, und kaum ein Versicherungshai wird Ihnen verraten – wenn er dazu überhaupt in der Lage ist –, wie viel von Ihren Beiträgen tatsächlich für Ihre Altersvorsorge angelegt und wie viel für Risikovorsorge vielfach unnötig verplempert wird.
Also prüfen Sie, bevor Sie sich binden, ob Sie nicht was Besseres finden und …

Langlebigkeit gehört zu den meist unterschätzten Risiken.
(Aus der Versicherungsbranche)

TIPP Ziehen Sie Alternativen in Betracht 145

Eine Kapitallebensversicherung verfolgt eine doppelte Strategie: Sie soll erstens die Hinterbliebenen absichern, falls der Versicherte in jungen Jahren stirbt, und zweitens die Altersversorgung aufbessern. Sie haben also etwas zu vererben, wenn Sie vorzeitig sterben sollten. Was man bei den neuen Anlagen nach dem Altersvorsorgegesetz nicht behaupten kann.
Sie müssen aber wissen, dass der Fiskus womöglich Erbschaftsteuer auf die Versicherungsleistung einfordert. Das vermeiden Sie, wenn der Begünstigte, an dessen Versorgung Sie gedacht haben, selbst Anspruch auf die Versicherungsleistung hat. Dazu muss er Versicherungsnehmer sein, d. h.: Versichert ist Ihr Ableben, Versicherungsnehmer ist jedoch Ihr Lebenspartner oder Ihr Nachwuchs. So ist die Versicherungssumme später nicht Teil Ihres Nachlasses und bleibt von der Erbschaftsteuer verschont.
Haben Sie keine Angehörigen, die zu versorgen sind, oder ist Ihre Altersversorgung bereits anderweitig gesichert, rate ich Ihnen, Ihr Geld anders anzulegen. Vielleicht Risikovorsorge und Altersvorsorge zu trennen, indem Sie eine preiswerte Risikolebensversicherung abschließen und Ihre Altersversorgung auf andere Art und Weise aufbauen (➤ Rz 235 ff.). Beiträge zu einer Risikolebensversicherung tragen Sie in > Zeile 48 ein.

Die Rendite aus Kapitalversicherungen 146

Der Wegfall des uneingeschränkten Steuerprivilegs, wodurch sie ein gewichtiges Verkaufsargument verloren hat, trifft die Versicherungsbranche hart. Denn mehr als die Hälfte ihrer Prämieneinnahmen erzielt sie mit Lebensversicherungen, für die außerdem die höchsten Provisionen – 4 % bis 6 % – eingeheimst werden, natürlich zu Lasten der Versicherten. Außerdem hat ihr Zinsversprechen an Zugkraft verloren, da sie ihren Mindestzinssatz von ehemals 3,25 % mittlerweile auf magere 0,9 % (Stand 2021) zurücknehmen musste. Ab 2022 sind es sogar nur noch 0,25 %! Wobei nur wenige wissen, dass sich diese Garantieverzinsung beileibe nicht auf die eingezahlten Bruttobeiträge bezieht. Da wird zunächst ein dicker Batzen von bis zu 20 % für die Risikovorsorge abgezweigt. Dann gehen weitere 12 % bis 16 % für Verwaltung und Vertreterprovision drauf. Es verbleibt ein verzinsliches Guthaben von lediglich 60 bis 75 % der Bruttoprämie. Darauf bezogen, beträgt die Mindestverzinsung damit gerade einmal rund 0,6 %, also weniger als die jährliche Preissteigerung. Im Ergebnis machen Sie Jahr für Jahr einen Verlust!

Die künftige Besteuerung der Erträge zur Hälfte zehrt ebenfalls an der Rendite. Sie vermindert sich bei einem Steuersatz von 40 % um 15 %. Das bedeutet: Von einer angenommenen Bruttorendite von 3 % verbleiben nach Steuern lediglich 2,55 %.

◆ *Musterfall Familie Huber (Sonderausgaben)*

147 *Herr Huber stellt fest, dass er folgende Sonderausgaben für sich und seine Frau eintragen kann:*

Von seinem und vom Arbeitslohn seiner Ehefrau wurden Sozialversicherungsbeiträge einbehalten, die die Arbeitgeber auf der jeweiligen Lohnsteuerbescheinigung ausgewiesen und elektronisch an das Finanzamt übermittelt haben. Herr Huber braucht die > Zeilen 4 und 9 daher nicht auszufüllen. Entsprechendes gilt für die Beiträge zur Kranken-, Pflege- und Arbeitslosenversicherung (Nummer 22 – 27 der Lohnsteuerbescheinigung), wofür > Zeile 11, 13, 37 und 45 vorgesehen sind.

Herr Huber hat sowohl eine Insassen- als auch eine Freizeit-Unfallversicherung abgeschlossen. Für beide Versicherungen hat er 2021 insgesamt 118 € überwiesen. Die Kfz-Haftpflichtversicherung hat Herrn Huber 240 € an Beiträgen gekostet. Die Beträge für die Kasko-Versicherung sind hierin nicht enthalten. Außerdem hat er 49 € für eine private Haftpflichtversicherung gezahlt. Alle diese Beträge gehören in > Zeile 48.

Als Sterbekassenbeitrag hat Herr Huber 72 € gezahlt. Außerdem hat er für seinen Sohn Volker im Jahre 2004 eine Ausbildungsversicherung abgeschlossen, die ausbezahlt wird, wenn Volker sein 21. Lebensjahr vollendet. Hierfür sind jährlich 365 € zu entrichten. Herr Huber weiß, dass der Sterbekassenbeitrag als sog. Risikolebensversicherung ebenfalls in > Zeile 48 gehört, wohingegen der Betrag für die Ausbildungsversicherung (Kapitallebensversicherung) in > Zeile 49 einzutragen ist.

Wenn mehrere Einzelbeträge zusammenzufassen sind, fertigt Huber für sich und für das Finanzamt eine Zusammenstellung an. Die Zahlen aus dem Vorjahr dienen ihm als Vorlage.

Zusammenstellung	2020	2021	Zeile
Insassen- und Freizeit-Unfallversicherung	112 €	118 €	
Kfz-Haftpflicht (ohne Kasko)	232 €	240 €	
Privathaftpflicht	49 €	49 €	
Sterbekassenbeitrag	72 €	72 €	
Summe		479 €	> 48
Ausbildungsversicherung	365 €	365 €	> 49

ANLAGE VORSORGEAUFWAND **2022**
Renten-, Lebens- und (Sozial-)Versicherungsbeiträge

Angaben zu Vorsorgeaufwendungen — zutreffend sind, nicht ausgefüllt werden. – Bitte Infoblatt eDaten / Anleitung beachten – 52

Beiträge zur Altersvorsorge

Zeile		Kz	stpfl. Person / Ehemann / Person A EUR	Kz	Ehefrau / Person B EUR
4	Arbeitnehmeranteil lt. Nr. 23 a/b der Lohnsteuerbescheinigung	300	3900,–	400	2438,– ⓔ
5	Beiträge zur landwirtschaftlichen Alterskasse, zu berufsständischen Versorgungseinrichtungen, die den gesetzlichen Rentenversicherungen vergleichbare Leistungen erbringen (abzüglich steuerfreier Zuschüsse lt. Nr. 22 b der Lohnsteuerbescheinigung) – ohne Beiträge, die in Zeile 4 geltend gemacht werden –	301	,–	401	,–
6	Beiträge zu gesetzlichen Rentenversicherungen – ohne Beiträge, die in Zeile 4 geltend gemacht werden –	302	,–	402	,–
7	Erstattete Beiträge und / oder steuerfreie Zuschüsse zu den Zeilen 4 bis 6 (ohne Zuschüsse, die von den Beiträgen lt. Zeile 8 abzuziehen sind und ohne Zuschüsse lt. Zeile 9 und 10)	309	,–	409	,– ⓔ
8	Beiträge zu zertifizierten Basisrentenverträgen (sog. Rürup-Verträge) mit Laufzeitbeginn nach dem 31.12.2004 (abzüglich steuerfreier Zuschüsse) – ohne Altersvorsorgebeiträge, die in der Anlage AV geltend gemacht werden –	303	,–	403	,– ⓔ
9	Arbeitgeberanteil / -zuschuss lt. Nr. 22 a/b der Lohnsteuerbescheinigung	304	3900,–	404	2438,– ⓔ
10	Arbeitgeberanteil zu gesetzlichen Rentenversicherungen im Rahmen einer pauschal besteuerten geringfügigen Beschäftigung (bitte Anleitung beachten)	306	,–	406	,–

Beiträge zur inländischen gesetzlichen Kranken- und Pflegeversicherung

Zeile		Kz	stpfl. Person / Ehemann / Person A EUR	Kz	Ehefrau / Person B EUR
11	Arbeitnehmerbeiträge zu Krankenversicherungen lt. Nr. 25 der Lohnsteuerbescheinigung	320	3096,–	420	1936,– ⓔ
12	In Zeile 11 enthaltene Beiträge, aus denen sich kein Anspruch auf Krankengeld ergibt	322	,–	422	,–
13	Arbeitnehmerbeiträge zu sozialen Pflegeversicherungen lt. Nr. 26 der Lohnsteuerbescheinigung	323	480,–	423	300,– ⓔ
14	Zu den Zeilen 11 bis 13: Von der Kranken- und / oder sozialen Pflegeversicherung erstattete Beiträge	324	,–	424	,– ⓔ
15	In Zeile 14 enthaltene Beiträge zur Krankenversicherung, aus denen sich kein Anspruch auf Krankengeld ergibt, und zur sozialen Pflegeversicherung	325	,–	425	,– ⓔ

Steuerfreie Arbeitgeberzuschüsse

Zeile		Kz	stpfl. Person / Ehemann / Person A EUR	Kz	Ehefrau / Person B EUR
37	Gesetzliche Krankenversicherung lt. Nr. 24 a der Lohnsteuerbescheinigung	360	2756,–	460	1723,– ⓔ
38	Private Krankenversicherung lt. Nr. 24 b der Lohnsteuerbescheinigung	361	,–	461	,– ⓔ
39	Gesetzliche Pflegeversicherung lt. Nr. 24 c der Lohnsteuerbescheinigung	362	,–	462	,– ⓔ

Weitere sonstige Vorsorgeaufwendungen

Zeile		Kz	stpfl. Person / Ehemann / Person A EUR	Kz	Ehefrau / Person B EUR
45	Arbeitnehmerbeiträge zur Arbeitslosenversicherung lt. Nr. 27 der Lohnsteuerbescheinigung	370	549,–	470	,– ⓔ

Zeile	Beiträge (abzüglich steuerfreier Zuschüsse und erstatteter Beiträge) zu	Kz	stpfl. Person / Ehegatten / Lebenspartner EUR
46	– Versicherungen gegen Arbeitslosigkeit – ohne Beiträge, die in Zeile 45 geltend gemacht werden –	500	343,–
47	– freiwilligen eigenständigen Erwerbs- und Berufsunfähigkeitsversicherungen	501	,–
48	– Unfall- und Haftpflichtversicherungen sowie Risikoversicherungen, die nur für den Todesfall eine Leistung vorsehen	502	479,–
49	– Rentenversicherungen mit Kapitalwahlrecht und / oder Kapitallebensversicherungen mit einer Laufzeit von mindestens 12 Jahren sowie einem Laufzeitbeginn und der ersten Beitragszahlung vor dem 1.1.2005	503	365,–
50	– Rentenversicherungen ohne Kapitalwahlrecht mit Laufzeitbeginn und erster Beitragszahlung vor dem 1.1.2005 (auch steuerpflichtige Beiträge zu Versorgungs- und Pensionskassen) – ohne Altersvorsorgebeiträge, die in der Anlage AV geltend gemacht werden –	504	,–

TIPP 148

Direktversicherung: gut für Arbeitnehmer

Steuerlich besonders interessant ist die Lebensversicherung als sog. Direktversicherung. Dazu schließt der Betrieb eine Lebensversicherung für den Arbeitnehmer ab, aus der der Arbeitnehmer – direkt – bezugsberechtigt ist. Die

Beiträge werden vom Bruttolohn abgezweigt und pauschal mit 20 % versteuert. Aus dem Unterschied zwischen Pauschalsteuersatz und normalem Steuersatz ergibt sich ein Steuervorteil. Außerdem unterliegt der Beitrag zur Direktversicherung nicht der Sozialversicherung, sofern er zusätzlich zum Gehalt gezahlt wird.

»Kann ich denn die Zahlungen in die Direktversicherung als Sonderausgaben absetzen?«, möchten Sie wissen. Dazu sagt der Fiskus: Die pauschale Versteuerung ist Vorteil genug. Mehr gibt es nicht. Zur Direktversicherung als Arbeitslohn ➤ Rz 618 ff.

Private Altersvorsorge ist kein Versicherungs-, sondern ein Anlageproblem.
(Lilo Blunk, BDV)

149

TIPP Kapitallebensversicherung optimieren

Eine Kapitallebensversicherung ist immer noch die gängigste Form der Lebensversicherung – vor der Renten- und der Risikolebensversicherung –, obwohl sie durch Einschränkung des Steuerprivilegs nach dem 31.12.2004 einiges an Attraktivität verloren hat.

Das Zinsprivileg bleibt

Wie wir wissen, werden bei Fälligkeit des Vertrags die angesammelten Zinsen auf einen Schlag ausgeschüttet. Dies würde den Steuersatz unverhältnismäßig in die Höhe treiben, wenn der Fiskus hier nicht ein Einsehen hätte. Bei Altverträgen (Abschluss vor dem 1.1.2005, zwölf Jahre Mindestlaufzeit, Auszahlung ab 60 J. bzw. ab 62 J. bei Vertragsabschluss seit 1.1.2012) sind die Zinsen in voller Höhe steuerfrei, bei Neuverträgen zumindest zur Hälfte (Übersicht ➤ Rz 138).

Abzug als Sonderausgaben praktisch weggefallen

Bei Altverträgen gehören die Beiträge zu den »übrigen« Vorsorgeaufwendungen, sind also weiterhin als Sonderausgaben steuerbegünstigt, aber nur bis zum Höchstbetrag von 1.900 €/3.800 € (Alleinstehende/Ehegatten). Doch das bringt nichts, wenn der Höchstbetrag schon durch andere zwingende Versicherungsbeiträge voll ausgeschöpft ist (➤ Rz 156 ff.). Für Neuverträge ist der Sonderausgabenabzug ganz weggefallen.

Bewährtes bleibt

Im Vergleich zur Risikolebensversicherung zahlt der Kunde wesentlich höhere Beiträge, etwa das Siebenfache. Dafür wird beim Tod des Versicherten den Hinterbliebenen aber die volle Versicherungssumme plus Zinsen ausbezahlt, desgleichen bei Zeitablauf.

»Von Lebensversicherungen mag ich nichts mehr hören, die Rendite reicht mir nicht«, sagen Sie. »Da wird mein Geld in Protzbauten und hohen Monatsgehältern der dort Tätigen verplempert. Auch die Aktionäre wollen gut bedient sein. Mit dem Kauf von Investmentanteilen wäre ich besser gefahren.«

Den Vertrag optimieren

Recht haben Sie, doch vielleicht gelingt es Ihnen, Ihren Vertrag zu optimieren, so dass Sie wieder Freude daran haben. Versuchen Sie Änderungen durchzudrücken, wie z. B.:

- **Zahlung des Jahresbeitrags in einer Summe**
  Die Versicherer erheben bei monatlicher Zahlung einen Zuschlag von 5 %, bei vierteljährlicher Zahlung von 3 %. Wenn Sie stattdessen den Jahresbeitrag in einer Summe zahlen, erhöhen Sie die Ablaufrendite der Police beträchtlich. Denn der Zuschlag von 5 bzw. 3 % entspricht einem jährlichen Effektivzins von 11,6 % (Stiftung Warentest).
- **Verzicht auf Unfallzusatzversicherung**
  Haben Sie Anspruch auf die doppelte Versicherungssumme bei Unfall? Dieser Zusatzschutz ist sehr teuer und entbehrlich. Weg damit!
- **Verzicht auf Dynamik**
  Wird Ihre Kapitallebensversicherung jährlich den Lebenshaltungskosten angepasst? Dies ist teuer, denn bei jeder Erhöhung wird das jeweilige Eintrittsalter zugrunde gelegt.
- **Beitragsbefreiung für den Fall der Berufsunfähigkeit**
  Was ist, wenn Sie wegen Berufsunfähigkeit die Beiträge nicht mehr aufbringen können? Dann gibt es verschiedene Möglichkeiten, die Sie sehr viel Geld kosten können. Der sicherste Weg ist aber wohl der, im Vertrag zu vereinbaren, für diesen Fall von der Zahlung der Beiträge befreit zu sein. ■

Wie komme ich im Alter gut über die Runden? 150

Eine vernünftige Altersversorgung über die gesetzliche Altersrente wird schon bald kaum noch möglich sein. Deshalb wird sich jeder künftig eine zusätzliche Altersversorgung schaffen müssen.

Aktien scheinen – trotz der kürzlichen Finanzkrise – auf lange Sicht die 151
beste Kapitalanlage zu sein. Die gewerbliche Wirtschaft entwickelte sich bisher stetig weiter. Die Analysten sehen auch die Zukunft positiv. Weltkriege wie früher werde es nicht mehr geben, weshalb sich die Produktivkräfte ohne Vernichtung von Vermögen durch Kriege frei entfalten könnten. Der Konkurrenzkampf unter den Staaten finde nunmehr auf wirtschaftlichem Gebiet statt, und das führe zu Wohlstand und steigenden Einkünften weltweit.

Was allerdings in den Ländern passiert, in denen unkluge Politiker ihre Bürger durch ständig höhere Abgaben immer ärmer machen und damit den Konsum schwächen, ist nicht abzusehen.

152 **TIPP** **Den lachenden Erben alles überlassen?**

Im Alter bescheiden von den Zinsen leben, dafür den Kindern ein Vermögen hinterlassen? Wenn Ihre Kinder eine gute Ausbildung bekommen haben und Sie somit ihnen gegenüber Ihre Pflicht erfüllt haben, sollte Ihre Vermögensplanung so aussehen, dass nach dem Tod des letztversterbenden Partners das Vermögen weitgehend aufgezehrt ist.

153 **Die Finanzwette auf ein langes Leben: Rentenversicherung**

Aus Ersparnissen und einer Lebensversicherung liegen 200.000 € auf Ihrem Konto, mit denen Sie Ihre Altersversorgung aufbessern könnten. Denn Ihre übrigen Einkünfte decken nicht ab, was Sie für die Lebenshaltung brauchen. Ihr Versicherungsberater empfiehlt Ihnen den Abschluss einer Rentenversicherung mit Sofortrente. Eine Rentenversicherung mit Sofortrente ist bei Licht besehen eine Finanzwette gegen die Versicherungsgesellschaft. Die Gesellschaft geht davon aus, dass Sie als Mittsechziger nach der Statistik noch 20 Lebensjahre vor sich haben. Leben Sie länger, zahlt die Gesellschaft drauf und Sie haben die Wette gewonnen. Sterben Sie früher, hat die Gesellschaft gewonnen.

Die Sofortrente aus Ihren 200.000 € beträgt monatlich 950 €, eine Verzinsung von 4 % vorausgesetzt. Die 200.000 € können Sie nur bis zu einem Höchstbetrag (➤ Rz 156 ff.) als Sonderausgaben ansetzen, wirken sich also steuerlich kaum aus. Von der monatlichen Rente sind 18 % steuerpflichtig, der Rest ist steuerfrei (§ 22 EStG; ➤ Rz 966). In den 20 statistischen Lebensjahren zahlt Ihnen die Gesellschaft (950 € × 12 × 20 =) 228.000 €.

Entscheiden Sie sich für eine Rentenversicherung, so bedenken Sie: Was nützt Ihnen eine anfänglich gute Zusatzrente, wenn Inflation kommt? Also sollten Sie über eine dynamische Rente nachdenken. Außerdem möchten Sie vielleicht, dass die Rente für eine bestimmte Zeit an Ihre Erben – hier denken Sie in erster Linie an Ihren Ehepartner – weitergezahlt werden soll, wenn Sie sehr früh sterben. Dann sollten Sie eine Mindestlaufzeit ins Kalkül ziehen. Haben Sie alle Eckpunkte beisammen, gehen Sie auch zur Konkurrenz und lassen sich ein entsprechendes Angebot machen. Erst dann können Sie vergleichen und erkennen, welche Gesellschaft mit Ihrem Geld am wirtschaftlichsten umgeht.

Sie könnten Ihre Altersversorgung aber auch in die eigenen Hände nehmen. Wenn das Geld in einen Geldmarktfonds gesteckt wird und sich im Schnitt mit 4 % verzinst, haben Sie kapitalmäßig mehr erreicht, weil Sie unnötige Kosten vermeiden. Sie können 20 Jahre (200.000 € ÷ 20 Jahre ÷ 12 Monate =) ca. 850 € monatlich entnehmen. Auf Ihrem Konto werden in der Zeit rd. 100.000 € an Zinsen gutgeschrieben. Die Zinsen fließen z.T. als Steuern an den Fiskus. Dieser Nachteil ist aber gering und wird durch Flexibilität ausgeglichen: Sie können Ihr Geldmarktkonto beliebig anzapfen oder aufstocken. 154
Sterben Sie früher als statistisch vorausgesehen, geht der Rest in die Erbmasse, ist also nicht verloren.

Mathematik ist der natürliche Feind
eines jeden kreativen Menschen.
(Issigonis, Konstrukteur des Mini-Morris)

Zeile 51 - 56 Ergänzende Angaben zu den Vorsorgeaufwendungen - Zuschüsse/Arbeitgeberanteile/Beihilfen 155

»Was hat es mit dieser Eintragung auf sich?«, werden Sie sich vielleicht fragen.
Haben Sie Beiträge für eine Krankenversicherung ausschließlich aus eigenen Mitteln bestritten, ist die in > Zeile 51 gestellte Frage mit »Nein« zu beantworten, also eine »2« einzutragen. Ist der nicht berufstätige Ehegatte/Lebenspartner freiwillig gesetzlich krankenversichert, beantwortet dieser die Frage ebenfalls mit »Nein«.
Dies gilt auch bei geringfügig Beschäftigten, soweit keine unentgeltliche Familienversicherung beim Ehegatten/Lebenspartner vorliegt.
Arbeitnehmer und Beamte mit Anspruch auf steuerfreie Zuschüsse zu ihrer Krankenversicherung oder ihren Krankheitskosten, Anspruch auf steuerfreie Zuschüsse, steuerfreie Arbeitgeberbeiträge oder steuerfreie Beihilfen, haben keine Eintragungen vorzunehmen.

Ergänzende Angaben zu Vorsorgeaufwendungen — stpfl. Person / Ehemann / Person A — Ehefrau / Person B
51 Haben Sie zu Ihrer Krankenversicherung oder Ihren Krankheitskosten Anspruch auf steuerfreie Zuschüsse, steuerfreie Arbeitgeberbeiträge oder steuerfreie Beihilfen? 307 2 = Nein 407 2 = Nein

Diese Angaben werden zur Berechnung der Höhe der abziehbaren Vorsorgeaufwendungen benötigt.
Konkret geht es hier um die »übrigen« Vorsorgeaufwendungen. Dazu zählen Kranken- und Pflegeversicherungsbeiträge (> Zeilen 11 – 44)

sowie die »weiteren sonstigen« Beiträge zur Arbeitslosen-, Berufsunfähigkeits- und Haftpflichtversicherung sowie freiwillige Zusatzbeiträge zur Krankenversicherung oder Lebensversicherungsbeiträge (> Zeilen 45 – 50).

Diese werden grundsätzlich bis zur Höhe von 2.800 €/5.600 € (Alleinstehende/Ehegatten) steuerlich abgezogen. Beteiligt sich der Arbeitgeber durch steuerfreie Beihilfen an den Krankheitskosten oder durch den steuerfreien Arbeitgeberanteil an der Krankenversicherung, schmilzt der Höchstbetrag jedoch auf 1.900 €/3.800 € zusammen. Die Eintragung in > Zeile 51 dient also dazu, den maßgebenden Höchstbetrag zu ermitteln.

Die > Zeilen 52 – 55 sind von Arbeitnehmern auszufüllen, die während des ganzen oder eines Teils des Kalenderjahres 2021 nicht rentenversicherungspflichtig waren. Hierzu gehören insbesondere

- Beamte, Richter, Berufs- und Zeitsoldaten,
- weiterbeschäftigte Altersrentner, Werkspensionäre mit Altersrente,
- Geistliche und andere Personen mit beamtenähnlichen Versorgungsansprüchen,
- Vorstandsmitglieder von Aktiengesellschaften und GmbH-Gesellschafter-Geschäftsführer, die nicht in der gesetzlichen Rentenversicherung versichert sind.

	Es bestand 2020 keine gesetzliche Rentenversicherungspflicht aus dem **aktiven** Dienstverhältnis / aus der Tätigkeit				
52	– als Beamter / Beamtin	380	1 = Ja	480	1 = Ja
53	– als Vorstandsmitglied / GmbH-Gesellschafter-Geschäftsführer/in	381	1 = Ja	481	1 = Ja
	– als (z. B. Praktikant/in, Student/in im Praktikum)				
54	Bezeichnung	382	1 = Ja	482	1 = Ja
55	Aufgrund des genannten Dienstverhältnisses / der Tätigkeit bestand hingegen eine Anwartschaft auf Altersversorgung	383	1 = Ja 2 = Nein	483	1 = Ja 2 = Nein
56	Es wurde Arbeitslohn aus einem **nicht aktiven** Dienstverhältnis – insbesondere Betriebsrente / Werkspension – bezogen, bei dem es sich nicht um steuerbegünstigte Versorgungsbezüge (Zeilen 11 bis 16 der Anlage N) handelt. Bei Altersteilzeit ist hier keine Eintragung vorzunehmen.	385	1 = Ja	485	1 = Ja

Nicht gut zu wissen: Die Frage nach dem Höchstbetrag ist kaum mehr interessant, denn: Kranken- und Pflegeversicherungsbeiträge sind, soweit sie die sog. Basisabsicherung (➤ Rz 118) abdecken, in vollem Umfang steuerlich abzugsfähig, und die Höchstbeträge werden zunächst mit diesen Versicherungsbeiträgen verrechnet. **Haben Sie im Jahr 2021 also mehr als 2.800 €/5.600 € bzw. 1.900 €/3.800 € an Kranken- und Pflegeversicherungsbeiträgen gezahlt, werden diese zwar in vollem Umgang berücksichtigt, für den Ansatz weiterer Versicherungsbeiträge ist aber kein Raum mehr.**

Anders formuliert: Nur wenn die Kranken- und Pflegeversicherungsbeiträge unter den Höchstbeträgen liegen, wirken sich weitere Versicherungsbeiträge aus > Zeilen 45 – 50 bis zur Höhe der Höchstbeträge steuerlich aus.

Zeile 4 – 56 Berechnung der Vorsorgehöchstbeträge 156

Vorsorgeaufwendungen sind nur im Rahmen gewisser Höchstbeträge abziehbar. Wie viel sich steuerlich auswirkt, lässt sich nur anhand einer Höchstbetragsberechnung feststellen.

Die Berechnung erfolgt in zwei Schritten: 157

1. Basisversorgung im Alter (Rente)

ArbN-Anteil zur gesetzlichen Rentenversicherung o. Ä. (Zeile 23 der Lohnsteuerbescheinigung)	.........€	
ArbG-Anteil zur gesetzlichen Rentenversicherung o. Ä. (Zeile 22 der Lohnsteuerbescheinigung)	.........€	
Beiträge in eine private Rentenversicherung (Neuvertrag ab 2005/Rürup-Rente)	.........€	
Summe (max. 25.787 €/51.574 €*)	.........€	
Beamte: Minderung um 18,6 % der Beamtenbezüge	– ....€	
Verbleiben	.........€	
Davon 92 %	.........€	
./. ArbG-Anteil zur gesetzlichen Rentenversicherung	– ....€	
Verbleiben	.........€	> ....€

2. Sonstige Vorsorgeaufwendungen

ArbN-Anteil zur Krankenversicherung (Zeile 25 der Lohnsteuerbescheinigung)	.........€
Pauschaler Abzug von 4 % für Anspruch auf Krankengeld	– ....€
Verbleiben	.........€
ArbN-Anteil zur Pflegeversicherung (Zeile 26 der Lohnsteuerbescheinigung)	.........€
Mindestens abzugsfähiger Betrag	.........€

Sollte der Höchstbetrag von 1.900 €/3.800 €
noch nicht ausgeschöpft sein, sind bis zu
diesem Betrag noch abzugsfähig
Zusätzliche Beiträge zur Kranken-/Pflegeversicherung
(z.B. o.g. Kürzung um 4 % der Beiträge
zur gesetzlichen Krankenversicherung) ....€
Beiträge zu Unfall-, Haftpflicht-,
Risikolebensvers. ....€
Beiträge zur Kapitallebensvers.
(Abschluss vor 1.1.2005)
Ansatz mit 88 % = ...€
Summe ....€
Summe = Höchstbetrag
für Vorsorgeaufwendungen ....€

* Alleinstehende/Ehegatten

158 **Erläuterungen**

- **Höchstbeträge für Basisversorgung im Alter steigen jährlich um 2 Prozentpunkte**

Begünstigt sind die vom Steuerzahler geleisteten Beiträge zur gesetzlichen und privaten Rentenversicherung sowie die steuerfreien Arbeitgeberbeiträge – vorerst allerdings nur zu einem bestimmten Prozentsatz, der bis zum Jahr 2025 Jahr für Jahr um zwei Prozentpunkte ansteigt.
Die Höchstbeträge berechnen sich wie folgt:
Höchstbeitrag zur knappschaftlichen Rentenversicherung
Wert 2021: 104.400 € × 24,7 % = 25.787 €
davon in 2021 max. zu berücksichtigen: 92 %
max. abzugsfähige Altersvorsorgeaufwendungen in 2021: 23.724 €
(Verheiratete: das Doppelte)

Bei der **Basisversorgung im Alter (Renten)** spielt steuerlich die Musik, insbesondere für die privaten Rentenversicherungen (Rürup-Rente). Wer es sich leisten kann, Geld in eine Rürup-Rente zu investieren, fährt steuerlich am besten. Der steuerlich abzugsfähige Anteil beträgt für 2021 bereits 92 %.

Höchstbeträge

Kj.	2018	2019	2020	2021
Höchstbeträge	20.392 €/ 40.784 €	21.388 €/ 42.776 €	22.541 €/ 45.083 €	23.724 €/ 47.448 €
Höchstbeträge in %	86	88	90	92

Nicht gut zu wissen: Die Höchstbeträge steigen zwar von Jahr zu Jahr um zwei Prozentpunkte an. Entsprechend steigt aber auch der steuerpflichtige Anteil an den Renten. Die »nachgelagerte Besteuerung« lässt grüßen (➤ Rz 110).

- **Abzug der Arbeitnehmerbeiträge zur Rentenversicherung steigt jährlich um 4 Prozentpunkte**

Wie das Schema zeigt, wird am Schluss der Berechnung vom jeweiligen Höchstbetrag, der für das einzelne Kalenderjahr gültig ist, der Arbeitgeberanteil zur Rentenversicherung in voller Höhe abgezogen. Dies führt dazu, dass bis zum Jahr 2025 der Arbeitnehmerbeitrag nicht zu 100 % steuerbegünstigt ist. Bis dahin gelten geringere Prozentsätze, die aber von Jahr zu Jahr um 4 % ansteigen.
Zum Abzug gelangen

Kj.	2018	2019	2020	2021	2022	... 2025
	72 %	76 %	80 %	84 %	88 %	100 %

Zum Abzug der Arbeitnehmerbeiträge mehr im Beispiel unter ➤ Rz 161.
»Warum um Himmels willen muss das denn alles so vertrackt und kniffelig sein?«, fragen Sie.
Das ist Bürokratie.

Berechnung des Höchstbetrags für Beamte etc.
Steuerzahlern, denen eine Altersversorgung ohne oder weitgehend ohne eigene Beitragsleistungen zugesagt worden ist (das sind alle Beamten, aber auch Richter, Berufssoldaten, Polizisten etc.), wird der Höchstbetrag von 25.787 €/51.574 € um einen fiktiven Gesamtbeitrag zur gesetzlichen Rentenversicherung gekürzt. Dieser fiktive Gesamtbeitrag umfasst den Arbeitnehmer- und Arbeitgeberanteil und beträgt somit 18,6 % (Wert für 2021).

Innerhalb der Arbeitnehmerschaft werden somit pflichtversicherte Arbeitnehmer einerseits und Beamte etc. andererseits unterschiedlich begünstigt.

Abschließende Übersicht für pflichtversicherte Arbeitnehmer
Sie können sich die komplizierte Höchstbetragsberechnung ersparen, wenn Sie schlichtweg nur die Prozentsätze für den Abzug zugrunde legen. Sie betragen

159

Kj.	2019	2020	2021	2022	... 2025
Gesetzliche Rentenvers. (ArbN-Anteil)	76 %	80 %	84 %	88 %	100 %
Private Rentenvers.	88 %	90 %	92 %	94 %	100 %

160 Zeile 4 - 56 Berechnung des Vorsorgehöchstbetrags an praktischen Fällen

Alle Theorie ist grau, am besten ist immer ein praktischer Fall. Sehen Sie nach, ob einer der Fälle auf Sie zutrifft.

161 **Fall 1 (kaufm. Angestellter Felix ➤** Rz 107; **Höchstbetrag für pflichtversicherte Arbeitnehmer)**

Sachverhalt:
Der kaufmännische Angestellte Felix, verheiratet, hat in 2021 einen Bruttolohn von 40.000 € bezogen.

Basisversorgung im Alter (Vorsorgeaufwendungen)

Rentenversicherung 9,30 % von 40.000 €	3.720 €
Private Rentenversicherung (Rürup-Rente)	720 €

Sonstige Vorsorgeaufwendungen (➤ Rz 128)

Krankenversicherung	2.920 €
Pflegeversicherung	470 €
Arbeitslosenversicherung	600 €
Haftpflichtversicherungen	370 €
Kapitallebensversicherung (Abschluss vor 2005)	1.200 €
Versicherungsbeiträge insgesamt	10.000 €

Und so wird gerechnet (Schema ➤ Rz 157):

1. Basisversorgung im Alter (Rente)

ArbN-Anteil zur gesetzl.Rentenversicherung	3.720 €
+ ArbG-Anteil zur gesetzl. Rentenversicherung	3.720 €
+ Beitrag zur priv. Rentenvers. (Rürup-Rente)	720 €
Summe	8.160 €

Davon 92 %, max. 23.724 €/ 47.448 € (➤ Rz 159)	7.507 €	
./. ArbG-Anteil zur Rentenversicherung	– 3.720 €	
Verbleiben	3.787 €	> 3.787 €

1.2 Sonstige Vorsorgeaufwendungen

ArbN-Anteil zur Krankenversicherung	2.920 €	
./. 4 % (Beitragsanteil Krankengeld)	– 117 €	
Verbleiben	2.803 €	
ArbN-Anteil zur Pflegeversicherung	470 €	
Summe (mindestens abziehbar)	3.273 €	> 3.273 €
Vom Höchstbetrag 1.900 €/3.800 €* verbleiben damit	527 €	
Zusätzliche Krankenversicherungsbeiträge (Beitragsanteil Krankengeld 4 %)	117 €	
ArbN-Anteil zur Arbeitslosenversicherung	600 €	
Beiträge zur Unfall-, Haftpflicht-, Risikolebensvers.	350 €	
Beiträge zur Kapitallebensvers. (Abschluss vor 1.1.2005)		
Ansatz mit 88 % =	1.056 €	
Summe	2.123 €	
Verbleibender Höchstbetrag	527 €	> 527 €
Summe = Höchstbetrag für Vorsorgeaufwendungen		7.587 €

* Alleinstehende/Ehegatten

Fall 2 (Höchstbetrag für Beamte, Richter, Berufssoldaten u. Ä.) 162

Sachverhalt:

Der verheiratete Forstbeamte Gunter erhielt im Jahr ein Bruttogehalt von 40.000 € und zahlte

Beitrag in private **Basisrentenversicherung** (Rürup-Rente)	3.600 €

Sonstige Vorsorgeaufwendungen

Beiträge in private Krankenkasse (nur Basisabsicherung, ohne Wahlleistungen) insgesamt	3.500 €
Haftpflicht, Unfallversicherung etc. insgesamt	600 €
Versicherungsbeiträge insgesamt	7.700 €

Und so wird gerechnet (Schema ➤ Rz 157):
Der Vorsorgehöchstbetrag von 25.787 €/51.574 € **wird um einen fiktiven Beitrag zur gesetzlichen Rentenversicherung in Höhe von derzeit 18,6 % des Bruttoarbeitslohns gekürzt.**

Basisversorgung im Alter (Rente)			
Beiträge in eine private Rentenversicherung (Neuvertrag ab 2005/Rürup-Rente)			3.600 €
max. 51.574 € – 18,6 % der Beamtenbezüge =			41.981 €
Davon 88 %			3.240 €
Sonstige Vorsorgeaufwendungen			
Krankenversicherung (Basisabsicherung; mindestens abziehbar)	3.500 €	>	3.500 €
Vom Höchstbetrag 1.900 €/3.800 €* verbleiben damit	300 €		
Beiträge zur Unfall-, Haftpflichtvers.	600 €		
Verbleibender Höchstbetrag	300 €	>	300 €
Summe = Höchstbetrag für Vorsorgeaufwendungen			7.040 €

163 **Fall 3 (Höchstbetrag für Selbständige)**

Sachverhalt:
Karl-Heinz ist verheiratet und selbständiger Handelsvertreter. Er zahlte in 2021 folgende Beiträge:

Lebensversicherungen			
in eine private Rentenversicherung (Rürup-Rente)			1.200 €
Sonstige Vorsorgeaufwendungen			
in eine freiwillige Krankenversicherung (nur Basisabsicherung)	6.300 €		
in eine private Unfallversicherung	68 €		
in private Haftpflicht- und Kfz-Haftpflichtversicherung	463 €		
Zwischensumme	6.831 €		
in Kapitallebensversicherung (Abschluss vor 2005)	3.100 €		
Summe	9.931 €	>	9.931 €
			11.131 €

Und so wird gerechnet (Schema ➤ Rz 157):

Basisversorgung im Alter (Rente)		
Beiträge in eine private Rentenversicherung (Rürup-Rente)	1.200 €	
Davon 92 %, max. 23.724 €/ 47.448 €		1.104 €

Sonstige Vorsorgeaufwendungen

Beiträge zur privaten Kranken- und Pflegeversicherung (mindestens abzugsfähig)	6.300 €	>	6.300 €
vom Höchstbetrag (2.800 €/5.600 €*) verbleiben	0 €		
Summe = Höchstbetrag			7.404 €

* Alleinstehende/Ehegatten

Abzugsfähig sind im Rahmen sonstiger Vorsorgeaufwendungen mindestens die tatsächlich geleisteten Beiträge zur Kranken- und Pflegeversicherung (Basisabsicherung), unabhängig von der Höhe etwaiger »Höchstbeträge«. Nur wenn diese Höchstbeträge von 1.900 €/3.800 € bzw. 2.800 €/5.600 € durch die Kranken- und Pflegeversicherungsbeiträge noch nicht ausgeschöpft sein sollten, kommen sie für die übrigen Versicherungsbeiträge (Zusatztarife zur Krankenversicherung, Haftpflicht-, Unfall-, Risikolebensversicherung …) zum Tragen.

7 Die Anlage Sonderausgaben

Steuern sind ein notwendiges Übel. Es lässt sich besser damit leben, wenn man seine Rechte gegenüber dem Staat wahrnimmt. Hier ist Gelegenheit dazu: **164**

Zur Berechnung Ihres Einkommens können Sie eine Reihe privater Aufwendungen als Sonderausgaben geltend machen. Während nach § 12 EStG grundsätzlich private Ausgaben nicht abziehbar sind, sind davon die in §§ 10 ff. EStG genannten Sonderausgaben ausgenommen. Sonderausgaben sind also, wie der Name schon sagt, besondere private – steuerlich absetzbare – Ausgaben. Und davon gibt es eine ganze Reihe.

Bei den Sonderausgaben wird unterschieden zwischen

1. Vorsorgeaufwendungen und
2. übrigen Sonderausgaben.

Zu den **Vorsorgeaufwendungen** zählen z. B. die Sozialversicherungsabgaben, Unfall-, Haftpflicht- und Lebensversicherungsbeiträge. Sie sind in die Anlage Vorsorgeaufwand einzutragen.

In der Anlage Sonderausgaben wird nur nach den **übrigen Sonderausgaben** gefragt, als da wären …

Art der Sonderausgaben	§ 10 Abs. 1	Rz	Absetzbar
• Kirchensteuer	Nr. 4	➤ Rz 165	in voller Höhe
• Spenden und Mitgliedsbeiträge	§ 10b	➤ Rz 170	unterschiedlich
• Kosten der eigenen Berufsausbildung	Nr. 7	➤ Rz 198	bis 6.000 €
• Renten	Nr. 1a	➤ Rz 214	Ertragsanteil
• Dauernde Lasten	Nr. 1a	➤ Rz 214	in voller Höhe
• Unterhaltsleistungen	Nr. 1	➤ Rz 223	bis 13.805 €
• Ausgleichszahlungen (Versorgungsausgleich)	Nr. 1b	➤ Rz 232	in voller Höhe

Kinderbetreuungskosten zählen zwar ebenso zu den Sonderausgaben, sind jedoch in der **Anlage Kind** einzutragen (vgl. dazu ➤ Rz 473 ff.).

ANLAGE SONDERAUSGABEN
Ohne Versicherungen und Altersvorsorge **2022**

2021

1 Name

2 Vorname

3 **Steuernummer**

Anlage Sonderausgaben

Diese Anlage ist bei Zusammenveranlagung von Ehegatten / Lebenspartnern gemeinsam auszufüllen.

Angaben zu Sonderausgaben
– Ohne Versicherungsaufwendungen und Altersvorsorgebeiträge –

52

Kirchensteuer

Zeile			2021 gezahlt EUR		2021 erstattet EUR
4	soweit diese nicht als Zuschlag zur Abgeltungsteuer einbehalten oder gezahlt wurde	103	,–	104	,–

Zuwendungen (Spenden und Mitgliedsbeiträge)

Zeile	**Spenden und Mitgliedsbeiträge** (ohne Beträge in den Zeilen 9 bis 12)		lt. Bestätigungen EUR		lt. Betriebsfinanzamt EUR
5	– zur Förderung steuerbegünstigter Zwecke an Empfänger im Inland	123	,–	124	,–
6	– zur Förderung steuerbegünstigter Zwecke an Empfänger im EU- / EWR-Ausland	133	,–	134	,–
7	– an politische Parteien (§§ 34g, 10b EStG)	127	,–	128	,–
8	– an unabhängige Wählervereinigungen (§ 34g EStG)	129	,–	130	,–

Zeile	**Spenden in das zu erhaltende Vermögen (Vermögensstock) einer Stiftung**		stpfl. Person / Ehemann / Person A EUR		Ehefrau / Person B EUR
9	2021 geleistete Spenden an Empfänger im Inland (lt. Bestätigungen / lt. Betriebsfinanzamt)	208	,–	209	,–
10	2021 geleistete Spenden (lt. Bestätigungen / lt. Betriebsfinanzamt) an Empfänger im EU- / EWR-Ausland	224	,–	225	,–
11	Von den Spenden in den Zeilen 9 und 10 sollen 2021 berücksichtigt werden	212	,–	213	,–
12	2021 zu berücksichtigende Spenden aus Vorjahren in das zu erhaltende Vermögen (Vermögensstock) einer Stiftung, die bisher noch nicht berücksichtigt wurden	214	,–	215	,–

Berufsausbildungskosten

Aufwendungen für die eigene **Berufsausbildung: stpfl. Person / Ehemann / Person A**

Bezeichnung der Ausbildung, Art und Höhe der Aufwendungen — EUR

13 — 200 ,–

Aufwendungen für die eigene **Berufsausbildung: Ehefrau / Person B**

Bezeichnung der Ausbildung, Art und Höhe der Aufwendungen

14 — 201 ,–

Weitere Aufwendungen

Gezahlte Versorgungsleistungen aus Renten lt. Vertrag

Angaben zur ersten empfangsberechtigten Person

Rechtsgrund, Datum des Vertrags — abziehbar — tatsächlich gezahlt EUR

15 — 102 % — 101 ,–

Name der empfangsberechtigten Person

16

IdNr. der empfangsberechtigten Person

17 136

Angaben zur zweiten empfangsberechtigten Person

Rechtsgrund, Datum des Vertrags

18 — 138 % — 137 ,–

Name der empfangsberechtigten Person

19

IdNr. der empfangsberechtigten Person

20 139

EUR

21 **Gezahlte Versorgungsleistungen aus Renten lt. gesonderter und einheitlicher Feststellung** — 150 % — 151 ,–

2021AnlSonderausgaben401 – Juli 2021 – **2021AnlSonderausgaben401**

Gezahlte Versorgungsleistungen aus Dauernden Lasten lt. Vertrag

Angaben zur ersten empfangsberechtigten Person

Rechtsgrund, Datum des Vertrags — tatsächlich gezahlt EUR

31 100 ,–

Name der empfangsberechtigten Person

32

IdNr. der empfangsberechtigten Person

33 144

Angaben zur zweiten empfangsberechtigten Person

Rechtsgrund, Datum des Vertrags

34 145 ,–

Name der empfangsberechtigten Person

35

IdNr. der empfangsberechtigten Person

36 146

EUR

37 **Gezahlte Versorgungsleistungen aus Dauernden Lasten lt. gesonderter und einheitlicher Feststellung** 152 ,–

Unterhaltsleistungen lt. **Anlage U – ohne Kindesunterhalt** – an den
- geschiedenen Ehegatten, Lebenspartner einer aufgehobenen Lebenspartnerschaft
- dauernd getrennt lebenden Ehegatten / Lebenspartner

Angaben zur ersten unterstützten Person — tatsächlich gezahlt EUR

Name der ersten unterstützten Person

38 116 ,–

IdNr. der ersten unterstützten Person

39 117

EUR

40 In Zeile 38 enthaltene Beiträge (abzgl. Erstattungen und Zuschüsse) zur Basis-Kranken- und gesetzlichen Pflegeversicherung 118 ,–

41 Davon entfallen auf Krankenversicherungsbeiträge mit Anspruch auf Krankengeld 119 ,–

Angaben zur zweiten unterstützten Person — tatsächlich gezahlt EUR

Name der zweiten unterstützten Person

42 140 ,–

IdNr. der zweiten unterstützten Person

43 141

EUR

44 In Zeile 42 enthaltene Beiträge (abzgl. Erstattungen und Zuschüsse) zur Basis-Kranken- und gesetzlichen Pflegeversicherung 142 ,–

45 Davon entfallen auf Krankenversicherungsbeiträge mit Anspruch auf Krankengeld 143 ,–

Ausgleichszahlungen im Rahmen des schuldrechtlichen Versorgungsausgleichs — tatsächlich gezahlt EUR

Rechtsgrund, Datum der erstmaligen Zahlung

46 121 ,–

Name der empfangsberechtigten Person

47

IdNr. der empfangsberechtigten Person

48 132

Ausgleichsleistungen zur Vermeidung des Versorgungsausgleichs lt. **Anlage U** — tatsächlich gezahlt EUR

Name der empfangsberechtigten Person

49 131 ,–

IdNr. der empfangsberechtigten Person

50 135

2021AnlSonderausgaben402 **2021AnlSonderausgaben402**

Zeile 4 Kirchensteuer

165 Anzusetzen sind: gezahlte Kirchensteuer einschließlich der Vorauszahlungen. Die Lohnkirchensteuer können Sie der Lohnsteuerbescheinigung entnehmen.

Beispiel

a) Vom Betrieb bescheinigte Kirchensteuer

6. Einbehaltene Kirchensteuer des Arbeitnehmers von 3.	834,12

b) In der Anlage N füllt das Finanzamt (in der Regel automatisch) folgende Felder (eDaten) aus:

Einkünfte aus nichtselbständiger Arbeit — Daten für die mit (e) gekennzeichneten Zeilen liegen im Regelfall vor und sind nicht auszufüllen. – Bitte Anleitung beachten – 4

Angaben zum Arbeitslohn

			Lohnsteuerbescheinigung(en) Steuerklasse 1 – 5 (EUR, Ct)		Lohnsteuerbescheinigung(en) Steuerklasse 6 oder einer Urlaubskasse (EUR, Ct)	
5	Steuerklasse	168	1			e
6	Bruttoarbeitslohn	110	49737,—	111	,—	e
7	Lohnsteuer	140	9268,00	141	,	e
8	Solidaritätszuschlag	150	509,74	151	,	e
9	Kirchensteuer des Arbeitnehmers	142	834,12	143	,	e
10	Nur bei Konfessionsverschiedenheit: Kirchensteuer für den Ehegatten / Lebenspartner	144	,	145	,	e

c) Eintragung in der Anlage Sonderausgaben

Bei der Veranlagung 2020 hat das Finanzamt im Jahr 2021 48 € Kirchensteuer erstattet. In > Zeile 4 machen Sie als Sonderausgaben geltend:

Kirchensteuer

			2019 gezahlt EUR		2019 erstattet EUR
4	soweit diese nicht als Zuschlag zur Abgeltungsteuer einbehalten oder gezahlt wurde	103	834,–	104	48,–

Beachten Sie: Freiwillige Zahlungen an öffentlich-rechtliche Religionsgemeinschaften gehören als Spende in > Zeile 5.

Zuwendungen (Spenden und Mitgliedsbeiträge)

			lt. Bestätigungen EUR		lt. Betriebsfinanzamt EUR
5	**Spenden und Mitgliedsbeiträge** (ohne Beträge in den Zeilen 9 bis 12) – zur Förderung steuerbegünstigter Zwecke an Empfänger im Inland	123	,—	124	,—

Kirchensteuern sind von den kirchensteuerberechtigten Religionsgemeinschaften erhobene Abgaben. Sind Sie nicht sicher, ob Sie einer in der Bundesrepublik kirchensteuerberechtigten Kirche angehören, erkundigen Sie sich. Sie wären nicht der Erste, dem man jahrelang völlig unberechtigt Kirchensteuer abgeknöpft hat. Da wird z.B. einem in England getauften Anglikaner von der Gemeindeverwaltung einfach die Zugehörigkeit zur evangelischen Kirche unterstellt und auf der Lohnsteuerkarte die Abkürzung »ev« verpasst, obwohl die anglikanische Kirche in der Bundesrepublik nicht kirchensteuerberechtigt ist. Folge: Der Arbeitgeber behält Lohnkirchensteuer ein. Soll der Fiskus die kassierte Kirchensteuer bei der Veranlagung herausrücken, muss der Anglikaner zunächst in den ausgeprägten Tunnelblick des Bearbeiters eine Kurve mit Beleuchtung einbauen – was nicht immer ganz leicht ist. Er benötigt nämlich – im Normalfall – eine »Austrittsbescheinigung des Amtsgerichts«. Damit kann er aber nicht dienen, weil er nicht aus seiner Kirche ausgetreten ist. Da gilt es, dem Bearbeiter die Realitäten nahezubringen. 166

Kirchensteuer auf Kapitaleinkünfte 167

Auf alle Kapitalerträge werden 25 % Steuer direkt an der »Quelle«, also beispielsweise bei der Bank oder Sparkasse, einbehalten und an das Finanzamt abgeführt (Abgeltungsteuer).

Damit ist die Steuerpflicht für die inländischen Einkünfte aus Kapitalvermögen abgegolten. Allerdings werden auch 2021 auf den Betrag der Abgeltungsteuer ein pauschaler Solidaritätszuschlag und – bei Zugehörigkeit zu einer erhebungsberechtigten Kirche – eine pauschale Kirchensteuer erhoben. Dadurch erhöht sich der Gesamtabzugsbetrag im Fall der Kirchensteuerpflicht auf rund 28 %.
Hinweis: Die (teilweise) Abschaffung des Soli-Zuschlags ab 2021 bezieht sich nicht auf die Abgeltungsteuer und auch nicht auf pauschale Lohnsteuerbeträge.

Bei der Kirchensteuer gibt es (oft) keine Steuerhinterziehung!
Wer der Bank gegenüber keine Angaben zur Kirchenzugehörigkeit macht, bleibt beim Steuerabzug auf Kapitalerträge von der Kirchensteuer verschont. Allerdings müssen dann alle Kapitalerträge in der Anlage KAP eingetragen werden, damit die Kirchensteuer auf Zinserträge nacherhoben werden kann. Wer sich daran nicht hält, hinterzieht Kirchensteuern und macht sich strafbar … sollte man meinen.

Dem ist allerdings nicht immer so, denn das Kirchensteuerrecht von Nordrhein-Westfalen z.B. kennt keine Steuerhinterziehung – das von Niedersachsen hingegen schon!

Doch aufgepasst: Für Kapitalerträge, die der Abgeltungsteuer unterliegen, wurde ein automatisches Verfahren für den Abzug der Kirchensteuer eingeführt. Banken, Versicherungen, Kapitalgesellschaften müssen nun einmal jährlich beim Bundeszentralamt für Steuern (BZSt) anhand der Steueridentnummer des Kapitalanlegers dessen Kirchensteuerpflicht abfragen und dann die Kirchensteuer automatisch einbehalten.

Beachten Sie: Ein Anleger kann beim BZSt der Übermittlung seiner Religionszugehörigkeit an die Banken widersprechen.

Kappung der Kirchensteuer

Ganz mechanisch berechnet das Finanzamt 8 oder 9 % der Einkommensteuer als Kirchensteuer, die somit ebenfalls der Progression unterliegt. Um die Progression herabzusetzen, wird der Kirchensteuerabzug von den meisten Religionsgemeinschaften gekappt, d.h. auf einen bestimmten Prozentsatz des zu versteuernden Einkommens begrenzt. In einigen Bundesländern erfolgt diese Kirchensteuerkappung von Amts wegen (z.B. auf 3 oder 4 % des zu versteuernden Einkommens), in anderen auf Antrag an die Diözese oder die Landeskirche. Auf die Kappung besteht sogar ein Rechtsanspruch (BVerwG-Urt. v. 21.5.2003 – 9 C 12.02).

168 Ärgerliches Kirchgeld

Tritt der Hauptverdiener aus der Kirche aus, während der andere Ehegatte, der keine oder nur sehr niedrige eigene Einkünfte hat, Kirchenmitglied bleibt, muss das Ehepaar keine Kirchensteuer zahlen, da dem kirchensteuerpflichtigen Ehegatten keine anteilige Bemessungsgrundlage zugeordnet werden kann. Die Kirchen haben jedoch die gesetzlich abgesicherte Möglichkeit, den kirchensteuerpflichtigen Ehegatten über das besondere Kirchgeld in glaubensverschiedener Ehe doch noch zur Kasse zu bitten. Es wird dann wie die »normale« Kirchensteuer im Einkommensteuerbescheid festgesetzt.

Davon zu unterscheiden ist das allgemeine **Kirchgeld** (Orts- oder Gemeindekirchgeld), das die Gemeindekirchen als Ersatz für entgangene Kirchensteuer aufgrund zu geringer Einkünfte eines Kirchenangehörigen erheben dürfen.

Grundlage für das besondere Kirchgeld ist das gemeinsame zu versteuernde Einkommen der Ehegatten; Kinderfreibeträge müssen abgezogen werden.

Stufe	Bemessungsgrundlage: gemeinsam zu versteuerndes Einkommen nach § 2 Abs. 5 EStG der Ehegatten in €	Kirchgeld jährlich in €
1	30.000 – 37.499	96
2	37.500 – 49.999	156
3	50.000 – 62.499	276
4	62.500 – 74.999	396
5	75.000 – 87.499	540
6	87.500 – 99.999	696
7	100.000 – 124.999	840
8	125.000 – 149.999	1.200
9	150.000 – 174.999	1.560
10	175.000 – 199.999	1.860
11	200.000 – 249.999	2.220
12	250.000 – 299.999	2.940
13	300.000 und mehr	3.600

Das besondere Kirchgeld gibt es in allen Bundesländern, ausgenommen in einigen Gemeinden und Bistümern.

Hat der kirchensteuerpflichtige Ehegatte Einkünfte über dem Grundfreibetrag, kann es sein, dass sowohl Kirchensteuer als auch besonderes Kirchgeld fällig werden. In diesem Fall erhebt die Kirche den höheren Betrag. Wird das besondere Kirchgeld erhoben, wird die bereits gezahlte Kirchensteuer darauf angerechnet.

Besonderes Kirchgeld vor dem Aus?
Einige Gemeinden und Bistümer haben das besondere Kirchgeld bereits abgeschafft, so z. B. die Ev.-Lutherische Kirche in Bayern.

TIPP So vermeiden Sie das Kirchgeld! 169

Das besondere Kirchgeld wird grundsätzlich nur dann festgesetzt, wenn eine Steuererklärung beim Finanzamt eingereicht wird. Sofern keine Steuererklärung eingereicht werden muss oder die Einzelveranlagung gewählt wird, entfällt eine Veranlagung zum besonderen Kirchgeld. Beziehen Sie also das Kirchgeld in Ihre Berechnung ein (vgl. ➤ Rz 83). Vielleicht lohnt sich schon deshalb eine Einzelveranlagung oder Sie geben eine Steuererklärung erst gar nicht ab, wenn das Kirchgeld höher wäre als die zu erwartende Steuererstattung.

In Bayern, Berlin, Brandenburg, Hamburg, Hessen, Saarland und Schleswig-Holstein fällt kein besonderes Kirchgeld an, wenn das Nicht-Kirchenmitglied einer anderen weltanschaulichen Gemeinschaft angehört, die den Status einer Körperschaft des öffentlichen Rechts hat. Ob diese Gemeinschaft Mitgliedsbeiträge erhebt oder nicht, spielt keine Rolle. Eine solche Gemeinschaft wäre beispielsweise der Bund für Geistesfreiheit (bfg) in Bayern, der sich dem weltlichen Humanismus verbunden fühlt. Die Mitglieder können aber auch aus einem anderen Bundesland kommen. So kann z. B. ein Berliner Mitglied im bfg München K.d.ö.R. werden und ist dann nicht mehr verpflichtet, besonderes Kirchgeld in Berlin zu zahlen. Die jährlichen Mitgliedsbeiträge dieser Ortsgemeinschaften liegen in der Regel zwischen 40 und 60 €. Wer Mitglied im bfg Bayern werden will, sollte sich am besten direkt an den bfg Bayern wenden.

170 Zeile 5 – 12 Spenden und Mitgliedsbeiträge (Zuwendungen)

Das Wesentliche vorab:
Wer spendet, wird belohnt. Nicht nur mit der Gewissheit, Gutes getan zu haben, sondern auch mit einem Steuerrabatt.
Spenden und Mitgliedsbeiträge zur Förderung steuerbegünstigter Zwecke (> Zeile 5 und 6) werden bis zu 20 % des Gesamtbetrags Ihrer Einkünfte berücksichtigt. Steuerbegünstigt sind

- gemeinnützige,
- mildtätige und
- kirchliche Zwecke.

Gut, dass Sie die Voraussetzungen für den Spendenabzug nicht prüfen müssen. Sie erhalten eine Spendenbescheinigung nach amtlichem Muster und können damit Ihre Zuwendungen steuerlich geltend machen.
Übrigens: Der genannte Höchstbetrag muss Sie nicht kümmern, da er in den allermeisten Fällen bei Weitem nicht erreicht wird. Und falls doch, werden die nicht berücksichtigungsfähigen Aufwendungen gesondert festgestellt und in den kommenden Jahren abgezogen.

◆ *Musterfall Backs (Spenden)* 171

Auch 2021 hatte ihn sein großes Herz dazu gebracht, für gute Zwecke ins Portemonnaie zu greifen. Seine Spenden für das DRK, die Kinderdörfer, die Caritas und die Malteser von insgesamt 190 € führt er in > Zeile 5 auf. Da er im Einzelfall jeweils unter 25 € und insgesamt unter der Nachweispflichtgrenze von 300 € liegt, fügt er keine Belege bei, da er die Nichtbeanstandungsgrenzen der Finanzverwaltung kennt (➤ Rz 55 f.).

	Zuwendungen (Spenden und Mitgliedsbeiträge)		lt. Bestätigungen EUR		lt. Betriebsfinanzamt EUR
5	**Spenden und Mitgliedsbeiträge** (ohne Beträge in den Zeilen 9 bis 12) – zur Förderung steuerbegünstigter Zwecke an Empfänger im Inland	123	190,–	124	,–

TIPP Ohne Beleg zum Spendenabzug – vom Fiskus abgesegnet 172

Das Finanzamt möchte Ihre Steuererklärung am liebsten online erhalten, denn so entfällt der Erfassungsaufwand in der Behörde und die Erklärung kann direkt computergestützt bearbeitet, gefiltert, ausgewertet und möglichst auch sofort freigegeben werden. Da stören unnötige Belege nur. Daher hat der Fiskus ein neues Zauberwort geschaffen: »Belegvorhaltepflicht«.

Was sich zunächst bedrohlich anhört, ist tatsächlich eine gute Sache. In der Anleitung zur Steuererklärung heißt es dazu: *»Belege sind mit der Einkommensteuererklärung nur dann einzureichen, wenn in den Vordrucken/Anleitungen ausdrücklich darauf hingewiesen wird; im Übrigen sind diese aufzubewahren (Belegvorhaltepflicht) und nur auf Anforderung des Finanzamts einzureichen.«*

Für Spenden und Mitgliedsbeiträge bis 300 € je Zahlung gilt: Ist der Empfänger der Spenden und Mitgliedsbeiträge eine juristische Person des öffentlichen Rechts oder eine öffentliche Dienststelle, genügt der Bareinzahlungsbeleg oder die Buchungsbestätigung (z. B. Kontoauszug). Bei gemeinnützigen Einrichtungen (z. B. Vereine, Stiftungen) ist nur auf Anforderung des Finanzamts zusätzlich ein von dieser Einrichtung erstellter Beleg einzureichen, der Angaben über die Freistellung von der Körperschaftsteuer und die Verwendung der Mittel enthält. Außerdem muss angegeben sein, ob es sich um Spenden oder um Mitgliedsbeiträge handelt.

»Und was bedeutet nun Belegvorhaltepflicht?«, fragen Sie sich?

Zuwendungsbestätigungen und Nachweise (Bareinzahlungsbeleg oder Buchungsbestätigung), die nicht vom Finanzamt angefordert wurden, müssen Sie **bis zum Ablauf eines Jahres** nach Bekanntgabe des Steuerbescheids **aufbewahren.**

173 **TIPP Setzen Sie Ihre Mitgliedsbeiträge als Spenden ab!**

Mitgliedsbeiträge – und auch Umlagen und die Aufnahmegebühr – für einen Verein gehen als Spenden durch, wenn der Verein z. B. folgende Zwecke verfolgt: Naturschutz, Landschaftspflege, Umweltschutz, Entwicklungshilfe, Jugendhilfe, Brandschutz oder Gesundheitspflege. Sie müssen sich dafür nur eine Spendenquittung Ihres Vereins besorgen (Quelle: § 10b.1 EStG und §§ 52 – 54 Abgabenordnung).

Ziemlich in die Röhre schauen Sie mit Ihren Mitgliedsbeiträgen allerdings, wenn Sie in einem Verein sind, der sich z. B. die Förderung folgender Zwecke auf die Fahnen geschrieben hat:

- Sport,
- kulturelle Betätigungen (wie z. B. Gesang, Musik),
- Heimatpflege/-kunde
- Tierzucht,
- Pflanzenzucht,
- Kleingärtnerei,
- traditionelles Brauchtum einschließlich des Karnevals, der Fastnacht und des Faschings,
- Soldaten- und Reservistenbetreuung,
- Amateurfunken,
- Modellflug und
- Hundesport.

Da Ihre Mitgliedsbeiträge nur dann als Spenden durchgehen, wenn sie an Institutionen gezahlt werden, die nicht überwiegend Leistungen gegenüber ihren Mitgliedern erbringen oder in erster Linie der eigenen Freizeitgestaltung dienen, es also gemeinnützige Zwecke erster Klasse (mit Spendenabzug für Mitgliedsbeiträge) und zweiter Klasse (ohne Spendenabzug für Mitgliedsbeiträge) gibt, ist es wichtig, schon bei der Anerkennung der Gemeinnützigkeit des Vereins darauf zu achten, dass die richtigen Vereinszwecke zugrunde gelegt werden. »Förderung der Jugendhilfe« als Zweck ist da wesentlich günstiger als »Förderung des Sports auf dem Gebiet des Jugendfußballs«.

174 Zeile 5 - 12 Höchstbeträge für Spenden

Geht es um höhere Spendenbeträge, sollten Sie wissen:

- Spenden zur **Förderung steuerbegünstigter Zwecke** (> Zeile 5) werden bis zur Höhe von 20 % des Gesamtbetrags der Einkünfte berücksichtigt.

- Die **politischen Parteien** bereichern sich mit einer Superförderung der Mitgliedsbeiträge und Spenden: Von den ersten 1.650 €/3.300 € (Alleinstehende/Ehegatten) sind 50 % direkt bei der Steuer absetzbar (§ 34 g EStG), d.h., Sie erhalten sie in bar zurück. Der Rest wirkt sich als Sonderausgaben auf Ihre Steuerlast aus (> Zeile 7; Quelle: § 10b EStG).
- Bei Spenden und Mitgliedsbeiträgen an **unabhängige Wählervereinigungen** (> Zeile 8), die die gesetzlichen Voraussetzungen erfüllen, ermäßigt sich die Einkommensteuer um 50 % der Ausgaben, höchstens um 825 €/1.650 € (Alleinstehende/Ehegatten).
- Spenden in den **Vermögensstock einer Stiftung** sind bis 1 Mio € begünstigt (> Zeile 9 – 12).

Die Berechnung des abziehbaren Betrags ist aber komplizierter, als es 175
zunächst den Anschein hat.

Beispiel
Sie haben einen Gesamtbetrag der Einkünfte (GdE) von 45.000 €. Ihre Spenden betragen insgesamt 7.000 €.

	Spenden und Mitgliedsbeiträge (ohne Beträge in den Zeilen 9 bis 12)		lt. Bestätigungen EUR		lt. Betriebsfinanzamt EUR
5	– zur Förderung steuerbegünstigter Zwecke an Empfänger im Inland	123	3500,–	124	,–
6	– zur Förderung steuerbegünstigter Zwecke an Empfänger im EU- / EWR-Ausland	133	,–	134	,–
7	– an politische Parteien (§§ 34g, 10b EStG)	127	3500,–	128	,–

Davon wirken sich steuerlich aus:

Bei den Sonderausgaben

Spenden/Mitgliedsbeiträge zur Förderung steuerbegünstigter Zwecke, max. 20 % des GdE		3.500 €
Parteispende	3.500 €	
./. Verbrauch nach § 34 g EStG (verh.)	– 3.300 €	
Verbleiben	200 €	> 200 €
Summe		3.700 €

Direkt bei der Einkommensteuer

50 % von 3.300 € = 1.650 €
Dem Abrechnungsteil im Steuerbescheid können Sie entnehmen, ob die Steuerermäßigung tatsächlich berücksichtigt wurde.

Zeile 5 – 12 Nachweis von Zuwendungen 176

Voraussetzung für den Abzug von Spenden ist eine ordnungsgemäße **Spendenbescheinigung** nach folgendem Muster:

177 Aussteller (Bezeichnung und Anschrift der steuerbegünstigten Einrichtung)

Bestätigung über Geldzuwendungen/Mitgliedsbeitrag

im Sinne des § 10b des Einkommensteuergesetzes an eine der in § 5 Abs. 1 Nr. 9 des Körperschaftsteuergesetzes bezeichneten Körperschaften, Personenvereinigungen oder Vermögensmassen

Name und Anschrift des Zuwendenden

Betrag der Zuwendung - in Ziffern -	- in Buchstaben -	Tag der Zuwendung:

Es handelt sich um den Verzicht auf Erstattung von Aufwendungen Ja ☐ Nein ☐

☐ Wir sind wegen Förderung (Angabe des begünstigten Zwecks / der begünstigten Zwecke)

nach dem Freistellungsbescheid bzw. nach der Anlage zum Körperschaftsteuerbescheid des Finanzamtes StNr. vom für den letzten Veranlagungszeitraum nach § 5 Abs. 1 Nr. 9 des Körperschaftsteuergesetzes von der Körperschaftsteuer und nach § 3 Nr. 6 des Gewerbesteuergesetzes von der Gewerbesteuer befreit.

☐ Die Einhaltung der satzungsmäßigen Voraussetzungen nach den §§ 51, 59, 60 und 61 AO wurde vom Finanzamt StNr. mit Bescheid vom nach § 60a AO gesondert festgestellt. Wir fördern nach unserer Satzung (Angabe des begünstigten Zwecks / der begünstigten Zwecke)

Es wird bestätigt, dass die Zuwendung nur zur Förderung (Angabe des begünstigten Zwecks / der begünstigten Zwecke)

verwendet wird.

Nur für steuerbegünstigte Einrichtungen, bei denen die Mitgliedsbeiträge steuerlich nicht abziehbar sind

☐ Es wird bestätigt, dass es sich nicht um einen Mitgliedsbeitrag handelt, dessen Abzug nach § 10b Abs. 1 des Einkommensteuergesetzes ausgeschlossen ist.

(Ort, Datum und Unterschrift des Zuwendungsempfängers)

Hinweis:
Wer vorsätzlich oder grob fahrlässig eine unrichtige Zuwendungsbestätigung erstellt oder veranlasst, dass Zuwendungen nicht zu den in der Zuwendungsbestätigung angegebenen steuerbegünstigten Zwecken verwendet werden, haftet für die entgangene Steuer (§ 10b Abs. 4 EStG, § 9 Abs. 3 KStG, § 9 Nr. 5 GewStG).

Diese Bestätigung wird nicht als Nachweis für die steuerliche Berücksichtigung der Zuwendung anerkannt, wenn das Datum des Freistellungsbescheides länger als 5 Jahre bzw. das Datum der Feststellung der Einhaltung der satzungsmäßigen Voraussetzungen nach § 60a Abs. 1 AO länger als 3 Jahre seit Ausstellung des Bescheides zurückliegt (§ 63 Abs. 5 AO).

034122 Bestätigung über Geldzuwendung / steuerbegünstigte Einrichtung / Verein **(2013)**

TIPP Werfen Sie alte Kleidung nicht einfach in den Müll

Spenden können nicht nur Geldbeträge, sondern auch Sachen sein. Deshalb sollten Sie ausgemusterte Kleidungsstücke nicht einfach in den Müll werfen. Sie gegen eine Spendenbescheinigung in die Altkleidersammlung zu geben ist viel besser. Allerdings erlegt Ihnen der Fiskus die Beweislast für den Wert der alten Sachen auf. Also müssen Sie dafür sorgen, dass man Ihnen den Schätzwert nicht nur bescheinigt, sondern auch angibt, wie man dazu gekommen ist. Dazu gehören Angaben zum Neupreis, zum Alter und zum Erhaltungszustand eines jeden Kleidungsstücks (BFH-Urt. v. 22.5.1989 – BStBl 1989 II S. 879; EStH 10b.1). Die Folge: Viele gemeinnützige Vereine wie Caritas oder DRK lehnen es inzwischen ab, für Altkleidung überhaupt Spendenbescheinigungen mit Wertangaben zu erteilen. 178

»Das kann ich gut verstehen«, sagen Sie. »Woher sollen die denn wissen, wie teuer die Sachen mal waren und wie alt sie sind. Ich habe aus einem Nachlass 20 Anzüge und vier Mäntel abzugeben, alles Größe 54 und kaum gebraucht. Was soll ich tun?«

Sie fertigen selbst eine Aufstellung an, wenn Sie können, in etwa so: 179
Anlage zur Spendenbescheinigung vom …

```
Anlage zur Spendenbescheinigung vom …
                        Erwerb in    Neupreis   Zustand    Wert
1 Anzug, grau              2019         400,-      neuw.    150,-
1 Mantel, braun            2020         350,-      neuw.    100,-
usw.
```

Jetzt kann der Verein ruhigen Gewissens die Höhe der Spende bescheinigen, indem er Ihre Aufstellung an die Spendenbescheinigung heftet.

Ausnahmsweise genügt anstelle einer Spendenbescheinigung der Zahlungsbeleg der Post oder einer Bank oder ein Lastschriftbeleg, 180

- wenn ein Spendenbetrag *bis zu 300 €* an eine Religionsgemeinschaft, einen Spitzenverband der freien Wohlfahrtspflege, z.B. Caritas, Deutsches Rotes Kreuz, Diakonisches Werk, für den deutschen Sport, etwa an den Deutschen Sportbund, geleistet wurde oder an übrige gemeinnützige Vereine mit aufgedruckter Verwendungsbestätigung;
- wenn ein Betrag – in beliebiger Höhe – auf ein Sonderkonto zur Linderung der Not in Katastrophenfällen eingezahlt wurde. Der Inhaber des

Sonderkontos muss eine staatliche Stelle oder ein Spitzenverband der freien Wohlfahrtspflege sein.

Aus dem Beleg müssen Ihr Name und Ihre Kontonummer sowie die des Empfängers, der Betrag und der Buchungstag hervorgehen. Quelle: § 50 EStDV

Spenden bis 300 € sind ohne Belege absetzbar

181 Wenn die Einzelbeträge der Spenden 25 € und der Gesamtbetrag 300 € nicht übersteigen, verlangt das Finanzamt meistens keine Belege. Damit aber nicht der Eindruck entsteht, Sie hätten gar nicht gespendet, verzichten Sie auf 10 € und tragen nur 290 € ein. Es genügt ein Hinweis in der Steuererklärung, wie sich der geltend gemachte Betrag zusammensetzt (z.B. »25 € Deutsches Rotes Kreuz, 20 € SOS-Kinderdorf, 25 € Caritas« usw.).

Besteht Ihr Sachbearbeiter auf Belegen, entgegnen Sie freundlich: »Leider habe ich die für letztes Jahr nicht mehr greifbar. In der nächsten Steuererklärung werde ich aber alle Belege vorlegen.« So können Sie sich für dieses Jahr noch einmal rauswinden.

182 **TIPP Kirchenkollekte mit Spendenquittung**

Die Spende in den Klingelbeutel fällt bei vielen Menschen eher spärlich aus, vielleicht weil sie im Stillen geschieht. Der Volksmund sagt hingegen: Großzügig sein, es aber auch zeigen. Letzteres gelingt besser, wenn Sie dem Pfarrer den Schein direkt in die Hand drücken, z. B. für die Renovierung der Kirche oder für seelsorgerische Aktivitäten. In diesem Fall kann die Spende sogar etwas großzügiger ausfallen, weil Ihnen der Fiskus einen Teil davon erstattet, wenn er eine entsprechende Spendenquittung des Pfarrers sieht.

183 **Besonderheiten rund um Vereine**

a) Vereinsmitglieder sind wachsam!

Jeder gemeinnützige Sportverein kann für erhaltene Spenden eine Quittung ausstellen. Allerdings müssen besondere Aufzeichnungspflichten eingehalten werden. Name und Anschrift des Spenders, Tag der Zahlung, Nachweis über die Verwendung der Spende und Kopie oder Durchschrift der Spendenquittung gehören in die Vereinsbuchführung. Trotz genauer Aufzeichnung droht dem Spender finanzielles Ungemach, wenn auf dem Spendenquittungsvordruck unter »Verwendung« geschrieben steht: Finanzierung des Sommerfests. Denn ein Sommerfest gehört zwar zum Vereinsleben wie der Schaum zum Bier, nicht aber zu den gemeinnützigen Zwecken des Vereins, die es mit der Spende zu fördern gilt.

Übrigens: Bei illegalen Spendenquittungen haftet der Vereinsvorstand in Höhe des vermeintlichen Steuerausfalls von 30 % der falsch bescheinigten Beträge.

Wie bereits gesagt, sind Mitgliedsbeiträge keine Spenden, wenn der Verein dafür eine Gegenleistung erbringt. Aber mal angenommen, Sie fahren ständig die Jugendmannschaften Ihres Vereins mit Ihrem Auto durch die Gegend. Zwar macht Ihnen das nichts aus, aber trotzdem wär's schön, wenn sich der Fiskus an Ihren Benzinkosten beteiligen würde. Dazu gibt es eine ganz legale Gestaltung der Verhältnisse. 184

Vereinbaren Sie mit dem Kassierer, dass Ihnen Ihre Fahrtkosten ersetzt werden. Den erhaltenen Betrag spenden Sie dann Ihrem Verein.
»Das mache ich noch anders: Am Jahresanfang spende ich 500 € gegen Quittung. Und am Jahresende rechne ich mit unserem Kassenwart alle Aufwendungen ab. So gibt es keinen zeitlichen Zusammenhang, aus dem irgendjemand uns etwas stricken könnte. Und unser Vorstand braucht nicht zu zittern, ob ich vielleicht nicht zurückspende!«, sagen Sie. Klar, geht auch.

b) Geld vom Fiskus für den Vereinsvorstand 185

Die Spende kann auch darin bestehen, dass z.B. Vorstandsmitglieder die ihnen für den Verein entstehenden Kosten als Spenden geltend machen, wenn sich der Anspruch auf Kostenerstattung aus der Satzung ergibt (ein Anspruch, der oftmals nur »pro forma« in die Satzung aufgenommen, eben um den Spendenabzug zu ermöglichen, denn es wird mehr oder weniger erwartet, dass »zum Wohle des Vereins« auf eine Kostenerstattung verzichtet wird). Entscheidend ist, dass das Vereinsmitglied im Auftrag des Vereins für dessen satzungsmäßige Zwecke tätig wird und dabei eigenes Vermögen aufwendet (BFH-Urt. v. 24.9.1985 – BStBl 1986 II S.726). Also holen Sie sich über den Spendenabzug einen Teil Ihrer Kosten vom Fiskus zurück.

Wichtig ist: Die Spendenbescheinigung muss ausführlich alle Aufwendungen enthalten, die Ihnen in Erfüllung der satzungsmäßigen Zwecke entstanden sind. Pauschale Beträge erkennt der Fiskus nicht an. So sind die Aufwendungen für das Arbeitszimmer und die Telefonkosten einzeln aufzulisten, alle Fahrten für den Verein einzeln abzurechnen (BFH-Urt. v. 29.11.1989 XR 5/89 – BFH/NV 215/91).

Dazu weiter: Benutzen Sie für Ihre ehrenamtliche Tätigkeit den eigenen Pkw, sind die Benzinkosten als Spende nach § 10b EStG abziehbar (BFH-Urt. v. 29.11.1989 – BStBl 1990 II S.570). Wenden Sie doch die »Vorher/

Nachher-Technik« an: Tanken Sie vor der Fahrt und nach der Rückkehr Ihren Pkw voll. Die Tankquittungen sind ein super Beleg für die Spendenquittung. Voraussetzung ist aber eine Spendenbescheinigung mit Angaben über Zeit, Ort, Entfernung, Zweck der Fahrt und Typ des Pkws (BFH-Urt. v. 28.11.1990 XR 61/89 – BFH/NV 303/1991).

186 **c) Füllen Sie mit Sponsorengeldern die Vereinskasse**

Sicher gibt es bei Ihnen am Ort jede Menge Handwerksbetriebe, andere kleine Firmen, Banken, Sparkassen etc. Machen Sie denen schmackhaft, dass sie Ihren Verein kräftig mit Geld, Kleidung, Maschinen, vielleicht sogar einem neuen Transporter oder einem Anbau an Ihr Vereinsheim unterstützen.

Wichtig: Die edlen Gönner treten nicht als Spender, sondern als Sponsoren auf. Das setzt nur voraus, dass sie und Ihr Verein deutlich darauf hinweisen, von wem Ihr Verein gefördert wird (auf Prospekten, in Anzeigen, bei der Durchsage im Stadion etc.). Dann können die Firmen ihre Zuwendung voll als Betriebsausgabe absetzen, und weder sie noch Ihr Verein brauchen sich mit den kleinkarierten Spendenformalitäten herumzuschlagen. Schaut der Finanzritter daraufhin ungläubig, verweist ihn die edle Firma schnöde auf das BMF-Schreiben vom 18.2.1998 (BStBl I S. 212), wo genau das haarklein bestätigt wird.

Der Arzt behandelt,
die Natur aber heilt.
(Lateinische Weisheit)

Das Ehrenamt und die Steuer

187 Die wahren Helden unserer Gesellschaft sind diejenigen, die sich in ihrer Freizeit in den Dienst einer guten Sache stellen. Sie helfen alten oder behinderten Mitbürgern, sind Mitglied der freiwilligen Feuerwehr oder engagieren sich im Sportverein und verbinden so das Nützliche mit dem Angenehmen.

Manchmal werden dafür Aufwandsentschädigungen, Sitzungsgelder und auch Ersatz des Verdienstausfalls gezahlt. Und schon stellen sich Fragen wie z. B.:

- Unterliegen diese Entschädigungen der Steuer?
- Wenn ja, was kann ich steuerlich absetzen, oder gibt es gar Freibeträge?
- Gibt es Steuervorteile für ein Ehrenamt, wenn man keine Einnahmen erhält?

Und, und, und.

Im Folgenden will ich Ihnen die steuerlichen Spielregeln im Zusammenhang mit Ehrenämtern aufzeigen.

Entschädigungen für ehrenamtliche Tätigkeiten unterliegen der Einkommensteuer 188

Dass eine Tätigkeit ehrenamtlich ausgeübt und nur eine Aufwandsentschädigung gezahlt wird, ist den Steuerbeamten herzlich egal. Auch Vergütungen für Ehrenämter unterwerfen sie der Einkommensteuer.

TIPP Sich mit Liebhaberei aus der Steuerfalle befreien 189

Die Einnahmen aus dem Ehrenamt bleiben von der Steuer verschont, wenn Sie sagen können: »Mit meiner Tätigkeit verfolge ich keine Einkunftserzielungsabsicht. Die Einnahmen decken nicht einmal meinen Aufwand wie z. B. Fahrt- und Verpflegungskosten, Telefonkosten, Bürobedarf oder auch notwendige Ausgaben für spezielle Kleidung (Trainingsanzug des Sportvereins, Uniform …).«

Damit fällt dann keine Steuer auf die Einnahmen an, die Tätigkeit wird dem steuerlich irrelevanten Bereich, der sog. Liebhaberei, zugerechnet.

Wer so argumentieren will, sollte dem Finanzamt zumindest im ersten Jahr die Einnahmen und Ausgaben präsentieren.

Aufwandsentschädigung als Schriftführer des Heimatvereins			600 €
Portokosten lt. Beleg	90 €		
Fahrtkosten lt. Aufstellung (0,30 € je gefahrenen Kilometer)	288 €		
Büromaterial lt. Aufstellung und Beleg	240 €		
Telefonkosten pauschal	120 €		
Summe	738 €	>	– 738 €
Fehlbetrag			– 138 €

Mit gesondertem Schreiben zur Steuererklärung weisen Sie das Finanzamt auf Ihr ehrenamtliches Wirken hin und verzichten großzügig auf die steuerliche Berücksichtigung des Fehlbetrags. So können Sie sich in Folgejahren das lästige Sammeln der Belege ersparen und die Pauschale ohne schlechtes Gewissen und vor allem ohne Steuerlast kassieren.

»Die Quittungen kann ich ja später zu meinen übrigen Werbungskostenbelegen nehmen und dort steuerlich absetzen«, schalten Sie sofort.

Das wäre wohl nicht ganz korrekt, Sie müssen da schon trennen …

»Verflixt, ich komme nicht auf einen Verlust, sosehr ich mich auch bemühe. Es bleiben noch gut 150 € übrig«, ärgern Sie sich.

Kein Problem, da hilft die …

190 **256-€-Vereinfachungsregelung**

Lassen sich die Einnahmen aus dem Ehrenamt trotz viel Phantasie und guten Willens nicht auf null oder einen Minusbetrag drücken, hilft vielleicht die Vereinfachungsregel.
Danach führt Aufwendungsersatz an ehrenamtlich Tätige, der über die abziehbaren Beträge hinaus geleistet wird, nicht zu steuerpflichtigen Einkünften, wenn er im Kalenderjahr unter dem Betrag von 256 € bleibt.
Hierbei handelt es sich um eine Freigrenze, d.h.: Wird im Kalenderjahr Aufwendungsersatz über die abziehbaren Beträge hinaus von mindestens 256 € gewährt, ist der gesamte Betrag steuerpflichtig.

Beispiel

Der ehrenamtliche Feld- und Forsthüter erhält von der Stadt eine Aufwandsentschädigung von 1.080 € im Jahr. Seine jährlichen Aufwendungen für Arbeitskleidung, Fahrtkosten usw. betragen 840 €.
Die Einnahmen sind um lediglich 240 € (1.080 € – 840 €) höher als die Kosten. Da die Freigrenze von 256 € nicht überschritten wird, liegt keine einkommensteuerlich relevante Tätigkeit vor.

Gut zu wissen

Alle Aufwendungen, die mit dem Ehrenamt nur irgendwie in Zusammenhang stehen, können den Einnahmen gegengerechnet werden. Dabei gelten die gleichen Spielregeln wie beim Werbungskostenabzug (vgl. daher ➤ Rz 680ff.).

191 **Steuerliche Freibeträge für ehrenamtlich Tätige**

Um das ehrenamtliche Wirken zu fördern, hat der Gesetzgeber für bestimmte nebenberufliche Tätigkeiten zwei wichtige Steuerbefreiungen geschaffen, und zwar

- die **Übungsleiterpauschale** (Steuerbefreiung nach § 3 Nr. 26 EStG) bis zur Höhe von insgesamt **3.000 €** im Jahr und
- die **Ehrenamtspauschale** (Steuerbefreiung nach § 3 Nr. 26a EStG) für Einnahmen bis zur Höhe von insgesamt **840 €** im Jahr.

1. Übungsleiterpauschale

Unter die Steuerbefreiung des § 3 Nr. 26 EStG fallen Einnahmen

- aus nebenberuflichen Tätigkeiten (der zeitliche Umfang darf nicht mehr als ein Drittel einer vollen Erwerbstätigkeit ausmachen)
- als Übungsleiter, Ausbilder, Erzieher, Betreuer oder aus vergleichbarer nebenberuflicher Tätigkeit, aus nebenberuflicher künstlerischer Tätigkeit oder der nebenberuflichen Pflege alter, kranker oder behinderter Menschen

- im Dienst oder im Auftrag einer inländischen juristischen Person des öffentlichen Rechts (z.B. Bund, Länder, Kommunen, bestimmte Religionsgemeinschaften) oder einer gemeinnützigen Körperschaft (z.B. Sportvereine, Umweltschutzorganisationen, DRK)
- zur Förderung gemeinnütziger, mildtätiger oder kirchlicher Zwecke.

Nicht unter die Steuerbefreiung fallen somit z.B. nebenberufliche Tätigkeiten in der Privatwirtschaft, für Gewerkschaften oder politische Parteien, da es hierbei an einem »begünstigten Auftraggeber« fehlt.
Zu den **begünstigten Tätigkeiten** gehören z.B.

- die Tätigkeit eines Sporttrainers oder Mannschaftsbetreuers,
- eines Chorleiters oder Orchesterdirigenten,
- die Lehr- und Vortragstätigkeit im Rahmen der allgemeinen Bildung und Ausbildung,
- Hilfsdienste durch ambulante Pflegedienste,
- Sofortmaßnahmen bei Schwerkranken und Verunglückten, z.B. durch Rettungssanitäter und Ersthelfer,
- Behindertentransporte,

nicht dagegen

- eine Tätigkeit als Vorstandsmitglied, als Vereinskassierer oder als Gerätewart bei einem Sportverein,
- Tätigkeiten, die in erster Linie die »Rechtsfürsorge« betreffen, wie z.B. die ehrenamtlichen Tätigkeiten der rechtlichen Betreuer nach § 1835a BGB sowie der sog. Versichertenältesten,
- hauswirtschaftliche Tätigkeiten in Krankenhäusern, Altenheimen usw.,
- »reine« Bereitschaftsdienste von Sanitätshelfern bei Großveranstaltungen usw.

Feuerwehrleute aufgepasst!
Die Übungsleiterpauschale (§ 3 Nr. 26 EStG) wird neben der Steuerbe- 192
freiung für eine Aufwandsentschädigung aus öffentlichen Kassen gewährt (§ 3 Nr. 12 Satz 2 EStG); von Bedeutung ist dies z.B. für die Funktionsträger in den freiwilligen Feuerwehren, die zumindest teilweise eine »ausbilderische Tätigkeit« im Sinne des § 3 Nr. 26 EStG ausüben.

Beispiel
Die Aufwandsentschädigung eines Kreisausbildungsleiters in der freiwilligen Feuerwehr beträgt jährlich 6.000 €. Davon entfallen 50 % auf eine Ausbildungstätigkeit im Sinne des § 3 Nr. 26 EStG.
In diesem Fall kommen sowohl die Steuerbefreiung für Aufwandsentschädigungen aus öffentlichen Kassen als auch die Übungsleiterpau-

schale zum Tragen. Damit bleiben die gesamten 6.000 € pauschal steuerfrei.

Mehr zu Steuervergünstigungen bei Mitgliedern der freiwilligen Feuerwehr unter ➤ Rz 197.

193 **2. Ehrenamtspauschale**

Einnahmen aus nebenberuflichen Tätigkeiten im gemeinnützigen, mildtätigen oder kirchlichen Bereich sind bis zur Höhe von 840 € im Jahr steuerfrei.

Mit dem Freibetrag soll der Aufwand, der den nebenberuflich Tätigen durch ihre Beschäftigung entsteht, pauschal abgegolten werden.

Unter die Steuerbefreiung fallen z. B.

- die nebenberufliche Tätigkeit von Vereinsvorsitzenden, Kassenwarten, Platzwarten, Zeugwarten usw. in gemeinnützigen Vereinen,
- die nebenberufliche Ausbildung von Rennpferden oder Diensthunden oder
- die ehrenamtliche Tätigkeit von sog. rechtlichen Betreuern nach § 1835a BGB.

Nicht dagegen z. B.

- die nebenberufliche Tätigkeit der sog. Versichertenältesten, da diese keine gemeinnützige Tätigkeit ausüben,
- die Sportler eines Vereins, da diese den gemeinnützigen Zweck des Vereins weder unmittelbar noch mittelbar fördern.

Beispiel

Ein ehrenamtlicher rechtlicher Betreuer nach § 1835a BGB erhält vom Amtsgericht für zwei Betreuungen pauschale Aufwandsentschädigungen von je 450 € im Jahr (Gesamteinnahmen somit 900 € im Jahr).

Die Steuerberechnung ist wie folgt vorzunehmen:

Gesamteinnahmen	900 €
./. Steuerfreibetrag nach § 3 Nr. 26a EStG	– 840 €
Verbleiben	60 €

Der nach Abzug der Ehrenamtspauschale verbleibende Betrag von 60 € liegt unterhalb der Freigrenze für die Besteuerung von Einkünften aus sonstigen Leistungen im Sinne des § 22 Nr. 3 EStG von 256 €, so dass keine Steuer auf die Einnahmen anfällt (➤ Rz 190).
Machen Sie dem Finanzamt eine solche Rechnung auf einer gesonderten Anlage auf, denn Sie wissen ja: »Meldung befreit.«

Man kann nicht auf zwei Hochzeiten zugleich tanzen 194

Im Unterschied zur Übungsleiterpauschale kommt die Ehrenamtspauschale nur dann zum Tragen, wenn für die Einnahmen – ganz oder teilweise – keine weitere Steuerbefreiung greift (z. B. für Aufwandsentschädigungen aus öffentlichen Kassen nach § 3 Nr. 12 EStG oder die Übungsleiterpauschale).

Beispiel

Ein nebenberuflich ehrenamtlich tätiger Naturschutzbeauftragter erhält nach der Satzung eine Aufwandsentschädigung von 3.624 € im Jahr, von der nach § 3 Nr. 12 EStG (= Aufwandsentschädigungen aus öffentlichen Kassen) pauschal 3.000 € steuerfrei bleiben.

Obwohl er eine gemeinnützige Tätigkeit für eine juristische Person des öffentlichen Rechts ausübt, kommt die Ehrenamtspauschale hier nicht zum Zuge, da sie nicht zusätzlich beansprucht werden kann. Es bleibt also beim Freibetrag von 3.000 €. Der Rest von 624 € muss versteuert werden (einzutragen in Anlage N, > Zeile 27).

840 € Freibetrag, mehr geht nicht, oder? 195

Die Ehrenamtspauschale wird nur einmal gewährt, selbst wenn mehrere begünstigte Tätigkeiten ausgeübt werden.

Beispiel

Sie sind im Fußballverein im Vorstand und im Tanzclub als Kassenwart tätig und erhalten dafür pauschale Aufwandsentschädigungen. Trotzdem erhalten Sie nur einmal die Ehrenamtspauschale von max. 840 €. Es spielt also keine Rolle, dass es sich um unterschiedliche Tätigkeiten handelt, die zudem in zwei verschiedenen Vereinen ausgeübt werden.

Da wäre es steuerlich geschickter, im Fußballverein unter »Übungsleiter« oder »Trainer« zu laufen …

3.840 € steuerfrei durch Ämtertrennung

Wer als engagierter Vorstand eine Entschädigung von 3.840 € jährlich bekommt, muss nach Abzug der Ehrenamtspauschale von 840 € noch 3.000 € versteuern (> Zeile 27 der Anlage N).

Sind Sie aber außerdem als Übungsleiter tätig, können sie zusätzlich die Übungsleiterpauschale von 3.000 € geltend machen, sprich beide Steuerbefreiungen abräumen.

Wichtig zu wissen:
Vergütungen an Vereinsvorstände müssen in der Satzung geregelt sein!

Die Vergütungen an den Vorstand müssen unbedingt in der Vereinssatzung geregelt sein, ansonsten droht die Aberkennung der Gemeinnützigkeit durch das Finanzamt.

Nach § 27 Abs. 3 BGB sind die Vorstandsmitglieder von Vereinen vom Grunde her unentgeltlich tätig. Sie können allerdings die tatsächlich entstandenen Aufwendungen ersetzt bekommen. Fährt der Vereinsvorstand z. B. die Jugendmannschaft zum Auswärtsspiel, kann ihm der Verein die Fahrtkosten erstatten. Erhalten Vorstandsmitglieder aber Vergütungen für ihre (Vorstands-)Tätigkeit, muss die Zahlung derartiger Vergütungen ausdrücklich in der Satzung der Vereins geregelt werden. Falls noch nicht geschehen, sollte Ihr Verein also in einer der nächsten Mitgliederversammlungen regeln, dass und in welcher Höhe den Vorstandsmitgliedern eine Aufwandsentschädigung gezahlt wird.

Die Bezahlung der Vergütungen sollte dabei natürlich nicht an die Verpflichtung geknüpft werden, sie als Spende zurückfließen zu lassen. Denn dann wäre die Spende nicht mehr freiwillig und könnte nicht von der Steuer abgesetzt werden.

196 Steuerbefreiung von Aufwandsentschädigungen aus öffentlichen Kassen

Unter diese Vorschrift fallen in der Praxis besonders die aus kommunalen Kassen gezahlten Aufwandsentschädigungen an Mitglieder kommunaler Volksvertretungen und der freiwilligen Feuerwehren sowie an sonstige ehrenamtlich Tätige (z.B. Landschaftswarte, Büchereileiter, Frauenbeauftragte). Entsprechendes gilt für die von den öffentlich-rechtlichen Religionsgemeinschaften gezahlten Aufwandsentschädigungen an ehrenamtlich Tätige (Lektoren und Prädikanten).

Nicht unter diese Steuerbefreiung fallen z.B. Tätigkeiten für Wohlfahrtsorganisationen (z.B. DRK, Caritas, AWO), die zwar gemeinnützig sind, aber privatrechtlich organisiert (es sind keine »öffentlichen Kassen«).

Steuerfrei sind bei allen ehrenamtlichen Tätigkeiten im kommunalen Bereich im Regelfall **mindestens 250 € monatlich bzw. 3.000 € im Jahr**.

Mitglieder freiwilliger Feuerwehren

197 Auch für sie gilt grundsätzlich die o.g. Steuerbefreiung (§ 3 Nr. 12 Satz 2 EStG), wonach mindestens 250 € monatlich steuerfrei bleiben.

Wird der Verdienstausfall für besondere Einsätze usw. gesondert erstattet, ist er grundsätzlich steuerpflichtig. Möglicherweise kommt aber die Übungsleiter- bzw. Ehrenamtspauschale in Betracht, wie folgendes Beispiel zeigt.

Beispiel
Als Stadtbrandmeister erhalten Sie **Aufwandsentschädigungen aus öffentlichen Kassen** von 170 € bzw. 2.040 € (Monat/Jahr) sowie für besondere Einsätze Ersatz des **Verdienstausfalls** in Höhe von 300 €. Da die Aufwandsentschädigungen weniger als 3.000 € im Jahr ausmachen, bleiben sie in voller Höhe steuerfrei.
Für den Ersatz des Verdienstausfalls kann die Übungsleiterpauschale von max. 3.000 € beansprucht werden (§ 3 Nr. 26 EStG). Nach dem beispielsweise für Niedersachsen geltenden »pauschalen Aufteilungsschlüssel« übt der Stadtbrandmeister (zumindest) zu 60 % eine begünstigte Tätigkeit im Sinne des § 3 Nr. 26 EStG aus, so dass in diesem Umfang (60 % von 300 € = 180 €) auch der Ersatz des Verdienstausfalls steuerfrei bleibt.

Zeile 13 – 14 Berufsausbildungskosten

Auch unsere Politiker haben begriffen: Das meiste Kapital liegt in den 198
Köpfen der Menschen. Und das gilt es zu mobilisieren. Deshalb sind die Kosten für die eigene Berufsausbildung bis zur Höhe von 6.000 € als Sonderausgaben abzugsfähig. Bei Verheirateten steht ggf. jedem Ehegatten der Höchstbetrag zu.
Begünstigt sind die Aufwendungen für Ihre **eigene erstmalige Berufsausbildung** oder ein **Erststudium**.

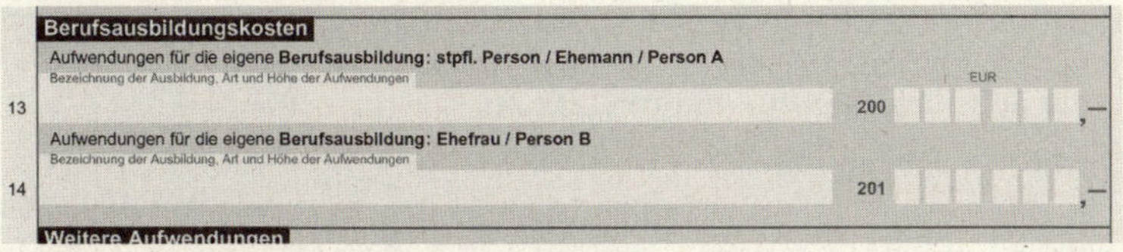
Berufsausbildungskosten
Aufwendungen für die eigene **Berufsausbildung: stpfl. Person / Ehemann / Person A**
Bezeichnung der Ausbildung, Art und Höhe der Aufwendungen — EUR
13 — 200 — ,–
Aufwendungen für die eigene **Berufsausbildung: Ehefrau / Person B**
Bezeichnung der Ausbildung, Art und Höhe der Aufwendungen
14 — 201 — ,–
Weitere Aufwendungen

Zu den Ausbildungskosten gehören nicht nur Lehrgangs- und Studiengebühren sowie die Aufwendungen für Fachbücher und anderes Lernmaterial, sondern auch Unterkunftskosten und Verpflegungsmehraufwendungen bei einer auswärtigen Unterbringung. Für die Wege zwischen Wohnung und Ausbildungsstätte erhalten Sie eine Entfernungspauschale von 0,30 € für jeden der ersten 20 vollen Entfernungskilometer und 0,35 € für jeden weiteren.

Unabhängig davon erhalten Eltern für die von ihnen getragenen Ausbildungskosten ihrer Kinder die bisher übliche Förderung durch Kinderfreibetrag/-geld und Ausbildungsfreibetrag, soweit die Voraussetzungen dafür vorliegen (➤ Rz 413 ff.).

199 Der Fiskus unterscheidet höchst penibel zwischen **Berufsausbildung** und **Berufsfortbildung** (➤ Rz 777 ff.). Kosten für die Berufsausbildung sind bis zur Höhe von max. 6.000 € als Sonderausgaben abziehbar, Aufwendungen für die Berufsfortbildung indessen in voller Höhe als Werbungskosten. Letztere wirken sich – sofern keine anderen Werbungskosten anfallen – somit nur aus, soweit sie den Arbeitnehmerpauschbetrag von 1.000 € übersteigen (➤ Rz 680 ff.).

Nun hat der Fiskus aber das Problem, Berufsausbildung und Berufsfortbildung exakt voneinander abzugrenzen. Dies machen Sie sich zunutze und setzen frechweg die Kosten dort an, wo es für Sie am günstigsten ist. Wenn der Fiskalritter zunächst nicht mitzieht, können Sie immer noch unter den Tipps ➤ Rz 777 ff. eine plausible Begründung finden und nachreichen.

200 **Höhe der abziehbaren Kosten**

Bei den Ausbildungskosten gelten die entsprechenden Regelungen für Werbungskosten sinngemäß, so z. B.

- Fahrtkosten zur Ausbildungsstätte (Wege zwischen Wohnung und erster Tätigkeitsstätte) ➤ Rz 686 ff.,
- Fahrtkosten zur Berufsschule (wie Dienstreisen) ➤ Rz 782 ff.,
- Verpflegungsmehraufwendungen ➤ Rz 846 ff.,
- häusliches Arbeitszimmer ➤ Rz 744 ff.,
- Kosten für den Besuch einer Arbeitsgemeinschaft ➤ Rz 779,
- doppelte Haushaltsführung ➤ Rz 862 ff.

Darüber hinaus setzen Sie ab:

- Lehrgangs-, Schul- oder Studiengebühren,
- Arbeitsmittel (Computer, Schreibtisch, Regale …),
- Fachliteratur,
- Mehraufwendungen wegen auswärtiger Unterbringung usw.

201 **Kosten für einen geplanten Wiedereinstieg in den Beruf**

Die Gebühren für Lehrgänge zur Weiterbildung in moderner Bürotechnik, in Datenverarbeitung usw. und die Aufwendungen für Fachbücher, Schreibmaterial, Fahrten und Verpflegung gehören in > Zeile 13.

Beachten Sie:
Der Sonderausgabenabzug ist Ihnen nur dann sicher, wenn Sie Ihren Fiskalritter davon überzeugen können, dass Sie mit dem Erlernten tatsächlich einen Beruf ausüben und Geld verdienen möchten. Scheuen Sie sich also nicht, Ihre Zukunftspläne ausführlich zu schildern, denn Sie wissen ja: »Bescheidenheit ist eine Zier, doch weiter kommt man ohne ihr.«

> Gelingt es Ihnen, einen Zusammenhang zwischen Ihrer Fortbildung und 202
> Ihrem jetzigen oder auch künftigen Job herzustellen, machen Sie Ihre Aufwendungen besser als **(vorweggenommene) Werbungskosten** geltend. Mehr dazu unter ➤ Rz 685.

♦ *Musterfall Backs (Erststudium)* 203

Weil sich Frau Backs zu Hause gelangweilt hat, seit die beiden älteren Kinder aus dem Gröbsten heraus sind, hat sie sich an der Uni eingeschrieben und studiert Geografie. Damit auch steuerlich etwas dabei herauskommt, bringt Herr Backs bei den Sonderausgaben folgende Kosten als »Aufwendungen für die eigene Berufsausbildung« in > Zeile 14 unter:

• *Studiengebühren (Sozialbeitrag) 2 × 450 €*	*900 €*
• *Fachliteratur, Büromaterial, Skripten ca.*	*100 €*
• *Fahrten zu Vorlesungen, Seminaren, Klausuren und Arbeitsgemeinschaften 2.400 km × 0,30 €*	*720 €*
• *Abschreibung Computer*	*500 €*
Studienkosten insgesamt	*2.220 €*

Berufsausbildungskosten

13	Aufwendungen für die eigene **Berufsausbildung: stpfl. Person / Ehemann / Person A** Bezeichnung der Ausbildung, Art und Höhe der Aufwendungen	200	EUR ,–
14	Aufwendungen für die eigene **Berufsausbildung: Ehefrau / Person B** Bezeichnung der Ausbildung, Art und Höhe der Aufwendungen Studium Geografie, Kosten lt. Aufstellung	201	2 2 2 0,–

TIPP Setzen Sie die Kosten des häuslichen Arbeitszimmers als Ausbildungskosten ab! 204

Aufwendungen für ein häusliches Arbeitszimmer kann kaum jemand steuerlich geltend machen. Voraussetzung für den Steuerabzug ist nämlich, dass das Arbeitszimmer den **Mittelpunkt der gesamten betrieblichen und beruflichen Tätigkeit** bildet oder aber **zumindest für einen Teil der beruflichen Tätigkeit kein anderer Arbeitsplatz zur Verfügung steht**. Arbeitnehmer erfüllen diese Voraussetzungen nur selten.

Wer sich allerdings in Berufsausbildung befindet, ohne nebenher betrieblich/beruflich tätig zu sein, der hat gute Karten, die Kosten des häuslichen Arbeitszimmers im Sonderausgabenabzug unterzubringen.
Mehr zum häuslichen Arbeitszimmer unter ➤ Rz 744 ff.

205 **Kinderermäßigung nicht vergessen!**
Ist es bei Ihnen ähnlich wie bei Familie Backs, Ihre Frau aber unter 25 (siehe hierzu ➤ Rz 440)? Dann können Ihre Schwiegereltern sogar eine Kinderermäßigung für ihre studierende Tochter geltend machen (➤ Rz 413 ff.).

206 **So knacken Sie die 6.000-€-Grenze**
Sie werden auf keinen Fall eine Gelegenheit auslassen, Ihre Steuerlast zu senken! Mit Ihren Kosten für Fachbücher, Fotokopien, Schreibblocks, Stifte etc. können Sie natürlich keinen Blumentopf gewinnen. Bei 6.000 € Höchstbetrag lohnen sich vor allem dicke Brocken, als da wären

207 **Fahrtkosten** zur Ausbildungsstelle, Uni etc.
Hier wird der Fiskus kleinlich. Obwohl die Uni ja eigentlich keine Arbeitsstätte im klassischen Sinn ist, gesteht Ihnen der Fiskus nur die Entfernungspauschale von 0,30 € für jeden der ersten 20 Entfernungskilometer und 0,35 € für jeden weiteren. Höhere tatsächliche Kosten anstelle der Pauschale können für die Benutzung von Bus und Bahn nicht angesetzt werden.
Im Gegenzug kontern Sie jedoch damit, dass Sie nicht nur die Fahrten während des Semesters absetzen. Denken Sie doch mal daran, dass Sie während der Semesterferien fast jeden Tag in die Unibibliothek zum Büffeln fahren. Und schon packen Sie dem Finanzamt bei einer Entfernung zur Uni von z. B. 10 km folgende Kosten auf die Rechnung:

240 Tage (Fahrten zur Uni, Bibliothek, zu Seminaren etc.)
× 10 km × 0,30 € = 720 €

208 Natürlich haben Sie sich einen **Computer** zugelegt, ohne geht es heute ja schließlich nicht. Um die Digitalisierung in Deutschland voranzutreiben, können seit 1.1.2021 die Anschaffungskosten für Computer und Software bis zu einer Höhe von 1.500 € vollständig im Jahr der Bezahlung abgezogen werden.
Sofortabschreibung Computer = 1.500 €

209 Selbstverständlich benötigen Sie einen Raum, in dem Sie ungestört arbeiten können, ein richtiges **Arbeitszimmer.** Ein häusliches Arbeitszimmer

wird jedoch in der Regel nur Berufstätigen zuerkannt, deren gesamte Berufstätigkeit sich darin abspielt (vgl. dazu ➤ Rz 204).

Homeoffice-Pauschale bei den Ausbildungskosten geltend machen!
Für Kalendertage, an denen Sie ausschließlich in der häuslichen Wohnung gepaukt haben, können Sie einen Betrag von 5 € als Sonderausgaben abziehen (Homeoffice-Pauschale). Der Abzug ist auf max. 600 € im Jahr beschränkt. Ein häusliches Arbeitszimmer ist für die Berücksichtigung dieser Pauschale nicht erforderlich. Liegen bei Ihnen die Voraussetzungen für die Anerkennung eines häuslichen Arbeitszimmers vor, können Sie die Homeoffice-Pauschale anstelle eines Abzugs der tatsächlichen Aufwendungen wählen. Für Tage, an denen Sie auch zur Ausbildungsstätte gefahren oder auswärts tätig gewesen sind, können Sie jedoch nur die Fahrtkosten geltend machen.
Homeoffice-Pauschale 20 Tage × 5 € = 600 €
Außerdem können Sie Büromöbel etc. als Ausbildungskosten absetzen, in Einzelfällen nur die Abschreibung. Wie dabei gerechnet wird, dazu mehr unter ➤ Rz 727 ff.

Natürlich nutzen Sie Ihren **Internetanschluss** und Ihr **Telefon** auch für die 210
Uni oder Ihre sonstige Ausbildung, also werden Sie erst einmal z.B. 80 % Ihrer Kosten in der Aufstellung unterbringen.
Telefon- und Internetkosten 480 €, davon für Ausbildung 80 % = 384 €

Aufgepasst:
Unter 20 % der Kosten und max. 240 € lassen Sie sich auf keinen Fall herunterhandeln. Berufen Sie sich auf die analoge Anwendung der Vereinfachungsregelung bei Werbungskosten in R 9.1 Abs. 5 LStR.

Dann wären da noch die **Lerngemeinschaften** und die **Meetings zur Klau-** 211
survorbereitung mit Kollegen und/oder Kommilitonen:
25 Treffen à gefahrene 20 km × 0,30 € = 150 €

Wenn Sie für unter der Woche am Ausbildungsort ein Zimmer gemietet 212
haben, weil der tägliche Weg in Ihre Wohnung zu weit ist, können Sie die Kosten für **doppelte Haushaltsführung**, vor allem die Miete für das Zimmer und pauschal eine Familienheimfahrt pro Woche, absetzen. Haben Sie bislang keine eigene Wohnung gehabt, bleibt Ihnen zumindest die Entfernungspauschale für die Heimfahrten am Wochenende.

Beachten Sie:
Bei Familienheimfahrten wird die Entfernungspauschale wie für Wege Wohnung–Arbeitsstätte (➤ Rz 686) berücksichtigt.
40 Heimfahrten × 150 km (= 0,30 € × 20 km + 0,35 € × 130 km) = 2.060 €

213 Vergessen Sie nicht die ganzen **Gebühren,** den **gebraucht gekauften Taschenrechner** und, und, und …

214 Zeile 15 - 37 Renten und dauernde Lasten

Zum Begriff »dauernde Lasten« fällt Ihnen sicher so manches ein. Die alljährliche Erstellung der Steuererklärung beispielsweise gehört für die meisten wahrscheinlich dazu. Gemeint ist hier aber Folgendes:

215 Im Zusammenhang mit der Übertragung von Vermögen – meist von Eltern auf die Kinder – wird oftmals die Zahlung wiederkehrender Leistungen vereinbart. Diese wiederkehrenden Leistungen sind bei den Kindern als Sonderausgaben abziehbar. Im Gegenzug müssen die Eltern die Einnahmen versteuern. Dieses Modell ist dann sinnvoll, wenn die Kinder ein hohes Einkommen versteuern und die Eltern kaum Steuern zahlen.

216 **Solche Versorgungsleistungen können nur dann als Sonderausgabe abgezogen werden, wenn Betriebsvermögen übertragen wurde,** insbesondere ein

- Mitunternehmeranteil an einer Personengesellschaft,
- ein Betrieb oder Teilbetrieb,
- ein GmbH-Anteil von mindestens 50 %.

Die Versorgungsleistungen sind in diesen Fällen in voller Höhe abziehbar.

217 **Gut zu wissen: Altfälle weiterhin begünstigt!**
Wem bis Ende 2007 ein Mietwohnhaus oder eine selbstgenutzte Immobilie gegen Versorgungsleistungen übertragen wurde, der kann weiterhin seine Rentenzahlungen oder dauernden Lasten in > Zeile 15 bzw. 31 der Anlage Sonderausgaben unterbringen.

218 **Renten** sind wiederkehrende Leistungen, die nicht abänderbar sind. **Dauernde Lasten** sind abänderbar, was im Vertrag durch den schlichten Hinweis auf § 323 ZPO dokumentiert wird. Nach § 323 ZPO ist es möglich, vom Vertrag abzuweichen und die vereinbarten wiederkehrenden Leistungen zu verändern, wenn sich die finanziellen Verhältnisse des Verpflichteten oder des Berechtigten gegenüber den Verhältnissen bei Vertragsabschluss geändert haben. So einfach ist das.
Nun zum Kern der Sache. Die Unterschiede in den steuerlichen Auswirkungen sind gewaltig: Renten kann der Verpflichtete nur mit ihrem sog. Ertragsanteil (➤ Rz 966) als Sonderausgaben abziehen, dauernde Lasten hingegen in voller Höhe. Im Gegenzug muss der Berechtigte Renten nur

mit dem Ertragsanteil versteuern, dauernde Lasten indessen in voller Höhe (§ 10 Abs. 1 Nr. 1a EStG, Anlage SO).

Pflegekosten als dauernde Last 219

Wenn Grundbesitz im Alter zur Last und deshalb vorzeitig übertragen wird, verpflichten sich Kinder als Erben oftmals, ihre Eltern zu pflegen. Die Aufwendungen dafür sind als dauernde Last und damit in vollem Umfang absetzbar (BFH-Urt. v. 24.4.1991 – BStBl 1991 II S. 794).

Werden die Eltern verpflegt, können dafür die amtlichen Sachbezugswerte als dauernde Last angesetzt werden (2021: 263 € pro Person und Monat). Die Übernahme sonstiger Aufwendungen wie z.B. für Heizung und Strom sind zusätzlich absetzbar (BFH-Urt. v. 27.8.1996 – BStBl. 1997 II S. 47). Zu Sachbezügen mehr unter ➤ Rz 626 ff.

Wenn vereinbart wurde, dass die Renovierungskosten für das übertragene Eigenheim zu übernehmen sind, können auch diese als dauernde Lasten angesetzt werden!

Was passiert bei Verkauf oder Weitergabe des übertragenen Vermögens?

Vor Jahren haben Sie ein Mietwohngrundstück oder Wertpapiervermögen gegen Versorgungsleistungen erhalten und wollen dieses Vermögen nun weitergeben oder verkaufen. In diesem Fall stellt sich die Frage, ob die nach wie vor von Ihnen zu leistenden Versorgungszahlungen weiterhin als Sonderausgabe abzugsfähig sind. 220

»Grundsätzlich« soll der Sonderausgabenabzug mit einer Umschichtung des Vermögens (Weitergabe oder Verkauf) entfallen, so die Finanzbürokraten (Schreiben des BMF v. 16.9.2004, BStBl 2004 I S. 922). Allerdings ahnen Sie schon: keine Regel ohne Ausnahme.

Der Sonderausgabenabzug bleibt nämlich dann erhalten, wenn

- das übernommene Vermögen im Wege der vorweggenommenen Erbfolge von Ihnen weiterübertragen wird,
- nur Teile des übernommenen Vermögens auf Dritte übertragen werden und die Versorgungsleistungen nach wie vor aus den Erträgen des verbleibenden Vermögens aufgebracht werden können oder
- die Versorgungsleistungen aus dem Verkaufserlös weiterhin gedeckt werden können (z.B. durch entsprechende Anlage des Geldes oder Investition in ein Mietwohngrundstück).

Gut zu wissen:

Dass nach einer Umschichtung die Versorgungsleistungen weiterhin aufgebracht werden können, davon kann ausgegangen werden, wenn die durchschnittlichen Erträge im Jahr der Umschichtung und den beiden Folgejahren dafür ausreichen.

221 ♦ *Musterfall Huckenbeck (Dauernde Lasten als Sonderausgaben)*
Vater Huckenbeck hat seinem Sohn Hans im Jahr 2006 im Rahmen der vorweggenommenen Erbfolge ein Mietwohngrundstück gegen lebenslang zu erbringende wiederkehrende Leistungen in Höhe von monatlich 1.000 € übertragen. Er selbst hatte das Haus 1995 gekauft. Sohn Hans kann die 12.000 € jährlich durch die Mieteinnahmen decken. Im Oktober 2020 veräußert Hans dieses Mietwohngrundstück für 400.000 €. Den Veräußerungserlös verwendet er im November 2021 vollständig zur Anschaffung eines Grundstücks mit neuerrichtetem Vierfamilienhaus. Die durchschnittlichen jährlichen Nettoerträge aus der Vermietung des Hauses belaufen sich auf 24.000 €. Die wiederkehrenden Leistungen von monatlich 1.000 € sind auch nach der Veräußerung des Mietwohngrundstücks bei Hans als Sonderausgaben abziehbar, da er mit dem Verkaufserlös zeitnah eine existenzsichernde und ausreichend ertragbringende Wirtschaftseinheit, auf gut Deutsch das Vierfamilienhaus erworben hat.

Steuererklärung Sohn Hans Huckenbeck – Sonderausgaben

Gezahlte Versorgungsleistungen aus Dauernden Lasten lt. Vertrag
Angaben zur ersten empfangsberechtigten Person

	Rechtsgrund, Datum des Vertrags		tatsächlich gezahlt EUR
31	GrSt Übertragung, Vertrag vom 22/12 2006	100	12000,–
	Name der empfangsberechtigten Person		
32			
33	144 IdNr. der empfangsberechtigten Person		

Angaben zur zweiten empfangsberechtigten Person

	Rechtsgrund, Datum des Vertrags		
34		145	,–

Vater Huckenbeck muss die wiederkehrenden Leistungen weiterhin als sonstige Einkünfte versteuern (Anlage SO, > Zeile 4).

Steuererklärung Vater Heinz Huckenbeck – Sonstige Einkünfte

1	Name / Gemeinschaft: HUCKENBECK	**Anlage SO**
2	Vorname: HEINZ	X zur Einkommensteuererklärung
3	**Steuernummer** — Diese Anlage ist bei Zusammenveranlagung von Ehegatten / Lebenspartnern gemeinsam auszufüllen.	zur Feststellungserklärung

Sonstige Einkünfte **(ohne Renten und ohne Leistungen aus Altersvorsorgeverträgen)** 55

Wiederkehrende Bezüge

			stpfl. Person / Ehemann / Person A / Gemeinschaft EUR		Ehefrau / Person B EUR
4	Einnahmen aus: Versorgungslstg. Grst. Übertragung	158	12000,–	159	,–

TIPP Alles rückwärts, marsch, marsch! 222

Geht es in letzter Zeit mit Ihren Einkünften rapide bergab? Dann wirken sich die Versorgungsleistungen bei Ihnen nicht mehr steuermindernd aus, während Ihre Eltern sie aber weiterhin versteuern müssen.
Was tun? Anstatt die Motten zu kriegen und alles einfach weiterlaufen zu lassen, machen Sie einen rasanten Schlenker, indem Sie das von Ihren Eltern erhaltene existenzsichernde Vermögen verkaufen und den Erlös anderweitig anlegen. Sie schichten also nur um, Ihre Vermögenslage ändert sich dadurch nicht.

Eine derartige Umschichtung hat der Bundesfinanzhof in seinen Urteilen vom 17.6.1998 (X R 104/94 und X R 129/96) und der Bundesfinanzminister in seinem Schreiben vom 26.8.2002 (BStBl I 2002 S. 893, Tz 20 und 21) als schädlich für die Abziehbarkeit von dauernden Lasten angesehen. Allgemeiner Tenor: Die Abziehbarkeit von Versorgungsleistungen endet, wenn das übergebene existenzsichernde Vermögen durch Veräußerung und den Neuerwerb von anderem Vermögen umgeschichtet wird. Was vom Fiskus als Bestrafung gedacht ist, kommt Ihnen gut zupass. Und Ihren Eltern ebenfalls, denn sie brauchen keine Versorgungsleistungen mehr zu versteuern.
Wann eine Vermögensumschichtung für den Sonderausgabenabzug unschädlich ist, dazu mehr unter ➤ Rz 220.

Zeile 38 – 45 Unterhaltsleistungen

Geht ein Großteil Ihres Einkommens in Form von Unterhalt an Ihren Ex-Partner, holen Sie sich einen Teil davon aus dem Staatssäckel zurück. 223
Unterhaltsleistungen an Ihren Ex-Gatten sind bis zu **13.805 €** jährlich als Sonderausgaben **oder** bis zu **9.744 €** als außergewöhnliche Belastungen absetzbar. Der Sonderausgabenabzug ist hier in > Zeile 38, der Abzug als außergewöhnliche Belastungen in der Anlage Unterhalt geltend zu machen.

	Angaben zur ersten unterstützten Person Name der ersten unterstützten Person		tatsächlich gezahlt EUR
38		116	,–
	IdNr. der ersten unterstützten Person		
39	117		
			EUR
40	In Zeile 38 enthaltene Beiträge (abzgl. Erstattungen und Zuschüsse) zur Basis-Kranken- und gesetzlichen Pflegeversicherung	118	,–
41	Davon entfallen auf Krankenversicherungsbeiträge mit Anspruch auf Krankengeld	119	,–
	Angaben zur zweiten unterstützten Person Name der zweiten unterstützten Person		tatsächlich gezahlt EUR
42		140	–

Schon während des Bestehens der Ehe sind Ehegatten gegenseitig zum Unterhalt verpflichtet, was steuerlich allerdings nicht von Belang ist, weil sie nach dem günstigen Splittingtarif besteuert werden. Voraussetzung für den Abzug von Unterhaltsleistungen ist deshalb, dass Sie bereits zu Beginn des Jahres geschieden waren oder dauernd getrennt gelebt haben und somit der Splittingtarif nicht in Betracht kommt.
Keine Frage, der Sonderausgabenabzug ist günstiger. Doch dafür benötigen Sie die Zustimmung Ihres Ex-Partners, dass er den Betrag, den Sie absetzen können, als sonstige Einkünfte versteuert (Anlage SO, > Zeile 6; mehr dazu unter ➤ Rz 997).
Da die Steuerersparnis beim Zahlenden meistens höher ist als die Steuerbelastung beim Empfänger, ist es üblich, dass der Zahlende sich im Gegenzug für diese Zustimmung bereit erklärt, dem Empfänger die auf die Unterhaltsleistungen entfallenden Steuerbeträge zu erstatten.

224 Die Zustimmung zum Sonderausgabenabzug ist auf dem Vordruck der Anlage U zu erteilen und bis auf Widerruf wirksam.
Die Anlage U ist der ersten Steuererklärung, die Sie ohne Ihren Ex-Partner abgeben, beizufügen. Notfalls kann sie vor Rechtskraft des Steuerbescheids nachgereicht werden.
Will Ihr Ex-Partner Ihnen ordentlich eins auswischen, indem er die Unterschrift auf der Anlage U verweigert, sollten Sie wissen:
Haben Sie sich grundsätzlich bereit erklärt, die finanziellen Nachteile auszugleichen, die ihm durch das Realsplitting entstehen, haben Sie einen Rechtsanspruch auf seine Zustimmung.
Notfalls können Sie ihn beim Familiengericht auf Zustimmung verklagen (Urt. des BGH v. 23.3.1983 – NJW 1983 S. 1545). Die Zustimmung können Sie unter Berufung auf § 894 ZPO erzwingen, wenn Sie in einem Prozess gegen Ihren Ex-Partner obsiegt haben. Sie gilt grundsätzlich dann als abgegeben, wenn die Verurteilung dazu rechtskräftig geworden ist (Urt. des BFH v. 25.10.1988 – BStBl 1989 II S. 192). Schneller geht es aber, ihn durch eine Klage auf Schadenersatz zur Räson zu bringen (OLG Köln, FamRZ 1983 S. 440).
Lassen Sie sich auch nicht verunsichern, wenn Ihr Ex-Partner Ihnen die Rücknahme der Zustimmung ankündigen sollte. Denn die Rücknahme kann immer nur das nächste Kalenderjahr betreffen.

225 Der Sonderausgabenabzug beim Unterhaltsverpflichteten und die Versteuerung beim Unterhaltsberechtigten wird als Realsplitting bezeichnet. Es nähert sich praktisch dem Splittingtarif, weil es die Unterschiede in der Steuerprogression der Beteiligten angleicht.

Beiträge zur Basiskranken- und Pflegepflichtversicherung (> Zeile 40 – 41 und ggf. 44 – 45)

Ist Ihr geschiedener oder dauernd getrennt lebender Ehegatte in Ihrer 226
Kranken- und Pflegeversicherung mit abgesichert, werden die von Ihnen geleisteten Beiträge als die Ihres Ex-Partners behandelt. Dem wird im Rahmen des Realsplittings nun dadurch Rechnung getragen, dass sich der Höchstbetrag von 13.805 € um denjenigen Betrag erhöht, den Sie für diese Absicherung aufgewandt haben.

Letztlich ist es daher ohne Bedeutung, ob der Unterhaltsberechtigte oder -verpflichtete Versicherungsnehmer ist. Der Erhöhungsbetrag wirkt sich natürlich nur aus, wenn die Unterhaltsaufwendungen den Betrag von 13.805 € übersteigen.

Beispiel

Sie unterstützen Ihre Ex-Ehefrau mit monatlich 1.000 € (= 12.000 € im Jahr). Zusätzlich zahlen Sie als Versicherungsnehmer für die in Ihrer Kranken- und Pflegeversicherung mitversicherte Ex-Frau monatliche Beiträge in Höhe von 220 € (= 2.640 € jährlich).

Steuerliche Beurteilung Ihrer Leistungen	**2021**
Unterhaltsleistungen	12.000 €
Beiträge zur Kranken- und Pflegeversicherung	2.640 €
Als Sonderausgabe abzugsfähig	**14.640 €**
Steuerliche Auswirkungen bei der Ex-Frau	
Zu versteuern	14.640 €
Als Sonderausgaben abziehbar	2.640 €

♦ *Musterfall Backs* 227
(Unterhaltsleistungen an geschiedenen Ehegatten)

Herr Backs war bereits einmal verheiratet und hat jedes Jahr an seine Verflossene 6.000 € Unterhalt zu berappen. Nach langem Hin und Her hat er schließlich vor Gericht durchgesetzt, dass sie die Anlage U unterschreiben muss. Er kann daher seine Zahlungen als Sonderausgaben in > Zeile 38 eintragen.

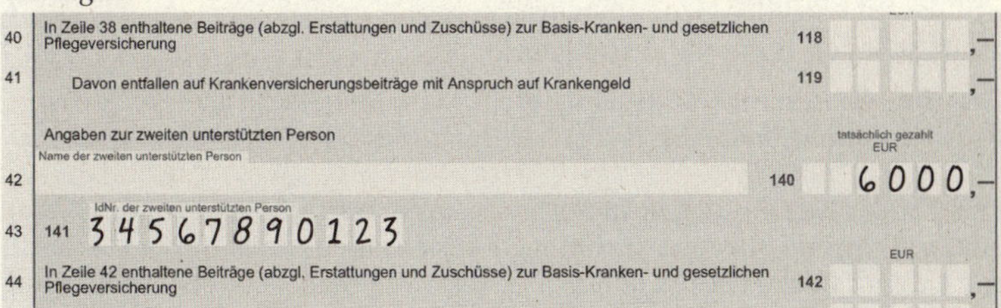
40 In Zeile 38 enthaltene Beiträge (abzgl. Erstattungen und Zuschüsse) zur Basis-Kranken- und gesetzlichen Pflegeversicherung 118 ,–
41 Davon entfallen auf Krankenversicherungsbeiträge mit Anspruch auf Krankengeld 119 ,–
Angaben zur zweiten unterstützten Person — tatsächlich gezahlt EUR
Name der zweiten unterstützten Person
42 140 6000,–
IdNr. der zweiten unterstützten Person
43 141 34567890123
EUR
44 In Zeile 42 enthaltene Beiträge (abzgl. Erstattungen und Zuschüsse) zur Basis-Kranken- und gesetzlichen Pflegeversicherung 142 ,–
45 Davon entfallen auf Krankenversicherungsbeiträge mit Anspruch auf Krankengeld 143 –

228 **Was das Realsplitting bringt**

Beispiel

Ihre »Erste Runde« kostet Sie monatlich:

Aufstockungsunterhalt an den Ex-Partner	500 €
Unterhalt für das Kind	340 €

Von Glück können Sie reden, dass Ihr Ex-Partner für 1.000 € brutto halbtags arbeitet, sonst wären Sie noch ärmer dran.

Den Aufstockungsunterhalt können Sie aufgrund der Unterschrift Ihres Ex-Gatten auf der Anlage U bei den Sonderausgaben absetzen. Ein Abzug alternativ als außergewöhnliche Belastung scheidet aus, weil die Einkünfte Ihres Ex-Partners auf den Höchstbetrag für außergewöhnliche Belastungen von 9.744 € angerechnet werden, so dass als Abzugsbetrag nichts mehr verbleibt (➤ Rz 399).

Für den Kindesunterhalt stehen Ihnen Kinderermäßigungen wie ggf. Kinder-, Betreuungsfreibetrag usw. zu (siehe ➤ Rz 413 ff.).

Steuervorteil bei Ihnen

Ihr zu verst. Einkommen beträgt bisher	30.000 €	
ESt darauf nach der Grundtabelle		5.091 €
./. Realsplitting (500 € × 12)	– 6.000 €	
Zu versteuerndes Einkommen neu	24.000 €	
ESt darauf nach der Grundtabelle		– 3.346 €
Steuervorteil bei Ihnen		1.745 €

Steuernachteil bei Ihrem Ex-Partner

zu verst. Einkommen Ihres Ex bisher		7.771 €	
ESt darauf nach der Grundtabelle			0 €
Realsplitting	6.000 €		
./. Werbungskostenpauschbetrag	– 102 €		
Sonstige Einkünfte	5.898 € >	5.898 €	
Zu verst. Einkommen neu		13.669 €	
ESt darauf nach der Grundtabelle			702 €
Steuernachteil Ihres Ex-Partners			702 €

Gleichen Sie seinen Nachteil aus, bleiben Ihnen trotzdem (1.745 € – 702 € =) 1.043 € mehr in der Tasche.

229 Der Unterhaltsempfänger kann die Zustimmung auf einen festen Betrag oder einen Teilbetrag der Zahlungen beschränken und so seine steuerliche Belastung in Grenzen halten. Zumal eine einmal erteilte Zustimmung auch dann gültig ist, wenn sich die Unterhaltsleistungen erhöhen. Sie

kann zwar jederzeit widerrufen werden, aber nur mit Wirkung für das kommende Kalenderjahr.

Setzen Sie das Realsplitting auch durch! 230

Wenn Ihr Ex-Partner seine Zustimmung zum Realsplitting davon abhängig machen sollte, an Ihrem Steuervorteil beteiligt zu werden, verweisen Sie auf das bereits oben zitierte BGH-Urt. vom 23.3.1983 (NJW 1983 S. 1545). Danach ist eine derartige Bedingung unzulässig.

Außerdem sollten Sie wissen: Lehnt Ihr Ex-Partner die Zustimmung zum Realsplitting ab, obwohl die Unterhaltsleistungen bei ihm keine Steuerbelastung auslösen, so macht er sich ggf. schadenersatzpflichtig, weil er die Verpflichtung auf Zustimmung schuldhaft verletzt – Schikaneverbot (entspr. Anwendung des BGH-Urt. v. 13.10.1976 – HFR 1977, 297). Das Finanzamt kann in so einem Fall sogar von sich aus von einer Zustimmung ausgehen, weil das bestehende Wahlrecht des Unterhaltsberechtigten praktisch ins Leere geht (BFH-Urt. v. 12.8.1977 – BStBl 1977 II S. 870). Auch wird das Finanzamt ohne weiteres einem Zivilgericht folgen, welches Ihren Ex zur Zustimmung verdonnert hat, und erst gar nicht auf Vorlage der Anlage U bestehen. Vorlage des Urteils genügt (BFH-Urt. v. 25.10.1988 – BStBl 1989 II S. 192).

TIPP So sparen Sie beim Unterhalt doppelt Steuern 231

Sind Sie stolzer Eigentümer eines Mietshauses? Dann lassen Sie Ihren Ex-Partner nach Ihrer Scheidung doch da einziehen. Das gilt dann als Naturalunterhalt.

Vorteilsrechnung	**ohne Wohnung**	**mit Wohnung**
Unterhalt monatlich netto z. B.	900 €	900 €
./. Nutzungswert der Wohnung z. B.	– 0 €	– 500 €
Verbleiben	900 €	400 €
Steuerlast z. B. 30 % = monatlich	270 €	120 €
Unterschied = Steuerersparnis: jährlich	1.800 €	

Die Steuerersparnis ergibt sich dadurch, dass der Nutzungswert der Wohnung nicht besteuert werden darf (BFH-Urt. v. 17.3.1992 – BStBl 1992 II S. 1009). Also haben Sie nur den restlichen Barunterhalt aus versteuertem Einkommen aufzubringen. Bei Fremdvermietung müssten Sie 500 € monatlich (= 6.000 € jährlich) versteuern. Das ergibt bei einer Steuerbelastung von 30 % 1.800 € Steuern jährlich.

Aber Sie sollten gleich Nägel mit Köpfen machen und mit Ihrem Ex-Gatten einen Mietvertrag abschließen. Die Miete behalten Sie vom Barunterhalt ein. Nun haben Sie zwar steuerpflichtige Einnahmen aus Vermietung und Verpachtung, können aber im Gegenzug alle Hauskosten von A wie Abschreibung bis Z wie Zinsen als Werbungskosten absetzen und so vielleicht sogar einen Verlust herauswirtschaften, der Ihnen eine weitere Steuerersparnis beschert (so entschieden v. BFH im Urteil v. 16.1.1996 – BStBl. 2000 II S. 214). Auch wenn das Haus Ihnen gemeinsam gehört, klappt die Sache. In diesem Fall können Sie den Mietwert Ihres Miteigentumsanteils als Sonderausgabe absetzen. Übernehmen Sie auch verbrauchsunabhängige Kosten (wie z. B. Grundsteuer und Hausversicherungen) für Ihren Ex, zählen diese ebenfalls als Sonderausgaben (Quelle: BFH-Urteil v. 12.4.2000, BStBl 2002 II S. 130).

Gott gibt die Nüsse.
Aber er knackt sie nicht.

(Johann Wolfgang von Goethe)

232 **Zeile 46 –50 Ausgleichszahlungen im Rahmen des schuldrechtlichen Versorgungsausgleichs**

Bei einer Scheidung werden die in der Ehe begründeten Ansprüche auf eine Altersversorgung der beiden Ehegatten ausgeglichen. Das blüht Ihnen z.B. in Bezug auf Ihre künftigen Rentenansprüche, Ansprüche aus einer betrieblichen Altersversorgung, Ihre Pension als Beamter oder die Altersansprüche, die Sie als Freiberufler aus einem berufsständischen Versorgungswerk haben.

Bei Rentenansprüchen aus der gesetzlichen Rentenversicherung bekommt der geschiedene Ehepartner eine eigene Rente, und Ihre Rente fällt entsprechend geringer aus. Jeder versteuert in diesem Fall seine eigenen Rentenzahlungen.

Pensionsansprüche und Ansprüche aus der betrieblichen Altersversorgung werden dagegen ausnahmsweise schuldrechtlich ausgeglichen. Der ausgleichsverpflichtete Ehegatte zahlt dazu in der Regel eine Geldrente an den geschiedenen Ehegatten und gleicht so die Differenz zwischen den Altersbezügen aus. Die Zahlungen beginnen normalerweise ab Beginn der Zahlung der Altersbezüge, also wenn Sie in Ruhestand gehen. Sie können sie in voller Höhe als Sonderausgaben abziehen (Quelle: § 10 Abs. 1a Nr. 4 EStG). **Anders als bei Unterhaltsleistungen ist der Abzug nicht auf einen Höchstbetrag begrenzt.** Ihr Ex-Ehepartner muss im Gegenzug die Zahlungen als sonstige Einkünfte versteuern (§ 22 Nr. 1c EStG).

TIPP Abfindungen auf den Versorgungsausgleich steuerlich geltend machen 233

Bei Scheidungen geht es gelegentlich nicht nur wie gerade beschrieben um die Aufteilung der Altersversorgungsansprüche in Form des sog. Versorgungsausgleichs.
Steuerlich interessanter ist der Fall, dass Sie Ihre vollen Altersbezüge retten wollen, indem Sie dem Ex eine Abfindung zahlen und dieser im Gegenzug auf den Versorgungsausgleich verzichtet. Haben Sie von dieser Variante Gebrauch gemacht, können Sie im günstigsten Fall Ihre gesamte Abfindungszahlung als Sonderausgaben abziehen (§ 10 Abs. 1a Nr 3 EStG), und zwar im Jahr der Zahlung. Im Gegenzug muss allerdings Ihr Ex die Zahlung versteuern. Wie beim Realsplitting kommt der Sonderausgabenabzug aber nur insoweit in Betracht, wie Ihr Ex-Partner der Besteuerung bei sich zustimmt. Haben Sie z. B. eine Abfindung von 50.000 € gezahlt, Ihr Ex aber die Zustimmung zur Versteuerung bei sich auf 30.000 € eigeschränkt, können Sie auch nur 30.000 € als Sonderausgaben von der Steuer absetzen.

Stellt sich Ihrt Finanzamt beim Sonderausgabenabzug quer, ziehen Sie folgenden Trumpf …

TIPP Versorgungsausgleichszahlungen als Werbungskosten 234

Ausgleichszahlungen an den geschiedenen Ehegatten können im Rahmen des Versorgungsausgleichs als Werbungskosten abzugsfähig sein (bei Pensionen und Betriebsrenten einzutragen in > Zeile 73 der Anlage N, bei Renten einzutragen in > Zeile 37 der Anlage R) . Das gilt jedenfalls dann, wenn dem Inhaber des Anspruchs auf betriebliche Altersversorgung ohne die Ausgleichsvereinbarung bei Renteneintritt geringere Versorgungsbezüge zufließen würden; die Ausgleichszahlung dient dann der Erhaltung der eigenen Versorgungsansprüche.
Argumentationshilfe gefällig? Entschieden hat diesen Fall das Finanzgericht Münster am 11.11.2015 (Az. 7 K 453/15 E).

8 Die Anlage AV

Altersvorsorgebeiträge – Riester-Sparen

Der Aufbau einer freiwilligen privaten Altersvorsorge oder betrieblichen Altersversorgung wird durch steuerliche Maßnahmen gefördert (sog. Riester-Rente). 235

Für Ihre Beiträge zu einem zertifizierten Altersvorsorgevertrag können Sie eine Altersvorsorgezulage bei Ihrem Anbieter beantragen. Außerdem können Sie zusammen mit Ihrer Einkommensteuererklärung eine Anlage AV einreichen; dann prüft das Finanzamt, ob zusätzlich eine steuerliche Förderung in Form eines Sonderausgabenabzugs in Betracht kommt.

Das Wichtigste vorab: Der Anbieter Ihres Altersvorsorgevertrags übermittelt die zu berücksichtigenden Altersversorgebeiträge unter Angabe der Vertragsdaten, der Identifikationsnummer und der Zulage- oder Sozialversicherungsnummer per Datenfernübertragung an die Finanzverwaltung. **Daher ist eine Angabe der Altersvorsorgebeiträge in Ihrer Einkommensteuererklärung nicht erforderlich.** Über die erfolgte Datenübermittlung werden Sie von Ihrem Anbieter informiert. Konnte der Anbieter die Daten nicht rechtzeitig übermitteln, erhalten Sie von ihm eine Bescheinigung, die mit der Einkommensteuererklärung einzureichen ist. Erhalten Sie die Bescheinigung erst nach Abgabe Ihrer Einkommensteuererklärung, reichen Sie diese bitte nach.

Stellt sich heraus, dass der Sonderausgabenabzug günstiger ist, werden Ihre gesamten Aufwendungen einschließlich Ihres Anspruchs auf Zulage bis zum Höchstbetrag von 2.100 € (§ 10 a EStG) steuerlich berücksichtigt. Ist ein Ehegatte/Lebenspartner unmittelbar und der andere Ehegatte/Lebenspartner mittelbar zulageberechtigt, erhöht sich der Höchstbetrag um 60 €.

Um eine Doppelförderung zu vermeiden, wird die festgesetzte Einkommensteuer um den Zulageanspruch erhöht, unabhängig davon, ob tatsächlich eine Zulage gewährt wurde.

Sofern Sie die Altersvorsorgezulage nicht beantragen und den zusätzlichen Sonderausgabenabzug nicht geltend machen, besteht die Möglichkeit, bestimmte Altersvorsorgebeiträge im Rahmen von Höchstbeträgen zu berücksichtigen (> Zeilen 49 – 50 der Anlage Vorsorgeaufwand).

2021

1 Name

2 Vorname

3 **Steuernummer**

Anlage AV

Diese Anlage ist bei Zusammenveranlagung von Ehegatten / Lebenspartnern gemeinsam auszufüllen.

Angaben zur steuerlichen Förderung von Altersvorsorgebeiträgen (sog. Riester-Verträge)

Allgemeine Angaben 39

Zeile			stpfl. Person / Ehemann / Person A		Ehefrau / Person B
4	Mitgliedsnummer der landwirtschaftlichen Alterskasse	112		312	

Für alle vom Anbieter übermittelten Altersvorsorgebeiträge wird ein zusätzlicher Sonderausgabenabzug geltend gemacht. Erforderlich hierfür sind die nachfolgenden Angaben ab Zeile 5.

– Sollten Sie den Sonderausgabenabzug für bestimmte Verträge nicht wünschen, nehmen Sie bitte die entsprechenden Eintragungen in den Zeilen 31 bis 40 vor. –

Berechnungsgrundlagen

– Bei Zusammenveranlagung: Bitte die Art der Begünstigung (unmittelbar / mittelbar) beider Ehegatten / Lebenspartner angeben. –

Zeile			stpfl. Person / Ehemann / Person A		Ehefrau / Person B
5	**Ich bin für das Jahr 2021 unmittelbar begünstigt.** (Bitte die Zeilen 6 bis 14 ausfüllen.)	106	1 = Ja	306	1 = Ja
			EUR		EUR
6	Beitragspflichtige Einnahmen i. S. d. inländischen gesetzlichen Rentenversicherung **2020**	100	,–	300	,–
7	Inländische Besoldung, Amtsbezüge und Einnahmen beurlaubter Beamter **2020** (Ein Eintrag ist nur erforderlich, wenn Sie eine Einwilligung gegenüber der zuständigen Stelle abgegeben haben.)	101	,–	301	,–
8	Entgeltersatzleistungen **2020**	104	,–	304	,–
9	Tatsächliches Entgelt **2020**	102	,–	302	,–
10	Jahres(brutto)betrag der Rente wegen voller Erwerbsminderung oder Erwerbsunfähigkeit in der inländischen gesetzlichen Rentenversicherung **2020**	109	,–	309	,–
11	Inländische Versorgungsbezüge wegen Dienstunfähigkeit **2020** (Ein Eintrag ist nur erforderlich, wenn Sie eine Einwilligung gegenüber der zuständigen Stelle abgegeben haben.)	113	,–	313	,–
12	Einkünfte aus Land- und Forstwirtschaft **2019**	103	,–	303	,–
13	Jahres(brutto)betrag der Rente wegen voller Erwerbsminderung oder Erwerbsunfähigkeit nach dem Gesetz über die Alterssicherung der Landwirte **2020**	111	,–	311	,–
14	Einnahmen aus einer Beschäftigung, die einer ausländischen gesetzlichen Rentenversicherungspflicht unterlag und / oder Jahres(brutto)betrag der Rente wegen voller Erwerbsminderung oder Erwerbsunfähigkeit aus einer ausländischen gesetzlichen Rentenversicherung **2020**	114	,–	314	,–
15	**Ich bin für das Jahr 2021 mittelbar begünstigt.** (Bei Einzelveranlagung von Ehegatten / Lebenspartnern: Die Angaben zu den Altersvorsorgebeiträgen werden bei der Einkommensteuerveranlagung des anderen Ehegatten / Lebenspartners berücksichtigt.)	106	2 = Ja	306	2 = Ja

Angaben zu Kindern, für die ein Anspruch auf Kinderzulage besteht

Bei Eltern, die miteinander verheiratet sind oder miteinander eine Lebenspartnerschaft führen und 2021 nicht dauernd getrennt gelebt haben:

Zeile			Geboren vor dem 1.1.2008 (Anzahl der Kinder)		Geboren nach dem 31.12.2007 (Anzahl der Kinder)
	Anzahl der Kinder, für die für **2021** Kindergeld festgesetzt worden ist und				
16	– die bei Zusammenveranlagung der Mutter / Person B zugeordnet werden oder – die bei Zusammenveranlagung von Person A auf Person B übertragen wurden	305		315	
17	– für die bei Zusammenveranlagung oder Einzelveranlagung von Ehegatten / Lebenspartnern die Kinderzulage von der Mutter auf den Vater / von Person B auf Person A übertragen wurde, – die bei Einzelveranlagung von Ehegatten / Lebenspartnern der Mutter / Person A zugeordnet werden oder – die bei Zusammenveranlagung Person A zugeordnet werden	105		115	
18	Anzahl der bei Einzelveranlagung von Ehegatten / Lebenspartnern von der Mutter auf den Vater übertragenen Kinderzulagen – Eintragung nur in der Steuererklärung der übertragenden Person –	225		235	

Bei allen anderen Kindergeldberechtigten:

Zeile			Geboren vor dem 1.1.2008		Geboren nach dem 31.12.2007
	Anzahl der Kinder, für die für den ersten Anspruchszeitraum **2021** Kindergeld gegenüber				
19	– stpfl. Person / Ehemann / Person A	205		215	
20	– Ehefrau / Person B	405		415	
	festgesetzt worden ist (diese Kinder dürfen nicht in den Zeilen 16 bis 18 enthalten sein).				

2021AnlAV041 – April 2021 – **2021AnlAV041**

Altersvorsorgeverträge, für die kein zusätzlicher Sonderausgabenabzug geltend gemacht wird

– Die Zeilen 31 bis 40 sind nur auszufüllen, wenn Sie keinen zusätzlichen Sonderausgabenabzug wünschen und gegenüber dem Anbieter Ihres Altersvorsorgevertrages nicht bereits auf den zusätzlichen Sonderausgabenabzug verzichtet haben. –

stpfl. Person / Ehemann / Person A

31 Für nachfolgende Altersvorsorgeverträge möchte ich keinen zusätzlichen Sonderausgabenabzug geltend machen. 200 1 = Ja

1. Vertrag

32 Anbieternummer Zertifizierungsnummer 0 0

33 Vertragsnummer

2. Vertrag

34 Anbieternummer Zertifizierungsnummer 0 0

35 Vertragsnummer

Ehefrau / Person B

36 Für nachfolgende Altersvorsorgeverträge möchte ich keinen zusätzlichen Sonderausgabenabzug geltend machen. 400 1 = Ja

1. Vertrag

37 Anbieternummer Zertifizierungsnummer 0 0

38 Vertragsnummer

2. Vertrag

39 Anbieternummer Zertifizierungsnummer 0 0

40 Vertragsnummer

Widerruf des Verzichts auf den zusätzlichen Sonderausgabenabzug

stpfl. Person / Ehemann / Person A

41 Ich habe bisher gegenüber dem Anbieter meines Altersvorsorgevertrages auf den zusätzlichen Sonderausgabenabzug verzichtet. Hiermit widerrufe ich den gegenüber meinem Anbieter erklärten Verzicht auf den zusätzlichen Sonderausgabenabzug. 204 1 = Ja

1. Vertrag

42 Anbieternummer Zertifizierungsnummer 0 0

43 Vertragsnummer

2. Vertrag

44 Anbieternummer Zertifizierungsnummer 0 0

45 Vertragsnummer

Ehefrau / Person B

46 Ich habe bisher gegenüber dem Anbieter meines Altersvorsorgevertrages auf den zusätzlichen Sonderausgabenabzug verzichtet. Hiermit widerrufe ich den gegenüber meinem Anbieter erklärten Verzicht auf den zusätzlichen Sonderausgabenabzug. 404 1 = Ja

1. Vertrag

47 Anbieternummer Zertifizierungsnummer 0 0

48 Vertragsnummer

2. Vertrag

49 Anbieternummer Zertifizierungsnummer 0 0

50 Vertragsnummer

2021AnlAV042

2021AnlAV042

Bei der Zusammenveranlagung von Ehegatten, die beide zum unmittelbar begünstigten Personenkreis gehören (➤ Rz 254 ff.), steht der Sonderausgabenabzug jedem Ehegatten gesondert zu. Es ist nicht möglich, den von einem Ehegatten nicht ausgeschöpften Sonderausgaben-Höchstbetrag auf den anderen Ehegatten zu übertragen.
Gehört hingegen nur ein Ehegatte zum begünstigten Personenkreis und ist der andere Ehegatte nur mittelbar begünstigt, können die Altersvorsorgebeiträge des mittelbar begünstigten insoweit berücksichtigt werden, als der Sonderausgaben-Höchstbetrag durch den unmittelbar begünstigten Ehegatten nicht ausgeschöpft wird (➤ Rz 244).

Die Kehrseite der Medaille
Da die Sparbeiträge in einen Riester-Vertrag steuerlich gefördert werden, unterliegen die späteren Leistungen aus der Altersvorsorge in vollem Umfang der Besteuerung. Vom Staat gibt es eben nur selten etwas geschenkt.

Gut zu wissen
Gerade als Werktätigem mit kleinem oder mittlerem Einkommen und vor allem mit Kindern wird Ihnen das Riester-Sparen leicht gemacht. Sie profitieren von den Zulagen am meisten (Tipps unter ➤ Rz 248 ff.). Riester-Sparer sind zudem gesetzlich geschützt, so z. B. vor dem Zugriff von Gläubigern (➤ Rz 267). Riester-Sparer können auch eine falsche Wahl korrigieren, indem sie in eine andere Sparform wechseln, z. B. von einem Fonds- in einen Banksparplan.
Mittlerweile gibt es mehr Sparmodelle, als ein Hund Flöhe hat. Jedoch sind nicht alle Riester-Produkte auch empfehlenswert. Riester-Rentenversicherungen und -Fondssparpläne sind mit hohen Verwaltungskosten belastet, welche die Rendite und damit die spätere Rente schmälern können. Ein Banksparplan ist deshalb keine schlechte Wahl (➤ Rz 265).

Wichtige Wahrheiten in ein angemessenes Gewand stecken.
(Adolf Freiherr von Knigge)

236 8.1 Die Sparförderung im Überblick

Die Aufwendungen für die Riester-Rente werden im Rahmen eines Kombimodells gefördert. Der Sparer kann zwischen einer steuerfreien Zulage

(§§ 79 ff. EStG) und dem Abzug als Sonderausgaben (§ 10 a EStG) wählen. Weil vorausgesetzt werden kann, dass sich der Sparer immer für die finanziell günstigste Lösung entscheidet, nimmt ihm sein Finanzamt die Rechenarbeit ab und führt bei der Einkommensteuerveranlagung eine Günstigerprüfung durch, die der Computer mit links bewältigt.

Antrag auf Abzug von Sonderausgaben 237
Vorausgesetzt, Sie haben einen zertifizierten Altersvorsorgevertrag abgeschlossen, stellen Sie mit der Anlage AV den Antrag auf Abzug Ihrer Beiträge als Sonderausgaben und fügen die Bescheinigung des Anbieters über die Höhe der geleisteten Sparbeiträge bei.

Weniger Formularkram durch Dauerzulageantrag 238
Mit dem Antrag auf die Zulage haben Sie nichts zu tun, den stellt der Anbieter, und zwar bei der **Zulagestelle für Altersvermögen (ZfA),** wo auch das Konto Ihres Anlagevertrags geführt wird. Der Anbieter stellt den Antrag Jahr für Jahr automatisch, sofern Sie ihm entsprechende Vollmacht erteilen. Im Bürokratendeutsch heißt das Dauerzulageantrag.

Gleiches gilt für den Sonderausgabenabzug. Haben Sie keine Bescheinigung erhalten, kein Problem. Der Anbieter Ihres Riester-Vertrages übermittelt die entsprechenden Daten ohnehin automatisch an das Finanzamt.

8.2 In welcher Höhe die Zulage gewährt wird 239

Mindesteigenbeitrag für die Zulage (§ 86 EStG) 240
Die Altersvorsorgezulage wird nur dann in voller Höhe gewährt, wenn der Sparer einen bestimmten Mindesteigenbeitrag erbringt. Dieser bemisst sich nach dem Bruttolohn des Vorjahrs und beträgt 4 %.
Warum die Erfinder der Riester-Rente nicht den Bruttolohn des aktuellen Jahres als Grundlage genommen haben, bleibt wohl deren Geheimnis. Auf jeden Fall haben sie dafür gesorgt, dass der Sparer seinen Vertrag auch in schlechteren Zeiten ausreichend bedienen kann, denn wenn der Lohn mal spärlicher fließen sollte, wird auch der Sparbeitrag geringer. Riester ist also flexibel. Selbst wenn Sie arbeitslos werden sollten, können Sie sich weiterhin Riester leisten. Für die Berechnung des Mindesteigenbeitrags ist dann der tatsächliche Zahlbetrag des Arbeitslosengelds maßgebend.

Es kommt aber noch besser: Der Mindestbeitrag wird um die gewährte 241
Zulage gekürzt! Nur den Rest müssen Sie aus eigener Tasche aufbringen. Und wenn Ihnen das nicht in voller Höhe gelingt, erhalten Sie immer

noch eine anteilig gekürzte Zulage (§ 86 EStG). Dazu mehr unter ➤ Rz 248.

242 **Obergrenze**

Gefördert werden Altersvorsorgebeiträge bis zu einer bestimmten Obergrenze (§§ 10a und 82 EStG; siehe Übersicht unten). Höhere Sparbeiträge sind zwar möglich, werden zivilrechtlich aber nicht geschuldet und dürfen deshalb vom Anbieter nicht als Altersvorsorgebeiträge bescheinigt werden (§ 10a Abs. 5 EStG). Denn der Sparer kann diese Beträge vorzeitig zurückverlangen, was nicht dem Sinn des Gesetzes entspricht: für das Alter vorzusorgen. Der Höchstbetrag für den Sonderausgabenabzug und diese Obergrenze sind deshalb identisch.

243 **Übersicht**

Mindesteigenbeitrag des Bruttolohns	4 %
Obergrenze	2.100 €
Mindestbeitrag als Sockel	60 €
Grundzulage für den Sparer	175 €
Zulage je bis/nach 2007 geborenem Kind	185/300 €

Beispiel

Ein Alleinstehender hat in 2021 einen Riester-Vertrag abgeschlossen. Im Jahr 2020 betrug sein Bruttolohn 24.000 €.

Mindesteigenbeitrag 4 % von 24.000 € =	960 €
./. Grundzulage	– 175 €
Mindestens aus eigener Tasche zu leisten	785 €

244 **Ehegatten-/Partnerzulage**

Für Eheleute sowie Lebenspartner einer sog. eingetragenen Lebenspartnerschaft sieht das Gesetz einige Besonderheiten vor, die man getrost als Privilegien bezeichnen kann. Der amtliche Text dazu lautet etwa so:

Ist nur einer der Ehegatten/Lebenspartner unmittelbar zulageberechtigt, hat der andere (mittelbar) einen »abgeleiteten« Zulageanspruch, sofern er einen auf seinen Namen lautenden Altersvorsorgevertrag abgeschlossen hat (§ 79 Satz 2 EStG). Siehe hierzu ➤ Rz 250.

Wichtig zu wissen: Wählt ein Ehegatte/Partner die **Einzelveranlagung** (➤ Rz 83), kommt ein Sonderausgabenabzug beim mittelbar begünstigten Ehegatten nicht in Betracht. Beantragt der mittelbar begünstigte Ehegatte den zusätzlichen Sonderausgabenabzug, werden seine geleisteten Altersvorsorgebeiträge im Rahmen der gesetzlichen Höchstbeträge nur bei der Einkommensteuerveranlagung des unmittelbar begünstigten

Ehegatten/Partners berücksichtigt. Die späteren Leistungen aus der Altersvorsorge an den mittelbar begünstigten Ehegatten/Partner unterliegen bei diesem in vollem Umfang der Besteuerung.

Kinderzulage (§ 85 EStG) 245
Die Kinderzulage wird für jedes Kind gewährt, für das der Steuerzahler Kindergeld erhält. Es genügt der Kindergeldbezug für einen Monat im Kalenderjahr, um die volle Kinderzulage zu erhalten.
Haben beide Eltern einen Altersvorsorgevertrag abgeschlossen, gibt es trotzdem nur eine Kinderzulage je Kind. Vorrangig bekommt sie die Mutter, und zwar für sämtliche Kinder. Im Fall der Zusammenveranlagung kann der Vater die Kinderzulage erhalten, wenn die Eltern dies gemeinsam beantragen.
Bei Alleinerziehenden kann nur derjenige Elternteil die Zulage beanspruchen, der das Kindergeld erhält.

♦ *Musterfall Finke (Zusätzliche Altersvorsorge)* 246
Volker Finke hat 2021 in seinen Altersvorsorgevertrag 1.560 € eingezahlt. Er hat sich ausgerechnet, dass er bei einem Jahresgehalt von 40.000 € und einem Steuersatz in der Spitze von 30 % neben der Zulage obendrein mit einer Steuererstattung rechnen kann.

Finke fügt seiner Steuererklärung die Bescheinigung des Anbieters für 2021 bei, sofern er sie erhalten hat. Da die Daten ohnehin elektronisch an die Finanzverwaltung übermittelt werden, ist die Bescheinigung auch entbehrlich. Hier ein Muster: 247

ANLAGE AV

Altersvorsorge – Riester-Sparen

2022

(Bezeichnung und Anschrift des Anbieters)

9	9	3	9

Ausstellungsdatum

(Bitte zehnstellig im Format TT.MM.JJJJ eintragen.)

(Bekanntgabeadresse)

Wichtiger Hinweis:
Diese Bescheinigung benötigen Sie, wenn Sie den Abzug der Altersvorsorgebeiträge als Sonderausgaben beantragen wollen. In diesem Fall fügen Sie bitte die Bescheinigung Ihrer Einkommensteuererklärung bei.

Bescheinigung nach § 10a Abs. 5 EStG zur Vorlage beim Finanzamt

für

1	Name, Vorname	geboren am
2	Straße, Hausnummer	
3	Postleitzahl, Wohnort	

Folgende Altersvorsorgebeiträge (Beiträge (a) und Tilgungsleistungen (b) ohne Zulage) wurden geleistet für das Kalenderjahr (Beitragsjahr)

	Anbieternummer	Zertifizierungsnummer	Vertragsnummer	Euro	Cent
4	0	1	2	3 (a)	
				5 (b)	
5	0	1	2	3 (a)	
				5 (b)	
6	0	1	2	3 (a)	
				5 (b)	

Diese Bescheinigung ist maschinell erstellt und daher nicht unterschrieben.

Vom Steuerpflichtigen auszufüllen, sofern die Eintragung nicht vom Anbieter durch Übernahme aus seinem Datenbestand vorgenommen wurde.

7	Steuernummer (wenn vorhanden)		
8	Sozialversicherungsnummer / Zulagenummer	0 7	(Bitte zwölfstellig eintragen.)
9	steuerliche Identifikationsnummer (wenn vorhanden)		(Bitte elfstellig eintragen.)
10	Mitgliedsnummer der landwirtschaftlichen Alterskasse bzw. der Alterskasse für den Gartenbau (wenn vorhanden)		(Bitte elfstellig eintragen.)

ZfA - 3
Vers. 024 - Stand 06.03.2009

TIPP Schon der Sockel- ist ein Mindesteigenbeitrag 248

Ist Ihr Lohn bescheiden, genügt der sog. Sockelbetrag von 60 € – das entspricht gerade mal 5 € im Monat –, um die Riester-Zulage zu erhalten.

Wie sich das auswirkt, sehen Sie an folgendem Beispiel:
Ein Alleinstehender mit einem 2005 geborenem Kind hatte

	Fall 1	Fall 2
Bruttolohn 2020	5.300 €	53.000 €
Sparbeiträge in 2021	80 €	800 €
Die Riester-Zulage für 2021 beträgt:		
4 % vom Bruttolohn 2020	212 €	2.120 €
Obergrenze 2021	2.100 €	2.100 €
Maßgebend (§ 86 Abs. 1 EStG)	212 €	2.100 €
./. Riester-Zulage (175 € + 185 € =)	– 360 €	– 360 €
Verbleiben	0 €	1.740 €
Mindesteigenbeitrag/Sockel	**60 €**	**1.740 €**
Tatsächlich geleistet	**80 €**	**800 €**
Sparzulage für 2021	**360 €**	**166 €**

Im Fall 1 hat der Sparer den Mindesteigenbeitrag (mind. in Höhe des Sockelbetrags) geleistet. Deshalb steht ihm die Sparzulage in voller Höhe zu.

Im Fall 2 hat er den Mindesteigenbeitrag nicht aufgebracht. Deshalb wird die Zulage gekürzt auf (800 ÷ 1.740 × 100 =) 46 % von 360 € = rd. 166 €.

TIPP Familienförderung wahr gemacht 249

Dadurch, dass die Zulagen von der geforderten Eigenleistung abgezogen werden, sind Eltern mit geringem Einkommen und mehreren Kindern besonders im Vorteil, denn ihr Eigenbeitrag geht schnell gegen null. Sie wären schön dumm, keinen Vorsorgevertrag abzuschließen.

Beispiel

Eine alleinerziehende berufstätige Frau mit drei vor 2008 geborenen Kindern hatte im Jahr 2020 einen Bruttolohn von 20.000 €. Sie schließt im Juni 2021 einen Vorsorgevertrag ab und hat als Eigenbeitrag aufzubringen:

Jahresbruttolohn im Vorjahr 20.000 €			
Davon 4 % Eigenleistung			800 €
Grundzulage	175 €		
Kinderzulage 185 € × 3 =	555 €		
Summe Zulagen	730 €	>	– 730 €
Verbleibender Eigenbeitrag			70 €
Eigenbeitrag ab Juli 2021 monatlich (70 € ÷ 6 Monate) =			12 €

250 **TIPP Mit nur 60 € Eigenbeitrag die volle Grundzulage kassieren**

Ist nur ein Ehepartner unmittelbar begünstigt (z. B. rentenversicherungspflichtig beschäftigt, arbeitslos oder im Beamtenverhältnis), kann auch der andere einen Vorsorgevertrag abschließen. Um die volle Zulage zu erhalten, muss er lediglich einen Mindesteigenbeitrag von 60 € im Jahr aufbringen.

Beispiel

Ehepaar mit einem vor 2008 geborenen Kind, nur der Mann ist berufstätig mit einem Jahresbruttolohn von 40.000 €. Das Ehepaar schließt einen Ehepartnervertrag ab, der für Mann und Frau jeweils einen eigenen Vertrag beinhaltet. Dabei geht die Kinderzulage automatisch auf das Vertragskonto der Frau. Die Frau will auf ihren Vertrag möglichst wenig einzahlen.
Das Ehepaar hat für 2021 als Eigenleistung aufzubringen:

4 % von 40.000 € =			1.600 €
Grundzulage 2 × 175 € =	350 €		
Kinderzulage	185 €		
Summe der Zulagen	535 €	>	– 535 €
Verbleibt als Eigenbeitrag im Jahr 2021			1.065 €
Eigenbeitrag pro Monat 1.065 € ÷ 12 Monate =			89 €

Dem Konto des Mannes werden für 2021 gutgeschrieben:

Eigenbeitrag	1.065 €
Grundzulage	175 €
Eigenleistung	1.240 €

Dem Konto der Frau werden für 2021 gutgeschrieben:

(Mindest)Eigenbeitrag	60 €
Grundzulage	175 €
Kinderzulage	185 €
Insgesamt	420 €

TIPP Nur bei vollem Sparprogramm gibt es Zusatzrente 251

Wollen Sie später, wenn Sie in Rente sind, viel reisen oder Ihre Briefmarkensammlung komplettieren? Dafür brauchen Sie zusätzlich Geld.

Und nun rate ich Ihnen: Als Mittdreißiger haben Sie noch genügend Zeit, Ansprüche auf eine Zusatzrente zu erwerben. Fahren Sie dabei zweigleisig, mit einem privaten Altersvorsorgevertrag (➤ Rz 260 f.) und mit einem Bausparvertrag – auch wenn Sie nicht bauen wollen. Das Bausparen bringt von allen staatlichen Sparprogrammen – wegen der Arbeitnehmersparzulage und der Wohnungsbauprämie – die höchste Rendite. Nach sieben Jahren können Sie frei über das Geld verfügen und es in einen neuen Bausparvertrag oder anderweitig langfristig anlegen.

TIPP Lebensabend jenseits der EU? Finger weg von Riester! 252

Haben Sie die feste Absicht, Ihren Wohnsitz im Alter ins Ausland außerhalb der EU zu verlegen, rate ich Ihnen von Riester ab! Denn Sie müssen dann alle staatlichen Zulagen zurückzahlen. Das hat damit zu tun, dass Sie die Riester-Rente in Deutschland versteuern sollen: die Zulagen, die Zinsen und auch Ihre Sparbeiträge. Die nachgelagerte Besteuerung lässt grüßen.

Dieses Mobilitätshindernis und die Versteuerung der aus dem Nettolohn erbrachten Sparbeiträge hat schon erhebliche Kritik hervorgerufen. Beides ist eine Unverschämtheit und eine Zumutung für uns Bürger.

♦ *Musterfall Finke (Günstigerprüfung – Fortsetzung von ➤ Rz 246)* 253

Volker Finke ist alleinstehend. Er hat im Jahr 2021 auf seinen zertifizierten Altersvorsorgevertrag insgesamt 1.560 € eingezahlt. Finke weiß, dass er für die volle Zulage einen Mindesteigenbeitrag in Höhe von 4 % seines Bruttogehalts vom Vorjahr leisten muss, vermindert um den Zulageanspruch von 175 €. Er berechnet den Mindesteigenbeitrag auf (Bruttogehalt Vorjahr

40.000 € × 4 % = 1.600 € – 175 € =) 1.425 €. Finke hat also genügend eingezahlt, um die volle Zulage zu erhalten. Zum Mindesteigenbeitrag mehr unter ➤ Rz 240*ff.*
Seine Steuererklärung hat Finke mit ElsterOnline abgegeben (➤ Rz 6*ff.). Dabei hat er sofort gesehen, dass sein zu versteuerndes Einkommen für 2021 = 33.500 € beträgt, ohne den zusätzlichen Sonderausgabenabzug aus dem Riester-Vertrag. Nach Abzug dieser zusätzlichen Sonderausgaben kann Finke mit einer Steuerersparnis rechnen.*

Berechnung

Zu versteuerndes Einkommen 2021	*33.500 €*	
Steuer nach Grundtarif		*6.178 €*

Günstigerprüfung

Zu versteuerndes Einkommen 2021	*33.500 €*	
./. Altersvorsorgebeiträge 1.560 € (Obergrenze 2.100 € ➤ Rz 243),	*– 1.560 €*	
Verbleiben	*31.940 €*	
Steuer nach Grundtarif		*– 5.687 €*
Differenz (zu viel bezahlt)		*491 €*

Ergebnis:
Nach Abzug der Zulage in Höhe von 175 € rechnet Finke mit einer Steuererstattung von (491 € – 175 € =) 316 €. Die Zulage selbst ist zweckgebunden und verbleibt auf dem Konto seines Riester-Vertrags.

254 Zeile 5 Unmittelbar begünstigt

Unmittelbar begünstigt sind Personen, die im Jahr 2021 – zumindest zeitweise – in der inländischen gesetzlichen Rentenversicherung pflichtversichert waren, z.B. Arbeitnehmer in einem versicherungspflichtigen Beschäftigungsverhältnis (hierzu zählen auch geringfügig Beschäftigte, die nicht von der Versicherungspflicht befreit wurden) und Kindererziehende.

Berechnungsgrundlagen

– Bei Zusammenveranlagung: Bitte die Art der Begünstigung (unmittelbar / mittelbar) beider Ehegatten / Lebenspartner angeben. –

		stpfl. Person / Ehemann / Person A		Ehefrau / Person B	
5	Ich bin für das Jahr 2021 unmittelbar begünstigt. (Bitte die Zeilen 6 bis 14 ausfüllen.)	106	1 = Ja	306	1 = Ja

Zu den unmittelbar begünstigten Personen gehören auch

- Pflichtversicherte nach dem Gesetz über die Alterssicherung der Landwirte (z.B. neben den versicherungspflichtigen Landwirten auch deren versicherungspflichtige Ehegatten/Lebenspartner sowie ehemalige Landwirte, die unabhängig von einer Tätigkeit als Landwirt oder mithelfender Familienangehöriger versicherungspflichtig sind),

- Arbeitslose, die Anrechnungszeiten in der inländischen gesetzlichen Rentenversicherung erhalten, weil sie Arbeitslosengeld II beziehen oder weil sie bei einer inländischen Agentur für Arbeit als arbeitsuchend gemeldet sind und nur wegen des zu berücksichtigenden Vermögens oder Einkommens keine Leistung nach dem SGB II erhalten, wenn sie unmittelbar vor der Arbeitslosigkeit zu den unmittelbar begünstigten Personen gehörten,
- Beamte, Richter und Berufssoldaten und diesen gleichgestellte Personen, wenn sie für das Beitragsjahr 2021 spätestens bis zum 31.12.2021 eine Einwilligung gegenüber der zuständigen Stelle (z.B. dem Dienstherr oder dem zur Zahlung des Arbeitsentgelts verpflichteten Arbeitgeber) abgegeben oder in der Vergangenheit eingewilligt und diese Einwilligung nicht vor Beginn des Beitragsjahres widerrufen haben,
- Empfänger einer Rente wegen voller Erwerbsminderung/Erwerbsunfähigkeit oder einer Versorgung wegen Dienstunfähigkeit aus einem der vorgenannten Alterssicherungssysteme (z.B. inländische gesetzliche Rentenversicherung, Beamtenversorgung), wenn sie unmittelbar vor dem Bezug der Leistung einer der vorgenannten unmittelbar begünstigten Personengruppen angehörten. Versorgungsempfänger sind nur förderberechtigt, wenn sie für das Beitragsjahr 2021 spätestens bis zum 31.12.2021 eine Einwilligung gegenüber der zuständigen Stelle (z.B. die Versorgung anordnende Stelle) abgegeben oder in der Vergangenheit eingewilligt und diese Einwilligung nicht vor Beginn des Beitragsjahres widerrufen haben,
- Pflichtmitglieder in einem ausländischen gesetzlichen Alterssicherungssystem, wenn die Pflichtmitgliedschaft einer Pflichtmitgliedschaft in einem der vorgenannten inländischen Alterssicherungssysteme vergleichbar ist und diese vor dem 1.1.2010 begründet wurde, sowie Empfänger einer Rente wegen voller Erwerbsminderung aus einem ausländischen gesetzlichen Alterssicherungssystem, wenn sie unmittelbar vor dem Bezug der Leistung einer der vorgenannten unmittelbar begünstigten Personengruppen angehörten. Altersvorsorgebeiträge werden bei diesen Personengruppen aber nur berücksichtigt, wenn sie zugunsten eines vor dem 1.1.2010 abgeschlossenen Vertrags geleistet wurden.

Gehören beide Ehegatten/Lebenspartner zum unmittelbar begünstigten Personenkreis, ist bei einer Zusammenveranlagung der Zulageanspruch von beiden im Rahmen der Günstigerprüfung anzusetzen. Im Fall der

Einzelveranlagung erfolgt die Günstigerprüfung getrennt für jeden der beiden; es wird dabei nur der dem jeweiligen Ehegatten/Lebenspartner zustehende Zulageanspruch angesetzt.

Nicht zum Kreis der unmittelbar Begünstigten gehören u.a.

- Pflichtversicherte einer berufsständischen Versorgungseinrichtung, sofern sie von der Versicherungspflicht in der inländischen gesetzlichen Rentenversicherung befreit sind,
- freiwillig in der inländischen gesetzlichen Rentenversicherung Versicherte,
- Selbständige ohne Versicherungspflicht in der inländischen gesetzlichen Rentenversicherung und
- geringfügig Beschäftigte, die von der Versicherungspflicht in der inländischen gesetzlichen Rentenversicherung befreit sind sowie
- Bezieher einer Vollrente wegen Alters oder Personen, die nach Erreichen einer Altersgrenze eine Versorgung beziehen.

255 **Höchstalter 57 Jahre**

»Ich bin mit 50 schon viel zu alt, um eine Zusatzrente anzusparen«, wenden Sie sich ab.

Irrtum, 57 Jahre ist das Limit für einen Vertragsabschluss. Das ergibt sich indirekt aus dem Zertifizierungsgesetz, das besagt: Die Zusatzrente kann bei Verträgen ab 2012 frühestens mit 62 Jahren (bei Verträgen vor 2012 frühestens mit 60 Jahren) zu laufen beginnen, und die Abschluss- und Vertriebskosten für den Vertrag müssen auf mindestens fünf Jahre verteilt werden, also: 62 – 5 = 57.

»Na gut, aber ich habe zum Sparen zu wenig Geld und auch zu wenig Geduld.«

Beides stimmt nicht. Geduld ist fast allen Menschen angeboren, etwas Geld werden Sie schon aufbringen wollen, um im Alter abgesichert zu sein. Bereits 5 € im Monat genügen oft schon als Sockelbetrag für die volle Riester-Zulage (➤ Rz 248).

Zeile 6 - 14 Berechnungsgrundlagen 256

			EUR		EUR
6	Beitragspflichtige Einnahmen i. S. d. inländischen gesetzlichen Rentenversicherung **2020**	100	,—	300	,—
7	Inländische Besoldung, Amtsbezüge und Einnahmen beurlaubter Beamter **2020** **(Ein Eintrag ist nur erforderlich, wenn Sie eine Einwilligung gegenüber der zuständigen Stelle abgegeben haben.)**	101	,—	301	,—
8	Entgeltersatzleistungen **2020**	104	,—	304	,—
9	Tatsächliches Entgelt **2020**	102	,—	302	,—
10	Jahres(brutto)betrag der Rente wegen voller Erwerbsminderung oder Erwerbsunfähigkeit in der inländischen gesetzlichen Rentenversicherung **2020**	109	,—	309	,—
11	Inländische Versorgungsbezüge wegen Dienstunfähigkeit **2020** **(Ein Eintrag ist nur erforderlich, wenn Sie eine Einwilligung gegenüber der zuständigen Stelle abgegeben haben.)**	113	,—	313	,—
12	Einkünfte aus Land- und Forstwirtschaft **2019**	103	,—	303	,—
13	Jahres(brutto)betrag der Rente wegen voller Erwerbsminderung oder Erwerbsunfähigkeit nach dem Gesetz über die Alterssicherung der Landwirte **2020**	111	,—	311	,—
14	Einnahmen aus einer Beschäftigung, die einer ausländischen gesetzlichen Rentenversicherungspflicht unterlag und / oder Jahres(brutto)betrag der Rente wegen voller Erwerbsminderung oder Erwerbsunfähigkeit aus einer ausländischen gesetzlichen Rentenversicherung **2020**	114	,—	314	,—

Die aus einer Tätigkeit erzielten beitragspflichtigen Einnahmen aus 2020 (> Zeile 6) können Sie z. B. der Durchschrift der Meldung zur Sozialversicherung entnehmen, die Sie von Ihrem Arbeitgeber erhalten haben, und als geringfügig Beschäftigter der Durchschrift der Jahresmeldung für die Minijob-Zentrale.

Wenn Sie in den > Zeilen 8 und 9 Eintragungen vornehmen, geben Sie die beitragspflichtigen Einnahmen für diesen Zeitraum des Bezugs der Entgeltersatzleistungen oder des tatsächlichen Entgelts nicht in > Zeile 6 an.

Die Höhe der inländischen Besoldung und der Amtsbezüge (> Zeile 7) ergibt sich aus den Ihnen vorliegenden Mitteilungen für 2020. Gehören Sie zum Kreis der beurlaubten Beamten, geben Sie hier die während der Beurlaubungszeit bezogenen Einnahmen an (z. B. das Arbeitsentgelt aus einer rentenversicherungsfreien Beschäftigung). Auch Einnahmen vergleichbarer Personengruppen, die beitragspflichtig wären, wenn die Versicherungsfreiheit in der inländischen gesetzlichen Rentenversicherung nicht bestünde (z. B. Geistliche, Kirchenbeamte, Lehrer/Erzieher an nicht öffentlichen Schulen/Anstalten), sind hier einzutragen.

Haben Sie im Jahr 2020 Entgeltersatzleistungen (ohne Elterngeld) bezogen, ergeben sich in > Zeile 8 einzutragende Beträge aus der Bescheinigung der auszahlenden Stelle. Ist das der inländischen gesetzlichen Rentenversicherung zugrunde liegende Entgelt höher als die tatsächlich erzielte Entgeltersatzleistung, ist nur Letztere einzutragen.

Ist das der inländischen gesetzlichen Rentenversicherung zugrunde liegende Entgelt höher als das tatsächlich erzielte Entgelt (z. B. bei behinderten Menschen, die in anerkannten Behindertenwerkstätten und in

Blindenheimen arbeiten, bei freiwillig Wehrdienstleistenden), wird das tatsächliche Entgelt bei der Berechnung des Zulageanspruchs berücksichtigt (> Zeile 9). Bei Altersteilzeitarbeit ist das aufgrund der abgesenkten Arbeitszeit erzielte Arbeitsentgelt – ohne Aufstockungs- und Unterschiedsbetrag – maßgebend. Das 2020 tatsächlich erzielte Entgelt können Sie z.B. einer Bescheinigung des Arbeitgebers entnehmen.

Bei Personen, die einen Pflegebedürftigen nicht erwerbsmäßig pflegen, ist insoweit ein tatsächlich erzieltes Entgelt von 0 € zu berücksichtigen.

Die Höhe des Jahres(brutto)rentenbetrags (> Zeile 10), der in der Regel nicht mit dem ausgezahlten Betrag identisch ist, können Sie Ihrer Renten(anpassungs-)mitteilung entnehmen. Bei Auszahlung der Rente einbehaltene eigene Beiträge zur Kranken- und Pflegeversicherung sind nicht vom Rentenbetrag abzuziehen. Zuschüsse eines Trägers der inländischen gesetzlichen Rentenversicherung zu Ihren Aufwendungen zur Krankenversicherung sind nicht dem Rentenbetrag hinzuzurechnen.

Die Höhe der inländischen Versorgungsbezüge wegen Dienstunfähigkeit (> Zeile 11) ergibt sich aus den Ihnen vorliegenden Mitteilungen Ihrer die Versorgung anordnenden Stelle für 2020.

Eintragungen in > Zeile 12 sind nur vorzunehmen, wenn im Jahr 2021 die Pflichtmitgliedschaft nach dem Gesetz über die Alterssicherung der Landwirte bestand. Maßgebend sind die Einkünfte aus Land und Forstwirtschaft, wie sie sich aus dem Einkommensteuerbescheid für das Jahr 2018 ergeben.

Die Höhe des Jahres(brutto)rentenbetrags (> Zeile 13), der in der Regel nicht mit dem ausgezahlten Betrag identisch ist, können Sie Ihrer Renten(anpassungs-)mitteilung entnehmen. Bei Auszahlung der Rente einbehaltene eigene Beiträge zur Kranken- und Pflegeversicherung sind nicht vom Rentenbetrag abzuziehen. Zuschüsse der Alterskasse zu Ihren Aufwendungen zur Krankenversicherung sind nicht dem Rentenbetrag hinzuzurechnen.

Bei Pflichtversicherten in einer ausländischen Rentenversicherung sind die ausländischen beitragspflichtigen Einnahmen des Jahres 2020 in > Zeile 14 einzutragen. Bezieher einer ausländischen Erwerbsminderungs- oder Erwerbsunfähigkeitsrente tragen die Höhe Ihrer Bruttorente ein. Wurden im Jahr 2020 sowohl Einnahmen aus einer Beschäftigung, die einer ausländischen gesetzlichen Rentenversicherungspflicht unterlag, als auch eine ausländische Erwerbsminderungs- oder Erwerbsunfähigkeitsrente bezogen, geben Sie die Summe der Einnahmen an.

Zeile 15 Mittelbar begünstigt 257

Ist bei Ehegatten/Lebenspartnern nur einer unmittelbar begünstigt, ist der andere (mittelbar) begünstigt, wenn

- sie nicht dauernd getrennt leben,
- beide ihren Wohnsitz oder gewöhnlichen Aufenthalt in einem Mitgliedstaat der Europäischen Union oder einem Staat haben, auf den das Abkommen über den Europäischen Wirtschaftsraum anwendbar ist und
- der mittelbar Begünstigte zugunsten eines auf seinen Namen lautenden Altersvorsorgevertrags im jeweiligen Beitragsjahr mindestens 60 € gezahlt hat und die Auszahlungsphase dieses Vertrags noch nicht begonnen hat.

15	**Ich bin für das Jahr 2021 mittelbar begünstigt.** (Bei Einzelveranlagung von Ehegatten / Lebenspartnern: Die Angaben zu den Altersvorsorgebeiträgen werden bei der Einkommensteuerveranlagung des anderen Ehegatten / Lebenspartners berücksichtigt.)	106	2 = Ja	306	2 = Ja

Ein mittelbar begünstigter Ehegatte/Lebenspartner hat Anspruch auf eine Altersvorsorgezulage, wenn seine unmittelbar begünstigte bessere Hälfte eigene geförderte Altersvorsorgebeiträge geleistet hat.
Bei Einzelveranlagung werden die vom mittelbar begünstigten Ehegatten/Lebenspartner geleisteten Altersvorsorgebeiträge im Rahmen der gesetzlichen Höchstbeträge sowie der insgesamt zustehende Zulageanspruch nur bei der Einkommensteuerveranlagung des unmittelbar begünstigten berücksichtigt. Die späteren Leistungen aus der Altersvorsorge unterliegen beim mittelbar begünstigten Ehegatten/Lebenspartner in vollem Umfang der Besteuerung, soweit sie auf staatlich gefördertem Altersvorsorgevermögen beruhen.

258 Zeilen 16 – 20 Kinderzulage

Angaben zu Kindern, für die ein Anspruch auf Kinderzulage besteht

Zeile		Geboren vor dem 1.1.2008 Anzahl der Kinder	Geboren nach dem 31.12.2007 Anzahl der Kinder
	Bei Eltern, die miteinander verheiratet sind oder miteinander eine Lebenspartnerschaft führen und 2021 nicht dauernd getrennt gelebt haben: Anzahl der Kinder, für die für **2021** Kindergeld festgesetzt worden ist und		
16	– die bei Zusammenveranlagung der Mutter / Person B zugeordnet werden oder – die bei Zusammenveranlagung von Person A auf Person B übertragen wurden	305	315
17	– für die bei Zusammenveranlagung oder Einzelveranlagung von Ehegatten / Lebenspartnern die Kinderzulage von der Mutter auf den Vater / von Person B auf Person A übertragen wurde, – die bei Einzelveranlagung von Ehegatten / Lebenspartnern der Mutter / Person A zugeordnet werden oder – die bei Zusammenveranlagung Person A zugeordnet werden	105	115
18	Anzahl der bei Einzelveranlagung von Ehegatten / Lebenspartnern von der Mutter auf den Vater übertragenen Kinderzulagen – Eintragung nur in der Steuererklärung der übertragenden Person –	225	235
	Bei allen anderen Kindergeldberechtigten: Anzahl der Kinder, für die für den ersten Anspruchszeitraum **2021** Kindergeld gegenüber		
19	– stpfl. Person / Ehemann / Person A	205	215
20	– Ehefrau / Person B	405	415
	festgesetzt worden ist (diese Kinder dürfen nicht in den Zeilen 16 bis 18 enthalten sein).		

Bei leiblichen Eltern, Adoptiv- oder Pflegeeltern, die ihren Wohnsitz oder gewöhnlichen Aufenthalt in einem Mitgliedstaat der Europäischen Union oder einem Staat haben, auf den das Abkommen über den Europäischen Wirtschaftsraum anwendbar ist, und die miteinander verheiratet sind sowie im Jahr 2021 nicht oder nur teilweise dauernd getrennt gelebt haben, steht die Kinderzulage der Mutter zu – unabhängig davon, ob das Kindergeld gegenüber dem Vater oder der Mutter festgesetzt worden ist. Auf Antrag beider Elternteile kann die Kinderzulage vom Vater in Anspruch genommen werden. Möchten Sie von dieser Möglichkeit Gebrauch machen, dann tragen Sie in > Zeile 17 die Anzahl der Kinder ein, für die die Kinderzulage von der Mutter auf den Vater übertragen werden soll. Im Fall der Einzelveranlagung von Ehegatten ist die Eintragung nur in der Einkommensteuererklärung des Vaters vorzunehmen.
Bei Eltern, die eine gleichgeschlechtliche Ehe oder eine Lebenspartnerschaft führen und die oben genannten Voraussetzungen zum Wohnsitz und zum Zusammenleben erfüllen, steht die Kinderzulage der Person zu, gegenüber der das Kindergeld festgesetzt worden ist. Auf Antrag beider Eltern kann die Kinderzulage von der anderen Person in Anspruch genommen werden. Soll die Übertragung von Person A, gegenüber der das Kindergeld festgesetzt worden ist, auf Person B erfolgen, nehmen Sie die Eintragung in > Zeile 16 vor. Soll die Übertragung der Kinderzulage von Person B, gegenüber der das Kindergeld festgesetzt worden ist, auf Person A erfolgen, nehmen Sie die Eintragung in > Zeile 17 vor.

Im Fall der Einzelveranlagung ist die Eintragung nur in der Einkommensteuererklärung des Ehegatten/Lebenspartners vorzunehmen, auf den die Kinderzulage übertragen werden soll.
Die Übertragung ist im Antrag auf Altersvorsorgezulage und in der Anlage AV identisch vorzunehmen. Anspruch auf Kinderzulage besteht für jedes Kind, für das für mindestens einen Monat des Jahres 2021 Kindergeld gegenüber dem Zulageberechtigten festgesetzt worden ist. Ist das Kindergeld im Lauf des Jahres gegenüber mehreren Zulageberechtigten festgesetzt worden, ist der Bezug für den ersten Anspruchszeitraum im Jahr 2021 (in der Regel Januar) maßgebend.

Zeile 31 – 40 Welche Altersvorsorgeverträge sind begünstigt? 259

Das Wichtige vorab: Haben Sie sich entschieden, für bestimmte Altersvorsorgeverträge keinen zusätzlichen Sonderausgabenabzug geltend zu machen, tragen Sie in den > Zeilen 31 und/oder 36 eine »1« ein und machen die entsprechenden Angaben in den > Zeilen 32 – 35 und/oder 37 – 40. Die Informationen können Sie der Ihnen ggf. vorliegenden Bescheinigung Ihres Anbieters entnehmen.
Im Regelfall können Sie auf die Angabe der Altersvorsorgebeiträge jedoch getrost verzichten, da der Anbieter Ihres Vertrags dem Finanzamt sämtliche Daten bereits übermittelt hat.

Für Interessierte …
Fördern und fordern, so will es das Gesetz. Wer die Zulage erhalten will, muss Sparbeiträge zugunsten eines auf seinen Namen lautenden Vertrags leisten. Die Vertragsform muss zertifiziert sein, d.h., sie muss ein »Gütesiegel« haben (§ 82 EStG), das vom Bundesaufsichtsamt für das Versicherungswesen vergeben wird. Einzelheiten regelt das Altersvorsorge-Zertifizierungsgesetz (AltZertG), das in das Einkommensteuergesetz eingebunden ist.
Es unterscheidet zwischen Beiträgen zu

- einem privaten Altersvorsorgevertrag (§ 82 Abs. 1 EStG) und
- einer betrieblichen Altersversorgung (§ 82 Abs. 2 EStG), speziell in
  - einen Pensionsfonds,
  - eine Pensionskasse,
  - eine Direktversicherung.

260 **A. Der private Altersvorsorgevertrag**
Mit dem Gütesiegel bestätigt das Bundesaufsichtsamt nur, dass die Produkte bestimmte Voraussetzungen und Sicherheitsaspekte erfüllen. Über die Rendite ist damit nichts gesagt. Selbst ein Produkt, bei dem Sie nach vielen Jahren nur Ihre Beiträge und die Zulagen zurückerhalten würden, könnte ein Gütesiegel erhalten.

261 Die einzelnen Anlageprodukte sind untereinander sehr verschieden, lassen sich aber auf vier Grundformen zurückführen:

- **Rentenversicherungen,**
- **Banksparpläne,**
- **Fondssparpläne,**
- **Riester-Bausparverträge (sowie Wohn-Riester).**

Vor Beginn der Auszahlungsphase kann der Sparer einen Bank- oder einen Fondssparplan immer noch in eine Rentenversicherung umwandeln.

262 **B. Betriebliche Altersversorgung als Riester-Rente nur in Ausnahmefällen**
Die betriebliche Altersversorgung im Rahmen eines Pensionsfonds, einer Pensionskasse oder einer Rentenversicherung kommt als Riester-Rente nur in Ausnahmefällen in Betracht. Denn es gibt hierfür bessere Förderwege über die Lohnsteuer. Eine Förderung über die Lohnsteuer schließt aber die Förderung durch eine Zulage aus.

Beiträge in einen Pensionsfonds, in eine Pensionskasse oder in eine Direktversicherung sind bis zu 8 % der Beitragsbemessungsgrenze (West) steuerfrei. Das sind (7.100 € × 12 Monate × 8 % =) 6.816 € im Jahr. Deshalb bieten die Arbeitgeber eine Förderung über Zulagen praktisch nicht an.

Es erübrigt sich deswegen, hier näher darauf einzugehen. Zur betrieblichen Altersversorgung mehr unter ➤ Rz 618 ff.

263 8.3 Welche Riester-Sparform ist die beste für mich?

264 **Die Rentenversicherung**
Unter den Riester-Produkten hat die Rentenversicherung mit 60 % aller Verträge den größten Zulauf.
Zur Rendite einer Rentenversicherung lassen sich keine zuverlässigen Aussagen machen. Lediglich der Rechnungszins mit 0,9 % (Stand 2021) ist einigermaßen sicher. Abschluss-, Vertriebs- und Verwaltungskosten

lassen sich in etwa beziffern, doch aufgepasst: Diese Zusatzkosten sind bei den einzelnen Anbietern unterschiedlich hoch.
Die spätere Rente hängt zu einem Gutteil von der statistischen Lebenserwartung der Versicherten bei Beginn der Auszahlungsphase ab. Sie erfahren also erst in 20 oder gar 40 Jahren, wie hoch Ihre Rente sein wird.
Eine Rentenversicherung ist somit immer eine Finanzwette zwischen dem Kunden und dem Anbieter: Lebt der Kunde länger als der Durchschnitt der Versicherten, hat er gewonnen, andernfalls verloren.
Stirbt der Berechtigte, wenn die Rente bereits zu laufen begonnen hat, ist sie futsch. Dagegen hilft eine Rentengarantiezeit. Üblich sind mindestens 5 und höchstens 14 Jahre. Eine solche Rentengarantie schlägt allerdings auf die Rendite. Stirbt der Berechtigte vor Rentenbeginn, erhalten die Erben die eingezahlten Beträge plus Zinsen ausbezahlt, nicht aber die Zulagen.

Ergebnis: Eine Rentenversicherung ist schwer kalkulierbar. Relativ hohe Abschluss- und Vertriebskosten belasten die Rendite. Die Kosten schlagen besonders bei kurzer Vertragslaufzeit zu Buche. Deshalb ist eine Rentenversicherung nichts für Ältere. Wer 90 wird, hat eine gute Rendite zu erwarten. Kerngesunde jüngere Singles sollten nicht zögern, eine Rentenversicherung abzuschließen.

Der Banksparplan **265**
Ein Banksparplan ist gut kalkulierbar. Er garantiert ebenso wie eine Rentenversicherung lebenslange Einnahmen für die Auszahlungsphase, indem bis zum Alter von 85 das Sparkapital in gleichbleibenden oder steigenden Raten und danach als lebenslange Rente ausbezahlt wird. Zur Sicherung der Rente wird ein Teilbetrag des Endguthabens in eine Rentenversicherung eingebracht.

Die Bank erhebt keine Abschluss-, Vertriebs- und Verwaltungskosten. Erben erhalten immer das vorhandene Sparkapital plus Zinsen ausbezahlt.

Die angesparten Altersvorsorgebeiträge werden variabel verzinst. Der Zinssatz wird regelmäßig an einen Referenzzinssatz angepasst, z. B. an die »Umlaufrendite börsennotierter Bundeswertpapiere mit einer Restlaufzeit von zehn Jahren«, gerechnet mit einem festgelegten Abschlag. Zusätzlich werden Bonuszinsen in Aussicht gestellt.

Die Sparkassen ködern die Kunden mit einem Renditeversprechen von mehr als 4 % und machen im konkreten Fall folgende Rechnung auf:

Eigenleistung nach 20 Jahren und 5 Monaten	9.833,17 €
Zulagen, alleinstehend mit 1 vor 2008 geborenen Kind	4.529,02 €
Zinserträge	7.546,87 €
Endguthaben mit Alter 65	21.909,06 €

Ergebnis: Ein Banksparplan eignet sich besonders für ältere Sparer, weil keine Abschluss- und Vertriebskosten anfallen. Das Risiko ist gleich null und die Rendite gut. Was vom Kapital nicht entnommen ist, fällt an die Hinterbliebenen. So ist auch der Ehepartner abgesichert.

266 **Der Fondssparplan**

Ein Fondssparplan beinhaltet die größten Ertragschancen, indem die Sparbeiträge in einem Investmentfonds angelegt werden. Bei Wiederanlage der Erträge wächst das Kapital schnell in erfreuliche Höhen – wenn alles gutgeht. In Depotauszügen wird der Sparer über die Entwicklung seines Fonds informiert.

Das Risiko eines Totalverlusts ist praktisch ausgeschlossen, denn der Aktienbesitz wird über das Investment breit gestreut. Zudem muss die Fondsgesellschaft zu Beginn der Auszahlungsphase mindestens ein Kapital in Höhe der eingezahlten Beträge plus Zulagen bereitstellen. Ein Fondssparplan hat also einen Risikopuffer nach unten.

Steht der Rentenbeginn in wenigen Jahren bevor, kann der Sparer sein Aktienkapital auf die sichere Seite bringen, indem er in einen Fonds mit festverzinslichen Wertpapieren umschichtet. Dies muss die Fondsgesellschaft kostenlos abwickeln.

Wie bei einem Banksparplan werden in der Auszahlungsphase bis zum 85. Lebensjahr gleichbleibende oder steigende Raten nach einem vorgegebenen Entnahmeplan ausgezahlt, danach wird eine Teilkapitalverrentung auf Lebenszeit vorgenommen.

Ergebnis: Ein Fondssparplan eignet sich besonders für Jüngere, die auf hohen Ertrag setzen und ein kleines Risiko nicht scheuen.

267 **Gut zu wissen:** Altersvorsorgeverträge haben Pfändungs- und Anrechnungsschutz

Altersvorsorgevermögen kann nicht übertragen werden (§ 97 EStG). Deshalb ist dieses Vermögen unpfändbar. Dies gilt aber nicht für die an den Vertragsinhaber fließenden Beträge in der Auszahlungsphase.

Altersvorsorgevermögen wird geschont
Bei Arbeitslosigkeit oder im Sozialfall wird das Guthaben in einem Riester-Vertrag als sog. Schonvermögen behandelt und bleibt bei der Berechnung des Arbeitslosengeldes oder der Sozialhilfe unberücksichtigt.

Hauskauf mit der Riester-Rente: Wohn-Riester

»Wohn-Riester« sagen die meisten zu der Vorsorgeform, die Riester-Spa- 268
rern die eigenen vier Wände schmackhaft machen soll.
Damit wird der Bau und der Kauf von selbstgenutztem Wohneigentum staatlich gefördert. Wer etwa eine Wohnung oder ein Haus kaufen will oder ein Objekt entschulden muss, darf dafür sein angespartes Riester-Kapital antasten. Gleichzeitig helfen die Riester-Zulagen, einen laufenden Immobilienkredit zu tilgen.
Und das kann sich rechnen. Sparer, die 4 % ihres beitragspflichtigen Vorjahreseinkommens in die Altersvorsorge stecken, erhalten 154 € Grundzulage, und für jedes kindergeldberechtigte Kind fließen 185 € oder sogar 300 €. So erhält eine Familie mit zwei vor 2008 geborenen Kindern und einem nach 2007 geborenem Nachzügler max. 978 €. Geld, das Bauherren und Immobilienkäufer nach Wegfall der Eigenheimzulage gut gebrauchen können.
Berufseinsteiger bis zum 25. Lebensjahr bekommen einen einmaligen Zuschuss von 200 € vom Staat, wenn sie einen Riester-Vertrag abschließen.

Wofür kann ich Wohn-Riester einsetzen? 269

Das Riester-Kapital kann für die Finanzierung einer selbstgenutzten Wohnung verwendet werden. Darunter ist ein Haus, eine Eigentumswohnung oder eine Genossenschaftswohnung einer eingetragenen Genossenschaft zu verstehen. Auch ein Dauerwohnrecht ist »riester-fähig«.
Nicht begünstigt sind: Umbauten, Renovierungen und Ferienwohnungen.

Riester-Vermögen als Eigenkapital bei der Baufinanzierung 270

Das in einem Riester-Vertrag deponierte Geld akzeptieren Banken und Kreditanbieter als Eigenmittel und beziehen es in die Berechnung des Schuldzinses für das Darlehen ein. In diesem Fall wird nicht mehr der Riester-Vertrag weiter bespart, sondern das Geld wandert als Tilgungsrate in einen Darlehensvertrag. Der Staat bezuschusst dann nicht mehr die Sparrate, sondern zahlt den Riester-Bonus auf die Tilgung.

Beispiel
Bei einem Alleinstehenden sind max. 2.100 € im Jahr zuschussfähig. Daraus ergibt sich eine Riester-Zulage von 175 €. Bei der Rückzahlung

eines Immobiliendarlehens würde dieser Betrag als Sondertilgung angerechnet.

Wichtig daher: Die Option Wohn-Riester sollte vor Vertragsschluss vereinbart werden, denn Sondertilgungen sind nicht immer ohne weiteres möglich.

271 **Der Riester-Bausparvertrag**
Bausparkassen und Wohnungsgenossenschaften dürfen nunmehr ein neues, zertifiziertes Riester-Produkt anbieten, das Bausparen und Riester-Förderung kombiniert.

272 **Was passiert mit der Wohnungsbauprämie?**
Die staatliche Wohnungsbauprämie von bis zu 45 € pro Jahr bleibt unabhängig von der Riester-Förderung erhalten. Sie fließt allerdings nur, wenn »das Kapital in Wohnimmobilien investiert wird«, so das Bundesfinanzministerium. Bislang konnte das Geld auch für andere Zwecke verwendet werden, wenn die siebenjährige Sperrfrist abgelaufen war.

273 **Was passiert mit dem Riester-Produkt, wenn das angesparte Kapital entnommen wird?**
Der Riester-Vertrag läuft weiter. Selbstverständlich lässt sich das bisherige Riester-Produkt weiter besparen, meist ohne Zulagen. Die werden in die Tilgung der Kreditraten fließen.

Stoppt der Sparer seine Einzahlungen, verwalten Versicherung, Fondsanbieter oder Bank unter Umständen jahrelang ein Riester-Depot ohne Kapital. Klar ist, die daraus fließende Riester-Rente dürfte wohl eher mickrig ausfallen.

274 **Muss Wohn-Riester versteuert werden?**
Ja. Wer vor der Rente steuerfrei anspart, muss mit Renteneintritt die Auszahlung versteuern. Für klassische Riester-Produkte heißt das: Die Rente, die aus Riester-Versicherung, -Fonds oder -Banksparplan fließt, muss der Sparer im Ruhestand versteuern. Bei Wohn-Riester gibt es natürlich keine monatliche Rente, die besteuert werden könnte. Daher wird ein fiktives Konto, das »Wohnförderkonto«, gebildet, auf dem die staatliche Förderung sowie die Tilgungsraten fürs Haus mit jährlich 2 % registriert werden. Auf diese Summe zahlt der Ruheständler dann Steuern. Der Sparer wird so behandelt, als erhielte er eine monatliche Rente.

Dabei soll der Ruheständler wählen können, ob er die Steuer auf einen Schlag zahlt, dann gewährt ihm der Fiskus einen Rabatt von 30 % – nur 70 % des Kapitals auf dem Wohnförderkonto werden versteuert. Im Gegenzug verpflichtet sich der Rentner, 20 Jahre lang den Immobilienbesitz zu halten. Als zweite Möglichkeit kann der Rentner die auf sein Riester-Vermögen entfallende Steuer 25 Jahre lang abstottern – ohne Abschlag.

Beispiel
Ein 42-jähriger Riester-Sparer nimmt im Jahr 2021 exakt 20.000 € aus seinem Vertrag. Mit 62 Jahren, also im Jahr 2040, muss er das Geld zzgl. 2 % Zinsen versteuern. Sein Einkommen 2040 beträgt 50.000 €. Versteuert er die Summe (abzgl. 30 % Nachlass) sofort, kostet ihn das knapp 10.000 € zusätzliche Abgaben. Stottert er die Steuer ab, macht sie insgesamt fast 15.500 € mehr aus.

Ist man an ein Riester-finanziertes Haus gebunden, oder darf man es verkaufen? 275
Nur wer rechtzeitig ein neues Objekt erwirbt, darf die staatlichen Zulagen behalten. Umstritten ist, wie schnell eine neue Immobilie gefunden werden muss: Im Gespräch sind ein Jahr, aber auch vier Jahre nach dem Verkauf.

9 Die Anlage Außergewöhnliche Belastungen

Außergewöhnliche Belastungen durch Behinderung, Krankheit, Pflege ...

276 Vermutlich gibt es eine Reihe von Aufwendungen, durch die Sie sich außergewöhnlich belastet fühlen. Gemeint sind hier aber Ausgaben, die aufgrund besonderer Umstände zwangsläufig anfallen, z.B. durch

- Behinderung (Pauschbeträge > Zeilen 4 – 9 und 17 – 18, tatsächliche Kosten > Zeile 33),
- Pflegebedürftigkeit (> Zeilen 11 – 16 und 32),
- Krankheit (> Zeile 31),
- Bestattung eines Angehörigen (> Zeile 34) oder
- Unwetterschäden (> Zeile 35),

und die dem Steuerpflichtigen »zwangsläufig größere Aufwendungen als der überwiegenden Mehrzahl der Steuerpflichtigen gleicher Einkommens- und Vermögensverhältnisse« aufbürden. Wie man sich denken kann, gehen da die Meinungen zwischen Steuerzahler und Fiskus oft weit auseinander.

Außergewöhnlich sind die Belastungen, wenn und soweit sie die sog. *zumutbare Belastung* übersteigen (dazu mehr unter ➤ Rz 297 ff.) und können – natürlich nur, sofern sie Ihnen nicht ersetzt werden und unter Berücksichtigung der zumutbaren Belastung – vom Gesamtbetrag der Einkünfte abgezogen werden.

2021

1 Name

2 Vorname

3 **Steuernummer**

Anlage Außergewöhnliche Belastungen

Diese Anlage ist bei Zusammenveranlagung von Ehegatten / Lebenspartnern gemeinsam auszufüllen.

Außergewöhnliche Belastungen / Pauschbeträge

53

Behinderten-Pauschbetrag

– bei erstmaliger Beantragung / Änderung bitte Nachweis einreichen –

		Ausweis / (Renten-) Bescheid / Bescheinigung gültig von		bis		unbefristet gültig		Grad der Behinderung
4	stpfl. Person / Ehemann / Person A	100 M M J J	101	M M J J	102	1 = Ja	105	

5 Ich bin – erheblich gehbehindert (Merkzeichen „G") / außergewöhnlich gehbehindert (Merkzeichen „aG") — 104 — 1 = Ja

6 – blind / taubblind / ständig hilflos (Merkzeichen „Bl" / „TBl" und / oder „H"), schwerstpflegebedürftig (Pflegegrad 4 oder 5) — 103 — 1 = Ja

		Ausweis / (Renten-) Bescheid / Bescheinigung gültig von		bis		unbefristet gültig		Grad der Behinderung
7	Ehefrau / Person B	150 M M J J	151	M M J J	152	1 = Ja	155	

8 Ich bin – erheblich gehbehindert (Merkzeichen „G") / außergewöhnlich gehbehindert (Merkzeichen „aG") — 154 — 1 = Ja

9 – blind / taubblind / ständig hilflos (Merkzeichen „Bl" / „TBl" und / oder „H"), schwerstpflegebedürftig (Pflegegrad 4 oder 5) — 153 — 1 = Ja

Hinterbliebenen-Pauschbetrag

		stpfl. Person / Ehemann / Person A		Ehefrau / Person B	
10	Ich beantrage den Hinterbliebenen-Pauschbetrag	380	1 = Ja	381	1 = Ja

Pflege-Pauschbetrag

– bei erstmaliger Beantragung / Änderung bitte Nachweis einreichen –

11 Die **unentgeltliche** persönliche Pflege einer pflegebedürftigen Person in ihrer oder in meiner Wohnung erfolgte durch — 200 — 1 = stpfl. Person / Ehemann / Person A; 2 = Ehefrau / Person B; 3 = beide Ehegatten / Lebenspartner

12 Anzahl der weiteren an der Pflege beteiligten Personen — 201

Name, Anschrift und Verwandtschaftsverhältnis der pflegebedürftigen Person

13

14

15 Identifikationsnummer der pflegebedürftigen Person — 202

16 Für die pflegebedürftige Person wurde folgender Pflegegrad / folgendes Merkzeichen festgestellt: — 203 — 2 = Pflegegrad 2; 3 = Pflegegrad 3; 4 = Pflegegrad 4 oder 5 und / oder Merkzeichen „H"

Behinderungsbedingte Fahrtkostenpauschale

– bei erstmaliger Beantragung / Änderung bitte Nachweis einreichen –

Ich beantrage die Berücksichtigung der behinderungsbedingten Fahrtkostenpauschale, da ich die nachfolgenden Voraussetzungen erfülle:

		stpfl. Person / Ehemann / Person A		Ehefrau / Person B	
17	Ich habe einen Grad der Behinderung von mindestens 80 oder einen Grad der Behinderung von mindestens 70 und Merkzeichen „G"	250	1 = Ja	251	1 = Ja
18	Ich bin außergewöhnlich gehbehindert / blind / taubblind / ständig hilflos (Merkzeichen „aG" / „Bl" / „TBl" und / oder „H"), schwerstpflegebedürftig (Pflegegrad 4 oder 5)	252	1 = Ja	253	1 = Ja

2021Anl-agB391 – Juli 2021 – 2021Anl-agB391

Auch Sie sind außergewöhnlich belastet. Hapert es in diesem Jahr noch mit der Steuerermäßigung, dann **gestalten Sie Ihre Verhältnisse entsprechend,** damit es im nächsten Jahr klappt. 277

Zeile 4 - 10, 17 - 18 und 33 Behinderte und Hinterbliebene 278

Behinderten Menschen will der Fiskus durch Abzüge bei der Steuer das Leben erleichtern. Die entsprechenden Anträge sind an unterschiedlicher Stelle in den Formularen geltend zu machen. Hier zunächst eine

Übersicht

1. Pauschbetrag für Behinderte (➤ Rz 285),
2. Pflegepauschbetrag (➤ Rz 291),
3. Kosten für Heimunterbringung (➤ Rz 370),
4. Abzüge für sonstige Kosten, insbesondere Pflegeheimkosten (➤ Rz 314 ff.).

Zu Steuervergünstigungen für ein behindertes Kind mehr unter ➤ Rz 288. Zum Pauschbetrag für Hinterbliebene mehr unter ➤ Rz 290.

Blinde (Merkzeichen »Bl«), Taubblinde (Merkzeichen »TBl«), ständig Hilflose (Merkzeichen »H«) und Schwerstpflegebedürftige (Pflegegrad 4 oder 5) tragen eine »1« in das Kästchen in > Zeile 6 ein und erhalten damit den erhöhten Pauschbetrag. Prüfen Sie den Steuerbescheid genau nach, ob dort auch wirklich 7.400 € und nicht bloß 2.840 € abgezogen wurden! 279

Wie üblich hat der Fiskus einen steinigen Weg zum Pauschbetrag angelegt. Er unterscheidet zwischen Minder- und Schwerbehinderten.

Minderbehinderte

Viele Menschen haben im Lauf ihres Lebens leicht Schaden genommen, durch Unfälle, übermäßigen Sport, Infektionen usw. Oder es liegt schon ab Geburt eine leichte Behinderung vor. Für die Steuer reicht eine Behinderung von 20 %, um einen Anspruch auf Steuerermäßigung zu begründen. Bis zu einem Behinderungsgrad von 50 % ist eine Steuerermäßigung allerdings nur möglich, 280

- wenn wegen der Behinderung ein Anspruch auf Rente besteht, z.B. aus der Berufsunfallversicherung,

- wenn die Behinderung – Schäden am Stütz- und Bewegungsapparat, z.B. durch Arthrose, verkürztes Bein, Erblindung eines Auges, Asthma – zu einer dauernden Einbuße der körperlichen Beweglichkeit geführt hat
- oder auf einer typischen Berufskrankheit beruht.

Als Nachweis benötigen Sie eine Bescheinigung des Versorgungsamts, oder Sie legen den Rentenbescheid vor, wenn Sie wegen der Behinderung Rente beziehen.

281 **Schwerbehinderte**

Behinderte mit einem Grad der Behinderung von mindestens 50 % erhalten den Pauschbetrag nach Vorlage ihres Schwerbehindertenausweises. Schicken Sie vor allem hier nur eine Kopie, denn wenn der Ausweis verlorengeht, haben Sie viel Rennerei, um Ersatz zu besorgen.
Der Behindertenpauschbetrag von 7.400 € kann auch bei Vorlage des Bescheids über die Einstufung als Schwerstpflegebedürftiger (Pflegegrad 4 oder 5) gewährt werden.

282 **TIPP** **Freibetrag schon beim Lohnsteuerabzug berücksichtigen lassen**

Dazu stellen Sie beim Finanzamt einen Antrag auf Lohnsteuerermäßigung und fügen den Nachweis für die Behinderung bei. Ab dem nächsten Jahr geht es dann ohne Formularkram, denn der Pauschbetrag wird gespeichert und automatisch beim Lohnsteuerabzug berücksichtigt. Aber auch hier gilt: Vertrauen ist gut, Kontrolle ist besser. In den Antrag auf Lohnsteuerermäßigung tragen Sie z.B. ein:

Außergewöhnliche Belastungen / Pauschbeträge 53

Behinderten-Pauschbetrag

– bei erstmaliger Beantragung / Änderung bitte Nachweis einreichen –

		Ausweis / (Renten-) Bescheid / Bescheinigung gültig von	bis	unbefristet gültig	Grad der Behinderung
4	stpfl. Person / Ehemann / Person A	100 1219	101 1223	102 1 = Ja	105 70
5	Ich bin – erheblich gehbehindert (Merkzeichen „G") / außergewöhnlich gehbehindert (Merkzeichen „aG")	104 X 1 = Ja			
6	– blind / taubblind / ständig hilflos (Merkzeichen „Bl" / „TBl" und / oder „H"), schwerstpflegebedürftig (Pflegegrad 4 oder 5)	103 1 = Ja			

Der Arzt ist schlimmer als die Krankheit.
(Alte Weisheit)

Leben Sie im Pflegeheim, kann es weitaus günstiger sein, anstelle des Pauschbetrags Ihre tatsächlichen Pflegekosten als außergewöhnliche Belastung in > Zeile 32 anzusetzen. Wie das geht, dazu mehr unter ➤ Rz 314 ff. 283

Übrigens: Eine altersbedingte allgemeine Verminderung der körperlichen Leistungsfähigkeit wird nicht als Behinderung bescheinigt.

♦ *Musterfall Huber (Behinderung)* 284
Herr Huber ist körperbehindert. Der Grad seiner Behinderung beträgt 70 %. Sein Behindertenausweis datiert vom 4.12.2019 und ist bis 2023 gültig. Dafür steht ihm ein Pauschbetrag von jährlich 1.780 € zu.

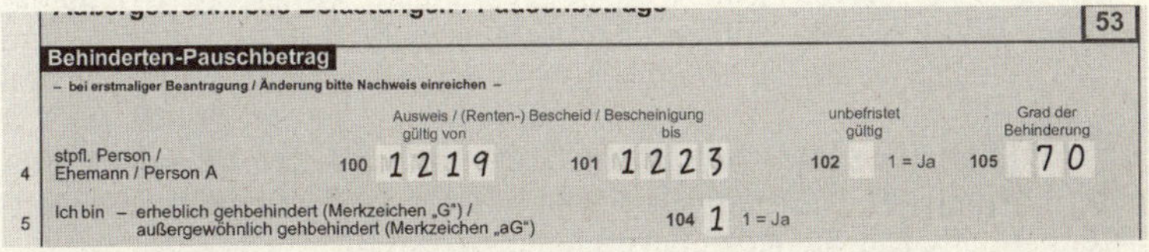
53
Behinderten-Pauschbetrag
– bei erstmaliger Beantragung / Änderung bitte Nachweis einreichen –

		Ausweis / (Renten-) Bescheid / Bescheinigung gültig von	Ausweis / (Renten-) Bescheid / Bescheinigung bis	unbefristet gültig	Grad der Behinderung
4	stpfl. Person / Ehemann / Person A	100 1219	101 1223	102 1 = Ja	105 70
5	Ich bin – erheblich gehbehindert (Merkzeichen „G") / außergewöhnlich gehbehindert (Merkzeichen „aG")		104 1 1 = Ja		

Als Behinderter haben Sie Anspruch auf einen pauschalen Freibetrag, der bestimmte Erschwernisse ausgleichen soll, die Ihnen im Verhältnis zu Nichtbehinderten entstehen. Je nach Grad der Behinderung sieht das Gesetz unterschiedliche Pauschbeträge vor (§ 33b EStG). Die Behinderung muss mindestens 20 % betragen. 285

Übersicht zur Höhe des Pauschbetrags:

Behinderungsgrad mindestens	**Pauschbetrag**
20 %	384 €
30 %	620 €
40 %	860 €
50 %	1.140 €
60 %	1.440 €
70 %	1.780 €
80 %	2.120 €
90 %	2.460 €
100 %	2.840 €

Blinde, Taubblinde und ständig Hilflose 7.400 €

286 **Was ist sonst noch alles drin?**
Der Pauschbetrag wird ohne viel Federlesens angesetzt, wenn das Versorgungsamt die Behinderung anerkannt hat. Doch mit dem Pauschbetrag sind nur die typischen Mehraufwendungen abgedeckt, die durch die Behinderung entstehen, als da sind private und berufliche Fahrtkosten (➤ Rz , Rz 718), Pflegekosten (➤ Rz 314 ff.), Hilfe im Haushalt (➤ Rz 363 ff.). Obendrein werden Sie daher für bestimmte Kosten einen Einzelnachweis führen und folgende Kosten ansetzen:

- Aufwendungen für ein **behindertengerechtes Bad**/eine **behindertengerechte Dusche** (FG Baden-Württemberg v. 29.1.1987 – EFG 1987 S. 245; FG Baden-Württemberg v. 19.3.2014, Az. 1 K 3301/12),
- Aufwendungen für einen **Führerschein**, sofern Sie das Merkzeichen »aG« (»außergewöhnlich gehbehindert«) im Behindertenausweis haben. Denn der Pauschbetrag soll die laufenden Kosten der Behinderung abdecken. Weil Führerscheinkosten nicht laufend anfallen, sind sie zusätzlich absetzbar. Zeigt sich das Finanzamt zopfig, haben Sie den Bundesfinanzhof auf Ihrer Seite (BFH v. 26.3.1993 – BStBl 1993 II S. 749). Entsprechendes gilt, wenn Sie für Ihr behindertes Kind die Führerscheinkosten übernehmen, vorausgesetzt, Sie haben den Behindertenpauschbetrag auf sich übertragen lassen.
- Aufwendungen für behindertengerechte **Ausstattung des Pkw** (Niedersächsisches FG v. 6.11.1991 – EFG 1992 S. 341).

Gut zu wissen: Ist ein Fahrzeug auf einen Schwerbehinderten mit Merkzeichen »H« (= hilflos), »Bl« (= blind) oder »aG« (= außergewöhnlich gehbehindert) zugelassen, ist es von der Kraftfahrzeugsteuer befreit. Mit Merkzeichen »G« (= gehbehindert) ermäßigt sich die Kraftfahrzeugsteuer um 50 %.

- Aufwendungen für eine **Begleitperson** bei einer Urlaubsreise bei Merkzeichen »H« oder »aG« (BFH v. 4.7.2002 BStBl 2002 II S. 765),
- Schulgeld für die **Privatschule** Ihres behinderten Kindes (EStH 33.1 – 33.4).

Mehr zum Ansatz behindertenbedingter Fahrtkosten unter ➤ Rz 294 ff.

287 **TIPP** **War Ihr Vater jahrelang krank, bevor er starb?**

Einen Antrag auf Körperbehinderung zu stellen ist ihm aber nie in den Sinn gekommen? Sie als sein Rechtsnachfolger und Erbe können nachholen, was er versäumt hat. Die Versorgungsämter sind nämlich angewiesen, auch für Verstorbene Feststellungen über eine Körperbehinderung zu treffen, soweit dies nach den vorhandenen Unterlagen möglich ist. Diese nachträgliche Feststellung beantragen Sie beim Finanzamt, wenn Sie die Steuererklärung Ihres Vaters abgeben. Das Finanzamt holt dann eine Stellungnahme des Versorgungsamts ein und muss den Pauschbetrag für Behinderte berücksichtigen. Für die Steuererstattung können Sie als Erbe Ihr Konto angeben (Quelle: § 65 Abs. 4 EStDV).

Einfacher geht's bei Pflegegrad 4 bis 5

Den Ansatz eines Pauschbetrags erreichen Sie schnell und einfach, wenn Sie nachweisen können, dass Ihr Vater Pflegegeld für den Pflegegrad 4 oder 5 bekam. Denn dann war er hilflos, und das Finanzamt muss einen Pauschbetrag von 7.400 € berücksichtigen.

Steuervergünstigung für ein behindertes Kind

Bei Kindern wird eine Behinderung häufig erst spät erkannt. Deshalb ist wichtig, dass das Versorgungsamt bescheinigt, seit wann die Behinderung vorliegt. So können z.B. die Eltern eines **Kindes mit Downsyndrom** bei entsprechender Bescheinigung des Versorgungsamts für die Jahre seit Geburt des Kindes rückwirkend den Pauschbetrag beanspruchen. 288

Achtung: An Zuckerkrankheit leidenden Kindern wird meistens kein hoher Behinderungsgrad bescheinigt. Gleichwohl kann die Zuckerkrankheit eine so hohe Pflegebedürftigkeit mit sich bringen, dass sie »hilflos« im Sinne der Steuergesetze sind, d.h. im täglichen Leben ständig in erheblichem Umfang fremder Hilfe bedürfen. Sorgen Sie also dafür, dass das Versorgungsamt Ihrem zuckerkranken Kind »Hilflosigkeit« bescheinigt und einen Grad der Behinderung von mindestens 20 %.

Nimmt Ihr Kind wegen fehlender oder geringer Einkünfte den Pauschbetrag nicht selbst in Anspruch, können Sie ihn in Ihrer Steuererklärung ansetzen. Sie haben also die freie Wahl, den Pauschbetrag bei dem geltend zu machen, bei dem er sich am günstigsten auswirkt. Außerdem können Sie wegen Ihres behinderten Kindes evtl. die Kosten für eine Haushaltshilfe (➤ Rz 363 ff.) und für Privatfahrten (➤ Rz) in Ihrer Steuererklärung unterbringen und den Pflegepauschbetrag beanspruchen (➤ Rz 291). Welche Kosten bei der Heimunterbringung eines behinderten Kindes abzugsfähig sind, dazu mehr unter ➤ Rz 321. 289

290 Zeile 10 Hinterbliebenenpauschbetrag

Sind Ihnen laufende Hinterbliebenenbezüge bewilligt worden, z.B. nach dem Bundesversorgungsgesetz oder aus der gesetzlichen Unfallversicherung, können Sie einen Pauschbetrag von 370 € beantragen.

	Hinterbliebenen-Pauschbetrag		stpfl. Person / Ehemann / Person A			Ehefrau / Person B		
10	Ich beantrage den Hinterbliebenen-Pauschbetrag	380	1	1 = Ja	381		1 = Ja

Diesen Pauschbetrag erhalten Sie auch dann, wenn das Recht auf die Bezüge ruht oder Sie für den Anspruch auf die Bezüge eine Abfindung in Form eines Kapitalbetrags erhalten haben.
Bei Hinterbliebenenbezügen ist der Nachweis durch amtliche Unterlagen (z.B. Rentenbescheid des Versorgungsamts, der zuständigen Entschädigungsbehörde oder eines Trägers der gesetzlichen Unfallversicherung) zu erbringen. Der Rentenbescheid eines Trägers der gesetzlichen Rentenversicherung genügt nicht als Nachweis.
Der Hinterbliebenenpauschbetrag für Kinder kann – da er sich bei ihnen steuerlich oft nicht auswirkt – auf die Eltern übertragen werden (> Zeile 71 der Anlage Kind).

291 Zeile 11 - 16 Pflegepauschbetrag

Nächstenliebe wird – auch steuerlich – belohnt. Wenn Sie eine ständig hilflose Person in Ihrer oder deren Wohnung im Inland oder EU-/EWR-Ausland persönlich pflegen und dafür keine Einnahmen erhalten, kann Ihnen für die entstehenden Aufwendungen ein Pauschbetrag gewährt werden. Dieser beträgt:

- bei Pflegegrad 2 — 600 €
- bei Pflegegrad 3 — 1.100 €
- bei Pflegegrad 4 oder 5 und/oder Merkzeichen »H« — 1.800 €

	Pflege-Pauschbetrag – bei erstmaliger Beantragung / Änderung bitte Nachweis einreichen –			
11	Die **unentgeltliche** persönliche Pflege einer pflegebedürftigen Person in ihrer oder in meiner Wohnung erfolgte durch	200	3	1 = stpfl. Person / Ehemann / Person A 2 = Ehefrau / Person B 3 = beide Ehegatten / Lebenspartner
12	Anzahl der weiteren an der Pflege beteiligten Personen	201		
13	Name, Anschrift und Verwandtschaftsverhältnis der pflegebedürftigen Person: Else Huber/Aachener Straße 11, Köln/Mutter			

Einnahmen sind z.B. das Pflegegeld, das die hilflose Person von einer Pflegeversicherung erhält und an Sie weitergibt, um Ihre Pflegedienstleistungen zu vergüten oder Ihre Aufwendungen zu ersetzen.

Gut zu wissen: Wird das Pflegegeld lediglich zur unmittelbaren Sicherung der erforderlichen Grundpflege der pflegebedürftigen Person verwendet (Bezahlung einer fremden Pflegeperson, Anschaffung von Bedarfsgegenständen, die für die Pflege notwendig sind oder sie erleichtern), liegen keine Einnahmen vor.

Das von den Eltern für ihr behindertes Kind empfangene Pflegegeld zählt ebenfalls nicht zu den Einnahmen.

Den Pauschbetrag gibt es für jeden Pflegefall und steht Ihnen selbst dann in voller Höhe zu, wenn Sie nur während eines Teils des Jahres die Pflege besorgt oder überwacht haben. Sie werden ihn deshalb auch dann beantragen, wenn der Pflegebedürftige während der Woche in einem Heim lebt und nur am Wochenende nach Hause kommt oder wenn er im Lauf des Jahres verstorben ist.

Die Pflegebedürftigkeit ist durch einen Schwerbehindertenausweis mit dem Merkzeichen »H« oder durch einen Bescheid über die Einstufung als Schwerstpflegebedürftiger (Pflegegrad 4 oder 5) nachzuweisen.

Anstelle des Pauschbetrags können Sie die Pflegeaufwendungen auch als außergewöhnliche Belastungen in > Zeile 32 geltend machen, sofern sie mehr als 600 €, 1.100 € oder 1.800 € betragen oder die Einnahmen aus der Pflege übersteigen und die zu pflegende Person die Pflegekosten nicht selbst finanziell tragen kann. Allerdings wird dann eine »zumutbare Belastung« angerechnet.

Der Pauschbetrag wird nur für die Pflege von Angehörigen gewährt. Wird die Pflege von mehreren Personen vorgenommen, wird der Pauschbetrag entsprechend geteilt. Erhält eine Person Einnahmen für die Pflege, ist sie nicht in die Aufteilung einzubeziehen und nicht in die > Zeile 13 einzutragen.

Werden Sie bei Ihrer Pflegeleistung von fremden Dritten gegen Entgelt unterstützt (z.B. ambulante Pflegedienste), können Sie hierfür neben dem Pauschbetrag eine Steuerermäßigung beantragen (> Zeile 5 der Anlage Haushaltsnahe Aufwendungen).

Pflegen Sie mehr als eine Person, machen Sie die erforderlichen Angaben zu den > Zeilen 11 – 16 in einer formlosen Anlage mit der Überschrift »Ergänzende Angaben zur Steuererklärung« und tragen in > Zeile 45 des Hauptvordrucks ESt 1 A eine »1« ein.

Ergänzende Angaben zur Steuererklärung

45	Über die Angaben in der Steuererklärung hinaus sind weitere oder abweichende Angaben oder Sachverhalte zu berücksichtigen. Diese ergeben sich aus der beigefügten Anlage, welche mit der Überschrift **„Ergänzende Angaben zur Steuererklärung“** gekennzeichnet ist.	175	1	1 = Ja

Hinweis: Wenn über die Angaben in der Steuererklärung hinaus weitere oder abweichende Angaben oder Sachverhalte berücksichtigt werden sollen, tragen Sie bitte eine „1“ ein. Gleiches gilt, wenn bei den in der Steuererklärung erfassten Angaben bewusst eine von der Verwaltungsauffassung abweichende Rechtsauffassung zugrunde gelegt wurde. Falls Sie mit Abgabe der Steuererklärung lediglich Belege und Aufstellungen einreichen, ist keine Eintragung vorzunehmen.

Guter Rat: Pflege des Ehegatten oder eines Kindes
Den Pflegepauschbetrag von 924 € beantragen Sie immer, wenn Ihr Ehegatte oder Ihr Kind hilflos ist. Er steht Ihnen auf jeden Fall zu, selbst dann, wenn Sie den Behindertenpauschbetrag von 7.400 € (➤ Rz 285) für den betreuten Angehörigen absetzen. Der Behindertenpauschbetrag für Ehegatten wird im Rahmen der Zusammenveranlagung abgesetzt. Den für das Kind können Sie als Eltern absetzen, wenn das Kind ihn mangels Einkünfte nicht selbst in Anspruch nehmen kann (➤ Rz 289).

292 **TIPP**
Später Rente für ehrenamtliche Pflege kassieren

Für die häusliche Pflege zahlt die Pflegeversicherung ihrer schwerstpflegebedürftigen Mutter das Pflegegeld für Pflegegrad 5 in Höhe von 901 € im Monat. Das Pflegegeld ist eine Entschädigung eigener Art und deswegen steuerfrei (§ 3 Nr. 1 a EStG).

Was in § 166 Sozialgesetzbuch sechs (SGB VI) in Verbindung mit § 3 SGB XI geschrieben steht, ist finanziell nicht minder interessant. Als anerkannte Pflegeperson sind Sie durch Einbeziehung in die gesetzliche Rentenversicherung für das Alter sozial abgesichert. Hierdurch steigt Ihre spätere Rente, es können sogar Rentenansprüche erst durch die Pflegeleistungen begründet werden. Denn Pflegezeiten sind vollwertige Rentenzeiten. Dabei ist wichtig zu wissen: Es fallen nur diejenigen Personen unter die Rentenregelung, die einen Pflegebedürftigen

- nicht erwerbsmäßig und
- wenigstens 14 Stunden wöchentlich pflegen.

Sie dürfen allerdings neben der Pflege keine andere Erwerbstätigkeit ausüben, die Sie mehr als 30 Stunden pro Woche in Anspruch nimmt.
Nun fragen Sie mich nicht, in welcher Höhe Sie später aus dieser Tätigkeit mit einer (zusätzlichen) Rente belohnt werden. Das wird Ihnen nur ein Rentenexperte sagen können. Auf jeden Fall zahlt die Pflegeversicherung nicht unerhebliche Beträge für Sie in die Rentenkasse ein, nachzulesen in § 166 SGB VI.

293 **TIPP**
Kümmern Sie sich um eine einsame kranke Nachbarin?

Dann lassen Sie sich das von Vater Staat honorieren. Denn auch bei Nachbarschaftshilfe können Sie den Pflegepauschbetrag beanspruchen (Quelle: EStH

33b; sittliche Verpflichtung bei enger persönlicher Beziehung zur gepflegten Person).
Die Zwangsläufigkeit Ihres Bemühens können Sie dem Finanzamt problemlos dartun. Schließlich hat die Nachbarin früher, wenn Not am Mann war, Ihre Kinder gehütet und so manchen Abend den Babysitter gespielt, ohne mehr als ein Dankeschön zu verlangen. Und da sollen Sie sich jetzt nicht um sie kümmern?

Wichtig zu wissen: Kosten häuslicher Intensiv- und Behandlungspflege sind zusätzlich zum Pauschbetrag für Körperbehinderung steuerlich absetzbar. Dazu mehr unter ➤ Rz 317.

Zeile 17 - 18 Behinderungsbedingte Fahrtkostenpauschale

Was bisher lediglich in den Steuerrichtlinien zu finden und damit häufig 294
nur Insidern bekannt war: Auch Kosten für Privatfahrten können bei Vorliegen einer Körperbehinderung zu einem Steuerrabatt führen!
Seit 2021 findet sich diese Regelung im Gesetz und damit nunmehr auch im Steuerformular.

Behinderungsbedingte Fahrtkostenpauschale

– bei erstmaliger Beantragung / Änderung bitte Nachweis einreichen –

Ich beantrage die Berücksichtigung der behinderungsbedingten Fahrtkostenpauschale, da ich die nachfolgenden Voraussetzungen erfülle:

		stpfl. Person / Ehemann / Person A		Ehefrau / Person B	
17	Ich habe einen Grad der Behinderung von mindestens 80 oder einen Grad der Behinderung von mindestens 70 und Merkzeichen „G"	250	1 = Ja	251	1 = Ja
18	Ich bin außergewöhnlich gehbehindert / blind / taubblind / ständig hilflos (Merkzeichen „aG" / „Bl" / „TBl" und / oder „H"), schwerstpflegebedürftig (Pflegegrad 4 oder 5)	252	1 = Ja	253	1 = Ja

Menschen mit Behinderungen und einem Grad der Behinderung von mindestens 80 oder von mindestens 70 und dem Merkzeichen »G« haben Anspruch auf eine behinderungsbedingte Fahrtkostenpauschale in Höhe von 900 €.
Wurde das Merkzeichen »aG«, »Bl«, »TBl« und/oder »H« festgestellt oder liegt bei Ihnen der Pflegegrad 4 oder 5 vor, besteht sogar Anspruch auf eine behinderungsbedingte Fahrtkostenpauschale in Höhe von 4.500 €.

Traurig, aber wahr:
- Darüber hinaus sind keine weiteren behinderungsbedingten Fahrtkosten als außergewöhnliche Belastungen berücksichtigungsfähig.

- Das Finanzamt mindert die behinderungsbedingte Fahrtkostenpauschale im Rahmen der Einkommensteuerveranlagung zusammen mit den anderen außergewöhnlichen Belastungen um die »zumutbare Belastung« (siehe auch ➤ Rz 298) .

Aber aufgepasst: Die Kosten für die behindertengerechte Umrüstung des Fahrzeugs sind zusätzlich in voller Höhe als außergewöhnliche Belastung absetzbar.

295 **Wichtig zu wissen:** Die Übertragung der behinderungsbedingten Fahrtkostenpauschale für ein Kind oder ein Enkelkind, für das Sie Anspruch auf Kindergeld oder Freibeträge für Kinder haben, können Sie in der Anlage Kind in den > Zeilen 73 und 74 beantragen.

Übertragung der behinderungsbedingten Fahrtkostenpauschale

– bei erstmaliger Beantragung / Änderung bitte Nachweis einreichen –

Die Übertragung der behinderungsbedingten Fahrtkostenpauschale wird beantragt, da das Kind die nachfolgenden Voraussetzungen erfüllt:

73	Das Kind hat einen Grad der Behinderung von mindestens 80 oder einen Grad der Behinderung von mindestens 70 und Merkzeichen „G"	91	1 = Ja
74	Das Kind ist außergewöhnlich gehbehindert / blind / taubblind / ständig hilflos (Merkzeichen „aG" / „Bl" / „TBl" und / oder „H"), schwerstpflegebedürftig (Pflegegrad 4 oder 5)	92	1 = Ja

Zeile 31 – 38 Andere (außergewöhnliche) Aufwendungen

296 Neben den bisher behandelten Fällen können Sie noch andere außergewöhnliche Belastungen in der Steuererklärung unterbringen. Hauptsächlich kommen in Betracht Aufwendungen durch:

- Krankheit ➤ Rz 302 ff.,
- Kuraufenthalt ➤ Rz 312 ff.,
- Aufwendungen behinderter Menschen, z.B.
  - Pflegeheim ➤ Rz 314 ff.,
  - Umbaukosten ➤ Rz 323,
- Begräbnis/Trauerfall ➤ Rz 324 f.,
- Wiederbeschaffung von Hausrat ➤ Rz 327 ff.,
- Umzug/Wohnungswechsel ➤ Rz 330 f.,
- Ehescheidung ➤ Rz 332 ff.,
- sonstige außergewöhnliche Belastungen ➤ Rz 335.

ANLAGE AUSSERGEWÖHNLICHE BELASTUNGEN 2022
Aufwendungen bei Behinderung, Krankheit, Pflege ...

Andere Aufwendungen

Zeile	Art der Aufwendungen		Summe der Aufwendungen EUR		Anspruch auf zu erwartende / Erhaltene Versicherungsleistungen, Beihilfen, Unterstützungen, Wert des Nachlasses usw. EUR
31	Krankheitskosten (z. B. Arznei-, Heil- und Hilfsmittel, Kurkosten)	302	,–	303	,–
32	Pflegekosten (z. B. häusliche Pflege und Heimunterbringung)	304	,–	305	,–
33	Behinderungsbedingte Aufwendungen (z. B. Umbaukosten)	306	,–	307	,–
34	Bestattungskosten (z. B. Grabstätte, Sarg, Todesanzeige)	310	,–	311	,–
35	Sonstige außergewöhnliche Belastungen	312	,–	313	,–

Für folgende Aufwendungen wird die Steuerermäßigung für haushaltsnahe Beschäftigungsverhältnisse / Dienstleistungen / Handwerkerleistungen beantragt, soweit sie wegen Abzugs der zumutbaren Belastung nicht als außergewöhnliche Belastungen berücksichtigt werden (die Beträge sind nicht zusätzlich in den Zeilen 4 bis 9 der Anlage Haushaltsnahe Aufwendungen einzutragen):

Zeile			Aufwendungen (abzüglich Erstattungen) EUR
36	Die in Zeile 32 enthaltenen Pflegeleistungen im Rahmen eines geringfügigen Beschäftigungsverhältnisses im Privathaushalt – sog. Minijob – betragen	370	,–
37	Die in Zeile 32 enthaltenen übrigen haushaltsnahen Pflegeleistungen (ohne Minijob) und in Heimunterbringungskosten enthaltenen Aufwendungen für Dienstleistungen, die denen einer Haushaltshilfe vergleichbar sind, betragen	371	,–
38	Die in Zeile 31 bis 35 enthaltenen Arbeitskosten für Handwerkerleistungen betragen	372	,–

Gleich vorweg die Ungerechtigkeit: 297
Einen Teil der Belastung müssen Sie selbst tragen. Die Höhe der zumutbaren Belastung ist davon abhängig, wie hoch Ihre Einkünfte sind, ob Sie verheiratet sind und wie viele Kinder Sie haben. Es ist ein großes Unrecht, Ihnen – wenn Sie schon sehr belastet sind – auch noch zu sagen, dass ein Teil davon zumutbar sei!
Soweit Ihnen von dritter Seite Kosten ersetzt werden, müssen Sie sich diese Ersatzleistungen natürlich anrechnen lassen.

Belastungstabelle (§ 33b Abs. 3 EStG)

298

Zumutbare Belastung (in % des Gesamtbetrags der Einkünfte)				
Bei einem Gesamtbetrag der Einkünfte von	Alleinstehende	Splittingberechtigte u. Verwitwete bis zum 2. Todesjahr	Personen mit steuerlich zu berücksichtigenden Kindern	
			1 – 2 Kinder	3 oder mehr Kinder
15.340 €	5	4	2	1
15.341 – 51.130 €	6	5	3	1
über 51.130 €	7	6	4	2

Beispiel

Die Eheleute Huber (1 Kind) haben Einkünfte von 55.000 €.

Zumutbare Belastung bis 15.340 €: 2 %, ergibt	306,80 €
Zumutbare Belastung von 15.340 € bis 51.130 €: 3 %, ergibt	1.073,70 €
Zumutbare Belastung über 51.130 € bis 55.000 €: 4 %, ergibt	154,80 €
Zumutbare Belastung insgesamt daher	1.535,30 €

♦ *Musterfall Backs (Beerdigungs- und Krankheitskosten)*

299 *Freund Backs möchte das Jahr 2021 am liebsten ganz vergessen. Im Frühjahr verstarb seine alleinstehende Mutter. Von den 5.050 € Begräbniskosten trug 2.500 € die Sterbegeldversicherung, den Rest zahlte er selbst.*

In den Begräbniskosten waren 830 € für die Bewirtung der Trauergäste enthalten. Backs weiß, dass er die Bewirtungskosten nicht absetzen kann. Deshalb trägt er nur 4.220 € in > Zeile 34 ein. Allerdings rechnet er die Bewirtungskosten mit dem Sterbegeld auf und setzt deshalb nur 1.670 € als Versicherungsleistung an.

Im Herbst war Backs einige Wochen gesundheitlich schwer angeschlagen. Ein Krankenhausaufenthalt hat insgesamt 4.600 € gekostet, die Backs in die linke Spalte von > Zeile 31 einträgt. Von den 4.600 € hat die Krankenkasse als Abschlag in 2021 2.700 € gezahlt, 2022 einen Restbetrag von 700 €. Von seinem Arbeitgeber bekam Backs 2021 einen steuerfreien Zuschuss von 250 €. Macht insgesamt 3.650 €, die Backs in der rechten Spalte von > Zeile 31 vermerkt.

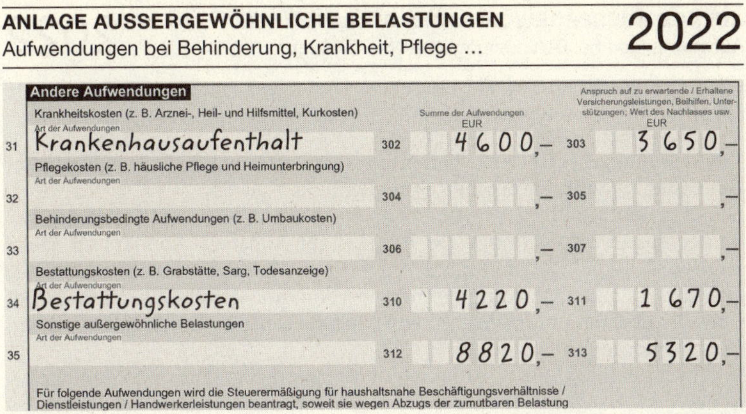

ANLAGE AUSSERGEWÖHNLICHE BELASTUNGEN 2022
Aufwendungen bei Behinderung, Krankheit, Pflege …

Andere Aufwendungen

			Summe der Aufwendungen EUR		Anspruch auf zu erwartende / Erhaltene Versicherungsleistungen, Beihilfen, Unterstützungen; Wert des Nachlasses usw. EUR
	Krankheitskosten (z. B. Arznei-, Heil- und Hilfsmittel, Kurkosten) Art der Aufwendungen				
31	Krankenhausaufenthalt	302	4600,–	303	3650,–
	Pflegekosten (z. B. häusliche Pflege und Heimunterbringung) Art der Aufwendungen				
32		304	,–	305	,–
	Behinderungsbedingte Aufwendungen (z. B. Umbaukosten) Art der Aufwendungen				
33		306	,–	307	,–
	Bestattungskosten (z. B. Grabstätte, Sarg, Todesanzeige) Art der Aufwendungen				
34	Bestattungskosten	310	4220,–	311	1670,–
	Sonstige außergewöhnliche Belastungen Art der Aufwendungen				
35		312	8820,–	313	5320,–

Für folgende Aufwendungen wird die Steuerermäßigung für haushaltsnahe Beschäftigungsverhältnisse / Dienstleistungen / Handwerkerleistungen beantragt, soweit sie wegen Abzugs der zumutbaren Belastung

Backs weiß, dass die verbleibenden Kosten nicht in voller Höhe berücksichtigt werden, sondern um die zumutbare Belastung gekürzt werden. Sein Gesamtbetrag der Einkünfte beträgt 52.000 €. Dies führt zu folgender Steuerermäßigung:

Krankheitskosten		*950 €*
Begräbniskosten		*2.550 €*
Summe		*3.500 €*
./. zumutbare Belastung		
15.340 € × 1 % =	*153,40 €*	
(51.130 € – 15.340 €) × 1 % =	*357,90 €*	
(52.000 € – 51.130 €) × 2 % =	*17,40 €*	
	528,70 €	*– 29,00 €*
Außergewöhnliche Belastungen		*2.971,00 €*

Und so gehen Sie mit der zumutbaren Belastung richtig um:

TIPP Mal kleckern, mal klotzen 300

Die zumutbare Belastung wird Ihnen in jedem Jahr abgezogen. Auf diese raffinierte Weise erreicht der Fiskus, dass die meisten Aufwendungen unter den Tisch fallen. Wie können Sie dem begegnen?
Rechnen Sie sich zunächst Ihre zumutbare Belastung anhand der Übersicht unter ➤ Rz 298 aus. (Den Gesamtbetrag Ihrer Einkünfte können Sie sich vom Steuerprogramm Elster berechnen lassen, ➤ Rz 6.) Dann sehen Sie zu, dass Sie über diesen Betrag kommen, indem Sie Aufwendungen, die Sie eigentlich jetzt machen müssten, für das nächste Jahr aufheben, oder umgekehrt: Haben Sie in diesem Jahr unerwartete Belastungen, so ziehen Sie Ausgaben,

die für nächstes Jahr geplant waren, vor. Die Devise lautet also: In einem Jahr kleckern, im anderen klotzen.

301 **Wenn es einmal ganz Dicke gekommen ist: Verteilung außergewöhnlicher Belastungen auf mehrere Jahre möglich!**
Die Beseitigung von Unwetterschäden (➤ Rz 327 ff.) oder auch ein behindertengerechter Umbau (➤ Rz 323) gehen ganz besonders ins Geld. Da kann es schon einmal passieren, dass die Kosten, obwohl sie um die zumutbare Eigenbelastung gekürzt werden, noch so hoch sind, dass der Grundfreibetrag unterschritten wird und sie sich steuerlich nicht voll und ganz auswirken.
In diesem Fall hilft ein Antrag beim Finanzamt, die Kosten im Billigkeitswege (§ 163 AO) auf mehrere Jahre zu verteilen. Helfen Sie Ihrem Finanzbeamten dabei mit Hinweis auf das FG-Urteil Düsseldorf vom 20.8.2014 (4 K 718/13) auf die Sprünge.

302 Zeile 31 Krankheitskosten (z. B. Arznei-, Heil- und Hilfsmittel)

Aufwendungen für Heilen, Lindern oder Vorbeugen von Krankheiten sind steuerlich absetzbar.
Voraussetzung für die steuerliche Berücksichtigung der Aufwendungen ist, dass diese **zwangsläufig** entstanden sind. Nun sollte man meinen, Krankheitskosten entstünden stets zwangsläufig, denn wer sucht sich eine Krankheit schon aus? Dennoch wollen die misstrauischen Finanzbürokraten einen Nachweis der Zwangsläufigkeit in Form einer Verordnung des Arztes oder Heilpraktikers sehen.

Ohne Nachweis geht gar nichts!
Die Anerkennung Ihrer Kosten für Medikamente, Heil- und Hilfsmittel als außergewöhnliche Belastung hängt also davon ab, dass Sie deren Notwendigkeit nachweisen. Nach § 64 EStDV benötigen Sie dafür in jedem Fall das Rezept eines Arztes oder eines Heilpraktikers. Ob es sich dabei um ein Privat- oder ein Kassenrezept handelt, spielt keine Rolle.
Bei Medikamenten, die Sie dauernd oder über längere Zeit einnehmen müssen, genügt es, einmal eine ärztliche Dauerverordnung vorzulegen. Auch für Hilfsmittel wie Brillen benötigen Sie ein Rezept des Augenarztes. Die Bescheinigung des Optikers über die Veränderung Ihrer Sehstärke reicht nicht aus.
Erfreulich das BFH-Urteil vom 11.8.1991 (III R 70/88 – BFH/NV 385/1991), wonach nicht rezeptpflichtige Medikamente und allgemeine Stärkungsmittel steuerlich abziehbar sind, wenn sie – nach Gegenstand

und Menge spezifiziert – ärztlich verordnet wurden und die Krankenkasse eine Erstattung der Kosten abgelehnt hat. Mit derselben Begründung können Sie auch die Zuzahlungen absetzen, die Sie leisten mussten, weil Sie lieber das erprobte teurere Markenmedikament genommen haben, statt sich mit einer unbekannten Ersatzpille zufriedenzugeben.

Genauso förmlich geht es mit den Nachweisen zu bei Heil- und Hilfsmitteln, die Gegenstände des täglichen Bedarfs ersetzen, z.B. Spezialbetten, orthopädische Schuhe, Stützstrümpfe, Spezialwäsche etc. Oder wenn bei Ihnen eine wissenschaftlich nicht anerkannte Behandlungsmethode wie Frischzellen- oder Trockenzellenbehandlung, Sauerstoff-, Chelat- oder Eigenbluttherapie angewendet wird. In diesen Fällen benötigen Sie ein **vor** dem Kauf des Hilfsmittels bzw. **vor** Beginn der Behandlung ausgestelltes Attest vom **Amtsarzt** oder vom **Medizinischen Dienst**.

Keine Ausnahme von der Regel: Die Ausnahmen, nach denen die medizi- **303**
nische Erforderlichkeit bestimmter Maßnahmen auch nachträglich durch den Amtsarzt bestätigt werden konnte, hat der Gesetzgeber mit Einführung des § 64 EStDV einkassiert.

Im Folgenden der Wortlaut der Schreckensvorschrift:
Den Nachweis der Zwangsläufigkeit von Aufwendungen im Krankheitsfall hat der Steuerpflichtige zu erbringen:

*1. durch eine **Verordnung eines Arztes oder Heilpraktikers** für Arznei-, Heil- und Hilfsmittel (§§ 2, 23, 31 bis 33 des Fünften Buches Sozialgesetzbuch);*

*2. durch ein **amtsärztliches Gutachten oder eine ärztliche Bescheinigung eines Medizinischen Dienstes der Krankenversicherung** (§ 275 des Fünften Buches Sozialgesetzbuch) für*

a) eine Bade- oder Heilkur; bei einer Vorsorgekur ist auch die Gefahr einer durch die Kur abzuwendenden Krankheit, bei einer Klimakur der medizinisch angezeigte Kurort und die voraussichtliche Kurdauer zu bescheinigen,
b) eine psychotherapeutische Behandlung; die Fortführung einer Behandlung nach Ablauf der Bezuschussung durch die Krankenversicherung steht einem Behandlungsbeginn gleich,
c) eine medizinisch erforderliche auswärtige Unterbringung eines an Legasthenie oder einer anderen Behinderung leidenden Kindes des Steuerpflichtigen,
d) die Notwendigkeit der Betreuung des Steuerpflichtigen durch eine Begleitperson, sofern sich diese nicht bereits aus dem Nachweis der Behinderung nach § 65 Absatz 1 Nummer 1 ergibt,

e) medizinische Hilfsmittel, die als allgemeine Gebrauchsgegenstände des täglichen Lebens im Sinne von § 33 Absatz 1 des Fünften Buches Sozialgesetzbuch anzusehen sind,
f) wissenschaftlich nicht anerkannte Behandlungsmethoden, wie z.B. Frisch- und Trockenzellenbehandlungen, Sauerstoff-, Chelat- und Eigenbluttherapie.
Der nach Satz 1 zu erbringende Nachweis muss vor Beginn der Heilmaßnahme oder dem Erwerb des medizinischen Hilfsmittels ausgestellt worden sein;

*3. durch eine **Bescheinigung des behandelnden Krankenhausarztes** für Besuchsfahrten zu einem für längere Zeit in einem Krankenhaus liegenden Ehegatten oder Kind des Steuerpflichtigen, in dem bestätigt wird, dass der Besuch des Steuerpflichtigen zur Heilung oder Linderung einer Krankheit entscheidend beitragen kann.*

304 **TIPP**

Haben Sie Ihre Zahnreparatur selbst bezahlt?

Lassen Sie z.B. Ihre Amalgamfüllungen durch Goldinlays ersetzen, kostet Sie der Eigenanteil ein halbes Vermögen. Aber durch die Steuererstattung ist es nur halb so schlimm. Und: Lächeln ist die schönste Methode, Ihrem Fiskalritter die Zähne zu zeigen. Nehmen Sie für die Zahnarztrechnung einen Kredit auf, können Sie sogar die Zinsen nebst Bearbeitungsgebühr und Disagio absetzen.

Achten Sie aber wegen der zumutbaren Belastung darauf, die Zahnarztrechnung zusammen mit evtl. anderen außergewöhnlichen Ausgaben in einem Kalenderjahr zu bezahlen.

305 **TIPP**

Beachten Sie die zumutbare Belastung der Sozialkassen

Was für die Steuer richtig ist – mal kleckern, mal klotzen (➤ Rz 300) –, das gilt ebenfalls für die Krankenversicherung. Denn auch die Sozialgesetzbücher muten Ihnen zu, einen Eigenanteil an Krankheitskosten bis zu 2 % (für chronisch Kranke bis zu 1 %) Ihrer Bruttoeinnahmen selbst zu tragen. Bis zu dieser Grenze sind Zuzahlungen zu entrichten.
Wird die Belastungsgrenze innerhalb eines Kalenderjahrs erreicht, hat die Krankenkasse eine Bescheinigung darüber zu erteilen, dass für den Rest des Kalenderjahres keine Zuzahlungen mehr zu leisten sind (§ 61 SGB V). Es gibt Kassen, die gegen eine Vorauszahlung in Höhe der Belastungsgrenze die Bescheinigung schon zu Beginn des Jahres ausstellen (z.B. Barmer Ersatzkasse). Bei der Ermittlung der Belastungsgrenze werden die Bruttoein-

nahmen der Haushaltsangehörigen und die Zuzahlungen zusammengerechnet.

Dies bedeutet für Sie:

1. Sie müssen sich sämtliche Zuzahlungen bescheinigen lassen und die Bescheinigungen sammeln, damit Sie die Überschreitung der 2-%-Grenze gegenüber der Krankenkasse belegen können.
2. Sie sollten notwendige Heilbehandlungen, den Erwerb von Hilfsmitteln, Kuren etc. für Sie und Ihre Familie möglichst in einem Jahr bündeln. So kommen Sie am schnellsten über die Belastungsgrenze und machen sich so für weitere Kosten zuzahlungsfrei.

Berechnung der Belastungsgrenze 306

Von den jährlichen Bruttoeinnahmen werden Freibeträge abgezogen: 5.922 € für den Ehe- oder Lebenspartner. Für jedes Kind wird ein Betrag in Höhe der Freibeträge für Kinder von derzeit 8.388 € angesetzt. Alleinerziehende mit zwei Kindern erhalten so beispielsweise einen Freibetrag von 16.776 €.

Beispiel

Eltern mit einem Kind, Bruttoeinnahme zum Lebensunterhalt		= 40.000 €
./. Freibeträge		
Ehegatte	5.922 €	
Kind	8.388 €	
Summe	14.310 €	> – 14.310 €
Verbleiben		25.690 €
Davon 2 % = Belastungsgrenze		514 €

Auszug aus dem Horrorkatalog für Zuzahlungen 307

Arznei-, Verband- und Hilfsmittel:

Bei verschreibungspflichtigen Arznei-, Verband- und Hilfsmitteln (z.B. Einlagen) müssen Patienten 10 % der Kosten selbst tragen. Die Zuzahlung beträgt mindestens 5 €, höchstens jedoch 10 €.

Das bedeutet: Bei einem Medikament für 80 € zahlt der Patient 8 € zu. Bei einer Salbe für 7 € sind nicht etwa nur 0,70 € fällig, sondern satte 5 €. Hingegen ein sehr teures Medikament für 150 € kostet den Patienten statt 15 € nur 10 €.

Bei Hilfsmitteln, die zum Verbrauch bestimmt sind (z.B. Windeln bei Inkontinenz), ist die Zuzahlung auf 10 € je Indikation im Monat beschränkt.

Besonderheit: Für Arzneimittel, für die ein Festbetrag festgesetzt wurde, übernimmt die Krankenkasse nur die Kosten bis zur Höhe dieses Festbetrags. Liegt er unterhalb des Apothekenverkaufspreises, fallen daher weitere Zuzahlungen an.

Stationäre Behandlung/Anschlussrehabilitation:
Wer im Krankenhaus behandelt wird, muss pro Tag 10 € zuzahlen – begrenzt auf 28 Tage im Kalenderjahr. Das heißt: Niemand muss mehr als 280 € zuzahlen. Diese Regelung gilt auch für die Anschlussrehabilitation, wobei die Zuzahlungen zu den vorhergehenden Krankenhaustagen angerechnet werden.

Rehabilitation – ambulant und stationär:
Wer in einer Rehaklinik eine stationäre oder ambulante Rehabilitation macht, zahlt ohne zeitliche Begrenzung 10 € pro Tag zu.

Vorsorge – stationär:
Wer z. B. eine Mutter/Vater-Kind-Kur macht, zahlt ohne zeitliche Begrenzung 10 € pro Tag zu.

Heilmittel und häusliche Krankenpflege:
Bei Heilmitteln – wie Krankengymnastik, Ergotherapie, Logopädie oder Massage – müssen Patienten 10 % der Kosten selbst tragen. Hinzu kommen 10 € pro Rezept. Das heißt: Wer vom Arzt sechs Therapieeinheiten verordnet bekommt, zahlt 10 % der gesamten Behandlungskosten plus einmalig 10 €. Zu den Behandlungskosten zählen auch Kosten, die durch Hausbesuche bei Patienten entstehen.
Verordnungsgebühr und 10 % Zuzahlung gelten auch für die häusliche Krankenpflege, z. B., wenn ein Patient nach einer Operation zu Hause von einem Pflegedienst versorgt wird, damit er das Krankenhaus schneller verlassen kann. Bei der häuslichen Krankenpflege bleibt die Zuzahlung auf max. 28 Tage pro Kalenderjahr begrenzt.

Fahrtkosten:
Fahrten zu einer ambulanten Behandlung übernehmen die gesetzlichen Krankenkassen nur noch in Ausnahmefällen und nach vorheriger Genehmigung. Und selbst dann muss der Patient – ebenso wie bei Fahrten zur stationären Behandlung – 10 % zuzahlen, mindestens jedoch 5 € und höchstens 10 €.

Haushaltshilfen:
Familien mit Kindern, die eine Haushaltshilfe brauchen – z. B., weil die Mutter im Krankenhaus liegt –, müssen pro Tag 10 % der Kosten selbst übernehmen. Dabei beträgt die Zuzahlung wie bei Medikamenten mindestens 5 €, höchstens 10 €.

Zeile 31 Die Praxis-Checkliste

Hier eine Checkliste der Krankheitskosten, damit nichts vergessen wird: 308

Abzugsfähig sind Aufwendungen, soweit nicht erstattet, für	Ja	Nein
Arzt, Zahnarzt	x	
Bewegungsbad	x	
Bio-Schlafzimmer mit Attest vom Amtsarzt (EFG 1991 S. 194)	x	
Diätkosten Hinweis: Aufwendungen für ärztlich verordnete Vitamine und andere Mikronährstoffe zur Behandlung einer chronischen Stoffwechselstörung sind als außergewöhnliche Belastung abzugsfähig (BFH-Urt. v. 14.4.2015 – Az. VI R 89/13).		x
Eizellenspende im Ausland		x
Entzugskur – Alkohol	x	
Erstlingsausstattung		x
Fahrten zum Arzt, Apotheke, Krankenhaus mit 0,30 € je km	x	
Fahrten zur logopädischen Betreuung des sprachgestörten Kindes (Kindergarten, Schule) mit 0,30 € je km (auch Leerfahrten) (FG Brandenburg vom 23.8.1995, Az 2 K 1126/94 E)	x	
Fahrten zur Selbsthilfegruppe, z. B. Anonyme Alkoholiker	x	
Fahrtkosten zur Gymnastik, Vorsorge, Fehlalarm	x	
Frischzellen mit amtsärztl. Attest	x	
Garage, verbreitert	x	
Gebäudeeinbauten, krankheitsbedingte		
Geburt, Arzt, Hebamme, Medikamente, Gymnastik	x	
Haartoupet mit amtsärztl. Attest	x	
Haartransplantation mit amtsärztl. Attest	x	
Haushaltshilfe nach der Geburt	x	
Haushaltshilfe nach Geburt von Drillingen	x	
Heileurythmische Behandlung (BFH vom 26.02.2014, Az. VI R 27/13)	X	
Heilpraktiker	x	
Hilfsmittel wie Rollstuhl, Brille, Haftschalen, Hörapparat, Einlagen usw.	x	
Homöopathie	x	

Abzugsfähig sind Aufwendungen, soweit nicht erstattet, für	Ja	Nein
Kinder, Kosten der auswärtigen Unterbringung wegen Asthma, Neurodermitis oder Legasthenie (BStBl 1993 II S. 212)	x	
Krankenbesuche		
kranker Erwachsener mit schwerer Erkrankung	x	
kranker Erwachsener mit leichter Erkrankung		x
Krankenhaus		
krankes Kind	x	
Medikamente (nicht zugelassen, Wirksamkeit jedoch möglich bzw. nicht ausgeschlossen, Arznei nicht als bedenklich eingestuft; FG München v. 19.12.2001, Az 1 K 4737/00)	x	
Medikamente nach ärztl. Attest		
Medizinische Leistung		
Mittagsheimfahrten aus Gesundheitsgründen		x
Psychotherapie mit ärztl. Attest	x	
Rezeptgebühr	x	
Saunabesuche		x
Schlichtungsverfahren (Bergschaden von Gebäude, Revision beim BFH anhängig unter Az. VI R 62/13)	x	
Schulmedizin	x	
Stärkungsmittel mit ärztl. Attest	x	
Treppenschräglift (EFG 1995 S. 264)	x	
Trinkgelder an Krankenhauspersonal		x
Unterbringung	x	
Verpflegung ohne Abzug der Haushaltsersparnis	x	
Vorsorgeuntersuchung	x	
Wunderheiler		x
Zahnarzt, Eigenanteil	x	

309 **TIPP**

Pollenalarm – Der Fiskus hilft

Werden Sie im Frühjahr und Sommer von bestimmten Bäumen und Sträuchern in Ihrem Garten gequält, werden Sie nicht lange zögern, diese durch »freundliche« Gewächse zu ersetzen. Die Kosten für die Beseitigung der Störenfriede können als außergewöhnliche Belastungen berücksichtigt werden, vorausgesetzt, ein Amts- oder Vertrauensarzt bescheinigt Ihnen die medizinische Notwendigkeit des Kahlschlags (BFH-Urt. v. 15.3.2007, Az. III R 28/06).

TIPP Mit dem Werbungskostenabzug fahren Sie besser 310

Da sich wegen der zumutbaren Eigenbelastung (➤ Rz 297 ff.) die meisten Krankheitskosten steuerlich nicht auswirken, wäre es besser, wenn man sie in der Anlage N als Werbungskosten eintragen könnte. Hier gilt der sog. Veranlassungszusammenhang. Sind die Krankheitskosten beruflich bedingt, können sie als Werbungskosten abgesetzt werden. So entschied beispielsweise das Finanzgericht Rheinland-Pfalz, dass Kosten zur Behandlung einer physchischen Erkrankung Werbungskosten sind. Im Streitfall konnte ein eindeutiger Zusammenhang der Erkrankung mit Problemen mit dem Dienstvorgesetzten am Arbeitsplatz dargelegt werden (FG Rheinland-Pfalz v. 22.8.2012 – Az. 2 K 1152/12).

TIPP Besorgen Sie sich im Krankheitsfall Hilfe im Haushalt 311

Muss die Hausfrau ins Krankenhaus oder zur Kur, übernimmt die Krankenkasse die Kosten für eine Haushaltshilfe. Schließlich sind die Kosten durch die Krankheit veranlasst (§ 38 SGB V). Entsprechendes gilt, wenn die Hausfrau ein krankes Kind im Krankenhaus als Begleitperson betreuen muss (BSG, Urt. v. 23.11.1995 1 RK 11/95).

Zeile 31 Kuraufenthalt 312

Viele haben es verdammt nötig, dann und wann ihre Gesundheit durch eine Heilkur aufzumöbeln. Die Aufwendungen dafür (Fahrtkosten und Verpflegungsmehraufwendungen) sind abziehbar, wenn und soweit

1. vor Antritt der Kur ein amtsärztliches Zeugnis oder eine ärztliche Bescheinigung des Medizinischen Dienstes der Krankenversicherung über die Bedürftigkeit eingeholt wird und
2. die Kur unter ärztlicher Aufsicht erfolgt.

Von einem amtsärztlichen Zeugnis kann regelmäßig abgesehen werden, wenn eine gesetzliche Krankenkasse einen Zuschuss zu den Fahrtkosten und Verpflegungsmehraufwendungen leistet.

Abzugsfähig sind, soweit nicht erstattet	Ja	Nein
Fahrtkosten zum Kurort und zurück in Höhe der Kosten für öffentliche Verkehrsmittel	x	
Übernachtungskosten	x	
Verpflegungskosten nach Abzug der Haushaltsersparnis (20 % der Aufwendungen)	x	

Abzugsfähig sind, soweit nicht erstattet	Ja	Nein
Übliche Kosten für Behandlungen und Anwendungen am Kurort	x	
Ortsübliche Nebenkosten für Trinkgelder, Parkgebühren	x	
Kosten der Besuchsfahrt des Ehegatten, sofern ärztliche Notwendigkeit bescheinigt wurde	x	
Kosten für Begleitperson wegen Alter oder Hilflosigkeit, sofern ein Attest dafür vorliegt	x	
Kosten einer Nachkur unter ärztlicher Aufsicht in einem Sanatorium	x	
Kosten einer Nachkur in einem typischen Erholungsgebiet mit Attest		x

Gut zu wissen: Wenn Sie beim Finanzamt mit dem Abzug der Fahrtkosten und der Verpflegungsmehraufwendungen auf Granit beißen sollten, sind zumindest die während der Kur entstandenen Kosten für Arztbesuche, Medikamente, therapeutische Maßnahmen wie Massagen, Bäder, Fango, Moor etc. als Krankheitskosten (➤ Rz 302) absetzbar.

313 **TIPP**

Reise zur Klimakur ans Tote Meer

Bei einer Klimakur sagt der Fiskus sofort »Nix gibt's«, es sei denn, Sie leiden an Schuppenflechte oder Neurodermitis. Nun möchten Sie gern während der Kur Ihre Krankheit loswerden, aber dabei nicht unbedingt Trübsal blasen. Dann fahren Sie doch nach Davos/Schweiz oder besser noch in die Gegend um das Tote Meer/Israel. Vorher sollten Sie sich vom Amtsarzt die Notwendigkeit der Kur am Toten Meer bescheinigen lassen.

Sie können ihm ruhig sagen, dass Sie wegen der Steuer zu ihm gekommen sind! Er muss ja schließlich auch Steuern zahlen und tut das bestimmt nicht gern ... Den Weg können Sie sich hingegen sparen, wenn sich die Kurbedürftigkeit schon aus einem Bewilligungsbescheid der Krankenkasse – oder bei Beamten der Beihilfestelle – ergibt (BFH-Urt. v. 30.6.1995 – BStBl 1995 II S. 614). Haben Sie den Gang zum Gesundheitsamt bzw. zur Kasse vergessen, werfen Sie nicht gleich die Flinte ins Korn! Berufen Sie sich – obwohl der BFH genau gegenteilig entschieden hat (Urt. v. 17.7.2003 – III R 5/02) – auf die Urteile der Finanzgerichte Rheinland-Pfalz (Urt. v. 18.5.1992 – EFG 1992 S. 465) und Düsseldorf (Urt. v. 20.12.1991 – EFG 1992 S. 341), wonach die Notwendigkeit der Kur auch nachträglich festgestellt werden kann.

Und lassen Sie nicht locker mit stets neuen Begründungen hier und auch bei allen anderen Ablehnungen. Machen Sie ihnen Arbeit – das hassen Bürokraten am meisten!

Zeilen 32 Pflegekosten (z. B. häusliche Pflege und Heimunterbringung) 314

Pflegekosten, die Ihnen oder Ihrem Ehegatten/Lebenspartner für die Beschäftigung einer ambulanten Pflegekraft oder durch Unterbringung in einem Pflegeheim, in der Pflegestation eines Altenheims oder in einem Altenpflegeheim entstehen, sind als außergewöhnliche Belastung absetzbar.
Werden hier in > Zeile 32 die tatsächlichen Pflegekosten geltend gemacht, kann für dieselbe Person nicht auch der Behindertenpauschbetrag (> Zeilen 4 – 6 oder 7 – 9) in Anspruch genommen werden.
Ein Abzug ist auch für Aufwendungen möglich, die Ihnen aus der Pflegebedürftigkeit einer anderen Person zwangsläufig entstehen. Geben Sie neben den von Ihnen und ggf. weiteren Personen getragenen Aufwendungen auch die Gesamtkosten der Heimunterbringung, die Höhe der Erstattungen von dritter Seite (z. B. Pflegekasse) sowie die Höhe der Einkünfte und Bezüge der pflegebedürftigen Person an.
Für den Teil der haushaltsnahen Pflegekosten, der durch den Ansatz der zumutbaren Belastung nicht als außergewöhnliche Belastung berücksichtigt wird, können Sie in den > Zeilen 36 und/oder 37 die Steuerermäßigung für haushaltsnahe Beschäftigungsverhältnisse und/oder Dienstleistungen beantragen (vgl. auch ➤ Rz 336).

Die Sache mit der Haushaltsersparnis
Wurde der Haushalt der pflegebedürftigen Person aufgelöst, wird von den Aufwendungen eine Haushaltsersparnis von 27,07 € täglich (812 € monatlich, 9.744 € jährlich) abgezogen. Sind beide Ehegatten/Lebenspartner krankheitsbedingt in einem Alten- und Pflegeheim untergebracht, ist die Haushaltsersparnis für jeden der beiden anzusetzen.

Die einzige Konstante
ist der ständige Wandel.
(Manager Schütte)

◆ *Musterfall Vater Meyer (Pflegeheim)*
Der alleinstehende 78-jährige Vater Meyer ist wegen Krankheit dauernd pflegebedürftig (Pflegegrad 4) und in einem Pflegeheim untergebracht. 315

Die Pflegeheimkosten von 44.836 € abzgl. der Erstattung durch die Pflegeversicherung von 17.184 € im Jahr bestreitet Vater Meyer aus seinen Einkünften (Gesamtbetrag 50.000 €).

Er hat die Wahl, entweder in > Zeile 6 den erhöhten Behindertenpauschbetrag von 7.400 € zu beantragen (ständig hilflos) oder in > Zeile 32 die verbleibenden Pflegeheimkosten von 27.652 € anzusetzen. Für ihn keine Frage, wofür er sich entscheidet, auch wenn das Finanzamt von den 27.652 € eine Haushaltsersparnis von jährlich 9.744 € abzieht.

Und so sieht das in seiner Steuererklärung aus:

Pflegekosten (z. B. häusliche Pflege und Heimunterbringung)
Art der Aufwendungen
32 Pflegeheimkosten 304 35092,– 305 17184,–
Behinderungsbedingte Aufwendungen (z. B. Umbaukosten)
Art der Aufwendungen

Das Finanzamt rechnet:

Kosten des Pflegeheims		*44.836 €*
./. Haushaltsersparnis		*– 9.744 €*
verbleibende Aufwendungen		*35.092 €*
./. Erstattung durch die Pflegeversicherung		*– 17.184 €*
Verbleibende Pflegeheimkosten		*17.908 €*
./. zumutbare Belastung		
15.340 € × 5 % =	*767 €*	
(50.000 € – 15.340 €) × 6 % =	*2.080 €*	*– 2.847 €*
Absetzbar als außergewöhnliche Belastung		*15.061 €*

(Quelle: § 33 EStG; BFH, BStBl 1981 II S. 25)

316 TIPP Pflegekosten auch bei Pflegegrad 1 absetzbar

Dem Pflegegrad 1 werden Heimbewohner zugeordnet, die zwar auf Pflegeleistungen angewiesen sind, deren Pflegebedürftigkeit aber (noch) nicht den für den Pflegegrad 2 festgelegten Umfang erreicht. Diese Pflegebedürftigen müssen die Pflegesätze des Pflegegrads 1 selbst tragen, sofern sie keinen Anspruch auf Sozialhilfe haben. Erst ab Pflegegrad 2 übernimmt die Kasse Kosten.

Pflegekosten sind wie Krankheitskosten. Wer darauf sitzenbleibt, muss sie folglich steuerlich absetzen können. So sieht es auch der Bundesfinanzhof, der mit Urteil vom 10.5.2007 (zur damaligen Pflegestufe 0 – Az. III R 39/05) klarstellte: Wer in einem Wohn- und Pflegeheim untergebracht ist, kann die ihm gesondert in Rechnung gestellten Pflegesätze als außergewöhnliche Be-

lastung abziehen. Ein besonderer Nachweis ist dafür nicht erforderlich, ein Attest des Arztes reicht aus.
Nicht abzugsfähig sind aber die Kosten für Unterkunft und Verpflegung.

TIPP Kosten häuslicher Pflege steuerlich unterbringen 317

Die häusliche Behandlungspflege (§ 37 Abs. 2 SGB V) ist Teil der Krankenpflege. Die Kosten können regelmäßig nicht über den Pauschbetrag bei Körperbehinderung (> Zeile 4 – 6) hinaus abgezogen werden. Anders sieht es jedoch bei der häuslichen Intensiv- und Behandlungspflege aus. Diese Kosten sind zusätzlich zum Pauschbetrag absetzbar und gehören daher in > Zeile 32 (Quelle: FinMin Schleswig-Holstein, Erlass v. 29.10.2014, VI 3012 – S 2284 – 197).

Übernommene Pflegekosten 318
Was ist, wenn das Geld für die Pflege nicht reicht? Dann sind Angehörige gefordert. Die **Übernahme von Pflegekosten durch nahe Angehörige (erwachsene Kinder oder Eltern) ist immer zwangsläufig,** weil eine gesetzlie Unterhaltspflicht besteht. Die Kosten sind also aus rechtlichen Gründen als außergewöhnliche Belastungen absetzbar (§ 33 EStG). Ist der Pflegebedürftige im Heim untergebracht, müssen Sie sich leider die Kürzung der übernommenen Kosten um die zumutbare Belastung gefallen lassen, wie die Berechnung unten zeigt.

An der Zwangsläufigkeit kann es fehlen, wenn die unterstützte Person in der Lage ist, die Pflegekosten selbst zu tragen. Ein Vermögen bis zu einem Verkehrswert von 15.500 € bleibt dabei außer Betracht.

Vermögen übertragen?
Hat der Pflegebedürftige nach Eintritt des Rentenalters (65 Jahre) Vermögen von mehr als **15.500 €** übertragen, unterstellt der Fiskus Gesichtspunkte der späteren Versorgung für den Fall der Pflegebedürftigkeit. Damit kann je nach Höhe des übertragenen Vermögens die Zwangsläufigkeit der übernommenen Pflegekosten ganz oder zum Teil nicht gegeben sein.

Wenig Chancen, von außergewöhnlicher Belastung zu profitieren, bestehen bei **Altenheimpflegekosten,** wenn der Aufenthalt dort altersbedingt ist. Ist die Heimunterbringung hingegen durch eine Krankheit veranlasst, sind die Pflegekosten abziehbar (BFH-Urt. v. 29.9.1989 – BStBl 1990 II S. 418). 319

Ich bin der Meinung, dass »altersbedingt« eine Frage der Anschauung ist. Der Dumme gibt an, dass die Mutter im Altenheim ist, weil sie sich alt und gebrechlich fühlt. Der Steuerfuchs erinnert sich an die Krankenstatistiken, wonach 99,8 % aller über 60-Jährigen an einer oder mehreren Krankheiten leiden, kramt alte Operationsbelege, Laborbefunde usw. seiner Mutter raus, geht mit ihr zum Arzt und lässt bestätigen, was sie alles an Wehwehchen hat. Weshalb sie in ein Pflegeheim gehört.

320 ◆ *Musterfall Vater Schmidt (Kosten Pflegeheim, Unterstützung durch Angehörige)*

Der alleinstehende Vater Schmidt lebt wegen Pflegebedürftigkeit (Pflegegrad 2) in einem Pflegeheim.

Für Pflege, Unterkunft und Investitionen berechnet das Pflegeheim mtl. 2.493 € × 12 = Jahresbetrag		*32.916 €*
Vater Schmidt erhält aus der Pflegekasse 770 € × 12 Monate =	*9.240 €*	
Denselben Betrag noch einmal aus staatlicher Beihilfe (Beamter im Ruhestand)	*9.240 €*	
Summe	*18.480 € >*	*– 18.480 €*
Eigenanteil Heimkosten		*14.436 €*

Weil er aus seinen eigenen Einkünften in Höhe von 14.000 € nur 11.000 € für die Heimkosten aufbringen kann, trägt den Rest sein Sohn Hubert.

Steuererklärung Vater Schmidt

Vater Schmidt weiß, dass seine Aufwendungen im Pflegeheim wegen ständiger Pflegebedürftigkeit steuerlich als Krankheitskosten zu berücksichtigen sind. Die von ihm getragenen Heimkosten in Höhe von 11.000 € sind zunächst um die Haushaltsersparnis zu kürzen. Sie beträgt pauschal 9.744 €. In den Pflegeheimkosten sind zwar auch solche für hauswirtschaftliche Dienstleistungen enthalten, die er eigentlich in > Zeile 5 der Anlage Haushaltsnahe Aufwendungen unterbringen könnte. Allerdings geht die Berücksichtigung als außergewöhnliche Belastungen vor (§ 35a Abs. 5 EStG). Also setzt er folgende Pflegekosten in > Zeile 32 an:

Selbst getragene Kosten des Pflegeheims	*11.000 €*
./. Haushaltsersparnis	*– 9.744 €*
Verbleiben	*1.256 €*

Steuererklärung Sohn Hubert

Hubert kann in > Zeile 32 seiner Steuererklärung die von ihm übernommenen Heimkosten von 3.436 € als außergewöhnliche Belastung geltend machen. Sie wirken sich insoweit steuerlich aus, als die zumutbare Eigenbelastung überschritten wird.

Wichtig zu wissen:
Der durch den Ansatz der zumutbaren Belastung nicht als außergewöhnliche Belastung berücksichtigte Teil der Aufwendungen für die Unterbringung in einem Pflegeheim kann grundsätzlich nach § 35a EStG (haushaltsnahe Dienstleistung > Zeile 5 der Anlage Haushaltsnahe Aufwendungen) steuerlich berücksichtigt werden. Dies gilt nach dem Urteil des FG Baden-Württemberg vom 23.12.2014 jedoch nicht, wenn die Zahlung des Angehörigen aufgrund seiner Inanspruchnahme als Unterhaltsverpflichteter an die Stadtkämmerei und nicht unmittelbar an den Heimträger und Leistungserbringer erfolgt (Az. 6 K 2688/14).

Heimunterbringung eines behinderten Kindes 321

Die Heimunterbringung eines behinderten Kindes verursacht hohe Kosten. Da ist es nur gerecht, dass Sie diese in Ihrer Steuererklärung unterbringen können. Für Ihr behindertes Kind erhalten Sie Kinderermäßigungen (Kindergeld bzw. -freibeträge), so dass dessen Behindertenpauschbetrag auf Sie übertragen werden kann (Anlage Kind > Zeile 68 – 70).

Oftmals ist es aber weitaus günstiger, statt des Pauschbetrags die tatsächlichen Kosten hier in > Zeilen 31 – 35 als außergewöhnliche Belastungen geltend zu machen, insbesondere:

- Aufwendungen für Fahrten zum Heim zur Betreuung oder Pflege Ihres Kindes. Gleiches gilt für Besuchsfahrten, wenn der behandelnde Arzt bestätigt, dass gerade der Besuch der Eltern zur Linderung oder Heilung bestimmter Erkrankungen des Kindes entscheidend beitragen kann. Abzugsfähig sind die tatsächlichen Kosten, bei Benutzung des Pkw können 0,30 € je gefahrenen Kilometer angesetzt werden.
- Kosten der Unterkunft der Eltern anlässlich anzuerkennender Besuchsfahrten.
- Anschaffungskosten besonderer Pflegevorrichtungen wie z. B. Spezialbett, Hebelift, besonderes Mobiliar. Gehen Sie auf Nummer sicher, indem Sie sich die Notwendigkeit und Angemessenheit Ihrer Aufwendungen vor dem Kauf durch ein amtsärztliches Attest bescheinigen lassen.
- Kosten externer Pflegedienste anlässlich von Besuchen des Kindes in der Wohnung der Eltern (Quelle: BMF-Schreiben v. 14.4.2003, IV C 4 – S. 2284 – 45/03).

322 **TIPP Zusätzliche Steuerermäßigung für Heimbewohner**

Der Wasserhahn tropft, die Tür klemmt, und der Fernseher flimmert. Handwerkerkosten entstehen auch Heimbewohnern. Für die Arbeitskosten sowie die Kosten für die Anfahrt (inkl. Umsatzsteuer) kann eine Steuerermäßigung in > Zeile 6 der Anlage Haushaltsnahe Aufwendungen beantragt werden. Auf diese Weise mindert sich die Steuer um immerhin 20 % der Aufwendungen, max. 1.200 € pro Jahr. Voraussetzung ist:

- Der Heimbewohner hat ein eigenes Appartment, führt also einen eigenen Haushalt,
- die Kosten entstehen ausschließlich für die selbstgenutzten Räume (nicht Treppenhaus oder Gemeinschaftsräume) und
- die Aufwendungen sowie die Zahlung können anhand einer Rechnung nebst Überweisungsbeleg nachgewiesen werden.

Besonderheiten beim Heimvertrag

Besteht zwischen dem Bewohner und dem Heimbetreiber ein sog. Heimvertrag, werden die Leistungen in der Regel in einem Gesamtpaket abgerechnet. Für die im Gesamtentgelt enthaltenen Kosten für begünstigte Dienstleistungen (Handwerker-, haushaltsnahe Dienstleistungen) kann eine Steuerermäßigung beansprucht werden, wenn sie aus der Jahresabrechnung hervorgehen oder durch eine Bescheinigung des Heimbetreibers nachgewiesen werden. Mehr zu haushaltsnahen Dienstleistungen oder Steuerermäßigungen für Handwerkerleistungen unter ➤ Rz 371 ff.

323 Zeile 33 Behinderungsbedingte Aufwendungen (z. B. Umbaukosten)

Behinderten Menschen will der Fiskus durch Abzüge bei der Steuer das Leben erleichtern. Dies geschieht hauptsächlich durch Pauschbeträge (➤ Rz 285). Diese entsprechen aber nur den Mindestaufwendungen, die nach allgemeiner Lebenserfahrung entsprechend der Art und Schwere der Behinderung anfallen. Außergewöhnliche und untypische Mehraufwendungen sind damit nicht abgegolten.
In Frage kommen hier insbesondere …

Behindertengerechte Ausstattung (Umbaukosten)

Mehraufwendungen für die notwendige behindertengerechte Gestaltung des individuellen Wohnumfelds sind außergewöhnliche Belastungen. Sie stehen so stark unter dem Gebot der sich aus der Situation ergebenden Zwangsläufigkeit, dass die Erlangung eines etwaigen Gegenwerts in den

Hintergrund tritt. Es ist nicht erforderlich, dass die Behinderung auf einem nicht vorhersehbaren Ereignis beruht und deshalb ein schnelles Handeln geboten ist. Auch die Frage nach zumutbaren Handlungsalternativen stellt sich in solchen Fällen nicht (BFH v. 24.2.2011 – BStBl II S.1012).

Aber: Behinderungsbedingte Umbaukosten einer Motoryacht sind keine außergewöhnlichen Belastungen (BFH v. 2.6.2015 – BStBl II S.775).

Um- oder Neubaukosten
… eines Hauses oder einer Wohnung können eine außergewöhnliche Belastung darstellen, soweit die Baumaßnahme durch die Behinderung bedingt ist. Eine Verteilung der Kosten auf mehrere Kalenderjahre ist nicht möglich. Für den Nachweis der Zwangsläufigkeit der Aufwendungen ist die Vorlage folgender Unterlagen ausreichend:

- der Bescheid eines gesetzlichen Trägers der Sozialversicherung oder der Sozialleistungen über die Bewilligung eines pflege- bzw. behinderungsbedingten Zuschusses (z.B. zur Verbesserung des individuellen Wohnumfelds nach § 40 Abs. 4 SGB XI) oder
- das Gutachten des Medizinischen Dienstes der Krankenversicherung (MDK), des Sozialmedizinischen Dienstes (SMD) oder der Medicproof Gesellschaft für Medizinische Gutachten mbH.

Als weitere, behinderungsbedingte Aufwendungen kommen in Betracht:

Begleitperson
Aufwendungen eines schwerbehinderten Menschen für eine Begleitperson bei Reisen sind nicht als außergewöhnliche Belastung abziehbar, wenn die Begleitperson ein Ehegatte ist, der aus eigenem Interesse an der Reise teilgenommen hat und für den kein durch die Behinderung des anderen Ehegatten veranlasster Mehraufwand angefallen ist (BFH v. 7.5.2013 – BStBl II S.808). Im Umkehrschluss bedeutet dies: Ist die Begleitperson weder Ehegatte noch nahestehende Person, kann entstandener Mehraufwand abzugsfähig sein.

Unterbringung in Wohngemeinschaft
Nicht erstattete Kosten für die behinderungsbedingte Unterbringung eines Menschen im arbeitsfähigen Alter in einer betreuten Wohngemeinschaft können außergewöhnliche Belastungen sein. Werden die Unterbringungskosten als Eingliederungshilfe teilweise vom Sozialhilfeträger übernommen, kann die Notwendigkeit der Unterbringung unterstellt werden (BFH v. 23.5.2002 – BStBl II S.567).

324 Zeile 34 Bestattungskosten (z. B. Grabstätte, Sarg, Todesanzeige)

Alle Kosten, die beim Tod eines Angehörigen entstehen, sind als außergewöhnliche Belastungen absetzbar, soweit sie den Wert des Nachlasses übersteigen. Zum Nachlass rechnen insbesondere: Ansprüche aus einer Lebens- oder Sterbeversicherung, Bankguthaben, Effekten. Nicht zum verrechnungspflichtigen Nachlass gehören persönliche Gegenstände wie Hausrat, privater Pkw usw.

Nun gibt es Begräbniskosten, die der Fiskus nicht so unbedingt als solche gelten lassen will. Dazu gehören die Kosten für die Fahrt zum Begräbnis, den sog. Leichenschmaus und eine zu aufwendige Grabstätte. Sie sind indessen mittelbar abzugsfähig, weil sie mit dem Geld aus einer Sterbeversicherung verrechnet werden können. Nur der Rest aus der Sterbegeldversicherung wird dann auf die eigentlichen Beerdigungskosten angerechnet (BFH v. 19.10.1990 – BStBl 1991 II S. 140).

Gut zu wissen: Auch Beerdigungskosten können nach Ansicht der Fiskalbürokraten unangemessen sein!
Aufwendungen für eine Bestattung sollen nur dann abzugsfähig sein, wenn sie den Umständen nach notwendig waren und einen angemessenen Betrag nicht übersteigen. Nach Ansicht der Oberfinanzdirektion Berlin sind Bestattungskosten bis 7.500 € (einschließlich Grabstein) angemessen (Verfügung der OFD Berlin v. 27.11.2003 – Az. St 177 – S 2284 – 1/90).

Abzugsfähig sind Aufwendungen für	Ja	Nein
Blumenschmuck	x	
Bewirtung der Trauergäste		x
Erwerb der Grabstätte	x	
Grabpflege		x
Grabstein	x	
Reise zum Begräbnis (BStBl 1994 II S. 754)		x
Sarg	x	
Trauerdrucksachen	x	
Trauerkleidung		x
Überführung	x	
Umbettung		x

Haben Sie Schulden des/der Verstorbenen übernommen?
Hat die/der Verstorbene Geld hinterlassen, ist es verständlich, wenn der Fiskus verlangt, zunächst dieses Geld für die Bestattung zu verwenden. Wie ist es aber, wenn der Verstorbene nur Schulden hinterlassen hat? Da sagt der Fiskus schnell: Die Übernahme der Schulden ist nicht zwangsläufig, weil ein Erbe die Möglichkeit hat, das Erbe auszuschlagen.
Der BFH sieht das aber anders. Wenn Sie als naher Angehöriger nicht umhinkonnten, Schulden zu begleichen, die auf täglichen Bedürfnissen des Verstorbenen oder im Zusammenhang mit dessen Tod beruhten, wie z. B. offene Arztrechnungen, rückständige Miete, Aufwendungen für die Renovierung der Wohnung, Zahlungsrückstände für Strom, Gas, Telefon usw., dann sind diese Kosten den Bestattungskosten hinzuzurechnen (BFH-Urt. v. 24.7.1987 – III R 208/82).

TIPP 325
Bestattungskosten bündeln

Für nahezu jeden kommt einmal der Tag, an dem er einen nahen Angehörigen zu Grabe tragen muss. In dieser schweren Zeit denkt man nicht daran, das Finanzielle geschickt zu deichseln. Folge: Vielfach geht wegen der zumutbaren Belastung die Steuervergünstigung ins Leere.
Dies können Sie vermeiden, wenn Sie die Bestattungskosten möglichst in einem Jahr bündeln, indem Sie z. B. auf die im neuen Jahr anstehende Rechnung für den Grabstein noch vor Jahresablauf eine Abschlagszahlung leisten. Denn das sog. Abflussprinzip gilt auch bei außergewöhnlichen Belastungen. Dies bedeutet: Kosten werden in dem Jahr angesetzt, in dem sie bezahlt wurden.

Zeile 35 Sonstige außergewöhnliche Belastungen 326

Welche Aufwendungen im Bereich der außergewöhnlichen Belastungen im Einzelnen berücksichtigt werden können, ist in den Steuergesetzen nicht geregelt. Hier heißt es also, seiner Phantasie freien Lauf zu lassen. Im Folgenden einige Anregungen …

Wiederbeschaffung von Hausrat 327
Hausrat ist privat und dessen nimmt sich der Fiskus normalerweise nicht an. Haben Sie aber durch höhere Gewalt wie Feuer, Hochwasser, Unwet-

ter, auch Diebstahl oder durch politische Verfolgung Hausrat und Bekleidung verloren, sind die Wiederbeschaffungs- und/oder Instandsetzungskosten als außergewöhnliche Belastung absetzbar, soweit nicht eine Versicherung für den Schaden aufkommt.

Aufgepasst: Wer keine Hausrat- oder Gebäudeversicherung abgeschlossen hat, schaut ganz in die Röhre. Dann sollen Wiederbeschaffungskosten überhaupt nicht abzugsfähig sein (BFH-Urt. v. 26.6.2003, BStBl 2004 II S. 47).

Es muss sich bei den verlorenen bzw. beschädigten Dingen um existenziell notwendige Gegenstände handeln. Ein Pkw gehört nicht dazu. Und es müssen Aufwendungen angefallen sein. Ein bloßer Schadenseintritt reicht nicht aus. Auch müssen Sie bekunden können, dass der Schaden ohne Ihr Verschulden eingetreten ist, dass Sie also zumutbare Schutzmaßnahmen nicht versäumt haben (EStR 33.2).
Die Finanzämter erkennen für die Wiederbeschaffung eines kompletten Haushalts im Allgemeinen als angemessen an:

Für das Familienoberhaupt	10.000 €
Für den Ehegatten	7.000 €
Für jede weitere im Haushalt lebende Person	3.000 €

Die Anerkennung eines höheren Schadens ist nicht ausgeschlossen.

Beachten Sie: Die gestohlenen oder zerstörten Gegenstände müssen innerhalb von drei Jahren wiederbeschafft bzw. die entstandenen Schäden innerhalb dieses Zeitraums behoben worden sein, ansonsten heißt es: Wer zu spät kommt, den bestraft der Fiskus (Quelle: EStR 33.2).
Auch hier gilt: Wegen der zumutbaren Belastung lieber in einem Jahr klotzen statt in mehreren Jahren kleckern.

Sonderregelungen bei Hochwasser und anderen Katastrophen
Wer sein Hab und Gut durch Naturkatastrophen wie Starkregen, Orkan oder Hochwasser verloren hat, kann sich häufig auf Sonderregelungen des Bundes und der Länder berufen.
Nach dem Hochwasser Mitte 2021 südlich der Stadt Köln hat das Finanzministerium NRW beispielsweise einen »Katastrophenerlass« herausgegeben. Danach gilt:
Aufwendungen für die Wiederbeschaffung von Hausrat und Kleidung und für die Beseitigung von Schäden an eigengenutztem Wohneigentum können – ohne betragsmäßige Begrenzung – als außergewöhnliche Belastung berücksichtigt werden. Voraussetzung ist:

- Die wiederbeschafften/instandgesetzten Gegenstände müssen existenziell notwendige sein – dies sind Wohnung, Hausrat und Kleidung, nicht aber z.B. ein Pkw oder eine Garage.
- Dem Steuerzahler müssen tatsächlich finanzielle Aufwendungen entstanden sein; ein bloßer Schadenseintritt reicht zur Annahme von Aufwendungen nicht aus.
- Die Aufwendungen müssen ihrer Höhe nach notwendig und angemessen sein und werden nur berücksichtigt, soweit sie den Wert des Gegenstands im Vergleich zu vorher nicht übersteigen.
- Nur der endgültig verlorene Aufwand kann berücksichtigt werden, d.h., die Aufwendungen sind um einen etwa nach Schadenseintritt noch vorhandenen Restwert zu kürzen.
- Sie müssen glaubhaft darlegen, dass realisierbare Ersatzansprüche gegen Dritte nicht bestehen.
- Das schädigende Ereignis darf nicht länger als drei Jahre zurückliegen; bei Baumaßnahmen muss mit der Wiederherstellung oder Schadensbeseitigung innerhalb von drei Jahren nach dem schädigenden Ereignis begonnen worden sein.

Wichtig zu wissen: Dabei ist das Fehlen einer sog. Elementarschadensversicherung unschädlich.

TIPP Entschädigung für Ihre nassen Füße 328

Hat das Sauwetter Ihren Keller unter Wasser gesetzt? Und die Hausratversicherung zahlt nicht, weil die Fluten das Abwasserrohr in der falschen Richtung benutzt haben? Dann grämen Sie sich nicht, beteiligen Sie lieber das Finanzamt an den Renovierungskosten. Verwahren Sie aber den Ausschnitt aus Ihrer Lokalgazette über das Unwetter, und präsentieren Sie dem Fiskalritter fein säuberlich alle Quittungen über die neu beschafften Möbel für Ihren ruinierten Partyraum. Und schon erhalten Sie eine saftige Steuererstattung wegen außergewöhnlicher Belastung.

Sind Sie durch Zimmerbrand, Wasserschaden oder Diebstahl außergewöhnlich belastet, könnte Ihre Rechnung z.B. so aussehen: 329

Einbruchdiebstahl während der Urlaubsreise
Gestohlene Gegenstände:

Fernsehgerät	1.700 €
Hi-Fi-Anlage einschl. Lautsprecher	2.400 €
Kleidungsstücke lt. Aufstellung	2.300 €
Münzsammlung	600 €

Bilder	2.800 €	
Notgroschen (Bargeld)	300 €	
	10.100 € >	10.100 €
Beschädigte Einrichtung (Reparatur-, Wiederbeschaffungskosten abzgl. Restwert, soweit unbrauchbar geworden): Haustür	500 €	
Beschädigungen Küchen-, Schlaf-, Wohnmöbel	2.100 € >	2.650 €
		12.750 €
./. Erstattung von der Versicherung		– 8.500 €
Verbleibende Aufwendungen		4.250 €
./. zumutbare Belastung von z. B.		– 1.250 €
Verbleiben außergewöhnliche Belastungen von		3.000 €

Ergibt einen Zuschuss von Vater Staat (Steuersatz z. B. 35 %) in Höhe von 1.050 €.

330 **Umzugskosten**

Soweit Umzugskosten nicht beruflich veranlasst sind, können sie als außergewöhnliche Belastung abziehbar sein, wenn der Umzug durch einen **persönlichen Wohnungsnotstand** veranlasst ist. Ein solcher ist gegeben, wenn die bisherige Wohnung gesundheitsschädlich oder eine Notunterkunft war oder krankheitsbedingt aufgegeben werden musste. So hat der BFH Umzugskosten als außergewöhnliche Belastung anerkannt, weil das Kind eines Steuerzahlers gelähmt war und deswegen eine Erdgeschosswohnung bezogen werden musste (Urt. v. 14.12.1965 – BStBl 1966 III S. 113).

Der Fiskus muss Ihnen auch bei Familienzusammenführung unter die Arme greifen.

Umzug wegen Ehescheidung, Stadtsanierungsmaßnahmen oder Eigenbedarf des Vermieters wurden bisher nicht anerkannt. Umzüge aus diesen Gründen seien, so meinen die Fiskalhüter, keine außergewöhnlichen Ereignisse.

331 **TIPP**

Umzugskosten sind immer abzugsfähig!

Auch wenn bei Ihnen nicht der Wohnungsnotstand ausgebrochen ist, haben Sie die Möglichkeit, Ihre Kosten steuerlich unterzubringen.

1. Erfolgt der Umzug aus beruflichen Gründen, handelt es sich um Werbungskosten (➤ Rz 803 ff.).
2. Ein privat veranlasster Umzug führt als »haushaltsnahe Dienstleistung« zu einer Steuerermäßigung (➤ Rz 367).

Kosten der Ehescheidung 332

Auch wenn nicht die Fetzen fliegen, ist eine Scheidung wenig angenehm, da teuer. Einige Kosten sind allerdings steuerlich absetzbar: Unterhalt, Recherchen/Detektiv (BFH-Urt. v. 21.2.1992 – BStBl 1992 II S. 795), Mediation (FM Niedersachsen v. 15.9.2000 – S. 2284 – 264 – 35).
Prozesskosten wollen die Fiskalritter seit einer Änderung des § 33 EStG nicht mehr anerkennen. Nachdem der Bundesfinanzhof für den Geschmack der Verwaltung zu steuerzahlerfreundlich nahezu alle Prozesskosten eifrig durchgewunken hatte, sind diese nunmehr vom Steuerabzug ausgenommen.

Trennungsunterhalt 333

Trennungsunterhalt ist absetzbar, allerdings nicht im Trennungsjahr, weil dann noch die Zusammenveranlagung möglich ist und den Eheleuten damit der Splittingtarif zusteht. Mit dem Splittingtarif ist aber der Unterhalt für den Ehegatten abgegolten.
Im Folgejahr wird indessen jeder Ehegatte einzeln mit Grundtarif veranlagt. Nun können Sie den Fiskus an den Unterhaltsleistungen beteiligen. Wie das geht, dazu mehr unter ➤ Rz 223 ff.

Verteilung der ehelichen Güter 334

Alles, was die Verteilung der ehelichen Güter, sprich Zugewinn- und Versorgungsausgleich, anbetrifft, ist nicht absetzbar.

Woran bei außergewöhnlichen Belastungen noch zu denken wäre … 335

Wie wenig es dem Gesetzgeber gelungen ist, den § 33 EStG – außergewöhnliche Belastungen – klar und verständlich zu fassen, zeigen die vielen Urteile und die Menge an Verwaltungsvorschriften dazu.
Hier ergänzend einige Sonderfälle:

Abfindung an Vormieter bei krankheitsbedingtem Wohnungswechsel: absetzbar (BFH, BStBl 1966 III S. 113).

Abmagerung, neue Kleidung infolge einer Abmagerungskur: nicht absetzbar (BFH v. 17.7.1981 – VI R 105/78).

Alkoholiker, therapeutische Maßnahmen: absetzbar, wenn zuvor amtsärztliches Zeugnis eingeholt wird (BFH v. 13.12.1987 – III R 208/81).

Asbestsanierung: absetzbar, wenn ein Gutachten die Asbestbelastung bescheinigt (BFH v. 9.8.2001 – III R 6/01).

Baumaßnahmen, Aufwendungen für ein behindertengerechtes Bad, verbreiterte Türen, Rampen: absetzbar (FG Rheinland-Pfalz v. 27.11.2007 – 2 K 1917/06).

Besuchsfahrten zu erkrankten nahen Angehörigen: absetzbar, wenn medizinisch angezeigt. Bescheinigung des behandelnden Arztes notwendig (BFH v. 2.3.1984 – VI R 158/80).

Lösegeldzahlungen: absetzbar nach Lage des Falls (EFG 1962 S. 259).

Prozesskosten sollen nur dann steuerlich absetzbar sein, wenn sie in Zusammenhang mit der Abwendung einer Bedrohung der Existenz stehen. Wann dies der Fall ist, beurteilt wohl jeder unterschiedlich. Also heißt die Devise: Prozesskosten weiterhin steuerlich geltend machen. Abzugsfähig waren bisher z.B. Kosten …

- zur Strafverfolgung wegen ehrenrühriger Angriffe: absetzbar (BFH v. 15.11.1957 – VI 279/56 U),
- im Scheidungsfall ➤ Rz 332,
- in Zusammenhang mit einem **Prozess wegen mangelhafter Bauleistungen am Eigenheim** (Steuerabzug bejaht durch das Thüringer FG mit Urteil v. 22.10.2014 – Az. 3 K 272/14).

Schadenersatz: absetzbar, wenn bei der Schädigung nicht vorsätzlich oder leichtfertig gehandelt wurde (BFH v. 3.6.1982 – VI R 41/79).

Wasserschaden

- Schaden an einem Einfamilienhaus durch erhöhtes Grundwasser: absetzbar (EStR 187 Abs. 1; BFH v. 6.5.1994 – BStBl 1995 II S. 104);
- Schaden an einem Einfamilienhaus durch Rückstau von Wasser in einer Dränageleitung: absetzbar (BFH v. 5.6.1994 – III R 27/92);
- Wiederbeschaffung von Hausrat und Kleidung nach Wasserschaden: nicht absetzbar. Der Geschädigte hätte eine übliche Versicherung abschließen können, um sich zu schützen (BFH v. 26.6.2003 – III R 36/01).

336 Zeile 36 – 38 In den Zeilen 31 – 35 enthaltene haushaltsnahe Pflege-/Handwerkerleistungen

Für den Teil der Pflege-/Handwerkerkosten, der sich durch Ansatz der zumutbaren Eigenbelastung steuerlich nicht auswirkt, können Sie in > Zeilen 36 – 38 eine Steuerermäßigung für haushaltsnahe Dienstleistungen/Handwerkerkosten beantragen. Der Grund ist: Zu den haushaltsnahen Dienstleistungen zählt auch die einer Hilfe im Haushalt vergleichbare Tätigkeit bei Unterbringung in einem Heim.

Sind demnach in > Zeile 32 auch haushaltsnahe Pflege- oder Handwerkerleistungen enthalten, müssen diese in den > Zeilen 36 – 37 nochmals angegeben werden, damit dafür bis zur Höhe der zumutbaren Belastung eine Steuerermäßigung beansprucht werden kann.

Folgende Berechnung soll die Eintragung verdeutlichen:
Eheleute Huber machen in > Zeile 31 Krankheitskosten in Höhe von 4.000 € und zusätzlich haushaltsnahe Pflegeleistungen von 6.000 € in > Zeile 32 geltend. Die zumutbare Eigenbelastung soll 2.400 € betragen.

Als außergewöhnliche Belastungen werden berücksichtigt:

Krankheitskosten	4.000 €	
Pflegeleistungen	6.000 €	
Summe	10.000 €	> 10.000 €
./. zumutbare Belastung		– 2.400 €
Steuerlich abzugsfähig		7.600 €
Anteil Pflegeleistungen in der zumutbaren Belastung (einzutragen in > Zeile 37)		2.400 €
Steuerermäßigung davon 20 %		480 €

Siehe dazu auch ➤ Rz 370.

10 Die Anlage Energetische Maßnahmen

Neues Dach, gedämmte Wände, energiesparende Fenster: Wer sein Haus vom Profi sanieren lässt und dadurch den Energiestandard verbessert, kann die Kosten in der Steuererklärung absetzen. 337

Neuer Steuerbonus
Seit 2020 fördert der Staat energetische Baumaßnahmen an selbstgenutzten eigenen Wohngebäuden mit einem besonderen Steuerbonus (§ 35c EstG). Voraussetzung hierfür ist, dass das Gebäude bei Durchführung der Baumaßnahme älter als zehn Jahre ist.
Anders als bei den haushaltsnahen Dienstleistungen und Handwerkerleistungen umfasst die Förderung nicht nur die Lohnkosten, sondern auch das Material. Der neue Steuerbonus gilt für Baumaßnahmen, die nach dem 31.12.2019 begonnen haben und vor dem 1.1.2030 abgeschlossen sind.

Wichtig zu wissen: Arbeiten an Mietobjekten sind nicht förderfähig, da das Objekt im jeweiligen Kalenderjahr ausschließlich selbst bewohnt werden muss. Siehe hierzu auch ➤ Rz 338.

Vom Bonus erfasst werden folgende Baumaßnahmen:
- Wärmedämmung von Wänden, Dachflächen und Geschossdecken,
- Erneuerung von Fenstern, Außentüren und Heizungsanlagen,
- Erneuerung/Einbau einer Lüftungsanlage,
- Einbau digitaler Systeme zur energetischen Betriebs- und Verbrauchsoptimierung,
- Optimierung bestehender Heizungsanlagen, die älter als zwei Jahre sind.

Umfang der Förderung
Pro Objekt werden 20 % der Investitionen (max. 40.000 €) über einen Zeitraum von drei Jahren direkt von der Steuer abgezogen. Der Fiskus sieht dabei folgende zeitliche Staffelung vor:

Steuerjahr	Abzugsfähig sind	Steuerermäßigung
Jahr des Abschlusses der Baumaßnahme	7 % der Aufwendungen	Max. 14.000 €
1. Folgejahr	7 % der Aufwendungen	Max. 14.000 €
2. Folgejahr	6 % der Aufwendungen	Max. 12.000 €

Wichtig zu wissen: Für energetische Maßnahmen, die bereits im Jahr 2020 durchgeführt und deren Aufwendungen anerkannt wurden, ist auch in den Folgejahren eine Anlage Energetische Maßnahmen einzureichen, um den Abzugsbetrag für die bzw. das weiterhin zu eigenen Wohnzwecken genutzte Wohnung/Gebäude zu beantragen.
Siehe hierzu die Erläuterung zu > Zeile 33 (➤ Rz 345).

Bei Eigentumswohnungen wird aufgeteilt
Die maximale Förderung wird wohl nur bei Miteigentum an einem Gebäudekomplex zum Tragen kommen, denn um 40.000 € zu erreichen, muss die Investition mehr als 200.000 € betragen (200.000 € × 20 % = 40.000 €).
In diesem Fall wird jedem Miteigentümer sein Anteil an den Gesamtkosten und damit auch sein Anteil am Höchstbetrag gesondert zugerechnet.

Handwerker vom Fach, Rechnung und Bescheinigung erforderlich
Voraussetzung für die Inanspruchnahme der Förderung ist, dass die Baumaßnahme von einem anerkannten Fachunternehmen unter Beachtung energetischer Mindestanforderungen ausgeführt wird, die per Rechtsverordnung festgelegt sind.
Zudem müssen Sie eine Rechnung erhalten haben, die die förderungsfähigen energetischen Maßnahmen, die Arbeitsleistung des Fachunternehmens sowie die Adresse des begünstigten Objekts ausweist, und die Rechnung durch Zahlung auf das Konto des Leistungserbringers beglichen haben. Für Barzahlungen, Baranzahlungen oder Barteilzahlungen und Barschecks wird keine Steuerermäßigung gewährt.
Wer den Steuerbonus in seiner Einkommensteuererklärung beantragen will, muss dem Finanzamt eine Bescheinigung des Fachunternehmens über die Baumaßnahme vorlegen, die nach amtlich vorgeschriebenem Muster erstellt ist (➤ Rz 339).

2021

1	Name		**Anlage Energetische Maßnahmen**
2	Vorname		Diese Anlage ist bei Zusammenveranlagung von Ehegatten / Lebenspartnern gemeinsam auszufüllen.
3	Steuernummer	lfd. Nr. der Anlage	

Aufwendungen für energetische Maßnahmen bei zu eigenen Wohnzwecken genutzten Gebäuden 18

Begünstigtes Objekt

Standort des Wohngebäudes / der Eigentumswohnung

4	Straße, Hausnummer	301	Herstellungsbeginn des Gebäudes T T M M J J J J
5	Postleitzahl, Ort (ggf. ausländischer Staat)		
6	300 Einheitswert-Aktenzeichen (ohne Sonderzeichen)		
7	Gesamtfläche 303 m² — davon ausschließliche Nutzung zu eigenen Wohnzwecken oder in Teilen unentgeltliche Überlassung zu Wohnzwecken an andere Personen	304	m²
8	Für das begünstigte Objekt wurde ab dem Jahr 2020 bereits eine Steuerermäßigung für energetische Maßnahmen in Anspruch genommen.	308	1 = Ja 2 = Nein

Energetische Maßnahmen 2021

Ich / Wir habe(n) für die energetischen Maßnahmen beantragt / in Anspruch genommen:

- öffentliche Förderung durch zinsverbilligte Darlehen (z. B. KfW-Bank, landeseigene Förderbank) oder
- steuerfreie Zuschüsse (z. B. KfW-Bank, BAFA, Gemeinde) oder
- Steuerbegünstigung für Gebäude in Sanierungsgebieten und städtebaulichen Entwicklungsbereichen oder
- Steuerermäßigung für Handwerkerleistungen nach § 35a EStG

9 — 309 — 1 = Ja 2 = Nein

Für die nachstehend geltend gemachten energetischen Maßnahmen wurden die in Zeile 9 genannten Förderungsmöglichkeiten **nicht** beantragt oder in Anspruch genommen.

– Bitte die Bescheinigung(en) des ausführenden Fachunternehmens / der Person mit Ausstellungsberechtigung nach § 88 Gebäudeenergiegesetz (GEG) einreichen –

Eigene Aufwendungen für energetische Maßnahmen

(ohne Aufwendungen die als Betriebsausgaben / Werbungskosten [z. B. Aufwendungen für ein häusliches Arbeitszimmer] oder Sonderausgaben berücksichtigt werden)

			EUR
10	Baubeginn der energetischen Maßnahme	305	T T M M J J J J
11	Aufwendungen für die Wärmedämmung von Wänden		,—
12	Aufwendungen für die Wärmedämmung von Dachflächen	+	,—
13	Aufwendungen für die Wärmedämmung von Geschossdecken	+	,—
14	Aufwendungen für die Erneuerung der Fenster und / oder der Außentür(en)	+	,—
15	Aufwendungen für den Ersatz und / oder den erstmaligen Einbau von sommerlichem Wärmeschutz	+	,—
16	Aufwendungen für die Erneuerung und / oder den Einbau einer Lüftungsanlage	+	,—
17	Aufwendungen für die Erneuerung der Heizungsanlage (bitte Zeile 23 und 24 beachten)	+	,—
18	Aufwendungen für den Einbau von digitalen Systemen zur energetischen Betriebs- und Verbrauchsoptimierung	+	,—
19	Aufwendungen für die Optimierung bestehender Heizungsanlagen (älter als 2 Jahre)	+	,—
20	Aufwendungen für die Erteilung der Bescheinigung(en)	+	,—
21	Summe	310	,—
22	Aufwendungen für die planerische Begleitung oder Beaufsichtigung durch den Energieberater	311	,—

Bei Installation eines Gas-Brennwertkessels ist innerhalb von 2 Jahren ab Datum der Inbetriebnahme des Gas-Brennwertkessels der Nachweis der Umsetzung der Hybridisierung gemäß den Anforderungen aus Anlage 6.4 der Energetische Sanierungsmaßnahmen-Verordnung zu erbringen. Die Steuerermäßigung ist erstmalig in dem Kalenderjahr zu gewähren, in dem die energetische Maßnahme abgeschlossen wurde. Dies ist der Fall, wenn die Schlussrechnung des Fachunternehmens erteilt wurde und der Nachweis der Hybridisierung vorliegt.

23	In Zeile 17 enthaltene Aufwendungen für die Installation eines effizienten Gas-Brennwertgerätes, das für die künftige Einbindung erneuerbarer Energien vorbereitet ist (Hybridisierung)	312	,—
24	Der Nachweis zur Umsetzung der Hybridisierung liegt vor und wird eingereicht:	313	1 = Ja 2 = Nein

2021Anl35c431 – Juli 2021 – 2021Anl35c431

ANLAGE ENERGETISCHE MASSNAHMEN
Aufwendungen bei zu eigenen Wohnzwecken genutzten Gebäuden **2022**

Nur ausfüllen, soweit in Zeile 21 und / oder in Zeile 22 Aufwendungen enthalten sind, für die der Abzug als außergewöhnliche Belastungen beantragt wird.

			EUR
31	In Zeile 21 enthaltene Aufwendungen, für die der Abzug (soweit möglich) als außergewöhnliche Belastungen beantragt wird	314	,–
32	In Zeile 22 enthaltene Aufwendungen, für die der Abzug (soweit möglich) als außergewöhnliche Belastungen beantragt wird	315	,–

Energetische Maßnahmen 2020

33	Anerkannte Aufwendungen für energetische Maßnahmen des Jahres 2020 (diese können Sie den Erläuterungen Ihres Einkommensteuerbescheides 2020 entnehmen)	317	,–

Angaben zu Miteigentumsanteilen

Falls das Objekt im Eigentum **mehrerer Personen** steht:

		stpfl. Person / Ehemann / Person A	Ehefrau / Person B
34	Miteigentumsanteil	306 %	307 %

35 Name, Vorname, Geburtsdatum, Adresse weiterer Miteigentümer

36 Name, Vorname, Geburtsdatum, Adresse weiterer Miteigentümer

2021Anl35c432

2021Anl35c432

Zeile 4 - 8 Begünstigtes Objekt

Der Standort des Wohngebäudes/der Eigentumswohnung ist in > Zeile 4 und 5 einzutragen. 338

Als Baubeginn gilt

- bei Objekten, für die eine Baugenehmigung erforderlich ist, der Zeitpunkt, in dem der Bauantrag gestellt wird;
- bei baugenehmigungsfreien Objekten, für die Bauunterlagen einzureichen sind, der Zeitpunkt, in dem die Bauunterlagen eingereicht werden.

Aufgepasst: Baubeginn und Bauantrag beziehen sich auf das Gebäude (Objekt) selbst, nicht auf die durchgeführte Energiesparmaßnahme. Beginn und Ende der energetischen Maßnahme(n) ergeben sich aus der Bescheinigung des Handwerksbetriebs.

Das Einheitswertaktenzeichen geben Sie in > Zeile 6 an. Dieses ist z.B. auf Ihrem Einheitswert- oder dem Grundsteuerbescheid vermerkt.

Der neue Steuerbonus kann nur in Anspruch genommen werden, wenn Sie das Gebäude/die Wohnung im jeweiligen Kalenderjahr der Inanspruchnahme der Steuerermäßigung **ausschließlich zu eigenen Wohnzwecken** nutzen. Unerheblich ist, wenn weitere Personen unentgeltlich in Teilen des Gebäudes wohnen. Wichtig ist hingegen, dass keine steuerpflichtigen Einkünfte aus der Wohnung erzielt werden. Die Nutzung eines häuslichen Arbeitszimmers ist allerdings unschädlich.

Gut zu wissen: Es kommt nicht darauf an, in welchem Umfang Sie die energetisch renovierte Wohnung nutzen. Begünstigt sind demnach auch Zweit- und Ferienwohnungen. **Aber Achtung:** Sobald Sie die Ferienwohnung z.B. auch an fremde Dritte vermieten, führt das zu einem kompletten Verlust der Steuerermäßigung.

Zeile 9 - 21 Energetische Maßnahmen 2021 339

Tragen Sie Ihre Aufwendungen je nach Art der Maßnahme in die > Zeilen 9 – 21 ein. Die förderfähigen Aufwendungen können Sie der Bescheinigung des Fachunternehmens entnehmen.

ANLAGE ENERGETISCHE MASSNAHMEN
Aufwendungen bei zu eigenen Wohnzwecken genutzten Gebäuden **2022**

Energetische Maßnahmen 2021

9 Ich / Wir habe(n) für die energetischen Maßnahmen beantragt / in Anspruch genommen:
- öffentliche Förderung durch zinsverbilligte Darlehen (z. B. KfW-Bank, landeseigene Förderbank) oder
- steuerfreie Zuschüsse (z. B. KfW-Bank, BAFA, Gemeinde) oder
- Steuerbegünstigung für Gebäude in Sanierungsgebieten und städtebaulichen Entwicklungsbereichen oder
- Steuerermäßigung für Handwerkerleistungen nach § 35a EStG

309 [ ] 1 = Ja, 2 = Nein

Für die nachstehend geltend gemachten energetischen Maßnahmen wurden die in Zeile 9 genannten Förderungsmöglichkeiten **nicht** beantragt oder in Anspruch genommen.

– Bitte die Bescheinigung(en) des ausführenden Fachunternehmens / der Person mit Ausstellungsberechtigung nach § 88 Gebäudeenergiegesetz (GEG) einreichen –

Eigene Aufwendungen für energetische Maßnahmen
(ohne Aufwendungen die als Betriebsausgaben / Werbungskosten [z. B. Aufwendungen für ein häusliches Arbeitszimmer] oder Sonderausgaben berücksichtigt werden)

Zeile			
10	Baubeginn der energetischen Maßnahme	305	T T M M J J J J
			EUR
11	Aufwendungen für die Wärmedämmung von Wänden		,—
12	Aufwendungen für die Wärmedämmung von Dachflächen	+	,—
13	Aufwendungen für die Wärmedämmung von Geschossdecken	+	,—
14	Aufwendungen für die Erneuerung der Fenster und / oder der Außentür(en)	+	,—
15	Aufwendungen für den Ersatz und / oder den erstmaligen Einbau von sommerlichem Wärmeschutz	+	,—
16	Aufwendungen für die Erneuerung und / oder den Einbau einer Lüftungsanlage	+	,—
17	Aufwendungen für die Erneuerung der Heizungsanlage (bitte Zeile 23 und 24 beachten)	+	,—
18	Aufwendungen für den Einbau von digitalen Systemen zur energetischen Betriebs- und Verbrauchsoptimierung	+	,—
19	Aufwendungen für die Optimierung bestehender Heizungsanlagen (älter als 2 Jahre)	+	,—

Sowohl die technischen Anforderungen als auch die einzelnen Baumaßnahmen (unter Verweise auf einzelne Bauteile) innerhalb einer konkreten Gruppe von Maßnahmen werden in der Energetischen Sanierungsmaßnahmen-Verordnung konkretisiert.
Für technisch Interessierte: Die Verordnung finden Sie auf der Homepage des Bundesfinanzministeriums (www.bundesfinanzministerium.de). Darin wird u.a. auf die Wirksamkeit anhand des Wärmedurchgangskoeffizienten abgestellt und eine Mindestanforderung aufgestellt. Die Energetische Sanierungsmaßnahmen-Verordnung enthält darüber hinaus auch eine Differenzierung nach einzelnen Bauteilen.

Dies sollte Sie allerdings nicht weiter beschäftigen, denn wenn Sie den Steuerbonus in Ihrer Einkommensteuererklärung beantragen wollen, müssen Sie dem Finanzamt eine Bescheinigung des Fachunternehmens über die Baumaßnahme vorlegen können, die nach folgendem amtlich vorgeschriebenem Muster erstellt ist.

Seite 7

Muster I - Bescheinigung des ausführenden Fachunternehmens

☐ Diese Bescheinigung ergänzt oder berichtigt die Bescheinigung vom TT.MM.JJJJ.

I. Ausführendes Fachunternehmen und Bezeichnung des begünstigten Objektes

Fachunternehmen (Bezeichnung)	Standort des Wohngebäudes
Straße	Straße/Hausnummer
PLZ, Ort	PLZ, Ort
Telefon/E-Mail	
Steuernummer	

II. Bescheinigung für (Eigentümer/Miteigentümer/Wohnungseigentümergemeinschaft)

Namen (bei Wohnungseigentümergemeinschaft ggf. Name des Verwalters)
Straße/Hausnummer
PLZ, Ort
(ggf. Miteigentumsanteile der einzelnen Miteigentümer)

III. Das unter I. genannte Fachunternehmen ist im nachfolgenden Gewerk tätig (Mehrfachangaben möglich):

☐	Mauer- und Betonbauarbeiten
☐	Stukkateurarbeiten
☐	Maler- und Lackierungsarbeiten
☐	Zimmerer-, Tischler- und Schreinerarbeiten
☐	Wärme-, Kälte- und Schallisolierungsarbeiten
☐	Steinmetz- und Steinbildhauarbeiten
☐	Brunnenbauarbeiten
☐	Dachdeckerarbeiten
☐	Sanitär- und Klempnerarbeiten
☐	Glasarbeiten
☐	Heizungsbau und -installation
☐	Kälteanlagenbau
☐	Elektrotechnik und -installation
☐	Metallbau

Seite 8

IV. Die Mindestanforderungen an folgende energetische Maßnahme(n) (Mehrfachangaben möglich) sind nach den Anlagen zu § 1 der Energetischen Sanierungsmaßnahmen-Verordnung - ESanMV (bitte jeweils konkret benennen) erfüllt:

Lfd. Nr.		Maßnahme(n)	erfüllte Mindestanforderungen lt. Anlage_____ zu § 1 ESanMV
1	☐	Wärmedämmung von Wänden	
2	☐	Wärmedämmung von Dachflächen	
3	☐	Wärmedämmung von Geschossdecken	
4a	☐	Erneuerung der Fenster	
4b	☐	Erneuerung der Außentüren	
5	☐	Erneuerung oder Einbau einer Lüftungsanlage	
6	☐	Erneuerung der Heizungsanlage durch ☐Solarkollektoranlage ☐Biomasse-Anlage ☐Wärmepumpe ☐Gas-Brennwerttechnik (Renewable Ready) ☐Hybridanlage ☐Brennstoffzellenheizung ☐Mini-KWK ☐Anschluss an ein Wärmenetz	
7	☐	Einbau von digitalen Systemen zur energetischen Betriebs- und Verbrauchsoptimierung; konkrete Benennung der energetischen Maßnahmen: ________________ ________________ ________________	
8	☐	Optimierung bestehender Heizungsanlagen ☐Bestehende Heizung ist bei Beginn der Optimierungsmaßnahme älter als 2 Jahre	

☐ Die durchgeführte(n) energetische(n) Maßnahme(n) Nr. ________ ist/sind dem Gewerk des oben genannten Fachunternehmens zugehörig.

V. Kosten der energetischen Maßnahme(n):

Lfd. Nr. lt. IV.	Kosten der energetischen Maßnahme	
		Euro
	Davon entfallen auf das Sondereigentum einzelner Wohnungen (falls zuordenbar):	Euro auf die Wohnung___:
		Euro auf die Wohnung___:
		Euro auf die Wohnung___:

Seite 9

Lfd. Nr. lt. IV.	Kosten der energetischen Maßnahme	
		Euro
	Davon entfallen auf das Sondereigentum einzelner Wohnungen (falls zuordenbar):	Euro auf die Wohnung____:
		Euro auf die Wohnung____:
		Euro auf die Wohnung____:
Lfd. Nr. lt. IV.	**Kosten der energetischen Maßnahme**	
		Euro
	Davon entfallen auf das Sondereigentum einzelner Wohnungen (falls zuordenbar):	Euro auf die Wohnung____:
		Euro auf die Wohnung____:
		Euro auf die Wohnung____:
Kosten für die Erteilung der Bescheinigung		Euro

☐ Die Rechnung(en) des/der ausführenden Fachunternehmen(s) ist/sind beigefügt.

VI. Beginn und Ende der energetischen Maßnahme(n):

Beginn der Maßnahme ist:

a) bei genehmigungsbedürftigen Bauvorhaben: der Zeitpunkt, in dem der Bauantrag gestellt wird
b) bei nicht genehmigungsbedürftigen aber anzeigepflichtigen Bauvorhaben: der Zeitpunkt des Eingangs der Unterlagen bei der zuständigen Behörde
c) bei genehmigungs- und anzeigefreien Vorhaben: der Beginn der Bauausführung

Energetische Maßnahme lfd. Nr.	Datum Beginn der Durchführung der Maßnahme	Datum Abschluss der Maßnahme

VII. Energetische Baubegleitung und Fachplanung durch BAFA-Energieberater oder KfW-Energieeffizienz-Experte[1]

Folgende Person mit Ausstellungsberechtigung nach § 21 EnEV:

☐ Zulassung als Energieberater im Förderprogramm „Energieberatung für Wohngebäude" des Bundesamtes für Wirtschaft und Ausfuhrkontrolle (BAFA) oder

[1] Eintragungen zu VII. sind nur erforderlich, falls seitens des ausführenden Fachunternehmens oder des Eigentümers ein Energieberater bzw. Energieeffizienz-Experte an der energetischen Sanierungsmaßnahme beteiligt wurde.

Seite 10 ☐ Listung als „Energieeffizienz-Experte“ für das KfW-Förderprogramm „Energieeffizient Bauen und Sanieren – Wohngebäude“ (KfW-Programme Nr. 151/152/153 und 430)

______________________________ (Name und Anschrift)

wurde vom
☐ Fachunternehmen
☐ Eigentümer
mit der planerischen Begleitung oder Beaufsichtigung der energetischen Maßnahme(n) beauftragt.

☐ Die Rechnung des Energieberaters ist beigefügt.

VIII. Installation Gas-Brennwertkessel (Renewable Ready)

☐ Das Fachunternehmen hat den Eigentümer darauf hingewiesen, dass innerhalb von 2 Jahren ab Datum der Installation des Gas-Brennwertkessels der Nachweis der Umsetzung der Hybridisierung gemäß den Anforderungen aus Anlage 6.4 der ESanMV beim Finanzamt erbracht werden muss.

IX. Für die nachfolgenden energetischen Maßnahmen sind dem Steuerpflichtigen ausgehändigt worden:

Lfd. Nr.		Maßnahme	Nachweis
6.1	☐	Solarkollektoranlage	**Förderfähigkeit der Anlage**, nachgewiesen durch: ☐ Auszug aus der zu Beginn der Installation gültigen BAFA-Liste der förderfähigen Solarkollektoranlagen im BAFA-Programm „Heizen mit Erneuerbaren Energien“[2] oder ☐ Solar Keymark-Zertifikat sowie Prüfbericht nach EN 12975-2 oder EN ISO 9806 eines nach ISO 17025 akkreditierten Prüfinstituts
6.2	☐	Biomasseanlagen	**1. Hydraulischer Abgleich:** ☐ Nachweis des hydraulischen Abgleichs der Heizungsanlage gem. Verfahren A oder B des VdZ-Formulars[3] sowie **2. Abnahme durch den Schornsteinfeger:** ☐ Schornsteinfegerabnahmebescheinigung
6.3	☐	Wärmepumpe	**1. Hydraulischer Abgleich und Heizkurve:**

[2] Einsehbar auf den Internetseiten des BAFA

[3] Einsehbar auf der Internetseite des Spitzenverbandes Gebäudetechnik (VdZ)

Seite 11

			☐ Nachweis des hydraulischen Abgleichs der Heizungsanlage gem. Verfahren A oder B des VdZ-Formulars[3] (Ausnahme Direktkondensationswärmepumpe) und ☐ Nachweis über Anpassung der Heizkurve der Heizungsanlage **2. Förderfähigkeit der Anlage, nachgewiesen durch:** ☐ Auszug aus der zu Beginn der Installation gültigen BAFA-Liste der förderfähigen Wärmepumpen im BAFA-Programm „Heizen mit Erneuerbaren Energien"[4] oder durch die nachfolgenden besonderen Nachweise: a) bei Nennwertleistung von max. 100 kW: ☐ Nachweis der Nennwärmeleistung durch Prüfbericht eines unabhängigen Prüfinstituts b) für elektrisch betriebene Wärmepumpe: ☐ Nachweis COP-Wert durch Prüfbericht eines unabhängigen Prüfinstituts oder ☐ Prüfbericht auf Grundlage der technischen Voraussetzungen des EHPA-Wärmepumpen-Gütesiegel c) für gasbetriebene Wärmepumpe: ☐ Nachweis Normnutzungsgrad durch Prüfbericht eines unabhängigen Prüfinstituts d) für Sonderformen von Wärmepumpen: ☐ Nachweise nach Nr. 6.3 Abs. 2 c) ESanMV e) für Direktkondensationswärmepumpe, sofern keine Wärmemengenzählung möglich ist: ☐ Nachweis der Erreichung der JAZ nach Nr. 6.3 Abs. 2 d) ESanMV und ☐ Nachweis des Herstellers entsprechend der EN 378-2:2008 erfolgten Druckfestigkeits- und Dichtheitsprüfung
6.4	☐	Gas-Brennwerttechnik (Renewable Ready)	**1. Für Gasbrennwertgerät:** ☐ Konzeptbeschreibung für die künftige Einbindung erneuerbarer Energien (Hybridisierung)

[4] Einsehbar auf den Internetseiten des BAFA

Seite 12

			<u>2. Für Hybridisierung:</u> ☐ Nachweis der Umsetzung der Hybridisierung innerhalb von 2 Jahren ab Datum der Installation des Gas-Brennwertkessels (siehe VIII.) <u>oder</u> ☐ Nachweis zur Umsetzung der Hybridisierung liegt gegenwärtig noch nicht vor.
6.5	☐	Hybridanlage	**<u>1. Für den regenerativen Teil der Anlage</u>** <u>a) Thermische Leistung des Anlagenteils</u> ☐ Erklärung des Fachunternehmens über die Erbringung von mind. 25 % der Gebäudeheizlast durch den regenerativen Wärmeerzeuger auf Basis DIN EN 12831 <u>und</u> <u>b) Förderfähigkeit der Anlage, nachgewiesen durch</u> ☐ Auszug aus der zu Beginn der Installation gültigen BAFA-Liste aller förderfähigen regenerativen Wärmeerzeuger im BAFA-Programm „Heizen mit Erneuerbaren Energien“[5] <u>oder</u> ☐ Prüfbericht/Prüfzertifikat von nach ISO 17025 akkreditiertem Prüfinstitut **<u>2. Für den Gasbrennwert-Teil der Anlage</u>** ☐ Herstellernachweis für jahreszeitbedingte Raumheizungseffizienz (mind. 92 % der Nennlast)
6.6	☐	Brennstoffzellenheizung	**<u>Hydraulischer Abgleich:</u>** ☐ Nachweis des hydraulischen Abgleichs gem. Verfahren A des VdZ-Formulars[3]
8	☐	Optimierung Heizungsanlage	**<u>Hydraulischer Abgleich:</u>** ☐ Nachweis des hydraulischen Abgleichs Verfahren A oder B des VdZ-Formulars[3]

Datum, Stempel und Unterschrift des Fachunternehmens

[5] Einsehbar auf der Internetseite der BAFA

TIPP Nebenkosten der Baumaßnahme nicht vergessen 340

Die Steuerermäßigung erhalten Sie für alle Aufwendungen, die für den fachgerechten Einbau bzw. die fachgerechte Installation, für die Inbetriebnahme von Anlagen sowie notwendige Umfeldmaßnahmen anfallen, und für die direkt mit der Maßnahme verbundenen Materialkosten. Folglich sind alle jene Aufwendungen zu berücksichtigen, die insgesamt für die Durchführung der energetischen Maßnahmen anfallen. Hierbei ist es unerheblich, ob es sich um Personal- oder Materialkosten handelt. Letztendlich müssen die Aufwendungen der jeweiligen Maßnahme zuzurechnen sein. Weitere Einschränkungen existieren nicht. Es wird somit auch nicht gefordert, dass die Aufwendungen allesamt durch das beauftragte Fachunternehmen entstanden sind. Wenn Sie z. B. das Material selbst gekauft haben, sind auch diese Aufwendungen förderfähig.

Die Steuerermäßigung kann nicht in Anspruch genommen werden, soweit die Aufwendungen als Betriebsausgaben, Werbungskosten, Sonderausgaben oder außergewöhnliche Belastungen berücksichtigt worden sind. Darüber hinaus ist eine Steuerermäßigung ebenfalls ausgeschlossen, wenn Sie für die Aufwendungen Steuerbegünstigungen nach § 10f EStG (Baudenkmäler/Sanierungsobjekte) oder Steuerermäßigungen nach § 35a EStG (haushaltsnahe Aufwendungen/Handwerker(lohn)kosten) in Anspruch nehmen oder wenn die energetischen Maßnahmen öffentlich gefördert werden, d.h., dass für die Maßnahme zinsverbilligte Darlehen oder steuerfreie Zuschüsse – z.B. von der KfW, dem Bundesamt für Wirtschaft und Ausfuhrkontrolle (BAFA), einer landeseigenen Förderbank oder der Gemeinde – in Anspruch genommen wurden.

Wer die Wahl hat …

Die Steuerbegünstigung ist als Abzug von der tariflichen Einkommensteuer (Steuerermäßigung) ausgestaltet und wird nur auf Antrag gewährt. Demnach können Sie selbst bestimmen, inwieweit möglicherweise eine andere steuerliche Behandlung (z.B. nach § 10f EStG) günstiger oder eine direkte Förderung (z.B. über die KfW-Programme) sinnvoller für Sie ist.

341 Zeile 22 Aufwendungen für den Energieberater

Tragen Sie hier die Aufwendungen für einen Energieberater ein – ob unmittelbar oder mittelbar von Ihnen beauftragt –, der die energetische Maßnahme planerisch begleitet oder beaufsichtigt hat.
Mit dieser Eintragung können 50 % der Aufwendungen für den Energieberater von der tariflichen Einkommensteuer in Abzug gebracht werden. Eine Streckung über mehrere Jahre erfolgt in diesem Fall nicht.

Berücksichtigt werden die Aufwendungen

- für Energieberater, die vom BAFA als fachlich qualifiziert zum Förderprogramm »Energieberatung für Wohngebäude« zugelassen sind, und
- für Energieeffizienz-Experten, die für das KfW-Förderprogramm »Energieeffizient Bauen und Sanieren – Wohngebäude« (KfW-Programme Nr. 151, 152, 153 und 430) gelistet sind.

Die Beträge können Sie der Bescheinigung des Fachunternehmens entnehmen.

342 Zeile 23 – 24 Hybridisierung bei Gas-Brennwertkesseln

Der Nachweis der Umsetzung der Hybridisierung ist gemäß den Anforderungen zu erbringen, die in der Anlage 6.4 der Energetischen Sanierungsmaßnahmen-Verordnung gelistet sind. Er kann, sofern er bereits vorliegt, bei Antragstellung beigefügt werden, oder muss spätestens zwei Jahre nach Antragstellung nachgereicht werden.

343 Zeile 31 – 32 Berücksichtigung als außergewöhnliche Belastung

Instandsetzungsarbeiten nach Katastrophen wie z.B. durch Erdbeben, Überschwemmungen, Sturm oder Hagel gehen in den meisten Fällen auch mit einer energetischen Sanierung einher.
Damit können diese Aufwendungen entweder hier im Bereich der Sonderförderung oder aber bei den außergewöhnlichen Belastungen berücksichtigt werden.
Soweit der Ansatz im Bereich der außergewöhnlichen Belastungen möglich ist, kürzt das Finanzamt die Aufwendungen laut > Zeilen 11 – 22 entsprechend.

Steuerfuchs, pass auf! 344
Über die Steuerermäßigung (energetische Maßnahmen) erhalten Sie maximal 20 % Ihrer Aufwendungen – verteilt über drei Jahre – zurück. Als außergewöhnliche Belastungen können Sie Ihre Steuerlast zumeist deutlich stärker drücken, denn die Kosten bringen einen Steuerrabatt in Höhe Ihres Grenzsteuersatzes. Dieser beträgt nicht selten 30 % und mehr. Mehr dazu unter ➤ Rz 323 ff.
Beachten Sie aber: Diese Beträge dürfen dann nicht zusätzlich in den > Zeilen 31 – 35 der Anlage Außergewöhnliche Belastung enthalten sein.

Zeile 33 Energetische Maßnahmen 2020 345

Für energetische Maßnahmen, die bereits im Jahr 2020 durchgeführt und deren Aufwendungen anerkannt wurden, ist auch in den Folgejahren die Anlage Energetische Maßnahmen einzureichen, um den Abzugsbetrag für die bzw. das weiterhin zu eigenen Wohnzwecken genutzte Wohnung/Gebäude zu beantragen.
Um also den Abzugsbetrag von 7 % für das erste Folgejahr zu erhalten, müssen Sie die anerkannten Aufwendungen aus dem Vorjahr 2020, die Sie Ihrem Einkommensteuerbescheid 2020 entnehmen können, hier eintragen.

Zeile 34 – 36 Angaben zu Miteigentumsanteilen 346

Sind nicht Sie allein Eigentümer des von Ihnen zu eigenen Wohnzwecken genutzten eigenen Gebäudes (> Zeile 4), kann die Steuerermäßigung für das begünstigte Objekt insgesamt nur einmal in Anspruch genommen werden. Tragen Sie in > Zeile 34 den auf Sie entfallenden Miteigentumsanteil ein (auch bei Ehegatten/Lebensgefährten) und in den > Zeilen 35 und 36 Namen, Vornamen, Geburtsdaten und Adressen weiterer Miteigentümer.

Werden energetische Maßnahmen an einem Gebäude mit selbstgenutzten Eigentumswohnungen durchgeführt, ist grundsätzlich für jede einzelne Eigentumswohnung eine Bescheinigung auszustellen. Es wird allerdings nicht beanstandet, wenn das ausführende Fachunternehmen aus Vereinfachungsgründen eine Gesamtbescheinigung ausstellt, sofern es sich entweder um das Gesamtgebäude betreffende Sanierungsmaßnahmen handelt oder die auf das Sondereigentum einzelner Wohnungen entfallenden Aufwendungen den einzelnen Wohnungen klar und eindeutig zugeordnet werden können. 347

Der Verwalter wird es richten

Hat die Wohnungseigentümergemeinschaft zur Wahrnehmung ihrer Aufgaben und Interessen einen Verwalter bestellt, ist dieser als Auftraggeber zu adressieren. Es reicht in diesen Fällen aus, wenn der Verwalter die anteiligen auf das Miteigentum entfallenden Aufwendungen nach dem Verhältnis des Miteigentumsanteils aufteilt und dem einzelnen Wohnungseigentümer mitteilt. Dazu erstellt der Verwalter eine der Anzahl der Berechtigten entsprechende Anzahl von Abschriften der Bescheinigung des Fachunternehmens, auf welcher er die Höhe der anteilig auf den jeweiligen Berechtigten entfallenden Aufwendungen am Gesamtgebäude für den jeweiligen Berechtigten vermerkt und die auf das Sondereigentum einzelner Wohnungen entfallenden Aufwendungen den konkreten Wohnungseigentümern zuweist.

11 Die Anlage Haushaltsnahe Aufwendungen

Haushaltsnahe Beschäftigungsverhältnisse, Dienstleistungen und Handwerkerleistungen

Das Wichtige vorab: 348

Die Anlage Haushaltsnahe Aufwendungen ist für nahezu jeden Steuerbürger relevant. Sicher haben auch Sie Handwerkerleistungen in Anspruch genommen für die Reparatur eines Haushaltsgeräts oder für Renovierungsarbeiten. Sie haben einen Fensterputzer? Ein Gärtner hat den Grünschnitt besorgt, oder in der Nebenkostenabrechnung Ihrer Miet- oder Eigentumswohnung finden sich entsprechende Kosten?

Für all diese Positionen sieht der Fiskus einen Steuerrabatt von 20 % vor, den Sie mit dieser Anlage beantragen.

Für entsprechende Aufwendungen, die in Ihrem inländischen oder in einem anderen EU-/EWR-Staat gelegenen Haushalt angefallen sind, können Sie folgende Steuerermäßigungen beantragen:

Art der Tätigkeit	direkt von der Steuer absetzbar
Geringfügige Beschäftigung (Minijob) im Privathaushalt > Zeile 4	20 % der Aufwendungen, max. 510 € jährlich
– Haushaltsnahe pflichtversicherte Beschäftigung > Zeile 5 – Haushaltsnahe (selbständige) Dienstleistungen/Haushaltshilfe > Zeile 5 – Pflege- und Betreuungsleistungen/Heimunterbringung > Zeile 5	insgesamt 20 % der Aufwendungen, max. 4.000 € jährlich
Handwerkerleistungen bei Renovierungs-, Erhaltungs- und Modernisierungsmaßnahmen > Zeile 6 – 8	20 % der Aufwendungen, max. 1.200 €

2021

Anlage Haushaltsnahe Aufwendungen

Diese Anlage ist bei Zusammenveranlagung von Ehegatten / Lebenspartnern gemeinsam auszufüllen.

1 Name

2 Vorname

3 **Steuernummer**

Haushaltsnahe Beschäftigungsverhältnisse, Dienstleistungen und Handwerkerleistungen

Steuerermäßigung für Aufwendungen 18

Geringfügige Beschäftigungen im Privathaushalt – sog. Minijobs –

Aufwendungen (abzüglich Erstattungen) EUR

Art der Tätigkeit

4 202 ,–

Haushaltsnahe Beschäftigungsverhältnisse / Dienstleistungen

- sozialversicherungspflichtige Beschäftigungen im Privathaushalt
- haushaltsnahe Dienstleistungen, Hilfe im eigenen Haushalt
- Pflege- und Betreuungsleistungen im Haushalt, bei eigener Heimunterbringung in den Heimkosten enthaltene Aufwendungen für Dienstleistungen, die mit denen einer Haushaltshilfe vergleichbar sind; das in Zeile 32 der Anlage Außergewöhnliche Belastungen als Erstattung für häusliche Pflege- und Betreuungskosten berücksichtigte Pflegegeld (§ 37 SGB XI) / Pflegetagegeld

Art der Tätigkeit / Aufwendungen

5 212 ,–

Handwerkerleistungen

für Renovierungs-, Erhaltungs- und Modernisierungsmaßnahmen im eigenen Haushalt
(**ohne** Handwerkerleistungen, für die eine öffentliche Förderung durch zinsverbilligte Darlehen oder steuerfreie Zuschüsse [z. B. KfW-Bank, BAFA, landeseigener Förderbanken oder Gemeinden] oder für die eine Steuerermäßigung für energetische Maßnahmen nach § 35c EStG in Anspruch genommen wird)

	Art der Aufwendungen	Rechnungsbeträge (bei Eintragungen in Zeile 10 nur anteilig) EUR	darin enthaltene Lohnanteile, Maschinen- und Fahrtkosten inkl. Umsatzsteuer EUR
6		,–	,–
7		,– +	,–
8		,– +	,–

9 Summe steuerlich berücksichtigungsfähiger Lohnanteile, Maschinen- und Fahrtkosten inkl. Umsatzsteuer 214 ,–

Nur bei Alleinstehenden und Eintragungen in den Zeilen 36 bis 38 der Anlage Außergewöhnliche Belastungen und / oder in den Zeilen 4 bis 9 der Anlage Haushaltsnahe Aufwendungen:

Anzahl der weiteren Personen

10 Es bestand ganzjährig ein gemeinsamer Haushalt mit einer oder mehreren anderen alleinstehenden Person(en) 223

Name, Vorname, Geburtsdatum

11

Nur bei Alleinstehenden oder Einzelveranlagung von Ehegatten / Lebenspartnern und Eintragungen in den Zeilen 36 bis 38 der Anlage Außergewöhnliche Belastungen und / oder in den Zeilen 4 bis 9 der Anlage Haushaltsnahe Aufwendungen:

Laut einzureichendem gemeinsamen Antrag ist der Höchstbetrag für die Aufwendungen

12 – lt. Zeile 36 der Anlage Außergewöhnliche Belastungen und / oder Zeile 4 der Anlage Haushaltsnahe Aufwendungen in einem anderen Verhältnis als je zur Hälfte aufzuteilen. Der bei mir zu berücksichtigende Anteil beträgt 224 %

13 – lt. Zeile 37 der Anlage Außergewöhnliche Belastungen und / oder Zeile 5 der Anlage Haushaltsnahe Aufwendungen in einem anderen Verhältnis als je zur Hälfte aufzuteilen. Der bei mir zu berücksichtigende Anteil beträgt 225 %

14 – lt. Zeile 38 der Anlage Außergewöhnliche Belastungen und / oder Zeile 9 der Anlage Haushaltsnahe Aufwendungen in einem anderen Verhältnis als je zur Hälfte aufzuteilen. Der bei mir zu berücksichtigende Anteil beträgt 226 %

Nur in Fällen der Zusammenveranlagung oder Einzelveranlagungen von Ehegatten / Lebenspartnern und Eintragungen in den Zeilen 36 bis 38 der Anlage Außergewöhnliche Belastungen und / oder in den Zeilen 4 bis 9 der Anlage Haushaltsnahe Aufwendungen:

		stpfl. Person / Ehemann / Person A	Ehefrau / Person B
15	Es wurde 2021 ein gemeinsamer Haushalt begründet oder aufgelöst und für einen Teil des Kalenderjahres ein Einzelhaushalt geführt	219 1 = Ja	220 1 = Ja

2021Anl35a381 – Juli 2021 – **2021Anl35a381**

Tragen Sie Ihre Aufwendungen in die jeweilige Zeile ein. Die Steuerermäßigung wird – bis zu den Höchstbeträgen – direkt von der Steuer abgezogen.

Wem steht die Steuerermäßigung zu?
Die Steuerermäßigung steht jeder Privatperson zu, die Arbeitgeber bei einem haushaltsnahen Minijob oder einem pflichtversicherten Beschäftigungsverhältnis bzw. Auftraggeber bei einer haushaltsnahen Dienst-, Pflege- oder Handwerkerleistung ist, egal ob Eigentümer oder Mieter. Siehe hierzu auch ➤ Rz 374.

Zinsverbilligte Darlehen oder Zuschüsse erhalten? 349
Eine Steuerermäßigung für Handwerkerleistungen ist vollständig ausgeschlossen, wenn die Aufwendungen durch zinsverbilligte Darlehen oder steuerfreie Zuschüsse öffentlich gefördert wurden (z.B. von KfW-Bank, BAFA, einer landeseigenen Förderbank oder der Gemeinde).
Nicht jeder versteht auf Anhieb, was damit gemeint ist. Zudem sind die vertrackten Steuerformulare ohnehin häufig eher verwirrend als selbsterklärend.

Daher gab es wohl häufiger Fälle, in denen eine Förderung durch einen Zuschuss oder ein günstiges Darlehen schlichtweg vergessen wurde. Manch einer hat bei einer öffentlichen Förderung die Handwerkerrechnungen auch um die erhaltenen Fördermittel gekürzt und für den verbleibenden Betrag die Steuerermäßigung nach § 35a EStG beantragt.
Beides ist nicht korrekt, denn bei Inanspruchnahme öffentlicher Fördermittel ist eine Steuerermäßigung vollständig ausgeschlossen.
Die Formularexperten der Finanzverwaltung haben die Anlage Haushaltsnahe Aufwendungen in dieser Hinsicht konkretisiert und auch die Anleitung zum Formular ergänzt.

Wichtig zu wissen: Es ist wohl damit zu rechnen, dass die Finanzämter hier künftig genauer hinsehen. Also aufgepasst!

Was heißt haushaltsnah?
Zu den haushaltsnahen Tätigkeiten gehören u.a. die Zubereitung von Mahlzeiten im jeweiligen Haushalt, die Reinigung der Wohnung, die Gartenpflege und die Pflege, Versorgung und Betreuung von Kindern und von kranken, alten oder pflegebedürftigen Personen. Die Erteilung von Unterricht (z.B. Sprachunterricht), die Vermittlung besonderer Fähigkeiten, sportliche und andere Freizeitbetätigungen fallen nicht darunter.

Haushaltsnähe trifft auch für Bewohner eines Alten- oder Pflegeheimes zu, wenn sie im Heim einen eigenständigen abgeschlossenen Haushalt führen. Das ist dann der Fall, wenn die Räumlichkeiten des Bewohners von ihrer Ausstattung für eine Haushaltsführung geeignet sind (Bad, Küche, Wohn- und Schlafbereich), individuell genutzt werden können (Abschließbarkeit) und eine eigene Wirtschaftsführung durch den Bewohner gegeben ist. Bei einer Wohnungseigentümergemeinschaft kann der einzelne Eigentümer die Steuerermäßigungen nach § 35a EStG beanspruchen. Das gilt auch, wenn nicht er selbst, sondern die Eigentümergemeinschaft (ggf. in Vertretung des Verwalters) Arbeitgeber bzw. Auftraggeber der Leistung ist. In diesen Fällen müssen in der Jahresabrechnung die begünstigten Aufwendungen gesondert ausgewiesen und die Anteile der einzelnen Wohnungseigentümer an den begünstigten Aufwendungen individuell errechnet werden.

Kein Entweder-oder
Sie können, wenn Sie unbedingt wollen, alle vier Steuervergünstigungen aus § 35 a EStG nebeneinander in Anspruch nehmen und entsprechen damit dem Idealbürger, der keine bürokratischen Hürden und Hemmnisse scheut, zur Ankurbelung des Arbeitsmarktes beizutragen.

Keine Zwölftelung
Die obigen Höchstbeträge für haushaltsnahe Beschäftigung sind Jahresbeträge. Die Voraussetzungen für die Steuerermäßigungen müssen daher nicht das ganze Jahr über vorgelegen haben.

✎ **Leben zwei Alleinstehende in einem Haushalt zusammen, können die Höchstbeträge jeweils nur einmal in Anspruch genommen werden (siehe ➤ Rz 376).**

Schwarzgeld und Gefälligkeitsrechnungen
Ob haushaltsnahe Dienstleistung, Handwerker- oder Pflege- und Betreuungsleistungen: Die Steuerermäßigung ist davon abhängig, dass die Aufwendungen durch eine Rechnung und Zahlung via Bankkonto nachgewiesen werden können. Dadurch soll die Schwarzarbeit in Privathaushalten bekämpft werden. Unbare Zahlung ist selbst dann Voraussetzung, wenn der Steuerzahler kein Bankkonto hat oder der Handwerker wegen schlechter Erfahrungen mit der Zahlungsmoral der Kunden Barzahlung verlangt hat (BFH-Urt. Az. VI R 14/08 und 22/08).

Nachweise sind zwar nur auf Verlangen des Finanzamts vorzulegen, erfahrungsgemäß fordern die Finanzämtler die Belege aber an. Besser also, Sie fügen Ihrer Steuererklärung die Rechnungen gleich bei.

Guter Rat: Wenn Sie Ihre Steuerermäßigung für ein Jahr bereits voll ausgeschöpft haben, sollten Sie weitere Arbeiten erst im nächsten Jahr ausführen lassen oder aber die Zahlung auf das folgende Jahr verschieben!

Zeile 4 - 5 Haushaltsnahes Beschäftigungsverhältnis 350

Geringfügige Beschäftigungen im Privathaushalt – sog. Minijobs – Aufwendungen (abzüglich Erstattungen) EUR

Art der Tätigkeit

4 202 ,–

Haushaltsnahe Beschäftigungsverhältnisse / Dienstleistungen
- sozialversicherungspflichtige Beschäftigungen im Privathaushalt
- haushaltsnahe Dienstleistungen, Hilfe im eigenen Haushalt
- Pflege- und Betreuungsleistungen im Haushalt, in Heimunterbringungskosten enthaltene Aufwendungen für Dienstleistungen, die denen einer Haushaltshilfe vergleichbar sind; das in Zeile 19 der Anlage Außergewöhnliche Belastungen als Erstattung für häusliche Pflege- und Betreuungskosten berücksichtigte Pflegegeld (§ 37 SGB XI) / Pflegetagegeld

Art der Tätigkeit / Aufwendungen

5 212 ,–

Wenn Sie in Ihrem Haushalt jemanden als Arbeitnehmer beschäftigen, gibt es folgende Steuerermäßigung:

1. bei **geringfügiger Beschäftigung (Minijob)** > Zeile 4
   20 % Ihrer Aufwendungen, höchstens 510 € im Jahr,
2. bei **sozialversicherungspflichtiger Beschäftigung** > Zeile 5
   20 % der Aufwendungen, höchstens 4.000 € im Jahr.

Das fiskalische Angebot, jemanden als Arbeitnehmer für haushaltsnahe Tätigkeiten (welche Tätigkeiten unter »haushaltsnah« fallen ➤ Rz 348) einzustellen, nehmen aber nur die ganz Ordentlichen an, bei denen alles legal sein soll. Die meisten beschäftigen ihre Perle weiterhin schwarz. Das ist für alle Beteiligten finanziell günstiger, wie der folgende Tipp zeigt.

TIPP Vermeiden Sie ein Hornberger Schießen! 351

Dieses Schießen hat ja bekanntlich zu keinem Ergebnis geführt. Entsprechendes könnte Ihnen widerfahren, wenn Sie nur deshalb mit jemandem ein haushaltsnahes Beschäftigungsverhältnis begründen, um die besagte Steuerermäßigung zu ergattern. Denn: Ist das Beschäftigungsverhältnis als Minijob ausgestaltet, zahlen Sie pauschal 14,99 % des ausgezahlten Lohns für Sozialabgaben, Steuern, Umlage Lohnfortzahlung sowie Beitrag zur gesetzlichen

Unfallversicherung an die Bundesknappschaft (➤ Rz 603) und erhalten 20 % über die Steuer zurück. Bei einem sozialversicherungspflichtigen Arbeitsverhältnis betragen allein die Sozialabgaben über 40 % (➤ Rz 497), bei gleicher Steuerermäßigung, also mickrigen 20 %.
Zudem warnt der Fiskus, dass ein Beschäftigungsverhältnis zwischen Eltern und den im Haushalt lebenden Kindern schon wegen § 1619 BGB (Pflicht zur Mithilfe im Haushalt) und eines mit dem Lebenspartner deswegen nicht anerkannt werde, weil dieser ja zugleich seinen eigenen Haushalt mitführe (BFM im Schreiben v. 1.11.2004 – BStBl I 2004 S. 958).

Wer mit seiner Haushaltshilfe ein offizielles Beschäftigungsverhältnis eingegangen ist, für den sind die folgenden Hinweise interessant:

352 Zeile 4 Geringfügige Beschäftigung/ Minijob

Die Steuerermäßigung ist nur dann geritzt, wenn Sie jemanden im Minijob beschäftigen (§ 8a SGB IV) und am Haushaltsscheckverfahren teilnehmen. **Die Steuerermäßigung beträgt 20 % der Aufwendungen, höchstens 510 €.** Der Höchstbetrag wird nicht gezwölftelt. Beschäftigen Sie also seit März eine Haushaltshilfe als Minijobberin für 260 € monatlich, beträgt die Steuerermäßigung:

260 € × 10 Monate =	2.600 €
zzgl. Pauschalabgaben in Höhe von 14,99 % =	390 €
Aufwendungen 2021 insgesamt (einzutragen in > Zeile 4)	2.990 €
2.990 € × 20 % = 598 €, max. Steuerermäßigung	510 €

In > Zeile 4 tragen Sie »Reinigung der Wohnung« ein, sofern das zutrifft.

353 **Steuerermäßigung für Kinderbetreuungskosten**
»Das Recht ist für die Wachen da.« Dieser alte Grundsatz bestätigt sich gerade bei den vielen undurchsichtigen Gesetzesänderungen der letzten Jahre. Auch bei den Kinderbetreuungskosten blickt kaum einer mehr richtig durch. Das Gesetz sieht **zwei Möglichkeiten** vor, Kinderbetreuungskosten abzusetzen:

1. Hier in > Zeile 4 – 5 können Sie Kosten für die Betreuung und Versorgung Ihrer Kinder geltend machen, die im Rahmen eines haushaltsnahen Beschäftigungsverhältnisses oder als haushaltsnahe Dienstleistungen von Selbständigen angefallen sind (§ 35 a EStG).
2. Außerdem ist ein Abzug als Sonderausgaben möglich, der geltend zu machen ist in der Anlage Kind > Zeile 76 – 80.

Die Möglichkeit unter 1. ist weniger interessant (➤ Rz 351).

TIPP Hilfe bei schwankendem Verdienst 354

Dass Steuer- und Sozialgesetze unverständlich und lebensfremd sind, wissen wir schon lange und stört schon fast gar nicht mehr. Es ärgert uns aber, wegen der sturen Bürokratie Purzelbäume schlagen zu müssen.

»Worauf wollen Sie hinaus?«, fragen Sie interessiert.

Der durchschnittliche Verdienst darf 450 € im Monat nicht überschreiten. Angenommen, Sie zahlen in den Monaten Januar bis April und September bis Dezember monatlich 500 € und von Mai bis August nur 360 €. Schwupp, schon haben Sie im Jahresdurchschnitt (8 × 500 € + 4 × 360 € = 5.440 € ÷ 12 Monate =) 453,33 € pro Monat gezahlt und liegen über der 450-€-Grenze. Damit gelangen Sie in die nächste Kategorie (> Zeile 5), in der die Bedingungen weniger günstig sind (siehe dazu auch ➤ Rz 615). Also sollte Ihr Minijobber in den Monaten Mai bis August ein bisschen weniger arbeiten und Sie statt 360 € nur 340 € bezahlen.

»Wenn er nun aber unbedingt 360 € haben will, was mache ich dann? Doch nicht etwa 20 € schwarz auf die Hand?«

◆ *Musterfall Hannelore (Haushaltsnahes Beschäftigungsverhältnis als Minijob)* 355

Hannelore und Peter leben in gutsituierten Verhältnissen, wie man so sagt. Damit Hannelore öfter ihre Freundinnen einladen und Tennis spielen kann, beschäftigt sie eine Haushaltshilfe auf 450-€-Basis.

			Aufwendungen (abzüglich Erstattungen) EUR
	Geringfügige Beschäftigungen im Privathaushalt – sog. Minijobs – Art der Tätigkeit		
4	Reinigung der Wohnung	202	2720,–

Was kostet ein Minijob? 356

Für geringfügig entlohnte Minijobs zahlen Arbeitgeber Pauschalbeiträge zur Renten- und Krankenversicherung, eine einheitliche Pauschsteuer (sofern nicht per Lohnsteuerkarte abgerechnet wird!) sowie Umlagen zum Ausgleich der Arbeitgeberaufwendungen bei Krankheit und Mutterschaft.

Minijobs in Privathaushalten sind eine spezielle Form der geringfügigen Beschäftigung und werden vom Gesetzgeber besonders gefördert, denn die Pauschalabgaben fallen geringer aus.

	Normaler Minijob	Minijob im Privathaushalt
Krankenversicherung	13 %	5 %
Rentenversicherung	15 %	5 %
pauschale Lohnsteuer	2 %	2 %
Umlagen zum Ausgleich der Arbeitgeberaufwendungen bei Krankheit und Mutterschaft	1,39 %	1,39 %
Beitrag zur gesetzlichen Unfallversicherung	individuelle Beiträge an den zuständigen Unfallversicherungsträger	1,6 %
	ca. 33,11 %	14,99 %

Die Pauschalabgaben trägt allein der Arbeitgeber, der Arbeitnehmer erhält seinen Lohn brutto für netto ausbezahlt. Er kann sogar mehrere Minijobs kombinieren, aber nicht bei demselben Arbeitgeber und nur bis zur Lohnobergrenze von insgesamt 450 € im Monat. Ein Minijob ist auch neben der Hauptbeschäftigung möglich, mit Betonung auf »ein«.

Beachten Sie:

- Für Minijobber, die privat versichert sind, zahlen Arbeitgeber keinen Pauschalbeitrag zur Krankenversicherung.
- Besteuerungsalternativen: Die pauschale Lohnsteuer kann der Arbeitgeber sparen, wenn nach der Lohnsteuerklasse des Minijobbers abgerechnet werden kann. Ohne Kranken- und Rentenversicherung, weil der Minijobber z.B. Schüler oder Student ist, beträgt die pauschale Lohnsteuer 20 % plus Kirchensteuer und Soli-Zuschlag. Bei der Abrechnung nach Lohnsteuerklasse fallen oftmals überhaupt keine Abgaben an (bei Lohnsteuerklasse I bleiben monatlich 1.121 € steuerfrei).
- Die Regeln für die Beschäftigung von Minijobbern außerhalb eines Privathaushalts gelten entsprechend. Dazu mehr unter ➤ Rz 599ff.

357 Können Sie Ihre Hand dafür ins Feuer legen, dass Ihre Putzhilfe keine weiteren Minijobs hat bzw. insgesamt offiziell nicht mehr als 450 € verdient? Wenn nicht, haben Sie ein Problem. Ist die 450-€-Grenze überschritten, fallen Sozialversicherungsbeiträge an. Damit Sie als Arbeitgeber nicht in die Beitragsfalle tappen, sollten Sie vor Vertragsabschluss gemeinsam mit Ihrem Minijobber eine Checkliste durchgehen.

Die Minijob-Zentrale stellt im Internet ein Muster für einen Arbeitsvertrag sowie eine Checkliste zur Verfügung (www.minijobzentrale.de).

Arbeitsvertrag für geringfügig entlohnte Beschäftigte

(Bei Anwendung des Musters ist zu prüfen, welche Vertragsbestimmungen übernommen werden wollen. Gegebenenfalls sind Anpassungen und Ergänzungen zu empfehlen.)

Zwischen

Herrn/Frau ________________________, Anschrift: ____
- nachfolgend „Arbeitgeber" genannt -

und

Herrn/Frau ________________________, Anschrift: ____
- nachfolgend „Arbeitnehmer" genannt -

wird nachfolgender

Arbeitsvertrag

geschlossen:

§ 1 Beginn des Arbeitsverhältnisses

Das Arbeitsverhältnis beginnt am ______________________.

§ 2 Tätigkeit

(1) Der Arbeitnehmer wird als ______________________ eingestellt und vor allem mit folgenden Arbeiten beschäftigt:

(2) Der Arbeitgeber kann den dem Arbeitnehmer zugewiesenen Aufgabenbereich je nach den geschäftlichen Erfordernissen ergänzen oder auch ändern. Der Arbeitnehmer verpflichtet sich darüber hinaus, vorübergehend auch in anderen Betriebsstätten des Arbeitgebers tätig zu sein. Der Anspruch des Arbeitnehmers auf die Vergütung nach Maßgabe des § 4 dieses Vertrages bleibt hiervon unberührt.

§ 3 Arbeitszeit

Die regelmäßige Arbeitszeit beträgt ________ Wochenstunden an ________ Tagen zu je ________ Stunden, und zwar

jeweils am ________________, am ________________ und am ________________.

§ 4 Vergütung

(1) Der Arbeitnehmer erhält eine monatliche Vergütung/einen Stundenlohn von ____________ Euro.

(2) Die Vergütung ist jeweils am Monatsende fällig und wird auf das vom Arbeitnehmer benannte Konto überwiesen.

Geldinstitut: ______________________________

IBAN: ______________________________

(3) Der Arbeitnehmer ist darauf hingewiesen worden, dass er auf Antrag von der Rentenversicherungspflicht befreit werden kann. Der schriftliche Befreiungsantrag ist dem Arbeitgeber zu übergeben (§ 6 Abs. 1b Sozialgesetzbuch Sechstes Buch - SGB VI). Dem Arbeitnehmer ist bekannt, dass ein entsprechender Verzicht nur mit Wirkung für die Zukunft und bei Ausübung von mehreren geringfügigen Beschäftigungsverhältnissen nur einheitlich erklärt werden kann und diese Erklärung den Arbeitnehmer für die Dauer der Beschäftigungen bindet.

§ 5 Sonderzuwendungen

(1) Der Arbeitgeber zahlt folgende Sonderzuwendungen (z. B. Urlaubsgeld, Weihnachtsgeld) in den Monaten

________________________ in Höhe von ____________ Euro.

§ 6 Erholungsurlaub[1]

(1) Der Arbeitnehmer hat Anspruch auf einen jährlichen Erholungsurlaub von _____ Arbeitstagen. Zeitpunkt und Dauer des Urlaubs richten sich nach den betrieblichen Notwendigkeiten und Möglichkeiten unter Berücksichtigung der Wünsche des Arbeitnehmers.

(2) Im Übrigen gelten ergänzend die Bestimmungen des Bundesurlaubsgesetzes in der jeweils geltenden Fassung.

[1] Als Werktage gelten die Tage Montag bis Samstag. Bei Teilzeitarbeitnehmern, die nur einzelne Tage in der Woche arbeiten, werden die arbeitsfreien Tage bei der Feststellung des Urlaubsanspruchs mitgerechnet. Nimmt der Teilzeitarbeitnehmer nur einzelne Tage als Urlaub, wird der Urlaubsanspruch im gleichen Umfange gekürzt, wie die Arbeitszeit des Teilzeitarbeitnehmers gegenüber der Arbeitszeit einer Vollzeitkraft vermindert ist.

Beispiel: $\frac{\text{2 (individuelle Arbeitstage pro Woche) x 24 (Urlaubsanspruch in Werktagen)}}{\text{6 (übliche Arbeitstage; Montag bis Samstag)}}$ = 8 Urlaubstage

§ 7 Arbeitsverhinderung

(1) Der Arbeitnehmer verpflichtet sich, jede Arbeitsverhinderung unverzüglich - noch vor Dienstbeginn - dem Arbeitgeber unter Benennung der voraussichtlichen Verhinderungsdauer, ggf. telefonisch, mitzuteilen.

(2) Im Krankheitsfall hat der Arbeitnehmer unverzüglich, spätestens jedoch nach Ablauf des dritten Kalendertages, dem Arbeitgeber eine ärztlich erstellte Arbeitsunfähigkeitsbescheinigung vorzulegen, aus der sich die voraussichtliche Dauer der Krankheit ergibt. Dauert die Krankheit länger an als in der ärztlich erstellten Bescheinigung angegeben, so ist der Arbeitnehmer gleichfalls zur unverzüglichen Mitteilung und Vorlage einer weiteren Bescheinigung verpflichtet.

(3) Diese Nachweispflicht gilt auch nach Ablauf der sechs Wochen. Der Arbeitgeber ist berechtigt, die Vorlage der Arbeitsunfähigkeitsbescheinigung früher zu verlangen.

(4) Der Arbeitgeber zahlt im Falle einer unverschuldeten Arbeitsunfähigkeit infolge Krankheit für sechs Wochen das regelmäßige Arbeitsentgelt weiter (Entgeltfortzahlung im Krankheitsfall).

(5) Im Übrigen gelten für den Krankheitsfall die jeweils maßgeblichen gesetzlichen Bestimmungen.

§ 8 Einstellungsfragebogen

Der als Anlage beigefügte Einstellungsfragebogen ist Bestandteil dieses Vertrages. Der Arbeitnehmer versichert die Vollständigkeit und Richtigkeit der gemachten Angaben.

§ 9 Verschwiegenheitspflicht

Der Arbeitnehmer hat über alle betrieblichen Angelegenheiten, die ihm im Rahmen oder aus Anlass seiner Tätigkeit in der Firma bekannt geworden sind oder werden auch nach seinem Ausscheiden Stillschweigen zu bewahren.

§ 10 Weitere Beschäftigungen

Der Arbeitnehmer verpflichtet sich, jede Aufnahme einer weiteren Beschäftigung dem Arbeitgeber unverzüglich schriftlich mitzuteilen. Dies gilt für sämtliche Beschäftigungen, unabhängig von der Höhe des Verdienstes oder deren zeitlichem Umfang.

§ 11 Kündigungsfristen

(1) Das Arbeitsverhältnis wird auf unbestimmte Zeit eingegangen. Die ersten ________ Monate, also die Zeit bis zum __________________, gelten als Probezeit. Während dieser Zeit kann das Arbeitsverhältnis von beiden Seiten mit einer Frist von zwei Wochen (§ 622 Abs. 3 BGB) gekündigt werden.

(2) Nach Ablauf der Probezeit gelten die gesetzlichen Kündigungsfristen. Verlängert sich die Kündigungsfrist für die Firma aus tariflichen oder gesetzlichen Gründen, gilt diese Verlängerung auch für den Arbeitnehmer.

(3) Das Recht zur fristlosen Kündigung aus wichtigem Grund bleibt hiervon unberührt.

(4) Jede Kündigung hat schriftlich zu erfolgen.

(5) Der Arbeitgeber ist berechtigt, den Arbeitnehmer nach Ausspruch einer Kündigung unter Fortzahlung der Vergütung und Anrechnung auf Resturlaubsansprüche von der Arbeitsleistung freizustellen.

______________________________, den ____________________

____
(Arbeitgeber)

____
(Unterschrift des Arbeitnehmers bzw. bei Minderjährigen Unterschrift des gesetzlichen Vertreters)

3/3

Checkliste*

für geringfügig entlohnte oder kurzfristig Beschäftigte

BDA DIE ARBEITGEBER

Bitte beachten Sie:
Die Checkliste dient als *interne* Arbeitshilfe für Unternehmen, um eine korrekte sozialversicherungsrechtliche Beurteilung der Beschäftigung vornehmen zu können. Zur Mitteilung der hierfür notwendigen Angaben sind Sie gesetzlich verpflichtet. Bitte reichen Sie die Checkliste deshalb ausgefüllt bei Ihrem Arbeitgeber ein. Bei Fragen zu den einzelnen Abfragefeldern wenden Sie sich bitte an Ihren Arbeitgeber. Grundsätzliche Fragen zur geringfügigen Beschäftigung beantwortet die Minijob-Zentrale.

1. Persönliche Angaben

Name, Vorname:

Anschrift:

Telefon:

Steueridentifikationsnummer:

Rentenversicherungsnummer:

Falls keine Rentenversicherungsnummer angegeben werden kann:

Geburtsname: Geburtsdatum, Geburtsort:

Geschlecht: ☐ weiblich ☐ männlich ☐ divers Staatsangehörigkeit:

2. Status bei Beginn der Beschäftigung

☐ Schüler(in)

☐ Student(in)

☐ Schulentlassene(r) mit Berufsausbildungsabsicht

☐ Schulentlassene(r) mit Studienabsicht**

☐ Schulentlassene(r) mit Freiwilligendienstabsicht***

☐ Beschäftigungsloser Arbeit-/Ausbildungsuchende(r)****

☐ Freiwilligendienstleistender***

☐ Praktikant(in)

☐ Beamtin/Beamter

☐ Selbstständige(r)

☐ Arbeitnehmer(in) mit sozialversicherungspflichtiger Hauptbeschäftigung

☐ Arbeitnehmer(in) im unbezahlten Urlaub aufgrund der Hauptbeschäftigung

☐ Arbeitnehmer(in) in der Elternzeit aufgrund der Hauptbeschäftigung

☐ Altersvollrentner vor Erreichen der Regelaltersgrenze

☐ Altersvollrentner nach Erreichen der Regelaltersgrenze

☐ Versorgungsempfänger nach Erreichen einer Altersgrenze

☐ Sonstige:

Angaben über die Meldung als Arbeit- oder Ausbildungsuchender:

Sind Sie zu Beginn des Beschäftigungsverhältnisses beschäftigungslos und bei der Agentur für Arbeit arbeit- oder ausbildungsuchend gemeldet?

☐ ja, bei der Agentur für Arbeit in

☐ mit Leistungsbezug

☐ ohne Leistungsbezug

☐ nein

* Die erforderlichen Angaben können nach Aufruf des Dokuments am PC eingetragen, abgespeichert und ausgedruckt werden.
** Zum nächstmöglichen Zeitpunkt.
*** Freiwilligendienste sind z. B. der Bundesfreiwilligendienst, der freiwillige Wehrdienst, das freiwillige soziale oder ökologische Jahr.
**** Bitte die weiteren Angaben über die Meldung als Arbeit- oder Ausbildungsuchender ausfüllen.

Stand: Juni 2021

3. Angaben zur gesetzlichen Krankenversicherung

Ich bin in der gesetzlichen Krankenversicherung versichert.

☐ nein (ein Nachweis über die bestehende private Krankenversicherung ist beigefügt)*

☐ ja, bei (Krankenkasse):

Art der Versicherung: ☐ Eigene Mitgliedschaft ☐ Familienversicherung

*Hinweis für den Arbeitgeber: Der Nachweis ist zu den Entgeltunterlagen zu nehmen.

4. Weitere Beschäftigungen

a) für geringfügig entlohnte Beschäftigte (450-Euro-Minijobber):

Es besteht/bestehen derzeit ein/mehrere Beschäftigungsverhältnis(se) bei (einem) anderen Arbeitgeber(n)

☐ nein

☐ ja. Ich übe derzeit folgende Beschäftigungen aus:

Beschäftigungsbeginn	Arbeitgeber mit Adresse*	Die weitere Beschäftigung ist/war
1.		☐ geringfügig entlohnt ☐ mit Eigenanteil zur RV ☐ ohne Eigenanteil zur RV ☐ mehr als geringfügig entlohnt
2.		☐ geringfügig entlohnt ☐ mit Eigenanteil zur RV ☐ ohne Eigenanteil zur RV ☐ mehr als geringfügig entlohnt

* Angabe freiwillig

Anmerkung: Eine geringfügig entlohnte Beschäftigung liegt vor, wenn das monatliche Arbeitsentgelt regelmäßig 450 € nicht übersteigt. Der Arbeitgeber einer geringfügig entlohnten Beschäftigung muss unter bestimmten Voraussetzungen Pauschalbeiträge zur Kranken- und Rentenversicherung bzw. gemeinsam mit dem Arbeitnehmer Pflichtbeiträge zur Rentenversicherung zahlen (siehe 5.). Der Arbeitnehmer hat aber die Möglichkeit, gegenüber dem Arbeitgeber die Befreiung von der Versicherungspflicht in der Rentenversicherung zu beantragen und somit von der Zahlung des Eigenanteils zur Rentenversicherung Abstand zu nehmen. Sofern neben einer mehr als geringfügig entlohnten (Haupt-) Beschäftigung nur eine geringfügig entlohnte Beschäftigung ausgeübt wird, wird die (Haupt-)Beschäftigung nicht mit der geringfügig entlohnten Beschäftigung zusammengerechnet. In diesen Fällen ist die geringfügig entlohnte Beschäftigung in der Krankenversicherung versicherungsfrei und je nach Sachverhalt in der Rentenversicherung versicherungsfrei, versicherungspflichtig oder von der Versicherungspflicht befreit. Jede weitere geringfügig entlohnte Beschäftigung wird in der Kranken-, Pflege- und Rentenversicherung mit der Hauptbeschäftigung zusammengerechnet und ist nach den allgemeinen – für mehr als geringfügig beschäftigte Arbeitnehmer geltenden – Regeln versicherungs- und beitragspflichtig in der Kranken-, Pflege- und Rentenversicherung. In der Arbeitslosenversicherung werden nicht geringfügige versicherungspflichtige (Haupt-)Beschäftigungen und geringfügig entlohnte Beschäftigungen nicht zusammengerechnet, so dass die geringfügig entlohnten Beschäftigungen generell versicherungsfrei bleiben.

Wenn keine mehr als geringfügig entlohnte (Haupt-)Beschäftigung vorliegt, ergibt sich bei Addition der Bruttoarbeitsentgelte aus der/den bereits ausgeübten geringfügig entlohnten Beschäftigung(en) und der von diesem Fragebogen betroffenen (neuen) geringfügig entlohnten Beschäftigung ein Betrag, der regelmäßig 450 € im Monat übersteigt.

☐ nein

☐ ja

Anmerkung: Ergibt die Addition der Bruttoarbeitsentgelte, dass monatlich regelmäßig 450 € nicht überschritten werden, ist der Arbeitnehmer, sofern er von seinem Befreiungsrecht in der Rentenversicherung Gebrauch macht, beitragsfrei in allen Zweigen der Sozialversicherung.

Stand: Juni 2021

b) für kurzfristig Beschäftigte (kurzfristiger Minijobber):

Im laufenden Kalenderjahr habe ich bereits eine/mehrere Beschäftigung(en) ausgeübt oder war als Beschäftigungslose(r) arbeit- bzw. ausbildungsuchend gemeldet (vgl. Anmerkung).

☐ nein

☐ ja:

Beginn und Ende der Beschäftigung/Meldung als Arbeit- bzw. Ausbildungsuchende(r)	Monatliches Arbeitsentgelt	Tatsächliche Arbeitstage in diesem Zeitraum	Arbeitgeber mit Adresse* bzw. zuständige Arbeitsagentur
1.	☐ größer als 450 Euro		
2.	☐ größer als 450 Euro		

Anmerkung: Eine kurzfristige – für den Arbeitnehmer und Arbeitgeber sozialabgabenfreie – Beschäftigung liegt vor, wenn die Beschäftigung innerhalb eines Kalenderjahres auf drei Monate oder 70 Arbeitstage nach ihrer Eigenart begrenzt zu sein pflegt oder im Voraus vertraglich begrenzt ist; es sei denn, dass die Beschäftigung „berufsmäßig" (vgl. hierzu die Erläuterungen) ausgeübt wird und ihr Entgelt 450 Euro im Monat übersteigt. Mehrere kurzfristige Beschäftigungen im laufenden Kalenderjahr sind zusammenzurechnen.

c) Beschäftigungen bzw. selbstständige Tätigkeiten im Ausland:

Es besteht derzeit im Ausland ein Beschäftigungsverhältnis bei einem anderen Arbeitgeber bzw. eine selbstständige Tätigkeit.

☐ nein

☐ ja. Ich übe derzeit folgende Beschäftigungen/Tätigkeiten im Ausland aus (vorliegende Bescheinigung A1 ist beigefügt):

Beginn und Ende der Beschäftigung bzw. Tätigkeit	Arbeitgeber mit Adresse* bzw. Tätigkeitsort
1.	
2.	

5. Befreiung von der Rentenversicherungspflicht

Der Arbeitnehmer einer geringfügig entlohnten Beschäftigung kann die Befreiung von der Versicherungspflicht in der gesetzlichen Rentenversicherung durch schriftliche Erklärung gegenüber dem Arbeitgeber beantragen. Ein Muster des Befreiungsantrages liegt als Anlage bei. In diesem Fall entrichtet allein der Arbeitgeber Pauschalbeiträge zur Rentenversicherung. Achtung: Damit werden keine vollen Ansprüche in der Rentenversicherung erworben.

☐ Nein, ich möchte mich nicht von der Versicherungspflicht in der Rentenversicherung befreien lassen.
Der Arbeitgeber trägt Pauschalbeiträge zur Rentenversicherung in Höhe von 15 %. Der Arbeitnehmer trägt die Differenz zum vollen Beitragssatz in der Rentenversicherung (2019: 18,6%). Den Arbeitnehmeranteil am Beitrag zur Rentenversicherung zieht der Arbeitgeber vom Arbeitsentgelt ab und leitet diesen mit seinen Abgaben an die Minijob-Zentrale weiter.

☐ Ja, ich beantrage die Befreiung von der Versicherungspflicht in der Rentenversicherung. (Bitte beiliegenden Befreiungsantrag ausfüllen!)
Der Arbeitgeber zahlt Pauschalbeiträge. Die einmal beantragte Befreiung von der Rentenversicherungspflicht kann nicht rückgängig gemacht werden.

☐ Ich bin Altersvollrentner nach Erreichen der Regelaltersgrenze bzw. Versorgungsempfänger nach Erreichen einer Altersgrenze und rentenversicherungsfrei. Eine Befreiung von der Versicherungspflicht in der Rentenversicherung ist deshalb nicht erforderlich.

Ich versichere, dass die vorstehenden Angaben der Wahrheit entsprechen. Ich verpflichte mich, meinem Arbeitgeber alle Änderungen, insbesondere die Aufnahme weiterer Beschäftigungen, unverzüglich mitzuteilen.

Ort, Datum

Unterschrift (Arbeitnehmer)
(bei Minderjährigen zusätzlich Unterschrift d. gesetzlichen Vertreters)

Stand: Juni 2021

Erläuterungen

zur Checkliste für geringfügig entlohnte oder kurzfristig Beschäftigte

Allgemeines
Der Arbeitgeber ist dazu verpflichtet, jeden Arbeitnehmer bei der Einzugsstelle anzumelden und die Beiträge zur Sozialversicherung zu zahlen. Daraus ergibt sich für ihn die Pflicht, das Sozialversicherungsverhältnis des jeweiligen Arbeitnehmers zu beurteilen. Der Arbeitnehmer ist seinerseits dazu verpflichtet, dem Arbeitgeber die zur Durchführung des Meldeverfahrens und der Beitragszahlung erforderlichen Angaben zu machen und die entsprechenden Unterlagen vorzulegen (§ 28o SGB IV). Erteilt der Arbeitnehmer diese Auskünfte nicht, nicht richtig oder nicht rechtzeitig oder legt er die entsprechenden Unterlagen nicht, nicht vollständig oder nicht rechtzeitig vor, begeht er eine Ordnungswidrigkeit, die mit Bußgeld belegt werden kann (§ 111 Abs. 1 Nr. 4 SGB IV). Nimmt der Arbeitgeber eine falsche sozialversicherungsrechtliche Beurteilung vor, drohen unter Umständen Nachforderungen von Sozialversicherungsbeiträgen.

Um solche Nachforderungen zu vermeiden, muss der Arbeitgeber den Sachverhalt so aufklären, dass er eine korrekte Einordnung des Arbeitnehmers vornehmen kann. Dazu dient diese Checkliste. Sie ist ein Leitfaden zur Abfrage von Angaben, die die Feststellung von Versicherungspflicht bzw. Versicherungsfreiheit des Arbeitnehmers in der Sozialversicherung ermöglichen. **Dabei kann im Einzelfall die Angabe weiterer Kriterien erforderlich sein.** Die Checkliste erhebt keinen Anspruch auf Vollständigkeit. Damit die Angaben als Dokumentation i. S. d. Beitragsverfahrensverordnung gelten, müssen die Angaben des Arbeitnehmers durch entsprechende Nachweise (z. B. Immatrikulationsbescheinigung) belegt und durch seine Unterschrift bestätigt werden. Der Arbeitgeber ist nach der Beitragsverfahrensverordnung dazu verpflichtet, die Angaben zu den Entgeltunterlagen zu nehmen.

Die Checkliste ersetzt nicht die Anmeldung des geringfügig Beschäftigten oder den Arbeitsvertrag zwischen dem Arbeitgeber und dem geringfügig Beschäftigten. Die Anmeldung erfolgt durch die Meldung zur Sozialversicherung bei der Minijob-Zentrale der Deutschen Rentenversicherung Knappschaft-Bahn-See. Die Checkliste dient allein dem internen Gebrauch des Unternehmens bzw. als Nachweis des Unternehmens bei einer Überprüfung durch die Sozialversicherung (Betriebsprüfung).

zu 1.
Der Arbeitgeber muss in der Meldung zur Sozialversicherung die Rentenversicherungsnummer des Arbeitnehmers angeben. Falls keine Rentenversicherungsnummer angegeben werden kann, sind die Angabe des Geburtsnamens, -datums, und -orts, des Geschlechts und der Staatsangehörigkeit des Arbeitnehmers erforderlich.

zu 2.
Die unter Punkt 2 aufgeführten Kriterien sind für die sozialversicherungsrechtliche Beurteilung des Arbeitnehmers relevant:

1. Schüler sind grundsätzlich in der Arbeitslosenversicherung versicherungsfrei (§ 27 Abs. 4 S. 1 Nr. 1 SGB III).
2. Bei Studenten bestehen Besonderheiten in der Kranken-, Pflege- und Arbeitslosenversicherung (§ 6 Abs. 1 Nr. 3 SGB V, § 27 Abs. 4 S. 1 Nr. 1 SGB III)
3. Selbstständige und Beamte sind sozialversicherungsrechtlich wie Personen ohne versicherungspflichtige Hauptbeschäftigung zu behandeln.
4. Bei einer kurzfristigen Beschäftigung muss der Arbeitgeber prüfen, ob es sich um eine berufsmäßige Beschäftigung handelt, sofern das Arbeitsentgelt 450 € übersteigt. Dabei gelten für die Prüfung von bestimmten Personengruppen bzw. Fallkonstellationen für die Prüfung der Berufsmäßigkeit folgende Grundsätze:

Berufsmäßigkeit liegt grundsätzlich nicht vor bei kurzfristigen Beschäftigungen,
die neben einer (Haupt-)Beschäftigung ausgeübt werden (hierzu gehören auch Personen, die ein freiwilliges soziales oder ökologisches Jahr, einen Bundesfreiwilligendienst oder einen freiwilligen Wehrdienst ableisten).

Berufsmäßigkeit ist grundsätzlich anzunehmen bei kurzfristigen Beschäftigungen

- zwischen Schulentlassung bzw. Abschluss des Studiums und Eintritt in das Berufsleben,
- von ausbildung- oder arbeitsuchenden Beschäftigungslosen, die bei der Arbeitsagentur gemeldet sind,
- während unentgeltlicher Beurlaubung im Rahmen einer (Haupt-)Beschäftigung,
- zwischen Abitur und Freiwilligendienst oder Freiwilligem Wehrdienst (auch wenn anschließend die Aufnahme eines Studiums beabsichtigt ist),
- während einer im Rahmen einer Hauptbeschäftigung bestehenden Elternzeit.

Berufsmäßigkeit liegt auch vor, wenn die zu beurteilende Beschäftigung zusammen mit Vorbeschäftigungszeiten bzw. Zeiten der Meldung der Arbeit- bzw. Ausbildungssuche bei der Arbeitsagentur im laufenden Kalenderjahr die Grenze von drei Monaten bzw. 70 Arbeitstagen übersteigt.

Zur **Berufsmäßigkeit** vgl. auch: Geringfügigkeits-Richtlinien der Spitzenorganisationen der Sozialversicherung und der Entscheidungshilfe zur Prüfung der Berufsmäßigkeit unter www.minijob-zentrale.de.

zu 3.
Für einen geringfügig entlohnten Beschäftigten sind Pauschalbeiträge zur Krankenversicherung nur dann zu entrichten, wenn der Arbeitnehmer gesetzlich krankenversichert ist (Pflicht-, Familien- oder freiwillige Versicherung). Besteht eine

Stand: Juni 2021

private Krankenversicherung, ist von dem Arbeitnehmer ein entsprechender Nachweis vorzulegen. Der Arbeitgeber hat den Nachweis über die private Krankenversicherung zu den Entgeltunterlagen zu nehmen.

zu 4.
Die Pflicht des Arbeitnehmers, dem Arbeitgeber alle erforderlichen Angaben zu machen, umfasst vor allem die Aufklärung über gleichzeitig ausgeübte weitere Beschäftigungen und Vorbeschäftigungen bei anderen Arbeitgebern. Stellt die Deutsche Rentenversicherung Knappschaft-Bahn-See oder ein anderer Träger der Rentenversicherung im Nachhinein fest, dass wegen einer notwendigen Zusammenrechnung der geringfügigen Beschäftigung mit weiteren (Vor-) Beschäftigungen Versicherungspflicht vorliegt, tritt diese mit dem Tage der Bekanntgabe dieser Feststellung durch die Deutsche Rentenversicherung Knappschaft-Bahn-See oder eines anderen Trägers der Rentenversicherung ein (§ 8 Abs. 2 S. 3 SGB IV). Seit dem 1. April 2003 werden Beiträge zur Sozialversicherung im Falle notwendiger Additionen grundsätzlich nicht mehr rückwirkend nachgefordert. Eine Ausnahme von diesem Grundsatz gilt jedoch gemäß § 8 Abs. 2 S. 4 SGB IV für den Fall, dass der Arbeitgeber es vorsätzlich oder grob fahrlässig versäumt hat, den Sachverhalt aufzuklären.

Die Checkliste dient zum einen dazu, dem Arbeitgeber die Feststellung weiterer Beschäftigungen und die entsprechende sozialversicherungsrechtliche Beurteilung des Arbeitnehmers zu erleichtern. Zum anderen kann sie im Nachhinein ein Indiz dafür sein, dass der Arbeitgeber bei der Sachverhaltsaufklärung weder vorsätzlich noch grob fahrlässig gehandelt hat. Beruht die falsche sozialversicherungsrechtliche Beurteilung beispielsweise darauf, dass der Arbeitnehmer eine weitere Beschäftigung verschwiegen hat und auf dem Fragebogen bei der Frage nach weiteren Beschäftigungen „nein“ angekreuzt hat, so ist davon auszugehen, dass dem Arbeitgeber weder Vorsatz noch grobe Fahrlässigkeit vorgeworfen wird.

Sofern durch den Arbeitnehmer mitgeteilt wird, dass derzeit eine weitere Beschäftigung oder selbstständige Tätigkeit in einem Mitgliedstaat der EU, des Europäischen Wirtschaftsraums oder in der Schweiz ausgeübt wird, sind die europarechtlichen Regelungen der Verordnung (EWG) Nr. 883/2004 zu beachten. Hiernach ist festzustellen, ob auf die Erwerbstätigkeiten in Deutschland und im Ausland insgesamt die deutschen Rechtsvorschriften oder die Rechtsvorschriften des ausländischen Staats anzuwenden sind. Das kann dazu führen, dass für die in Deutschland ausgeübte Beschäftigung gegebenenfalls Beiträge zur Sozialversicherung eines ausländischen Mitgliedstaats der EU, des Europäischen Wirtschaftsraums oder in der Schweiz zu entrichten sind.

Falls bisher keine Bescheinigung A1 als Nachweis über die anzuwendenden Rechtsvorschriften vorliegt, muss eine Klärung herbeigeführt werden. Ansprechpartner für in Deutschland wohnende Personen ist der Spitzenverband der gesetzlichen Krankenkassen, Deutsche Verbindungsstelle Krankenversicherung - Ausland in Bonn. Wohnt die betroffene Person außerhalb Deutschlands, ist das Verfahren zur Feststellung der anwendbaren Rechtsvorschriften bei der zuständigen Behörde des Wohnstaats einzuleiten.

zu 5.
Wirkung der Befreiung
Der geringfügig entlohnte Beschäftigte kann die Befreiung von der Versicherungspflicht in der Rentenversicherung beantragen (§ 6 Abs. 1b SGB VI). Der Antrag muss schriftlich gegenüber dem Arbeitgeber erfolgen. Ein gestellter Befreiungsantrag ist vom Arbeitgeber mit dem Tag des Eingangs bei ihm zu versehen. Der Antrag ist nicht an die Minijob-Zentrale weiterzuleiten, sondern verbleibt in den Entgeltunterlagen des Arbeitgebers.

Der Arbeitgeber meldet die Daten zum Antrag auf Befreiung von Rentenversicherungspflicht an die Minijob-Zentrale im Rahmen des DEÜV-Verfahrens. Sofern die Minijob-Zentrale dem Befreiungsantrag nicht innerhalb eines Monats widerspricht, wirkt die Befreiung grundsätzlich ab Beginn des Kalendermonats des Eingangs beim Arbeitgeber, frühestens ab Beschäftigungsbeginn. Voraussetzung ist, dass der Arbeitgeber der Minijob-Zentrale die Befreiung bis zur nächsten Entgeltabrechnung, spätestens innerhalb von 6 Wochen nach Eingang des Befreiungsantrages bei ihm meldet. Anderenfalls beginnt die Befreiung erst nach Ablauf des Kalendermonats, der dem Kalendermonat des Eingangs der Meldung bei der Minijob-Zentrale folgt.

Der Antrag auf Befreiung von der Rentenversicherungspflicht ist für die gesamte Dauer der Beschäftigung bindend und kann nicht widerrufen werden. Übt ein Arbeitnehmer nebeneinander mehrere geringfügige Beschäftigungen aus, die trotz Zusammenrechnung 450 € nicht überschreiten, kann der Arbeitnehmer nur einheitlich die Befreiung von der Rentenversicherungspflicht beantragen. Die einem Arbeitgeber gegenüber beantragte Befreiung gilt zugleich für die weiteren geringfügig entlohnten Beschäftigungsverhältnisse. Der Arbeitnehmer muss die Arbeitgeber, bei denen er gleichzeitig beschäftigt ist, über den Befreiungsantrag informieren.

Altersvollrentner nach Erreichen der Regelaltersgrenze und Versorgungsbezieher nach Erreichen einer Altersgrenze (z.B. Ruhestandsbeamte) sind rentenversicherungsfrei und müssen sich nicht von der Rentenversicherungspflicht befreien lassen.

Übergangsrecht
Wird eine vor dem 1. Januar 2013 aufgenommene geringfügig entlohnte Beschäftigung gleichzeitig mit einer nach dem 31. Dezember 2012 geringfügig entlohnten Beschäftigung ausgeübt, sind aufgrund der differenziert zu betrachtenden versicherungsrechtlichen Beurteilung die Ausführungen der Minijob-Zentrale unter www.minijob-zentrale.de zu beachten.

Stand: Juni 2021

Anlage

Merkblatt über die möglichen Folgen einer Befreiung von der Rentenversicherungspflicht

Allgemeines

Seit dem 1. Januar 2013 unterliegen Arbeitnehmer, die eine geringfügig entlohnte Beschäftigung (450-Euro-Minijob) ausüben, grundsätzlich der Versicherungs- und vollen Beitragspflicht in der gesetzlichen Rentenversicherung. Der vom Arbeitnehmer zu tragende Anteil am Rentenversicherungsbeitrag beläuft sich aktuell auf 3,6 % (bzw. 13,6 % bei geringfügig entlohnten Beschäftigungen in Privathaushalten) des Arbeitsentgelts. Er ergibt sich aus der Differenz zwischen dem Pauschalbeitrag des Arbeitgebers (15 % bei geringfügig entlohnten Beschäftigungen im gewerblichen Bereich/bzw. 5 % bei solchen in Privathaushalten) und dem vollen Beitrag zur Rentenversicherung in Höhe von 18,6%. Zu beachten ist, dass der volle Rentenversicherungsbeitrag mindestens von einem Arbeitsentgelt in Höhe von 175 Euro zu zahlen ist, soweit der Beschäftigte nicht bereits auf Grund anderer Tatbestände der Rentenversicherungspflicht unterliegt (z. B. Bezug von Arbeitslosengeld I, Kindererziehung, nicht erwerbsmäßige Pflege).

Vorteile der vollen Beitragszahlung zur Rentenversicherung

Die Vorteile der Versicherungspflicht für den Arbeitnehmer ergeben sich aus dem Erwerb von Pflichtbeitragszeiten in der Rentenversicherung. Das bedeutet, dass die Beschäftigungszeit in vollem Umfang für die Erfüllung der verschiedenen Wartezeiten (Mindestversicherungszeiten) berücksichtigt wird. Pflichtbeitragszeiten sind beispielsweise Voraussetzung für

- einen früheren Rentenbeginn,
- Ansprüche auf Leistungen zur Rehabilitation (sowohl im medizinischen Bereich als auch im Arbeitsleben),
- den Anspruch auf Übergangsgeld bei Rehabilitationsmaßnahmen der gesetzlichen Rentenversicherung,
- die Begründung oder Aufrechterhaltung des Anspruchs auf eine Rente wegen Erwerbsminderung,
- den Anspruch auf Entgeltumwandlung für eine betriebliche Altersversorgung und
- die Erfüllung der Zugangsvoraussetzungen für eine private Altersvorsorge mit staatlicher Förderung (zum Beispiel die sog. Riester-Rente) für den Arbeitnehmer und gegebenenfalls sogar den Ehepartner.

Darüber hinaus wird das Arbeitsentgelt nicht nur anteilig, sondern in voller Höhe bei der Berechnung der Rente berücksichtigt.

Antrag auf Befreiung von der Rentenversicherungspflicht

Ist die Versicherungspflicht nicht gewollt, kann sich der Arbeitnehmer von ihr befreien lassen. Hierzu muss er seinem Arbeitgeber - möglichst mit dem beiliegenden Formular - schriftlich mitteilen, dass er die Befreiung von der Versicherungspflicht in der Rentenversicherung wünscht. Übt der Arbeitnehmer mehrere geringfügig entlohnte Beschäftigungen aus, kann der Antrag auf Befreiung nur einheitlich für alle zeitgleich ausgeübten geringfügigen Beschäftigungen gestellt werden. Über den Befreiungsantrag hat der Arbeitnehmer alle weiteren - auch zukünftige - Arbeitgeber zu informieren, bei denen er eine geringfügig entlohnte Beschäftigung ausübt. Die Befreiung von der Versicherungspflicht ist für die Dauer der Beschäftigung(en) bindend; sie kann nicht widerrufen werden.

Die Befreiung wirkt grundsätzlich ab Beginn des Kalendermonats des Eingangs beim Arbeitgeber, frühestens ab Beschäftigungsbeginn. Voraussetzung ist, dass der Arbeitgeber der Minijob-Zentrale die Befreiung bis zur nächsten Entgeltabrechnung, spätestens innerhalb von 6 Wochen nach Eingang des Befreiungsantrages bei ihm meldet. Anderenfalls beginnt die Befreiung erst nach Ablauf des Kalendermonats, der dem Kalendermonat des Eingangs der Meldung bei der Minijob-Zentrale folgt.

Konsequenzen aus der Befreiung von der Rentenversicherungspflicht

Geringfügig entlohnt Beschäftigte, die die Befreiung von der Rentenversicherungspflicht beantragen, verzichten freiwillig auf die oben genannten Vorteile. Durch die Befreiung zahlt lediglich der Arbeitgeber den Pauschalbeitrag in Höhe von 15 % (bzw. 5 % bei Beschäftigungen in Privathaushalten) des Arbeitsentgelts. Die Zahlung eines Eigenanteils durch den Arbeitnehmer entfällt hierbei. Dies hat zur Folge, dass der Arbeitnehmer nur anteilig Monate für die Erfüllung der verschiedenen Wartezeiten erwirbt und auch das erzielte Arbeitsentgelt bei der Berechnung der Rente nur anteilig berücksichtigt wird.

Hinweis: Bevor sich ein Arbeitnehmer für die Befreiung von der Rentenversicherungspflicht entscheidet, wird eine individuelle Beratung bezüglich der rentenrechtlichen Auswirkungen der Befreiung bei einer Auskunfts- und Beratungsstelle der Deutschen Rentenversicherung empfohlen. Das Servicetelefon der Deutschen Rentenversicherung ist kostenlos unter der 0800 10004800 zu erreichen. Bitte nach Möglichkeit beim Anruf die Versicherungsnummer der Rentenversicherung bereithalten.

Stand: Juni 2021

Anlage

Antrag auf Befreiung von der Rentenversicherungspflicht bei einer geringfügig entlohnten Beschäftigung nach § 6 Abs. 1b Sozialgesetzbuch Sechstes Buch (SGB VI)

Arbeitnehmer:

Name: ______________________________

Vorname: ______________________________

Rentenversicherungsnummer: |_|_|_|_|_|_|_|_|_|_|_|_|

Hiermit beantrage ich die Befreiung von der Versicherungspflicht in der Rentenversicherung im Rahmen meiner geringfügig entlohnten Beschäftigung und verzichte damit auf den Erwerb von Pflichtbeitragszeiten. Ich habe die Hinweise auf dem „Merkblatt über die möglichen Folgen einer Befreiung von der Rentenversicherungspflicht" zur Kenntnis genommen.

Mir ist bekannt, dass der Befreiungsantrag für alle von mir zeitgleich ausgeübten geringfügig entlohnten Beschäftigungen gilt und für die Dauer der Beschäftigungen bindend ist; eine Rücknahme ist nicht möglich. Ich verpflichte mich, alle weiteren Arbeitgeber, bei denen ich eine geringfügig entlohnte Beschäftigung ausübe, über diesen Befreiungsantrag zu informieren.

______________________________ ______________________________
(Ort, Datum) (Unterschrift des Arbeitnehmers)
(bei Minderjährigen zusätzlich Unterschrift d. gesetzlichen Vertreters)

Arbeitgeber:

Name: ______________________________

Betriebsnummer: |_|_|_|_|_|_|_|_|

Der Befreiungsantrag ist am |_|_|_|_|_|_|_|_| bei mir eingegangen.
T T M M J J J J

Die Befreiung wirkt ab |_|_|_|_|_|_|_|_|.
T T M M J J J J

______________________________ ______________________________
(Ort, Datum) (Unterschrift des Arbeitgebers)

Hinweis für den Arbeitgeber:
Der Befreiungsantrag ist nach § 8 Abs. 2 Nr. 4a Beitragsverfahrensverordnung (BVV) zu den Entgeltunterlagen zu nehmen.

Stand: Juni 2021

Die meisten Minijobber sind nicht an einer Anmeldung bei der Minijob-Zentrale interessiert, in erster Linie Sozialhilfeempfänger, Arbeitslose, Touristen ohne Arbeitserlaubnis in Deutschland etc. In den meisten Fällen haben Minijobber mehrere Minijobs, so dass die 450-€-Hürde fast immer gerissen wird. Ihnen entgeht aber einiges, wenn sie nicht angemeldet sind, denn ohne korrekte Anmeldung tun sie sich schwer, ihre Rechte durchzusetzen, wie z.B. Anspruch auf 358

- Lohnfortzahlung bis zu sechs Wochen bei Krankheit,
- bezahlten Erholungsurlaub von vier Wochen,
- Lohnzahlung, wenn an gesetzlichen Feiertagen die Arbeit ausfällt,
- Lohnzahlung bei persönlicher Verhinderung, z.B. Arztbesuch, Gerichtstermin, Krankheit eines Angehörigen.

Außerdem erwerben angemeldete Minijobber einen Anspruch auf Rente.

Wichtig zu wissen: Für geringfügig entlohnte Minijobs, die am 1.1.2013 oder später begannen, besteht **Versicherungspflicht in der Rentenversicherung.** Der volle Rentenversicherungsbeitrag ist mindestens von 175 € zu zahlen. Der Arbeitgeberanteil beträgt im Haushaltsscheck-Verfahren 5 % des tatsächlichen Arbeitsentgelts. Die Haushaltshilfe trägt die Differenz zwischen dem Arbeitgeberanteil und dem vollen Beitrag zur Rentenversicherung (13,6 %). Den Beitragsanteil des Arbeitnehmers behält der Arbeitgeber vom Arbeitsentgelt ein. Der Arbeitnehmer erhält dann anstatt 450 € nur 388,80 € ausbezahlt. Daraus ergibt sich eine Rentenanwartschaft von gut 4 € im Monat. **Minijobber haben die Möglichkeit, sich auf Antrag von der Versicherungspflicht in der Rentenversicherung befreien zu lassen.** Bei geringfügig Beschäftigten im Privathaushalt ist ein gesonderter Antrag nicht erforderlich, weil die relevanten Angaben auf dem Haushaltsscheck zu machen sind.

Zeile 5 Sozialversicherungspflichtige Beschäftigung 359

Diese Zeilen betreffen Aufwendungen für ein reguläres Arbeitsverhältnis, für das die üblichen Sozialabgaben und Lohnsteuern – nach Maßgabe der Lohnsteuerkarte – abzuführen sind. Die Steuerermäßigung beträgt 20 % der Aufwendungen, höchstens 4.000 € im Jahr.

Hier steckt im Verborgenen eine elegante Lösung, wenn eine Putzhilfe 360
ihre 450 € im Monat schon voll ausgereizt hat. Nach den Bestimmungen für Niedriglohnbezieher wird bei Überschreiten der Minijobgrenze nicht

sofort der volle Arbeitnehmerbeitrag erhoben, vielmehr steigt der Beitragssatz gleitend an (➤ Rz 615).

Beispiel

Sie zahlen Ihrer Putzhilfe brutto	460,00 €
Arbeitgeberanteil Sozialversicherung rd, 19,5 %	89,70 €
Also kostet Sie die Putzhilfe	549,70 €
Über die Steuer kommen 20 % zurück =	– 109,94 €
Gesamtaufwendungen	439,76 €
Ihre Putzhilfe erhält brutto	460,00 €
./. Arbeitnehmeranteil Sozialversicherung* (Gleitzone)	– 47,76 €
Nettolohn	412,24 €

*ohne Aufstockung auf den vollen Rentenversicherungsbeitrag

Lohnsteuer können Sie vergessen, wenn die Putzfee über Lohnsteuerklasse I, II oder IV abgerechnet werden kann. Die Steuerfreibeträge liegen in diesen Steuerklassen über 1.121 € pro Monat (➤ Rz 44).

361 Generell ist die Versteuerung über die Lohnsteuerklasse des Minijobbers dann die beste Wahl, wenn der Lohn aus dem Arbeitsverhältnis bei der jährlichen Einkommensteuererklärung nicht zu einer Steuerbelastung führt. Dies trifft für die meisten Schüler, Studenten, alleinerziehenden Frauen und Rentner zu. Denn jeder Steuerzahler erhält einen Grundfreibetrag, der im Jahr 2021 immerhin 9.744 € beträgt. Hinzu kommen der Arbeitnehmerpauschbetrag von 1.000 € und andere Kleinbeträge (➤ Rz 42 ff.).

362 **Herrschaftliche Haushaltsführung oder was?**
Hier sind auch die mit von der Partie, die unbedingt ein Dienstmädchen, einen Chauffeur, Gärtner, Butler oder Koch benötigen, um mit den Beschwernissen des täglichen Lebens fertigzuwerden. Ein Antrag entfällt natürlich, wenn das Hauspersonal »der Einfachheit halber« in der betrieblichen Lohnkartei geführt wird. Siehe dazu auch ➤ Rz 364.

363 Zeile 5 Aufwendungen für haushaltsnahe Dienstleistungen, Hilfe im Haushalt

Sicherlich teurer als die Beschäftigung eines Arbeitnehmers ist die Inanspruchnahme eines selbständigen Dienstleisters (Gärtner, Fensterputzer,

Dienstleistungsagentur, Tagesmutter etc.). Die Steuerermäßigung beträgt 20 % der Aufwendungen, max. 4.000 €.
Zu den haushaltsnahen Dienstleistungen gehören alle Tätigkeiten, die eine im Haushalt angestellte Arbeitskraft steuerermäßigt ausführen könnte (➤ Rz 348).

Wichtig zu wissen: Auch hier führen nur Arbeiten auf Rechnung und Zahlung durch Überweisung zu einer Steuerermäßigung.

TIPP Hausgehilfin mit »Dreifachberücksichtigung« 364

Die sog. Dreifachberücksichtigung löst bei vielen Finanzbürokraten erhöhten Blutdruck aus. Sie kann eintreten, wenn eine Hausgehilfin sowohl im Betrieb als auch im Haushalt arbeitet. Dann ergeben sich folgende Möglichkeiten:

1. **Abzug von Betriebsausgaben** bei den Einkünften aus Gewerbebetrieb oder selbständiger Arbeit in Höhe der anteiligen Lohnkosten.
2. **Abzug von Kinderbetreuungskosten** bis zu 4.000 € je Kind (> Zeile 76 der Anlage Kind).
3. **Steuerermäßigung** für haushaltsnahe Beschäftigungsverhältnisse/ Dienstleistungen in Höhe von max. 4.000 € (hier in > Zeile 5).

Lassen Sie mich im Amtsdeutsch weitererklären: Liegen die Voraussetzungen für die Berücksichtigung von Aufwendungen für eine Haushaltshilfe oder Hausgehilfin mehrfach vor – z. B. dreifach, wie hier beschrieben –, sind die Gesamtaufwendungen entsprechend der zeitlichen Beanspruchung durch die verschiedenen Arbeiten aufzuteilen.

Nahe Angehörige als Hausgehilfin 365

Auch das geht!! Sie müssen nur den Dienstleistungsauftrag zwischen Ihnen und Ihrer Mutter so gestalten, dass er auch zwischen Fremden möglich wäre. Und Ihre Mutter darf nicht zu Ihrem Haushalt gehören, muss körperlich fit genug sein, um die Arbeiten erledigen zu können, und muss zudem auf die Vergütung aus dem Dienstleistungsverhältnis angewiesen sein (BFH-Urt. v. 6.1.1961 – BStBl 1961 III S. 549). Entsprechendes gilt, wenn Ihre Tochter im Haushalt wie eine fremde Hausgehilfin mithilft und nachweislich eine anderenfalls erforderliche fremde Kraft ersetzt.

366 ♦ *Musterfall Meyer (Haushaltshilfe – Aufteilung der Kosten)*

Die Eheleute Hans und Gerda Meyer sind als Rechtsanwälte freiberuflich tätig. Mit im Haushalt lebt der 10-jährige Sohn Tobias. Das Ehepaar beschäftigt die Hausgehilfin Karin Hoppe. Die Lohnaufwendungen für sie betrugen im Kalenderjahr 7.200 €.
Die Hausgehilfin erledigt

1. *Reinigung der Praxisräume, Zeitanteil 30 %;*
2. *Putzarbeiten im Haushalt, Zeitanteil 20 %;*
3. *Betreuung von Tobias, Zeitanteil 50 %.*

Von den 7.200 € bringen die Eheleute Meyer in ihrer Steuererklärung unter:

1. In der Gewinnermittlung 30 % Betriebsausgaben =	*2.160 €*
2. Als Sonderausgaben »Kinderbetreuungskosten« in Höhe von $^2/_3$ der Aufwendungen (3.600 €)	*2.400 €*
Insgesamt steuerlich absetzbar	*4.560 €*
Schon bei einem Steuersatz von nur 30 % beträgt die jährliche Steuerersparnis =	*1.368 €*
3. Steuerermäßigung für haushaltsnahe Beschäftigung	
Aufwendungen insgesamt	*7.200 €*
./. Betriebs- bzw. Sonderausgaben	*– 5.760 €*
Verbleiben	*1.440 €*
Steuerermäßigung 20 %	*288 €*

Insgesamt erhalten Meyers mindestens (1.368 € + 288 € =) 1.656 € und damit rund 23 % ihrer Aufwendungen über die Steuer zurück.
Die Betriebsausgaben macht Meyer in seiner Gewinnermittlung geltend, die Sonderausgaben in > Zeile 75 ff. der Anlage Kind. In > Zeile 5 der Anlage Haushaltsnahe Aufwendungen trägt er ein:

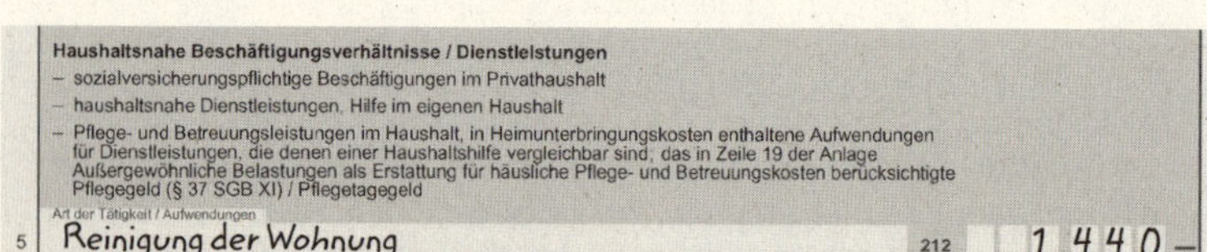
Haushaltsnahe Beschäftigungsverhältnisse / Dienstleistungen
– sozialversicherungspflichtige Beschäftigungen im Privathaushalt
– haushaltsnahe Dienstleistungen, Hilfe im eigenen Haushalt
– Pflege- und Betreuungsleistungen im Haushalt, in Heimunterbringungskosten enthaltene Aufwendungen für Dienstleistungen, die denen einer Haushaltshilfe vergleichbar sind; das in Zeile 19 der Anlage Außergewöhnliche Belastungen als Erstattung für häusliche Pflege- und Betreuungskosten berücksichtigte Pflegegeld (§ 37 SGB XI) / Pflegetagegeld

Art der Tätigkeit / Aufwendungen
5 Reinigung der Wohnung 212 1 440,–

Du musst jeden Tag Deinen Feldzug
auch gegen Dich selber führen.
(Friedrich Nietzsche)

TIPP Steuerermäßigung für Umzugskosten 367

Von einem Umzugsunternehmen durchgeführte Umzüge für Privatpersonen gehören ebenfalls zu den haushaltsnahen Dienstleistungen. Wichtig ist, dass die Umzugsfirma eine Rechnung stellt und diese nicht bar bezahlt wird, sondern per Überweisung oder EC–Cash.
Über die Steuerermäßigung erhalten Sie 20 % Ihrer Aufwendungen zurück. Da Ihr Steuersatz aber sicher weit darüber liegt, fahren Sie steuerlich besser, wenn Sie die Umzugskosten als Werbungskosten geltend machen können. Wie das geht, dazu mehr unter ➤ Rz 803 ff.

TIPP Steuerermäßigung für den Stubentiger 368

Haustierbesitzer kennen das Problem: Vor dem Urlaub muss die Betreuung der Haustiere geregelt werden. Findet diese bei Ihnen zu Hause statt, handelt es sich insoweit um haushaltsnahe Dienstleistungen, für die Sie eine Steuerermäßigung in geltend machen können.
Insbesondere folgende Kosten kommen in Betracht:

- Versorgung der Katze (Fische, Reptilien, Vögel ...) mit Futter und Wasser,
- Reinigung des Katzenklos (Aquariums, Terrariums, Vogelkäfigs ...),
- Beschäftigung des Tieres.

Nicht begünstigt ist hingegen die Unterbringung Ihres Hundes/Ihrer Katze in einer Tierpension, denn die Versorgung, sprich Dienstleistung, muss *haushaltsnah,* also in Ihrem Haushalt erfolgen.

TIPP Winterdienst mit Steuerkick 369

Das Finanzamt nimmt es mitunter schon sehr genau, wenn es um die Gewährung einer Steuervergünstigung geht. In seinem Schreiben vom 10.1.2014 hatte der Bundesfinanzminister seine Beamten daher angewiesen, die Kosten für den Winterdienst nur insoweit als haushaltsnahe Dienstleistung zu dulden, als diese anteilig auf den privaten Grund entfallen. Sofern der öffentliche Gehweg von Schnee und Eis befreit wird, soll keine Steuerermäßigung in Betracht kommen, da nicht haushaltsnah.
Dass diese Kleinkrämerei unsinnig ist, erkennen Sie sofort. Für die Finanzbeamten bedurfte es dafür eines Urteils des Bundesfinanzhofs. Dieser entschied, dass die Kosten für den Winterdienst in vollem Umfang zu einer Steuerermäßigung führen, egal ob im Vorgarten oder auf dem Gehweg (Az. VI R 55/12).

Und wie sieht es mit den Kosten für die Straßenreinigung aus, fragen Sie sich?
Für mich macht das keinen Unterschied. Diese Kosten gehören daher ebenfalls in > Zeile 5. Ein Urteil gibt es dazu allerdings bisher nicht.

370 Zeile 5 Pflege- und Betreuungsleistungen, Heimunterbringung

Die Steuerermäßigung kann auch für die Inanspruchnahme von Pflege- und Betreuungsleistungen beantragt werden. Gleiches gilt für Aufwendungen, die wegen der Unterbringung in einem Heim oder zur dauernden Pflege erwachsen, soweit darin Kosten für Dienstleistungen enthalten sind, die mit denen einer Hilfe im Haushalt vergleichbar sind.

Beispiel
Sie haben im Jahr 2021 Aufwendungen für Pflegeleistungen Ihrer pflegebedürftigen Mutter in Höhe von 6.000 € getragen – Erstattungen aus der Pflegeversicherung insoweit leider Fehlanzeige. Die Steuerermäßigung beträgt (6.000 € × 20 % =) 1.200 €.
Siehe hierzu auch ➤ Rz 336.

Zeile 6 - 9 Handwerkerleistungen für Renovierungs-, Erhaltungs- und Modernisierungsmaßnahmen

371 Für die Inanspruchnahme von Handwerkerleistungen für **Renovierungs-, Erhaltungs- und Modernisierungsmaßnahmen** in der selbstgenutzten inländischen Wohnung erhalten **Eigentümer und Mieter** einen Steuerabzug in Höhe von 20 % der Aufwendungen, höchstens 1.200 €. Zu den begünstigten handwerklichen Tätigkeiten rechnen insbesondere:

- Arbeiten an Innen- und Außenwänden,
- Arbeiten am Dach, an der Fassade, an Garagen o. Ä.,
- Reparatur oder Austausch von Fenstern und Türen,
- Streichen und Lackieren von Türen, Fenstern (innen und außen), Wandschränken, Heizkörpern und Heizrohren,
- Reparatur oder Austausch von Bodenbelägen (z. B. Teppichböden, Parkett und Fliesen),
- Reparatur, Wartung oder Austausch von Heizungsanlagen, Elektro-, Gas- und Wasserinstallationen,
- Modernisierung oder Austausch der Einbauküche,

- Modernisierung des Badezimmers,
- Reparatur und Wartung von Gegenständen im Haushalt, z.B. Waschmaschine, Geschirrspüler, Herd, Fernseher, Personalcomputer, sowie andere Gegenstände, die unter die Hausratversicherung fallen (wichtig ist dabei, dass auf der Rechnung steht: »Repariert an Ort und Stelle« … also in der Wohnung, nicht in der Werkstatt),
- Maßnahmen der Gartengestaltung,
- Pflasterarbeiten auf dem Wohngrundstück,
- Kontrollaufwendungen für die Kontrolle von Blitzschutzanlagen oder die Gebühr für den Schornsteinfeger.

Beachten Sie:

- Begünstigt sind nur die Arbeits- und Fahrtkosten, nicht allerdings die Kosten für Material. Und auch hier muss alles hochoffiziell laufen: Zum Antrag gehören die Rechnungen und entsprechende Zahlungsnachweise, sprich Kontoauszüge. Die Steuerermäßigung fällt flach, wenn Sie bar oder per Scheck bezahlt haben.
- Wenn Ihre Aufwendungen durch zinsverbilligte Darlehen oder steuerfreie Zuschüsse öffentlich gefördert wurden, ist eine Steuerermäßigung vollständig ausgeschlossen. Siehe hierzu ➤ Rz 349.

♦ *Musterfall Huber (Haushaltsnahe Dienstleistungen, Betreuungs- und Handwerkerleistungen)* 372

Die Hubers bewohnen ein Einfamilienhaus. Im Jahr 2021 haben sie für laufende Gartenpflegearbeiten 1.200 € ausgegeben. Für das Verlegen neuer Bodenbeläge (Parkett und Fliesen) stellte der Handwerker Arbeitskosten in Höhe von 1.800 € in Rechnung. Herrn Hubers Mutter, die auch in dem Einfamilienhaus lebt, bezieht Leistungen aus der Pflegeversicherung. Darüber hinaus sind den Hubers jedoch Aufwendungen für Pflegeleistungen in Höhe von 4.500 € entstanden.

In > Zeile 5 und 6 tragen die Hubers ein:

ANLAGE HAUSHALTSNAHE AUFWENDUNGEN 2022
Haushaltsnahe Beschäftigungsverhältnisse u.a.

Haushaltsnahe Beschäftigungsverhältnisse / Dienstleistungen
– sozialversicherungspflichtige Beschäftigungen im Privathaushalt
– haushaltsnahe Dienstleistungen, Hilfe im eigenen Haushalt
– Pflege- und Betreuungsleistungen im Haushalt, bei eigener Heimunterbringung in den Heimkosten enthaltene Aufwendungen für Dienstleistungen, die mit denen einer Haushaltshilfe vergleichbar sind; das in Zeile 32 der Anlage Außergewöhnliche Belastungen als Erstattung für häusliche Pflege- und Betreuungskosten berücksichtigte Pflegegeld (§ 37 SGB XI) / Pflegetagegeld

Art der Tätigkeit / Aufwendungen
5 Gartenarbeiten/Pflegeleistungen 212 5700,–

Handwerkerleistungen
für Renovierungs-, Erhaltungs- und Modernisierungsmaßnahmen im eigenen Haushalt (**ohne** Handwerkerleistungen, für die eine öffentliche Förderung durch zinsverbilligte Darlehen oder steuerfreie Zuschüsse [z. B. KfW-Bank, BAFA, landeseigener Förderbanken oder Gemeinden] oder für die eine Steuerermäßigung für energetische Maßnahmen nach § 35c EStG in Anspruch genommen wird)

Art der Aufwendungen	Rechnungsbeträge (bei Eintragungen in Zeile 10 nur anteilig) EUR	darin enthaltene Lohnanteile, Maschinen- und Fahrtkosten inkl. Umsatzsteuer EUR
6 Verlegen neuer Bodenbeläge (Parkett/Fliesen)	,–	1800,–

Mit folgenden Steuerermäßigungen können sie rechnen:

Gartenpflegearbeiten = haushaltsnahe Dienstleistungen 1.200 € × 20 % =	*240 €*	
Pflegeleistungen für die Mutter von Herrn Huber 4.500 € × 20 % =	*900 €*	
Summe (max. abzugsfähig: 4.000 €):	*1.140 €*	*> 1.140 €*
Verlegen neuer Bodenbeläge = Handwerkerleistungen 1.800 € × 20 % (max. 1.200 €)=		*360 €*
Steuerermäßigung 2021 insgesamt:		*1.500 €*

373 **TIPP**

Neubau schließt Steuerermäßigung nicht aus

Die Steuerermäßigung für haushaltsnahe Handwerkerleistungen gilt nicht für Aufwendungen während des Neubaus einer Immobilie. Was aber, wenn kurz nach dem Einzug Restarbeiten anfallen?
Die Finanzverwaltung selbst sagt dazu: *»Als Neubaumaßnahmen gelten alle Maßnahmen, die im Zusammenhang mit der Errichtung eines Haushalts bis zu dessen Fertigstellung (vgl. H 7.4 „Fertigstellung" EStH) anfallen.«*
Dies bedeutet, dass Aufwendungen für Handwerkerleistungen, die zwar Herstellungskosten sind, aber nach der Fertigstellung der Immobilie (in der Regel also nach dem Bezug) erbracht werden, begünstigt sind. Sollte sich Ihr Finanzamt querstellen und eine Steuerermäßigung für Arbeiten nach Bezugsfertigkeit (z. B. Außenputz- oder Malerarbeiten) ablehnen, legen Einspruch ein und weisen es darauf hin, dass ein Gebäude fertiggestellt ist, wenn der Bau so weit errichtet ist, dass ein Bezug zumutbar ist oder dass das Gebäude für den Betrieb in all seinen wesentlichen Bereichen nutzbar ist. Sind demnach Türen, Fenster, Treppen einschließlich Geländer eingebaut, Innenputz und Estrich eingebracht und die Anschlüsse für Strom und Wasser, die Küchenan-

schlüsse, die Heizung und die sanitären Einrichtungen vorhanden, gilt das Haus als fertiggestellt.

TIPP Steuerrabatt für Handwerkerleistungen: Was heißt schon haushaltsnah? 374

Für zahllose Handwerkerleistungen (wie Maler-, Elektro- oder Sanitärarbeiten) oder auch haushaltsnahe Dienstleistungen (wie z. B. Raumausstatter, Gärtner, Fensterputzer ...) können Sie eine Steuerermäßigung von 20 % der Kosten beanspruchen. Voraussetzung ist nur, dass die Arbeiten in oder an der selbst genutzten Wohnung, also haushaltsnah stattfinden. Nur was bedeutet »haushaltsnah« genau?

Die Rechtsprechung der Finanzgerichte geht mehr und mehr dazu über, die Nähe zum Haushalt räumlich-funktional auszulegen, so dass die Grenze des Haushalts nicht ausnahmslos durch die Grundstücksgrenze abgesteckt ist. Vielmehr kann auch die Inanspruchnahme von Handwerkerleistungen, die jenseits der Grundstücksgrenze auf fremdem, beispielsweise öffentlichem Grund erbracht werden, begünstigt sein.

So stellt der Austausch einer renovierungsbedürftigen Haustür, die in der Schreinerwerkstatt hergestellt, zum Haushalt geliefert und dort montiert wird, nach dem Urteil des Finanzgerichts München (Urt. v. 23.2.2015 – 7 K 1242/13) eine insgesamt begünstigte Renovierungsmaßnahme dar, weil es sich dabei um eine Leistung handelt, die in unmittelbarem Zusammenhang zum Haushalt durchgeführt wird und der zu eigenen Wohnzwecken genutzten Wohnung dient. Bei den Klägern waren somit die gesamten Lohnkosten in Höhe von 2.500 € zu berücksichtigen (Steuermäßigung 2.500 € × 20 % = 500 €).

Die Checkliste unter ➤ Rz 375 zeigt Ihnen, welche Kosten Sie in > Zeile 6 des Formulars unterbringen können.

Wichtig zu wissen: Handwerkerleistungen bei Eigentumswohnungen

Die Steuerermäßigung für Handwerkerleistungen können Sie als Eigentümer einer selbst genutzten Eigentumswohnung auch dann in Anspruch nehmen, wenn nicht Sie selbst, sondern die Eigentümergemeinschaft der Auftraggeber der Leistungen war (BMF-Schreiben v. 10.1.2014).

Alles, was Sie dafür brauchen, ist eine Bescheinigung des Verwalters über die anteilig auf Ihre Wohnung entfallenden Handwerkerkosten, die etwa wie folgt aussehen könnte:

Muster für eine Bescheinigung

---	---
---	---
---	---
(Name und Anschrift des Verwalters / Vermieters)	(Name und Anschrift des Eigentümers / Mieters)

<u>Anlage zur Jahresabrechnung für das Jahr / Wirtschaftsjahr ....</u>
Ggf. Datum der Beschlussfassung der Jahresabrechnung: ....
In der Jahresabrechnung für das nachfolgende Objekt

(Ort, Straße, Hausnummer und ggf. genaue Lagebezeichnung der Wohnung)

sind Ausgaben im Sinne des § 35a Einkommensteuergesetz (EStG) enthalten, die wie folgt zu verteilen sind:

A) ***Aufwendungen für sozialversicherungspflichtige Beschäftigungen***
(§ 35a Absatz 2 Satz 1 Alternative 1 EStG)

Bezeichnung	**Gesamtbetrag (in Euro)**	**Anteil des Miteigentümers / des Mieters**

B) ***Aufwendungen für die Inanspruchnahme von haushaltsnahen Dienstleistungen***
(§ 35a Absatz 2 Satz 1 Alternative 2 EStG)

Bezeichnung	**Gesamtbetrag (in Euro)**	**nicht zu berücksichtigende Materialkosten (in Euro)**	**Aufwendungen bzw. Arbeitskosten (in Euro)**	**Anteil des Miteigentümers / des Mieters**

C) ***Aufwendungen für die Inanspruchnahme von Handwerkerleistungen für Renovierungs-, Erhaltungs- und Modernisierungsmaßnahmen***
(§ 35a Absatz 3 EStG)

Bezeichnung	**Gesamtbetrag (in Euro)**	**nicht zu berücksichtigende Materialkosten (in Euro)**	**Aufwendungen bzw. Arbeitskosten (in Euro)**	**Anteil des Miteigentümers / des Mieters**

---	--
(Ort und Datum)	(Unterschrift des Verwalters oder Vermieters)

<u>Hinweis:</u> Die Entscheidung darüber, welche Positionen im Rahmen der Einkommensteuererklärung berücksichtigt werden können, obliegt ausschließlich der zuständigen Finanzbehörde.

Auch der *Mieter einer Wohnung* kann die Steuerermäßigung nach § 35a EStG beanspruchen, wenn die von ihm zu zahlenden Nebenkosten Beträge umfassen, die für ein haushaltsnahes Beschäftigungsverhältnis, für haushaltsnahe Dienstleistungen oder für handwerkliche Tätigkeiten geschuldet werden, und sein Anteil an den vom Vermieter unbar gezahlten Aufwendungen entweder aus der Jahresabrechnung hervorgeht oder durch eine Bescheinigung des Vermieters oder seines Verwalters nachgewiesen wird.

In welchem Jahr werden die Aufwendungen berücksichtigt?
Aufwendungen für

- **regelmäßig wiederkehrende Dienstleistungen** (wie z.B. Reinigung des Treppenhauses, Gartenpflege, Hausmeister) werden grundsätzlich anhand der geleisteten Vorauszahlungen **im Jahr der Vorauszahlungen** berücksichtigt,
- **einmalige Aufwendungen** (wie z.B. Handwerkerrechnungen) dagegen erst **im Jahr der Genehmigung der Jahresabrechnung.**

Einfacher und genauso korrekt ist es, wenn Sie die gesamten Aufwendungen erst in dem Jahr geltend machen, in dem die Jahresabrechnung im Rahmen der Eigentümerversammlung genehmigt worden ist. Entsprechend kann der Mieter hinsichtlich seiner Nebenkostenabrechnung verfahren.

Checkliste begünstigter/nicht begünstigter haushaltsnaher Dienstleistungen/Handwerkerleistungen 375

Maßnahme	begünstigt	nicht begünstigt	Haushaltsnahe Dienstleistung	Handwerkerleistung
Abfallmanagement (»Vorsortierung«)	Kosten innerhalb des Haushalts	Kosten der Maßnahmen außerhalb des Haushalts	X	
Abflussrohrreinigung	X			X
Ablesedienste und Abrechnung bei Verbrauchszählern (Strom, Gas, Wasser, Heizung usw.)		X		
Abriss eines baufälligen Gebäudes mit anschließendem Neubau		X		

Maßnahme	begünstigt	nicht begünstigt	Haushaltsnahe Dienstleistung	Handwerker-leistung
Abwasserent-sorgung	Kosten der Maßnahmen (Wartung und Reinigung) innerhalb des Haushalts	Kosten der Maßnahmen außerhalb des Haushalts		X
Anliegerbeitrag		X		
Arbeiten 1. am Dach 2. an Bodenbelägen 3. an der Fassade 4. an Garagen 5. an Innen- und Außenwänden 6. an Zu- und Ableitungen	 X X X X X X			 X X X X X X
Architektenleistung		X		
Asbestsanierung	X			X
Aufzugnotruf		X		
Aufstellen eines Baugerüstes	Arbeitskosten	Kosten der Miete und des Materials		X
Aufzugnotruf		X		
Außenanlagen, Errichtung von –, wie z.B. Wege, Zäune	Arbeitskosten der Maßnahmen innerhalb des Haushalts	– Kosten der Maßnahmen außerhalb des Haushalts oder – im Rahmen einer Neubaumaßnahme und – Materialkosten		X
Austausch oder Modernisierung 1. der Einbauküche 2. von Bodenbelägen (z.B. Teppichboden, Parkett, Fliesen) 3. von Fenstern und Türen	 X X X	– Kosten der Maßnahmen außerhalb des Haushalts und – Materialkosten		 X X X
Beprobung des Trinkwassers	X			X

Maßnahme	begünstigt	nicht begünstigt	Haushaltsnahe Dienstleistung	Handwerkerleistung
Bereitschaft der Erbringung einer ansonsten begünstigten Leistung im Bedarfsfall	als Nebenleistung einer ansonsten begünstigten Hauptleistung	nur Bereitschaft	Abgrenzung im Einzelfall	Abgrenzung im Einzelfall
Brandschadensanierung	soweit nicht Versicherungsleistung	soweit Versicherungsleistung		X
Carport, Terrassenüberdachung	Arbeitskosten	– Materialkosten sowie – Errichtung im Rahmen einer Neubaumaßnahme		X
Chauffeur		X		
Dachgeschossausbau	Arbeitskosten	– Materialkosten sowie – Errichtung im Rahmen einer Neubaumaßnahme		X
Dachrinnenreinigung	X			X
Datenverbindungen	s. Hausanschlüsse	s. Hausanschlüsse		X
Deichabgaben		X		
Dichtheitsprüfung von Abwasseranlagen	X			X
Elektroanlagen	Wartung und Reparatur			X
Energiepass		X		
Entsorgungsleistung	als Nebenleistung (z.B. Bauschutt, Fliesenabfuhr bei Neuverfliesung eines Bades, Grünschnittabfuhr bei Gartenpflege)	als Hauptleistung	Abgrenzung im Einzelfall	Abgrenzung im Einzelfall

Maßnahme	begünstigt	nicht begünstigt	Haushaltsnahe Dienstleistung	Handwerkerleistung
Erhaltungsmaßnahmen	Arbeitskosten für Maßnahmen auf privatem Grundstück	– Kosten der Maßnahmen außerhalb des Haushalts und – Materialkosten		X
Erstellung oder Hilfe bei der Erstellung der Steuererklärung		X		
»Essen auf Rädern«		X		
Fäkalienabfuhr		X		
Fahrstuhlkosten	Wartung und Reparatur	Betriebskosten		X
Fertiggaragen	Arbeitskosten	– Kosten der Errichtung im Rahmen einer Neubaumaßnahme sowie – Materialkosten		
Feuerlöscher	Kosten der Wartung			X
Feuerstättenschau – s. auch Schornsteinfeger	X			X
Finanzierungsgutachten		X		
Fitnesstrainer		X		
Friseurleistungen	nur soweit sie zu den Pflege- und Betreuungsleistungen gehören, wenn sie im Leistungskatalog der Pflegeversicherung aufgeführt sind und der Behinderten-Pauschbetrag nicht geltend gemacht wird	alle anderen Friseurleistungen	X	
Fußbodenheizung	Wartung, Spülung, Reparatur sowie nachträglicher Einbaus	Materialkosten		X

Maßnahme	begünstigt	nicht begünstigt	Haushaltsnahe Dienstleistung	Handwerker-leistung
Gärtner	Kosten der Maßnahmen innerhalb des Haushalts	Kosten der Maßnahmen außerhalb des Grundstücks	Abgrenzung im Einzelfall	Abgrenzung im Einzelfall
Gartengestaltung	Arbeitskosten	– Kosten der erstmaligen Anlage im Rahmen einer Neubaumaßnahme sowie – Materialkosten		X
Gartenpflegearbeiten (z.B. Rasenmähen, Hecken schneiden)	Kosten der Maßnahmen innerhalb des Haushalts einschließlich Grünschnittentsorgung als Nebenleistung	Kosten der Maßnahmen außerhalb des Haushalts	X	
Gemeinschaftsmaschinen bei Mietern (z.B. Waschmaschine, Trockner)	Kosten der Reparatur und der Wartung	Miete		X
Gewerbeabfallentsorgung		X		
Grabpflege	X			X
Graffitibeseitigung	X			X
Gutachtertätigkeiten	Abgrenzung im Einzelfall	Abgrenzung im Einzelfall		X
Hand- und Fußpflege	<u>nur</u> soweit sie zu den Pflege- und Betreuungsleistungen gehören, wenn sie im Leistungskatalog der Pflegeversicherung aufgeführt sind und der Behinderten-Pauschbetrag nicht geltend gemacht wird	alle anderen Kosten	X	

Maßnahme	begünstigt	nicht begünstigt	Haushaltsnahe Dienstleistung	Handwerkerleistung
Hausanschlüsse Ver- und Entsorgungsnetze (➤ Rz 22)	z.B. Arbeitskosten für den Anschluss an das Trink- und Abwassernetz, der stromführenden Leitungen im Haus oder für das Ermöglichen der Nutzung des Fernsehens und des Internets sowie die Kosten der Weiterführung der Anschlüsse, jeweils innerhalb des Haushalts	– Kosten der erstmaligen Anschlüsse im Rahmen einer Neubaumaßnahme und – die Kosten der Maßnahmen außerhalb des Haushalts sowie – Materialkosten		X
Hausarbeiten, wie reinigen, Fenster putzen, bügeln usw. (➤ Rz 5)	X		X	
Haushaltsauflösung		X		
Hauslehrer		X		
Hausmeister, Hauswart	X		X	
Hausreinigung	X		X	
Hausschwammbeseitigung	X			X
Hausverwalterkosten oder -gebühren		X		
Heizkosten:				
1. Verbrauch		X		
2. Gerätemiete für Zähler		X		
3. Garantiewartungsgebühren	X			X
4. Heizungswartung und Reparatur	X			X
5. Austausch der Zähler nach dem Eichgesetz	X			X
6. Schornsteinfeger	X			
7. Kosten des Ablesedienstes		X		
8. Kosten der Abrechnung an sich		X		

Maßnahme	begünstigt	nicht begünstigt	Haushaltsnahe Dienstleistung	Handwerkerleistung
Hilfe im Haushalt s. Hausarbeiten				
Insektenschutzgitter	Kosten der Montage und Reparatur	Materialkosten		X
Kamin-Einbau	Arbeitskosten	– Kosten der Errichtung im Rahmen einer Neubaumaßnahme sowie – Materialkosten		X
Kaminkehrer – s. Schornsteinfeger				
Kellerausbau	Arbeitskosten	– Kosten der Errichtung im Rahmen einer Neubaumaßnahme sowie – Materialkosten		
Kellerschachtabdeckungen	Kosten der Montage und der Reparatur	Materialkosten		X
Kfz. – s. Reparatur		X		
Kinderbetreuungskosten	soweit sie nicht unter § 10 Absatz 1 Nummer 5 EStG fallen und für eine Leistung im Haushalt des Steuerpflichtigen anfallen	im Sinne von § 10 Absatz 1 Nummer 5 EStG	X	
Klavierstimmer	X			X
Kleidungs- und Wäschepflege und -reinigung	Kosten der Maßnahmen innerhalb des Haushalts	Kosten der Maßnahmen außerhalb des Haushalts	X	
Kontrollaufwendungen des TÜV, z.B. für den Fahrstuhl oder den Treppenlift	X			X

Maßnahme	begünstigt	nicht begünstigt	Haushaltsnahe Dienstleistung	Handwerkerleistung
Kosmetikleistungen	nur soweit sie zu den Pflege- und Betreuungsleistungen gehören, wenn sie im Leistungskatalog der Pflegeversicherung aufgeführt sind (und der Behinderten-Pauschbetrag nicht geltend gemacht wird)	alle anderen	X	
Laubentfernung	Kosten der Maßnahmen innerhalb des Haushalts	Kosten der Maßnahmen außerhalb des Haushalts	X	
Legionellenprüfung	X			
Leibwächter		X		
Makler		X		
Material und sonstige im Zusammenhang mit der Leistung gelieferte Waren einschließlich darauf entfallende Umsatzsteuer		z.B. Farbe, Fliesen, Pflastersteine, Mörtel, Sand, Tapeten, Teppichboden und andere Fußbodenbeläge, Waren, Stützstrümpfe usw.		
Mauerwerksanierung	X			X
Miete von Verbrauchszählern (Strom, Gas, Wasser, Heizung usw.)		X		
Modernisierungsmaßnahmen (z.B. des Badezimmers oder der Küche)	X	– Kosten der Maßnahmen außerhalb des Haushalts sowie – Materialkosten		X
Montageleistungen im Haushalt, z.B. beim Erwerb neuer Möbel	X			X

Maßnahme	begünstigt	nicht begünstigt	Haushaltsnahe Dienstleistung	Handwerker-leistung
Müllabfuhr (Entsorgung steht im Vordergrund)		X		
Müllentsorgungsanlage (Müllschlucker)	Wartung und der Reparatur			X
Müllschränke	Kosten der Anlieferung und der Aufstellung	Materialkosten		X
Nebenpflichten der Haushaltshilfe, wie kleine Botengänge oder Begleitung von Kindern, kranken, alten oder pflegebedürftigen Personen bei Einkäufen oder zum Arztbesuch	X		X	
Neubaumaßnahmen				
Notbereitschaft/ Notfalldienste	soweit es sich um eine nicht gesondert berechnete Nebenleistung z.B. im Rahmen eines Wartungsvertrages handelt	alle anderen reinen Bereitschaftsdienste	X	
Öffentlich-rechtlicher Erschließungsbeitrag		X		
Öffentlich-rechtlicher Straßenausbaubeitrag/-rückbaubeitrag		X		
Pflasterarbeiten	Kosten der Maßnahmen innerhalb des Haushalts	– Materialkosten sowie – alle Maßnahmen außerhalb des Haushalts		X
Pflegebett		X		
Pflege der Außenanlagen	innerhalb des Haushalts	Kosten der Maßnahmen außerhalb des Haushalts	X	
Pilzbekämpfung	X			X

Maßnahme	begünstigt	nicht begünstigt	Haushaltsnahe Dienstleistung	Handwerkerleistung
Prüfdienste/ Prüfleistung (z.B. bei Aufzügen)		X		
Rechtsberatung		X		
Reinigung des Haushalts	X		X	
Reparatur, Wartung und Pflege				
1. von Bodenbelägen (z.B. Teppichboden, Parkett, Fliesen)	X		Pflege	Reparatur und Wartung
2. von Fenstern und Türen (innen und außen)	X		Pflege	Reparatur und Wartung
3. von Gegenständen im Haushalt des Steuerpflichtigen (z.B. Waschmaschine, Geschirrspüler, Herd, Fernseher, Personalcomputer und andere)	soweit es sich um Gegenstände handelt, die in der Hausratversicherung mitversichert werden können	Kosten der Maßnahmen außerhalb des Haushalts	Pflege im Haushalt	Reparatur und Wartung im Haushalt
4. von Heizungsanlagen, Elektro-, Gas- und Wasserinstallationen	Kosten der Maßnahmen innerhalb des Haushalts	Kosten der Maßnahmen außerhalb des Haushalts		X
5. von Kraftfahrzeugen (einschl. TÜV-Gebühren)		X		
6. von Wandschränken	X			X
Schadensfeststellung, Ursachenfeststellung (z.B. bei Wasserschaden, Rohrbruch usw.)	X			X
Schadstoffsanierung	X			X
Schädlings- und Ungezieferbekämpfung	X		Abgrenzung im Einzelfall	Abgrenzung im Einzelfall
Schornsteinfeger	X			X

Maßnahme	begünstigt	nicht begünstigt	Haushaltsnahe Dienstleistung	Handwerkerleistung
Sekretär; hierunter fallen auch Dienstleistungen in Form von Büroarbeiten (z.B. Ablageorganisation, Erledigung von Behördengängen, Stellen von Anträgen bei Versicherungen und Banken usw.)		X		
Sperrmüllabfuhr		X		
Statiker		X		
Straßenreinigung	bei Straßenreinigungspflicht des Steuerpflichtigen	Öffentlich-rechtliche Sraßenreinigungsgebühren	X	
Tagesmutter bei Betreuung im Haushalt des Steuerpflichtigen	soweit es sich bei den Aufwendungen nicht um Kinderbetreuungskosten handelt	Kinderbetreuungskosten	X	
Taubenabwehr	X		Abgrenzung im Einzelfall	Abgrenzung im Einzelfall
Technische Prüfdienste (z.B. bei Aufzügen)	X			X
Terrassenüberdachung	Arbeitskosten	– Kosten der Errichtung im Rahmen einer Neubaumaßnahme sowie – Materialkosten		X
Tierbetreuungs- oder -pflegekosten	Kosten der Maßnahmen innerhalb des Haushalts (z.B. Fellpflege, Ausführen Reinigungsarbeiten)	Kosten der Maßnahmen außerhalb des Haushalts z.B. Tierpensionen	X	
Trockeneisreinigung	X			X

Maßnahme	begünstigt	nicht begünstigt	Haushaltsnahe Dienstleistung	Handwerkerleistung
Trockenlegung von Mauerwerk	Kosten der Maßnahmen innerhalb des Haushalts (Arbeiten mit Maschinen vor Ort)	Kosten, die durch die ausschließliche Maschinenanmietung entstehen		X
Überprüfung von Anlagen (z. B. Gebühr für den Schornsteinfeger oder für die Kontrolle von Blitzschutzanlagen)	X			X
Umzäunung, Stützmauer o. Ä.	Arbeitskosten für Maßnahmen innerhalb des Haushalts	– Kosten der Maßnahmen außerhalb des Haushalts oder – Kosten der Errichtung im Rahmen einer Neubaumaßnahme sowie – Materialkosten		X
Umzugsdienstleistungen	für Privatpersonen		Abgrenzung im Einzelfall	Abgrenzung im Einzelfall
Verarbeitung von Verbrauchsgütern im Haushalt des Steuerpflichtigen	X		X	
Verbrauchsmittel wie z. B. Schmier-, Reinigungs- oder Spülmittel sowie Streugut	X		als Nebenleistung – Abgrenzung im Einzelfall	als Nebenleistung – Abgrenzung im Einzelfall
Verwaltergebühr		X		
Wachdienst	Kosten der Maßnahmen innerhalb des Haushalts	Kosten der Maßnahmen außerhalb des Haushalts	X	
Wärmedämmmaßnahmen	X			X

Maßnahme	begünstigt	nicht begünstigt	Haushaltsnahe Dienstleistung	Handwerkerleistung
Wartung 1. Aufzug 2. Heizung und Öltankanlagen (einschl. Tankreinigung) 3. Feuerlöscher 4. CO_2-Warngeräte 5. Pumpen 6. Abwasser-Rückstau-Sicherungen	 X X X X X X			 X X X X X X
Wasserschadensanierung	X	soweit Versicherungsleistung		X
Wasserversorgung	Kosten der Wartung und der Reparatur			X
Wertermittlung		X		
Winterdienst	Kosten der Maßnahmen innerhalb des Haushalts	Kosten der Maßnahmen außerhalb des Haushalts	X	
Zubereitung von Mahlzeiten im Haushalt des Steuerpflichtigen	X		X	

Zeile 10 – 15 Gemeinsamer Haushalt alleinstehender Personen/Steuerermäßigung bei Ehegatten 376

Leben zwei Alleinstehende in einem Haushalt zusammen, können sie die Höchstbeträge für haushaltsnahe Beschäftigungsverhältnisse oder Dienstleistungen leider nur einmal in Anspruch nehmen (> Zeile 10 – 11). Auch bei Ehegatten verdoppeln sich die Höchstbeträge nicht. Bei der Einzelveranlagung von Ehegatten steht die Steuerermäßigung dementsprechend jedem Ehegatten nur zur Hälfte zu; allerdings können zusammenwohnende Alleinstehende wie auch Eheleute eine andere als die hälftige Aufteilung wählen (> Zeile 12 – 14).
In > Zeile 15 hat das Finanzamt einen Fallstrick ausgelegt. Wird die Abfrage zum ganzjährigen Bestehen eines Haushalts mit einer oder mehreren anderen Personen mit »1 = JA« beantwortet, werden die Steuerermäßigungen erst einmal automatisch nur zur Hälfte angesetzt. Soll ein

100 %iger Abzug erfolgen, ist unbedingt in > Zeile 12 – 14 eine »100« einzutragen! Dass nun nach einem gemeinsamen Haushalt mit »einer oder mehreren anderen alleinstehenden Person(en)« gefragt.wird, hat seinen Grund darin, dass im Lauf eines Jahres verschiedene Konstellationen (z.B. Wohngemeinschaft) denkbar sind.

12 Die Anlage Unterhalt

Wenn man jemanden finanziell unterstützt, dann sicherlich nicht, um dessen Faulheit zu stärken. Meistens ist die unterstützte Person krank, nicht (mehr) erwerbsfähig, durch widrige Umstände aus der Bahn geworfen oder durch Kinder am Erwerb gehindert. 377

12.1 Was man wissen muss, wenn man jemanden unterstützt 378

Für Ihre Aufwendungen können Sie eine Steuerermäßigung bis zu 9.744 € beanspruchen (§ 33 a EStG). Dazu muss die unterstützte Person Ihnen gegenüber gesetzlich unterhaltsberechtigt sein. Gesetzlich unterhaltsberechtigt sind insbesondere Verwandte in gerader Linie (Großeltern, Eltern, Kinder bzw. Enkel), auch Partner einer eingetragenen Lebenspartnerschaft, nicht dagegen Verwandte in der Seitenlinie (Geschwister und Verschwägerte). Auch für Unterhaltskosten an den geschiedenen oder getrennt lebenden Ehepartner steht die Steuervergünstigung zu, alternativ zum Abzug als Sonderausgaben (Anlage Sonderausgaben > Zeile 38 – 45).

So viel können Sie absetzen

Für Ihre Aufwendungen hat der Gesetzgeber pro Person einen Höchstbetrag von 9.744 € vorgesehen. Auf diesen Höchstbetrag werden eigene Einkünfte und Bezüge der unterhaltenen Person angerechnet, jedoch nur, soweit sie 624 € jährlich übersteigen. Daraus folgt: Hat die unterstützte Person mehr als (9.744 € + 624 € =) 10.368 € im Jahr zur Verfügung, geht der Höchstbetrag auf null. Auf den Monat gerechnet sind das (10.368 € ÷ 12 =) 864 €. Außerdem vermindert sich der Höchstbetrag stets um Ausbildungshilfen aus öffentlichen Mitteln (BAföG).

Hier die ganz einfache Berechnung, bezogen auf Jahresbeträge:

Unterhaltshöchstbetrag		9.744 €
Eigene Einkünfte und Bezüge	10.368 €	
./. anrechnungsfreier Betrag	– 624 €	
Schädliche Einkünfte und Bezüge	9.744 € >	– 9.744 €
abzugsfähiger Jahresfreibetrag		0 €

(Quelle: § 33a Abs. 1 EStG)

Bedürftig in diesem Sinne sind vielfach:

- Hartz-IV-Empfänger, Empfänger von Sozialhilfe,
- Eltern mit Grundrente,
- geschiedene/getrennt lebende Ehegatten,

- nicht verheiratete Kindesmutter,
- mittelloser Lebenspartner,
- Kinder,
  - die Wehr- oder Ersatzdienst leisten
  - oder über 25 Jahre sind und sich noch in Ausbildung befinden.

Abziehbar sind alle typischen Unterhaltskosten, insbesondere für Ernährung, Kleidung und Wohnung.

Kindergeld futsch? Dafür Unterhalt absetzen!
Die Unterstützung eigener Kinder ist nicht begünstigt, solange jemand für sie Kindergeld oder einen Kinderfreibetrag erhält, da der Gesetzgeber meint, damit sei von staatlicher Seite jedwede Unterstützung ausreichend abgegolten. Mit dem Wegfall von Kindergeld/-freibetrag können Eltern die Unterstützung ihrer Kinder allerdings als außergewöhnliche Belastung in der Anlage Unterhalt geltend machen. Diese Voraussetzung ist gegeben bei Kindern über 18, wenn sie nicht mehr in der Berufsausbildung sind. Bei Kindern in Berufsausbildung liegt die Altersgrenze bei 25 Jahren.

Gut zu wissen: Hat das Sozialamt von Ihnen Unterhaltsleistungen für einen Angehörigen angefordert, sind diese immer abziehbar, anzusetzen in > Zeile 7.

Für den Fiskus ist die beste Steuererklärung die, in welcher der Steuerzahler nichts geltend macht. Tun Sie ihm diesen Gefallen nicht, und gestalten Sie Ihre Verhältnisse schon im Lauf des Kalenderjahres so, dass sich Ihre Arbeit an der Steuererklärung bezahlt macht.

379 **Was hat es mit der »Opfergrenze« auf sich?**
Der Fiskus macht sich zunutze, dass es eine gewisse Schmerzgrenze gibt, über die hinaus niemand gefordert ist, ein finanzielles Opfer zu bringen. Lediglich gegenüber dem Ehegatten und minderjährigen Kindern besteht die Pflicht, auch über diese Opfergrenze hinauszugehen (§§ 1360, 1603 Abs. 2 BGB).

Nur bis zu dieser »Opfergrenze« werden Ihre Unterhaltsleistungen steuerlich berücksichtigt. Sie ist bestimmt durch einen bestimmten Prozentsatz eines besonders definierten Nettoeinkommens, zu dem auch Steuererstattungen zählen, und beträgt 1 % je 500 €, aber max. 50 % dieses Nettoeinkommens. Davon abgezogen werden je fünf Prozentpunkte für den Ehegatten und jedes Kind, insgesamt max. 25 Prozentpunkte. Kompliziert, daher hier ein

Beispiel
Nettoeinkommen 12.000 € ÷ 500 € = 24 = 24 % von 12.000 € = Opfergrenze 2.880 €.
Aufwendungen werden nur bis zu dieser Höhe anerkannt.

Der Fiskus berechnet die Opfergrenze klammheimlich im Programm, ohne dass er besonders danach fragt, weil ihm alle Daten dafür bekannt sind. Es kann also sein, dass der Fiskus Ihnen den vollen Höchstbetrag nicht zubilligt, weil Ihre Aufwendungen die Opfergrenze überschritten haben.

2021

1 Name

2 Vorname

3 **Steuernummer** lfd. Nr. der Anlage

Anlage Unterhalt

Diese Anlage ist bei Zusammenveranlagung von Ehegatten / Lebenspartnern gemeinsam auszufüllen.

Für jeden unterstützten Haushalt bitte eine eigene Anlage Unterhalt abgeben.

Angaben zu Unterhaltsleistungen an bedürftige Personen

Haushalt, in dem die unterstützte(n) Person(en) lebte(n) 53

4 Anschrift dieses Haushaltes

5 Wohnsitzstaat, wenn Ausland

Die Eintragungen in den Zeilen 6 bis 10 und 17 bis 26 sind nur in der ersten Anlage Unterhalt je Haushalt erforderlich.

6 Anzahl der Personen, die in dem Haushalt lt. Zeile 4 lebten — Anzahl

Aufwendungen für den Unterhalt

7 Erster Unterstützungszeitraum, für den Unterhalt geleistet wurde, und Höhe der Aufwendungen (einschließlich von mir getragener Beträge lt. den Zeilen 11 bis 25) — vom T T M M — bis T T M M — Gesamtaufwendungen EUR ,—

8 Zeitpunkt der ersten Unterhaltsleistung für den ersten Unterstützungszeitraum im Kalenderjahr — T T M M J J J J

9 Zweiter Unterstützungszeitraum, für den Unterhalt geleistet wurde, und Höhe der Aufwendungen (einschließlich von mir getragener Beträge lt. den Zeilen 11 bis 25) — vom T T M M — bis T T M M — Gesamtaufwendungen EUR ,—

10 Zeitpunkt der ersten Unterhaltsleistung für den zweiten Unterstützungszeitraum im Kalenderjahr — T T M M J J J J

	Beiträge zu Basis-Kranken- und gesetzlichen Pflegeversicherungen, die von der / den unterstützten Person(en) als Versicherungsnehmer geschuldet wurden.	Auf den ersten Unterstützungszeitraum entfallen EUR	Auf den zweiten Unterstützungszeitraum entfallen EUR
11	Basis-Kranken- und gesetzliche Pflegeversicherungsbeiträge (abzüglich steuerfreier Zuschüsse und erstatteter Beiträge) für die unterstützte Person lt. Zeile 32	,—	,—
12	in Zeile 11 enthaltene Beiträge, aus denen sich ein Anspruch auf Krankengeld ergibt	,—	,—
13	Basis-Kranken- und gesetzliche Pflegeversicherungsbeiträge (abzüglich steuerfreier Zuschüsse und erstatteter Beiträge) für die unterstützte Person lt. Zeile 62	,—	,—
14	In Zeile 13 enthaltene Beiträge, aus denen sich ein Anspruch auf Krankengeld ergibt	,—	,—
15	Basis-Kranken- und gesetzliche Pflegeversicherungsbeiträge (abzüglich steuerfreier Zuschüsse und erstatteter Beiträge) für die unterstützte Person lt. Zeile 92	,—	,—
16	In Zeile 15 enthaltene Beiträge, aus denen sich ein Anspruch auf Krankengeld ergibt	,—	,—

Unterhaltsleistungen an im Ausland lebende Personen

		Einreisedatum	Übergabedatum	EUR
17	X Unterhaltszahlungen durch Bank- oder Postüberweisung			,—
18	X Unterhaltszahlungen durch Übergabe von Bargeld			
19	Mitgenommene Beträge	T T M M J J J J	T T M M J J J J	,—
20		T T M M J J J J	T T M M J J J J	,—
21	X Unterhaltszahlungen im Rahmen von Familienheimfahrten zum Ehegatten / Lebenspartner			
22		T T M M J J J J	T T M M J J J J	,—
23		T T M M J J J J	T T M M J J J J	,—
24		T T M M J J J J	T T M M J J J J	,—
25		T T M M J J J J	T T M M J J J J	,—
26	Nettomonatslohn der unterstützenden stpfl. Person			,—

2021AnlUnterhalt191 – April 2021 – **2021AnlUnterhalt191**

Allgemeine Angaben zur unterstützten Person

Identifikationsnummer

31 lfd. Nr.

Name, Vorname — Geburtsdatum (T T M M J J J J) — Sterbedatum

32 wenn 2021 verstorben (T T M M J J J J)

Beruf, Familienstand — Verwandtschaftsverhältnis zur unterstützenden Person

33

Bei Unterhaltsempfängern im Ausland:
34 Die von der Heimatbehörde und der unterstützten Person bestätigte Unterhaltserklärung über die Bedürftigkeit liegt mir vor. 1 = Ja 2 = Nein

35 Name, Vorname des im selben Haushalt lebenden Ehegatten / Lebenspartners — Name, Vorname

				vom	bis
36	Die unterstützte Person lebte in meinem inländischen Haushalt.	1 = Ja 2 = Nein	Falls ja (wenn nicht ganzjährig)	T T M M	T T M M
37	Hatte jemand für diese Person Anspruch auf Kindergeld oder Freibeträge für Kinder?	1 = Ja 2 = Nein	Falls ja (wenn nicht ganzjährig)	T T M M	T T M M
38	Die unterstützte Person ist mein – geschiedener Ehegatte – Lebenspartner einer aufgehobenen Lebenspartnerschaft – dauernd getrennt lebender Ehegatte / Lebenspartner (kein Abzug von Sonderausgaben nach § 10 Abs. 1a Nr. 1 EStG, keine Zusammenveranlagung).	1 = Ja 2 = Nein			
39	Die unterstützte Person ist mein nicht dauernd getrennt lebender und nicht unbeschränkt einkommensteuerpflichtiger Ehegatte / Lebenspartner	1 = Ja 2 = Nein			
40	Die unterstützte Person ist als Kindesmutter / Kindesvater gesetzlich unterhaltsberechtigt (bis zur Vollendung des dritten Lebensjahres des Kindes).	1 = Ja 2 = Nein	Falls ja (wenn nicht ganzjährig)	T T M M	T T M M
41	Die unterstützte Person ist nicht unterhaltsberechtigt, jedoch wurden oder würden bei ihr wegen der Unterhaltszahlungen öffentliche Mittel gekürzt oder nicht gewährt.	1 = Ja 2 = Nein	Falls ja (wenn nicht ganzjährig)	T T M M	T T M M

42 Gesamtwert des Vermögens der unterstützten Person — EUR ,—

Zum Unterhalt der bedürftigen Person haben auch beigetragen (Name, Anschrift)

43

44 vom T T M M bis T T M M — Betrag EUR ,—

Einkünfte und Bezüge der unterstützten Person

Diese Person hatte

	vom	bis	Bruttoarbeitslohn EUR	darauf entfallende Werbungskosten (ohne Werbungskosten zu Versorgungsbezügen) EUR	Versorgungsbezüge – im Arbeitslohn enthalten – EUR	Bemessungsgrundlage für den Versorgungsfreibetrag EUR	Werbungskosten zu Versorgungsbezügen EUR
45	T T M M	T T M M					
46	T T M M	T T M M					

	maßgebendes Kalenderjahr des Versorgungsbeginns Jahr	vom	bis	Renten EUR	steuerpflichtiger Teil der Rente EUR	Werbungskosten zu Renten EUR
47		T T M M	T T M M			
48		T T M M	T T M M			

	vom	bis	Einkünfte aus Kapitalvermögen (tarifliche Einkommensteuer) EUR	vom	bis	Übrige Einkünfte EUR
49	T T M M	T T M M		T T M M	T T M M	
50	T T M M	T T M M		T T M M	T T M M	

	vom	bis	Erträge aus Kapitalvermögen (Abgeltungsteuer) EUR	vom	bis	Sozialleistungen / übrige Bezüge (z. B. aus Minijobs) EUR
51	T T M M	T T M M		T T M M	T T M M	
52	T T M M	T T M M		T T M M	T T M M	

	vom	bis	Kosten zu allen Bezügen EUR	vom	bis	Öffentliche Ausbildungshilfen EUR
53	T T M M	T T M M		T T M M	T T M M	
54	T T M M	T T M M		T T M M	T T M M	

2021AnlUnterhalt192 2021AnlUnterhalt192

Gesundheit ist nicht alles,
aber ohne Gesundheit ist alles nichts.

380 ♦ *Musterfall Familie Huber (Unterstützung des Vaters)*

Der Vater von Herrn Huber ist verwitwet. Er lebt in Hamburg in seiner eigenen Wohnung und bezieht seit dem Jahr 2003 eine Rente aus der gesetzlichen Rentenversicherung. Im Jahr 2021 hat er daraus 6.600 € erhalten. Herr Huber hat deshalb seinen Vater das ganze Jahr über mit monatlich 170 €, übers Jahr gesehen mit 2.040 € unterstützt und beantragt hierfür eine Steuervergünstigung, indem er die Anlage Unterhalt beifügt.

Aufwendungen für den Unterhalt

		vom	bis	Gesamtaufwendungen EUR
7	Erster Unterstützungszeitraum, für den Unterhalt geleistet wurde, und Höhe der Aufwendungen (einschließlich von mir getragener Beträge lt. den Zeilen 11 bis 25)	0101	3112	2040,–
8	Zeitpunkt der ersten Unterhaltsleistung für den ersten Unterstützungszeitraum im Kalenderjahr	02012021		

Huber weiß, dass Renten, die vor dem Jahr 2005 zu laufen begonnen haben (Altrenten), mit einem Anteil von 50 % steuerpflichtig sind (➤ Rz 951). Deshalb trägt er in > Zeile 47 der Anlage Unterhalt als steuerpflichtigen Teil der Rente den Betrag von 3.300 € ein.

Das bringt für 2021 an außergewöhnlicher Belastung:

Aufwendungen		*2.040 €*
Unterhaltshöchstbetrag		*9.744 €*
./. Kürzung wegen eigener Einkünfte und Bezüge des Vaters:		
Rente	*6.600 €*	
*./. pauschal 102 € + 180 €**	*– 282 €*	
Einkünfte und Bezüge	*6.318 €*	
./. anrechnungsfreier Betrag	*– 624 €*	
Schädliche Einkünfte	*5.694 €* >	*– 5.694 €*
Gekürzter Unterhaltshöchstbetrag		*4.050 €*

Huber kann maximal die von ihm geleisteten Aufwendungen (eben bis zur Höhe des gekürzten Unterhaltshöchstbetrags) steuerlich absetzen. Dies sind hier 2.040 €.

* *Werbungskostenpauschbetrag und Kostenpauschale*

ANLAGE UNTERHALT 2022

Unterhalt für bedürftige Personen

Allgemeine Angaben zur unterstützten Person

31	Identifikationsnummer: 12345678901	lfd. Nr. 1
32	Name, Vorname: Huber, Fritz — Geburtsdatum: 07071939	wenn 2019 verstorben — Sterbedatum: TTMMJJJJ
33	Beruf, Familienstand: Rentner, verwitwet	Verwandtschaftsverhältnis zur unterstützenden Person: Vater
34	**Bei Unterhaltsempfängern im Ausland:** Die von der Heimatbehörde und der unterstützten Person bestätigte Unterhaltserklärung über die Bedürftigkeit liegt mir vor.	1 = Ja 2 = Nein
35	Name, Vorname des im selben Haushalt lebenden Ehegatten / Lebenspartners	Name, Vorname
36	Die unterstützte Person lebte in meinem inländischen Haushalt. — 2 (1 = Ja 2 = Nein)	Falls ja (wenn nicht ganzjährig) vom TTMM bis TTMM
37	Hatte jemand für diese Person Anspruch auf Kindergeld oder Freibeträge für Kinder? — 2 (1 = Ja 2 = Nein)	Falls ja (wenn nicht ganzjährig) TTMM TTMM
38	Die unterstützte Person ist mein – geschiedener Ehegatte – Lebenspartner einer aufgehobenen Lebenspartnerschaft – dauernd getrennt lebender Ehegatte / Lebenspartner (kein Abzug von Sonderausgaben nach § 10 Abs. 1a Nr. 1 EStG, keine Zusammenveranlagung). — 2 (1 = Ja 2 = Nein)	
39	Die unterstützte Person ist mein nicht dauernd getrennt lebender und nicht unbeschränkt einkommensteuerpflichtiger Ehegatte / Lebenspartner — 2 (1 = Ja 2 = Nein)	
40	Die unterstützte Person ist als Kindesmutter / Kindesvater gesetzlich unterhaltsberechtigt (bis zur Vollendung des dritten Lebensjahres des Kindes) — 2 (1 = Ja 2 = Nein)	Falls ja (wenn nicht ganzjährig) TTMM TTMM
41	Die unterstützte Person ist nicht unterhaltsberechtigt, jedoch wurden oder würden bei ihr wegen der Unterhaltszahlungen öffentliche Mittel gekürzt oder nicht gewährt. — 2 (1 = Ja 2 = Nein)	Falls ja (wenn nicht ganzjährig) TTMM TTMM
42	Gesamtwert des Vermögens der unterstützten Person	EUR 0,–
43	Zum Unterhalt der bedürftigen Person haben auch beigetragen (Name, Anschrift)	
44	vom TTMM bis TTMM	Betrag EUR ,–

Einkünfte und Bezüge der unterstützten Person

	Diese Person hatte vom	bis	Bruttoarbeitslohn EUR	darauf entfallende Werbungskosten (ohne Werbungskosten zu Versorgungsbezügen) EUR	Versorgungsbezüge – im Arbeitslohn enthalten – EUR	Bemessungsgrundlage für den Versorgungsfreibetrag EUR	Werbungskosten zu Versorgungsbezügen EUR
45	TTMM	TTMM					
46	TTMM	TTMM					

	maßgebendes Kalenderjahr des Versorgungsbeginns Jahr	vom	bis	Renten EUR	steuerpflichtiger Teil der Rente EUR	Werbungskosten zu Renten EUR
47		TTMM	TTMM			
48		0101	3112	6600	3300	

vom	bis	Einkünfte aus Kapitalvermögen (tarifliche Einkommensteuer) EUR	vom	bis	Übrige Einkünfte EUR

»Bei mir liegen die Verhältnisse aber ganz anders«, maulen Sie. Dann lassen Sie mich erklären, welche Fallstricke auf Sie warten.

381 TIPP So ergattern Sie den doppelten Höchstbetrag!

»Ich gebe meinen Eltern jeden Monat 750 €, damit sie ordentlich über die Runden kommen«, so erklären Sie. Wichtig ist, Ihre Aufwendungen in der Anlage Unterhalt so unterzubringen, dass der Unterhaltshöchstbetrag für zwei Personen, also doppelt gewährt wird.

Sehen Sie, was das bringt:

Ihre Aufwendungen betragen 750 € × 12 Monate = 9.000 €

Unterhaltshöchstbetrag 9.744 € für 2 Personen		19.488 €
Kürzung wegen eigener Einkünfte und Bezüge Ihrer Eltern:		
Rente Ihres Vaters	8.400 €	
./. pauschal 102 € + 180 €*	– 282 €	
Einkünfte und Bezüge	8.118 €	
./. anrechnungsfreier Betrag (624 € × 2)	– 1.248 €	
Schädliche Einkünfte	6.870 €	> – 6.870 €
Gekürzter Unterhaltshöchstbetrag		12.618 €

* Werbungskostenpauschbetrag und Kostenpauschale

Haushalt, in dem die unterstützte(n) Person(en) lebte(n) 53

Anschrift dieses Haushaltes

4 Gartenstr. 13, Münchhausen

Wohnsitzstaat, wenn Ausland

5

Die Eintragungen in den Zeilen 6 bis 10 und 17 bis 26 sind nur in der ersten Anlage Unterhalt je Haushalt erforderlich.

6 Anzahl der Personen, die in dem Haushalt lt. Zeile 4 lebten — Anzahl: 2

Aufwendungen für den Unterhalt

7 Erster Unterstützungszeitraum, für den Unterhalt geleistet wurde, und Höhe der Aufwendungen (einschließlich von mir getragener Beträge lt. den Zeilen 11 bis 25) — vom 0101 — bis 3112 — Gesamtaufwendungen EUR 9000,–

8 Zeitpunkt der ersten Unterhaltsleistung für den ersten Unterstützungszeitraum im Kalenderjahr — 15012021

ANLAGE UNTERHALT 2022

Unterhalt für bedürftige Personen

Allgemeine Angaben zur unterstützten Person

31 Identifikationsnummer: 34567890123 — lfd. Nr. 1

32 Name, Vorname: Freitag, Alfons — Geburtsdatum: 23061937 — wenn 2019 verstorben: Sterbedatum TTMMJJJJ

33 Beruf, Familienstand: Rentner, verheiratet — Verwandtschaftsverhältnis zur unterstützenden Person: Vater

34 Bei Unterhaltsempfängern im Ausland: Die von der Heimatbehörde und der unterstützten Person bestätigte Unterhaltserklärung über die Bedürftigkeit liegt mir vor. (1 = Ja, 2 = Nein)

35 Name, Vorname des im selben Haushalt lebenden Ehegatten / Lebenspartners: Freitag, Hannelore

Nr.	Frage	Antwort (1 = Ja, 2 = Nein)	Falls ja (wenn nicht ganzjährig) vom	bis
36	Die unterstützte Person lebte in meinem inländischen Haushalt.	2	TTMM	TTMM
37	Hatte jemand für diese Person Anspruch auf Kindergeld oder Freibeträge für Kinder?	2	TTMM	TTMM
38	Die unterstützte Person ist mein – geschiedener Ehegatte – Lebenspartner einer aufgehobenen Lebenspartnerschaft – dauernd getrennt lebender Ehegatte / Lebenspartner (kein Abzug von Sonderausgaben nach § 10 Abs. 1a Nr. 1 EStG, keine Zusammenveranlagung).	2		
39	Die unterstützte Person ist mein nicht dauernd getrennt lebender und nicht unbeschränkt einkommensteuerpflichtiger Ehegatte / Lebenspartner	2		
40	Die unterstützte Person ist als Kindesmutter / Kindesvater gesetzlich unterhaltsberechtigt (bis zur Vollendung des dritten Lebensjahres des Kindes).	2	TTMM	TTMM
41	Die unterstützte Person ist nicht unterhaltsberechtigt, jedoch wurden oder würden bei ihr wegen der Unterhaltszahlungen öffentliche Mittel gekürzt oder nicht gewährt.	2	TTMM	TTMM

42 Gesamtwert des Vermögens der unterstützten Person — EUR 0,–

Zum Unterhalt der bedürftigen Person haben auch beigetragen (Name, Anschrift)

43

44 vom TTMM bis TTMM — Betrag EUR ,–

Einkünfte und Bezüge der unterstützten Person

	Diese Person hatte vom	bis	Bruttoarbeitslohn EUR	darauf entfallende Werbungskosten (ohne Werbungskosten zu Versorgungsbezügen) EUR	Versorgungsbezüge – im Arbeitslohn enthalten – EUR	Bemessungsgrundlage für den Versorgungsfreibetrag EUR	Werbungskosten zu Versorgungsbezügen EUR
45	TTMM	TTMM					
46	TTMM	TTMM					

	maßgebendes Kalenderjahr des Versorgungsbeginns Jahr	vom	bis	Renten EUR	steuerpflichtiger Teil der Rente EUR	Werbungskosten zu Renten EUR
47		TTMM	TTMM			
48		0101	3112	8400	4200	

vom	bis	Einkünfte aus Kapitalvermögen (tarifliche Einkommensteuer) EUR	vom	bis	Übrige Einkünfte EUR

ANLAGE UNTERHALT
Unterhalt für bedürftige Personen **2022**

Allgemeine Angaben zur unterstützten Person

Zeile		
61	Identifikationsnummer: 34567890123	lfd. Nr. 2
62	Name, Vorname: Freitag, Hannelore · Geburtsdatum: 28051939	wenn 2021 verstorben · Sterbedatum: T T M M J J J J
63	Beruf, Familienstand: Hausfrau, verheiratet	Verwandtschaftsverhältnis zur unterstützenden Person: Mutter
64	**Bei Unterhaltsempfängern im Ausland:** Die von der Heimatbehörde und der unterstützten Person bestätigte Unterhaltserklärung über die Bedürftigkeit liegt mir vor.	1 = Ja 2 = Nein
65	Name, Vorname des im selben Haushalt lebenden Ehegatten / Lebenspartners · Name, Vorname: Freitag, Alfons	
66	Die unterstützte Person lebte in meinem inländischen Haushalt. 2 (1 = Ja 2 = Nein)	Falls ja (wenn nicht ganzjährig) vom T T M M bis T T M M
67	Hatte jemand für diese Person Anspruch auf Kindergeld oder Freibeträge für Kinder? 2 (1 = Ja 2 = Nein)	Falls ja (wenn nicht ganzjährig) T T M M · T T M M
68	Die unterstützte Person ist mein – geschiedener Ehegatte – Lebenspartner einer aufgehobenen Lebenspartnerschaft – dauernd getrennt lebender Ehegatte / Lebenspartner (kein Abzug von Sonderausgaben nach § 10 Abs. 1a Nr. 1 EStG, keine Zusammenveranlagung). 2 (1 = Ja 2 = Nein)	
69	Die unterstützte Person ist mein nicht dauernd getrennt lebender und nicht unbeschränkt einkommensteuerpflichtiger Ehegatte / Lebenspartner 2 (1 = Ja 2 = Nein)	
70	Die unterstützte Person ist als Kindesmutter / Kindesvater gesetzlich unterhaltsberechtigt (bis zur Vollendung des dritten Lebensjahres des Kindes). 2 (1 = Ja 2 = Nein)	Falls ja (wenn nicht ganzjährig) T T M M · T T M M
71	Die unterstützte Person ist nicht unterhaltsberechtigt, jedoch wurden oder würden bei ihr wegen der Unterhaltszahlungen öffentliche Mittel gekürzt oder nicht gewährt. 2 (1 = Ja 2 = Nein)	Falls ja (wenn nicht ganzjährig) T T M M · T T M M
72	Gesamtwert des Vermögens der unterstützten Person	EUR 0,–
73	Zum Unterhalt der bedürftigen Person haben auch beigetragen (Name, Anschrift) ——	
74	vom T T M M bis T T M M	Betrag EUR ,–

Einkünfte und Bezüge der unterstützten Person

Hätten Sie lediglich Ihren Vater eingetragen, würde der auf ihn entfallende Höchstbetrag durch seine Rente nahezu verbraucht und es wäre ein Abzugsbetrag von nur 2.874 € verblieben. Weil Sie aber beide Elternteile als unterstützte Personen eingetragen haben (Anzahl 2 in > Zeile 6), ergattern Sie als Abzugsbetrag die vollen 9.000 €, was Ihnen bei einem Steuersatz von 35 % eine satte Steuererstattung von rund 3.150 € beschert.

382 12.2 Haushalt, in dem die unterstützte(n) Person(en) lebte(n) – Zeile 4 – 6

Es macht einen Unterschied, ob die unterstützte Person in Ihrem Haushalt lebt oder einen eigenen Haushalt unterhält, in dem möglicherweise noch andere Personen leben.

Zeile 4 - 6 Haushalt, in dem die unterstützte(n) Person(en) lebte(n) 383

Anschrift des Haushalts/Ort > Zeile 4
In der Anlage Unterhalt ist vorgesehen, dass Sie für bis zu drei im selben Haushalt lebende Unterhaltsempfänger – auf den Seiten 2 bis 4 – Eintragungen vornehmen können.

Es wird also nach Haushaltszugehörigkeit unterschieden. Unterstützen Sie zwei Personen, die in getrennten Haushalten leben, ist für jede Person eine gesonderte Anlage Unterhalt abzugeben.

Wohnsitzstaat im Ausland > Zeile 5
Lebt die unterstützte Person nicht in Deutschland, können Aufwendungen nur abgezogen werden, soweit sie nach den Verhältnissen des Wohnsitzstaats der unterhaltenen Person notwendig und angemessen sind. Die ausländischen Staaten werden in Ländergruppen eingeteilt, für die gekürzte Höchstbeträge gelten (BMF v. 17.11.2003, IV C 4 – S 2285 – 54/03).

Höchstbetrag für Unterhalt	Anrechnungsfrei	Land
€	€	
9.744	624	**Ländergruppe 1:** Amerikanische Jungferninseln; Andorra; Australien; Bahamas; Belgien; Bermuda; Britische Jungferninseln; Brunei Darussalam; Dänemark; Färöer; Finnland; Frankreich; Gibraltar; Grönland; Guam; Hongkong; Insel Man; Irland; Island; Israel; Italien; Japan; Kaimaninseln; Kanada; Kanalinseln; Katar; Korea, Republik; Kuwait; Liechtenstein; Luxemburg; Macau; Monaco; Neukaledonien; Neuseeland; Niederlande; Norwegen; Österreich; Palästinensische Gebiete; San Marino; Schweden; Schweiz; Singapur; Spanien; Taiwan; Vatikanstadt; Vereinigte Arabische Emirate; Vereinigte Staaten; Vereinigtes Königreich
7.308	468	**Ländergruppe 2 (Kürzung $^1/_4$):** Antigua und Barbuda; Aruba; Bahrain; Barbados; Chile; Cookinseln; Curacao; Estland; Französisch-Polynesien; Griechenland; Kroatien; Lettland; Litauen; Malta; Nördliche Marianen; Oman; Palau; Panama; Polen; Portugal; Puerto Rico; Saudi-Arabien; Seychellen; Slowakei; Slowenien; St. Kitts und Nevis; St. Martin (französischer Teil und niederländischer Teil); Trinidad und Tobago; Tschechien; Turks- und Caicos-Inseln; Ungarn; Uruguay; Zypern

4.872	312	**Ländergruppe 3 (Kürzung 1/2):** Albanien; Amerikanisch-Samoa; Äquatorialguinea; Argentinien; Bosnien und Herzegowina; Botsuana; Brasilien; Bulgarien; China; Costa Rica; Dominica; Dominikanische Republik; Ecuador; Fidschi; Gabun; Grenada; Guyana; Irak; Iran, Islamische Republik; Jamaika; Kasachstan; Kolumbien; Kuba; Libanon; Libyen; Malaysia; Malediven; Marshallinseln; Mauritius; Mexiko; Montenegro; Namibia; Nauru; Niue; Nordmazedonien; Paraguay; Peru; Rumänien; Russische Föderation; Serbien; St. Lucia; St. Vincent und die Grenadinen; Südafrika; Suriname; Thailand; Türkei; Turkmenistan; Tuvalu; Venezuela, Bolivarische Republik; Weißrussland/Belarus
2.436	156	**Ländergruppe 4 (Kürzung 3/4):** alle übrigen Länder

Unterstützen Sie jemanden, der im Ausland wohnt, haben Sie eine **erhöhte Nachweispflicht**. Mehr dazu unter ➤ Rz 387.

Anzahl der Personen > Zeile 6
Machen Sie Angaben zu einer weiteren Person, können Sie unter Umständen den doppelten Höchstbetrag beanspruchen (➤ Rz 381). Allerdings wird das Finanzamt dann wissen wollen, ob die unterhaltene Person nicht vorrangig andere gesetzliche Unterhaltsansprüche gegenüber Dritten (Ehe- oder Lebenspartner, Eltern) hat, die mit ihr in demselben Haushalt leben. Tragen Sie in > Zeile 6 also eine »2« ein, verlangt der behördliche Computer weitere Angaben auf Seite 2 des Formulars.

384 12.3 Aufwendungen für den Unterhalt – Zeile 7 – 26

Zeile 7 - 16 Aufwendungen für den Unterhalt (Zeitraum)

Der Höchstbetrag von 9.744 € wird für jeden Monat, in dem keine Unterstützung geleistet wird, um $^{1}/_{12}$ gekürzt. Tragen Sie also ein, sofern das zutrifft: 1.1.–31.12.

Basiskranken- und Pflegepflichtversicherungsbeiträge für die unterstützte Person
Zusätzlich zum Höchstbetrag können die zugunsten der unterstützten Person übernommenen Beiträge zur Basiskranken- und Pflegeversicherung abgezogen werden. Der Abzug als außergewöhnliche Belastung kommt allerdings nicht in Betracht, wenn Sie selbst Versicherungsnehmer sind und die Beiträge als Sonderausgaben abziehen können (vgl. Anlage Vorsorgeaufwand).

Da der Unterhaltshöchstbetrag personenbezogen zu ermitteln ist, sind getrennte Angaben hinsichtlich der Kranken- und Pflegeversicherung für die jeweils unterstützte Person in > Zeilen 11, 13 und 15 erforderlich. Berücksichtigt werden nur Beiträge zur Basisversicherung – d.h. ohne Wahlleistungen –, die auf den Unterstützungszeitraum entfallen.
Ergeben sich aus den Beiträgen Ansprüche auf Krankengeld oder vergleichbare Leistungen, sind die Basiskrankenversicherungsbeiträge um 4 % zu kürzen. In diesen Fällen ist der Beitrag, aus dem sich der Krankengeldanspruch ergibt, noch einmal ergänzend in den > Zeilen 12, 14 und 16 anzugeben.

TIPP Verteilen Sie die Unterhaltszahlungen günstig 385

Wenn Sie nicht regelmäßig monatliche Zahlungen leisten, achten Sie darauf, dass Sie zumindest im Januar eine Zahlung leisten und ansonsten in jedem Vierteljahr. Nur unter dieser Voraussetzung können Sie einen Unterstützungszeitraum von 1. 1. bis 31. 12. angeben.
Beginnen Sie z. B. erst im Mai mit Ihren Zuwendungen von insgesamt 8.200 €, rechnet das Finanzamt so:

Unterhaltsleistungen Mai bis Dezember 8.200 €, höchstens $^{8}/_{12}$ von 9.744 € =	6.496 €

Sie bekommen nur 6.496 € angerechnet.

Wenn Sie den Unterhalt günstig verteilen, indem Sie vierteljährlich 2.050 € zahlen, rechnet das Finanzamt:

Unterhaltsleistungen Januar bis Dezember 8.200 €, max.	9.744 €
Es werden also (8.200 € – 6.496 € =) 1.704 € mehr berücksichtigt.	
Steuerersparnis bei 30 % Steuerbelastung =	511 €

Zeile 7 – 16 Aufwendungen für den Unterhalt (Höhe) 386

Hier sind die von Ihnen geleisteten Zahlungen einzutragen.
Gehört die unterstützte Person zu Ihrem Haushalt, wird davon ausgegangen, dass Ihnen Unterhaltsaufwendungen in Höhe des Höchstbetrags von 9.744 € im Jahr = 812 € im Monat entstehen. In diesem Fall tragen Sie in > Zeile 7 den Höchstbetrag von 9.744 € ein.
Neben Barzahlungen gehören zu den Unterhaltsleistungen auch alle typischen Aufwendungen für den laufenden Lebensunterhalt, wie für Ernäh-

rung, Wohnung, Heizung, Kleidung. Der Unterhalt kann also auch darin bestehen, dass Sie dem Bedürftigen eine Wohnung überlassen oder Sachwerte wie z.B. einen Mantel schenken.
Der Höchstbetrag für Unterhaltsleistungen erhöht sich um die Beiträge zur (Basis)Kranken- und Pflegeversicherung, die Sie für die unterhaltene Person aufgewendet haben (> Zeile 11 – 16).
Tragen Sie daher den Gesamtbetrag der Aufwendungen ein, die Sie im Kalenderjahr 2021 geleistet haben.

TIPP Geben Sie sich nicht mit den Sätzen des Finanzamts zufrieden!

Wer will behaupten, dass der Höchstbetrag, den das Finanzamt für Unterhalt anrechnet, auch für besondere zusätzliche Kosten angemessen sei? So dürfen Sie sich nicht genieren, neben dem Unterhalt die anderen Kosten anzugeben (BFH in HFR 1963 S. 395 und FG Düsseldorf – EFG 1978 S. 544), als da sind

- Versicherungsbeiträge zur Lebensversicherung usw. (falls Sie nicht vorziehen, diese auf Sie umschreiben zu lassen),
- zusätzliche Lebensmittel und Obst nach einer Operation oder einer Krankenhausbehandlung sowie Stärkungsmittel aufgrund ärztlicher Atteste,
- zusätzliche Bettwäsche und deren Wäschekosten usw., wenn diese besonders nötig sind,
- übernommene Operations- oder Krankenhauskosten bei Nichtversicherten. Beachten Sie aber: Wenn Sie den Unterhaltshöchstbetrag z. B. für Ihre Oma noch nicht ausgeschöpft haben, sollten Sie alle Ihre Zuwendungen als Unterhalt deklarieren. Statt die Krankheitskosten und die Medikamente für Oma zu bezahlen, drücken Sie ihr lieber einen Hunderter mehr in die Hand. In diesem Fall fahren Sie nämlich mit Unterhaltsleistungen besser, weil sie nicht um die zumutbare Belastung gekürzt werden und Sie sie deshalb bis zum Höchstbetrag in voller Höhe absetzen können.

Übrigens, Sie unterstützen nur, weil der Bedürftige von seinem bisschen Rente nicht leben kann. Raten Sie ihm doch mal, einen Antrag auf Mietbeihilfe oder Wohngeld zu stellen.

387 Zeile 17 – 26 Unterhaltsleistungen an im Ausland lebende Personen

Auch Zahlungen an Unterhaltsempfänger im Ausland sind steuerlich begünstigt. Da jedoch das Finanzamt Angaben in Verbindung mit Auslandssachverhalten, hier beispielsweise die Bedürftigkeit der unterstützten Person oder den Empfang der Zahlungen, nur eingeschränkt überprüfen kann, trifft den Steuerbürger eine »erhöhte Mitwirkungspflicht«(BMF-Schreiben v. 9.2.2006).

Voraussetzung für den Abzug der Unterhaltsleistungen ist zunächst der **Nachweis der Unterhaltsbedürftigkeit** der unterhaltenen Person (➤ Rz 394) durch detaillierte Angaben in amtlichen Bescheinigungen der Heimatbehörden mit deutscher Übersetzung durch einen amtlich zugelassenen Dolmetscher, ein Konsulat oder eine sonstige zuständige (ausländische) Dienststelle. Diese Bescheinigungen (oftmals gibt es hierfür Vordrucke) müssen enthalten:

1. Namen, Alter, ausgeübten Beruf und Anschrift der unterhaltenen Person sowie das Verwandtschaftsverhältnis zu Ihnen als Unterhaltszahler,
2. Angaben über Art und Umfang der Einnahmen im Kalenderjahr und des Vermögens des Unterhaltsempfängers,
3. Angaben darüber, ob noch andere Personen unterhaltspflichtig waren, welche Unterhaltsbeiträge diese ggf. geleistet haben und ab wann und aus welchen Gründen der Unterhaltsempfänger nicht selbst für seinen Lebensunterhalt aufkommen konnte.

Unterhaltszahlungen sind grundsätzlich durch **Post- oder Bankbelege** (Buchungsbestätigung oder Kontoauszüge) nachzuweisen, **die die unterhaltene Person als Empfänger ausweisen** (> Zeile 17). Anderenfalls muss damit gerechnet werden, dass das Finanzamt eine Bescheinigung der ausländischen Bank über die Kontovollmacht der unterhaltenen Person und über Zeitpunkt, Höhe und Empfänger der Auszahlung fordert. Werden mehrere Personen (Eltern, Ehefrau), die in einem gemeinsamen Haushalt oder im selben Ort leben, unterhalten, genügt es, wenn die Überweisungsbelege auf den Namen einer dieser Personen lauten.

Barzahlungen im Rahmen von Familienheimfahrten

Bei Familienheimfahrten gelten Erleichterungen. Eine Familienheimfahrt liegt nur vor, wenn der Steuerpflichtige seinen im Ausland lebenden Ehegatten besucht, der dort weiter den Familienhaushalt aufrechterhält (BFH-Urt. v. 19.5.2004 – BStBl 2005 II S. 24).

Der Fiskus geht davon aus, dass Sie je Familienheimfahrt höchstens einen Nettomonatslohn – einzutragen in > Zeile 26 – für den Unterhalt des Ehegatten, der Kinder und anderer am Ort des Familienhaushalts lebender Angehöriger mitnehmen. Anderweitige Zahlungen werden darauf angerechnet. Die Beweiserleichterung gilt für bis zu vier im Kalenderjahr nachweislich durchgeführte Familienheimfahrten.

Trotz dieser sog. Beweiserleichterung will der Fiskus Abhebungsnachweise und detaillierte Empfängerbestätigungen sehen, darf zwischen Abhebung und Geldübergabe ein Zeitraum von höchstens zwei Wochen liegen und ist die Durchführung der Reise durch Vorlage von Fahrkarten, Tankquittungen, Grenzübertrittsvermerken, Flugscheinen, Visa usw. nachzuweisen.

Beispiel
Emilio Muster hat seinen Familienhaushalt (mit Ehefrau, minderjährigem Kind, verwitweter Mutter) in Spanien (Ländergruppe 1). Er hat im Jahr 2021 nachweislich zwei Heimfahrten unternommen (April und Dezember) und macht die Mitnahme von Bargeld im Wert von je 1.500 € geltend, ohne dies jedoch belegen zu können. Für Januar, Juli und Oktober kann er je eine Zahlung in Höhe von 1.450 € durch Bankbelege nachweisen. Sein Nettomonatslohn beläuft sich auf 1.312 €.

Aufwendungen für den Unterhalt:	
Mitnahme von je 1.500 € Bargeld bei 2 Familienheimfahrten	3.000 €
3 Überweisungen à 1.450 € =	4.350 €
Summe	7.350 €
Das Finanzamt rechnet so:	
2 Familienheimfahrten (= 2 × Nettomonatslohn)	
+ 2 Überweisungen in Höhe des Nettomonatslohns	
= 4 (= jährlich höchstens anzusetzen im Rahmen	
der Beweiserleichterung) × 1.312 €	5.248 €
./. anderweitig nachgewiesene Zahlungen (3 × 1.450 €) =	– 4.350 €
Verbleibender Betrag	898 €
Anzusetzende Unterhaltsaufwendungen (4.350 € + 898 €) =	5.248 €

388 12.4 Allgemeine Angaben zur unterstützten Person – Zeile 31 – 44

Es ist schon erstaunlich, welche Nachweisschikanen dem Fiskus einfallen, um die Steuerzahler davon abzuschrecken, ihre Rechte geltend zu machen. Doch Sie husten ihm was und füllen geduldig das vertrackte Formular aus.

389 Zeile 32 Geburtsdatum

Ihre Aufwendungen für den Unterhalt erwachsen Ihnen nur dann zwangsläufig, wenn der Unterhaltsempfänger alle ihm zur Verfügung stehenden

Quellen ausschöpft. Dazu gehört eigentlich auch seine Arbeitskraft, daher die Frage nach dem Geburtsdatum.
Nach einer Verwaltungsverfügung sollen die Fiskalbürokraten allerdings nicht prüfen, ob die unterhaltene Person ihre Arbeitskraft nun eingesetzt hat oder nicht. Liegen die übrigen Voraussetzungen wie z.B. Verwandtschaft in gerader Linie, kein Anspruch auf Kinderermäßgung und keine oder nur geringe eigene Einkünfte und Bezüge vor, ist die steuerliche Abzugsfähigkeit der Unterhaltsleistungen geritzt (R 33a.1 Abs. 1 Satz 4 EStR).
Anders, wenn die unterhaltene Person im Ausland lebt. Dann soll es darauf ankommen, ob sie ihre Arbeitskraft einsetzt.

Zeile 32 Sterbedatum 390

Bei den Unterhaltsleistungen wird gezwölftelt! Ist also die unterstützte Person im Lauf des Jahres verstorben, wird der Höchstbetrag von 9.744 € entsprechend gekürzt.

Zeile 33 Beruf 391

Mit der Frage nach dem Beruf der von Ihnen unterstützten Person will der Fiskalritter Ihre Angaben in > Zeile 45 – 54 auf Plausibilität prüfen. Dort tragen Sie nämlich die Einkünfte und Bezüge der unterhaltenen Person ein, und die sollten zum eingetragenen Beruf passen.

Zeile 33 Familienstand 392

Ist die von Ihnen unterstützte Person verheiratet, kann das dazu führen, dass das Finanzamt Ihre Unterhaltszahlungen als nicht zwangsläufig, d.h. als nicht notwendig, ansieht, da Unterhaltsanspruch gegenüber dem Ehegatten besteht.

Zeile 33 Verwandtschaftsverhältnis 393

Vorrangig ist einzutragen ein Verwandtschaftsverhältnis in gerader Linie – Vater, Mutter, Sohn, Tochter, Großvater, Großmutter, weil hier gesetzliche Unterhaltspflicht besteht.

- Verwandte in der Seitenlinie und Verschwägerte
  Wenn Sie ein Verwandtschaftsverhältnis angeben, bei dem keine gesetzliche Unterhaltspflicht besteht, wie z.B. bei Verwandten in der Seitenlinie (Bruder, Schwester oder Verschwägerte), müssen Sie mit Nachfragen rechnen. Der Unterhalt dieser Personen ist aber begünstigt,

sofern Sie mit ihnen in Haushaltsgemeinschaft leben und ihnen aus diesem Grund Ansprüche auf Sozial- oder Arbeitslosenhilfe gekürzt oder versagt werden (§ 122 Satz 1 BSHG, § 193 Abs. 2, § 194 Abs.1 SGB III). An einen entsprechenden Bescheid der Sozialbehörde ist die Finanzverwaltung gebunden.

- Nicht verheiratete Mutter
  Die nicht verheiratete Mutter eines Kindes ist bis zur Vollendung des dritten Lebensjahres des Kindes gegenüber dessen Vater gesetzlich unterhaltsberechtigt. In dem Fall tragen Sie ein: Mutter meines Kindes. Auch der Vater kann einen entsprechenden Unterhaltsanspruch gegenüber der Mutter haben, wenn er das Kind betreut (Betreuungsunterhalt nach § 1615 I BGB).
- Lebenspartnerschaft
  Der gesetzlich unterhaltsberechtigten Person gleichgestellt ist der Partner einer eingetragenen eheähnlichen Gemeinschaft. Geben Sie also ggf. »eingetragene Lebenspartnerschaft« an.

Gut zu wissen: Viele zieren sich, die Sozialämter aufzusuchen. Kann deshalb keine Bescheinigung vom Sozial-/Arbeitsamt vorgelegt werden, sind die Finanzämter angewiesen, zumindest bei eheähnlichen Gemeinschaften (Lebenspartnerschaften) grundsätzlich davon auszugehen, dass bei der unterstützten Person dennoch die Voraussetzungen des § 33 a Abs. 1 EStG vorliegen. Entsprechendes gilt bei einer Haushaltsgemeinschaft mit Verwandten und Verschwägerten, allerdings nur nach Vorlage einer entsprechenden Erklärung der unterstützten Person (BMF-Schreiben v. 28.3.2003 – BStBl 2003 I S. 243). Dazu mehr unter ➤ Rz 401.

Zeitraum

Als Zeitraum tragen Sie ein »01.01.-31.12«, sofern das zutrifft. Wurde z.B. die Lebenspartnerschaft erst im Lauf des Jahres begründet, tragen Sie den entsprechend kürzeren Zeitraum ein.

394 Zeile 34 Unterhaltsempfänger im Ausland: Unterhaltserklärung der Heimatbehörde

Wer hier eine »2« eintragen muss, hat bei der steuerlichen Berücksichtigung seiner Aufwendungen schlechte Karten. Mehr zu amtlichen Bescheinigungen der Heimatbehörde unter ➤ Rz 387.
Unterhaltserklärungen in mehreren Sprachen finden Sie im Internet unter www.formulare-bfinv.de.

Zeile 35 Im Haushalt des Unterhaltsempfängers lebender Ehegatte/Lebenspartner 395

Tragen Sie hier Namen und Vornamen des im Haushalt des Unterhaltsempfängers lebenden Ehegatten/Lebenspartners ein, sollten Sie prüfen, ob Sie in > Zeile 6 des Formulars mindestens eine »2« eingetragen haben. Die Eintragung in > Zeile 35 ist kein Problem, wenn Sie beide Ehegatten finanziell unterstützt haben (wie im Beispiel unter ➤ Rz 381). Ist das nicht der Fall, heißt es aufgepasst. Ist nämlich der Ehegatte der von Ihnen unterstützten Person nicht auf Unterhalt angewiesen, ergibt sich in der Regel eine Unterhaltsverpflichtung der Ehegatten untereinander, so dass der Empfänger Ihrer Aufwendungen gar nicht unterhaltsbedürftig ist.

Zeile 36 Haushaltszugehörigkeit 396

Lebt die unterstützte Person in Ihrem Haushalt, gewähren Sie Naturalunterhalt, der mit dem Höchstbetrag von 9.744 € pro Jahr zu veranschlagen ist (EStR 33a.1 Abs. 1). Lebt die unterstützte Person in einem eigenen Haushalt, ist dies ebenfalls unverfänglich. Anders jedoch, wenn sie mit Angehörigen oder mit dem Ehe- oder Lebenspartner in einem gemeinsamen Haushalt lebt. In diesem Fall hat der Bearbeiter das Recht, deren bzw. dessen Einkünfte als eigene Einkünfte der unterstützten Person zu berücksichtigen. Dies führt zu einer Kürzung des Höchstbetrags.

Gut zu wissen: Auf die Meldung kommt es an

Die Haushaltszugehöhrigkeit richtet sich nach den Daten, die beim Einwohnermeldeamt, gespeichert sind.

Möchten Sie den Höchstbetrag beispielsweise für ein noch studierendes Kind beantragen, für das Sie weder Kindergeld noch Kinderfreibetrag erhalten? Die Sache geht glatt durch, wenn das Kind noch bei Ihnen gemeldet ist. Dass es vielleicht am Studienort ein Appartement bewohnt, spielt dabei keine Rolle, so der Bundesfinanzhof mit Urteil vom 5.2.2015 (Az. III R 9/13).

397 ## Zeile 37 Anspruch auf Kindergeld oder -freibetrag

Hier hält der Fiskus ein Idiotenkästchen bereit, denn Kinderermäßigungen schließen die Berücksichtigung von Unterhalt als außergewöhnliche Belastung aus.

398 ## Zeile 38 – 41 Unterhaltsberechtigung/ öffentliche Mittel

Ihre Unterhaltsleistungen sind steuerlich abzugsfähig, wenn Sie zur Unterhaltszahlung verpflichtet sind. Damit der Finanzbeamte beruhigt einen Haken machen kann, tragen Sie den Grund Ihrer Unterhaltszahlungen ein. In Frage kommt die Unterstützung

> Zeile 38 des geschiedenen/dauernd getrennt lebenden Ehegatten,
> Zeile 39 des im Ausland lebenden Ehegatten,
> Zeile 40 der unterhaltsberechtigten Kindesmutter (bzw. des Vaters),
> Zeile 41 aufgrund der Kürzung oder Streichung öffentlicher Mittel.

Hinweis zu > Zeile 39:
Lebt einer der Ehegatten im Ausland, entfällt in der Regel die Zusammenveranlagung und damit der günstige Splittingtarif. Im Gegenzug können Unterhaltszahlungen steuerlich geltend gemacht werden (siehe dazu auch ➤ Rz 223).

399 **Unterhalt an den Ex-Partner**
Es gibt zwei Wege, den Fiskus an den Unterhaltskosten zu beteiligen:

1. als außergewöhnliche Belastung in der Anlage Unterhalt,
2. als Sonderausgabe in > Zeilen 38 – 45 der Anlage Sonderausgaben.

Den Abzug als **außergewöhnliche Belastung** können Sie gleich vergessen, wenn die unterstützte Person eigene Einkünfte hat. Denn diese werden auf den Höchstbetrag angerechnet, soweit sie 624 € übersteigen. Schon ein Jahresbruttolohn von 11.368 € bringt den Höchstbetrag auf null:

Unterhaltshöchstbetrag		9.744 €
Eigene Einkünfte und Bezüge der unterhaltenen Person, z.B. Bruttoarbeitslohn	11.368 €	
./. Arbeitnehmerpauschbetrag	– 1.000 €	

Einkünfte aus nichtselbständiger Arbeit	10.368 €		
./. anrechnungsfreier Betrag	– 624 €		
Schädliche Einkünfte und Bezüge	9.744 €	>	– 9.744 €
abzugsfähiger Freibetrag			0 €

Der Abzugsbetrag als **Sonderausgaben** beläuft sich hingegen auf max. 13.805 €, aber Ihr Ex-Partner muss den Betrag, den Sie als Sonderausgaben abziehen wollen, versteuern. Mehr dazu unter ➤ Rz 223 ff.

TIPP Sie haben Nachwuchs bekommen? Setzen Sie den Unterhalt an Ihren Lebenspartner ab! 400

Eine Schwangerschaft ist für viele Paare kein Grund, vor den Traualtar zu treten, zumal Kinder von Eltern ohne Trauschein per Gesetz die gleichen Rechte genießen wie eheliche Kinder.

Für die Zeit des Mutterschutzes (sechs Wochen vor und acht Wochen nach der Geburt des Kindes) ist der Vater zur Unterhaltszahlung an die Mutter verpflichtet. Auch danach muss er kraft Gesetz für Mutter und Kind aufkommen, wenn sie sich um den Sprössling kümmert und daher eine Arbeitspause (von bis zu drei Jahren nach der Geburt) einlegt. Nimmt er selbst die Erziehungszeit in Anspruch, ist die Mutter des Kindes unterhaltspflichtig. Denn unterhaltspflichtig ist derjenige, der die Haushaltskasse füllt, versteht sich.

Für diesen Zeitraum besteht also eine gesetzliche Unterhaltspflicht, so dass der Höchstbetrag von 9.744 € für Unterhaltsleistungen geltend gemacht werden kann (Quelle: § 1615 L BGB).

Die Kosten brauchen Sie nicht nachzuweisen, denn da Sie in einem gemeinsamen Haushalt leben, wird schlichtweg unterstellt, dass Sie Aufwendungen in dieser Höhe hatten (EStR 33a.1 Abs. 1).

Gemeinschaftsbedingte Unterhaltspflicht 401

Leben Sie mit Ihrem Partner in ein und demselben Haushalt, wird bei der Gewährung öffentlicher Mittel stets Ihrer beider Einkommen berücksichtigt. So kann es kommen, dass Ihrem Partner das BAföG gekürzt oder das Wohngeld gestrichen wird, weil Sie ein paar Euro verdienen, und das, obwohl Sie nicht verheiratet sind. In diesem Fall können Sie Unterhaltsleistungen nach > Zeile 41 steuerlich geltend machen.

Wichtig zu wissen: Ihr Partner sollte auch dann öffentliche Leistungen beantragen, wenn von vornherein feststeht, dass der Antrag abgelehnt wird. Denn ohne den Ablehnungsbescheid können Sie dem Finanzamt nur schwer klarmachen, dass Sie für Vater Staat in die Bresche springen und Ihrem Partner unter die Arme greifen mussten.

Die Höhe der Unterhaltsleistungen ist nicht auf die Kürzung der Mittel aus öffentlichen Kassen beschränkt. Sie machen also den Höchstbetrag geltend, auch wenn BAföG, Stütze oder Arbeitslosengeld nur um 2.000 € gekürzt wurde.

Hat Ihr Partner keinen Antrag auf staatliche Unterstützung gestellt, so beherzigen Sie folgenden …

402 **TIPP Ergattern Sie mit einem Eigenbeleg den Höchstbetrag!**

Dieser Tipp gilt für alle, die in freier Lebenspartnerschaft oder mit Verwandten oder Verschwägerten in Haushaltsgemeinschaft zusammenleben und die Haushaltskosten allein tragen: Als allein erwerbstätiger Partner bzw. Angehöriger können Sie diese Aufwendungen als Unterhaltsleistungen absetzen – und zwar für jede mit Ihnen zusammenlebende Person den Höchstbetrag. Alles, was Sie dafür brauchen, ist eine Bestätigung, die so oder ähnlich abzugeben ist:

Bestätigung im Sinne des § 33a Abs. 2 EStG (BMF-Schreiben v. 28.3.2003 – BStBl 2003 I S. 243)

Hiermit bestätige ich, dass

- ich für das Jahr 2021 keine zum Unterhalt bestimmten Mittel aus inländischen öffentlichen Kassen erhalten und auch keinen entsprechenden Antrag gestellt habe,*
- eine Lebenspartnerschaft in Haushaltsgemeinschaft mit (Name der unterstützenden Person) besteht bzw. ich mit (Name der unterstützenden Person) verwandt/verschwägert bin und wir eine Haushaltsgemeinschaft bilden,*
- ich über folgende/keine Einkünfte und Bezüge sowie über folgendes/kein Vermögen verfüge.*

. . . .
Ort/Datum   Unterschrift

*Unzutreffendes streichen

Und so könnte die Berechnung des Abzugsbetrags für Sie aussehen: Sie haben einen Bruttoarbeitslohn von 25.000 €. Ihr Lohnsteuerabzug beträgt 4.500 €, Ihre Sozialversicherungsbeiträge liegen bei 5.210 €. In 2021 haben Sie für das Jahr 2020 dank des KONZ-Arbeitsbuches eine Steuererstattung von 1.000 € herausschlagen können. Ihrer Freundin wurde das BAföG aufgrund Ihrer Haushaltsgemeinschaft auf 4.000 € gekürzt.

Unterhaltshöchstbetrag			9.744 €
Eigene Einkünfte und Bezüge Ihrer Freundin	4.000 €		
./. Kostenpauschale	– 180 €		
./. anrechnungsfreier Betrag	– 624 €		
Anrechenbare Bezüge	3.196 €	>	– 3.196 €
Möglicher Abzugsbetrag			6.548 €
Berechnung der Opfergrenze (➤ Rz 379)			
Arbeitslohn	25.000 €		
Steuererstattung	1.000 €		
	26.000 €		
./. Lohnsteuer	– 4.500 €		
./. Sozialversicherung	– 5.210 €		
./. Arbeitnehmerpauschbetrag	– 1.000 €		
Nettoeinkommen	15.290 €		
Opfergrenze = max. abzugsfähiger Betrag (1 % je volle 500 €, damit 30 % von 15.290 € =)			4.587 €

Die Unterhaltsleistungen sind damit bis zur Höhe der Opfergrenze von 4.587 € steuerlich abzugsfähig.

Zeile 42 Vermögen der unterhaltenen Person 403

Hat jemand Vermögen, hält der Fiskus eine Unterstützung nicht für erforderlich. Erst muss dieses Vermögen bis auf einen »geringfügigen« Rest von 15.500 € (EStR 33a.1) aufgezehrt werden.
Bei der Berechnung der 15.500-€-Grenze bleiben außen vor:

- Gegenstände, die einen besonderen persönlichen Wert für den Unterhaltsempfänger haben (z.B. Familienschmuck),
- der Hausrat,
- angemessenes selbstgenutztes Wohneigentum.

404 **TIPP** **Sag dem Fiskus leise servus …**

… indem Sie sich von einigen steuerpflichtigen Einnahmen verabschieden und sie Ihrem Lebenspartner zuschustern, bei dem sie – weil unterhalb des Grundfreibetrags (➤ Rz 43) – nicht steuerpflichtig sind. Das ist die Revanche, wenn der Fiskus es ablehnt, die Unterhaltszahlungen an Ihren Lebenspartner als außergewöhnliche Belastung abzuziehen, nur weil dieser eine kleine Lebensversicherung sein Eigen nennt, deren Wert 15.500 € übersteigt.

Die Revanche könnte so aussehen: Sie besitzen eine kleine Wohnung, die vermietet ist. Da sie weitgehend abgeschrieben und lastenfrei ist, haben Sie kaum noch abziehbare Kosten. Diese Wohnung vermieten Sie für 1 € pro Monat an Ihren Lebenspartner, und der vermietet sie zur regulären Marktmiete von 300 € weiter. So landen pro Monat 299 € steuerpflichtige Einnahmen bei Ihrem Lebenspartner statt bei Ihnen.
Ihr Lebenspartner bringt nun 299 € in die gemeinsame Haushaltskasse ein, und Sie sparen die Steuern auf die Mieteinnahmen.

405 Zeile 43 – 44 Zum Unterhalt beigetragen

Hat Ihr Schützling außer Ihnen noch einen anderen Wohltäter, müssen Sie sich den Freibetrag mit diesem teilen. Die Aufteilung erfolgt im Verhältnis Ihrer Unterstützungsleistungen. Der Fiskus verlangt daher Angaben zu Unterstützungsleistungen anderer Personen.

Natürlich können Sie nur dann Angaben dazu machen, wenn Sie von dem anderen Wohltäter Kenntnis haben …

406 Zeile 45 – 54 Einkünfte und Bezüge der unterstützten Person

Eigene Einkünfte und Bezüge der unterstützten Person von mehr als 624 € mindern wie schon erwähnt den abzugsfähigen Unterhaltshöchstbetrag. Zu den schädlichen Einkünften und Bezügen zählen insbesondere Arbeitseinkünfte (Bruttoarbeitslohn), Ausbildungsbeihilfen wie z.B. BAföG und Renten, aber auch Zinseinkünfte, Vermietungseinkünfte oder Wehrsold.

Der Gedanke, der hinter dieser Regelung steht, ist einleuchtend. Je höher die eigenen Einkünfte und Bezüge der unterhaltenen Person sind, umso weniger ist ihre Unterstützung notwendig und damit zwangsläufig. Gottlob wird bei den Einnahmen nicht brutto für netto gerechnet. So zieht der finanzamtliche Computer vom Bruttoarbeitslohn den Arbeitnehmerpauschbetrag von 1.000 € ab, wenn nicht höhere Werbungskosten zu berücksichtigen sind (»darauf entfallende Werbungskosten«). Von den Rentenbezügen werden »von Amts wegen« der Werbungskostenpauschbetrag von 102 € und die Kostenpauschale von 180 € abgezogen. Als Rentenbezug gilt die Bruttorente, also die Rente vor Abzug der Krankenversicherungsbeiträge.

Nicht angerechnet werden folgende Bezüge:

- Aufwandsentschädigungen aus Bundes- oder Landeskassen,
- Aufwandsentschädigungen für nebenberufliche Tätigkeiten als Übungsleiter, Ausbilder oder Erzieher bis zu insgesamt 3.000 € im Jahr,
- Eingliederungsbeihilfe,
- Erziehungsgeld,
- Leistungen einer Pflegeversicherung.

(Quelle: EStH 32.10)

Lohn aus Minijobs sind Bezüge 407

Hier hat der Fiskus ein Problem. Er lebt nach dem Motto: Schlechtes Steuerrecht ist kompliziert, einfaches ist ungerecht. Inzwischen stranguliert sich das »schlechte Steuerrecht« aber selbst, wie Sie hier sehen werden. Tragen Sie nämlich den Arbeitslohn Ihres Schützlings in > Zeile 45 ein, zieht der finanzamtliche Computer davon den Arbeitnehmerpauschbetrag von 1.000 € ab, der aber bei Lohn aus Minijobs nicht abgezogen werden darf. Doch woher sollen Sie als schlichter Steuerzahler wissen, dass der Lohn aus Minijobs kein Bruttoarbeitslohn ist, sondern zu den Bezügen gehört?
»Wie soll ich den pauschalierten Arbeitslohn meines Schützlings überhaupt herausfinden? Wahrscheinlich arbeitet er ohnehin ohne Lohnsteuerkarte, weil er sonst keine Sozialhilfeleistung bzw. Arbeitslosenhilfe bekäme«, sagen Sie.
Sie können ihn danach fragen. Mehr können Sie nicht tun.
Anders sieht es natürlich aus, wenn Ihr Schützling mit einer Lohnsteuerbescheinigung zum Finanzamt geht und selbst einen Steuererstattungsantrag stellt. Dann wäre Schummeln regelrecht gefährlich.

Renten, übrige Bezüge 408

Der Gesamtbetrag der Rente soll in zwei Zeilen eingetragen werden. Die > Zeilen 47 und 49 sind also im Zusammenhang zu sehen. In > Zeile 47 tragen Sie den steuerpflichtigen Ertragsanteil ein. Je nach Art der Rente ist er den Tabellen 1 und 2 in § 22 EStG oder der Tabelle 3 in § 55 EStDV zu entnehmen (➤ Rz 951 und ➤ Rz 966). In > Zeile 49 tragen Sie den steuerfreien Rest ein. Der behördliche Computer verlangt die Aufteilung, weil der steuerpflichtige Ertragsanteil um den Pauschbetrag von 102 € und der steuerfreie Rest um den Abzugsbetrag von 180 € gekürzt wird. Letztendlich ist es egal, wie viel Sie als steuerpflichtig und steuerfrei eintragen. Sofern Sie den Ertragsanteil nicht genau angeben können, tragen Sie der Einfachheit halber in > Zeile 47 50 % oder 52 % der gesamten Rente ein und in > Zeile 49 den Rest.

Das Kästchen für Werbungskosten lassen Sie offen. Werbungskosten für Renten gibt es so gut wie nie. Wie dabei gerechnet wird, zeigt dieses

Beispiel
Sie unterstützen Ihre Mutter, die eine Jahresrente von 7.560 € bezieht, mit monatlich 250 €, macht im Jahr 3.000 €. Wäre die Rente Ihrer Mutter niedriger und würde durch staatliche Grundsicherung bis zum Betrag von insgesamt 9.744 € aufgestockt, würde ähnlich gerechnet:
So rechnet der Fiskus:

Unterhaltshöchstbetrag			9.744 €
Eigene Einkünfte und Bezüge der Mutter			
Renteneinkünfte 50 % von 7.560 € =	3.780 €		
./. Werbungskostenpauschbetrag	– 102 €		
Renteneinkünfte	3.678 €	> 3.678 €	
Bezüge (steuerfreier Rest)	3.780 €		
./. Pflichtbeiträge zur Krankenversicherung	– 1.104 €		
./. Pflichtbeiträge zur Pflegeversicherung	– 231 €		
Verbleiben	2.445 €		
./. Kostenpauschale	– 180 €		
Bezüge	2.265 €	> 2.265 €	
Einkünfte und Bezüge insgesamt		5.943 €	
./. anrechnungsfreier Betrag		– 624 €	
Schädliche Einkünfte und Bezüge		5.319 €	> – 5.319 €
Gekürzter Unterhaltshöchstbetrag			4.425 €

*BMF-Schreiben vom 18.11.2005 (BStBl 2005 I S. 1027) betreffend Pflichtbeiträge zur Berechnung von Kindeseinkünften.

Die 3.000 €, die Sie Ihrer Mutter zukommen lassen, können Sie also in voller Höhe als Unterhalt geltend machen. Einzutragen sind:

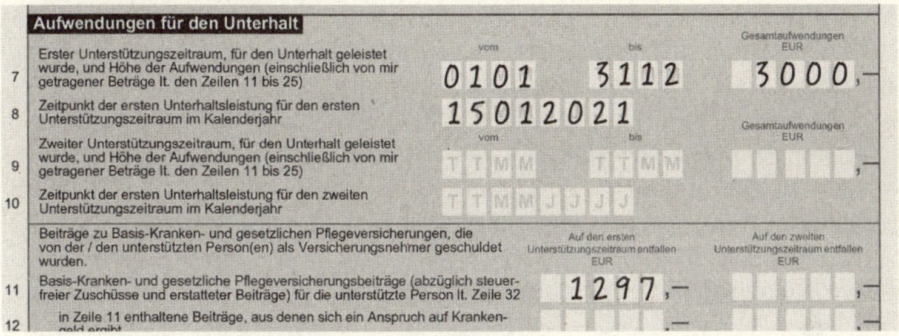

Aufwendungen für den Unterhalt

		vom	bis	Gesamtaufwendungen EUR
7	Erster Unterstützungszeitraum, für den Unterhalt geleistet wurde, und Höhe der Aufwendungen (einschließlich von mir getragener Beträge lt. den Zeilen 11 bis 25)	0101	3112	3000,–
8	Zeitpunkt der ersten Unterhaltsleistung für den ersten Unterstützungszeitraum im Kalenderjahr	15012021		
9	Zweiter Unterstützungszeitraum, für den Unterhalt geleistet wurde, und Höhe der Aufwendungen (einschließlich von mir getragener Beträge lt. den Zeilen 11 bis 25)	TTMM	TTMM	,–
10	Zeitpunkt der ersten Unterhaltsleistung für den zweiten Unterstützungszeitraum im Kalenderjahr	TTMMJJJJ		

	Beiträge zu Basis-Kranken- und gesetzlichen Pflegeversicherungen, die von der / den unterstützten Person(en) als Versicherungsnehmer geschuldet wurden.	Auf den ersten Unterstützungszeitraum entfallen EUR	Auf den zweiten Unterstützungszeitraum entfallen EUR
11	Basis-Kranken- und gesetzliche Pflegeversicherungsbeiträge (abzüglich steuerfreier Zuschüsse und erstatteter Beiträge) für die unterstützte Person lt. Zeile 32	1297,–	,–
12	in Zeile 11 enthaltene Beiträge, aus denen sich ein Anspruch auf Krankengeld ergibt	,–	,–

Einnahmen aus Kapitalvermögen, übrige Einkünfte 409

Wenn Sie hier Eintragungen von Bedeutung vornehmen, war Ihre bisherige Arbeit an der Anlage Unterhalt für die Katz. Denn zunächst muss der Unterhaltsempfänger seine eigenen Mittel aufbrauchen. Übrige Einkünfte könnten Mieterträge sein.

Ausbildungsbeihilfen 410

Der Höchstbetrag von 9.744 € vermindert sich stets um Ausbildungshilfen aus öffentlichen Mitteln (BAföG). Als Darlehen gewährte Leistungen werden nicht angerechnet. Hier ist es besonders wichtig, Ausbildungskosten geltend zu machen, welche die anrechenbaren Einkünfte mindern. Was hier alles möglich ist, dazu mehr unter ➤ Rz 200.

Beispiel

Ihre Tochter Anika ist Studentin, über 25 Jahre alt und hat kein Einkommen. Anspruch auf BAföG besteht nicht. Sie als Eltern bekommen seit 2021 kein Kindergeld mehr und tragen alle Kosten in Form von monatlich 395 € Miete und 450 € für den weiteren Lebensunterhalt.
Für Ihre Steuererklärung haben Sie sich von Anika schriftlich Höhe und Zeitraum der Unterhaltszahlungen bestätigen lassen. Außerdem fügen Sie Kontoauszüge, die Studienbescheinigung und den Ablehnungsbescheid über BAföG bei.
Ihre Aufwendungen in Höhe von (395 € + 450 € = 845 € × 12 Monate =) 10.140 € werden mit dem Höchstbetrag von 9.744 € berücksichtigt.

Zeile 45 – 54 Einkünfte und Bezüge außerhalb des Unterstützungszeitraums 411

Haben Sie nur während eines Teils des Jahres Ihren Schützling finanziell unterstützt, weil er in der übrigen Zeit eigene Einkünfte hatte, werden diese Einkünfte nicht auf den Freibetrag angerechnet.

Sie sollten aber wissen: Einkünfte, die sowohl innerhalb als auch außerhalb des Unterstützungszeitraums zufließen, werden aufgeteilt. Dabei werden

- Arbeitslohn, Renten und andere Bezüge den Monaten zugerechnet, in denen sie gezahlt werden;
- Zinsen, Mieteinkünfte, Gewinne aus Gewerbebetrieb oder selbständiger Arbeit mit 1/12 des Jahresbetrags pro Monat angesetzt.

Diese Regelung gilt es geschickt auszunutzen.

412 ♦*Musterfall Backs (Eigene Einkünfte und Bezüge)*
Freund Backs lässt seine Tochter Julia aus erster Ehe, inzwischen 32 Jahre alt und alleinerziehend, nicht im Stich. Als Julia in den Monaten Januar bis September und im Dezember ohne Beschäftigung war, hat Backs ihr monatlich 500 € zugesteckt. Hierfür rechnet er mit einer Steuererstattung.
Höchst peinlich war es Backs, sich für seine Steuererklärung bei Julia nach deren Einkünften und Bezügen erkundigen zu müssen, was seine ohnehin vorhandene Wut auf den Fiskus nicht gerade besänftigen konnte.
Julia hat ihm auf seine Fragen hin offenbart, dass sie von Januar bis September monatlich Sozialhilfe in Höhe von 286 € und 307 € Erziehungsgeld erhalten hat. Ihre Anstellung als Schmuckverkäuferin in einem Kaufhaus ab Anfang Oktober konnte sie nicht halten und wurde zum 30. November gekündigt. Ihre Lohnsteuerbescheinigung weist für diesen Zeitraum einen Bruttolohn von 4.000 € aus. Ab Anfang Dezember lebte Julia wieder von der Sozialhilfe, jetzt in Höhe von monatlich 486 €. In seine Steuererklärung trägt Backs ein:

Zeile					53
	Haushalt, in dem die unterstützte(n) Person(en) lebte(n)				
4	Anschrift dieses Haushaltes: Bauernkamp 10, Dortmund				
5	Wohnsitzstaat, wenn Ausland				
	Die Eintragungen in den Zeilen 6 bis 10 und 17 bis 26 sind nur in der ersten Anlage Unterhalt je Haushalt erforderlich.				
6	Anzahl der Personen, die in dem Haushalt lt. Zeile 4 lebten	Anzahl: 2			
	Aufwendungen für den Unterhalt	vom	bis	Gesamtaufwendungen EUR	
7	Erster Unterstützungszeitraum, für den Unterhalt geleistet wurde, und Höhe der Aufwendungen (einschließlich von mir getragener Beträge lt. den Zeilen 11 bis 25)	0101	3009	4500,–	
8	Zeitpunkt der ersten Unterhaltsleistung für den ersten Unterstützungszeitraum im Kalenderjahr	02012021			
		vom	bis	Gesamtaufwendungen EUR	
9	Zweiter Unterstützungszeitraum, für den Unterhalt geleistet wurde, und Höhe der Aufwendungen (einschließlich von mir getragener Beträge lt. den Zeilen 11 bis 25)	0112	3112	500,–	
10	Zeitpunkt der ersten Unterhaltsleistung für den zweiten Unterstützungszeitraum im Kalenderjahr	01122021			

ANLAGE UNTERHALT
Unterhalt für bedürftige Personen

2022

Allgemeine Angaben zur unterstützten Person

31 Identifikationsnummer: 34567890123 — lfd. Nr. 1

32 Name, Vorname: Backs, Julia — Geburtsdatum: 17011988 — Sterbedatum (wenn 2019 verstorben): T T M M J J J J

33 Beruf, Familienstand: arbeitslos, ledig — Verwandtschaftsverhältnis zur unterstützenden Person: Tochter

34 **Bei Unterhaltsempfängern im Ausland:** Die von der Heimatbehörde und der unterstützten Person bestätigte Unterhaltserklärung über die Bedürftigkeit liegt mir vor. (1 = Ja, 2 = Nein)

35 Name, Vorname des im selben Haushalt lebenden Ehegatten / Lebenspartners — Name, Vorname:

36 Die unterstützte Person lebte in meinem inländischen Haushalt. 2 (1 = Ja, 2 = Nein) — Falls ja (wenn nicht ganzjährig) vom T T M M bis T T M M

37 Hatte jemand für diese Person Anspruch auf Kindergeld oder Freibeträge für Kinder? 2 (1 = Ja, 2 = Nein) — Falls ja (wenn nicht ganzjährig) T T M M T T M M

38 Die unterstützte Person ist mein
- geschiedener Ehegatte
- Lebenspartner einer aufgehobenen Lebenspartnerschaft
- dauernd getrennt lebender Ehegatte / Lebenspartner

(kein Abzug von Sonderausgaben nach § 10 Abs. 1a Nr. 1 EStG, keine Zusammenveranlagung). 2 (1 = Ja, 2 = Nein)

39 Die unterstützte Person ist mein nicht dauernd getrennt lebender und nicht unbeschränkt einkommensteuerpflichtiger Ehegatte / Lebenspartner 2 (1 = Ja, 2 = Nein)

40 Die unterstützte Person ist als Kindesmutter / Kindesvater gesetzlich unterhaltsberechtigt (bis zur Vollendung des dritten Lebensjahres des Kindes). 2 (1 = Ja, 2 = Nein) — Falls ja (wenn nicht ganzjährig) T T M M T T M M

41 Die unterstützte Person ist nicht unterhaltsberechtigt, jedoch wurden oder würden bei ihr wegen der Unterhaltszahlungen öffentliche Mittel gekürzt oder nicht gewährt. 2 (1 = Ja, 2 = Nein) — Falls ja (wenn nicht ganzjährig) T T M M T T M M

42 Gesamtwert des Vermögens der unterstützten Person — EUR 0,–

Zum Unterhalt der bedürftigen Person haben auch beigetragen (Name, Anschrift)

43 —

44 vom T T M M bis T T M M — Betrag EUR ,–

Einkünfte und Bezüge der unterstützten Person

	Diese Person hatte vom	bis	Bruttoarbeitslohn EUR	darauf entfallende Werbungskosten (ohne Werbungskosten zu Versorgungsbezügen) EUR	Versorgungsbezüge – im Arbeitslohn enthalten – EUR	Bemessungsgrundlage für den Versorgungsfreibetrag EUR	Werbungskosten zu Versorgungsbezügen EUR
45	0110	3011	4000				
46	T T M M	T T M M					

	maßgebendes Kalenderjahr des Versorgungsbeginns Jahr	vom	bis	Renten EUR	steuerpflichtiger Teil der Rente EUR	Werbungskosten zu Renten EUR
47		T T M M	T T M M			
48		T T M M	T T M M			

	vom	bis	Einkünfte aus Kapitalvermögen (tarifliche Einkommensteuer) EUR	vom	bis	Übrige Einkünfte EUR
49	T T M M	T T M M		T T M M	T T M M	
50	T T M M	T T M M		T T M M	T T M M	

	vom	bis	Erträge aus Kapitalvermögen (Abgeltungsteuer) EUR	vom	bis	Sozialleistungen / übrige Bezüge (z. B. aus Minijobs) EUR
51	T T M M	T T M M		0101	3009	2574
52	T T M M	T T M M		0112	3112	486

vom	bis	Kosten zu allen Bezügen EUR	vom	bis	Öffentliche Ausbildungshilfen EUR

Das Finanzamt rechnet so:

Unterstützung für insgesamt 10 Monate (500 € × 10 Monate =)		*5.000 €*
Unterhaltshöchstbetrag für 10 Monate (9.744 € × 10/12 =)		*8.120 €*
Eigene Einkünfte und Bezüge		
Erziehungsgeld wird nicht angerechnet		
Sozialhilfe (286 € × 9 Monate + 486 € =)	*3.060 €*	
./. Kostenpauschale	*– 180 €*	
	2.880 €	
./. anrechnungsfreier Betrag (624 € × 10/12 =)	*– 520 €*	
Schädliche Einkünfte und Bezüge	*2.360 €*	*> – 2.360 €*
Gekürzter Höchstbetrag		*5.760 €*
Abzugsfähig sind max. die entstandenen Unterhaltsaufwendungen von		*5.000 €*

Hätte Backs seine Tochter ganzjährig unterstützt, würde sich folgende Berechnung ergeben:

Unterstützung für 12 Monate (500 € × 12 Monate =)		*6.000 €*
Unterhaltshöchstbetrag		*9.744 €*
Eigene Einkünfte und Bezüge		
Arbeitslohn	*4.000 €*	
./. Arbeitnehmerpauschbetrag	*– 1.000 €*	
Verbleiben	*3.000 €*	
Sozialhilfe (286 € × 9 Monate + 486 € =)	*3.060 €*	
./. Kostenpauschale	*– 180 €*	
	5.880 €	
./. anrechnungsfreier Betrag	*– 624 €*	
Schädliche Einkünfte und Bezüge	*5.256 €*	*> – 5.256 €*
Gekürzter Höchstbetrag = Abzugsbetrag		*4.488 €*

Backs war also gut beraten, seine Unterstützung konkret auf die Monate Januar bis September und Dezember zu beschränken. Die Anrechnung eigener Einkünfte und Bezüge seiner Tochter fällt damit geringer aus, und Backs kann 512 € mehr steuerlich geltend machen.

13 Die Anlage Kind 413

Die Steuerermäßigung für Kinder ist Teil des sog. Familienleistungsausgleichs. Dieser umfasst den Kinderfreibetrag, den Freibetrag für Betreuungs-, Erziehungs- oder Ausbildungsbedarf – im Folgenden kurz Betreuungsfreibetrag genannt – nebst weiteren vier Steuervergünstigungen und das Kindergeld. Kein Wunder, dass der Familienleistungsausgleich zu den kompliziertesten Regelungen gehört, die unser Steuerrecht zu bieten hat.

Vergünstigungen für Kinder in 2021				
Kindergeld jährlich			Steuerfreibeträge jährlich	
1. bis 2. Kind	3. Kind	ab 4. Kind	Kinderfreibetrag	Betreuungsfreibetrag
2.778 € (mtl. 219 € + 150 € Kinderbonus)	2.850 € (mtl. 225 € + 150 € Kinderbonus)	3.150 € (mtl. 235 € + 150 € Kinderbonus)	2.730/5.460 €*	1.464/2.928 €*

*Alleinstehende/Ehegatten

Unabhängig davon, welche Steuerermäßigung bei Ihnen zum Zug kommt, ob Kindergeld oder Freibeträge, beantragen Sie zusätzlich

- Entlastungsfreibetrag für Alleinerziehende (§ 24b EStG; ¬ Rz 463) 4.008 €
  Für jedes weitere Kind erhöht sich der Freibetrag um 240 €
- Ausbildungsfreibetrag (§ 33a Abs. 2 EStG; ¬ Rz 466) 924 €
- Kinderbetreuungskosten (¬ Rz 473 ff.) Höchstbetrag 4.000 €

Corona-Kinderbonus für 2021
Zusätzlich zum normalen Kindergeld haben Eltern auch in 2021 für jedes Kind, für das sie für mindestens einen Kalendermonat Anspruch auf Kindergeld hatten, ein Extra-Kindergeld von einmalig 150 € erhalten.

Vielen geht dieser Corona-Kinderbonus mit der Steuererklärung wieder verloren, da die Kinderfreibeträge nicht entsprechend erhöht wurden.

Wer also gut verdient, so dass bei der Steuer die Freibeträge zählen (vgl. ➤ Rz 415 f.), der hat nichts vom Kinderbonus. Wenn die Kinderfreibeträge abgezogen werden, rechnet das Finanzamt das Kindergeld zzgl. Kinderbonus (!) der Steuer wieder hinzu. Damit wird der Kinderbonus in diesem Fall quasi zurück gezahlt. Dazu später mehr.

13.1 Der Familienleistungsausgleich im Überblick

414 Im Familienleistungsausgleich werden diejenigen entlastet, die Kinder zu versorgen haben.
Der Grundsatz ist leicht verständlich: Es gibt entweder Kindergeld (§ 62 EStG) oder Steuerermäßigung durch Kinderfreibetrag und Betreuungsfreibetrag (§§ 31 und 32 EStG). Was davon günstiger ist, stellt sich erst bei der Veranlagung zur Einkommensteuer heraus.
Kindergeld wird für Kinder gezahlt, die in Deutschland oder in einem anderen EU-Staat wohnen, und dies unabhängig von ihrer Staatsangehörigkeit. Es kommt besonders Familien zugute, deren Einkommen weniger üppig ist. Bei vier Sprösslingen werden im Monat immerhin insgesamt 853 € überwiesen.

415 **Automatische Günstigerprüfung**
Die Freibeträge wirken sich auf die Einkommensteuer nur aus, wenn die Steuerersparnis höher ist als das Kindergeld. Deshalb beziehen alle Eltern zunächst Kindergeld. Bei der Steuerveranlagung prüft dann das Finanzamt, ob die Steuerermäßigung durch Kinder- und Betreuungsfreibeträge oder das bereits bezogene Kindergeld günstiger ist.
Einen Antrag brauchen Sie dazu nicht zu stellen: Die Günstigerprüfung erfolgt automatisch, sobald Sie eine Anlage Kind abgeben. Ist die Steuerermäßigung höher – also für Sie günstiger –, rechnet das Finanzamt das im Veranlagungsjahr erhaltene Kindergeld der tariflichen Einkommensteuer hinzu (§ 31 EStG). So wird vermieden, dass sowohl Steuerermäßigung als auch Kindergeld in Anspruch genommen werden.

416 **Wann ist die Steuerermäßigung höher als das Kindergeld?**
Für 2021 ergibt sich folgende Übersicht:

	Einkunfts-grenze	Grenzsteuer-satz	Steuerer-sparnis	Kinder-geld
1. und 2. Kind	38.000 €/76.000 €	33,4 %	2.802 €	2.628 € + 150 € Bonus
3. Kind	40.000 €/80.000 €	34,3 %	2.862 €	2.700 € + 150 € Bonus
ab 4. Kind	48.000 €/96.000 €	37,6 %	3.154 €	3.000 € + 150 € Bonus

Probe für das 1. und 2. Kind: Kinderfreibetrag 5.460 € plus Betreuungsfreibetrag 2.928 € = 8.388 €, davon 33,4 % = 2.802 €, also 24 € im Jahr mehr, als das Kindergeld (2.628 € + 150 € Kinderbonus) ausmacht.

Die Höhe der Einkünfte volljähriger Kinder ist nicht relevant.
Steuerermäßigung oder Kindergeld gibt es ohne besondere Voraussetzungen 417

- für Kinder unter 18 Jahren;
- für Kinder zwischen 18 und 25 Jahren, wenn sich das Kind z.B. noch in der Berufsausbildung befindet, arbeitslos ist oder sich aufgrund einer Behinderung finanziell nicht selbst unterhalten kann. Bei Kindern zwischen 18 und 25 Jahren in Berufsausbildung sind Kindergeld/-freibeträge daher nur dann verloren, wenn das Kind einer Vollzeiterwerbstätigkeit nachgeht. Unschädlich sind demnach (unabhängig von der Höhe der Einkünfte/Bezüge):
  - Erwerbstätigkeiten, bei denen die regelmäßige wöchentliche Arbeitszeit nicht mehr als 20 Stunden beträgt,
  - ein geringfügiges Beschäftigungsverhältnis oder
  - ein Ausbildungsdienstverhältnis.

Mehr dazu unter ➤ Rz 456 ff.

Antrag auf Kindergeld 418
Nach § 67 Satz 1 EStG ist der Antrag auf Kindergeld schriftlich bei der sog. Familienkasse zu stellen. Familienkassen sind offiziell Behörden des Fiskus, weil das Kindergeld eine Steuervergütung darstellt (§ 31 EStG), und unterstehen deshalb der Fachaufsicht des Bundesamts für Finanzen. Ihren Sitz haben sie jedoch bei der Agentur für Arbeit. Dort erhalten Sie auch das Formular für den Antrag – oder im Internet unter www.familienkasse.de, wo Sie es gleich am Bildschirm ausfüllen können. Haben sich Änderungen in den Verhältnissen Ihres Kindes ergeben, zu denen Sie in Ihrem Kindergeldantrag Angaben gemacht haben, beachten Sie unbedingt folgenden …

TIPP 419
Wie beim Militär: Nur rechtzeitige Meldung macht frei

Wer gegenüber der Familienkasse nicht spurt, hat keinerlei Nachsicht zu erwarten. Im Antrag auf Kindergeld haben Sie sich verpflichtet, Änderungen unverzüglich zu melden (§ 68 EStG). Wenn Sie gegen diese Meldepflicht verstoßen, haben Sie eine Straftat oder wenigstens eine Ordnungswidrigkeit begangen (DA-FamEStG Tz. 68.1).
Auf keinen Fall dürfen Sie eigenmächtig entscheiden, ob die Voraussetzungen für Kindergeld noch gegeben sind, wenn der ursprüngliche Rechtsgrund

weggefallen, dafür aber ein anderer entstanden ist. Also immer schön Meldung machen.
Was da passieren kann? Ein einfacher Fall: Ihr Sprössling bricht die Lehre ab und findet drei Monate später, also innerhalb der Übergangszeit von höchstens vier Monaten (§ 32 Abs. 4 Nr. 2b EStG), eine neue Ausbildungsstelle. Ist doch alles paletti, denken Sie, was gibt es da zu melden? Es liegen ununterbrochen die Voraussetzungen für Kindergeld vor! Im Grunde haben Sie recht, trotzdem hätten Sie den Abbruch der Ausbildung melden müssen (§ 70 Abs. 2 EStG). Was im Einzelnen zu melden ist, entnehmen Sie dem Merkblatt zum Kindergeld, zu finden unter www.familienkasse.de, wo Sie auch weitere Informationen erhalten.

Wichtig zu wissen:
420 Kindergeld kann anders als früher nur noch für die letzten 6 Monate rückwirkend beantragt werden.

Familienname und Vorname der kindergeldberechtigten Person

Kindergeld-Nr.

k

Familienkasse

Telefonische Rückfrage tagsüber unter Nr.:

Veränderungsmitteilung

☐ Meine **Anschrift** hat sich wie folgt geändert:

Straße/Platz, Hausnummer

Postleitzahl, Wohnort | Staat

gültig seit/ab:

☐ Auf **folgendes Konto** soll das Kindergeld (und ggf. der Kinderzuschlag) künftig überwiesen werden:

IBAN

BIC | Bank, Finanzinstitut (ggf. auch Zweigstelle)

Kontoinhaber(in) ist

☐ kindergeldberechtigte Person
☐ eine andere Person, nämlich: | Familienname, Vorname

gültig ab:

☐ Mein **Familienstand** hat sich geändert; ich bin seit dem

☐ verheiratet
☐ geschieden ☐ dauernd getrennt lebend ☐ verwitwet

☐ Die **Anzahl der in meinem Haushalt lebenden Kinder** hat sich geändert:

☐ Für das Kind ... geb. am ...
das seit ... in meinem Haushalt lebt, beantrage ich Kindergeld.
Der Kindergeldantrag (KG 1) und die Anlage Kind zum KG 1 sind beigefügt.

☐ Das Kind ... geb. am ...
lebt seit ... nicht mehr in meinem Haushalt, sondern bei:
Familienname, Vorname und Anschrift

☐ **Beschäftigung** im Ausland bzw. Entsendung ins Ausland

☐ Ich habe
☐ Mein(e) Ehepartner(in) bzw.
eingetragene(r) Lebenspartner(in) ... hat

Familienname, Vorname | Geburtsdatum

☐ Der andere Elternteil ... hat

☐ eine nichtselbständige Beschäftigung
☐ eine selbständige Beschäftigung

im Ausland aufgenommen.

Name und Anschrift des Arbeitgebers bzw. des Betriebes

gültig seit/ab:

KG 45 - 01.21 - Stand Juli 2021

ANLAGE KIND
Kinderermäßigungen **2022**

☐ Für mein **Kind** .... wird seit ....
eine andere kindbezogene Leistung (z. B. ausländische Familienleistung) gezahlt.

beziehende Person: Familienname, Vorname ....

Art der Leistung: .... Betrag monatlich: ....

auszahlende Stelle: Bezeichnung ....
Anschrift ....

☐ Mein **volljähriges Kind** ....

☐ hat ein(e) Schul-/Berufsausbildung/Studium am ....
- ☐ aufgenommen.
- ☐ unterbrochen.
- ☐ aufgegeben.
- ☐ beendet.

Berufsabschluss/Studienabschluss (mit Angabe des Fachs): ....

Berufsziel, falls dieses vom o. g. Abschluss abweicht: ....

☐ war/ist erwerbstätig bzw. wird erwerbstätig sein.

Tätigkeit: .... ab/von bis

☐ eine oder mehrere geringfügige Beschäftigung(en) im Sinne der §§ 8, 8a SGB IV (sog. Minijob) ....

☐ andere Erwerbstätigkeiten ....
(bei mehreren Beschäftigungen Angaben auf gesondertem Blatt)

Insgesamt (vereinbarte) regelmäßige wöchentliche Arbeitszeit: Stunden

Dienstherr bzw. Arbeitgeber: Name ....
Anschrift ....

☐ Ich teile **sonstige Veränderungen** im Sinne des Merkblattes über Kindergeld mit, nämlich:
(z. B. Antritt des freiwilligen Wehrdienstes, Mitteilungen über Ableistung anderer Freiwilligendienste oder Praktika, Schwangerschaft des Kindes oder wenn das Kind eigene Kinder in Elternzeit betreut usw.; bitte immer mit Anfangsdatum oder Zeitraum angeben)

....

☐ Die erforderlichen **Nachweise** ☐ sind beigefügt.
☐ reiche ich nach.

Zu den angekreuzten Veränderungen möchte ich noch **Folgendes ergänzend** bemerken:
(z. B. Gründe für verspätete Mitteilung trotz unverzüglicher Anzeigepflicht)

....

Ich versichere, dass alle Angaben (auch in den Anlagen) vollständig sind und der Wahrheit entsprechen. Mir ist bekannt, dass ich alle Änderungen, die für den Anspruch auf Kindergeld von Bedeutung sind, unverzüglich der Familienkasse mitzuteilen habe. Den Inhalt des Merkblattes Kindergeld (zu finden unter www.bzst.de oder www.familienkasse.de) **habe ich zur Kenntnis genommen.**

Hinweis zum Datenschutz:
Die Daten werden aufgrund und zum Zweck der §§ 31, 62 bis 78 Einkommensteuergesetz und der Regelungen der Abgabenordnung bzw. aufgrund des Bundeskindergeldgesetzes und des Sozialgesetzbuches verarbeitet. Nähere Informationen zu Ihren Rechten im Rahmen der Erhebung von personenbezogenen Daten nach Artikel 13 und 14 der Datenschutz-Grundverordnung erhalten Sie im Internet auf der Seite Ihrer Familienkasse (zu finden unter www.familienkasse.de), auf der auch die Kontaktdaten des Datenschutzbeauftragten bereitgestellt sind.

Datum

....
Unterschrift der antragstellenden Person bzw. der gesetzlichen Vertretung

Zusätzliche Freibeträge 421

Neben Kindergeld oder Kinder-/Betreuungsfreibetrag gibt es unter besonderen Voraussetzungen zusätzliche Freibeträge, als da sind:

- **Entlastungsbetrag für Alleinerziehende** (➤ Rz 463)

Zum Familienleistungsausgleich gehört der Entlastungsbetrag für Alleinerziehende in Höhe von 4.008 €. Er ist nur für Alleinstehende vorgesehen, zu deren Haushalt ein Kind gehört, für das ihnen ein Kinderfreibetrag oder Kindergeld zusteht (§ 24b EStG):
Für jedes weitere im Haushalt lebende Kind erhöht sich der Freibetrag um 240 €.

- **Ausbildungsfreibetrag/Kinderbetreuungskosten** (➤ Rz 466 und ➤ Rz 473)

Der Familienleistungsausgleich wird ergänzt durch den Ausbildungsfreibetrag und den Abzug von Kinderbetreuungskosten. Der **Ausbildungsfreibetrag** beträgt 924 € im Jahr und wird für volljährige, auswärtig untergebrachte Kinder gewährt (§ 33 a Abs. 2 EStG).
Als **Kinderbetreuungskosten** können Eltern den Aufwand für die Betreuung ihres Nachwuchses bis zum 14. und bei Behinderung steuerlich mit $\frac{2}{3}$ der Aufwendungen – bis max. 4.000 € pro Kind und Jahr – als Sonderausgaben geltend machen (§ 10 Abs. 1 Nr. 5 EStG).

Steuerermäßigung für Kinderbetreuung (➤ Rz 363 ff.)

Falls bei Ihnen der Abzug von Kinderbetreuungskosten nicht zum Zug kommt, können Sie für die Aufsicht Ihres Sprösslings eine Steuerermäßigung für haushaltsnahe Beschäftigung (§ 35 a EStG) beanspruchen.

Steuerchaos sondergleichen 422

Kindergeld und Kinderermäßigung sind an unterschiedliche Bedingungen geknüpft, was die Übersicht erschwert.

- **Halbfamilien**

Das Steuerchaos zeigt sich besonders bei Eltern, die nicht oder nicht mehr miteinander verheiratet sind oder getrennt leben. Beiden Elternteilen steht jeweils die Hälfte der Steuerfreibeträge zu, also jedem im Jahr 4.194 € (= der halbe Kinderfreibetrag 2.730 € + der halbe Betreuungsfreibetrag 1.464 €). Aber nur ein Elternteil erhält Kindergeld, das im Gegensatz zu den Steuerfreibeträgen nicht geteilt ausgezahlt werden kann. Anspruch auf das Kindergeld hat derjenige, der das Kind in seinem Haushalt erzieht. Das ist meistens die Mutter. Das Finanzamt prüft auch hier automatisch bei der Veranlagung jedes Elternteils, was günstiger ist: Kinderfreibetrag oder Kindergeld. Wenn günstiger, wird bei dem, der kein Kin-

dergeld bezogen hat, ein steuerlicher Kinderfreibetrag abgesetzt und fiktiv das halbe Kindergeld dagegen aufgerechnet.
In der Anlage Kind werden dazu Angaben in den > Zeilen 11 – 15 (»Kindschaftsverhältnis zu anderen Personen«) verlangt.

423 **TIPP Zahlväter aufgepasst: 109,50 € weniger Unterhalt**

Der unterhaltsverpflichtete Elternteil erhält seinen Kindergeldanteil auf einem Umweg, indem sich seine Unterhaltsverpflichtung verringert, und zwar in Höhe von 50 % des Kindergelds. Er braucht also (219 € ÷ 2 =) 109,50 € im Monat weniger Unterhalt zu zahlen.
Kommt die Steuerermäßigung zum Zug, wird es kompliziert: Zieht das Finanzamt bei der Einkommensteuerveranlagung einen halben Kinderfreibetrag ab, weil das für Sie günstiger ist, wird im Gegenzug Kindergeld in halber Höhe auf Ihre Steuerschuld aufgeschlagen.
Ist das halbe Kindergeld bei der Unterhaltsregelung unbeachtet geblieben, können Sie nicht einfach damit argumentieren, dass es vergessen wurde. Achten Sie also beim Aushandeln des Unterhalts darauf, dass diese Gegenrechnung für Sie nicht unter den Tisch fällt.

424 • **Enkelkinder**

Großeltern können ohne weiteres für ein Enkelkind Kindergeld erhalten (§ 63 Abs. 1 Nr. 3 EStG). Eine Steuerermäßigung erhalten Großeltern aber nur, wenn das Enkelkind zugleich die Voraussetzungen für ein Pflegekind erfüllt (§ 32 Abs. 1 Nr. 2 EStG). Auch hier ist also der Anspruch unterschiedlich geregelt. Dazu mehr im Tipp unter ➤ Rz 433.

13.2 Wie wird die Anlage Kind ausgefüllt?

425 Wenn bei Ihrer Veranlagung zur Einkommensteuer Kinderermäßigung berücksichtigt werden soll, müssen Sie – für jedes Kind – eine Anlage Kind abgeben.

Was nicht gerecht ist,
kann nicht Gesetz sein.
(Jefferson Davis)

2021

Anlage Kind
Für jedes Kind bitte eine eigene Anlage Kind abgeben.

Daten für die mit (e) gekennzeichneten Zeilen liegen im Regelfall vor und müssen nicht eingetragen werden. – Bitte Infoblatt eDaten / Anleitung beachten –

1 Name

2 Vorname

3 **Steuernummer** lfd. Nr. der Anlage

Angaben zum Kind

3

4 **Identifikationsnummer** 01

Vorname | ggf. abweichender Familienname

5

Geburtsdatum

6 16 T T M M J J J J | Anspruch auf Kindergeld (einschließlich Kinderbonus) oder vergleichbare Leistungen für 2021 15 EUR ,–

Für die Kindergeldfestsetzung zuständige Familienkasse

7

8 Wohnsitz im Inland 00 vom T T M M bis T T M M ggf. abweichende Adresse

9 Wohnsitz im Ausland 07 vom T T M M bis T T M M ggf. abweichende Adresse (bei Wohnsitz im Ausland bitte auch den Staat angeben) (Kz 14)

Kindschaftsverhältnis zur stpfl. Person / Ehemann / Person A

Kindschaftsverhältnis zur Ehefrau / Person B

10 02 1 = leibliches Kind / Adoptivkind 2 = Pflegekind 3 = Enkelkind / Stiefkind | 03 1 = leibliches Kind / Adoptivkind 2 = Pflegekind 3 = Enkelkind / Stiefkind

Kindschaftsverhältnis zu einer anderen Person

11 Name, Vorname | Geburtsdatum dieser Person T T M M J J J J | 04 Dauer des Kindschaftsverhältnisses vom T T M M bis T T M M

12 Letzte bekannte Adresse | Art des Kindschaftsverhältnisses 1 = leibliches Kind / Adoptivkind 2 = Pflegekind

13 Der andere Elternteil lebte im Ausland 37 T T M M T T M M

14 Das Kindschaftsverhältnis zum anderen Elternteil ist durch dessen Tod erloschen am 06 T T M M J J J J

15 Der Wohnsitz oder gewöhnliche Aufenthalt des anderen Elternteiles ist nicht zu ermitteln oder der Vater des Kindes ist amtlich nicht feststellbar 05 1 = Ja

Angaben für ein volljähriges Kind

Das Kind
- befand sich in einer Schul-, Hochschul- oder Berufsausbildung,
- befand sich in einer Übergangszeit von höchstens vier Monaten (z. B. zwischen zwei Ausbildungsabschnitten),
- konnte eine Berufsausbildung mangels Ausbildungsplatzes nicht beginnen oder fortsetzen und / oder
- hat ein freiwilliges soziales oder ökologisches Jahr (Jugendfreiwilligendienstegesetz), eine europäische Freiwilligenaktivität, einen entwicklungspolitischen Freiwilligendienst, einen Freiwilligendienst aller Generationen (§ 2 Abs. 1a SGB VII), einen Internationalen Jugendfreiwilligendienst, Bundesfreiwilligendienst oder einen Anderen Dienst im Ausland (§ 5 Bundesfreiwilligendienstgesetz) geleistet.

(Folgen diese Abschnitte unmittelbar aufeinander, sind sie zu einem Zeitraum zusammenzufassen.)

16 1. Zeitraum 80 vom T T M M J J J J bis T T M M J J J J | 2. Zeitraum 81 vom T T M M J J J J bis T T M M J J J J

17 Erläuterungen zu den Berücksichtigungszeiträumen

18 Das Kind war ohne Beschäftigung und bei einer Agentur für Arbeit als arbeitsuchend gemeldet 82 T T M M J J J J T T M M J J J J

19 Das Kind war wegen einer vor Vollendung des 25. Lebensjahres eingetretenen Behinderung außerstande, sich selbst finanziell zu unterhalten (Bitte Anleitung beachten.) 83 T T M M J J J J T T M M J J J J

Angaben zur Erwerbstätigkeit eines volljährigen Kindes (nur bei Eintragungen in Zeile 16)

20 Das Kind hat bereits eine erstmalige Berufsausbildung oder ein Erststudium abgeschlossen 84 1 = Ja 2 = Nein

Falls Zeile 20 mit „Ja" beantwortet wurde:

21 Das Kind war erwerbstätig (kein Ausbildungsdienstverhältnis) 1 = Ja 2 = Nein

Falls Zeile 21 mit „Ja" beantwortet wurde:

22 Das Kind übte eine / mehrere geringfügige Beschäftigung(en) im Sinne der §§ 8, 8a SGB IV (sog. Minijob) aus 1 = Ja 2 = Nein Beschäftigungszeitraum vom T T M M bis T T M M

23 Das Kind übte andere Erwerbstätigkeiten aus (bei mehreren Erwerbstätigkeiten bitte Angaben lt. gesonderter Aufstellung) 1 = Ja 2 = Nein Erwerbszeitraum T T M M T T M M

24 (Vereinbarte) regelmäßige wöchentliche Arbeitszeit der Tätigkeit(en) lt. Zeile 22 Stunden lt. Zeile 23 Stunden

2021AnlKind021 – April 2021 – 2021AnlKind021

Beiträge zur inländischen Kranken- und Pflegeversicherung (Nicht in der Anlage Vorsorgeaufwand enthalten)

Aufwendungen von mir / uns als Versicherungsnehmer geschuldet und von mir / uns getragen

Zeile		Kz	EUR
31	Beiträge zu Krankenversicherungen des Kindes (nur Basisabsicherung, keine Wahlleistungen)	66	,– ⓔ
32	Beiträge zur sozialen Pflegeversicherung und / oder zur privaten Pflege-Pflichtversicherung	67	,– ⓔ
33	Von den Versicherungen lt. den Zeilen 31 und / oder 32 erstattete Beträge	68	,– ⓔ
34	Über die Basisabsicherung hinausgehende Beiträge zu Kranken- und Pflegeversicherungen des Kindes (z. B. für Wahlleistungen, Zusatzversicherungen) abzüglich erstatteter Beiträge	69	,–

Aufwendungen vom Kind als Versicherungsnehmer geschuldet und von mir / uns getragen

Zeile		Kz	EUR
35	Beiträge zu Krankenversicherungen des Kindes (nur Basisabsicherung, keine Wahlleistungen)	70	,–
36	In Zeile 35 enthaltene Beiträge, aus denen sich ein Anspruch auf Krankengeld ergibt	71	,–
37	Beiträge zur sozialen Pflegeversicherung und / oder zur privaten Pflege-Pflichtversicherung	72	,–
38	Von den Versicherungen lt. den Zeilen 35 und / oder 37 erstattete Beträge	73	,–
39	In Zeile 38 enthaltene Beiträge, aus denen sich ein Anspruch auf Krankengeld ergibt	74	,–
40	Zuschuss von dritter Seite zu den Beiträgen lt. den Zeilen 35 und / oder 37 (z. B. nach § 13a BAföG)	75	,–

Beiträge zur ausländischen Kranken- und Pflegeversicherung (Nicht in der Anlage Vorsorgeaufwand enthalten)

Aufwendungen von mir / uns / dem Kind als Versicherungsnehmer geschuldet und von mir / uns getragen

Zeile		Kz	EUR
41	Beiträge (abzüglich steuerfreier Zuschüsse und / oder Erstattungen) zu ausländischen Kranken- und Pflegeversicherungen des Kindes, die mit inländischen gesetzlichen Kranken- und Pflegeversicherungen vergleichbar sind (nur Basisabsicherung) – Über die Basisabsicherung hinausgehende Beiträge, die von mir / uns als Versicherungsnehmer geschuldet und getragen wurden, in Zeile 34 eintragen –	89	,–
42	In Zeile 41 enthaltene Beiträge, aus denen sich ein Anspruch auf Krankengeld ergibt	90	,–

Übertragung des Kinderfreibetrags / des Freibetrags für den Betreuungs- und Erziehungs- oder Ausbildungsbedarf

43 Ich beantrage den vollen Kinderfreibetrag und den vollen Freibetrag für den Betreuungs- und Erziehungs- oder Ausbildungsbedarf, weil der andere Elternteil
– seiner Unterhaltsverpflichtung nicht zu mindestens 75% nachkommt oder
– mangels Leistungsfähigkeit nicht unterhaltspflichtig ist — 36 — 1 = Ja

44 Falls die Frage in Zeile 43 mit Ja beantwortet wurde: Es wurden Unterhaltsleistungen nach dem Unterhaltsvorschussgesetz gezahlt für den Zeitraum — 38 — vom T T M M — bis T T M M

45 Ich beantrage den vollen Freibetrag für den Betreuungs- und Erziehungs- oder Ausbildungsbedarf, weil das minderjährige Kind bei dem anderen Elternteil nicht gemeldet war. — 39 — 1 = Ja — 43 — T T M M — T T M M

46 Nur beim Stief- / Großelternteil: Ich / wir beantrage(n) die Übertragung des Kinderfreibetrags und des Freibetrags für den Betreuungs- und Erziehungs- oder Ausbildungsbedarf, weil ich / wir das Kind in meinem / unserem Haushalt aufgenommen habe(n) oder ich / wir als Großelternteil gegenüber dem Kind unterhaltspflichtig bin / sind. — 76 — 1 = Ja — 77 — Zeitraum der Haushaltszugehörigkeit / Unterhaltsverpflichtung vom T T M M — bis T T M M

47 Nur beim Stief- / Großelternteil: Der Kinderfreibetrag und der Freibetrag für den Betreuungs- und Erziehungs- oder Ausbildungsbedarf sind lt. **Anlage K** zu übertragen. — 41 — 1 = Zustimmung eines Elternteils liegt vor; 2 = Zustimmungen beider Elternteile liegen vor

48 Nur bei den berechtigten Elternteilen: Der Übertragung des Kinderfreibetrags und des Freibetrags für den Betreuungs- und Erziehungs- oder Ausbildungsbedarf auf den Stief- / Großelternteil wurde lt. **Anlage K** zugestimmt. — 40 — 1 = Ja

Entlastungsbetrag für Alleinerziehende

Zeile		Kz			vom	bis
49	Das Kind war mit mir in der gemeinsamen Wohnung gemeldet			42	T T M M	T T M M
50	Für das Kind wurde mir Kindergeld ausgezahlt			44	T T M M	T T M M
51	Außer mir war(en) in der gemeinsamen Wohnung eine / mehrere volljährige Person(en) gemeldet, für die (zeitweise) kein Anspruch auf Kindergeld oder Freibeträge für Kinder bestand.	46	1 = Ja 2 = Nein	Falls ja 47	T T M M	T T M M
52	Es bestand eine Haushaltsgemeinschaft mit mindestens einer weiteren volljährigen Person, für die (zeitweise) kein Anspruch auf Kindergeld oder Freibeträge für Kinder bestand.	49	1 = Ja 2 = Nein	Falls ja 50	T T M M	T T M M

Name, Vorname (weitere Personen bitte in einer gesonderten Aufstellung angeben)

53

Verwandtschaftsverhältnis — Beschäftigung / Tätigkeit

54

2021AnlKind022 2021AnlKind022

Freibetrag zur Abgeltung eines Sonderbedarfs bei Berufsausbildung eines volljährigen Kindes

1. Zeitraum vom bis — 2. Zeitraum vom bis

61 Das Kind war auswärtig untergebracht 85 T T M M T T M M 86 T T M M T T M M

62 Es handelte sich zumindest zeitweise um eine auswärtige Unterbringung im Ausland 87 1 = Ja

Anschrift(en), Staat(en) – falls im Ausland

63

Nur bei nicht zusammen veranlagten Eltern:

64 Laut gesondertem gemeinsamen Antrag ist der Freibetrag zur Abgeltung eines Sonderbedarfs bei Berufsausbildung in einem anderen Verhältnis als je zur Hälfte aufzuteilen. Der bei mir zu berücksichtigende Anteil beträgt 88 %

Schulgeld (Privatschule oder Schule in freier Trägerschaft)

– ohne Aufwendungen für die Beherbergung, Betreuung und Verpflegung des Kindes –

berücksichtigungsfähige Gesamtaufwendungen der Eltern EUR

Bezeichnung der Schule oder deren Träger

65 24 ,–

Nur bei nicht zusammen veranlagten Eltern:

66 Das von mir übernommene Schulgeld beträgt 56 ,–

67 Laut gesondertem gemeinsamen Antrag ist für das Kind der Höchstbetrag für das Schulgeld in einem anderen Verhältnis als je zur Hälfte aufzuteilen. Der bei mir zu berücksichtigende Anteil beträgt 57 %

Übertragung des Behinderten- und / oder Hinterbliebenen-Pauschbetrags

– bei erstmaliger Beantragung / Änderung bitte Nachweis einreichen –

Die Übertragung des **Behinderten-Pauschbetrags** wird beantragt:

Ausweis / (Renten-) Bescheid / Bescheinigung gültig von — bis — unbefristet gültig — Grad der Behinderung

68 M M J J M M J J X 25

69 Das Kind ist – erheblich gehbehindert (Merkzeichen „G") / außergewöhnlich gehbehindert (Merkzeichen „aG") 1 = Ja

70 – blind / taubblind / ständig hilflos (Merkzeichen „Bl" / „TBl" und / oder „H"), schwerstpflegebedürftig (Pflegegrad 4 oder 5) 55 1 = Ja

71 Die Übertragung des **Hinterbliebenen-Pauschbetrags** wird beantragt: 26 1 = Ja

Nur bei nicht zusammen veranlagten Eltern:

72 Laut gesondertem gemeinsamen Antrag sind die für das Kind zu gewährenden Pauschbeträge für Behinderte / Hinterbliebene in einem anderen Verhältnis als je zur Hälfte aufzuteilen. Der bei mir zu berücksichtigende Anteil beträgt 28 %

Übertragung der behinderungsbedingten Fahrtkostenpauschale

– bei erstmaliger Beantragung / Änderung bitte Nachweis einreichen –

Die Übertragung der behinderungsbedingten Fahrtkostenpauschale wird beantragt. Das Kind erfüllt die nachfolgenden Voraussetzungen:

73 Das Kind hat einen Grad der Behinderung von mindestens 80 oder einen Grad der Behinderung von mindestens 70 und Merkzeichen „G" 91 1 = Ja

74 Das Kind ist außergewöhnlich gehbehindert / blind / taubblind / ständig hilflos (Merkzeichen „aG" / „Bl" / „TBl" und / oder „H"), schwerstpflegebedürftig (Pflegegrad 4 oder 5) 92 1 = Ja

Nur bei nicht zusammen veranlagten Eltern:

75 Laut gesondertem gemeinsamen Antrag ist die für das Kind zu gewährende behinderungsbedingte Fahrtkostenpauschale in einem anderen Verhältnis als je zur Hälfte aufzuteilen. Der bei mir zu berücksichtigende Anteil beträgt 45 %

Kinderbetreuungskosten

– ohne Aufwendungen für die Verpflegung, den (Nachhilfe-) Unterricht, die Vermittlung besonderer Fähigkeiten, die sportlichen und anderen Freizeitbetätigungen des Kindes –

Art der Dienstleistung, Name und Anschrift des Dienstleisters — vom — bis — berücksichtigungsfähige Gesamtaufwendungen der Eltern EUR

76 T T M M T T M M 51 ,–

77 Steuerfreier Ersatz (z. B. vom Arbeitgeber), Erstattungen T T M M T T M M 79 ,–

vom bis — vom bis

78 Es bestand ein **gemeinsamer** Haushalt der Elternteile T T M M T T M M — Das Kind gehörte zu unserem Haushalt T T M M T T M M

79 Es bestand **kein gemeinsamer** Haushalt der Elternteile T T M M T T M M — Das Kind gehörte zu meinem Haushalt T T M M T T M M

80 Das Kind gehörte zum Haushalt des anderen Elternteils T T M M T T M M

Nur bei nicht zusammen veranlagten Eltern: vom bis — berücksichtigungsfähige Aufwendungen EUR

81 Ich habe Kinderbetreuungskosten in folgender Höhe getragen T T M M T T M M ,–

82 Laut übereinstimmendem Antrag ist für das Kind der Höchstbetrag für die Kinderbetreuung in einem anderen Verhältnis als je zur Hälfte aufzuteilen. Der bei mir zu berücksichtigende Anteil beträgt %

2021AnlKind023 2021AnlKind023

426 **Das vertrackte Formular**

So kompliziert der Familienleistungsausgleich, so vertrackt auch das Formular. Der Fiskus muss für jedes Kind den maßgeblichen »Sachverhalt« feststellen.

- Wie alt ist das Kind (➤ Rz 428)?
- Zu welchen Personen besteht ein Kindschaftsverhältnis (➤ Rz 432)?
- Befindet sich Ihr volljähriges Kind noch in Berufsausbildung (➤ Rz 441)?
- Geht Ihr volljähriges Kind einer Erwerbstätigkeit nach (➤ Rz 456)?

Der Fiskus hat aber noch mehr im Blick:

Den vollen Kinder- und den vollen Betreuungsfreibetrag darf er für jedes Kind nur einmal gewähren, wobei die Freibeträge dem Grundsatz nach bei jedem Elternteil zur Hälfte abgezogen werden. Zu den Ausnahmen siehe ➤ Rz 458.
(Quelle: § 32 Abs. 6 Sätze 1 bis 3 ESt).

427 13.2.1 Angaben zum Kind – Zeile 4 – 9

428 Zeile 6 Geburtsdatum

Sofort geht der Fiskus einen entscheidenden Punkt an und fragt nach dem Geburtsdatum. Hat Ihr Kind in 2021 das 18. Lebensjahr noch nicht vollendet (war also unter 18), besteht Anspruch auf Familienleistungsausgleich ohne besondere Voraussetzungen.

War es hingegen bereits 18 Jahre oder älter, stehen die Kinderermäßigungen nur unter bestimmten Voraussetzungen und vielleicht nur für einzelne Monate zu (➤ Rz 440 ff.); bei einem Alter über 25 Jahren nur in Ausnahmefällen (➤ Rz 452 ff.). Hier gibt es nichts zu tricksen, denn das Geburtsdatum steht nun mal fest.

429 Zeile 6 Anspruch auf Kindergeld oder vergleichbare Leistungen für 2021

Hier tragen Sie das erhaltene Kindergeld ein, damit das Finanzamt die Günstigerprüfung vornehmen kann (➤ Rz 415 f.).

Hat eine andere Person das Kindergeld bezogen, müssen Sie es gleichwohl als fiktives Kindergeld hier angeben. Dazu mehr unter ➤ Rz 422 f.

TIPP Patchwork-Familien aufgepasst: Mehr Kindergeld durch Zählkinder 430

Für das dritte Kind beträgt das monatliche Kindergeld bereits 225 € statt der 219 € für die Kinder 1 und 2.
Deshalb empfiehlt es sich, **denjenigen zum Kindergeldberechtigten zu bestimmen, der schon Kinder in die Ehe eingebracht hat.**

Beispiel
Ein Ehepaar hat zwei gemeinsame Kinder. Ein älteres eigenes Kind des Ehemannes lebt bei der leiblichen Mutter, an die auch das Kindergeld für dieses Kind gezahlt wird.

Bei der Ehefrau zählen nur die zwei gemeinsamen Kinder als erstes und zweites Kind. Sie könnte Kindergeld in Höhe von 2 × 219 € = 438 € monatlich erhalten.

Beim Ehemann zählt das eigene Kind als erstes Kind (Zählkind), die zwei gemeinsamen jüngeren Kinder zählen als zweites und drittes Kind. Als Kindergeldberechtigter kann er für die gemeinsamen Kinder (1 × 219 €) + (1 × 225 €) = 444 € monatlich erhalten, also 6 € mehr.

Kindergeld für studierendes Kind bei getrennt lebenden Eltern
Leben die Eltern getrennt und ist das Kind wegen des Studiums/der Ausbildung auswärtig untergebracht? In diesem Fall stellt sich die Frage, welchem Elternteil das Kindergeld zusteht.

In einem Streitfall verlangte der Vater, dass ihm das Kindergeld für seinen studierenden Sohn ausgezahlt werde. Bis zum Abschluss der Schulausbildung hatte der Sohn bei der Mutter gelebt, die daher auch das Kindergeld erhalten hatte. Der Vater wandte nun ein, dass der Sohn wegen seines Studiums mittlerweile aus der Wohnung der Mutter ausgezogen ist, die Haushaltszugehörigkeit daher nicht mehr besteht und er zudem mehr Unterhalt zahlt als die Mutter.

Rein rechtlich kommt es allerdings darauf an, zu welchem Haushalt das Kind – trotz auswärtiger Unterbringung am Studien-/Ausbildungsort – gehört. Der Bundesfinanzhof muss nun klären, nach welchen Kriterien bei auswärts wohnenden Kindern die Haushaltszugehörigkeit bestimmt wird.

Guter Rat:
Getrennt lebende Eltern sollten den Ausgang des Verfahrens (Az III R 59/18) im Auge behalten.

Unabhängig davon, welcher Elternteil das Kindergeld erhält, sollten Eltern volljähriger Kinder in Studium oder Ausbildung daran denken, Kindergeld zu beantragen. Denn: Rückwirkend wird Kindergeld nur für sechs Monate ausgezahlt!

431 Zeile 8 – 9 Wohnort im Inland/Ausland

Steuerlich ist es ohne Bedeutung, ob Ihr Kind im In- oder im Ausland wohnt. Die Kinderermäßigung steht Ihnen so oder so zu.
Jetzt kommt der Haken: Die Kinderermäßigung für Auslandskinder wird nur insoweit abgezogen, als sie nach den Verhältnissen des Wohnsitzstaats des Kindes angemessen ist. Dies bedeutet, dass sie bis zu drei Viertel gekürzt werden kann. Die Kürzung wird programmgesteuert vorgenommen, und zwar nach der Ländergruppeneinteilung, die auch für die Unterstützung von Personen im Ausland gilt (➤ Rz 382).

Guter Rat:
Ist eine Kürzung zu befürchten, sind Sie fein heraus, wenn Ihr vielleicht im Ausland studierendes Kind weiterhin in Deutschland mit Wohnsitz gemeldet ist und dort sein Zuhause hat.

432 13.2.2 Kindschaftsverhältnis zu Steuerpflichtigem/Ehemann/Ehefrau/Lebenspartner/anderen Personen – Zeile 10 – 15

Zeile 10 Leibliches Kind/Adoptivkind, Pflegekind

Dem natürlichen Empfinden der Menschen entspricht es, jedem Steuerzahler, der ein Kind fürsorglich betreut, eine Kinderermäßigung zukommen zu lassen. Der Fiskus hingegen gewährt sie nur für bestimmte Kinder, nämlich für

- leibliche und Adoptivkinder
- und Pflegekinder.

Nur zu diesen Kindern besteht ein sog. Kindschaftsverhältnis, das steuerlich maßgebend sein soll.

Leibliche Kinder/Adoptivkinder
Das sind im 1. Grad verwandte Kinder, also eheliche und nichteheliche Kinder (leibliche Kinder/§ 1586 BGB), für ehelich erklärte Kinder (§ 1672 BGB), ferner Adoptivkinder. Mit der Adoption eines minderjährigen Kindes erlischt das Verwandtschaftsverhältnis zu seinen leiblichen Eltern. Ein Adoptivkind ist also vorrangig bei den Adoptiveltern zu berücksichtigen (§ 32 Abs. 2 Satz 1 EStG). Den leiblichen Eltern steht nach der Freigabe zur Adoption kein Kinderfreibetrag mehr zu.

Pflegekinder
Nach § 32 Abs. 2 Satz 2 EStG ist ein Pflegekind vorrangig bei den Pflegeeltern zu berücksichtigen. Den leiblichen Eltern steht demzufolge kein Kinderfreibetrag mehr zu. Ein Wahlrecht, bei wem die Kinderermäßigung berücksichtigt werden soll, gibt es nicht.

Was ist ein Pflegekind? Es muss mit den Pflegeeltern durch ein familienähnliches, auf längere Dauer angelegtes Band verbunden und außerdem in ihren Haushalt aufgenommen sein. Weitere Voraussetzung ist, dass das Obhuts- und Pflegeverhältnis zu den leiblichen Eltern nicht mehr besteht. Besonders im ersten Jahr müssen Sie zusätzliche Nachweise erbringen: Der Bearbeiter möchte wissen, ob Ihr Pflegekind wirklich in Ihrem Haushalt sein Zuhause hat, also auf Dauer bei Ihnen bleiben wird, und ob der Kontakt zu den leiblichen Eltern weitgehend unterbrochen ist. Gelegentliche Besuche der Eltern – bis zu viermal im Jahr – sind aber erlaubt. Außerdem müssen Sie als Pflegeperson das Kind mindestens zu einem nicht unwesentlichen Teil auf Ihre Kosten unterhalten. Unterhalt von dritter Seite (z.B. von den leiblichen Eltern) ist – bis zur Höhe der Pflegesätze des Jugendamts – erlaubt.

Enkelkinder/Stiefkinder
Ein Enkelkind wird bei den Großeltern vorrangig berücksichtigt, wenn es wie ein Pflegekind in ihrem Haushalt aufgenommen ist. Die Großeltern erhalten Kindergeld nur, wenn die leiblichen Eltern auf das Kindergeld verzichten (§ 64 Abs. 2 Satz 5 EStG).
Stiefkinder sind Kinder des anderen Ehegatten, die aus einer früheren Ehe stammen und im Haushalt des Berechtigten leben. Das Stiefkindverhältnis bleibt auch bestehen, wenn die Ehe, durch die es begründet wurde, durch Tod oder Scheidung aufgelöst wird oder die Eheleute getrennt leben und das Kind im Haushalt der Stiefmutter/des Stiefvaters lebt. Dann ist das Kindschaftsverhältnis zum leiblichen Elternteil erloschen

und das Kind ohne weitere Prüfung vorrangig bei der Stiefmutter/dem Stiefvater »als Pflegekind« zu berücksichtigen (Ziff. 63.2.3 Abs. 2 DA – FamEStG).

433 **TIPP** **Machen Sie Ihr Enkelchen zum Pflegekind**

Lebt Ihr Enkelchen in Ihrem Haushalt? Dann überlegen Sie mal mit Ihrer Tochter, wo das Kind gemeldet sein soll und was Sie dem Finanzamt antworten, wenn Sie nach der Zahl der jährlichen Besuche gefragt werden. Dabei gilt: Je weniger sich die Tochter um ihr Kind kümmern kann, umso eher wird es als Ihr Pflegekind anerkannt. Der Fiskalritter sieht die Grenze bei weniger als fünf Besuchen der Mutter im Jahr. Der Bundesfinanzhof ist großzügiger und meint, wenn die Mutter weniger als zwölfmal im Jahr ihr Kind besuche, sei das Kind ein Pflegekind der Großeltern. Das gelte zumindest für noch nicht schulpflichtige Kinder (BFH-Urt. v. 20.1.1995 – BStBl 1995 II S. 582).
Liegen diese Voraussetzungen vor, haben Sie Anspruch auf die Kinderermäßigung. Nach dem Gesetz muss das Pflegekind auf Dauer bei den Pflegeeltern untergebracht sein. Dazu meint der BFH, bei nicht schulpflichtigen Kindern sei das bereits bei einer Aufnahme im Haushalt von mindestens zwei Jahren der Fall. (Zur Übertragung des Kinderfreibetrags vgl. ➤ Rz 458 ff.)
Die Veranlagung ist grundsätzlich unter Berücksichtigung des Anspruchs auf Kindergeld durchzuführen (EStR 31 Abs. 4). Weil die Mutter das Kindergeld erhält, wird es bei der Veranlagung der Großeltern fiktiv mit der Kinderermäßigung aufgerechnet. Also müssen Sie es in > Zeile 6 angeben. Aber es geht auch anders:

Bis zu 372 € im Jahr mehr Kindergeld kassieren?
Wie den Kinderfreibetrag können Sie auch das Kindergeld auf sich übertragen lassen. Vor allem, wenn die junge Mutter selbst noch die Füße unter Ihren Tisch stellt. Wenn das Enkelkind dann zum vierten Kind in Ihrem Haushalt wird, gibt es pro Monat 31 € Kindergeld mehr, als wenn es die Mutter kassiert.

434 **Weitere Fälle von Pflegekindern**

- Kind aus einer geschiedenen Ehe, das bei seiner Tante lebt, als Pflegekind der Tante anerkannt durch FG Hessen vom 19.12.1983 (EFG 1984 S. 349).
- Vollwaise, die bei ihrem Bruder lebt, als Pflegekind des Bruders anerkannt durch BFH-Urt. vom 5.8.1977 (BStBl 1977 II S. 832).

In einem solchen Fall könnten Sie sich ggf. sogar den Pauschbetrag für Behinderte übertragen lassen.

TIPP Kostkinder auf Kosten des Finanzamts 435

Nicht als Pflegekinder gelten **Kostkinder.** Als Tagesmutter haben Sie folgende Möglichkeiten:

- Sie rücken eine Lohnsteuerkarte heraus; dann müssen Sie Ihrer Steuererklärung die Anlage N beifügen.
- Ihr Auftraggeber versteuert (ohne Lohnsteuerkarte) Ihren Lohn pauschal – fragen Sie ihn, ob das der Fall ist! –, so dass Sie steuerlich gesehen nichts mehr zu tun brauchen. Zur pauschalen Versteuerung ➤ Rz 589 ff.
- Sie unterschreiben eine Quittung und versteuern die Einnahmen, genauer gesagt Ihren Gewinn, selbst.

Die Einnahmen werden unterschieden nach:
steuerpflichtigen Einnahmen:

- Pflegegeld
  - vom Jugendamt,
  - von der Gemeinde,
  - von den Eltern des betreuten Kindes.
- steuerfreien Einnahmen:
- 100 % der Beitragserstattungen zur
  - Unfallversicherung,
  - Alterssicherung,
  - angemessenen Kranken- und Pflegeversicherung.

Die steuerpflichtigen Einnahmen können Sie durch Betriebsausgaben mindern. Hierzu haben Sie zwei Möglichkeiten:

1. **Pauschalmethode:**
   Bei einer Betreuung von mindestens 40 Wochenstunden (8 Std./Tag), die in eigenen oder angemieteten Räumen stattfindet, ist eine Betriebskostenpauschale von monatlich 300 € pro Kind abzugsfähig – bei geringerer Stundenzahl entsprechend weniger, bei z. B. 4 Std/Tag also 150 €. Eine Vollzeitpflege ist in Höhe der im Pflegegeld enthaltenen Erstattung der materiellen Aufwendungen sowie einmaliger Beihilfen und Zuschüsse abzugsfähig. Die Pauschale kann nur bis zur Höhe der Einnahmen abgezogen werden, somit kann kein Verlust entstehen.
2. **Einzelnachweis:**
   Sie ermitteln Ihre tatsächlichen Ausgaben durch Einzelaufstellung. Abziehbar sind dann beispielsweise Aufwendungen für Spiel- und Bastelmaterial, Nahrungsmittel und Fachliteratur. Dies bietet sich an, wenn die tatsächlichen Ausgaben monatlich 300 € pro Kind übersteigen. Der Einzelnachweis kann zu einem Verlust führen. Trotzdem lassen Sie den Einzelnachweis

besser sein, sonst müssen Sie dem Finanzamt jede einzelne Wurstscheibe vorrechnen.

Bei Anwendung des Einzelnachweises darf nicht zusätzlich die Pauschale abgezogen werden.

(Quelle: BMF, Schreiben vom 11.11.2016, IV C 6 – S 2246/07/10002 :005)

Gewinnberechnung

Einnahmen lt. quittiertem Betrag, z. B.	2.000 €
./. Betriebsausgabenpauschale (12 Monate × z. B. 300 € =) 3.600 €, max. in Höhe der Betriebseinnahmen	– 2.000 €
Ergibt	0 €

Die schwarze Null tragen Sie auf der Anlage G ein, > Zeile 4. Die Finanzer wollen dann nichts mehr von Ihnen sehen.

436 ♦ *Musterfall Familie Meyer (Pflegekind)*

Das Ehepaar Meyer aus Dortmund hat den am 10.11.2014 geborenen Tobias als Pflegekind aufgenommen. Es erhält von der ledigen Mutter Martha Schulz 110 € Unterhalt im Monat. Der amtliche Pflegesatz des Jugendamts beträgt 490 €. Tobias wird bei den Meyers als Kind berücksichtigt.
Und so sieht das dann in Meyers Steuererklärung aus:

Angaben zum Kind 3

4 Identifikationsnummer 01 12345678901

Vorname — ggf. abweichender Familienname

5 TOBIAS

6 Geburtsdatum 16 10112014 — Anspruch auf Kindergeld (einschließlich Kinderbonus) oder vergleichbare Leistungen für 2021 EUR 15 2778,–

Für die Kindergeldfestsetzung zuständige Familienkasse

7 DORTMUND

8 Wohnsitz im Inland 00 vom 0101 bis 3112 — ggf. abweichende Adresse

9 Wohnsitz im Ausland 07 vom TTMM bis TTMM — ggf. abweichende Adresse (bei Wohnsitz im Ausland bitte auch den Staat angeben) (Kz 14)

Kindschaftsverhältnis zur stpfl. Person / Ehemann / Person A — **Kindschaftsverhältnis zur Ehefrau / Person B**

10 02 2 (1 = leibliches Kind / Adoptivkind; 2 = Pflegekind; 3 = Enkelkind / Stiefkind) — 03 2 (1 = leibliches Kind / Adoptivkind; 2 = Pflegekind; 3 = Enkelkind / Stiefkind)

Kindschaftsverhältnis zu einer anderen Person

11 Name, Vorname: Schulz, Martha — Geburtsdatum dieser Person: 05081981 — Dauer des Kindschaftsverhältnisses 04 vom 0101 bis 3112

12 Letzte bekannte Adresse: Gehweg 22, Lünen — Art des Kindschaftsverhältnisses: 1 (1 = leibliches Kind / Adoptivkind; 2 = Pflegekind)

13 Der andere Elternteil lebte im Ausland 37 TTMM TTMM

Zeile 11 – 15 Kindschaftsverhältnis zu anderen Personen 437

Ist das Kindschaftsverhältnis zwischen Ihnen und Ihrem leiblichen Kind vor dem 1.1.2021 durch Adoption erloschen, dürfen Sie dieses Kind nicht mehr angeben. Wurde Ihr leibliches Kind im Lauf des Jahres 2021 bei einer anderen steuerpflichtigen Person Pflege- oder Adoptivkind, teilen Sie dem Finanzamt das Datum mit. Entsprechendes gilt, wenn Sie ein Kind im Lauf des Jahres 2021 angenommen haben.

Miteinander verheiratete Eltern erhalten für ihr gemeinsames Kind die volle Kinderermäßigung, desgleichen ein alleinstehender Elternteil, wenn der andere Elternteil im Ausland lebt (> Zeile 13) oder verstorben ist (> Zeile 14). Entsprechendes gilt für eine alleinstehende Mutter, die den Vater des Kindes nicht benennt, oder wenn der Wohnsitz des anderen Elternteils nicht ermittelt werden kann (> Zeile 15).

♦ *Musterfall Familie Huber (Volle und halbe Kinderermäßigung)*

Hubers haben ein gemeinsames Kind: Sohn Volker, geboren am 20.8.2005. Herr Huber hat aus erster Ehe Sohn Wolfgang und Tochter Claudia. Wolfgang ist am 3.1.1997 geboren und studiert in Hannover; er lebt bei seiner Mutter, Erika Huber-Schmidt. Herr Huber zahlt für Wolfgang Unterhalt. Claudia ist am 12.4.1998 geboren und studiert in Bonn. An vielen Wochenenden ist Claudia bei den Hubers, bei denen sie auch ihren Wohnsitz gemeldet hat. Bei ihrer Mutter hält sich Claudia nur besuchsweise auf. Die Mutter trägt einen Teil der Unterhaltskosten für Claudia. 438

Den Eheleuten Huber stehen zu:
Für Volker: voller Kinder- sowie Betreuungsfreibetrag, falls günstiger als Kindergeld.
Für Claudia: halber Kinder- und Betreuungsfreibetrag, falls günstiger als Kindergeld, sowie halber Ausbildungsfreibetrag.
Für Wolfgang: halber Kinder- und Betreuungsfreibetrag, falls günstiger als Kindergeld.

TIPP 439

Alleinerziehende aufgepasst!

Obwohl Sie allein für das Kind sorgen, erhält der andere Elternteil die Hälfte der Kinderermäßigung? Nein, sagen Sie, nicht mit mir. Sie beantragen beim Finanzamt die volle Kinderermäßigung, da der andere Elternteil seiner Unterhaltspflicht dem Kind gegenüber nicht nachkommt. Aber Obacht! Damit ja keiner zu viel von der Steuer absetzen kann, wird Ihr Finanzamt dem des anderen Elternteils ein Kontrollmitteilung schicken. Wollen Sie nicht, dass er Ihre aktuelle Adresse erfährt, hüten Sie sich, seinen Namen und seine Anschrift in > Zeile 11 – 12 anzugeben. Besteht das Finanzamt auf diesen Angaben, kontern Sie mit einer Entscheidung des Finanzgerichts Düsseldorf, wonach ein Elternteil auch dann Anrecht auf den vollen Kinderfreibetrag habe, wenn er den anderen Elternteil des Kindes verschweige. (FG Düsseldorf v. 4.1.1993 – EFG 1993 S. 519)

13.2.3 Angaben für ein volljähriges Kind – Zeile 16 – 19

440 Für Kinder im Alter über 18 Jahre steht Ihnen die Steuerermäßigung nur unter bestimmten Voraussetzungen zu. Diese werden in den > Zeilen 16 – 19 abgefragt. Hier geht es um Berufsausbildung, Arbeitslosigkeit oder Behinderung des Kindes.

Achtung, der Fiskus darf »zwölfteln«
Den vollen Jahresbetrag der Kinderermäßigung erhalten Sie für Ihr volljähriges Kind nur, wenn Sie in den folgenden Zeilen den Zeitraum »01.01.« bis »31.12.« eintragen. Fehlen Monate, wird gezwölftelt.

Kinderermäßigung auch für verheiratete Kinder!
Auch wenn Ihr Kind verheiratet ist, können Sie unter den weiteren Voraussetzungen wie unter 25 Jahre – Erstausbildung, arbeitssuchend … – Kindergeld oder Kinderfreibeträge beanspruchen. Grund dafür ist, dass eigene Einkünfte und Bezüge volljähriger Kinder keine Rolle spielen. Dementsprechend dürfen auch Unterhaltsleistungen vom Ehegatten nicht zur Versagung der Kinderermäßigungen führen, so der BFH mit Urteil vom 17.10.2013 (Az. III R 22/13).

Nachweise nur auf Anforderung des Finanzamts einreichen!
Das Finanzamt möchte seine Abläufe automatisieren und am liebsten alles vom Steuerzahler nur noch online erhalten. Daher verzichtet es neuerdings in vielen Bereichen auf die Zusendung von Belegen. Schul- oder Studienbescheinigungen, Ausbildungsveträge oder -bescheinigungen müssen daher nicht eingereicht werden, sollten aber bei Anforderung durch das Finanzamt verfügbar sein.

Zeile 16 - 17 Kind in Schul-, Hochschul- oder Berufsausbildung 441

Solange sich ein Kind in der Berufsausbildung befindet, sind die Eltern in aller Regel gesetzlich verpflichtet, sowohl dessen allgemeinen Unterhalt (Wohnung, Nahrung etc.) zu bestreiten als auch für die speziellen Ausbildungskosten aufzukommen.

Als – wenn auch nur kleinen – Ausgleich dafür erhalten sie weiterhin (bis zum 25. Lebensjahr des Kindes) Kindergeld bzw. Steuermäßigungen. Damit es beim Finanzamt nicht zu lästigen Nachfragen kommt, fügen Sie der Steuererklärung entsprechende Bescheinigungen bei (➤ Rz 443). So sieht der Bearbeiter auf Anhieb, dass in Ihrer Steuererklärung alles »sauber« ist.

Bei einem flüchtigen Blick auf das Steuerformular machen Sie die > Zeilen 20 – 24 stutzig. Und das zu Recht! Denn bei volljährigen Kindern sind Kindergeld bzw. steuerliche Freibeträge nur dann gesichert, wenn das Kind keiner **eigenen Erwerbstätigkeit** nachgeht, wie es im »Steuerdeutsch« so schön heißt. Dazu mehr unter ➤ Rz 456 ff.

Wenn man die Erziehung
seiner Kinder verpfuscht,
zählt alles andere, was man tut,
nicht mehr.
(Jacky Kennedy)

♦ *Musterfall Backs (Kinder in Berufsausbildung)* 442
Die Familie Backs hat drei Kinder und wohnt in Arnsberg. Der älteste Sohn Klaus ist am 15.5.1999 geboren und studiert Maschinenbau in Aachen. In den Semesterferien hat er durch Aushilfsjobs 3.500 € verdient.
Tochter Claudia ist am 5.3.2002 geboren und absolviert eine Lehre als Bürokauffrau in Arnsberg. Die Ausbildungsvergütung beträgt monatlich 750 €. Nesthäkchen Ingo ist am 25.8.2008 geboren und geht noch zur Schule. Für jedes Kind steht Kinderermäßigung zu.

2021

1 Name: BACKS
2 Vorname: KARL
3 Steuernummer: 123/4567/8901 — lfd. Nr. der Anlage: 1

Anlage Kind
Für jedes Kind bitte eine eigene Anlage Kind abgeben.

Daten für die mit (e) gekennzeichneten Zeilen liegen im Regelfall vor und müssen nicht eingetragen werden. – Bitte Infoblatt eDaten / Anleitung beachten –

Angaben zum Kind 3

4 Identifikationsnummer 01: 87463792073
5 Vorname: KLAUS — ggf. abweichender Familienname
6 Geburtsdatum 16: 15051999 — Anspruch auf Kindergeld (einschließlich Kinderbonus) oder vergleichbare Leistungen für 2021 15: 2778,– EUR
7 Für die Kindergeldfestsetzung zuständige Familienkasse
8 Wohnsitz im Inland 00: vom 0101 bis 3112 — ggf. abweichende Adresse
9 Wohnsitz im Ausland 07: vom TTMM bis TTMM — ggf. abweichende Adresse (bei Wohnsitz im Ausland bitte auch den Staat angeben) (Kz 14): Aachen, Studentengasse 3a

Kindschaftsverhältnis zur stpfl. Person / Ehemann / Person A — **Kindschaftsverhältnis zur Ehefrau / Person B**

10 02: 1 — 1 = leibliches Kind / Adoptivkind; 2 = Pflegekind; 3 = Enkelkind / Stiefkind — 03: 1 — 1 = leibliches Kind / Adoptivkind; 2 = Pflegekind; 3 = Enkelkind / Stiefkind

Kindschaftsverhältnis zu einer anderen Person

11 Name, Vorname — Geburtsdatum dieser Person TTMMJJJJ — 04 Dauer des Kindschaftsverhältnisses vom TTMM bis TTMM
12 Letzte bekannte Adresse — Art des Kindschaftsverhältnisses: 1 = leibliches Kind / Adoptivkind; 2 = Pflegekind
13 Der andere Elternteil lebte im Ausland — 37 TTMM TTMM
14 Das Kindschaftsverhältnis zum anderen Elternteil ist durch dessen Tod erloschen am — 06 TTMMJJJJ
15 Der Wohnsitz oder gewöhnliche Aufenthalt des anderen Elternteiles ist nicht zu ermitteln oder der Vater des Kindes ist amtlich nicht feststellbar — 05 — 1 = Ja

Angaben für ein volljähriges Kind

Das Kind
- befand sich in einer Schul-, Hochschul- oder Berufsausbildung,
- befand sich in einer Übergangszeit von höchstens vier Monaten (z. B. zwischen zwei Ausbildungsabschnitten),
- konnte eine Berufsausbildung mangels Ausbildungsplatzes nicht beginnen oder fortsetzen und / oder
- hat ein freiwilliges soziales oder ökologisches Jahr (Jugendfreiwilligendienstegesetz), eine europäische Freiwilligenaktivität, einen entwicklungspolitischen Freiwilligendienst, einen Freiwilligendienst aller Generationen (§ 2 Abs. 1a SGB VII), einen Internationalen Jugendfreiwilligendienst, Bundesfreiwilligendienst oder einen Anderen Dienst im Ausland (§ 5 Bundesfreiwilligendienstgesetz) geleistet.

(Folgen diese Abschnitte unmittelbar aufeinander, sind sie zu einem Zeitraum zusammenzufassen.)

16 1. Zeitraum 80: vom 01012021 bis 31122021 — 2. Zeitraum 81: vom TTMMJJJJ bis TTMMJJJJ
17 Erläuterungen zu den Berücksichtigungszeiträumen: Studium
18 Das Kind war ohne Beschäftigung und bei einer Agentur für Arbeit als arbeitsuchend gemeldet — 82
19 Das Kind war wegen einer vor Vollendung des 25. Lebensjahres eingetretenen Behinderung außerstande, sich selbst finanziell zu unterhalten (Bitte Anleitung beachten.) — 83

Angaben zur Erwerbstätigkeit eines volljährigen Kindes (nur bei Eintragungen in Zeile 16)

20 Das Kind hat bereits eine erstmalige Berufsausbildung oder ein Erststudium abgeschlossen — 84: 2 — 1 = Ja; 2 = Nein
21 Falls Zeile 20 mit „Ja" beantwortet wurde: Das Kind war erwerbstätig (kein Ausbildungsdienstverhältnis) — 1 = Ja; 2 = Nein
22 Falls Zeile 21 mit „Ja" beantwortet wurde: Das Kind übte eine / mehrere geringfügige Beschäftigung(en) im Sinne der §§ 8, 8a SGB IV (sog. Minijob) aus — 1 = Ja; 2 = Nein — Beschäftigungszeitraum vom TTMM bis TTMM
23 Das Kind übte andere Erwerbstätigkeiten aus (bei mehreren Erwerbstätigkeiten bitte Angaben lt. gesonderter Aufstellung) — 1 = Ja; 2 = Nein — Erwerbszeitraum TTMM TTMM
24 (Vereinbarte) regelmäßige wöchentliche Arbeitszeit der Tätigkeit(en) — lt. Zeile 22 Stunden — lt. Zeile 23 Stunden

2021AnlKind021 – April 2021 – 2021AnlKind021

2021

Name
1 BACKS
Vorname
2 KARL

Anlage Kind
Für jedes Kind bitte eine eigene Anlage Kind abgeben.

Daten für die mit (e) gekennzeichneten Zeilen liegen im Regelfall vor und müssen nicht eingetragen werden. – Bitte Infoblatt eDaten / Anleitung beachten –

3 **Steuernummer** 123/4567/8901 lfd. Nr. der Anlage 2

Angaben zum Kind 3

4 **Identifikationsnummer** 01 87463571088
Vorname — ggf. abweichender Familienname
5 CLAUDIA
Geburtsdatum
6 16 05032002 — Anspruch auf Kindergeld (einschließlich Kinderbonus) oder vergleichbare Leistungen für 2021 15 2778,– EUR
Für die Kindergeldfestsetzung zuständige Familienkasse
7

8 Wohnsitz im Inland 00 vom 0101 bis 3112 — ggf. abweichende Adresse
9 Wohnsitz im Ausland 07 vom T T M M bis T T M M — ggf. abweichende Adresse (bei Wohnsitz im Ausland bitte auch den Staat angeben) (Kz 14)

Kindschaftsverhältnis zur stpfl. Person / Ehemann / Person A — **Kindschaftsverhältnis zur Ehefrau / Person B**

10 02 1 — 1 = leibliches Kind / Adoptivkind, 2 = Pflegekind, 3 = Enkelkind / Stiefkind — 03 1 — 1 = leibliches Kind / Adoptivkind, 2 = Pflegekind, 3 = Enkelkind / Stiefkind

Kindschaftsverhältnis zu einer anderen Person

11 Name, Vorname — Geburtsdatum dieser Person T T M M J J J J — Dauer des Kindschaftsverhältnisses 04 vom T T M M bis T T M M
12 Letzte bekannte Adresse — Art des Kindschaftsverhältnisses: 1 = leibliches Kind / Adoptivkind, 2 = Pflegekind
13 Der andere Elternteil lebte im Ausland 37 T T M M T T M M
14 Das Kindschaftsverhältnis zum anderen Elternteil ist durch dessen Tod erloschen am 06 T T M M J J J J
15 Der Wohnsitz oder gewöhnliche Aufenthalt des anderen Elternteiles ist nicht zu ermitteln oder der Vater des Kindes ist amtlich nicht feststellbar 05 1 = Ja

Angaben für ein volljähriges Kind

Das Kind
- befand sich in einer Schul-, Hochschul- oder Berufsausbildung,
- befand sich in einer Übergangszeit von höchstens vier Monaten (z. B. zwischen zwei Ausbildungsabschnitten),
- konnte eine Berufsausbildung mangels Ausbildungsplatzes nicht beginnen oder fortsetzen und / oder
- hat ein freiwilliges soziales oder ökologisches Jahr (Jugendfreiwilligendienstegesetz), eine europäische Freiwilligenaktivität, einen entwicklungspolitischen Freiwilligendienst, einen Freiwilligendienst aller Generationen (§ 2 Abs. 1a SGB VII), einen Internationalen Jugendfreiwilligendienst, Bundesfreiwilligendienst oder einen Anderen Dienst im Ausland (§ 5 Bundesfreiwilligendienstgesetz) geleistet.

(Folgen diese Abschnitte unmittelbar aufeinander, sind sie zu einem Zeitraum zusammenzufassen.)

16 80 1. Zeitraum vom 01012021 bis 31122021 — 81 2. Zeitraum vom T T M M J J J J bis T T M M J J J J
17 Erläuterungen zu den Berücksichtigungszeiträumen Berufsausbildung
18 Das Kind war ohne Beschäftigung und bei einer Agentur für Arbeit als arbeitsuchend gemeldet 82 T T M M J J J J T T M M J J J J
19 Das Kind war wegen einer vor Vollendung des 25. Lebensjahres eingetretenen Behinderung außerstande, sich selbst finanziell zu unterhalten (Bitte Anleitung beachten.) 83 T T M M J J J J T T M M J J J J

Angaben zur Erwerbstätigkeit eines volljährigen Kindes (nur bei Eintragungen in Zeile 16)

20 Das Kind hat bereits eine erstmalige Berufsausbildung oder ein Erststudium abgeschlossen 84 2 — 1 = Ja, 2 = Nein
Falls Zeile 20 mit „Ja" beantwortet wurde:
21 Das Kind war erwerbstätig (kein Ausbildungsdienstverhältnis) — 1 = Ja, 2 = Nein
Falls Zeile 21 mit „Ja" beantwortet wurde:
22 Das Kind übte eine / mehrere geringfügige Beschäftigung(en) im Sinne der §§ 8, 8a SGB IV (sog. Minijob) aus — 1 = Ja, 2 = Nein — Beschäftigungszeitraum vom T T M M bis T T M M
23 Das Kind übte andere Erwerbstätigkeiten aus (bei mehreren Erwerbstätigkeiten bitte Angaben lt. gesonderter Aufstellung) — 1 = Ja, 2 = Nein — Erwerbszeitraum T T M M T T M M
24 (Vereinbarte) regelmäßige wöchentliche Arbeitszeit der Tätigkeit(en) lt. Zeile 22 Stunden lt. Zeile 23 Stunden

2021AnlKind021 – April 2021 – **2021AnlKind021**

2021

Anlage Kind
Für jedes Kind bitte eine eigene Anlage Kind abgeben.

Daten für die mit (e) gekennzeichneten Zeilen liegen im Regelfall vor und müssen nicht eingetragen werden. – Bitte Infoblatt eDaten / Anleitung beachten –

1 Name: BACKS
2 Vorname: KARL
3 Steuernummer 123/4567/8901 lfd. Nr. der Anlage 3

Angaben zum Kind 3

4 Identifikationsnummer 01 87463013591
Vorname / ggf. abweichender Familienname
5 INGO
6 Geburtsdatum 16 25082008 — Anspruch auf Kindergeld (einschließlich Kinderbonus) oder vergleichbare Leistungen für 2021 EUR 15 2850,–
Für die Kindergeldfestsetzung zuständige Familienkasse
7
8 Wohnsitz im Inland 00 vom 0101 bis 3112 — ggf. abweichende Adresse
9 Wohnsitz im Ausland 07 vom T T M M bis T T M M — ggf. abweichende Adresse (bei Wohnsitz im Ausland bitte auch den Staat angeben) (Kz 14)

Kindschaftsverhältnis zur stpfl. Person / Ehemann / Person A — **Kindschaftsverhältnis zur Ehefrau / Person B**

10 02 1 — 1 = leibliches Kind / Adoptivkind 2 = Pflegekind 3 = Enkelkind / Stiefkind — 03 1 — 1 = leibliches Kind / Adoptivkind 2 = Pflegekind 3 = Enkelkind / Stiefkind

Kindschaftsverhältnis zu einer anderen Person

11 Name, Vorname — Geburtsdatum dieser Person T T M M J J J J — Dauer des Kindschaftsverhältnisses 04 vom T T M M bis T T M M
12 Letzte bekannte Adresse — Art des Kindschaftsverhältnisses 1 = leibliches Kind / Adoptivkind 2 = Pflegekind
13 Der andere Elternteil lebte im Ausland 37 T T M M T T M M
14 Das Kindschaftsverhältnis zum anderen Elternteil ist durch dessen Tod erloschen am 06 T T M M J J J J
15 Der Wohnsitz oder gewöhnliche Aufenthalt des anderen Elternteiles ist nicht zu ermitteln oder der Vater des Kindes ist amtlich nicht feststellbar 05 1 = Ja

Angaben für ein volljähriges Kind

Das Kind
- befand sich in einer Schul-, Hochschul- oder Berufsausbildung,
- befand sich in einer Übergangszeit von höchstens vier Monaten (z. B. zwischen zwei Ausbildungsabschnitten),
- konnte eine Berufsausbildung mangels Ausbildungsplatzes nicht beginnen oder fortsetzen und / oder
- hat ein freiwilliges soziales oder ökologisches Jahr (Jugendfreiwilligendienstegesetz), eine europäische Freiwilligenaktivität, einen entwicklungspolitischen Freiwilligendienst, einen Freiwilligendienst aller Generationen (§ 2 Abs. 1a SGB VII), einen Internationalen Jugendfreiwilligendienst, Bundesfreiwilligendienst oder einen Anderen Dienst im Ausland (§ 5 Bundesfreiwilligendienstgesetz) geleistet.

(Folgen diese Abschnitte unmittelbar aufeinander, sind sie zu einem Zeitraum zusammenzufassen.)

16 1. Zeitraum 80 vom T T M M J J J J bis T T M M J J J J — 2. Zeitraum 81 vom T T M M J J J J bis T T M M J J J J
17 Erläuterungen zu den Berücksichtigungszeiträumen
18 Das Kind war ohne Beschäftigung und bei einer Agentur für Arbeit als arbeitsuchend gemeldet 82 T T M M J J J J T T M M J J J J
19 Das Kind war wegen einer vor Vollendung des 25. Lebensjahres eingetretenen Behinderung außerstande, sich selbst finanziell zu unterhalten (Bitte Anleitung beachten.) 83 T T M M J J J J T T M M J J J J

Angaben zur Erwerbstätigkeit eines volljährigen Kindes (nur bei Eintragungen in Zeile 16)

20 Das Kind hat bereits eine erstmalige Berufsausbildung oder ein Erststudium abgeschlossen 84 — 1 = Ja 2 = Nein

Falls Zeile 20 mit „Ja" beantwortet wurde:

21 Das Kind war erwerbstätig (kein Ausbildungsdienstverhältnis) — 1 = Ja 2 = Nein

Falls Zeile 21 mit „Ja" beantwortet wurde:

22 Das Kind übte eine / mehrere geringfügige Beschäftigung(en) im Sinne der §§ 8, 8a SGB IV (sog. Minijob) aus — 1 = Ja 2 = Nein — Beschäftigungszeitraum vom T T M M bis T T M M
23 Das Kind übte andere Erwerbstätigkeiten aus (bei mehreren Erwerbstätigkeiten bitte Angaben lt. gesonderter Aufstellung) — 1 = Ja 2 = Nein — Erwerbszeitraum T T M M T T M M
24 (Vereinbarte) regelmäßige wöchentliche Arbeitszeit der Tätigkeit(en) lt. Zeile 22 Stunden lt. Zeile 23 Stunden

2021AnlKind021 – April 2021 – **2021AnlKind021**

Was ist Berufsausbildung? 443

Eine Berufsausbildung vermittelt in einem geordneten Ausbildungsgang fachliche Kenntnisse und Fertigkeiten zur Ausübung eines künftigen Berufs, so lautet die Definition. Gottlob ist diese Definition sehr weit auszulegen. Zur Berufsausbildung gehören die Ausbildung in einem handwerklichen, kaufmännischen, technischen oder wissenschaftlichen Beruf, Umschulungsmaßnahmen, der Besuch einer Realschule, eines Gymnasiums (auch Abendgymnasium), einer Fachhochschule oder Universität. Auch ein Kind, das, obwohl bereits volljährig, einen Schulabschluss nachholt, befindet sich in Berufsausbildung.
Ebenso gilt die Teilnahme an einem Abiturfernlehrgang als Berufsausbildung mit der Folge, dass die Eltern Anspruch auf Kindergeld haben. Dabei ist unerheblich, ob die Teilnahme zum angestrebten Erfolg geführt hat (FG Baden-Württemberg 4.5.2001 – EFG 2001 S.1299 – und v. 26.2.2002 – EFG 2002 S.771).

Wann endet die Berufsausbildung?

Die Berufsausbildung ist mit einer Abschlussprüfung (z.B. Laufbahnprüfung, Staatsexamen oder Gesellenprüfung) nicht unbedingt beendet – so werden die Fiskalbürokraten in den Einkommensteuer-Hinweisen 32.5 belehrt. Setzt Ihr Kind seine Ausbildung fort, z.B. durch ein Studium an der Bundeswehrhochschule, eine Referendarausbildung wie bei angehenden Lehrern oder Juristen, durch eine Ausbildung für einen gehobenen oder einen andersartigen Beruf oder sofort nach der Gesellenprüfung durch Besuch der Meisterschule, ohne weiter als Geselle zu arbeiten, steht Ihnen weiterhin die Kinderermäßigung zu.

Beispiel

Ihr Michael ist von September 2021 bis Juli 2022 auf der Meisterschule und arbeitet nebenbei weniger als 20 Stunden pro Woche. Er zahlt das Schulgeld, die Bücher und die Fahrtkosten, gibt aber für diese Zeit kein Kostgeld ab. Also beantragen Sie für das erste und zweite Jahr zeitanteilig ($^{4}/_{12}$ bzw. $^{7}/_{12}$) die Kinderermäßigung und den Ausbildungsfreibetrag – vorausgesetzt, Michael ist jeweils unter 25. Zugleich soll Michael seine Ausgaben in der Anlage N als Werbungskosten ansetzen. Siehe dazu ➤ Rz 685.

Berufsbegleitende Ausbildung

In der Berufsausbildung befindet sich aus fiskalischer Sicht nicht mehr, wer sich zwar auf ein Berufsziel vorbereitet, aber zugleich einen Beruf ausübt, der von vielen Arbeitnehmern unter denselben Bedingungen als Dauerberuf ausgeübt wird (BFH v. 2.7.1993 – BStBl 1994 S.101). Unter Hinweis auf dieses Urteil versagen viele Finanzämter den Eltern die

Steuerermäßigung für Kinder, die berufsbegleitende Lehrgänge besuchen, erkennen dafür aber bei den Kindern selbst die Lehrgangskosten als Werbungskosten an (BFH-Urt. v. 15.12.1989 – BStBl 1990 II S.692 betr. Aufwendungen für die Meisterprüfung). Diese wirken sich aber wegen des Arbeitnehmerpauschbetrags von 1.000 € meistens steuerlich nicht aus.

Nachweise
Für ein Kind in Schul- oder Berufsausbildung oder im Studium fügen Sie der Steuererklärung eine Bescheinigung der Schule oder Hochschule bei. Die Fortdauer eines Studiums ist jedes Jahr, und zwar spätestens im Oktober, nachzuweisen. Ergibt sich aus der Immatrikulationsbescheinigung für das laufende Semester, dass auch das vorangegangene Semester belegt war (ersichtlich aus der Anzahl der Fachsemester), ist für dieses kein gesonderter Nachweis erforderlich. Für ein Kind in betrieblicher Berufsausbildung ist eine Ausbildungsbescheinigung beizufügen.

Duales Studium gilt als Erstausbildung!
Im Rahmen eines dualen Studiums wird oftmals eine Abschlussprüfung in einem Ausbildungsberuf noch während des Studiums abgelegt. Diese Prüfung beendet jedoch die Erstausbildung und damit den Bezug des Kindergeldes nicht, so der Bundesfinanzhof mit Urteil vom 3.7.2014 (Az. III R 52/13).
Die Kinderermäßigungen bleiben demnach bis zum Abschluss des Bachelorstudiums erhalten, denn Ausbildung und Studium sind Teile einer einheitlichen Erstausbildung. Unschädlich ist demnach auch, wenn während des Studiums mehr als 20 Wochenstunden im Betrieb gearbeitet wird.

Der Vollständigkeit halber: Kosten in Zusammenhang mit einem weiterführenden Masterstudium können Ihre Kinder in vollem Umfang als vorweggenommene Werbungskosten geltend machen (➤ Rz 685).

Bei gleicher Umgebung lebt jeder
in seiner eigenen Welt.
(Schopenhauer)

444 **Ausbildungsdienstverhältnis**
Dieses sonderbare Wort stammt aus der Ministerialbürokratie. In einem Ausbildungsdienstverhältnis befindet sich, wem steuerpflichtiger Arbeitslohn zufließt, obwohl das Dienstverhältnis zum Zweck der Ausbildung eingegangen wurde.

Ein Ausbildungsdienstverhältnis zählt nicht als Erwerbstätigkeit. Also bleiben auch bei 1.000 € Arbeitslohn monatlich Kindergeld/kindbedingte Freibeträge erhalten.
Sonderbarerweise fällt ein Ausbildungsdienstverhältnis in die Kategorie Fortbildung, d.h.: Ihr Sprössling kann alle Kosten, die ihm im Zusammenhang mit seiner Ausbildung entstehen (für Lehrmaterial, Bücher, Besuch von Seminaren, Lehrgängen und Arbeitsgemeinschaften, für Fahrten zur Berufsschule, Verpflegungsmehraufwendungen, auch für doppelte Haushaltsführung), als Werbungskosten absetzen (LStH 9.2).
Vielleicht gelingt es ihm, möglichst viele der Kosten in das Jahr zu verlagern, in dem er seine Ausbildung beendet. Dadurch hat er einen doppelten Vorteil: Er nimmt leichter die Hürde des Arbeitnehmerpauschbetrags von 1.000 €, und die Werbungskosten wirken sich stärker aus, weil er in dem Jahr schon gut verdient.
Wie Auszubildende ihr Finanzamt auf die Palme bringen: ➤ Rz 782.

TIPP 445

Die Masche mit dem Ausbildungsdienstvertrag

Grundsätzlich gehören die Aufwendungen für die Ausbildung der Kinder zu den nicht abziehbaren Kosten der Lebenshaltung. Anders dagegen, wenn die Ausbildung betrieblich veranlasst ist. Und das ist sie nach dem Urteil des Bundesfinanzhofs vom 14.12.1990 (BStBl 1991 II S. 305), wenn ein Handwerksbetrieb Kosten aufwendet, um einen betrieblichen Nachfolger auszubilden.
Besonders wichtig ist hier der sog. Fremdvergleich. Die Tatsache, dass Ihr Kind den Betrieb übernehmen soll, darf nicht im Vordergrund stehen. Es kommt vielmehr darauf an, dass es aufgrund seines beruflichen Werdegangs, seines Alters und der Dauer seiner Betriebszugehörigkeit am besten geeignet ist, Ihre Nachfolge anzutreten, und Sie einen Angestellten bei gleicher Qualifikation ebenso gefördert hätten (BFH-Urt. v. 29.10.1997 – BStBl 1998 II S. 149).
Weisen Sie also – wenn es zutrifft – ruhig darauf hin, dass Ihr Sprössling bereits von Jugend an in den Ferien bei Ihnen gejobbt hat. Und: Da er den festen Wunsch hat, das Geschäft als Ihr Nachfolger fortzuführen bzw. in der Leitung Ihrer Firma mitzuarbeiten, haben Sie ihn schon seit Jahren in die Geschäftsführung eingebunden, so dass er die besten Voraussetzungen mitbringt.
Also, Ihr Meisterväter und -mütter: Die Kosten für die Ausbildung zum Handwerksmeister trägt der Betrieb, wenn Sie es richtig anpacken. Und außerdem steht Ihnen Kinderermäßigung zu, sofern ein Ausbildungsdienstverhältnis gegeben ist oder aber die Wochenarbeitszeit unter 20 Stunden bleibt.

446 »Mein Sohn Peter will noch studieren, bevor er die Firma übernimmt«, sagen Sie. Auch gut, aber schließen Sie vorher mit ihm einen Vertrag – und zwar einen, wie er auch zwischen fremden Personen möglich wäre. Etwa so:

Ausbildungsdienstvertrag

Zwischen der Firma Walter Holzauge, Holzleimbaubetrieb, in 12345 Neuhausen, und Peter Holzauge, wohnhaft ebendort, wird folgender Ausbildungsdienstvertrag geschlossen:
Peter Holzauge wird ab 1.2.20.. an der Fachhochschule für Holzwesen in Rosenheim studieren, um dort die Prüfung als Ingenieur Holzfachwirt grad. abzulegen. Danach wird er als solcher in der Firma Walter Holzauge tätig sein. Die Firma ist auf eine jüngere Fachkraft angewiesen und deshalb bereit, die Kosten der Ausbildung zu übernehmen. Übernommen werden: die Kosten der Unterkunft in Rosenheim (zu 50%), die Semestergebühren und die Aufwendungen für Lehrmaterial. Außerdem wird das Gehalt von derzeit 1.500 € mtl. in Höhe von 50% bis zum Ablauf der Regelstudienzeit weitergezahlt. Der planmäßige Verlauf des Studiums wird durch Scheine und Testate nachgewiesen, die der Firma Walter Holzauge in Kopie zu überlassen sind. Bei Abbruch des Studiums sind die bis dahin erhaltenen Gehälter zurückzuzahlen.
Das bereits bestehende Dienstverhältnis wird ab 1.2.20.. in ein Ausbildungsdienstverhältnis umgewandelt. Peter Holzauge verpflichtet sich, nach Ablegung des Ingenieurexamens in der Firma Walter Holzauge als Führungskraft tätig zu sein. Kündigt Peter Holzauge vor Ablauf von zehn Jahren, sind die von der Firma getragenen Kosten und die Gehaltsbezüge für jedes ausstehende Jahr in Höhe von einem Zehntel zurückzuzahlen.

Neuhausen, den . . . .

. . . .
Unterschrift Walter Holzauge — Unterschrift Peter Holzauge

Peter muss sein Gehalt versteuern, kann aber seine Aufwendungen für die Ausbildung als Werbungskosten absetzen (BFH-Urt. v. 28.9.1984 – BStBl 1985 II S. 87). Das sind aufs Jahr gerechnet:

Verpflegungsmehraufwendungen (für die ersten drei Monate)	
84 Tage × 28 € =	2.352 €
Fahrtkosten 48 Heimfahrten × 120 km (gefahren) × 0,30 € =	1.728 €
Kosten der Unterkunft 300 € × 12 Monate =	3.600 €
Summe	7.680 €
./. steuerfreie Erstattung der Unterkunft	– 1.800 €
Als Werbungskosten abziehbar	5.880 €

Mehr zum Werbungskostenabzug unter ➤ Rz 777 ff.

Zeile 16 Kind in Übergangszeit 447

Zwischen einzelnen Ausbildungsabschnitten, wie z. B. dem Ende der Schulzeit und dem Beginn des Studiums, lassen sich sog. Übergangszeiten oft nicht vermeiden. Auch in dieser Zeit stehen Ihnen Kindergeld bzw. -freibeträge zu. Die Übergangszeit darf nur nicht vier Monate überschreiten. Endet demnach ein Ausbildungsabschnitt im Juli, muss der nächste spätestens im Dezember beginnen. Erst für die Zeit danach müssen Sie die Bemühungen Ihres Sprösslings um einen Ausbildungsplatz lückenlos belegen.
Übrigens: Kann Ihre Tochter ihre Ausbildung aufgrund der gesetzlichen Mutterschutzfristen nicht beginnen oder fortsetzen, steht Ihnen ebenfalls die Kinderermäßigung zu.

Gut zu wissen: Der Kniff mit der Übergangszeit von bis zu vier Monaten soll auch dann greifen, wenn Ihr Sprössling auf den Antritt des freiwilligen Wehrdienstes wartet (so das FG Schleswig-Holstein mit Urt. v. 28.1.2017 – Az. 2 K 39/14).
Gleiches gilt für Schulabgänger, die innerhalb von vier Monaten eine Tätigkeit im Rahmen eines Freiwilligen Sozialen-, Ökologischen- oder Kulturellen Jahres aufnehmen. Auch wer innerhalb dieser Zeit seinen Freiwilligendienst antritt, kann getrost die > Zeile 16 ausfüllen.

Zeile 16 Kind ohne Ausbildungsplatz 448

Wenn Ihr Kind momentan mangels Ausbildungsplatz die Ausbildung nicht beginnen kann, ist für das Kindergeld und die übrigen Steuervergünstigungen nichts verloren, denn sie stehen auch für die Zeiträume zu, in denen das Kind auf einen Ausbildungsplatz wartet (BFH v. 7.8.1992 – BStBl 1993 II S. 103). Kontert das Finanzamt, jeder bekomme einen Ausbildungsplatz, wenn er sich nur nachhaltig bemühe, beweisen Sie durch Vorlage von Bewerbungsschreiben oder der Bescheinigung des Arbeitsamts über die Meldung des Kindes als Bewerber um eine berufliche Ausbildungsstelle das Gegenteil.

1-€-Job schadet nicht

Ihr Filius kann beim besten Willen keinen Ausbildungsplatz finden und wird von der Arbeitsagentur schon mit 1-€-Jobs beschäftigt? Für ihn sicher nicht angenehm, für Ihr Kindergeld oder die Kinderfreibeträge jedoch kein Beinbruch. Diese Jobs sollen ja gerade die Aussichten Arbeitssuchender verbessern, so jedenfalls sagt es das Sozialgesetzbuch. Damit steht Ihr Sprößling in der Warteschleife für einen Ausbildungsplatz, und die Voraussetzungen für > Zeile 16 der Anlage Kind sind erfüllt.

449 **TIPP Der Numerus clausus sichert Kindergeld und Steuervergünstigungen**

Helga hat im Mai 2021 ihr Abitur geschafft und seitdem Bock auf nichts, gammelt nur herum. Damit ihre Eltern weiterhin Kindergeld erhalten, bewirbt sie sich pro forma im Juni um einen Studienplatz für Medizin. Sie weiß im Voraus, dass sie mit der Abi-Note 3,0 eine Absage erhalten wird, was auch prompt im September eintritt. Nun hat sie Zeit bis Juni 2022, wenn das nächste Zulassungsverfahren zum Wintersemester anläuft. In der Steuererklärung für 2021 können ihre Eltern in > Zeile 16 eintragen: »1.6.2021« bis »31.12.2021. (Quelle: DA-FamEStG v. 15.3.2002 – Nr. 63.3.4)«

Peter war nicht so schlau. Er hat im Mai 2021 sein Fachabitur geschafft und die Schule satt. Er weiß noch nicht recht, was er machen will. Schließlich bewirbt er sich im Dezember um einen Ausbildungsplatz in der Versicherungsbranche und erhält im Januar 2022 eine Zusage zu August 2022. Pech für die Eltern von Peter, denn sie erhalten für die Monate Juni bis November kein Kindergeld. Erst ab Dezember, also mit Beginn der ersten Bemühungen um einen Ausbildungsplatz, stehen wieder Kindergeld und Steuervergünstigungen für Peter zu.

Sorgen Sie also dafür, dass sich Ihr Kind möglichst früh um einen Ausbildungsplatz bewirbt. Denn die erste Bewerbung ist der Startschuss für die Fortzahlung von Kindergeld. Außerdem müssen Sie als Berechtigter gegenüber der Familienkasse mit geeigneten Unterlagen aufwarten können, aus denen sich die Bemühungen Ihres Sprösslings um einen Ausbildungsplatz ergeben.

Wie Sie sich aus dieser Klemme befreien können, lesen Sie unter ➤ Rz 447 »Kind in Übergangszeit«.

Sich regen bringt Segen
(alter Spruch)

Zeile 16 Kind hat freiwilliges soziales/ökologisches Jahr/Freiwilligendienst/Dienst im Ausland abgeleistet 450

Ein volljähriges Kind kann hinsichtlich Kindergeld und -freibeträgen auch dann berücksichtigt werden, wenn es

- ein freiwilliges soziales oder ein freiwilliges ökologisches Jahr im Sinne des Jugendfreiwilligendienstegesetzes ableistet (ggf. auch im Ausland, wenn der Träger seinen Hauptsitz in Deutschland hat),
- am Aktionsprogramm »Jugend in Aktion« der EU teilnimmt (Berücksichtigung bis zur Dauer von zwölf Monaten),
- Dienst nach § 14b des Zivildienstgesetzes im Ausland leistet,
- einen entwicklungspolitischen Freiwilligendienst »weltwärts« im Sinne der Richtlinie des Bundesministeriums für wirtschaftliche Zusammenarbeit und Entwicklung (BMZ) leistet oder aber
- Freiwilligendienst aller Generationen (§ 2 Abs. 1a SGB VII), einen Internationalen Jugendfreiwilligendienst (Richtlinie des Bundesministeriums für Familie, Senioren, Frauen und Jugend) oder einen Bundesfreiwilligendienst im Sinne des Bundesfreiwilligendienstgesetzes leistet.

Zeile 18 Kind ohne Beschäftigung/arbeitsuchend gemeldet 451

Steht Ihr Kind nach der Lehre auf der Straße, können Sie bis zu seinem 21. Lebensjahr die Kinderermäßigung beanspruchen. Den Nachweis der Arbeitslosigkeit führen Sie durch Vorlage der Besucherkarte des Arbeitsamts.
Wie Ihr Sprössling trotz Arbeitslosigkeit Steuern sparen kann, dazu lesen Sie ➤ Rz 685.

Zeile 19 Behindertes Kind 452

Behinderte Kinder werden ohne Altersbeschränkung berücksichtigt, wenn die Behinderung vor Vollendung des 25. Lebensjahres eingetreten ist und sie sich finanziell nicht selbst unterhalten können (siehe ➤ Rz 453 f.).

Außerdem sollten Sie wissen: Ist Ihr Kind über 25 Jahre alt und findet wegen der Behinderung keinen Arbeitsplatz oder hat seine Schul- oder Berufsausbildung noch nicht beendet, muss das Finanzamt auf weitere Prüfungen verzichten und die Kinderermäßigung anerkennen (EStR 32.9).

TIPP Kann sich Ihr Kind selbst unterhalten?

453 Tragen Sie Ihr behindertes Kind, auch wenn es berufstätig ist, immer in > Zeile 1 – 19 ein, und fügen Sie auf alle Fälle eine Kopie des Schwerbehindertenausweises bei. Wenn der Finanzbeamte dort »Grad der Behinderung 100 %« liest, muss er schon zur ganz abgebrühten Sorte gehören, wenn er trotzdem die fast peinliche Frage stellt, ob sich Ihr schwerbehindertes Kind nicht vielleicht doch selbst unterhalten kann.
Diese Frage ist allerdings fast unvermeidlich, wenn Sie vergessen haben, Angaben zur Erwerbstätigkeit in > Zeile 20 – 24 zu machen.

454 Der Fiskus meint, Ihr Kind könne sich finanziell selbst unterhalten, wenn es aus eigenen finanziellen Mitteln seinen Lebensbedarf decken kann. Dieser setzt sich zusammen aus dem Grundbedarf, den auch ein gesundes Kind hat, und dem behinderungsbedingten Mehrbedarf. Der Grundbedarf entspricht dem Existenzminimum eines Alleinstehenden von 9.744 €. Der »typische« behinderungsbedingte Mehrbedarf kann mangels anderer Anhaltspunkte mit dem Pauschbetrag für Behinderte (➤ Rz 285) angesetzt werden. Hat Ihr Kind z.B. das Merkzeichen H, beträgt der Pauschbetrag 7.400 €. Die eigenen Einkünfte und Bezüge des Kindes dürfen also in diesem Fall 17.144 € nicht übersteigen.

Folgende Aufwendungen gelten darüber hinaus als »behinderungsbedingter Mehrbedarf« und erhöhen die Einkommensgrenze:

- Pflegeaufwand in Höhe des gezahlten Pflegegelds,
- behinderungsbedingte Fahrtkostenpauschale mit 900 bzw. 4.500 € (je nach Grad der Behinderung; vgl. ➤ Rz 294),
- persönliche, amtsärztlich bestätigte Betreuungsleistungen der Eltern (Stundensatz in Höhe des Mindestlohns von 9,82 € bzw. 10,45 € ab 7/2022).

Eigenes Vermögen schadet nicht
Bei der Beurteilung der Frage, ob sich das volljährige behinderte Kind finanziell selbst unterhalten kann, bleibt eigenes Vermögen des Kindes unberücksichtigt (BFH-Urt. v. 19.8.2002, BStBl 2003 II S. 88).

Der Wohlstand ist das Durchgangsstadium
von der Armut zur Unzufriedenheit.
(Paul Spree)

TIPP Behindert, weil drogenabhängig

455

Als Behinderung kommen auch Suchtkrankheiten in Betracht. Wer ein Kind hat, das aufgrund seiner Drogenabhängigkeit die Ausbildung geschmissen hat und sich auch nicht selbst unterhalten kann, sollte Kindergeld beantragen und das Kind in der Steuererklärung geltend machen. Nach dem Urteil des FG Rheinland-Pfalz vom 26.11.2001 (rechtskräftig – EFG 2002 S. 558) kann das Finanzamt den Grad der Behinderung ohne weiteres mit mindestens 50 % feststellen, ohne dass ein Schwerbehindertenausweis vorgelegt wird.
Nun gibt es in jedem Finanzamt welche von der hartgesottenen Sorte, die sich trotz unbestrittener Drogenabhängigkeit auf ihre Dienstanweisungen »FamEStG« und EStR 32.9 berufen und einen Ausweis nach dem Schwerbehindertengesetz verlangen. Berufen Sie sich in einem solchen Fall auf das Urteil des Bundesfinanzhofs vom 16.4.2002 (BFH/NV 2002 S. 1091), wonach die Dienstanweisungen in diesem Punkt nicht einschlägig sind. Denn im Gesetz ist der zu erbringende Nachweis der Behinderung nicht geregelt und kann auch auf andere Art als durch einen Schwerbehindertenausweis erbracht werden. Führen Sie den Nachweis z. B. durch ein ärztliches Gutachten oder durch Zeugnis der behandelnden Ärzte. Wichtig ist, dass aus den Bescheinigungen Beginn, Grad und Folgen der Drogensucht, sprich der Behinderung, hervorgehen.

Beispiel: Steuerermäßigung für schwerbehindertes Kind

Angaben zum Kind 3

4 **Identifikationsnummer** 01 32123567908

Vorname — ggf. abweichender Familienname

5 FABIAN

Geburtsdatum — Anspruch auf Kindergeld (einschließlich Kinderbonus) oder vergleichbare Leistungen für 2021 — EUR

6 16 05032000 — 15 2778,–

Für die Kindergeldfestsetzung zuständige Familienkasse

7

8 Wohnsitz im Inland 00 vom 0101 bis 3112 — ggf. abweichende Adresse

9 Wohnsitz im Ausland 07 vom T T M M bis T T M M — ggf. abweichende Adresse (bei Wohnsitz im Ausland bitte auch den Staat angeben) (Kz 14)

Kindschaftsverhältnis zur stpfl. Person / Ehemann / Person A — **Kindschaftsverhältnis zur Ehefrau / Person B**

10 02 1 — 1 = leibliches Kind / Adoptivkind 2 = Pflegekind 3 = Enkelkind / Stiefkind — 03 1 — 1 = leibliches Kind / Adoptivkind 2 = Pflegekind 3 = Enkelkind / Stiefkind

Kindschaftsverhältnis zu einer anderen Person

11 Name, Vorname — Geburtsdatum dieser Person T T M M J J J J — Dauer des Kindschaftsverhältnisses 04 vom T T M M bis T T M M

12 Letzte bekannte Adresse — Art des Kindschaftsverhältnisses 1 = leibliches Kind / Adoptivkind 2 = Pflegekind

13 Der andere Elternteil lebte im Ausland — 37 T T M M T T M M

14 Das Kindschaftsverhältnis zum anderen Elternteil ist durch dessen Tod erloschen am — 06 T T M M J J J J

15 Der Wohnsitz oder gewöhnliche Aufenthalt des anderen Elternteiles ist nicht zu ermitteln oder der Vater des Kindes ist amtlich nicht feststellbar — 05 1 = Ja

Angaben für ein volljähriges Kind

Das Kind
- befand sich in einer Schul-, Hochschul- oder Berufsausbildung,
- befand sich in einer Übergangszeit von höchstens vier Monaten (z. B. zwischen zwei Ausbildungsabschnitten),
- konnte eine Berufsausbildung mangels Ausbildungsplatzes nicht beginnen oder fortsetzen und / oder
- hat ein freiwilliges soziales oder ökologisches Jahr (Jugendfreiwilligendienstegesetz), eine europäische Freiwilligenaktivität, einen entwicklungspolitischen Freiwilligendienst, einen Freiwilligendienst aller Generationen (§ 2 Abs. 1a SGB VII), einen Internationalen Jugendfreiwilligendienst, Bundesfreiwilligendienst oder einen Anderen Dienst im Ausland (§ 5 Bundesfreiwilligendienstgesetz) geleistet.

(Folgen diese Abschnitte unmittelbar aufeinander, sind sie zu einem Zeitraum zusammenzufassen.)

16 80 1. Zeitraum vom T T M M J J J J bis T T M M J J J J — 81 2. Zeitraum vom T T M M J J J J bis T T M M J J J J

17 Erläuterungen zu den Berücksichtigungszeiträumen

18 Das Kind war ohne Beschäftigung und bei einer Agentur für Arbeit als arbeitsuchend gemeldet — 82 T T M M J J J J T T M M J J J J

19 Das Kind war wegen einer vor Vollendung des 25. Lebensjahres eingetretenen Behinderung außerstande, sich selbst finanziell zu unter- 100 % — 83 01012021 31122021

13.2.4 Angaben zur Erwerbstätigkeit eines volljährigen Kindes – Zeile 20 – 24

456 **Das Wichtigste gleich vorweg:**
Die > Zeilen 20 – 24 sind für Sie nur dann von Interesse, wenn Ihr Kind eine **weitere Berufsausbildung** oder ein **weiteres Studium** absolviert. Geht Ihr volljähriges Kind noch zur Schule, befindet es sich in *(erstmaliger)* Berufsausbildung oder absolviert es ein (Erst-)Studium, spielen Art

und Umfang eigener Einkünfte und Bezüge oder (Neben-)Jobs keine Rolle.

	Angaben zur Erwerbstätigkeit eines volljährigen Kindes (nur bei Eintragungen in Zeile 16)					
20	Das Kind hat bereits eine erstmalige Berufsausbildung oder ein Erststudium abgeschlossen	84	1 = Ja 2 = Nein			
	Falls Zeile 20 mit „Ja" beantwortet wurde:					
21	Das Kind war erwerbstätig (kein Ausbildungsdienstverhältnis)		1 = Ja 2 = Nein			
	Falls Zeile 21 mit „Ja" beantwortet wurde:				vom	bis
22	Das Kind übte eine / mehrere geringfügige Beschäftigung(en) im Sinne der §§ 8, 8a SGB IV (sog. Minijob) aus		1 = Ja 2 = Nein	Beschäftigungszeitraum	T T M M	T T M M
23	Das Kind übte andere Erwerbstätigkeiten aus (bei mehreren Erwerbstätigkeiten bitte Angaben lt. gesonderter Aufstellung)		1 = Ja 2 = Nein	Erwerbszeitraum	T T M M	T T M M
24	(Vereinbarte) regelmäßige wöchentliche Arbeitszeit der Tätigkeit(en)	lt. Zeile 22	Stunden	lt. Zeile 23	Stunden	

Nur bei einer weiteren Berufsausbildung oder einem weiteren Studium sind Kindergeld oder Kinderfreibeträge verloren, wenn das Kind einer Erwerbstätigkeit nachgeht. Erwerbstätigkeiten können beispielsweise sein:

- Tätigkeit als Arbeitnehmer oder
- land- und forstwirtschaftliche, gewerbliche oder selbständige Tätigkeiten.

Unschädliche (Neben-)Jobs sind hingegen:

- ein Ausbildungsdienstverhältnis,
- ein geringfügiges Beschäftigungsverhältnis (= 450-€-Job) oder
- eine Berufstätigkeit mit bis zu 20 Stunden vertraglich vereinbarter regelmäßiger Wochenarbeitszeit.

Können Sie in > Zeile 21 mit »2« bestätigen, dass sich Ihr Sprössling in einem Ausbildungsdienstverhältnis befand, und bestand dieses das ganze Jahr (»01.01.« – »31.12.«), sind die Kinderermäßigungen gerettet.

Bei Kindergeld und Kinderfreibeträgen wird monatsweise gerechnet!
Beginnt oder endet ein (weiteres) Ausbildungsdienstverhältnis im Lauf des Jahres oder wird aus einem 15-Stunden-Job eine Erwerbstätigkeit von mehr als 20 Stunden wöchentlich, werden Kindergeld und kindbedigte Freibeträge nur für den Zeitraum gewährt, in dem die Voraussetzungen vorlagen.
»Warum wird in > Zeile 22 nach mehreren Minijobs gefragt, wenn geringfügige Beschäftigungen doch nicht als Erwerbstätigkeit gelten?«, könnten Sie sich wundern.
Das liegt daran, dass eine geringfügige Beschäftigung neben einer Erwerbstätigkeit nur dann unschädlich ausgeübt werden kann, wenn dadurch die 20-Stunden-Grenze nicht überschritten wird.

> Die Verwaltung eigenen Vermögens ist keine Erwerbstätigkeit in diesem Sinne, so dass Kapital- oder Vermietungseinkünfte des Kindes nicht in > Zeile 20 – 24 gehören.

457

13.2.5 Übernommene Kranken- und Pflegeversicherung – Zeile 31 – 42

Beiträge zur Kranken- und Pflegeversicherung wirken sich in vollem Umfang steuerlich aus. Im Normalfall, d.h., wenn Sie als Versicherungsnehmer für Ihre bei Ihnen steuerlich zu berücksichtigenden Kinder die Beiträge zahlen, werden sie in der Anlage Vorsorgeaufwand erklärt.
Ist jedoch Ihr Kind – für das Sie weiterhin Anspruch auf kindbedingte Freibeträge bzw. Kindergeld haben – selbst Versicherungsnehmer und übernehmen Sie im Rahmen Ihrer Unterhaltsverpflichtung seine Beiträge für die sog. Basisabsicherung, sieht das Gesetz eine Sonderregelung vor: Sie können diese Beiträge hier als Sonderausgaben ansetzen (siehe dazu auch den TIPP unter ➤ Rz 129).

	Beiträge zur inländischen Kranken- und Pflegeversicherung (Nicht in der Anlage Vorsorgeaufwand enthalten)		
	Aufwendungen von mir / uns als Versicherungsnehmer geschuldet und von mir / uns getragen		EUR
31	Beiträge zu Krankenversicherungen des Kindes (nur Basisabsicherung, keine Wahlleistungen)	66	,– ⓔ
32	Beiträge zur sozialen Pflegeversicherung und / oder zur privaten Pflege-Pflichtversicherung	67	,– ⓔ
33	Von den Versicherungen lt. den Zeilen 31 und / oder 32 erstattete Beträge	68	,– ⓔ
34	Über die Basisabsicherung hinausgehende Beiträge zu Kranken- und Pflegeversicherungen des Kindes (z. B. für Wahlleistungen, Zusatzversicherungen) abzüglich erstatteter Beiträge	69	,–
	Aufwendungen vom Kind als Versicherungsnehmer geschuldet und von mir / uns getragen		
35	Beiträge zu Krankenversicherungen des Kindes (nur Basisabsicherung, keine Wahlleistungen)	70	,–
36	In Zeile 35 enthaltene Beiträge, aus denen sich ein Anspruch auf Krankengeld ergibt	71	,–
37	Beiträge zur sozialen Pflegeversicherung und / oder zur privaten Pflege-Pflichtversicherung	72	,–
38	Von den Versicherungen lt. den Zeilen 35 und / oder 37 erstattete Beträge	73	,–
39	In Zeile 38 enthaltene Beiträge, aus denen sich ein Anspruch auf Krankengeld ergibt	74	,–
40	Zuschuss von dritter Seite zu den Beiträgen lt. den Zeilen 35 und / oder 37 (z. B. nach § 13a BAföG)	75	,–
	Beiträge zur ausländischen Kranken- und Pflegeversicherung (Nicht in der Anlage Vorsorgeaufwand enthalten)		
	Aufwendungen von mir / uns / dem Kind als Versicherungsnehmer geschuldet und von mir / uns getragen		EUR
41	Beiträge (abzüglich steuerfreier Zuschüsse und / oder Erstattungen) zu ausländischen Kranken- und Pflegeversicherungen des Kindes, die mit inländischen gesetzlichen Kranken- und Pflegeversicherungen vergleichbar sind (nur Basisabsicherung) – Über die Basisabsicherung hinausgehende Beiträge, die von mir / uns als Versicherungsnehmer geschuldet und getragen wurden, in Zeile 34 eintragen –	89	,–
42	In Zeile 41 enthaltene Beiträge, aus denen sich ein Anspruch auf Krankengeld ergibt	90	,–

Was bedeutet »Basisabsicherung«?
Nur der Basiskranken- und Pflegepflichtversicherungsschutz – egal ob in einer gesetzlichen oder einer privaten Krankenversicherung – soll steuerlich unbegrenzt berücksichtigt werden. Beiträge für eine darüber hinausgehende Versorgung – z.B. Chefarztbehandlung, Einbettzimmer – sowie zur Finanzierung eines Kranken(tage)geldes (> Zeile 34) gehören nicht dazu.

13.2.6 Übertragung des Kinder- und Betreuungsfreibetrags – Zeile 43 – 48 458

Vorab noch einmal das Prinzip: Im Gegensatz zum Kindergeld, das immer nur einer Person gezahlt wird, stehen die Freibeträge für Kinder grundsätzlich jedem Elternteil zur Hälfte zu; zusammen veranlagten Eltern werden die vollen Freibeträge gewährt.
Die vollen Freibeträge werden aber auch dann gewährt, wenn

- der andere Elternteil im Ausland lebt (> Zeile 13),
- der andere Elternteil verstorben ist (> Zeile 14),
- der Aufenthalt des anderen Elternteils nicht zu ermitteln ist (> Zeile 15),
- der Vater des Kindes amtlich nicht feststellbar ist (> Zeile 15) oder
- Sie das Kind allein angenommen haben oder es nur zu Ihnen in einem Pflegekindschaftsverhältnis steht (§ 32 Abs. 6 EStG).

Nicht miteinander verheiratete oder getrennt lebende Eltern erhalten also jeder den halben Kinder- und Betreuungsfreibetrag von (2.730 € + 1.464 € =) insgesamt 4.194 €. In diesen Fällen kann ein Elternteil beantragen, dass dem anderen Elternteil zwangsweise die halben Freibeträge entzogen und ihm selbst übertragen werden (§ 32 Abs. 6 EStG). Dies unter folgenden Voraussetzungen:

- Der Unterhalt wird nicht ausreichend erfüllt (> Zeile 43, siehe unten) oder
- das minderjährige Kind ist nicht beim anderen Elternteil gemeldet (> Zeile 45). Dies gilt allerdings nur in Bezug auf den Betreuungsfreibetrag von 1.464 €.

Zeile	Übertragung des Kinderfreibetrags / des Freibetrags für den Betreuungs- und Erziehungs- oder Ausbildungsbedarf				
	Ich beantrage den vollen Kinderfreibetrag und den vollen Freibetrag für den Betreuungs- und Erziehungs- oder Ausbildungsbedarf, weil der andere Elternteil				
43	– seiner Unterhaltsverpflichtung nicht zu mindestens 75% nachkommt oder – mangels Leistungsfähigkeit nicht unterhaltspflichtig ist			36	1 = Ja
44	Falls die Frage in Zeile 43 mit Ja beantwortet wurde: Es wurden Unterhaltsleistungen nach dem Unterhaltsvorschussgesetz gezahlt für den Zeitraum			38	vom TTMM bis TTMM
45	Ich beantrage den vollen Freibetrag für den Betreuungs- und Erziehungs- oder Ausbildungsbedarf, weil das minderjährige Kind bei dem anderen Elternteil nicht gemeldet war.	39	1 = Ja	43	TTMM TTMM
46	Nur beim Stief- / Großelternteil: Ich / wir beantrage(n) die Übertragung des Kinderfreibetrags und des Freibetrags für den Betreuungs- und Erziehungs- oder Ausbildungsbedarf, weil ich / wir das Kind in meinem / unserem Haushalt aufgenommen habe(n) oder ich / wir als Großelternteil gegenüber dem Kind unterhaltspflichtig bin / sind.	76	1 = Ja	77	Zeitraum der Haushaltszugehörigkeit / Unterhaltsverpflichtung vom TTMM bis TTMM
47	Nur beim Stief- / Großelternteil: Der Kinderfreibetrag und der Freibetrag für den Betreuungs- und Erziehungs- oder Ausbildungsbedarf sind lt. **Anlage K** zu übertragen.	41	1 = Zustimmung eines Elternteils liegt vor 2 = Zustimmungen beider Elternteile liegen vor		
48	Nur bei den berechtigten Elternteilen: Der Übertragung des Kinderfreibetrags und des Freibetrags für den Betreuungs- und Erziehungs- oder Ausbildungsbedarf auf den Stief- / Großelternteil wurde lt. **Anlage K** zugestimmt.			40	1 = Ja

459 Zeile 43 – 44 Unterhaltspflicht nicht ausreichend erfüllt

Wenn der andere Elternteil beim Unterhalt kneift, kann ihm zwangsweise der halbe Kinderfreibetrag entzogen werden. Dies führt auch zum Entzug des Betreuungsfreibetrags. Kneifen bedeutet hier, dass die Unterhaltsverpflichtung gegenüber dem Kind nicht zu mindestens 75 % erfüllt wird.
Bei der Prüfung ist zwischen Betreuungs- und Barunterhalt zu unterscheiden. Hierbei profitieren besonders Elternteile, in deren Haushalt die Kinder leben, weil sie ihrer Unterhaltsverpflichtung bereits durch Pflege und Erziehung zu 100 % nachkommen und Kosten nicht nachzuweisen brauchen.
Trifft dies auf Sie zu, stellen Sie den Antrag auf Übertragung der beiden »vollen« Freibeträge für Kinder, indem Sie in das Kästchen in > Zeile 43 eine »1« eintragen. In diesem Fall müssen Sie sich aber auch in > Zeile 6 das volle Kindergeld anrechnen lassen.
Ist der andere Elternteil notorisch klamm und daher nicht unterhaltspflichtig, stehen Ihnen die vollen Kinderfreibeträge ebenfalls zu. Vorausgesetzt, Sie haben keine Unterhaltsvorschüsse nach dem Unterhaltsgesetz erhalten (> Zeile 44).
Die konkrete Höhe der Unterhaltsverpflichtung des anderen Elternteils sowie seine tatsächlichen Unterhaltsleistungen sind nachzuweisen (z.B. durch Scheidungsurteil, Zahlungsbelege). Ist jedoch ein Elternteil, z.B. mangels ausreichender eigener finanzieller Mittel, nicht zur Leistung von Unterhalt verpflichtet, kann der ihm zustehende Kinderfreibetrag nicht übertragen werden (BFH v. 25.7.1997 – BStBl 1998 II S. 329). Eine einvernehmliche Übertragung ist ebenfalls nicht möglich.

Soweit die Höhe des Unterhalts nicht durch Unterhaltsurteil, Verpflichtungserklärung oder Vergleich festgelegt ist, können dafür im Zweifel die von den Gerichten aufgestellten Unterhaltstabellen, z. B. die »Düsseldorfer Tabelle«, einen Anhalt geben.

Kindesunterhalt						
Nettoeinkommen des Barunterhaltspflichtigen in €	Altersstufen in Jahren (§ 1612a Abs. 1 BGB)				Prozentsatz	Bedarfskontrollbetrag
	0 – 5	6 – 11	12 – 17	ab 18		
	€	€	€	€		
1. bis 1.900	393	451	528	564	100	960/1.160
2. 1.901 – 2.300	413	474	555	593	105	1.400
3. 2.301 – 2.700	433	497	581	621	110	1.500
4. 2.701 – 3.100	452	519	608	649	115	1.600
5. 3.101 – 3.500	472	542	634	677	120	1.700
6. 3.501 – 3.900	504	578	676	722	128	1.800
7. 3.901 – 4.300	535	614	719	768	136	1.900
8. 4.301 – 4.700	566	650	761	813	144	2.000
9. 4.701 – 5.100	598	686	803	858	152	2.100
10. 5.101 – 5.500	629	722	845	903	160	2.200
ab 5.101	nach den Umständen des Falles					

So beantragen Sie den vollen Kinder- und Betreuungsfreibetrag:

Angaben zum Kind 3

4 Identifikationsnummer 01 47354101732

Vorname — ggf. abweichender Familienname

5 FABIAN

Geburtsdatum — Anspruch auf Kindergeld (einschließlich Kinderbonus) oder vergleichbare Leistungen für 2021 — EUR

6 16 05032006 — 15 2778,–

Für die Kindergeldfestsetzung zuständige Familienkasse

7

vom — bis — ggf. abweichende Adresse

8 Wohnsitz im Inland 00 0101 3112

vom — bis — ggf. abweichende Adresse (bei Wohnsitz im Ausland bitte auch den Staat angeben) (Kz 14)

9 Wohnsitz im Ausland 07 T T M M T T M M

Kindschaftsverhältnis zur stpfl. Person / Ehemann / Person A — **Kindschaftsverhältnis zur Ehefrau / Person B**

10 02 1 — 1 = leibliches Kind / Adoptivkind — 2 = Pflegekind — 3 = Enkelkind / Stiefkind — 03 — 1 = leibliches Kind / Adoptivkind — 2 = Pflegekind — 3 = Enkelkind / Stiefkind

Kindschaftsverhältnis zu einer anderen Person

Name, Vorname — Geburtsdatum dieser Person — Dauer des Kindschaftsverhältnisses vom — bis

11 Werner Fiesling — T T M M J J J J — 04 0101 3112

Letzte bekannte Adresse — Art des Kindschaftsverhältnisses

12 Bremen, Feigenweg 12 — 1 = leibliches Kind / Adoptivkind — 2 = Pflegekind

Übertragung des Kinderfreibetrags / des Freibetrags für den Betreuungs- und Erziehungs- oder Ausbildungsbedarf

Ich beantrage den vollen Kinderfreibetrag und den vollen Freibetrag für den Betreuungs- und Erziehungs- oder Ausbildungsbedarf, weil der andere Elternteil

43 – seiner Unterhaltsverpflichtung nicht zu mindestens 75% nachkommt oder – mangels Leistungsfähigkeit nicht unterhaltspflichtig ist | 36 1 | 1 = Ja

44 Falls die Frage in Zeile 43 mit Ja beantwortet wurde: Es wurden Unterhaltsleistungen nach dem Unterhaltsvorschussgesetz gezahlt für den Zeitraum | 38 | vom T T M M | bis T T M M

45 Ich beantrage den vollen Freibetrag für den Betreuungs- und Erziehungs- oder Ausbildungsbedarf, weil das minderjährige Kind bei dem anderen Elternteil nicht gemeldet war. | 39 | 1 = Ja | 43 | T T M M | T T M M

46 Nur beim Stief- / Großelternteil: Ich / wir beantrage(n) die Übertragung des Kinderfreibetrags und des Freibetrags für den Betreuungs- und Erziehungs- oder Ausbildungsbedarf, weil ich / wir das Kind in meinem / unserem Haushalt aufgenommen habe(n) oder ich / wir als Großelternteil gegenüber dem Kind unterhaltspflichtig bin / sind. | 76 | 1 = Ja | 77 | Zeitraum der Haushaltszugehörigkeit / Unterhaltsverpflichtung vom T T M M | bis T T M M

47 Nur beim Stief- / Großelternteil: Der Kinderfreibetrag und der Freibetrag für den Betreuungs- und Erziehungs- oder Ausbildungsbedarf sind lt. **Anlage K** zu übertragen. | 41 | 1 = Zustimmung eines Elternteils liegt vor | 2 = Zustimmungen beider Elternteile liegen vor

48 Nur bei den berechtigten Elternteilen: Der Übertragung des Kinderfreibetrags und des Freibetrags für den Betreuungs- und Erziehungs- oder Ausbildungsbedarf auf den Stief- / Großelternteil wurde lt. **Anlage K** zugestimmt. | 40 | 1 = Ja

Entlastungsbetrag für Alleinerziehende

49 Das Kind war mit mir in der gemeinsamen Wohnung gemeldet | 42 | vom 0101 | bis 3112

50 Für das Kind wurde mir Kindergeld ausgezahlt | 44 | 0101 | 3112

51 Außer mir war(en) in der gemeinsamen Wohnung eine / mehrere volljährige Person(en) gemeldet, für die (zeitweise) kein Anspruch auf Kindergeld oder Freibeträge für Kinder bestand. | 46 2 | 1 = Ja 2 = Nein | Falls ja 47 | T T M M | T T M M

52 Es bestand eine Haushaltsgemeinschaft mit mindestens einer weiteren volljährigen Person, für die (zeitweise) kein Anspruch auf Kindergeld oder Freibeträge für Kinder bestand. | 49 2 | 1 = Ja 2 = Nein | Falls ja 50 | T T M M | T T M M

53 Name, Vorname (weitere Personen bitte in einer gesonderten Aufstellung angeben)

54 Verwandtschaftsverhältnis | Beschäftigung / Tätigkeit

460 Zeile 45 Minderjähriges Kind nicht beim anderen Elternteil gemeldet

Ist bei geschiedenen oder dauernd getrennt lebenden Eltern sowie bei Eltern nichtehelicher Kinder das Kind nur bei einem Elternteil gemeldet, steht diesem der volle Betreuungsfreibetrag von 2.928 € zu. Den Antrag auf dessen Übertragung stellen Sie in > Zeile 45.
Dies ist sozusagen die »kleine Lösung«, denn den Kinderfreibetrag müssen Sie sich mit dem anderen Elternteil teilen.

461 TIPP Widersprechen Sie der Übertragung des halben Betreuungsfreibetrags

Dem Antrag auf Übertragung des halben Freibetrags für den Betreuungs- und Erziehungs- oder Ausbildungsbedarf darf das Finanzamt allerdings nicht entsprechen, wenn der Elternteil, bei dem das Kind nicht gemeldet war, Kinder-

betreuungskosten trägt oder das Kind regelmäßig in einem nicht unwesentlichen Umfang betreut (z. B. regelmäßig an Wochenenden und in den Ferien) und dieser Elternteil der Übertragung des Freibetrags widerspricht.
Wer sich also trotz Trennung vom anderen Elternteil weiterhin um seine Kinder kümmert, hat auch grundsätzlich Anspruch auf den halben Betreuungsfreibetrag.

Zeile 46 – 48 Übertragung des Kinderfreibetrags auf die Groß-/Stiefeltern 462

Lebt ein Enkelkind bei Ihnen, z. B. weil Ihre alleinerziehende Tochter auswärtig tätig ist, haben Sie zunächst Anspruch auf Kindergeld. Sind die Freibeträge für Sie günstiger, dann bitten Sie Ihre Tochter, diese auf Sie zu übertragen. Dafür benötigen Sie die Anlage K.
In > Zeilen 46 – 47 beantragen Sie selbst als Groß-/Stiefeltern die Übertragung des Kinderfreibetrags und fügen die Anlage K bei.
In > Zeile 48 geben Sie an, dass Ihre Tochter der Übertragung des Kinderfreibetrags auf Sie in der Anlage K zugestimmt hat.

13.2.7 Entlastungsbetrag für Alleinerziehende – Zeile 49 – 54 463

	Entlastungsbetrag für Alleinerziehende					vom	bis
49	Das Kind war mit mir in der gemeinsamen Wohnung gemeldet				42	T T M M	T T M M
50	Für das Kind wurde mir Kindergeld ausgezahlt				44	T T M M	T T M M
51	Außer mir war(en) in der gemeinsamen Wohnung eine / mehrere volljährige Person(en) gemeldet, für die (zeitweise) kein Anspruch auf Kindergeld oder Freibeträge für Kinder bestand.	46	1 = Ja 2 = Nein	Falls ja	47	T T M M	T T M M
52	Es bestand eine Haushaltsgemeinschaft mit mindestens einer weiteren volljährigen Person, für die (zeitweise) kein Anspruch auf Kindergeld oder Freibeträge für Kinder bestand.	49	1 = Ja 2 = Nein	Falls ja	50	T T M M	T T M M
53	Name, Vorname (weitere Personen bitte in einer gesonderten Aufstellung angeben)						
54	Verwandtschaftsverhältnis			Beschäftigung / Tätigkeit			

Mit dem jährlichen Abzugsbetrag von 4.008 € soll einem alleinstehenden Elternteil geholfen werden, besser über die Runden zu kommen.
Einzige Voraussetzung für den Entlastungsbetrag ist, dass mindestens ein Kind, für das Ihnen Kindergeld oder der Kinderfreibetrag zusteht, zu Ihrem Haushalt gehört (§ 24b EStG). Als alleinstehend gilt, wer nicht die Voraussetzungen für den Splittingtarif erfüllt (➤ Rz 76 ff.).

Leben mehrere Kinder in dem Haushalt, erhöht sich der Freibetrag um 240 € je weiterem Kind.

Gut zu wissen: Auf die Meldung kommt es an!
Ob ein Kind zum Haushalt gehört oder nicht, richtet sich nach der Meldung. Lebt das Töchterchen beispielsweise in einer eigenen Wohnung, ist aber beim alleinstehenden Papa gemeldet, kann dieser den Entlastungsbetrag beanspruchen; so entschieden vom BFH mit Urteil vom 5.2.2015 (Az. III R 9/13).

Knickerig, wie der Fiskus nun einmal ist, kürzt er den Abzugsbetrag um ein Zwölftel für jeden Monat, in dem die Voraussetzungen für den Abzugsbetrag nicht vorgelegen haben. Gekürzt wird somit um die Monate des Kalenderjahrs vor der Geburt des Kindes oder nach Wegfall des Kindergelds, desgleichen um die Monate des Kalenderjahrs, bevor es seinen Wohnsitz im Haushalt des alleinstehenden Elternteils begründet oder nachdem es diesen aufgegeben hat (> Zeile 49).

So weit, so gut. Der Pferdefuß bei dieser Regelung ist, dass der alleinstehende Elternteil nicht mit einer anderen volljährigen Person in Haushaltsgemeinschaft leben darf (> Zeile 51 – 54). Dies bedeutet im Klartext: Einen evtl. Lebenspartner in Ihrem Haushalt müssten Sie gegenüber dem Fiskus verleugnen.

Diese Regelung gilt selbst für Ihre eigenen Kinder! Leben Sie als Alleinstehender mit Ihrer minderjährigen Tochter und Ihrem volljährigen Sohn in einem Haushalt *und* haben Sie für Ihren Sohn keinen Anspruch mehr auf Kindergeld bzw. -freibetrag, geht der Entlastungsbetrag für Ihre Tochter verloren. Also muss Ihr Sohn raus aus Ihrer Wohnung. Oder Sie versuchen es mit einem Untermietverhältnis wie im Tipp ➤ Rz 465.

Somit sind nur »echt« alleinstehende Elternteile abzugsberechtigt. Aber:

464 **Eine Wohngemeinschaft ist keine Haushaltsgemeinschaft**
Unter Haushaltsgemeinschaft versteht man »Wirtschaften aus einem Topf«. Hat aber jeder seine eigene Haushaltskasse und seinen eigenen Kühlschrank, besteht eine Wohngemeinschaft, und diese steht dem Abzug des Entlastungsbetrags nicht entgegen. In diesem Fall füllen Sie die > Zeile 51 aus und tragen in > Zeile 52 eine »2« in das Kästchen ein (= keine Haushaltsgemeinschaft).
Mit einem Partner in eheähnlicher Gemeinschaft oder in eingetragener Lebenspartnerschaft wird eine Wohngemeinschaft leider nicht anerkannt (§ 24b Abs. 2 EStG).

TIPP Machen Sie Ihren »Schatz« zum Untermieter 465

Die längst überholten Moralvorstellungen unserer Altvorderen funken immer noch in das Steuerrecht hinein. So werden z. B. nicht miteinander verheiratete Eltern benachteiligt, indem ihnen der Splittingtarif vorenthalten wird. Leben sie in Haushaltsgemeinschaft, bleibt ihnen auch der Entlastungsbetrag für Alleinerziehende versagt. Da darf sich der Fiskus nicht wundern, wenn sie den steuerlichen Sachverhalt so deichseln, dass zumindest der Entlastungsbetrag zum Abzug kommt.

Weil nun das Gesetz verlangt, dass der Antragsteller für den Entlastungsbetrag keine Haushaltsgemeinschaft mit einer anderen volljährigen Person – außer seinem Kind, sofern ihm dafür Kindergeld oder -freibetrag zusteht – bilden darf, sollte die andere Person formell schlichtweg aus dem Haushalt verschwinden. Machen Sie dazu Ihren »Schatz« zum Wohngemeinschaftler oder noch besser gleich zum Untermieter. Wie das mit dem Untermietverhältnis klappt, dazu mehr unter ➤ Rz 1033.

Vorteilhaft für Sie ist, wenn Sie nachweisen können, dass das Untermietverhältnis zeitgleich mit der Anmeldung eines Wohnsitzes unter Ihrer Adresse begründet wurde.

»Mein früherer Verlobter und ich haben viel zu spät erkannt, dass wir nicht zueinander passen. Zuerst lebten wir zusammen, nachdem es aber mehrfach gekracht hat, leben wir praktisch getrennt von Tisch und Bett. Er ist jetzt mein Untermieter und zahlt Miete«, sagen Sie.

Auch nicht schlecht. Allerdings müssen Sie dennoch > Zeile 51 – 54 ausfüllen. Sie können sicher sein, dass Ihren Bearbeiter im Finanzamt die Sache interessiert. Argwöhnt er doch gleich, Sie seien gar nicht alleinstehend. Vorsorglich sollten Sie daher die Verhältnisse in einem besonderen Schreiben darstellen, denn ...

Kommt Ihr Fiskalritter zu dem Schluss, Sie stünden mit Ihrem Mitbewohner in einem eheähnlichen Verhältnis, darf er vermuten, dass Sie mit ihm gemeinsam wirtschaften. Diese Vermutung ist nicht widerlegbar, so steht es ausdrücklich im Gesetz (§ 24b Abs. 2 EStG). Anders sieht die Sache aus, wenn Sie dartun können, es bestehe kein eheähnliches Verhältnis mit diesem Dritten, vielmehr ein Untermietverhältnis, für dessen Begründung sowohl wirtschaftliche als auch freundschaftliche – evtl. rein platonische – Gründe maßgebend gewesen seien. Wenn dies zutrifft, kann der Fiskalritter nichts anderes tun, als den Entlastungsbetrag zu gewähren.

Das einzig Farbige im Leben ist die Sünde.
(Oscar Wilde)

13.2.8 Freibetrag zur Abgeltung eines Sonderbedarfs bei Berufsausbildung eines volljährigen Kindes (Ausbildungsfreibetrag) – Zeile 61 – 64

466 Ist Ihr Kind

- volljährig,
- auswärtig untergebracht und
- in Berufsausbildung, so dass Sie weiterhin Kindergeld bzw. Kinderfreibeträge erhalten?

Dann steht Ihnen ein besonderer Ausbildungsfreibetrag in Höhe von 924 € zu.

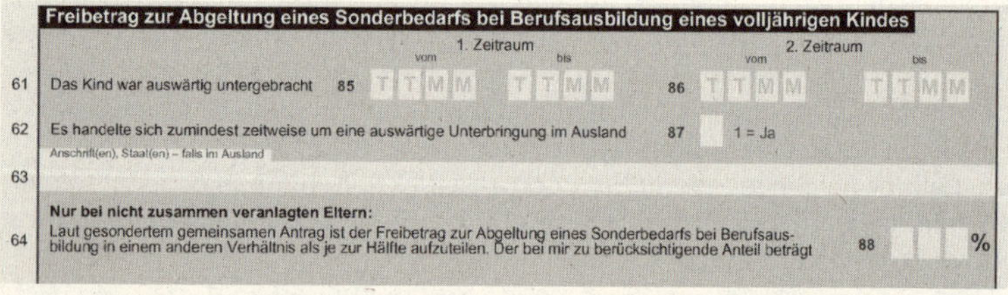

Freibetrag zur Abgeltung eines Sonderbedarfs bei Berufsausbildung eines volljährigen Kindes

			1. Zeitraum vom	bis		2. Zeitraum vom	bis
61	Das Kind war auswärtig untergebracht	85	T T M M	T T M M	86	T T M M	T T M M
62	Es handelte sich zumindest zeitweise um eine auswärtige Unterbringung im Ausland				87	1 = Ja	
63	Anschrift(en), Staat(en) – falls im Ausland						
64	**Nur bei nicht zusammen veranlagten Eltern:** Laut gesondertem gemeinsamen Antrag ist der Freibetrag zur Abgeltung eines Sonderbedarfs bei Berufsausbildung in einem anderen Verhältnis als je zur Hälfte aufzuteilen. Der bei mir zu berücksichtigende Anteil beträgt				88	%	

Tragen Sie in > Zeile 61 die Dauer der auswärtigen Unterbringung und in > Zeile 63 die auswärtige Adresse (z.B. Studentenwohnheim xyz in .....) ein.

Bei geschiedenen oder dauernd getrennt lebenden Eltern oder bei Eltern nichtehelicher Kinder wird der Freibetrag zur Abgeltung eines Sonderbedarfs bei Berufsausbildung grundsätzlich je zur Hälfte auf die Eltern aufgeteilt. Auf gemeinsamen Antrag der Eltern ist eine andere Aufteilung möglich. Geben Sie in > Zeile 64 den Prozentsatz des Freibetrags an, der bei Ihnen zugrunde gelegt werden soll. Die vorstehenden Ausführungen gelten für Großeltern sinngemäß. Eine abweichende Aufteilung des Ausbildungsfreibetrags kann z.B. sinnvoll sein, wenn ein Elternteil

- deutlich höhere Einkünfte erzielt als der andere, sich der Freibetrag damit ungleich stärker auf die Steuerlast auswirkt, oder
- aufgrund geringer oder gar keiner Einkünfte überhaupt keine Steuer zu zahlen hat.

467 ♦ *Musterfall Familie Huber (Ausbildungsfreibetrag)*

Tochter Claudia aus erster Ehe studiert in Bonn, wo sie auch wohnt. Sie hat 2021 1.400 € Arbeitslohn bezogen. Herr Huber hat sie zusätzlich unterstützt. In > Zeile 20 trägt er »2« (= Nein) ein, da es sich um das Erststudium seiner

Tochter handelt. In > Zeile 61 – 64 beantragt Huber einen Ausbildungsfreibetrag. Diesen erhalten er und seine geschiedene Frau je zur Hälfte.

Freibetrag zur Abgeltung eines Sonderbedarfs bei Berufsausbildung eines volljährigen Kindes

		1. Zeitraum vom	bis		2. Zeitraum vom	bis
61	Das Kind war auswärtig untergebracht 85	0101	3112	86	T T M M	T T M M
62	Es handelte sich zumindest zeitweise um eine auswärtige Unterbringung im Ausland 87		1 = Ja			
63	Anschrift(en), Staat(en) – falls im Ausland: Studentenwohnheim Bonn					
64	**Nur bei nicht zusammen veranlagten Eltern:** Laut gesondertem gemeinsamen Antrag ist der Freibetrag zur Abgeltung eines Sonderbedarfs bei Berufsausbildung in einem anderen Verhältnis als je zur Hälfte aufzuteilen. Der bei mir zu berücksichtigende Anteil beträgt 88		%			

Das Finanzamt rechnet so:

Ausbildungsfreibetrag	*924 €*
Davon die Hälfte für Vater Huber	*462 €*

Übrigens …
Für im Ausland lebende Kinder wird der Freibetrag ggf. gekürzt (vgl. die Tabelle unter ➤ Rz 382), daher hier die Frage in > Zeile 62.

Zeile 61 Auswärtige Unterbringung vom … bis … 468

Es gilt die zeitanteilige Regelung.

Beispiel

Zu Hause untergebracht bis 30. 6.	0 €
Auswärts untergebracht 1. 7. – 31. 12. = 6/12 von 924 €	462 €
Jahresfreibetrag	462 €

»Auswärtige Unterbringung« setzt eine räumliche und hauswirtschaftliche Selbständigkeit des Kindes während einer gewissen Dauer – mehr als sechs Wochen – voraus, z.B. während des Besuchs eines längeren Lehrgangs an einem auswärtigen Unterrichtsort. Wohnt Ihr Kind statt bei Ihnen drei Straßen weiter bei Tante Olga, ist die auswärtige Unterbringung schon geritzt. Einer Begründung dafür bedarf es nicht.
Ihr Kind ist auch dann auswärts untergebracht, wenn es zwar im selben Mietshaus wie Sie, aber in einer anderen Wohnung wohnt (Urt. des FG Hamburg v. 27.10.1981 – EFG 1982 S.248) oder verheiratet ist und mit seinem Ehepartner eine eigene Wohnung bezogen hat (BFH-Urt. v. 8.2.1974 – BStBl 1974 II S.299).

469 **TIPP Auswärtige Unterbringung im eigenen Haus**

Eine auswärtige Unterbringung ist sogar dann anzunehmen, wenn Ihr Kind im Elternhaus z. B. in einer Mansarde einen eigenen Haushalt führt. Wie Sie dabei außerdem zu Vermietungsverlusten gelangen, die Ihnen eine weitere Steuerersparnis bescheren, dazu mehr unter ➤ Rz 1026 ff.

470 **Ausbildungsfreibetrag nachträglich beanspruchen**

Immer rein in den Staatssäckel, auch wenn das Geld dem Bürger gehört. Nach dieser Devise arbeiten die meisten Finanzämter und übervorteilen uns Steuerzahler kaltschnäuzig, sobald uns der kleinste formelle Fehler unterläuft. Doch der BFH hält dagegen. In seinem Urteil vom 30.10.2003 (BStBl 2004 II S. 394) hat er einem Elternpaar nachträglich den Ausbildungsfreibetrag zuerkannt, obwohl die beiden vergessen hatten, die Dauer der auswärtigen Unterbringung ihres Kindes anzugeben.

Diese Angaben waren nach Auffassung des Finanzamts erforderlich, um den Ausbildungsfreibetrag zu erhalten. Der BFH meinte aber, durch die erforderlichen Angaben wie Geburtsdaten, Zeiten der Berufsausbildung und auswärtige Anschrift im Vordruck sei der Antrag schlüssig gestellt. Deshalb können Eltern den Ausbildungsfreibetrag nachträglich beanspruchen, selbst wenn der Bescheid schon rechtskräftig ist. Dazu müssen sie innerhalb einer **Frist von zwölf Monaten** »Wiedereinsetzung in den vorigen Stand« beantragen. Mehr zu Einspruch und Wiedereinsetzung unter ➤ Rz 1138 ff.

471 13.2.9 Schulgeld – Zeile 65 – 67

Wer seinen Nachwuchs auf eine private Schule oder eine Schule in freier Trägerschaft (innerhalb der EU) schickt, wird hierfür ein Entgelt zahlen müssen. Davon sind nach § 10 Abs. 1 Nr. 9 EStG 30 %, höchstens jedoch 5.000 € als Sonderausgabe absetzbar. Um den Höchstbetrag zu erreichen, müssen Sie im Jahr also mindestens 16.666 € Schulgeld gezahlt haben.

Voraussetzung ist, dass die Schule nach Art. 7 GG staatlich genehmigt oder eine nach Landesrecht erlaubte Ergänzungs- oder Ersatzschule ist. Als Ersatzschulen gelten solche, die den staatlichen Schulen gleichstehen. Gute Chancen, Schulgeld abzusetzen, haben Sie, wenn die Schule Ihres Kindes in kirchlicher Trägerschaft steht, eine Waldorfschule ist oder zum Rudolf-Steiner-Schulverein gehört.

ANLAGE KIND
Kinderermäßigungen **2022**

	Schulgeld (Privatschule oder Schule in freier Trägerschaft) – ohne Aufwendungen für die Beherbergung, Betreuung und Verpflegung des Kindes –		berücksichtigungsfähige Gesamtaufwendungen der Eltern EUR
65	Bezeichnung der Schule oder deren Träger	24	,–
	Nur bei nicht zusammen veranlagten Eltern:		
66	Das von mir übernommene Schulgeld beträgt	56	,–
67	Laut gesondertem gemeinsamen Antrag ist für das Kind der Höchstbetrag für das Schulgeld in einem anderen Verhältnis als je zur Hälfte aufzuteilen. Der bei mir zu berücksichtigende Anteil beträgt	57	%

Gehört die von Ihrem Kind besuchte Schule zu den begünstigten, stellt sie Ihnen eine Quittung aus, der die Fiskalbürokraten zweifelsfrei entnehmen können, dass sie die gesetzlichen Voraussetzungen für den Steuerabzug erfüllt und welcher Anteil Ihrer Zahlungen steuerlich wirksam ist. Denn Kosten für Unterkunft, Betreuung und Verpflegung Ihres Sprösslings können Sie nicht absetzen.

Die Belege müssen der Steuererklärung nicht von vornherein beigefügt, sondern lediglich auf Anforderung eingereicht werden.

In > Zeile 65 tragen Sie den Namen der Schule und den gesamten von der Schule bescheinigten Schulgeldbetrag ein. Die Kürzung um 70 % wird das Finanzamt schon ganz von allein vornehmen, darauf können Sie sich verlassen.
Die > Zeilen 66 und 67 sind für nicht zusammen veranlagte Eltern von Interesse. Zunächst ist anzugeben, wie viel des insgesamt bescheinigten Schulgelds von einem selbst getragen wurde (> Zeile 66). Denn nur für diesen Anteil kann jeder Elternteil den steuerlichen Abzug beantragen.
Manchmal kann es sinnvoll sein, den insgesamt zustehenden Höchstbetrag von 5.000 € nicht fifty-fifty aufzuteilen. Zahlt einer deutlich mehr als der andere, weichen die Steuersätze beider erheblich voneinander ab oder zahlt ein Elternteil vielleicht überhaupt keine Steuern, ist eine abweichende Aufteilung angezeigt (> Zeile 67).

Das Schulgeld können Sie auch als Freibetrag zum Lohnsteuerabzug eintragen lassen. Dazu mehr unter ➤ Rz 1105.

472 13.2.10 Übertragung von Pauschbeträgen Zeile 68 – 75

Übertragung des Behinderten- und / oder Hinterbliebenen-Pauschbetrags

– bei erstmaliger Beantragung / Änderung bitte Nachweis einreichen –

Die Übertragung des **Behinderten-Pauschbetrags** wird beantragt:

		Ausweis / (Renten-) Bescheid / Bescheinigung gültig von	bis	unbefristet gültig		Grad der Behinderung
68		M M J J	M M J J	X	25	
69	Das Kind ist – erheblich gehbehindert (Merkzeichen „G") / außergewöhnlich gehbehindert (Merkzeichen „aG")					1 = Ja
70	– blind / taubblind / ständig hilflos (Merkzeichen „Bl" / „TBl" und / oder „H"), schwerstpflegebedürftig (Pflegegrad 4 oder 5)			55		1 = Ja
71	Die Übertragung des **Hinterbliebenen-Pauschbetrags** wird beantragt:			26		1 = Ja
72	**Nur bei nicht zusammen veranlagten Eltern:** Laut gesondertem gemeinsamen Antrag sind die für das Kind zu gewährenden Pauschbeträge für Behinderte / Hinterbliebene in einem anderen Verhältnis als je zur Hälfte aufzuteilen. Der bei mir zu berücksichtigende Anteil beträgt				28	%

Übertragung der behinderungsbedingten Fahrtkostenpauschale

– bei erstmaliger Beantragung / Änderung bitte Nachweis einreichen –

Die Übertragung der behinderungsbedingten Fahrtkostenpauschale wird beantragt. Das Kind erfüllt die nachfolgenden Voraussetzungen:

73	Das Kind hat einen Grad der Behinderung von mindestens 80 oder einen Grad der Behinderung von mindestens 70 und Merkzeichen „G"	91	1 = Ja
74	Das Kind ist außergewöhnlich gehbehindert / blind / taubblind / ständig hilflos (Merkzeichen „aG" / „Bl" / „TBl" und / oder „H"), schwerstpflegebedürftig (Pflegegrad 4 oder 5)	92	1 = Ja
75	**Nur bei nicht zusammen veranlagten Eltern:** Laut gesondertem gemeinsamen Antrag ist die für das Kind zu gewährende behinderungsbedingte Fahrtkostenpauschale in einem anderen Verhältnis als je zur Hälfte aufzuteilen. Der bei mir zu berücksichtigende Anteil beträgt	45	%

Bei Ihrem Sprössling wirkt sich ein Behinderten- oder Hinterbliebenenpauschbetrag oder die behinderungsbedingte Fahrtkostenpauschale steuerlich zumeist nicht aus, da er entweder überhaupt keine oder so geringe Einkünfte hat, dass keine Steuer anfällt. Damit die Freibeträge nicht ungenutzt bleiben, können Sie diese auf sich übertragen lassen. Dazu müssen Sie nur die > Zeilen 68 – 75 ausfüllen und den Bescheid vom Versorgungsamt oder andere Nachweise beifügen.

Geschiedene oder getrennt lebende Eltern erhalten je 50 % der Pauschbeträge auf gemeinsamen Antrag aber auch eine abweichende Verteilung (> Zeile 75).

Welche Steuervorteile Sie im Einzelnen in diesem Zusammenhang geltend machen können, dazu mehr unter ➤ Rz 278 ff.

473 13.2.11 Kinderbetreuungskosten – Zeile 76 – 82

Sie können **2/3 der Kosten** für Dienstleistungen zur Kinderbetreuung absetzen, jedoch höchstens 4.000 € je Kind und Kalenderjahr. Voraussetzungen sind, dass

1. tatsächlich Kosten zur Kinderbetreuung angefallen sind und

2. das betreute Kind zu Ihrem Haushalt gehört und das 14. Lebensjahr noch nicht vollendet hat bzw. aufgrund einer (vor dem 25. Lebensjahr eingetretenen) Behinderung außerstande ist, sich selbst zu unterhalten.

Kinderbetreuungskosten

– ohne Aufwendungen für die Verpflegung, den (Nachhilfe-) Unterricht, die Vermittlung besonderer Fähigkeiten, die sportlichen und anderen Freizeitbetätigungen des Kindes –

Zeile	Art der Dienstleistung, Name und Anschrift des Dienstleisters	vom	bis	berücksichtigungsfähige Gesamtaufwendungen der Eltern EUR
76		T T M M	T T M M	51 ,—
77	Steuerfreier Ersatz (z. B. vom Arbeitgeber), Erstattungen	T T M M	T T M M	79 ,—

Zeile		vom	bis		vom	bis
78	Es bestand ein **gemeinsamer** Haushalt der Elternteile	T T M M	T T M M	Das Kind gehörte zu unserem Haushalt	T T M M	T T M M
79	Es bestand **kein gemeinsamer** Haushalt der Elternteile	T T M M	T T M M	Das Kind gehörte zu meinem Haushalt	T T M M	T T M M
80				Das Kind gehörte zum Haushalt des anderen Elternteils	T T M M	T T M M

Zeile	**Nur bei nicht zusammen veranlagten Eltern:**	vom	bis	berücksichtigungsfähige Aufwendungen EUR
81	Ich habe Kinderbetreuungskosten in folgender Höhe getragen	T T M M	T T M M	,—
82	Laut übereinstimmendem Antrag ist für das Kind der Höchstbetrag für die Kinderbetreuung in einem anderen Verhältnis als je zur Hälfte aufzuteilen. Der bei mir zu berücksichtigende Anteil beträgt			%

Gut zu wissen: Die Bezahlung der Kinderbetreuungskosten muss grundsätzlich durch Rechnung und Überweisung nachgewiesen werden (§ 10 Abs. 1 Nr. 5 EStG).

Zeile 76 – 77 Art der Dienstleistung und Höhe der Aufwendungen 474

Als Kinderbetreuungskosten kommen insbesondere in Betracht:
Aufwendungen für Kindergarten, -tagesstätte, -hort, -heim oder -krippe, für Kinderpflegerin, Tages- oder Wochenmutter, Ganztagspflegestelle, Erzieherin, Hausgehilfin, Kinderaufsicht, Unterbringung im Internat sowie Fahrtkosten der Betreuungsperson.

Nicht abzugsfähig sind:
Verpflegungskosten des Kindes, Aufwendungen für Unterricht jeglicher Art, weder für Nachhilfe noch für Sport oder Musik.

Also werden Sie nicht so dumm sein, sich »Musikunterricht« quittieren zu lassen. Die Aufsicht bei Schulaufgaben wird leicht als Nachhilfeunterricht ausgelegt. Achten Sie also darauf, dass auf der Quittung »Beaufsichtigung des Kindes …« steht, falls das zutrifft.
Wie Sie Kinderbetreuungskosten mit den Kosten Ihrer Haushaltshilfe kombinieren, siehe ➤ Rz 364.

475 **Wichtig zu wissen:** Da es keinen Pauschbetrag gibt, müssen alle Ausgaben nachgewiesen werden. Also Rechnungen sammeln und die Beträge nicht bar zahlen, sondern überweisen. Dies gilt auch und insbesondere dann, wenn die Betreuungsperson ein Angehöriger ist, etwa die Oma, Geschwister oder der Lebensgefährte. **Rechnungen und Kontobelege müssen nicht der Einkommensteuererklärung beigefügt werden, das Finanzamt kann sie aber im Einzelfall anfordern. Deshalb bewahren Sie die Belege auf.**

476 **TIPP**

Oma ist die beste Tagesmutter

»Meine Schwiegermutter ist jetzt in Rente und kümmert sich halbtags um unsere Tochter. Da ist wohl nichts zu machen, oder?«

Das KONZ-Arbeitsbuch hat auch hier einen passenden Tipp für Sie parat. Sie müssen keine fremde Person für die Kinderbetreuung engagieren. Stecken Sie etwa Angehörigen wie der Oma des Kindes oder auch mal der Cousine für die Beaufsichtigung/Betreuung Ihres Kindes etwas Geld zu, sind auch diese Zahlungen steuerlich abzugsfähig.

Wie bei Verträgen mit Angehörigen auch sonst üblich, schaut der Fiskus allerdings besonders kritisch darauf, dass alles zwischen Ihnen genauso geregelt und abgewickelt wird wie zwischen Fremden. Also schließen Sie auf jeden Fall eine schriftliche Vereinbarung, und sorgen Sie für vertragsgemäße Zahlungen.

Schlechte Karten, die Kinderbetreuungskosten unterzubringen, haben Sie aber, wenn folgende Personen die Betreuung übernehmen:

- Ihre Lebenspartnerin und Mutter des Kindes, die zusammen mit Ihnen und dem gemeinsamen Kind lebt;
- Ihr Partner einer eheähnlichen Lebensgemeinschaft oder einer Lebenspartnerschaft, auch wenn er kein Elternteil des Kindes ist;
- jemand, der für das betreute Kind Anspruch auf Kindergeld, einen Kinder- oder Betreuungsfreibetrag hat.

Aufgepasst:

Gegen Oma als Kinderbetreuerin ist also nichts einzuwenden. Aber: Um den Höchstbetrag für Ihr Kind abzusetzen ($^2/_3$ der Kosten, max. 4.000 €), müssen Sie mindestens 6.000 € im Jahr zahlen. Bei zwei Kindern reden wir schon von bis zu 12.000 € Betreuungskosten. Denken Sie daran, dass die Zahlungen bei Ihrer Mutter oder Schwiegermutter zu steuerpflichtigen Einkünften führen und eventuell Steuern auslösen können, selbst wenn sie nur eine kleine Rente hat. Dass sollten Sie unbedingt bedenken, nicht dass der Haussegen schiefhängt, wenn der Oma dann ein Steuerbescheid ins Haus flattert.

»Oma möchte partout kein Geld für die Beaufsichtigung unserer kleinen Tochter annehmen. Stattdessen übernehme ich die Kosten für den Bus, das geht für sie in Ordnung.«

Auch gut. Selbst diese Kosten können steuerlich geltend gemacht werden! Lesen Sie dazu folgenden …

TIPP Fahrtkosten als Kinderbetreuungskosten geltend machen 477

Fahrtkosten in Zusammenhang mit unentgeltlicher Kinderbetreuung können in Höhe von $^2/_3$ der Aufwendungen als Kinderbetreuungskosten steuerlich abzugsfähig sein, so das Finanzgericht Baden-Württemberg mit Urteil vom 9.5.2012 (Az 4 K 3278/11).

Im Streitfall haben die beiden Großmütter ihr Enkelkind an einzelnen Tagen in der Woche unentgeltlich im Haushalt der Eltern des Kindes betreut, damit diese arbeiten konnten. Nur die Fahrtkosten erhielten sie von den Eltern des Kindes aufgrund schriftlicher Verträge erstattet. Das Finanzamt erkannte die Fahrtkosten nicht an, weil es der Meinung war, es handele sich um familieninterne Gefälligkeiten.

Die Finanzrichter allerdings stellten fest, die Betreuungsleistungen der Großmütter seien Dienstleistungen zur Kinderbetreuung, auch wenn sie unentgeltlich erbracht wurden. Es komme nur darauf an, ob die getroffene Vereinbarung zwischen den Eltern des Kindes und deren Müttern (= Großmütter des Kindes) über den Fahrtkostenersatz auch zwischen fremden Dritten so üblich wäre. Diese Frage hat das Finanzgericht bejaht. Nach Auffassung der Richter ist es unerheblich, ob eine fremde Betreuungsperson für die Betreuungsleistung selbst ein Honorar gefordert hätte.

♦ *Musterfall Meier (Betreuungskosten für Kindergartenkinder)* 478
Die Eheleute Meier wohnen mit ihrer Tochter Hannah (fünf Jahre) in München. Beide Eltern sind berufstätig. Tochter Hannah besucht vormittags den städtischen Kindergarten, wofür die Eltern monatlich 150 € aufwenden. Was können die Eltern als Kinderbetreuungskosten absetzen?

Aufwendungen Kindergarten Hannah:
150 € × 12 Monate = 1.800 €; davon $^2/_3$ = 1.200 €

Kinderbetreuungskosten

– ohne Aufwendungen für die Verpflegung, den (Nachhilfe-) Unterricht, die Vermittlung besonderer Fähigkeiten, die sportlichen und anderen Freizeitbetätigungen des Kindes –

	Art der Dienstleistung, Name und Anschrift des Dienstleisters	vom	bis		berücksichtigungsfähige Gesamtaufwendungen der Eltern EUR
76	Kindergarten St. Marien München	0101	3112	51	1800,–
77	Steuerfreier Ersatz (z. B. vom Arbeitgeber), Erstattungen	TTMM	TTMM	79	,–

		vom	bis		vom	bis
78	Es bestand ein **gemeinsamer** Haushalt der Elternteile	0101	3112	Das Kind gehörte zu unserem Haushalt	0101	3112
79	Es bestand **kein gemeinsamer** Haushalt der Elternteile	TTMM	TTMM	Das Kind gehörte zu meinem Haushalt	TTMM	TTMM
80				Das Kind gehörte zum Haushalt des anderen Elternteils	TTMM	TTMM

	Nur bei nicht zusammen veranlagten Eltern:	vom	bis	berücksichtigungsfähige Aufwendungen EUR
81	Ich habe Kinderbetreuungskosten in folgender Höhe getragen	TTMM	TTMM	,–
82	Laut übereinstimmendem Antrag ist für das Kind der Höchstbetrag für die Kinderbetreuung in einem anderen Verhältnis als je zur Hälfte aufzuteilen. Der bei mir zu berücksichtigende Anteil beträgt			%

479 Zeile 78 – 80 Haushaltszugehörigkeit

Damit Ihnen das Finanzamt beim Abzug der Kinderbetreuungskosten keinen Strich durch die Rechnung macht, muss das Kind zu Ihrem Haushalt gehören.

Gut zu wissen: Ein Kind gehört steuerlich auch dann zu Ihrem Haushalt, wenn es sich mit Ihrer Einwilligung vorübergehend woanders aufhält. Besucht Ihr Sprössling ein Internat oder ist unter der Woche z. B. bei der Oma untergebracht, können Sie trotzdem in > Zeile 78 oder 79 »1. 1.–31. 12.« eintragen.

480 Zeile 81 – 82 Ich habe Kinderbetreuungskosten in folgender Höhe getragen ...

Grundsätzlich gilt: Wer die Kosten getragen hat, setzt sie bei seinen Einkünften an. Bei Doppelverdienereltern mit Zusammenveranlagung spielt das keine Rolle, im Fall der getrennten Veranlagung und bei nicht verheirateten Eltern müssen die Kinderbetreuungskosten jedoch dem Elternteil zugeordnet werden, der sie getragen hat und zu dessen Haushalt das Kind gehört.

Aufgepasst beim Höchstbetrag

Bei nicht zusammen veranlagten Eltern wird der Höchstbetrag der Kinderbetreuungskosten von 4.000 € grundsätzlich jedem Elternteil zur

Hälfte zugerechnet. Dumm nur, wenn einer die Kosten allein getragen hat und diese mehr als 3.000 € betragen. In diesem Fall würde gerechnet:

Kinderbetreuungskosten von z.B. 3.600 € × $^{2}/_{3}$ = 2.400 €; max. abzugsfähig ist jedoch nur der hälftige Höchstbetrag in Höhe von 2.000 €.

In > Zeile 82 können Sie in einem solchen Fall eine abweichende Aufteilung des Höchstbetrags beantragen.

Das Beste zum Schluss
Statt sich Jahr für Jahr bei Erstellung der Steuererklärung durch die > Zeilen 76 – 82 der Anlage Kind zu arbeiten, schlagen Sie Ihrem Chef bei den nächsten Gehaltsverhandlungen doch einmal vor: »Statt brutto einen Hunderter mehr hätte ich gern einen Zuschuss zu meinen Kinderbetreuungskosten.« Dieser Zuschuss ist nämlich steuer- und zudem sozialversicherungsfrei (mehr dazu unter ➤ Rz 576 f.). Außerdem lassen sich mit etwas Verhandlungsgeschick aus 100 € Gehaltserhöhung vielleicht sogar 120 € Kinderbetreuungszuschuss machen, denn auch der Chef spart Sozialversicherungsbeiträge bei diesem Dreh.

13.3 Goldene Steuertipps für betuchte Eltern

Sie können Ihre Steuerlast auf einfache Weise mindern, indem Sie Einkünfte auf Ihre Kinder verlagern. Angenommen, Ihre Einkünfte gehen dadurch von 75.000 auf 70.000 € runter, dann sparen Sie pro Jahr glatt 1.688 € oder rund 34 %! **481**

»Nicht schlecht«, sagen Sie, »aber was zahlen meine Kinder?«

Bei Ihren Kindern sind die Einkünfte bis zur Höhe des Grundfreibetrags von 9.744 € steuerfrei. Hinzu kommen je nach Einkunftsart weitere steuerfreie Beträge, z.B. der Sparerpauschbetrag oder die Werbungskostenpauschale.

Aber Obacht: Sie müssen sich etwas einfallen lassen, damit bei der Verlagerung von Einkünften alles anstandslos durchgeht, denn die Fiskalritter werden nicht müde, Paragraphen wie Stolperfallen auszustreuen, um die Tricks der Steuerzahler scheitern zu lassen. Leider gibt es kein einheitliches Rezept, das ich Ihnen anbieten könnte, denn die Verhältnisse liegen in jeder Familie anders.

482 **TIPP Aufgepasst, Eltern, die Sie selbständig sind!**

Beschäftigen Sie Ihr Kind als Arbeitnehmer, denn in Ihrem Betrieb ist doch immer was zu tun. Dann können Sie ihm das Taschengeld als Arbeitslohn auszahlen und sparen gleichzeitig Steuern. Aber behalten Sie das mit dem Sparen für sich, sonst will es womöglich mehr Geld …

483 **Arbeitsvertrag zwischen Eltern und Kindern**

Soll ein Arbeitsvertrag zwischen Ihnen und Ihrem Kind steuerlich wirksam sein, müssen Sie einige Spielregeln beachten. Da hier der Fiskus schnell Mauschelei wittert, nämlich ein fiktives Arbeitsverhältnis, ist es wichtig, dem Prüfer ggf. geeignete Unterlagen unter die Nase halten zu können. Dazu gehört zunächst ein schriftlicher Arbeitsvertrag, in dem alle Umstände des Arbeitsverhältnisses wie Zeit, Ort, Entgelt und insbesondere Art und Umfang der Leistung genau beschrieben sind. Ein Vertragsmuster finden Sie unter ➤ Rz 493. Dem Prüfer ist klar, dass sich nach einigen Monaten nicht mehr genau feststellen lässt, ob Leistung und Lohn im Einklang stehen. Umso mehr versteift er sich darauf festzustellen, ob das Kind im Betrieb wie ein fremder Arbeitnehmer geführt wurde, d.h., ob die Folgerungen aus dem Arbeitsverhältnis gezogen wurden. Dies betrifft insbesondere die pünktliche Auszahlung des Lohns, möglichst unbar, und die Einbehaltung und Abführung von Lohnsteuer und Sozialabgaben. Dazu unten mehr.

Für die Wirksamkeit eines Arbeits- oder Ausbildungsvertrags mit einem minderjährigen Kind ist kein Ergänzungspfleger erforderlich. Jedoch verstoßen Arbeitsverhältnisse mit einem Kind unter 14 Jahren gegen das Jugendarbeitsschutzgesetz und werden nicht anerkannt (R 4.8 Abs. 3 EStR).

Die Art der Tätigkeiten richtet sich danach, wo Sie den Arbeitslohn steuerlich unterbringen wollen. Wollen Sie eine Haushaltshilfe absetzen, vereinbaren Sie Hilfeleistungen im Haushalt. Bei Vermietungseinkünften kann Ihr Filius Hauswarttätigkeiten wie Rasenmähen übernehmen. Haben Sie einen Gewerbebetrieb, sind Mitarbeit im Büro wie Schreib- oder Ablagedienste, Kraftfahrer- oder Telefondienste usw. möglich. Achten Sie darauf, dass Ihr Kind sich wirklich nützlich macht und dass Arbeitszeit, Tätigkeit und Lohn zueinander passen. Also kein Superstundenlohn für Hilfsarbeiten. Bei einem festen Arbeitsverhältnis können Sie das Festgehalt aber mit Extras garnieren, z.B. Personalrabatt bis 1.080 € (➤ Rz 540). Auch ein zinsloses Arbeitgeberdarlehen ist drin (➤ Rz 585).

Die Tätigkeit darf nicht ganz geringfügig sein und muss wie der gesamte Arbeitsvertrag einem sog. Fremdvergleich, also einem Vertrag mit einem fremden Dritten, standhalten, zumindest theoretisch. Dazu meint der BFH: Zwei Stunden pro Woche Praxiswäsche waschen und bügeln macht man gegen Stundenlohn und nicht gegen Gehalt (Urt. v. 9.12.1993 – BStBl 1994 II S. 298).

Und weiter: Die Arbeitszeit muss das Kind auch tatsächlich neben Schule, Ausbildung oder Studium erbringen können. Vereinbaren Sie daher am besten einen Teilzeitjob.

Als Arbeitgeber müssen Sie für die korrekte Einbehaltung der Lohnsteuer sorgen. Sie haben zwei Möglichkeiten:

1. Ihr Kind arbeitet auf Lohnsteuerkarte. Bei Steuerklasse I brauchen Sie bei einem Arbeitslohn bis 1.121 € monatlich keine Lohnsteuer einzubehalten. Nach Ablauf des Jahres übermitteln Sie die wichtigen Lohndaten an die Steuerverwaltung – und schon ist alles geritzt, wenn Sie auch an die Sozialversicherung denken (➤ Rz 991).
2. Oder Sie versteuern den Arbeitslohn pauschal. Sie überweisen dem Finanzamt die pauschale Lohnsteuer, nachdem Sie eine Lohnsteueranmeldung eingereicht haben. Das entsprechende Formular lassen Sie sich vom Finanzamt zuschicken. Schauen Sie in der Tabelle in ➤ Rz 591 nach, welcher Prozentsatz für Sie gilt.

»Mein Sohn Frank ist ein Computer-Freak! Er hilft mir, wenn der Drucker spinnt, installiert neue Programme und hilft mir bei den alten«, sagen Sie. Na bestens. Dann brauchen Sie keinen Arbeitsvertrag. Frank kann diese Arbeiten auch als Selbständiger erledigen. Ab und an schreibt er Ihnen eine saftige Rechnung und kümmert sich um die Versteuerung selbst …

TIPP Für Eltern mit größerem Gewerbe: Geld hin und zurück 484

Statt den Kindern Geld zu geben, können Sie sie an Ihrem Unternehmen als stille Gesellschafter beteiligen.

Um Sie auf den Geschmack zu bringen, lassen Sie mich von einem Unternehmer berichten, der Folgendes getan hat (BFH-Urt. v. 21.2.1991 – BStBl 1995 II S. 449). Er ist Gesellschafter einer Kraftfahrzeughandel-KG und räumte seinen zwei Kindern im Alter von vier und sieben Jahren je eine typisch stille Unterbeteiligung von 25.000 € ein. Das Geld dafür erhielten die Kinder zuvor von ihm geschenkt. Als Gewinnbeteiligung wurden 20 % – höchstens aber 15 % von 25.000 € – vereinbart, also für jedes Kind pro Jahr max. 3.750 €, die das Einkommen des Vaters mindern und bei den Kindern wegen Sparer- und Grundfreibetrag steuerfrei sind.

»Typisch stille Unterbeteiligung, das hört sich ziemlich kompliziert an«, sagen Sie.

Ist es aber nicht! »Stille Beteiligung« bedeutet, der Beteiligte ist nur Geldgeber, nicht im Betrieb tätig. »Typisch still beteiligt« heißt, er ist nicht an Gewinnen aus dem Verkauf von Anlagevermögen beteiligt. Nur so haben die Kinder Gewinnanteile, die der Fiskus als Kapitalerträge einstuft und bis zu 801 € steuerfrei lässt.
(Quelle: § 20 Abs. 1 Nr. 4 EStG)

485 **TIPP Für Eltern, die Mietshäuser besitzen**

Schanzen Sie Ihrem Kind Mieteinnahmen zu, indem Sie ihm ein Nießbrauchsrecht einräumen oder Grundbesitz ganz oder anteilig übertragen (➤ Rz 1026). Oder Sie senken Ihre Mieteinkünfte, indem Sie Ihrem Kind, wenn es schon Einkommen hat, eine Wohnung verbilligt überlassen (➤ Rz 1027).

Vorsicht: Schanzen Sie Ihren Kindern Einkünfte zu, können Sie leicht in die Beitragsfalle der gesetzlichen Krankenkasse tappen. Sie wissen: Ihre Kinder sind bis 25 Jahre in der gesetzlichen Krankenversicherung beitragsfrei mitversichert. Aber nur, wenn ihr **Gesamteinkommen** monatlich 470 € nicht übersteigt. Stammt das Einkommen aus einem Minijob, gilt eine Grenze von 450 € monatlich.

Werden diese Einkommensgrenzen überschritten, müssen sich die Kinder selbst versichern. Fragen Sie vorher bei Ihrer Krankenkasse nach, was das kosten würde, und rechnen Sie nach, ob sich das Ganze für Sie noch lohnt.

Gesamteinkommen nach dem Sozialgesetzbuch ist die Summe der Einkünfte i. S. des Einkommensteuergesetzes. Dabei gelten für die Berechnung folgende Besonderheiten: Bei Arbeitseinkünften des Kindes dürfen vom Bruttolohn die beruflich veranlassten Ausgaben, mindestens aber der Arbeitnehmerpauschbetrag (Jahresbetrag 1.000 €, Monatsbetrag 83 €) abgezogen werden. Bei Zinseinkünften des Kindes sind die Zinseinnahmen maßgebend. Der Sparerfreibetrag darf als sog. Steuervergünstigung nicht berücksichtigt werden. Bei Mieteinnahmen des Kindes sind die vereinnahmten Bruttomieten abzgl. der mit dem Haus oder der Wohnung verbundenen Kosten maßgebend. Abschreibungen bleiben unberücksichtigt.

TIPP Baukindergeld für ein selbstbewohntes Eigenheim 486

Für den Erwerb oder den Bau einer selbstbewohnten Immobilie in der Zeit vom 1.1.2018 bis 31.03.2021 erhalten Familien je Kind ein Baukindergeld von 1.200 € pro Jahr. Und das zehn Jahre lang.

Unter dem Strich bedeutet das, dass eine Familie mit zwei Kindern 2 × 12.000 € Kinderzulage ausbezahlt bekommt, also insgesamt 24.000 € in 10 Jahresraten à 2.400 €.

Voraussetzung ist, dass das zu versteuernde Einkommen der Familie mit einem Kind nicht über 90.000 € liegt. Für jedes weitere förderfähige Kind erhöht sich diese Grenze um 15.000 €. Eine vierköpfige Familie dürfte also ein Gesamteinkommen von 105.000 € haben. Für die Berechnung sind die Einkünfte der letzten zwei Kalenderjahre vor dem Antrag wichtig. Geprüft wird nur einmal – bei Antragstellung. Auch wenn das Einkommen danach steigt, bleibt die Förderung erhalten!

Für das Baukindergeld zählen nur die Kinder, die zum Zeitpunkt der Antragstellung noch keine 18 Jahre alt sind.

Den Antrag auf Baukindergeld können Sie bei der Kreditanstalt für Wiederaufbau (KfW) stellen. Sie müssen Ihrem Antrag die Einkommensteuerbescheide der beiden Jahre vor Erwerb der Immobilie beifügen. Beim Erwerb in 2021 also die von 2018 und 2019. Außerdem müssen Sie die Baugenehmigung bzw. den Kaufvertrag, die Kindergeldnachweise sowie nach dem Einzug eine Meldebestätigung einreichen.

Übrigens: Das Antragsverfahren läuft nur online. »Einreichen« bedeutet also in diesem Fall, Sie müssen die Unterlagen digitalisieren und auf die Website der KfW hochladen.

Begünstigt sind Immobilien, für die Sie zwischen dem 1.1.2018 und dem 31.3.2021 einen Kaufvertrag abgeschlossen haben oder für die, im Fall eines Neubaus, die Baugenehmigung in diesem Zeitrahmen erteilt wurde. Wann der Eigentumswechsel im Grundbuch eingetragen wird oder wann Sie tatsächlich mit dem Bau anfangen, spielt keine Rolle.

13.4 Goldener Steuertipp für betuchte Kinder

Ihre Eltern haben Ihnen eine gute Ausbildung mit auf den Lebensweg 487
gegeben. Nun sind Sie ziemlich weit oben. Vielleicht können Ihre Eltern Ihnen nun auch noch helfen, Steuern zu sparen.

488 **TIPP Renovieren Sie Ihr Elternhaus**

Schon längst hätte Ihr Elternhaus mal gründlich renoviert werden müssen. Doch leider sind die Renovierungskosten im selbstgenutzten Haus nicht absetzbar. Jedenfalls nicht so ohne weiteres. Also kaufen Sie Ihren Eltern das Haus zu einem vernünftigen Preis ab. Dabei ermitteln Sie den Kaufpreis so, als würden Ihre Eltern das Haus an einen Fremden verkaufen. Anschließend vermieten Sie es an Ihre Eltern, vielleicht sogar mit verbilligter Miete (➤ Rz 1027).

Auf diese Weise können Sie alle Ausgaben für das Haus, angefangen von A wie Abschreibung, über R wie Renovierungskosten bis hin zu Z wie Zinsen als Werbungskosten absetzen. Der Vermietungsverlust bringt Ihnen Jahr für Jahr einen schönen Steuerrabatt. Ach übrigens, den Kaufpreis lassen Ihnen Ihre Eltern über die Miete ratenweise wieder zukommen, den Rest können sie Ihnen beizeiten schenken. Die Schenkungsteuer bleibt Ihnen bei einem Betrag bis zu 400.000 € erspart.

14 Die Anlage N

In diesem Kapitel geht es um die Höhe Ihrer Arbeitseinkünfte. Sie werden nach folgendem Schema berechnet: 489

Arbeitnehmer

Steuerpflichtiger Bruttoarbeitslohn (§ 19 Abs. 1 Nr. 1 EStG)	..... €
./. Werbungskosten, mind. Pauschbetrag von 1.000 €	– ..... €
Einkünfte aus nichtselbständiger Arbeit (aus aktiver Tätigkeit als Arbeitnehmer)	..... €

Pensionäre

Versorgungsbezüge (§ 19 Abs. 1 Nr. 2 EStG)	..... €
./. Versorgungsfreibetrag 15,2 – 40 % der Versorgungsbezüge, max. 3.000 €	– ..... €
./. Zuschlag zum Versorgungsfreibetrag, max. 900 €	– ..... €
Verbleiben	..... €
./. Werbungskosten, mindestens Pauschbetrag von 102 €	– ..... €
Einkünfte aus nichtselbständiger Arbeit (aus ehemaliger Tätigkeit als Arbeitnehmer)	..... €

Zeile 1 - 117 Arbeitnehmer oder Selbständiger? 490

Die meisten in einem Betrieb tätigen Personen sind Arbeitnehmer. Feste Arbeitszeiten, bezahlter Urlaub und Lohnfortzahlung im Krankheitsfall sind Merkmale für ein Arbeitsverhältnis. Folge: Auszahlung der Bezüge erst nach Abzug von Steuer und Sozialversicherung.
Arbeiten Sie hingegen auf eigene Rechnung – und eigenes Risiko –, ohne Urlaubsanspruch und ohne Bezahlung im Krankheitsfall, sind Sie selbständig tätig und haben daraus Einkünfte aus Gewerbebetrieb oder freiberuflicher Tätigkeit. Folge: Sie müssen von diesen Einkünften Einkommensteuer bezahlen, evtl. sogar Umsatzsteuer (ab 22.000 € Jahresumsatz) und Gewerbesteuer (ab 24.500 € Jahresgewinn).
Sie aber erhalten Ihren Arbeitslohn nach Abzug der Lohn- und Kirchensteuer ausgezahlt und sind bei den Sozialkassen angemeldet. Also sind Sie Arbeitnehmer. Zu Ihrer Steuererklärung gehört daher die Anlage N.

✎ Zeile 1 – 117 Arbeitsverträge zwischen nahen Angehörigen

491 Bei Verträgen zwischen Fremden ist der Fiskus schnell dabei, ein Arbeitsverhältnis anzunehmen. Dann kann er nämlich die Mühen der **Steuererhebung** auf einen Dritten – den Arbeitgeber – abwälzen. Wohingegen es bei einem Arbeitsverhältnis zwischen Angehörigen, z.B. zwischen Ehegatten oder zwischen Eltern und Kindern, gern **argwöhnt, es könnte fingiert sein, um Steuern zu sparen. Der steuerliche Vorteil besteht darin, dass der Zahlende wesentlich mehr absetzen kann, als der Empfänger des Arbeitslohns versteuert – insbesondere durch:**

Arbeitnehmerpauschbetrag; steuerfreie Arbeitgeberanteile zur Sozialversicherung; Leistungen in eine Direktversicherung; Überlassung von Vermögensbeteiligungen und vieles mehr.

Erledige das Schwierige zuerst.
(Walter Scheel)

492 Ob z.B. Ihr Ehegatte tatsächlich in Ihrem Betrieb gearbeitet hat, kann im Nachhinein niemand mehr überprüfen. Deshalb prüft der Fiskus nur die Formalitäten, und wenn da etwas nicht stimmt, setzt er den Rotstift an.
Achtung, Fremdvergleich! Je mehr Sie mit Grundgehalt und Nebenleistungen in die Vollen gehen und alle Möglichkeiten in Anspruch nehmen, umso genauer wird der Fiskus das Arbeitsverhältnis auf seine Angemessenheit hin untersuchen. Maßstab für die Anerkennung bildet der Fremdvergleich: Betrieblich veranlasst sind die Aufwendungen nur, wenn und soweit mit hoher Wahrscheinlichkeit vergleichbare Regelungen auch mit einem familienfremden Arbeitnehmer getroffen worden wären. Das gilt ebenso für die Abwicklung. Es muss alles ganz normal ablaufen.
Also seien Sie auf der Hut und bauen Sie vor, indem Sie selbst die kleinste Förmlichkeit beachten. Dazu gehören: schriftlicher Arbeitsvertrag, in dem genau festgelegt ist, worin die Arbeit besteht, wie hoch der Lohn samt Nebenleistungen ist, wie Arbeitszeit und Urlaub geregelt sind. Sozialversicherung. Lohnsteuer. Regelmäßige Auszahlung des Lohnes wie vereinbart. Angemessenheit des Arbeitslohns (z.B. 2021 mindestens 9,60 € und ab 7/2022 10,45 € Stundenlohn!). Und schon ist alles paletti (Quelle: EStH 19).
Übrigens: Leben Sie ohne Trauschein zusammen, kann der Fiskalritter seinen Fremdvergleich vergessen. Hier geht der Grundsatz der Vertragsfreiheit vor (BFH, Beschluss v. 27.11.1980 – BStBl 1990 II S. 160).

Muster für einen Arbeitsvertrag 493

Arbeitsvertrag

Zwischen Frau/Herrn . . . . (Arbeitgeber) und Frau/Herrn . . . . (Arbeitnehmer) wird folgender Arbeitsvertrag geschlossen:

§ 1 Beginn
Der Arbeitnehmer wird mit Wirkung vom . . . . . . als . . . . . . eingestellt. Der Aufgabenbereich ist im Einzelnen in der als Anlage beigefügten Stellenbeschreibung geregelt.

§ 2 Kündigungsfristen
Die Kündigungsfrist beträgt . . Wochen zum Quartalsende. Verlängert oder verkürzt sich die Kündigungsfrist für den Arbeitgeber aus gesetzlichen oder tariflichen Gründen, gilt diese Veränderung auch für den Arbeitnehmer.

§ 3 Arbeitsvergütung
Der monatliche Bruttolohn beträgt . . . €. Als Weihnachtsgeld wird ein halber Monatslohn zusätzlich gezahlt. Die Vergütung wird jeweils zum 15. eines jeden Monats fällig. Die Zahlung erfolgt bargeldlos auf das Konto des Arbeitnehmers IBAN . ., BIC . ., bei der . . . . .

§ 4 Arbeitszeit
Die Arbeitszeit beträgt bei fünf Arbeitstagen in der Woche 36 Stunden ohne Berücksichtigung der Pausen. Die Arbeit beginnt um . . Uhr.

§ 5 Urlaub
Der Arbeitnehmer erhält . . . Werktage Urlaub. Urlaubsjahr ist das Kalenderjahr. Der Urlaub ist betriebsintern abzustimmen.

§ 6 Arbeitsverhinderung
Ist der Arbeitnehmer wegen Erkrankung oder aus anderem wichtigen Grund an der Arbeit verhindert, ist der Betrieb umgehend zu benachrichtigen. Bei Erkrankung ist spätestens am 3. Tag eine Arbeitsunfähigkeitsbescheinigung des behandelnden Arztes vorzulegen.

§ 7 Beendigung des Arbeitsverhältnisses im Rentenfall
Wird dieser Vertrag nicht vorher durch Kündigung oder gegenseitiges Einvernehmen gelöst, gilt der Vertrag ab Beginn der Rentenzahlung als beendet.

```
§8 Nebenabreden
Sie bedürfen zu ihrer Rechtsgültigkeit der Schriftform. Eine etwa-
ige Ungültigkeit einzelner Vertragsbestimmungen berührt die Wirk-
samkeit der übrigen Bestimmungen nicht.

Ort . . . . Datum . . .                   Ort . . . . Datum . . .
. . . . . . . . . . .                         . . . . . . . . . . .
Arbeitnehmer                                   Arbeitgeber
```

Beachten Sie: Formlose Änderung des Arbeitsvertrags schadet nicht. Arbeitsverträge mit Ehegatten oder Kindern bleiben auch dann wirksam, wenn Gehaltserhöhungen, anders als im Arbeitsvertrag vorgesehen, mündlich vereinbart werden, so die Richter des Bundesfinanzhofs im Urteil vom 20.4.1999 (BFH/NV 1999 S. 1457), denn Angehörige können den vereinbarten Formzwang jederzeit aufheben, ebenfalls formlos.

494 **TIPP So drücken Sie jeden Ehegatten-Arbeitsvertrag beim Finanzamt durch**

Die obersten Robenträger aus München hatten schon oft ein Einsehen mit den gebeutelten Steuerzahlern. Auch in Sachen Fremdvergleich beim Ehegatten-Arbeitsvertrag haben sie die Fiskalbürokraten zurückgepfiffen und klargestellt: Die Prüfung von Angehörigenverträgen muss insbesondere auch *anlassbezogen* erfolgen (BFH-Urt. v. 17.7.2013 – Az. X R 31/12).

Heißt konkret: Hätten Sie im Fall der Nichtbeschäftigung eines Angehörigen einen fremden Dritten einstellen müssen, ist der Fremdvergleich weniger strikt durchzuführen, als wenn der Angehörige für Tätigkeiten eingestellt wurde, die üblicherweise von Ihnen selbst oder unentgeltlich von Familienmitgliedern erledigt werden.

»Damit lässt sich arbeiten!«, rufen Sie spontan. Das will ich meinen. Auch wenn es hier und da beim Fremdvergleich hapert.

Wichtig zu wissen: Mit seinem Urteil vom 17.7.2013 (Az. X R 31/12) hat der BFH darüber hinaus klargestellt, dass folgende Punkte nicht automatisch zur Ablehnung eines Arbeitsverhältnisses mit Angehörigen führen:

- **Mehrarbeit ohne Zeitausgleich oder Vergütung**,
- **fehlende Zeitnachweise** (wenn die Aufgaben im Arbeitsvertrag fest umrissen sind).

»Mir als Arbeitnehmer bringt ein Arbeitsvertrag mit meiner Frau nichts«, maulen Sie. Warum denn nicht? Ihre Frau kann Ihnen als leitendem Angestellten im Verkauf die Auftragsbestätigungen und Berichte schreiben, den Schriftverkehr mit Kunden erledigen, die Spesenabrechnungen machen und die ganze Ablage! Rückendeckung haben Sie vom FG Niedersachsen mit Urteil vom 4.5.1982 rk (EFG 1982 S.616) und vom FG Bremen im Urteil vom 21.2.1991 (EFG 1991 S.314), die ein sog. Unterarbeitsverhältnis anerkannt haben. 495

Ihr Vorteil: Sie können den Arbeitslohn Ihrer Frau und die Nebenabgaben als Werbungskosten absetzen!

Doch beachten Sie: Das FG Münster hält die Übertragung von Hauptpflichten aus dem Arbeitsvertrag nach § 613 BGB für unzulässig (Urt. v. 7.8.1990 – EFG 1991 S.246).
Seien Sie also clever, und übertragen Sie Ihrer Frau nur Arbeiten, die Sie zusätzlich zu Ihrem Arbeitsvertrag erbringen.
Ein Unterarbeitsverhältnis zwischen einer Lehrerin und ihrer studierenden Tochter hat der BFH abgelehnt mit der Begründung, ein solches Arbeitsverhältnis sei zwischen Fremden nicht üblich. Ein beamteter Lehrer müsse die Klassenarbeiten schon selbst korrigieren (BFH-Urt. v. 6.3.1995 – BStBl 1995 II S.394).
Schließen Sie also keinen Vertrag über Arbeitsleistungen, die angesichts 496
ihrer Geringfügigkeit oder Eigenart üblicherweise nicht aufgrund eines Arbeitsvertrags erbracht werden. Dazu zwei Beispiele:

Beispiel 1
Ein Arzt hatte mit seiner 15-jährigen Tochter einen Arbeitsvertrag abgeschlossen, der sie für eine monatliche Vergütung von rund 200 € zu bestimmten Zeiten (Wochenendbereitschaft) zum Telefondienst in der Wohnung verpflichtete. Auch sollte sie die Praxiswäsche waschen und bügeln. Der Bundesfinanzhof lehnte die Anerkennung dieses Arbeitsvertrags ab, da insbesondere der Telefondienst im Rahmen normaler Lebensführung miterledigt werde, somit nicht Gegenstand eines gesonderten Arbeitsvertrags sein könne (BFH-Urt. v. 9.12.1993 – BStBl 1994 II S.298).

Beispiel 2
Ein Lebensmittelhändler hat mit seinen beiden volljährigen Töchtern einen Arbeitsvertrag als Verkaufshilfe bzw. Buchhalterin abgeschlossen. Die Verträge hat der Bundesfinanzhof abgenickt, weil die Kinder Arbei-

ten übernommen haben, die häufig von Schülern, Studenten oder Hausfrauen gegen entsprechende Bezahlung ausgeführt werden (BFH-Urt. v. 25.1.1989 – BStBl II S.453).
Wie Sie mit Hilfe des Ehegattenarbeitsvertrags zum vollen Werbungskostenabzug beim häuslichen Arbeitszimmer kommen, dazu mehr unter ➤ Rz 766.

497 Zeile 1 – 117 Die Lohnabrechnung für 2021

»Gut und gern könnte meine Erna bei mir mit Lohnsteuerabzug arbeiten, wo sie doch sowieso jeden Tag mithilft«, sagen Sie.
Na also. Und die Lohnabrechnung schaffen Sie auch ohne Steuerberater. Über www.elster.de (»ElsterOnline«) holen Sie sich online die Lohnsteuerabzugsmerkmale, und Sie melden sie bei der Krankenkasse an. Bei der Berechnung der steuerlichen Abzugsbeträge hilft sogar das Bundesfinanzministerium unter www-bmf-steuerrechner.de.

Monatslohn brutto	2.850,00 €
./. Lohnsteuer StKl III	– 115,83 €
./. Kirchensteuer 9 % der Lohnsteuer	– 10,42 €
./. Sozialversicherungen, ArbN-Anteil (Berechnung unten)	– 576,42 €
Monatslohn netto	2.147,33 €

Berechnung der Sozialversicherungsbeiträge

Steuerpflichtiger Monatslohn	2.850,00 €
Rentenversicherung 18,6 %	530,10 €
Krankenversicherung 15,9 % (inkl. 1,3 % Zusatzbeitrag*)	453,16 €
Arbeitslosenversicherung 2,4 %	68,40 €
Pflegeversicherung 3,05 %	86,92 €
Summe der Sozialversicherungsbeiträge	1.138,58 €
ArbN-Anteil 50 %	569,29 €
Zuschlag für Kinderlose zur Pflegeversicherung 0,25 %**	7,13 €
ArbN-Anteil insgesamt	576,42 €

498 **Kein Solidaritätszuschlag seit 2021 für fast alle**

Seit 2021 entfällt der Solidaritätszuschlag für einen großen Teil der Steuerzahler. Lediglich die ca. 10 % Steuerzahler mit den höchsten Einkommen werden weiterhin zur Kasse gebeten werden.
Die Grenzbeträge, bis zu denen kein Solidaritätszuschlag auf die Lohnsteuer erhoben wird, wurden wie folgt angehoben:

- für Ehegatten bzw. Personen in der Steuerklasse III auf 33.912 € im Jahr,
- in allen übrigen Fällen auf 16.956 € im Jahr.

Auf den Monat umgerechnet bedeutet das: Bis zu einer Lohnsteuer von 1.413 € (2.826 € in der Steuerklasse III) wird kein Solidaritätszuschlag mehr erhoben.
So zahlen ledige sozialversicherungspflichtige Arbeitnehmer, die im Jahr nicht mehr als ca. 73.000 € brutto verdienen, seit 2021 keinen Solidaritätszuschlag mehr. Bis zu einem Einkommen von rund 109.000 € wird in der Gleitzone schrittweise die volle Höhe von 5,5 % der Einkommensteuer erreicht. Ein Alleinverdiener in der Steuerklasse III zahlt bis zu einem Bruttojahreslohn von ca. 136.000 € keinen Solidaritätszuschlag. Bis ca. 206.000 € fällt für ihn zumindest ein Teil an, danach der volle Zuschlag.

Weiterhin Solidaritätszuschlag auf die pauschale Lohnsteuer
Beim Lohnsteuerabzug bestehen zahlreiche Pauschalierungsmöglichkeiten, meist mit festen Steuersätzen von 15 oder 25 %. Sie gelten z.B. für kurzfristig und geringfügig Beschäftigte sowie für einzelne Lohnbestandteile wie Fahrtkostenzuschüsse. Auch die Ermittlung besonderer Pauschsteuersätze ist möglich.
Auf die Pauschalsteuer fällt weiterhin der Solidaritätszuschlag an. Der Zuschlag wird in unveränderter Höhe von 5,5 % auf die Pauschalsteuer erhoben. Einzige Besonderheit ist und bleibt, dass im zweiprozentigen Pauschalsatz für Minijobber der Solidaritätszuschlag bereits enthalten ist.

***Zusätzlicher Beitragssatz in der Krankenversicherung** 499
Seit 2015 ist per Gesetz ein einheitlicher Beitragssatz zur Krankenversicherung von 14,6 % festgelegt, der je zur Hälfte von Arbeitnehmer und Arbeitgeber aufzubringen ist.
Darüber hinaus kann jede Krankenkasse, je nach Finanzbedarf, einen prozentualen Zusatzbeitragssatz von ihren Mitgliedern erheben, den Arbeitnehmer und Arbeitgeber ebenfalls je zur Hälfte tragen. Im Jahr 2021 betrug der Zusatzbeitrag im Bundesdurchschnitt 1,3 %.

Gut zu wissen: Erhebt eine Kasse einen solchen Zusatzbeitrag erstmalig oder erhöht ihn, gilt ein Sonderkündigungsrecht für die Versicherten.

****Zuschlag zur Pflegeversicherung** 500
Kinderlose Arbeitnehmer müssen ab dem 23. Lebensjahr einen Zuschlag in Höhe von 0,25 % des Monatslohns berappen. Für sie erhöht sich der Beitrag zur Pflegeversicherung damit von 1,525 auf 1,775 %. Der Arbeitgeberanteil bleibt unverändert bei 1,525 %.
Sie vermeiden diesen Zusatzbeitrag, wenn Sie Ihrem Arbeitgeber nachweisen, dass Sie mindestens ein Kind haben. Dazu legen Sie ihm z.B. eine Geburts- oder Abstammungsurkunde, eine beglaubigte Abschrift aus dem Geburtenbuch des Standesamts oder einen Auszug aus dem Fami-

lienbuch vor. Das Alter des Kindes oder die Höhe seiner Einkünfte und Bezüge sind hier völlig egal.

501 **Vermögenswirksame Leistungen**

Vermögenswirksame Leistungen (VL) zählen mit zum steuerpflichtigen Arbeitslohn und werden deshalb normal lohnversteuert und sozialversichert. Den VL-Betrag von max. 39 € monatlich ziehen Sie als Arbeitgeber vom Nettolohn ab und überweisen ihn an die Bausparkasse oder Bank. **Übrigens:** Die vermögenswirksamen Leistungen können auch auf Ihren Sparvertrag oder auf einen gemeinsamen Vertrag eingezahlt werden.

502 **Fahrtkostenzuschuss**

»Und wenn ich Erna einen Fahrtkostenzuschuss von z.B. 30 € monatlich für die Fahrten zum Büro zahle, das auswärts liegt?«, möchten Sie wissen. Der Fahrtkostenzuschuss gehört nicht zum normalen steuerpflichtigen Arbeitslohn und wird nicht sozialversichert. Sie können ihn deswegen einfach auf den Nettolohn draufschlagen und mit auszahlen. Sie müssen ihn allerdings pauschal versteuern und die Pauschalsteuer zusammen mit der normalen Lohnsteuer abführen (➤ Rz 591).

Pauschale LSt 15 % von 30,00 €	4,50 €
Pauschaler Soli-Zuschlag 5,5 % von 4,50 €	0,25 €
Pauschale Kirchensteuer 7 % von 4,50 €	0,32 €
Summe	5,07 €

503 **Vorteilsrechnung**

Zugegeben, die Lohnabrechnung bringt viel Schreibkram mit sich, macht sich aber bezahlt.

1. Einkommensteuer

Das Gehalt mindert auf der einen Seite Ihren Gewinn aus Gewerbebetrieb, muss aber auf der anderen Seite vom Ehe- oder Lebenspartner versteuert werden – jedoch nach Abzug des Werbungskostenpauschbetrags von 1.000 Euro. Bei einem Steuersatz von 35 % beträgt die Ersparnis daraus immerhin (35 % von 1.000 €) = 350 €.

2. Renten-, Kranken- und Pflegeversicherung

Durch das Arbeitsverhältnis ist der Ehe- oder Lebenspartner sozialversichert. Der Arbeitgeberanteil ist betrieblich absetzbar. Bezogen auf den obigen Fall beträgt er 19,98 % von 34.200 € = 6.833 €, davon Ersparnis an Einkommensteuer 35 % = 2.392 €.

3. Pauschalversteuerte Direktversicherung

Zur Ergänzung der gesetzlichen Altersversorgung können Sie für Ihre bessere Hälfte eine Direktversicherung mit einem Jahreshöchstbetrag von 1.752 € abschließen. Die Versteuerung wird pauschal mit 20 % vorgenommen. Dadurch sparen Sie

Einkommensteuer	35 %		
./. Pauschalsteuer	– 20 %		
Verbleiben	15 %	von 1.752 € =	263 €

Beachten Sie: Beiträge zur Direktversicherung können sogar steuerfrei gezahlt werden. Der Pferdefuß dabei ist, dass in diesem Fall die Rentenzahlungen aus der Direktversicherung später in vollem Umfang besteuert werden. Mehr zur Direktversicherung unter ➤ Rz 618.

4. Pensionszusage

Mit einer Pensionszusage können Sie Ihre Altersversorgung über die Steuer aufpäppeln. Pensionszusage heißt: Der mitarbeitende Ehe- oder Lebenspartner erhält später aus betrieblichen Mitteln eine angemessene Pension. Der Vorteil besteht darin, dass sie durch Bildung einer entsprechenden Rückstellung den betrieblichen Gewinn mindert (EStR 6a Abs. 10), beim Begünstigten aber zunächst keine steuerliche Auswirkung eintritt. Erst bei Fälligkeit ist die Pension als nachträglicher Arbeitslohn zu versteuern.

Berechnung der Pensionsrückstellung	
Alter 40 J., weiblich, Jahrespension ab 60 J.	3.000 €
Rückstellung ca.	12.500 €
Ersparnis an Einkommensteuer ca.	35 %
Steuerersparnis	4.375 €

Zur Frage der Überversorgung siehe ➤ Rz 621.

Probeerklärung 504

Bei der Anlage N ist es besonders zu empfehlen, erst einmal auf einem Zweitsatz der Formulare eine Probeerklärung anzufertigen, in der Sie frei wegstreichen und verbessern können.

2021

1 Name

2 Vorname

3 **Steuernummer**

Sofern keine IdNr. vorhanden: **eTIN** lt. Lohnsteuerbescheinigung(en) | **eTIN** lt. weiterer Lohnsteuerbescheinigung(en)

4

Anlage N

Jeder Ehegatte / Lebenspartner mit Einkünften aus nichtselbständiger Arbeit hat eine eigene Anlage N abzugeben.

stpfl. Person / Ehemann / Person A

Ehefrau / Person B

Einkünfte aus nichtselbständiger Arbeit

Daten für die mit (e) gekennzeichneten Zeilen liegen im Regelfall vor und müssen nicht eingetragen werden. – Bitte Infoblatt eDaten / Anleitung beachten –

4

Angaben zum Arbeitslohn

Zeile		Lohnsteuerbescheinigung(en) Steuerklasse 1 – 5		Lohnsteuerbescheinigung(en) Steuerklasse 6 oder einer Urlaubskasse	
5	Steuerklasse	168			e
		EUR, Ct		EUR, Ct	
6	Bruttoarbeitslohn	110	, —	111	, — e
7	Lohnsteuer	140	,	141	, e
8	Solidaritätszuschlag	150	,	151	, e
9	Kirchensteuer des Arbeitnehmers	142	,	143	, e
10	Nur bei Konfessionsverschiedenheit: Kirchensteuer für den Ehegatten / Lebenspartner	144	,	145	, e

Zeile		1. Versorgungsbezug		2. Versorgungsbezug	
11	**Steuerbegünstigte Versorgungsbezüge** (in Zeile 6 enthalten)	200	, —	210	, — e
12	Bemessungsgrundlage für den Versorgungsfreibetrag lt. Nr. 29 der Lohnsteuerbescheinigung	201	, —	211	, — e
13	Maßgebendes Kalenderjahr des Versorgungsbeginns lt. Nr. 30 der Lohnsteuerbescheinigung	206	J J J J	216	J J J J e
14	Bei unterjähriger Zahlung Erster und letzter Monat, für den Versorgungsbezüge gezahlt wurden, lt. Nr. 31 der Lohnsteuerbescheinigung	202 Monat M M – 203 Monat M M		212 Monat M M – 213 Monat M M	e
15	Sterbegeld, Kapitalauszahlungen / Abfindungen und Nachzahlungen von Versorgungsbezügen lt. Nr. 32 der Lohnsteuerbescheinigung (in den Zeilen 6 und 11 enthalten)	204	, —	214	, — e
16	Ermäßigt zu besteuernde Versorgungsbezüge für mehrere Jahre lt. Nr. 9 der Lohnsteuerbescheinigung	205	, —	215	, — e
17	**Ermäßigt besteuerte Entschädigungen / Arbeitslohn für mehrere Jahre** lt. Nr. 10 der Lohnsteuerbescheinigung			166	, — e
18	**Entschädigungen / Arbeitslohn für mehrere Jahre** – ggf. lt. Nr. 19 der Lohnsteuerbescheinigung – vom Arbeitgeber nicht ermäßigt besteuert			165	, — e

Steuerabzugsbeträge zu den Zeilen 16 und 17

Zeile					
19	Lohnsteuer	146 ,	Solidaritätszuschlag	152	, e
20	Kirchensteuer Arbeitnehmer	148 ,	Kirchensteuer Ehegatte / Lebenspartner	149	, e

Zeile			
21	Steuerpflichtiger Arbeitslohn, von dem kein Steuerabzug vorgenommen worden ist (soweit nicht in der Lohnsteuerbescheinigung enthalten)	115	, —
22	Steuerfreier Arbeitslohn nach Doppelbesteuerungsabkommen / sonstigen zwischenstaatlichen Übereinkommen (Übertrag aus den Zeilen 52, 71 und / oder 82 der ersten **Anlage N-AUS**)	139	, —
23	Steuerfreier Arbeitslohn nach Auslandstätigkeitserlass (Übertrag aus Zeile 67 der ersten **Anlage N-AUS**)	136	, —
24	Steuerfreie Einkünfte (Besondere Lohnbestandteile) nach Doppelbesteuerungsabkommen / sonstigen zwischenstaatlichen Übereinkommen / Auslandstätigkeitserlass (Übertrag aus Zeile 81 der ersten **Anlage N-AUS**)	178	, —
25	Beigefügte **Anlage(n) N-AUS**	Anzahl	
26	Grenzgänger nach 117 [ ] 2 = Frankreich 3 = Schweiz 4 = Österreich; 116 Arbeitslohn in EUR / CHF , —	135 Schweizerische Abzugsteuer in CHF	,
27	Steuerfrei erhaltene Aufwandsentschädigungen / Einnahmen aus der Tätigkeit als	118 EUR	, —
28	**Kurzarbeitergeld einschließlich Zuschuss des Arbeitgebers, Zuschuss zum Mutterschaftsgeld, Verdienstausfallentschädigung (Infektionsschutzgesetz), Aufstockungsbeträge nach dem Altersteilzeitgesetz, Altersteilzeitzuschläge nach Besoldungsgesetzen (lt. Nr. 15 der Lohnsteuerbescheinigung)**	119	, — e

2021AnlN031 – April 2021 – 2021AnlN031

Werbungskosten – ohne Beträge lt. Zeile 73 bis 76 – 8

Wege zwischen Wohnung und erster Tätigkeitsstätte / Sammelpunkt / weiträumigem Tätigkeitsgebiet (Entfernungspauschale)

	Erste Tätigkeitsstätte in (PLZ, Ort und Straße)	vom	bis	Arbeitstage je Woche	Urlaubs-, Krankheits-, Heimarbeits- und Dienstreisetage
31		TTMM	TTMM		
32		TTMM	TTMM		
	Sammelpunkt / nächstgelegener Zugang zum weiträumigen Tätigkeitsgebiet (PLZ, Ort und Straße)				
33		TTMM	TTMM		
34		TTMM	TTMM		

	Ort lt. Zeile	aufgesucht an Tagen	einfache Entfernung (auf volle Kilometer abgerundet)	davon mit eigenem oder zur Nutzung überlassenem Pkw zurückgelegt	davon mit Sammelbeförderung des Arbeitgebers zurückgelegt	davon mit öffentl. Verkehrsmitteln, Motorrad, Fahrrad o. Ä., als Fußgänger, als Mitfahrer einer Fahrgemeinschaft zurückgelegt	Aufwendungen für Fahrten mit öffentlichen Verkehrsmitteln (ohne Fähr- und Flugkosten) EUR	Behinderungsgrad mind. 70 oder mind. 50 und Merkzeichen „G"
35	110	111	km 112	km 113	km	km 114	,—	115 1 = Ja
36	130	131	km 132	km 133	km	km 134	,—	135 1 = Ja
37	150	151	km 152	km 153	km	km 154	,—	155 1 = Ja
38	170	171	km 172	km 173	km	km 174	,—	175 1 = Ja

39 Arbeitgeberleistungen lt. Nr. 17 und 18 der Lohnsteuerbescheinigung — steuerfrei ersetzt 290 EUR ,— — pauschal besteuert 295 EUR ,— ⓔ

40 Von der Agentur für Arbeit oder dem Jobcenter gezahlte Fahrtkostenzuschüsse 291 ,—

Beiträge zu Berufsverbänden (Bezeichnung der Verbände)

41 310 ,—

Aufwendungen für Arbeitsmittel – soweit nicht steuerfrei ersetzt – (Art der Arbeitsmittel bitte einzeln angeben.)

42 EUR ,—

43 + ,— ▶ 320 ,—

Aufwendungen für ein häusliches Arbeitszimmer

44 325 ,—

Homeoffice-Pauschale

45 Kalendertage, an denen die berufliche Tätigkeit ausschließlich in der häuslichen Wohnung ausgeübt wurde 335 Anzahl der Tage

Fortbildungskosten – soweit nicht steuerfrei ersetzt –

46 330 ,—

Weitere Werbungskosten – soweit nicht steuerfrei ersetzt –

Fähr- und Flugkosten bei Wegen zwischen Wohnung und erster Tätigkeitsstätte / Sammelpunkt / weiträumigem Tätigkeitsgebiet

47 ,—

Sonstiges (z. B. Bewerbungskosten, Kontoführungsgebühren)

48 + ,—

49 + ,— ▶ 380 ,—

2021AnlN032 2021AnlN032

Reisekosten bei beruflich veranlassten Auswärtstätigkeiten

61 Die Fahrten wurden ganz oder teilweise mit einem Firmenwagen oder im Rahmen einer unentgeltlichen Sammelbeförderung des Arbeitgebers durchgeführt — 401 — 1 = Ja, 2 = Nein

– Falls „Ja": Für die Fahrten mit Firmenwagen oder Sammelbeförderung dürfen mangels Aufwands keine Eintragungen zu Fahrtkosten in Zeile 62 vorgenommen werden. –

62 Fahrtkosten ,—

63 Übernachtungskosten + ,—

64 Reisenebenkosten + ,— ▶ 410 ,—

65 **Pauschbeträge für Berufskraftfahrer bei Übernachtung im Kfz** — 411 — Anzahl der Tage

66 **Vom Arbeitgeber steuerfrei ersetzt** — 420 ,—

Pauschbeträge für Mehraufwendungen für Verpflegung

Bei einer Auswärtstätigkeit im Inland:

67 Abwesenheit von mehr als 8 Stunden (bei Auswärtstätigkeit ohne Übernachtung) — 470 — Anzahl der Tage

68 An- und Abreisetage (bei einer mehrtägigen Auswärtstätigkeit mit Übernachtung) — 471 — Anzahl der Tage

69 Abwesenheit von 24 Stunden — 472 — Anzahl der Tage

70 Kürzungsbeträge wegen Mahlzeitengestellung (eigene Zuzahlungen sind ggf. gegenzurechnen) — 473 ,—

71 Bei einer Auswärtstätigkeit im Ausland (Berechnung bitte in einer gesonderten Aufstellung): — 474 ,—

72 **Vom Arbeitgeber steuerfrei ersetzt** — 490 ,—

Werbungskosten in Sonderfällen

– Die in den Zeilen 73 bis 76 erklärten Werbungskosten dürfen nicht in den Zeilen 31 bis 72 und 91 bis 117 enthalten sein –

Werbungskosten zu steuerbegünstigten Versorgungsbezügen lt. Zeile 11

73 Art der Aufwendungen — 682 — EUR ,—

Werbungskosten zu steuerbegünstigten Versorgungsbezügen für mehrere Jahre lt. Zeile 16

74 Art der Aufwendungen — 659 ,—

Werbungskosten zu Entschädigungen / Arbeitslohn für mehrere Jahre lt. Zeile 17 und / oder 18

75 Art der Aufwendungen — 660 ,—

76 Werbungskosten zu steuerfreiem Arbeitslohn lt. Zeile 22 und 23 (**Übertrag** aus den Zeilen 76 und 83 der ersten Anlage N-AUS) — 657 ,—

Werbungskosten zu steuerpflichtigem Arbeitslohn, von dem kein Steuerabzug vorgenommen worden ist lt. Zeile 21 – in den Zeilen 31 bis 72 und 91 bis 117 enthalten –

77 Art der Aufwendungen — 656 ,—

78 Werbungskosten zu Arbeitslohn für eine Tätigkeit im Inland, wenn ein weiterer Wohnsitz in Belgien vorhanden ist – in den Zeilen 31 bis 72 und 91 bis 117 enthalten – — 675 ,—

2021AnlN033 2021AnlN033

Mehraufwendungen für doppelte Haushaltsführung
Allgemeine Angaben

91 Der doppelte Haushalt wurde aus beruflichem Anlass begründet — 501 — am T T M M J J J J

Grund

92

93 Der doppelte Haushalt hat seitdem ununterbrochen bestanden — 502 — bis T T M M 2021

Beschäftigungsort (PLZ, Ort, sowie zusätzlich der Staat – falls im Ausland und abweichend vom Staat, in dem der doppelte Haushalt liegt –)

94

95 Der doppelte Haushalt liegt im Ausland — 507 — 1 = Ja — Staat

96 Es liegt ein **eigener Hausstand** am Lebensmittelpunkt vor — 503 — 1 = Ja, 2 = Nein

– Wird die Zeile 96 mit „Nein" beantwortet, sind Eintragungen in den Zeilen 97 bis 115 nicht vorzunehmen. –

PLZ, Ort des eigenen Hausstandes — seit

97 — 504 — T T M M J J J J

98 Der Begründung des doppelten Haushalts ist eine Auswärtstätigkeit am selben Beschäftigungsort unmittelbar vorausgegangen — 505 — 1 = Ja

99 Anstelle der Mehraufwendungen für doppelte Haushaltsführung werden in den Zeilen 31 bis 39 Fahrtkosten für **mehr** als eine Heimfahrt wöchentlich geltend gemacht — 506 — 1 = Ja

– Wird die Zeile 99 mit „Ja" beantwortet, sind Eintragungen in den Zeilen 100 bis 115 nicht vorzunehmen. –

Fahrtkosten

100 Die Fahrten wurden mit einem **Firmenwagen** oder im Rahmen einer unentgeltlichen **Sammelbeförderung** des Arbeitgebers durchgeführt — 510 — 1 = Ja, insgesamt, 2 = Nein, 3 = Ja, teilweise

– Soweit die Zeile 100 mit „Ja, insgesamt" beantwortet wird, sind Eintragungen in den Zeilen 101, 102, 104 und 106 nicht vorzunehmen. Bei „Ja, teilweise" sind Eintragungen in diesen Zeilen nur für die mit dem eigenen oder zur Nutzung überlassenen privaten Fahrzeug durchgeführten Fahrten vorzunehmen. –

Erste Fahrt zum Ort der ersten Tätigkeitsstätte und letzte Fahrt zum eigenen Hausstand

101 mit privatem Kfz — 511 — gefahrene km — Kilometersatz bei Einzelnachweis (Berechnung bitte in einer gesonderten Aufstellung) — 512 — EUR , Ct

102 mit privatem Motorrad / Motorroller — 522 — gefahrene km — Kilometersatz bei Einzelnachweis (Berechnung bitte in einer gesonderten Aufstellung) — 523 — EUR , Ct

103 mit öffentlichen Verkehrsmitteln oder entgeltlicher Sammelbeförderung — 513 — EUR ,—

Wöchentliche Familienheimfahrten

104 einfache Entfernung (ohne Flugstrecken) — 514 — km — 515 — Anzahl

105 Kosten für öffentliche Verkehrsmittel (ohne Fähr- und Flugkosten) — 516 — EUR ,—

Nur bei Behinderungsgrad von mindestens 70 oder mindestens 50 und Merkzeichen „G"

106 einfache Entfernung (ohne Flugstrecken) — 524 — km — davon mit privatem Kfz zurückgelegt — 517 — km — 518 — Anzahl — Kilometersatz bei Einzelnachweis (Berechnung bitte in einer gesonderten Aufstellung) — 519 — EUR , Ct

107 Kosten für öffentliche Verkehrsmittel (ohne Fähr- und Flugkosten) — 520 — EUR ,—

108 Fähr- und Flugkosten (zu den Zeilen 104 bis 107) oder Kosten für entgeltliche Sammelbeförderung für Heimfahrten — 521 — ,—

Kosten der Unterkunft am Ort der ersten Tätigkeitsstätte

109 Aufwendungen (z. B. Miete einschließlich Stellplatz- / Garagenkosten, Nebenkosten) — 530 — ,—

110 Größe der Zweitwohnung des doppelten Haushalts im Ausland — 531 — m²

Pauschbeträge für Mehraufwendungen für Verpflegung

Die Verpflegungsmehraufwendungen lt. Zeilen 111 bis 114 können nur für einen Zeitraum von 3 Monaten nach Bezug der Unterkunft am Ort der ersten Tätigkeitsstätte geltend gemacht werden; geht der doppelten Haushaltsführung eine Auswärtstätigkeit voraus, ist dieser Zeitraum auf den Dreimonatszeitraum anzurechnen.

Bei einer doppelten Haushaltsführung im Inland:

111 An- und Abreisetage — 541 — Anzahl der Tage

112 Abwesenheit von 24 Stunden — 542 — Anzahl der Tage

113 Kürzungsbetrag wegen Mahlzeitengestellung (eigene Zuzahlungen sind ggf. gegenzurechnen) — 544 — EUR ,—

114 Bei einer doppelten Haushaltsführung im Ausland (Berechnung bitte in einer gesonderten Aufstellung) — 543 — ,—

Sonstige Aufwendungen (z. B. Kosten für den Umzug, die Einrichtung und den Hausrat, jedoch ohne Kosten der Unterkunft lt. Zeile 109)

115 — 550 — ,—

116 Summe der Mehraufwendungen für **weitere** doppelte Haushaltsführungen (Berechnung bitte in einer gesonderten Aufstellung) — 551 — ,—

117 **Vom Arbeitgeber / von der Agentur für Arbeit insgesamt steuerfrei ersetzt** — 590 — ,—

2021AnlN034 **2021AnlN034**

Erkenntnis hilft wenig,
wenn keine Entscheidung folgt.
(Hubert Markl)

14.1 Formularkopf

505 Unter Name und Vorname gehört die Steuernummer, damit die Anlage N, wenn sie im Finanzamt mal verkramt werden sollte, wieder richtig einsortiert werden kann.

1 Name HUBER
2 Vorname HERIBERT
3 Steuernummer 123/456/7890
4 Sofern keine IdNr. vorhanden: eTIN lt. Lohnsteuerbescheinigung(en) HBREHRBR67618K eTIN lt. weiterer Lohnsteuerbescheinigung(en)

Anlage N
Jeder Ehegatte / Lebenspartner mit Einkünften aus nichtselbständiger Arbeit hat eine eigene Anlage N abzugeben.
X stpfl. Person / Ehemann / Person A
Ehefrau / Person B

Einkünfte aus nichtselbständiger Arbeit
Daten für die mit (e) gekennzeichneten Zeilen liegen im Regelfall vor und müssen, wenn sie zutreffend sind, nicht ausgefüllt werden. – Bitte Infoblatt eDaten / Anleitung beachten –
4
Angaben zum Arbeitslohn | Lohnsteuerbescheinigung(en) | Lohnsteuerbescheinigung(en)

506 Zeile 5 – 28 Lohnsteuerbescheinigung

Die elektronischen Lohnsteuerabzugsmerkmale (ELStAM) versetzen den Arbeitgeber in den Stand, die Lohnsteuer zutreffend – nach der Höhe des Arbeitslohns und den persönlichen Merkmalen des Arbeitnehmers – festzustellen. Bis Ende Februar des Folgejahrs übermittelt er alle wichtigen Lohndaten unmittelbar an die Steuerverwaltung. Der Arbeitnehmer erhält eine Lohnsteuerbescheinigung, auf der steht, was das Finanzamt schon weiß.

507 Nummer zur Identifikation

Die »eTIN« auf der Lohnsteuerbescheinigung hat ausgedient. Sie musste der allgemeinen Steuer-Identifikationsnummer weichen, die über kurz oder lang auch die gute alte Steuernummer ersetzen wird. Mehr dazu unter ➤ Rz 69.

508 Steuerklassen

Auf der Lohnsteuerbescheinigung steht Ihre Steuerklasse.
Einkünfte von Ehegatten werden in aller Regel gemeinsam besteuert, weil dies günstiger ist. Sind beide Ehegatten werktätig, wird aber zunächst

der Lohnsteuerabzug getrennt bei jedem einzelnen Ehegatten vorgenommen. Nach Ablauf des Jahres werden die Einkünfte bei der Veranlagung zusammengerechnet, und erst dann ergibt sich die endgültige Steuer. Es ist also kaum zu vermeiden, dass zunächst entweder zu viel oder zu wenig Lohnsteuer abgezogen wird.

Durch die richtige Steuerklassenkombination (III/V oder IV/IV) sollten Sie versuchen, der endgültigen Jahressteuer möglichst nahe zu kommen. Dazu mehr unter ➤ Rz 511.

Personenkreis	StKl.	steuerfrei bis monatlich
Alleinstehende	I	1.121 €
Alleinstehende mit Kind (Entlastungsbetrag)	II	1.509 €
Verheiratete (nur einer ist Arbeitnehmer)	III	2.127 €
Verheiratete (beide sind Arbeitnehmer)		
entweder beide	IV	1.121 €
oder einer	III	2.127 €
und der andere	V	108 €
Alle für das 2. und jedes weitere Arbeitsverhältnis	VI	0 €

Faktorverfahren statt Steuerklasse III/V

Den Nachteil bei der Steuerklassenkombination III/V trägt vor allem der Ehepartner, der in Steuerklasse V eingereiht wird. Weil praktisch alle Frei- und Pauschbeträge für Ehegatten in der Steuerklasse III zusammengefasst sind, zahlt er überproportional viel Lohnsteuer. Wählen die Ehepartner dagegen die Steuerklasse IV/IV, zahlt der Besserverdienende erheblich höhere Steuern als eigentlich notwendig. Diesem vermeintlichen Problem will der Fiskus mit dem sog. **Faktorverfahren** begegnen. Alternativ zur Steuerklassenkombination III/V können die Ehegatten sich vom Finanzamt jeweils »ihren« **Faktor** auf der Lohnsteuerkarte eintragen lassen. Dieser ergibt sich aus dem Verhältnis der voraussichtlichen gemeinsamen Einkommensteuer zur gemeinsamen Lohnsteuer, berechnet nach der Steuerklasse IV. Der Arbeitgeber ermittelt dann mit Hilfe des Faktors den Steueranteil.

Beispiel

Bei einem Ehepaar verdient die Ehefrau 30.000 € und der Ehemann 10.000 € im Jahr. Die gemeinsame Einkommensteuer nach dem Splittingtarif beträgt ohne weitere besondere absetzbare Kosten ca. 2.206 €. An Lohn-

steuer nach der Steuerklasse IV würden für sie 3.363 € anfallen, für ihn 0 €, zusammen also 3.363 €. Wie Sie sehen, würde das Ehepaar allein wegen der Steuerklassenkombination IV/IV 1.157 € Steuern zu viel zahlen. Hinzu käme noch die Kirchensteuer.
Das Finanzamt rechnet nun das Verhältnis zwischen 2.206 € Einkommensteuer und 3.363 € Lohnsteuer aus. Daraus ergibt sich der Faktor 0,656, der auf den Lohnsteuerkarten beider Ehepartner eingetragen wird.
Die Arbeitgeber der Eheleute rechnen die Lohnsteuer nun so aus:

Ehefrau: Lohn 30.000 € = Lohnsteuer IV = 3.363 € × 0,656 = 2.206 €
Ehemann: Lohn 10.000 € = Lohnsteuer IV = 0 € × 0,656 = 0 €

Damit beträgt der Lohnsteuerabzug insgesamt nur noch 2.206 € statt wie bisher 3.363 €.

509 **TIPP Besser Steuerklasse III/V statt Faktorverfahren wählen!**

Liebe Leser, lassen Sie sich nicht auf den Arm nehmen. Das Faktorverfahren wird von Politikern gern als Segen für teilzeitbeschäftigte Ehefrauen verkauft, die wegen der hohen Abzüge in der Steuerklasse V angeblich in Scharen in nicht rentenversicherungspflichtige Minijobs flüchten. Statt den Finanzpolitikern zu vertrauen und auf das Faktorverfahren hereinzufallen, sollten Sie die Sache besser einmal durchrechnen.
Entscheidend ist schließlich, was insgesamt auf dem Familienkonto landet, und nicht, ob der eine ein wenig mehr und der andere etwas weniger Steuern zahlt. Deshalb würde ich Ihnen im obigen Beispiel raten, die Finger vom Faktorverfahren zu lassen. Hätte das Ehepaar nämlich die Steuerklasse III/V gewählt, wären an Lohnsteuer im Lauf des Jahres bei ihr (30.000 € Lohn) 662 € und bei ihm (10.000 € Lohn) 977 €, also insgesamt nur 1.639 € angefallen. Das sind 567 € weniger als beim Anteils- bzw. Faktorverfahren.
Richtig ist zwar, dass unser Musterehepaar diese 567 € über die Einkommensteuererklärung nachzahlen müsste, aber es hätte ein schönes zinsloses Steuerdarlehen.

510 **Kinderfreibeträge bei Lohnsteuerabzug**

Neben der Steuerklasse wird beim monatlichen Lohnsteuerabzug auch die Zahl der Kinderfreibeträge berücksichtigt. Für Kinder unter 18 Jahren, die bei den Eltern gemeldet sind, werden sie durch die Gemeinde übermittelt, für Kinder über 18 müssen Sie einen Antrag auf Berücksichtigung beim Finanzamt stellen. Grundsätzlich ist für jedes Kind 0,5 = halber Kinderfreibetrag einzutragen, für zwei Kinder also 1,0. Beispiel:

Eine berufstätige alleinstehende Mutter mit einem Kind, das bei ihr wohnt, erhält die Steuerklasse II mit 0,5 Kinderfreibetrag. Als Kinderermäßigung steht ihr zu:

Halber Kinderfreibetrag monatlich	227,50 €
Halber Betreuungsfreibetrag monatlich	122,00 €
Entlastungsbetrag für Alleinerziehende jährlich	4.008,00 €

Der Vater dieses Kindes erhält die Steuerklasse I mit Kinderfreibetragszahl 0,5.
Die Kinderfreibetragszahl 1,0 für ein Kind mit vollem Kinderfreibetrag von monatlich 455 € + Betreuungsfreibetrag von 244 € erhalten Eheleute für ein gemeinsames Kind in der Steuerklasse III.

Kinder- und Betreuungsfreibeträge haben im Lohnsteuerverfahren nur für die Zuschlagsteuern (Soli- und Kirchensteuerzuschlag) Bedeutung.

TIPP 511

Steuerklassenwechsel bei Ehegatten

In der Steuerklasse III sind die Vorteile bei den Freibeträgen und beim Tarif am größten, in der Steuerklasse V am geringsten. Verdient also ein Ehegatte wesentlich mehr als der andere, d. h. mehr als 60 % des gemeinsamen Bruttoverdiensts, nimmt er Steuerklasse III, der andere V. Geht ein Ehegatte in Rente, in Mutterschutz oder wird arbeitslos, sollte der weiterhin berufstätige Ehegatte also die Steuerklasse III wählen. Ist der Verdienst in etwa gleich hoch, empfiehlt sich die Kombination IV/IV. Dadurch sind die Steuervorteile gleichmäßig verteilt.

Anträge auf Steuerklassenwechsel im Lauf des Jahres sind beim Finanzamt zu stellen. Letzter Termin für einen Wechsel ist der 30. 11. des laufenden Jahres. Seit dem Jahr 2020 können Steuerklassenwechsel auch mehrmals im Jahr beantragt werden.

Und so sieht ein Antrag auf Änderung der Lohnsteuerkarte aus. Sie finden ihn unter www.elster.de –> Die elektronische Lohnsteuerkarte.

– Bitte weiße Felder ausfüllen oder [x] ankreuzen –

Zeile

Antrag auf Steuerklassenwechsel bei Ehegatten/Lebenspartnern
(Bitte Erläuterungen auf der Rückseite beachten)

Eingangsstempel

1 **Steuernummer** 123/456/7890

An das Finanzamt
2 Münster-Außenstadt

Bei Wohnsitzwechsel: bisheriges Finanzamt
3

A. Allgemeine Angaben

Telefonische Rücksprache unter Nummer
4 **Antragstellende Person**

Identifikationsnummer (IdNr.)
5 23 456 789 012

Geburtsdatum 18.07.1967

Name
6 Steuerkötter

Vorname
7 Heinz

Straße, Hausnummer
8 Zur Walbeke 23

Postleitzahl / Wohnort
9 48167 Münster

Verheiratet/Verpartnert seit	Verwitwet seit	Geschieden/Lebenspart. aufgehoben seit	Dauernd getrennt lebend seit
10 13.05.1994			

Ehegatte/Lebenspartner(in) nach dem Lebenspartnerschaftsgesetz
Identifikationsnummer (IdNr.)
11 45 678 901 234

Geburtsdatum 05.08.1969

Name
12 Steuerkötter

Vorname
13 Helga

Straße, Hausnummer *(falls abweichend)*
14

PLZ *(falls abweichend)* / Wohnort *(falls abweichend)*
15

B. Steuerklassenwechsel / Faktorverfahren

16 Ausdruck der ELStAM gewünscht [X]

17 Bisherige Steuerklassenkombination (Antragstellende Person/Ehegatte, Lebenspartner[in]): [X] III/V [ ] IV/IV [ ] V/III [ ] IV/Faktor IV/Faktor

18 Ich[1]/ Wir beantrage(n) die Steuerklassenkombination (Antragstellende Person/Ehegatte, Lebenspartner[in]): [ ] III/V [X] IV/IV[2] [ ] V/III [ ] IV/Faktor IV/Faktor — bei IV/Faktor bitte Abschnitt C ausfüllen.

Der Steuerklassenwechsel wird grundsätzlich ab dem Folgemonat wirksam.

19 [ ] Der Steuerklassenwechsel lt. Zeile 18 soll davon abweichend im Jahr der Eheschließung rückwirkend ab dem Monat der Heirat gelten.

20 [1] Der Wechsel von der Steuerklasse III oder V in die Steuerklasse IV ist auch auf Antrag nur eines Ehegatten/Lebenspartners möglich. Dies hat zur Folge, dass beide Ehegatten/Lebenspartner in die Steuerklasse IV eingereiht werden.

[2] Bei Eheschließung wird die Steuerklassenkombination IV/IV automatisiert gebildet.

Wie Sie durch geschickte Steuerklassenwahl einen guten Schnitt machen können, zeigt folgender …

TIPP Höheres Mutterschafts- und Elterngeld durch Steuerklassenwechsel 512

Kündigt sich Nachwuchs an, kann ein vorübergehender Wechsel der Steuerklassenkombination von III/V nach IV/IV ein höheres Mutterschafts- und Elterngeld bringen, vorausgesetzt, die Mutter hat Steuerklasse V und damit die höheren Abzüge. Denn die Höhe der finanziellen Förderung ist abhängig vom zuvor erzielten Nettolohn. Je höher der Steuerabzug vorher war, desto geringer wird also das Mutterschafts- bzw. Elterngeld ausfallen. Ist der Nachwuchs da, werden Sie wieder die Steuerklassen III und V eintragen lassen.
»Moment mal, da muss ich aber doch mehr Steuern berappen als bei Steuerklasse III.« Richtig, aber nur für eine Übergangszeit, und bei Ihrer nächsten Steuererklärung wird Ihr jeweiliges Einkommen ja ohnehin zusammengerechnet und der Splittingtabelle unterworfen. Die Steuerklassen spielen für die endgültige Jahressteuer somit überhaupt keine Rolle.

Wichtig: Wer zu spät kommt …
Bei Ermittlung des Elterngeldes wird die Steuerklasse zugrunde gelegt, die in der überwiegenden Zeit des Jahres gegolten hat. Da dabei ein Zeitraum von zwölf Monaten vor der Geburt betrachtet wird, sollten Sie den **Steuerklassenwechsel spätestens sieben Monate vor Geburt des Kindes über die Bühne bringen!**

Gut zu wissen:
Familienförderung durch Mutterschafts- und Elterngeld

Zusätzlich zu Kindergeld bzw. Steuerfreibeträgen werden junge Mütter bzw. Eltern durch das Mutterschafts- und Elterngeld finanziell unterstützt.

Mutterschaftsgeld wird von den gesetzlichen Krankenkassen während der Schutzfristen vor und nach der Entbindung sowie für den Entbindungstag gezahlt. Es erhalten nur Frauen, die freiwillig oder pflichtversicherte Mitglieder einer gesetzlichen Krankenkasse sind mit Anspruch auf Zahlung von Krankengeld. Außerdem müssen weitere Voraussetzungen erfüllt sein, die hier im Überblick genannt werden.
Mutterschaftsgeld erhalten Frauen,

- die in einem Arbeits- oder Heimarbeitsverhältnis stehen,
- deren Arbeitgeber das Arbeitsverhältnis während der Schwangerschaft zulässig gekündigt hat,
- deren Arbeitsverhältnis erst nach Beginn der Schutzfrist beginnt. Sie haben Anspruch auf Mutterschaftsgeld ab dem Beginn des Arbeitsverhältnisses, wenn sie bei dessen Beginn Mitglied einer gesetzlichen Krankenkasse sind;
- die bei Beginn der Schutzfrist in keinem Arbeitsverhältnis stehen, jedoch bei einer gesetzlichen Krankenkasse mit Anspruch auf Krankengeld versichert sind. Sie erhalten Mutterschaftsgeld in Höhe des Krankengeldes.

Steht die Frau in einem Arbeitsverhältnis, richtet sich die Höhe des Mutterschaftsgeldes nach dem um die gesetzlichen Abzüge verminderten durchschnittlichen Arbeitsentgelt der letzten drei vollständig abgerechneten Kalendermonate, bei wöchentlicher Abrechnung der letzten 13 Wochen vor Beginn der Schutzfrist vor der Entbindung. Das Mutterschaftsgeld beträgt höchstens 13 € pro Tag für den gesamten Zeitraum des Mutterschutzes. Übersteigt der durchschnittliche kalendertägliche Nettolohn diesen Betrag (= bei einem monatlichen Nettolohn ab 390 €), ist die Arbeitgeberseite verpflichtet, die Differenz als Zuschuss zum Mutterschaftsgeld zu zahlen.

Das **Elterngeld** soll Einkommenseinbußen im ersten Elternzeitjahr auffangen. Es beträgt 67 % des durchschnittlichen (monatlichen) Erwerbseinkommens vor der Geburt (nach Abzug von Steuern, Sozialabgaben und Werbungskosten), 65 % bei einem Nettoeinkommen von mehr als 1.200 €, höchstens jedoch 1.800 € und mindestens 300 €. Nicht erwerbstätige Elternteile erhalten den Mindestbetrag zusätzlich zum bisherigen Familieneinkommen.
Das Elterngeld wird an Vater und Mutter für max. 14 Monate gezahlt; beide können den Zeitraum frei untereinander aufteilen. Ein Elternteil kann dabei höchstens zwölf Monate für sich in Anspruch nehmen, zwei weitere Monate gibt es, wenn in dieser Zeit beim Partner Erwerbseinkommen wegfällt, weil er die Betreuung des Kindes übernimmt. Alleinerziehende können aufgrund des fehlenden Partners die vollen 14 Monate Elterngeld in Anspruch nehmen.
Eltern von Kindern, die ab dem 1.7.2015 geboren werden, können zwischen dem bisherigen Elterngeld (Basiselterngeld; s. o.) und ElterngeldPlus wählen oder beides kombinieren. Mit dem neuen ElterngeldPlus haben Mütter und Väter die Möglichkeit, länger als bisher Elterngeld in

Anspruch zu nehmen. Aus einem bisherigen Elterngeldmonat werden zwei ElterngeldPlus-Monate, so dass die Eltern doppelt so lange Elterngeld (in maximal halber Höhe) bekommen und so ihr Elterngeldbudget besser ausschöpfen können. Wenn sich Mutter und Vater entscheiden, gleichzeitig für vier Monate jeweils 25 bis 30 Stunden in der Woche teilzeit zu arbeiten und sich somit die Zeit mit ihrem Nachwuchs zu teilen, gibt es einen zusätzlichen Partnerschaftsbonus in Form von vier zusätzlichen ElterngeldPlus-Monaten pro Elternteil.
In der Höhe orientiert sich das Elterngeld am laufenden durchschnittlich monatlich verfügbaren Erwerbseinkommen, welches der betreuende Elternteil im Jahr vor der Geburt hatte. Es beträgt im ElterngeldPlus-Bezug mindestens 150 € und höchstens 900 € monatlich.

Pferdefuß beim Mutterschafts- und Elterngeld!
So groß die Freude über die Zuschüsse in die Familienkasse auch ist, so tief sitzt der Schock bei der ersten Steuererklärung danach. Denn Mutterschafts- und Elterngeld sind zwar steuerfrei, wirken sich aber auf den Steuersatz aus (siehe dazu ➤ Rz 95 und ➤ Rz 678). Damit fällt unterm Strich also doch Steuer auf diese Einnahmen an, und das führt häufig zu einer saftigen Steuernachzahlung.

Weitere Informationen rund um das Mutterschafts- bzw. das Elterngeld finden Sie im Internet auf den Seiten des Bundesministeriums für Familie, Senioren, Frauen und Jugend unter www.bmfsfj.de. Dort sind auch die zuständigen Anlaufstellen genannt, bei denen Sie Auskünfte und Antragsformulare bekommen können.

Übrigens: Auch beim **Arbeitslosengeld** ist das letzte Nettoentgelt maßgebend, so dass sich bei absehbarer Arbeitslosigkeit ein rechtzeitiger Steuerklassenwechsel in barer Münze auszahlen kann. 513

Doch aufgepasst: Ein Steuerklassenwechsel gilt als Rechtsmissbrauch, wenn er nur dem Ziel dient, höhere Sozialleistungen zu kassieren, so das Bundesarbeitsgericht mit Urteil vom 18.9.1991. Das soll insbesondere gelten, wenn die Kombination der Steuerklassen offensichtlich nicht dem Verhältnis der monatlichen Arbeitslöhne entspricht, wenn also der besser Verdienende die ungünstige Steuerklasse V und der andere die Steuerklasse III wählt. Ein Steuerklassenwechsel muss also anders begründet sein.

Hatten Sie hingegen zuvor die Steuerklassen III und V, können Sie nun jeder die Steuerklasse IV wählen, um die Steuerlast auf diese Weise gerecht zu verteilen. Mit dem Wechsel von der ungünstigen Klasse V zur Steuerklasse IV haben Sie Ihr monatliches Netto und damit die Grundlage für die Berechnung der Sozialleistungen erhöht.

Wir verlieren nur Mitarbeiter,
die wir nicht gebrauchen können.
(Manager Geier)

514 14.2 Angaben zum Arbeitslohn – Zeile 6 – 28

Das Wichtige vorab:
Daten für die mit »e« gekennzeichneten Zeilen werden vom Arbeitgeber elektronisch an Ihr Finanzamt übermittelt. **Eintragungen in den > Zeilen 5 – 20, 28 und 39 erübrigen sich daher in den allermeisten Fällen.**

Die Abgabe der Anlage N entfällt daher vollständig, wenn

- die elektronisch übermittelten Daten zutreffen und
- in den > Zeilen 21 – 27 (steuerpflichtiger Arbeitslohn ohne Steuerabzug/steuerfreier Arbeitslohn) keine Eintragungen vorzunehmen sind und/oder
- die Werbungskosten (Seite 2 bis 4) den Arbeitnehmerpauschbetrag von 1.000 € bzw. 102 € bei Versorgungsbezügen nicht übersteigen.

515 Zeile 6 Bruttoarbeitslohn

In diese Zeile übernimmt das Finanzamt den Bruttoarbeitslohn aus Zeile 3 Ihrer Lohnsteuerbescheinigung. Wenn Sie den Arbeitgeber im Lauf des Jahres gewechselt haben, werden die Beträge addiert und die Summe in der ersten Spalte berücksichtigt. Haben Sie noch eine zweite Beschäftigung (Steuerklasse VI), setzt das Finanzamt den entsprechenden Arbeitslohn in Spalte 2 ein.
Der Bruttoarbeitslohn ist der Ausgangspunkt für die Berechnung der Einkünfte aus nichtselbständiger Arbeit. Der Arbeitslohn ist die ergiebigste Steuerquelle überhaupt und bringt dem Fiskus Kohle ohne Ende. Letztes Aufkommen an Lohnsteuer etwa

210 Milliarden € = rd. 30 % aller Steuereinnahmen.

Zum Vergleich: Die Umsatzsteuer bringt ihm 219 Milliarden, die Einkommensteuer nur 59 Milliarden.
Damit dem Fiskus auch ja nichts durch die Lappen geht, sind Lohnsteueraußenprüfer unterwegs, den Milliardenstrom zu kontrollieren. Sie prüfen, ob die Betriebe

- den steuerpflichtigen Arbeitslohn richtig festgestellt und
- die Lohnsteuer – nach den Angaben auf den Lohnsteuerkarten der Arbeitnehmer – richtig berechnet und an die Betriebsfinanzämter abgeführt haben.

Zum Arbeitslohn gehören nach § 2 der Lohnsteuer-Durchführungsverordnung *alle Einnahmen in Geld und Geldeswert (Sachbezüge), die dem Arbeitnehmer aus dem Arbeitsverhältnis zufließen, wobei es nach dem Gesetz gleichgültig ist, ob der Arbeitslohn laufend oder einmalig gezahlt wird, ob ein Rechtsanspruch darauf besteht oder nicht und unter welcher Bezeichnung er gewährt wird.*
Was hier juristisch verklausuliert beschrieben ist, erfährt das Lohnbüro, wenn der Lohnsteueraußenprüfer bei ihm aufkreuzt. Er fahndet nach Sachbezügen in Form von Kost und Wohnung oder Firmenwagen, überhöhten Spesenabrechnungen, Personalrabatten, unüblich teuren Betriebsausflügen, Geldgeschenken, Tantiemen usw. Alle diese Zuwendungen aus dem Arbeitsverhältnis sind der Lohnsteuer unterworfen.

TIPP Bitten Sie Ihren Chef um eine Gehaltsminderung 516

Ja, Sie hören richtig. Was nützt Ihnen ein gutes Gehalt, wenn Ihnen beim Bau Ihres Häuschens Tausende durch die Lappen gehen, nur weil Sie keine Zeit haben, sich darum zu kümmern. Und diese Tausende könnten Sie netto verdienen, Sie müssten sie aber brutto bezahlen!!

Also sagen Sie Ihrem Chef: Hören Sie, ich will im nächsten Jahr etwas kürzer treten, muss mich um meinen Bau kümmern. Geben Sie mir künftig 250 € weniger, und ich gehe dafür jeden Tag zwei Stunden früher nach Hause.
»Die Idee ist pfundig, obwohl ich mir gerade kein Haus bauen will«, so sagen Sie. »Ich will aber im nächsten Sommer in die Sahara und muss mir dazu vorher noch ein Reisemobil ausbauen. Aber sagen Sie mir, wieso ich dabei die Steuer austrickse? Immerhin verdiene ich 250 € weniger!«

Das will ich Ihnen vorrechnen: Angenommen, Ihr Einkommen liegt bei 42.000 €. Dann beträgt Ihre Steuerbelastung – siehe Steuerbelastungstabelle unter ➤ Rz 34 – als Alleinstehender in der Spitze rd. 35 % Einkommensteuer zzgl. rd. 3 % Kirchensteuer (=9 % auf die Einkommensteuer, hier umgerechnet auf die Steuerbelastung).

Steuerbelastung insgesamt rd.	38 %
Ihr Anteil an den Sozialabgaben rd.	20 %
Abgaben insgesamt	58 %
Von 250 € Bruttoarbeitslohn bleiben Ihnen netto 42 %	105 €

Sie verzichten also auf 105 € netto und erhalten dafür 40 Stunden mehr Freizeit. Also kostet Sie jede Stunde Freizeit (105 € ÷ 40 Stunden =) 2,63 €. Einem Handwerker, der Ihnen das Reisemobil ausbaut, müssten Sie für seine Arbeitsstunde aber ein Vielfaches davon geben.
Übrigens: Auch als Beamter wird Ihnen – unter Verzicht auf einen Teil Ihres Gehalts – Teilzeitarbeit genehmigt, und Sie können sich alles so einrichten, wie Sie es brauchen, z. B. Teilzeitarbeit mit 30 Wochenstunden für zunächst zwei Jahre.

517 **TIPP**

Weniger Lohn jetzt, mehr Geld im Alter

Verzichten Sie auf einen Teil Ihrer Gehaltsbezüge, z. B. auf 3.000 € brutto jährlich, und lassen Sie sich dafür eine Pensionszusage geben, die bei Eintritt in den Ruhestand, frühestens ab dem 62. Lebensjahr, oder bei Invalidität fällig wird.
Die Vorteile liegen auf der Hand: Sie sparen Lohnsteuer in Höhe des Grenzsteuersatzes (➤ Rz 36), mindern damit außerdem die Steuerprogression (➤ Rz 41), ferner sparen Sie ggf. Kirchensteuer, und es fallen für 3.000 € keine Beiträge zur Sozialversicherung an (➤ Rz 991). Erst bei Auszahlung der Pension wird Lohnsteuer usw. fällig, es werden aber der Versorgungsfreibetrag nebst Zuschlag und Werbungskostenpauschbetrag abgezogen (➤ Rz 659). Und darüber hinaus werden die Steuersätze künftig sinken, so dass Sie in mehrfacher Hinsicht auf der Gewinnerseite stehen, wenn Sie Einkünfte in spätere Jahre verlagern können.
Für den Betrieb ist diese Regelung kostenneutral, denn anstelle der Lohnkosten zahlt er meistens in eine Rückdeckungsversicherung. Tut er das nicht, wird er in der Bilanz eine gewinnmindernde Rückstellung bilden und hat dann sogar zusätzlich Geld flüssig, weil er Sie später bezahlt (Quelle: § 6a EStG).

518 ♦ *Musterfall Huber (Lohnsteuerbescheinigung, Arbeitslosengeld)*
Heribert Huber war vom 1. 2. bis 31. 12. als Autoschlosser tätig. Die > Zeilen 5 – 20 der Anlage N braucht er nicht auszufüllen, denn die Beträge wurden bereits elektronisch an das Finanzamt übermittelt. Auch > Zeile 45 des Hauptvordrucks lässt Huber leer, denn das Arbeitslosengeld für Januar 2021 wurde ebenfalls bereits übermittelt (siehe dazu ➤ Rz 95).

ANLAGE N
Einkünfte aus nichtselbständiger Tätigkeit

2022

Lohnsteuerbescheinigung des Herrn Huber

1. Dauer des Dienstverhältnisses		vom – bis 1.2. - 31.12.		
2. Zeiträume ohne Anspruch auf Arbeitslohn	Großbuchstaben (S, B, V, F)	Anzahl „U":		
		EUR		Ct.
3. Bruttoarbeitslohn einschl. Sachbezüge ohne 9. und 10.		30.792		00
4. Einbehaltene Lohnsteuer von 3.		1.812		00
5. Einbehaltener Solidaritätszuschlag von 3.		0		00
6. Einbehaltene Kirchensteuer des Arbeitnehmers von 3.		163		08
7. Einbehaltene Kirchensteuer des Ehegatten von 3. (nur bei konfessionsverschiedener Ehe)				
8. In 3. enthaltene steuerbegünstigte Versorgungsbezüge				
9. Steuerbegünstigte Versorgungsbezüge für mehrere Kalenderjahre				
10. Ermäßigt besteuerter Arbeitslohn für mehrere Kalenderjahre (ohne 9.) und ermäßigt besteuerte Entschädigungen				
11. Einbehaltene Lohnsteuer von 9. und 10.				
12. Einbehaltener Solidaritätszuschlag von 9. und 10.				
13. Einbehaltene Kirchensteuer des Arbeitnehmers von 9. und 10.				
14. Einbehaltene Kirchensteuer des Ehegatten von 9. und 10. (nur bei konfessionsverschiedener Ehe)				
15. Kurzarbeitergeld, Winterausfallgeld, Zuschuss zum Mutterschaftsgeld, Verdienstausfallentschädigung (Infektionsschutzgesetz), Aufstockungsbetrag und Altersteilzeitzuschlag		377		00
	Doppelbesteue-			

Huber muss lediglich eine Eintragung in > Zeile 4 der Anlage Sonderausgaben – vom Arbeitgeber einbehaltene Kirchensteuer – vornehmen:

Kirchensteuer
4 soweit diese nicht als Zuschlag zur Abgeltungsteuer einbehalten oder gezahlt wurde
2019 gezahlt EUR 103 164,–
2019 erstattet EUR 104 ,–

14.2.1 Steuerfreier Arbeitslohn – Zeile 6

519 **Bei steuerfreiem Arbeitslohn kommt wahre Freude auf, denn er erscheint weder auf der Lohnsteuerbescheinigung noch in der Steuererklärung. Außerdem unterliegt er nicht der Sozialversicherung.**
Gut möglich, dass in den folgenden Punkten etwas für Sie dabei ist. Sprechen Sie doch bei nächster Gelegenheit mal mit Ihrem Chef, ob Sie den Fiskus nicht mal außen vor lassen können.

Zeile 6 Annehmlichkeiten

520 Ihr Betrieb kann Ihnen durchaus Annehmlichkeiten bereiten, und die sind für Sie steuerfrei, etwa:

- betriebseigene Dusch- und Badeanlagen (Hinweise zur LStR 19.3),
- Betriebskindergärten, Zuschüsse zu betriebsfremden Kindergärten (§ 3 Nr. 33 EStG),
- Corona-Prämie bis zur Höhe von 1.500 € (§ 3 Nr. 11a EStG),
- Beihilfen in Krankheits-, Geburts- oder Todesfällen, mindestens bis zu 600 € im Kalenderjahr (LStR 3.11),
- Abschluss einer **Unfallversicherung** zur Abdeckung beruflicher Risiken. Umfasst sie auch den privaten Bereich, ist die darauf entfallende Versicherungsprämie steuerpflichtig (BFH-Urt. v. 22.6.1990 – BStBl 1990 II S. 901). Zur Gruppenunfallversicherung siehe ➤ Rz 523.

Zeile 6 Aufmerksamkeiten, Geschenke

521 Kleine Geschenke, z.B. ein Blumenstrauß, Genussmittel (Süßigkeiten, Getränke), ein Buch oder eine CD, gehören zum guten Ton und sind deswegen als Aufmerksamkeiten steuerfrei – aber nur bis zu einem Wert von 60 €. **Achtung:** Geldgeschenke sind generell steuerpflichtig.
Als Anlass für Aufmerksamkeiten gelten persönliche Ereignisse wie z.B. eine bestandene Prüfung, Eintritt in den Ruhestand, ein Krankenhausaufenthalt, silberne oder goldene Hochzeit, Kommunion, Konfirmation oder Schulentlassung von Kindern des Arbeitnehmers (LStR 19.1 Abs. 1). Auch kann der Chef anlässlich und während eines außergewöhnlichen Arbeitseinsatzes für jeden Essen und Trinken bis zu 60 € spendieren

(Quelle: LStR 19.6 Abs.2) oder wenn jemand als Jubilar geehrt, ehrend verabschiedet oder in ein höheres Amt eingeführt wird (LStR 19.3 Abs.2). Wie Sie sehen, gibt es viele günstige Gelegenheiten. Geburtstage sind für den Fiskus allerdings keine besonderen persönlichen Ereignisse, auch nicht, wenn sie »rund« sind.

Mancher Chef ist aber ein richtiger Stiesel, der in dieser Richtung keine Antenne hat. Geben Sie ihm einen Tipp, und er freut sich bestimmt, wenn er etwas fürs Betriebsklima tun kann.

TIPP 522

Kleine Aufmerksamkeit, große Wirkung …

Um elf Uhr spendiert der Betrieb Kaffee und Tee, frisch aus der Büroküche, dazu Kekse – alles steuerfreie Genussmittel. Nahrungsmittel spendiert er nicht, denn, so die spitzfindige Begründung des Fiskus, von denen kann man sich nämlich im Gegensatz zu Genussmitteln dauerhaft ernähren, und das wäre dann steuerpflichtiger Lohn.
»Ist unser Elf-Uhr-Zug etwa auch steuerfrei?«, möchten Sie wissen. Elf-Uhr-Zug, was ist das? »Jeden Tag um elf Uhr spendiert der Betrieb Apfelkorn, der schön hintereinander aufgereiht im Sekretariat bereitsteht. Das ist unser Elf-Uhr-Zug«, so klären Sie mich auf.
Apfelkorn ist wohl mehr ein Genuss- als ein Nahrungsmittel, also als Aufmerksamkeit steuerfrei (LStR 19.6). Das Gleiche gilt natürlich für die Weihnachtspäckchen mit Plätzchen und Lebkuchen.

Zeile 6 Sachzuwendungen (Kleinvieh macht auch Mist) 523

Wenn dem Fiskus bei Lohnsteuerprüfungen das Aufgreifen von Lappalien nicht zu aufwendig wäre, würde er auch diese besteuern. Zwar sollten Sie Lappalien nicht unbedingt hinterherlaufen, doch summa summarum kann es sich lohnen, sie mitzunehmen. Als steuerfreie Lappalien gelten Sachzuwendungen, sofern ihr Wert nicht insgesamt mehr als 44 € im Monat beträgt (§ 8 Abs. 2 Satz 11 EStG). Dies ist eine sog. Freigrenze, die nicht überschritten werden darf, sonst ist alles steuerpflichtig. Ab 2022 wird die Grenze auf monatlich 50 € erhöht.
Zu den steuerfreien Sachzuwendungen gehören u.a.:

- Geschäftsleitungs-/Belohnungsessen.
  Kantinenmahlzeiten und freie Verpflegung bei Lehrgängen o. Ä. fallen aber nicht darunter. Sie sind in Höhe der Sachwertbezugswerte steuerpflichtig (➤ Rz 627 ff.),

- Mietvorteile bei Werkswohnungen,
- betriebliche Gruppenunfallversicherung.

524 Neue Spielregeln bei der Abgrenzung zwischen Sachzuwendung und Barlohn!

Dem Fiskus sind die umfangreichen Möglichkeiten zur Nutzung der 44-€-Freigrenze für steuerfreie Zuwendungen der Arbeitgeber an ihre Arbeitnehmer schon lange ein Dorn im Auge. Nachdem auch der BFH in der letzten Zeit zunehmend steuerzahlerfreundlich entschieden hatte, tritt der Fiskus jetzt durch eine Gesetzesänderung deutlich auf die Bremse und schränkt die Möglichkeiten ein, steuerfrei zweckgebundene Geldzahlungen zu leisten oder sich bei begünstigten Zuwendungen sog. Prepaidkarten zunutze zu machen. Wichtig ist daher nun, dass die Zuwendungen als *Sach*zuwendungen durchgehen und nicht als Geldzahlungen eingestuft werden.

Demnach gehören zu den nicht steuerfreien Zuwendungen zum Teil anders als früher nunmehr

- zweckgebundene Geldleistungen, z.B. wenn Ihr Arbeitgeber Ihnen 40 € in die Hand drückt mit der Maßgabe, dafür Ihr Auto zu betanken oder Lebensmittel einzukaufen,
- nachträgliche Kostenerstattungen, z.B. wenn Sie Ihr Auto betanken, den Betrag an der Tankstelle vorstrecken und gegen Vorlage der Quittung von Ihrem Chef erstattet bekommen,
- Geldsurrogate (z.B. Geldkarten) und andere Vorteile, die auf einen Geldbetrag lauten,
- jede Form von Bezahlkarten, die wie eine allgemeine Kreditkarte eingesetzt werden können oder sogar den Bezug von Geld oder Devisen ermöglichen.

Weiterhin als Sachbezüge, die steuerfrei bleiben können, gelten dagegen Gutscheine und Geldkarten, die ausschließlich zum Bezug von Waren oder Dienstleistungen berechtigen und die Kriterien des § 2 Abs. 1 Nr. 10 des Zahlungsdiensteaufsichtsgesetzes erfüllen.

Das ist der Fall, wenn

- Gutscheine oder Bezahlkarten von Händlern oder Kaufhäusern, Supermärkten etc. ausgegeben werden, mit denen Waren oder Dienstleistungen in den Geschäften der entsprechenden Unternehmen gekauft werden können;
- der Herausgeber der Gutscheine oder Bezahlkarten mit einer begrenzten Zahl von Händlern oder Dienstleistern vereinbart hat, dass die

Gutscheine bzw. Bezahlkarten bei ihnen eingesetzt werden können (begrenztes Netzwerk). Das können z.B. Kundenkarten einer Einzelhandelskette, Bezahlkarten eines Einkaufscenters oder sog. City-Cards sein.

Weiter begünstigt sind auch Tankkarten, mit denen Sie Ihren fahrbaren Untersatz bei einer oder mehreren Tankstellenketten betanken können.

Gut zu wissen: Der Kniff mit der Steuerfreiheit klappt nur dann, wenn Ihr Brötchengeber die Zuwendungen zusätzlich zu dem ohnehin geschuldeten Arbeitslohn leistet. Sie können also nicht mit Ihrem Chef vereinbaren, dass er Ihren laufenden Arbeitslohn oder eine Sonderzahlung kürzt und stattdessen eine monatliche Sachzuwendung leistet. Im schönen Fiskaldeutsch ausgedrückt, ist die Steuerfreiheit nicht möglich bei Lohnbzw. Gehaltsumwandlungen.

TIPP Besser Prepaid-Kreditkarte statt Benzingutscheine vereinbaren 525

Vereinbaren Sie mit Ihrem Brötchengeber einfach, dass er Ihnen eine Prepaid-Kreditkarte zur Verfügung stellt, mit der Sie vereinbarungsgemäß nur Sach- und Dienstleistungen erwerben können. Solche Kartensysteme, z.B. die Ticket Plus® Card, mit denen man bei fast 19.000 Akzeptanzstellen bundesweit tanken, einkaufen oder essen kann, fallen unter die Regelung der 44-€-Bagatellgrenze (ab 2022: 50 €). Lädt Ihr Arbeitgeber eine solche Karte jeden Monat mit einem Betrag unterhalb von 44 auf, bleibt das steuerfrei. Es muss aber sichergestellt sein, dass die Freigrenze (siehe dazu die folgende Erläuterung) in dem jeweiligen Monat nicht durch andere Zuwendungen überschritten wird. Der besondere Kniff hierbei ist, dass Sie das Guthaben nicht sofort verwenden müssen. Die Sachzuwendung Ihres Arbeitgebers fließt Ihnen nämlich schon mit dem Aufladen der Karte zu und nicht erst, wenn Sie sie zum Einkauf verwenden. Lädt Ihr Arbeitgeber die Karte z.B. monatlich mit jeweils 40 € auf, können Sie nach 10 Monaten für die aufgelaufenen 400 € ein Elektrogerät oder das Essen und die Getränke für Ihre Geburtstagsparty kaufen.
Der Betrag von 44 bzw. künftig 50 € ist eine monatliche **Freigrenze**, achten Sie also darauf, dass er nicht überschritten wird, sonst wird der volle Betrag steuerpflichtig. Außerdem müssen Sie wissen, dass die Freigrenze nicht für eine einzelne Sachzuwendung gilt, vielmehr dürfen sämtliche kleinen Vorteile eines Monats zusammengerechnet diese Grenze nicht überschreiten.
Sehen Sie sich also vor, dass Ihnen nicht folgendes Malheur passiert: Ihr Chef schenkt Ihnen einen Tankgutschein über 25 Liter Superbenzin (Preis/l zzt. 1,62 €). Da Sie nur einen Gegenwert von 40,50 € erhalten, sind Sie auf der

sicheren Seite. Erlaubt Ihnen aber Ihr Boss im selben Monat, ein Paket Kopierpapier im Wert von 3,99 € mit nach Hause zu nehmen, weil Sie vergessen hatten, rechtzeitig welches zu kaufen, schauen Sie schön blöd aus der Wäsche. Nun sind nämlich die kompletten 44,49 € (Tankgutschein und Kopierpapier) steuerpflichtig.

526 **TIPP Mit kleiner Zuzahlung Steuerfreiheit retten**

Das oben geschilderte Problem lösen Sie ganz einfach: Sie bezahlen Ihrem Arbeitgeber schlicht die 4 € für das Kopierpapier, und schon ist Ihr Gesamtvorteil unter 44 € und damit wieder im sicheren Bereich.
Stellen Sie sich einmal vor, Ihr Chef drückt Ihnen die Firmentankkarte in die Hand und erlaubt Ihnen, für 43 € zu tanken. Normalerweise ein schönes steuerfreies Geschenk. Nun passiert Ihnen aber beim Tanken ein Malheur: Sie passen nicht auf und beenden den Tankvorgang zu spät. Statt für 43 € ist für 48 € Kraftstoff geflossen.
Sie lösen das Problem elegant dadurch, dass Sie Ihrem Arbeitgeber nicht nur die Tankkarte mit Beleg, sondern zusätzlich 5 € in die Hand drücken. Auch in diesem Fall wird die Zuzahlung angerechnet und drückt den Vorteil unter die 44-€-Grenze.

527 Zeile 6 und 27 Aufwandsentschädigung für Nebentätigkeit (Übungsleiterfreibetrag)

Sind Sie nebenbei in Ihrem **Verein als Übungsleiter oder Trainer** tätig, arbeiten Sie als Erzieher oder Gesundheitsausbilder in einem gemeinnützigen Vollwert- oder Rohkostverein, als Naturlehrer für Mitglieder eines Umweltschutzvereins oder für einen öffentlich-rechtlichen Brötchengeber (z.B. Volkshochschule) als **Musiker,** Lehrer oder **Prüfer,** dürfen die Einnahmen daraus bis zu 3.000 € jährlich nicht auf der Lohnsteuerkarte erscheinen, denn sie sind steuerfrei (§ 3 Nr. 26 EStG).
Dieser Freibetrag soll alle Ausgaben abgelten, die Ihnen im Zusammenhang mit der Nebentätigkeit entstehen. **Dazu sollten Sie wissen: Sinnigerweise setzt eine nebenberufliche Tätigkeit steuerlich keine hauptberufliche voraus.** Wichtig ist nur, dass sie nicht mehr als ein Drittel des Pensums einer Vollzeitkraft in Anspruch nimmt. (Quelle: BFH-Urt. v. 30.3.1990 – BStBl 1990 II S. 854, eine Lehrerin betreffend, die ca. 130 Stunden im Jahr für einen Verein Unterricht erteilte, übrigens in demselben Fach wie in ihrem beamteten Hauptberuf)

Der Beamte im Finanzamt möchte die steuerfreie Aufwandsentschädigung in > Zeile 27 der Anlage N (➤ Rz 677) abhaken.

Mehr zum Thema »Ehrenamt und Steuern« finden Sie unter ➤ Rz 187 ff.

TIPP Ausbilderfreibetrag: 3.000 € sind nicht das Ende der Fahnenstange 528

Sind Sie nebenbei als Ausbilder für eine öffentlich-rechtliche Institution tätig, wie z. B. die IHK oder eine andere Kammer, eine Sparkasse oder eine Behörde? Dann vereinbaren Sie, dass Ihnen die Reisekosten extra bezahlt werden. Reisekosten aus öffentlichen Kassen haben nämlich den Vorzug, steuerfrei zu sein (§ 3 Nr. 13 EStG). Zahlen Sie die Kosten dagegen aus Ihrer Tätigkeitsvergütung, können Sie sie nur absetzen, wenn sie den Betrag von 2.400 € übersteigen.

TIPP Sie sind doch als Ausbilder selbständig, oder? 529

Stehen Ihnen in Ihrem Nebenjob (z. B. bei der Volkshochschule oder als Übungsleiter im Sportverein) bezahlter Urlaub und Lohnfortzahlung im Krankheitsfall zu? Nein? Dann arbeiten Sie auf eigenes Risiko und sind freiberuflich tätig. Keine Sorge, der Freibetrag nach § 3 Nr. 26 EStG ist Ihnen gleichwohl sicher, und außerdem können Sie Ihre Honorare zeitlich so in Rechnung stellen, dass Sie Jahr für Jahr den Freibetrag voll ausschöpfen.

Beachten Sie: Sind Ihre nebenberuflichen Einnahmen nicht nach § 3 530
Nr. 26 EStG begünstigt – weil Ihr Brötchengeber z. B. ein gewerbliches Unternehmen ist –, nehmen Sie wenigstens den Betriebsausgabenpauschbetrag von 25 % Ihrer Einnahmen, höchstens 614 € jährlich, mit (LfSt Bayern, 31.10.2005, S 2144 – 8 St 32/St 33). Der steht Ihnen auch dann zu, wenn Sie steuerfreie Aufwandsentschädigungen (z. B. Auslagenersatz, Erstattung von Reisekosten etc.) haben.

TIPP Machen Sie aus Ihrem 450-€-Job einen steuerfreien 700-€-Job 531

Bekommen Sie monatlich 450 € von einem Verein oder einer Wohlfahrtsorganisation brutto gleich netto ausbezahlt und Ihr Arbeitgeber zahlt eine Pau-

schalabgabe von 30 % Ihres Arbeitslohns, dann ergibt sich – man höre und staune – folgende Möglichkeit: Mit der Steuerbefreiung für Nebenberufler können Sie Ihren Monatslohn auf 700 € ausdehnen, ohne dass Sie oder Ihr Arbeitgeber auch nur einen Euro zusätzliche Abgaben haben.
So wird gerechnet:

Monatslohn	700 €
./. steuerfreier Betrag nach § 3 Nr. 26 EStG (3.000 € ÷ 12 Monate)	– 250 €
Verbleibender Arbeitslohn	450 €

Da nur der verbleibende Betrag für die Steuer und die Sozialversicherungen interessant ist, erfüllen Sie wie bisher die Bedingungen für einen begünstigten 450-€-Job, und Ihr Arbeitgeber wird weiterhin nur mit 30 % Pauschalabgabe auf 450 € zur Kasse gebeten. Mehr zu den Steuerregeln für Minijobs siehe unter ➤ Rz 599 ff.

532 **TIPP**

Zubrot bis 410 € ist steuerfrei

Bleiben unter dem Strich aus Ihrer Nebentätigkeit weniger als 410 € im Jahr übrig, will sich das Finanzamt mit Ihnen nicht befassen, dann sollen Sie erst gar keine Steuererklärung abgeben (§ 46 Abs. 3 EStG). Es reicht dem Fiskus, dass Sie Lohnsteuer gezahlt haben, basta.

Als Übungsleiter im Tennisverein könnten Sie so rechnen:

Einnahmen	3.400 €
./. Freibetrag nach § 3 Nr. 26 EStG	– 3.000 €
Gewinn = steuerfrei	400 €

»Verflixt, in diesem Jahr komme ich auf 3.500 € Einnahmen«, ärgern Sie sich. Dann verlagern Sie einen Teil der Einnahmen ins nächste Jahr. Oder: Geben Sie die 3.500 € Einnahmen an und beanspruchen Sie die sog. Härteregelung, die eine volle Versteuerung von Nebeneinkünften erst ab 820 € Gewinn vorsieht (§ 70 EStDV). Das Finanzamt muss dann rechnen:

Einnahmen			3.500 €
./. Freibetrag nach § 3 Nr. 26 EStG			– 3.000 €
Gewinn			500 €
Härtegrenze	820 €		
./. Gewinn	– 500 €		
Freibetrag	320 €	>	– 320 €
Steuerpflichtiger Gewinn			180 €

Zeile 6 Auslagenersatz, durchlaufende Gelder 533

Geldbeträge für dienstliche Telefongespräche, zum Betanken oder zur Reparatur eines Betriebsfahrzeugs oder Verwaltungsgebühren (§ 3 Nr. 50 EStG), die Sie für den Betrieb verauslagt haben und zurückerhalten, lassen Sie sich auf keinen Fall als Arbeitslohn bescheinigen, das ist wohl klar. Denn es verbleibt Ihnen ja kein Überschuss.

Zeile 6 Betriebsausflüge, Weihnachtsfeiern

Der Fiskus erkennt nur Ausgaben für **übliche** Betriebsausflüge und Weih- 534
nachtsfeiern als steuerfrei an und misst auch noch mit seiner viel zu kurzen Bürokratenelle, was üblich und was unüblich ist.

Unüblich ist: »zu oft und zu teuer«. »Zu oft« heißt mehr als zweimal im Jahr, »zu teuer« heißt mehr als 110 € Kosten pro teilnehmendem Arbeitnehmer im Durchschnitt, alles inkl., also einschließlich der Kosten für den äußeren Rahmen. Liegt der Durchschnitt über 110 €, ist nur der übersteigende Betrag steuerpflichtig (§ 19 Abs. 1 Nr. 1a EStG).

Übliche Zuwendungen bei einer Betriebsveranstaltung sind insbesondere

- Speisen, Getränke, Tabakwaren und Süßigkeiten,
- die Übernahme von Übernachtungs- und Fahrtkosten, auch wenn die Fahrt als solche schon einen Erlebniswert hat,
- Eintrittskarten für kulturelle und sportliche Veranstaltungen, wenn sich die Betriebsveranstaltung nicht in deren Besuch erschöpft,
- Geschenke. Üblich ist auch die nachträgliche Überreichung an Arbeitnehmer, die aus betrieblichen oder persönlichen Gründen nicht an der Betriebsveranstaltung teilnehmen konnten, nicht aber eine deswegen gewährte Barzuwendung,
- Aufwendungen für den äußeren Rahmen, z. B. für Räume, Musik, Kegelbahn und für künstlerische und artistische Darbietungen, wenn diese nicht der wesentliche Zweck der Betriebsveranstaltung sind.

Also muss der Betrieb rechnen:

Essen und Trinken	...... €
Nebenkosten (Fahrt, Saalmiete, Musiker usw.)	...... €
Gesamtkosten einschließlich Mehrwertsteuer	...... €
Geteilt durch Anzahl teilnehmender ArbN = z. B.	105 €

Also unter 110 €, alles paletti.
Kommen Sie mit Anhang, müssen Sie sich 2 × 105 € = 210 € anrechnen lassen. Steuerfrei sind 110 €, bleiben zu versteuern: 100 €.

Wichtig für das Lohnbüro!
Statt die 100 € über die Lohnabrechnung individuell zu versteuern, kann der Arbeitgeber die Pauschalsteuer in Höhe von 25 % wählen (§ 40 Abs. 2 Nr. 2 EStG). Diese ist immer günstiger, denn pauschal besteuerter Arbeitslohn unterliegt nicht der Sozialversicherung! Und das Beste für Sie: Die Pauschalsteuer hat der Arbeitgeber zu übernehmen (§ 40 Abs. 3 EStG) – aber das wird ihn nicht besonders jucken, denn auch er spart ja Sozialabgaben.

»Na, dann schmeckt das Bier auf dem Sommerfest noch mal so gut«, sagen Sie.

Einigen Teilnehmern der Veranstaltung darf sogar eine Extrawurst in Form von zusätzlichen kleinen Geschenken gebraten werden, wenn sie im Rahmen der Betriebsveranstaltung eine besondere Ehrung erfahren, wie z. B. Jubilare, Jungvermählte usw. Dazu mehr unter Aufmerksamkeiten (➤ Rz 521, Quelle: LStR 19.5).

535 **Steuerbonus für Außendienstler**
Müssen Sie als Außendienstler oder als Beschäftigter einer Zweigstelle zur Betriebsfeier anreisen, geht der steuerfreie Fahrtkostenersatz nicht in den 110-€-Freibetrag ein, denn Reisekosten gehen extra.

536 **TIPP** **Betriebsausflug mit BAT**

Wie wär's mit einem Betriebsausflug mal auf die ganz andere Art, ohne Sauferei und Völlerei: mit dem Fahrrad ins Grüne und mit einem gesunden Mittagessen in einem Landgasthof? Das kostet den Betrieb nicht viel, und den Rest gibt es BAT: bar auf Tatze.

Und so wird dem Fiskus die Rechnung aufgemacht:

Essen und Trinken pro Teilnehmer, z. B.	25 €
Barzuschuss	80 €
Summe	105 €

Unter 110 €, alles okay.

TIPP Zum Oktoberfest nach München 537

Ein ganz heißer Tipp für den Betriebsrat: Betriebsausflug mit einem Charterflugzeug nach München zum Oktoberfest, Übernachtung im Hotel. Dazu sagt aber meistens die Geschäftsleitung: »Das geht nicht wegen der Steuer.«

Es geht aber doch. Ein solcher Betriebsausflug fällt zwar aus dem üblichen Rahmen und muss deshalb versteuert werden, doch kann die Firma die anfallende Steuer pauschal mit 25 % übernehmen (§ 40 Abs. 2 EStG). Sozialabgaben fallen bei der Pauschalbesteuerung überhaupt keine an.

Zeile 6 Fortbildung

Steuerfrei sind Aufwendungen des Betriebs für Ihre berufliche Fortbildung, auch in außerbetrieblichen Lehrgängen. Sie sind selbst dann steuerfrei, wenn die Veranstaltung, ohne Anrechnung auf die Arbeitszeit, nach Dienstschluss oder am Wochenende durchgeführt wird. 538

Raffiniert, oder? Da wirft der Fiskus mit der Wurst nach der Speckseite, denn er weiß: Wer sich beruflich fortbildet, wird später möglicherweise mehr verdienen, sprich mehr Steuern zahlen. Deshalb sind auch Fortbildungsmaßnahmen begünstigt, die zu einer Funktionsänderung und zum Aufstieg führen können, wie z.B. vom Meister zum Dipl.-Ing. grad., vom Bilanzbuchhalter zum Steuerberater oder vom Operator zum Programmierer (Quelle: LStR 19.7). Zum Abzug selbst getragener Fortbildungskosten siehe ➤ Rz 777 ff.

Zeile 6 und 17 Jubiläumsgeld

Geld- und Sachgeschenke an Arbeitnehmer aus Anlass eines Arbeitnehmer- oder Firmenjubiläums sind zwar nicht steuerfrei, aber das Steuerrecht hält ein kleines Trostpflaster für Sie bereit: Erhalten Sie z.B. alle fünf Jahre Jubelgeld zur Anerkennung Ihrer treuen Dienste, handelt es sich um **Arbeitslohn für mehrere Jahre,** der nur ermäßigt besteuert wird, zu berücksichtigen in > Zeile 17 der Anlage N. Mehr hierzu unter ➤ Rz 665 ff. 539

Zeile 6 Personalrabatte

Statt ein langes Gesicht zu ziehen, weil sich Steuer und Sozialversicherung den größten Teil der Gehaltserhöhung unter den Nagel reißen, gehen Sie rechtzeitig zu Ihrem Chef und drängen darauf, dass er Ihnen 540

statt mehr Gehalt Rabatt für Sachen oder Dienstleistungen aus dem Betrieb gewährt.
Denn Sie sollten wissen: Der Fiskus rechnet zwar den Rabatt, den Sie auf Sachen (Lebensmittel, Kleidung, Autos, Strom, Gas, Wasser usw.) oder Dienstleistungen (Reise, Beförderung, Beratung, Versicherung, Kontoführung usw.) erhalten, mit zum Arbeitslohn – als »geldwerten Vorteil« aus dem Arbeitsverhältnis –, doch sind bis zu **1.080 € jährlich steuerfrei** (§ 8 Abs. 3 EStG). Ausgangswert für die Berechnung des Rabatts ist der um 4 % geminderte reguläre Ladenpreis. Also nicht der evtl. überhöhte Listenpreis, sondern der durchschnittliche Verkaufspreis der Händler in Ihrer Gegend (BFH-Urt. v. 4.6.1993 – BStBl 1993 II S. 687).
So wird z.B. gerechnet, wenn Sie sich als Automobilwerker einen Jahreswagen holen:

Listenpreis 17.000 €, Hauspreis (Ladenpreis) z.B.	16.500 €
./. Abschlag 4 %	– 660 €
Ausgangspreis	15.840 €
Werksabgabepreis	– 13.600 €
Rabatt = Arbeitslohn	2.240 €
Davon lohnsteuerfrei (Rabattfreibetrag)	– 1.080 €
Lohnsteuerpflichtig	1.160 €

»Leider bin ich kein Automobilwerker, sondern arbeite in einem Lebensmittelladen«, sagen Sie.
Mensch, haben Sie Glück. Lassen Sie sich doch jeden Monat einen Teil Ihres **Arbeitslohns in Naturalien** aushändigen. Dadurch ist Ihr Lohn sogar **bis zu 1.125 € jährlich steuerfrei.**
Zur Kontrolle:

Ladenpreis	1.125 €
./. Abschlag 4 %	– 45 €
Naturallohn	1.080 €
Davon lohnsteuerfrei (Rabattfreibetrag)	– 1.080 €
Lohnsteuerpflichtig	0 €

541 Achtung, aufgepasst!

Für Banker und Hauswarte gut zu wissen: Ist Ihr Brötchengeber eine Bank, Sparkasse oder eine Versicherung und haben Sie von ihm ein zinsgünstiges Darlehen erhalten, brauchen Sie den Zinsvorteil bis 1.080 € jährlich nicht zu versteuern.
Bei **Arbeitgeberdarlehen** bemisst sich der geldwerte Vorteil nach dem Unterschiedsbetrag zwischen dem marktüblichen Zins und dem Zins, den Sie als Arbeitnehmer konkret zu zahlen haben.

Für die Feststellung des marktüblichen Zinssatzes können die bei Vertragsabschluss von der Deutschen Bundesbank zuletzt veröffentlichten Effektivzinssätze – also die gewichteten Durchschnittszinssätze – herangezogen werden (www.bundesbank.de/statistik/statistik_zinsen_tabellen.php unter der Rubrik »MFI-Zinsstatistik/Bestände, Neugeschäft«). Dabei sind die Effektivzinssätze unter »Neugeschäft« maßgeblich.
Von dem sich danach ergebenden Effektivzinssatz kann ein Abschlag von 4 % vorgenommen werden. Aus der Differenz zwischen diesem Maßstabszinssatz und dem Effektivzinssatz des Arbeitgeberdarlehens sind die Zinsverbilligung und der geldwerte Vorteil zu berechnen.
So weit das Bundesfinanzministerium. Einfacher und meist auch günstiger ist es jedoch, Sie holen sich aktuelle Angebote insbesondere von Direktbanken ein und vergleichen Ihren Zinssatz mit dem niedrigsten Wert. Und so wird gerechnet ...

Beispiel
Sie erhalten im Mai 2021 ein Arbeitgeberdarlehen von 16.000 € zu einem Effektivzins von 2 % jährlich (Laufzeit vier Jahre). Der bei Vertragsabschluss von einer Direktbank angebotene Zinssatz liegt bei 4,45 %. Nach Abzug eines Abschlags von 4 % ergibt sich ein Maßstabszinssatz von 4,27 %. Die Zinsverbilligung beträgt somit (4,27 % – 2 % =) 2,27 %. Danach ergibt sich ein monatlicher Zinsvorteil von (2,27 % von 16.000 € × $^1/_{12}$ =) 30,27 €. Dieser Vorteil ist nicht lohnsteuerpflichtig, da unter der 44-€-Freigrenze (Quelle: BMF-Schreiben v. 19.5.2015 – Az. IV C 5, S 2334/07/0009); siehe auch ➤ Rz 585 ff.
Dasselbe gilt für Hauswarte eines Wohnungsunternehmens, die verbilligt wohnen, oder Angestellte einer Leihwagenfirma, die ein Auto günstig fahren dürfen. Die Regelung zum Rabattfreibetrag ist nämlich nicht eng auszulegen, so der BFH im Urteil vom 4.11.1994 (BStBl 1995 II S. 338). Der Rabattfreibetrag umfasst die gesamte Liefer- und Leistungspalette Ihres Brötchengebers.
Gut zu wissen: Zinsvorteile aus Arbeitgeberdarlehen bis 2.600 € bleiben steuerfrei! Zinsvorteile, die der Arbeitnehmer durch Arbeitgeberdarlehen erhält, sind als solche nur zu versteuern, wenn die Summe der noch nicht getilgten Darlehen am Ende des Lohnzahlungszeitraums 2.600 € übersteigt.

Beispiel
Ein Arbeitgeber gewährt seinem Arbeitnehmer ein zinsloses Darlehen in Form eines Gehaltsvorschusses in Höhe von 2.000 €. Die daraus resultierenden Zinsvorteile sind nicht als Arbeitslohn zu versteuern, da der Dar-

lehensbetrag am Ende des Lohnzahlungszeitraums die Freigrenze von 2.600 € nicht übersteigt.

542 Wie viel Sie im Betrieb einkaufen können, ohne dass das Finanzamt die Hand aufhält

Bei einem Rabatt von 1 bis 4 % fällt niemals Lohnsteuer an, denn ein Abschlag bis zu 4 % ist immer steuerfrei. Bei einem Rabatt über 4 % können Sie rechnen:

Rabatt z.B.	25 %
./. Abschlag	– 4 %
Verbleiben	21 %

Der Rabattfreibetrag ist also 21 % der Ware, die Sie einkaufen können, ohne dass das Finanzamt die Hand aufhält = 5.142 € (1080 ÷ 21 × 100).
Probe:

Einkauf	5.142 €
Rabatt darauf 21 % =	1.080 €
./. Rabattfreibetrag	– 1.080 €
Arbeitslohn	0 €

Die Klugheit ist sehr geeignet zu bewahren,
was man besitzt, doch allein
die Kühnheit versteht zu erwerben.
(Friedrich II., König von Preußen)

543 TIPP Doppelter Rabattfreibetrag

Doppelt können Sie den Rabattfreibetrag kassieren, wenn Sie jemanden in Ihrer Firma gut kennen, der seinen Rabattfreibetrag nicht nutzt. Doppelt läuft es auch in dem Jahr, in dem Sie die Firma wechseln. Denn in jeder Firma steht Ihnen der volle Rabattfreibetrag zu.

544 Personalrabatt auch ohne Steuer

Unter Personalrabatte fallen auch Preisnachlässe von dritter Seite, wenn diese wirtschaftlich mit Ihrer Firma liiert ist, z.B. im Konzern.
Keine Steuer fällt an, wenn

- Ihr Arbeitgeber den verbilligten Verkauf an Sie lediglich duldet,
- er Ihnen nur Ihre Betriebszugehörigkeit bescheinigt,
- Sie sich zu einer Sammelbesteller- oder Großabnehmervereinigung zusammengeschlossen haben oder
- der Billigkauf vom Betriebsrat organisiert wird.

Was die steuerpflichtigen Rabattkäufe angeht, müssen Sie Ihrem Arbeitgeber eine Aufstellung aller Ihrer Einkäufe präsentieren – für das Lohnkonto. Verführerisch, hier vergesslich zu sein (Quelle: BMF-Schreiben v. 27.9.1993 – BStBl 1993 I S. 814).

TIPP Rabattfreibetrag auch für Ruheständler 545

Einmal Werksangehöriger, immer Werksangehöriger. Viele Abeitgeber gewähren ihren Mitarbeitern auch nach deren aktiver Zeit im Betrieb weiterhin Personalrabatte.
Gut zu wissen, dass auch hier der Abschlag von 4 % vorzunehmen ist und darüber hinaus der Rabattfreibetrag von 1.080 € gilt (BFH-Urt. v. 26.7.2014 – Az. VI R 41/13).

TIPP Steuerrabatt auch für Bahnpensionäre! 546

Ruhestandsbeamte der ehemaligen Bundesbahn oder des Bundeseisenbahnvermögens profitieren immer noch von einem Vorteil aus aktiven Tagen: Sie können Freifahrten mit der Bahn nutzen.
Zunächst die schlechte Nachricht: Diese Freifahrten sind als geldwerte Vorteile zu versteuern.
In der Praxis wird der Vorteilsbetrag häufig den Versorgungsbezügen hinzugerechnet und damit – nach Abzug des Versorgungsfreibetrags sowie des Zuschlags zum Versorgungsfreibetrag – voll versteuert.
Die gute Nachricht:
Der Bundesfinanzhof hat mit Urteil vom 26.6.2014 (Az. VI R 41/13) entschieden, dass auf die geldwerten Vorteile aufgrund der Freifahrten der Rabattfreibetrag von 1.080 € anwendbar ist. Und so wird gerechnet:

Freifahrten als Arbeitslohn z. B.	1.450 €
./. Bewertungsabschlag 4 %	– 58 €
./. Personalfreibetrag, max 1.080 €	– 1.080 €
verbleibt ein steuerpflichtiger Arbeitslohn	312 €
./. Arbeitnehmerpauschbetrag von max. 1.000 €	– 312 €
Verbleiben zu versteuern	0 €

Wenn das Personalbüro schon nicht mitspielt, sollten Sie dem Finanzamt diese Rechnung mit der Steuererklärung aufmachen und eine Korrektur der bescheinigten Versorgungsbezüge laut > Zeile 11 mit einer gesonderten Anlage zur Steuererklärung geltend machen.

547 Zeile 6 Trennungsentschädigungen, Auslösungen

Vom Betrieb gezahlte Trennungsentschädigungen, auch als Auslösungen bezeichnet, sind steuerfrei, soweit sie beim Empfänger Werbungskosten wären. Dies trifft bei doppelter Haushaltsführung zu (§ 3 Nr. 13 und 16 EStG) und ist ein weiterer Grund für den Betrieb, Ihnen dafür eine Entschädigung zuzubilligen. Allerdings wird die Trennungsentschädigung auf die absetzbaren Werbungskosten angerechnet. Achtung: Sie erscheint in Zeile 20 und 21 der LSt-Bescheinigung. Was bei doppelter Haushaltsführung als Werbungskosten absetzbar ist, dazu mehr unter ➤ Rz 862 ff.

548 Zeile 6 Kostenersatz für Außendienst

Sind Sie für Ihre Firma auswärts tätig, werden Ihnen meistens die entstandenen Auslagen ersetzt – und zwar steuerfrei, denn Ihnen bleibt ja kein Überschuss. Für steuerfreie Spesen müssen Sie allerdings Nachweise erbringen.

Zahlt Ihnen die Firma hingegen pauschal einen festen »Spesensatz«, dann ist dieser steuerpflichtig. Dafür können Sie Ihre Auslagen als Werbungskosten absetzen.

Womit auch schon geklärt ist, wie der Hase läuft: Was der Chef an Spesen steuerfrei zahlen kann, entspricht weitgehend den Beträgen, die Sie als Werbungskosten absetzen könnten (➤ Rz 818 ff.).

Es gilt also das Prinzip: entweder steuerfreier Kostenersatz oder Abzug als Werbungskosten.
Sie wollen aber auf steuerfreie Spesen hinaus, denn die sind außerdem sozialversicherungsfrei. Dazu sollten Sie wissen: Dies ist ein beliebtes Jagdrevier für den Lohnsteueraußenprüfer, in dem er erfahrungsgemäß oft zum Zuge kommt. Damit Sie vorbeugen und notfalls gegenhalten können, machen Sie sich mit dem Grundsätzlichen vertraut:
Der Fiskus spricht nur von **Auswärtstätigkeit** und meint damit:

1. Dienstreisen: beruflich veranlasste auswärtige Tätigkeiten außerhalb der Wohnung und der regelmäßigen Arbeitsstätte.
2. Fahrtätigkeit: Sie übt aus, wer seinen Arbeitsplatz in bzw. auf einem Fahrzeug hat, insbesondere Berufskraftfahrer, Beifahrer, Müllfahrzeugführer, Beton- und Kiesfahrer, Lokführer und Zugbegleitpersonal, Linienbus- und Straßenbahnführer, Taxifahrer.

3. Einsatzwechseltätigkeit: Sie wird angenommen, wenn Sie an ständig wechselnden Einsatzstellen tätig sind und somit ebenfalls keine regelmäßige Arbeitsstätte haben, z.B. als Bau- und Montagearbeiter, Mitglied einer Betriebsreserve etc.

Bei Beurteilung einer Auswärtstätigkeit kommt der Frage der **ersten Tätigkeitsstätte** besondere Bedeutung zu. Jeder Arbeitnehmer kann – wenn überhaupt – nur *eine* erste Tätigkeitsstätte haben.

Allein der Umstand, dass der Arbeitnehmer eine Tätigkeitsstätte im zeitlichen Abstand immer wieder aufsucht, reicht nicht aus. Eine regelmäßige Arbeitsstätte als ortsgebundener Mittelpunkt der dauerhaft angelegten beruflichen Tätigkeit erfordert vielmehr eine zentrale Bedeutung gegenüber den weiteren Tätigkeitsorten. Hat keine der Tätigkeitsstätten eine zentrale Bedeutung – wie z.B. bei einer für mehrere Filialen einer Supermarktkette zuständigen Bezirksleiterin –, kann mangels regelmäßiger Arbeitsstätte eine reine Auswärtstätigkeit gegeben sein.

Außendienstler und Monteure aufgepasst:
Diese Zunft ist in aller Regel an ständig wechselnden Einsatzstellen tätig. Das regelmäßige Aufsuchen des Betriebssitzes, um z.B. Aufträge und Material abzuholen oder Stundenzettel abzugeben, ändert daran nichts.

Reisekosten ist eine zusammenfassende Bezeichnung für Verpflegungs-, Fahrt-, Übernachtungs- und Nebenkosten. 549

Im Grundsatz gilt: Der Betrieb kann Reisekosten in der Höhe steuerfrei erstatten, in der die Beträge bei Ihnen als Werbungskosten abzugsfähig wären (§ 3 Nr. 13 und 16 EStG). Sie müssen dem Betrieb die Voraussetzungen für die Steuerfreiheit durch entsprechende Unterlagen nachweisen. Zu den Regelungen des Werbungskostenabzugs lesen Sie ➤ Rz 818.

550 **Reisekosten bei Auswärtstätigkeit können in folgender Höhe steuerfrei erstattet werden:**

Verpflegungskosten	bei 1-tägiger Auswärtstätigkeit und mehr als 8 Stunden Abwesenheit: bei mehrtägiger Auswärtstätigkeit für An- und Abreisetag jeweils: für Zwischentage (24 Stunden Abwesenheit): Bei Auslandsreisen gelten entsprechend höhere Tagesgelder (➤ Rz 853). *Werden Mahlzeiten vom Arbeitgeber gestellt (z. B. Übernachtung mit Frühstück, Mittagessen während des Seminars …), kommt ggf. eine Kürzung der Pauschalen in Betracht.* *Bei ein und derselben Auswärtstätigkeit können Verpflegungskosten nur für die Dauer von drei Monaten berücksichtigt werden.*	 Pauschale 14 € Pauschale 14 € Pauschale 28 €
Fahrtkosten	Benutzung öffentlicher Verkehrsmittel: tatsächliche Aufwendungen (einschl. Zuschläge) ArbN-Fahrzeug: 1. tatsächliche Kosten durch Ermittlung eines individuellen Kilometersatzes *(jährliche Gesamtkosten = lfd. Betriebskosten, Wartungs- und Reparaturkosten, Garage am Wohnort, Kfz-Steuer, Versicherungen, Zinsen für Anschaffungsdarlehen, Leasingkosten oder Abschreibung über 6 Jahre;* ***Nachweis für das Lohnkonto erforderlich!****)* oder 2. pauschal mit 0,30 € pro gefahrenen Kilometer (für jedes andere motorbetriebene Fahrzeug: 0,20 €) Firmenwagen: keine Werbungskosten und damit auch keine (weitere) Kostenerstattung	
Übernachtungskosten	tatsächliche Aufwendungen oder pauschal 20 € je Übernachtung Weist die Hotelrechnung einen Gesamtpreis für Unterkunft und Verpflegung aus, wird der Betrag um 20 % der maßgebenden Verpflegungspauschale für das Frühstück und um jeweils 40 % für Mittag- und Abendessen gekürzt. Bei Auslandsreisen gelten entsprechend höhere Übernachtungsgelder (➤ Rz 853).	

Zufriedenheit: ein reiches Leben,
aber mit einfachen Mitteln.
(Arne Naes, Philosoph)

Höhere steuerfreie Auslösungen für Bau- und Montagearbeiter 551

Auch wenn Sie in der Nähe Ihrer Einsatzstelle übernachten, kann Ihnen der Betrieb für die ersten drei Monate der Abwesenheit von der Hauptwohnung einheitliche Pauschbeträge für die Verpflegungskosten steuerfrei auszahlen, im Normalfall 28 € pro Tag. Außerdem Ihre Kosten für Unterkunft und eine Heimfahrt pro Woche (je 0,30 € für die ersten 20, 0,35 € ab dem 21. Entfernungskilometer). Alles, was er darüber hinaus zahlt, ist über die Lohnabrechnung zu versteuern.
Aber: Der Betrieb darf bei Auswärtstätigkeiten von ihm gezahlte Verpflegungskosten über die steuerfreien Pauschalen hinaus pauschal versteuern (➤ Rz 554). Was das bedeutet, zeigt folgendes

Beispiel
Sie erhalten für jeden Arbeitstag für Verpflegungskosten und Übernachtung eine

Auslösung von	60 €
Davon sind steuerfrei	
./. Pauschbetrag für Verpflegungskosten	– 28 €
./. Pauschbetrag für Übernachtungskosten	– 20 €
Steuerpflichtiger Arbeitslohn	12 €

Der Betrieb kann je nach Abwesenheitsdauer von Ihrer Unterkunft unterschiedlich hohe Beträge, hier die gesamten 12 €, mit 25 % pauschal versteuern und damit für Sie praktisch steuerfrei auszahlen. Er hat zwar die Pauschalsteuer zu tragen, ist dafür aber von der Sozialversicherung (rd. 20 %) freigestellt.

TIPP So kassieren Sie Reisekostenersatz steuerfrei 552

»Auslösungen, Reisekostenersatz, Spesen, davon kann ich nur träumen. Dafür bekomme ich mein Gehalt, meint mein Chef, da sei alles drin.« Das ist ja wohl …, aber warten Sie. Wenn Sie Ihre Reisekosten schon nicht zusätzlich abrechnen können, sagen Sie einfach, Ihr Chef soll Ihnen die steuerfreie Erstattung vom Lohn abziehen. Damit sparen Sie immerhin Lohn- und Kirchensteuer, ggf. Soli-Zuschlag, sowie Beiträge zur Sozialversicherung, denn Reisekostenersatz ist wie gesagt steuerfrei (Quelle: § 3 Nr. 16 EStG; Thüringer Finanzgericht, Urt. v. 23.10.1996 – EFG 1997 S. 596).

Auch Ihr Chef wird begeistert sein, denn er spart durch Umwandlung Ihres steuerpflichtigen Gehalts in steuerfreie Reisekostenerstattung die Beiträge zur Sozialversicherung.

Zeile 6 Erstattung von Verpflegungskosten

553 Der Betrieb kann Verpflegungskosten in dem Umfang steuerfrei erstatten, in dem sie beim Arbeitnehmer als Werbungskosten abziehbar wären (➤ Rz 550).
Grundsätzlich können Sie also nur feste Pauschbeträge steuerfrei kassieren oder als Werbungskosten absetzen, auch wenn Sie tatsächlich höhere Kosten durch Belege nachweisen können.
Verpflegungssätze für Tätigkeiten im Ausland unter ➤ Rz 853.

554 **Beachten Sie aber:** Bekommen Sie mehr von Ihrem Chef erstattet als die mickrigen Pauschbeträge, kann er Ihnen bis zum Doppelten der Pauschbeträge sozialversicherungsfrei auszahlen. Die eine Hälfte, also der gesetzliche Pauschbetrag, ist zudem steuerfrei, die andere versteuert er pauschal mit 25 % (§ 40 Abs. 2 EStG).

Beispiel
Während einer Dienstreise waren Sie 15 Stunden vom Betrieb und von Ihrer Wohnung abwesend.

Ihr Arbeitgeber zahlt Ihnen als Verpflegungskosten	davon bleiben steuerfrei	zusätzlich können mit 25 % pauschal versteuert werden	verbleiben als steuerpflichtiger Arbeitslohn
10 €	10 €	–	–
15 €	14 €	1 €	–
20 €	14 €	6 €	–
30 €	14 €	14 €	2 €

Obwohl der Betrieb die Pauschalsteuer übernehmen muss, trifft ihn das kaum, denn er spart rund 20 % Arbeitgeberanteil zur Sozialversicherung. Für den Betrieb geht die Rechnung also auf. Und Sie haben auf diese Weise den doppelten Betrag der Verpflegungspauschalen brutto gleich netto in der Tasche.
Wegen der weiteren Einzelheiten hier noch zwei Beispiele:

Beispiel 1
Ein ArbN erhält bei zehnstündiger Abwesenheit vom Betrieb einen tarifvertraglich gesicherten Spesenbetrag von 15 €. Der Unterschied zum steuerlich zulässigen Pauschbetrag beträgt (15 € – 14 € =) 1 € und ist steu-

erpflichtiger Arbeitslohn, den der Betrieb mit 25 % pauschal versteuern kann.

Beispiel 2
Ein ArbN kann Kosten für das Mittagessen während einer Dienstreise in tatsächlicher Höhe lt. Beleg abrechnen. Nach einer neunstündigen Dienstreise legt er einen Restaurantbeleg in Höhe von 30 € vor. Der Unterschied zum steuerlich zulässigen Pauschbetrag beträgt (30 € – 14 € =) 16 € und ist zu versteuern, wovon 14 € pauschal versteuert werden können.

TIPP Dienstreise von nur 7½ Stunden Dauer – Pech gehabt? 555

Mindestens acht Stunden müssen zusammenkommen, um Verpflegungskosten gleich steuerfrei kassieren oder später als Werbungskosten geltend machen zu können, das wissen Sie ja. Statt nun aber bei einer Dienstreise über vielleicht 7½ Stunden einfach eine halbe Stunde draufzuschlagen, können Sie auch auf ganz legale Weise zum Ziel kommen. Für die Dauer der Abwesenheit kommt es nämlich nicht auf die einzelne Auswärtstätigkeit an, vielmehr werden, wenn Sie mehrmals am Tag unterwegs waren, die Abwesenheitszeiten zusammengerechnet (LStR 9.6 Abs. 1). Dies machen Sie sich zunutze und schreiben die 40 Minuten auf, die Sie gebraucht haben, um die Post zu holen.

Wenn Sie mit dem Chef essen gehen 556

Wird vom Betrieb unentgeltlich oder teilentgeltlich Verpflegung gestellt, ist sie nur mit den maßgebenden Sachbezugswerten zu versteuern (LStR 8.1). Das gilt auch, wenn Ihnen Ihr Chef während einer Dienstreise ein Essen spendiert. Trotzdem kann er Ihnen zusätzlich die Verpflegungspauschale steuerfrei zahlen.
Als Sachbezug haben Sie im Jahr 2021 für das Essen mit dem Chef zu versteuern:

für Mittag- oder Abendessen je	3,47 €
für Frühstück	1,83 €

Zum Sachbezug siehe ➤ Rz 627.
Entsprechend läuft der Hase, wenn Sie sich ohne Chef bewirten lassen, der Betrieb aber im Restaurant einen Tisch für Sie reserviert und die kulinarischen Genüsse bestellt. Auch in diesen Fällen haben Sie für jede Mahlzeit nur 3,47 € zu versteuern und kann Ihnen der Betrieb die Verpflegungspauschale steuerfrei auszahlen.

Weil bei den Reisekosten ansonsten nicht viel zu deichseln ist, wird von dieser Möglichkeit fleißig Gebrauch gemacht, weshalb die Fiskalhüter bemüht sind, dieses Schlupfloch dicht zu machen. Sie ordnen an: … Der Arbeitgeber muss Tag und Ort der Mahlzeit bestimmt haben. Diese Entscheidung muss der Arbeitgeber für den Arbeitnehmer vor Beginn der jeweiligen Auswärtstätigkeit getroffen haben … Dies ist durch eine entsprechende schriftliche Vereinbarung mit dem auswärtigen Hotel oder der Gaststätte nachzuweisen (BMF-Schreiben v. 5.6.1996 – BStBl 1996 I S. 656). Fehlt diese, müssen Sie statt des Sachbezugswerts die weitaus höheren tatsächlichen Aufwendungen versteuern.
Wer so etwas hört, dem wird sofort klar, warum der Standort Deutschland im Gespräch ist. Es sind die Bürokraten, die Deutschland kaputt machen. Folgerichtig wäre die Anordnung, dass der Betrieb die Restaurantrechnung begleichen muss. Dem ist aber nicht so.

Vielmehr räumen die Fiskalritter ein: Sind die Voraussetzungen für die unentgeltliche Mahlzeitengestellung erfüllt, ist es unerheblich, wie die Hotel- oder Gaststättenrechnung beglichen wird. Es ist dann gleichgültig, ob dies durch den Arbeitnehmer unmittelbar, aufgrund einer Firmenkreditkarte, oder durch Banküberweisung des Arbeitgebers geschieht.
»Ja, wenn das so ist«, sagen Sie. »Planung heißt die Devise.«

557 **Mit guten Kunden zum Essen gehen**

Laden Sie im Auftrag und auf Kosten des Betriebs gute Kunden zum Essen ein, ist die Erstattung der Bewirtungskosten als Auslagenersatz steuerfrei. Auf diese Weise verbinden Sie das Angenehme mit dem Nützlichen, denn bei Tisch lassen sich gute Geschäfte machen (LStR 8.1 Abs. 8 Nr. 1).
»Das lässt sich einrichten. Und Zusatzspesen hole ich mir über die Korrekturtaste der Kasse. Ein paar Euro auf die Hand des Kellners, und schon kommt die Rechnung wie gewünscht, in jeder beliebigen Höhe.«
Das ist …, mein Lieber.

Übrigens: Wurden Sie vom Kunden eingeladen, zählt das selbstverständlich nicht zum Arbeitslohn, ist wohl klar. Darüber hinaus können Sie die Verpflegungspauschale geltend machen.

558 Zeile 6 Erstattung von Übernachtungskosten

Übernachtungskosten kann der Betrieb nur in der Höhe steuerfrei erstatten, in der sie durch entsprechende Rechnungen nachgewiesen werden. Ohne Nachweis darf der Betrieb einen Pauschbetrag von 20 € für Inlandsreisen steuerfrei zahlen. Für Reisen ins Ausland gelten die höheren Pauschalen unter ➤ Rz 853.

TIPP Hotelrechnung: Frühstück inklusive? 559

Die Kosten für das Frühstück sind mit der Verpflegungspauschale von 28 € abgegolten. Berechnet das Hotel einen Gesamtpreis für Übernachtung und Frühstück, werden daraus (28 € × 20 % =) 5,60 € für das Frühstück herausgerechnet. Der Betrieb kann Ihnen somit nur den so gekürzten Betrag als Übernachtungskosten steuerfrei erstatten (LStR 9.7 Abs. 1).

Für ein Mittag- bzw. Abendessen werden noch einmal jeweils (28 € × 40 % =) 11,20 € abgezogen, sofern im Übernachtungspreis enthalten und in der Rechnung nicht gesondert ausgewiesen.

»Und wenn nur ›Übernachtung‹ berechnet wird?«, fragen Sie scheinheilig. Dann könnten Sie auf das Frühstück im Hotel verzichtet haben und der Rechnungsbetrag könnte ungekürzt erstattet werden.

Meistens kostet das Frühstück mehr als 5,60 €. Wenn Übernachtung und Frühstück getrennt berechnet werden, achten Sie darauf, dass beides auf der Rechnung steht.

Kostenerstattungen für Unterkunft werden nach 48 Monaten gedeckelt! Sind Sie für einen längeren Zeitraum außerhalb Ihrer ersten Tätigkeitsstätte eingesetzt, können die Kosten der Unterkunft nur für die ersten 48 Monate in unbegrenzter – aber angemessener – Höhe steuerfrei erstattet werden. Danach ist die Höhe der steuerfreien Arbeitgebererstattung – sowie auch die Höhe des möglichen Werbungskostenabzugs beim Arbeitnehmer – auf max. 1.000 € monatlich begrenzt.

Zeile 6 Fahrtkostenersatz bei Dienstreisen 560

Benutzen Sie öffentliche Verkehrsmittel, kann der verauslagte Fahrpreis steuerfrei ersetzt werden, auch mit Zuschlag für erste Klasse und ICE. Benutzen Sie ein privates Fahrzeug, hat Ihr Betrieb die Wahl:

- Entweder erstattet er – steuerfrei – den von Ihnen errechneten durchschnittlichen Kilometersatz (➤ Rz 825). Bei der Berechnung ist von den Gesamtkosten für das Fahrzeug über einen Zeitraum von zwölf Monaten auszugehen, geteilt durch die Jahresfahrleistung. Diesen Satz können Sie so lange verwenden, wie sich die Verhältnisse nicht wesentlich ändern, z.B. durch den Kauf eines Neuwagens (LStR 9.5 Abs. 1).

Wenn Sie nach dieser Methode abrechnen, achtet ein Lohnsteuerprüfer darauf, ob die von Ihnen aufgestellte Berechnung des Kilometersatzes dem Lohnkonto als Beleg beigefügt ist.

- Oder Ihr Betrieb legt den pauschalen amtlichen Kilometersatz zugrunde. Dabei kann Ihnen die Firma für jeden Fahrkilometer folgende Beträge pauschal erstatten:

Fahrzeug	Kraftwagen	Motorrad/Moped/Roller	Fahrrad
	0,30 €	0,20 €	–

Der zusätzliche Ersatz von Unfallkosten und Parkgebühren ist ebenfalls steuerfrei (LStH 9.5).

561 **Dienstreisekosten untereinander verrechnen**

Im Grunde genommen ist es völlig egal, unter welcher Bezeichnung Reisekosten erstattet werden. Vom Lohnbüro wird lediglich der insgesamt gezahlte Betrag mit den max. steuerfreien oder pauschal versteuerten Fahrt-, Verpflegungs-, Übernachtungs- und Nebenkosten verglichen.

Beispiel

Sie bekommen eine Fahrtkostenerstattung von 0,35 €/km und eine Verpflegungspauschale in Höhe der steuerlichen Pauschbeträge. Für eine Dienstreise mit 15-stündiger Abwesenheit und 200 km Fahrtstrecke wird gerechnet:

Fahrtkostenerstattung 200 km × 0,35 € =	70 €
Verpflegungskosten pauschal über 8 Std.	14 €
Auszahlungsbetrag	84 €
Davon steuerfrei	
Fahrtkostenersatz 200 km × 0,30 € =	– 60 €
Verpflegungskostenpauschbetrag über 8 Std.	– 14 €
Verpflegungspauschale, die der Betrieb mit 25 % pauschal versteuert	– 10 €
Über die Lohnabrechnung zu versteuern	0 €

Der Betrieb ist meistens geneigt, die Pauschsteuer für den Erhöhungsbetrag der Verpflegungspauschale zu übernehmen, da er sich dadurch die Sozialversicherung auf diese Beträge spart ➤ Rz 553 ff.

562 Zeile 6 Fahrtkostenersatz bei Fahrtätigkeit

Die Fahrten mit dem eigenen Pkw zum Betrieb oder zum Standort des Fahrzeugs werden regelmäßig wie Fahrten zwischen Wohnung und Arbeitsstätte angesehen. Denn Betriebshof oder Busdepot werden in den allermeisten Fällen mindestens einmal wöchentlich aufgesucht, so dass die Voraussetzungen für eine »regelmäßige Arbeitsstätte« erfüllt sind (➤ Rz 548).

Ein Fahrtkostenzuschuss des Betriebs ist steuerpflichtig, kann aber bis zu je 0,30 € für die ersten 20 und je 0,35 € für jeden weiteren vollen Entfernungskilometer mit 15 % pauschal versteuert werden.

TIPP 563

Vergessen Sie die Reisenebenkosten nicht

Auch die Reisenebenkosten – z. B. für **Schließfach, Ferngespräche, öffentliche Nahverkehrsmittel, Parkplatz, Stadtplan, Trinkgelder oder Reisegepäckversicherung** – kann der Betrieb steuerfrei ersetzen. Ebenso Verluste an mitgeführten Gegenständen. Lesen Sie dazu ➤ Rz 843. (Quelle: LStR 9.8)

Zeile 6 Außerdem sind steuerfrei ...

Noch sind wir nicht am Ende der Fahnenstange. Außerdem steuerfrei: 564

- Beihilfen und Unterstützungen ➤ Rz 565
- Berufskleidung oder Barablösung dafür ➤ Rz 569
- Betriebliche Gesundheitsförderung ➤ Rz 570
- Bildschirmbrille ➤ Rz 571
- Diebstahlsverluste ➤ Rz 573
- Fehlgeldentschädigung ➤ Rz 574
- Firmencomputer für daheim ➤ Rz 572
- Garagengeld ➤ Rz 575
- Kinderbetreuungszuschuss ➤ Rz 576
- Parkplatz ➤ Rz 578 Rückenschule ➤ Rz 579
- Telefonkostenersatz ➤ Rz 580
- Trinkgelder ➤ Rz 581
- Umzugskostenvergütungen ➤ Rz 582
- Vermögensbeteiligung ➤ Rz 583
- Werkzeuggeld ➤ Rz 584
- Zinsersparnisse ➤ Rz 585
- Zuschläge für Sonntags-, Feiertags- und Nachtarbeit ➤ Rz 587.

Beihilfen und Unterstützungen 565

Beihilfen sind bis zu 600 € jährlich steuerfrei, wenn sie aus besonderen Anlässen gezahlt werden (z.B. in Krankheits- oder Unglücksfällen). Sind im Betrieb mehr als vier Leute beschäftigt, muss die Beihilfe oder Unterstützung aus Mitteln einer Hilfskasse unter Einschaltung des Betriebsrats oder sonstiger Vertreter der Arbeitnehmer gezahlt werden. In besonderen Notfällen kann der Betrag höher sein (§ 3 Nr. 11 EStG, LStR 3.11).

566 **TIPP** **Corona-Prämie bis zu 1.500 € + Kinderbetreuung bis zu 600 € steuerfrei**

Leistungen, also Geld oder Sachzuwendungen, die Sie von Ihrem Arbeitgeber z. B. zur Würdigung Ihres Einsatzes für die Firma oder einfach zu Ihrer Unterstützung während der Pandemie bekommen, können bis zu 1.500 € steuerfrei bleiben. Begünstigt sind Zuwendungen, die Sie in der Zeit von 1.3.2020 bis 31.3.2022 erhalten – unerheblich ist, ob einmalig oder in mehreren Teilen. Wenn Ihr Brötchengeber sich großzügig zeigt und insgesamt mehr als 1.500 € springen lässt, beträgt der höchstmögliche Steuerfreibetrag dennoch 1.500 €. Und noch etwas: Sind Ihnen zusätzliche Aufwendungen für die Betreuung Ihrer Kinder entstanden, da die Schulen und Betreuungseinrichtungen Corona-bedingt geschlossen waren, kann Ihr Arbeitgeber zusätzlich zum ohnehin geschuldeten Arbeitslohn im Kalenderjahr bis zu 600 € dieser Zusatzkosten steuerfrei erstatten .

567 **TIPP** **Corona-Prämie mehrfach steuerei kassieren**

Wie viele andere Steuerbefreiungen ist auch dieser Freibetrag arbeitsverhältnisbezogen. Das bedeutet, wenn Sie im Begünstigungszeitraum von März 2020 bis März 2022 mehrere Arbeitsverhältnisse neben- oder nacheinander haben, kann jeder Arbeitgeber bis zu 1.500 € steuerfrei zahlen. Kleiner Pferdefuß: Wenn Sie mit zeitlichem Abstand *bei ein und demselben Arbeitgeber* beschäftigt waren, z. B., weil Sie in der Zwischenzeit einige Monate arbeitslos waren, gibt es den Freibetrag nur einmal.

568 **TIPP** **Finanzieren Sie die Selbstbeteiligung an Krankheitskosten über steuerfreie Beihilfe**

Als Besserverdienender haben Sie sich für die private Krankenversicherung entschieden, die meistens billiger ist als die gesetzliche, zumal Ihr Brötchengeber sich auch hier mit 50 % bis zum gesetzlichen Höchstbeitrag beteiligt. Noch günstiger wird die private Krankenkasse, wenn Sie sich für einen Sondertarif entscheiden, bei dem die ersten 600 € Krankheitskosten im Jahr nicht erstattet werden. Diese Eigenbeteiligung kann Ihnen Ihr Arbeitgeber steuerfrei ersetzen. Mit dieser Kombination drücken Sie die viel zu hohen Lohnnebenkosten.

Berufskleidung 569

Steuerfrei ist die typische Berufskleidung, die der Betrieb den Arbeitnehmern unentgeltlich oder verbilligt überlässt. Was gemeinhin als typische Berufskleidung gilt, ist unter ➤ Rz 735 aufgeführt. Was indessen nur wenigen bekannt ist, obwohl im Gesetz unter § 3 Nr. 31 ESG ausdrücklich genannt: Pauschale Barablösungen sind ebenfalls steuerfrei, soweit sie die regelmäßigen Absetzungen für Abnutzung und die üblichen Instandhaltungs- und Instandsetzungskosten typischer Berufskleidung abgelten. Aufwendungen für die Reinigung gehören jedoch nicht zu den Instandhaltungs- und lnstandsetzungskosten.

Eine Uniform oder typische Berufskleidung kann aber ein steuerpflichtiger Sachbezug sein, wenn die Kleidung auch als sog. bürgerliche Kleidung getragen werden kann. Dies gilt selbst dann, wenn sie in einheitlicher Kluft verordnet wird (Finanzgericht Düsseldorf v. 12.12.2000 – EFG 2001 S. 3629). So weit, so schlecht!

Der Bundesfinanzhof kam aber zu einer ganz anderen Erkenntnis (BFH-Urt. v. 22.6.2006, Az VI R 21/05): Wenn ein Unternehmen seine Mitarbeiter mit einheitlicher Kleidung ausstatte, die während der Arbeit getragen werden müsse, liege dies im Interesse des Unternehmens, weil die Einheitskluft ein besseres Erscheinungsbild für den Kunden abgebe. Der Wert einer solchen einheitlichen Kleidung, sprich Dienstkleidung, sei steuerfrei, auch wenn sie kein Firmenlogo enthalte. Im Urteilsfall ging es um blaue Pullunder und Pullover, weiße Hemden, einheitliche Krawatten und Halstücher. Das hört sich doch schon besser an, oder?

»Wenn wir eine solche Dienstkleidung bekämen, wäre das für mich wie ein kleiner Lottogewinn«, sagen Sie begeistert. »Erstens würde ich viel weniger Geld für private Klamotten ausgeben und brauchte mir zweitens nicht jeden Morgen zu überlegen, was ich anziehen soll.« Na, vielleicht können Sie Ihren Chef ja für die Idee einer einheitlichen Kleidung für das Personal begeistern.

Betriebliche Gesundheitsförderung 570

Erbringt ein Arbeitgeber zusätzlich zum ohnehin geschuldeten Arbeitslohn Leistungen

- zur betrieblichen Gesundheitsförderung,
- zur Verbesserung des allgemeinen Gesundheitszustandes und/oder der betrieblichen Gesundheitsförderung,

sind diese für die Arbeitnehmer bis zu einem Betrag von 500 € im Kalenderjahr steuerfrei.

Was fällt unter betriebliche Gesundheitsförderung?
Unter die Regelung fallen z.B.
- gesundheitsgerechte betriebliche Gemeinschaftsverpflegung,
- Maßnahmen zur Haltungsverbesserung (Rückenschule u. Ä.),
- Maßnahmen zur Stressbewältigung,
- Suchtprävention.

Die Leistungen müssen zweckgebunden sein. Auch eine Barauszahlung ist möglich, wenn Sie dem Chef eine Rechnung über den Besuch eines Stressbewältigungskurses vorlegen.

Fallen Beiträge für Fitnessstudios und Sportvereine unter die Steuerfreiheit?
Die Übernahme bzw. Bezuschussung von Mitgliedsbeiträgen in Sportvereinen, Fitnessstudios und ähnlichen Einrichtungen ist nur in Ausnahmefällen steuerfrei möglich. Wie bisher kann der Arbeitgeber seinen Mitarbeitern aber z.B. einen Fitnessstudio-Gutschein anbieten, der bis zu einem Betrag von 44 € pro Monat steuerfrei wäre (vgl. ➤ Rz 523). Alternativ kann der Arbeitgeber einen Rahmenvertrag mit einem Fitnessstudio schließen und den Beitragsanteil von max. 44 € pro Monat und Mitarbeiter direkt an das Studio zahlen. Steuerrechtlicher Hintergrund ist, dass die 44-€-Freigrenze nur für sog. Sachzuwendungen gilt.

571 Bildschirmbrille

Was hat sich der Fiskus wohl dabei gedacht, als er ausdrücklich in der LStR 19.3 Abs. 2 Nr. 2 die vom Arbeitgeber übernommenen angemessenen Kosten für eine Sehhilfe am Bildschirmarbeitsplatz für steuerfrei erklärte? Dies ist eine der wenigen großzügigen Gesten in einer Zeit, in der die Krankenkassen bei der Kostenerstattung von gesundheitlichen Hilfsmitteln nicht gerade spendabel sind. Die Bescheinigung einer fachkundigen Person im Sinne von § 6 BildscharbV, dass Ihre normale Brille für einen Bildschirmarbeitsplatz nicht ausreicht, genügt.

572 Diebstahlsverluste

Erstattungen des Arbeitgebers für **Diebstahlsverluste** während einer Geschäftsreise sind steuerfrei (§ 3 Nr. 16 EStG in Verbindung mit LStH 9.8). Dies gilt jedoch nur für Gegenstände, die Sie mitgenommen haben, weil Sie sie auf der Dienstreise brauchten (Kleidung, Aktentasche, nicht: Geld oder Schmuck), und wenn Sie den Verlust polizeilich gemeldet haben. Lesen Sie auch ➤ Rz 844.

Fehlgeldentschädigungen 573

pauschal bis zu 16 € im Monat für Arbeitnehmer mit Kassierertätigkeit sind steuerfrei (R 19.3 Abs. 1 Nr. 4 LStR).

Firmencomputer fürs Homeoffice 574

Gemeinhin gehört alles, was dem Arbeitnehmer aus dem Dienstverhältnis zufließt, zu seinem Arbeitslohn. Das gilt auch für Vorteile, insbesondere durch die Überlassung von Gegenständen zur privaten Nutzung. So ist z.B. die Überlassung eines Firmenwagens zur privaten Nutzung bekanntlich mit monatlich 1 % des Listenpreises zu versteuern.
Für andere Fälle enthält § 3 Nr. 45 EStG indessen eine überaus günstige Regelung: Sie stellt die Vorteile aus der privaten Nutzung von betrieblichen Computern und Telekommunikationsgeräten völlig steuerfrei. Und das gilt nicht nur am Arbeitsplatz, sondern ebenso, wenn der Arbeitnehmer zu Hause davon Gebrauch macht. Eine berufliche Mitbenutzung wird dabei nicht vorausgesetzt. Den PC kann der Arbeitnehmer später, wenn er abgeschrieben ist, gegen einen symbolischen Betrag in sein Eigentum übernehmen. Durch diese Regelung lässt sich im Handumdrehen ein Tausender verdienen. Und das geht so: Statt einer Sonderzahlung (z.B. Urlaubsgeld) spendiert der Arbeitgeber einen Betriebscomputer für daheim. Die Vorteilsrechnung sieht dann so aus:

Urlaubsgeld brutto angenommen	1.000 €
./. für Steuer (ca. 30 %) und Sozialversicherung (ca. 20 %)	– 500 €
Bleiben vom Urlaubsgeld netto	500 €
Alternativ PC	1.000 €
Mehrwertsteuer 19 %	190 €
PC brutto	1.190 €

Auf diese Weise kann der Arbeitnehmer einen Computer im Wert von 1.190 € privat nutzen, hat aber selbst nur 500 € (sein Urlaubsgeld netto) aufgewendet.
Wie man sieht, kann der Betrieb ein Gerät spendieren, dessen Bruttopreis um 190 € höher ist als das Urlaubsgeld, weil der Betrieb die Mehrwertsteuer vom Finanzamt als Vorsteuer erstattet erhält. Der Betrieb könnte sogar noch gut 20 % des Urlaubsgelds drauflegen, weil er den Arbeitgeberanteil zur Sozialversicherung einspart.

Garagengeld 575

Haben Sie sich als Geschäftsführer einen noblen Firmenwagen genehmigt oder gehören Sie zu den Glücklichen, denen der Chef einen zur Verfügung stellt, und steht dieser Firmenwagen in Ihrer Privatgarage, dann stellen Sie dafür Miete in Rechnung. Das Garagengeld können Sie als Auslagenersatz steuerfrei kassieren, da mit der 1-%-Regelung (➤ Rz 631 ff.) die Privatnutzung des Firmenwagens abgegolten ist (BFH-Urteil v. 7.6.2002 – BStBl 2002 II S. 829).

576 Kinderbetreuungszuschuss für nicht schulpflichtige Kinder (§ 3 Nr. 33 EStG)

Steuerfrei ist der Zuschuss, wenn die Kleinen in einem Kindergarten oder einer **vergleichbaren Einrichtung** (Kindertagesstätte, Kinderkrippe, Ganztagspflegestelle oder bei einer Tagesmutter) gehütet werden, nicht aber bei Betreuung im eigenen Haushalt durch Kinderpflegerinnen, Hausgehilfinnen oder Familienangehörige (LStR 3.33).
Wichtig ist, dass der Zuschuss **zusätzlich** zum Arbeitslohn gezahlt wird. Egal ist hingegen, wer den Kindergartenbeitrag letztlich entrichtet. Die Steuerfreiheit steht Ihnen auch dann zu, wenn Sie den Zuschuss bekommen, aber Ihr Ehepartner die Beiträge zahlt.
Zahlt der Chef Ihnen anstelle einer Gratifikation oder einer Gehaltserhöhung Monat für Monat 200 € unter der Bezeichnung »Zuschuss zur Kinderbetreuung«, bleiben Ihnen im Jahr (12 × 200 € =) 2.400 € steuer- und sozialabgabenfrei. Das bringt eine Ersparnis von mindestens 40 % = 960 €.
Zu Kinderbetreuungskosten aufgrund Corona-bedingter Schließung von Schulen und Betreuungseinrichtungen siehe auch ➤ Rz 566.

577 TIPP Kinderfrau als »vergleichbare Einrichtung«

Das klappt, wenn Sie sie dazu bewegen können, die Kinder bei sich zu Hause statt in Ihrer Wohnung zu behüten. Dadurch wird die Tagesmutter nämlich zu einer »vergleichbaren Einrichtung«. Damit Ihr Chef Ihnen den Zuschuss steuerfrei auszahlen kann, legen Sie ihm folgende Bescheinigung der Tagesmutter vor:

```
Ich bestätige hiermit Herrn/Frau . . . . . . . ., dass
ich die Kinder . . . . . . . . . . . . . . . . in mei-
ner Wohnung betreue. Für die Kinderbetreuung erhalte
ich monatlich 200 €.

Name . . . . . . . .  Anschrift . . . . . . . . . . .

. . . . . . . . .              . . . . . . . . . . .
(Datum)                                (Unterschrift)
```

Parkplatz 578

Siehe ➤ Rz 690.

Rückenschule 579

Übernimmt der Arbeitgeber die Kosten für ein Rückentrainingsprogramm seiner Mitarbeiter, liegt insoweit kein steuerpflichtiger Arbeitslohn vor. Grund: Der Arbeitgeber hat ein gesteigertes Interesse daran, dass seine Arbeitnehmer gesund und munter sind. Das eigenbetriebliche Interesse, den Belastungen der Arbeit am Bildschirm entgegenzuwirken, überlagert damit einen etwaigen Vorteil, den die Arbeitnehmer durch die Rückenschule haben (BFH v. 4.7.2007, Az VI B 78/06).

Siehe hierzu auch ➤ Rz 570.

Telefonkostenersatz und Homeoffice 580

Die Erstattung beruflich veranlasster Gespräche von Ihrem Privatapparat aus ist steuerfrei, sofern Sie dem Betrieb die Kosten in Rechnung stellen (§ 3 Nr. 50 EStG, LStR 3.50). Außerdem verlangt das Finanzamt, dass Sie für einen Zeitraum von mindestens drei Monaten den Umfang der beruflichen Telefonate glaubhaft machen, indem Sie eine Strichliste (➤ Rz 792) führen. Ohne Strichliste müssen Sie sich mit einer steuerfreien Pauschale zufriedengeben. Zu deren Höhe siehe ➤ Rz 789 ff.

Oder: Der Betrieb lässt in Ihrer Wohnung für berufliche Gespräche einen Zweitanschluss installieren. Dann kann er sämtliche Kosten dafür übernehmen, ohne dass sie in Ihrem Lohnkonto auftauchen. Übrigens: Erlaubt der Betrieb **private** Telefonate vom **betrieblichen** Telefon, sind diese ganz steuerfrei (§ 3 Nr. 45 EStG).

Haben Sie zusätzlich ein Autotelefon oder ein Handy, kann der Betrieb die Kosten in vollem Umfang steuerfrei übernehmen (Quelle: § 3 Nr. 45 EStG). **Wichtig dabei:** Der Vertrag muss über den Betrieb laufen!
Zu Telefonkosten mehr unter ➤ Rz 788 ff.

Trinkgelder 581

bleiben vollständig von der Steuer verschont (§ 3 Nr. 51 EStG).

Umzugskostenvergütungen 582

bis zur Höhe der Beträge, die als Werbungskosten abziehbar wären (§ 3 Nr. 16 EStG, R 9.9 LStR). Dazu mehr unter ➤ Rz 803 ff.

583 **Vermögensbeteiligung**

Beteiligt der Chef seine Mitarbeiter am Unternehmen, indem er z.B. Aktien verbilligt oder gar unentgeltlich überlässt, ist dieser »geldwerte Vorteil« bis zur Höhe von 360 € im Jahr steuer- und sozialversicherungsfrei (§3 Nr.39 EStG). Voraussetzung ist, dass die Vermögensbeteiligung zusätzlich zu ohnehin geschuldeten Leistungen gewährt wird, also nicht auf bestehende oder künftige Lohnansprüche angerechnet wird.

Maßgebend für die Bewertung dieses »Vorteils« ist der Börsenkurs am Tag vor der Depoteinbuchung.

§3 Nr.39 ist nicht auf herkömmliche Aktien- oder Mischfonds anzuwenden, für die es vermögenswirksame Leistungen (VL) gibt. Abgestellt wird auf die Beteiligung am Unternehmen. Eine Alternative sind **Mitarbeiterbeteiligungsfonds**. Diese Fonds unterscheiden sich von herkömmlichen Investmentfonds erheblich. Statt weltweit in Aktien oder Anleihen investieren sie mindestens 60 % ihrer Mittel in nicht börsennotierte und meist kleinere deutsche Unternehmen, die ihren Mitarbeitern freiwillige Leistungen zum Erwerb solcher Anteile anbieten.

Gut zu wissen: Die Steuerfreiheit kann bei unterjährigem Arbeitgeberwechsel oder bei parallelen Arbeitsverhältnissen mehrfach in Anspruch genommen werden.

584 **Werkzeuggeld**

für Ihre eigenen im Betrieb eingesetzten Werkzeuge (§3 Nr.30 EStG, LStR 3.30), als da sind Hammer, Zange, Säge u. Ä.

Nicht gut zu wissen: Schreibmaschine, PC und Musikinstrumente gehören nach Meinung des Fiskus nicht dazu.

585 **Zinsersparnisse – Günstiges Darlehen vom Chef**

Zinsvorteile aus Arbeitgeberdarlehen müssen versteuert werden, wenn der Zinssatz niedriger ist als am Markt gerade üblich. Grund: Der Zinsvorteil bei einem Arbeitgeberdarlehen gilt als geldwerter Vorteil und ist damit Arbeitslohn.

Doch wie wird der »marktübliche Zins« ermittelt? Das hängt davon ab, ob Ihr Arbeitgeber im Kreditgeschäft tätig ist oder nicht. Arbeiten Sie z.B. bei einer Bank, gilt der Zinssatz, den Ihr Arbeitgeber seinen Kunden für vergleichbare Darlehen berechnet. Ist Ihr Arbeitgeber nicht im Kreditgeschäft tätig, greifen die Finanzämter auf die Bundesbankstatistik zurück. Auf seiner Internetseite veröffentlicht das Institut die aktuellen Effektivzinssätze in der Rubrik »EWU-Zinsstatistik«.

In beiden Fällen dürfen Sie vom marktüblichen Zins einen Abschlag von 4 % vornehmen (Abschlag = Zinssatz × 4 %).

Gut zu wissen:

- Mitarbeiter von Kreditinstituten profitieren vom Rabattfreibetrag. Bis zu 1.080 € im Jahr ist für sie der Zinsvorteil steuerfrei.
- Zinsvorteile aus Arbeitgeberdarlehen bis 2.600 € bleiben steuerfrei!

TIPP Drücken Sie das Restdarlehen auf 2.600 €! 586

Bei kleineren Arbeitgeberdarlehen bis max. 2.600 €, bzw. sobald die Restschuld eines größeren Darlehens unter diese Summe gesunken ist, stellt die Zinsverbilligung aus Vereinfachungsgründen keinen Arbeitslohn mehr dar, ist also faktisch steuerfrei. Auf die Höhe der Vergleichszinsen kommt es in diesem Fall nicht an. Wenn Sie also statt eines Anschaffungsdarlehens von 3.000 € lediglich eines von 2.600 € in Anspruch nehmen, entgehen Sie und Ihr Arbeitgeber der Steuer und der Sozialversicherung (Quelle: BMF v. 1.10.2008 – BStBl 2008 I S. 892).

Mit einer gestaffelten Tilgungsvereinbarung holen Sie auch aus einem höheren Darlehen ganz einfach ein optimales steuerliches Ergebnis heraus. Bei einem Darlehen über z. B. 4.000 € vereinbaren Sie eine Laufzeit von 42 Monaten, eine Tilgung von jeweils 200 € in den ersten sieben Monaten und die Rückzahlung der Restschuld in einem Betrag am Ende der Darlehenslaufzeit. So haben Sie nur für gut ein halbes Jahr die Steuer auf den Zinsvorteil zu verschmerzen. Ab dem achten Monat ist das Darlehen dann für fast drei Jahre steuerfrei.

Weitere Hinweise zum Arbeitgeberdarlehen nebst Berechnung des geldwerten Vorteils finden Sie unter ➤ Rz 541.

587 Zuschläge für Sonntags-, Feiertags- oder Nachtarbeit (Quelle: § 3b EStG)

Arbeitszeit	0.00 bis 4.00	0.00 bis 4.00	4.00 bis 6.00	6.00 bis 14.00	14.00 bis 20.00	20.00 bis 24.00
	Arbeitsbeginn am Vortag	Arbeitsbeginn nach 0.00 Uhr				
Nachtzuschlag	40 %	25 %	25 %	–	–	25 %
Sonntagszuschlag	90 %	75 %	75 %	50 %	50 %	75 %
Feiertagszuschlag	165 %	150 %	150 %	125 %	125 %	150 %
Silvesterzuschlag (Werktag)	40 %	25 %	25 %	–	125 %	150 %
Silvesterzuschlag (Sonntag)	90 %	75 %	75 %	50 %	125 %	150 %
Zuschlag 1. Mai	190 %	175 %	175 %	150 %	150 %	175 %
Weihnachtszuschlag	190 %	175 %	175 %	150 %	150 %	175 %
Heiligabendzuschlag (Werktag)	40 %	25 %	25 %	–	150 %	175 %
Heiligabendzuschlag (Sonntag)	90 %	75 %	75 %	50 %	150 %	175 %

Wenn später der Lohnsteuerprüfer kommt, muss klar sein, wer wann und wo Dienst geschoben hat und ob die steuerfreie Auszahlung von Zuschlägen gerechtfertigt war. Deshalb verlangt der Fiskus einen schriftlichen Nachweis darüber, wann und wie lange Sie sonntags, feiertags oder nachts gearbeitet haben. Sind alte Stempelkarten oder Schichtpläne vorhanden, reichen die aus. Andernfalls müssen Sie Stundenzettel fertigen und darauf Ihre Eintragungen machen. Notfalls genügen Zeugenaussagen von Kollegen (BFH-Urt. v. 28.11.1990 – BStBl 1991 II S. 298).

Achtung Gutverdiener: Sonn-, Feiertags- und Nachtzuschläge sind nicht sozialversicherungsfrei, wenn sie auf einem Entgelt von mehr als 25 € pro Stunde beruhen. Dabei wird nicht nur der über 25 € hinausgehende Teil, sondern der gesamte Zuschlag beitragspflichtig.

588 **TIPP** **Rechnen Sie Zuschläge steuerfrei ab!**

Jeder Schichtarbeiter, ob Krankenpfleger, Monteur oder Feuerwehrmann, weiß: Zuschläge für ungünstige Arbeitszeiten sind ganz oder teilweise steuerfrei. **Dies gilt aber auch für alle, die entweder im Betrieb oder zu Hause wichtige Arbeiten erledigen und dafür einen Zuschlag auf ihre Überstunden erhalten.** Voraussetzung ist: Die Zuschläge müssen sowohl dem Grund als auch der Höhe nach vertraglich vereinbart sein, so dass Grundlohn und Zuschlag einwandfrei voneinander getrennt werden können.

»Wenn ich für wichtige Angebote abends und am Wochenende haufenweise Überstunden mit Lohnzuschlag mache, habe ich das nie besonders geltend gemacht«, so sagen Sie.
Ihr Pech. Aber jetzt wissen Sie ja, wie Ihre Überstundenabrechnung aussehen könnte, nämlich so:

Monatsgehalt bei 38-Stunden-Woche	3.000 €
Vermögenswirksame Leistungen	40 €
Monatlicher Grundlohn	3.040 €

Arbeitszeit pro Monat (38 Std. × Faktor 4,35 =) 165,3 Std.

Stundengrundlohn (3.040 € ÷ 165,3 Std. =)	18,39 €

In dem nach § 3b EStG festgelegten Rahmen (➤ Rz 587) könnten Sie sich Zuschläge auf diesen Stundengrundlohn steuerfrei auszahlen lassen, z. B. für jede Stunde Sonntagsarbeit 50 % von 18,39 € = 9,20 €.

14.2.2 Pauschal versteuerter Arbeitslohn – Zeile 6

»Pauschalieren« bedeutet »vereinfachen«, und weil Vereinfachungsregelungen gegenüber einer genauen Berechnung nicht zu Belastungen führen dürfen, können Sie daraus Vorteile ergattern. 589
Bei der Lohnsteuer gibt es besonders viele Pauschalregelungen, um den Fiskalprüfern vor Ort kniffelige Arbeit zu ersparen.

Grundsätzliches zur Pauschalierung

Die Pauschalversteuerung erstreckt sich an dieser Stelle auf zwei Bereiche:

1. den zusätzlichen Arbeitslohn im Rahmen eines regulären Arbeitsverhältnisses (➤ Rz 591, Rz 632),
2. den gesamten Lohn aus Teilzeitarbeit (➤ Rz 599 ff.).

In beiden Fällen trägt der Betrieb die Pauschalsteuer. Für Sie als Arbeitnehmer sind pauschal versteuerte Löhne somit praktisch steuerfrei. Für den Betrieb tritt durch die Übernahme der Pauschalsteuer aber keine zusätzliche Belastung ein, denn er spart die sonst anfallenden Sozialbeiträge. Deshalb sind Betriebe meistens nicht abgeneigt, Arbeitslohn pauschal zu versteuern.

Wichtig zu wissen: Bei Teilzeitarbeit bringt Ihnen die pauschale Versteuerung nur dann Vorteile, wenn Sie keine anderen Einkünfte zu versteuern 590 haben, weil Sie z.B. alleinstehend und noch in der Ausbildung sind. Legen Sie Ihrem Brötchengeber in so einem Fall von Anfang an eine Lohnsteuerkarte vor. Mit Steuerklasse I wird bis 1.121 € Monatslohn keine Lohnsteuer erhoben. In der Steuerklasse II ist der steuerfreie Monatslohn noch höher (➤ Rz 44).

Am meisten kommt es zur pauschalierten Besteuerung bei

- Zuschüssen für Wege zwischen Wohnung und Arbeitsstätte (§ 40 Abs. 2 EStG),
- Teilzeitarbeit (§ 40a EStG),
- Leistungen für eine Direktversicherung (§ 40b EStG).

Näheres zur Direktversicherung (➤ Rz 618).

591

Pauschalierung von zusätzlichem Arbeitslohn	Steuersatz	Soz.-Vers.
1. Pauschalierung von Teilarbeitslohn (§§ 40 Abs. 2 u. 40b EStG)		
Unentgeltliche oder verbilligte Mahlzeiten im Betrieb oder entsprechende Barzuschüsse	25 %	nein
Arbeitslohn durch unübliche Betriebsveranstaltungen	25 %	nein
Erholungsbeihilfen je Kalenderjahr		
– für den Arbeitnehmer bis zu 156 €	25 %	nein
– für dessen Ehegatten bis zu 104 €	25 %	nein
– für jedes Kind bis zu 52 €	25 %	nein
Ersatz von Verpflegungsmehraufwendungen (Reisekosten), soweit diese die Pauschalen um nicht mehr als 100 % übersteigen	25 %	nein
Arbeitgeber schenkt Mitarbeiter PC, Zubehör, Internetzugang oder übernimmt Internetkosten	25 %	nein
Fahrtkostenersatz für Fahrten zwischen Wohnung und Arbeitsstätte bis 0,30 € pro Entfernungskilometer	15 %	nein
Direktversicherung des Arbeitnehmers bis zu 1.752 € im Kalenderjahr	20 %	nein
Gruppenunfallversicherung	20 %	nein
Steuerpflichtige Erstattung von Verpflegungskosten	25 %	nein
2. Pauschalierung von Lohn aus Teilzeitarbeit (§ 40a EStG)		
Kurzfristige vorübergehende Beschäftigung	25 %	nein[1]

Alles zu geringfügigen Beschäftigungsverhältnissen finden Sie unter ➤ Rz 599 ff.

Arbeit ist der Fluch der trinkenden Klasse.
(Oscar Wilde)

Zeile 6 Fahrtkostenerstattung pauschal versteuern

Schön, wenn Ihnen Ihr Chef die Fahrtkosten zur Arbeit erstattet. Das **592**
Dumme ist nur, dass das steuerpflichtiger Arbeitslohn ist, egal, ob Sie mit öffentlichen Verkehrsmitteln oder mit dem Auto fahren. Bei der Versteuerung gibt es zwei Möglichkeiten: Entweder werden die erstatteten Beträge regulär über die Lohnsteuerkarte als Arbeitslohn versteuert oder, wenn Ihr Chef kulant ist, pauschal mit 15 % (§ 40 Abs. 2 EStG).
Achtung: Pauschal besteuerte Fahrgelder werden voll auf die Entfernungspauschale angerechnet (➤ Rz 686 ff.). Damit dem Fiskus hier auch ja nichts durch die Lappen geht, muss der Betrieb die pauschal versteuerten Fahrgelder bescheinigen (Zeile 17 und 18 der Lohnsteuerbescheinigung, > Zeile 39 Anlage N).

39 Arbeitgeberleistungen lt. Nr. 17 und 18 der Lohnsteuerbescheinigung | steuerfrei ersetzt 290 EUR ,— | pauschal besteuert 295 EUR ,— | e

Wichtig zu wissen: Bei Benutzung eines Pkw darf Fahrtkostenersatz max. bis zur Höhe der gesetzlichen Entfernungspauschale pauschal versteuert werden.

593 Pauschalgrenzen, zugleich Entfernungspauschale

Nichtbehinderte Arbeitnehmer	Behinderte* Grad der Behinderung mind. 70 % oder 50 % + »G« (= schwere Gehbehinderung)	
0,30 € für jeden der ersten 20 Entfernungskilometer, 0,35 € für jeden weiteren, unabhängig vom benutzten Verkehrsmittel; max. grundsätzlich 4.500 €/Jahr Ausnahme: Pkw-Nutzung	Bus, Bahn, Taxi, Flugzeug, Fähre, Schiff:	tatsächliche Kosten
	Pkw, Kombi, Kleinbus, Wohnmobil:	0,60 €
	Motorrad, Motorroller, Moped oder Mofa:	0,40 €

* Statt der pauschalen Kilometersätze können Sie als Behinderter auch die tatsächlichen nachgewiesenen Kosten ansetzen, Berechnungsschema ➤ Rz 825 ff.

594 Sie können sich für die Fahrten zur Arbeit schon im laufenden Jahr einen Freibetrag auf der Lohnsteuerkarte eintragen lassen und damit Ihre monatliche Steuerbelastung drücken. So weit, so gut. Doch versteuert der Betrieb den Fahrtkostenersatz pauschal, droht eine Nachzahlung, weil die Werbungskosten durch Kürzung um den pauschal versteuerten Arbeitslohn niedriger sein können als der eingetragene Freibetrag.

595 Wollen Sie mit dem **Parkplatz** Steuern sparen, lesen Sie ➤ Rz 690.

596 **TIPP**

Teilweise steuerfreie Fahrgelder

Es ist nicht nur Ihr Recht, sondern sogar Ihre Pflicht und Schuldigkeit, der Wahnsinnssteuerschraube gegenzuhalten, indem Sie jede Chance wahrnehmen, die Steuerlast zu drücken. Also sagen Sie Ihrem Chef: »In jedem Monat kommt es mindestens ein Dutzend Mal vor, dass jemand bei der Firma Müller in Krückeberg was abliefern muss. Das liegt halbwegs auf dem Weg zu mir nach Hause. Wie wär's, wenn ich diese Fahrten übernehme, und Sie zahlen mir dafür Fahrtkosten?«

Macht Ihr Chef mit, sind diese Fahrtkosten bis 0,30 € je gefahrenen Kilometer steuerfrei, denn durch die Fahrt zum Kunden hat Ihre Heimfahrt das »Gepräge einer Dienstreise«, meint wenigstens der BFH (Urt. v. 12.10.1990 – BStBl 1991 II S. 134). Macht Ihr Chef nicht mit und erledigen Sie die Auslieferungen trotzdem, setzen Sie in Ihrer Steuererklärung 0,30 € je gefahrenen Kilometer als Werbungskosten an.

TIPP Sparen Sie Steuern, schonen Sie die Umwelt und Ihre Nerven 597

... indem Sie öffentliche Verkehrsmittel benutzen. Busse und Bahnen sind »die grüne Welle der Vernunft«, auch für die Steuer.
Jahrelang konnten vom Arbeitgeber gesponserte Jobtickets nur durch Anwendung der 44-€-Bagatellgrenze mehr schlecht als recht steuerfrei bleiben, oder der Arbeitgeber musste durch eine pauschale Besteuerung für eine Begünstigung beim Arbeitnehmer sorgen.
Allerdings brachte das viele Einschränkungen und andere Fallstricke mit sich:

- Die Steuerbefreiung war betragsmäßig stark eingeschränkt.
- In die 44-€-Freigrenze wurden auch alle anderen Sachbezüge einbezogen.
- Bei nicht monatlichem Zufluss, z. B. bei Zeitkarten etc., überstiegen die geballt zufließenden Vorteile regelmäßig die Freigrenze und wurden damit steuerpflichtig.
- Die Pauschalbesteuerung für Fahrten zwischen Wohnung und erster Tätigkeitsstätte belastete den Arbeitgeber zusätzlich mit der pauschalen Steuer.

Zum Glück hatte der Fiskus ein Einsehen. Mit dem § 3 Nr. 15 EStG wurden vom Arbeitgeber geförderte Fahrten mit öffentlichen Verkehrsmitteln steuerfrei gestellt. Ob Ihnen Ihr Brötchengeber das Geld zum Kauf von Fahrkarten gibt oder die Fahrausweise unmittelbar zur Verfügung stellt, spielt dabei keine Rolle. Damit es mit der Steuerfreiheit klappt, müssen folgende Bedingungen erfüllt sein:

- Die Fahrten müssen im öffentlichen Personennahverkehr durchgeführt werden.
- Das Verkehrsmittel muss im Linienverkehr fahren.
- Der Arbeitgeber muss die Leistungen zusätzlich zum ohnehin geschuldeten Arbeitslohn erbringen.

Die Steuerbefreiung gilt unter diesen Voraussetzungen für Zuwendungen zu Fahrten

- zwischen Wohnung und erster Tätigkeitsstätte,
- zu einem Sammelpunkt, den der Arbeitnehmer auf Anweisung seines Arbeitgebers arbeitstäglich aufsuchen muss, um z. B. ein Fahrzeug zu übernehmen oder von dort zum Arbeitsort weitertransportiert zu werden,
- in ein weiträumiges Arbeitsgebiet, z. B. ein Wald- oder Hafengebiet oder einen Zustellungsbezirk.

598 **TIPP** **Steuerfreies Jobticket auch für Freizeitfahrten!**

Wenn Sie Ihr Jobticket, die Monats- oder Jahreskarte für Bus und Bahn auch nutzen, um abends ins Kino oder zu Freunden zu fahren, um Ihre Einkäufe zu erledigen oder am Wochende etwas zu unternehmen, bleibt die Steuerfreiheit uneingeschränkt erhalten. Insoweit war der Gesetzgeber großzügig und hat im Gesetz ganz klar geregelt, dass die Steuerfreiheit auch für die private Mitnutzung gilt.

Ein weiterer großer Vorteil gegenüber der Anwendung der Bagatellgrenze ergibt sich dadurch, dass die Steuerbefreiung nicht auf einen Höchstbetrag beschränkt ist. Es ist also gleichgültig, ob die vom Arbeitgeber gesponserte Fahrkarte 20 € oder 250 € im Monat kostet.

✎ Zeile 6 Teilzeitarbeit

599 Gehören Sie zu denen, die sich nebenbei ein Zubrot verdienen, so sollten Sie wissen: Für den Betrieb sind Sie eine wertvolle Kraft. Denn Sie leisten in derselben Zeit etwa 20 % mehr als Vollzeitkräfte – so die Statistik. Der Grund liegt auf der Hand: Sie werden nur dann gerufen, wenn wirklich etwas zu tun ist. Auch freut sich der Chef, weil die Stundenlöhne für Teilzeitarbeit oft niedriger sind als die für vergleichbare Vollzeitarbeit.

Teilzeitarbeit ist unterschiedlich geregelt, je nachdem, ob es sich um eine kurzfristige Beschäftigung (Kurzjob) handelt oder um eine langfristige, aber geringfügige (Minijob).

600 **Regeln für Kurzjobs (Saison-, Aushilfsarbeit)**
Ist das Beschäftigungsverhältnis auf drei Monate oder höchstens 70 Arbeitstage im Jahr begrenzt, fallen keine Sozialversicherungsbeiträge an. Die Lohnsteuer wird mit 25 % pauschal erhoben zzgl. Kirchensteuer nach Landesrecht (meistens 7 % der Lohnsteuer) und 5,5 % der Lohnsteuer als Soli-Zuschlag.
Die pauschale Besteuerung der Kurzjobber setzt voraus, dass

- der Arbeitnehmer nur gelegentlich, nicht regelmäßig wiederkehrend bei ein und demselben Arbeitgeber beschäftigt ist,
- die Beschäftigung nicht mehr als 18 zusammenhängende Arbeitstage andauert,
- der durchschnittliche Stundenlohn nicht mehr als 15 € beträgt und
- der Arbeitslohn während der Beschäftigungsdauer 120 € durchschnittlich je Arbeitstag nicht übersteigt.

Regeln für Minijobs (langfristige geringfügige Beschäftigung) 601

Übersicht

Arbeitsentgelt	begrenzt bis mtl. 450 €	
Arbeitszeit	unbegrenzt möglich	
Abgaben durch ArbG	Krankenversicherung	13,0 %
	Rentenversicherung	15,0 %
	Lohnsteuer	2,0 %
	Beiträge zur gesetzl. Unfallversicherung	1,6 %
	Umlagen zum Ausgleich der Arbeitgeberaufwendungen bei Krankheit und Mutterschaft	1,39 %
	Insolvenzgeldumlage	0,12 %
	Insgesamt	33,11 %
Einzugsstelle	Knappschaft Bahn See (www.minijob-zentrale.de)	

Melde- und Beitragspflicht zur gesetzlichen Unfallversicherung

Neben der Meldepflicht bei der Minijob-Zentrale als einheitliche Einzugsstelle besteht auch eine Melde- und Beitragspflicht zur **gesetzlichen Unfallversicherung.** Die Unfallversicherung kommt für die Folgen von Arbeitsunfällen oder Berufskrankheiten auf und wird nicht automatisch über die Minijob-Zentrale abgedeckt.
Die Berufsgenossenschaften sind nach Branchen, teilweise auch regional gegliedert. Eine Übersicht findet sich auf der Homepage der Deutschen Gesetzlichen Unfallversicherung (www.dguv.de; Telefon: 0800/605 04 04).

Wahlmöglichkeiten

- Der geringfügig Beschäftigte kann den Rentenversicherungsbeitrag auf den vollen Beitrag von 18,6 % aufstocken. Hierdurch können fehlende Zeiten für Rentenansprüche ausgeglichen werden, z.B. für die erforderlichen 60 Monate Beitragspflicht. Darüber hinaus kann er dann die Riester-Förderung in Form von Zulagen und zusätzlichem Sonderausgabenabzug in Anspruch nehmen.

Wichtig: Wer einen Minijob beginnt, dem wird unterstellt, dass er den Rentenversicherungsbeitrag aus eigener Tasche aufstocken will. Zumindest so lange, bis er sich von der Versicherungspflicht in der Rentenversicherung befreien lässt. Mehr dazu unter ➤ Rz 358 und ➤ Rz 608.

- Ist der geringfügig Beschäftigte nicht zur Kranken- und Rentenversicherung anzumelden, weil er z.B. Schüler ist, beträgt die pauschale Lohnsteuer 20 % zzgl. Kirchensteuer nach Landesrecht und Soli-Zuschlag.
- Anstelle der pauschalen Lohnsteuer von 20 % kann die Lohnsteuer nach Maßgabe der vorgelegten Lohnsteuerkarte erhoben werden.

Für den Arbeitgeber kommt es finanziell aufs Gleiche heraus, ob er nun einen kurzfristig oder einen langfristig geringfügig Beschäftigten einstellt, wie die folgende Vergleichsberechnung zeigt:

602

	Minijob	Kurzjob
Arbeitslohn	300 €	300 €
Krankenversicherung 13 %	39 €	
Rentenversicherung 15 %	45 €	
Lohnsteuer 2 %	6 €	
Pauschale Lohnsteuer 25 %		75 €
Pauschale Kirchensteuer 7 %		5 €
Soli-Zuschlag 5,5 %		4 €
Arbeitgeberkosten	390 €	384 €

Jeweils zzgl. Umlagen Krankheit/Mutterschaft (1,39 %) sowie Beitrag zur Unfallversicherung.

603 **Minijobs in Privathaushalten**

Wird eine geringfügige Beschäftigung ausschließlich in Privathaushalten ausgeübt und vom privaten Haushalt begründet, setzt sich die Pauschalabgabe wie folgt zusammen:

Pauschaler Krankenversicherungsbeitrag	5 %
Pauschaler Rentenversicherungsbeitrag	5 %
Pauschsteuer (einschließlich Kirchensteuer und Soli-Zuschlag)	2 %
Umlagen zum Ausgleich der Arbeitgeberaufwendungen bei Krankheit und Mutterschaft knapp	1,39 %
Pauschaler Beitrag zur gesetzlichen Unfallversicherung	1,60 %
Summe	14,99 %

Dabei dürfen nur Arbeiten ausgeführt werden, die sonst gewöhnlich durch Mitglieder des privaten Haushalts erledigt werden, insbesondere

- Reinigung der Wohnung,
- Gartenpflege,
- Betreuungsleistungen.

Zur haushaltsnahen Beschäftigung im Privathaushalt siehe unbedingt ➤ Rz 348 ff.

Wenn der Minijob während des Monats beginnt oder endet, wird *nicht* anteilig gerechnet. Das bedeutet, dass die Arbeitsentgeltgrenze unverändert bei 450 € liegt und, sofern diese Grenze nicht überschritten wird, Versicherungsfreiheit in der Kranken-, Pflege- und Arbeitslosenversicherung besteht. In der Rentenversicherung liegt Versicherungspflicht vor, von der sich der Mini-Jobber aber auf Antrag befreien lassen kann! 604

Nicht gut zu wissen: Ein Minijob in ein und demselben Betrieb zusammen mit dem Hauptjob wird steuerlich nicht anerkannt (BFH-Urt. v. 20.12.2000 – Az XI R 32/00). Mit einem besonderen Dreh lässt sich das aber doch lukrativ deichseln. Dazu mehr unter ➤ Rz 617. 605

Mehrfachbeschäftigung bei verschiedenen Arbeitgebern 606

Welche Regelungen bei Mehrfachbeschäftigung gelten, zeigt folgende Übersicht:

Fall Nr.	Fallkonstellation		Abgabenbelastung der zweiten Beschäftigung			
	Erste Beschäftigung	zweite Beschäftigung	RV	KV	AV	Einkommensteuer
1	–	Dauerhaft geringfügiger Minijob bis 450 € mtl.	Vers.frei; 15 % pauschal; in Privathaushalt 5 %	Vers.frei; 13 % pauschal; in Privathaushalt 5 %; kein Beitrag bei privater KV	Vers.frei	Pauschalsteuer 2 % oder Lohnsteuerkarte
2	–	kurzfristige Beschäftigung	Vers.frei, wenn nicht mehr als 3 Monate oder 70 Arbeitstage innerhalb eines Kalenderjahres, nicht berufsmäßig			Pauschalsteuer 25 % oder Lohnsteuerkarte

Fall Nr.	Fallkonstellation		Abgabenbelastung der zweiten Beschäftigung			
	Erste Beschäftigung	zweite Beschäftigung	RV	KV	AV	Einkommensteuer
3	Vers. pflichtige Hauptbeschäftigung	Minijob bis 450 € mtl.	Vers.frei; 15 % pauschal; in Privathaushalt 5 %	Vers.frei; 13 % pauschal; in Privathaushalt 5 %; kein Beitrag bei privater KV	Vers.frei	Pauschalsteuer 2 % oder Lohnsteuerkarte
			Zu beachten: Die Möglichkeit, Pauschalbeiträge in Höhe von 30 % zu leisten, ist auf **einen** Minijob zusätzlich zu einer versicherungspflichtigen Hauptbeschäftigung beschränkt. Wird eine weitere geringfügige Beschäftigung ausgeübt, so ist diese zusammen mit der versicherungspflichtigen Hauptbeschäftigung in vollem Umfang sozialversicherungspflichtig. Die Lohnsteuer kann ggf. pauschal mit 20 % berechnet werden (§ 40a Abs. 2a EStG).			
4	Vers. pflichtige Hauptbeschäftigung		Vers.frei, wenn nicht mehr als 3 Monate oder 70 Arbeitstage innerhalb eines Kalenderjahres, nicht berufsmäßig			Pauschalsteuer 25 % oder Lohnsteuerkarte
5	Minijob 300 € mtl.	Minijob 150 € mtl.	Vers.frei; 15 % pauschal; in Privathaushalt 5 %	Vers.frei; 13 % pauschal; in Privathaushalt 5 %; kein Beitrag bei privater KV	Vers.frei	Pauschalsteuer 2 % oder Lohnsteuerkarte
6	Minijob 300 € mtl.	Minijob 200 € mtl.	Vers. pflichtig	Vers.pflichtig	Vers.frei	Pauschalsteuer 25 % oder Lohnsteuerkarte
7	Minijob bis 450 € mtl.	kurzfristige Beschäftigung	Vers.frei, wenn nicht mehr als 3 Monate oder 70 Arbeitstage innerhalb eines Kalenderjahres, nicht berufsmäßig			Pauschalsteuer 25 % oder Lohnsteuerkarte
8	kurzfristige Beschäftigung	Minijob bis 450 € mtl.	Vers.frei; 15 % pauschal; in Privathaushalt 5 %	Vers.frei; 13 % pauschal; in Privathaushalt 5 %	Vers.frei	Pauschalsteuer 2 % oder Lohnsteuerkarte

607 Pauschale Beiträge in die Renten- und Krankenkasse

Kaum zu glauben, aber wahr: Die Tätigkeit im Minijob ist grundsätzlich sozialversicherungsfrei. Trotzdem fallen für diese Tätigkeit Beiträge an.

Vom Arbeitgeber sind 15 % in die Rentenversicherung und 13 % in die Krankenversicherung abzuführen. Rentenansprüche werden dadurch nicht erworben, zumindest keine vollwertigen. Auch ist der Arbeitnehmer nicht eigenständig krankenversichert.

Einzelheiten zur Rentenversicherung 608

Wie schon gesagt, werden im Minijob nur geringfügige Rentenansprüche erworben. Für ein ganzes Jahr Tätigkeit im Minijob mit monatlich 450 € wird der Rentenanspruch lediglich um monatlich 4 € aufgestockt. Dementsprechend beträgt die Anrechnung auf die Wartezeit von 60 Monaten nur 1,4 Monate. Um durch einen Minijob einen Grundrentenanspruch zu erwerben, müssten Sie also (60 Monate ÷ 1,4 =) 42 Jahre und neun Monate arbeiten. Ihre Rente daraus betrüge (42,9 Jahre × 4 € =) knapp 180 €.

Befreiung von der Rentenversicherungspflicht
Versicherungspflicht in der Rentenversicherung besteht

- für eine geringfügig entlohnte Beschäftigung, die nach dem 1.1.2013 aufgenommen wurde, und
- für eine bereits vor dem 1.1.2013 aufgenommene geringfügig entlohnte Beschäftigung, wenn das monatliche Arbeitsentgelt auf einen Betrag von 400,01 € bis max. 450,00 € angehoben wird.

Der Arbeitgeber entrichtet einen Pauschalbeitrag zur Rentenversicherung in Höhe von 15 % bzw. 5 % (bei Minijobs in Privathaushalten). Der Minijobber hat den Differenzbetrag zum allgemeinen Beitragssatz der gesetzlichen Rentenversicherung von derzeit 18,6 % zu tragen, also einen Eigenanteil in Höhe von 3,6 % bzw. 13,6 % zu leisten.
Minijobber, die nicht der Versicherungspflicht in der Rentenversicherung unterliegen möchten, können sich jederzeit – auch während des laufenden Beschäftigungsverhältnisses – davon befreien lassen. Ausgenommen von dieser Möglichkeit sind Minijobber, die bereits vor dem 1.1.2013 die Rentenversicherungsbeiträge aufgestockt haben. Ihnen steht kein Befreiungsrecht zu, d.h., sie bleiben weiterhin versicherungspflichtig.
Die Befreiung von der Rentenversicherungspflicht ist vom Beschäftigten schriftlich beim Arbeitgeber zu beantragen. Der Arbeitgeber zahlt dann weiterhin den Pauschalbeitrag zur Rentenversicherung in Höhe von 15 % bzw. 5 %. Der Eigenanteil des Minijobbers fällt mit der Befreiung von der Rentenversicherungspflicht weg. Der Minijobber erhält dann nur anteilige Beitragsmonate für die Erfüllung der verschiedenen Wartezeiten, und auch das erzielte Arbeitsentgelt wird bei der Berechnung der Rente nur anteilig berücksichtigt.

Wichtig zu wissen: Ihren Eigenanteil können Sie als Beiträge in > Zeile 6 der Anlage Vorsorgeaufwand geltend machen. Und: Sie haben Anspruch auf die volle Riester-Förderung in Form von Zulagen und zusätzlichem Sonderausgabenabzug.

Was in Sachen Riester so alles zu holen ist, dazu mehr unter ➤ Rz 235 ff.

609 **Einzelheiten zur Krankenversicherung**

Der Minijobber ist durch seine Tätigkeit nicht eigenständig krankenversichert. Anders als den Rentenversicherungsbeitrag muss der Arbeitgeber nur dann den pauschalen Satz von 13 % zahlen, wenn der Arbeitnehmer bereits entweder selbst oder als Familienmitglied in der gesetzlichen Krankenversicherung versichert ist.
Damit entfallen die pauschalen Beiträge zur Krankenversicherung für

- privat krankenversicherte Arbeitnehmer und deren Familienangehörige,
- Selbständige,
- Beamte und deren Familienangehörige,
- Pensionäre.

610 **Der gläserne Minijobber – schummeln zwecklos**

Ohne Computer wäre die Einhaltung der vertrakten Regeln zu den Minijobs nicht zu überwachen, das ist klar. So aber brauchen die Anmeldungen zu den Minijobs nur an einer bestimmten Stelle zusammenzulaufen, und schon ist die Kontrolle perfekt. Diese Stelle ist die **Knappschaft Bahn See**, die bundesweit auch als Inkassostelle der Pauschbeträge fungiert. Wenn durch Zusammenrechnung mehrerer Arbeitsverhältnisse die 450-€-Grenze überschritten wird, informiert die Knappschaft die Arbeitgeber und fordert sie auf, statt der Pausch- die vollen Regelbeiträge abzuführen. Auch werden die Finanzämter informiert, wenn ein als Minijob eingestuftes Arbeitsverhältnis nicht die Kriterien dafür erfüllt. Dann haben Sie den Salat, heißt: Sie müssen Ihren Arbeitslohn regulär versteuern.

611 **450 € im Monat – aber mit Zugaben**
Steuerfreie Einnahmen fallen bei der Prüfung der 450-€-Grenze unter den Tisch. Der Betrieb kann Ihnen also z. B. zusätzlich einen Reisekostenersatz zahlen. Weiterhin kann er zusätzlich Kostenersatz für die täglichen Fahrten zur Arbeit leisten, wenn er die darauf entfallende Lohnsteuer pauschal übernimmt (§ 40 Abs. 2 EStG).

Achtung, Fangeisen! Dasselbe müsste, so sollte man meinen, für zusätzliche Leistungen des Betriebs in eine Direktversicherung gelten, wenn sie nach § 40b EStG pauschaliert besteuert werden. Doch weit gefehlt. Aufgrund tieferer Einsicht der höchstrichterlichen Fiskalhüter vom BFH in München sind Leistungen in die Direktversicherung mit zu berücksichtigen, wenn es darum geht, ob die Grenze von 450 € überschritten ist (Urt. v. 13.1.1989 – BStBl 1989 II S. 1030).

TIPP Mehr kassieren, als der Stundenlohn hergibt 612

Bei Minijobs muss der Arbeitgeber Pauschalbeiträge von insgesamt 30 % des Arbeitslohns berappen. Sind Sie jedoch privat krankenversichert, spart er den pauschalen Krankenversicherungsbeitrag von 13 %. An diesem Vorteil sollten Sie sich beteiligen lassen, z. B. durch verkürzte Arbeitszeiten, einen höheren Stundenlohn oder steuerfreie bzw. pauschal versteuerte Zusatzvergütungen wie einen Personalrabatt (➤ Rz 540) oder Fahrtkostenerstattung (➤ Rz 592 f.).

Sind Sie nicht privat versichert, sondern in der gesetzlichen Krankenversicherung, argumentieren Sie so: Als Minijobber haben Sie wie alle anderen Arbeitnehmer Anspruch auf Lohnfortzahlung im Krankheitsfall (bis zu sechs Wochen), außerdem auf bezahlten Mindesturlaub von drei Wochen, im Osten sogar von vier Wochen (§ 616 BGB). Gegen 1 € Stundenlohn mehr verzichten Sie auf Lohnfortzahlung und bezahlten Urlaub. Ich wette, diese Karte sticht.

»Mir als Teilzeitkraft zahlt der Betrieb kein Weihnachtsgeld, weil ich sonst im Jahresschnitt auf über 450 € komme«, beklagen Sie sich. Dann lassen Sie sich stattdessen doch auch eine Fahrtkostenerstattung geben (siehe oben).

Abfindungen steuerfrei kassieren 613

Will Ihr Chef Ihnen den Minijob kündigen, sollten Sie zum Abschied eine angemessene Abfindung aushandeln. Sprechen Sie von Kündigungsschutz und -fristen, der Dauer Ihrer Betriebszugehörigkeit, Ihrem Alter und Ihrer Schwerbehinderung. Wenn er Ihnen daraufhin die Kündigung mit einer Abfindung schmackhaft machen will, lenken Sie ein. Dann ist es Zeit, den Steuerjoker zu ziehen und Ihrem Chef klarzumachen: Entlassungsentschädigungen sind kein Arbeitsentgelt und damit sozialversicherungsfrei (Urt. des Bundessozialgerichts v. 21.2.1990, Az 12 RK 20/88). Bei Minijobs bestimmt sich die Bemessungsgrundlage beim Pauschsteuersatz von 2 % nach dem Arbeitsentgelt im Sinn der Sozialversicherung (LStR 128a S. 3 und 4). Entlassungsabfindungen sind sozialversicherungsrechtlich kein Arbeitslohn und bleiben damit auch bei der Lohnsteuerpauschalierung außer Ansatz.

Ihr Chef ist baff, und Sie kassieren die Abfindung brutto für netto. Wenn das kein gelungener Abgang ist.

Konflikte gehen einher mit gestörter Kommunikation.
(Rupert Lay)

614 Mehr Lohn steuerfrei

Oft entstehen durch Krankheit oder Urlaub Engpässe. Dann sagen Sie zu Ihrem Chef: Die Arbeit von Heinz übernehme ich gern zusätzlich.

Dazu sollten Sie wissen: Ihr regelmäßiger Monatslohn als Minijobber darf im Jahresdurchschnitt nicht mehr als 450 € betragen. Schwankt Ihr Monatslohn, darf er übers Kalenderjahr gerechnet nicht über 5.400 € liegen. Aber: In zwei Monaten im Jahr dürfen Sie unbegrenzt hinzuverdienen, wenn der zusätzliche Arbeitseinsatz unverhofft und ungeplant notwendig ist. Dabei ist es unerheblich, ob die Grenze von 450 € bzw. 5.400 € überschritten wird.

615 Die Sache mit dem Übergangsbereich (450,01 € – 1.300 €)

Haben Sie regelmäßig mehr als 450 € bezogen, beginnt der Amtsschimmel zu wiehern, denn er kann jetzt regulär abzocken. Als Erstes wird nach Lohnsteuerklasse versteuert, das zweite und jedes weitere Arbeitsverhältnis mit Steuerklasse VI. Für die Sozialversicherung beginnt ein Übergangsbereich. Der Arbeitnehmeranteil steigt ab einem monatlichen Arbeitsentgelt von mehr als 450 €, also ab 450,01 €, langsam an. Ab einem monatlichen Bruttoentgelt von mehr als 1.300 € wird der volle Beitragssatz kassiert.

Folgende Tabelle zeigt die Belastung mit Sozialversicherungsbeiträgen:

Bruttogehalt	Sozialversicherung		Nettogehalt	
	Anteil Arbeitgeber	Anteil Arbeitnehmer	Steuerklasse I–IV	Steuerklasse V
500,00	99	59	441	392
600,00	119	84	516	455
700,00	139	110	590	517
800,00	159	135	665	580
900,00	178	160	740	640
1.000,00	198	185	815	700
1.100,00	218	210	883	761
1.200,00	238	236	944	822
1.300,00	258	261	1.003	859

Der Arbeitgeber zahlt jeweils den regulären Beitragssatz in Höhe von (Krankenversicherung 15,7 % + Pflegeversicherung 3,05 % + Rentenversicherung 18,6 % + Arbeitslosenversicherung 2,4 % = 39,75 % × 0,5 =) 19,88 %.

Die obige Tabelle zeigt ca-Werte an, die die Auswirkungen in der Tendenz deutlich machen. Tarifänderungen können zu Rundungsdifferenzen führen.

Knappschaft kontrolliert 616

Werden der Knappschaft unter demselben Namen zwei Minijobs gemeldet mit einem Arbeitslohn von insgesamt mehr als 450 €, geht dort die rote Lampe an. Dann wird es für Ihre Brötchengeber teuer, weil beide Jobs versicherungspflichtig sind (Fall Nr. 6 in der Übersicht ➤ Rz 606). Wahrscheinliche Folge: Kündigung. Geben Sie einen der beiden Minijobs auf, ist die Kuh vom Eis, doch damit ist Ihnen finanziell nicht geholfen. Es gibt eine bessere Lösung. Wenn es Ihnen gelingt, mit einem der beiden Minijobs über die 450-€-Grenze zu kommen – 1 € mehr genügt –, ist dieser Job kein Minijob mehr (Fall Nr. 3 in der Übersicht ➤ Rz 606).

»Schön und gut, doch ich blicke nicht durch, wie sich das im Einzelnen finanziell auswirkt«, sagen Sie. Lassen Sie uns rechnen:

	Fall Nr. 6: **Minijob 450,00 €** **Minijob 150,00 €**	**Fall Nr. 3:** **Hauptjob 451,00 €** **Minijob 150,00 €**
Ihr Arbeitslohn insgesamt	600,00 €	601,00 €
./. Lohnsteuer Hauptjob		– 38,50 €
./. Kirchensteuer 9 %		– 3,46 €
./. Sozialversicherung ArbN Gleitzone	– 81,54 €	– 44,74 €
Ausbezahlter Nettolohn	518,45 €	514,30 €
Ihre Brötchengeber zahlen	600,00 €	601,00 €
Pauschale Lohnsteuer 20 %	120,00 €	
Soli-Zuschlag 5,5 %	6,60 €	
Pauschale Kirchensteuer 7 %	8,40 €	
Sozialversicherung	115,95 €	
Pauschalabgabe Minijob 30 %	–	45,00 €
ArbG-Anteil Sozialvers. Hauptjob	–	87,15 €
Arbeitskosten insgesamt	850,95 €	733,15 €

Ihnen bringt der Trick zwar sogar einen kleinen Nachteil, Ihren beiden Chefs aber eine Kostenersparnis von (850,95 € – 733,15 € =) 117,80 €. Damit haben

Sie vielleicht nicht nur Ihre Jobs gerettet, sondern sogar schlagkräftige Argumente für eine kleine Gehaltserhöhung.

617 **TIPP Kloppen Sie als Minijob-Leiharbeiter Überstunden im Hauptjob**

Auch eine auf den ersten Blick völlig beknackte Idee kann durchaus etwas einbringen. So kann es sich lohnen, wenn Ihr Chef Sie zur Ableistung von Überstunden als Leiharbeiter anheuert.

Ein Minijob in ein und demselben Betrieb neben dem Hauptjob wird nicht anerkannt, das wissen Sie. Indessen darf jedermann, der einen Hauptjob hat, sich nebenbei bei einer Leiharbeitsfirma als Minijobber verdingen. Wenn Ihr Chef nun bei einer Leiharbeitsfirma Personal anheuert, weil die eigenen Leute die Arbeit nicht bewältigen können, und Sie »zufällig« dort als Leiharbeiter zur Verfügung stehen, warum um Himmels willen sollte er Sie dann nicht nehmen wollen, wo er Sie doch als gute Arbeitskraft kennt? Auf diese Weise erledigen Sie dieselbe Arbeit, für die Sie im Hauptjob Überstunden machen müssten, als Leiharbeiter. Mit diesem kleinen Kniff werden Ihr Haupt- und Ihr Minijob auf dem Papier arbeits- und steuerrechtlich sauber voneinander getrennt.

»Und was bringt das ein?«, fragen Sie verblüfft.

Eine knifflige Rechnerei können wir uns sparen, denn dazu müsste ich wissen, wie hoch Ihr Stundensatz ist und wie viel die Leiharbeitsfirma für ihre Vermittlung verlangt.

Aber ein grober Überblick zeigt: Der Kniff lohnt sich.

Berechnung

Ihr Bruttolohn für die Überstunden ist regulär mit folgenden Abgaben belastet:

Sozialabgaben	
Arbeitgeberanteil (➤ Rz 497)	20 %
Arbeitnehmeranteil (➤ Rz 497)	20 %
Steuerliche Abgaben geschätzt	30 %
Insgesamt	70 %

Werden die Überstunden im Minijob als Leiharbeiter abgeleistet, fallen folgende Kosten an:

Rentenversicherung (➤ Rz 602)	15 %
Krankenversicherung (➤ Rz 602)	13 %
Pauschalsteuer (➤ Rz 602)	2 %
Zwischensumme	30 %
Gebührensatz der Leiharbeitsfirma – geschätzt	20 %
Insgesamt	50 %

Das bedeutet: Eingespart werden (70 % – 50 % =) 20 %. Bezogen auf angenommen 400 € Überstundenlohn im Monat sind das immerhin 80 €, die Sie im Monat mehr auf Ihrem Konto hätten.

Zeile 6 Direktversicherung 618

Bei einer Direktversicherung schließt Ihre Firma für Sie eine Lebensversicherung ab, aus der Sie unmittelbar, d.h. direkt bezugsberechtigt sind und die Ihre Altersversorgung ergänzen soll. Deshalb kann die Versicherungssumme erst nach Ihrem 60. Lebensjahr ausgezahlt werden.
»Wenn ich an die Protzbauten der Versicherungsgesellschaften denke, möchte ich am liebsten alle meine Versicherungen loswerden, aber keine neue dazuhaben«, wenden Sie sich ab. Verständlich. Doch eine Direktversicherung können Sie Ihrer Firma leicht als Zusatzvergütung abkungeln, sie wird Sie also nicht viel Geld kosten. Auch zählt sie nicht zu den unnützen Vorsorgeversicherungen, die sich bei Arbeitnehmern steuerlich meist überhaupt nicht auswirken (siehe ➤ Rz 129 ff.).
Vereinbaren Sie mit Ihrer Firma, Ihre nächste Gehaltserhöhung in eine Lebensversicherung einzuzahlen. Die Beträge werden nicht über die Lohnsteuerkarte versteuert, sondern außerhalb derselben (bis zu höchstens 1.752 € jährlich) mit einem Pauschalsteuersatz von nur 20 %. Zeigt sich Ihre Firma großzügig und übernimmt die Pauschalsteuer, sind für Sie die Zahlungen steuerfrei. Für die Firma verringert sich die Steuerlast auf rd. 6,5 %, weil sie die Pauschalsteuer als Betriebsausgabe absetzen kann. Zahlungen in die Direktlebensversicherung sind zudem sozialversicherungsfrei, wenn sie nicht aus dem laufenden Arbeitslohn stammen, sondern aus zusätzlichen Leistungen.
Sehen Sie selbst, was bei einer Direktversicherung herausspringen kann, wenn 1.752 € eingezahlt werden:

	Bruttolohn	**Lohnsteuer**
Ohne Direktversicherung	65.000 €	8.228 €
./. Zahlung in die Direktversicherung	– 1.752 €	
Mit Direktversicherung	63.248 €	7.764 €
Ersparnis an Lohnsteuer		464 €
Ersparnis an KiSt		42 €
Ersparnis an Sozialversicherung (Arbeitnehmeranteil 20 % von 1.752 €)		350 €
Ersparnis insgesamt		856 €

Altes Recht – neues Recht: Stetig ist der Wechsel
Beiträge, die Ihr Arbeitgeber für Sie in eine Direktversicherung einzahlt, waren bis 2005 grundsätzlich lohnsteuerpflichtig – bis zu einem jährlichen

Betrag von 1.752 € pauschal mit 20 % – und sozialversicherungsfrei. Seit 2005 muss danach unterschieden werden, ob die Leistungen der Direktversicherung als Rentenzahlungen oder als Kapitalauszahlung erfolgen und ob der Versicherungsvertrag vor 2005 oder nach 2004 abgeschlossen wurde.

619 Direktversicherung mit Kapitalauszahlung

Bei Altverträgen (Vertragsabschluss vor 2005) mit Auszahlung des angesparten Kapitals im Versicherungsfall oder nach Vertragsablauf in einem Einmalbetrag bleibt alles beim Alten. Ihr Chef kann weiterhin die Beiträge bis zu jährlich 1.752 € pauschal versteuern. Der große Vorteil dieser Versicherung: Zusätzlich zur günstigen Pauschalversteuerung und zur Sozialversicherungsfreiheit bleibt die Auszahlung später grundsätzlich steuerfrei. Diese Versicherung ist seit 2005 leider so gut wie tot. Denn Versicherungsbeiträge zu Neuverträgen (Vertragsabschluss nach 2004) sind in vollem Umfang steuer- und sozialversicherungspflichtig. Und nicht nur das. Auch die Auszahlung unterliegt später in vollem Umfang der Einkommensteuer.

620 Direktversicherung mit Rentenzahlungen

Sieht der Versicherungsvertrag lebenslange Rentenzahlungen oder Zahlungen gemäß einem Auszahlungsplan vor, sind die Versicherungsbeiträge in Höhe von 8 % der Beitragsbemessungsgrenze (West) in der gesetzlichen Rentenversicherung steuerfrei, egal ob Alt- oder Neuvertrag. Für 2021 sind das 6.816 € pro Jahr.

Die Besteuerung der künftigen Rentenzahlungen aus der Direktversicherung ist davon abhängig, wie die Beitragszahlungen steuerlich behandelt wurden. Waren diese steuerfrei, sind die Rentenleistungen in vollem Umfang einkommensteuerpflichtig. Unterlagen die Beiträge der Pauschalbesteuerung oder der Besteuerung mit dem individuellen Einkommensteuersatz, sind die Rentenleistungen nur in Höhe des günstigen Ertragsanteils der Einkommensteuer zu unterwerfen.

Pauschalsteuer ist besser als Steuerfreiheit der Beiträge!
Auch bei Altverträgen mit Rentenauszahlung lockt Sie der Fiskus mit der Steuerfreiheit der Beiträge. Aber, wie gesagt, Steuerfreiheit in der Ansparphase bedeutet volle Steuerpflicht bei Rentenauszahlung. Bestehen Sie besser auf weiterer Pauschalbesteuerung durch den Arbeitgeber.

TIPP Direktversicherung für Lebenspartner 621

Arbeitet Ihr Lebenspartner in Ihrem Unternehmen mit, werden Sie die Ausgaben für seine zusätzliche Altersversorgung, z. B. in Form einer Direktversicherung, über den Betrieb absetzen. Eine Direktversicherung geht aber nur glatt durch, wenn sie »angemessen« ist, d. h., wenn die Ausgaben für die gesamte Altersversorgung des mitarbeitenden Ehegatten 30 % des steuerpflichtigen Arbeitslohns nicht übersteigen (BFH-Urt. v. 16.5.1995 – BStBl 1995 II S. 873).

Beispiel

Jahresarbeitslohn für Ihren Ehegatten	12.000 €
Gesetzliche Rentenversicherung 18,6 %	2.232 €
Rest 11,4 % für Direktversicherung	1.368 €

Richtig, mehr als 1.368 € pro Jahr dürfen Sie für die Direktversicherung Ihrer besseren Hälfte nicht ausgeben. Was darüber liegt, wird nicht anerkannt. »Dann erhöhe ich einfach ihr Gehalt und kann mehr in die Direktversicherung einzahlen«, reagieren Sie blitzschnell.

TIPP Teilzeitlohn plus Direktversicherung für den Ehepartner 622

Eine Direktversicherung bei Teilzeitarbeit heißt doppelt pauschalieren. Wer das sausen lässt, ist selbst schuld.

Vereinbaren Sie mit Ihrem Ehegatten in einem sauberen Arbeitsvertrag eine wöchentliche Mitarbeit von acht Stunden und einen Monatslohn von 250 €, für den pauschale Sozialversicherung fällig wird. Nach einer Einarbeitungszeit von drei Monaten wird der Monatslohn auf 350 € erhöht. Nun besteht die Möglichkeit, den Mehrbetrag von 100 € als Jahresbeitrag von 1.200 € in eine Direktversicherung einzuzahlen, die Ihrer besseren Hälfte – bei einem Eintrittsalter von 35 Jahren – nach 25 Jahren eine Versicherungssumme von 39.168 € beschert. Die Beiträge zur Direktversicherung betragen nicht mehr als 30 % des maßgeblichen Arbeitslohns, also keine Überversorgung.

Probe

Teilzeitlohn im Jahr 250 € × 12 =	3.000 €
Hälfte der Direktversicherung, da nicht rentenversichert	600 €
Maßgeblicher Arbeitslohn	3.600 €
Davon 30 % = (unter 1.200 €)	1.080 €

(Quelle: BFH-Urt. v. 16.5.1995 – BStBl 1995 II S. 873.)

Die Beiträge in die Direktversicherung können pauschal versteuert werden.

623 Wenn Sie die Pauschalsteuer selbst zahlen müssen

In diesem Fall mindert sich Ihr Vorteil um die zu übernehmende Pauschalsteuer, wie das folgende Beispiel zeigt:
Monatliche Gehaltsabrechnung (Steuerklasse III/2,0):

	Gehalts-erhöhung	Direkt-versicherung
Gehalt	2.920,00 €	2.920,00 €
Gehaltserhöhung 5 %	146,00 €	
Direktversicherung		146,00 €
Bruttogehalt	3.066,00 €	3.066,00 €
./. steuerrechtliche Abzüge	– 158,33 €	– 130,16 €
./. sozialversicherungsrechtliche Abzüge	– 612,44 €	– 583,27 €
./. Nettoabzug Direktversicherung		– 146,00 €
./. Pauschalsteuer auf Direktversicherung		– 32,42 €
Auszahlungsbetrag	2.295,23 €	2.174,15 €

Sie sehen, bei Abschluss einer Direktversicherung statt Gehaltserhöhung bleibt durch Abzug der Versicherungsprämie netto zwar weniger übrig, doch mindert sich Ihre Abgabenlast zunächst um 57,34 € monatlich. Durch die Pauschalsteuer von 32,42 € schmilzt dieser Vorteil allerdings auf 24,92 € zusammen.
Wenn Sie die 32,42 € Pauschalsteuer ohnehin berappen müssen, dann bitten Sie doch Ihren Chef, Ihr Gehalt um diesen Betrag zu kürzen und dafür die Pauschalsteuer zu übernehmen. Ihr Chef spart Beiträge zur Sozialversicherung, und Sie sparen zusätzlich Steuern.

Gehalt	2.920,00 €
./. Kürzung	– 32,42 €
Direktversicherung	146,00 €
Bruttogehalt	3031,58 €
./. steuerrechtliche Abzüge	– 124,16 €
./. sozialversicherungsrechtliche Abzüge	– 576,79 €
./. Nettoabzug Direktversicherung	– 146,00 €
Auszahlungsbetrag	2.184,63 €

Dadurch bleiben Ihnen monatlich 10,48 € mehr im Portemonnaie.

624 Wird Ihre Direktversicherung durch Umwandlung Ihres laufenden Gehalts finanziert, werden also die Prämien nicht zusätzlich zum Arbeitslohn (etwa anlässlich einer Gehaltserhöhung oder aus Einmalzahlungen, z. B. Gratifikationen) gezahlt, sind Ihre Beiträge nicht von der Sozialversicherung befreit.

Zeile 6 Kirchensteuer und Solidaritätszuschlag bei Pauschalierung 625

Ärgerlich, dass zusätzlich zur pauschalen Lohnsteuer 7 % als Kirchensteuer abzuführen sind und außerdem 5,5 % als Solidaritätszuschlag. Auf die pauschale Lohnsteuer ist nämlich weiterhin der Soli fällig, denn dessen weitgehende Abschaffung betrifft nicht die Pauschalsteuern.
Insgesamt beträgt die Pauschalsteuer damit …

Lohnsteuer	20,00 %	25,00 %
Davon 7 % KiSt	1,40 %	1,75 %
Davon 5,5 % Soli-Zuschlag	1,10 %	1,38 %
Pauschalsteuer insgesamt	22,50 %	28,13 %

Bei der Lohnsteuerpauschalierung in Höhe von 2 % bei Minijobs fallen keine Kirchensteuer und kein Soli-Zuschlag extra an.

Achtung: Die pauschale Kirchensteuer entfällt, wenn Sie keiner steuererhebungsberechtigten Kirche angehören und dies Ihrem Brötchengeber schriftlich versichern (BMF-Schreiben v. 21.12.1990 – BStBl 1992 I S. 45).

14.2.3 Sachbezüge – Zeile 6

Besteht Arbeitslohn nicht aus Geld, ist er als Sachbezug steuerpflichtig. 626

Zeile 6 Freie Kost und Wohnung 627

Besteht Ihr Arbeitslohn z.T. aus freier Kost und Wohnung, ziehen Sie daraus steuerliche Vorteile. Der steuerliche – und für Sie recht günstige – Wert dieses Arbeitslohns ist der amtlichen Sachbezugsverordnung zu entnehmen.

Aus der Sachbezugsverordnung 2020/2021	**in €**	
	2020	**2021**
Unterkunft	235,00	237,00
Wohnung	ortsübliche Miete	
Verpflegung (insgesamt)	258,00	263,00
– Frühstück	54,00	55,00
– Mittagessen	102,00	104,00
– Abendessen	102,00	104,00

Kantinenmahlzeiten bei pauschaler Besteuerung		
– Frühstück	1,80	1,83
– Mittagessen	3,40	3,47
– Abendessen	3,40	3,47

628 **Mahlzeiten im Betrieb**

Sie haben Glück, wenn sich der Betrieb um Ihr leibliches Wohl kümmert und unentgeltlich Kantinenmahlzeiten oder Essensmarken für eine Gaststätte ausgibt. Die Mahlzeiten gehören zwar als Sachbezug zum Arbeitslohn, der steuerliche Wert ist aber sehr gering. Hinzu kommt, dass der Sachbezug pauschal versteuert werden kann und meistens der Betrieb die Pauschalsteuer von 25 % (§ 40 Abs. 2 EStG) übernimmt. Dazu mehr unter ➤ Rz 589 ff.

629 **TIPP**

Schöpfen Sie die Sachbezugswerte voll aus

Zahlen Sie für die Mahlzeit im Betrieb weniger als 3,47 €, ist die Differenz als Sachbezug zu versteuern, zahlen Sie mindestens 3,47 €, ist nichts zu versteuern, so lautet die Regel. Nun hat der Fiskus trotz seiner allgemeinen Regulierungswut schlichtweg vergessen, wie denn eine Mahlzeit im Betrieb auszusehen hat, ob Getränke dazugehören oder nicht. Dies können Sie ausnutzen, wenn die reguläre Kantinenmahlzeit in Ihrem Betrieb weniger als 3,47 € und Getränke extra kosten: Sie stellen eine Tasse Kaffee als krönenden Abschluss mit aufs Tablett. Und so wird dann gerechnet:

Gericht I	2,70 €
Tasse Kaffee	0,80 €
Summe	3,50 €

Klasse, nichts zu versteuern. Ohne den Kaffee hätten Sie 0,77 € als Sachbezug versteuern müssen.

630 **Arbeitsessen – hier hat der Fiskus Verständnis**

Von einem Arbeitsessen profitiert hauptsächlich der Betrieb, denn es verlängert die produktive Arbeitszeit. Deshalb sind Arbeitsessen für Sie steuerfrei. Sie können also unbesorgt zubeißen. Anlässe können sein:

- eine Betriebsveranstaltung (Betriebsausflug, Weihnachtsfeier, Jubiläum),
- eine außergewöhnliche Besprechung oder ein Arbeitseinsatz, verbunden mit Überstunden. Hier darf aber der Wert der Mahlzeit 60 € je Arbeitnehmer nicht übersteigen (LStR 19.6 Abs. 2),
- ein Essen zusammen mit einem Kunden (LStR 8.1 Abs. 8 Nr. 1).

Für den Betrieb nicht gut zu wissen: Der auf die Bewirtung des Kunden entfallende Rechnungsbetrag ist über das Bewirtungskonto zu buchen. In Höhe von 30 % des Rechnungsbetrags liegen nichtabzugsfähige Betriebsausgaben vor (§ 4 Abs. 5 Nr. 2 EStG).

Weil der Fiskus aber argwöhnt, Arbeitsessen seien nur als solche deklariert, sollten Sie Ihren Chef veranlassen, auf dem Essensbeleg die betriebliche Angelegenheit, die besprochen wurde, festzuhalten und außerdem die Dauer des Arbeitsessens zu notieren. Denn ein richtiges Arbeitsessen ist zeitlich so bemessen, dass genügend Zeit zum Reden übers Geschäft bleibt.
Ihr Chef darf natürlich nicht einfach schreiben: »Dienstbesprechung«. Etwas genauer muss es schon sein: »Produkteinführung des XTR 17« oder »Abbau der Kundenbeschwerden«, dann klappt der Laden (BFH-Urt. v. 4.8.1994 – BStBl 1995 II S. 559). Es reicht auch aus, wenn er schreibt: »Info-Seminar für Mitarbeiter zu …« (BFH-Urt. v. 5.5.1995 – BStBl 1994 II S. 771).
Was lehrt uns das? Bei jeder Besprechung sollten auf Kosten der Firma belegte Brote und Kuchen auf den Tisch.

Zeile 6 Firmenwagen

Hat Ihr Chef Ihnen einen Firmenwagen genehmigt, passen Sie auf, dass 631
Ihnen der Fiskus dafür nicht allzu tief in die Tasche greift. Privatfahrten mit dem Firmenwagen und auch die Fahrten zwischen Wohnung und Arbeitsstätte gehören als geldwerter Vorteil zum Arbeitslohn und sind deswegen zu versteuern. Sie haben dabei zwei Möglichkeiten: Pauschalversteuerung oder Nachweis Ihrer Privatfahrten per Fahrtenbuch und Versteuerung über die Lohnsteuerkarte.

1. Möglichkeit: Pauschalmethode 632

Hier spielen die tatsächlichen Kosten keine Rolle.
Für **Privatfahrten** beträgt der Sachbezug pro Monat pauschal 1 % des Fahrzeuglistenpreises inkl. Umsatzsteuer. Aufs Kalenderjahr gerechnet wird somit ein geldwerter Vorteil in Höhe von 12 % angesetzt.
Für **Fahrten zwischen Wohnung und Arbeitsstätte** werden zusätzlich pro Monat 0,03 % des Fahrzeuglistenpreises pro Entfernungskilometer angesetzt. Im Gegenzug wird bei der Einkommensteuerveranlagung die Entfernungspauschale in Höhe von je 0,30 € für die ersten 20 und 0,35 € für jeden weiteren vollen Entfernungskilometer als Werbungskosten abgezogen. Der Betrieb kann die Fahrten zur Arbeit auf der Grundlage von

0,30 € bzw. 0,35 € je Entfernungskilometer und 15 Arbeitstagen pro Monat mit 15 % pauschal versteuern.

Beispiel

1. Pauschalierter Sachbezug für Privatfahrten

Fahrzeuglistenpreis z. B. 18.000 €, davon 12 % =			2.160 €
2. Zuschlag für Fahrten zur Arbeit (Entfernung 35 km)			
18.000 € × 0,03 % × 12 Mon. × 35 km =	2.268 €		
Davon versteuert der Betrieb pauschal mit 15 %:			
20 km × 180 Tage × 0,30 € =	– 1.080 €		
15 km × 180 Tage × 0,35 € =	– 945 €		
Verbleiben	243 €	>	243 €
Insgesamt über die Lohnabrechnung zu versteuern (Sachbezug)			2.403 €

Unendliches Wachstum passt nicht in eine endliche Welt.
(Erich Fromm)

3. Als Werbungskosten absetzbar

20 Entfernungskilometer × 230 Tage × 0,30 € =	1.380 €
15 Entfernungskilometer × 230 Tage × 0,35 € =	1.208 €
./. vom Betrieb pauschal versteuert	– 2.025 €
Absetzbare Werbungskosten	563 €

Sie machen also ein kleines Geschäft, weil Sie 230 Fahrten im Jahr als Werbungskosten absetzen können, der Fiskus aber für die Steuer des Sachbezugs nur von 180 Fahrten ausgeht. Außerdem müssen die Entfernungskilometer für den Sachbezug und den Werbungskostenabzug nicht identisch sein. Bei der Entfernungspauschale können Sie auch eine längere Fahrtstrecke ansetzen, wenn diese verkehrsgünstiger ist (siehe dazu auch ➤ Rz 640).

Und so sieht der Fall formularmäßig aus:

ANLAGE N

Einkünfte aus nichtselbständiger Tätigkeit **2022**

1. Bescheinigungszeitraum	vom - bis 01.01. - 31.12.
2. Zeiträume ohne Anspruch auf Arbeitslohn	Anzahl „U"
Großbuchstaben (S, M, F, FR)	

Arbeitslohn nach	b) Auslandstätigkeitserlass		
17. Steuerfreie Arbeitgeberleistungen, die auf die Entfernungspauschale anzurechnen sind			
18. Pauschal mit 15 % besteuerte Arbeitgeberleistungen für Fahrten zwischen Wohnung und erster Tätigkeitsstätte		2.025	00
19. Steuerpflichtige Entschädigungen und Arbeitslohn für mehrere Kalenderjahre, die nicht ermäßigt besteuert wurden - in 3.			

In der Anlage N:

Werbungskosten – ohne Beträge lt. Zeile 73 bis 76 – 8

Wege zwischen Wohnung und erster Tätigkeitsstätte / Sammelpunkt / weiträumigem Tätigkeitsgebiet (Entfernungspauschale)

Zeile	Erste Tätigkeitsstätte in (PLZ, Ort und Straße)	vom	bis	Arbeitstage je Woche	Urlaubs-, Krankheits-, Heimarbeits- und Dienstreisetage
31	Köln, Auf dem Holzweg 3	TTMM	TTMM	5	25
32		TTMM	TTMM		
	Sammelpunkt / nächstgelegener Zugang zum weiträumigen Tätigkeitsgebiet (PLZ, Ort und Straße)				
33		TTMM	TTMM		
34		TTMM	TTMM		

Zeile	Ort lt. Zeile	aufgesucht an Tagen	einfache Entfernung (auf volle Kilometer abgerundet)	davon mit eigenem oder zur Nutzung überlassenem Pkw zurückgelegt	davon mit Sammelbeförderung des Arbeitgebers zurückgelegt	davon mit öffentl. Verkehrsmitteln, Motorrad, Fahrrad o. Ä., als Fußgänger, als Mitfahrer einer Fahrgemeinschaft zurückgelegt	Aufwendungen für Fahrten mit öffentlichen Verkehrsmitteln (ohne Fähr- und Flugkosten) EUR	Behinderungsgrad mind. 70 oder mind. 50 und Merkzeichen „G"
35	32	110 230	111 35 km	112 km	113 km	km	114 ,–	115 1 = Ja
36		130	131 km	132 km	133 km	km	134 ,–	135 1 = Ja
37		150	151 km	152 km	153 km	km	154 ,–	155 1 = Ja
38		170	171 km	172 km	173 km	km	174 ,–	175 1 = Ja
39	Arbeitgeberleistungen lt. Nr. 17 und 18 der Lohnsteuerbescheinigung	steuerfrei ersetzt 290	EUR ,—	pauschal besteuert 295	EUR 2025,—			

Außerdem sollten Sie wissen: Wenn Ihnen während Ihres Jahresurlaubs, einer längeren Krankheit oder einer Montage im Ausland der Firmenwagen für einen vollen Kalendermonat nicht zur Verfügung steht, ist für diesen Monat kein Privatanteil anzusetzen (BMF-Schreiben v. 28.5.1996 – BStBl 1996 Teil I S. 654). Oder andersherum: Ein einziger Tag privater Nutzung genügt, damit der ganze Monat versteuert werden muss (LStR 8.1 Abs. 9 Nr. 1). Sagen Sie im Lohnbüro Bescheid, wenn für einen Monat ein Zuschlag für den Firmenwagen zu unterbleiben hat.

633 **TIPP Kein geldwerter Vorteil beim Werkstattwagen**

Firmenwagen, die aufgrund ihrer objektiven Beschaffenheit und Einrichtung typischerweise nur zur Beförderung von Waren, Gütern oder Material und Werkzeug bestimmt sind, fallen nicht unter die pauschale 1-%-Regelung. Gemeint sind damit typische Transportfahrzeuge wie Pritschen- oder Werkstattwagen. Der Bundesfinanzhof hat hier wieder einmal dem Fiskus auf die Finger geklopft und den allzu unverschämten Griff in die Geldbörse der Steuerzahler unterbunden (BFH v. 18.12.2008 – BFH/NV 2009 S. 481).
Der BFH geht davon aus, dass Fahrzeuge dieser Art allenfalls gelegentlich und nur ausnahmsweise für private Zwecke eingesetzt werden, weil sie dafür denkbar ungeeignet sind. Das Finanzamt darf deshalb nicht mehr einfach unterstellen, dass Sie Ihren Werkstattwagen auch für private Zwecke nutzen, sondern muss es beweisen. Und selbst wenn eine Privatnutzung gelegentlich der Fall sein sollte, darf das Finanzamt nicht pauschal die 1-%-Regelung ansetzen. Der Nutzungsvorteil muss nach Auffassung des BFH für jede einzelne Fahrt mit dem dafür üblichen Preis bewertet werden. Er dürfte sich somit auf die anteiligen Kilometerkosten für die privat gefahrenen Kilometer zzgl. der Gewinnmarge der Firma beschränken.
Diese günstige Rechtsprechung betrifft leider nicht die Fahrten zwischen Wohnung und Arbeitsstätte, die weiterhin nach der sog. 0,03-%-Regelung zu bewerten sind (lesen Sie dazu aber unbedingt ➤ Rz 639).
Auch für Fahrschulfahrzeuge oder ein Taxi können Sie sich nicht auf die Werkstattwagenregelung des BFH berufen. Bei einem Fahrschulfahrzeug handelt es sich nach Auffassung des FG München gerade nicht um ein Fahrzeug, das nach seiner Bauart und Einrichtung ausschließlich oder vorwiegend zur Beförderung von Gütern und nicht von Menschen bestimmt ist (FG München v. 29.9.2014 – 7 K 1861/13).
Wollen Sie verhindern, dass das Finanzamt so einfach nolens volens eine Versteuerung für die private Nutzung eines solchen Fahrzeugs vornimmt? Da hilft ein Nutzungsverbot, mit dem Ihr Arbeitgeber Ihnen die private Benutzung des Firmenautos verbietet und z.B. nur erlaubt, dass Sie morgens und abends damit zwischen Betrieb und Wohnung pendeln (s. auch ➤ Rz 643).

634 **TIPP Bei Elektrofahrzeugen einen Steuerbonus kassieren**

Wenn Sie als Firmenwagen ein Elektrokraftfahrzeug nutzen, sind Sie häufig benachteiligt, weil dessen Listenpreis in aller Regel höher ist als bei einem herkömmlich angetriebenen Fahrzeug. Damit Elektrofahrzeuge trotzdem als

Firmenwagen konkurrenzfähig sind, gibt es gleich mehrere Methoden, mit denen die steuerpflichtigen Vorteile günstiger berechnet werden als bei Autos mit herkömmlichem Antrieb.
Also können Sie gleichzeitig die Umweltbelastung und Ihre Steuerbelastung verringern.

Reduzierung des Nutzungsvorteils bei Elektro- und Hybridfahrzeugen
Besonders günstig berechnet der Fiskus den Vorteil aus der Nutzung eines Hybrid- oder Elektrofirmenwagens, den Ihr Brötchengeber zwischen 1.1.2019 und 31.12.2030 anschafft oder für den er in dieser Zeit einen Leasingvertrag abschließt.
Leider hat der Fiskus hier inzwischen unter dem Deckmantel, die CO_2-Reduzierung zu fördern, einen unseligen Regelungswirrwar angerichtet:

- Für **reine Elektrofahrzeuge, die keine CO_2-Emissionen haben,** wird der Bruttolistenpreis mit nur 25 % angesetzt, wenn das Fahrzeug in der Zeit zwischen 1.1.2019 und 31.12.2030 angeschafft oder geleast wurde und der reguläre Bruttolistenpreis max. 40.000 € beträgt.
- Für **extern aufladbare Hybridelektrofahrzeuge** wird der Bruttolistenpreis mit 50 % angesetzt, wenn das Fahrzeug einen CO_2-Ausstoß von max. 50 Gramm je km hat und außerdem im reinen Elektrobetrieb eine bestimmte Reichweite erzielt, und zwar von mindestens
  - 40 km bei Anschaffung zwischen 1.1.2019 und 31.12.2021;
  - 60 km bei Anschaffung zwischen 1.1.2022 und 31.12.2024;
  - 80 km bei Anschaffung wischen 1.1.2025 und 31.12.2030.

Den Steuervorteil durch Ansatz des halben Bruttolistenpreises gibt es, wie Sie sehen, also auch für Autos, deren Antrieb aus einer Kombination aus Elektro- und Verbrennungsmotor besteht. Wichtig ist aber, dass die Batterien des Elektromotors extern aufgeladen werden können. Damit es richtig kompliziert wird, müssen sich die rein elektrische Mindestreichweite und die maximale CO_2-Emission aus der sog. Übereinstimmungsbescheinigung des Herstellers ergeben, die bei der Zulassung des Fahrzeugs vorgelegt werden muss.

Guter Rat
Wenn es denn wirklich ein Elektro- oder Hybridauto als Firmenwagen werden soll, lassen Sie bzw. Ihr Brötchengeber sich vom Händler bestätigen, dass alle nötigen Voraussetzungen für eine Steuervergünstigung erfüllt sind.

Sehen wir uns an, wie die Reduzierung des steuerpflichtigen Nutzungsvorteils vonstatten geht.

Berechnung nach der 1-%-Regelung

In den allermeisten Fällen ist die Sache recht einfach, weil Arbeitgeber ganz überwiegend die 1-%-Regelung anwenden. Dann wird schlicht und einfach der Anknüpfungspunkt für die Berechnung des Nutzungsvorteils, nämlich der Bruttolistenneupreis Ihres Firmenwagens, nur noch mit 50 % (25 %) angesetzt.

Diese Reduzierung des Bruttolistenneupreises gilt für den Vorteil aus

- reinen Privatfahrten,
- Fahrten zwischen Wohnung und erster Tätigkeitsstätte und
- (zusätzlichen) Familienheimfahrten im Rahmen einer doppelten Haushaltsführung.

Beispiel

Nehmen wir an, Ihr Brötchengeber stellt Ihnen ein dem Grunde nach begünstigtes Hybridfahrzeug als Firmenwagen zur Verfügung. Neben Ihren beruflichen Fahrten können Sie es auch für private Zwecke und den täglichen Weg von 20 km zur Arbeit benutzen. Das Auto hat Ihr Chef am 2.1.2021 gekauft und Ihnen ab da zur Verfügung gestellt. Der Listenpreis liegt einschließlich aller Extras bei 50.000 €.

Daraus ergibt sich für Sie pro Monat folgender steuerpflichtiger Arbeitslohn:

Listenpreis	50.000 € × 50 %	=	25.000 €
Private Nutzung	× 1 %	=	250 €
Fahrten zur Arbeit 0,03 %	× 20 km	=	150 €
Vorteil			**400 €**

Berechnung nach der Fahrtenbuchmethode

Wenn Sie für Ihren Firmenwagen ein 1A-Fahrtenbuch führen, muss Ihr Chef bekanntlich die gesamten Kosten für das Auto ermitteln. Diese werden dann mit dem prozentualen Anteil Ihrer privaten Fahrten lt. Fahrtenbuch als steuerpflichtiger Vorteil angesetzt. Als Steuervergünstigung wird in diesem Fall die Abschreibung für das Auto oder bei Leasingfahrzeugen die Leasingrate nur zu 50 % (25 %) in die Gesamtkosten eingerechnet. Alle übrigen laufenden Kosten für Treibstoff, Steuern, Versicherung, Wartung und Reparaturen werden dagegen – völlig unverständlicherweise – in voller Höhe angesetzt.
Wie Sie sehen, bewahrheitet sich hier wieder einmal die alte Erkenntnis:

Steuerrecht ist leider nicht ***steuergerecht.***
Wenn Sie ein Elektrofahrzeug nutzen, das Ihr Brötchengeber schon vor 2019 gekauft oder geleast hat oder das die ganzen Sonderbedingungen nicht erfüllt, schauen Sie mit Steuervergünstigungen nicht ganz in die Röhre. Auch für solche Wägen wird die Berechnungsgrundlage für die Besteuerung pauschal gekürzt.
Von dieser Regelung begünstigt sind Fahrzeuge, die ausschließlich durch Elektromotoren angetrieben oder ganz oder überwiegend aus mechanischen oder elektrochemischen Energiespeichern gespeist werden (z.B. Brennstoffzellen).
Allerdings hat der Fiskus auch hier die Ermäßigung reichlich kompliziert gestaltet, indem die Kürzung des Listenpreises Jahr für Jahr reduziert wird. Wurde Ihr Firmenwagen 2013 oder früher angeschafft, beträgt die Kürzung 500 €/kWh, max. 10.000 €. Für jedes Jahr, das das Fahrzeug später zugelassen wird, reduziert sich der Betrag je kWh um jährlich 50 € und der Maximalbetrag um 500 €. Kaufte Ihr Brötchengeber also einen Firmenwagen in 2018, beträgt die Kürzung nur noch 250 €/kWh und der Maximalbetrag 7.500 €.

Beispiel
Ihr Arbeitgeber kaufte am 1.10.2018 einen Firmenwagen mit Hybridantrieb. Die Batteriekapazität beträgt 35 kWh. Der Listenpreis des Wagens beläuft sich auf 45.000 € inkl. USt.

Der monatliche Nutzungsvorteil für private Fahrten wird wie folgt berechnet:

Bruttolistenneupreis	45.000,00 €
./. pauschale Kürzung 35 kWh × 250,00 € (= 8.750,00 €), max. aber 7.500 €	– 7.500,00 €
Bemessungsgrundlage	37.500,00 €

Der monatliche private Nutzungsanteil würde in diesem Fall mit 1 % von 37.500 € = 375,00 € berechnet.

Ärgerlich ist neben der Anwendung der 1-%-Regelung für reine Privatfahrten vor allem die Versteuerung der Fahrten zwischen Wohnung und Arbeitsstätte. Der pauschale Ansatz des Monatswerts von 0,03 % wird vom Finanzamt nämlich völlig unabhängig davon vorgenommen, in welchem Umfang Sie das Fahrzeug tatsächlich für Fahrten zwischen Wohnung und Arbeitsstätte nutzen und ob es Ihnen überhaupt während des ganzen Monats zur Verfügung steht. 635

Besonders teuer kann das für Sie werden, wenn Sie mit dem Firmenwagen das »Park and ride«-Verfahren praktizieren, da die *gesamte* Entfernung zwischen Wohnung und Arbeitsstätte der Berechnung des Nutzungsvorteils zugrunde gelegt wird. Im Klartext bedeutet das: Fahren Sie 3 km mit dem Wagen zum Bahnhof und dann 47 km mit der Bahn, bindet Ihnen der Fiskus den geldwerten Vorteil für 50 km ans Bein.

636 **TIPP**

So bleibt Ihr Firmenfahrrad komplett steuerfrei

Für ein Fahrrad, das Ihnen Ihr Brötchengeber in den Jahren 2019 bis 2030 überlässt, bleibt der Nutzungsvorteil unter Umständen vollständig steuerfrei (§ 3 Nr. 37 EStG). Das betrifft sowohl Elektro- als auch normale Fahrräder. Die Steuerbefreiung gilt für

- die rein private Nutzung des Fahrrads,
- die Nutzung des Fahrrads für Fahrten zur Arbeit und
- die Nutzung für Familienheimfahrten.

Unerlässliche Voraussetzung für die Steuerfreiheit ist das sog. Zusätzlichkeitserfordernis. Das bedeutet, dass Ihr Arbeitgeber den Vorteil aus der Nutzung des Fahrrads zusätzlich zum ohnehin geschuldeten Arbeitslohn gewähren muss. Eine Gehaltsumwandlung zur Nutzung der Steuerbefreiung ist damit ausgeschlossen.
Eine Ausnahme gilt leider auch für ein Elektrofahrrad, das verkehrsrechtlich als Kraftfahrzeug eingestuft wird. Das sind z. B. sog. Powerbikes, deren Motor auch Geschwindigkeiten über 25 kmh unterstützt. Diese Fahrräder sind eins zu eins wie ein Dienstwagen zu besteuern. Sie erkennen sie ganz einfach daran, dass sie ein Zulassungskennzeichen haben.

637 **TIPP**

Volle Entfernungspauschale trotz Steuerbefreiung!

Wenn Sie mit Ihrem Firmenfahrrad den Weg zur Arbeit zurücklegen, hat der Gesetzgeber noch ein besonderes Bonbon parat: Trotz der Steuerbefreiung bleibt Ihnen die Entfernungspauschale komplett erhalten.

638 **TIPP**

So ergattern Sie wenigstens 75 % der Steuerfreiheit

Greift die Steuerfreiheit nicht, weil Ihr Arbeitgeber das Fahrrad oder E-Bike nicht zusätzlich überlässt oder weil es als Kraftfahrzeug gilt (Kennzeichen- und Versicherungspflicht), profitieren Sie zumindest bis 2030 davon, dass der steuerpflichtige Vorteil auf nur 25 % der Bemessungsgrundlage – sprich der

unverbindlichen Preisempfehlung des Herstellers, Großhändlers oder Importeurs – angesetzt wird.
Von dieser Kürzung profitieren Sie auch, wenn Ihr Arbeitgeber das Fahrrad zwar schon vor 2019 gekauft, Ihnen aber erst ab 2019 zur Verfügung gestellt hat (Oberste Finanzbehörde der Länder v. 13.3.2019 – S 2334 – 66 – V B 3, BStBl 2019 I S. 2016).
Achtung! Das klappt aber nur, wenn das Fahrrad nicht vorher von einem anderen Arbeitnehmer genutzt wurde. Übernehmen Sie das Fahrrad von einem Kollegen, greift die reguläre 1-%-Regelung.

Guter Rat
Wenn Ihr Arbeitgeber sich nicht die kompletten Kosten für Ihr Firmenfahrrad ans Bein binden will, können Sie auf eine Gehaltsumwandlung ausweichen. In Höhe eines Teils der monatlichen Kosten des Fahrrads, z. B. in Höhe der Leasingraten, verzichten Sie auf Arbeitslohn.

Beispiel
Angenommen, Sie sind ledig und haben ein Monatsgehalt von 3.500 €. Ihr Arbeitgeber least ein E-Bike mit einen Verkaufspreis von 3.000 € und überlässt es Ihnen zur Nutzung. Sie verzichten auf Arbeitslohn in Höhe der monatlichen Leasingrate von 80 € – die Versicherungs- und Verwaltungskosten trägt Ihr Brötchengeber. Und so sieht das in Ihrer Lohnabrechnung aus:

Monatslohn 2021	3.500,00 €
./. Gehaltsverzicht	– 80,00 €
+ 1 % von 25 % von 3.000 €	7,50 €
Steuerpflichtiger Lohn	3.427,50 €

Aufs Jahr gesehen zahlen Sie für 12 × 72,50 € = 870 € weniger Steuern und Sozialabgaben. In unserem Beispiel sind das immerhin ca. 250 €.

Kein geldwerter Vorteil für Außendienstler und Monteure! 639
Überlässt der Arbeitgeber seinen Außendienstlern oder Monteuren ein Fahrzeug für deren Fahrten zwischen Wohnung und Betrieb bzw. wechselnden Einsatzstellen, führt dies nicht zu einem Lohnzufluss. Folge: **Kein Ansatz der 0,03 % des Fahrzeuglistenpreises pro Entfernungskilometer.** Das gilt immer dann, wenn die Arbeitnehmer auf diesen Vorteil nicht verzichten können. Dann **überwiegt das eigenbetriebliche Interesse** an der Fahrzeuggestellung insbesondere unter dem Aspekt, dass sich der Arbeitgeber dadurch erhebliche Kosten spart.

Das ist z.B. der Fall, wenn

- sich die Nettoarbeitszeit der Monteure erhöht,
- keine zusätzlichen Parkplätze benötigt werden oder
- die Organisation für die Ausgabe und Rücknahme der Fahrzeuge für die jeweiligen Montagefahrten entfällt.

Wird den Arbeitnehmern darüber hinaus auch die Privatnutzung der Firmenfahrzeuge in der Freizeit gestattet, führt dies nicht automatisch zur Annahme eines steuerpflichtigen Vorteils hinsichtlich der Fahrten zwischen Wohnung und Betrieb. Beide Vorgänge sind getrennt zu beurteilen, so dass Lohnsteuer nur auf die reinen Privatfahrten anfällt (FG Brandenburg 12.9.07, 12 K 7078/05 B).

640 Mal weniger, mal mehr Kilometer

Wenn es darum geht, im Lohnbüro den Sachbezug (Zuschlag) von 0,03 % pro Kilometer für die Fahrten zwischen Wohnung und Arbeitsstätte zu berechnen, geben Sie eine Entfernung von z.B. 35 Kilometer an. Das akzeptiert das Lohnbüro ohne Wenn und Aber und später wohl auch der Lohnsteueraußenprüfer. Bei der Abgabe der Steuererklärung haben Sie diese Entfernungsangabe längst wieder vergessen und setzen »wie bisher« für die Werbungskosten 40 Kilometer an.
Obwohl Sie im Umgang mit dem Finanzamt nicht gerade zimperlich sind, plagt Sie deswegen das schlechte Gewissen. Völlig ohne Grund. Nach dem Urteil des FG Köln vom 22.5.2003 (EFG 2003 S.1229) können für die Berechnung des Sachbezugs im Lohnbüro und für die Berechnung der Entfernungspauschale im Finanzamt durchaus unterschiedliche Kilometerangaben gemacht werden. Für den Sachbezug darf die kürzeste Straßenverbindung (§ 4 Abs.5 Nr.6 EStG), für die Entfernungspauschale hingegen eine längere Fahrtstrecke angegeben werden, wenn diese verkehrsgünstiger ist (§ 9 Abs.1 Nr.4 EStG).

641 Kostenbeteiligung

Wie bei allen anderen Sachbezügen müssen Sie nur den Teil des Vorteils aus der Nutzung des Firmenwagens versteuern, für den Sie Ihrem Arbeitgeber nichts bezahlt haben. Es werden also die von Ihnen an Ihren Brötchengeber geleisteten Zahlungen von den zu versteuernden Vorteilen abgezogen.
Für eine optimale Gestaltung der Zuzahlung haben Sie folgende Möglichkeiten:

- pauschale monatliche Zuzahlungen, z.B. 250 €/Monat,

- kilometerabhängige Zahlung, z.B. 0,20 € je privat gefahrenen Kilometer,
- Übernahme laufender Fahrzeugkosten,
- Übernahme der Leasingraten ganz oder zum Teil und
- Übernahme eines Teils vom Kaufpreis des Firmenwagens.

Beispiel

Sie nutzen einen Firmenwagen mit einem Listenpreis von 30.000 € privat. Dafür behält Ihr Arbeitgeber von Ihrem Nettogehalt jeden Monat 100 € ein.

Geldwerter Vorteil 30.000 € × 1 %	300 €
./. Zuzahlung	– 100 €
Monatlicher Arbeitslohn	200 €

Aufs Jahr gesehen ist der Arbeitslohn um 1.200 € geringer. Bei einem Steuersatz von 35 % sparen Sie dadurch etwa 480 € an Steuern und zusätzlich ca. 250 € an Sozialversicherung. Unter dem Strich trägt Vater Staat also über 60 % Ihrer Zahlungen an den Arbeitgeber.

Sie können Ihren geldwerten Vorteil auch durch die Übernahme laufender Kosten z.B. für den Sprit oder die Versicherung drücken (BFH-Urt. v. 30.11.2016 – Az. VI R 2/15). Lesen Sie dazu auch ➤ Rz 652.

TIPP Mit Zubehör die Steuern drücken! 642

Viele Unternehmen haben Dienstwagenverordnungen, die den Preis des Dienstwagens auf eine bestimmte Obergrenze beschränken. Angenommen, Ihr Arbeitgeber limitiert den Preis auf 30.000 €. Mit dem Sonderzubehör, das Sie gern hätten, käme der Wagen aber auf 33.000 €. Ihr Boss hat bestimmt nichts dagegen einzuwenden, dass Sie die Differenz von 3.000 € aus der eigenen Tasche bezahlen.

Für den im Oktober 2021 ausgelieferten Wagen ergibt sich nun folgende Rechnung:

Geldwerter Vorteil 2021	
30.000 € × 1 % = 300 € × 3 Monate	900 €
./. Zuzahlung 3.000 €, max. aber geldwerter Vorteil	– 900 €
Daraus Arbeitslohn 2021	0 €
Geldwerter Vorteil 2022	
30.000 € × 1 % = 300 € × 12 Monate	3.600 €
./. restliche Zuzahlung aus 2021 (3.000 € – 900 €)	– 2.100 €
Daraus Arbeitslohn 2022	1.500 €

Wie Sie sehen, kommt es nicht darauf an, wann Sie den Kaufpreisanteil zahlen. Können Sie die Zuzahlung im ersten Jahr nicht voll verrechnen, lässt das

Finanzamt zu, dass Sie den Rest in den nächsten Jahren abziehen, und zwar bis die Zuzahlung voll verrechnet ist (LStR 8.1 Abs. 9 Nr. 4 Sätze 3 u. 4).

Wer die Pflicht hat, Steuern zu zahlen,
hat das Recht, Steuern zu sparen.
(Helmut Schmidt, Bundeskanzler a.D.)

643 **Nutzungsverbot**

Ist Ihnen der Privatgebrauch des Firmenwagens untersagt, darf man Ihnen natürlich keinen Sachbezug für private Nutzung anhängen. Das Nutzungsverbot vereinbaren Sie am besten schriftlich, und Ihr Chef nimmt die Vereinbarung zum Lohnkonto. So kann er sie dem Finanzbeamten bei der nächsten Lohnsteuerprüfung unter die Nase halten, wenn der von einer Privatnutzung faselt. Wichtig ist, dass der Arbeitgeber das Nutzungsverbot auch überwacht. Wird das Fahrzeug außerhalb der Arbeitszeit auf dem Betriebsgelände abgestellt und geben Sie die Autoschlüssel ab, haben Sie keine Versteuerung des Sachbezugs zu befürchten (BMF-Schreiben v. 28.5.1996 – BStBl 1996 I S. 654).

644 **Nutzen mehrere Arbeitnehmer denselben betrieblichen Pkw, wird der pauschal ermittelte Privatanteil entsprechend der Zahl der Nutzungsberechtigten aufgeteilt (BFH-Urt. v. 16.5.2002 – BStBl 2003 II S. 311).**

645 **Begrenzung des pauschalen Nutzungswerts**

Bei einem bereits abgeschriebenen Fahrzeug, das zudem wenig genutzt wurde, kann der pauschale Nutzungswert die dem Arbeitgeber entstandenen Kosten übersteigen. In diesem Fall ist der Nutzungswert höchstens mit den tatsächlichen Gesamtkosten anzusetzen (LStH 8.1 Abs. 9 – 10).

646 **TIPP**

Drücken Sie mit Fahrkarten den Nutzungsvorteil!

Dieser Auffassung ist der BFH entschieden entgegengetreten (BFH v. 4.4.2008 – BStBl 2008 II S. 890 – und v. 28.8.2008 – BStBl 2009 II S. 280). Für den »Park and ride«-Fall wird demnach die 0,03-%-Regelung nur für die Teilstrecke angesetzt, für die der Pkw tatsächlich genutzt wird.

Lösung für einen Firmenwagen mit 40.000 € Listenpreis
Nutzungsvorteil lt. Finanzamt
0,03 % v. 40.000 € = 12,00 € × 50 km 600 €

Nutzungsvorteil lt. BFH

0,03 % v. 40.000 € = 12,00 € × 3 km	36 €
Differenz pro Monat	564 €
Differenz pro Jahr 564 € × 12 =	6.768 €

Das Finanzamt muss die günstigere Berechnung anwenden, wenn Sie Ihrem Arbeitgeber eine Jahresfahrkarte oder schlicht Ihre gesammelten Monatskarten für öffentliche Verkehrsmittel vorlegen oder er Ihnen ein entsprechendes Jobticket zur Verfügung stellt (BMF v. 4.4.2018 – BStBl 2018 I S. 601).

2. Möglichkeit: Fahrtenbuchmethode 647

Anstelle der 1-%-Methode kann der Sachbezug für den Firmenwagen anhand der privat gefahrenen Kilometer und der tatsächlichen Fahrzeugkosten besteuert werden. Dazu muss ein Fahrtenbuch geführt werden.

Fahrtenbuch oder Lügenbuch?
Sicherlich gehören Sie nicht zu den Hallodris, die ein weites Gewissen haben und ihr Fahrtenbuch im Stillen Lügenbuch nennen. Diese scheuen sich nicht, fingierte Berufsfahrten einzutragen, die ihnen Spielraum für schwarze Privatfahrten schaffen, oder bei einem Werkstattbesuch darauf zu pochen, dass der Meister nicht den tatsächlichen Kilometerstand aufschreibt, sondern den, der sich aus ihrem Lügenbuch ergibt, um verräterische Spuren zu verwischen.

Beispiel bei Führen eines Fahrtenbuchs
Anhand von 28.000 km Jahresfahrleistung und 8.960 € Gesamtkosten pro Jahr ergibt sich ein Kilometerpreis von 0,32 €. Nach den Aufzeichnungen im Fahrtenbuch wurde das Fahrzeug 5.600 km privat genutzt und 16.100 km für Fahrten zur Arbeit. Auch hier soll angenommen werden, dass der Betrieb die vorteilhafte pauschale Besteuerung der Fahrten zur Arbeit (Entfernung 35 km) übernimmt.

Berechnung des Sachbezugs			
Sachbezug für Privatfahrten 5.600 km × 0,32 € =			1.792 €
Sachbezug für Fahrten zur Arbeit			
16.100 km × 0,32 € =	5.152 €		
Davon versteuert der Betrieb pauschal:			
20 km × 180 Tage × 0,30 € =	– 1.080 €		
15 km × 180 Tage × 0,35 € =	– 945 €		
Verbleiben	3.127 €	>	3.127 €
Insgesamt über die Lohnabrechnung zu versteuern			4.919 €

Die Fahrzeugkosten einschließlich Abschreibung fordern Sie von der Buchhaltung an. Zeigt die sich zickig, setzen Sie pauschal 0,30 € je gefahrenen Kilometer an. Dies ist die Alternative zum Einzelnachweis von Fahrzeugkosten.

Wenn alle Stricke reißen, versuchen Sie das Fahrtenbuch nachträglich auf Vordermann zu bringen. Der BFH hat nämlich entschieden, dass das Finanzamt ein nachträglich erstelltes Fahrtenbuch nicht einfach für null und nichtig erklären kann (BFH v. 24.2.2000 – IV B 83/99, BFH/NV 2000 S. 807).

648 Fahrtenbücher sind in vielen Buchhandlungen erhältlich. Wichtig sind nach LStR 8.1 Abs. 9 folgende Eintragungen:

- Datum und Kilometerstand zu Beginn und am Ende einer jeden beruflichen Fahrt,
- Reiseziel und bei Umwegen auch die Reiseroute,
- Reisezweck und aufgesuchte Kunden und Geschäftspartner.

Für Privatfahrten genügen jeweils Kilometerangaben, für Fahrten zur Arbeit genügt ein kurzer Vermerk.

Gehören Sie zu den Vielfahrern, sind Sie z.B. Handelsreisender, sind Angaben zur Reiseroute nur bei Umwegkilometern erforderlich. Haben Sie einen festen Kundenkreis, reicht es aus, im Fahrtenbuch auf die Kundennummer zu verweisen und Datum sowie Kilometerstände einzutragen. Das Kundenverzeichnis mit Kundennummern fügen Sie Ihrem Fahrtenbuch bei.

Muster für Fahrtenbuch

Datum	km-Stand		Fahrtziel	Abfahrt	Rückkehr	km	
	Beginn	Ende				Berufl.	Privat
1. 3.	61.210	–	Firma	6.30	16.15	–	24
	–	61.275	Kunde Müller	11.00	12.30	41	–
2. 3.	61.275	–	Firma	6.30		–	12
	–	61.555	Messebesuch	7.10	21.00	268	–
3. 3.	61.555	–	Firma	6.30		–	12
	–	61.731	St. Pauli	16.00	23.15	–	164
...	61.731		...	...	...	...	...
...	...		...	...	...	...	...
...	...		...	...	...	...	...

Ein **elektronisches Fahrtenbuch** kann Ihnen die lästige Schreiberei erleichtern. Es gibt sie als Programme für Computer, Laptop oder Smartphone. Das Finanzamt erkennt das elektronische Fahrtenbuch an, wenn es alle erforderlichen Angaben enthält und nachträgliche Veränderungen technisch ausgeschlossen sind bzw. besonders dokumentiert werden.

Nichts ist so unglaubwürdig
wie die Wirklichkeit.
(Dostojewski)

Das Fahrtenbuch in der Hinterhand 649

Was günstiger ist, 1-%-Methode oder Fahrtenbuch, stellt sich vielfach erst im Nachhinein heraus. Denn keiner weiß im Voraus, in welchem Umfang er den Firmenwagen tatsächlich für Privatfahrten nutzt.
Wenn Sie zum ersten Mal einen Firmenwagen bekommen, soll das Lohnbüro zunächst die private Nutzung nach der 1-%-Methode berechnen und versteuern. Nebenbei führen Sie ein Fahrtenbuch. Am Ende des Jahres können Sie dann genau beurteilen, mit welcher Methode Sie am günstigsten fahren.
Lassen Sie uns einen Fall durchrechnen: Ihr Firmenwagen hat neu z.B. 30.000 € gekostet. Die Buchhaltung lässt die Betriebskosten über die Firma laufen und erfasst sie buchhalterisch. Das Lohnbüro berechnet den Sachbezug für die private Nutzung zunächst nach der 1-%-Methode wie folgt:

Pauschalierter Sachbezug für Privatfahrten			
Fahrzeuglistenpreis 30.000 € × 1 % =			300 €
Zuschlag für Fahrten zur Arbeit			
30.000 € × 0,03 % × 20 km =	180 €		
./. Pauschalversteuerung des Sachbezugs für Fahrten zur Arbeit:			
20 km × 15 Tage × 0,30 € =	– 90 €		
Verbleiben	90 €	>	90 €
Monatlicher Sachbezug			390 €
Jährlicher Sachbezug (390 € × 12) =			4.680 €

Nach den Eintragungen im Fahrtenbuch haben Sie mit dem Fahrzeug insgesamt 29.804 km abgespult. Nun lassen Sie sich aus der Buchhaltung die Betriebskosten für das Fahrzeug angeben und rechnen die Jahresabschreibung hinzu (17 % der Anschaffungskosten). Die Gesamtkosten betragen einschließlich Abschreibung 7.600 €. Ergebnis: Fahrtkosten pro Kilometer (7.600 € ÷ 29.804 km) = 0,25 €.

Ihre Privatrechnung

Nach den Aufzeichnungen im Fahrtenbuch wurde das Fahrzeug genutzt:

Private Nutzung 7.605 km × 0,25 € =			1.901 €
Fahrten zur Arbeit 9.200 km × 0,25 € =	2.300 €		
./. bereits pauschal versteuert	– 1.080 €		
Verbleiben	1.220 €	>	1.220 €
Sachbezug nach der Fahrtenbuchmethode			3.121 €

Aber hallo, (4.680 € - 3.121 € =) 1.559 € zu viel versteuert. Jetzt haben Sie zwei Möglichkeiten:

1. Sie traben gleich zu Jahresbeginn ins Lohnbüro, legen das Fahrtenbuch mit der Berechnung der Fahrtkosten vor und bitten um entsprechende Kürzung des geldwerten Vorteils.
2. Spielt das Lohnbüro nicht mit, können Sie in der Steuererklärung Anlage N > Zeile 6 einen entsprechend niedrigeren Jahresbruttolohn ansetzen, als die Lohnsteuerbescheinigung ausweist. Die Kürzung begründen Sie damit, dass die vom Betrieb angewandte 1-%-Methode zu einem falschen geldwerten Vorteil führt. Die Fahrtenbuchmethode ist für Sie günstiger und soll daher zugrunde gelegt werden. (Quelle: LStR 8 Abs. 9 Nr. 3 Satz 4: Bei der Veranlagung zur Einkommensteuer ist der Arbeitnehmer nicht an das für die Erhebung der Lohnsteuer gewählte Verfahren gebunden.)

Wichtig zu wissen: In diesem Fall darf das Finanzamt nicht einfach die vom Arbeitgeber übermittelten Werte in das Formular übernehmen! Prüfen Sie daher unbedingt in Ihrem Steuerbescheid, ob das Finanzamt Ihren Eintragungen gefolgt ist oder sie, was nicht selten der Fall ist, sang- und klanglos überschrieben hat.

Und noch etwas: Ist Ihr Firmenwagen älter als sechs Jahre, wird Ihre Firma ihn schon zu 100 % abgeschrieben haben. Bei einem hohen Listenpreis kann es sein, dass Ihr Privatanteil die tatsächlichen Fahrzeugkosten übersteigt. In diesem Fall darf höchstens der Aufwand der Firma als Privatanteil angesetzt werden (BMF-Schreiben v. 28.5.1996 – BStBl 1996 Teil I S. 654).

650 **TIPP**

Firmenwagen gegen Gehaltsverzicht

Ihr altes Schätzchen springt kaum noch an, der Rost nagt am Blech, und der nächste TÜV-Termin bringt Sie um den Schlaf. Da hilft nur eines: Ein neues Auto muss her. Bevor Sie nun zum Händler eilen und Ihr neues Vehikel über Leasing oder Bank finanzieren, verzichten Sie besser auf einen Teil Ihres Ge-

halts. Im Gegenzug spendiert Ihnen Ihr Chef einen Firmenwagen, den er sich durch Leasing beschafft.
»Unsinn«, tönen Sie, »das macht der nie.« Warten Sie ab, denn dieser Tipp lohnt sich für Sie beide. Sie rechnen wie folgt:

	Mit Firmenwagen	ohne Firmenwagen
Jahresbrutto (vorher)	40.000 €	40.000 €
Gehaltsverzicht		
./. Leasingraten	– 4.500 €	
./. übernommene Fahrzeugkosten	– 1.500 €	
Zwischensumme	34.000 €	
Sachbezug Firmenwagen (Listenpreis 25.000 €)		
Privatfahrten 25.000 € × 12 %	3.000 €	
Fahrten Wohnung – Arbeitsstätte		
25.000 € × 0,03 % × 12 Monate × 10 km	900 €	
Jahresbrutto (nachher)	37.900 €	40.000 €
Lohnsteuer 2021 (Steuerklasse III/0)	2.100 €	2.522 €
Kirchensteuer	189 €	227 €
Sozialversicherung	7.665 €	8.090 €
Abzüge insgesamt	9.954 €	10.839 €

Wie Sie sehen, ergibt sich in unserer Beispielrechnung für Sie eine Ersparnis von 885 €. Müssen Sie die Leasingsonderzahlung von vielleicht 3.000 € berappen, mindert diese Ihren Sachbezug und damit Ihre Steuerlast.
Für Ihren Chef sieht die Rechnung so aus: Leasingraten, Nebenkosten und Ihr Gehaltsverzicht heben sich plus/minus null auf. Sein Gewinn besteht in der Ersparnis von Sozialversicherung in Höhe von (8.090 € - 7.665 €) = 425 €.

TIPP Die schlitzohrige Variante eines Juniorchefs 651

»Ich pfeife auf einen Firmenwagen. Ich fahre mit meinem Privatauto auch für den Betrieb, und der zahlt mir für jeden Kilometer 0,30 €, steuerfrei als Reisekostenersatz.
Und so rechne ich:

Privat angeschaffter Audi Diesel kostet	rd. 30.000 €
Mit dem Betrieb abgerechnete Fahrtkosten pro Jahr:	
gefahrene km rd. 40.000 × 0,30 € =	12.000 €

In drei Jahren habe ich den Kaufpreis für den Audi reingefahren, weil ich kaum Kosten habe. Denn Reparaturen gehen in dieser Zeit über Garantie oder Kulanz, den Diesel tanke ich gratis aus unserer Firmenzapfsäule. Und wenn ich das Auto nach drei Jahren verkaufe, ist der Erlös – anders als bei einem abgeschriebenen Firmenwagen – völlig steuerfrei.«

Nicht schlecht, mein Lieber. Aber rechnen Sie damit, dass der Lohnsteuerprüfer, wenn er denn je kommt, Ihnen den Diesel von der Firmenzapfsäule als lohnsteuerpflichtigen Sachbezug aufbrummt.

652 TIPP Benzinkosten zu Ihren Lasten, so ergattern Sie schneller einen Firmenwagen!

So richtig vorteilhaft ist ein Firmenwagen für alle Innendienstler, weil sie das Fahrzeug nur für Privatfahrten und Fahrten zur Arbeitsstelle nutzen. Um trotzdem hier ins Spiel zu kommen, sagen Sie Ihrem Boss bei passender Gelegenheit: »Würde mich freuen, wenn Sie auch für mich einen Firmenwagen mitbestellen. Die Benzinkosten übernehme ich voll und ganz und das Thema ›Anpassung der Bezüge‹ ist vom Tisch.«
Ihr Boss ist einer von der schnellen Sorte und sagt: »Einverstanden, aber von Kleinkram will ich nichts sehen. Also übernehmen Sie auch die Pflegekosten nebst Kosten für Garage.«
Ihnen ist klar: Sie müssen 12 % vom Neupreis als Lohn versteuern, können aber die Kosten für Benzin, Pflege und Garage gegenrechnen. Haben Sie einige Tankquittungen verkramt, dürfen Sie die Benzinkosten schätzen nach Durchschnittsverbrauch und Durchschnittspreis (➤ Rz 825). Steht Ihr Firmenwagen nachts in Ihrer Privatgarage, setzen Sie auch den Wert für die Garagennutzung als Gegenkosten an.

Unterstützung vom Bundesfinanzhof!
Mit Urteil vom 30.11.2016 (Az. VI R 2/15) segnete der Bundesfinanzhof auch diese Variante ab. In seinem Urteil führt er aus: Leistet der Arbeitnehmer an den Arbeitgeber für die außerdienstliche Nutzung, d. h. für die Nutzung zu privaten Fahrten und zu Fahrten zwischen Wohnung und regelmäßiger Arbeitsstätte, eines betrieblichen Kfzs ein Nutzungsentgelt, mindert dies den geldwerten Vorteil aus der Nutzungsüberlassung.
Nichts anderes gilt, wenn der Arbeitnehmer im Rahmen der privaten Nutzung einzelne (individuelle) Kosten (hier: Kraftstoffkosten) des betrieblichen Pkws trägt. Der Umstand, dass der geldwerte Vorteil aus der Kfz-Überlassung nach der 1-%-Regelung ermittelt worden ist, steht dem nicht entgegen.
Eine vorteilsmindernde Berücksichtigung der für den betrieblichen Pkw getragenen Aufwendungen beim Arbeitnehmer kommt allerdings nur in Betracht, wenn er den geltend gemachten Aufwand im Einzelnen umfassend darlegt und belastbar nachweist.

Legen Sie mit Ihrem Chef die richtige Strategie fest 653

Bei einem Neuwagen kommen Sie mit der 1-%-Methode meistens günstiger davon. Denn die Abschreibung treibt in den ersten Jahren die Autokosten in die Höhe. Bei einem Fahrzeug der Mittelklasse beträgt sie trotz einer beachtlichen Fahrleistung von 28.000 km im ersten Jahr 0,19 € je gefahrenen Kilometer, wie das folgende Beispiel zeigt:
Wie sich die Abschreibung entwickelt:

VW-Passat, Anschaffungskosten (ohne MwSt.)	27.000 €
Abschreibung degressiv im ersten Jahr: 20 % von 27.000 € =	– 5.400 €
Restbuchwert im ersten Jahr	21.600 €
Abschreibung degressiv im zweiten Jahr: 20 % von 21.600 € =	– 4.320 €
Restbuchwert im zweiten Jahr	17.280 €
Abschreibung degressiv im dritten Jahr: 20 % von 17.280 € =	– 3.456 €
Restbuchwert im dritten Jahr	13.824 €
Abschreibung degressiv im vierten Jahr: 20 % von 13.824 € =	– 2.765 €
usw.	

Die Abschreibung vermindert sich also von Jahr zu Jahr rapide. Schon im vierten Jahr kann es günstiger sein, Privatfahrten nach der Fahrtenbuchmethode zu versteuern.

TIPP Geringere Abschreibung bei Elektro- oder Hybridfahrzeugen 654

Haben Sie als Firmenwagen ein reines Elektro- oder ein extern aufladbares Hybridfahrzeug, geht unter bestimmten Voraussetzungen (siehe hierzu ➤ Rz 634) die Abschreibung nur zu einem Viertel bzw. nur zur Hälfte in die Berechnung des Nutzungsvorteils ein. Wäre also der Firmenwagen im obigen Beispiel ein 2020 gekauftes reines Elektrofahrzeug, betrüge die (fiktive) Abschreibung, die in die Pkw-Gesamtkosten eingerechnet wird, im Erstjahr:
27.000 € × 25 % = 6.750 € × 20 % = 1.350 € (statt 5.400 €!).

13.3 Einbehaltene Lohnsteuer und Kirchensteuer – Zeile 7 – 10

Lohn-, Kirchensteuer und Solidaritätszuschlag aus Zeile 4 – 7 Ihrer Lohn- 655
steuerbescheinigung berücksichtigt das Finanzamt automatisch in > Zeile 7 – 10 der Anlage N.

656 Zeile 9 – 10 Kirchensteuer bei konfessionsverschiedener Ehe

Das hört sich teuflisch kompliziert an und ist es auch. Dabei erscheint der Fall zunächst recht einfach: Eine konfessionsverschiedene Ehe führen Ehegatten, die gegenüber verschiedenen Kirchen steuerpflichtig sind, weil der eine z.B. römisch-katholisch und der andere evangelisch ist. Auf der Lohnsteuerkarte eines Alleinverdieners steht dann: Kirchensteuerabzug Arbeitnehmer: rk, Ehegatte: ev.
In diesem Fall erscheint die Kirchensteuer (8 oder 9 % der Lohnsteuer) in Zeile 7 der Lohnsteuerbescheinigung. Die evangelische Kirche freut sich, denn sie profitiert in Höhe von 50 % von der Kirchensteuer des – katholischen – Arbeitnehmers (unfaire Halbteilung). Jetzt passen Sie aber auf!!
Zunächst noch einfacher erscheint es, wenn nur ein Ehegatte kirchensteuerpflichtig ist. Dann sind die Ehegatten glaubensverschieden, was immer das auch heißen mag. Angenommen, der Ehemann ist werktätig und gehört keiner Kirche an. Dann steht auf seiner Lohnsteuerkarte unter Kirchensteuerabzug: vd oder – . In diesem Fall darf ihm keine Kirchensteuer abgezogen werden.
Hat der Ehepartner, der einer Kirche angehört, keine Einkünfte, ist bei diesem Ehepaar für die Kirche nichts zu holen. Hat er dagegen Einkünfte, wird für ihn Kirchensteuer nur nach dem Verhältnis der auf ihn entfallenden Einkommen- oder Lohnsteuer gesondert festgesetzt. Immer wieder kommt es aber vor, dass die Finanzämter in solchen Fällen die volle Kirchensteuer festsetzen. Prüfen Sie deshalb bei glaubensverschiedener Ehe den Steuerbescheid unbedingt auf richtige Berechnung der Kirchensteuer.

Beispiel
Beide Eheleute haben Einkünfte und es ist ein Kind zu berücksichtigen:

	Ehemann		Ehefrau
Konfession	–		ev
Summe der Einkünfte z.B.	20.000 €		10.000 €
Lohnsteuer nach Grundtabelle	2.266 €		36 €
Summe = Verteilungsmaßstab		2.302 €	
Anteilig	98,4 %		1,6 %
Gemeinsame Einkommensteuer lt. Einkommensteuerbescheid		2.020 €	
Davon entfallen auf den kirchenangehörigen Ehegatten 1,6 % = (gerundet)		32 €	
Davon Kirchensteuer 9 %		3 €	

Ärgerliches Kirchgeld 657

Sofern für den kirchensteuerpflichtigen Ehegatten nur eine geringe oder keine Kirchensteuer nach Maßgabe seines Einkommens entsteht, dürfen die Kirchen Kirchensteuer in Form des **besonderen Kirchgelds** erheben – eine eigenständige Steuer, die auf einem kircheneigenen Steuertarif beruht. **Mehr zum Kirchgeld unter ➤ Rz 168 f.**

TIPP 658

Die Kirchensteuer ist eine Sonderausgabe

Vergessen Sie nicht, die Kirchensteuer und das Kirchgeld in > Zeile 4 der Anlage Sonderausgaben anzusetzen.

Nichtstun ist immer die teuerste Lösung.
(Erkenntnis eines Gesundbeters)

14.4 Versorgungsbezüge – Zeile 11 – 15

Was sind Versorgungsbezüge? 659

Versorgungsbezüge sind Arbeitslohn aus einem früheren Dienstverhältnis. Stammt Ihre Altersversorgung also nicht aus der gesetzlichen Rentenversicherung oder einer betrieblichen Zusatzversicherung, sondern als Staats-, Dienst- oder Firmenpension von Ihrem früheren Arbeitgeber, müssen Sie diese Bezüge als nachträglichen Arbeitslohn versteuern.
Versorgungsbezüge beziehen auch Arbeitnehmer, die vorzeitig aus dem Erwerbsleben ausscheiden und hierfür von ihrem Betrieb für eine Übergangszeit Vorruhestandsgeld erhalten.
Versorgungsbezüge sind in Höhe des Versorgungsfreibetrags steuerfrei.

Versorgungsfreibetrag (§ 19 Abs. 2 EStG)

Der Versorgungsfreibetrag beträgt für diejenigen, die bereits vor 2005 eine Pension bezogen haben, 40 % der Versorgungsbezüge, max. 3.000 €. Von den verbleibenden Versorgungsbezügen wird dann noch ein Zuschlag zum Versorgungsfreibetrag von max. 900 € abgezogen.
Es wird also gerechnet:

Versorgungsbezüge	36.000 €
./. Versorgungsfreibetrag	
36.000 € × 40 % = 14.400 €, max.	– 3.000 €
./. Zuschlag zum Versorgungsfreibetrag, max.	– 900 €
Verbleiben	32.100 €
./. Werbungskosten, mind. Pauschbetrag	– 102 €
Einkünfte	31.998 €

Versorgungsbezüge (Beginn nach 2005)
Der Versorgungsfreibetrag nebst Zuschlag wird bis zum Jahr 2040 schrittweise – bis 2020 um 1,6, ab 2021 um 0,8 Prozentpunkte je Jahr – abgeschmolzen: Neupensionäre des Jahres 2021 erhalten einen Versorgungsfreibetrag von 15,2 %, max. 1.140 €, sowie einen Zuschlag von höchstens 342 €. Wer erstmals im Jahr 2022 Versorgungsbezüge erhält, kann einen Versorgungsfreibetrag von 14,4 %, max. 1.080 €, geltend machen. Der Zuschlag mindert sich auf 324 €. Außerdem werden der Höchstbetrag und der Zuschlag im ersten Jahr gezwölftelt.

Beispiel

Versorgungsbezüge ab Mai 2021	24.000 €
./. Versorgungsfreibetrag	
Jahrespension 36.000 € × 15,2 % = 5.472 €, max. 1.140 € × $^{8}/_{12}$ =	– 760 €
./. Zuschlag zum Versorgungsfreibetrag, max. 342 € × $^{8}/_{12}$ =	– 228 €
Verbleiben	23.012 €
./. Werbungskosten, mind. Pauschbetrag	– 102 €
Einkünfte 2021	22.910 €

(zur Bemessungsgrundlage des Versorgungsfreibetrags siehe ➤ Rz 661)

Ein Blick in die ferne Zukunft
So wie die Renten aus der gesetzlichen Rentenversicherung ab 2040 in voller Höhe steuerpflichtig sein werden, gehören die Versorgungsfreibeträge für Neupensionäre ab dem Jahr 2040 gänzlich der Vergangenheit an.

Tabelle für den Versorgungsfreibetrag (aus § 19 Abs. 2 EStG)
Der maßgebende Prozentsatz, der Höchstbetrag des Versorgungsfreibetrags und der Zuschlag zum Versorgungsfreibetrag sind der nachstehenden Tabelle zu entnehmen:

Jahr des Versorgungsbeginns	Versorgungsfreibetrag		Zuschlag zum Versorgungsfreibetrag
	... % der Versorgungsbezüge	maximal	
		€	€
bis 2005	40,0	3.000	900
ab 2006	38,4	2.880	864
2007	36,8	2.760	828
2008	35,2	2.640	792

Jahr des Versorgungsbeginns	Versorgungsfreibetrag		Zuschlag zum Versorgungsfreibetrag
	... % der Versorgungsbezüge	maximal	
		€	€
2009	33,6	2.520	756
2010	32,0	2.400	720
...			
2020	16,0	1.200	360
2021	15,2	1.140	342
2022	14,4	1.080	324
...			
2039	0,8	60	18
2040	0,0	0	0

Altersentlastungsbetrag (§ 24 a EStG)

Neben dem Versorgungsfreibetrag können Sie einen Altersentlastungsbetrag in Anspruch nehmen. Das ist ein bestimmter Prozentsatz der positiven Summe der Einkünfte (ohne Renten und Versorgungsbezüge). Voraussetzung ist, dass Sie vor Beginn des Kalenderjahres Ihr 64. Lebensjahr vollendet haben. Das ist der Fall, wenn Sie spätestens am 1.1. des Veranlagungsjahres Ihren 64. Geburtstag feiern. Für 2021 können also alle Steuerzahler den Altersentlastungsbetrag beanspruchen, die am 1.1.1957 oder früher geboren sind. Mehr zum Altersentlastungsbetrag unter ➤ Rz 944.

Werbungskosten in Sonderfällen

Werbungskosten, die ausschließlich den Versorgungsbezügen zuzuordnen sind, wirken sich schon dann steuerlich aus, wenn der Pauschbetrag von 102 € überschritten wird, während bei den Werbungskosten zu den Einnahmen aus aktiver Beschäftigung der Arbeitnehmerpauschbetrag von 1.000 € gerissen werden muss.

Angesichts dessen ist es sinnvoll, zwischen beiden zu unterscheiden, was durch die > Zeile 73 möglich ist.

ANLAGE N
Einkünfte aus nichtselbständiger Tätigkeit **2022**

Werbungskosten in Sonderfällen
– Die in den Zeilen 73 bis 76 erklärten Werbungskosten dürfen nicht in den Zeilen 31 bis 72 und 91 bis 117 enthalten sein –

Werbungskosten zu steuerbegünstigten Versorgungsbezügen lt. Zeile 11

	Art der Aufwendungen		EUR
73		682	,—

660 Zeile 11 Versorgungsbezüge

Die Höhe der Versorgungsbezüge ist in Zeile 8 der Lohnsteuerbescheinigung gesondert ausgewiesen.

661 Zeile 12 Bemessungsgrundlage für den Versorgungsfreibetrag

Im Prinzip ist die Bemessungsgrundlage für den Versorgungsfreibetrag der Versorgungsbezug des ersten Monats, in dem Sie Versorgungsbezüge erhalten haben, hochgerechnet auf ein Jahr. Deshalb hat der Arbeitgeber in Zeile 29 der Lohnsteuerbescheinigung die Bemessungsgrundlage ausgewiesen.

Sie können die Bemessungsgrundlage für den Versorgungsfreibetrag kontrollieren: Sie ist

- bei Versorgungsbeginn vor 2005 das Zwölffache des Versorgungsbezugs für Januar 2005,
- bei Versorgungsbeginn ab 2005 das Zwölffache des Versorgungsbezugs für den ersten vollen Monat,

jeweils zzgl. voraussichtlicher Sonderzahlungen im Kalenderjahr wie z. B. Weihnachtsgeld, auf die zu diesem Zeitpunkt ein Rechtsanspruch besteht.

662 Zeile 13 Maßgebendes Kalenderjahr des Versorgungsbeginns

Dazu sollten Sie wissen: Prozentsatz, Höchstbetrag und Zuschlag des Versorgungsfreibetrags richten sich nach dem Jahr des Versorgungsbeginns. Die Werte bleiben über die gesamte Laufzeit der Pension unverändert, sind quasi festgeschrieben.

Zeile 14 Bei unterjähriger Zahlung: erster und letzter Monat, für den Versorgungsbezüge gezahlt wurden 663

Für jeden vollen Kalendermonat, für den keine Versorgungsbezüge gezahlt werden, ermäßigen sich der Versorgungsfreibetrag und der Zuschlag zu diesem um je ein Zwölftel (vgl. Zeile 31 der Lohnsteuerbescheinigung).

Zeile 15 Sterbegeld, Kapitalauszahlungen/ Abfindungen und Nachzahlungen 664

Diese besonderen Versorgungsbezüge entnehmen Sie der Zeile 32 der Lohnsteuerbescheinigung. Für diese Zahlungen werden ebenfalls ein Versorgungsfreibetrag sowie ein Zuschlag dazu berechnet.
Gemeinsam mit den Freibeträgen zu den Bezügen laut > Zeile 11 – 14 können aber die max. abzugsfähigen Beträge von bis zu 3.000 € bzw. 900 € nicht überschritten werden.

14.5 Versorgungsbezüge bzw. Arbeitslohn für mehrere Jahre – Entschädigungen – Zeile 16 – 20

Eine Wohltat kommt selten allein, sagt man. Haben Sie mal durch eine 665
Nach- oder Vorauszahlung, eine Jubiläumszuwendung, Entschädigung, Abfindung o. Ä. außerordentlich abkassiert, zeigt sich der Fiskus vernünftig und nimmt nicht die volle Steuer, sondern gewährt in Form der sog. Fünftelregelung Nachlass. Und der ist durchaus geboten, weil normalerweise durch zusätzliche steuerpflichtige Einnahmen die Steuerprogression steil ansteigt, was zu einer unerträglichen Belastung führen könnte.

Die Fünftelregelung: Die Steuer für außerordentliche Einnahmen wird zunächst aus einem Fünftel des nachgezahlten Betrags berechnet und sodann verfünffacht. (Quelle: § 3 Nr. 9 und § 34 EStG)

666 Zeile 16 - 18 Versorgungsbezüge/Arbeitslohn für mehrere Jahre, Entschädigungen

Da Zahlungen für mehrere Kalenderjahre und Entschädigungen ermäßigt besteuert werden, müssen diese getrennt vom übrigen Arbeitslohn oder den übrigen Versorgungsbezügen eingetragen werden.

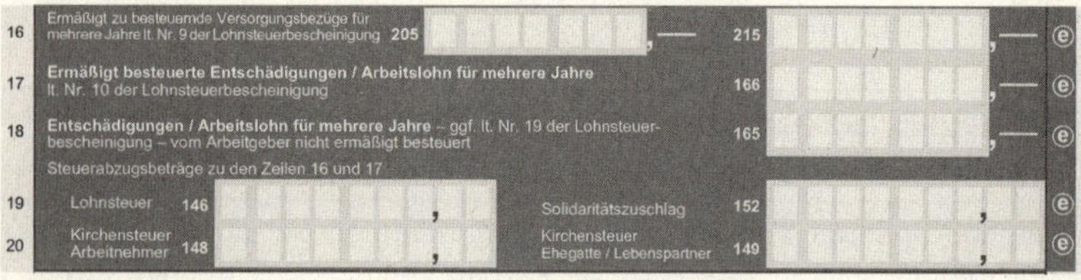

16	Ermäßigt zu besteuernde Versorgungsbezüge für mehrere Jahre lt. Nr. 9 der Lohnsteuerbescheinigung	205	,—	215	,—
17	**Ermäßigt besteuerte Entschädigungen / Arbeitslohn für mehrere Jahre** lt. Nr. 10 der Lohnsteuerbescheinigung			166	,—
18	**Entschädigungen / Arbeitslohn für mehrere Jahre** – ggf. lt. Nr. 19 der Lohnsteuerbescheinigung – vom Arbeitgeber nicht ermäßigt besteuert			165	,—
	Steuerabzugsbeträge zu den Zeilen 16 und 17				
19	Lohnsteuer	146	,	Solidaritätszuschlag 152	,
20	Kirchensteuer Arbeitnehmer	148	,	Kirchensteuer Ehegatte / Lebenspartner 149	,

Die – vom Finanzamt automatisch berücksichtigten – Beträge können Sie mit den Zeilen 9, 10 und 19 der Lohnsteuerbescheinigung abgleichen:

9. Steuerbegünstigte Versorgungsbezüge für mehrere Kalenderjahre		
10. Ermäßigt besteuerter Arbeitslohn für mehrere Kalenderjahre (ohne 9) und ermäßigt besteuerte Entschädigungen		
11. Einbehaltene Lohnsteuer von 9 und 10		
12. Einbehaltene Solidaritätssteuer von 9 und 10		
13. Einbehaltene Kirchensteuer des Arbeitnehmers von 9 und 10		
14. Einbehaltene Kirchensteuer des Ehegatten von 9 und 10 (nur bei konfessionsverschiedner Ehe)		
15. Kurzarbeitergeld, Zuschuss zum Mutterschaftsgeld		
Fahrten zwischen Wohnung und Arbeitsstätte		
19. Steuerpflichtige Entschädigungen und Arbeitslohn für mehrere Kalenderjahre, die nicht ermäßigt besteuert wurden – in 3. enthalten		
20. Steuerfreie Verpflegungszuschüsse bei Auswärtstätigkeit		

667 Steuerbonus sichern und Doppelbesteuerung vermeiden!
Nicht immer läuft im Lohnbüro alles rund. Darum prüfen Sie die Eintra-

gungen auf der Lohnsteuerbescheinigung genau, wenn Sie eine Entschädigung oder Arbeitslohn/Versorgungsbezüge für mehrere Jahre erhalten haben. Fehlen entsprechende Eintragungen in den Zeilen 9, 10 oder 19, geht Ihnen die ermäßigte Besteuerung dafür durch die Lappen.
Eine Eintragung in Zeile 19 der Lohnsteuerbescheinigung bedeutet, das Lohnbüro hat die Steuervergünstigung bei Auszahlung von Jubiläumsgeld oder Entschädigung nicht berücksichtigt. In diesem Fall ist die Gefahr groß, dass das Finanzamt die Sonderzahlung doppelt besteuert: unter > Zeile 6 und ein weiteres Mal unter > Zeile 18. Prüfen Sie also Ihren Steuerbescheid genau, in welcher Höhe Bruttoarbeitslohn insgesamt angesetzt wurde.

Abfindungen sind Quasientschädigungen, die der Arbeitnehmer als Ausgleich für die mit der Auflösung des Dienstverhältnisses verbundenen Nachteile erhält, insbesondere für den Verlust des Arbeitsplatzes. Eine Abfindung ist steuerpflichtiger Arbeitslohn, kann jedoch nach der sog. Fünftelregelung (s.o.) ermäßigt besteuert werden, wenn sie zu außerordentlichen Einkünften führt (§ 34 EStG). **668**

Welche Abfindung ist außerordentlich?
Außerordentlich bezieht sich auf den Umstand, dass sich Einkünfte in ein und demselben Kalenderjahr »ballen«, was die Progression anheizt. Als außerordentlich gilt deshalb nur, wenn der Abfindungsbetrag in einer Summe zufließt (BFH v. 4.5.2003 – BStBl 2003 II S. 881). Ausnahme: Die Abfindung verteilt sich auf zwei Kalenderjahre unter der Voraussetzung, dass die Zahlung von vornherein in einer Summe vorgesehen war und nur wegen ihrer ungewöhnlichen Höhe und der besonderen Verhältnisse des Zahlungspflichtigen auf zwei Jahre verteilt wurde oder wenn der Entschädigungsempfänger – bar aller Existenzmittel – dringend auf den baldigen Bezug einer Vorauszahlung angewiesen war (BFH v. 2.9.1992 – BStBl 1993 II S. 831).

Wichtig zu wissen:
Wird die Abfindung in zwei Teilbeträgen in verschiedenen Jahren ausgezahlt, riskieren Sie die ermäßigte Besteuerung, wenn beide Teilleistungen mehr als 10 % der Hauptabfindung ausmachen (Schreiben des Bundesfinanzministeriums vom 4.3.2016 –Az. IV C 4 – S 2290/07/10007). Also werden Sie mit Ihrem Chef die Sache günstig regeln:

Abfindung	40.000 €
1. Teilzahlung Ende 2022 max. 10 % =	4.000 €
2. Teilzahlung in 2023	36.000 €

und die ermäßigte Besteuerung bleibt erhalten.

Gefährliches Fangeisen:
Eine Abfindung in Kombination mit – selbst geringen – laufenden Zahlungen oder Sachzuwendungen schließt den ermäßigten Steuersatz aus, obwohl dies im Zuflussjahr zu einer hohen Progression führt (FG Baden-Württemberg v. 11.10.2001 – EFG 2002 S. 265 und die dort aufgeführte Rechtsprechung). Das wird oft übersehen, wenn weiterhin Sachzuwendungen in Form eines **Dienstwagens**, einer **Dienstwohnung** oder des Rechts auf **verbilligten Einkauf** im Betrieb gewährt werden. Ein gefundenes Fressen für den Lohnsteueraußenprüfer.
Ganz anders sieht die Sache aus, wenn die laufenden Zahlungen z. B. ein bereits im Arbeitsvertrag geregeltes Wettbewerbsverbot betreffen oder der Dienstwagen oder die Dienstwohnung schon im Arbeitsvertrag für den Fall seiner Aufhebung versprochen wurden. Dann sind sie nicht Teil der Abfindung (BFH-Urt. v. 16.3.1993 – BStBl 1993 II S. 497) und handelt es sich um selbständige Sachverhalte. Die Abfindung ist dann steuerbegünstigt.
Wenn Sie so etwas nicht vorbringen können, versuchen Sie mit Ihrem alten Betrieb eine neue geringfügige Tätigkeit zu vereinbaren, die mit dem Dienstwagen, der Dienstwohnung oder den weiteren laufenden Zahlungen honoriert wird. Gelingt Ihnen das nicht, dann überlegen Sie, ob Sie nicht günstiger fahren, wenn Sie auf diese Extras verzichten und dafür den günstigen Steuersatz für die Abfindung bekommen.

669 ◆ *Musterfall Herbert (Abfindung)*

Herbert glaubte endlich die Sonne zu sehen, als er mit knapp über 50 in einer anderen Firma den Posten des Verkaufsleiters mit 5.000 € Monatsgehalt erhielt. Doch die Chefetage machte enormen Druck, forderte immer höhere Umsätze. 55.000 € als Abfindung und den Geschäftswagen als Zugabe konnte Herbert aushandeln, als er nur ein Jahr später die Konsequenzen zog und zum 30.6. aus der Firma ausschied. Immerhin ein schönes Polster, 60.000 €, wenn man den Geschäftswagen auf 5.000 € taxiert. Die Abfindung berücksichtigt das Finanzamt automatisch in > Zeile 17.

16	Ermäßigt zu besteuernde Versorgungsbezüge für mehrere Jahre lt. Nr. 9 der Lohnsteuerbescheinigung	205	,—	215	,—	e
17	**Ermäßigt besteuerte Entschädigungen / Arbeitslohn für mehrere Jahre** lt. Nr. 10 der Lohnsteuerbescheinigung			166	60000,—	e
18	**Entschädigungen / Arbeitslohn für mehrere Jahre** – ggf. lt. Nr. 19 der Lohnsteuerbescheinigung – vom Arbeitgeber nicht ermäßigt besteuert			165	,—	e
	Steuerabzugsbeträge zu den Zeilen 16 und 17					
19	Lohnsteuer	146	12 170,00	Solidaritätszuschlag 152	669,35	e
20	Kirchensteuer Arbeitnehmer	148	1 095,30	Kirchensteuer Ehegatte / Lebenspartner 149	,	e

Das Finanzamt besteuert Herberts Abfindung von insgesamt 60.000 € nach der Fünftel-Regelung wie folgt:

	Arbeitslohn (III/0)	*Lohnsteuer*
Jahresarbeitslohn ohne Abfindung(für 6 Monate)	*30.000 €*	*662 €*
1/5 der Abfindung	*12.000 €*	
	42.000 €	*2.930 €*
Differenz		*2.268 €*

Auf die Abfindung entfällt eine Lohnsteuer in Höhe von 11.340 € (2.268 € × 5). Zusammen mit der Kirchensteuer ergibt sich eine Steuerbelastung von insgesamt 12.360 €.
Ohne den ermäßigten Steuersatz würde sich – bezogen allein auf die Abfindung von 60.000 € – eine Steuerbelastung von 16.988 € ergeben. Also 4.628 € gespart.

Werbungskosten in Sonderfällen

In > Zeile 74 – 75 halten die Fiskalbürokraten zwei Dummenkästchen für Sie bereit. Wenn man es ganz genau nimmt, ist die Fünftel-Regelung nicht auf die gesamte Abfindung anzuwenden, sondern auf die außerordentlichen Einkünfte (= Abfindung abzgl. diesbezüglich entstandener Werbungskosten wie z. B. Anwaltskosten).
»Moment, das mindert den Betrag für die Fünftel-Regelung und damit meinen Steuervorteil«, erkennen Sie sofort messerscharf.
Stimmt genau, und so will es das Finanzamt …
»Da trage ich meine Werbungskosten lieber weiter auf Seite 2 der Anlage N ein«, sagen Sie trotzig.
Steuerlich günstiger wäre das zwar, aber korrekt ist es nicht …

			EUR
	Werbungskosten zu steuerbegünstigten Versorgungsbezügen lt. Zeile 11 Art der Aufwendungen		
73		682	,—
	Werbungskosten zu steuerbegünstigten Versorgungsbezügen für mehrere Jahre lt. Zeile 16 Art der Aufwendungen		
74		659	,—
	Werbungskosten zu Entschädigungen / Arbeitslohn für mehrere Jahre lt. Zeile 17 und / oder 18 Art der Aufwendungen		
75		660	,—

TIPP 670

Regeln Sie auch den Abflug steuergünstig!

Beachten Sie: Sie können nur dann Steuern sparen, wenn zusätzliche Freibeträge oder Steuervergünstigungen zu ergattern sind. Also werden Sie bei Aufhebung des Arbeitsverhältnisses auf eine Abfindung hinwirken.

Die maßgebende Textpassage im Aufhebungsvertrag lautet: »... wird vereinbart, das Arbeitsverhältnis einvernehmlich auf Veranlassung der Firma aufzuheben ...«

Sodann machen Sie Ihrem Chef einen Vorschlag: »Hören Sie, mein Gehalt, das nach meinem Ausscheiden aus dem Betrieb ja noch zwei Monate weiterlaufen soll, möchte ich als Abfindung erhalten. Können wir nicht den Kündigungstermin zwei Monate vorverlegen? Denn alles, was danach gezahlt wird, gilt als steuerbegünstigte Abfindung.«
Melden Sie sich anschließend arbeitslos, haben Sie weitere Vorteile: Das Arbeitsamt löhnt ab sofort und nicht erst nach einer Karenzzeit von drei Monaten. Denn schließlich hat die Firma Ihnen gekündigt. Abends beim Bierchen denken Sie zurück an die vielen Jahre, in denen Sie für die Firma geschuftet und manches krumme Ding still mitgemacht haben. Und da kommt Ihnen noch eine andere Idee.

671 **TIPP** **Frustabfindung statt Blumen**

Sie haben sich jahrelang für die Firma kaputt geschuftet und viel zu wenig verdient. Um den ganzen Frust vergessen zu können, möchten Sie zum Abschied eine zusätzliche Abfindung. Wenn sich Ihr Chef über Ihre Forderung empört, dann empören Sie sich auch ...

- ... über die Schlammgrube, die seit Jahren nur bei Nacht und Nebel entsorgt wird, was Ihnen als umweltbewusstem Menschen so manche schlaflose Nacht einbrachte,
- ... über das Geschäft mit dem damaligen Jugoslawien, von dem plötzlich alle Unterlagen fehlten,
- ... und über verschiedene andere Gelegenheiten, wo nicht alles sauber gelaufen ist ...

Erst gibt es vielleicht Zoff, aber nach ein paar Tagen, wenn er sich hat gut beraten lassen, kommt bestimmt das erste gütliche Angebot. Dann dürfen Sie aber nicht allzu zimperlich sein!

672 **Abfindungen sind von der Sozialversicherung befreit!**
Wenn Sie mit Ihrem Arbeitgeber die Höhe Ihrer Abfindung aushandeln, sollten Sie noch Folgendes wissen: Entlassungsentschädigungen gehören nicht zum sozialversicherungspflichtigen Arbeitsentgelt (Urt. des Bundessozialgerichts v. 21.2.1990, Az. 12 RK 20/88).

TIPP Himmlische Vergünstigung: Erlass der Kirchensteuer 673

Zusätzlich zur Einkommensteuer und zum Soli-Zuschlag müssen Sie als Kirchenmitglied Kirchensteuer auf die Abfindung zahlen – traurig, aber wahr. Was die Kirchen nicht an die große Glocke hängen: Sie können auf diese Kirchensteuer einen Erlass von 50 % ergattern.
»Mensch, prima, was muss ich dafür tun?«, rufen Sie begeistert.
Ganz einfach. Wenn Sie Ihren Steuerbescheid vom Finanzamt bekommen haben, stellen Sie bei der Diözese (für Katholiken) bzw. der Landeskirche (für Protestanten) einen formlosen Antrag auf Teilerlass der Kirchensteuer, die auf die Abfindung entfällt (Quelle: FG Nürnberg v. 2.2.1995, rkr, EFG 1995, S. 691). Das Finanzamt hat mit dieser Sache nichts am Hut. An wen Sie sich wenden müssen, steht auf Ihrem Steuerbescheid unter der Überschrift Rechtsbehelfsbelehrung. Dem Antrag fügen Sie eine Kopie des Steuerbescheids und der betreffenden Gehaltsabrechnung bei.

Stöhnen ist halbe Arbeit.
(Sprichwort)

So könnte Ihr Schreiben aussehen:

```
An das
Landeskirchenamt
Altstädter Kirchplatz 5
33602 Bielefeld

Münster, den . . .

Teilerlass der Kirchensteuer: Abfindungszahlung

Sehr geehrte Damen und Herren,
anlässlich der Auflösung des Arbeitsverhältnisses habe
ich im Jahr 2021 von meinem Arbeitgeber eine Abfindungs-
zahlung erhalten. Hiermit bitte ich um Erlass der darauf
entfallenden Kirchensteuer in Höhe von 50%. Meinen Steu-
erbescheid für 2021 sowie eine Kopie der entsprechenden
Gehaltsabrechnung füge ich diesem Schreiben bei.
Mit der Bitte um wohlwollende Prüfung meines Antrags

. . . . . . . . . . .
```

14.6 Steuerabzug – Steuerfreiheit – Doppelbesteuerungsabkommen – Zeile 21 – 28

674 Zeile 21 Steuerpflichtiger Arbeitslohn ohne Steuerabzug

21	Steuerpflichtiger Arbeitslohn, von dem kein Steuerabzug vorgenommen worden ist (soweit nicht in der Lohnsteuerbescheinigung enthalten)	115	,—

Hier wird Ihre Steuerehrlichkeit auf eine harte Probe gestellt, weil dieser Arbeitslohn nicht in der Lohnsteuerbescheinigung auftaucht. Zum steuerpflichtigen Arbeitslohn, von dem kein Steuerabzug vorgenommen worden ist, gehören z.B.

- Arbeitslohn von einem ausländischen Arbeitgeber, von Dritten gezahlter Arbeitslohn, Verdienstausfallentschädigungen,
- nach dem Gesetz zur Förderung der Einstellung der landwirtschaftlichen Erwerbstätigkeit von öffentlichen Kassen geleistete Beiträge zur gesetzlichen Rentenversicherung und zu den Arbeitgeberanteilen an den Krankenkassenbeiträgen sowie steuerpflichtige Teile der Ausgleichsleistungen.

675 Zeile 22 – 25 Steuerfreier Arbeitslohn bei Auslandstätigkeit

Sind Mitarbeiter im Ausland tätig, nimmt der Fiskus diesen Bereich neuerdings bei Lohnsteuerprüfungen stärker ins Visier, locken doch hohe Nachzahlungen, sprich Mehrergebnisse. Dieser Bereich nennt sich »Internationales Steuerrecht«, und darin kennen sich nur wenige aus. Zudem gilt er, wie man hört, als fehleranfällig.
Im Normalfall ist der Lohn bei Tätigkeit im Ausland steuerfrei, entweder nach einem **Doppelbesteuerungsabkommen** oder nach dem sog. **Auslandstätigkeitserlass.** Allerdings setzt der Fiskus unter dem Vorwand einer gerechten Besteuerung seine Schröpfköpfe an, indem er die im Ausland erzielten Einnahmen zur Erhöhung des Steuersatzes missbraucht (Progressionsvorbehalt nach § 32b EStG). In der Methode also identisch wie beim Arbeitslosengeld unter ➤ Rz 678 ff.

22	Steuerfreier Arbeitslohn nach Doppelbesteuerungsabkommen / sonstigen zwischenstaatlichen Übereinkommen (Übertrag aus den Zeilen 52, 71 und / oder 82 der ersten **Anlage N-AUS**)	139	,—
23	Steuerfreier Arbeitslohn nach Auslandstätigkeitserlass (Übertrag aus Zeile 67 der ersten **Anlage N-AUS**)	136	,—
24	Steuerfreie Einkünfte (Besondere Lohnbestandteile) nach Doppelbesteuerungsabkommen / sonstigen zwischenstaatlichen Übereinkommen / Auslandstätigkeitserlass (Übertrag aus Zeile 81 der ersten **Anlage N-AUS**)	178	,—
25	Beigefügte **Anlage(n) N-AUS**	Anzahl	

Werbungskosten in Sonderfällen bei Auslandstätigkeit
Machen Sie hierzu Angaben unter > Zeile 31 – 117. Die Ausgaben wirken sich für Sie über den Progressionsvorbehalt steuergünstig aus.

> Zeile 22 Steuerfreier Arbeitslohn nach Doppelbesteuerungsabkommen
Kurz gesagt sind Doppelbesteuerungsabkommen (DBA) internationale Verträge, die den Zweck haben, eine doppelte Besteuerung – sowohl im Inland wie auch im Ausland – zu vermeiden (§ 2 AO). Die Einkünfte werden nur in einem Staat besteuert (bei Arbeitnehmern im Tätigkeitsstaat) und bleiben in dem anderen Staat (dem Wohnsitzstaat) steuerfrei. Eine Liste der DBA zwischen Deutschland und anderen Staaten (91 an der Zahl) enthält das BMF-Schreiben vom 25.1.2008 (BStBl 2008 I S. 310).

Der steuerfreie Arbeitslohn nach DBA wird nicht vom Arbeitgeber bescheinigt und muss deshalb von Ihnen selbst ermittelt und in > Zeile 22 eingetragen werden. Wie bereits gesagt, hat die Eintragung Auswirkungen in Form einer höheren Steuerprogression (Progressionsvorbehalt ➤ Rz 678 ff.)

Nicht gut zu wissen: Dauert die Auslandstätigkeit nicht länger als ein halbes Jahr bzw. 183 Tage, verbleibt das Besteuerungsrecht – entgegen der allgemeinen Regelung – häufig beim Wohnsitzstaat, z.B. nach DBA Österreich.

Achtung: Ist evtl. Auslandslohn im Bruttolohn lt. LSt-Bescheinigung Zeile 3 enthalten? **Herausrechnen!**

> Zeile 23 Steuerfreier Arbeitslohn nach Auslandstätigkeitserlass
Sofern mit dem Tätigkeitsstaat kein Doppelbesteuerungsabkommen vorliegt (wie z.B. mit Libyen, Liechtenstein, Nigeria oder Saudi-Arabien), kann der Lohn nach dem Auslandstätigkeitserlass steuerfrei sein. Demnach sind begünstigt:

- Planung, Errichtung, Überwachung und Wartung von Anlagen;
- Gewinnung von Bodenschätzen;
- Beratung ausländischer Auftraggeber beim Anlagenbau und bei der Gewinnung von Bodenschätzen.

Ferner ist die öffentliche Entwicklungshilfe begünstigt.

Der Weg zur Steuerbefreiung: Das Betriebsfinanzamt erteilt auf Antrag Ihrem inländischen Arbeitgeber eine Freistellungsbescheinigung für Sie, und der Betrieb trägt den Arbeitslohn in Zeile 16 – unten – der Lohnsteuerbescheinigung ein. Aber auch dieser steuerfreie Arbeitslohn unterliegt dem sog. Progressionsvorbehalt und muss in die > Zeile 23 der Anlage N übernommen werden.

Hat Ihr Arbeitgeber den Arbeitslohn besteuert, obwohl er nach dem Auslandstätigkeitserlass steuerfrei ist, können Sie bei Ihrem Finanzamt die Steuerfreiheit beantragen.

676 Zeile 26 Grenzgänger

Grenzgänger und Pendler haben ihren Arbeitsplatz im Ausland, kehren aber täglich zu ihrem inländischen Wohnsitz zurück. Für sie gibt es Sonderregelungen.

Da im Grundsatz das »Arbeitsortprinzip«, also Besteuerung der Einkünfte im Tätigkeitsstaat gilt, kann es sein, dass Grenzgänger ihre Einkünfte – abweichend vom Grundsatz – im Wohnsitzstaat versteuern.

Grenzgängerregelungen finden sich in den DBA mit Frankreich, Österreich und der Schweiz.

Weil Sie genauso ehrlich wie fleißig sind, tragen Sie Ihre Auslandsbezüge in der Währung des Auslands ein, zumal die Finanzämter einen regen Auskunftsverkehr mit ihren ausländischen Kollegen pflegen. Außerdem fügen Sie die beim Finanzamt erhältliche Anlage N-Gre bei.

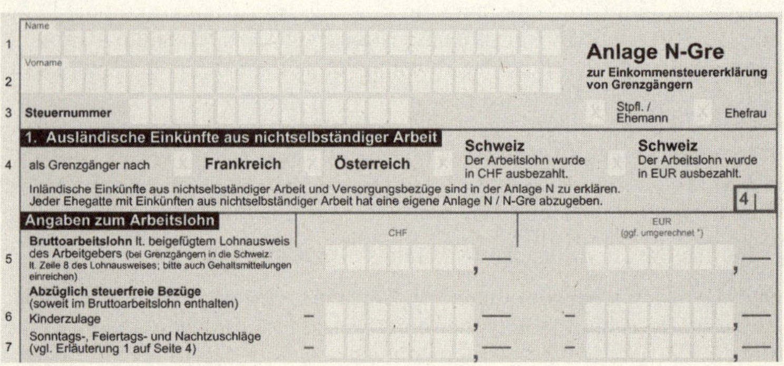
1 Name
2 Vorname
Anlage N-Gre
zur Einkommensteuererklärung von Grenzgängern
3 Steuernummer — Stpfl. / Ehemann — Ehefrau

1. Ausländische Einkünfte aus nichtselbständiger Arbeit

4 als Grenzgänger nach — Frankreich — Österreich — Schweiz: Der Arbeitslohn wurde in CHF ausbezahlt. — Schweiz: Der Arbeitslohn wurde in EUR ausbezahlt.

Inländische Einkünfte aus nichtselbständiger Arbeit und Versorgungsbezüge sind in der Anlage N zu erklären.
Jeder Ehegatte mit Einkünften aus nichtselbständiger Arbeit hat eine eigene Anlage N / N-Gre abzugeben. 4

	Angaben zum Arbeitslohn	CHF	EUR (ggf. umgerechnet *)
5	**Bruttoarbeitslohn** lt. beigefügtem Lohnausweis des Arbeitgebers (bei Grenzgängern in die Schweiz: lt. Zeile 8 des Lohnausweises; bitte auch Gehaltsmitteilungen einreichen)	, —	, —
	Abzüglich steuerfreie Bezüge (soweit im Bruttoarbeitslohn enthalten)		
6	Kinderzulage	– , —	– , —
7	Sonntags-, Feiertags- und Nachtzuschläge (vgl. Erläuterung 1 auf Seite 4)	– , —	– , —

Zeile 27 Aufwandsentschädigungen 677

Aufwandsentschädigungen aus öffentlichen Kassen sind steuerfrei, weil sie, wenn auch pauschal, Auslagen abgelten sollen (§ 3 Nr. 12 EStG). Zu diesen Aufwandsentschädigungen zählen insbesondere Einnahmen

- als nebenberuflicher Übungsleiter, Ausbilder, Erzieher, Betreuer oder aus einer vergleichbaren Tätigkeit,
- aus einer nebenberuflichen künstlerischen Tätigkeit oder
- aus der nebenberuflichen Pflege alter, kranker oder behinderter Menschen.

Sie gehören im Grunde gar nicht in die Steuererklärung, jedoch nimmt der Fiskus ein gewisses Kontrollrecht in Anspruch.

27 Steuerfrei erhaltene Aufwandsentschädigungen / Einnahmen | aus der Tätigkeit als | 118 | EUR ,—

Andere Zahlungen aus öffentlichen Kassen, die in erster Linie Zeitaufwand abgelten, so z. B. die Vergütung für die Korrektur von Prüfungsaufgaben, sind nach Abzug des sog. **Übungsleiterfreibetrags von 3.000 €** (§ 3 Nr. 26 EStG) steuerpflichtige Einkünfte aus selbständiger Arbeit.

Ausführliche Hinweise zum Thema »Ehrenamt und Steuern« finden Sie unter ➤ Rz 187 ff. und unter ➤ Rz 527 ff. (Übungsleiterfreibetrag).

Das Beste, was du wissen kannst,
darfst du dem Buben doch nicht sagen.
(Goethes Faust)

14.7 Lohnersatzleistungen – Zeile 28 678

Lohnersatzleistungen sind steuerfreie Einnahmen nach dem Arbeitsförderungsgesetz aufgrund von Krankheit, Arbeitslosigkeit oder Insolvenz (§ 3 Nr. 2 EStG). Zwar steuerfrei, unterliegen sie dem Progressionsvorbehalt (nach § 32b EStG), gehen also in die Berechnung des Steuersatzes der übrigen – steuerpflichtigen – Einkünfte ein, die dadurch höher besteuert werden. Eine Besteuerung *von hinten durch die Brust über das Knie ins Auge.* Wie dabei gerechnet wird, dazu unten mehr.
Auch hier traut der Fiskus seinen Steuerbürgern nicht und trägt die Lohnersatzleistungen gleich selbst in das Formular ein.

ANLAGE N
Einkünfte aus nichtselbständiger Tätigkeit **2022**

28	Kurzarbeitergeld einschließlich Zuschuss des Arbeitgebers, Zuschuss zum Mutterschaftsgeld, Verdienstausfallentschädigung (Infektionsschutzgesetz), Aufstockungsbeträge nach dem Altersteilzeitgesetz, Altersteilzeitzuschläge nach Besoldungsgesetzen (lt. Nr. 15 der Lohnsteuerbescheinigung)	119	,— €

Es reicht Vater Staat also nicht, von den Erwerbstätigen Steuern zu kassieren. Nein, auch denen, die arbeitslos oder länger krank sind – und deswegen ohnehin Flaute in der Kasse haben –, presst er Geld ab. Merkwürdig: Die Agentur für Arbeit zahlt aus, das Finanzamt kassiert's wieder ein.

Wie funktioniert der Progressionsvorbehalt?
Nehmen wir mal an, Sie waren ein Vierteljahr krank und haben Krankengeld erhalten. Bei einem zu versteuernden Einkommen von z.B. 25.000 € zahlen Sie nach der Grundtabelle 3.626 € Steuer, etwa 14,5 %. Das Finanzamt lotst nun die 5.000 € Krankengeld mit folgendem Steuertrick – ja, richtig, das hat auch seine Tricks! – in Ihren Steuerbescheid: Es schlägt das Krankengeld dem zu versteuernden Einkommen zu. Für die dann insgesamt 30.000 € müssten Sie eigentlich 5.091 € Steuer zahlen, also etwa 17,0 % – wenn das Krankengeld steuerpflichtig wäre. Ist es aber nicht! Trotzdem zahlen Sie nun mehr. Denn das Finanzamt kassiert von Ihnen 17,0 % von 25.000 €, also 4.250 €.

»Dann kostet mich das Krankengeld also 624 € Steuern extra plus Kirchensteuer. So eine Schweinerei!

Gewohnheiten sind Vorgesetzte,
die man nicht bemerkt.
(Hannes Messemer)

679 Zeile 28 Kurzarbeiter-, Schlechtwettergeld usw.

Haben Sie 2021 von Ihrem Arbeitgeber
- Kurzarbeitergeld,
- einen Zuschuss zum Mutterschaftsgeld,
- Verdienstausfallentschädigung nach dem Infektionsschutzgesetz,
- Aufstockungsbeträge nach dem Altersteilzeitgesetz oder
- Altersteilzeitzuschläge aufgrund der Besoldungsgesetze des Bundes und der Länder

erhalten, berücksichtigt das Finanzamt die Summe der ausgezahlten Beträge automatisch in > Zeile 28 der Anlage N.

Nicht vom Arbeitgeber gezahlte Lohn-/Entgeltersatzleistungen (z.B. Arbeitslosengeld, Elterngeld) werden in > Zeile 43 des Hauptvordrucks angesetzt, auch ohne dass Sie eine Eintragung vornehmen müssen.

Die Leistungsbeträge werden grundsätzlich elektronisch an die Finanzverwaltung übermittelt. Lesen Sie dazu auch ➤ Rz 95.

Seid voll Freude, meine Brüder,
wenn ihr in mancherlei Versuchungen geratet.
(Jakobus 1,2)

14.8 Werbungskosten – Zeile 31 – 117

Zur Ermittlung der Arbeitseinkünfte zieht das Finanzamt vom Brutto- **680**
lohn beruflich veranlasste Aufwendungen (= Werbungskosten) ab. Beruflich veranlasst sind praktisch alle Kosten, die Ihr Beruf mit sich bringt.

Arbeitnehmerpauschbetrag
Berufliche Kosten bis 1.000 € sind bei Arbeitnehmern in einem »aktiven Dienstverhältnis« durch den Arbeitnehmerpauschbetrag abgegolten und fallen daher sang- und klanglos unter den Tisch (§ 9 a EStG). Dem begegnen Sie am besten, indem Sie mal kleckern und mal klotzen. Dazu der Tipp unter ➤ Rz 683. Empfänger von Versorgungsbezügen/Pensionen stehen in einem »passiven Dienstverhältnis«. Sie erhalten nur einen Pauschbetrag von 102 €.

Bei den Werbungskosten spielt die Musik
Am Bruttoarbeitslohn können Sie kaum noch etwas zu Ihren Gunsten drehen, wenn das Arbeitsjahr abgelaufen ist und der Betrieb Ihr Gehalt auf der Lohnsteuerkarte bescheinigt hat. Bei den Werbungskosten liegt es aber an Ihnen, den weiten Spielraum voll auszunutzen.

Das Wort »Werbungskosten« klingt unverständlich, ist aber wohl als Eselsbrücke gedacht. In § 9 EStG werden sie nämlich als Kosten zur

Erwerbung, Sicherung und Erhaltung von Einnahmen
bezeichnet. Darunter fällt also alles, was Sie Geld gekostet hat und im weitesten Sinn mit Ihrem Beruf zusammenhängt. Außer den reinen Geldausgaben sind auch Abschreibungen auf Arbeitsmittel absetzbar. Auf der Suche nach Werbungskosten lohnt es, die steuerliche Phantasie schweifen zu lassen, wie Sie noch sehen werden. Viele Möglichkeiten zur Steuerersparnis sind zu wenig bekannt, insbesondere bei den sog. gemischten – d.h. sowohl beruflich als auch privat veranlassten – Aufwendungen.

681 Gemischte Aufwendungen: für den Fiskus ein rotes Tuch

Bei gemischten Aufwendungen argwöhnt der Fiskus, Sie könnten versuchen, ihm den privaten Anteil mit aufs Auge zu drücken. Deshalb lehnt er sie rundweg als nicht abzugsfähig ab, erkennt also auch den beruflichen Anteil nicht an. Allerdings macht er Ausnahmen:

Wenn eine Aufteilung der Aufwendungen in privaten und beruflichen Anteil leicht und einwandfrei möglich ist, lässt er Letzteren zum Abzug zu (EStR 12.1).
So werden – weil angeblich nicht aufteilbar – Aufwendungen für Kleidung und Schuhe, die Sie bei der Arbeit verschleißen, nicht anerkannt. Der beruflich veranlasste Anteil der Kosten für **Auto, Telefon, häusliches Arbeitszimmer, Verpflegung, Computer etc.** ist hingegen abzugsfähig, weil er sich, so die Begründung, leicht und einwandfrei vom privaten Anteil trennen lasse. **Weil das aber glatter Unfug ist, denn auch hier ist eine Trennung keineswegs leicht und einwandfrei, eröffnet sich Ihnen ein weites Feld, das gründlich zu beackern Sie nicht versäumen sollten.**

✎ Nichtbeanstandungsgrenze

682 Da jeder Arbeitnehmer beruflich veranlasste Ausgaben hat, verzichten die Finanzämter aufgrund interner Dienstanweisungen ganz auf Belege und Quittungen, wenn Sie nicht mehr als 2.500 € als Werbungskosten geltend machen – Kosten für Fahrten zur Arbeit gehen dabei extra –, nur müssen Sie Ihre Aufwendungen im Einzelnen aufschlüsseln, also auf der Anlage N oder einem eigenen Blatt eine genaue Aufstellung fertigen.

683 **TIPP**

Bei Werbungskosten mal kleckern, mal klotzen

Haben Sie überhaupt keine beruflichen Aufwendungen, sind Sie fein heraus, denn den Pauschbetrag erhalten Sie trotzdem. Sind Ihnen dagegen Aufwendungen entstanden, müssen Sie sie bis 1.000 € steuerlich in den Wind schreiben. Es sei denn, Sie sind in der Lage, Ihre Ausgaben so zu steuern, dass Sie in einem Jahr den Pauschbetrag locker überspringen, dafür im nächsten Jahr möglichst keine Werbungskosten haben und nur den Pauschbetrag mitnehmen.

684 Ein bisschen Luxus ist erlaubt

Sie können bei den beruflichen Aufwendungen grundsätzlich selbst bestimmen, ob und in welcher Höhe Sie sie tätigen. Der Fiskus kann nicht entscheiden, ob Werbungskosten notwendig oder angemessen sind. Grenzwerte sind lediglich gesetzt bei

- Fahrten zwischen Wohnung und erster Tätigkeitsstätte (➤ Rz 686 ff.),
- häuslichem Arbeitszimmer (➤ Rz 744 ff.),
- Verpflegungsmehraufwendungen (➤ Rz 820),
- doppelter Haushaltsführung (➤ Rz 862).

Was dem Menschen sein Schatten,
ist der Steuer die Hinterziehung.
(Georges Pompidou)

TIPP Keine Einnahmen, nur Ausgaben? Übertragen Sie Ihre Ausgaben in Folgejahre! 685

Wer keine Einnahmen hat, kann auch nichts absetzen, so lautet die herkömmliche Devise. Dem ist aber nicht so. Waren Sie z. B. **arbeitslos** oder befanden sich in **Fortbildung** und hatten deswegen keine Einkünfte, sollten Sie trotzdem eine Steuererklärung abgeben, um sich den Ausgabenabzug zu sichern. »Wie soll ich als Arbeitsloser Ausgaben geltend machen, wenn ich keine Einnahmen habe und deshalb auch keine Steuern zahlen muss?«, fragen Sie.
Dies gelingt Ihnen über den sog. **Verlustvortrag.** Auch ohne Einkünfte können Sie beruflich veranlasste Ausgaben für Bewerbungen, Fachliteratur oder auch Arbeitsmittel in der Anlage N geltend machen. Dieser Verlust wirkt sich über den sog. Verlustabzug (➤ Rz 100 f.) wahlweise im Vorjahr oder in künftigen Jahren aus.
Hauptsache ist, dass das Finanzamt Ihren Verlust zur Kenntnis nimmt, ihn amtlicherseits feststellt und in einem Steuerbescheid bescheinigt. Dieser Vorgang ist für sich genommen schon ein wichtiger Grund für die Abgabe einer Steuererklärung. Auf Seite 1 des Hauptvordrucks gibt es dafür oben extra ein Kästchen: »Erklärung zur Feststellung des verbleibenden Verlustvortrags«. In > Zeile 8 der Anlage Sonstiges können Sie den Verlustabzug der Höhe nach beschränken.

Dies bedeutet: All diejenigen, die arbeitslos waren oder wegen einer längeren Fortbildung nicht arbeiten konnten, können die Kosten für einen Lehrgang, Arbeitsmittel, Dienstreisen, Arbeitszimmer usw. als sog. **vorweggenommene Werbungskosten** geltend machen und den Verlust später absetzen. Wichtig ist dabei, dass Fortbildung und Stellensuche nahtlos ineinander übergehen, damit der zeitliche Zusammenhang gewahrt ist.
Beispielhaft ist der »Maurer-Fall« (BFH-Urt. v. 18.4.1996 – BStBl 1996 II S. 529). Der arbeitslose Maurer belegte einen viermonatigen Meisterkurs und fand danach eine Stelle als Bauleiter. Der Bundesfinanzhof hat die Fortbil-

dungskosten als vorweggenommene Werbungskosten anerkannt. Ebenso haben die Finanzrichter bei einem Arbeitslosen entschieden und Aufwendungen für Fachliteratur und Arbeitsmittel anerkannt (BFH-Urt. v. 13.6.1996 – BHF/NV 1997 S. 98).

Kein Chef ist dazu da,
seine Mitarbeiter glücklich zu machen.
(Manager Schütte)

14.8.1 Wege zwischen Wohnung und erster Tätigkeitsstätte (Entfernungspauschale) – Zeile 31 – 39

686 Für die Wege zwischen Wohnung und Arbeitsstätte können Sie – egal, welches Verkehrsmittel Sie benutzen – eine Entfernungspauschale geltend machen (§ 9 Abs. 2 EStG). Seit 2021 beträgt diese **0,30 € für jeden der ersten 20 Entfernungskilometer und 0,35 € für jeden weiteren vollen Entfernungskilometer**. Ab 2022 erhöht sich der Betrag von 0,35 € auf immerhin 0,38 €.

Die Entfernungspauschale findet keine Anwendung bei Flügen (> Zeile 46) und bei steuerfreier Sammelbeförderung (➤ Rz 715), so §9 Abs. 2 Satz 3 EStG.

Mit der Entfernungspauschale von je 0,30 € für die ersten 20 und je 0,35 € für jeden weiteren vollen Entfernungskilometer sind sämtliche Fahrtkosten abgegolten. Das gilt sowohl für die Kraftfahrzeugaufwendungen (Abschreibung, Kosten für Treibstoff, Öl, Inspektionen, TÜV, übliche auf Verschleiß beruhende Reparaturen, Kfz-Steuer, Prämien für Haftpflicht- und Vollkaskoversicherung, nicht aber Unfallkosten) als auch für die Kosten durch öffentliche Verkehrsmittel.

Auch wenn Sie bei Nutzung eines privaten Kfz höhere Kosten nachweisen, ist gleichwohl nur die Entfernungspauschale von 0,30 € bzw. 0,35 € absetzbar.

687 **Werbungskostenpauschbetrag entspricht einer Fahrtstrecke von 15 km**
Als Werbungskosten wird mindestens ein Pauschbetrag von 1.000 € abgezogen, ohne dass Sie tatsächlich entstandene Aufwendungen nachweisen müssen.
Beträgt die Entfernung zur Tätigkeitsstätte nun mindestens 15 km, ist der Pauschbetrag schon geknackt.

Probe:

230 Fahrten × 15 km × 0,30 € = 1.035 €

Für jeden weiteren Euro, den Sie absetzen können, klingelt allerdings die Steuerkasse.

> **Beträgt Ihre Entfernung zur Arbeitsstätte weniger als 15 km? Wie wäre es mit steuerfreien Benzingutscheinen statt Werbungskostenabzug? Lesen Sie dazu ➤ Rz 524.**

Entfernungspauschale bei Nutzung öffentlicher Verkehrsmittel 688

Interessanterweise wird die Entfernungspauschale nach der Straßenentfernung berechnet, auch wenn Sie öffentliche Verkehrsmittel benutzen.

Beispiel

Heribert Muster wohnt in Münster und arbeitet in Dortmund. Für die Fahrten zur Arbeit benutzt er nur öffentliche Verkehrsmittel.

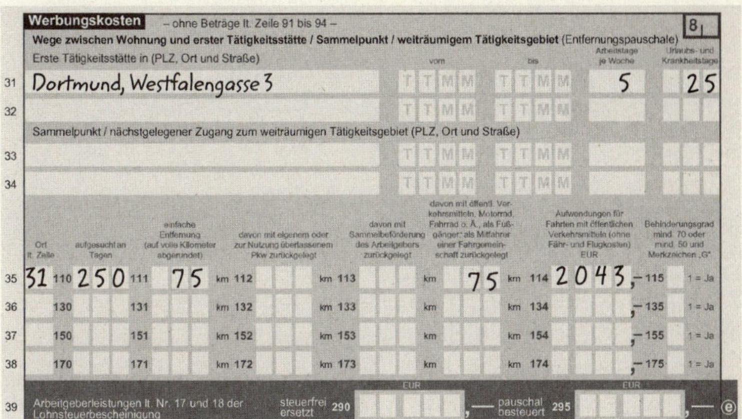

Werbungskosten – ohne Beträge lt. Zeile 91 bis 94 – 8

Wege zwischen Wohnung und erster Tätigkeitsstätte / Sammelpunkt / weiträumigem Tätigkeitsgebiet (Entfernungspauschale)

Zeile	Erste Tätigkeitsstätte in (PLZ, Ort und Straße)	vom	bis	Arbeitstage je Woche	Urlaubs- und Krankheitstage
31	Dortmund, Westfalengasse 3	TTMM	TTMM	5	25
32		TTMM	TTMM		
	Sammelpunkt / nächstgelegener Zugang zum weiträumigen Tätigkeitsgebiet (PLZ, Ort und Straße)				
33		TTMM	TTMM		
34		TTMM	TTMM		

Zeile	Ort lt. Zeile	aufgesucht an Tagen	einfache Entfernung (auf volle Kilometer abgerundet)	davon mit eigenem oder zur Nutzung überlassenem Pkw zurückgelegt	davon mit Sammelbeförderung des Arbeitgebers zurückgelegt	davon mit öffentl. Verkehrsmitteln, Motorrad, Fahrrad o. Ä., als Fußgänger, als Mitfahrer einer Fahrgemeinschaft zurückgelegt	Aufwendungen für Fahrten mit öffentlichen Verkehrsmitteln (ohne Fähr- und Flugkosten) EUR	Behinderungsgrad mind. 70 oder mind. 50 und Merkzeichen „G"
35	31	110 250	111 75 km	112 km	113 km	75 km	114 2043,–	115 1 = Ja
36		130	131 km	132 km	133 km	km	134 ,–	135 1 = Ja
37		150	151 km	152 km	153 km	km	154 ,–	155 1 = Ja
38		170	171 km	172 km	173 km	km	174 ,–	175 1 = Ja

39 Arbeitgeberleistungen lt. Nr. 17 und 18 der Lohnsteuerbescheinigung — steuerfrei ersetzt 290 EUR ,— pauschal besteuert 295 EUR ,— ⓔ

Die Entfernungspauschale beträgt bei …

250 Fahrten × 20 km × 0,30 € = 1.500 €

250 Fahrten × 55 km × 0,35 € = 4.813 €

zusammen somit 6.313 €

höchstens allerdings 4.500 €.

> Sie können auch die tatsächlichen Kosten für die Benutzung öffentlicher Verkehrsmittel geltend machen, wenn sie den Betrag von 4.500 € übersteigen.

689 **Entfernungspauschale bei Nutzung eines Kraftfahrzeugs**
Wenn Sie ein privates Kraftfahrzeug oder einen Firmenwagen benutzen, sind die Kosten in unbegrenzter Höhe absetzbar.

Beispiel
Heribert Muster aus dem vorherigen Beispiel benutzt für die Fahrten zur Arbeit seinen privaten Pkw.

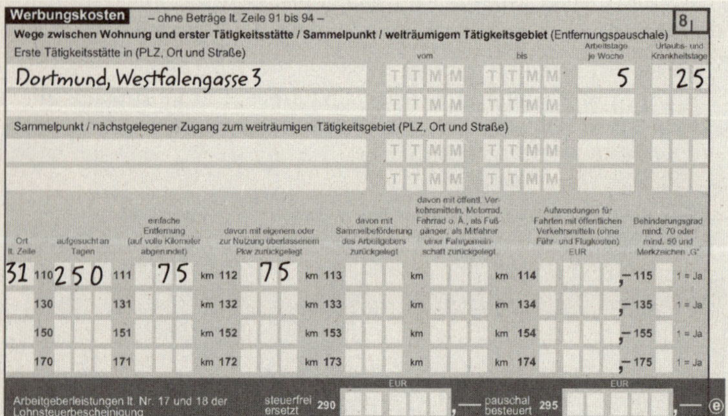
Werbungskosten – ohne Beträge lt. Zeile 91 bis 94 – 8

Wege zwischen Wohnung und erster Tätigkeitsstätte / Sammelpunkt / weiträumigem Tätigkeitsgebiet (Entfernungspauschale)

	Erste Tätigkeitsstätte in (PLZ, Ort und Straße)	vom	bis	Arbeitstage je Woche	Urlaubs- und Krankheitstage
31	Dortmund, Westfalengasse 3	TTMM	TTMM	5	25
32		TTMM	TTMM		
	Sammelpunkt / nächstgelegener Zugang zum weiträumigen Tätigkeitsgebiet (PLZ, Ort und Straße)				
33		TTMM	TTMM		
34		TTMM	TTMM		

	Ort lt. Zeile	aufgesucht an Tagen	einfache Entfernung (auf volle Kilometer abgerundet)	davon mit eigenem oder zur Nutzung überlassenem Pkw zurückgelegt	davon mit Sammelbeförderung des Arbeitgebers zurückgelegt	davon mit öffentl. Verkehrsmitteln, Motorrad, Fahrrad o. Ä., als Fußgänger, als Mitfahrer einer Fahrgemeinschaft zurückgelegt	Aufwendungen für Fahrten mit öffentlichen Verkehrsmitteln (ohne Flug- und Fährkosten) EUR	Behinderungsgrad mind. 70 oder mind. 50 und Merkzeichen „G"
35	31	110 250	111 75 km	112 75 km	113 km	km	114 ,–	115 1 = Ja
36		130	131 km	132 km	133 km	km	134 ,–	135 1 = Ja
37		150	151 km	152 km	153 km	km	154 ,–	155 1 = Ja
38		170	171 km	172 km	173 km	km	174 ,–	175 1 = Ja

39 Arbeitgeberleistungen lt. Nr. 17 und 18 der Lohnsteuerbescheinigung — steuerfrei ersetzt 290 EUR ,— — pauschal besteuert 295 EUR ,—

Die Entfernungspauschale beträgt bei …
250 Fahrten × 20 km × 0,30 € = 1.500 €
250 Fahrten × 55 km × 0,35 € = 4.813 €
zusammen damit 6.313 €

> Kosten aus einem Unfall auf der Fahrt zur Arbeit können zusätzlich zur Entfernungspauschale abgesetzt werden!

Welche Besonderheiten gibt es für Behinderte?
Wer behindert ist (mindestens 70 % oder 50 % plus Merkzeichen G oder aG), muss sich nicht mit der Pauschale von 0,30 € je Entfernungskilome-

ter abspeisen lassen. Ihm steht die doppelte Entfernungspauschale von **0,60 € je Entfernungskilometer** zu. Dazu ist das entsprechende Kästchen in den > Zeilen 35 – 38 mit einer »1« für »Ja« auszufüllen.

Es geht für Behinderte aber noch weiter: Sie können sogar die tatsächlichen Kfz-Kosten (Abschreibung, Treibstoff, Inspektionen, Garage etc.) absetzen. Dazu müssen Sie der Steuererklärung eine Kostenaufstellung beifügen. Zu den tatsächlichen Kosten gehören neben Unfallkosten auch die Parkgebühren am Arbeitsort.

Bevor Sie die tatsächlichen Kosten geltend machen, stellen Sie am besten eine Vergleichsberechnung an und wählen die Methode, mit der Sie am günstigsten davonkommen.

TIPP Sparen Sie mit einem Parkplatz Steuern! 690

»Ich arbeite mitten in der City. Der Stellplatz im Parkhaus kostet mich sage und schreibe einen Braunen im Monat«, stöhnen Sie.

Ja, mein Lieber: Pech gehabt. Parkgebühren, und seien sie noch so hoch, sind durch die mickrige Entfernungspauschale von 0,30 € bzw. 0,35 € abgedeckt. Soll heißen: Die Parkgebühren können Sie nicht extra absetzen.

»Aber mein Boss kann sie mir doch ersetzen?«

Klar kann er. Aber für Sie wäre das steuerpflichtiger Arbeitslohn. Was tun? Ihre Firma mietet selbst den Platz im Parkhaus an. Und lässt Sie dort unentgeltlich parken. Ihnen ist dann kein Arbeitslohn zuzurechnen, und Ihr Chef kann die Parkgebühren als Betriebsausgaben absetzen.
»Toller Trick!«, staunen Sie.

TIPP Mobilitätsprämie gefällig? 691

Pendler mit einem zu versteuernden Einkommen bis zur Höhe des Grundfreibetrags von 9.744 €/19.488 € (Alleinstehende/zusammenveranlagte Ehegatten und Lebenspartner) können für Fahrten zu einer ersten Tätigkeitsstätte/Betriebsstätte ab dem 21. Entfernungskilometer alternativ zur erhöhten Entfernungspauschale von 0,35 € eine Mobilitätsprämie erhalten.

Der Antrag auf Festsetzung dieser Prämie ist zusammen mit der Einkommensteuererklärung zu stellen. Vergessen Sie nicht, in > Zeile 3 des Hauptvordrucks ESt 1 A das entsprechende Auswahlfeld anzukreuzen und die ausgefüllte Anlage Mobilitätsprämie einzureichen.

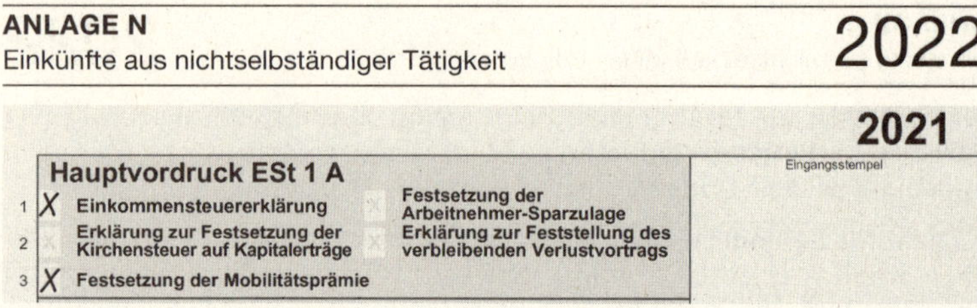
ANLAGE N
Einkünfte aus nichtselbständiger Tätigkeit
2022
2021
Hauptvordruck ESt 1 A
Eingangsstempel
1 X Einkommensteuererklärung | Festsetzung der Arbeitnehmer-Sparzulage
2 Erklärung zur Festsetzung der Kirchensteuer auf Kapitalerträge | Erklärung zur Feststellung des verbleibenden Verlustvortrags
3 X Festsetzung der Mobilitätsprämie

692 Zeile 31 Wohnung

Hinterhältig, wie der Fiskus nun einmal ist, lässt er die wichtige Frage nach Ihrer Wohnung einfach aus. Angaben dazu haben Sie nämlich bereits auf dem Hauptformular in > Zeile 12 – 16 (➤ Rz 72) gemacht, und die sind auch hier – zunächst – maßgebend.

Im Prinzip kommt als Ausgangspunkt jede Wohnung in Betracht, die der Arbeitnehmer regelmäßig zur Übernachtung nutzt und von der aus er seine regelmäßige Arbeitsstätte aufsucht.

Hören Sie, was der Fiskus selbst dazu sagt: Als **Wohnung** ist z.B. auch ein möbliertes Zimmer, eine Schiffskajüte, ein Gartenhaus, ein auf eine gewisse Dauer abgestellter Wohnwagen oder ein Schlafplatz in einer Massenunterkunft anzusehen (LStR 9.10 Abs. 1 Satz 2).

»Meistens fahre ich von meiner Freundin aus zur Arbeit«, sagen Sie. »Deren Wohnung ist viel weiter entfernt als meine.«

693 Arbeitnehmer mit zwei Wohnungen

Treten Sie Ihre Fahrten zur Arbeit von verschiedenen Wohnungen (oder Unterkünften) aus an, werden zunächst nur die Fahrten von der näher gelegenen berücksichtigt. Es sei denn, die weiter entfernt liegende wird von Ihnen mit einer gewissen Regelmäßigkeit aufgesucht. Beim Fiskus spricht man vom »Mittelpunkt der Lebensinteressen« und unterscheidet zwischen Verheirateten und Alleinstehenden (LStR 9.10 Abs. 1).

Der Mittelpunkt der Lebensinteressen befindet sich bei einem verheirateten Arbeitnehmer in der Regel am Wohnort seiner Familie. Die Wohnung kann aber nur dann ohne nähere Prüfung berücksichtigt werden, wenn sie der Arbeitnehmer mindestens sechsmal im Kalenderjahr aufsucht. Bei anderen Arbeitnehmern befindet sich der Mittelpunkt der Lebensinteressen an dem Wohnort, zu dem die engeren persönlichen Beziehungen bestehen. Das kann seinen Ausdruck besonders in Bindungen an Personen, z.B. Eltern, Verlobte, Freundes- und Bekanntenkreis, finden, aber auch in Vereinszugehörigkeiten und anderen Aktivitäten. Sucht der Arbeitnehmer diesen Wohnort im Durchschnitt mindestens zweimal monatlich auf, ist davon auszugehen, dass sich dort der Mittelpunkt seiner Lebensinteressen befindet (LStR 9.10).

»Ich konnte voriges Jahr meine damalige Verlobte keinen Tag allein lassen, da lief noch was nebenher.«

Das war sicherlich für Sie Grund genug, nach Hause zu fahren. Für die Fiskalritter aber vielleicht nicht so einleuchtend, weshalb Sie den wahren Grund nicht preisgeben sollten. Besser, Sie sprechen von Krankheiten, Haustieren und Ihren Ehrenämtern in Vereinen, von Übungsleitertätigkeit usw. Sagen Sie dem Fiskalritter, die Unterkunft in der Nähe der Arbeitsstätte hätten Sie nur angemietet für den Fall, dass wegen Schnee oder Nebel oder wegen Überstunden bis in den späten Abend eine Fahrt nach Hause nicht möglich ist. Das sei aber selten vorgekommen. Angenommen, Sie haben eine Wohnung 15 km von Ihrer Arbeitsstätte entfernt. Von dort sind Sie 40-mal zur Arbeit gefahren. Ihre Freundin wohnt 60 km von Ihrer Arbeitsstätte entfernt. Von dort sind Sie 190-mal zur Arbeit gefahren.

Und so bringen Sie die Fahrten in den Vordruck:

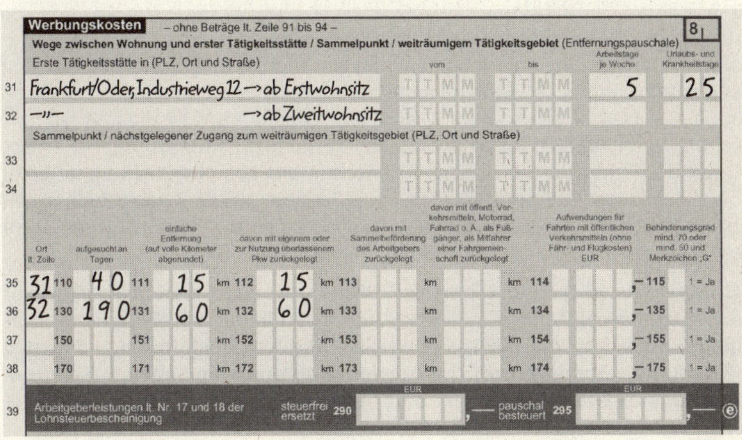
Werbungskosten – ohne Beträge lt. Zeile 91 bis 94 – 8

Wege zwischen Wohnung und erster Tätigkeitsstätte / Sammelpunkt / weiträumigem Tätigkeitsgebiet (Entfernungspauschale)

	Erste Tätigkeitsstätte in (PLZ, Ort und Straße)	vom	bis	Arbeitstage je Woche	Urlaubs- und Krankheitstage
31	Frankfurt/Oder, Industrieweg 12 → ab Erstwohnsitz	T T M M	T T M M	5	25
32	–"– → ab Zweitwohnsitz	T T M M	T T M M		
	Sammelpunkt / nächstgelegener Zugang zum weiträumigen Tätigkeitsgebiet (PLZ, Ort und Straße)				
33		T T M M	T T M M		
34		T T M M	T T M M		

	Ort lt. Zeile	aufgesucht an Tagen	einfache Entfernung (auf volle Kilometer abgerundet)	davon mit eigenem oder zur Nutzung überlassenem Pkw zurückgelegt	davon mit Sammelbeförderung des Arbeitgebers zurückgelegt	davon mit öffentl. Verkehrsmitteln, Motorrad, Fahrrad o. Ä., als Fußgänger, als Mitfahrer einer Fahrgemeinschaft zurückgelegt	Aufwendungen für Fahrten mit öffentlichen Verkehrsmitteln (ohne Fähr- und Flugkosten) EUR	Behinderungsgrad mind. 70 oder mind. 50 und Merkzeichen „G"
35	31	110 40	111 15 km	112 15 km	113 km	km	114 ,–	115 1 = Ja
36	32	130 190	131 60 km	132 60 km	133 km	km	134 ,–	135 1 = Ja
37		150	151 km	152 km	153 km	km	154 ,–	155 1 = Ja
38		170	171 km	172 km	173 km	km	174 ,–	175 1 = Ja

39 Arbeitgeberleistungen lt. Nr. 17 und 18 der Lohnsteuerbescheinigung — steuerfrei ersetzt 290 EUR ,— — pauschal besteuert 295 EUR ,—

Das ergibt Werbungskosten von:

40 Fahrten × 15 km × 0,30 € =	180 €
190 Fahrten × 20 km × 0,30 € =	1.140 €
190 Fahrten × 40 km × 0,35 € =	2.660 €
Entfernungspauschale insgesamt:	3.980 €

Jeder will zurück zur Natur, nur nicht zu Fuß.
(Erkenntnis der Grünen)

694 **Guter Rat**

Zur Beweisvorsorge sollten Sie die Fahrten von der weiter entfernt liegenden Wohnung im Terminkalender notieren. Sie werden die Fahrten umso eher anerkannt bekommen, je öfter Sie gefahren sind.

»Das kommt mir gerade recht, umso mehr kann ich ja absetzen«, sagen Sie.

Außerdem: Das Finanzamt verlangt zwar keinen Nachweis für die entstandenen Fahrtkosten, als Beweisvorlage sollten Sie aber genügend Benzinquittungen und, wenn möglich, Inspektionsrechnungen vorlegen können.

»Ich benutze verschiedene Autos, mein eigenes, das meiner Verlobten und das von meinem Vater«, sagen Sie. Die Karte sticht nicht.

TIPP Fahren Sie vom weit entfernten Campingplatz zur Arbeit?

695 Dieser Tipp wird all diejenigen unter Ihnen interessieren, die dem unbeschwerten Campingleben zugetan sind und neben ihrer festen Behausung einen Wohnwagen ihr Eigen nennen, der – zumindest für eine gewisse Zeit – auf einem Campingplatz steht. Dieser Wohnwagen kann für die Fahrten zwischen Wohnung und Arbeitsstätte als Ausgangspunkt angegeben werden. Gerät der Fiskalritter ob dieses Ansinnens in ungläubiges Staunen, möge er die diesbezügliche Anweisung in LStR 9.10 Abs. 1 Satz 2 nachlesen, in der ausdrücklich von einem Wohnwagen als Wohnung die Rede ist, wenn er für eine gewisse Dauer zur Übernachtung genutzt wird.

696 **Gut zu wissen: Ihr Notizkalender, in dem Sie die Übernachtungen auf dem Campingplatz, im Gartenhaus oder eben in der Schiffskajüte notiert haben, ist später die einzige beweiskräftige Unterlage dafür, wann und wie oft Sie von dort berufliche Fahrten unternommen haben. Also notieren Sie alle Übernachtungen, und bewahren Sie das Notizbuch für die spätere Steuererklärung gut auf.**

So bringen Sie als Steuerzahler aus Bielefeld Ihre Fahrten vom Campingplatz Dümmer/Lohausen in der Steuererklärung unter:

Werbungskosten – ohne Beträge lt. Zeile 91 bis 94 – 8

Wege zwischen Wohnung und erster Tätigkeitsstätte / Sammelpunkt / weiträumigem Tätigkeitsgebiet (Entfernungspauschale)

Zeile	Erste Tätigkeitsstätte in (PLZ, Ort und Straße)	vom	bis	Arbeitstage je Woche	Urlaubs- und Krankheitstage
31	Herford, Hermannstr.	T T M M	T T M M	5	25
32	–"– vom Seegrundstück Dümmer/Lohausen	T T M M	T T M M		
	Sammelpunkt / nächstgelegener Zugang zum weiträumigen Tätigkeitsgebiet (PLZ, Ort und Straße)				
33		T T M M	T T M M		
34		T T M M	T T M M		

Zeile	Ort lt. Zeile	aufgesucht an Tagen	einfache Entfernung (auf volle Kilometer abgerundet)	davon mit eigenem oder zur Nutzung überlassenem Pkw zurückgelegt	davon mit Sammelbeförderung des Arbeitgebers zurückgelegt	davon mit öffentl. Verkehrsmitteln, Motorrad, Fahrrad o. Ä., als Fußgänger, als Mitfahrer einer Fahrgemeinschaft zurückgelegt	Aufwendungen für Fahrten mit öffentlichen Verkehrsmitteln (ohne Fähr- und Flugkosten) EUR	Behinderungsgrad mind. 70 oder mind. 50 und Merkzeichen „G"
35	31 110	95 111	18 km 112	18 km 113	km	km 114	,– 115	1 = Ja
36	32 130	145 131	87 km 132	87 km 133	km	km 134	,– 135	1 = Ja
37	150	151	km 152	km 153	km	km 154	,– 155	1 = Ja
38	170	171	km 172	km 173	km	km 174	,– 175	1 = Ja

39 Arbeitgeberleistungen lt. Nr. 17 und 18 der Lohnsteuerbescheinigung – steuerfrei ersetzt 290 EUR ,— pauschal besteuert 295 EUR ,— ⓔ

Sie müssen dem Fiskalritter nur klarmachen, dass Ihr in Dümmer/Lohausen abgestellter Wohnwagen oder Ihr Mobilheim – zumindest für die Sommermonate – der Mittelpunkt Ihrer Lebensinteressen ist. Weisen Sie darauf hin, dass Sie sich im dortigen Segelclub engagieren, sofern das zutrifft. Sie dürfen aber nicht ein minderjähriges Kind oder Haustiere, die versorgt werden müssen, in der Stadtwohnung zurücklassen, so das FG Rheinland-Pfalz (Urt. v. 16.3.1994 EFG 1994 S. 784 und weitere Urteile zu Campingplatz als Mittelpunkt der Lebensinteressen). Ergo: Bello muss mit!

Das ergibt an Werbungskosten:

95 Tage × 18 km × 0,30 €	513 €
145 Tage × 20 km × 0,30 €	870 €
145 Tage × 67 km × 0,35 €	3.400 €
Entfernungspauschale insgesamt	4.783 €

Aber halt, Sie haben vergessen, in > Zeile 35 und 36 das Kästchen »Behinderungsgrad mindestens 70« anzukreuzen, denn Sie sind doch zu mind. 70 % behindert. Als so stark Behinderter können Sie nämlich die tatsächlichen Fahrtkosten ansetzen. Mangels Einzelnachweis der Fahrzeugkosten stehen Ihnen pauschal 0,30 € für jeden **gefahrenen** Kilometer zu (Werte für Dienstreisen nach LStH 9.5), also 0,60 € je Entfernungskilometer.

Das ergibt an Werbungskosten:

95 Tage × 18 km × 0,60 €	1.026 €
145 Tage × 87 km × 0,60 €	7.569 €
Summe	8.595 €

697 **Für verheiratete ausländische Arbeitnehmer gut zu wissen**

Dass der Besuch der eigenen Familie im Heimatland eine Fahrt zwischen Wohnung und Arbeitsstätte sein kann, auf die Idee kommt selten einer der vielen verheirateten ausländischen Arbeitnehmer in Deutschland. Und doch sind die Fahrten berufsbedingt, wenn sie mindestens sechsmal im Jahr unternommen werden. Sechs Fahrten im Jahr sind für den Fiskus ein Beweisanzeichen, dass der Arbeitnehmer seine Familie noch nicht ganz und gar vergessen hat, die Familienwohnung im Ausland also noch »Mittelpunkt seiner Lebensinteressen« ist (LStR 42 Abs. 1 Satz 5). Nun meint der Bundesfinanzhof, auch weniger als sechs Fahrten – im Urteilsfall waren es fünf – können ausreichend sein, um ein Interesse an der im Ausland wohnenden Familie zu bekunden (Urt. v. 26.11.2003 – BStBl 2004 II S. 233). Je weiter der Weg, umso weniger oft muss gefahren werden.

Kennen Sie jemanden, auf den dies zutrifft, dann geben Sie ihm diesen Tipp für seine Steuererklärung.

698 **TIPP** **Ehrlich währt am längsten, oder?**

»Eine Kollegin von mir lacht sich immer halb tot, wenn sie hört, dass ich nichts vom Finanzamt zurückbekomme. Dabei sind wir beide gleichgestellt und wohnen beide hier in Köln in derselben Straße. Wie schafft die das bloß, Steuern zurückzukriegen?«, so fragen Sie. »Gibt die vielleicht beim Finanzamt die Wohnung ihrer Eltern in Düsseldorf als Hauptwohnung an und macht tägliche Fahrten zwischen Düsseldorf und Köln als Werbungskosten geltend?«

Das wäre glatte Steuerhinterziehung, wenn sie nicht wirklich täglich fährt. Aber mal angenommen, alles passte gut zusammen, dann ginge so was beim Finanzamt unerkannt durch. Ist Düsseldorf der Hauptwohnsitz, müsste die Lohnsteuerkarte von der Stadtverwaltung Düsseldorf ausgestellt sein (§ 39 Abs. 2 EStG). Auch müsste die Kollegin so konsequent sein, ihren Antrag auf Veranlagung beim Finanzamt Düsseldorf zu stellen (§ 19 AO). Doch ärgern Sie sich nicht über die Steuerhinterziehung anderer. Das sind doch kleine Fische. Die Wut sollte Sie nur packen, wenn Sie von den weitaus größeren Steuergelderhinterziehungen der Staatsbürokraten hören. Aber Sie bleiben ehrlich!

Zeile 31 - 34 Tätigkeitsstätte 699

Bei den meisten ist die Eintragung rasch erledigt. Sie tragen schlichtweg die Anschrift ihres Brötchengebers ein.

Wer allerdings nicht Tag für Tag in den Betrieb fährt, sollte hier weiterlesen:

- Arbeitnehmer können nur ***eine* erste Tätigkeitsstätte** haben.
  Und:
- Eine betriebliche Einrichtung wird nicht bereits deshalb erste Tätigkeitsstätte, weil sie regelmäßig aufgesucht wird. Sie muss den inhaltlichen Schwerpunkt der Tätigkeit bilden. Ist ein solcher inhaltlicher Schwerpunkt nicht gegeben, hat der Arbeitnehmer eben keine erste Tätigkeitsstätte.

Die erste Tätigkeitsstätte ist der ortsgebundene Mittelpunkt Ihrer dauerhaft angelegten beruflichen Tätigkeit. Um eine erste Tätigkeitsstätte zu haben, müssen Sie dieser zugeordnet sein, dort auch Ihrer beruflichen Tätigkeit schwerpunktmäßig nachgehen.

TIPP 700
So bestimmen Sie Ihre erste Tätigkeitsstätte selbst

Wo Ihre erste Tätigkeitsstätte ist, bestimmt in erster Linie Ihr Chef. Wie Ihr Arbeitsort bezeichnet wird, spielt dabei keine Rolle. Der Arbeitgeber muss also nicht zwingend den Begriff »erste Tätigkeitsstätte« verwenden, er kann sie auch »Hauptarbeitsstätte«, »zentrale Arbeitsstätte«, »Haupteinsatzort«, »Stammdienststelle« etc. nennen.

Die Arbeit, die Sie dort ausüben, muss keinen bestimmten zeitlichen Mindestumfang haben. Auch bei nur geringem Arbeitsumfang an diesem Ort muss das Finanzamt der Arbeitgeberfestlegung folgen, wenn eine solche vorliegt und eindeutig ist. Die Art der dort ausgeübten Arbeiten spielt ebenfalls keine Rolle.

Der Arbeitgeber kann – **muss aber nicht** – z. B. folgende Festlegungen treffen, mit der Folge, dass der betreffende Ort die erste Tätigkeitsstätte ist:

- Bei einem Rechtsanwalt- und Notargehilfen wird die Kanzlei als erste Tätigkeitsstätte festgelegt.
- Bei einem Kraftfahrer legt der Arbeitgeber den Betrieb als erste Tätigkeitsstätte fest.

- Ein Verkehrsunternehmen bestimmt das Busdepot als erste Tätigkeitsstätte.
- Für einen Außendienstmitarbeiter wird die Firmenzentrale als erste Tätigkeitsstätte festgelegt, obwohl er dort nur sporadisch tätig wird.

Erst in zweiter Linie kommt es auf den Zeitumfang der Arbeit an. Auf dieses Kriterium zur Bestimmung der ersten Tätigkeitsstätte wird aber erst zurückgegriffen, wenn der Arbeitgeber nicht selbst etwas in der Richtung festlegt oder seine Festlegungen nicht eindeutig sind. Eine erste Tätigkeitsstätte hat der Arbeitnehmer dann an dem Ort, an dem er

- typischerweise an jedem Arbeitstag
- oder je Arbeitswoche zwei volle Arbeitstage
- oder mindestens ein Drittel seiner vereinbarten regelmäßigen Arbeitszeit

tätig ist.

»Das lässt sich hören«, rufen Sie gleich. »Erste Arbeitsstätte ist ab sofort mein Arbeitszimmer und alle Fahrten für den Betrieb sind Reisekosten mit vollem Kostenabzug!«
Gute Idee, klappt aber nicht. Bei einer Arbeitsstätte muss es sich um eine betriebliche Einrichtung des Arbeitgebers handeln. Ein häusliches Arbeitszimmer gehört leider nicht dazu.
»Dann bestimmen wir die Filiale um die Ecke zur ersten Tätigkeitsstätte. Alle Fahrten zu Filialen im Umkreis, zu denen ich viel häufiger unterwegs bin, sind dann Dienstfahrten.« Genau, so klappt der Laden.
Fahren Sie als Arbeitnehmer mit Einsatzwechsel- oder Fahrtätigkeit morgens immer erst zum Betrieb und von dort weiter zur Baustelle oder übernehmen im Betrieb Ihren Bus oder Lkw, haben Sie im Betrieb keine erste Tätigkeitsstätte, da sich dort nicht der Schwerpunkt Ihrer beruflichen Tätigkeit befindet. Dies gilt auch, wenn Sie z.B. einmal in der Woche für einige Minuten den Betrieb Ihres Arbeitgebers aufsuchen, um Material, Aufträge oder Arbeitskollegen abzuholen oder um Arbeitsnachweise abzuliefern.

Außendienstler, Monteure und auch Postboten haben keine erste Tätigkeitsstätte im Betrieb, mit der Folge, dass

- **Fahrten zum Betrieb als Reisekosten mit den tatsächlichen Aufwendungen berücksichtigt werden und**
- **bei der Ermittlung abzugsfähiger Verpflegungskosten bei Auswärtstätigkeiten allein die Abwesenheit von der Wohnung zu berücksichtigen ist.**

(Quelle: Für Postboten zuletzt entschieden durch das FG München am 19.1.2015 – Az. 6 K 806/14)

Wichtig zu wissen: Fahrten zur Berufsschule gehören nicht in > Zeile 31 – 39, denn sie gelten als Dienstreise (> Zeile 62).

TIPP Vermeiden Sie eine erste Tätigkeitsstätte 701

Nach dem Reisekostenrecht hat eine erste Tätigkeitsstätte fast nur Nachteile:

1. Die Fahrtkosten zur ersten Tätigkeitsstätte können nur mit der Entfernungspauschale angesetzt werden.
2. Wenn Sie ein Firmenfahrzeug nutzen, müssen Sie den Nutzungsvorteil für Fahrten zwischen Wohnung und Tätigkeitsstätte selbst dann voll versteuern, wenn Sie nur einmal pro Woche im Betrieb auftauchen.
3. Die Abwesenheitszeit für die Berechnung der Verpflegungspauschalen beginnt anders als bisher erst ab Verlassen der ersten Tätigkeitsstätte (Betrieb) zu laufen.

Sie werden also in Absprache mit Ihrem Arbeitgeber eine erste Tätigkeitsstätte tunlichst vermeiden und haben nach der neuen Rechtsprechung des Bundesfinanzhofs dabei auch gute Karten. Das Einzige, was Sie tun müssen, ist, den Kern Ihrer beruflichen Tätigkeit zu beschreiben und dabei deutlich zu machen, dass Sie diese Arbeit nicht beim Arbeitgeber, sondern »auf Achse«, also bei Kunden, Mandanten, in verschiedenen Filialen ..., erbringen.

Ohne erste Tätigkeitsstätte setzen Sie praktisch zeitlich unbegrenzt alle Fahrten – auch die gelegentlichen zum Betrieb – als Reisekosten mit 0,30 € je gefahrenen Kilometer ab.

Zeile 31 – 34 Arbeitstage je Woche ... Urlaubs- und Krankheitstage 702

Von der Anzahl der Arbeitstage je Woche und der Dauer des Urlaubs hängt es ab, wie viele berufliche Fahrten zur Arbeitsstelle im Jahr der Fiskus ohne Wenn und Aber zugesteht:
Das sind bei

Fünftagewoche und drei Wochen Urlaub	230 Fahrten
Fünf- bis Sechstagewoche und drei Wochen Urlaub	260 Fahrten
Sechstagewoche und drei Wochen Urlaub	285 Fahrten

abzgl. der Krankheitstage.

703 **Guter Rat**

Autofahrer, die den täglichen Weg zur Arbeit mit dem eigenen oder einem überlassenen Pkw zurücklegen, können ihre Fahrtkosten über den allgemeinen Höchstbetrag von 4.500 € hinaus absetzen. Rechnen Sie aber damit, dass man von Ihnen Nachweise verlangt, wenn dieser allgemeine Höchstbetrag durch mehr als übliche Fahrten oder eine lange Wegstrecke überschritten wird. Also tunlichst Tankquittungen und Werkstattrechnungen aufbewahren.

Die Deckelung greift damit insbesondere in folgenden Fällen:

- wenn der Weg zur Arbeit (und zurück) mit anderen Verkehrsmitteln, z. B. dem Motorrad, Motorroller oder mit Bus oder Bahn zurückgelegt wird,
- für Teilnehmer einer Fahrgemeinschaft, und zwar bezogen auf die Tage, an denen sie nicht selbst gefahren, sondern mitgefahren sind.

(Quelle: BMF-Schreiben v. 11.12.2001 – BStBl I 2001, S. 994)

704 Zeile 35 - 38 Aufgesucht an ... Tagen

Auch wenn sich Ihr Fiskalritter wegen Ihrer zahlreichen Arbeitstage noch so lange verwundert die Augen reiben sollte, Sie lassen sich nicht beirren und beharren auf z. B. 243 Arbeitstagen, die glaubhaft zu machen Ihnen nicht schwerfallen dürfte.

TIPP Sie können auch mehr als 230 Fahrten im Jahr ansetzen!

705 Bei 230 Fahrten im Jahr ist für die meisten Fiskalritter in den Finanzämtern das Ende der Fahnenstange erreicht. Seien Sie trotzdem nicht zu bange, mehr Fahrten anzugeben, wenn Sie z. B. an freien Wochenenden in die Firma mussten. Etwa wegen einer Betriebsstörung, bei Dienst mit Abrufbereitschaft (BFH-Urt. v. 20.3.1992 – BStBl 1992 II S. 835), oder auch nur, weil Sie Unterlagen geholt haben, die Sie am Wochenende bearbeiten wollten. Denn die Entfernungspauschale ist für jeden Arbeitstag anzusetzen, an dem Sie die Arbeitsstätte aufsuchen.

Beachten Sie: Zusätzliche Fahrten an ein und demselben Tag, z. B. außerhalb der regelmäßigen Arbeitszeit oder weil die Arbeitszeit um mehr als vier Stunden unterbrochen war, können nicht berücksichtigt werden. Eine Fahrt täglich, und damit basta, so sieht es St. Fiskus.

Das ergibt an Werbungskosten:

Werbungskosten – ohne Beträge lt. Zeile 91 bis 94 – 8

Wege zwischen Wohnung und erster Tätigkeitsstätte / Sammelpunkt / weiträumigem Tätigkeitsgebiet (Entfernungspauschale)

	Erste Tätigkeitsstätte in (PLZ, Ort und Straße)	vom	bis	Arbeitstage je Woche	Urlaubs- und Krankheitstage
31	Detmold, Lönsweg 9	T T M M	T T M M	5	18
32	–"– vom Seegrundstück Dümmer/Lohausen	T T M M	T T M M		
	Sammelpunkt / nächstgelegener Zugang zum weiträumigen Tätigkeitsgebiet (PLZ, Ort und Straße)				
33		T T M M	T T M M		
34		T T M M	T T M M		

	Ort lt. Zeile	aufgesucht an Tagen	einfache Entfernung (auf volle Kilometer abgerundet)	davon mit eigenem oder zur Nutzung überlassenem Pkw zurückgelegt	davon mit Sammelbeförderung des Arbeitgebers zurückgelegt	davon mit öffentl. Verkehrsmitteln, Motorrad, Fahrrad o. Ä., als Fußgänger, als Mitfahrer einer Fahrgemeinschaft zurückgelegt	Aufwendungen für Fahrten mit öffentlichen Verkehrsmitteln (ohne Flug- und Fährkosten) EUR	Behinderungsgrad mind. 70 oder mind. 50 und Merkzeichen „G"
35	31	110 230	111 34 km	112 34 km	113 km	km	114 ,–	115 1 = Ja
36	32	130 13	131 34 km	132 34 km	133 km	km	134 ,–	135 1 = Ja
37		150	151 km	152 km	153 km	km	154 ,–	155 1 = Ja
38		170	171 km	172 km	173 km	km	174 ,–	175 1 = Ja

39 Arbeitgeberleistungen lt. Nr. 17 und 18 der Lohnsteuerbescheinigung – steuerfrei ersetzt 290 EUR ,— – pauschal besteuert 295 EUR ,— e

243 Tage × 20 km × 0,30 € = 1.458 €
243 Tage × 14 km × 0,30 € = 1.191 €
Ergibt zusammen 2.649 €

Damit alles klappt, fügen Sie am besten eine Arbeitgeberbescheinigung nach folgendem Muster bei:

ARBEITGEBERBESCHEINIGUNG 20..

Herr/Frau . . . . wohnhaft in . . . . ist bei uns als . . . . . . beschäftigt. An folgenden Tagen hat er/sie zusätzlich an Feiertagen/samstags/sonntags gearbeitet: . . . ., ..., ..., ..., usw.

. . . .
Stempel des Arbeitgebers Unterschrift

Können Sie mit einer solchen Bescheinigung nicht aufwarten, klappt es vielleicht so:

706 **TIPP Nutzen Sie die Mittagsheimfahrten als Dienstreisen**

Die Entfernungspauschale kann für Wege zu derselben Arbeitsstätte für jeden Arbeitstag nur einmal angesetzt werden, selbst wenn Sie den Weg mehrmals pro Tag zurücklegen.
Die arbeitstäglichen Mittagsheimfahrten sind für den Fiskus privat veranlasst und bleiben somit bei den begünstigten Fahrten zwischen Wohnung und Arbeitsstätte unberücksichtigt. Weil Sie das ärgert, drehen Sie den Spieß um und machen aus den Mittagsheimfahrten Dienstreisen. Nun sind die *gefahrenen* Kilometer mit 0,30 € absetzbar. Wie das geht, möchten Sie wissen? Nichts einfacher als das. Sie verbinden die Mittagsheimfahrt mit einem Botengang für den Betrieb und fahren zunächst zu einem Kunden, zur Bank oder zur Post. Auf diese Weise machen Sie nun eine hochoffizielle Dienstreise, die Sie mit 0,30 € je gefahrenen Kilometer absetzen können. Bei 100 solcher Fahrten im Kalenderjahr ergibt sich daraus für Sie z. B. folgende Rechnung:

Fahrtkosten für Dienstreisen zu Post, Bank …	
100 Tage × 20 km × 0,30 €	600 €
Steuerersparnis bei einem Steuersatz von ca. 30 %	180 €

Auch hierfür stellt Ihnen Ihr Chef sicherlich eine Bescheinigung aus.

707 **Wichtig zu wissen: Homeoffice-Pauschale und Entfernungspauschale schließen sich aus!**

Für Kalendertage, an denen Sie Ihre berufliche Tätigkeit ausschließlich in der häuslichen Wohnung ausgeübt haben, können Sie einen Betrag von 5 € als Werbungskosten abziehen (Homeoffice-Pauschale). Der Abzug ist auf höchstens 600 € im Jahr beschränkt.
Soweit, so gut. Aber aufgepasst: Für Tage, an denen Sie auch zur ersten Tätigkeitsstätte gefahren sind oder auswärts tätig waren, können Sie nur die Fahrtkosten geltend machen und nicht die Homeoffice-Pauschale.
Oder umgekehrt: Für die Anzahl der Tage, für die Sie die Homeoffice-Pauschale geltend machen, können Sie nicht zugleich die Entfernungspauschale ansetzen.
Wenn die Entfernung zur Arbeit mehr als 16 km beträgt, ist die Entfernungspauschale günstiger.
Probe: 17 Kilometer × 0,30 € = 5,10 €.
Allerdings besteht kein Wahlrecht! Wer zur Arbeit gefahren ist, bekommt die Entfernungspauschale. Wer einen Tag ausschließlich im Homeoffice verbracht hat, kann die Homeoffice-Pauschale geltend machen.
»Aber woher will das Finanzamt wissen, ob ich gefahren bin oder nicht?«, grübeln Sie …

Zeile 35 - 38 Einfache Entfernung 708

Hier fragt der Fiskus scheinbar arglos nach der einfachen Entfernung, obwohl im Gesetz etwas ganz anderes steht. Dort ist zwar zunächst die Rede von der kürzesten Straßenverbindung zwischen Wohnung und Arbeitsstätte, im gleichen Atemzug wird aber gesagt, dass eine längere anzusetzen ist, wenn diese offensichtlich verkehrsgünstiger ist (§ 9 Abs. 1 Nr. 4 EStG).
»Wenn ich die kürzere Strecke fahre, aber die längere angebe, dann spare ich doppelt, Sprit und Steuern«, sagen Sie.

TIPP Die verkehrsgünstigere Strecke ist maßgebend, nicht die kürzeste 709

Die Bundesfinanzrichter haben hat glasklar entschieden: Für die Frage, ob eine Strecke offensichtlich verkehrsgünstiger ist, kann nicht eine Zeitersparnis von mindestens 20 Minuten verlangt werden. Eine solche absolute Zeitgrenze ergibt sich nicht aus dem Gesetz. ***Die Fahrzeitersparnis darf nur im Verhältnis zur Gesamtfahrzeit nicht von untergeordneter Bedeutung sein.*** Probleme könnte es damit geben, wenn die Zeitersparnis durch die längere verkehrsgünstigere Strecke unter 10 % liegt. Andererseits können auch Kriterien wie Verkehrssicherheit, Streckenführung oder Ampelschaltungen eine längere Strecke als verkehrsgünstig rechtfertigen, selbst wenn sich keine signifikante Fahrzeitersparnis ergibt (BFH v. 16.11.2011 - VI R 46/10, BFH/NV 2012 S. 505 und BFH v. 16.11.2011 - VI R 19/11, BFH/NV 2012 S. 508). Deshalb kann z. B. in den Wintermonaten eine schon morgens gut gestreute längere Strecke über eine Hauptverkehrsstraße maßgebend sein, wenn eine kürzere Nebenstrecke nicht zuverlässig von Schnee und Eis befreit ist.
Sie müssen sich vor allem mit Ihrem Finanzamt nicht mehr auf Diskussionen einlassen, ob es statt der von Ihnen tatsächlich benutzten Strecke eine andere Alternative zur kürzesten Fahrstrecke gibt, die noch schneller ist. Entscheidend ist nur, dass Ihre Strecke günstiger ist als die kürzeste Verbindung.

Übrigens:
Interessanterweise wird Ihre Entfernungspauschale auch dann nach der Straßenentfernung berechnet, wenn Sie mit öffentlichen Verkehrsmitteln zur Arbeit fahren. Angenommen, Sie fahren mit der Bahn zur Arbeit. Die Tarifentfernung der Bahn beträgt 38 km; zusätzlich legen Sie am Wohnort und am Arbeitsort noch jeweils 1 km zu Fuß zurück. Die kürzeste Straßenverbindung von Ihrer Wohnung zum Arbeitsplatz beträgt aber 45 km.

Ihre Werbungskosten belaufen sich also auf:
20 km × 0,30 € × 220 Arbeitstage = 1.320 €
25 km × 0,35 € × 220 Arbeitstage = 1.925 €
Ergibt zusammen 3.245 €

710 Zeile 35 - 38 ... davon mit Pkw zurückgelegt ... Sammelbeförderung, öffentliche Verkehrsmittel, Fahrgemeinschaft

Die Entfernungspauschale ist zwar grundsätzlich für alle Verkehrsmittel gleich hoch, und deshalb sollte es den Fiskus eigentlich nicht interessieren, welches Verkehrsmittel Sie zur Arbeit bringt. Die Fahrt mit dem eigenen oder einem überlassenen Pkw – z. B. Firmenwagen – ist indessen insoweit begünstigt, als es bei den Kosten nach oben keine Begrenzung gibt. Der Höchstbetrag von 4.500 € im Kalenderjahr gilt hier nicht.

711 **Park and ride**
Soweit für die Wege zwischen Wohnung und Arbeitsstätte sowohl ein Pkw als auch öffentliche Verkehrsmittel benutzt werden (sog. Park and ride), gilt die Begrenzung von 4.500 € nur für die auf öffentliche Verkehrsmittel entfallende Strecke. Deshalb wird die Entfernung jeweils gesondert abgefragt.

712 ♦ *Musterfall Udo Gaul (Park and ride)*
Gaul schwört auf die Bahn, doch leider liegt der Bahnhof nicht vor seiner Haustür. Deshalb kommt er nicht umhin, zunächst die 30 km bis zum nächsten Bahnhof mit seinem Pkw abzuspulen. Von dort geht es mit der Bahn weiter. Am Zielbahnhof angekommen, nimmt er die U-Bahn bis zu seiner Arbeitsstätte. Die kürzeste Straßenverbindung beträgt 100 km. An Aufwendungen für die Bahnfahrten kann Gaul insgesamt 1.600 € belegen.

ANLAGE N
Einkünfte aus nichtselbständiger Tätigkeit **2022**

Werbungskosten – ohne Beträge lt. Zeile 91 bis 94 – 8

Wege zwischen Wohnung und erster Tätigkeitsstätte / Sammelpunkt / weiträumigem Tätigkeitsgebiet (Entfernungspauschale)

	Erste Tätigkeitsstätte in (PLZ, Ort und Straße)	vom	bis	Arbeitstage je Woche	Urlaubs- und Krankheitstage
31	Essen, Ruhrallee 218	T T M M	T T M M	5	21
32		T T M M	T T M M		
	Sammelpunkt / nächstgelegener Zugang zum weiträumigen Tätigkeitsgebiet (PLZ, Ort und Straße)				
33		T T M M	T T M M		
34		T T M M	T T M M		

	Ort lt. Zeile	aufgesucht an Tagen	einfache Entfernung (auf volle Kilometer abgerundet)	davon mit eigenem oder zur Nutzung überlassenem Pkw zurückgelegt	davon mit Sammelbeförderung des Arbeitgebers zurückgelegt	davon mit öffentl. Verkehrsmitteln, Motorrad, Fahrrad o. Ä., als Fußgänger, als Mitfahrer einer Fahrgemeinschaft zurückgelegt	Aufwendungen für Fahrten mit öffentlichen Verkehrsmitteln (ohne Fähr- und Flugkosten) EUR	Behinderungsgrad mind. 70 oder mind. 50 und Merkzeichen „G"
35	31	110 230	111 100 km	112 30 km	113 km	70 km	114 ,–	115 1 = Ja
36		130	131 km	132 km	133 km	km	134 ,–	135 1 = Ja
37		150	151 km	152 km	153 km	km	154 ,–	155 1 = Ja
38		170	171 km	172 km	173 km	km	174 ,–	175 1 = Ja

39 Arbeitgeberleistungen lt. Nr. 17 und 18 der Lohnsteuerbescheinigung — steuerfrei ersetzt 290 EUR ,— pauschal besteuert 295 EUR ,— e

Und so rechnet das Finanzamt:
Für die Teilstrecke mit dem eigenen Pkw von 30 km wird gerechnet:

230 Arbeitstage × 20 km × 0,30 € =	*1.380 €*
230 Arbeitstage × 10 km × 0,35 € =	*805 €*
Ergibt zusammen	*185 €*

Für die verbleibende Teilstrecke mit der Bahn von (100 km – 30 km =) 70 km:

230 Arbeitstage × 20 km × 0,30 € =	*1.380 €*
230 Arbeitstage × 50 km × 0,35 € =	*4.025 €*
Ergibt zusammen	*5.405 €*

Hierfür ist der Höchstbetrag von 4.500 € anzusetzen, so dass sich insgesamt Werbungskosten von 6.685 € ergeben.

Fahrgemeinschaften 713

Möglicherweise kommen Sie hier ins Grübeln, ob Sie dem Fiskus auf die Nase binden sollen, Teilnehmer einer Fahrgemeinschaft zu sein.

> Vorab gut zu wissen: Der Ansatz der Entfernungspauschale setzt nicht voraus, dass Ihnen tatsächlich Kosten entstehen. Sie könnten sie also selbst dann in Anspruch nehmen, wenn Sie zu Fuß zur Arbeit gingen. Deshalb steht bei Fahrgemeinschaften die Entfernungspauschale sowohl dem Fahrer als auch jedem Mitfahrer zu.

Fahrgemeinschaften sind öffentlichen Verkehrsmitteln gleichgestellt. Der absetzbare Betrag wird deshalb für Mitfahrer grundsätzlich auf den Höchstbetrag von 4.500 € pro Kalenderjahr begrenzt. Diese Begrenzung greift jedoch nicht für die Tage, an denen Sie selbst der Fahrer waren (Ihr eigenes Fahrzeug eingesetzt haben). Dazu unten mehr. **Machen Sie deshalb die entsprechenden Angaben in einer der > Zeilen 35 – 38 für die Tage, an denen Sie mit dem eigenen Fahrzeug gefahren sind, und in einer weiteren Zeile für die Tage, an denen Sie mitgenommen wurden.**
Für die Entfernungsermittlung gilt Folgendes: Jeder Teilnehmer der Fahrgemeinschaft trägt als Entfernung zwischen Wohnung und Arbeitsstätte die kürzeste benutzbare Straßenverbindung ein, Umwegstrecken zum Abholen der Mitfahrer werden nicht berücksichtigt.

Beispiel
Sie haben das Glück, mit zwei netten Kolleginnen eine wechselseitige Fahrgemeinschaft zu bilden. Die Entfernung zwischen Wohnung und Arbeitsstätte beträgt für jeden 100 km. Bei insgesamt 241 Arbeitstagen haben Sie an 51 Arbeitstagen mit Ihrem Pkw den Chauffeur gespielt. Der Fiskus rechnet:

Fahrten mit eigenem Pkw, unbegrenzt absetzbar

51 Tage × 20 km × 0,30 € =		306 €
51 Tage × 80 km × 0,35 € =		1.400 €
Macht zusammen		1.706 €

Fahrten in Fahrgemeinschaft, begrenzt absetzbar bis 4.500 €

190 Tage × 20 km × 0,30 € =	1.140 €	
190 Tage × 80 km × 0,35 € =	5.320 €	
Zusammen	6.460 €, max. 4.500 €	4.500 €
Insgesamt absetzbar		6.206 €

Und so bringen Sie Ihre Ansprüche in der Anlage N unter:

	Ort lt. Zeile	aufgesucht an Tagen	einfache Entfernung (auf volle Kilometer abgerundet)	davon mit eigenem oder zur Nutzung überlassenem Pkw zurückgelegt	davon mit Sammelbeförderung des Arbeitgebers zurückgelegt	kehrsmitteln, Motorrad, Fahrrad o. Ä., als Fußgänger, als Mitfahrer einer Fahrgemeinschaft zurückgelegt	Aufwendungen für Fahrten mit öffentlichen Verkehrsmitteln (ohne Fähr- und Flugkosten) EUR	Behinderungsgrad mind. 70 oder mind. 50 und Merkzeichen „G“
35	32	110 51	111 100 km	112 100 km	113 km	km	114 ,–	115 1 = Ja
36	32	130 190	131 100 km	132 km	133 km	100 km	134 ,–	135 1 = Ja

714 Einseitige Fahrgemeinschaft

Spielen bei einer Fahrgemeinschaft Sie allein den Chauffeur, weil Ihr Mitfahrer – z.B. wegen einer kleinen Sehschwäche – nicht gern Auto fährt,

kommt Ihnen das durchaus gelegen. Schließlich wollen Sie nicht im Straßenverkehr einer Sehschwäche zum Opfer fallen. Sollte sich der Mitfahrer mit einer Benzinkostenbeteiligung erkenntlich zeigen wollen, haben Sie ein steuerliches Problem.
»Nanu, wieso das?«, fragen Sie erschrocken.
Diese Benzinkostenbeteiligung müssen Sie als »sonstige Einkünfte« versteuern, einzutragen in Anlage SO, > Zeile 10.
»Da stelle ich mich dumm, davon weiß ich nichts«, sagen Sie trotzig.
Aber, aber, so geht das nicht. Doch ich habe eine Lösung für Sie. Sie können gegen die Benzinkostenbeteiligung Ihre höheren Kosten aufrechnen, die Ihnen durch die Mitnahme des netten Nachbarn theoretisch entstanden sind:

Beispiel

Einfache Entfernung für > Zeile 35 z.B.	38 km
Die Umwegkilometer von z.B. 12	
werden in > Zeile 13 der Anlage SO geltend gemacht:	
12 Umwegkilometer × 0,30 € =	3,60 €
Mitnahmekosten 3,60 € × 230 Tage =	828 €
./. Benzinkostenbeteiligung	– 600 €
Verlust für > Zeile 14 Anlage SO	228 €

Zwar bringt Ihnen der Verlust keine zusätzliche Steuerersparnis, denn er ist nicht mit Ihren übrigen Einkünften ausgleichsfähig (Verlustausgleich nur innerhalb der gleichen Einkunftsart »sonstige Einkünfte« > Zeile 12 möglich). Aber Sie können immerhin die Benzinkostenbeteiligung steuerfrei kassieren.

Sammelbeförderung – Steuerfuchs, pass auf! 715

Sammelbeförderung hat nichts mit der Benutzung überfüllter öffentlicher Verkehrsmittel und nur ganz entfernt etwas mit Fahrgemeinschaften zu tun.
Unter Sammelbeförderung versteht man, wenn der Arbeitgeber den Transport seiner Belegschaft von der Wohnung zur Arbeitsstätte übernimmt. Da der Arbeitnehmer nicht selbst fahren muss, stellt die Sammelbeförderung einen sog. geldwerten Vorteil dar, der allerdings steuerfrei bleibt (§ 3 Nr. 32 EStG). **Im Gegenzug soll der Arbeitnehmer keine Werbungskosten für Wege zur Arbeitsstätte geltend machen können**, daher die Frage zur Sammelbeförderung.
Doch Achtung: Wer denkt, mit steuerfreier Sammelbeförderung will ich mein Finanzamt nicht irritieren, der muss wissen: Auf der Lohnsteuerbe-

scheinigung ist dafür der Buchstabe F eingetragen. Schummeln ist also zwecklos. Wenn der Arbeitgeber sich die Sammelbeförderung von Ihnen jedoch bezahlen lässt, tragen Sie Ihre Kosten in > Zeile 46 – 48 ein.

716

TIPP Freie Fahrt zur Arbeit – mit öffentlichen Verkehrsmitteln

Egal, welches Verkehrsmittel Sie benutzen, die Entfernungspauschale ist immer gleich hoch. Finanziell gesehen fahren Sie mit öffentlichen Verkehrsmitteln in der Regel jedoch am günstigsten. Vielfach halten sich Fahrtkosten und Steuernachlass aber auch die Waage mit der Folge: Freie Fahrt zur Arbeit, wie es sich eigentlich gehört.

Angenommen, für die monatliche Bahnfahrkarte zahlen Sie 125 €, und Ihr Arbeitsweg beträgt 75 Kilometer. Das Bahnfahren kostet Sie also 1.500 € im Jahr, steuerlich absetzen können Sie aber:

230 Tage × 20 km × 0,30 € =	1.380 €	
230 Tage × 55 km × 0,35 € =	4.428 €	
zusammen	5.808 €, max.	4.500 €

Steuerersparnis	
Einkommen-/Lohnsteuer bei einem Steuersatz von 35 % =	1.575 €
Kirchensteuer etwa	42 €
Steuerersparnis insgesamt	1.717 €

Bahnfahren kostet in diesem Beispiel um rund 200 € weniger, als die Steuerersparnis aus der Entfernungspauschale einbringt. Also rate ich Ihnen: Fahren Sie mit der Bahn oder mit einem anderen ebenso günstigen Verkehrsmittel, dann tun Sie Gutes für die Umwelt und für Ihren Geldbeutel.

717

TIPP Lassen Sie den Fiskus mal richtig zur Ader!

Haben Sie mit Ihrem Pkw eine weite Anfahrt von z. B. 20 km zum Betrieb, entstehen Ihnen pro Jahr berufliche Kosten von mindestens:

40 km (gefahren) × 0,30 € × 230 Tage =	2.760 €
Davon wirken sich steuerlich aus	
20 km × 0,30 € × 230 Tage =	1.380 €
./. Arbeitnehmerpauschbetrag	– 1.000 €
Steuerliche Auswirkung	380 €

Wenn demnächst eine Gehaltserhöhung ansteht, zeigen Sie Ihrem Chef diese Berechnung und sagen Sie ihm: »Hören Sie, wie wäre es, wenn Sie mir von der

Gehaltserhöhung 100 € als Fahrtkostenersatz zahlen? Wenn Sie die Pauschalsteuer von 15 % übernehmen, wäre ich mit einem Fahrtkostenersatz von 85 € einverstanden. Zusammen sind das auch rd. 100 € Kosten für Sie, und Sie sparen zusätzlich den Arbeitgeberanteil zur Sozialversicherung von rd. 19 %.« Die 85 € entsprechen in etwa dem, was Sie andernfalls übers Jahr gerechnet als Werbungskosten ansetzen könnten, und bis zu diesem Betrag ist eine Pauschalversteuerung möglich. Wenn Ihr Chef darauf eingeht, machen Sie ein Bombengeschäft, wie die nachfolgende Vorteilsrechnung zeigt:

Berechnung des Nettolohns ohne Fahrtkostenregelung:

Bruttomonatslohn bisher z. B.			3.000,00 €
zzgl. Gehaltserhöhung			100,00 €
Bruttolohn neu			3.100,00 €
./. Lohnsteuer StKl I	417,91 €		
Lohnkirchensteuer 9 %	37,61 €		
Sozialvers. Arbn.-Anteil	626,98 €		
Summe	1.082,50 €	>	– 1.082,50 €
Nettolohn			2.017,50 €

Berechnung des Nettolohns mit Fahrtkostenregelung:

Bruttomonatslohn wie bisher			3.000,00 €
./. Lohnsteuer StKl I	393,08 €		
Lohnkirchensteuer 9 %	35,37 €		
Sozialvers. Arbn.-Anteil	606,75 €		
Summe	1.035,20 €	>	– 1.035,20 €
Verbleiben			1.964,80 €
Fahrtkostenersatz			85,00 €
Nettolohn			2.049,80 €

Wie Sie sehen, haben Sie durch den pauschal versteuerten Fahrtkostenersatz monatlich netto gut 32 € mehr auf dem Konto. Leider darf nach dem BMF-Schreiben BStBl 1990 I S. 112 pauschal versteuerter Fahrtkostenersatz nur zusätzlich zum regulären Gehalt bis zur Höhe der als Werbungskosten abzugsfähigen Beträge gezahlt werden. Eine Gehaltsumwandlung von steuerpflichtigem Lohn in Fahrtkostenersatz ist nicht zulässig. Daher klappt der Trick nur bei Gehaltserhöhungen.

Zeile 35 – 38 Behinderte 718

Allen Behinderten ab einem Behinderungsgrad von 70 % oder aber 50 % mit Merkzeichen »G« werden für Fahrten zwischen Wohnung und Arbeitsstätte steuerlich die **tatsächlichen Fahrtkosten** zugestanden. Diese machen Sie durch eine »1« in den > Zeilen 35 – 38 geltend. Von Amts wegen wird zunächst von folgenden Beträgen ausgegangen:

Benutztes Verkehrsmittel	tatsächliche Kosten €
Taxi, Flugzeug, Fähre, Schiff	
Pkw, Kombi, Kleinbus, Wohnmobil	0,60
Motorrad, Motorroller, Moped oder Mofa	0,40

Diese Beträge sind aber nicht das Ende der Fahnenstange. Sind die tatsächlich entstandenen Kosten höher und können Sie sie nachweisen, sollten Sie diese geltend machen.

Beispiel
In der Anlage N haben Sie zunächst in > Zeile 35 unter Behinderungsgrad 70 % bzw. 50 % plus »G« eine »1« eingetragen. Mit diesem Antrag werden Ihnen von Amts wegen für jeden Entfernungskilometer 0,60 € Fahrtkosten zugebilligt, also 0,30 € pro gefahrenen Kilometer. Nach Ihrer Fahrtkostenberechnung nach dem Schema unter ➤ Rz 825 betragen die tatsächlich entstandenen Fahrtkosten jedoch 0,45 € pro gefahrenen Kilometer. Also fertigen Sie eine

Anlage zur Anlage N > Zeile 35
Für meine Fahrten zwischen Wohnung und Tätigkeitsstätte bitte ich einen Kilometersatz von 0,90 € je Entfernungskilometer zugrunde zu legen. Eine Berechnung der Fahrtkosten nebst Belege füge ich bei.

Wenn Sie den Steuerbescheid erhalten, rechnen Sie nach, ob der Fiskalritter Ihrem Antrag auch entsprochen hat. Andernfalls müssen Sie mit Einspruch um Nachbesserung bitten. Mehr zum Einspruch unter ➤ Rz 1138 ff.

719 Zeile 35 – 38 Aufwendungen für Fahrten mit öffentlichen Verkehrsmitteln

Hier bietet der Fiskus behinderten Arbeitnehmern eine sog. Günstigerprüfung an: Wenn die Fahrtkosten mit öffentlichen Verkehrsmitteln höher sein sollten, als die Entfernungspauschale nach > Zeile 35 – 38 ausmacht, wird er den höheren Betrag ansetzen.

♦ *Musterfall Winter (Entfernungspauschale)* 720

Vor einigen Jahren hatte Willi Winter beim Skifahren einen schweren Unfall. Seitdem ist er zu 50 % behindert, außerdem bescheinigt ihm das Versorgungsamt eine erhebliche Gehbehinderung (Merkzeichen »G«). Willi wohnt in einem Vorort und fährt täglich zunächst mit der Regionalbahn und dann mit dem Stadtbus zur Arbeit. Die Entfernung beträgt 16 km, die Monatskarte »Bus&Bahn« kostet 195 €. Die Entfernungspauschale beträgt:

230 Arbeitstage × 16 km × 0,60 €	*2.208 €*
Die tatsächlichen Kosten belaufen sich auf:	
195 € × 12 Monate	*2.340 €*

Willi setzt also in > Zeile 35 den höheren Betrag = 2.340 € als Werbungskosten für Fahrten zwischen Wohnung und Arbeitsstätte an.

Sie können zwischen Entfernungspauschale und tatsächlichen Kosten wechseln! 721

Sind Sie nur gelegentlich mit öffentlichen Verkehrsmitteln und sonst mit dem Pkw zur Arbeit gefahren, setzen Sie für die Fahrten mit Bus und Bahn die tatsächlichen Kosten an, wenn diese höher waren als die Entfernungspauschale. Für die Tage, an denen Sie mit dem Auto gefahren sind, rechnen Sie pauschal mit 0,60 € je Entfernungskilometer.

Die Entfernungspauschale machen Sie in > Zeile 35 – 38 geltend. **Die zusätzlich anzusetzenden Kosten für die Benutzung öffentlicher Verkehrsmittel gehören in > Zeile 48.**

Zeile 39 – 40 Arbeitgeberleistungen/Fahrtkostenzuschüsse 722

Fahrtkostenzuschüsse sind steuerpflichtig, können jedoch nach § 40 Abs. 2 Satz 2 EStG mit 15 % pauschal versteuert werden.
Steuerfreie Arbeitgeberleistungen (in Einzelfällen) für Fahrten zwischen Wohnung und Arbeitsstätte oder pauschal versteuerte Beträge sind in > Zeile 39 einzutragen. Auch steuerfreie Job-Tickets zählen dazu.

Die steuerfreien und die pauschal versteuerten Fahrtkostenzuschüsse werden auf die Entfernungspauschale angerechnet. Auch hier traut der Fiskus seinen Steuerbürgern nicht und trägt die Fahrtkostenerstattungen gleich selbst ein.

39	Arbeitgeberleistungen lt. Nr. 17 und 18 der Lohnsteuerbescheinigung	steuerfrei ersetzt 290	EUR ,—	pauschal besteuert 295	EUR ,— e
40	Von der Agentur für Arbeit oder dem Jobcenter gezahlte Fahrtkostenzuschüsse			291	,—

Von der Agentur für Arbeit oder dem Jobcenter gewährte Fahrkostenzuschüsse für die Wege zwischen Wohnung und erster Tätigkeitsstätte mindern ebenfalls die Entfernungspauschale. Diese steuerfrei erhaltenen Erstattungen sollen Sie nun wieder selbst in > Zeile 40 eintragen. Eine elektronische Datenüberübermittlung funktioniert hier offensichtlich noch nicht …

14.8.2 Beiträge zu Berufsverbänden – Zeile 41

723 Hier setzen Sie Beiträge zur Gewerkschaft, zum Beamtenbund oder zu einzelnen Berufsverbänden wie Verband Deutscher Ingenieure, Kraftfahrerschutz- oder Journalistenverband an. Seien Sie dem Finanzamt auch mal gut, und bezeichnen Sie den Verband namentlich, damit der Bearbeiter einen Haken machen kann. Wenn Sie keinen Beleg beifügen, vermerken Sie: wie bisher. Oft werden Beiträge bis zu 150 € pro Jahr ohne Nachweis anerkannt.

Nicht vergessen: Haben Sie an einer Tagung Ihres Berufsverbands oder an einem Streik teilgenommen, setzen Sie die entstandenen Fahrtkosten und Verpflegungsmehraufwendungen zusätzlich an.

14.8.3 Aufwendungen für Arbeitsmittel – Zeile 42 – 43

724 Arbeitsmittel sind Hilfsmittel, die Arbeitnehmer einsetzen, um ihre Arbeit zu bewältigen. Die Aufwendungen dafür sind uneingeschränkt absetzbar. Werkzeuge und typische Berufskleidung werden in § 9 Abs. 1 Nr. 6 EStG nur beispielhaft genannt. Absetzbar sind nicht nur die Anschaffung, sondern auch Reparaturen und Reinigung.

Die 90-%-Regel

Als Arbeitsmittel gelten nur Gegenstände, die Sie ausschließlich oder zumindest weitaus überwiegend beruflich nutzen. Eine private Mitbenutzung von untergeordneter Bedeutung – bis zu 10 % – ist unschädlich. Hieraus ergibt sich die sog. 90-%-Regel.

Handwerkszeug, typische Berufs- und Schutzkleidung, Fachzeitschriften und -bücher sind ohne Wenn und Aber absetzbar, des Weiteren Computer, Mobiliar für Ihr Arbeitszimmer u. v. m. Ein Abc der Arbeitsmittel finden Sie unter ➤ Rz 726.

Geringwertige Arbeitsmittel
Arbeitsmittel, die nicht mehr als 952 € brutto (= 800 € netto plus 19 %) gekostet haben, können Sie unabhängig von der Nutzungsdauer im Jahr der Bezahlung voll absetzen. Haben die Anschaffungskosten mehr als 952 € brutto betragen, sind sie auf die Jahre der Nutzung zu verteilen. Dazu mehr unter ➤ Rz 727.

Neu ab 2021: Die Anschaffungskosten für Computer, Peripheriegeräte wie z. B. Drucker und Software können im Jahr der Bezahlung vollständig abgezogen werden, unabhängig davon, wie hoch sie waren.

Nachweise
Achten Sie darauf, dass Sie eine wasserdichte Rechnung erhalten. »Arbeitsschuhe« hört sich besser an als »Schuhe«, »Aktentasche« besser als »Ledertasche«, »Büromaterial« oder »Fachbuch« besser als »Papierwaren« oder »Buch«. Übrigens: Bei Fachzeitschriften und Fachliteratur empfiehlt es sich, auf der Quittung auch Autor und Titel zu vermerken.

Gut zu wissen: Arbeitsmittel zum Geburtstag absetzen
Wenn Sie sich das Arbeitsmittel nicht selbst gekauft haben, sondern Ihre Lieben Ihnen den teuren Aktenkoffer für 450 € zum Geburtstag geschenkt oder unter den Weihnachtsbaum gelegt haben: Tragen Sie ihn beruhigt und ohne schlechtes Gewissen in Ihre Steuererklärung ein (BFH-Urt. v. 16.2.1990 – BStBl 1990 II S. 883). Das gilt natürlich auch für ein Schreibset und jegliche (z. B. ererbte) Büroausstattung.

Absetzen und später steuerfrei verkaufen
Wird das Arbeitsmittel später verkauft, ist der Veräußerungserlös – anders als bei Landwirten, Gewerbetreibenden und Freiberuflern – nicht steuerpflichtig. Das bedeutet: Wenn Sie ein Arbeitsmittel nach gegebener Zeit verkaufen, haben Sie vielleicht schon die Anschaffungskosten voll abgesetzt, können aber den Erlös steuerfrei einstreichen (Quelle: LStR 9.12).

Welcher Aufwand ist angemessen?
Wenn sich der Fiskus an den Kosten beteiligt, darf der Preis durchaus etwas höher sein, das ist schon richtig, doch sollte man die Kirche im Dorf lassen. Denn nach § 9 Abs. 5 EStG kann (nicht »muss«) das Finanzamt die Angemessenheit der Aufwendungen prüfen und im Einzelfall die Kosten auf eine angemessene Höhe zusammenstreichen. Natürlich passt zu einem Mercedes Coupé für 80.000 €, den sich ein Bezirksleiter – aus gesundheitlichen Gründen, wegen seines Rückenleidens – für Dienstreisen

angeschafft hatte, nur eine Aktentasche für 1.100 € aus feinstem Leder mit Goldbeschlägen. Doch beides stieß beim Fiskalritter auf Unverständnis. Kann man verstehen, oder?

Andererseits können auch ungewöhnlich hohe Aufwendungen für ein Arbeitsmittel abgesetzt werden, wenn sie in Bezug auf berufliche Stellung und Höhe der Einnahmen angemessen sind, so z.B. für den Flügel einer Musiklehrerin (BFH, 1989 II S.356).

Sie können aber nicht nur bestimmen, welche Gegenstände Sie sich überhaupt kaufen, sondern auch, wie viele. So hatte ein Lehrer jahrelang für zahlreiche Bücher zig Euro hingeblättert und als berufliche Ausgaben geltend gemacht. »Kein Problem!«, sagte das FG Niedersachsen (Az. II 342/93, nv), solange nur jedes einzelne Buch einen beruflichen Bezug hat, und sei es nur auf einer Seite.

Angemessenheitsprüfung durch das Finanzamt? Alles Quatsch, sagt der Bundesfinanzhof!

Darf ein Laptop 1.700 € kosten, oder wird das Finanzamt nur das Gerät aus dem Sonderangebot für 299 € anerkennen? Ist ein Farb-Laser-Drucker für 1.200 € unangemessen, wo es auch ein Tintenstrahldrucker für 79 € tut?

Dass Ihr Sachbearbeiter im Finanzamt prüfen dürfen soll, was angemessen ist, kommt Ihnen seltsam vor – und das völlig zu Recht! Der Bundesfinanzhof hat mit Urteil vom 12. Januar 1990 (BStBl 1990 II Seite 423) nämlich entschieden: »Die Vorschrift des § 4 Abs. 5 Nr. 7 EStG, wonach Aufwendungen, die die Lebensführung des Steuerpflichtigen berühren, nicht als Betriebsausgaben den Gewinn mindern dürfen, soweit sie nach allgemeiner Verkehrsauffassung als unangemessen anzusehen sind, gilt nicht für den Bereich der Werbungskosten (Änderung der Rechtsprechung).«

… oder verständlich ausgedrückt:

Das Finanzamt hat die Angemessenheit Ihrer als Werbungskosten geltend gemachten Ausgaben nicht zu prüfen.
In den Verwaltungsanweisungen des Finanzamts ist dieses Urteil nicht zu finden. Allerdings heißt es dort:
Werbungskosten, die die Lebensführung des Arbeitnehmers oder anderer Personen berühren, sind … insoweit nicht abziehbar, als sie nach der allgemeinen Verkehrsauffassung als unangemessen anzusehen sind.

Dieses Abzugsverbot betrifft nur seltene Ausnahmefälle*; die Werbungskosten müssen erhebliches Gewicht haben und die Grenze der Angemessenheit erheblich überschreiten, wie z. B. Aufwendungen für die Nutzung eines Privatflugzeugs zu einer Auswärtstätigkeit (Richtlinie 9.1 Abs. 1 der Lohnstreuer-Richtlinien).*

Die Richtlinien sind für die Finanzbeamten bindend. Darauf können Sie sich getrost berufen.

Zeile 42 – 43 Arbeitsmittel-Abc 725

Bei Gegenständen, die auch privat nutzbar sind, wie Lexika, Musikinstrumente, stellen sich viele Fiskalvertreter zopfig an. Wird doch von einem Arbeitsmittel verlangt, dass es zu mehr als 90 % beruflich genutzt wird. Anderenfalls gehört nämlich der gesamte Betrag zu den nicht abziehbaren Kosten der Lebensführung (§ 12 Nr. 1 EStG), was übrigens bei bürgerlicher Kleidung und Schuhen immer der Fall ist (Quelle: LStR 33 Abs.2).

726

Arbeitsmittel-Abc		
Bezeichnung	Anerkannt	
	ja	nein
Aktentasche (EFG 1979 S. 225)	x	
Berufskleidung = uniformartige oder Schutzkleidung, die nahezu ausschließlich für die berufliche Verwendung bestimmt ist und wegen der Eigenart des Berufs benötigt wird (BFH, BStBl 1979 II S. 519; BStBl 1980 II S. 73; BStBl 1991 II S. 348):		
Monteuranzug, Robe des Richters, Frack des Kellners oder Orchestermusikers, mit Posthorn versehene Dienstkleidung der Postler (EFG 1991 S. 118), Arztkittel, weiße Hose aus dem Fachhandel (BStBl 1991 II S. 348), Cut eines Empfangschefs, Frack, schwarzer Anzug bzw. schwarze Hose und weiße Jacke eines Kellners, schwarzer Anzug eines Leichenbestatters und eines Geistlichen, Sportbekleidung von Polizeibeamten für Dienstsport (Tennissport – FG Saarland – EFG 1991 S. 377)	x	
Sportanzug eines Offiziers mit aufgenähtem Balken, schwarze Hose zur Ausgehuniform (EFG 1992 S. 735)	x	
Berufskleidung reinigen und ausbessern	x	

Arbeitsmittel-Abc		
Bezeichnung	Anerkannt	
	ja	nein
Bücherregal	x	
sofern ausschließlich oder ganz überwiegend zur Unterbringung von Fachbüchern genutzt. Es braucht nicht in einem Arbeitszimmer zu stehen		
Computer	x	
sofern ausschließlich oder ganz überwiegend beruflich genutzt. Nachweis: Das Gerät steht am Arbeitsplatz, oder der Arbeitnehmer benötigt es für die berufliche Fortbildung. Ein Laptop wird allgemein als beruflich genutzt angesehen		
Diktiergerät	x	
Enzyklopädie des Tierreichs, mehrbändig	x	
berufliche Nutzung bei einem Biolehrer		
Fachbücher, Fachzeitschriften	x	
dazu gehören auch Sachbücher, die sich an einen breiten Leserkreis wenden, aber berufsbezogene Themen des Arbeitnehmers behandeln		
Im Einzelnen		
Allgemeine Nachschlagewerke, auch bei Lehrern		x
Tages- oder Wochenzeitungen		x
Capital, Wirtschaftswoche, Impulse, Managementwissen, manager magazin (FG Köln – EFG 1991 S. 21)		x
Handelsblatt	x	
»Grzimeks Tierleben« bei Biolehrern		x
Kleidung, bürgerliche		x
auch wenn sie ausschließlich am Arbeitsplatz getragen wird (BStBl 1980 II S. 75)		
Koffer für Reisenden (EFG 1972 S. 329)		x
Kunstgegenstände im Arbeitszimmer (Bilder, Skulpturen)		x
Kunstgegenstände im Arbeitszimmer, das auf Besucher		
repräsentativ wirken muss (BStBl 1991 II S. 340)	x	
Mobiliar im Arbeitszimmer, auch antikes Musikinstrument	x	
Konzertpianistin	x	

Arbeitsmittel-Abc		
Bezeichnung	Anerkannt	
	ja	nein
Kirchenmusiker	x	
Musiklehrer; hier ist die Rechtsprechung nicht einheitlich (abgelehnt v. BFH – BStBl 1978 II S. 459, anerkannt FG Niedersachsen EFG 1982 S. 561)		x
Nachschlagewerke		
in englischer Sprache für Englischlehrer	x	
Brockhaus für Lehrer	x	
Duden für Deutschlehrer	x	
Reiseutensilien für Dienstreisen (EFG 1988 S. 67)		x
Schreibmaschine		
Prüfer (BStBl 1963 III S. 299)	x	
Referendar (EFG 1969 S. 399, EFG 1988 S. 116)	x	
Richter (BStBl 1971 II S. 327)	x	
Schreibtisch in der Privatwohnung		
zusammen mit Stuhl, Lampe und Papierkorb		
Lehrer (BStBl 1977 II S. 464)	x	
Bauingenieur (BFH v. 28.11.1980, nicht veröff.)		x
Sportgeräte, Sportkleidung		
Sportlehrer, wenn ausschließlich beruflich genutzt	x	
Sportlehrer, wenn auch privat genutzt (dazu BStBl 1987 II S. 262 bei einem privaten Nutzungsanteil von nur 15,5 %)		x
Telefon in der Wohnung	x	
Teppich im Arbeitszimmer, auch antik oder Orientteppich (FG Niedersachsen, EFG 1992 S. 65 und 1994 S. 236)	x	
Wachhund		
Ärztin (BStBl 1979 II S. 512)		x
Forstbediensteter	x	
Hausmeister (EFG 1989 S. 228 rk)	x	
Wachmann (BStBl 1960 III S. 163)	x	
Waffen		

Arbeitsmittel-Abc		
Bezeichnung	Anerkannt	
	ja	nein
Richter (EFG 1979 S. 546)		x
Forstbeamter (Jagdwaffe)	x	
Zeitung für berufliche Informationen, wenn Zweitabo (FG Köln, EFG 1994 S. 199)	x	

727 Zeile 42 – 43 Absetzung für Abnutzung

Die Anschaffungskosten von Arbeitsmitteln können Sie in voller Höhe als Werbungskosten absetzen, wenn sie für das einzelne Arbeitsmittel 952 € brutto nicht übersteigen (geringwertige Arbeitsmittel bzw. geringwertige Wirtschaftsgüter = GWG). Liegen die Anschaffungskosten über diesem Betrag und beträgt die Nutzungsdauer erfahrungsgemäß mehr als ein Jahr, sind sie gleichmäßig auf die Nutzungsdauer des Arbeitsmittels zu verteilen und in jedem Jahr nur anteilig absetzbar (§ 9 Abs. 1 Nr. 7 EStG). Siehe dazu Musterfall Backs unter ➤ Rz 729.

Der Begriff »Absetzung für Abnutzung« (AfA) stammt aus der Buchhaltersprache und beschreibt den Wertverzehr, den jedes Wirtschaftsgut durch Abnutzung erleidet. Die Nutzungsdauer kann bei einem Panzerschrank bis zu 23 Jahre betragen. Dann liegt die jährliche AfA bei (100 ÷ 23 =) 4,35 % des Kaufpreises.

Anhaltspunkte für die Nutzungsdauer ergeben sich aus einer Tabelle, die der Fiskus in regelmäßigen Abständen anpasst und veröffentlicht. Hier eine Übersicht über die Nutzungsdauer einzelner Gegenstände, die der Fiskus momentan ohne Wenn und Aber anerkennt.

Abschreibungstabelle für Arbeitsmittel		
	Nutzungsdauer	AfA-Satz
Autotelefon	5 Jahre	20 %
Büromöbel	13 Jahre	7,69 %
Diktiergerät	6 Jahre	16,67 %
Fotokopiergerät	7 Jahre	14,29 %
Frankiermaschine	8 Jahre	12,50 %
Funktelefon	5 Jahre	20,00 %
Panzerschrank	23 Jahre	4,35 %

Abschreibungstabelle für Arbeitsmittel		
Perserteppich	15 Jahre	6,67 %
Pkw	6 Jahre	16,67 %
Telefaxgerät	6 Jahre	16,67 %

Neu ab 2021: Die Anschaffungskosten für Computer, Peripheriegeräte wie z. B. Drucker und Software können im Jahr der Bezahlung vollständig abgezogen werden, unabhängig davon, wie hoch sie waren.

Ein Perserteppich im Arbeitszimmer? Dies sei für einen Studienrat ein alltäglicher normaler Ausstattungsgegenstand, so das FG Rheinland-Pfalz (v. 15.11.1993 – EFG 1994 S. 236). Und ist steuerlich eine gute Wahl. Er behält seinen Wert und kann trotzdem über Jahre abgeschrieben werden. Dasselbe gilt für antikes Mobilar (BHF – BStBl 1986 II S. 355).

Man kommt schneller runter
als wieder rauf.
(Oskar Lafontaine)

Geringwertige Arbeitsmittel als »einheitliches Ganzes«? 728

Die Möglichkeit, geringwertige Arbeitsmittel sofort in voller Höhe abzuschreiben, gilt nur, wenn sie selbständig nutzungsfähig sind – im Unterschied zu Gegenständen, die in Kombination mit anderen als »Sachgesamtheit« anzusehen und nur in dieser Verbindung nutzbar sind.

Selbständig nutzungsfähig und damit getrennt abzuschreiben sind:
Einrichtungsgegenstände (Mobiliar) wie Aktenschrank, Schreibtisch, Stuhl, Papierkorb, Lampen (BFH v. 20.2.1997 – BStBl 1997 II S. 360), Küchenanbaumöbel, auch als Küchenblock (BFH v. 20.12.2003 – BFH/NV 2004 S. 370) nebst Kaffeeautomat (FG Thüringen v. 30.9.1993 – EFG 1994 S. 360).

◆ *Musterfall Backs (Arbeitsmittel, Abschreibung)*
Erika Backs ist Lehrerin und hat am 10. 12. ihre häusliche Arbeitsecke neu ausgestattet. Sie weiß, dass der Kaufpreis für das Mobiliar auf die übliche 729
Nutzungsdauer von 13 Jahren abzuschreiben ist. Da der Schreibtisch und der Bürosessel erst im Dezember 2021 angeschafft wurden, kann Erika Backs für 2021 lediglich 1/12 der Jahresabschreibung ansetzen. Geringwertige Wirtschaftsgüter (bis 952 €) setzt sie in voller Höhe ab. Aus der Anschaffung eines Computers im Dezember 2020 ist noch ein Restwert vor-

handen. Frau Backs fügt folgendes Einrichtungsverzeichnis für > Zeile 42 Anlage N bei:

Arbeitsmittel	ange-schafft	Kaufpreis brutto €	AfA-Satz %	AfA 2021 €	Restwert €
Computer	12/2020	1.663	Restwert-AfA	1.062	0
Schreibtisch	12/2021	2.250	7,69	14	2.236
Bürosessel	12/2021	1.150	7,69	8	1.142
Geringwertige WG					
Schreibtischlampe	12/2021	215	100	215	0
Regal	12/2021	460	100	460	0
Computertisch	12/2021	815	100	815	0
Summe der Abschreibung				2.574	3.378

Der Restwert zeigt ihr, was sie in den kommenden Jahren noch abschreiben kann.
Seit 2021 gilt: Die Nutzungsdauer von Computer und Software soll nur noch ein Jahr betragen. Zum einen können damit die Anschaffungskosten im Jahr der Bezahlung vollständig abgezogen werden. Zum anderen kann ein Restwert in 2021 ebenfalls in voller Höhe berücksichtigt werden (hier: 1.062 € für den im Jahr 2020 erworbenen Computer).

Die Abschreibung und andere Werbungskosten bringt sie sodann in der Anlage N unter.

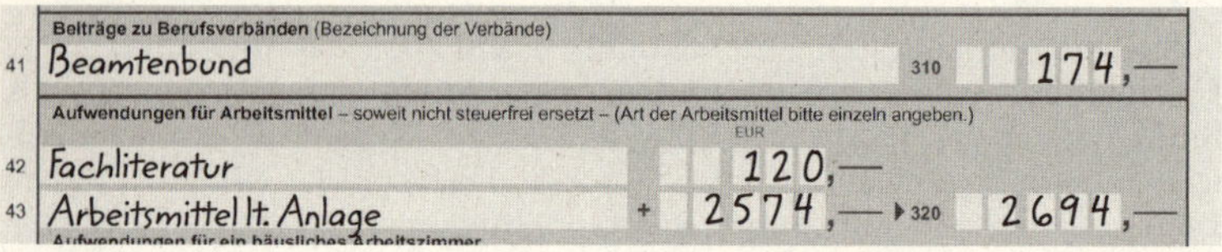
Beiträge zu Berufsverbänden (Bezeichnung der Verbände)
41 Beamtenbund 310 174,—
Aufwendungen für Arbeitsmittel – soweit nicht steuerfrei ersetzt – (Art der Arbeitsmittel bitte einzeln angeben.)
EUR
42 Fachliteratur 120,—
43 Arbeitsmittel lt. Anlage + 2574,— ▸ 320 2694,—

730 **TIPP** **Vergessen Sie privat erworbene Arbeitsmittel nicht!**

Das vor zwei Jahren privat angeschaffte Bücherregal passt vorzüglich in Ihr neues Arbeitszimmer? Na wunderbar, dann setzen Sie aber auch die Abschreibung dafür als Werbungskosten an. Maßgebend dafür sind die ursprünglichen Anschaffungskosten und die Gesamtnutzungsdauer. Die Zeit der privaten Nutzung ist für die berufliche Abschreibung verloren (LStH 9.12 > Absetzung für Abnutzung).

Und so wird bei einer Nutzungsdauer von 13 Jahren gerechnet:

Anschaffung 1/2019	1040 €
./. Abschreibung 2019 und 2020 je 7,69 % privat (verloren)	– 160 €
Verbleiben als Werbungskosten	880 €
./. Abschreibung 2021	– 80 €
Restwert 31.12.2021	800 €
Werbungskosten in > Zeile 42 der Anlage N =	80 €

Beachten Sie: Für diesen Tipp brauchen Sie kein häusliches Arbeitszimmer. Sie müssen nur Dinge, die Sie privat gekauft haben, nunmehr ausschließlich beruflich nutzen.

TIPP Verlängerte Nutzungsdauer 731

Auch den alten Schreibtisch Ihres Vaters können Sie im Arbeitszimmer gut gebrauchen. Leider ist das gute Stück schon 13 Jahre alt, und damit ist eigentlich seine steuerliche Gesamtnutzungsdauer abgelaufen, d. h., die mögliche Abschreibung gilt als im privaten Bereich abgesetzt (fiktive Abschreibung nach LStH 9.12).

Doch nicht mit Ihnen. Denn die jetzige berufliche Nutzung beweist ja gerade, dass die Gesamtnutzungsdauer des Schreibtischs noch nicht abgelaufen ist. Also verlängern Sie die Nutzungsdauer auf 20 Jahre und setzen von den ursprünglichen Anschaffungskosten von 1.500 € jährlich 5 % = 75 € als Werbungskosten ab (BFH-Urt. v. 16.2.1990 – BStBl 1990 II S. 883).

»Wenn ich von meinem Freund ein altes Bücherregal kaufe, und er kauft eins von mir, dann können wir doch beide die Abschreibung ansetzen?«, fragen Sie.
Das ist eine glatte Umgehung und ein Missbrauch rechtlicher Gestaltungsmöglichkeiten. So steht es in § 42 AO. Wenn das Finanzamt dahinterkommt, wird es die Abschreibung nicht anerkennen …

Zeile 42 – 43 Computer für Ihr Homeoffice 732

Seit geraumer Zeit läuft beim Fiskus die weiche Welle, wenn es sich um Computer handelt. So ist die private Nutzung betrieblicher Computer steuerfrei (3 Nr. 45 EStG). Leider geht die Großzügigkeit nicht so weit, dass Sie auch Aufwendungen für die private Nutzung absetzen könnten. Sie können die Aufwendungen aber selbst im Schätzungsweg pauschal in privat und beruflich aufteilen und dann zumindest die auf den beruflichen Anteil entfallenden Kosten als Werbungskosten absetzen. Allerdings wird von Ihnen erwartet, dass Sie den Umfang der beruflichen Nutzung auf Anfrage zumindest glaubhaft machen können (Erlass FinMin NRW v. 8.12.2000 – S. 2354 – 1 – VB 3).

Computer als Arbeitsmittel
Ihr Interesse geht dahin, dem Fiskus die gesamten Kosten an die Backe zu kleben, versteht sich. Dazu muss Ihr Computer Arbeitsmittel sein. In diesem Fall setzen Sie 100 % der Kosten ab. Auf Anfrage erklären Sie: »Der am … 2021 angeschaffte Computer wird ausschließlich beruflich genutzt und steht in einer besonderen Arbeitsecke. Für private Arbeiten am PC nutze ich den Computer meines Ehegatten oder den meiner Tochter mit Internetanschluss, die einen solchen für ihre Schulaufgaben benötigt.«
Wenn nötig, gehen Sie in die Einzelheiten. Wenn Sie für Ihren Betrieb zu Hause Vordrucke entwerfen, in Ruhe Präsentationsgrafiken gestalten oder als Außendienstler Abrechnungen vornehmen oder wenn Sie als Lehrer oder Ausbilder für den Unterricht Arbeitsblätter o. Ä. erstellen, sind Sie bereits im Rennen. Ebenso glatt geht ein PC für die berufliche Fortbildung auf der Technikerschule, im Meisterkurs oder mit beruflichen Lernprogrammen, etwa für Wirtschaftsenglisch, durch.

Am besten fügen Sie Ihren Erläuterungen zur Steuererklärung gleich Muster Ihrer Arbeitsergebnisse bei oder, noch besser, eine

ARBEITGEBERBESCHEINIGUNG

Herr/Frau . . . ., wohnhaft in . . . .
ist bei uns als . . . . beschäftigt.

Es ist uns bekannt, dass der Arbeitnehmer als Arbeitsmittel einen Computer angeschafft hat, um sich daran zu Hause weiterzubilden und betriebliche Arbeitsvorgänge zu entwickeln bzw. vorzubereiten.

Wir begrüßen dies im Interesse unseres Betriebes und halten es für erforderlich.

Eine besondere Vergütung wird dafür nicht gezahlt. Wir halten die diesbezüglichen Aufwendungen mit der Höhe des Gehalts für abgegolten.

. . . .
Stempel Unterschrift

♦ *Musterfall Backs (PC als Arbeitsmittel)*
Die Lehrerin Erika Backs kaufte sich im August 2021 für ihren Beruf einen PC mit Textverarbeitungsprogramm, Maus und Drucker und zahlte dafür insgesamt 1.975 €. Sie hat eine Rechnung erhalten, in der das Textverarbeitungsprogramm mit 460 € gesondert ausgewiesen ist. Im Dezember 2021 musste der Rechner komplett neu installiert werden, Kostenpunkt für den Techniker 180 €. Für Papier, Druckertinte, Computerzeitung, CDs usw. sind 2021 rd. 100 € angefallen. 733

Frau Backs kann sämtliche Beträge in voller Höhe als Werbungskosten geltend machen. Also kann sie in > Zeile 43 eintragen:

Textverarbeitungsprogramm Word	*460 €*
PC	*1.515 €*
Reparatur EDV-System	*180 €*
Verbrauchsmaterial	*100 €*
Summe	*2.255 €*

Ein PC vom Chef hilft Steuern zu sparen 734

Mancher Chef weiß nicht, wie er seinen Leuten Gutes tun kann. Fragen Sie doch mal an, vielleicht stellt er Ihnen einen betrieblichen Computer für zu Hause zur Verfügung – dies wäre ein **steuerfreier Sachbezug** nach § 3 Nr. 45 EStG. Dazu mehr unter ➤ Rz 574. Noch besser, er schenkt Ihnen einen, über den Sie dann frei verfügen können – das ist dann allerdings **steuerpflichtiger Sachbezug**. Vielleicht legt Ihr Chef aber noch etwas drauf und übernimmt die Lohnsteuer pauschal mit 25 % (§ 40 Abs. 2 Nr. 5 EStG), siehe Aufstellung unter ➤ Rz 591. Damit wäre die Besteuerung pauschal abgegolten. Doch es geht auch anders:

Guter Rat: Ohne pauschale Lohnsteuer kommen Sie davon, wenn Sie vermeiden, dass Ihnen das Eigentum an dem PC – wenn auch nur wirtschaftlich – zugerechnet wird. Wirtschaftliches Eigentum erlangen Sie, wenn der Chef Ihnen den PC ohne weitere Bedingungen für mindestens drei Jahre überlässt. Weil drei Jahre der allgemeinen Nutzungsdauer entsprechen, wird Ihnen der PC praktisch geschenkt. Dem können Sie begegnen, indem Sie schriftlich vereinbaren, dass Ihr Chef das Risiko des zufälligen Untergangs des PC trägt, das heißt, Sie bekommen in diesem Fall von ihm Ersatz. So klappt der Laden.

735 ## Zeile 42 - 43 Berufskleidung

Der Fiskus ist sich nicht zu schade, auch Selbstverständlichkeiten in Gesetzesform zu verlautbaren: Die vom Betrieb gestellte typische Berufskleidung sei steuerfrei (§ 3 Nr. 31 EStG), die Aufwendungen für selbst beschaffte seien als Werbungskosten absetzbar (§ 9 Abs. 1 Nr. 6 EStG).

Typische Berufskleidung sind Kleidungsstücke, die auf die jeweilige Berufstätigkeit zugeschnitten sind (Helm, Schutzanzug, Kittel, Arbeitsstiefel, Arbeitshandschuhe) oder ihrer Beschaffenheit nach nahezu ausschließlich für die berufliche Verwendung bestimmt und geeignet und außerdem wegen der Eigenart des Berufs notwendig sind (Arztkittel, Künstlerkleidung usw.). Eine private Nutzung muss ausgeschlossen sein.

736 ### TIPP Reinigungskosten für Berufskleidung steuerlich absetzen!

Bei jedem Waschgang können Sie Steuern sparen. Indem Sie Ihre Arbeitskleidung in die eigene Waschmaschine stecken. Es kommt ganz schön was zusammen, wenn man jeden Tag einen frisch gewaschenen Kittel, Monteuranzug oder unter der Uniform ein frisches Oberhemd braucht. Was dafür anzusetzen ist, muss geschätzt werden. Der BFH meint, Sie könnten die Erfahrungswerte übernehmen, die einige Verbraucherverbände herausgefunden haben (BFH-Urt. v. 29.6.1993 – BStBl 1993 II S. 837 und 838). Dazu die folgende Übersicht:

Gesamtkosten für ein Kilogramm Wäsche

	1-Personen-Haushalt	2-Personen-Haushalt	3-Personen-Haushalt	4-Personen-Haushalt
Wäsche waschen	€	€	€	€
Kochwäsche 90°C	0,77	0,50	0,43	0,37
Buntwäsche 60°C	0,76	0,48	0,41	0,35
Pflegeleicht	0,88	0,60	0,53	0,47
Wäsche trocknen				
Ablufttrockner	0,41	0,26	0,23	0,19
Kondensattrockner	0,55	0,34	0,29	0,24
Bügeln				
Dampfbügeleisen	0,07	0,05	0,05	0,05

(Quelle: Verbraucherzentrale Bundesverband, Stand Dezember 2002; wird seither nicht mehr aktualisiert)

Enthalten sind die Kosten für Strom, Wasser und Waschpulver sowie Abschreibung. Haben Sie als Handwerker in einem 3-Personen-Haushalt pro Woche für Arbeitskleidung vier kg Kochwäsche, setzen Sie als Reinigungskosten an:

4 kg × 0,77 € (Kochwäsche 0,43 € + Kondenstrockner 0,29 € + Bügeln 0,05 €) × 48 Arbeitswochen = 148 €

Reparatur der Waschmaschine

Zu den Reinigungskosten gehören auch die Kosten für Reparatur und Wartung der Waschmaschine. Die Aufwendungen können ggf. geschätzt werden.

Machen Sie z. B. geltend:

```
Reparatur lt. Rechnung vom . . . . 210 €, davon beruflicher
Anteil 40% = 84 €.
```

Den Rest in Höhe von 126 € bringen Sie als Handwerkerkosten in > Zeile 6 der Anlage Haushaltsnahe Aufwendungen unter und kassieren eine Steuerermäßigung in Höhe von 20 % (= Steuerminus von 25,20 €).

◆ *Musterfall Huber (Berufskleidung, Reinigungskosten)* 737

Im April und im September hat Huber jeweils einen Monteuranzug für 45 € gekauft. Für Flicken und Reinigung sind 22 € angefallen. Die Quittungen hat Huber aufbewahrt. Beide Posten trägt er zusammen unter Arbeitsmittel in > Zeile 43 ein. Zusammen mit 136 € Gewerkschaftsbeiträgen kommt er auf stolze 248 € Werbungskosten.

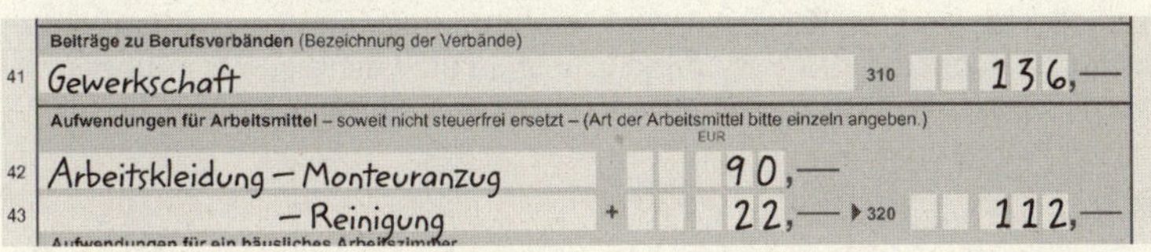
Beiträge zu Berufsverbänden (Bezeichnung der Verbände)
41 Gewerkschaft 310 136,—
Aufwendungen für Arbeitsmittel – soweit nicht steuerfrei ersetzt – (Art der Arbeitsmittel bitte einzeln angeben.) EUR
42 Arbeitskleidung – Monteuranzug 90,—
43 – Reinigung + 22,— ▸ 320 112,—
Aufwendungen für ein häusliches Arbeitszimmer

Berufskleidung der Sportlehrer 738

Als Sportlehrer haben Sie gute Chancen, Sportkleidung von der Steuer abzusetzen. Zeigt sich der Fiskalritter zopfig, halten Sie ihm das Urteil des FG Münster vom 12.11.1996 (EFG 1997 S. 334) unter die Nase: Ein Sportlehrer mit z. B. elf Stunden Sportunterricht in der Woche, der außerdem an Weiterbildungsmaßnahmen im Fach Sport teilnehme, habe kein Bedürfnis, seine Gelenke auch noch in der Freizeit zu strapazieren. Eine private Nutzung der Sportkleidung scheide also aus, so die Finanzrichter.

Den letzten Wind nehmen Sie dem Fiskalritter aus den Segeln, wenn Sie sagen können, die Sportkleidung bewahren Sie in einem abschließbaren Schrank in der Schule auf, damit Sie sich jeweils den Witterungsbedingungen entsprechend anziehen können. Notfalls lassen Sie sich eine Bescheinigung vom Rektor ausstellen.

739 **TIPP** **Setzen Sie den neuen Zwirn von der Steuer ab!**

»... Ich bin in einem Laboratorium tätig, wo trotz Kittel Kleidung und Schuhe durch Chemikalien und Farbe regelmäßig so verschmutzt werden, dass sie selbst nach der Reinigung nicht mehr getragen werden können ... und mache hiermit Ausgaben geltend für durch Farbspritzer unbrauchbar gewordene Kleidung (Hosen) und Schuhe 436 €.«

Der Fiskalritter guckt auch auf den letzten Cent und schreibt: »... und kann als Werbungskosten nur den Zeitwert der Kleidungsstücke und der Schuhe vor der Beschädigung anerkennen. Da Sie die Zeitwerte nicht nachgewiesen haben, schätze ich den absetzbaren Betrag auf 220 €.« Na bitte ...

740 Zeile 42 – 43 Nichtbeanstandungsgrenzen des Finanzamts

Anstelle der leichten Klimmzüge, die Huber unternimmt (nach dem Motto: Sicher ist sicher), denkt Ferdinand Lässig an die Nichtbeanstandungsgrenzen des Finanzamts und setzt Arbeitsmittel einfach ohne Belege an:

♦ *Musterfall Ferdinand Lässig (Arbeitsmittel)*

741 *Allerdings macht Lässig sich die Mühe, eine Einzelaufstellung für den Betrag Fachliteratur, Berufskleidung und Werkzeuge anzufertigen und der Erklärung beizufügen.*

ANLAGE N **2022**
Einkünfte aus nichtselbständiger Tätigkeit

	Beiträge zu Berufsverbänden (Bezeichnung der Verbände)		
41	Gewerkschaft		310 136,—
	Aufwendungen für Arbeitsmittel – soweit nicht steuerfrei ersetzt – (Art der Arbeitsmittel bitte einzeln angeben.)	EUR	
42	Fachliteratur (63 €), Berufsbekleidung (67 €)	,—	
43	Werkzeug (45 €)	+ ,—	▸ 320 175,—
	Aufwendungen für ein häusliches Arbeitszimmer		
44			325 ,—
	Fortbildungskosten – soweit nicht steuerfrei ersetzt –		
45			330 ,—
	Weitere Werbungskosten – soweit nicht steuerfrei ersetzt – Fahr- und Flugkosten bei Wegen zwischen Wohnung und erster Tätigkeitsstätte / Sammelpunkt / weiträumigem Tätigkeitsgebiet		
46		16,—	
	Sonstiges (z. B. Bewerbungskosten, Kontoführungsgebühren)		
47		+ ,—	
48	Bürobedarf – pauschal –	+ 120,—	▸ 380 136,—

Lesen Sie unbedingt unter ➤ Rz 55 f., was Sie dank der Nichtbeanstandungsgrenzen ohne Nachweise absetzen können!

TIPP *TAZ, FAZ* oder *WAZ* – doppelt informiert ist besser 742

Tageszeitungen sollen grundsätzlich nicht abgesetzt werden können. Halten Sie sich aber neben der Lokalzeitung ein überregionales Blatt, das Sie für berufliche Informationen benötigen, können Sie Vater Staat an den Kosten für diese Zweitzeitung beteiligen. Setzen Sie deswegen die Abo-Kosten nebst Neujährchen für den Austräger als Werbungskosten ab (FG Köln im Urt. v. 7.7.1993 - EFG 1994 S. 199). Den Bezug der Zweitzeitung begründen Sie damit, dass es Ihnen ausschließlich um Informationen aus dem Wirtschaftsteil und um Stellenanzeigen geht.
»Ich habe da eine noch bessere Idee. Im Betrieb liegt das *Handelsblatt* aus. Da schneide ich jeden Tag den Streifen mit Datum und Preis ab, das sind dann meine Belege für die Steuererklärung«, sagen Sie. Das ist, gelinde gesagt … nicht schön. Die Streifen gelten auch nicht als Zahlungsbelege.

Es wird immer kurioser:
Die BFH-Richter haben sogar Kulturkritikern und Journalisten den Abzug von Aufwendungen für überregionale Tageszeitungen verwehrt, obwohl dieser Personenkreis Zeitungen meist ausschließlich aus beruflichen Gründen liest (BFH v. 7.9.1989 – BStBl 1990 II S. 19). Ein Abzug sei zumindest dann nicht möglich, wenn nur eine Zeitung abonniert werde, räumt das Hessische FG ein (Urt. v. 8.5.2008 – 13 K 3379/07).
Die Übergänge zur Fachliteratur können indessen fließend sein. So wurde das *Handelsblatt* einmal wie eine Fachzeitschrift behandelt und die Kosten als

abziehbar angesehen (BFH v. 12.11.1982 – VI R 183/79), ein andermal aber abgelehnt (BFH-Beschluss v. 22. 6 .2006 – VI R 65/02). Letzteres Urteil wurde nicht veröffentlicht, was bedeutet, man will es nicht an die große Glocke hängen. Schämt man sich dafür? Die Kumpanei des Bundesfinanzhofs mit dem Fiskus ist unerträglich.
Anerkannt als Werbungskosten wurden Aufwendungen eines Physikers für die Zeitschrift *Spektrum der Wissenschaft* (Niedersächsisches FG v. 16.3.1989 – III 489/88).

743 **TIPP Romane und Krimis absetzen? Lassen Sie sich schätzen!**

Lehrer setzen allgemeinbildende oder schöngeistige Literatur, also Romane und Krimis ab, indem sie zu jedem einzelnen Buch angeben, in welcher Zeit und in welcher Klasse sie es zu Unterrichtszwecken benutzt haben, indem sie z. B. Ausschnitte für einen Arbeitsbogen oder zur Interpretation o. Ä. kopiert haben. Dann handelt es sich zwar nicht um Fachliteratur, aber um ein Arbeitsmittel, und schon klappt der Laden (BFH-Urt. v. 2.2.1990 – BFH/NV 1990 S. 564).
Geht das bei Ihnen nicht, muss das Finanzamt zumindest den größten Teil der Kosten im Wege der griffweisen Schätzung anerkennen, je nach Umständen 80, 70 oder 60 % (BFH-Urt. v. 21.5.1992 – BStBl 1992 II. S. 1015). Das lässt sich hören, oder?

Ich kämpfe um mein Recht,
so zu sein, wie ich bin.
(Marquis de Sade)

14.8.4 Aufwendungen für ein häusliches Arbeitszimmer – Zeile 44

744 Hört her, Ihr Lehrer, Richter, Journalisten, Vertreter und Außenprüfer, leitende Angestellte, Sich-Fortbildende und andere mehr!
Weil Sie beruflich zu Hause arbeiten – oder im «Homeoffice«, wie man das heutzutage nennt – und dafür ein Zimmer benötigen, können Sie die anteiligen Wohnungs-/Hauskosten sowie die Aufwendungen für die fachgerechte Ausstattung in der Steuererklärung unterbringen.

745 Hier zunächst ein Überblick, was Ihnen das Gesetz zubilligt.

Es sind folgende Fälle zu unterscheiden:

- **Abzug der Arbeitszimmerkosten in unbegrenzter Höhe,** wenn das häusliche Arbeitszimmer die **Hauptarbeitsstätte** – für die gesamte berufliche Tätigkeit – bildet.

- **Abzug der Arbeitszimmerkosten begrenzt auf den Höchstbetrag von 1.250 € jährlich,** wenn das häusliche Arbeitszimmer **nicht Hauptarbeitsstätte** ist, aber für die berufliche Tätigkeit **kein anderer Arbeitsplatz** zur Verfügung steht.

Checkliste für das häusliche Arbeitszimmer/Homeoffice 746

Werden Arbeitszimmerkosten geltend gemacht, geht der Fiskalritter gründlich zu Werk, indem er anhand einer Checkliste systematisch die Voraussetzungen überprüft. Natürlich ist diese Checkliste inzwischen auch bei den Steuerzahlern bekannt und kann Ihnen nützliche Dienste leisten, indem Sie zumindest auf dem Papier alles das erfüllen, was der Fiskalritter für die Steuerminderung erwartet.

Frage 1: Reicht die Größe der Restwohnung für den normalen Wohnbedarf aus?

Frage 2: Wird das Arbeitszimmer ausschließlich oder nahezu auschließlich für berufliche Zwecke genutzt?

Frage 3: Ist die Einrichtung berufsbezogen und funktionell?

Frage 4: Ist das Arbeitszimmer zwingend notwendig?

Was bezweckt der Fiskalritter mit seinen Fragen?

Zu Frage 1:

Reicht die Größe der Restwohnung für den normalen Wohnbedarf nicht aus, besteht die Vermutung, dass der Steuerzahler das Arbeitszimmer auch privat nutzt. Folge: Es wird kein Arbeitszimmer anerkannt.

Zu Frage 2:

Ganz oder gar nicht, so lautet die Devise

Auch beim häuslichen Arbeitszimmer geht es um das leidige Thema der gemischten Aufwendungen. Da eine Trennung in beruflich und privat veranlasste Aufwendungen bei einem einzelnen Raum aber nicht leicht und einwandfrei möglich ist, lässt der Fiskus überhaupt nichts zum Abzug zu und rechnet alle Aufwendungen zu den nicht abziehbaren Kosten der privaten Lebensführung (§ 12 EStG).

Eine Zeit lang sah es so aus, als würde diese hartleibige Sichtweise der Finanzverwaltung nicht mehr lange Bestand haben, denn Finanzgerichte wollten einen Anteil der Arbeitszimmerkosten für die berufliche Nutzung als Werbungskosten anerkennen, wenn der Raum neben der unzweifelhaften beruflichen Nutzung in nicht nur untergeordnetem Umfang auch privat genutzt wird. Leider hat der Große Senat des BFH diese

Hoffnung komplett zunichte gemacht (BFH-Beschluss v. 27.7.2015 GrS 1/14 – BStBl 2017 II S. 265). **Der BFH hat letztlich zu 100 % die Auffassung des Fiskus bestätigt, dass ein Werbungskostenabzug die ausschließliche oder nahezu ausschließliche Nutzung des Raumes für berufliche Zwecke voraussetzt** und somit einer Aufteilung und der Berücksichtigung des beruflichen Nutzungsanteils eine klare Absage erteilt.
Damit ist wohl nicht nur der Fall gestorben, dass ein Raum zu 60 % beruflich und zu 40 % privat genutzt wird. Geklärt ist damit auch, dass Aufwendungen für nicht abgeschlossene Räume in der Wohnung keine Arbeitszimmerkosten sind. In folgenden Fällen können Sie also auch künftig *keine* Werbungskosten abziehen:

- sowohl privat als auch beruflich genutzter Büroraum,
- Arbeitsecke in einem ansonsten privat genutzten Raum (BFH-Urt. v. 17.2.2017 – X R 32/11),
- Arbeitszimmer auf einer Galerie,
- Arbeitszimmer, das als Durchgangszimmer genutzt wird.

Zu Frage 3:

Ist das Arbeitszimmer berufsbezogen und funktionell eingerichtet, spricht das eindeutig für eine berufliche Nutzung. Dabei ist Luxus durchaus erlaubt. Es sollten also im Arbeitszimmer möglichst nur Arbeitsmittel vorhanden sein, d. h. nur Gegenstände, die ausschließlich oder doch weitaus überwiegend beruflich verwendet werden. Eine Stereoanlage z. B., ein Fernseher, private Bücher oder die Aufbewahrung selten getragener Kleidung lassen aus fiskalischer Sicht auf eine private Nutzung des Zimmers schließen. Allerdings, je intensiver ein Arbeitszimmer beruflich genutzt wird, umso weniger Bedeutung haben private Gegenstände (so der BFH im nicht veröffentlichten Urteil v. 16.2.1990 – VI R 144/86). Auch das FG Berlin hielt in seinem Urteil vom 16.8.1988 (rk – EFG 1989 S. 17) eine unbedeutende private Nutzung für erlaubt, z. B., wenn in seltenen Fällen ein Besucher dort auf der Liege oder Klappcouch übernachtet. Und das Niedersächsische Finanzgericht urteilte am 19. und 30.9.1991 (EFG 1992 S. 325), dass ein Kleiderschrank oder private Bücher und Unterlagen im häuslichen Arbeitszimmer unschädlich sein können, sofern die berufliche Nutzung erheblich ist (mehr als zwölf Stunden wöchentlich).

Übrigens gelten Liege und Klappcouch, ja sogar ein Schaukelstuhl als Arbeitsmittel. Sie sind als »Entspannungsmittel« anerkannt und somit für das Arbeitszimmer unschädlich. So setzte ein gewitzter Professor die Kosten für seinen Schaukelstuhl als Werbungskosten ab und kam damit durch (BFH-Urt. v. 28.9.1990 – BFH/NV 1991 S. 298). Es sei dem Arbeit-

nehmer unbenommen, so der BFH, statt am Schreibtisch sitzend sich im Liegen oder im Schaukelstuhl auf seine Arbeit zu konzentrieren oder Fachliteratur zu lesen.

Zu Frage 4:
Das Arbeitszimmer wird nur dann als zwingend notwendig angesehen, wenn es Mittelpunkt der gesamten beruflichen und betrieblichen Tätigkeit, also **Hauptarbeitsstätte** ist oder aber kein »anderer« Arbeitsplatz zur Verfügung steht (Lehrer, freie Mitarbeiter, Außendienstmitarbeiter, Azubi, Bereitschaftsdienstler, Meisterschüler, nebenberufliche Tätigkeit etc.).

Gut zu wissen: Dies bedeutet keinesfalls, dass Ihnen überhaupt kein Arbeitsplatz zur Verfügung stehen darf, vielmehr nur, *dass für die im Arbeitszimmer verrichteten Arbeiten kein anderer Arbeitsplatz* vorhanden ist. Dies gilt besonders für Lehrer, die zwar ihren Unterricht in der Schule halten, dort aber für die Vorbereitung des Unterrichts und Korrekturarbeiten keinen Arbeitsplatz haben. Und was bei den Lehrern recht ist, kann Ihnen nur billig sein.

Poolarbeitsplatz zählt nicht!
Ein Poolarbeitsplatz, bei dem sich acht Großbetriebsprüfer drei Arbeitsplätze für die vor- und nachbereitenden Arbeiten der Prüfungen teilen, steht nicht als »anderer« Arbeitsplatz zur Verfügung, wenn er zur Erledigung der Innendienstarbeiten nicht im erforderlichen Umfang genutzt werden kann (BFH-Urt. v. 26.2.2014 – Az. VI R 37/13).

Zeile 44 Häusliches Arbeitszimmer als Hauptarbeitsstätte 747

Sie arbeiten überwiegend im Homeoffice – **also etwa mindestens drei von fünf Arbeitstagen pro Woche?** Dann ist das Heimbüro Mittelpunkt Ihrer beruflichen Tätigkeit bzw. Hauptarbeitsstätte, und die Kosten für diese Monate zählen unbegrenzt!
Ein Arbeitszimmer als Hauptarbeitsstätte beschert Ihnen den unbegrenzten Abzug der Kosten. Das Arbeitszimmer ist Hauptarbeitsstätte, wenn dort die »wesentlich prägenden Handlungen« ausgeführt werden, wie sich der Fiskus ausdrückt. Das heißt auf Deutsch: Arbeiten, die das meiste Geld einbringen. Wie lange dort gearbeitet wird, ist nicht wichtig. Das zeitliche Überwiegen der außerhäuslichen Tätigkeit schließt den unbe-

grenzten Abzug der Kosten für das häusliche Arbeitszimmer nicht aus (BMF-Schreiben v. 7.1.2004, Tz 8).

Nun gleicht keine Tätigkeit wie ein Ei dem anderen. Es kommt immer auf die besonderen Umstände im Einzelfall an. Viele Fälle hat der Bundesfinanzhof schon in letzter Instanz entschieden. Sehen Sie nach, ob Ihr Fall dabei ist:

748 Wichtige Urteile zur Frage der Hauptarbeitsstätte

Berufliche Tätigkeit	Hauptarbeitsstätte	
	Ja	Nein
Ingenieur Erarbeitung komplexer Problemlösungen im Arbeitszimmer (BFH v. 13.11.2002 – BStBl 2004 II S. 59)	X	
Unternehmensberater/Praxis-Consultant Beratung von Freiberuflern in betriebswirtschaftlichen Fragen, Erstellung von Analysen und Auswertungen im Arbeitszimmer (BFH v. 29.4.2003 – BStBl 2004 II S. 76)	X	
Verkaufsleiter tlw. Außendiensttätigkeit bei Überwachung von Mitarbeitern und Betreuung von Großkunden. Wesentliche Leistungen wie Organisation der Betriebsabläufe werden im Arbeitszimmer erbracht (BFH v. 13.11.2002 – BStBl 2004 II S. 65)	X	
Handelsvertreter/Vertriebsleiter berufliche Tätigkeit ist im Wesentlichen durch Außendiensttätigkeit geprägt (BFH v. 26.2.2003 BStBl 2004 II S. 69)		X
Lehrer Unterrichtsleistungen werden nicht im Arbeitszimmer erbracht (BFH v. 26.2.2003 – BStBl 2004 II S. 72)		X
Nebenberufliche Tätigkeit Hauptarbeitsstätte ist Mittelpunkt der gesamten betrieblichen und beruflichen Tätigkeit; Mittelpunkt einer von mehreren beruflichen Tätigkeiten reicht nicht aus (BFH v. 23.9.1999 – BStBl 2000 II S. 7), siehe auch ➤ Rz 750		X

Berufliche Tätigkeit	Hauptarbeitsstätte	
	Ja	Nein
Produkt- und Fachberater/in berufliche Tätigkeit ist im Wesentlichen durch Außendiensttätigkeit geprägt (BFH v. 13.11.2002 – BStBl 2004 II S. 62)		X

Gut zu wissen für Telearbeiter 749
Wer als Telearbeiter nur zu Hause arbeitet, also außerhalb des Arbeitszimmers nicht dauerhaft beschäftigt ist, für den ist der unbegrenzte Abzug der Arbeitszimmerkosten geritzt. Wichtig ist nachzuweisen: Im Betrieb steht kein Arbeitsplatz zur Verfügung. Anwesenheitszeiten im Betrieb sind nicht vorgeschrieben.

Selbständig im Nebenberuf 750

Wer meint, er wäre beim Arbeitszimmer aus dem Schneider, weil er nebenbei noch selbständig ist und dafür ein Arbeitszimmer benötigt, den muss ich enttäuschen. Der Mittelpunkt der beruflichen Tätigkeit wird nicht für jede Einkunftsart getrennt beurteilt, vielmehr sind sämtliche Tätigkeiten des Steuerzahlers zusammenzufassen (BFH-Urt. v. 23.9.1999 – BStBl 2000 II S. 7).
Auch wenn es mit der Hauptarbeitsstätte und damit dem unbegrenzten Abzug der Arbeitszimmerkosten nicht klappt, bleibt doch zumindest der auf 1.250 € begrenzte Kostenabzug, wie die folgenden Randziffern zeigen.

Zeile 44 Häusliches Arbeitszimmer nicht erste Tätigkeitsstätte 751

Gehören Sie zu denen, die auf ihr Arbeitszimmer angewiesen sind, weil der Arbeitgeber **keinen Arbeitsplatz zur Verfügung** stellt (➤ Rz 746), oder sind Sie im Hauptberuf Arbeitnehmer und nebenberuflich als Schriftsteller von Kriminalromanen tätig oder erstellen als Krankenhausarzt in Ihrer Freizeit nebenberuflich medizinische Gutachten etc., gehen Sie also einer Nebentätigkeit nach, die vom Brötchengeber Ihres Hauptjobs eigentlich genehmigt werden müsste? Dann benötigen Sie Ihr Arbeitszimmer sicher in erster Linie für Ihre (neben-)beruflichen Aktivitäten.

In all diesen Fällen gesteht Ihnen der Fiskus den Abzug von Arbeitszimmerkosten – bis zu 1.250 € – zu.

752 **TIPP Kosten für Arbeitsmittel wie Schreibtisch, Leselampe und Regal gehören in > Zeile 42 – 43**

Der Bundesfinanzhof hatte ein Einsehen und geurteilt, dass der Abzug von Arbeitsmitteln Vorrang vor den Abzugsbeschränkungen für die Arbeitszimmerkosten hat (BFH v. 21.11.1997 – BStBl 1998 II S. 351). Im Klartext bedeutet das, dass alle Kosten für Arbeitsmittel, die auch ohne ein Arbeitszimmer durchgehen würden, unabhängig davon, wie die eigentlichen Arbeitszimmerkosten steuerlich behandelt werden, steuerlich absetzbar sind. Dieser Entscheidung hat sich die Finanzverwaltung gebeugt und sie mit dem BMF-Schreiben vom 16.6.1998 (BStBl 1998 I S. 863) für verbindlich erklärt. Das heißt: Auch wenn Sie Ihr Arbeitszimmer nicht absetzen können oder der Höchstbetrag von 1.250 € greift, können Sie zumindest Ihre Arbeitsmittel in vollem Umfang absetzen.

Dazu müssen Sie unterscheiden zwischen den Kosten für die Raumaustattung des Arbeitszimmers einerseits und für Arbeitsmittel im engeren Sinne andererseits.

Unmittelbare Arbeitszimmerkosten/Raumausstattung (> Zeile 44)
(nur bei Arbeitszimmern absetzbar)

- Miete,
- Heizung, Strom, Wasser,
- Müllabfuhr, Kaminkehrer, Abwasser,
- Grundsteuer, Gebäudeversicherung,
- Hauswart etc.,
- Gebäudeabschreibung,
- Zinsen,
- Reinigung,
- Gebäudereparatur,
- Renovierung,
- Tapeten, Teppichböden, Vorhänge,
- fest eingebaute Lampen.

Auch ohne Arbeitszimmer absetzbare Arbeitsmittel (> Zeilen 42 – 43)

- Computer und Zubehör,
- Telefon, Fax, Anrufbeantworter,
- Taschenrechner, Rechenmaschine,
- typische Arbeitsmittel je nach Beruf (z. B. Musikinstrumente, Maschinen etc.),

- Einrichtungsgegenstände
  - Schreibtisch,
  - Stühle,
  - Bücherregale,
  - Schränke,
  - Bürocontainer,
  - sonstige berufliche Einrichtung,
  - Schreibtischlampe,
  - Papierkorb,
  - Wand- oder sonstige Uhr, Pinnwand etc.

Einzelheiten zur Berechnung der Kosten, insbesondere der Abschreibungen, vgl. ➤ Rz 724 ff.
Kunstgegenstände wie Bilder und Skulpturen gehören grundsätzlich zur Arbeitszimmerausstattung. Sie werden Ihnen aber nur ausnahmsweise steuerlich anerkannt, wenn Sie glaubhaft machen, dass Sie sie aus Repräsentationsgründen benötigen, weil Sie des Öfteren geschäftlichen Besuch im Arbeitszimmer empfangen. Andernfalls fallen sie dem Rotstift zum Opfer, wie die Aufwendungen für ein Gobelinbild (BFH-Urt. v. 30.10.1990 – BStBl 1991 II S. 340). Auch Geweihe und Jagdwaffen als Schmuck hat der BFH nicht mit steuerlicher Wirkung zugelassen (BFH v. 18.3.1988 – BFH/NV 1988 S. 556).

Fiskalischer Spontanbesuch: Nicht bei Ihnen!

Sollte dem Paragraphenritter die abstruse Idee kommen, Ihr Arbeitszim- **753**
mer persönlich in Augenschein zu nehmen, muss er sich vorher anmelden. Bei einem Spontanbesuch können Sie ihm den Zutritt verweigern, ohne dass er daraus negative Schlüsse ziehen darf (anderer Ansicht FG Düsseldorf v. 19.10.1992 – EFG 1993 S. 64, wenn der Besuch während der normalen Geschäfts- und Arbeitszeit erfolgt).
Vor dem Besuch des Prüfers bleibt eigentlich immer noch Zeit, den Bestimmungen widersprechende Möbelstücke in ein anderes Zimmer zu schieben. Der *Spiegel* berichtet von einer solchen »Schiebung« in Hamburg, bei der sogar der Steuerprüfer mithalf, nachdem er ein Klavier im Arbeitszimmer bemerkt hatte.
Damit kam der Prüfer wohlwissend dem entscheidenden Einwand des Steuerzahlers zuvor: Im letzten Jahr (und nur um das geht es) stand das Klavier nicht hier. Manchmal bittet der Prüfer darum, auch die Wohnräume besichtigen zu dürfen, vielleicht in der Hoffnung, eine »Schiebung aus dem Arbeitszimmer« aufzuspüren. Dazu können Sie aber mit Recht »nein« sagen (§ 99 AO).

Für den Fall, dass der Prüfer trotz Ihrer Vorsorge private Gegenstände entdeckt, siehe ➤ Rz 746.

754 **TIPP Ein Steuerprüfer hat sich angesagt: Wimmeln Sie ihn ab!**

Hat der Fiskalritter schriftlich mitgeteilt, dass er das Arbeitszimmer besichtigen möchte, schreiben Sie ihm höflich zurück:
»Selbstverständlich können Sie mein Arbeitszimmer besichtigen. Da ich allerdings – genau wie Sie – berufstätig bin und mir extra einen Tag Urlaub nehmen müsste, möchte ich gern vorher wissen, warum der Besuch notwendig ist. Eine Skizze von Wohnung und Arbeitszimmer liegt Ihnen vor, ebenso alle Belege für die entstandenen Kosten. Da ich nicht davon ausgehe, dass Sie mir als einem ehrlichen Bürger misstrauen und meine Angaben zur Ausstattung des Arbeitszimmers anzweifeln, bitte ich Sie, mir die noch offenen Fragen mitzuteilen, damit diese möglicherweise einfacher auf schriftlichem Wege beantwortet werden können.«
Oder Sie bitten ihn, abends gegen 19 Uhr die Besichtigung vorzunehmen. Vielleicht kommen Sie auf diese Weise noch mal davon.

Friedfertigkeit verlängert die Lebensdauer.
(Im Wolfsrudel)

✎ Berufliche Nutzung: Sie tragen die Beweislast

755 Bei den Einnahmen trägt der Fiskus die Beweislast, bei den Ausgaben der Steuerzahler, so einfach ist das. Wollen Sie Ausgaben in Ihrer Steuererklärung unterbringen, müssen Sie also beweisen, dass Sie die Ausgaben auch tatsächlich hatten. Insbesondere beim Arbeitszimmer sollten Sie deshalb die Gesamtumstände vollständig offenlegen und alle möglichen Zweifel an der ausschließlich beruflichen Nutzung des Arbeitszimmers beseitigen. Bleiben nämlich Zweifel, sagt der Paragraphenritter »nein« und verweist ganz lapidar auf die bei Ihnen liegende Beweislast.
Auch als Single mit kleiner Zweizimmerwohnung können Sie einen Raum zum Arbeitszimmer erklären. Dafür muss aber der andere Raum zum Wohn-/Schlafraum umfunktioniert werden. Das bedeutet: Ein herkömmliches Bett in Ihrem Arbeitszimmer macht diesem den Garaus.

756 Im Keller haben Sie himmlische Ruhe

Ist in Ihrer Wohnung zu wenig Platz, können Sie auch einen Kellerraum als Arbeitszimmer einrichten. Diese Möglichkeit kommt insbesondere

für Einfamilienhausbesitzer und Besitzer einer Eigentumswohnung im Erdgeschoss in Betracht, wenn sie den Kellerraum durch entsprechende Baumaßnahmen (Heizung, Elektroinstallation, Verputz) von einem Nebenraum zu einem Hauptraum machen (BFH-Urt. v. 11.11.2014 – Az. VIII R 3/12). Die Kosten des Ausbaus sind abziehbare Werbungskosten. Die anteiligen Aufwendungen sind dann aus dem Verhältnis der Arbeitszimmerfläche zur Gesamtfläche einschließlich Arbeitszimmer (aber ohne Einbeziehung der übrigen Kellerräume!) zu berechnen. Noch ein Vorteil: Im Keller haben Sie himmlische Ruhe!!
Übrigens ist der Werbungskostenabzug nicht auf einen Raum begrenzt. Ist wegen des Umfangs Ihrer Arbeiten zu Hause ein weiterer Raum erforderlich, z.B. für ein Archiv, so bietet sich hierfür auch ein Kellerraum an. (Flächenberechnung Keller FG Köln v. 26.1.1995, EFG 1995 S.830).

Arbeitsplatz + Wand = Arbeitsecke 757

Ist Ihre Wohnung nicht groß genug und fällt ein Kellerraum als Alternative aus, bleibt oft nur eine Arbeitsecke. Dann sind zwar nicht die anteiligen Raumkosten abziehbar, wohl aber Ihre Aufwendungen für beruflich eingesetzte Arbeitsmittel wie Schreibtisch, Stuhl, Papierkorb, Regale, Lampen.
Eine zum privaten Wohnbereich offene Galerie stuft der BFH ebenfalls lediglich als Arbeitsecke ein (Urt. v. 6.12.1991 – BStBl 1992 II S.304). Da nützt auch ein einfacher Raumteiler nichts, die Galerie bleibt Arbeitsecke. Trennen Sie aber die Galerie durch eine feste Wand vom Wohnteil ab – Gipskarton reicht auch –, klappt der Laden.
Die Kosten für den Einbau der Trennwand sind allerdings nicht sofort abzugsfähig, meint das Finanzgericht von Baden-Württemberg (EFG 1995 S.915), sondern müssen auf die Nutzungsdauer des Arbeitszimmers von ungefähr zehn Jahren verteilt werden.

TIPP Sprechen Sie nicht von »häuslich« – auf die richtige Bezeichnung kommt es an

Seit der Gesetzgeber den Abzug von Aufwendungen für ein »häusliches Arbeitszimmer« eingeschränkt hat, darf der beruflich genutzte Raum alles andere sein, nur nicht »häuslich«. Es kommt hier einfach auf die richtige Bezeichnung an. Besser ist es, Sie sprechen von Praxisraum, Kanzlei, Lager oder Werkstatt, wo auch Mandanten oder Kunden empfangen werden. Dann haben Sie gute Chancen, Ihre Kosten uneingeschränkt abziehen zu können (BFH-Urt. v. 5.12.2002 – IV R 7/01 betr. Notfallpraxis eines selbständigen Arztes; BFH-Urt. v. 21.3.1995 – BFH/NV 1995 S. 875 betr. Praxis einer Sprachpädagogin). 758

Voll absetzbar sind die Kosten auch dann, wenn ein Lager- oder Werkstattraum mit einer Arbeitsecke in der Wohnung kombiniert wird. Deshalb rate ich allen Lehrern und Richtern, die zwangsläufig einen Arbeitsplatz zu Hause benötigen, dem Finanzamt zu erklären:
»Ich arbeite für mein Amt nur am Schreibtisch im Wohnzimmer. Zusätzlich habe ich einen Raum, der als Arbeitsraum ungeeignet ist (weil zu laut, zu klein, zu dunkel, kein Telefon). In dem Raum steht ein Kopierer, außerdem lagern dort vertrauliche Unterlagen, Akten und Aufzeichnungen. Ferner habe ich dort mein Archiv, werden dort Fachbücher und -zeitschriften aufbewahrt. Auch schließe ich dort meinen Laptop ein. Denn auf der Festplatte sind vertrauliche Texte abgelegt, und meine Kinder sollen den Laptop nicht privat benutzen.«
Wenn das so ist, haben Sie gar kein Arbeitszimmer, können also die Kosten für den Sicherheits- und Lagerraum uneingeschränkt absetzen. Siehe auch ➤ Rz 764.

TIPP Doppelter Arbeitszimmer-Kostenabzug für Ehegatten!

759 Erfüllen beide Ehegatten die Voraussetzungen für den Abzug von Arbeitszimmerkosten, weil beide Lehrer sind oder für die berufliche Fortbildung kein anderer Arbeitsplatz zur Verfügung steht, verdoppelt sich der Arbeitszimmer-Höchtsbetrag von 1.250 €.
Die 1.250-€-Grenze ist personenbezogen zu verstehen, so der Bundesfinanzhof mit Urteil vom 15.12.2016 (Az. VI R 53/12).
Damit können die Kosten für ein – von beiden – genutztes Arbeitszimmer bis zur Höhe von insgesamt 2.500 € steuerlich abgesetzt werden!

760 Wirre Rechtsprechung gefällig?

Der BFH hat einen ganzen Schwung von Fällen zum häuslichen Arbeitszimmer verabschiedet. Zu allen Urteilen darf man getrost bemerken: Auf See und vor Gericht ist man in Gottes Hand. Denn die Urteile sind unverständlich.
So hatte eine Steuerfachfrau Erfolg beim BFH. Sie hatte sich zwei zusammenhängende Räume im Keller des Mehrfamilienhauses, in dem sie wohnte, geschickterweise von einem anderen Mieter zur Verfügung stellen lassen. Deshalb waren diese Räume keine Zubehörräume ihrer Wohnung. Sie besaß nämlich einen eigenen Abstellraum (BFH v. 26.2.2003 – Az VI R 160/99, BFH/NV 2003 S.985). Also voller Abzug der Kosten. Weniger Erfolg hatte ein Studienrat aus Köln, der mit Gattin und drei Kindern in einer gemieteten Fünfzimmerwohnung lebte und bei passen-

der Gelegenheit die direkt gegenüber liegende Zweizimmerwohnung angemietet hatte. Diese nutzte der Pädagoge für berufliche Arbeiten und zur Verwaltung seiner Immobilien und Kapitalanlagen. Ein Abzug der Mietkosten sei unzulässig, befanden die Richter. Denn der Unterschied zwischen einem innerhalb der eigenen Wohnung gelegenen Zimmer und einer direkt gegenüberliegenden ganzen Wohnung sei »nur geringfügig« (BFH v. 26.2.2003 – Az VI R 125/01, BFH/NV 2003 S. 988).
Dasselbe musste sich – wieder vom VI. Senat – ein Vertriebsleiter aus Münster sagen lassen, der im Dachgeschoss eines Mehrfamilienhauses lebte und ein kleines Appartement unter dem Dachfirst für seine Aktenbearbeitung vor allem am Wochenende mitgemietet hatte. Dass beide Wohnungen nicht unmittelbar miteinander verbunden seien, sei nicht entscheidend (BFH v. 26.2.2003 – Az VI R 124/01, BFH/NV 2003 S. 986). Also kein voller Abzug der Kosten.

TIPP Raus aus dem Pantoffelbereich: Arbeitszimmer bei Tante Olga 761

Ist Ihre Wohnung zu klein? Dann fragen Sie doch mal Tante Olga. Ihre Wohnung ist für sie als alleinstehende Witwe doch viel zu groß. Bestimmt vermietet sie Ihnen ein Zimmer, das Sie als Arbeitszimmer angeben können. Dort haben Sie Ruhe, und Sie können alle Kosten als Werbungskosten abziehen, denn schließlich ist dieses Arbeitszimmer ein Büro und schon gar nicht »häuslich«. Nur: Schließen Sie einen schriftlichen Vertrag, in dem die genaue Miethöhe festgelegt ist. Die Mietzahlung müssen Sie nachweisen können, z. B. durch Quittungen von Tante Olga. Oder ist sie so froh, Ihnen helfen zu können, dass sie gar kein Geld von Ihnen will? Dann lassen Sie sich was einfallen ..., denn für die Steuer muss Geld geflossen sein. Will der Fiskalritter nicht mitziehen, halten Sie ihm das BFH-Urteil vom 28.8.1991 (BFH/NV 1992 S. 166) unter die Nase.

Auch die Fahrtkosten zum außerhäuslichen Arbeitszimmer sind unbegrenzt absetzbar, mit 0,30 € pro gefahrenen Kilometer.

In folgenden Fällen haben Sie gute Karten, die Kosten für das Arbeitszimmer steuerlich unterzubringen! 762

1. Arbeitszimmer/Büro mit separatem Eingang

Wenn das Arbeitszimmer nicht »häuslich« ist, also nicht zum Wohnbereich gehört, kommt der Fiskus mit seinen pingeligen Vorschriften nicht zum Zuge. Fein sind Sie raus, wenn Ihr Arbeitszimmer einen – von der

Wohnung – separaten Eingang hat, was bei vielen Einliegerwohnungen der Fall ist. Folge: Der volle Abzug der Kosten ist geritzt.

763 **Gut zu wissen:** Das Arbeitszimmer im ausgebauten Dachgeschoss Ihres Hauses gehört aus fiskalischer Sicht zum »Pantoffelbereich« und gilt damit als »häuslich«. Dies mag für ein Einfamilienhaus zutreffen, nicht indessen für ein Zweifamilienhaus oder gar für ein Mietwohnhaus (FG Münster v. 13.3.2001, EFG 2001 S. 964). Der Kläger hatte in einem Mietwohnhaus im Erdgeschoss ein Büro und darüber eine Wohnung gemietet. Die Finanzrichter meinten, das Büro im Erdgeschoss sei kein häusliches Arbeitszimmer, und ließen sämtliche Kosten zum Abzug zu.
Ebenso hat der Bundesfinanzhof mit Urteil vom 26.2.2003 (BFH/NV 2003 S. 985) bei einem Arbeitnehmer entschieden, der in dem Mehrfamilienhaus, in dem er als Mieter eine Dreizimmerwohnung nutzte, zusätzlich Kellerräume angemietet hatte. Das Finanzgericht ließ die Aufwendungen für die zusätzlichen, beruflich genutzten Kellerräume ohne Abzugsbeschränkungen als Werbungskosten zu, da es sich insoweit nicht um ein häusliches Arbeitszimmer handele (ebenso entschied das FG Köln in einem gleichgelagerten Fall mit Urteil v. 29.8.2007, Az 10 K 839/04). Recht so!

764 **2. Lagerraum in der Wohnung kein häusliches Arbeitszimmer**
Ein häusliches Arbeitszimmer setzt voraus, dass dort für eine gewisse Zeit Arbeit verrichtet wird. Deshalb sind Lagerraumkosten ohne Wenn und Aber und in voller Höhe als Werbungskosten abziehbar, weil dort nicht gearbeitet wird. So urteilten das Finanzgericht Düsseldorf am 19.10.2000 (EFG 2001 S. 814) und das Finanzgericht Baden-Württemberg am 14.2.2001 (EFG 2001 S. 677). Die Anweisung im BMF-Schreiben vom 16.6.1998 (BStBl 1998 I S. 863 RndNr. 7), wonach auch ein Lagerraum unter den Begriff des häuslichen Arbeitszimmers fällt, halten die Finanzrichter nicht für rechtens. In den Urteilsfällen hatten Außendienstmitarbeiter (Pharmareferenten) in einem Kellerraum Werbematerial und Ware gelagert.

765 **3. Archivraum kein häusliches Arbeitszimmer**
Was für Lagerräume gilt, gilt auch für Archivräume. Wer dort Fachbücher, Aktenordner und andere Arbeitsmittel lagert, kann die Raumkosten in voller Höhe als Werbungskosten abziehen (FG Berlin v. 23.4.2001 – EFG 2001 S. 887). Im Urteilsfall liegt der 9 qm große Archivraum im Keller eines Einfamilienhauses. Der Raum ist ausschließlich mit Regalen und einem Ablagetisch möbliert, Sitzgelegenheiten sind nicht vorhanden.

TIPP Mietvertrag mit dem Arbeitgeber über das häusliche Arbeitszimmer 766

Sie haben einen Arbeitsplatz beim Arbeitgeber und können deshalb Ihren beruflich genutzten Büroraum daheim steuerlich nicht geltend machen? Sie sind Außendienstler, und Ihr Finanzamt will nicht einsehen, dass Ihr Büroraum Ihre Hauptarbeitsstätte ist?

Geschickt können Sie die nervenden Diskussionen mit Ihrem Fiskalritter umgehen, wenn Ihr Arbeitgeber von Ihnen das häusliche Büro anmietet.

Der Bundesfinanzhof hatte über einen Fall zu entscheiden, in dem der Arbeitgeber von einem Außendienstmitarbeiter einen Büroraum mit ca. 35 qm Nutzfläche angemietet hatte. Die vereinbarte Miete belief sich auf rund 100 € monatlich. Der Arbeitgeber stattete den Büroraum mit der erforderlichen »Technik« (PC, Drucker, Fax, ISDN-Telefonanlage, Rechenmaschine) aus. In dem Büroraum wurden u. a. berufliche Unterlagen aufbewahrt. Die berufliche Nutzung des Büroraums durch den Mitarbeiter betrug vom zeitlichen Umfang mehr als 50 % seiner gesamten beruflichen Tätigkeit.

In seiner Einkommensteuererklärung setzte der Arbeitnehmer die vom Arbeitgeber vereinnahmte Miete von insgesamt 1.200 € als Einnahmen bei seinen Einkünften aus Vermietung und Verpachtung an. Die Werbungskosten betrugen 4.110 €, so dass sich der auf den Büroraum entfallende Werbungskostenüberschuss auf 2.910 € belief. Der Bundesfinanzhof segnete diese Gestaltung mit Urteil vom 20.3.2003 (Az VI R 147/00, BFH/NV 2003 S. 857) ab, denn der Mietvertrag war anzuerkennen und die Miete angemessen (mindestens 66 % der üblichen Marktmiete).

Ihr Arbeitgeber wird begeistert sein, wenn Sie ihm eine vergleichbare Regelung vorschlagen. Sie schaffen sich Anerkennung für Ihren Einfallsreichtum und helfen Ihrem Chef auch noch, Beiträge zur Sozialversicherung zu sparen. Statt einer sozialversicherungspflichtigen Lohnerhöhung kann er Ihnen sozialversicherungsfrei eine monatliche Miete für das häusliche Büro überweisen und diese als Betriebsausgaben geltend machen.

TIPP Aufgepasst beim Homeoffice – Streichung durch das Finanzamt droht 767

So schön, wie sich die Sache mit dem Homeoffice auf den ersten Blick anhört: Fiskus und BFH haben ein paar ganz üble Fußangeln ausgelegt, die einen Werbungskostenabzug verhindern sollen. Und so argumentierte der BFH bei einem Steuerzahler, der in seiner Wohnung einen vom Arbeitgeber eingerichteten Telearbeitsplatz hatte, an dem er an zwei von fünf Tagen in der Woche arbeitete (BFH v. 26.2.2014 – BStBl II 2014 S. 568):

1. Der Telearbeitsplatz sei wie ein typisches Arbeitszimmer in der Wohnung des Steuerzahlers eingerichtet. Schon deshalb seien die Abzugsbeschränkungen für häusliche Arbeitszimmer anzuwenden.
2. Da der Arbeitnehmer an den zwei Tagen auch im Betrieb hätte arbeiten können, weil ihm dort ein vollwertiger Arbeitsplatz zur Verfügung stand, werde das Arbeitszimmer sowieso nicht anerkannt.

Sie werden natürlich den Teufel tun und Ihre Arbeitszimmerkosten in den Wind schreiben. Bei der Einrichtung Ihres Telearbeitsplatzes treffen Sie mit Ihrem Brötchengeber saubere Vereinbarungen. Sie regeln feste Arbeitstage mit festen Anwesenheitszeiten am Telearbeitsplatz. In dieser Zeit steht Ihnen Ihr Arbeitsplatz im Betrieb nicht zur Verfügung, Sie können also an den Heimarbeitstagen ausschließlich in Ihrem Arbeitszimmer werkeln. Vereinbaren Sie mit Ihrem Chef Zeitaufzeichnungen oder ein An- und Abmeldesystem, wenn Sie Ihre Arbeitszeit zu Hause freier einteilen wollen. Noch besser sieht es für Sie aus, wenn Sie die vereinbarte ausschließliche Nutzung Ihres Arbeitszimmers auf mehr als 50 % Ihrer Arbeitszeit ausdehnen können. Dann nämlich stellt Ihr Arbeitszimmer den Mittelpunkt Ihrer Tätigkeit dar und Sie setzen statt max. 1.250 € die vollen Kosten von der Steuer ab.

768 Arbeitszimmer bei Arbeitslosigkeit, Erziehungsurlaub, Auslandsaufenthalt etc.

Wer in solchen Fällen im Hinblick auf die spätere Wiederaufnahme seiner beruflichen Tätigkeit sein bis dahin anerkanntes Arbeitszimmer weiter vorhält, dem muss das Finanzamt die Kosten als Werbungskosten anerkennen (BFH-Urt. v. 18.4.1996 – BStBl. 1996 II S. 482 betr. Arbeitslosigkeit; Urt. FG Münster v. 13.2.1998 – EFG 1998 S. 939 und Urt. FG Niedersachsen v. 21.2.2001 – EFG 2001 S. 812 betr. Erziehungsurlaub). Hier handelt es sich um Ausgaben, die vor der Erzielung von Einnahmen entstehen und deshalb als vorab entstandene Werbungskosten abziehbar sind. Mit dem Stichwort **»vorweggenommene Werbungskosten«** zeigen Sie dem Fiskalritter, wo es langgeht.

769 **Wichtig zu wissen:**

- Auf den Nachweis des Zusammenhangs mit künftigen Einnahmen kommt es an. Um diesen Zusammenhang glaubhaft zu machen, könnten Sie beispielsweise von folgenden Arbeiten berichten, die Sie Woche für Woche im Arbeitszimmer erledigt haben …
  - Studium einschlägiger (aktueller) Fachzeitschriften, die (möglicherweise) im Abonnement bestellt sind,

- Lektüre aus erworbenen Fachbüchern,
- Studium von Literatur und Zeitschriften aus der Bibliothek,
- Umarbeiten von Unterrichts-/Geschäftsideen,
- Erstellung themenbezogener Arbeitsaufträge,
- Erfahrungsaustausch mit Kollegen,
- Vor- bzw. Nachbereitung von Fort- und Weiterbildungsveranstaltungen,
- Archivierungsarbeiten ...

- Die gesetzlichen Abzugsbeschränkungen für Arbeitszimmer sollen auch dann zu beachten sein, wenn die Aufwendungen als vorab entstandene Werbungskosten geltend gemacht werden (BFH-Urt. v. 2.12.2005 – Az. VI R 63/03). Bedeutet: Wer auch bei aktivem Beschäftigungsverhältnis kein Arbeitszimmer geltend machen kann (z.B. da Arbeitsplatz beim Arbeitgeber vorhanden), soll auch während der Arbeitslosigkeit oder der Elternzeit keine Kosten geltend machen können.

TIPP Rechnen Sie die Renovierungskosten für den Flur anteilig dem Arbeitszimmer zu 770

Nicht nur die allein auf das Arbeitszimmer entfallenden Kosten sind abzugsfähig. Setzen Sie auch die Renovierungskosten für den Flur anteilig als Werbungskosten an. Schließlich können Sie das Arbeitszimmer nur über den Flur erreichen. Ebenso sind die Kosten für eine Dachreparatur oder eine neue Haustür bei der Berechnung der Arbeitszimmerkosten flächenanteilig zu berücksichtigen.

Zeigt sich das Finanzamt unwillig, weisen Sie auf das Urteil des Finanzgerichts Saarland vom 3.12.1991 (Az 1 K 197/91) hin.

DieKosten für die Renovierung des Bades oder anderer Räume in der Wohnung können Sie nicht anteilig den Arbeitszimmerkosten zuordnen. Das Finanzgericht Münster hatte mit Urteil vom 18.3.2015 (Az. 11 K 829/14 E) zwar entschieden, dass Aufwendungen für die Modernisierung des Badezimmers anteilig zu den Aufwendungen für ein häusliches Arbeitszimmer gehören, wenn sie wesentlich sind und den Wert des gesamten Wohnhauses erhöhen Der BFH hat sich hier leider sehr kleinlich gezeigt und im Revisionsverfahren auf die Seite des Fiskus geschlagen (BFH v. 14.5.2019 – BStBl 2019 II S. 510).

771 **Anbau verschwiegen?**

Haben Sie Ihr Wohnzimmer durch Anbau eines Wintergartens vergrößert? Dann hat sich die Wohnfläche geändert und damit der prozentuale Anteil der Kosten für das Arbeitszimmer an den gesamten Hauskosten. Diese Minderung der Arbeitszimmerkosten lässt sich allerdings leicht dadurch ausbügeln, dass Sie Zinsaufwendungen für Ihren Anbau in die Gesamtkosten einbeziehen und somit anteilig auch dem Arbeitszimmer zurechnen. Dass die Zinsen mit dem Arbeitszimmer nichts zu tun haben, hat den BFH nicht gestört (Urt. v. 21.8.1995 – BStBl 1995 II S. 729).

772 **Berechnung der Raumkosten**

Die Raumkosten sind anteilig zu berücksichtigen. Ihr Anteil richtet sich nach dem Verhältnis der Größe (Fläche) der Wohneinheit einschließlich Arbeitszimmer zur Größe des Arbeitszimmers. Nebenräume wie Keller, Waschküche, Abstellräume außerhalb der Wohnung, Dachböden, Trockenräume, Schuppen und Garagen bleiben außen vor. Umfasst die Wohnung z.B. 100 qm und das darin enthaltene Arbeitszimmer 14 qm, so betragen die anteiligen Kosten für das Arbeitszimmer 14 % der Gesamtkosten. Die Gesamtkosten ergeben sich im Einzelnen aus:

Mietwohnung	**Eigene Wohnung**
Miete	Abschreibung Gebäude
Heizkosten	Heizkosten
Stromkosten	Stromkosten
Hausratversicherung	Hausratversicherung
Umlagen	Gebäudeversicherung
Schönheitsreparaturen	Erhaltungsaufwendungen
Putzmittel	Gemeindeabgaben
Reinigungslohn	Putzmittel
	Reinigungslohn
	Finanzierungskosten

773 **Nebenkosten des Arbeitszimmers**

In Betracht kommen: Malerarbeiten, Fußbodenbelag, Teppich, Gardinen und Lampen.

Beispiel

Einfamilienhaus, berufliche Nutzung durch Arbeitszimmer = 15 %

1. Anteilig abziehbare Aufwendungen

Jährliche Aufwendungen für Heizung und Elektrizität	1.210 €
Jahresbetrag für die Hausratversicherung	40 €

Jährliche Schuldzinsen	6.000 €
Jährliche Grundsteuer, Gebäudeversicherung	470 €
Jährliche Abgaben für Wasser, Abwasser, Müllabfuhr, Straßenreinigung	350 €
Reparaturaufwendungen am Dach	930 €
Gebäudeabschreibung	
Herstellungskosten vor 10 Jahren 150.000 €	
Davon 2 % Abschreibung =	3.000 €
Summe	12.000 €
Anteilig auf das Arbeitszimmer entfallen 15 % =	1.800 €
2. In voller Höhe abziehbare Aufwendungen	
Schönheitsreparaturen im Arbeitszimmer	480 €
Reinigungskosten	180 €
Summe	660 €
Insgesamt (1.800 € + 660 €) =	2.460 €

zzgl. Arbeitsmittel wie z.B. Abschreibung der Büroeinrichtung.

Arbeitszimmer als Spekulationsobjekt? 774

Heutzutage wird alles Mögliche mit Steuern belegt, auch ein Überschuss aus dem Verkauf von Privatvermögen, wenn Kauf und Verkauf nicht mindestens ein Jahr, bei Grundstücken zehn Jahre auseinanderliegen. Das Gesetz spricht von privater Veräußerung, meint aber Spekulation. Ausgenommen von der Spekulationssteuer ist der Verkauf der zu eigenen Wohnzwecken genutzten Wohnung (§ 23 EStG). Wenn sich allerdings in der Wohnung ein Arbeitszimmer befunden hat, ist dieses ja nicht zu Wohnzwecken genutzt worden und somit nicht steuerbefreit. Sie ahnen bereits, was jetzt kommt: Sie müssen einen etwaigen Überschuss aus dem Verkauf der Wohnung, soweit er auf das Arbeitszimmer entfällt, der Steuer melden.
»Mein lieber Scholli. Nächstes Jahr will ich mein Haus verkaufen. Hätte ich doch bloß nicht dieses vermaledeite Buch in die Hand genommen. Dann hätte ich davon nichts gewusst«, rufen Sie verärgert.
Regen Sie sich nicht auf, vielleicht haben Sie bis dahin diese Regelung schon längst wieder vergessen. Siehe dazu auch ➤ Rz 1004ff.

♦ *Musterfall Backs (Arbeitszimmer in der Mietwohnung)* 775

Frau Monika Backs arbeitet bei einer großen Versicherungsgesellschaft. Da sie alleinerziehend ist, kam ihr das Angebot ihres Chefs, ein »Homeoffice« einzurichten, gerade recht. Im Dezember hat ihr ihr Arbeitgeber ein häusliches Arbeitszimmer eingerichtet. Frau Backs weiß, dass das Finanzamt im ersten Jahr besonders genau prüft, ob die Aufwendungen für das Arbeitszimmer als Werbungskosten abziehbar sind. Sie fügt deshalb der Anlage N einen Grundriss ihrer Wohnung mit Kennzeichnung und Ausstattung des Arbeitszimmers bei.

Außerdem fertigt sie nach vorgegebenem Schema eine Aufstellung der Kosten.

Name: Backs, Monika; Steuer-Nr.: 135/2092/0881

Anlage Nr. 1 zur Anlage N

Aufwendungen für das häusliche Arbeitszimmer in der Mietwohnung (ab 1. 12.)

I. Unmittelbare Aufwendungen für das Arbeitszimmer

1. Einrichtungsgegenstände

Einrichtungsverzeichnis für > Zeile 42 Anlage N

	angeschafft	Kaufpreis brutto €	AfA-satz %	AfA 2021 €	Restwert €
Schreibtisch	12/2021	2.250	7,69	14	2.236
Bürosessel	12/2021	1.150	7,69	8	1.142
Geringwertige WG					
Schreibtischlampe	12/2021	215	100	215	0
Regal	12/2021	460	100	460	0
Computertisch	12/2021	415	100	415	0
Summe der Abschreibung				1.112	3.378

2. Renovierung des Arbeitszimmers (Malerarbeiten, Teppichboden), Gesamtaufwendungen lt. beigefügter Aufstellung 1.437 €

3. Sonstige direkt zurechenbare Aufwendungen, Zwei neue schalldichte Türen je 387 € 774 €

II. Anteilige Aufwendungen für das Arbeitszimmer

Gesamtwohnfläche der Wohnung 83,00 qm,
davon Fläche des Arbeitszimmers 10,46 qm
Anteil des Arbeitszimmers in % = 13%
Laufende Kosten der Wohnung
Miete (12 × 420 €) 5.040 €
Nebenkosten im Jahr

Heizung	720 €		
Strom	600 €		
Wasser	270 €		
Müllabfuhr	192 €		
Schornsteinfeger	18 €		
Reinigung	227 €		
Sonstiges	108 €		
Summe	2.135 €>	2.135 €	
Hausratversicherung		57 €	
Gesamtkosten		7.232 €	
Davon 13 % Anteil Arbeitszimmer =		940 €	
Zeitanteilig für Dezember $^{1}/_{12}$ =		78 €	

III. Zusammenstellung der Aufwendungen

1. Abschreibungen von Arbeitsmitteln		1.112 €
2. Renovierung des Arbeitszimmers	1.437 €	
3. Sonstige direkte Aufwendungen	774 €	
4. Anteilige Aufwendungen	78 €	
Summe 2 – 4:	2.289 €>	2.289 €
Gesamtbetrag der Werbungskosten für das Arbeitszimmer =		3.401 €

Name: Backs, Monika
Steuer-Nr. 135/2092/0881
Anlage Nr. 2 zur Anlage N

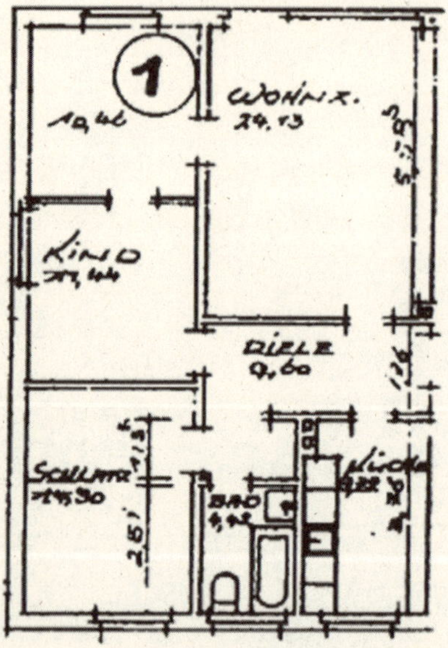

Grundriß der genannten Wohnung.
Raum 1: Arbeitszimmer
Gesamtwohnfläche 83,07 qm

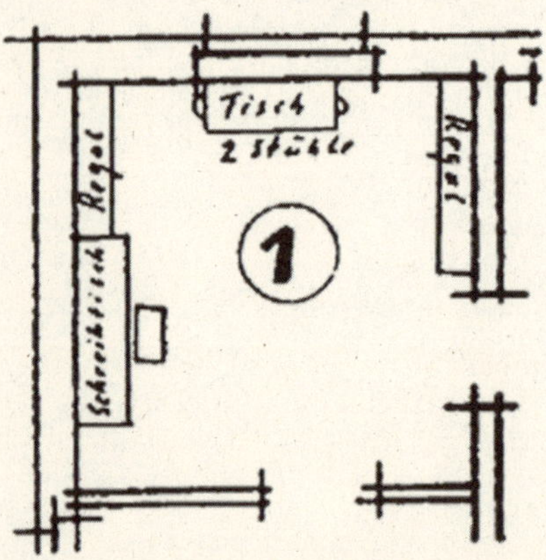

Grundriß des Arbeitszimmers
10.46 qm = 13 v. H.

ANLAGE N
Einkünfte aus nichtselbständiger Tätigkeit **2022**

In Anlage N trägt sie ein:

Zeile	Eintrag	Betrag (EUR)	Kz	EUR
	Beiträge zu Berufsverbänden (Bezeichnung der Verbände)			
41	Verdi		310	176,—
	Aufwendungen für Arbeitsmittel – soweit nicht steuerfrei ersetzt – (Art der Arbeitsmittel bitte einzeln angeben.)	EUR		
42	Arbeitsmittel lt. Anlage	1112,—		
43	Fachliteratur (120 €), Bürobedarf (74 €)	+ 194,—	▸ 320	1306,—
	Aufwendungen für ein häusliches Arbeitszimmer			
44	lt. Aufstellung		325	2289,—
	Fortbildungskosten – soweit nicht steuerfrei ersetzt –			
45			330	,—
	Weitere Werbungskosten – soweit nicht steuerfrei ersetzt –			
	Fahr- und Flugkosten bei Wegen zwischen Wohnung und erster Tätigkeitsstätte / Sammelpunkt / weiträumigem Tätigkeitsgebiet			
46		16,—		
	Sonstiges (z. B. Bewerbungskosten, Kontoführungsgebühren)			
47	Telefonkosten – pauschal –	+ 240,—		
48		+ ,—	▸ 380	256,—

Über Nacht wird man
nur berühmt, wenn man tagsüber
gearbeitet hat.
(Howard Carpendale)

Zeile 45 Homeoffice-Pauschale 776

Für Kalendertage, an denen Sie Ihre berufliche Tätigkeit ausschließlich in der häuslichen Wohnung ausgeübt haben, können Sie einen Betrag von 5 € als Werbungskosten abziehen (Homeoffice-Pauschale). Der Abzug ist auf höchstens 600 € im Jahr beschränkt.
Ein häusliches Arbeitszimmer ist für die Inanspruchnahme dieser Pauschale nicht erforderlich, eine Arbeitsecke im Schlafzimmer oder der Küchentisch reicht aus.
Liegen bei Ihnen die Voraussetzungen für die Anerkennung eines häuslichen Arbeitszimmers vor, können Sie zwischen dem Abzug der tatsächlichen Aufwendungen für das Arbeitszimmer und der Homeoffice-Pauschale wählen.

Wichtig zu wissen: Sie haben ein häusliches Arbeitszimmer und arbeiten überwiegend im Homeoffice – also etwa mindestens drei von fünf Arbeitstagen pro Woche? Dann ist das Heimbüro Mittelpunkt Ihrer beruflichen Tätigkeit. Siehe dazu ➤ Rz 747.
Zur Auswirkung der Homeoffice-Pauschale auf die Entfernungspauschale siehe ➤ Rz 707.

777 Zeile 46 Fortbildungskosten

Aufwendungen für beruflich veranlasste Fortbildung erkennt der Fiskus ohne Wenn und Aber als Werbungskosten an.

Die Fiskalbürokraten unterscheiden indessen höchst penibel zwischen Fortbildung und Ausbildung. Ausbildungskosten und somit Sonderausgaben sind Aufwendungen für den erstmaligen Erwerb von Kenntnissen, die zur Aufnahme eines Berufs befähigen, bzw. für ein Erststudium (auch ein berufsbegleitendes) und gehören in den Bereich der allgemeinen Lebensplanung (Sonderausgabenabzug > Zeile 13 – 14 der Anlage Sonderausgaben). Dazu mehr unter ➤ Rz 198 ff. Fortbildungskosten und damit Werbungskosten liegen dagegen vor bei

- einer erstmaligen Berufsausbildung oder einem Erststudium im Rahmen eines Dienstverhältnisses (Ausbildungsdienstverhältnisses),
- einer Fortbildung im bereits erlernten Beruf,
- Umschulungsmaßnahmen, die einen Berufswechsel vorbereiten,
- einem Zweitstudium, wenn Sie einen Zusammenhang mit der angestrebten beruflichen Tätigkeit aufzeigen können.

Beispiele für berufliche Fortbildung

- Ingenieur wird Wirtschaftsingenieur
- Grundschul- wird Realschullehrer
- Wissenschaftlicher Assistent wird Professor
- Aufbaustudium eines Kirchenmusikers
- Diplompsychologe wird Psychoanalytiker
- Flugingenieur wird (Co-)Pilot
- Arzt wird Zahnarzt oder Kieferchirurg
- Sparkassenbetriebswirt wird Dipl.-Betriebswirt (FH)
- Handwerksgeselle wird Meister
- Fotolaborant wird Fotograf
- Studium mit Abschluss »Master of Business Administration«
- Diplomgeograph wird Abfallwirtschaftsberater
- Aufbaustudium zum Tonmeister (nach Studium der Musiktheorie)
- Altenpfleger wird Sozialarbeiter
- Aufbaustudium nach Kindererziehungszeiten.

Auch Aufwendungen für einen **Aufstieg im Beruf** sind als Fortbildungskosten abziehbar. So hat das FG Köln einem angestellten Kirchenmusiker mit B-Examen die Aufwendungen für ein Aufbaustudium an einer staatlichen Musikhochschule, das mit dem A-Examen endet, als Fortbildungskosten anerkannt (EFG 1990 S. 573 n. rk). Entsprechend erging es einem Lehrer mit der Lehrbefähigung an der Sekundarstufe I für ein Studium zur Erlangung der Lehrbefähigung an der Sekundarstufe II (FG Münster v. 19.12.1989 – EFG 1990 S. 465 n. rk).

Gut zu wissen: Trägt der Betrieb die Kosten der Fortbildung oder Ausbildung, fällt dies nicht unter steuerpflichtigen Arbeitslohn (➤ Rz 538).

♦ *Musterfall Heidi Goldstein (Fortbildungskosten)* 778

Heidi ist als Zahnarzthelferin in der 58 km von ihrem Wohnort entfernten Großstadt Dortmund tätig. Zusammen mit ihrem Bruder, der in einem Steuerbüro arbeitet, hat sie ihre Fortbildungs- und andere Werbungskosten zusammengestellt. Sie hält sich nicht streng an das Formular Anlage N, sondern fertigt eine Zusammenstellung der gesamten Werbungskosten an und trägt die Endsumme in > Zeile 46 ein.

	Ort lt. Zeile		aufgesucht an Tagen		einfache Entfernung (auf volle Kilometer abgerundet)		davon mit eigenem oder zur Nutzung überlassenem Pkw zurückgelegt		davon mit Sammelbeförderung des Arbeitgebers zurückgelegt	davon mit öffentl. Verkehrsmitteln, Motorrad, Fahrrad o. Ä., als Fußgänger, als Mitfahrer einer Fahrgemeinschaft zurückgelegt		Aufwendungen für Fahrten mit öffentlichen Verkehrsmitteln (ohne Fähr- und Flugkosten) EUR		Behinderungsgrad mind. 70 oder mind. 50 und Merkzeichen „G"
35	32	110	220	111	58 km	112	58 km	113	km	km	114	,—	115	1 = Ja
36		130		131	km	132	km	133	km	km	134	,—	135	1 = Ja
37		150		151	km	152	km	153	km	km	154	,—	155	1 = Ja
38		170		171	km	172	km	173	km	km	174	,—	175	1 = Ja

39	Arbeitgeberleistungen lt. Nr. 17 und 18 der Lohnsteuerbescheinigung – steuerfrei ersetzt	290 EUR ,—	pauschal besteuert 295	EUR ,— Ⓔ
40	Von der Agentur für Arbeit oder dem Jobcenter gezahlte Fahrtkostenzuschüsse		291	,—
	Beiträge zu Berufsverbänden (Bezeichnung der Verbände)			
41			310	,—
	Aufwendungen für Arbeitsmittel – soweit nicht steuerfrei ersetzt – (Art der Arbeitsmittel bitte einzeln angeben.)	EUR		
42	lt. Aufstellung	746,—		
43	Berufskleidung	+ 215,—	▸ 320	961,—
	Aufwendungen für ein häusliches Arbeitszimmer			
44			325	,—
	Fortbildungskosten – soweit nicht steuerfrei ersetzt –			
45	lt. Aufstellung		330	4243,—
	Weitere Werbungskosten – soweit nicht steuerfrei ersetzt –			
	Fähr- und Flugkosten bei Wegen zwischen Wohnung und erster Tätigkeitsstätte / Sammelpunkt / weiträumigem Tätigkeitsgebiet			
46	———	16,—		
	Sonstiges (z. B. Bewerbungskosten, Kontoführungsgebühren)			
47	Berufshaftpflicht	+ 36,—		
48		+ ,—	▸ 380	52,—

Anlage zur Anlage N:

ZUSAMMENSTELLUNG DER WERBUNGSKOSTEN

1.	Fahrten zur Arbeitsstätte 220 Tage x 20 km x 0,30 € = 1.320 €		
	Fahrten zur Arbeitsstätte 220 Tage x 38 km x 0,35 € = 2.926 €		
	Zusammen		4.246 €
2.	Berufshaftpflicht		36 €
3.	Berufsbekleidung lt. beigefügter Belege		215 €
4.	Kontoführungsgebühr		16 €
5.	Fortbildungskosten (Lehrgang in Detmold zum Thema: Wie rechne ich zahnärztliche Leistungen richtig ab?)		
	Teilnahmegebühr (Beleg anbei)	1.600 €	
	Dienstreisen zum Lehrgangsort		
	Fahrtkosten mit eigenem Pkw		
	36 Fahrten × 232 km × 0,30 € =	2.506 €	
	Reparatur nach Unfall (Blechschaden)		
	lt. Rechnung 1.302 €		
	./. Erstattung –		
	Verbleiben 1.302 €	> 1.302 €	
	Mehraufwendungen für Verpflegung		
	36 Tage über 8 Stunden × 14 € =	504 €	
	Dienstreisen zur Arbeitsgemeinschaft in Hagen		
	Fahrtkosten		
	22 Fahrten × 56 km × 0,30 € =	370 €	
	Mehraufwendungen für Verpflegung		
	22 Tage über 8 Stunden × 14 € =	308 €	
	Bestätigung der Kollegin Reiz über die Arbeitsgemeinschaften anbei		
	Fachliteratur lt. beigefügter Belege	403 €	
	Summe der Fortbildungskosten	6.993 €	
	./. steuerfreier ArbG-Zuschuss	– 2.750 €	
	Verbleiben	4.243 €	> 4.243 €
6.	Arbeitsmittel (Belege anbei)		
	1 Schreibtisch	408 €	
	1 Stuhl	215 €	
	1 Lampe	123 €	
	Die Anschaffungen waren im Zusammenhang mit dem Lehrgang in Detmold notwendig.	746 €	> 746 €
	Summe der Werbungskosten		9.084 €

»Diese Werbungskosten werden alle anerkannt?«, fragen Sie ungläubig. Ja, selbstverständlich, es ist doch alles korrekt belegt und begründet.

Arbeitsgemeinschaften

Nicht jede Feier mit Kollegen lässt sich als Arbeitsgemeinschaft absetzen. 779
Denn eine Arbeitsgemeinschaft wird nur anerkannt, wenn das Treffen ausschließlich aus beruflichen Gründen erfolgt. Die gibt es allerdings zuhauf:

- gemeinsame Prüfungsvorbereitung
- Vertiefung des Lehrstoffs
- allgemeiner Erfahrungsaustausch
- Hausaufgaben.

Studenten setzen die Kosten für Arbeitsgemeinschaften bei den Sonderausgaben ab (➤ Rz 198), Auszubildende mit Ausbildungsvergütung hingegen hier bei den Werbungskosten, desgleichen alle, die Fortbildungslehrgänge besuchen.
Steuerlich gesehen ist die Teilnahme an einer Arbeitsgemeinschaft eine Dienstreise (FG Köln v. 28.10.1993 – EFG 1994 S.290), und als solche rechnen Sie sie mit dem Finanzamt ab, also mit Fahrtkosten (0,30 € je km) und ggf. Verpflegungsmehraufwand.

Ein wasserdichter Nachweis muss her!
Schnell kommt der Fiskalritter mit der Behauptung angewackelt, die Lerngemeinschaft sei zum Teil auch privat veranlasst, und streicht Ihnen alle Kosten. Deshalb machen Sie Nägel mit Köpfen und sagen: Die Lerngemeinschaft fand nicht im häuslichen Bereich statt, sondern an der Arbeitsstätte. Außerdem fertigen Sie über jeden Treff ein Protokoll, in dem genau steht, welche berufliche Frage bzw. welches Prüfungsthema erörtert wurde (BFH, BFH/NV 1993 S.533; FG Münster v. 23.6.1994, EFG 1995 S.7). Und sagen Sie dem Fiskalritter bloß nicht, Sie hätten auch privat Freude aneinander gefunden, was sich Altvater Goethe immer wünschte, wenn er in Gesellschaft war …

Arbeitsgemeinschaften zwecks Fortbildung
Arbeitsgemeinschaften sind indessen kein Vorrecht von Studenten, Auszubildenden und Teilnehmern an Fortbildungslehrgängen. Jeder muss heute sehen, wie er am Ball bleibt. Wenn Sie sich also mit Kollegen zusammensetzen und mit ihnen über berufliche Neuerungen sprechen, lässt sich das als Arbeitsgemeinschaften absetzen. Will Ihnen das Finanzamt

die Kosten streichen, kontern Sie mit dem Urt. des FG Köln (v. 28.10.1993 – EFG 1994 S. 290): Selbst wenn die Verpflegungspauschalen zu sehr günstigen Ergebnissen für Sie führen, ist das unbeachtlich. Denn die hat ja die Finanzverwaltung selbst erfunden, sagt das Finanzgericht.

780 Gute Chancen für Fortbildungskosten

Gut zu wissen, was alles unter Fortbildung beim Fiskus glatt durchgeht: Fachlehrgänge jeglicher Art, wie z.B. zum Bilanzbuchhalter, zum Steuerfachwirt, für Datenverarbeitung, Bürotechnik, die Meisterprüfung, Sprachkurse, Skilehrerlehrgang für Sportlehrer (BFH – BStBl 1989 II S. 91), Lehrgang für Steuerberaterprüfung eines Dipl.-Kfm. (BFH v. 19.1.1990 – BStBl 1990 II S. 572), eines Steuerfachangestellten (Nds. FG v. 15.6.1989 – EFG 1990 S. 172), eines Finanzbeamten (BFH-Urt. v. 6.11.1992 – BStBl 1993 II S. 108), Lehrgang eines Sportlehrers zum Erwerb des Diploms eines Windsurfing-Instruktors (FG Hamburg v. 23.3.1989 – EFG 1990 S. 55), Studium eines Sozialarbeiters (grad.) zur Diplom-Pädagogik/Erziehungswissenschaften (EFG 1989 S. 628) bzw. zum Psychologen (EFG 1982 S. 238), Zweitstudium eines Arztes zum Psychotherapeuten (EFG 1989 S. 105), Lehrgang zum Erwerb der Fluglizenz durch Flugingenieur (BFH/NV 1993 S. 87), Umschulung eines Bundeswehrpiloten auf Linienflüge (BFH – BStBl 1997 II S. 337), Besuch eines Kaufmannsgehilfen der Wirtschaftsoberschule (EFG 1967 S. 503).

Sprachkurse
Zu Sprachkursen lesen Sie auch ➤ Rz 857, zu den abziehbaren Reisekosten bei Teilnahme an auswärtigen Lehrgängen siehe unter ➤ Rz 854 ff. Wie Sie als Arbeitsloser Kosten für eine Fortbildung absetzen, die Ihre Chancen auf dem Arbeitsmarkt verbessern soll, lesen Sie ➤ Rz 685.

Ausbildungsdienstverhältnis

781 **Werden Sie für einen Beruf ausgebildet? Sind Sie Beamtenanwärter, Referendar, Lehramtsanwärter? Weil Ihre Unterhaltszuschüsse steuerpflichtig sind, muss der Fiskus logischerweise alle Aufwendungen, die mit Ihrer Ausbildung im Zusammenhang stehen, als Werbungskosten anerkennen.** Zu den Werbungskosten gehören die Aufwendungen für Fachliteratur, Reisekosten durch Besuch der Berufsschule, von Kursen, Repetitorien, Arbeitsgemeinschaften, ferner die Seminar- und Lehrgangsgebühren. Bei den Fiskalbürokraten machen Sie sich verständig, indem Sie das Wort »Ausbildungsdienstverhältnis« erwähnen (Quelle: LStH 9.2).

Finanziert die Bundeswehr Ihr Studium, sind Sie noch besser dran. Denn neben fürstlichen Bezügen als Offizier – die Ihnen im Rahmen eines Ausbildungsdienstverhältnisses zukommen – können Sie die Studienkosten als Werbungskosten abziehen (BFH v. 2.7.1993 – BStBl 1994 II S. 102). Dasselbe gilt für Postler, wenn ihnen ihre Behörde ein Studium zum Dipl.- Ing. (FH) spendiert (FG Rheinland-Pfalz v. 26.2.1992 – EFG 1992 S. 733).

Aufwendungen eines Soldaten zur Vorbereitung des Übergangs in einen zivilen Beruf sind Fortbildungskosten, wenn die künftige zivile Tätigkeit mit der Tätigkeit bei der Bundeswehr im Zusammenhang steht (BFH-Urt. v. 9.3.1979 – BStBl 1979 II S. 337 f.).

Ich weiß, wovor ich flüchte,
aber ich weiß nicht, was mich erwartet.
(Michel de Montaigne)

Wie Auszubildende ihr Finanzamt mit Reisekosten auf die Palme bringen 782

Im letzten Ausbildungsjahr kommt für viele das böse Erwachen. Nicht nur, weil sie erkennen, dass sie für die Abschlussprüfung schon vorher mehr hätten tun müssen, sondern weil sie am eigenen Geldbeutel spüren, wie sich Vater Staat am sauer Verdienten schadlos hält. Die Freude am großen Geld nach Ende der Ausbildung wird getrübt durch die bittere Realität, dass nur etwa 2/3 des Bruttos unterm Strich übrig bleiben. Da können monatlich schnell mehr als 150 € allein an Steuern fällig werden, macht im letzten Ausbildungsjahr (volles Gehalt ab Juli) gut und gern 900 €.
»Das ist echt ätzend! 900 € sind glatt zwei Wochen Urlaub auf Mallorca«, sagen Sie. Dann versuchen Sie doch, sie sich zurückzuholen! Machen Sie die Kosten für Ihre ständigen Fahrten zu allen möglichen Ausbildungs-, Schulungs- oder Trainingsstellen steuerlich als Reisekosten geltend. Das klappt immer dann, wenn Sie eine Hauptausbildungsstelle hatten und vorübergehend woanders waren, z. B. an einer Berufsakademie o. Ä. *Vorübergehend* heißt hier max. drei Monate. Danach gilt die Berufsakademie als neue regelmäßige Arbeitsstätte (BFH-Urt. v. 4.5.1990 – BStBl 1990 II S. 859). Mussten Sie für einen Lehrgang längere Zeit auswärtig übernachten (z. B. bei internatsähnlicher Unterbringung), lesen Sie ➤ Rz 842!
Reisekosten setzen sich bei Ihnen aus Fahrtkosten, z. B. mit eigenem Pkw (➤ Rz 819), und Verpflegungspauschalen (➤ Rz 846 ff.) zusammen. Also fertigen Sie folgende

Zusammenstellung der Reisekosten für > Zeile 46 der Anlage N

Auswärtstätigkeit von bis	Filiale	Fahrtkosten Fahrten x km x €		Verpfl.-Pauschale Tage x Pauschale	
2. 1.–25. 1.	Hensenstr.		18 x 62 x 0,30 = 335 €		18 x 14 € = 252 €
1. 2.–13. 3.	Albersloh		32 x 84 x 0,30 = 807 €		32 x 14 € = 448 €
18. 4.– 6. 5.	Hadorf		14 x 76 x 0,30 = 320 €		14 x 14 € = 196 €
Summe		64 Fahrten	1.462 €	64 Tage	896 €

Die Tätigkeit in den Filialen ist Einsatzwechseltätigkeit.

Reisekosten insgesamt

Fahrtkosten	1.462 €
Verpflegungspauschale	896 €
Summe	2.358 €

Der Besuch der Berufsschule ist ebenfalls Dienstreise (= Auswärtstätigkeit). Fahrten dorthin werden mit den tatsächlichen Kosten (= 0,30 € für den **gefahrenen** Kilometer) abgesetzt. Eine Verpflegungspauschale entfällt, da die Abwesenheit nicht mehr als acht Stunden beträgt. An den übrigen Arbeitstagen erfolgte die Ausbildung in der Hauptstelle. Die Fahrten dorthin werden als Fahrten zwischen Wohnung und erster Tätigkeitsstätte in den > Zeilen 31 ff. geltend gemacht. Sie bringen Ihnen weitere 1.056 € (176 Fahrten × 20 km × 0,30 €). Vergessen Sie nicht, zusätzlich in > Zeile 48 mindestens 120 € für Fachliteratur und 16 € für Kontoführung anzusetzen ➤ Rz 56).

783 **Studium an einer Berufsakademie:** Dabei bleibt der Betrieb regelmäßige Arbeitsstätte mit der Folge, dass die Fahrten zur Berufsakademie in den ersten drei Monaten eines Studienabschnitts Dienstreisen sind (Urt. des FG Baden-Württemberg v. 15.6.1988 – EFG 1989 S. 19; OFD Karlsruhe v. 3.6.1992 S. 2353 A).

784 **TIPP**

Fortbildung häppchenweise?

Einzelne Vortragsveranstaltungen, die Ihren Beruf betreffen, nehmen Sie sozusagen häppchenweise immer mal mit. Sie setzen an:

8 Fahrten zur Uni Bonn je 15 km =	120 km
3 Fahrten zur Uni Köln je 35 km =	105 km
3 Fahrten zur Uni Düsseldorf je 85 km =	255 km
Zusammen	480 km

Fahrtkosten 480 km × 0,30 € =	144 €
Eintrittsgelder 14 × 5 € =	70 €
Porto, Telefon für Beschaffung von Informationsmaterial	35 €
Verpflegungsmehraufwand (Pauschale mehr als 8 Stunden)	
14 × 14 € =	196 €
Zusammen in > Zeile 46	445 €

Sicherheitshalber bewahren Sie auf: Eintrittskarten, Programmhefte, Vortragsverzeichnisse.

Promotionskosten 785

Gehören Sie zu den vielen jungen Wissenschaftlern, die in Deutschland von staatlichen Stellen mit Zeitverträgen beschäftigt werden? Und arbeiten Sie auch unter der oftmals vom Geldgeber, z.B. der Deutschen Forschungsgemeinschaft, diktierten Auflage, dass nichtpromovierten Stelleninhabern nur das halbe Gehalt zusteht?
Dann haben Sie gute Chancen, die Promotionskosten voll als Werbungskosten abzusetzen, denn diese sind nach dem Wortlaut des Gesetzes Aufwendungen zur »Erwerbung, Sicherung und Erhaltung von Einnahmen«. Sie stehen also in einem sog. Promotionsdienstverhältnis, weil die Promotion ausschließlicher oder wesentlicher Vertragsgegenstand ist (BFH-Urt. v. 9.10.1992 – BStBl 1993 II S. 115, einen Veterinär am Schlachthof betreffend, der seinen »doctor med. vet.« machen musste, um weiterhin im Staatsdienst beschäftigt zu werden).

Geldverdienen und Promovieren an einem Projekt?
Glück gehabt: Geltend gemachte Aufwendungen können in einem solchen Fall nicht isoliert teilweise dem Promotionsvorhaben zugeordnet werden. Sie sind deshalb insgesamt zum Werbungskostenabzug zuzulassen, so das FG Köln im Urteil vom 22.11.1994 (EFG 1995 S. 510).

Das Recht ist für die Wachen da.
(Juristenweisheit)

Zeile 48 – 49 Bewerbungskosten

786 Sind Sie zum Abflug bereit und halten Ausschau nach einem guten Landeplatz? Dann schlagen Fahrtkosten und Spesen zu Vorstellungsgesprächen mächtig zu Buche. Und vergessen Sie nicht, gehörig Porto und Fotokopierkosten anzusetzen, denn Kleinvieh macht auch Mist, so sagt man.
Als Arbeitsloser haben Sie vielleicht überhaupt keine steuerpflichtigen Einnahmen. Dann geben Sie trotzdem eine Steuererklärung ab zur Fest-

stellung eines Verlusts in Höhe Ihrer Bewerbungskosten. So sichern Sie sich den Abzug Ihrer Bewerbungskosten für das nächste Jahr. Sie kreuzen dann auf der ersten Seite des Hauptformulars oben »Erklärung zur Feststellung des verbleibenden Verlustabzugs« an. Dazu mehr unter ➤ Rz 100ff. und ➤ Rz 685.
Die Zusammenstellung von Fahrtkosten und Spesen fertigen Sie nach dem Muster unter ➤ Rz 828. Zusätzlich setzen Sie **pauschal 10 bis 20 € je Bewerbung** für Porto, Fotos und Kopien an. Als Nachweis dienen Ihnen die Antwortschreiben der Firmen oder die Einladungen zu einem Vorstellungsgespräch.

787 Zeile 48 – 49 Kontoführungsgebühren

Ersetzt Ihnen der Betrieb die Kontoführungsgebühren, weil unbare Auszahlung des Lohns angesagt ist, gehören sie gleichwohl zum steuerpflichtigen Lohn. Sie können sie aber auf jeden Fall bis zu **16 € pro Jahr** als Werbungskosten hier ansetzen (BFH-Urt. v. 9.5.1984 – BStBl 1984 II S.560).

788 Zeile 48 – 49 Telefon- und Internetkosten

Beruflich veranlasste Telefon- und Internetkosten gehören selbstverständlich in die Steuererklärung, wenn die Gespräche vom privaten Anschluss – Festnetzanschluss, Handy oder Autotelefon – geführt oder private Internetverbindungen genutzt werden.
»Weist der Arbeitnehmer den Anteil der beruflich veranlassten Aufwendungen an den Gesamtaufwendungen für einen repräsentativen Zeitraum von drei Monaten im Einzelnen nach, kann dieser berufliche Anteil für den gesamten Veranlagungszeitraum zugrunde gelegt werden. Dabei können die Aufwendungen für das Nutzungsentgelt der Telefonanlage sowie für den Grundpreis der Anschlüsse entsprechend dem beruflichen Anteil der Verbindungsentgelte an den gesamten Verbindungsentgelten (Telefon und Internet) abgezogen werden. Fallen erfahrungsgemäß beruflich veranlasste Telekommunikationsaufwendungen an, können aus Vereinfachungsgründen ohne Einzelnachweis bis zu 20 % des Rechnungsbetrags, jedoch höchstens 20 € monatlich, als Werbungskosten anerkannt werden. Zur weiteren Vereinfachung kann der monatliche Durchschnittsbetrag, der sich aus den Rechnungsbeträgen für einen repräsentativen Zeitraum von drei Monaten ergibt, für den gesamten Veranlagungszeitraum zugrunde gelegt werden.« (LStR 9.1 Abs. 5)
Da sich manche Fiskalritter trotzdem etwas zopfig anstellen, bitten Sie Ihren Chef um eine

```
Arbeitgeberbescheinigung

Herr/Frau . . . . . . ist bei uns als . . . . . . be-
schäftigt. Aufgrund dieser Tätigkeit ist es unumgäng-
lich, dass er/sie auch außerhalb der Dienstzeit von zu
Hause Ferngespräche mit Kunden und Lieferanten führt.
Gegenstand der Gespräche sind . . . . . . . . . . . . .
. . . . . . . . . .
Darüber hinaus entstehen Onlinegebühren für die Nutzung
des firmeneigenen Intranets und Kosten für beruflich
veranlasste Recherchen im Internet (Marktbeobachtung,
Preisvergleiche . . . . . . . . . . . . . . . . . .

Die dadurch entstehenden Kosten sind mit dem Gehalt ab-
gegolten. Steuerfreie Arbeitgebererstattungen werden
diesbezüglich nicht gezahlt.


. . . . . . . . . . . . .          . . . . . . . . . . . . .
Stempel                                 Unterschrift
```

Zur steuerfreien Erstattung von Telefonkosten ➤ Rz 580.

Übrigens: Die private Nutzung betrieblicher Computer oder auch Surfen im Internet auf Kosten des Betriebs sind steuerfrei (Quelle: § 3 Nr. 45 EStG).

Wir alle sind Heilige, Clowns
und Gauner gleichzeitig.
(Boltanski)

Die Kostenpauschale ist meistens günstiger als ein Einzelnachweis

Gehören Sie zu den Vieltelefonierern oder Online-Jobbern, sind Sie also z. B. **Verkaufsberater, Handelsreisender, Kundendienstmonteur, Revisor, Journalist, Arbeitnehmer mit Abrufbereitschaft oder einfach leitender Angestellter**, billigt Ihnen der Fiskus ohne weiteres einen Anteil der Kosten für Ihren privaten Telefon- und Internetanschluss als Werbungskosten 789

zu, wenn Sie angeben können, für welche Geschäftskontakte Sie ihn nutzen. Fehlen Ihnen geeignete Aufzeichnungen über den Umfang der beruflich veranlassten Kosten, so setzen Sie aus Vereinfachungsgründen die Pauschale an (LStR 9.1 Abs. 5):
Sie können 20 %, höchstens jedoch 20 € monatlich, des Rechnungsbetrags für Telefon und Internet als Werbungskosten absetzen. Zum Nachweis der Höhe Ihrer Kosten reichen Rechnungen für einen Zeitraum von drei Monaten aus. Die durchschnittliche Gebühr daraus kann für den gesamten Veranlagungszeitraum zugrunde gelegt werden. Den max. Werbungskostenabzug von (12 × 20 € =) 240 € pro Jahr haben Sie sich gesichert, wenn Sie drei Telefon- bzw. Internetrechnungen über mehr als 100 € vorlegen können. Nun werden Sie sich vielleicht fragen: »Müssen es Abrechnungen von drei aufeinanderfolgenden Monaten sein?« Ich denke nein, denn von einem zusammenhängenden Zeitraum von drei Monaten ist in der Richtlinie nicht die Rede.
Als beruflicher Vieltelefonierer haben Sie wahrscheinlich ohnehin ein Geschäftshandy, von dem aus Sie die meisten beruflichen Telefonate führen. Außerdem sind die Internetkosten in den letzten Jahren rapide gesunken. Daher sind Sie mit der Pauschale wahrscheinlich am besten bedient – und sparen sich im Unterschied zum Einzelnachweis ➤ Rz 792 jede Menge Arbeit.

790 Anschaffungs-, Anschluss- und Einbaukosten nicht vergessen!

Haben Sie ein Telefon gekauft, egal ob für daheim, für Ihr Auto oder ein Mobiltelefon, vergessen Sie nicht Ihre Anschaffungskosten und ggf. die Kosten für Einbau und Anschluss mit anzusetzen. Diese Aufwendungen sind Teil Ihrer Telefonkosten und helfen Ihnen, den Höchstbetrag von 240 € auszuschöpfen. Dabei rechnen Sie dem Finanzamt vor:

Monat	Telefon	Internet	gesamt	
Januar	60 €	28 €	88 €	
März	68 €	30 €	98 €	
Dezember	62 €	25 €	87 €	
Durchschnittliche laufende Kosten			273 € ÷ 3 = 91 €	
Abzugsfähige laufende Kosten 91 € × 20 % × 12 Monate =				219 €
Anteilige Anschaffungskosten Telefon 150 € × 20 % =				30 €
Berufliche Telefon- und Internetkosten insgesamt				249 €
Höchstens als Werbungskosten abzugsfähig				240 €

»Was mache ich, wenn ich den Höchstbetrag von 240 € in diesem Jahr durch laufende Kosten schon ausgeschöpft habe?«, wollen Sie wissen.

Verteilen Sie die Anschaffungskosten für das Telefon gleichmäßig auf vier Jahre, dann können Sie die Abschreibung von 25 % in den folgenden Jahren anteilig Ihren Telefonkosten hinzurechnen.

Übrigens: Die Abschreibung über vier Jahre ist Pflicht, wenn Ihr Telefon zzgl. Einbau und Anschluss mehr als 952 € (inkl. MwSt.) gekostet hat (Quelle: § 6 Abs. 2 EStG). Zur Absetzbarkeit Ihres Computers siehe ➤ Rz 732 ff.

TIPP Mobiltelefon: 75 % sind durch eine Bescheinigung vom Chef beruflich drin 791

Der Fiskus meint, Sie würden mit einem Handy auch Privatgespräche führen, und kürzt daher die Kosten wegen privater Nutzung. Schützenhilfe leistet das FG Rheinland-Pfalz (Urt. v. 28.11.1997 – 4 K 1694/96), das 75 % der Kosten steuerlich anerkennt, dies aber nur dann, wenn Sie eine Bescheinigung des Arbeitgebers vorlegen können, dass Sie Ihr Mobiltelefon zu 100 % beruflich nutzen.
»Und was ist mit den restlichen 25 %?«, fragen Sie verwundert. Man könnte es wohl Sicherheitsabschlag nennen. Bestehen Sie auf vollem Kostenabzug, müssen Sie mittels Einzelverbindungsnachweis die 100 %ige berufliche Nutzung belegen.

Telefonkostennachweis durch eine Strichliste 792

Wollen Sie mehr als die Telefonkostenpauschale, liegt es an Ihnen, höhere Beträge anhand geeigneter Aufzeichnungen glaubhaft zu machen. Zum Nachweis des beruflichen Anteils und der Höhe der Telefonkosten benötigen Sie einen Einzelverbindungsnachweis Ihrer Telefongesellschaft mit folgenden Angaben:

- Datum der Einzelverbindung,
- Zielrufnummer (einschließlich Ortsnetzvorwahl),
- Entgelt für die Einzelverbindung.

Ihre privaten Telefonate können Sie natürlich unkenntlich machen. Zum Nachweis des beruflichen Anteils und der Höhe Ihrer Internetkosten müssen Sie eine Art »Fahrtenbuch« führen mit Angaben zu

- Datum, Uhrzeit und Dauer der beruflichen Nutzung;
- konkreter Veranlassung und Internetadresse.

Weil eine dauernde Aufzeichnung nicht zumutbar ist, begnügt sich der Fiskus mit einem Nachweis für drei Monate, der dann auch für die Zukunft gültig ist.

Anhand der Strichliste werden die Gebühren aufgeteilt in beruflich und privat, wobei für die Aufteilung der Grundgebühr auch die ankommenden Gespräche einzubeziehen sind.

Übersicht: Nachweis der Telefonkosten						
Aufteilung der Telefonkosten (Muster)						
Tag	Zeit	Teilnehmer	abgehend		ankommend	
			beruflich	privat	beruflich	privat
Auswertung nach 3 Monaten:						
Anzahl der Gespräche			280	192	235	110
Anteile in % für Grundgebühr			34,3	23,5	28,7	13,5
Anzahl der Gesprächseinheiten			510	350		
Anteile in % für Gesprächsgebühr			60	40		

Als Werbungskosten sind abziehbar:

Von der Jahresgrundgebühr (34,3 % + 28,7 %) = 63,0 %
Von den Jahresgesprächsgebühren = 60,0 %

Diese Zahlen muss der Fiskalritter ohne Stirnrunzeln akzeptieren, denn er war ja bei den Telefonaten nicht dabei und darf Sie nicht so ohne weiteres der Unredlichkeit bezichtigen, indem er Ihre Aufzeichnungen anzweifelt …

793 **Vergessen Sie nicht, die Kosten für den Kauf einer Telefonanlage oder eines Anrufbeantworters entsprechend dem prozentualen Anteil der beruflichen Nutzung als Werbungskosten abzusetzen.**

794 Zeile 48 – 49 Fahrten zum Mittagstisch

Mittagsheimfahrten zum Essen im Kreis der Lieben oder einem Nickerchen sind steuerlich gesehen schlichte Privatfahrten. Denn das Gesetz lässt pro Arbeitstag nur eine Fahrt zwischen Wohnung und Arbeitsstätte als beruflich veranlasst zu (➤ Rz 686 ff.). Doch aufgepasst!
Wer in einer Arbeitspause zu einer nahe gelegenen Gaststätte fährt, um dort zu essen, weil es auf der Arbeitsstelle keine Kantine gibt, kann die Fahrtkosten absetzen.
Kommt Ihr Fiskalritter mit der Einrede angetanzt, Mahlzeiten seien grundsätzlich privat veranlasst und deshalb seien Fahrten zur Essensauf-

nahme privater Natur, halten Sie ihm das BFH-Urteil vom 18.12.1981 (BStBl 1982 II S.261) unter die Nase: »Der Weg zur Nahrungsaufnahme … gehört, jedenfalls wenn er nur … zu einer nahe gelegenen und zumutbaren Gaststätte führt, zu den Verrichtungen, die in notwendigem Zusammenhang mit diesem beruflichen Aufenthalt stehen.« Wobei der Aufenthaltsort im Urteilsfall als regelmäßige Arbeitsstätte anzusehen war. Wohlgemerkt: Es ging nicht um die Essenskosten – denn Magenfüllen ist privat –, sondern um die Fahrt zur Gaststätte. Will Ihr Fiskalritter dennoch keinen Haken an die Fahrtkosten machen (LStR 9.1 Abs. 2 Nr. 4), reden Sie von »Einspruch« und kämpfen Sie für Ihr Recht. Auf jeden Fall sind nach dem genannten BFH-Urteil Unfallkosten absetzbar, wenn ein Unfall auf der Fahrt zum Mittagstisch passierte. Und da Unfallkosten nur bei beruflicher Veranlassung absetzbar sind, muss die Fahrt selbst eine berufliche gewesen sein, logo.

Dasselbe erreichen Sie, wenn Sie sagen können, dass Ihnen das Kantinenessen nicht schmeckt.
Also setzen Sie z. B. an:

105 Fahrten zum Gasthof »Alter Fritz« je 12 km =	1.260 km
Fahrtkosten 1.260 km × 0,30 € =	378 €

Zeile 48 – 49 Beruflich veranlasste Unfallkosten 795

Der gesunde Menschenverstand sagt uns: Hat es auf dem Weg zur Arbeit gekracht, sind die Unfallkosten beruflich veranlasst und damit Werbungskosten.

TIPP Unfallschaden und keine Zeugen 796

Sie sitzen vor der Anlage N und grübeln über Unfallkosten nach. Endlich fällt der Groschen: Voriges Jahr Ende Februar, da war was. Sie finden die Reparaturrechnung: vordere Stoßstange ersetzt, ferner eine Lampe, Lackierarbeiten am Kotflügel vorn rechts, machte insgesamt 2.880 €. Jetzt fällt auch der zweite Groschen. Der Unfall geschah an dem Abend, als Sie erst spät von Ihrer Arbeitsstelle nach Hause kamen. Der Tag hatte Sie echt geschafft. In der Hofeinfahrt stand die nicht weggeräumte Mülltonne. An der wollten Sie vorbei, aber es war zu knapp. Zu allem Überfluss sind dabei noch das Tor zur Einfahrt und der Zaun zu Ihrem Einfamilienhaus zu Bruch gegangen. Beides haben Sie im Juni reparieren lassen, Kostenpunkt 1.490 €.
Die Unfallkosten bringen Sie in > Zeile 48 oder 49 unter.

Auf einem Begleitzettel vermerken Sie: Der Unfall geschah am 22. Februar gegen 18.15 Uhr auf der Heimfahrt von meiner Arbeitsstelle. Dabei habe ich auch das Gartentor und den Zaun zu meinem Einfamilienhaus beschädigt. Rechnungskopien anbei.

Ihre Elly will's mal wieder besser wissen und meint, der Unfall sei auf der Rückfahrt von der Geburtstagsfeier Ihres Bruders passiert. Doch Sie wissen ganz genau, es war eine berufliche Fahrt, und weil Sie nun mal die Verantwortung für Ihre Familie tragen, werden Sie nichts tun, was zu deren Ungunsten ausfiele, und einsetzen, was Sie für wahr halten.

	Weitere Werbungskosten – soweit nicht steuerfrei ersetzt – Fahr- und Flugkosten bei Wegen zwischen Wohnung und erster Tätigkeitsstätte / Sammelpunkt / weiträumigem Tätigkeitsgebiet				
46	Unfall auf beruflicher Fahrt		4370,–		
	Sonstiges (z. B. Bewerbungskosten, Kontoführungsgebühren)				
47	Kontoführungsgebühr	+	16,–		
48	Bürobedarf 120,–/Telefonkosten 240,–	+	360,–	▸ 380	4746,–

Welche Kosten in diesen Fällen im Einzelnen abzugsfähig sind, dazu mehr unter ➤ Rz 829 ff.

Zeile 48 – 49 Diebstahl, Reinigung, Flickschneiderei

797 **Diebstahlverluste**

Haben Langfinger Ihren Laptop oder anderes wertvolles Arbeitsgerät mitgehen lassen und kommt keine Versicherung dafür auf, können Sie das Finanzamt zur Kasse bitten, indem Sie den Wertverlust als Werbungskosten absetzen. Als Wertverlust gelten die Erwerbskosten abzgl. der bereits angefallenen Abschreibungen (BFH-Urt. v. 29.4.1983 – BStBl 1983 II S.586). Bei Diebstahl von Gegenständen am Arbeitsplatz, die keine Arbeitsmittel sind, wie z.B. Geld, Kleidung oder Schmuck, zeigt sich der Fiskus hingegen zopfig. Solche Verluste stehen aus fiskalischer Sicht nicht mit dem Beruf im Zusammenhang und sind deshalb Privatsache (BFH-Urt. v. 4.7.1986 – BStBl 1986 II S.771).

Doch man höre und staune: Ihr teils beruflich, teils privat genutzter Pkw ist zwar kein Arbeitsmittel, kommt er Ihnen jedoch während einer Dienstreise oder während der Parkzeit am Arbeitsplatz abhanden, lässt der Fiskus den Zeitwert zum Abzug zu – unter Anrechnung von Versicherungsleistungen, versteht sich (BFH-Urt. v. 25.5.1992 – BStBl 1993 II S.44).

Und außerdem: Im Außendienst geklaute Privatsachen sind als Reisenebenkosten absetzbar, wenn Sie den Schaden nachweisen können (am besten sofort bei der örtlichen Polizei Anzeige erstatten) und alle zumutbaren Sicherheitsvorkehrungen gegen einen Diebstahl getroffen haben. Siehe auch ➤ Rz 844.

Kleiderreinigung und Flickschneiderei 798

Kosten für die Reinigung von Berufskleidung sind abziehbar, das sieht selbst der bornierteste Fiskalritter ein. Geben Sie Sachen in eine Fremdreinigung, setzen Sie Ihre Ausgaben ab. Landen die Sachen in Ihrer Waschmaschine, können Sie ebenfalls Werbungskosten absetzen (➤ Rz 736).
Wie sieht es aber bei Berufen aus, denen der Fiskus keine Arbeitskleidung zubilligt? Müssen die Arbeitnehmer die Reinigung ihrer Kleidungsstücke wegen Tee- oder Kaffeeflecken, Flecken vom Toner des Kopierers, Verschmutzung durch Kugelschreiber oder Tinte, Farbbänder, Stempelkissen usw. aus eigener Tasche bezahlen? Keineswegs! Denn die Ursache liegt in der Berufssphäre des Arbeitnehmers begründet, und somit sind die Reinigungskosten als Werbungskosten zu berücksichtigen, so der BFH.
Dasselbe gilt, wenn Kleidung während der Arbeitszeit oder auf dem Weg von oder zur Arbeit beschädigt wird. Ausgerutscht und hingefallen, in Eile an der Türklinke hängengeblieben, wie oft passiert das. Kann der Schaden vom Flickschneider nicht mehr behoben werden, etwa bei einer Laufmasche, muss ein neues Kleidungsstück her, natürlich unter Beteiligung Ihres stillen Teilhabers. Sie müssen nur darlegen, welche konkreten Schäden durch welches Ereignis eingetreten sind (FG Saarland, Urt. v. 26.7.1989 – 1 K 151/88), z.B.: im Büro oder auf dem Weg nach Hause hingefallen (ABC-Führer Lohnsteuer Hartz-Meeßen-Wolf, Berufskleidung).
In diesem Fall fertigen Sie einen:

Eigenbeleg

Verlust eines Sakkos, Neupreis	320 €
Abschreibung für altes Sakko 1 Jahr	64 €
Zeitwert	256 €

Beim Sturz auf dem Weg zum Arbeitsplatz im Firmengebäude am . . . . Ärmel durchgeschlagen.

Seien Sie nicht bange, diese Kosten geltend zu machen, auch wenn Sie keinen Zeugen benennen können. Richtig ist zwar: Sie als Steuerzahler müssen grundsätzlich alles beweisen, was zu einer Steuerminderung führt. Für nicht beweisbare Vorgänge gilt aber der sog. Beweis des ersten Anscheins. Und der spricht dafür, dass Ihnen dann und wann im Büro durchaus ein kleines Malheur passieren kann. Hauptsache, Sie haben Zahlungsbelege …

799 Zeile 48 - 49 Versicherungsbeiträge

Soweit Versicherungsbeiträge berufliche Risiken wie einen Unfall, insbesondere im Straßenverkehr, oder einen Gerichtsprozess abdecken, sind sie ohne Wenn und Aber absetzbar. **Folglich sind berufliche Unfall- und auch Rechtsschutzversicherungen als Werbungskosten absetzbar.** Deckt die Versicherung sowohl berufliche als auch private Risiken ab, ist nur der berufliche Anteil der Beiträge absetzbar. Aufgeteilt wird, als wenn der berufliche und der private Bereich jeweils getrennt versichert wären, wobei bei einer gemischten Unfallversicherung der berufliche Anteil mit 50 % angesetzt werden kann (BMF-Schreiben v. 17.7.2000 – BStBl 2000 I S. 1204).

Und so wird gerechnet:

Anteile in %		beruflich	privat
Unfall	Jahresbeitrag z. B. 104 € 50 %	50 %	
Rechtsschutz	Jahresbeitrag z. B. 181 € 50 %	50 %	

Also können Sie hier absetzen:

Unfallversicherung, beruflicher Anteil 50 %	52 €
Rechtsschutzversicherung, beruflicher Anteil 50 %	91 €
Insgesamt	143 €

Vergessen Sie nicht, den privaten Anteil der Unfallversicherung in > Zeile 48 der Anlage Vorsorgeaufwand einzutragen.

800 Zeile 48 - 49 Bewirtungskosten und Geschenke

Wenn der Betrieb die Kosten für Kundenbewirtung nicht trägt, können Sie sie unter Bewirtungskosten absetzen. Absetzbar sind 70 % der als angemessen geltenden Kosten.

Als Nachweis dienen

- Spesenquittung, in der maschinell ausgedruckt sein muss (EStR 4.10):

1. Name und Anschrift des Restaurants
2. Tag der Bewirtung
3. Auflistung der einzelnen Speisen und Getränke mit Preisen
4. Gesamtpreis, ab 150 € mit Mehrwertsteuer, sonst 19 %

- Namen der Teilnehmer und Angaben zum Anlass der Bewirtung.

TIPP … für die Feier mit Kollegen 801

Eine Feier aus Anlass Ihres Geburtstags, die Sie für Familie und Freunde ausrichten, ist natürlich nicht abzugsfähig. Wenn Sie dagegen ausschließlich Arbeitskollegen und Mitarbeiter einladen, können auch die Kosten einer Geburtstagsfeier zu abzugsfähigen Werbungskosten führen (FG Rheinland-Pfalz v. 12.11.2015 – 6 K 1868/13). Findet die Feier zudem in den Räumen Ihres Brötchengebers statt und das möglicherweise noch während der Arbeitszeit, erhöht sich die Wahrscheinlichkeit, dass der Fiskus Ihre Kosten als Werbungskosten akzeptiert, ganz erheblich. Sollte das Finanzamt nicht mitspielen wollen, legen Sie auf jeden Fall Einspruch ein, denn in dieser Frage ist ein Verfahren beim Bundesfinanzhof anhängig (Az. VI R 7/16). Bis zu dessen abschließender Entscheidung kann Ihr Einspruch ruhen.

TIPP Die Gästeliste bestimmt die Höhe der Werbungskosten! 802

Gute Nachrichten gibt es vom BFH auch für den Fall, dass Sie neben Gästen aus Ihrem beruflichen Umfeld noch Personen aus Ihrem privaten Kreis eingeladen haben. Das Finanzamt kommt Ihnen hier möglicherweise mit dem Argument, es würden gemischte Aufwendungen vorliegen, für die insgesamt ein Abzugsverbot greift. Das werden Sie natürlich nicht so ohne Weiteres akzeptieren. Gemischte Aufwendungen hin oder her: Der Kostenanteil für Ihre beruflichen Gäste ist durch Ihren Job veranlasst und stellt folglich Werbungskosten dar. Wenn das Finanzamt sich querstellt, weisen Sie es einfach darauf hin, dass sogar der BFH in diesem Fall den ganz einfachen Dreisatz ins Spiel bringt, die Kosten nach Teilnehmerköpfen jeweils Ihrem Beruf (Mitarbeiter, Kollegen, Kunden, Geschäftsfreunde) und Ihrem Privatleben (Familie, Verwandte, Nachbarn, Freunde, Bekannte) zurechnet und somit zumindest teilweise den Werbungskostenabzug zulässt (BFH v. 8.7.2015 – VI R 46/14, BStBl 2015 II S. 1013).

Die Bewirtungskosten können Sie auch absetzen, wenn Sie als Abteilungsleiter Ihre Mitarbeiter z. B. zu einem Weihnachtsessen einladen (BFH-Urt. v. 19.6.2008 – BStBl 2009 II S. 11), als Behördenleiter mit Ihrer Belegschaft und anderen Personen aus Ihrem beruflichen Umfeld Ihr fünfjähriges Jubiläum feiern (BFH v. 6.3.2008 – VI R 68/06, HFR 2008 S. 928) oder als Chefarzt die Krankenschwestern und Ärzte Ihrer Abteilung einladen (BFH v. 10.7.2008 – VI R 26/07, BFH/NV 2008 S. 1831).

Wichtig zu wissen:
Die Abzugsbeschränkung auf 70 % der Kosten des § 4 Abs. 5 Satz 1 Nr. 2 EStG greift nicht für die Bewirtung von Mitarbeitern. Das gilt vor allem für solche Mitarbeiter, die Ihnen unterstellt sind und die durch ihre Zu- und Mitarbeit unmittelbaren Einfluss auf Ihre Karriere haben. Deshalb sind auch die strengen formalen Anforderungen nicht anwendbar.

Auch eine Feier zu Ihrem Abschied aus der Firma oder von der Dienststelle, an der vor allem Mitarbeiter, Geschäftsfreunde und Personen des öffentlichen Lebens teilnehmen, mit denen Sie beruflich zu tun hatten, können Sie als Werbungskosten absetzen, wenn Sie sie aus der eigenen Tasche gesponsert haben. Was bei einem Bundeswehrgeneral anlässlich seiner Verabschiedung in den Ruhestand recht war (BFH v. 11.1.2007 – BStBl 2007 II S. 317), sollte bei Ihnen als leitendem Angestellten, Behördenleiter oder leitendem Mitarbeiter einer Dienststelle billig sein. In aller Regel sind Sie nicht von der Kürzung des Abzugs Ihrer Kosten auf 70 % betroffen. Stellen Sie sich auf den Standpunkt, dass Ihre Einladung an die Teilnehmer nicht aus geschäftlichem Anlass erfolgte, sondern aus allgemeinem beruflichem Interesse. Letzteres geht immer durch, wenn die Feier von Ihrem Dienstherrn oder Arbeitgeber veranstaltet wird und Sie einen Obolus beisteuern, z. B. um die Feier etwas üppiger gestalten zu können, oder Sie nur Ihnen unterstellte Mitarbeiter oder lediglich Personal aus Ihrer Firma bzw. Behörde einladen (OFD Niedersachsen v. 29.11.2011 – S 2350 – 32 – St 215). In dasselbe Horn bläst das Finanzgericht Münster: Kosten für eine Abschiedsfeier, die Sie anlässlich eines Arbeitgeberwechsels oder bei Ihrer Verabschiedung in den Ruhestand veranstalten, können grundsätzlich als Werbungskosten abgezogen werden (FG Münster v. 29.5.2015 – 4 K 3236/12 E). Wichtig ist, dass das Finanzgericht hier keine Revision zugelassen hat, weil seiner Meinung nach diese Rechtslage völlig klar ist.

Zeile 48 - 49 Umzugskosten

Umzugskosten sind grundsätzlich nachzuweisen. Lediglich bei den »sonstigen Umzugsauslagen« besteht die Alternative, einen Pauschbetrag anzusetzen (siehe ➤ Rz 804). Der Fiskus erkennt laut LStR 9.9 Abs. 2 bei einem beruflich veranlassten Umzug die nachgewiesenen Umzugskosten – allerdings nur bis zu der Höhe, in der sie nach dem Bundesumzugskostengesetz einem öffentlich Bediensteten gezahlt werden können – **ohne besondere Prüfung** an. 803

Es besteht aber keine Bindung an diese Vorschrift, insbesondere wenn für die sonstigen Umzugsauslagen anstelle der Pauschsätze der Einzelnachweis gewählt wird. Dann prüft das Finanzamt sehr wohl, ob und inwieweit die Aufwendungen als Werbungskosten abziehbar oder der allgemeinen Lebensführung zuzurechnen sind. Werden z.B. die Aufwendungen eines öffentlich Bediensteten für neue Einrichtungsgegenstände wie Kochherd, Gardinen usw. steuerfrei erstattet, beruht dies angeblich auf fürsorgerechtlichen Vorschriften, die auf das Steuerrecht nicht übertragbar sind. So müssen Sie damit rechnen, dass der Fiskalritter die Kosten für einen neuen Fußbodenbelag (FG Saarland v. 6.12.1984 – EFG 1985 S. 232), desgleichen für Anschaffung und Montage von Küchenmöbeln (FG Rheinland-Pfalz v. 20.1.1981 – EFG 1981 S. 500) oder für neue Gardinen (FG Saarbrücken v. 29.8.2001 – EFG 2001 S. 1491) streicht. Was als beruflich veranlasster Umzug gilt, ist vielfach Ermessenssache. Schnell argwöhnt der Fiskalritter, es könnten (auch) private Gründe den Umzug veranlasst haben. In diesem Fall bietet ihm § 12 EStG die Handhabe, die gesamten Umzugskosten der allgemeinen Lebensführung zuzuweisen und damit als nicht abziehbar zu erklären.

Seien Sie also auf der Hut, wenn Sie der Fiskalritter nach den Gründen für den Umzug fragen sollte.

Der Fiskus erkennt einen Wohnungswechsel als beruflich veranlasst an bei

1. **Wechsel des Arbeitsplatzes**, egal aus welchem Grund.
   Schmerzlich war die Erkenntnis, dass die Urlaubsschöne in Düsseldorf wohnt und Sie in Hannover. Noch schmerzlicher war der Abschied nach wundervollen Urlaubstagen. Und als Sie zu Hause – so aus reiner Neugierde – die Stellenanzeigen aus Düsseldorf studierten und auf Ihre Bewerbungen sogar günstige Angebote kamen, da hatten Sie doppelte Veranlassung, nach Düsseldorf umzuziehen. Die Umzugskosten gingen völlig problemlos beim Fiskus durch, denn Sie hatten ja schließlich Ihren Arbeitsplatz gewechselt.

In diesem Fall ist steuerlich ohne Bedeutung, dass auch private Gründe den Wechsel des Arbeitsplatzes veranlasst haben (FG Rheinland-Pfalz v. 29.8.1986 – EFG 1989 S. 18).

Dazu sollten Sie wissen: Vorsicht ist geboten bei Versetzung auf eigenen Wunsch aus persönlichen Gründen, also ganz ohne berufliche Veranlassung (FG Köln v. 19.4.1988 - EFG 1988 S. 467). Sie können also Ihrem Fiskalritter brühwarm und genauestens darlegen, warum Sie versetzt wurden. Oder Sie lassen es bleiben ...;

2. **erstmaliger Aufnahme einer Tätigkeit;**
3. **kürzerer Fahrt zum Betrieb.**
   Beispiele: Wohnungswechsel in einem Verkehrsballungsgebiet, wodurch sich die Entfernung zum Betrieb von 17 auf 7 km und die Fahrzeit um 30 Minuten verringerte (FG Düsseldorf v. 10.2.1989 - EFG 1989 S. 404). Heftige Kollegenschelte übten andere Finanzrichter in Düsseldorf deswegen und meinten, eine Verkürzung der Fahrtstrecke um nur 10 km reiche nicht aus, erst recht nicht eine Zeitersparnis von arbeitstäglich 30 Minuten. Einen Schluss auf berufliche Veranlassung könne nur eine Zeitersparnis von arbeitstäglich etwa einer Stunde erlauben (Urt. v. 15.12.1994 - EFG 1995 S. 514). Besser kam ein Steuerzahler im FG Rheinland-Pfalz zurecht. Der hatte die alte Fahrtstrecke richtig madig gemacht, von vielen Ampeln, verkehrsberuhigenden Hindernissen, Fahrbahnverengungen und starkem Berufsverkehr gesprochen. Das habe an seinen Nerven gezehrt und ihn zum Umzug veranlasst. Bei einer Zeitersparnis von 50 Minuten war dann alles paletti (Urt. v. 25.1.1995 - EFG 1995 S. 515). Wenn Sie als Eheleute beide arbeitstäglich 30 Minuten eingesparen, nutzt das leider nichts, denn die Fahrzeitersparnis darf nach Auffassung des Bundesfinanzhofs nicht zusammengerechnet werden.
   Ein Wohnungswechsel, durch den der Arbeitsplatz zu Fuß erreichbar und somit ein Verkehrsmittel entbehrlich ist, ist hingegen beruflich veranlasst und steuerlich ansetzbar (FG Baden-Württemberg v. 6.4.1990 - EFG 1990 S. 627 sowie FG Köln v. 24.2.2017 - 3 K 3502/13);
4. **Einzug in eine Dienstwohnung** auf Veranlassung des Arbeitgebers oder aus überwiegend beruflichen Gründen (Gleiches gilt für den Auszug bei Beendigung des Arbeitsverhältnisses);
5. **Beginn und Ende einer doppelten Haushaltsführung;**
6. **einem Rückumzug.**
   Dies gilt aber nicht generell. So hat der BFH einem Arbeitnehmer den Abzug der Kosten für den Umzug an den alten Familienwohnsitz bei Eintritt in den Ruhestand verwehrt (BFH v. 8.11.1996 - BStBl 1997 II

S. 207). Gute Karten im Steuerpoker haben Sie indessen, wenn Sie a) Ihre Zweitwohnung am Ort der Arbeitsstätte aufgegeben haben, weil Sie es vorziehen, jeden Tag zur Arbeit zu fahren (BFH v. 29.4.1992 – BStBl 1992 II S. 667); b) von vornherein für eine bestimmte Zeit an einen auswärtigen Arbeitsort versetzt wurden (BFH v. 4.12.1992 – BStBl 1993 II S. 722).

Aufstellung der Umzugskosten 804

Damit Ihnen kein Euro durch die Lappen geht, orientieren Sie sich am besten an der folgenden Übersicht:

1. Beförderungsauslagen durch den Spediteur ...... €
Trinkgelder gehören aber zu den »sonstigen Umzugsauslagen«.

2. Erstattung der Reisekosten
Reisekosten zur Vorbereitung des Umzugs
(für höchstens zwei Reisen) ...... €
Pauschale für Verpflegungsmehraufwand ...... €
Fahrtkosten ...... €
Reisekosten zur Durchführung des Umzugs
Pauschale für Verpflegungsmehraufwand
(für zwei Reisetage) ...... €
Fahrtkosten für die gesamte Familie ...... €
Übernachtungskosten, wenn außerhalb neuer Wohnung ...... €

3. Mietentschädigung
Miete für die bisherige Wohnung, wenn für dieselbe Zeit
Miete für die neue Wohnung gezahlt wird oder umgekehrt
bis sechs Monate ...... €

4. Maklergebühren (nur bei Mietwohnung) ...... €

5. Nachhilfeunterricht für Kinder
Höchstbetrag je Kind:
Umzug 1.1.2021 – 31.3.2021: 1.146 €
Umzug 1.4.2021 – 31.3.2022: 1.160 € ...... €

6. Sonstige Umzugsauslagen
Hier besteht ein Wahlrecht auf Pauschvergütung oder Einzelnachweis

a) Pauschvergütung
Die gesonderte Pauschale für Verheiratete entfällt seit 1.6.2020, dafür erhalten Sie den Zuschlag für jede weitere Person in Ihrem Haushalt nun auch für den Ehegatten (BMF v. 20.5.2020 – BStBl 2021 I S. 544)
Umzug 1.1.2021 – 31.3.2021:

Pauschale 860 €, Zuschlag je weitere Person 573 €
Umzug 1.4.2021 – 31.3.2022:
Pauschale 870 €, Zuschlag je weitere Person 580 € ...... €

Beispiel
Sie sind mit Ihrem Ehepartner und zwei Kindern am 10.8.2021 aus beruflichen Gründen umgezogen. Das ergibt einen Pauschbetrag von 870 € + 580 € + 580 € + 580 € = **2.610 €.**

Häufigkeitszuschlag
Ist innerhalb der letzten fünf Jahre bereits ein Umzug vorausgegangen, sind die Pauschbeträge um 50 % zu erhöhen.

b) Einzelnachweis der sonstigen Umzugsauslagen

Anzeigen und amtliche Gebühren	...... €
Trinkgelder	...... €
Aufwendungen für das Anschaffen, Ändern, Abnehmen und Anbringen von Vorhängen, Rollos, Vorhangstangen	...... €
Elektrokochgeschirr bei Umstellung von Gas auf Strom (⅔ der Aufwendungen, höchstens 20 € je haushaltszugehörige Person)	...... €
Aufwendungen für Abbau und Neuanschluss Elektro- und Heizgeräte, Antenne, Wasserenthärter, Telefonanschluss	...... €
Gebühren beim Einwohnermeldeamt für neuen Personalausweis	...... €
Gebühren für das Umschreiben von Fahrzeugen	...... €
Aufwendungen für Schönheitsreparaturen in der bisherigen Wohnung	...... €
Gebühren für Kabelanschluss	...... €
Häufigkeitszuschlag 50 % der maßgebenden Pauschale zu den sonstigen Umzugsauslagen, wenn in den letzten fünf Jahren ein Umzug vorausgegangen ist	...... €
Summe der gesamten Umzugskosten	...... €
./. steuerfrei erstattete Umzugskosten des Arbeitgebers	...... €
Abziehbar als Werbungskosten	...... €

805 **Gretchenfrage: Einzelnachweis ja oder nein?**
Wählen Sie für die sonstigen Umzugsauslagen anstelle der Pauschvergütung den Einzelnachweis, weil dieser in der Summe höher ausfällt, dann sollten Sie bedenken: Der Fiskalritter könnte prüfen, ob einzelne Auf-

wendungen der allgemeinen Lebensführung zuzurechnen und deshalb nicht abziehbar sind (siehe ➤ Rz 803). Wird er fündig, könnte der Einzelnachweis in der Summe niedriger ausfallen als die Pauschvergütung. Doch die Pauschvergütung ist dann verbaut. Also wählen Sie im Zweifel von vornherein die Pauschvergütung, dann sind Sie auf der sicheren Seite.

◆ *Musterfall Dr. Maus (Umzugskosten)* 806

Dr. Maus hat es von Bielefeld, wo er Redakteur bei der Freien Presse war, nach Münster verschlagen. Er will sich dort beim Westdeutschen Rundfunk versuchen. Dr. Maus ist verheiratet und hat zwei Kinder.
Die Umzugskosten stellt er auf einer besonderen Anlage zusammen und trägt den Gesamtbetrag von 4.574 € in > Zeile 49 ein.

	Aufwendungen für Arbeitsmittel – soweit nicht steuerfrei ersetzt – (Art der Arbeitsmittel bitte einzeln angeben.)	EUR		
42		,—		
43	pauschaler Ansatz	+ ,—	320	120,—
	Aufwendungen für ein häusliches Arbeitszimmer			
44			325	,—
	Fortbildungskosten – soweit nicht steuerfrei ersetzt –			
45			330	,—
	Weitere Werbungskosten – soweit nicht steuerfrei ersetzt – Fahr- und Flugkosten bei Wegen zwischen Wohnung und erster Tätigkeitsstätte / Sammelpunkt / weiträumigem Tätigkeitsgebiet			
46	Kontoführung	16,—		
	Sonstiges (z. B. Bewerbungskosten, Kontoführungsgebühren)			
47	Telefonkosten (pauschaler Ansatz)	+ 240,—		
48	Umzugskosten lt. Anlage	+ 4574,—	380	4830,—

Anlage

Umzugskosten (Umzug am 12.09.
von Bielefeld nach Münster)

Spedition Zapf	411,00 €
Kartonbenutzung	84,00 €
Transportversicherung	57,50 €
Reisekosten zur Vorbereitung des Umzugs	
02.08.; 09.08.; 16.08.; 23.08.; 06.09.	
Fahrtkosten (höchstens 2 Fahrten)	
138 km × 2 Fahrten × 0,30 € =	82,80 €
Verpflegungsmehraufwand × 2 Tage × 14 € =	28,00 €
Reisekosten am Umzugstag	
Fahrtkosten 69 km × 0,30 € =	20,70 €
Verpflegungsmehraufwand	
für 2 Personen × 2 Tage × 28 € =	112,00 €

```
Pauschalen nach §9 BUKG Abs. 1 u. 2          2.597,00 €
nach Abs. 6 (Zuschlag 50% – 2. Umzug)        1.180,50 €
Summe der Umzugskosten                       4.573,50 €
```

»Ich hätte die Fahrtkosten für fünf Tage angesetzt und außerdem das Metergeld für die Packer, obwohl es mit der Pauschale abgegolten ist«, sagen Sie. Um dem Fiskaljünger einen Beanstandungsknochen hinzuwerfen, an dem er sich verbeißen kann, ist das gar nicht so übel.

807 **Sind Ihnen wegen doppelter Haushaltsführung Kosten für den Umzug in eine Zweitwohnung am Beschäftigungsort entstanden, beteiligen Sie den Fiskus an den Anschaffungskosten für zusätzliches Mobiliar (➤ Rz 878).**

808 Die Sache mit der Zwischenlösung

Es ist nicht so einfach, am neuen Arbeitsort gleich eine passende Wohnung zu finden, das weiß jeder. Entscheiden Sie sich für eine »Zwischenlösung«, bis Sie eine passende Wohnung gefunden haben, können Sie in dieser Zeit Ihre Wohnung am bisherigen Wohnort beibehalten und doppelte Haushaltsführung geltend machen (FG München v. 24.4.1990 – EFG 1990 S. 627).

Denken Sie daran: Sie können nicht nur den Umzug vom bisherigen Wohnort in die endgültige Wohnung am neuen Arbeitsort absetzen, sondern auch die Auflösung der Zweitwohnung, die als Zwischenlösung diente.

Allerdings darf die Zwischenlösung nur ein wirkliches Provisorium sein. Denn die Möglichkeiten, hier etwas zu deichseln, haben sich verschlechtert, seit der BFH sich in dieser Sache geräuspert hat (Urt. v. 21.9.2000 – BStBl 2001 II S. 70). Er ist der Auffassung, dass in der Regel mit dem Einzug in die erste Wohnung am neuen Arbeitsort die berufliche Veranlassung eines Umzugs endet.

Zur Vermeidung steuerlicher Nachteile sollten Sie also auf eine Zwischenlösung verzichten und erst dann einen Umzug an den neuen Beschäftigungsort vornehmen, wenn die endgültige »Bleibe« feststeht.

809 TIPP Freunde und Bekannte als Umzugshelfer

»Dreimal umgezogen ist wie einmal abgebrannt« heißt: Jeder Umzug geht mächtig ins Geld. Da ist es gut, wenn Freunde und Bekannte den Möbelspediteur ersetzen. Trotzdem haben Sie Kosten, so z. B. für die Helferparty im Restaurant um die Ecke. Diese Aufwendungen sind vergleichbar den Handgeldern, die der Fahrer und die Packer der Spedition von Ihnen erwarten und

die ohne weiteres als Werbungskosten abziehbar sind.
»Mein Freund Peter bot mir an, eine Quittung zu unterschreiben. Er meinte, jeder könne bis zu 410 € quittieren, ohne selbst darauf Steuern zahlen zu müssen.«
Mit den 410 € hat er recht (Quelle: § 46 Abs. 2 EStG; ➤ Rz 532), doch das Geld muss er auch wirklich bekommen haben, das ist doch wohl klar …

Zeile 48 - 49 Sonstige Werbungskosten

Gern übersehen Fiskalritter in § 9 EStG das Wörtchen »auch«. Denn die dortige Aufzählung beginnt mit den Worten »Werbungskosten sind auch …«. 810
Also lassen Sie uns nachsehen, was noch für Sie drin ist:

Bürgschafts- und Darlehensverluste 811

Haben Sie für Ihren Brötchengeber gebürgt, um ihm die Aufnahme von Bankkrediten zu ermöglichen, sind Aufwendungen hierfür absetzbar (BFH-Urt. v. 29.2.1980 – BStBl 1980 II S. 395). Das FG Münster hielt auch die Ausgaben aus der Bürgschaft eines Gesellschafter-Geschäftsführers für seine GmbH für absetzbar (Urt. v. 15.7.1987 – EFG 1988 S. 169). Desgleichen können Sie den Verlust einer Darlehensforderung gegen Ihren Arbeitgeber steuerlich geltend machen, wenn Zweck des Darlehens war, dem Chef unter die Arme zu greifen und damit Ihre Einnahmen zu sichern (LStH 9.1).

Krankheitskosten 812

Psychische Erkrankungen sind mittlerweile die zweithäufigste Ursache für Fehlzeiten am Arbeitsplatz. Nicht selten sind diese Erkrankungen zudem hausgemacht. Mobbing am Arbeitsplatz oder fortwährende Attacken von Vorgesetzten bleiben auf Dauer nicht ohne Auswirkung auf das Nervenkostüm. Da ist es nur gerecht, wenn diesbezüglich entstandene Krankheitskosten als Werbungskosten steuerlich abzugsfähig sind (siehe dazu auch ➤ Rz 310).

Prozesskosten 813

Im Lauf eines längeren Berufslebens bleibt es nicht aus, seine Rechte notfalls im Streit ausfechten zu müssen. Die dabei entstehenden Kosten sind beruflich veranlasst und somit absetzbar (BFH-Urt. v. 13.12.1994 – BStBl 1995 II S. 457, einen Beamten betreffend, dem im Rahmen eines Disziplinarverfahrens das Gehalt gekürzt werden sollte). Entsprechendes gilt für Strafprozesskosten (auch mit Schuldspruch), wenn der Schuldvorwurf berufliches Verhalten betrifft (BFH-Urt. v. 19.2.1982 – BStBl 1982 II S.467, einen Ingenieur betreffend, der bei Versuchsarbeiten im Betrieb seine Aufsichtspflicht verletzt hatte; BFH-Urt. v. 22.7.1996 – BStBl 1996 II S.845, einen Geschäftsführer betreffend, der des Subventionsbetrugs angeklagt war).

814 Steuerberatungskosten

Ihre Steuerberatungskosten können Sie als Werbungskosten abziehen, wenn oder soweit sie mit steuerpflichtigen Einkünften in Zusammenhang stehen. Als Arbeitnehmer haben Sie gute Chancen, die Kosten unterzubringen für

- steuerliche Fachliteratur wie »KONZ. Das Arbeitsbuch zur Steuererklärung«,
- Steuertabellen und ein steuerrechtliches Wörterbuch,
- die Beschaffung von Informationen aus dem Internet, z.B. Internetgebühren, Kosten für den Download,
- die KONZ Steuer-Software, mit der die Steuererklärung erstellt wird,
- den Steuerberater, die Anlage N betreffend,
- den Mitgliedsbeitrag an den Lohnsteuerhilfeverein,
- die Fahrten (0,30 € je gefahrenen Kilometer) zum Steuerberater, Lohnsteuerhilfeverein,
- Porto für Briefe an den Steuerberater und fürs Telefonieren. Das Finanzgericht Niedersachsen hat umgerechnet pauschal 8 € für Telefonkosten, Porto, Kopien und Schreibwaren anerkannt (Urt. v. 14.8.1989 – VI 654/88),
- Teilnahmegebühren plus Fahrtkosten für Steuerrechtslehrgang an der Volkshochschule. Oder war Ihr Vereins- oder Verbandsvorsitzender so clever, Sie mit einem Steuerreferenten in die Hauptversammlung zu locken? Dann soll er Ihnen sofort nach der Versammlung einen Beleg über die Teilnahme – mit Themenangabe – in die Hand drücken.

Der Bundesfinanzminister wies seine Steuerbeamten mit Schreiben vom 21.12.2007 an, sog. »gemischte«, also nicht direkt einer bestimmten Einkunftsart zuzuordnende Steuerberatungskosten bis zu einem Betrag von 100 € als Werbungskosten durchzuwinken. Allerdings handelt es sich nicht um eine Pauschale. Die Kosten müssen schon belegt oder zumindest glaubhaft gemacht werden. Notfalls muss ein Eigenbeleg herhalten (➤ Rz 51).

Solange wir nicht frei sind,
gehören wir
unter das Gesetz.
(Johannes Müller)

TIPP Setzen Sie den Weg zum Finanzamt ab! 815

Wenn es auf dem Weg zum Steuerberater oder zum Kauf von Fachliteratur gekracht hat, können Sie dem Finanzamt zusätzlich zu den **Fahrtkosten** von 0,30 € je gefahrenen Kilometer die **Unfallkosten**, die Ihnen nicht ersetzt werden, als Steuerberatungskosten aufs Auge drücken. Das gilt auch für die Fahrt zum Finanzamt, wenn Sie sagen können: Wollte mir bei meinem Sachbearbeiter einen steuerlichen Rat holen, offene Fragen klären oder Formulare besorgen (FG München, Urt. v. 5.12.1991 – EFG 1992 S. 257).
»In Zukunft war ich auf dem Weg zum Finanzamt, wenn's gekracht hat«, sagen Sie listig.

TIPP Vom Bürgen zum stillen Gesellschafter 816

Haben Sie für Ihren Ehepartner eine Bürgschaftserklärung unterzeichnet und steht der Crash seines Betriebs kurz bevor, sollten Sie etwas tun, bevor es zu spät ist. Denn in diesem Fall sind Ihre Zahlungen nicht absetzbar, da Privatvergnügen. Bevor Ihnen also die Bank die Daumenschrauben anlegt, sollten Sie ihr anbieten, Sie aus der Bürgschaft zu entlassen, nachdem Sie die Bankschulden in Höhe der Bürgschaftssumme beglichen haben.
Wenn das klappt, haben Sie eine solide Forderung, mit der Sie sich als atypisch stiller Gesellschafter in den Betrieb einkaufen können. Das bedeutet, Sie sind an Gewinn, Verlust und den stillen Reserven beteiligt. Auf diese Weise erzielen Sie Einkünfte aus Gewerbebetrieb, und die Beteiligung gehört zu Ihrem Betriebsvermögen. Wenn dann der Crash kommt, setzen Sie die stille Beteiligung einkommensmindernd ab. So halten Sie den Schaden in Grenzen.

14.8.6 Reisekosten – Zeile 61 – 72 817

Ihr Nachteil gegenüber Innendienstlern: Weil Sie unterwegs sind, haben Sie ständig das Portemonnaie in der Hand. Deswegen sollten Sie aufpassen, dass Sie letzten Endes nicht draufzahlen.

Wichtig: Zur Steuerfreiheit von Reisekosten beachten Sie unbedingt ➤ Rz 548 ff.

Sie sollten sich Gewissheit darüber verschaffen, was Sie der Außendienst wirklich kostet. Zahlt Ihre Firma pauschalen Reisekostenersatz, genügen ihr meistens Angaben über Ihre Abwesenheitszeiten und die gefahrenen Kilometer. Mit genauen Zahlen können Sie aber ggf. eine Anhebung des Auslagenersatzes begründen.

Reisekosten, die Ihnen nicht erstattet wurden, weil Ihre Firma entweder gar keinen oder einen zu geringen Kostenersatz gewährt, können Sie steuerlich als Werbungskosten absetzen. Und auch hierüber sind Aufzeichnungen erforderlich. Zwingende Angaben: Tag, Zielort, Zweck der Reise, Uhrzeit, Kilometerstand vorher und nachher. Sie können sich ja eines der vielen Vordruckbücher kaufen. Damit geht Ihnen garantiert nichts durch die Lappen. Ein genauer Reisekostennachweis macht sich also doppelt bezahlt: gegenüber Ihrer Firma als Abrechnungsunterlage für Reisekostenersatz und gegenüber dem Fiskus als Nachweis für die Werbungskosten.

Beachten Sie außerdem: Zahlt Ihre Firma als Spesenersatz einen festen Betrag, zählt dieser zum steuerpflichtigen Arbeitslohn. Sie können in dem Fall aber Ihre nachgewiesenen Reisekosten in voller Höhe als Werbungskosten absetzen. Hierfür benötigen Sie ebenfalls konkrete Zahlen.
Eine detaillierte Übersicht der Reisekosten finden Sie unter ➤ Rz 550.

Auch wer sich auskennt,
zahlt drauf,
nur etwas weniger.
(Außendienst in Deutschland)

	Reisekosten bei beruflich veranlassten Auswärtstätigkeiten			
61	Die Fahrten wurden ganz oder teilweise mit einem Firmenwagen oder im Rahmen einer unentgeltlichen Sammelbeförderung des Arbeitgebers durchgeführt	401		1 = Ja 2 = Nein
	– Falls „Ja“: Für die Fahrten mit Firmenwagen oder Sammelbeförderung dürfen mangels Aufwands keine Eintragungen zu Fahrtkosten in Zeile 62 vorgenommen werden. –			
62	Fahrtkosten	,—		
63	Übernachtungskosten	+ ,—		
64	Reisenebenkosten	+ ,— ▶	410	,—
65	**Pauschbeträge für Berufskraftfahrer bei Übernachtung im Kfz**		411	Anzahl der Tage
66	**Vom Arbeitgeber steuerfrei ersetzt**		420	,—
	Pauschbeträge für Mehraufwendungen für Verpflegung			
	Bei einer Auswärtstätigkeit im Inland:			
67	Abwesenheit von mehr als 8 Stunden (bei Auswärtstätigkeit ohne Übernachtung)		470	Anzahl der Tage
68	An- und Abreisetage (bei einer mehrtägigen Auswärtstätigkeit mit Übernachtung)		471	Anzahl der Tage
69	Abwesenheit von 24 Stunden		472	Anzahl der Tage
70	Kürzungsbeträge wegen Mahlzeitengestellung (eigene Zuzahlungen sind ggf. gegenzurechnen)		473	,—
71	Bei einer Auswärtstätigkeit im Ausland (Berechnung bitte in einer gesonderten Aufstellung):		474	,—
72	**Vom Arbeitgeber steuerfrei ersetzt**		490	,—

Sie wissen bereits aus ➤ Rz 548 ff., dass »Reisekosten« die zusammenfassende Bezeichnung für Fahrt-, Übernachtungs-, Reisenebenkosten und Verpflegungsmehraufwendungen bei Auswärtstätigkeiten ist. Unter Auswärtstätigkeiten versteht man 818

- Dienstreisen,
- Fahrtätigkeiten,
- Einsatzwechseltätigkeiten,

wobei der Frage der ersten Tätigkeitsstätte entscheidende Bedeutung zukommt: Die erste Tätigkeitsstätte ist der Mittelpunkt der dauerhaft angelegten Tätigkeit, z. B. der Betrieb oder ein Zweigbetrieb.

Haben Sie eine erste Tätigkeitsstätte, ist jede Tätigkeit außerhalb derselben eine Auswärtstätigkeit.

- Fahrtätigkeit bedeutet: Der Arbeitnehmer hat seinen Arbeitsplatz auf bzw. in einem Fahrzeug.
- Einsatzwechseltätigkeit bedeutet: Der Arbeitnehmer ist ausschließlich an ständig wechselnden Tätigkeitsstätten eingesetzt, z. B. als Bau- oder Montagearbeiter oder als Springer für Filialen.

Die Reisekosten werden unabhängig von der Art der Auswärtstätigkeit abgerechnet:

1. Fahrtkosten mit eigenem Pkw 819

Absetzbar sind entweder die nachgewiesenen Pkw-Kosten oder eine Pauschale von 0,30 € je km (➤ Rz 824).
Wenn Sie heute im Beruf etwas werden wollen, müssen Sie möglichst mobil sein. Wenn Ihnen Ihre Firma aus Kostengründen keinen Pkw zur Verfügung stellt, wird von Ihnen meist erwartet, dass Sie Ihren eigenen fahrbaren Untersatz einsetzen. Es macht sich in den Augen Ihres Chefs sicher nicht gut, wenn er von Ihnen dauernd zu hören bekommt: »Den Termin beim Kunden XY oder die außerordentliche Besprechung um 20.00 Uhr kann ich leider nicht wahrnehmen, weil mein Zug/mein Bus zu der Zeit nicht fährt.« Also werden Sie die dienstlichen Fahrten mit Ihrem privaten Pkw absolvieren.
Natürlich können Sie solche Fahrten als Werbungskosten absetzen. Viel besser fahren Sie allerdings, wenn Ihnen Ihr Chef – und das ist ja eigentlich recht und billig – die Kosten für die Benutzung Ihres Autos erstattet. Mehr dazu finden Sie unter ➤ Rz 548 ff.
Auch hier gilt die Devise, dass Sie am besten abschneiden, wenn Ihnen Ihr Chef so viel wie möglich steuerfrei erstattet. Über den Werbungskostenabzug und die daraus resultierende Steuerersparnis (inkl. Kirchensteuer

und ggf. Solidaritätszuschlag) bekommen Sie nämlich max. ca. 48 % Ihrer Kosten heraus und verlieren zudem den Vorteil aus dem Arbeitnehmerpauschbetrag. Den aber können Sie bei steuerfreien Erstattungen zusätzlich absetzen.

820 2. Verpflegungskosten

Hier gibt es einheitliche Pauschbeträge, die für alle Arten der Auswärtstätigkeit gelten, wobei es bei Dienstreisen auf die Dauer der Abwesenheit von der Wohnung und dem Betrieb ankommt und bei Einsatzwechsel- oder Fahrtätigkeit ausschließlich die Abwesenheit von der Wohnung maßgebend ist.

Bei derselben Auswärtstätigkeit können Verpflegungskosten nur für die Dauer von 3 Monaten berücksichtigt werden.

Pauschbeträge für Verpflegungskosten im Inland

1-tägige Auswärtstätigkeit (ohne Übernachtung)	
Abwesenheit mind. 8 Std. =	14 €
Diese Pauschale wird auch dann angesetzt, wenn die auswärtige berufliche Tätigkeit über Nacht ausgeübt wurde (also an zwei Kalendertagen ohne Übernachtung).	
mehrtätige Auswärtstätigkeit (mit Übernachtung)	
An- und Abreisetag jeweils	14 €
übrige Tage (Abwesenheit mind. 24 Std. =)	28 €

Im Ausland gelten von Land zu Land unterschiedliche Pauschbeträge (➤ Rz 853).

Eine weitere größere Übersicht siehe unter steuerfreiem Reisekostenersatz ➤ Rz 548 ff.

Kürzung bei Mahlzeitengestellung!

Wurde Ihnen von Ihrem Arbeitgeber oder auf dessen Veranlassung von einem Dritten für eine Auswärtstätigkeit eine Mahlzeit zur Verfügung gestellt, ist der Werbungskostenabzug tageweise zu kürzen, und zwar für ein zur Verfügung gestelltes

- Frühstück um 5,60 € (= 20 % von 28 €),
- Mittagessen um 11,20 € (= 40 % von 28 €),
- Abendessen um 11,20 € (= 40 % von 28 €).

Je Kalendertag erfolgt eine Kürzung der Verpflegungspauschale auf maximal 0 €. Im Gegenzug wird Ihnen zu Ihrem Lohn kein Sachbezug für die Mahlzeiten angerechnet (➤ Rz 627), den Sie versteuern müssten.

Haben Sie für eine zur Verfügung gestellte Mahlzeit ein Entgelt gezahlt, mindert dieser Betrag die Kürzung der Verpflegungspauschale.

3. Übernachtungskosten 821

Die geltend gemachten Kosten (> Zeile 63) müssen Sie nachweisen, egal ob es sich um eine Reise im In- oder im Ausland handelt. Die Auslandspauschalen in der Übersicht unter ➤ Rz 853 haben nur Bedeutung für den steuerfreien Kostenersatz des Arbeitgebers, der sich an ebendiesen Übernachtungsgeldern orientieren kann (➤ Rz 558).
Weist die Hotelrechnung einen Gesamtpreis für Unterkunft und Verpflegung aus, wird der Betrag um 20 % der maßgebenden Verpflegungspauschale für das Frühstück und jeweils 40 % für Mittag- und Abendessen gekürzt (siehe auch ➤ Rz 559).

Nachweis 822

Damit Sie der Fiskalritter nicht mit seiner Streichwut überrollt, sollten Sie Ihre Auswärtstätigkeit anhand eines ordentlichen Fahrtenbuchs nachweisen können (vgl. ➤ Rz 648). Aber auch ohne Fahrtenbuch müssen Sie sich nicht über den Tisch ziehen lassen. Denn sind Sie beispielsweise angestellter Versicherungsvertreter, muss auch dem Fiskaljünger einleuchten, dass Sie Aufwendungen für Auswärtstätigkeiten hatten. Sie können sie notfalls sogar schätzen (FG Saarland v. 27.2.1996, 1 K 42/95, geschätzter Aufwand eines angestellten Versicherungsvertreters: 12.000 € jährlich).

Zeile 61 Privater Pkw oder Firmenwagen 823

Hier hat der Fiskus eine ganz raffinierte Fangfrage eingebaut. Sie betrifft den Firmenwagen. Für den Anspruch auf die Entfernungspauschale ist es ganz egal, ob Sie mit einem privaten Pkw oder mit einem Firmenwagen zur Arbeit fahren. Wenn Sie aber das Kreuzchen beim Firmenwagen machen und der Bearbeiter dies in den finanzamtlichen Computer eingibt, geht bei diesem die rote Lampe an. Der Bearbeiter muss jetzt prüfen:

- **Ist der geldwerte Vorteil versteuert, der darin besteht, dass Sie mit dem Firmenwagen zur Arbeit fahren?** Ein Blick in die Lohnsteuerbescheinigung gibt ihm darüber Gewissheit (➤ Rz 632). Hat der Arbeitgeber den geldwerten Vorteil pauschal versteuert, muss in > Zeile 39 ein entsprechender Betrag ausgewiesen sein.
- **Werden als Werbungskosten in > Zeile 62 Reisekosten mit pauschalen Kilometersätzen** (➤ Rz 824) **geltend gemacht?** Bei Dienstreisen mit dem Firmenwagen wäre das ein dicker Hund!!

Wenn Sie also bei Firmenwagen eine »1« eintragen, denken Sie an die Reaktion, die das beim finanzamtlichen Computer auslöst!!

Zeile 62 Fahrtkosten bei Auswärtstätigkeit

824 Fahrtkosten sind die Aufwendungen, die Ihnen durch die Benutzung eines Beförderungsmittels entstehen. Bei öffentlichen Verkehrsmitteln ist das der Fahrpreis. Benutzen Sie einen Firmenwagen, haben Sie natürlich keine Fahrtkosten. Benutzen Sie ein privates Fahrzeug, können Sie für jeden gefahrenen Kilometer pauschale Kosten ansetzen:

Pkw	Motorrad, Moped
0,30 €	0,20 €

Bei vielen Fahrzeugen liegen die tatsächlichen Kosten aber deutlich höher. Dann ist es sinnvoll, über einen Zeitraum von zwölf Monaten den durchschnittlichen tatsächlichen Kostensatz zu ermitteln, den Sie anschließend so lange ansetzen können, bis sich die Verhältnisse wesentlich ändern, z.B. nach Ablauf des Abschreibungszeitraums für das Fahrzeug (LStR 9.5 Abs. 1).

825 Berechnung der durchschnittlichen Fahrzeugkosten (Nachweis für das Lohnkonto erforderlich!)

```
1.   Berechnung der Gesamtkosten für 12 Monate
1.1  Fahrzeugaufwendungen einschließlich Umsatzsteuer,
     Treibstoffkosten lt. Belegen oder geschätzt
Wartung und Pflege                                  . . . . €
Reparatur (ohne Unfall)                             . . . . €
Garagenkosten                                       . . . . €
Kraftfahrzeugsteuer und -versicherung               . . . . €
Zinsen für Anschaffungsdarlehen, ADAC               . . . . €
Abschreibung
Anschaffungskosten
(Kaufpreis und Nebenkosten)                         . . . . €
davon 1/72 = . . . € × 12 Monate =                  . . . . €
Dies entspricht einer Nutzungsdauer
von sechs Jahren.
Bei einem Leasingfahrzeug werden
abgesetzt:
```

Leasinggebühren	. . . . €
Sonderzahlung (BStBl 1994 II S. 643)	. . . . €
Gesamtkosten in 12 Monaten, z. B.	6.996 €
2. Berechnung des Kilometersatzes	
2.1 Gesamtfahrleistung in 12 Monaten (Differenz Tachostand)	21.200 km
2.2 Gesamtkosten in 12 Monaten	6.996 €
2.3 Durchschnittlicher Kilometersatz (6.996 € ÷ 21.200 km)	0,33 €

Als Werbungskosten machen Sie geltend:

Gefahren bei Dienstreisen z. B.		8.400 km
Nachgewiesener Kilometersatz wie oben		0,33 €
Gesamtkosten demnach 8.400 km × 0,33 € =		2.772 €
./. steuerfreier Fahrtkostenersatz der Firma, z. B.		–2.436 €
Steuerlich abziehbar		336 €
Unfallkosten		
Reparatur	1.475 €	
Wertminderung geschätzt	750 €	2.225 €
Werbungskosten		2.561 €

Ist es jetzt schon so weit gekommen, dass Sie wie ein Hauptbuchhalter die Fahrzeugkosten genau ausrechnen müssen, soll der Fiskus auch bei jedem Kilometer, der nicht privat ist, mitfahren und mitzahlen. Also fertigen Sie eine Aufteilung der Gesamtkilometer: 826

Anlass der Fahrten/km Zeile 62 Anlage N		km-Satz	Gesamtkosten
Dienstreisen aus Hauptberuf	8.400	0,33 €	2.772 €
Dienstreisen aus Fortbildung	1.200	0,33 €	396 €
Zeile 48 – 49 Anlage N			
Sonstige berufliche Fahrten (Arbeitsmittel, Fachliteratur, Kopien, Umzug)	490	0,33 €	162 €

Zeile 48 – 49 Anlage N			
Fahrt zum Finanzamt			
Steuerratgeber gekauft	126	0,33 €	42 €
Zeile 14 Anlage Sonderausgaben			
Ausbildung Ehegatte	338	0,33 €	112 €
Zeile 31ff. Anlage N			
Fahrten Wohnung–Betrieb*	5.980	0,33 €	1.973 €
Privatfahrten	4.666	0,33 €	1.539 €
Summe	21.200	0,33 €	6.996 €

* Sie wissen inzwischen, dass sich diese Fahrten nur mit 0,30 € bzw. 0,35 € pro Entfernungskilometer auswirken.

»Ich habe gebaut und war dafür oft unterwegs«, sagen Sie. »Geht da was?« Na klar, setzen Sie die Fahrten als Baukosten an (➤ Rz 1061).

827 **Treibstoffkosten**

Sie können die Treibstoffkosten entweder anhand von Belegen nachweisen oder durch Schätzung ermitteln, indem Sie rechnen: Gesamtfahrleistung × Literverbrauch pro 100 km × Literpreis ÷ 100 (BFH-Urt. v. 7.4.1992 – BStBl 1992 II S. 854). Den Benzinpreis können Sie der Internetseite des Mineralölverbands entnehmen (www.mwv.de).

828 **TIPP** **Zwischenheimfahrten: Nur wer die Sehnsucht kennt …**

Zieht es Sie bei längeren Dienstreisen zwischendurch nach Hause, können Sie diese Fahrten ebenfalls absetzen, das ist doch wohl klar. Zur Abwechslung kann Sie aber auch Ihre bessere Hälfte besuchen kommen. Den Besuch setzen Sie anstelle Ihrer Zwischenheimfahrt als Werbungskosten ab (Fahrtkosten plus Spesen für Partner und Kinder). Begründung gegenüber dem Fiskus, sofern es zutrifft: Sie seien beruflich nicht abkömmlich gewesen … Verzichten Sie auf die Heimreise, dann ziehen Sie die Kosten für Telefongespräche ab.
Am Schluss der Rechnerei fertigen Sie diese Zusammenstellung der Dienstreisekosten für > Zeile 62 – 64 an:

Fahrtkosten	
– öffentliche Verkehrsmittel	
(Bus, Zug, Taxi, Flugzeug)	. . . . €

```
– eigenes Fahrzeug, gefahrene km × 0,30 €
bzw. höherer Pauschsatz                              . . . . €
Verpflegungsmehraufwendungen
– Verpflegungspauschale je nach Dauer
14 bis 28 €                                          . . . . €

Übernachtungskosten
lt. Belegen                                          . . . . €

Nebenkosten                                          . . . . €
Summe der Reisekosten                                . . . . €
./. Kostenerstattung durch ArbG                    – . . . . €
Abzugsfähige Werbungskosten                        – . . . . €
```

Unfallkosten 829

TIPP Wenn es mal gekracht hat – listen Sie die Unfallschäden vollständig auf!

Die Kosten durch Unfallschaden können Sie zusätzlich zu den Kilometerpauschalen geltend machen, wenn die Fahrt beruflich veranlasst war. Sie machen sie in einer Summe geltend, zusammengestellt auf einem Extrablatt:

```
Zusammenstellung der Unfallkosten für > Zeile 62

Der Unfallschaden ereignete sich am . . . . anlässlich
einer Dienstreise.
Unfallschilderung: . . . . . . . . . . . . . . . . . . .

Unfallkosten:
1. Reparatur (Rechnungen anbei)                      . . . . €
2. Gericht, Rechtsanwalt                             . . . . €
3. Fahrten . . . km × 0,30 € =                       . . . . €
4. Schadenersatz an Dritte unter
   Verzicht auf Inanspruchnahme
   der eigenen Haftpflicht                           . . . . €
5. Nebenkosten (Abschleppen,
   Gutachter, Kleiderreinigung)                      . . . . €
```

```
6. Wertminderung des Fahrzeugs
   (siehe unten)                                      . . . . €
7. Totalschaden:
   Zeitwert vor dem Unfall                 . . . €
   ./. Schrottwert                       – . . . €
   Verbleiben                              . . . €> . . . . €
Summe                                                 . . . . €
./. Erstattungen von dritter Seite                  – . . . . €
Gesamtkosten für das Kj. 20..                         . . . . €
```

Mit dieser Aufstellung gehen Sie ins Gefecht. Weil es hier um höhere Beträge geht, rechnen Sie mit schwerem Säbel statt Florett.

830 **Wertminderung/Totalschaden**

Die Zeitwertrechnung (siehe unten) wird zwar noch weitestgehend praktiziert (FG Münster v. 26.1.1988 – EFG 1988 S. 558), doch sieht der Fiskus bei diesen Aufwendungen Chancen, seine Streichgelüste austoben zu können. So könnte er Ihnen mit einem ganz verrückten BFH-Urteil in die Parade fahren, das besagt: »Wird ein privates Fahrzeug bei einer beruflich veranlassten Fahrt beschädigt und nicht repariert, so richtet sich die dadurch bedingte außergewöhnliche Abschreibung nach den ursprünglichen Anschaffungskosten abzgl. der normalen Abschreibung … Als Nutzungsdauer bei einem Pkw wird bei einer Jahresfahrleistung bis zu 15.000 km ein Zeitraum von sechs Jahren zugrunde gelegt, bei höherer Fahrleistung ein kürzerer Zeitraum.«
Dies bedeutet: Es wird gegenübergestellt der rechnerische Buchwert vor dem Unfall (Anschaffungskosten abzgl. jährliche Abschreibung), also nicht der Zeitwert, und der Wert nach dem Unfall. Eine Wertminderung durch Unfall ist also nur möglich, wenn der Wert nach dem Unfall unter den rechnerischen (fiktiven) Buchwert des Fahrzeugs vor dem Unfall gefallen ist. Ist die Nutzungsdauer abgelaufen und der rechnerische Buchwert gleich null, kann nichts mehr abgesetzt werden, so LStH 42 und BFH, zuletzt im Urteil vom 24.11.1994 (BStBl 1995 II S. 318). Andernfalls würde ein und derselbe Steuerzahler ein bereits abgeschriebenes Auto nochmals absetzen können, so die Begründung.
Dasselbe sagte das FG Münster am 18.10.1993 (EFG 1994 S. 472): Keine Werbungskosten bei Totalschaden eines Pkw nach Ablauf der Nutzungsdauer, hier von sechs Jahren.
Natürlich ist es völlig absurd, auf der Grundlage fiktiver Abschreibungen für ein Privatfahrzeug eine Verlustrechnung aufzumachen, wenn dieses

aus beruflichem Anlass im Wert gemindert wurde. Deshalb müssen Sie deutlich machen, dass die Nutzungsdauer von sechs Jahren eine fiskalische Nutzungsdauer ist und Sie privat mit einer längeren Nutzungsdauer rechnen.
»Mein Audi war sechs Jahre alt und hatte noch keinen Stipper Rost«, sagen Sie. »Wieso sollte der wertlos gewesen sein?«
Eben. Also kämpfen Sie notfalls um Ihr Recht. Berufen Sie sich zunächst auf den BFH, der in seinem Urteil 24.11.1994 (s.o.) von einer Nutzungsdauer von acht Jahren und somit von einem Abschreibungssatz von 12,5 % ausgeht. Beanspruchen Sie aber aufgrund einer »verlängerten Nutzungsdauer« von zwölf Jahren einen Abschreibungssatz von $8^1/_3$ %.
Und so wird gerechnet, wenn Sie ein fünf Jahre altes Auto auf einer Berufsfahrt zu Schrott gefahren haben:

Anschaffungskosten des Autos vor fünf Jahren	30.000 €
./. Abschreibung $8\frac{1}{3}$ % × 5 Jahre = $41\frac{2}{3}$ %	– 12.500 €
Fiktiver Buchwert zur Zeit des Unfalls = Werbungskosten für > Zeile 62	17.500 €

TIPP Setzen Sie nach dem Unfall einen merkantilen Minderwert an! 831

Lassen Sie das Fahrzeug reparieren, setzen Sie zusätzlich zu den Instandsetzungskosten den Unterschied zwischen dem Zeitwert des Fahrzeugs vor dem Unfall und nach erfolgter Instandsetzung als Werbungskosten an mit der Begründung: Wertminderung, da Unfallwagen. Doch aufgepasst: War die Reparatur technisch einwandfrei, soll keine Wertminderung vorliegen. Also werden Sie gehörig darauf hinweisen, dass Sie aus Kostengründen auf eine technisch einwandfreie Reparatur verzichtet haben – falls das zutrifft – oder dass eine solche gar nicht möglich war: Kleine Farbunterschiede im Lack sind ja immer da!
Sie reiten also darauf herum, dass »die Reparatur den Schaden nur teilweise behoben hat und eine auf technischen Mängeln beruhende erhebliche Wertminderung fortbesteht«, so der BFH im Urteil vom 27.8.1993 (BStBl 1994 II S. 235). Und schon können Sie problemlos einen zusätzlichen Minderwert geltend machen.
Beachten Sie: Die Wertminderung muss bereits im Jahr des Schadeneintritts, also im Unfalljahr, geltend gemacht werden (BFH-Urt. v. 13.3.1998, BStBl 1998 II S. 443).
Versicherungsleistungen müssen Sie sich auf die Wertminderung anrechnen lassen. Ist Ihre olle Kiste schon etwas angejahrt? Siehe ➤ Rz 830: Wertminderung/Totalschaden.

832 **Hier noch einige Unfall-Urteile: Als beruflich veranlasst gelten u.a.**

- Umwegfahrt zum Betanken des Fahrzeugs (BFH – BStBl 1985 II S. 10).
- Fahrt zur nahe gelegenen Gaststätte, um dort eine Mittagsmahlzeit einzunehmen (BFH – BStBl 1993 II S. 518).
- Dienstreise (BFH – 1974 II S. 186).
- Unfallnebenkosten – Prozess, Porto, Telefon, Taxi (FG Düsseldorf – EFG 1979 S. 440).
- Zahlung an die eigene Versicherung bei eigenem Verschulden zur Erhaltung des Schadensfreiheitsrabatts (FG Köln – EFG 1981 S. 623) oder direkt an den Geschädigten (BFH – BStBl 1986 II S. 866).
- Fahrt zu einer Betriebsveranstaltung.

833 **Alkohol am Steuer**

Wenn Sie meinen, Sie könnten sich erst einen kräftig hinter die Binde gießen und sich anschließend ans Steuer setzen, so sollten Sie wissen: Sie werden bei einem Unfall doppelt bestraft, wenn er auf einer beruflichen Fahrt passiert ist: vom Fiskus, der die Unfallkosten nicht anerkennt, und von der Justiz, die Ihnen eine Strafe aufbrummt (BFH – BStBl 1984 II S. 434).

834 Dieses Buch soll sich für Sie bezahlt machen, und weil für viele bei der Steuer nicht das meiste zu holen ist, hier noch zwei Tipps, wenn's mal gekracht hat:

1. Als Verursacher des Unfalls werden Sie in der **Haftpflicht** zurückgestuft. Das ist für die Versicherung oft ein sattes Geschäft. Sie zahlt z.B. für den Schaden 250 € und hält sich bei Ihnen mit einer Mehrprämie von vielleicht 750 € schadlos. So müssen Sie rechnen: Sind Sie in der Schadensklasse F1 = 100 %, werden Sie nach einem Unfall in die Schadensklasse F1/2 = 125 % zurückgestuft. Ohne den Unfall wären Sie in F2 = 85 % gekommen. Der Schaden kostet Sie also im nächsten Jahr 40 % der Basisprämie, im darauffolgenden Jahr 30 % usw. Schon bei einer Basisprämie von 500 € zahlen Sie im Lauf der nächsten Jahre 775 € Mehrprämie. Also: Zahlen Sie den Unfallschaden lieber selbst, und vermasseln Sie damit der Versicherung ihr Geschäft.

835 Oder noch besser …

2. Haben Sie Ihr Wägelchen während einer Dienstfahrt beschädigt, muss Ihr Arbeitgeber den Unfallschaden ersetzen, so das Bundesarbeitsgericht mit Urteil vom 14.12.1995 (Az 8 AZR 875/94).

»Bisher ist bei uns noch nicht darüber gesprochen worden, wer das Unfallrisiko trägt. Aber das werde ich klären. Denn bei Dienstfahrten mit Firmenwagen trägt ja auch der Betrieb das Unfallrisiko. Das muss dann ebenso für Dienstfahrten mit Privatwagen gelten. Künftig werde ich Dienstfahrten mit eigenem Auto ablehnen, wenn ich das Unfallrisiko tragen muss. Denn in dem pauschalen Kilometersatz von 0,30 €, den das Finanzamt anerkennt, sind ja außergewöhnliche Kosten wie Unfallkosten nicht mit abgegolten«, so sagen Sie.
Richtig, und noch etwas: Sind Dienstfahrten für Sie an der Tagesordnung, so dass Ihr Auto stets sprungbereit auf dem Hof stehen muss? In diesem Fall muss Ihr Arbeitgeber auch dann seine Geldbörse zücken, wenn Ihr Auto auf dem Parkplatz beschädigt wurde.
»Und was sagt das Finanzamt dazu?«, fragen Sie.
Dem ist die Erstattung durch Ihren Arbeitgeber schnuppe, denn Reisekostenersatz ist steuerfrei (Quelle: § 3 Nr. 16 EStG).

TIPP Sie haben ein fremdes Auto zu Schrott gefahren? Für die Steuer halb so schlimm 836

Es ist im Grunde genommen egal, wessen Auto Sie benutzen. Sie können auch ein Auto angeben, das Sie geleast oder z. B. von Ihrer Freundin oder Ihren Eltern geliehen haben – sofern Sie bestimmte Dinge beachten.
Es war Winter, ätzend kalt, und Ihr Auto sprang nicht an. Sie hatten einen wichtigen Auswärtstermin. Also rein in das Auto Ihres Partners, glatte Straße, schon nach zwei Kilometern hat es gekracht, Totalschaden.
Nun wollen Sie den Vermögensschaden geltend machen, der durch den Unfall entstanden ist. Doch aufgepasst! Schnell könnte der Fiskalritter mit der Begründung angetanzt kommen, Sie hätten gar keinen Schaden erlitten, da das Auto nicht Ihnen gehöre. Der Aufwand sei also Drittaufwand und damit bei Ihnen nicht abzugsfähig (FG Niedersachsen v. 19.1.1994 – EFG 1994 S. 785 rkr). Dem beugen Sie vor, indem Sie klare Verhältnisse schaffen und Ihrem Partner den Schaden ersetzen (FG Hessen v. 26.5.1993 – EFG 1993 S. 647 rkr).
Für das Finanzamt fertigen Sie ein Schreiben, das so aussehen könnte:

Außergerichtliche Vereinbarung

Für den von mir auf einer Dienstreise am . . . . . . (Datum) verursachten Totalschaden am Fahrzeug . . . . . ., polizeiliches Kennzeichen . . . . . ., leiste ich Schadenersatz in Höhe des Fahrzeugwerts vor dem Unfall von . . . . . . €. Der Fahrzeugwert wurde anhand der

```
Schwacke-Liste unter Berücksichtigung des Gesamtzustan-
des des Fahrzeugs ermittelt.

Datum . . . . . .   Unterschrift . . . . . . . . . .
```

Ähnlich muss die Vereinbarung aussehen, wenn der Unfall glimpflicher abgelaufen ist und das Fahrzeug repariert wurde.
Damit alles wasserdicht ist, werden Sie den Betrag, für den Sie einzustehen haben, auf das Konto Ihres Partners überweisen. Dann klappt der Laden. Am besten Einzahlungsbeleg beifügen.

Man soll den Tag
nicht vor dem Abend loben.
(Schiller)

837 Leasingfahrzeug

Im ersten Jahr können Sie die einmalige Leasingsonderzahlung und zusätzlich die Leasingraten ansetzen (BFH-Urt. v. 5.5.1994 – BStBl 1994 II S. 643). Da Sie damit stets über 0,30 € je Kilometer kommen, lohnt sich immer der Einzelnachweis der Fahrtkosten (➤ Rz 840). In den Jahren darauf, wenn nur noch die laufenden Raten zu zahlen sind, bringen Sie die Pauschale zum Ansatz (➤ Rz 824).
Sie müssen aber darauf achten, dass Sie vom Finanzamt nicht als »wirtschaftlicher Eigentümer« des Pkw angesehen werden. Aber keine Angst: Sie brauchen nicht tagelang dicke Erlasse zu wälzen, die Leasingfirma weiß Bescheid. Sorgen Sie nur dafür, dass in Ihrem Vertrag der Satz steht: »Der Leasingnehmer ist nach den Vorschriften der Finanzverwaltung nicht wirtschaftlicher Eigentümer des Leasinggegenstands.« Und schon ist alles geritzt (FG Baden-Württemberg v. 3.9.1993 – EFG 1994 S. 242).

Der Leasingerlass

Zum Leasing gibt es einen aberwitzigen Erlass vom 19.4.1971 (BStBl 1971 I S. 264), der immer noch gültig ist. Darin wird geregelt, wem der Leasinggegenstand steuerlich zugerechnet wird.
Wird der Gegenstand, z. B. ein Pkw, steuerlich dem Leasingnehmer zugerechnet, gehen die steuerlichen Vorteile aus dem Leasingvertrag verloren. Denn der Leasingnehmer wird in diesem Fall wie ein Eigentümer des geleasten Gegenstands behandelt und kann nur die normale Abschreibung und die in den Leasingraten enthaltenen Zinsanteile und Verwaltungskosten absetzen.

Für die Zurechnung des Gegenstands spielt die Kaufoption nach Ablauf der Grundmietzeit eine besondere Rolle. Leasingverträge ohne Kaufoption werden vom Fiskus anstandslos anerkannt. Bei Verträgen mit Kaufoption kommt es auf die Höhe des Optionspreises an. Liegt er unter dem Preis, den der Leasingnehmer für den Erwerb eines gleichen Objekts am Markt zahlen müsste, dem sog. gemeinen Wert, sieht der Fiskalritter Chancen, den Leasingnehmer als – wirtschaftlichen – Eigentümer einzustufen. Dem liegt der Gedanke zugrunde, dass in der Sonderzahlung und in den Raten versteckte Anzahlungen auf den Kaufpreis enthalten sind. Da der gemeine Wert am Ende der Grundmietzeit aber nicht vorher bekannt ist, wird aus Vereinfachungsgründen angenommen, dass er dem **Buchwert zum Zeitpunkt der Option** entspricht. Wobei der Buchwert unter Anwendung des linearen Abschreibungssatzes nach der amtlichen Abschreibungstabelle berechnet wird.
Da die amtliche Abschreibungstabelle für Pkw eine Nutzungsdauer von sechs Jahren vorsieht, darf der Optionspreis nach drei Jahren Mietzeit nicht weniger als 50 % des Neuwerts betragen.

Da Autohändler wie Pferdehändler sind, d.h. man gut mit ihnen feilschen kann, werden Sie einen Leasingvertrag aushandeln, der eine hohe Sonderzahlung, hohe Raten und einen Restwert von etwa 50 % des Neuwerts beinhaltet. Verkaufen Sie das Fahrzeug nach Ende des Leasingvertrags weiter, streichen Sie den Gewinn unversteuert ein.

Den Pkw optimal abschreiben 838

Der Kaufpreis des Pkw ist gleichmäßig auf die Nutzungsdauer zu verteilen. Nach dem BMF-Schreiben vom 15.12.2000 (BStBl 2000 I S.1532) ist ein beruflich genutztes Fahrzeug innerhalb von 72 Monaten abzuschreiben, was nach Adam Riese einer Nutzungsdauer von sechs Jahren entspricht. Haben Sie sich einen Gebrauchten zugelegt, können Sie den Kaufpreis auf die Restnutzungsdauer verteilt abschreiben (BMF-Schreiben v. 28.5.1993 – BStBl 1993 I S.483). Die kann bei einem fünf Jahre alten Gebrauchten durchaus noch drei bis vier Jahre betragen. Sie können aber auch sagen: Da die steuerliche Nutzungsdauer mit höchstens sechs Jahren anzunehmen ist, setze ich den Kaufpreis im ersten Jahr voll ab.

Beachten Sie: Die Finanzrichter wollen Ihnen bei einem Unfall keine Wertminderung mehr zuerkennen, wenn der Unfallwagen sechs Jahre alt und somit abgeschrieben war (➤ Rz 830 ff.).

839 **Mit dem Wohnmobil auf Dienstreise**

Zunehmend sind Wohnmobile auf Dienstreisen im Einsatz, insbesondere die kleineren Fahrzeuge, weil man mit ihnen auch schnell vorankommt. Die Vorteile liegen auf der Hand:

- Man ist flexibler, von Hotels unabhängig, braucht nicht vorzubuchen.
- Man hat bessere Transportmöglichkeiten als im Pkw.
- Ein Wohnwagen ist ideal für vertrauliche Besprechungen mit Kunden und Mitarbeitern.
- Man reist kostengünstig, da man keine Hotel- und kaum Verpflegungskosten hat.
- Bei Bedarf ist Diätverpflegung möglich.

Und nicht zu vergessen: Wer ohnehin eine Schwäche für das mobile Umherziehen hat, was er dem Fiskus ja nicht unbedingt offenbaren muss, kann sich ein Wohnmobil aus beruflichen Gründen anschaffen und die Kosten in der Steuererklärung geltend machen.

Man erkauft nicht,
was keinen Preis hat.
(Goethe)

840 **TIPP** **Bleiben Sie beim Einzelnachweis ehrlich**

Zugegeben, von einem »Konz« erwarten Sie Tipps, die sich bezahlt machen, und keinen erhobenen Zeigefinger. Doch aufgepasst: Den Einzelnachweis erbringen Sie gegenüber dem Fiskus jeweils für ein ganz bestimmtes Fahrzeug. Die Kosten für den Wagen Ihres Ehegatten müssen da schon unberücksichtigt bleiben. Benötigt das Zweitauto z. B. eine andere Spritsorte, werden Sie die Tankquittungen später leicht auseinandersortieren können.

Lassen Sie sich vom Kfz-Meister Ihrer Autowerkstatt nicht dazu verführen, die Rechnung für die Reparatur oder die Lackierung des Zweitwagens auf Ihr beruflich genutztes Fahrzeug auszustellen. Das wäre nämlich Steuerhinterziehung. Und wenn der Tankwart Ihnen als Stammkunden ohne weiteres die Flasche »Mariacron« als Schmiermittel in Rechnung stellt, ist das steuerlich ebenfalls absolut unkorrekt. Denken Sie auch daran, dass Unfallkosten um Schadenersatz von dritter Seite zu mindern sind und der Ritter vom Paragraphenfels sie ganz streicht, wenn er erfährt, dass Ihnen der Unfall passiert ist, als nicht nur die Landschaft, durch die Sie gefahren sind, benebelt war, sondern leider auch Ihr Geist (BFH-Urt. v. 6.4.1984 – BStBl 1984 II S. 434 betr. Fahrt eines Arbeitnehmers unter Alkoholeinfluss).

Die Berufsschule ist keine erste Tätigkeitsstätte

Also sind Ihre Fahrten zur Berufsschule keine Fahrten zwischen Wohnung und erster Tätigkeitsstätte, vielmehr eine vorübergehende Auswärtstätigkeit (➤ Rz 818 ff.). Dies bedeutet: Sie können die Fahrtkosten zur Berufsschule als Reisekosten abziehen (➤ Rz 824 ff.), wodurch Sie höhere Werbungskosten und eine höhere Steuererstattung erzielen als mit dem Abzug der schlichten Entfernungspauschale (➤ Rz 686 ff.). 841

Schießt ein kniffliger Federfuchser im Finanzamt quer, verweisen Sie ihn auf LStR 9.2 Abs. 2 und die BFH-Urteile vom 9.2.2012 (Az. VI R 44/10 sowie VI R 42/11). Der Besuch der Berufsschule, einer Bildungseinrichtung oder der Universität stellt demnach stets eine Dienstreise dar.

Zeile 63 Übernachtungskosten bei Auswärtstätigkeit 842

Die Übernachtung im Heuschober bringt steuerlich überhaupt nichts, denn der Fiskus will Belege sehen. Der Betrieb kann Ihnen aber ohne Nachweis irgendwelcher Übernachtungskosten bis zu 20 € steuerfrei auszahlen (LStR 9.7 Abs. 3).

Das Frühstück im Hotel gehört nicht zu den Kosten der Übernachtung. Gibt Ihre Rechnung nur einen Gesamtpreis für Unterkunft und Verpflegung her (z. B. Tagungspauschale), wird dieser wie folgt gekürzt:

1. für Frühstück um 20 %,

2. für Mittag- und Abendessen um jeweils 40 %

des für den Unterkunftsort maßgebenden Pauschbetrags für Verpflegungsmehraufwendungen bei einer Auswärtstätigkeit mit einer Abwesenheitsdauer von mindestens 24 Stunden. Damit beträgt die Kürzung im Inland beispielsweise 5,60 € für das Frühstück und 11,20 € für Mittag- bzw. Abendessen.

Auf diese Weise soll vermieden werden, dass – quasi verdeckt – doppelt Verpflegungskosten abgezogen werden, zum einen über die Pauschale und zum anderen über die Hotelrechnung.
Haben Sie einzelne Übernachtungsbelege verkramt, setzen Sie Schätzbeträge an und machen irgendwie glaubhaft, dass Sie tatsächlich an den einzelnen Tagen auswärts übernachtet haben und der Betrieb keine freie Unterkunft gestellt hat (BFH-Urt. v. 17.7.1980 – BStBl 1981 II S. 14).

843 Zeile 64 Reisenebenkosten bei Auswärtstätigkeit

Kleinvieh macht auch Mist, sagt man, und das trifft besonders für Nebenkosten bei Auswärtstätigkeiten zu. Rücktritts- oder Gepäckversicherung, Trinkgelder, Telefonate, Telegramme, Telefax, Porto, Gepäckaufbewahrung, Parkgebühren, Straßenkarten, Stadtpläne usw. gehen ins Geld. Auch für diese Kleinstbeträge möchte der Fiskus gern Belege sehen. **Doch alte Parkuhren und Trinkgeldempfänger stellen nun mal keine Belege aus. Gleichwohl sind die Aufwendungen absetzbar. Dabei hilft eine detaillierte Aufstellung, in der alle Nebenkosten der Art und Höhe nach aufgeführt und so weit als möglich belegt sind (LStR 9.8).**

844 Geklaute Privatsachen sind ebenfalls absetzbar

Pech hatte ein Angestellter, der zu einer Messe nach Paris gefahren war. Auf einem bewachten Parkplatz wurde sein Auto aufgebrochen und sein Mantel gestohlen. Diesen Schaden hätte er ohne seinen Beruf mit Sicherheit nicht gehabt, urteilten die Finanzrichter messerscharf und ließen den Wertverlust zum Abzug zu (BFH-Urt. v. 30.6.1995 – BStBl 1995 II S. 744). Gottlob hatte der Bestohlene den Verlust bei der Polizei gemeldet und konnte so Nachweise erbringen. Auch konnte er beweisen, wie teuer und wie alt das gute Stück gewesen war (700 € und zwei Jahre alt). Nun galt es, die Höhe des Schadens festzulegen, also den Wert des Mantels zu bestimmen.

Und so rechnet der Fiskus: Nutzungsdauer des Mantels z. B. fünf Jahre macht 700 € ÷ 5 = 140 € Abnutzung pro Jahr. Also betrug der Wert des Mantels, als er gestohlen wurde: 700 € – 280 € = 420 €.

»Unverschämtheit, eine Nutzungsdauer von nur fünf Jahren anzunehmen, ein Mantel ist bei mir eine Anschaffung fürs ganze Leben«, entrüsten Sie sich. »Ich hätte auf einer Nutzungsdauer von 20 Jahren bestanden.«

Gut zu wissen: Der Fiskus muss den Verlust privater Sachen wie z. B. Kleidung, Tasche, Laptop (nicht aber von Schmuck und Geld) mittragen. Allerdings tragen Sie die Beweislast für Ihren Verlust. Folglich: Polizei hinzuziehen, Zeugen notieren, Schadensmeldung an die Versicherung aufbewahren.

Zeile 65 Pauschbeträge für Berufskraftfahrer bei Übernachtung im Kfz 845

Berufskraftfahrer können bei einer mehrtägigen beruflichen Tätigkeit in Verbindung mit einer Übernachtung im Kfz anstelle der tatsächlich entstandenen Kosten (z.B. für die Benutzung von Dusche/WC an einer Raststätte) einen **Pauschbetrag in Höhe von 8 € pro Kalendertag** geltend machen.

Voraussetzung hierfür ist, dass sie für diesen Tag eine Pauschale für Verpflegungsmehraufwendungen beanspruchen können. Das Wahlrecht zwischen tatsächlichen Kosten und Pauschale kann im Kalenderjahr nur einheitlich ausgeübt werden.

Zeile 67 - 70 Verpflegungskosten bei Auswärtstätigkeit 846

Die Art der Auswärtstätigkeit – Dienstreise, Fahr- oder Einsatzwechseltätigkeit – spielt hier keine Rolle.

Die Verpflegungskosten können nur mit Pauschbeträgen berücksichtigt werden (➤ Rz 820). Ein Absetzen Ihrer tatsächlichen Kosten durch Einzelnachweis ist also nicht möglich. Für die Höhe der Pauschbeträge ist die Dauer der Auswärtstätigkeit am einzelnen Kalendertag maßgebend. Einzelne Kurzreisen am selben Tag dürfen zusammengerechnet werden. Für die Dauer der Auswärtstätigkeit kommt es bei Dienstreisen auf die Abwesenheit von der Wohnung und der – regelmäßigen – Arbeitsstätte an. Bei Fahr- oder Einsatzwechseltätigkeit ist ausschließlich die Abwesenheit von der Wohnung maßgebend, da eine regelmäßige Arbeitsstätte hier nicht denkbar ist.

Zur Veranschaulichung hier einige Beispiele:

Beispiel 1
Ein Arbeitnehmer verlässt um 7:00 Uhr seine Wohnung und fährt ins Büro. Um 8:00 Uhr tritt er von dort eine Dienstreise an. Über die Mittagszeit von 13:00 bis 14:00 Uhr hält er sich im Büro auf. Anschließend besucht er einen weiteren Kunden. Um 18:00 Uhr trifft er in seiner Wohnung ein. Die Abwesenheitsdauer von der Arbeitsstätte beträgt morgens fünf und nachmittags vier Stunden, insgesamt also neun Stunden. Der Verpflegungspauschbetrag beträgt 14 €.

Beispiel 2
Ein Arbeitnehmer ist Kraftfahrer oder Arbeiter auf einer Baustelle (ohne ortsgebundene, regelmäßige Arbeitsstätte). Er verlässt um 7:00 Uhr seine Wohnung und kehrt um 17:30 Uhr dorthin zurück. In der Mittagszeit von 13:00 bis 14:00 Uhr hat er den Betrieb zum Betanken eines Fahrzeugs aufgesucht. Wegen 10½-stündiger Abwesenheit von der Wohnung steht ihm ein Verpflegungspauschbetrag von 14 € zu.

Beispiel 3
Ein Arbeitnehmer ist Bauleiter auf einer Großbaustelle. Wegen häufiger Bürotätigkeit am Betriebssitz hat er dort seine regelmäßige Arbeitsstätte. Die Fahrten zur Baustelle sind Dienstreisen, für die ihm Verpflegungspauschbeträge zustehen. Nach Ablauf von drei Monaten wird die Baustelle seine regelmäßige Arbeitsstätte, so dass die Fahrten dorthin keine Dienstreisen mehr sind.

Beispiel 4
Als Taxifahrer (Fahrtätigkeit) müssen Sie gelegentlich auch nachts arbeiten. Hierfür können Sie ab acht Stunden Abwesenheit von der Wohnung 14 € Verpflegungskosten geltend machen. Grundsätzlich ist auch hier die Dauer der Abwesenheit je Kalendertag maßgebend. Bei einer Nachtschicht, die vor 24 Uhr beginnt, würden Sie daher nicht nur müde, sondern auch alt aussehen. Der Fiskus hatte jedoch ein Einsehen und Ihren Fall wie folgt geregelt: Eine Tätigkeit, die nach 16 Uhr begonnen und vor acht Uhr des nachfolgenden Kalendertags beendet wird, ohne dass eine Übernachtung stattfindet, ist mit der gesamten Abwesenheitsdauer dem Kalendertag der überwiegenden Abwesenheit zuzurechnen. Also: Dienst am Mittwoch um 17:45 Uhr begonnen; Feierabend am Donnerstag um 2:45 Uhr; ergibt eine Abwesenheit von insgesamt neun Stunden, die dem Mittwoch zugerechnet wird und Ihnen 14 € Verpflegungspauschale bringt.

847 **TIPP**

Kohldampf schieben oder lieber tricksen?

Die Pauschale für ganztägige Auswärtstätigkeit (mindestens 8 Stunden!) beträgt gerade mal 14 €. Statt wegen dieses Minibetrags die Motten zu kriegen, sollten Sie so lange feilen, bis alles im Lot ist. Dies gelingt Ihnen am besten mit Spesenersatz. So können Sie das Angenehme mit dem Nützlichen verbinden und gute Kunden zum Essen einladen. Die Erstattung der Bewirtungskosten ist als Auslagenersatz steuerfrei (➤ Rz 557).

Haben Sie einen festen Bezirk und dort Stammlokale, in denen Sie regelmäßig einkehren, so lesen Sie ➤ Rz 556.

TIPP Setzen Sie Ihren Kostenbeitrag zur Verpflegung ab! 848

Eine Besonderheit gilt, wenn Sie dem Arbeitgeber für die Verpflegung einen Obolus beisteuern müssen. Dieser wird auf die Kürzungsbeträge angerechnet.

Beispiel

Sie sind für Ihren Arbeitgeber von Montag bis Freitag auf einer Messe. Ihr Boss hat für Sie ein Hotel gebucht, in dem Sie jeweils ein Frühstück und ein Abendessen auf Rechnung Ihrer Firma erhalten. Das Mittagessen müssen Sie aus der eigenen Kasse bezahlen. Außerdem knöpft Ihnen Ihre Firma für jedes Frühstück 4 € und für jedes Abendessen 6 € ab.
Sie können in diesem Fall folgende Verpflegungspauschalen absetzen:

Mo =		14,00 €
Di, Mi, Do je 28 € =		84,00 €
Fr =		14,00 €
Verpflegungspauschalen		112,00 €
Kürzung um		
Abendessen Mo	11,20 €	
Frühstück, Abendessen Di–Do 3 × 16,80 €	50,40 €	
Frühstück Freitag	5,60 €	
Kürzung der Werbungskosten um	67,20 €	
Minderung der Kürzung um Zuzahlungen		
4 × 4 € (Frühstück) + 4 × 6 € (Abendessen)	– 40,00 €	
Verbleibende Kürzung	27,20 €	> – 27,20 €
Abzugsfähig als Werbungskosten		84,80 €

Viele Betriebe zahlen ihrem Außendienst mehr, als der Fiskus steuerfrei erlaubt. Der Mehrbetrag ist steuerpflichtiger Arbeitslohn, das ist klar. Der Betrieb kann jedoch die Versteuerung mit 25 % pauschal übernehmen – allerdings nur bis zur Höhe des jeweils gültigen Pauschbetrags (§ 40 Abs. 2 EStG). Steuerfrei können Sie also max. den doppelten Pauschbetrag bekommen.
»Mein Chef zahlt für jede eintägige Dienstreise eine Auslösung von 30 €«, sagen Sie. »Was muss ich versteuern?«

Bei einer Dienstreise von unter acht Stunden Dauer ist die Auslösung in voller Höhe über die Lohnsteuerkarte zu versteuern, da hierfür kein Pauschbetrag vorgesehen ist.
Bei einer Dienstreise von neun Stunden Dauer wird gerechnet:

Auslösung	30 €
Davon steuerfrei als Pauschbetrag	– 14 €
Rest steuerpflichtig	16 €
Davon pauschalierungsfähig mit 25 % bis 14 €	– 14 €
Rest über die Lohnabrechnung zu versteuern	2 €

849 **Dreimonatsfrist beachten!**

Erstreckt sich Ihre Auswärtstätigkeit über einen längeren Zeitraum, beschränkt sich der Abzug der Verpflegungsmehraufwendungen auf die ersten drei Monate. Der Fiskus unterstellt, dass Sie sich nach drei Monaten am selben Dienstreiseort dort genauso günstig verpflegen können wie zu Hause.

Gut zu wissen:

Für den Abzug Ihrer Fahrt- und Übernachtungskosten gilt die Dreimonatsfrist nicht.
Zudem gilt sie auch nicht für die Verpflegungspauschalen bei Fahrtätigkeit, so der BFH mit Urteil vom 24.2.2011 (Az. VI R 66/10).

850 **TIPP So befreien Sie sich aus der Dreimonatsfalle!**

Mit der richtigen Begründung sind Sie von der Dreimonatsfrist nicht betroffen. Gute Karten haben Sie, wenn Sie sagen können, dass Sie sich an dem jeweiligen auswärtigen Tätigkeitsort pro Woche nicht mehr als ein bis zwei Tage aufhalten. Wenn Sie den Rest der Woche im Betrieb oder bei anderen Kunden sind, greift die Dreimonatsfrist nicht (BMF v. 24.10.2014 – Az. IV C 5, S 2353/14/10002, Rz. 52 ff.). Dann bleibt dem Finanzamt nichts anderes übrig, als Ihnen auch für die Fahrten im vierten, fünften und sechsten Monat die Verpflegungspauschalen zuzugestehen.

Also nichts wie ran ans Werk, Architekten, Bauleiter, beratende Ingenieure, Kundendienstmonteure, Software-Entwickler und alle diejenigen, die trotz längerer Auswärtstätigkeit am selben Ort zwischendurch ständig auch in der Firma wesentliche Dingen zu erledigen haben.

TIPP Mit einem ausgedehnten Urlaub die Dreimonatsfrist neu in Gang setzen 851

Eine mindestens vier Wochen dauernde Unterbrechung der beruflichen Tätigkeit an derselben Tätigkeitsstätte führt zu einem Neubeginn der Dreimonatsfrist (§ 9 Absatz 4a Satz 7 EStG). Der Grund der Unterbrechung (das kann auch Urlaub oder Krankheit sein) ist unerheblich; es zählt nur die Unterbrechungsdauer.

Zeile 71 Auswärtstätigkeit im Ausland 852

Reisen ins Ausland, die unmittelbar beruflich veranlasst sind, z.B. zu Besprechungen mit Geschäftsfreunden, für ein Praktikum oder eine Schulung, zum Halten eines Vortrags usw., gehen beim Fiskus als Auswärtstätigkeiten glatt durch.

Besteht der unmittelbare Anlass einer Auslandsreise aber z.B. darin, für ein Buch Material zu sammeln, sind die Reisekosten nur dann abziehbar, wenn die Reisetage wie Arbeitstage mit beruflicher Tätigkeit ausgefüllt waren (BFH-Urt. v. 18.10.1990 – BStBl 1991 II S. 92). Hier gilt also, notfalls einen Arbeitsnachweis bereitzuhaben.

Bei Reisen ins Ausland ohne unmittelbaren beruflichen Anlass, z.B. bei einer Informations- oder Studienreise oder einer Reise zu einem Fachkongress, gehört ein mehr oder weniger ausgeprägtes Stirnrunzeln des Fiskalritters zu seinem üblichen Arbeitsritual. Dazu mehr unter ➤ Rz 858 ff.

Für Verpflegungskosten gelten Pauschbeträge (Auslandstagegelder), die länderweise unterschiedlich sind. Bei Übernachtungen sind die entstandenen Übernachtungskosten absetzbar. Stattdessen können aber auch Pauschbeträge (Übernachtungsgelder) abgesetzt werden.

853 Auslandsreisepauschalen 2021

Land	Pauschbeträge für Verpflegungsmehraufwendungen		Pauschbetrag für Übernachtungskosten
	bei einer Abwesenheitsdauer von mindestens 24 Stunden je Kalendertag	für den An- und Abreisetag sowie bei einer Abwesenheitsdauer von mehr als 8 Stunden je Kalendertag	
	€	€	€
Afghanistan	30	20	95
Ägypten	41	28	125
Äthiopien	39	26	130
Äquatorialguinea	36	24	166
Albanien	27	18	112
Algerien	51	34	173
Andorra	41	28	91
Angola	52	35	299
Argentinien	35	24	113
Armenien	24	16	59
Aserbaidschan	30	20	72
Australien			
– Canberra	51	34	158
– Sydney	68	45	184
– im übrigen Land	51	34	158
Bahrain	45	30	180
Bangladesch	50	33	165
Barbados	52	35	165
Belgien	42	28	135
Benin	52	35	115
Bolivien	30	20	93
Bosnien und Herzegowina	23	16	75
Botsuana	46	31	176
Brasilien			
– Brasilia	57	38	127

Land	Pauschbeträge für Verpflegungsmehraufwendungen		Pauschbetrag für Übernachtungskosten
	bei einer Abwesenheitsdauer von mindestens 24 Stunden je Kalendertag	für den An- und Abreisetag sowie bei einer Abwesenheitsdauer von mehr als 8 Stunden je Kalendertag	
	€	€	€
– Rio de Janeiro	57	38	145
– Sao Paulo	53	36	132
– im übrigen Land	51	34	84
Brunei	52	35	106
Bulgarien	22	15	90
Burkina Faso	38	25	174
Burundi	36	24	138
Chile	44	29	187
China			
– Chengdu	41	28	131
– Hongkong	74	49	145
– Kanton	36	24	150
– Peking	30	20	185
– Shanghai	58	39	217
– im übrigen Land	48	32	112
Costa Rica	47	32	93
Côte d'Ivoire	59	40	166
Dänemark	58	39	143
Dominica	45	30	177
Dominikanische Republik	45	30	147
Dschibuti	65	44	305
Ecuador	44	29	97
El Salvador	44	29	119
Eritrea	50	33	91
Estland	29	20	85
Fidschi	34	23	69

Land	Pauschbeträge für Verpflegungsmehraufwendungen		Pauschbetrag für Übernachtungskosten
	bei einer Abwesenheitsdauer von mindestens 24 Stunden je Kalendertag	für den An- und Abreisetag sowie bei einer Abwesenheitsdauer von mehr als 8 Stunden je Kalendertag	
	€	€	€
Finnland	50	33	136
Frankreich			
– Lyon	53	36	115
– Marseille	46	31	101
– Paris[1])	58	39	152
– Straßburg	51	34	96
– im übrigen Land	44	29	115
Gabun	52	35	183
Gambia	40	27	161
Georgien	35	24	88
Ghana	46	31	148
Grenada	45	30	177
Griechenland			
– Athen	46	31	132
– im übrigen Land	36	24	135
Guatemala	34	23	90
Guinea	46	31	118
Guinea-Bissau	24	16	86
Guyana	45	30	177
Haiti	58	39	130
Honduras	48	32	101
Indien			
– Bangalore	42	28	155
– Chennai	32	21	85
– Kalkutta	35	24	145
– Mumbai	50	33	146

1) sowie die Departements 92 (Haute-de-Seine), 93 (Seine-Saint-Denis) und 94 (Val-de-Marne)

Land	Pauschbeträge für Verpflegungsmehraufwendungen		Pauschbetrag für Übernachtungskosten
	bei einer Abwesenheitsdauer von mindestens 24 Stunden je Kalendertag	für den An- und Abreisetag sowie bei einer Abwesenheitsdauer von mehr als 8 Stunden je Kalendertag	
	€	€	€
– Neu Delhi	38	25	185
– im übrigen Land	32	21	85
Indonesien	36	24	134
Iran	33	22	196
Irland	58	39	129
Island	47	32	108
Israel	66	44	190
Italien			
– Mailand	45	30	158
– Rom	40	27	135
– im übrigen Land	40	27	135
Jamaika	57	38	138
Japan			
– Tokio	66	44	233
– im übrigen Land	52	35	190
Jemen	24	16	95
Jordanien	46	31	126
Kambodscha	38	25	94
Kamerun	50	33	180
Kanada			
– Ottawa	47	32	142
– Toronto	51	34	161
– Vancouver	50	33	140
– im übrigen Land	47	32	144
Kap Verde	30	20	55
Kasachstan	45	30	111
Katar	56	37	149

Land	Pauschbeträge für Verpflegungsmehraufwendungen		Pauschbetrag für Übernachtungskosten
	bei einer Abwesenheitsdauer von mindestens 24 Stunden je Kalendertag	für den An- und Abreisetag sowie bei einer Abwesenheitsdauer von mehr als 8 Stunden je Kalendertag	
	€	€	€
Kenia	51	34	219
Kirgisistan	27	18	74
Kolumbien	46	31	115
Kongo, Republik	62	41	215
Kongo, Demokratische Republik	70	47	190
Korea, Demokratische Volksrepublik	28	19	92
Korea, Republik	48	32	108
Kosovo	23	16	57
Kroatien	35	24	107
Kuba	46	31	228
Kuwait	56	37	241
Laos	33	22	96
Lesotho	24	16	103
Lettland	35	24	76
Libanon	59	40	123
Libyen	63	42	135
Liechtenstein	56	37	190
Litauen	26	17	109
Luxemburg	34	23	87
Madagaskar	38	25	83
Malawi	39	26	110
Malaysia	34	23	88
Malediven	52	35	170
Mali	38	25	120
Malta	46	31	114

Land	Pauschbeträge für Verpflegungsmehraufwendungen		Pauschbetrag für Übernachtungskosten
	bei einer Abwesenheitsdauer von mindestens 24 Stunden je Kalendertag	für den An- und Abreisetag sowie bei einer Abwesenheitsdauer von mehr als 8 Stunden je Kalendertag	
	€	€	€
Marokko	42	28	105
Marshall Inseln	63	42	102
Mauretanien	39	26	105
Mauritius	54	36	220
Mazedonien	29	20	95
Mexiko	48	32	177
Mikronesien	33	22	116
Moldau, Republik	24	16	88
Monaco	42	28	180
Mongolei	27	18	92
Montenegro	29	20	94
Mosambik	38	25	146
Myanmar	35	24	155
Namibia	30	20	112
Nepal	36	24	126
Neuseeland	56	37	153
Nicaragua	36	24	81
Niederlande	47	32	22
Niger	42	28	131
Nigeria	46	31	182
Norwegen	80	53	182
Österreich	40	27	108
Oman	60	40	200
Pakistan			
– Islamabad	23	16	238
– im übrigen Land	34	23	122

Land	Pauschbeträge für Verpflegungsmehraufwendungen bei einer Abwesenheitsdauer von mindestens 24 Stunden je Kalendertag	Pauschbeträge für Verpflegungsmehraufwendungen für den An- und Abreisetag sowie bei einer Abwesenheitsdauer von mehr als 8 Stunden je Kalendertag	Pauschbetrag für Übernachtungskosten
	€	€	€
Palau	51	34	179
Panama	39	26	111
Papua-Neuguinea	60	40	234
Paraguay	38	25	108
Peru	34	23	143
Philippinen	33	22	116
Polen			
– Breslau	33	22	117
– Danzig	30	20	84
– Krakau	27	18	86
– Warschau	29	20	109
– im übrigen Land	29	20	60
Portugal	36	24	102
Ruanda	46	31	141
Rumänien			
– Bukarest	32	21	92
– im übrigen Land	27	18	89
Russische Föderation			
– Jekatarinenburg	28	19	84
– Moskau	30	20	110
– St. Petersburg	26	17	114
– im übrigen Land	24	16	58
Sambia	36	24	130
Samoa	29	20	85
São Tomé – Príncipe	34	23	75
San Marino	47	32	80
Saudi-Arabien			

Land	Pauschbeträge für Verpflegungsmehraufwendungen		Pauschbetrag für Übernachtungskosten
	bei einer Abwesenheitsdauer von mindestens 24 Stunden je Kalendertag	für den An- und Abreisetag sowie bei einer Abwesenheitsdauer von mehr als 8 Stunden je Kalendertag	
	€	€	€
– Djidda	38	25	234
– Riad	48	32	179
– im übrigen Land	48	32	80
Schweden	50	33	168
Schweiz			
– Genf	66	44	186
– im übrigen Land	64	43	180
Senegal	42	28	190
Serbien	20	13	74
Sierra Leone	48	32	161
Simbabwe	45	30	140
Singapur	54	36	197
Slowakische Republik	24	16	85
Slowenien	33	22	95
Spanien			
– Barcelona	34	23	118
– Kanarische Inseln	40	27	115
– Madrid	40	27	118
– Palma de Mallorca	35	24	121
– im übrigen Land	34	23	115
Sri Lanka	42	28	100
St. Kitts und Nevis	45	30	177
St. Lucia	45	30	17[illegible]
St. Vincent und die Grenadinen	45	30	17[illegible]
Sudan	33	22	1[illegible]
Südafrika			

Land	Pauschbeträge für Verpflegungsmehraufwendungen		Pauschbetrag für Übernachtungskosten
	bei einer Abwesenheitsdauer von mindestens 24 Stunden je Kalendertag	für den An- und Abreisetag sowie bei einer Abwesenheitsdauer von mehr als 8 Stunden je Kalendertag	
	€	€	€
– Kapstadt	27	18	112
– Johannisburg	29	20	124
– im übrigen Land	29	20	124
Südsudan	34	23	150
Suriname	45	30	177
Syrien	38	25	140
Tadschikistan	27	18	118
Taiwan	46	31	143
Tansania	47	32	201
Thailand	38	25	110
Togo	39	26	118
Tonga	39	26	94
Trinidad und Tobago	45	30	177
Tschad	64	43	163
Tschechische Republik	35	24	94
Türkei			
– Istanbul	26	17	120
– Izmir	29	20	55
– im übrigen Land	17	12	95
Tunesien	40	27	115
Turkmenistan	33	22	108
Uganda	41	28	143
Ukraine	26	17	98
Ungarn	22	15	63
Uruguay	48	32	90
Usbekistan	34	23	104

Land	Pauschbeträge für Verpflegungsmehraufwendungen		Pauschbetrag für Übernachtungskosten
	bei einer Abwesenheitsdauer von mindestens 24 Stunden je Kalendertag	für den An- und Abreisetag sowie bei einer Abwesenheitsdauer von mehr als 8 Stunden je Kalendertag	
	€	€	€
Vatikanstaat	52	35	160
Venezuela	45	30	127
Vereinigte Arabische Emirate	65	44	156
Vereinigte Staaten von Amerika			
– Atlanta	62	41	175
– Boston	58	39	265
– Chicago	54	36	209
– Houston	63	42	138
– Los Angeles	56	37	274
– Miami	64	43	151
– New York City	58	39	282
– San Francisco	51	34	314
– Washington, D. C.	62	41	276
– im übrigen Land	51	34	138
Vereinigtes Königreich von Großbritannien und Nordirland			
– London	62	41	224
– im übrigen Land	45	30	115
Vietnam	41	28	86
Weißrussland	20	13	98
Zentralafrikanische Republik	46	31	74
Zypern	45	30	116

854 Zeile 61 - 72 Reisekosten beim Besuch von auswärtigen Lehrgängen

Gratuliere, Sie haben es geschafft und sind nun Bank- oder Versicherungsfachwirt! Oder Offizier? Rechtspfleger? Elektromeister? Alles gleich gut. Nur vergessen Sie aber nicht, die Kosten dafür in Ihrer Steuererklärung unterzubringen, insbesondere die Lehrgangsgebühren. »Wieso das? Die hat doch mein Brötchengeber bezahlt«, sagen Sie. Dann ist ja alles paletti. Und wie sieht es mit den Reisekosten aus?

Sie können den Besuch des Lehrgangs steuerlich wie eine Auswärtstätigkeit abrechnen.

Ich möchte Ihnen mal vorrechnen, was ein fünfmonatiger Lehrgang alles an Werbungskosten bringen kann, auch wenn für Sie keine Lehrgangsgebühren angefallen sind und außerdem Verpflegung und Unterkunft frei waren.

Fahrtkosten mit eigenem Pkw	
An- und Rückreise, Zwischenheimfahrten	
28 Fahrten × 170 km (gefahren) × 0,30 € =	1.428 €
Verpflegungsmehraufwand	
(für die ersten drei Monate, abzugsfähig trotz	
unentgeltlicher Gestellung) 82 Tage mit je 28 € =	2.296 €
Reisekosten	3.724 €

Wegen unentgeltlicher Mahlzeiten während einer Dienstreise ist jedoch die Verpflegungspauschale wie folgt zu kürzen: für ein zur Verfügung gestelltes

- Frühstück um 5,60 € (= 20 % von 28 €),
- Mittagessen um 11,20 € (= 40 % von 28 €),
- Abendessen um 11,20 € (= 40 % von 28 €).

Damit geht die Verpflegungspauschale von 2.296 € verloren.

855 Auf gratis oder verbilligt gestellte Unterkunft und Verpflegung sollten Sie ausdrücklich verzichten. Denn sonst geht Ihnen der entsprechende Werbungskostenabzug verloren. Haben Sie das versäumt, ziehen Sie Ihren Kopf so aus der Schlinge: »Angeboten« heißt nicht »angenommen«. Wenn Sie also nicht mitgegessen haben und Ihr Zimmer nach dem Unterricht lediglich zum Lernen, also als Arbeitszimmer, jedenfalls nicht zum Übernachten genutzt haben, ist nichts zum Kürzen da.

Übrigens: Vergessen Sie nicht, für die vielen Telefonate mit Ihrem Ausbilder im Betrieb oder in der Behörde über fachliche Fragen, die Sie hatten, die entsprechenden Kosten anzusetzen.

Eigenanteil bei Gemeinschaftsverpflegung 856

Müssen Sie als Soldat, Beamtenanwärter, Azubi oder Student während eines auswärtigen Lehrgangs mit Gemeinschaftsverpflegung in der Kantine oder Mensa zusätzlich etwas berappen, müssen Sie den o.g. Kürzungsbetrag um Ihren Eigenanteil von z.B. 10 € mindern.
In > Zeile 64 der Anlage N tragen Sie ein:
Dienstreise wegen Teilnahme am Lehrgang in …

Verpflegungspauschale für 27 Tage à 28 € =	756 €
Kürzung wegen Vollpflegung	
28 € – 10 € Eigenanteil = 18 € × 27 Tage =	486 €

TIPP Fit für eine Sause nach Bangkok 857

Sprachkenntnisse sind allemal von Vorteil. Besonders in Englisch. Ob im Urlaub oder um auf der Messe den Dolmetscher zu sparen. Jedenfalls können Sie die Kursgebühren für einen Sprachkurs immer in der Steuererklärung unterbringen. Beim Finanzamt begründen Sie sie z. B. so: »Um in meinem alten Beruf wieder Tritt zu fassen, ist es unbedingt erforderlich, dass ich Sprachkenntnisse erwerbe. Der von mir besuchte Kurs war dazu gedacht, meine Einstellungschancen zu erhöhen. Der Besuch des Sprachkurses diente allein dem Zweck, Einnahmen zu erwerben. Die Kosten sind deshalb als Werbungskosten anzusehen.«

Fügen Sie eine entsprechende Bescheinigung Ihrer Firma bei oder Stellenanzeigen, die detaillierte Sprachkenntnisse verlangen, klappt der Laden (BFH-Urt. v. 26.11.1993 – BStBl 1994 II S. 248).

Siehe hierzu auch ➤ Rz 685. Ausländern gibt das FG Bremen grünes Licht für den Abzug von Aufwendungen für einen Deutschkurs (EFG 1995 S. 19).

Bei Sprachkursen im Ausland argwöhnt der Fiskus leicht, Sie möchten ihm Ihre Urlaubsreise unterjubeln, und verlangt von Ihnen für jeden Tag Anwesenheitstestate. Ferner ein Kursprogramm, das auf Ihre beruflichen Belange ausgerichtet ist. Außerdem muss praktisch die ganze Zeit mit Sprachstudien ausgefüllt sein – im Lehrgangsprospekt darf also nicht stehen »Freizeit«, sondern »praktische Übungen«. Und: Es muss sich um einen Fortgeschrittenenkurs handeln, denn einen Grundkurs für Anfänger ohne Vorkenntnisse könnten Sie ja auch bei der VHS um die Ecke buchen, sagt der BFH (Urt. v. 4.3.1993 – BStBl II 1993, S. 787).

Als Englischlehrer haben Sie bei Sprachreisen nach England steuerlich keine Probleme, insbesondere wenn Ihnen der Schulrat dafür Sonderurlaub und einen Reisekostenabschlag zugesteckt hat (FG Baden-Württemberg v. 31.7.1991 – 2 K 77/88).

Zeigt Ihnen das Finanzamt beim Auslandssprachkurs die rote Karte nur deshalb, weil der Kurs im Ausland stattgefunden hat, haben Sie mit einem Urteil des Bundesfinanzhofs zumindest dann einen Trumpf in der Hand, wenn der Lehrgangsort in einem EU-Land oder in der Schweiz liegt. Solche Abgrenzungskriterien seien ein Verstoß gegen Gemeinschaftsrecht und Freizügigkeit, so die Richter. Das Urteil betraf zwar einen Sprachkurs, die Entscheidung ist aber auf alle anderen Kursinhalte ebenso anzuwenden (Quelle: OFD Karlsruhe v. 11.2.2003, S 2270 A 27 – St 322).

858 Zeile 61 - 72 Studienreisen, Fachkongresse

Reisen in die weite Welt als Auswärtstätigkeiten geltend machen, da kommt Freude auf! Studienreisen, Fachtagungen und Kongresse, sie machen es möglich, steuerliche Vorteile mit beruflichen und privaten Interessen zu verbinden. Wen wundert es, wenn der Fiskus da nicht immer ohne weiteres mitmacht.

Studienreisen, Fachtagungen und Kongresse werden steuerlich nur anerkannt, wenn sie so gut wie ausschließlich dem Ziel dienen, die beruflichen Kenntnisse zu erweitern. Dient eine Reise zugleich privaten Interessen, der Erholung oder der allgemeinen Information über geographische oder kulturelle Besonderheiten des besuchten Landes, liegt keine ausschließlich berufliche Veranlassung vor (EStR 12.2). Steuerlich gesehen können Sie Ihre Studienreise oder eine Fachtagung vergessen, wenn der Veranstaltungsprospekt in blumigen Worten auf die vielfältigen Möglichkeiten zur Freizeitgestaltung hinweist. So wurde einem Zahnarzt zum Verhängnis, dass er als Teilnehmer eines mehrtägigen Fachkongresses in Davos täglich während der viereinhalbstündigen Mittagspause die Möglichkeit hatte, auf der Skipiste Sauerstoff zu tanken (BFH – BStBl 1990 II S. 1059). Auch eine Kongressreise, die auf einem Fährschiff stattfindet und bei der die Teilnehmer ausreichend Zeit haben, von den an Bord gebotenen Freizeitmöglichkeiten Gebrauch zu machen, wird vom Fiskus als Privatvergnügen angesehen (BFH – BStBl 1989 II S. 19).

Bevor Sie sich für eine Studienreise oder einen Kongress entscheiden, sollten Sie also den Veranstaltungsprospekt mit Hilfe der Checkliste des Fiskus auf steuerliche Schwachstellen abklopfen:

- **Gegen berufsbedingte Aufwendungen sprechen:** Besuch bevorzugter Ziele des Tourismus; häufige Ortswechsel; entspannende oder kostspielige Beförderung, z. B. Schiffsreise; Mitnahme des Ehegatten oder naher Angehöriger.

- **Für berufsbedingte Aufwendungen sprechen:** Die Teilnehmer haben durchweg gleiche oder ähnliche Berufe; straffe und lehrgangsmäßige Organisation, die wenig Raum für Privatinteressen lässt; Gewährung von Dienstbefreiung oder Sonderurlaub; Zuschüsse des Arbeitgebers.

Notfalls werden Sie dem Finanzamt später nur das eigentliche Kursprogramm vorlegen …

Bewahren Sie in jedem Fall alle Unterlagen (Arbeitsunterlagen, Skripte, Stundenpläne und Ihre eigenen Aufzeichnungen) auf, um sie notfalls dem Fiskalritter vorlegen zu können. Denn Sie tragen die Beweislast, dass die Aufwendungen für die Studienreise beruflich veranlasst waren. Der Fiskus erkennt die Kosten ohne weiteres an, wenn per Stempel und Unterschrift jeder Tag vom Tagungsleiter testiert wird und aus dem Testat eine mindestens fünfstündige Anwesenheit ersichtlich ist, die sich zudem nicht auf einen halben Tag beschränken darf (FG des Saarlands v. 14.7.1992 – EFG 1992 S. 727). Diesen überzogenen Nachweispflichten können Sie aber manchmal gar nicht nachkommen, weil der Veranstalter nicht mitspielt. Dann können Ihre Unterlagen als Nachweis herhalten (BFH-Urt. v. 13.2.1980 – BStBl 1980 II S. 386).

TIPP Bügeln Sie die Schwachstellen im Veranstaltungsprospekt aus 859

Freizeiten im Terminplan einer Studien- oder Kongressreise lassen Rückschlüsse auf private Interessen zu, sofern sie nicht durch Arbeitsgemeinschaften ausgefüllt wurden. Lassen Sie sich also von anderen Teilnehmern die Dauer der Arbeitsgemeinschaften bestätigen.

TIPP Ein Teilbetrag der Reisekosten ist das Mindeste 860

Lassen Sie sich nicht kirre machen, wenn der Bearbeiter die berufliche Veranlassung der Studienreise anzweifelt, weil der Veranstaltungsort im Ausland liegt und außerdem ein beliebter Urlaubsort ist. Bei internationalen Tagungen mit ausländischen Fachleuten und Dozenten ist das so üblich.

Können Sie außerdem angeben, Sie hätten neben dieser Reise ja auch Urlaub genommen, sind Sie meistens schon aus dem Schneider (BFH-Urt. v. 18.10.1990 – BStBl 1991 II S. 92). Bekommen Sie die Gesamtreise steuerlich nicht durch, sind zumindest die Teilnahmegebühren für die Fachveranstaltung und die Verpflegungs- und Übernachtungspauschalen für die Veranstaltungstage steuerlich abziehbar (BFH v. 5.9.2006 – Az VI 49/05 oder BFH – BStBl

1971 II S. 524, eine Schiffsreise zu einem Kongress nach Malta betreffend; die Kongressgebühr und die Verpflegungs- und Übernachtungskosten für die $4\frac{1}{2}$ Tage Aufenthalt in Malta während des Kongresses erkannte der BFH steuerlich an, die 16-tägige Schiffsreise nicht).

861 Zeile 66 und 72 Vom Arbeitgeber steuerfrei ersetzt

Diese Zeilen könnte man glatt übersehen …
Da ist es nur gut, dass St. Bürokratius an alles gedacht hat und den Arbeitgeber verpflichtet, Reisekostenersatz in Zeile 20 der Lohnsteuerbescheinigung einzutragen. Damit wird die steuerfreie Erstattung gleich automatisch via »ELSTER-Lohn« dem Finanzamt gemeldet.
Zeigen Sie Ihrem Bearbeiter im Finanzamt also, wie sorgfältig Sie Ihre Steuererklärung erstellt haben, und tragen Sie steuerfreie Erstattungen des Arbeitgebers in > Zeile 66 bzw. 72 ein. Er merkt sogleich, bei Ihnen ist alles in bester Ordnung, und winkt Ihre Steuererklärung ohne weitere Prüfung durch …
Was der Arbeitgeber so alles steuerfrei erstatten kann, dazu mehr unter ➤ Rz 548.

14.8.7 Doppelte Haushaltsführung – Zeile 91 – 117

862 Viele Werktätige müssen einen doppelten Haushalt führen, weil sie auswärts arbeiten und nicht täglich zu ihrer Hauptwohnung zurückkehren können. Die Aufwendungen für die Wohnung am Arbeitsort, für Fahrten und für Mehrkosten an Verpflegung sind als Werbungskosten absetzbar (§ 9 Abs. 1 Nr. 5 EStG):

Doppelte Haushaltsführung – Übersicht	
Heimfahrten	Eine Heimfahrt pro Woche, bei Pkw-Nutzung 0,30 € bzw. 0,35 € je Entfernungskilometer (als Schwerbehinderter 0,60 €)
Verpflegung	Pauschal 28 € pro Tag (An-/Abreisetag jeweils 14 €), begrenzt auf drei Monate
Zweitwohnung	Tatsächliche Kosten

Der Fiskus achtet peinlich darauf, dass Sie tatsächlich **zwei** Haushalte führen. Wenn Sie noch im Haushalt Ihrer Eltern wohnen, können Sie Ihre Miete und Verpflegungsmehraufwendungen folglich nicht von der Steuer absetzen. Besonders hart trifft das natürlich all diejenigen, die während der Ausbildung, wenn das Geld ohnehin knapp ist, am Arbeitsort ein Zimmer oder eine Wohnung anmieten müssen. Lesen Sie aber hierzu auch die Tipps zum »Mehrgenerationenhaushalt« in ➤ Rz 870f.

Wichtig: Sie können nur eine Heimfahrt wöchentlich absetzen. Lassen Sie sich auch unter der Woche zu Hause blicken, können Sie statt doppelter Haushaltsführung Fahrten zwischen Wohnung und Arbeitsstätte absetzen.

TIPP Manchmal ist die Entfernungspauschale günstiger 863

Wenn Sie als Lediger ohne eigenen Hausstand nach Hause zu Ihren Eltern fahren, sind das keine privaten Besuchsfahrten, sondern Fahrten zwischen Wohnung und Tätigkeitsstätte. Dazu genügt es, dass der »Mittelpunkt Ihrer Lebensinteressen« – was für ein schreckliches Amtsdeutsch – im Wohnort Ihrer Eltern liegt. Wenn das ein Fiskalritter anzweifelt, werden Sie ihm blumig schildern, dass Ihre Freundin dort wohnt, Sie im örtlichen Sport- und Schützenverein stark engagiert sind und Ihre Eltern sowie Ihre sämtlichen anderen Verwandten, Freunde und Bekannten dort leben.

Für jede Fahrt in Ihren Heimatort setzen Sie die Entfernungspauschale von 0,30 € bzw. 0,35 € je Entfernungskilometer ab. Zum Ausgleich dafür, dass Ihnen die Miete steuerlich durch die Lappen geht, setzen Sie natürlich nicht nur die Fahrt am Wochenende an, sondern selbstverständlich auch die zusätzlichen Fahrten unter der Woche. Ob es Sie zwischendurch vor Sehnsucht zu Ihrem Schatz zieht, Sie an einem wichtigen Meisterschaftsspiel Ihrer Sportmannschaft teilnehmen wollen oder Tante Ernas Geburtstag zu feiern ist, spielt dabei keine Rolle. Schließlich machen Sie ja keine Familienheimfahrten, von denen nur eine pro Woche anerkannt wird, sondern Fahrten zwischen Wohnung und Tätigkeitsstätte. Auf die Entfernung kommt es dabei nicht an (BFH-Urt. v. 13.12.1985 – BStBl 1986 II S. 221).

So könnte die Rechnung für Sie aussehen:

	mit doppelter Haushaltsführung	**ohne** doppelte Haushaltsführung
Monatsmiete für Ihr Zimmer 12 × 150 €	1.800 €	–
Heimfahrten pro Woche		
46 Wochen à 20 km × 0,30 €	276 €	–
46 Wochen à 180 km × 0,35 €	2.898 €	
46 Fahrten à 20 km × 0,30 €		276 €
46 Wochen à 180 km × 0,35 €		2.898 €

	mit doppelter Haushaltsführung	ohne doppelte Haushaltsführung
60 zusätzliche Fahrten à 20 km × 0,30 €		360 €
60 zusätzliche Fahrten à 180 km × 0,35 €		3.780 €
Werbungskosten insgesamt	4.974 €	7.314 €

Wie Sie sehen, können Sie durch die in höherer Zahl absetzbaren Fahrten zwischen Wohnung und Arbeitsplatz den Nachteil, keine doppelte Haushaltsführung ansetzen zu können, mehr als wettmachen.
Dieser Trick funtioniert auch, wenn es Sie häufiger als einmal in der Woche zu den Lieben zieht. Dann haben Sie die Möglichkeit, statt der doppelten Haushaltsführung alle Heimfahrten als *Fahrten zwischen Wohnung und Tätigkeitsstätte* abzusetzen, wenn das für Sie günstiger ist (BFH-Urt. v. 9.6.1988 – BStBl 1988 II S. 990; R 9.11 Abs.5 S. 2 LStR).
Natürlich können Sie nur die tatsächlich durchgeführten Fahrten ansetzen. Weil das Finanzamt meist Unrat wittert, wenn jemand eine Vergünstigung völlig legal für sich beansprucht, kann es passieren, dass es einen Nachweis über die Fahrleistung Ihres Pkws verlangt. Ist diese geringer als das, was Sie als Werbungskosten angegeben haben, versucht es Ihnen in die Suppe zu spucken und übersieht dabei möglicherweise, dass Sie ja einen Teil der Fahrten mit dem Wagen Ihrer Frau unternommen haben, weil Ihre Mühle in der Werkstatt war oder einfach nur geschont werden sollte, damit bei einem späteren Verkauf der Käufer nicht wegen der hohen Fahrleistung den Kaufpreis drückt.

864 Zeile 91 – 92 Berufliche Veranlassung (Grund)

Die doppelte Haushaltsführung ist ohne Wenn und Aber beruflich veranlasst bei

- Arbeitgeberwechsel,
- Versetzung,
- erstmaliger Aufnahme einer Tätigkeit.

Ein beruflicher Anlass ist auch dann gegeben, wenn Sie nach längerer Zeit die tägliche Fahrerei leid sind und am Beschäftigungsort eine Unterkunft nehmen (BFH – BStBl 1979 II S. 520).

ANLAGE N **2022**
Einkünfte aus nichtselbständiger Tätigkeit

Mehraufwendungen für doppelte Haushaltsführung
Allgemeine Angaben
91 Der doppelte Haushalt wurde aus beruflichem Anlass begründet 501 am T T M M J J J J
Grund
92
bis

Wichtig zu wissen: 865
Gern greifen die Mitarbeiter des Fiskus gleich zum Rotstift, wenn Sie sich neben der Wohnung am Beschäftigungsort einen zusätzlichen privaten Wohnort zulegten. »Es liegt kein beruflich begründeter doppelter Haushalt vor, weil die Verlagerung des Hauptwohnsitzes in die neue Wohnung privat veranlasst ist«, ist die hierfür schnell gefundene Begründung. Schützenhilfe für alle Betroffenen leistet der BFH. Warum eine andere Wohnung zusätzlich bezogen wird, soll völlig unerheblich sein. Private Gründe hin oder her, entscheidend ist, dass Sie Ihre bisherige Wohnung am Arbeitsort weiter nutzen. Dieses Beibehalten der Wohnung ist der berufliche Anlass, der die Kosten abzugsfähig macht.

Ihre doppelte Haushaltsführung wird demnach problemlos anerkannt, wenn

- Sie mit Ihrer Familie umziehen, Ihren Job und die alte Wohnung aber behalten (sog. **Wegverlegungsfall**, BFH v. 8.10.2014 – Az. VI R 7/13),
- Sie als Lediger z. B. mit Freund oder Freundin zusammenziehen, ohne Job und bisherige Wohnung aufzugeben.

Wenn das Finanzamt nicht mitspielen will, verhelfen Sie ihm mit einem Hinweis auf folgende Urteile zu einer unschlagbaren Entscheidungshilfe (BFH v. 5.3.2009 – VI R 58/06 und BFH v. 5.3.2009 – VI R 23/07).

TIPP Holen Sie mit einem kurzen Job des Ehepartners doppelte Haushaltsführung heraus 866

Einen Umzug abzusetzen kommt nicht von ungefähr, manchmal muss man nachhelfen. Wollen Sie raus aus der Stadt, ist der Umzug beruflich veranlasst, wenn einer von Ihnen, z. B. Ihr Ehegatte, vorher am neuen Wohnort einen Job annimmt. Behalten Sie die Stadtwohnung bei, weil Sie weiterhin in der Stadt arbeiten, können Sie doppelte Haushaltsführung geltend machen, d. h., Miete der alten Stadtwohnung plus Verpflegung plus Familienheimfahrten sind dann absetzbar (BFH-Urt. v. 2.10.1987 – BStBl 1987 II, S. 852).
Der Bundesfinanzhof hat zum Glück nicht gesagt, wie lange man einem Job nachgehen muss, für den man den Wohnsitz verlegt und dafür Umzugskosten abgesetzt hat. Es reicht aus, wenn bei Beginn der doppelten Haushaltsführung ein beruflicher Grund vorliegt.

867 Zeile 96 - 97 Wer kann doppelte Haushaltsführung absetzen?

Jeder, der außerhalb des Orts, in dem er einen eigenen Hausstand unterhält, beschäftigt ist und am Beschäftigungsort eine Zweitwohnung unterhält, kann doppelte Haushaltsführung beanspruchen. Als Beweis für einen eigenen Hausstand will der Fiskalritter Papierchen (z.B. Mietvertrag) sehen, aus denen sich ergibt, dass Sie an einem anderen Ort als dem der Beschäftigung eine eingerichtete Wohnung unterhalten, die Sie »aus eigenem Recht«, z.B. als Eigentümer oder Mieter/Untermieter nutzen und die Ihren Lebensmittelpunkt darstellt (Erlass v. 8.3.1995 – BStBl 1995 I S.168).
Wohnen Sie noch bei Ihren Eltern, wollen die Fiskalritter keinen eigenen Hausstand gelten lassen, auch wenn Sie formell Untermieter werden und auf eigener Kochplatte Süppchen warm machen und einen Geschirrschrank Ihr Eigen nennen.
Sind Sie alleinstehend, als Zeitsoldat in Bremen stationiert und haben eine Wohnung in Köln? Schwupp, ist die doppelte Haushaltsführung geritzt. Verheiratete können sogar beide doppelte Haushaltsführung geltend machen.
»Wie soll das denn gehen?«, fragen Sie ungläubig.
Ganz einfach: Sie haben eine gemeinsame Hauptwohnung und jeder für sich eine Unterkunft am Arbeitsort. Und der BFH gibt grünes Licht für zweifache doppelte Haushaltsführung (Urt. v. 6.10.1994 – BStBl 1995 II S.184). »Zweifach doppelt ist doch eigentlich vierfach«, wenden Sie ein. Richtig, aber nicht beim Fiskus, da nennt man so etwas nämlich auch »dreifache Haushaltsführung«!

96	Es liegt ein **eigener Hausstand** am Lebensmittelpunkt vor – Wird die Zeile 96 mit „Nein" beantwortet, sind Eintragungen in den Zeilen 97 bis 115 nicht vorzunehmen. –	503		1 = Ja 2 = Nein
	PLZ, Ort des eigenen Hausstandes		seit	
97		504	T T M M J J J J	

868 Jungvermählt in der elterlichen Wohnung

Manchmal müssen Jungvermählte einige Zeit bei den Eltern von einem der beiden wohnen, weil sie keine Wohnung finden oder bezahlen können. Das ruft meistens den Fiskalritter auf den Plan. »Hausstand der Eltern ist nicht eigener Hausstand«, so sein Argument.
Aber das ist Schnee von gestern, denn seit Jahren genügt ein mit eigenen Möbeln ausgestattetes Zimmer in der Wohnung der Eltern, wenn im Übrigen Jung und Alt sozusagen als Großfamilie zusammenleben und sich

Küche und Bad teilen (BFH-Urt. v. 27.7.1990 – BStBl 1990 II S. 985). Hauptsache, Sie beide sind in ein und derselben Wohnung gemeldet. Der Steuererklärung fügen Sie sicherheitshalber bei:

```
BESTÄTIGUNG

Wir bestätigen, dass unsere Tochter . . . . . . . . . .
und ihr Ehemann . . . . . . . . . . in zwei Räumen unse-
rer Wohnung einen eigenen Hausstand mit eigenen Möbeln
und eigener Kochgelegenheit führen.

. . . . .                              . . . . . . . . . . .
Datum                                      Unterschriften
```

Auch Lebenspartnerschaft bringt doppelte Haushaltsführung 869

Der Fiskus erkennt nicht so ohne weiteres eine doppelte Haushaltsführung an, wenn als Hauptwohnsitz die Wohnung des Lebenspartners angegeben wird. Wenn Sie sich aber finanziell maßgeblich am Haushalt Ihres Lebenspartners beteiligen, muss der Fiskus doppelte Haushaltsführung gelten lassen (BFH-Urt. v. 12.9.2000 – BStBl 2001 II S. 29).

TIPP Mit dem »Mehrgenerationenhaushalt« zur doppelten Haushaltsführung 870

Damit Ihre »Hauptwohnung« bei den Eltern als eigener Hausstand durchgeht, müssen Sie nicht unbedingt eine astrein abgeschlossene, komplett ausgestattete Wohnung und einen Mietvertrag mit den Eltern haben. Wichtig ist nur, dass Sie dort allein oder gemeinschaftlich mit Ihren Eltern wirtschaften und nicht mehr die Füße im Hotel Mama unter den Tisch stellen. Berufen Sie sich im Zweifel darauf, dass Sie zusammen mit Ihren Eltern einen **Mehrgenerationenhaushalt** führen, in dem Sie über eigene, nach Ihren Bedürfnissen eingerichtete Wohnräume verfügen. Der BFH hat in diesem Fall seinen Segen zur Anerkennung einer doppelten Haushaltsführung gegeben (BFH v. 26.7.2012 – VI R 10/12, BStBl 2013 II S. 208). Wenn Sie sich also das Bad oder die Küche mit Ihren Eltern teilen, ist längst nicht Hopfen und Malz verloren. Ganz im Gegenteil. Der BFH hat sogar einem Steuerzahler, der mit seinem Vater in einem Haus wohnte, dort für sich allein nur ein ca. 12 qm großes Zimmer hatte und sich die übrigen Räume mit dem Vater teilte, einen eigenen Hausstand anerkannt. Weil der Vater schon recht betagt, der Sohn finanziell völlig

eigenständig war, sind die Richter quasi von einer Wohngemeinschaft von Vater und Sohn ausgegangen. Und schon war die doppelte Haushaltsführung anerkannt (BFH v. 14.11.2013 – VI R 10/13, BFH/NV 2014 S. 507).
Der BFH lässt sich bei seinen Entscheidungen wohl von folgender Grundüberlegung leiten: Ein 18-jähriger Auszubildender, der am Arbeitsort ein Zimmer oder ein Appartement bewohnt, hat in der Regel bei den Eltern keinen eigenen Hausstand, ist vielmehr in den elterlichen Haushalt eingegliedert. Ein 45-jähriger Sohn hingegen, der voll im Berufsleben steht, über ein entsprechendes Einkommen verfügt und mit den Eltern zusammen in deren Haus oder Wohnung wohnt, führt mit diesen zusammen einen gemeinsamen Hausstand, den er maßgeblich mit beeinflusst. Dessen Zweitwohnung am Arbeitsort geht regelmäßig als doppelte Haushaltsführung durch.

871 **TIPP** **Werbungskostenabzug nur bei *finanzieller Beteiligung***

Ohne eigenen finanziellen Beitrag zum Haupthausstand läuft nichts mehr, heißt: eine rein persönliche Beteiligung reicht nicht. Egal ob Sie mit einem (nicht eingetragenen) Lebenspartner zusammenleben oder in einem Mehrgenerationenhaushalt mit den Eltern: Die Wohnung wird Ihnen nur dann als eigener Hausstand anerkannt, wenn Sie mehr als 10 % der für den Haushalt anfallenden Kosten nachweislich aus der eigenen Tasche bezahlen (BMF v. 30.9.2013 – BStBl 2013 I S. 1279). Zu diesen Kosten gehören neben der Miete oder den Hausunkosten die Nebenkosten und auch die Kosten für Lebensmittel und andere Dinge des täglichen Bedarfs. Um allen Problemen aus dem Weg zu gehen, überweisen Sie monatlich einen ausreichenden Betrag auf das Konto des Wohnungsinhabers unter dem Vermerk »Kostenbeteiligung am gemeinsamen Haushalt«. Alternativ sollten Sie die Belege über die Einkäufe, die Sie für den gemeinsamen Hausstand tätigen, sammeln. Deren Nachweiskraft steigt natürlich rapide, wenn Sie die Beträge mit Ihrer EC- oder Kreditkarte bezahlen.
Dasselbe gilt z. B. auch, wenn Sie sich einen Haushalt mit Ihrem Bruder oder Ihrer Schwester teilen. Auch das spricht noch nicht gegen einen eigenen Hausstand. Machen Sie es so wie die Geschwister im BFH-Urteil vom 14.10.2004 (BStBl II 2005 S. 98). Die haben sich auf dem Hof der Eltern ein älteres Haus geteilt. Der Bruder wohnte im Obergeschoss in zwei Zimmern mit Kochnische, die Schwester bewohnte im Erdgeschoss zwei Zimmer mit Küche. Bad und Toilette nutzten die beiden gemeinsam. Mit einem astreinen Mietvertrag für das Haus und regelmäßigen Mietzahlungen haben sich die Steuerrichter überzeugen lassen. Dass der Hausstand keine Wohnung im steuertechnischen Sinn war, hat sie dabei nicht interessiert.

Ein paar Kellerräume, die keine abgeschlossene Wohnung darstellen und für die darüber hinaus kein Mietvertrag vorliegt, werden vor den strengen Augen des Fiskus wohl nach wie vor nicht als eigener Hausstand durchgehen (BFH v. 5.7.2007 – BFH/NV 2007 S. 1878).

TIPP Sorgen Sie treu für Ihre Eltern und lassen Sie sie bei Ihnen wohnen 872

Ihr Leben lang haben Sie bei Vater und Mutter gewohnt und sich von ihnen umsorgen lassen. Deshalb ist es höchste Zeit, sich zu revanchieren: Sie übernehmen die elterliche Wohnung und schließen als neuer Großverdiener der Familie den Mietvertrag mit dem Hauswirt ab. Selbstverständlich verlangt niemand, dass Sie Ihre Altvorderen vor die Tür setzen. Als dankbare(r) Sohn/Tochter lassen Sie sie in Ihrem Haushalt leben. Dass sie Ihnen dafür einen Zuschuss zu Ihren Miet- und Haushaltskosten zahlen, ist ja wohl selbstverständlich – schließlich haben Sie von Ihrem Verdienst früher ja auch ein monatliches Kostgeld abgedrückt.

Jetzt leben also nicht mehr Sie im Haushalt Ihrer Eltern, sondern Ihre Eltern in Ihrem! So können Sie guten Gewissens sagen: »Ich unterhalte in einer von mir angemieteten Wohnung einen eigenen Hausstand. Zu diesem Hausstand gehören außer mir noch zwei Angehörige, die sich lediglich im Rahmen ihrer Möglichkeiten an den Miet- und Haushaltskosten beteiligen.«

Wenn Ihnen Ihre Eltern zum Geburtstag oder zu Weihnachten großzügig ein paar Scheine als Geschenk zukommen lassen, brauchen Sie das natürlich nicht mit zur Kostenbeteiligung zu zählen.

Zeile 100 – 108 Fahrtkosten 873

Zu Beginn und am Ende der doppelten Haushaltsführung liegt ein Bonbon bereit: Die erste Fahrt hin zum Beschäftigungsort und die letzte Fahrt zurück zum Hauptwohnort können Sie als Auswärtstätigkeit mit den höheren Pauschalen für Fahrten mit eigenem Fahrzeug (0,30 € je gefahrenen Kilometer) und Verpflegung abrechnen. Zu Auswärtstätigkeiten mehr unter ➤ Rz 818 ff.

Für die wöchentliche Familienheimfahrt können Sie hingegen nur 0,30 € bzw. 0,35 € je Entfernungskilometer abziehen (> Zeile 104). Ausnahme: Schwerbehinderte können 0,60 € je Entfernungskilometer oder aber ihre tatsächlichen Kosten absetzen (> Zeile 106).

ANLAGE N
Einkünfte aus nichtselbständiger Tätigkeit **2022**

	Fahrtkosten	
100	Die Fahrten wurden mit einem **Firmenwagen** oder im Rahmen einer unentgeltlichen **Sammelbeförderung** des Arbeitgebers durchgeführt	510 — 1 = Ja, insgesamt; 2 = Nein; 3 = Ja, teilweise
	– Soweit die Zeile 100 mit „Ja, insgesamt" beantwortet wird, sind Eintragungen in den Zeilen 101, 102, 104 und 106 nicht vorzunehmen. Bei „Ja, teilweise" sind Eintragungen in diesen Zeilen nur für die mit dem eigenen oder zur Nutzung überlassenen privaten Fahrzeug durchgeführten Fahrten vorzunehmen. –	
	Erste Fahrt zum Ort der ersten Tätigkeitsstätte und letzte Fahrt zum eigenen Hausstand	
101	mit privatem Kfz 511 (gefahrene km)	Kilometersatz bei Einzelnachweis (Berechnung bitte in einer gesonderten Aufstellung) 512 EUR Ct
102	mit privatem Motorrad / Motorroller 522 (gefahrene km)	Kilometersatz bei Einzelnachweis (Berechnung bitte in einer gesonderten Aufstellung) 523 EUR Ct
103	mit öffentlichen Verkehrsmitteln oder entgeltlicher Sammelbeförderung	513 EUR ,—
	Wöchentliche Heimfahrten	
104	einfache Entfernung (ohne Flugstrecken) 514 km; 515 Anzahl	
105	Kosten für öffentliche Verkehrsmittel (ohne Fähr- und Flugkosten)	516 EUR ,—
	Nur bei Behinderungsgrad von mindestens 70 oder mindestens 50 und Merkzeichen „G"	
106	einfache Entfernung (ohne Flugstrecken) 524 km; davon mit privatem Kfz zurückgelegt 517 km; 518 Anzahl	Kilometersatz bei Einzelnachweis (Berechnung bitte in einer gesonderten Aufstellung) 519 EUR Ct
107	Kosten für öffentliche Verkehrsmittel (ohne Fähr- und Flugkosten)	520 EUR ,—
108	Fähr- und Flugkosten (zu den Zeilen 104 bis 107) oder Kosten für entgeltliche Sammelbeförderung für Heimfahrten	521 EUR ,—

Natürlich vergessen Sie nicht, die Fahrten vom Zweitwohnsitz zur Arbeitsstelle in > Zeile 31 – 39 einzutragen. Einzelheiten dazu unter ➤ Rz 686 ff.

874 Wenn die wöchentliche Heimfahrt ausfallen muss, lässt der Fiskus stattdessen die Kosten für ein Telefonat von 15 Minuten Dauer zum Abzug zu (LStH 9.11 > Telefonkosten). Den Gesprächsgebühren, übrigens zum Mondscheintarif, sind die anteiligen Grundgebühren hinzuzurechnen (BFH-Urt. v. 8.3.1988 – BStBl 1988 II S. 988). Doch was sind schon 15 Minuten, wenn Sie die ganze Woche nicht zu Hause gewesen sind. Das sagte sich auch das Niedersächsische FG (Urt. v. 22.2.1996 – EFG 1996 S. 1156) und stellte die angemessene Gesprächsdauer auf die persönliche Situation der Familie ab. Zum Glück konnte der streitbare Steuerzahler Aufzeichnungen über die Telefonate vorlegen. Ihm wurden vom Finanzgericht 600 € Telefonkosten für 25 Telefonate anerkannt.
»Dann hat der Schussel 25 Familienheimfahrten ausfallen lassen«, sagen Sie entgeistert. »Er hätte doch einfach die Telefonate unter den Teppich kehren können und stattdessen …« Obendrein musste er sein gutes Recht im Klageverfahren erstreiten. Die Ehrlichen sind halt wirklich die Dummen.

Auch das sollten Sie wissen: Umgekehrte Heimfahrten sind nicht abzugsfähig!

Tatsächlich ist es nicht gleichgültig, wer sich bei einer Familienheimfahrt auf den Weg macht. Der Bundesfinanzhof meinte mit Urteil vom 22.10.2015 (Az. VI R 22/14): Aufwendungen für Bescuhsfahrten eines Ehepartners zur auswärtigen Tätigkeitsstätte des anderen Ehegatten seien auch bei einer längerfristigen Auswärtstätigkeit grundsätzlich nicht als Werbungskosten absetzbar.

Die zweite Ehe ist der Triumph
der Hoffnung über die Erfahrung.
(Johnson)

Zeile 109 – 110 Unterkunft am Beschäftigungsort 875

Anzusetzen sind die gezahlten Mieten für die Unterkunft (Hotel, Zimmer, Wohnung) einschließlich Umlagen. Haben Sie sich als Krösus gleich eine Eigentumswohnung zugelegt, siehe ➤ Rz 879.

	Kosten der Unterkunft am Ort der ersten Tätigkeitsstätte		
109	Aufwendungen (z. B. Miete einschließlich Stellplatz- / Garagenkosten, Nebenkosten)	530	,—
110	Größe der Zweitwohnung des doppelten Haushalts im Ausland	531	m²

Als Unterkunftskosten für eine doppelte Haushaltsführung im Inland werden Ihnen die tatsächlich entstandenen Aufwendungen für die Nutzung der Wohnung oder Unterkunft – **jedoch höchstens bis zu einem nachgewiesenen Betrag von 1.000 € im Monat** – anerkannt, und das ohne Prüfung der Notwendigkeit und Angemessenheit; auch auf die Zahl der Wohnungsbenutzer (Angehörige) kommt es nicht an.

Für Wohnungen im Ausland spielt die Angemessenheit hingegen sehr wohl eine Rolle! Wenn Sie zu den etwas besser betuchten Steuerzahlern gehören und sich bei der Wahl Ihrer beruflichen Zweitwohnung mehr gönnen als ein mickriges Apartment, kann es passieren, dass Ihnen ein staatlich besoldeter Geizkragen einen Teil Ihrer Wohnungskosten nicht anerkennen will. Der Bundesfinanzhof hat kurz und knapp entschieden, dass höchstens eine 60 qm große Wohnung als angemessen gilt. Auch bei der Höhe der Miete haben die BFH-Richter den Rotstift angesetzt. Angemessen soll nur der Mittelwert des örtlichen Mietspiegels sein (BFH v. 9.8.2007 – BStBl 2007 II S.820). Ist Ihre Wohnung größer, können Sie in der Regel nur die anteilig auf 60 qm entfallenden Kosten absetzen. Diese Kürzung wird auch dann vorgenommen, wenn Sie im Rahmen Ihrer doppelten Haushaltsführung eine Eigentumswohnung oder ein Eigenheim nutzen (FG Hessen v. 25.8.2005 – 13 K 11/05).

876 Zeile 111 – 114 Verpflegungsmehraufwendungen

Hier zeigt sich der Fiskus mal großzügig, indem er Ihnen trotz eigener Wohnung am Arbeitsort für die ersten drei Monate Verpflegungskosten wie bei Dienstreisen anerkennt. Das sind täglich 28 €. Bei Heimfahrten wird Ihnen für das Wochenende in der Familienwohnung kein Verpflegungsmehraufwand zugestanden, das ist klar. Dies bedeutet knifflige Rechnerei für die Tage, an denen Sie nicht volle 24 Stunden von Ihrer Familienwohnung abwesend waren, denn da steht Ihnen nur eine Pauschale in Höhe von 14 € zu.

Pauschbeträge für Mehraufwendungen für Verpflegung

Die Verpflegungsmehraufwendungen lt. Zeilen 111 bis 114 können nur für einen Zeitraum von 3 Monaten nach Bezug der Unterkunft am Ort der ersten Tätigkeitsstätte geltend gemacht werden; geht der doppelten Haushaltsführung eine Auswärtstätigkeit voraus, ist dieser Zeitraum auf den Dreimonatszeitraum anzurechnen.

Bei einer doppelten Haushaltsführung im Inland:

111	An- und Abreisetage	541		Anzahl der Tage
112	Abwesenheit von 24 Stunden	542		Anzahl der Tage
			EUR	
113	Kürzungsbetrag wegen Mahlzeitengestellung (eigene Zuzahlungen sind ggf. gegenzurechnen)	544	,—	
114	Bei einer doppelten Haushaltsführung im Ausland (Berechnung bitte in einer gesonderten Aufstellung)	543	,—	

877 Zeile 115 Sonstige Aufwendungen – Umzugskosten, Schönheitsreparaturen ...

Zu guter Letzt entstehen zu Beginn und am Ende einer doppelten Haushaltsführung Kosten, z.B. für Schönheitsreparaturen und durch Umzug. Auch diese sind absetzbar (FG München v. 6.11.1991 – EFG 1992 S. 1274). Auch dann, wenn sie statt der Zweit- die Hauptwohnung auflösen.
Zu den Umzugskosten siehe ➤ Rz 803 ff.

878 Möbelkauf aus Steuermitteln

Müssen Sie sich die Zweitwohnung am Arbeitsplatz erst einrichten, setzen Sie die Ausgaben als Werbungskosten an. Denn schließlich können

Sie ja nicht zwischen nackten Wänden aus dem Koffer leben. Zur »notwendigen« Einrichtung gehören neben Möbeln und Lampen natürlich Herd, Spüle, Kühlschrank und Radio, auch Geschirr und Bettwäsche, des weiteren Gardinen und Vorhänge bis zu den Höchstsätzen nach dem Bundesumzugskostengesetz. Fein, wenn Sie diese Sachen später zur Komplettierung Ihrer Hauptwohnung gut gebrauchen können.

Orientteppiche, Lautsprecherboxen und Stiche alter Meister gehören nicht zur »notwendigen« Ausstattung. »Diese Sachen bringt das Möbelhaus locker im Preis für die notwendige Ausstattung unter«, winken Sie ab (FG Köln v. 5.2.1992 rk – EFG 1993 S. 144).

Betragen die Anschaffungskosten für den einzelnen Einrichtungsgegenstand mehr als 952 € (inkl. MwSt.), ist nur die jährliche Abschreibung absetzbar (BFH-Urt. v. 3.12.1982 – BStBl 1983 II S. 467). Über welchen Zeitraum abgeschrieben wird, dazu mehr unter ➤ Rz 727 ff.

Gut zu wissen: Ihr Finanzamt könnte die Ansicht vertreten, die Kosten für die Einrichtung der Wohnung unterlägen dem monatlichen Höchstbetrag von 1.000 € (➤ Rz 875). Bei hohen Aufwendungen könnten sie damit – zumindest teilweise – unter den Tisch fallen. In so einem Fall halten Sie dem Finanzamt das Urteil des Bundesfinanzhofs unter die Nase, dass Einrichtungsgegenstände und Hausrat nicht zu den Aufwendungen für die Nutzung der Unterkunft gehören, sondern um sonstige Mehraufwendungen einer doppelten Haushaltsführung und somit als Werbungskosten abziehbar sind (BFH v. 4.4.2020 – VI R 18/17).

TIPP Zweiter Herd ist Goldes wert 879

Wohnungsnot überall, da ist natürlich eine preiswerte Unterkunft schwer zu finden. Eine Alternative wäre eine Wohngemeinschaft mit Kollegen, eine andere der Kauf einer kleinen Eigentumswohnung. Ist Ihr auswärtiger Einsatz irgendwann einmal beendet, können Sie sie ja wieder verkaufen oder – noch besser – vermieten. Und bis dahin mit doppelter Haushaltsführung saftig Steuern sparen. Sie können nämlich alle Kosten, die für die Wohnung anfallen, einschließlich Abschreibung und Schuldzinsen, Reparaturen und die Nebenkosten für Grundsteuer, Versicherung, Gas, Strom, Wasser, Entsorgung usw., als Unterkunftskosten absetzen.
»Moment mal, ist da auch kein Haken dran?«, fragen Sie zweifelnd.

Klar, sonst wäre es ja auch zu einfach. Ihr Fiskalritter möchte natürlich zu gern in Ihrer Kostenaufstellung ein Streichkonzert veranstalten. Er schreibt Ihnen:

»Unterkunftskosten können nur bis zur Höhe der ortsüblichen Vergleichsmiete abgezogen werden« (LStR 9.11 Abs. 8), und verweist auf das diesbezügliche BFH-Urteil (v. 27.7.1995 – BStBl 1995 II S. 841). Sie legen Einspruch ein, besorgen sich die Samstagszeitung mit den Vermietungsanzeigen und schreiben zurück: »Zum einen war leider für den von Ihnen zugrunde gelegten Mietwert keine Wohnung zu bekommen. Auch bei höheren Mieten gestaltete sich die Suche schwierig. Siehe beiliegende Zeitungsausschnitte. Da ich unter Zeitdruck stand – schließlich musste ich ja auch arbeiten –, habe ich mich für den Erwerb der Eigentumswohnung entschieden und auf diese Weise sogar den Wohnungsmarkt entlastet. Dafür darf ich nicht steuerlich bestraft werden. Außerdem müssen Sie zur reinen Miete ja die üblicherweise umgelegten Nebenkosten für Wasser, Strom, Müllabfuhr usw. hinzurechnen.« Und schon sind Sie im Rennen.

Eine Aufzählung der umlagefähigen Betriebskosten finden Sie unter ➤ Rz 1035.

880 ♦ *Musterfall Huber (Doppelte Haushaltsführung)*
Nach längerer Arbeitslosigkeit fand Heribert Huber zum 1.2.2021 eine Stelle als Kfz-Schlosser bei VW-Fleischmann in Montabaur. Seinen Familienwohnsitz in Köln behält er bei. Huber weiß, dass er in > Zeile 101 für die erste Fahrt nach Montabaur, das 98 km von Köln entfernt ist, 0,30 € je gefahrenen Kilometer, in > Zeile 104 für die 44 Heimfahrten hingegen 0,30 € bzw. 0,35 € nur je Entfernungskilometer ansetzen kann. Für seine Zweitunterkunft in Montabaur zahlt er monatlich 320 € Miete einschließlich aller Nebenkosten. Die Miete trägt er in > Zeile 109 ein, außerdem die Kosten für das neue Mobiliar. Für teure Gegenstände – Anschaffungskosten über 952 € – setzt er nur die Abschreibung an (➤ Rz 727*). So kommt er auf 4.800 €.*

Für die ersten drei Monate trägt Huber die Pauschalen für Verpflegungsmehraufwendungen ein. Weil er an jedem Wochenende nach Hause gefahren ist, berechnet er nur die Wochentage von Montag bis Freitag.

*Manch einer arbeitet so eifrig
für seinen Lebensabend,
dass er ihn gar nicht mehr erlebt.*
(M. Ronner)

ANLAGE N
Einkünfte aus nichtselbständiger Tätigkeit

2022

Mehraufwendungen für doppelte Haushaltsführung

Allgemeine Angaben

91 Der doppelte Haushalt wurde aus beruflichem Anlass begründet — 501 am: 01022018

92 Grund: Stellenwechsel

93 Der doppelte Haushalt hat seitdem ununterbrochen bestanden — 502 bis: 3112 2021

Beschäftigungsort (PLZ, Ort, sowie zusätzlich der Staat – falls im Ausland und abweichend vom Staat, in dem der doppelte Haushalt liegt –)

94 Montabaur

95 Der doppelte Haushalt liegt im Ausland 507 [ ] 1 = Ja — Staat:

96 Es liegt ein **eigener Hausstand** am Lebensmittelpunkt vor — 503: 1 (1 = Ja, 2 = Nein)

– Wird die Zeile 96 mit „Nein" beantwortet, sind Eintragungen in den Zeilen 97 bis 115 nicht vorzunehmen. –

PLZ, Ort des eigenen Hausstandes

97 50393 Köln — 504 seit: 01011990

98 Der Begründung des doppelten Haushalts ist eine Auswärtstätigkeit am selben Beschäftigungsort unmittelbar vorausgegangen — 505 [ ] 1 = Ja

99 Anstelle der Mehraufwendungen für doppelte Haushaltsführung werden in den Zeilen 31 bis 39 Fahrtkosten für **mehr** als eine Heimfahrt wöchentlich geltend gemacht — 506 [ ] 1 = Ja

– Wird die Zeile 99 mit „Ja" beantwortet, sind Eintragungen in den Zeilen 100 bis 115 nicht vorzunehmen. –

Fahrtkosten

100 Die Fahrten wurden mit einem **Firmenwagen** oder im Rahmen einer unentgeltlichen **Sammelbeförderung** des Arbeitgebers durchgeführt — 510 [ ] 1 = Ja, insgesamt; 2 = Nein; 3 = Ja, teilweise

– Soweit die Zeile 100 mit „Ja, insgesamt" beantwortet wird, sind Eintragungen in den Zeilen 101, 102, 104 und 106 nicht vorzunehmen. Bei „Ja, teilweise" sind Eintragungen in diesen Zeilen nur für die mit dem eigenen oder zur Nutzung überlassenen privaten Fahrzeug durchgeführten Fahrten vorzunehmen. –

Erste Fahrt zum Ort der ersten Tätigkeitsstätte und letzte Fahrt zum eigenen Hausstand

101 mit privatem Kfz — 511 gefahrene km: 98 — Kilometersatz bei Einzelnachweis (Berechnung bitte in einer gesonderten Aufstellung) 512 EUR Ct: 0,30

102 mit privatem Motorrad / Motorroller — 522 gefahrene km: — Kilometersatz bei Einzelnachweis (Berechnung bitte in einer gesonderten Aufstellung) 523 EUR Ct: ,

103 mit öffentlichen Verkehrsmitteln oder entgeltlicher Sammelbeförderung — 513 EUR: ,—

Wöchentliche Familienheimfahrten

104 einfache Entfernung (ohne Flugstrecken) — 514 km: 98 — 515 Anzahl: 44

105 Kosten für öffentliche Verkehrsmittel (ohne Fähr- und Flugkosten) — 516 EUR: ,—

Nur bei Behinderungsgrad von mindestens 70 oder mindestens 50 und Merkzeichen „G"

106 einfache Entfernung (ohne Flugstrecken) 524 km: — davon mit privatem Kfz zurückgelegt 517 km: — 518 Anzahl: — Kilometersatz bei Einzelnachweis (Berechnung bitte in einer gesonderten Aufstellung) 519 EUR Ct: ,

107 Kosten für öffentliche Verkehrsmittel (ohne Fähr- und Flugkosten) — 520 EUR: ,—

108 Fähr- und Flugkosten (zu den Zeilen 104 bis 107) oder Kosten für entgeltliche Sammelbeförderung für Heimfahrten — 521: ,—

Kosten der Unterkunft am Ort der ersten Tätigkeitsstätte

109 Aufwendungen (z. B. Miete einschließlich Stellplatz- / Garagenkosten, Nebenkosten) — 530: 3520,—

110 Größe der Zweitwohnung des doppelten Haushalts im Ausland — 531: m²

Pauschbeträge für Mehraufwendungen für Verpflegung

Die Verpflegungsmehraufwendungen lt. Zeilen 111 bis 114 können nur für einen Zeitraum von 3 Monaten nach Bezug der Unterkunft am Ort der ersten Tätigkeitsstätte geltend gemacht werden; geht der doppelten Haushaltsführung eine Auswärtstätigkeit voraus, ist dieser Zeitraum auf den Dreimonatszeitraum anzurechnen.

Bei einer doppelten Haushaltsführung im Inland:

111 An- und Abreisetage — 541: 26 Anzahl der Tage

112 Abwesenheit von 24 Stunden — 542: 38 Anzahl der Tage

113 Kürzungsbetrag wegen Mahlzeitengestellung (eigene Zuzahlungen sind ggf. gegenzurechnen) — 544 EUR: ,—

114 Bei einer doppelten Haushaltsführung im Ausland (Berechnung bitte in einer gesonderten Aufstellung) — 543: ,—

Sonstige Aufwendungen (z. B. Kosten für den Umzug, die Einrichtung und den Hausrat, jedoch ohne Kosten der Unterkunft lt. Zeile 109)

115 Einrichtung/Ausstattug der Zweitwohnung lt. Aufstellung — 550: 4800,—

116 Summe der Mehraufwendungen für **weitere** doppelte Haushaltsführungen (Berechnung bitte in einer gesonderten Aufstellung) — 551: ,—

117 **Vom Arbeitgeber / von der Agentur für Arbeit insgesamt steuerfrei ersetzt** — 590: ,—

2021AnlN034

2021AnlN034

881 Zeile 117 Vom Arbeitgeber … steuerfrei ersetzt

Das vom Betrieb evtl. gezahlte Trennungsgeld ist von den Aufwendungen für doppelte Haushaltsführung abzuziehen. Der gezahlte Betrag gehört in > Zeile 117. Auch hier gilt: Schummeln zwecklos, denn der Arbeitgeberersatz erscheint in Zeile 21 der Lohnsteuerbescheinigung und wird automatisch dem Finanzamt mitgeteilt.

Vergessen ist das Seelenheil.
(Peter von Zahn)

Nackt bin ich, nackt bin ich geboren,
hab weder gewonnen noch verloren.
(Don Quijote)

15 Die Anlage KAP

Einkünfte aus Kapitalvermögen/Abgeltungsteuer 882

Kapitalerträge von Privatpersonen werden so weit wie möglich mit der Abgeltungsteuer von 25 % – unmittelbar an der Quelle – besteuert und die Steuer an den Fiskus abgeführt. Eigentlich sollte die Besteuerung von Kapitalerträgen also einfach sein, doch das Gegenteil ist der Fall. Denn das System der Abgeltungsteuer hat einige Schwachpunkte, die nur im Wege der Veranlagung bereinigt werden können. Daher müssen viele Kapitalanleger eine Anlage KAP abgeben.

Zumindest ist aber das Formular einfach und die Art der Sonderfälle – letztendlich nicht mehr als ein gutes Dutzend (siehe Zusammenstellung unter ➤ Rz 893ff.) – überschaubar.

Schema zur Berechnung der Einkünfte aus Kapitalvermögen:

1. Dividenden, Zinsen, sonstige Kapitalerträge		
(§ 20 Abs. 1 Nr. 1 und 7 EStG)		.... €
2. Erträge aus Lebensversicherungen		
*(§ 20 Abs. 1 Nr. 6 EStG)**		
Auszahlung nach Ablauf	.... €	
./. entrichtete Beiträge oder		
Anschaffungskosten	– .... €	
Verbleiben	.... € >	.... €
*./. Sparerpauschbetrag (801/1.602 €)***		– .... €
3. Veräußerungsgewinn/-verlust		
(§ 20 Abs. 2 EStG)		
Veräußerungspreis	.... €	
./. Veräußerungskosten	– .... €	
Verbleiben	.... € >	.... €
Einkünfte aus Kapitalvermögen		.... €

* Vertragsabschluss nach dem 31.12.2004
** Alleinstehende/Ehegatten

15.1 Das Wichtigste im Überblick

883 Im Grundsatz keine schlechte Idee, ähnlich wie bei der Lohnsteuer auch die Besteuerung der Kapitalerträge unmittelbar – mit abgeltender Wirkung – an der Quelle vorzunehmen. Doch vielfach steckt der Teufel im Detail, wie noch zu zeigen sein wird.

Was bedeutet Abgeltungsteuer?
Abgeltungsteuer ist die umgangssprachliche Bezeichnung für Kapitalertragsteuer nach § 43 ff. EStG. Wenn im Folgenden von Kapitalertragsteuer (KapSt) die Rede ist, so ist die Abgeltungsteuer gemeint.

884 15.1.1 Steuer in Höhe von 25 % auf nahezu alles

Die Abgeltungsteuer greift in den gesamten Depotbestand ein. Verschont wird so gut wie gar nichts. Steuerpflichtig sind nicht nur die laufenden Erträge (§ 20 Abs. 1 EStG), sondern auch die Erträge aus Veräußerungsvorgängen oder ähnlichen Tatbeständen, unabhängig von der Haltedauer (§ 20 Abs. 2 EStG).

Der Schuldner der Kapitalerträge oder die inländische Zahlstelle/depotführende Bank hat von den meisten Kapitalerträgen eine Pauschalsteuer von 25 % zu erheben und monatlich – anonym – an den Fiskus abzuführen. Hinzu kommen der Solidaritätszuschlag und die Kirchensteuer, sofern der Gläubiger/Anleger kirchensteuerpflichtig ist. Damit ist die Steuer auf Kapitalerträge grundsätzlich abgegolten (§ 43 Abs. 5 EStG). Im Gegensatz zur tariflichen/progressiven Einkommensteuer nach § 32 a EStG – welche in der Bandbreite zwischen 0 und 45 % liegt – ist die Steuerlast auf Kapitalerträge somit nach oben auf 25 % begrenzt.

885 **Vorteile für die Sparer**
Liegt der persönliche Steuersatz über 25 %, ist die Besteuerung mit 25 % abgegolten. Liegt der Satz unter 25 %, kann sich der Anleger, wie bereits gesagt, einen Teil der Abgaben mit der Steuererklärung zurückholen.

Vorteile für die Reichen
Die Reichen lachen sich wegen der Abgeltungsteuer ins Fäustchen. Denn während sie ihre anderen Einkünfte mit 45 % und mehr versteuern müssen, kommen sie bei Kapitalerträgen mit 25 % davon. Zudem wirken sich die Zinserträge nicht bei der Steuerprogression aus.

Steueranrechnung
Im Fall der Veranlagung des Gläubigers der Kapitalerträge werden die Abgeltungsteuer auf Kapitalerträge und auch eine ausländische Quellensteuer auf die veranlagte Einkommensteuer angerechnet (§ 32 d Abs. 1 Satz 2 EStG).
Für Erträge und anrechenbare Steuern aus **Beteiligungen, die gesondert und einheitlich festgestellt werden,** ist die **Anlage KAP-BET** auszufüllen.
Für die Erklärung von **Investmenterträgen, die nicht dem inländischen Steuerabzug unterlegen haben,** ist die **Anlage KAP-INV** vorgesehen.

2021
Name
Vorname
Steuernummer
Anlage KAP-BET
zur Einkommensteuererklärung
zur Erklärung zur Festsetzung der Kirchensteuer auf Kapitalerträge
stpfl. Person / Ehemann / Person A
Ehefrau / Person B
Einkünfte aus Kapitalvermögen / Anrechnung von Steuern
lt. gesonderter und einheitlicher Feststellung (Beteiligungen)
Erträge
54
1. Beteiligung

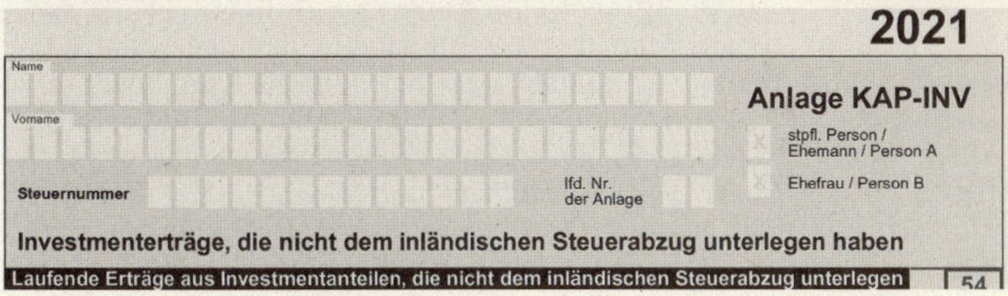
2021
Name
Vorname
Steuernummer
lfd. Nr. der Anlage
Anlage KAP-INV
stpfl. Person / Ehemann / Person A
Ehefrau / Person B
Investmenterträge, die nicht dem inländischen Steuerabzug unterlegen haben
Laufende Erträge aus Investmentanteilen, die nicht dem inländischen Steuerabzug unterlegen
54

Was mehret
meiner Sorgen Wucht: Eifersucht.
(Don Quijote)

15.1.2 Werbungskosten/Sparerpauschbetrag

Der Abzug der tatsächlichen Werbungskosten ist ausgeschlossen (§ 20 886
Abs. 9 EStG). Dafür erhält der Steuerzahler bei der Berechnung der Einkünfte einen Sparerpauschbetrag von 801/1.602 € (Alleinstehende/Ehegatten). Schuldzinsen oder Fahrten zur Hauptversammlung erkennt der Fiskus nicht an. Zum Abzug von Kosten bei Veräußerungsgeschäften siehe ➤ Rz 925.

Werbungskosten bei unternehmerischer Beteiligung
In Einzelfällen sind gleichwohl Werbungskosten absetzbar, so insbesondere im Fall einer unternehmerischen Beteiligung. Die Kapitalerträge werden nach dem Teileinkünfteverfahren besteuert, d.h., 40 % sind nach § 3 Nr. 40 EStG steuerfrei und 60 % als Kapitalerträge steuerpflichtig. Dann können 60 % der Aufwendungen z.B. in Form von Schuldzinsen als Werbungskosten geltend gemacht werden. Die so ermittelten Einkünfte werden mit dem allgemeinen (progressiven) Steuersatz besteuert. Dazu mehr unter ➤ Rz 917 f.

887 15.1.3 Freistellungsauftrag

Mit einem Freistellungsauftrag (➤ Rz 931 f.) bis zur Höhe des Sparerpauschbetrags von 801/1.602 € (Alleinstehende/Ehegatten) können Sie verhindern, dass die inländische Zahlstelle, z.B. die Bank, Abgeltungsteuer einbehält. Auf diese Weise wird der Sparerpauschbetrag nicht erst bei der Veranlagung berücksichtigt, sondern schon bei der Auszahlung der Kapitalerträge (§ 44a Abs. 2 EStG).

✎✎ 15.1.4 Nichtveranlagungsbescheinigung (NV-Bescheinigung)

888 Wer z.B. als Rentner, Student oder Auszubildender überhaupt keine Steuern zahlen muss, aber Kapitalerträge hat, kann sie vom Steuerabzug befreien lassen. Das Finanzamt stellt auf Antrag eine NV-Bescheinigung aus, wenn wegen geringer Einkünfte keine Einkommensteuer festgesetzt wird. Legt der Sparer die NV-Bescheinigung seiner Bank vor, sind alle seine Kapitalerträge in voller Höhe steuerfrei (NV-Bescheinigung; § 44 a Abs. 1 Nr. 2 EStG). Dazu mehr unter ➤ Rz 933.

889 15.1.5 Steuerbescheinigung

Für inländische Kapitalerträge, die dem Steuerabzug unterliegen, hat der Schuldner oder die auszahlende Stelle/depotführende Bank nach § 45 a Abs. 2 EStG dem Gläubiger auf Verlangen eine Steuerbescheinigung nach amtlich vorgeschriebenem Muster auszustellen (➤ Rz 934).

890 15.1.6 Sonstige Freistellungen von der Abgeltungsteuer

Das Gesetz sieht eine Reihe von Einkünften vor, auf die keine Abgeltungsteuer erhoben wird, u.a.

1. Gesetzliche Altersrente
Sie gehört zu den sonstigen Einkünften und ist in der Anlage R zu erklären.

2. Erträge aus staatlich geförderten Vorsorgeanlagen (Riester-Rente und Rürup-Rente)
Die späteren Rentenbezüge gehören ebenfalls zu den sonstigen Einkünften und sind in der Anlage R-AV/bAV zu erklären (➤ Rz 977).

3. Erträge aus Kapitallebensversicherungen alten Rechts
Hier bleibt es bei der alten Regelung, dass die gesamten Einnahmen steuerfrei sind und auch nicht der Abgeltungsteuer unterliegen. Unter bestimmten Umständen jedoch sind Leistungen aus Altverträgen steuerpflichtig (Kapitalversicherungen mit Einmalbeitrag, Kapitalwahlrecht oder Laufzeit unter zwölf Jahren). Dazu und zu den Kapitallebensversicherungen neuen Rechts mehr unter ➤ Rz 915.

4. Private Rentenversicherungen
Wird aus einer privaten Rentenversicherung eine lebenslange Rentenzahlung geleistet, unterliegen die Renten nicht der Abgeltungsteuer, weil es sich nicht um Kapitalerträge handelt. Private Rentenversicherungen sind grundsätzlich mit ihrem Ertragsanteil nach § 22 Nr. 1 EStG mit dem tariflichen (progressiven) Steuersatz zu versteuern (➤ Rz 966).

5. Private Veräußerungsgeschäfte (ohne Kapitalanlagen)
Das sind Grundstücksgeschäfte und Geschäfte mit anderen Wirtschaftsgütern (außer Kapitalanlagen). Auch sie unterliegen nicht der Abgeltungsteuer. Die Erträge gehören zu den Sonstigen Einkünften (§ 23 EStG/ ➤ Rz 1004 ff.).

15.1.7 In welchem Jahr werden Zinsen versteuert? 891

Besteuert wird das Einkommen eines bestimmten Kalenderjahres (§ 25 EStG). Was Kapitalerträge betrifft, so werden sie in dem Kalenderjahr versteuert, in dem sie zugeflossen sind (§ 11 EStG). Zugeflossen ist ein Kapitalertrag, wenn der Steuerzahler nach Gutschrift auf seinem Konto darüber verfügen kann. Für Zinsen gilt eine Besonderheit: Obwohl Zinsen aus Sparbüchern und Festgeldern, wenn sie zum Jahresultimo fällig werden, erst im neuen Jahr auf dem Konto erscheinen, sind sie gleichwohl im alten Jahr zu versteuern (BMF-Schreiben v. 26.10.1992 – BStBl 1992 Teil I S. 693). Sie können sich also nicht dagegen wehren, wenn Ihnen die Bank Zinsen für das alte Jahr bescheinigt und Kapitalertragsteuer einbehält, obwohl Sie erst im neuen Jahr über die Zinsen verfügen konnten.

Im Zaudern sitzt die Gefahr.
(Don Quijote)

15.2 Wann ist die Anlage KAP auszufüllen?

892 Gleich in den > Zeilen 4 – 6 wird der Blick auf die drei Hauptgründe gelenkt, wegen denen eine Veranlagung notwendig ist.

1. Antrag auf Günstigerprüfung für sämtliche Kapitalerträge – Zeile 4
Trotz der Abgeltungswirkung können Anleger mit einem Steuersatz unter 25 % eine Steuerveranlagung beantragen, damit die Kapitalerträge in die Veranlagung einbezogen werden. Auf diese Weise wird zu viel gezahlte Abgeltungsteuer erstattet (§ 32 d Abs. 6 EStG). Der Antrag auf Veranlagung ist ohne Risiko, weil das Finanzamt eine Vergleichsberechnung durchführt, indem es die für den Anleger günstigere Variante berücksichtigt. Im Rahmen dieses Antrags können Sie auch korrigierte Beträge, die von der Steuerbescheinigung abweichen, eintragen.

2. Antrag auf Überprüfung des Steuereinbehalts für bestimmte Kapitalerträge – Zeile 5
Hier soll auf Antrag speziell überprüft werden,

- ob der Sparerpauschbetrag vollständig ausgeschöpft worden ist (➤ Rz 899),
- ob die Bank die richtige Ersatzbemessungsgrundlage angewandt hat, weil für die Berechnung eines Veräußerungsgewinns die Anschaffungskosten nicht bekannt waren (➤ Rz 901),
- ob Verluste in zutreffender Höhe von der Bank berücksichtigt worden sind (➤ Rz 904).

Der Antrag nach > Zeile 4 (Günstigerprüfung für sämtliche Kapitalerträge) schließt den Antrag nach > Zeile 5 ein. Beide zusammen dürfen nicht angekreuzt werden.

3. Erklärung zur Kirchensteuerpflicht – Zeile 6
Als Kirchenmitglied haben Sie für gezahlte Abgeltungsteuer Kirchensteuer zu berappen. Die an die Abgeltungsteuer gekoppelte Kirchensteuer wird entweder von der Bank – ebenfalls mit abgeltender Wirkung – einbehalten oder später vom Finanzamt bei der Veranlagung festgesetzt. Haben Sie der Bank keinen Auftrag erteilt, die Kirchensteuer auf Kapitalerträge einzubehalten, obwohl Sie kirchensteuerpflichtig sind, wird die Kirchensteuer im Wege der Veranlagung erhoben. Dazu müssen Sie die Anlage KAP abgeben.

Liebe hat keinen besseren Helfer
als die Gelegenheit.
(Don Quijote)

ANLAGE KAP
Einkünfte aus Kapitalvermögen

2022

2021

1 Name

2 Vorname

3 **Steuernummer**

Anlage KAP

zur Einkommensteuererklärung

zur Erklärung zur Festsetzung der Kirchensteuer auf Kapitalerträge

stpfl. Person / Ehemann / Person A

Ehefrau / Person B

Einkünfte aus Kapitalvermögen / Anrechnung von Steuern

54

Anträge

4 Ich beantrage die Günstigerprüfung für sämtliche Kapitalerträge. 201/401 1 = Ja
(Bei Zusammenveranlagung: Die Anlage KAP meines Ehegatten / Lebenspartners ist beigefügt.)

5 Ich beantrage eine Überprüfung des Steuereinbehalts für bestimmte Kapitalerträge. 202/402 1 = Ja

Erklärung zur Kirchensteuerpflicht

6 Ich bin kirchensteuerpflichtig und habe Kapitalerträge erzielt, von denen Kapitalertragsteuer, aber keine Kirchensteuer einbehalten wurde. 203/403 1 = Ja

Kapitalerträge, die dem inländischen Steuerabzug unterlegen haben

			Beträge lt. Steuerbescheinigung(en) EUR		korrigierte Beträge (lt. gesonderter Aufstellung) EUR
7	Kapitalerträge	210/410	,—	220/420	,—
8	In Zeile 7 enthaltene Gewinne aus Aktienveräußerungen	212/412	,—	222/422	,—
9	In Zeile 7 enthaltene Einkünfte aus Stillhalterprämien und Gewinne aus Termingeschäften	611/811	,—	621/821	,—
10	In Zeile 7 enthaltene Gewinne aus der Veräußerung bestandsgeschützter Alt-Anteile i. S. d. § 56 Abs. 6 Satz 1 Nr. 2 InvStG	219/419	,—	229/429	,—
11	In Zeile 7 enthaltene Ersatzbemessungsgrundlage	214/414	,—	224/424	,—
12	Nicht ausgeglichene Verluste **ohne** Verluste aus der Veräußerung von Aktien	215/415	,—	225/425	,—
13	Nicht ausgeglichene Verluste aus der Veräußerung von Aktien	216/416	,—	226/426	,—
14	Verluste aus Termingeschäften	615/815	,—	625/825	,—
15	Verluste aus der ganzen oder teilweisen Uneinbringlichkeit einer Kapitalforderung, Ausbuchung, Übertragung wertlos gewordener Wirtschaftsgüter i. S. d. § 20 Abs. 1 EStG oder aus einem sonstigen Ausfall von Wirtschaftsgütern i. S. d. § 20 Abs. 1 EStG	616/816	,—	626/826	,—

Sparer-Pauschbetrag

			EUR
16	In Anspruch genommener Sparer-Pauschbetrag, der auf die in den Zeilen 7 bis 15, 30 und 33 erklärten Kapitalerträge entfällt (ggf. „0")	217/417	,—
17	Bei Eintragungen in den Zeilen 7 bis 15, 18 bis 27, 30, 33, 47 und 49 dieser Anlage, in den Zeilen 6 bis 27, 30 und 31 der Anlage KAP-BET sowie in der Anlage KAP-INV: In Anspruch genommener Sparer-Pauschbetrag, der auf die in der Anlage KAP **nicht** erklärten Kapitalerträge entfällt (ggf. „0")	218/418	,—

Kapitalerträge, die nicht dem inländischen Steuerabzug unterlegen haben

– ohne Investmenterträge lt. Anlage KAP-INV –

			EUR
18	Inländische Kapitalerträge (ohne Betrag lt. Zeile 26)	230/430	,—
19	Ausländische Kapitalerträge (ohne Betrag lt. Zeile 47)	234/434	,—
20	In den Zeilen 18 und 19 enthaltene Gewinne aus Aktienveräußerungen i. S. d. § 20 Abs. 2 Satz 1 Nr. 1 EStG	232/432	,—
21	In den Zeilen 18 und 19 enthaltene Einkünfte aus Stillhalterprämien und Gewinne aus Termingeschäften	631/831	,—
22	In den Zeilen 18 und 19 enthaltene Verluste **ohne** Verluste aus der Veräußerung von Aktien	235/435	,—
23	In den Zeilen 18 und 19 enthaltene Verluste aus der Veräußerung von Aktien i. S. d. § 20 Abs. 2 Satz 1 Nr. 1 EStG	236/436	,—
24	Verluste aus Termingeschäften	635/835	,—
25	Verluste aus der ganzen oder teilweisen Uneinbringlichkeit einer Kapitalforderung, Ausbuchung, Übertragung wertlos gewordener Wirtschaftsgüter i. S. d. § 20 Abs. 1 EStG oder aus einem sonstigen Ausfall von Wirtschaftsgütern i. S. d. § 20 Abs. 1 EStG	636/836	,—
26	Zinsen, die vom Finanzamt für Steuererstattungen gezahlt wurden	260/460	,—

2021AnlKAP051 – Juli 2021 – 2021AnlKAP051

Kapitalerträge, die der tariflichen Einkommensteuer unterliegen

(nicht in den Zeilen 7, 18 und 19 der Anlage KAP sowie in den Zeilen 6 und 14 der Anlage KAP-BET enthalten)

Zeile			EUR
27	Hinzurechnungsbetrag nach § 10 AStG	275/475	,–
28	Laufende Einkünfte aus sonstigen Kapitalforderungen jeder Art, aus stiller Gesellschaft und partiarischen Darlehen (ohne Betrag lt. Zeile 49)	270/470	,–
29	Gewinne aus der Veräußerung oder Einlösung von Kapitalanlagen aus sonstigen Kapitalforderungen jeder Art, aus stiller Gesellschaft und partiarischen Darlehen, Verluste aus der ganzen oder teilweisen Uneinbringlichkeit der Kapitalforderungen	271/471	,–
30	Kapitalerträge aus Lebensversicherungen i. S. d. § 20 Abs. 1 Nr. 6 Satz 2 EStG	268/468	,–
31	Ich beantrage für die Einkünfte lt. Zeile 32 die Anwendung der tariflichen Einkommensteuer. – *bitte Anleitung beachten* –		1 = Ja
	Laufende Einkünfte aus einer unternehmerischen Beteiligung an einer Kapitalgesellschaft Gesellschaft, Finanzamt und Steuernummer		EUR
32		272/472	,–
33	Bezüge und Einnahmen i. S. d. § 32d Abs. 2 Nr. 4 EStG (ohne Betrag lt. Zeile 49) – Korrespondenzprinzip –	277/477	,–
34	Ich habe Einkünfte aus Spezial-Investmentanteilen i. S. d. § 20 Abs. 1 Nr. 3a EStG erzielt. (lt. gesonderter Aufstellung)	209/409	1 = Ja

Kapitalerträge, für die die ermäßigte Besteuerung nach § 34 Abs. 1 EStG anzuwenden ist

Zeile			EUR
35	In den Zeilen 7, 18 und / oder 19 der Anlage KAP sowie in den Zeilen 6 und / oder 14 der Anlage KAP-BET enthaltene Erträge	265/465	,–
36	In den Zeilen 27 bis 30, 32, 33 und / oder 49 der Anlage KAP sowie in den Zeilen 27 bis 31 der Anlage KAP-BET enthaltene Erträge	279/479	,–

Steuerabzugsbeträge zu Erträgen in den Zeilen 7 bis 25 und zu Investmenterträgen lt. Anlage KAP-INV

Zeile			lt. Bescheinigung(en) EUR	Ct
37	Kapitalertragsteuer	280/480	,	
38	Solidaritätszuschlag	281/481	,	
39	Kirchensteuer zur Kapitalertragsteuer	282/482	,	
40	Angerechnete ausländische Steuern	283/483	,	
41	Anrechenbare noch nicht angerechnete ausländische Steuern	284/484	,	
42	Fiktive ausländische Quellensteuer (nicht in den Zeilen 40 und / oder 41 enthalten)	285/485	,	

Anzurechnende Steuern zu Erträgen in den Zeilen 28 bis 34 sowie aus anderen Einkunftsarten

Zeile			EUR	Ct
43	Kapitalertragsteuer	286/486	,	
44	Solidaritätszuschlag	287/487	,	
45	Kirchensteuer zur Kapitalertragsteuer	288/488	,	

Beschränkung der Anrechenbarkeit der Kapitalertragsteuer nach § 36a EStG und / oder § 31 Abs. 3 InvStG

Zeile			
46	Ich habe Kapitalerträge erzielt, bei denen die Voraussetzungen für eine volle Anrechnung der Kapitalertragsteuer nach § 36a EStG und / oder § 31 Abs. 3 InvStG nicht erfüllt sind.	206/406	1 = Ja

Familienstiftungen nach § 15 AStG (lt. Feststellung)

Zeile			EUR	Ct
	Einkünfte einer ausländischen Familienstiftung, die **nicht** der tariflichen Einkommensteuer unterliegen Bezeichnung, Finanzamt und Steuernummer			
47		238/438	,	–
48	Anzurechnende ausländische Steuern (zu Zeile 47)	208/408	,	
49	Einkünfte einer ausländischen Familienstiftung, die der tariflichen Einkommensteuer unterliegen (siehe Zeile 18 der Anlage AUS)	278/478	,	–

Steuerstundungsmodelle

Zeile		EUR
	Einkünfte aus Gesellschaften / Gemeinschaften / ähnlichen Modellen i. S. d. § 15b EStG (lt. gesonderter Aufstellung)	
50		,–

2021AnlKAP052 2021AnlKAP052

Zeile 4 Ich beantrage die Günstigerprüfung für sämtliche Kapitalerträge 893

Der Antrag auf Günstigerprüfung für sämtliche Kapitalerträge ist der umfassendste Antragsgrund.

Sie tragen ein: 1 = Ja

Anträge 54

4 Ich beantrage die Günstigerprüfung für sämtliche Kapitalerträge.
(Bei Zusammenveranlagung: Die Anlage KAP meines Ehegatten / Lebenspartners ist beigefügt.) 01 . 1 = Ja

Sicherlich enthält die Lebenswirklichkeit eine Vielzahl von Gründen, aus denen eine Einbeziehung der Kapitalerträge in die Veranlagung angebracht bzw. notwendig ist. Nur die wichtigsten – 7 an der Zahl – werden im Folgenden behandelt.

1. Der Sparerpauschbetrag von 801 €/1.602 € (Ledige/Verheiratete) wurde beim Steuerabzug nicht vollständig ausgeschöpft (➤ Rz 899),
2. Ersatzbemessungsgrundlage unzutreffend (➤ Rz 901),
3. Verluste ohne/mit Veräußerung von Aktien wurden nicht ausgeglichen (➤ Rz 904),
4. Es ist anrechenbare/fiktive ausländische Quellensteuer anzusetzen (➤ Rz 909),
5. Kapitalerträge haben nicht dem Steuerabzug unterlegen (➤ Rz 912),
6. Kapitalerträge unterliegen der tariflichen (progressiven) Einkommensteuer (➤ Rz 914),
7. Antrag auf Anwendung der tariflichen (progressiven) Einkommensteuer (➤ Rz 917).

Beträge laut Steuerbescheinigung und korrigierte Beträge
Wenn Beträge laut Steuerbescheinigung korrigiert werden müssen, tragen Sie in das Feld in der > Zeile 4 eine »1«, in die linke Spalte der > Zeilen 7 – 17 die Werte der betreffenden Steuerbescheinigung und in die rechte Spalte den jeweiligen korrigierten Betrag ein und erläutern diesen auf einem gesonderten Blatt.

Beispiel
Die von der Bank ausgestellte Steuerbescheinigung weist für > Zeile 7 – 8 einen Gewinn aus Aktienverkäufen von 4.000 € aus. Der Gewinn unterlag der Abgeltungsteuer. Bei der Berechnung des Gewinns fanden Transaktionskosten in Höhe von 500 € keine Berücksichtigung.

Sie tragen ein:

Kapitalerträge, die dem inländischen Steuerabzug unterlegen haben

			Beträge lt. Steuerbescheinigung(en) EUR		korrigierte Beträge (lt. gesonderter Aufstellung) EUR
7	Kapitalerträge	210/410	4000,–	220/420	3500,–
8	In Zeile 7 enthaltene Gewinne aus Aktienveräußerungen	212/412	4000,–	222/422	3500,–

894 Zeile 5 Ich beantrage eine Überprüfung des Steuereinbehalts für bestimmte Kapitalerträge

Wenn Sie den Abzug von Kapitalertragsteuer nur für bestimmte Kapitalerträge überprüfen lassen wollen, tragen Sie eine »1« (1 = Ja) ein.

5	Ich beantrage eine Überprüfung des Steuereinbehalts für bestimmte Kapitalerträge.	202/402		1 = Ja

895 Zeile 6 Ich bin kirchensteuerpflichtig und habe Kapitalerträge erzielt, von denen Kapitalertragsteuer, aber keine Kirchensteuer einbehalten wurde

Siehe hierzu ➤ Rz 919.

Erklärung zur Kirchensteuerpflicht

6	Ich bin kirchensteuerpflichtig und habe Kapitalerträge erzielt, von denen Kapitalertragsteuer, aber keine Kirchensteuer einbehalten wurde.	203/403		1 = Ja

896 15.2.1 Beantragung einer Günstigerprüfung für sämtliche Kapitalerträge – Zeile 4 und 7 – 15

Es empfiehlt sich, **in jeder Anlage KAP die Günstigerprüfung zu beantragen.** Das ist risikolos, kann aber nützlich sein. Der Antrag in > Zeile 4 schließt den Antrag in > Zeile 5 ein (Überprüfung des Steuerabzugs für bestimmte Kapitalerträge).
Ehegatten stellen den Antrag gemeinsam. Hat nur einer der Ehegatten Kapitalerträge, stellen Sie den gemeinsamen Antrag, indem auch der andere Ehegatte eine Anlage KAP abgibt (mit Kapitalerträgen in Höhe von 0 €), aber mit Antrag auf Günstigerprüfung.

Für die Günstigerprüfung sind sämtliche Kapitalerträge zu erklären. Kapitalerträge, die von einer inländischen Zahlstelle (z.B. Kreditinstitut) gutgeschrieben wurden, entnehmen Sie der Steuerbescheinigung (➤ Rz 889). Haben Sie auch andere Kapitalerträge (z.B. ausländische) erhalten, tragen Sie diese in die > Zeilen 18 – 26 ein. Die entsprechenden Steuerabzugsbeträge gehören in die > Zeilen 37 – 42.

Erträge aus Beteiligungen und die entsprechenden Steuerabzüge gehören in die Anlage KAP-BET.

Günstigerprüfung wegen geringen Einkommens 897

Der häufigste Antragsgrund auf Günstigerprüfung sind geringe Einkünfte, z.B. als Rentner, Schüler oder Azubi oder wenn Verluste, hohe Sonderausgaben oder außergewöhnliche Belastungen das Einkommen gemindert haben. Liegt nämlich die reguläre Einkommensteuer im Grenzbereich unter 25 %, gilt der niedrigere Steuersatz auch für die Besteuerung der Kapitalerträge und es ist mit einer Erstattung von Kapitalertragsteuer zu rechnen.

Günstigerprüfung wegen Altersentlastungsbetrag

Hier besteht in Bezug auf Kapitaleinkünfte eine Besonderheit. Ab einem Alter von 65 zieht das Finanzamt einen Altersentlastungsbetrag ab (§ 24 a EStG). Bezogen auf den Veranlagungszeitraum 2021 hat erstmals Anspruch auf den Altersentlastungsbetrag, wer vor dem 2.1.1957 geboren ist. Der Altersentlastungsbetrag beträgt dann 15,2 % der positiven Summe der Einkünfte (ohne Renten und Versorgungsbezüge), max. aber 722 €, schließt also im Prinzip die Kapitaleinkünfte ein.

Ist die Besteuerung der Kapitalerträge durch die Abgeltungsteuer abgegolten, sind die Kapitalerträge nicht in der positiven Summe der Einkünfte enthalten, haben also auch keine Auswirkung auf den Altersentlastungsbetrag. Werden die Kapitalerträge jedoch bei der Veranlagung erfasst, werden sie auch bei der Berechnung des Altersentlastungsbetrags berücksichtigt.

TIPP 898

Wann kann ich mit einer Erstattung rechnen?

Die Angabe Ihrer Kapitalerträge führt zu einer Erstattung, wenn Ihr persönlicher Grenzsteuersatz unterhalb des pauschalen Abgeltungsteuersatzes von 25 % liegt. Der Grenzsteuersatz zeigt, zu welchem Steuersatz jeder zusätzlich erklärte Euro versteuert werden muss (➤ Rz 34).

Beispiel

Als verheirateter Anleger haben Sie Kapitalerträge in Höhe von 2.000 € bezogen. Ihrer Bank hatten Sie einen Freistellungsauftrag in Höhe des Sparerpauschbetrags von 1.602 € erteilt. Die Bank hat von den Kapitalerträgen oberhalb des Sparerpauschbetrags von (2.000 € – 1.602 € =) 398 € eine Abgeltungsteuer von 99,50 € einbehalten. Ohne die Kapitalerträge beträgt Ihr zu versteuerndes Einkommen etwa 20.000 €, Ihr Grenzsteuersatz somit ca. 15,2 %.

Wenn Sie die Kapitalerträge in der Steuererklärung angeben, erhöht sich Ihr zu versteuerndes Einkommen auf etwa (20.000 € + 398 € =) 20.398 € und Ihr Grenzsteuersatz auf etwa 16 %. Die persönliche (tarifliche) Einkommensteuer im Grenzbereich ist mit 16 % aber erheblich niedriger als die pauschale Abgeltungsteuer von 25 %. Daher können Sie eine Erstattung erwarten, wenn Sie eine Günstigerprüfung beantragen.

Goldener Rat

Nochmals: Wichtig ist, dass Sie in jedem Fall die Günstigerprüfung beantragen, auch wenn Sie noch einen weiteren Grund für die Abgabe der Anlage KAP angeben. Ohne besonderen Antrag könnte das Finanzamt in bestimmten Fällen die Günstigerprüfung unterlassen, was für Sie nachteilig sein könnte.

Nun zu den Antragsfällen im Einzelnen. Es werden nur die wichtigsten aufgezeigt.

899 Zeile 5 und 7 – 17 Der Sparerpauschbetrag von 801/1.602 € wurde beim Steuerabzug nicht vollständig ausgeschöpft

Haben Sie den Sparerpauschbetrag nicht oder nicht vollständig ausgeschöpft, weil Sie z. B. der Bank keinen oder keinen umfassenden Freistellungsauftrag (➤ Rz 931) erteilt haben, holen Sie sich mit Ihrer Steuererklärung die zu viel einbehaltene Kapitalertragsteuer zurück.

Der in der Steuerbescheinigung ausgewiesene Sparerpauschbetrag bezieht sich nur auf das in der Steuerbescheinigung (➤ Rz 889) genannte Konto/Depot. Haben Sie weitere Einzel- oder Ehegattendepots, für die Sie einen Freistellungsauftrag erteilt haben, geben Sie die Summe der Werte an.

Wenn überhaupt kein Freistellungsauftrag erteilt wurde, schreiben Sie in > Zeile 16 »0«.

Beispiel

Sie haben jährliche Zinserträge von 4.000 € bezogen und Ihrer Bank keinen Freistellungsauftrag erteilt. Die Bank hat deshalb von den gesamten Zinserträgen 25 % Abgeltungsteuer einbehalten. Diese holen Sie sich zum Teil zurück, indem Sie eine Anlage KAP abgeben.
Sie tragen ein:

Anträge 54

4	Ich beantrage die Günstigerprüfung für sämtliche Kapitalerträge. (Bei Zusammenveranlagung: Die Anlage KAP meines Ehegatten / Lebenspartners ist beigefügt.)	201/401	1	1 = Ja
5	Ich beantrage eine Überprüfung des Steuereinbehalts für bestimmte Kapitalerträge.	202/402		1 = Ja

Erklärung zur Kirchensteuerpflicht

6	Ich bin kirchensteuerpflichtig und habe Kapitalerträge erzielt, von denen Kapitalertragsteuer, aber keine Kirchensteuer einbehalten wurde.	203/403		1 = Ja

Kapitalerträge, die dem inländischen Steuerabzug unterlegen haben

			Beträge lt. Steuerbescheinigung(en) EUR		korrigierte Beträge (lt. gesonderter Aufstellung) EUR
7	Kapitalerträge	210/410	,–	220/420	,–
8	In Zeile 7 enthaltene Gewinne aus Aktienveräußerungen	212/412	4000,–	222/422	,–
9	In Zeile 7 enthaltene Einkünfte aus Stillhalterprämien und Gewinne aus Termingeschäften	611/811	,–	621/821	,–
10	In Zeile 7 enthaltene Gewinne aus der Veräußerung bestandsgeschützter Alt-Anteile i. S. d. § 56 Abs. 6 Satz 1 Nr. 2 InvStG	219/419	,–	229/429	,–
11	In Zeile 7 enthaltene Ersatzbemessungsgrundlage	214/414	,–	224/424	,–
12	Nicht ausgeglichene Verluste **ohne** Verluste aus der Veräußerung von Aktien	215/415	,–	225/425	,–
13	Nicht ausgeglichene Verluste aus der Veräußerung von Aktien	216/416	,–	226/426	,–
14	Verluste aus Termingeschäften	615/815	,–	625/825	,–
15	Verluste aus der ganzen oder teilweisen Uneinbringlichkeit einer Kapitalforderung, Ausbuchung, Übertragung wertlos gewordener Wirtschaftsgüter i. S. d. § 20 Abs. 1 EStG oder aus einem sonstigen Ausfall von Wirtschaftsgütern i. S. d. § 20 Abs. 1 EStG	616/816	,–	626/826	,–

Sparer-Pauschbetrag

			EUR
16	In Anspruch genommener Sparer-Pauschbetrag, der auf die in den Zeilen 7 bis 15, 30 und 33 erklärten Kapitalerträge entfällt (ggf. „0")	217/417	,–
	Bei Eintragungen in den Zeilen 7 bis 15, 18 bis 27, 30, 33, 47 und 49 dieser Anlage, in den Zeilen 6 bis 27, 30 und 31 der Anlage KAP-BET sowie in der Anlage KAP-INV:		
17	In Anspruch genommener Sparer-Pauschbetrag, der auf die in der Anlage KAP **nicht** erklärten Kapitalerträge entfällt (ggf. „0")	218/418	0,–

Steuerabzugsbeträge zu Erträgen in den Zeilen 7 bis 25 und zu Investmenterträgen lt. Anlage KAP-INV

			lt. Bescheinigung(en) EUR Ct
37	Kapitalertragsteuer	280/480	1000,00
38	Solidaritätszuschlag	281/481	55,00

Das Finanzamt veranlagt Sie mit Einkünften aus Kapitalvermögen in Höhe von:

Kapitalerträge lt. Steuerbescheinigung	4.000,00 €
./. Sparerpauschbetrag	– 1.602,00 €
Einkünfte aus Kapitalvermögen	2.398,00 €
Darauf Einkommensteuer pauschal 25 % =	599,50 €
./. gezahlte Abgeltungsteuer	– 1.000,00 €
Zu erstattende Abgeltungsteuer	400,50 €

Doppelter Sparerpauschbetrag für Ehegatten
Zusammen veranlagten Ehegatten wird ein Sparerpauschbetrag von 1.602 € gewährt, unabhängig davon, wie hoch die Einkünfte des einzelnen sind (§ 20 Abs. 9 EStG).

Beispiel

	Ehemann		Ehefrau
Dividenden Bank A Kto. Nr. X	2.500,00 €		0,00 €
Zinsen Bank A Kto. Nr. Y	0,00 €		200,00 €
Summe	2.500,00 €		200,00 €
Insgesamt (2.500 € + 200 € =)		2.700,00 €	
./. Ehegatten-Sparerpauschbetrag		– 1.602,00 €	
Einkünfte		1.098,00 €	

900 Zeile 5 und 10 Gewinne aus der Veräußerung bestandsgeschützter Alt-Anteile

Sperriger kann man Steuerrecht wohl kaum formulieren. Was um Himmels willen sind bestandsgeschützte Alt-Anteile? Es handelt es sich dabei um vor dem 1.1.2009 erworbene und seitdem im Privatvermögen gehaltene Investmentanteile.
Die Zeile sollte Sie wohl kaum interessieren, denn die ab 1.1.2018 eintretenden Wertveränderungen von bestandsgeschützten Alt-Anteilen sind nur steuerpflichtig, soweit sie den Freibetrag von 100.000 € überschreiten.
Die einzutragenden Beträge können Sie zum Glück dem nachrichtlichen Teil der Steuerbescheinigung entnehmen.
Es sind nur die Veräußerungsgewinne einzutragen. Veräußerungsverluste sind nicht mit den Veräußerungsgewinnen zu saldieren.
Der Freibetrag wird vom Finanzamt berücksichtigt.

Haben Sie bereits in den Vorjahren Gewinne aus der Veräußerung von bestandsgeschützten Alt-Anteilen erzielt und den Freibetrag von 100.000 € (teilweise) in Anspruch genommen, sollen Sie auch die > Zeile 10 der Anlage Sonstiges ausfüllen.

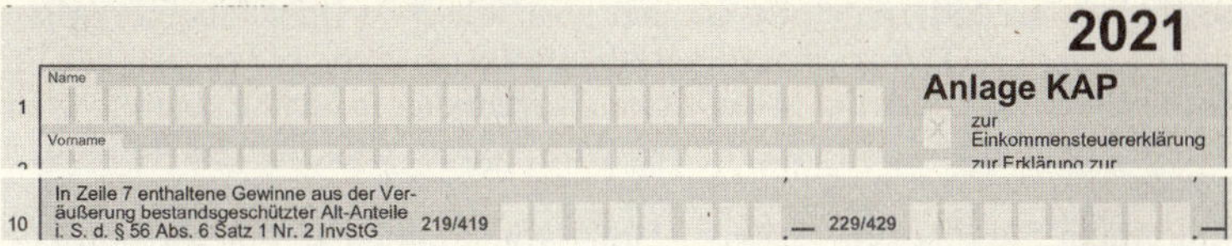

2021

Anlage KAP zur Einkommensteuererklärung

1 Name

Vorname

10 In Zeile 7 enthaltene Gewinne aus der Veräußerung bestandsgeschützter Alt-Anteile i. S. d. § 56 Abs. 6 Satz 1 Nr. 2 InvStG 219/419 — 229/429

2021

Anlage Sonstiges

Diese Anlage ist bei Zusammenveranlagung von Ehegatten / Lebenspartnern gemeinsam auszufüllen.

1 Name

2 Vorname

Freibetrag für bestandsgeschützte Alt-Anteile an Investmentfonds

10 Es wurde ein verbleibender Freibetrag für bestandsgeschützte Alt-Anteile an Investmentfonds nach § 56 Abs. 6 Satz 2 InvStG zum 31.12.2020 festgestellt. stpfl. Person / Ehemann / Person A 1 = Ja Ehefrau / Person B 1 = Ja

Zeile 5 und 7 – 11 Ersatzbemessungsgrundlage unzutreffend 901

Die Ersatzbemessungsgrundlage wird herangezogen, wenn der Bank/Zahlstelle die Daten zur Ermittlung des genauen Veräußerungsgewinns nicht bekannt sind. In diesem Fall werden 30 % des Veräußerungserlöses **fiktiv** als Veräußerungsgewinn beim Steuerabzug angesetzt und als Ersatzbetrag in der Steuerbescheinigung ausgewiesen (§ 43 a Abs. 2 Satz 7 EStG).

Dies bedeutet: Ist die Ersatzbemessungsgrundlage zu hoch, kann der Anleger einen Antrag auf Veranlagung stellen, indem er den tatsächlichen Veräußerungsgewinn erklärt. Auf diese Weise erhält er zu viel abgezogene Steuer erstattet (§ 32d Abs. 4 EStG). Werbungskosten können Sie auch hier nicht mehr geltend machen, bis auf Bankspesen/Transaktionskosten (Informations-/Beratungskosten).

Berechnung des Veräußerungsgewinns

Veräußerungsgewinn ist grundsätzlich der Unterschiedsbetrag zwischen Anschaffungskosten und Veräußerungserlös (§ 20 Abs. 4 EStG). Banken und Versicherungsgesellschaften können im Normalfall auf der Grundlage ihrer eigenen Daten den Veräußerungsgewinn feststellen und bescheinigen. Dies ist auch nach einem Depotwechsel möglich, zumindest im Inland, weil die übertragende Bank der übernehmenden alle Anschaffungskosten mitteilen muss.

902 **Beispiel für die Anwendung der Ersatzbemessungsgrundlage**

Sie haben Ihr Aktiendepot von einer ausländischen Bank zu einer inländischen verlegt. Die Anschaffungskosten für die Papiere wurden der inländischen Bank nicht mitgeteilt bzw. durften dieser nicht mitgeteilt werden. Anschließend veräußern Sie Wertpapiere aus dem inländischen Depot.

Bei einem Veräußerungserlös in Höhe von 20.111 € hat die inländische Bank als fiktiven Veräußerungsgewinn eine Ersatzbemessungsgrundlage von 30 % des Veräußerungserlöses = 6.033 € zugrunde gelegt und davon Abgeltungsteuer (25 % von 6.033 € =) 1.508,25 € einbehalten und abgeführt.

Die Steuerbescheinigung enthält den Hinweis für > Zeile 11: Ersatzbemessungsgrundlage im Sinne des § 43 a Abs. 2 EStG 6.033,00 €.

Der tatsächliche Veräußerungsgewinn beträgt indessen:

Veräußerungserlös	20.111,00 €
./. Transaktionskosten 1,08 %	– 109,00 €
./. Anschaffungskosten	– 16.050,00 €
Veräußerungsgewinn	3.952,00 €

Die Ersatzbemessungsgrundlage von 6.033 € ist also zu hoch. Sie können sich nach § 32 d Abs. 4 EStG den zu hohen Steuerabzug zurückholen, indem Sie die Anlage KAP abgeben und dem Finanzamt den tatsächlichen Veräußerungsgewinn von 3.952 € mitteilen. Dann wird Ihnen der überzahlte Abgeltungsteuerbetrag erstattet bzw. angerechnet.

Kapitalerträge, die dem inländischen Steuerabzug unterlegen haben

			Beträge lt. Steuerbescheinigung(en) EUR		korrigierte Beträge (lt. gesonderter Aufstellung) EUR
7	Kapitalerträge	210/410	6033,–	220/420	3952,–
8	In Zeile 7 enthaltene Gewinne aus Aktienveräußerungen	212/412	6033,–	222/422	3952,–
frei					
10	In Zeile 7 enthaltene Gewinne aus der Veräußerung bestandsgeschützter Alt-Anteile i. S. d. § 56 Abs. 6 Satz 1 Nr. 2 InvStG	219/419	6033,–	229/429	3952,–
11	In Zeile 7 enthaltene Ersatzbemessungsgrundlage	214/414	,–	224/424	,–

Ob die Zahlstelle/Bank eine Ersatzbemessungsgrundlage angewendet hat, steht in einer besonderen Zeile der Steuerbescheinigung.

Die Zwickmühle 903

»Was muss ich tun, wenn ich feststelle, dass die Ersatzbemessungsgrundlage niedriger ist als der tatsächliche Veräußerungsgewinn? Muss ich dann den tatsächlich höheren Veräußerungsgewinn erklären und versteuern«?

Namhafte Autoren vertreten die Auffassung, dass in diesem Fall die Kapitalerträge, wenn auch nicht in der richtigen Höhe, dem Steuerabzug in zutreffender Art und Weise unterlegen haben. Der Veräußerungsgewinn ist vorschriftsmäßig um die Kapitalertragsteuer gemindert worden. Eine Meldepflicht/Haftung nach § 44 Abs. 5 EStG besteht nicht.

Der umgekehrte Fall

»Wenn nun die Ersatzbemessungsgrundlage mit 30 % niedriger ist als der tatsächliche Veräußerungsgewinn, könnte ich ja den zu verkaufenden Depotbestand vorher in ein Depot ins Ausland übertragen. Bei der Rückübertragung auf meine inländische Bank kennt diese nun die tatsächlichen Anschaffungskosten nicht und legt beim Verkauf die niedrigere Ersatzbemessungsgrundlage zugrunde«.

Nicht schlecht, Herr Specht, aber das scheint missbräuchlich zu sein. Dazu sagt § 42 AO: Durch Gestaltungsmissbrauch kann das Steuergesetz nicht umgangen werden. Dies bedeutet hier konkret: Sie erlangen durch die Übertragung der zu verkaufenden Wertpapiere ins Ausland und deren Rückübertragung ins Inland einen **vom Gesetzgeber nicht gewollten steuerlichen Vorteil**, indem Sie eine niedrigere Steuerschuld erreichen. Also Finger weg.

Leerverkäufe

Verfügt der Kunde über keinen Bestand und hat er einen Verkaufsauftrag erteilt (eigentlicher Leerverkauf), muss der Verkaufsauftrag sofort als Veräußerungsgeschäft abgewickelt werden. Da dem Veräußerungsgeschäft kein Depotbestand und somit auch keine Anschaffungskosten gegenüberstehen, ist der Verkauf mit der Ersatzbemessungsgrundlage abzurechnen (§ 43a Abs. 2 Satz 7 EStG). Die spätere Erfüllung der Lieferpflicht – nach vorherigem Eindeckungsgeschäft (WP-Kassakauf oder Wertpapierleihe) – wird als entgeltlicher Depotübertrag abgewickelt. Dabei wird wiederum die Ersatzbemessungsgrundlage angewendet (je nach Art des Eindeckungsgeschäfts werden entweder konkrete Anschaffungskosten oder Ersatz-Anschaffungskosten gegengerechnet). Die Zuordnung des späteren Eindeckungsgeschäfts zu dem vorangehenden Veräußerungsgeschäft kann zweifelsfrei nur vom Kunden in der Veranlagung vorgenommen werden (BMF-Schreiben v. 13.6.2008 – IV C 1, S 2000/07/0009).

Schenkung als Veräußerungsfiktion
Die Zahlstelle/Bank hat nach § 43 Abs. 1 Satz 4 EStG auch dann Abgeltungsteuer zu erheben, wenn verwahrtes oder verwaltetes Kapitalvermögen i. S. des § 20 Abs. 2 EStG auf einen Dritten unentgeltlich übertragen, sprich verschenkt wird. Die Übertragung/Schenkung gilt als Veräußerung und ist somit wie ein Veräußerungsgeschäft zu behandeln. Nur so könne bei Übertragung von Kapitalforderungen auf andere Gläubiger der Steueranspruch gesichert werden, so die Begründung des Fiskus.

Dies bedeutet: Im Fall der unentgeltlichen Übertragung werden die »stillen Reserven«, die in dem übertragenen Vermögen enthalten sind, aufgedeckt und mit 25 % versteuert.

Wo nichts ist, hat der Kaiser sein Recht verloren.
(Don Quijote)

904 Zeile 4 oder 5, 12 und/oder 13 Verluste ohne/mit Veräußerung von Aktien wurden nicht ausgeglichen

Verluste aus Kapitalvermögen entstehen hauptsächlich in folgenden Fällen:

- gezahlte Stückzinsen bei Erwerb von festverzinslichen Papieren,
- Verluste aus Wertpapierverkäufen,
- Verluste aus Lebensversicherungen,
- Verluste aus Termingeschäften.

Es gibt zwei Wege, Verluste aus Kapitalvermögen auszugleichen:

1. Im Abgeltungsteuerverfahren durch laufende Verrechnung innerhalb der Bank (§ 43 a Abs. 2 und 3 EStG)
2. Im Veranlagungsverfahren durch Abgabe der Anlage KAP (§ 32 d Abs. 4 EStG)

Die Verrechnung von Verlusten aus Kapitalvermögen ist in beiden Verfahren stark eingeschränkt. Es gelten folgende Regeln:
Nach § 20 Abs. 6 EStG dürfen Verluste aus Kapitalvermögen nicht mit Einkünften aus anderen Einkunftsarten ausgeglichen und auch nicht nach § 10 d EStG abgezogen werden. Verluste aus Aktienverkäufen wiederum dürfen nur mit Gewinnen aus Aktienverkäufen ausgeglichen werden (§ 20 Abs. 6 Satz 5 EStG). Ist ein Verlustausgleich innerhalb der Ein-

künfte aus Kapitalvermögen nicht möglich, kann der Verlust vorgetragen werden (§ 20 Abs. 6 Satz 4 EStG), im Abgeltungsteuerverfahren innerhalb der Bank/Zahlstelle automatisch, im Veranlagungsverfahren vom Finanzamt durch Abgabe der Anlage KAP.

Zu 1. Verrechnung im Abgeltungsteuerverfahren 905

Banken und Sparkassen im Inland verrechnen bereits im laufenden Jahr direkt die positiven Kapitalerträge mit den negativen einschließlich gezahlter Stückzinsen (§ 43 a Abs. 3 EStG). Dies führt dazu, dass Veräußerungsverluste bereits im Abgeltungsteuerverfahren berücksichtigt werden. Konnten negative Kapitalerträge (Verluste) nicht ausgeglichen werden, überträgt sie die Bank automatisch in das Verrechnungskonto des nächsten Jahres.

Wird die Kundenbeziehung beendet, **schließt die Bank das Verrechnungskonto** und erstellt automatisch zum Jahresende eine Verlustbescheinigung (§ 43a Abs. 3 Satz 6 EStG). Bei Tod des Kunden oder wenn der Kunde zum Steuerausländer geworden ist, wird entsprechend verfahren.

Wichtig zu wissen:
Sie machen grundsätzlich nichts falsch, wenn Sie die Verlustverrechnung innerhalb der Bank vornehmen lassen. Dazu brauchen Sie keinen besonderen Antrag zu stellen.
Doch aufgepasst: Kapitalerträge im Ausland sind immer gegenüber dem **Finanzamt** zu erklären, da sie ansonsten steuerlich unberücksichtigt bleiben. **Dies gilt logischerweise auch für Verluste.** Wollen Sie, dass Ihre ausländischen Verluste berücksichtigt werden, müssen Sie eine Anlage KAP abgeben.

Zu 2. Verrechnung von Verlusten im Veranlagungsverfahren

Auf Verlangen des Kunden hat die Bank über die Höhe eines nicht ausgeglichenen Verlusts eine Bescheinigung nach amtlich vorgeschriebenem Muster zu erteilen (§ 43 a Abs. 3 Satz 4 EStG). **In diesem Fall wird die Bank keinen Verlust in das Verrechnungskonto des nächsten Jahres einbuchen,** weil sie davon ausgeht, dass der Kunde den Ausgleich im Rahmen der Steuerveranlagung vornehmen, also eine Anlage KAP abgeben wird. Der Antrag auf die Bescheinigung ist unwiderruflich und muss bis zum **15. Dezember** des laufenden Jahres der auszahlenden Stelle zugegangen sein (§ 43 a Abs. 3 Satz 5 EStG). Außerdem erhält der Kunde eine Steuerbescheinigung. Es werden also zwei Bescheinigungen ausgestellt.

Den von der Bank bescheinigten Verlust tragen Sie in > Zeile 12 und/oder 13 ein. In der Verlustbescheinigung ist exakt die Formularzeile angegeben. Sie können im Grunde nichts falsch machen.

906 **Beispiel**

Bank A hat dem Anleger in 2021 Verluste aus Kapitalvermögen in folgender Höhe bescheinigt:

Verlust aus festverzinslichen Wertpapieren (Saldo aus Zinsen und Veräußerungsverlusten)	für > Zeile 12	4.000 €
Verlust aus Aktienverkäufen	für > Zeile 13	20.000 €
Verlust gesamt		24.000 €

Der Anleger hat die Wahl, die Verluste in das Verrechnungskonto 2021 der Bank A vortragen zu lassen, indem er einfach keine Verlustbescheinigung verlangt. Oder er verlangt eine Verlustbescheinigung, weil er z.B. positive Kapitalerträge über die Bank B bezogen hat, für die eine Steuerbescheinigung vorliegt. Dann muss er die Verluste lt. Bescheinigung der Bank A zusammen mit den positiven Kapitalerträgen lt. Steuerbescheinigung der Bank B in der Anlage KAP geltend machen. Zusätzlich muss er im Hauptvordruck in > Zeile 2 das Kästchen »Erklärung zur Feststellung des verbleibenden Verlustvortrags« ankreuzen.

907 Zeile 4 oder 5 und 15 Ausfall privater Forderungen/Darlehen

Wenn Verluste aus Aktienverkäufen steuerlich abzugsfähig sind, warum dann nicht der Ausfall sonstiger Kapitalanlagen, aus denen steuerpflichtige Kapitalerträge erzielt werden? So dachte auch der Bundesfinanzhof und hat den Fiskalbürokraten kräftig auf die Finger geklopft. Seit seinem Urteil aus dem Jahr 2017 führen nun auch übrige Vermögensverluste aus Kapitalanlagen zu Steuerverlusten, geltend zu machen in > Zeile 15.

Im Amtsdeutsch heißt es dazu: »Verluste aus der ganzen oder teilweisen Uneinbringlichkeit einer Kapitalforderung, aus der Ausbuchung wertloser Wirtschaftsgüter, aus der Übertragung wertloser Wirtschaftsgüter auf einen Dritten oder aus einem sonstigen Ausfall von Wirtschaftsgütern im Sinne des § 20 Abs. 1 EStG können nur mit Einkünften aus Kapitalvermögen bis zur Höhe von 10.000 € ausgeglichen werden.

Nicht verrechnete Verluste können auf Folgejahre vorgetragen werden und jeweils in Höhe von 10.000 € mit Einkünften aus Kapitalvermögen verrechnet werden.«

Was die Bank bescheinigt, können Sie getrost übernehmen.
Das Kreditinstitut hat Ihnen die angefallenen Verluste aus der ganzen oder teilweisen Uneinbringlichkeit einer Kapitalforderung bescheinigt, die Sie im Rahmen der Veranlagung beispielsweise mit Verlusten, die Sie bei einem anderen Kreditinstitut erzielt haben, verrechnen können.
Und wenn es sich um eine private – nicht bei einer Bank geführten – Forderung handelt, die ausfällt? Lesen Sie dazu folgenden …

TIPP Ausfall eines Privatdarlehens steuerlich geltend machen 908

Der endgültige Ausfall einer Kapitalforderung führt zu einem steuerlich anzuerkennenden Verlust in der privaten Vermögenssphäre. Dies hat der BFH mit Urteil vom 24.10.2017 (Az VIII R 13/15) für den Fall der Insolvenzeröffnung beim Darlehensnehmer entschieden.

Im Urteilsfall gewährte der Kläger einem Dritten in 2010 ein verzinsliches Darlehen. Seit August 2011 erfolgten keine Rückzahlungen mehr. Über das Vermögen des Darlehensnehmers wurde das Insolvenzverfahren eröffnet. Der Kläger meldete die noch offene Darlehensforderung zur Insolvenztabelle an und machte den Ausfall der Darlehensforderung als Verlust bei den Einkünften aus Kapitalvermögen geltend. Dem folgten Finanzamt und Finanzgericht (FG) nicht. Der BFH gab dem Darlehensgeber schließlich recht.
Die Anlage KAP sieht die Eintragung von Werbungskosten nicht vor. Also bleibt nur, den Verlust in > Zeile 15 einzutragen.

Zeile 4 oder 5, 40 – 42 Es ist anrechenbare/fiktive ausländische Quellensteuer anzusetzen 909

Bei jedem ausländischen Kapitalertrag ist die jeweilige ausländische Steuer auf die deutsche Steuer anzurechnen (§ 32 d Abs. 5 EStG).
Mit einigen Ländern sehen die Doppelbesteuerungsabkommen (DBA) den Ansatz »fiktiver« Quellensteuer vor, um Anreiz zu geben, in Anleihen solcher Länder zu investieren. Obwohl tatsächlich keine ausländische

Steuer erhoben wird, kann der inländische Anleger eine »fiktive« Steuer bei seiner inländischen Veranlagung absetzen (DBA Spanien oder Portugal).

910 • **Ausländische Quellensteuer im Abgeltungsteuerverfahren**
Gemäß § 43a Abs. 3 Satz 1 EStG sind ausländische Steuern auf Kapitalerträge von den Kreditinstituten nach Maßgabe des § 32 d Abs. 5 EStG zu berücksichtigen. Danach haben die Kreditinstitute bei jedem einzelnen ausländischen Kapitalertrag die jeweilige ausländische Steuer auf die deutsche Abgeltungsteuer anzurechnen, wobei ggf. die Anrechnungsregelungen eines DBA zu berücksichtigen sind. Die Anrechnung ist begrenzt auf 25 %.

Beispiel

Ausländische Dividende	100
Steuerberechnung:	
Abgeltungsteuer (25 %)	25
./. anrechenbare ausl. Steuer	– 15
Zu zahlende Abgeltungsteuer	10

• **Ausländische Quellensteuer im Veranlagungsverfahren**
Wurde ausländische Quellensteuer durch Ihre Bank nicht zutreffend bescheinigt, kann sie nach § 34 d Abs. 4 EStG im Rahmen der Anlage KAP in > Zeile 40 – 42 geltend gemacht werden.

911 ♦ *Musterfall Pettersen (Ausländische Anleihen)*
Hein Pettersen war früher Lotse im Hamburger Hafen. Für sein Altenteil hat er ein paar Festverzinsliche auf der hohen Kante. Die Volksbank Hamburg verwaltet sein Wertpapierkonto.

Erträgnisaufstellung (Beträge in €)

Art der Papiere	Netto	Quellensteuer	Brutto
Niederlande	756,42	15 % = 133,48	889,90
Portugal	688,00	20 % = 172,00	860,00
Brasilien (Petrobas)	4.800,00	20 % = 960,00	4.800,00
Summen	6.244,42	1.265,38	6.549,90

Pettersen weiß, dass die Niederlande, Portugal und Brasilien Steuern auf Kapitalerträge erheben, die der deutschen Einkommensteuer ent-

sprechen. Also wird die einbehaltene Quellensteuer auf seine Einkommensteuer angerechnet. Nach dem DBA mit Brasilien ist bei bestimmten Einkünften nicht die tatsächlich gezahlte, sondern eine fiktive Quellensteuer von 20 % anzurechnen.

Anträge — 54

4	Ich beantrage die Günstigerprüfung für sämtliche Kapitalerträge. (Bei Zusammenveranlagung: Die Anlage KAP meines Ehegatten / Lebenspartners ist beigefügt.)	201/401		1 = Ja
5	Ich beantrage eine Überprüfung des Steuereinbehalts für bestimmte Kapitalerträge.	202/402		1 = Ja

Erklärung zur Kirchensteuerpflicht

6	Ich bin kirchensteuerpflichtig und habe Kapitalerträge erzielt, von denen Kapitalertragsteuer, aber keine Kirchensteuer einbehalten wurde.	203/403	1	1 = Ja

Kapitalerträge, die dem inländischen Steuerabzug unterlegen haben

			Beträge lt. Steuerbescheinigung(en) EUR		korrigierte Beträge (lt. gesonderter Aufstellung) EUR
7	Kapitalerträge	210/410	1000,–	220/420	,–
8	In Zeile 7 enthaltene Gewinne aus Aktienveräußerungen	212/412	,–	222/422	,–

Steuerabzugsbeträge zu Erträgen in den Zeilen 7 bis 25 und zu Investmenterträgen lt. Anlage KAP-INV

			lt. Bescheinigung(en) EUR Ct
37	Kapitalertragsteuer	280/480	250,00
38	Solidaritätszuschlag	281/481	13,75

Zeile 4 oder 5, 18 – 26 Kapitalerträge, die nicht dem Steuerabzug unterlegen haben 912

Für diese Kapitalerträge ist zwingend eine Anlage KAP abzugeben. Hier hilft Ihnen keine Steuerbescheinigung. Sie müssen Ihrer eigenen Erkenntnis folgend die entsprechenden Beträge in > Zeile 18 – 26 eintragen (§ 32 d Abs. 3 EStG).

Zu den Kapitalerträgen, die nicht dem Steuerabzug unterliegen, gehören insbesondere:

- Kapitaleinkünfte in ausländischen Depots einschließlich Stillhalterprämien
- Zinsen aus Privatdarlehen,
- erhaltene Prozesszinsen,
- Veräußerungsgewinne aus GmbH-Anteilen. Beträgt die Beteiligung an

der GmbH mehr als 1 %, gehört der Veräußerungsgewinn zu den gewerblichen Einkünften (§ 17 EStG),

- Steuererstattungszinsen (§ 233 a AO).

Diese Kapitalerträge werden im Rahmen der Veranlagung mit dem **pauschalen Abgeltungsteuersatz von 25 %** besteuert (§ 32 d Abs. 3 EStG).

913 **TIPP**

Privatdarlehen mit Steuerkick!

Wer mit seinem Girokonto nicht aus den roten Zahlen kommt oder Geld für Investitionen braucht, geht für gewöhnlich zur Bank. Oft genug zieren sich die Bankbürokraten, zerpflücken Investitionsvorhaben oder lassen sich ihre Darlehen fürstlich verzinsen.
Ein Angehörigen-Darlehen kann da eine gute Alternative sein. Schriftlich schnell verfasst, Verzinsung, Tilgung und regelmäßige Zahlung schnell vereinbart, kann die Sache leicht und schmerzlos über die Bühne gehen.
Und der Clou: Der Zins ist beim Darlehensgeber nur dann steuerpflichtig, wenn der Sparerpauschbetrag von 801 €/1.602 € überschritten wird. Die Beträge lassen sich ideal nutzen, wenn Zinszahlungen in verschiedene Jahre gelegt werden!
Werden die Pauschbeträge gerissen, unterliegen die darüber hinausgehenden Beträge der Abgeltungsteuer von 25 % (> Zeile 5).

Gut zu wissen:
Erwirbt der Darlehensnehmer mit dem Geld aus dem Angehörigen-Darlehen ein Vermietungsobjekt, sind die Zinsen natürlich Werbungskosten und mindern den individuellen Grenzsteuersatz von angenommen 35 %. »Versteuert zu 25 %. Als Werbungskosten steuerwirksam 35 %. So machen es meine Erna und ich. Tolle Steuersenkungsstrategie«, rufen Sie begeistert.

Genau, auch unter Ehegatten klappt der Laden. Voraussetzung ist:

- Die vereinbarten Spielregeln zu Verzinsung, Tilgung und Ratenzahlung werden eingehalten (Fremdvergleich).
- Der Darlehensnehmer steht wirtschaftlich auf eigenen Beinen, heißt: Es besteht kein Beherrschungsverhältnis zwischen Darlehensgeber und -nehmer. Ein Beherrschungsverhältnis liegt z.B. dann nicht vor, wenn auch die Hausbank die Finanzierung übernommen hätte.

(Quelle: BFH-Urt. v. 29.4.2014 – VIII R 9/13)

Wichtig zu wissen: Da Sie alle Kapitalerträge fein säuberlich erklären, tragen Sie unbedingt in > Zeile 17 (Sparerpauschbetrag) eine »0« ein.

Sparer-Pauschbetrag

			EUR
16	In Anspruch genommener Sparer-Pauschbetrag, der auf die in den Zeilen 7 bis 15, 30 und 33 erklärten Kapitalerträge entfällt (ggf. „0")	217/417	,–
	Bei Eintragungen in den Zeilen 7 bis 15, 18 bis 27, 30, 33, 47 und 49 dieser Anlage, in den Zeilen 6 bis 27, 30 und 31 der Anlage KAP-BET sowie in der Anlage KAP-INV:		
17	In Anspruch genommener Sparer-Pauschbetrag, der auf die in der Anlage KAP **nicht** erklärten Kapitalerträge entfällt (ggf. „0")	218/418	0,–

Kapitalerträge, die nicht dem inländischen Steuerabzug unterlegen haben

Damit stellen Sie sicher, dass Sie auf die erklärten Kapitalerträge den Sparerpauschbetrag angerechnet bekommen.

Zeile 4 oder 5, 27 - 34 Kapitalerträge, die der tariflichen Einkommensteuer unterliegen 914

Das System der Abgeltungsteuer schützt den Fiskus nicht vor Missbräuchen. Deshalb ist für bestimmte Kapitalerträge statt des pauschalen Steuersatzes von 25 % die tarifliche Einkommensteuer (§ 32 d Abs. 2 Nr. 1 EStG) vorgesehen. Dazu gehören insbesondere:

- **Laufende Einkünfte aus sonstigen Kapitalforderungen jeder Art > Zeile 28**
- **Kapitalerträge, wenn Gläubiger und Schuldner einander nahestehende Personen sind (Verwandtendarlehen)**

Die Besteuerung mit dem tariflichen Steuersatz gilt aber nur, soweit die Aufwendungen beim Schuldner Betriebsausgaben oder Werbungskosten sind.

Beispiel
Ehefrau A hat ihrem Ehemann B für dessen Gewerbebetrieb ein Darlehen von 500.000 € zum Zins von 10 % gewährt. Ohne die Sonderregelung in § 32 d Abs. 2 EStG würde sich eine Steuerersparnis von 10.000 € ergeben:

Berechnung

Ehefrau A

Zinserträge 10 % von 500.000 € =	50.000 €
Steuerbelastung mit pauschalem Steuersatz von 25 % =	12.500 €

Ehemann B

Schuldzinsen 10 % von 500.000 € =	50.000 €
Steuerentlastung bei einem tariflichen Steuersatz von 45 % =	22.500 €
Differenz = Steuerersparnis	10.000 €

Dieses Ergebnis verhindert § 32 Abs. 2 EStG. Die Zinseinnahmen der Ehefrau sind in > Zeile 28 anzugeben und unterliegen damit der tariflichen Besteuerung in Höhe von z. B. 45 % von 50.000 € = 22.500 €.

In gleicher Weise ist zu verfahren bei Darlehen an Kapitalgesellschaften oder Genossenschaften, an denen der Darlehensgeber zu mindestens 10 % beteiligt ist, sowie für sog. Back-to-back-Finanzierungen. Zu einer Back-to-back-Finanzierung zählt man Fälle, bei denen ein Unternehmer bei einer Bank eine Einlage unterhält und die Bank in gleicher Höhe einen privaten Kredit an den Unternehmer oder eine nahestehende Person vergibt und auf die Einlage als Sicherheit zurückgreifen kann. Diese Erträge dürfen nicht in > Zeile 7 und 8 oder 18 – 20 enthalten sein, um eine doppelte Besteuerung zu vermeiden.

> **Gut zu wissen:** Ein Sparerpauschbetrag wird auf diese Erträge nicht gewährt, dafür können im Gegenzug Werbungskosten abgezogen werden.

915 • **Kapitalerträge aus einer Lebensversicherung > Zeile 30**
Die Erträge aus einer Kapitallebensversicherung können steuerpflichtig sein. Der Umfang der Besteuerung ist abhängig vom Zeitpunkt des Vertragsabschlusses:

Vertragsabschluss vor dem 1.1.2005:
Zu unterscheiden sind Leistungen in einer Summe oder in Form einer Rente.

– Leistungen in einer Summe

Leistungen in einer Summe sind steuerfrei, sofern der Vertrag auf zwölf Jahre abgeschlossen worden ist, mindestens fünf Jahre Beiträge gezahlt worden sind und der Todesfallschutz mindestens 60 % beträgt. Versicherungsleistungen in einer Summe aus diesen Altverträgen haben also in der Steuererklärung nichts zu suchen.
Unter bestimmten Umständen sind sie allerdings steuerpflichtig, z. B. bei Kapitalversicherungen mit Einmalbeitrag, Kapitalwahlrecht oder Laufzeit unter zwölf Jahren. Erträge aus diesen Verträgen unterliegen der Abgeltungsteuer und sind im Veranlagungsfall mit dem pauschalen Tarif von

25 % zu versteuern. Die Versicherungsgesellschaften stellen entsprechende Steuerbescheinigungen aus.

– Leistungen in Form einer Rente

Wird anstelle einer Leistung in einer Summe eine Rente gezahlt, ist diese in Höhe des Ertragsanteils steuerpflichtig. Es handelt sich um sonstige Einkünfte aus Renten, die mit dem Ertragsanteil lt. Tabelle aus § 22 EStG zu versteuern sind (➤ Rz 966).

Vertragsschluss nach dem 31.12.2004:
Zu unterscheiden ist wiederum zwischen einer Leistung in einer Summe oder in Form einer Rente:
– Auszahlung in einer Summe

Besteuert werden nach § 20 Abs. 1 Nr. 6 Satz 1 EStG die Erträge aus folgenden Versicherungen im Erlebensfall oder bei Rückkauf des Vertrags:

1. Rentenversicherungen mit Kapitalwahlrecht, soweit die Leistung in einer Summe erbracht wird,
2. Kapitalversicherungen mit Sparanteil,
3. Unfallversicherungen mit garantierter Beitragsrückzahlung bei Ablauf der Versicherungslaufzeit.

Dasselbe gilt nach § 20 Abs. 1 Nr. 6 Satz 4 EStG für Erträge aus fondsgebundenen Lebensversicherungen, bei Rentenversicherungen ohne Kapitalwahlrecht, sofern keine lebenslange Rentenzahlung vereinbart und erbracht wird, und auf Erträge bei Rückkauf des Vertrags.
Besteuert wird im Erlebensfall oder bei Rückkauf des Vertrages der **Unterschiedsbetrag** zwischen der Versicherungsleistung und den insgesamt entrichteten Beiträgen. Der Unterschiedsbetrag wird mit dem pauschalen Tarif von **25 %** besteuert. Über die Höhe der steuerpflichtigen Versicherungsleistung stellt die Gesellschaft eine Steuerbescheinigung aus.
Todesfallleistungen unterliegen nicht der Einkommensteuer.

Hälftige Besteuerung
Anders verhält es sich mit Versicherungsleistungen aus Neuverträgen, bei denen die Auszahlung nach zwölf Jahren Vertragslaufzeit und Vollendung des 60. Lebensjahres des Steuerpflichtigen erfolgt, wenn also die Voraussetzungen für eine **hälftige Besteuerung** nach § 20 Abs. 1 Nr. 6 Satz 2 EStG gegeben sind. Diese Leistungen sind mit dem individuellen tariflichen Steuersatz steuerpflichtig.
Die Erträge unterliegen nicht der Abgeltungsteuer, weil sie bei einer Besteuerung zur Hälfte nur mit 12,5 % besteuert würden.

Obwohl nur zur Hälfte steuerpflichtig, ist in > Zeile 30 der **Gesamtbetrag (Jahresbrutto-/Unterschiedsbetrag in voller Höhe)** einzutragen. Die Kürzung um 50 % wird programmgesteuert vorgenommen.

Steuerpflichtig sind auch Erträge aus dem Verkauf von Kapitallebensversicherungen, d.h. aus dem Verkauf sog. gebrauchter Lebensversicherungen am Zweitmarkt (§ 20 Abs. 2 Nr. 6 EStG). Insbesondere in den Fällen eines frühzeitigen Rückkaufs des Versicherungsvertrags kann es zu einem negativen Unterschiedsbetrag kommen. Dieser ist hälftig anzusetzen (BMF-Schreiben v. 1.10.2009, Tz 60).

– Auszahlung in Form einer Rente

Bei Auszahlung als Rente sind die Leistungen als sonstige Einkünfte steuerpflichtig und in der Anlage R zu erklären. Steuerpflichtig ist der Ertragsanteil (> Zeile 13 – 18 der Anlage R, Rententabelle 2, ➤ Rz 966).

916 **TIPP** **Steuerkorrektur bei Auszahlung der Lebensversicherung beantragen**

Wer nach dem Jahr 2004 eine Kapitallebensversicherung oder eine Rentenversicherung mit Kapitalwahlrecht abgeschlossen hat, muss die Differenz zwischen Versicherungsleistung und eingezahlten Beiträgen zur Hälfte mit seinem individuellen Steuersatz versteuern.

Voraussetzung für die Anwendung des halben Steuersatzes ist, dass Sie bei Auszahlung der Versicherung das 60. Lebensjahr vollendet haben und der Vertrag mindestens 12 Jahre bestand. Gerechnet ab dem Jahr 2005 standen 2017 die ersten Zahlungen aus diesen Neuverträgen an.

Die Versicherung wird bei der Einmalauszahlung aus den neuen Verträgen zunächst in voller Höhe die 25 %ige Abgeltungsteuer zzgl. Kirchensteuer und Soli-Zuschlag einbehalten.

Sie müssen sodann eine Korrektur über die Steuererklärung (> Zeile 23 der Anlage KAP) beantragen!

Das Finanzamt muss den steuerfreien Anteil (= die eingezahlten Beiträge) berücksichtigen und den Rest mit dem halben persönlichen Steuersatz besteuern.

Nicht gut zu wissen: Nach Verkauf einer Lebensversicherung erhält das Finanzamt eine Kontrollmitteilung des Versicherungsunternehmens.

Zeile 31 - 32 Antrag auf Anwendung der tariflichen (progressiven) Einkommensteuer 917

Im Einzelfall kann die persönliche Besteuerung günstiger sein als die pauschale mit 25 %, da bei Anwendung der tariflichen Einkommensteuer – im Teileinkünfteverfahren – ein Abzug von Werbungskosten möglich ist, bei Anwendung des pauschalen Steuersatzes hingegen grundsätzlich nicht (§ 32 d Abs. 2 Nr. 3 EStG). Das Wahlrecht wird ausgeübt, indem Sie in > Zeile 31 eine »1« (1 = Ja) und in > Zeile 32 die entsprechenden Kapitalerträge nach Abzug von Werbungskosten eintragen.
Ein Wahlrecht auf Veranlagung ist möglich, wenn der Gläubiger unmittelbar oder mittelbar

- zu mindestens 25 % an einer Kapitalgesellschaft beteiligt oder
- zu mindestens 1 % an einer Kapitalgesellschaft beteiligt und beruflich für diese tätig ist.

Folge: Die Kapitalerträge unterliegen dann der tariflichen Einkommensteuer im **Teileinkünfteverfahren** nach § 3 Nr. 40 Buchst. a EStG. Dies bedeutet: 60 % der Einnahmen sind steuerpflichtig, 40 % steuerfrei. Als Werbungskosten können 60 % der nachgewiesenen Kosten abgezogen werden, 40 % fallen unter den Tisch, da Ausgaben, die mit steuerfreien Einnahmen im Zusammenhang stehen, nicht als Werbungskosten absetzbar sind (§ 3 c EStG). 918

Beispiel
Ein Anleger ist mit 25 % an der Stahlhandel-GmbH beteiligt. In 2021 hat er eine Gewinnausschüttung von 80.000 € erhalten und die GmbH hat 25 % Abgeltungsteuer nebst Solidaritätszuschlag einbehalten und abgeführt. Im Zusammenhang mit dem Erwerb der GmbH-Anteile hat er Schuldzinsen von 60.000 € geleistet. Deshalb stellt er den Antrag auf persönliche (tarifliche) Besteuerung.

Im Teileinkünfteverfahren sind nun 60 % der Gewinnausschüttung von 80.000 € = 48.000 € steuerpflichtig, als Werbungskosten sind 60 % der Schuldzinsen in Höhe von 60.000 € = 36.000 € absetzbar. Die Einkünfte aus Kapitalvermögen hieraus betragen somit 12.000 €.

Vorteilsrechnung

Abgeltungsteuer ohne Option 25 % von	80.000 € =	20.000 €
Einkommensteuer mit Option	80.000 €	

Davon 60 %		48.000 €
./. Schuldzinsen	60.000 €	
Davon 60 %		36.000 €
Einkommensteuer 42 % von 12.000 € =		5.040 €
Steuervorteil (20.000 € Abgeltungsteuer ./. 5.040 € Einkommensteuer =)		14.960 €

Der Anleger trägt ein

	Anträge			**54**
4	Ich beantrage die Günstigerprüfung für sämtliche Kapitalerträge. (Bei Zusammenveranlagung: Die Anlage KAP meines Ehegatten / Lebenspartners ist beigefügt.)	201/401	1	1 = Ja
31	Ich beantrage für die Einkünfte lt. Zeile 32 die Anwendung der tariflichen Einkommensteuer. – bitte Anleitung beachten –		1	1 = Ja
	Laufende Einkünfte aus einer unternehmerischen Beteiligung an einer Kapitalgesellschaft Gesellschaft, Finanzamt und Steuernummer			EUR
32	Stahlhandel GmbH StNr. 123/456/8910	272/472		12000,–
	Bezüge und Einnahmen i. S. d. § 32d Abs. 2 Nr. 4 EStG (ohne Betrag lt. Zeile 49)			

	Anzurechnende Steuern zu Erträgen in den Zeilen 28 bis 34 sowie aus anderen Einkunftsarten		EUR	Ct
43	Kapitalertragsteuer	286/486	20000	00
44	Solidaritätszuschlag	287/487	1100	00

Der Antrag auf Anwendung der persönlichen (tariflichen) Einkommensteuer muss gegenüber dem Finanzamt spätestens mit Abgabe der Steuererklärung gestellt werden und gilt, solange er nicht widerrufen wird, auch für die **folgenden vier Veranlagungszeiträume.** Wird der Antrag widerrufen, kann ein erneuter Antrag für diese Beteiligung erst wieder für das sechste Jahr nach erstmaligem Antrag gestellt werden (§ 32d Abs. 2 Satz 1 Nr. 3 Sätze 2 – 5 EStG). Auf diese Weise will der Fiskus einen kurzfristigen steueroptimierten Wechsel verhindern.

919 15.2.2 Erklärung zur Kirchensteuerpflicht – Zeile 6

Die Abzugsfähigkeit der Kirchensteuer als Sonderausgabe wird über eine komplizierte Formel im Abgeltungsteuersatz berücksichtigt. Die Formel lautet nach § 32 d Abs. 1 EStG:

$$\mathbf{E - 4\,Q \div 4 + K}$$

E = Einkünfte, Q = anrechenbare ausländische Steuer, K = maßgebender Kirchensteuersatz.

Am besten, Sie kümmern sich nicht um diese Einzelheiten und merken sich Folgendes: Der Kirchensteuerpflichtige hat die Wahl, die Kirchensteuer auf seine Kapitaleinkünfte von der Bank einbehalten (Variante 1) oder vom für ihn zuständigen Finanzamt veranlagen zu lassen (Variante 2).

Variante 1: Einbehalt der Kirchensteuer durch die Bank 920

Alle zum Steuerabzug vom Kapitalertrag verpflichteten Stellen (die sog. Abzugsverpflichteten), z.B. Kreditinstitute, Versicherungen, Kapitalgesellschaften und Genossenschaften, fragen zur Vorbereitung des automatischen Abzugs einmal jährlich beim Bundeszentralamt für Steuern (BZSt) die Religionszugehörigkeit aller Kunden, Versicherten oder Anteilseigner ab. Auf der Basis dieser Informationen behalten sie die auf die Abgeltungsteuer entfallende Kirchensteuer ein und führen sie an das Finanzamt ab.

Beispiel

Zinseinkünfte bei Kirchensteuer von 9 %		1.000,00 €
Kapitalertragsteuer (1.000,00 € ÷ 4,09) =	244,49 €	
Solidaritätszuschlag 5,5 % von 244,49 € =	13,44 €	
Kirchensteuer 9 % von 244,49 € =	22,00 €	
Summe	279,93 €	> – 279,93 €
Gutschrift		720,07 €

Besser Widerspruch gegen den Datenabruf einlegen?

Jeder Bürger kann unter Angabe seiner Steueridentifikationsnummer (IdNr.) schriftlich beim BZSt dem automatisierten Datenabruf seiner Religionszugehörigkeit widersprechen. Dank eines Sperrvermerks werden den Abzugsverpflichteten dann keine Daten zur Religionszugehörigkeit übermittelt. An den kirchensteuerlichen Verpflichtungen ändert der Sperrvermerk jedoch nichts; es unterbleibt lediglich der Abzug direkt an der Quelle. Das BZSt ist außerdem gehalten, in solchen Fällen Namen und Anschrift der anfragenden Kreditinstitute, Banken, Versicherungen etc. an das zuständige Finanzamt des Steuerpflichtigen weiterzureichen. Was dann folgt, ist …

Variante 2: Festsetzung der Kirchensteuer auf Kapitalerträge über die Steuererklärung

Wenn der Kirchensteuerpflichtige die Kirchensteuer nicht von seinem Kreditinstitut einbehalten lässt, setzt das Finanzamt ihre Höhe fest. Dazu hat der Kirchensteuerpflichtige die einbehaltene Kapitalertragsteuer zu erklären und eine entsprechende Bescheinigung der Bank vorzulegen.

ANLAGE KAP
Einkünfte aus Kapitalvermögen **2022**

	Erklärung zur Kirchensteuerpflicht			
6	Ich bin kirchensteuerpflichtig und habe Kapitalerträge erzielt, von denen Kapitalertragsteuer, aber keine Kirchensteuer einbehalten wurde.	203/403	1	1 = Ja

Entsprechend der Steuerbescheinigung der Bank sind einzutragen:

	Kapitalerträge, die dem inländischen Steuerabzug unterlegen haben		Beträge lt. Steuerbescheinigung(en) EUR		korrigierte Beträge (lt. gesonderter Aufstellung) EUR
7	Kapitalerträge	210/410	1000,—	220/420	,—
8	In Zeile 7 enthaltene Gewinne aus Aktienveräußerungen	212/412	,—	222/422	,—

	Steuerabzugsbeträge zu Erträgen in den Zeilen 7 bis 25 und zu Investmenterträgen lt. Anlage KAP-INV		lt. Bescheinigung(en) EUR Ct
37	Kapitalertragsteuer	280/480	250,00
38	Solidaritätszuschlag	281/481	13,75
39	Kirchensteuer zur Kapitalertragsteuer	282/482	,

Die vom Finanzamt festgesetzte Kirchensteuer kann im Jahr der Zahlung als Sonderausgabe abgesetzt werden.

921 15.3 Wie wird die Anlage KAP ausgefüllt?

In den > Zeilen 4 – 6 werden zunächst die Weichen gestellt, damit das Finanzamt weiß, aus welchem Grund Sie überhaupt eine Anlage KAP beifügen (➤ Rz 892).

922 15.3.1 Kapitalerträge, die dem Steuerabzug unterlegen haben – Zeile 7 – 15

Für Kapitalerträge, die dem Steuerabzug unterliegen, erhält der Steuerzahler bei der Zahlstelle, z.B. Kreditinstitut, Bausparkasse, Fondsgesellschaft oder Versicherungsunternehmen, auf Antrag eine Steuerbescheinigung.

Diese Steuerbescheinigung hat drei wichtige Funktionen:

1. Sie dient als **Nachweis über die Höhe der Kapitalerträge.**
2. Sie ist **Beleg für die einbehaltene Abgeltungsteuer.** Die Abgeltungsteuer wird nur dann auf die Einkommensteuer angerechnet, wenn die jeweilige Steuerbescheinigung im Original vorliegt.
3. Die Steuerbescheinigung dient aber auch als **Hilfe zum Ausfüllen der Anlage KAP.** Sie muss nämlich die für die Besteuerung erforderlichen

Angaben nach amtlich vorgeschriebenem Muster enthalten (§ 45 a EStG). Nach Inhalt, Aufbau und Reihenfolge darf von diesem Muster nicht abgewichen werden (BMF-Schreiben v. 24.11.2008 – BGBl. I S. 1912). Der Fiskus nimmt die auszahlenden Stellen also an die Kandare und zwingt sie, in den Steuerbescheinigungen nicht nur die ausgezahlten Kapitalerträge und die einbehaltenen Abzugssteuern zu bescheinigen, sondern auch die Zeilen der Anlage KAP anzugeben, in die die Beträge einzutragen sind. Zum Muster siehe ➤ Rz 934.

Füllen Sie die Anlage KAP einfach entsprechend den Angaben in der Steuerbescheinigung aus, fügen Sie die Steuerbescheinigung der Steuererklärung bei – und fertig.

Jeder Ehegatte muss seine Angaben in einer eigenen Anlage KAP machen
Bei Gemeinschaftskonten sind die Kapitalerträge auf beide Ehegatten aufzuteilen. Beträge in ausländischer Währung rechnen Sie nach dem maßgeblichen Kurs zum Zeitpunkt des Zu- oder Abflusses um. Geben Sie Kurs und Zeitpunkt auf einem gesonderten Blatt an.

Zeile 7 Kapitalerträge 923

Tragen Sie hier – den Anweisungen in der Steuerbescheinigung entsprechend – Ihre gesamten Kapitalerträge ein (§ 20 Abs. 1 und 2 EStG). Dazu gehören Zinsen und andere Erträge aus Guthaben und Einlagen, insbesondere Zinsen aus Sparbüchern, Sparverträgen, Termingeldkonten usw., ferner Dividenden und Veräußerungsgewinne.

Bei mehreren Bankverbindungen fertigen Sie zweckmäßigerweise eine Zusammenstellung nach folgendem Muster:

Zusammenstellung der Kapitalerträge gem. Steuerbescheinigungen lt. Bank I bis III

Kapitalerträge	Bank I	Bank II	Bank III	Gesamtbetrag für > Zeile 7
	…… €	+…… €	+…… €	=…… €

924 Zeile 8 – 15 Gewinne/Verluste aus Kapitalerträgen i. S. des § 20 Abs. 2 EStG (Veräußerungsgeschäfte)

Zu den Einkünften aus Kapitalvermögen gehören auch Gewinne aus der Veräußerung von Anteilen an einer Kapitalgesellschaft (Aktien). Den Betrag zu > Zeile 8 der Anlage KAP können Sie der Steuerbescheinigung der Bank entnehmen.

8	In Zeile 7 enthaltene Gewinne aus Aktienveräußerungen	212/412	,—	222/422	,—
frei					
10	In Zeile 7 enthaltene Gewinne aus der Veräußerung bestandsgeschützter Alt-Anteile i. S. d. § 56 Abs. 6 Satz 1 Nr. 2 InvStG	219/419	,—	229/429	,—
11	In Zeile 7 enthaltene Ersatzbemessungsgrundlage	214/414	,—	224/424	,—
12	Nicht ausgeglichene Verluste **ohne** Verluste aus der Veräußerung von Aktien	215/415	,—	225/425	,—
13	Nicht ausgeglichene Verluste aus der Veräußerung von Aktien	216/416	,—	226/426	,—
frei					
15	Verluste aus der ganzen oder teilweisen Uneinbringlichkeit einer Kapitalforderung, Ausbuchung, Übertragung wertlos gewordener Wirtschaftsgüter oder aus einem sonstigen Ausfall von Wirtschaftsgütern	616/816	,—	626/826	,—

Der von der Bank bescheinigte Wert muss vielleicht korrigiert werden!

Es sind Fallgestaltungen denkbar, in denen die in der Steuerbescheinigung ausgewiesenen Kapitalerträge nicht den tatsächlichen Erträgen entsprechen.

Damit diese Fälle steuerlich zutreffend behandelt werden können, sieht die Anlage KAP eine »Korrekturspalte« zu den bescheinigten Kapitalerträgen vor. Gebenenfalls werden in der linken Spalte die bescheinigten Werte und in der rechten Spalte die Korrekturwerte – nicht die Differenzbeträge! – eingetragen. Enthält die Korrekturspalte Angaben, wird für die Steuerberechnung nur auf diese Werte abgestellt.

Die Sache mit der Ersatzbemessungsgrundlage (> Zeile 11)

Die Veräußerung/Einlösung von Kapitalanlagen ist nach § 20 Abs. 2 EStG steuerpflichtig. Entsprechende Veräußerungsgewinne unterliegen dem Kapitalertragsteuerabzug durch die inländische auszahlende Stelle. Bemessungsgrundlage dafür ist der Veräußerungsgewinn. Dieser kann in aller Regel zutreffend ermittelt werden, da die Bank alle Berechnungsgrundlagen kennt:

- die Anschaffungskosten,
- den Anschaffungszeitpunkt,

- den Veräußerungspreis
- und evtl. zu berücksichtigende Veräußerungskosten.

Wenn der Anleger sein Depot (ohne Gläubigerwechsel) von einem Kreditinstitut auf ein anderes überträgt, werden dem neuen Kreditinstitut die notwendigen Daten mitgeteilt, sofern die Depotübertragung nach dem 31.12.2008 erfolgte und es sich um eine Übertragung zwischen inländischen Banken handelt. Das abgebende Institut ist hierzu gesetzlich verpflichtet.

Kennt das Institut aber (ausnahmsweise) nicht alle Anschaffungsdaten, muss beim Verkauf der Wertpapiere die Ersatzbemessungsgrundlage für den Steuerabzug herangezogen werden. Diese beträgt 30 % der Einnahmen aus der Veräußerung oder Einlösung.

Damit kommt es insbesondere bei folgenden Fällen zur Anwendung der Ersatzbemessungsgrundlage:

- Depotübertrag ab 2009 aus dem Ausland, wobei die Anschaffungsdaten nicht nachgewiesen wurden oder nicht nachgewiesen werden durften.
- Depotübertrag bis einschließlich 2008 (Ausnahme: Die Daten wurden freiwillig vom abgebenden inländischen Institut übertragen).

Der Anleger muss aufgrund der ihm vorliegenden Anschaffungsdaten

- im ersten Schritt prüfen, ob der Vorgang überhaupt steuerpflichtig ist, und
- im zweiten Schritt den zutreffenden Veräußerungsgewinn ermitteln (Nachweis durch Vorlage der An- und Verkaufsbelege).

Unter Berücksichtigung der zutreffenden Erträge ist dann die Korrekturspalte der Anlage KAP auszufüllen. Hierbei ist zu beachten, dass sowohl die Kapitalerträge in > Zeile 7 als auch die Veräußerungsgewinne in > Zeile 8 zu erfassen sind.

Beispiel
Heinz Sparsam hat im Jahr 2008 sein Depot von der heimischen Sparkasse auf die Volksbank übertragen. Im Depot war eine unverzinsliche Anleihe (Zero-Bond) enthalten. Diese hat Sparsam in 2005 für 7.000 € erworben und in 2021 für 9.000 € veräußert. Die Sparkasse hat keine Anschaffungsdaten übermittelt.
Die Volksbank hat den Veräußerungsvorgang zutreffend mit der Ersatzbemessungsgrundlage von 2.700 € abgerechnet (9.000 € × 30 %). Der echte Veräußerungsgewinn beträgt 2.000 €. Damit sind die bescheinigten Kapitalerträge und Veräußerungsgewinne um 700 € zu mindern.

ANLAGE KAP
Einkünfte aus Kapitalvermögen **2022**

Steuerbescheinigung 2021 (Auszug)	EUR
Kapitalerträge (> Zeile 7 Anlage KAP)	12.000
Veräußerungsgewinne (> Zeile 8 Anlage KAP)	10.000
Ersatzbemessungsgrundlage (> Zeile 11 Anlage KAP)	2.700

Kapitalerträge, die dem inländischen Steuerabzug unterlegen haben

			Beträge lt. Steuerbescheinigung(en) EUR		korrigierte Beträge (lt. gesonderter Aufstellung) EUR
7	Kapitalerträge	210/410	12000,–	220/420	11300,–
8	In Zeile 7 enthaltene Gewinne aus Aktienveräußerungen	212/412	10000,–	222/422	9300,–
frei					
10	In Zeile 7 enthaltene Gewinne aus der Veräußerung bestandsgeschützter Alt-Anteile i. S. d. § 56 Abs. 6 Satz 1 Nr. 2 InvStG	219/419	,–	229/429	,–
11	In Zeile 7 enthaltene Ersatzbemessungsgrundlage	214/414	2700,–	224/424	0,–

925 **TIPP**

Kosten nachträglich geltend machen

Sie haben am 2.1.2021 für 10.000 € Aktien gekauft und am 14.12.2021 für 15.000 € verkauft. Im Zusammenhang mit An- und Verkauf wurden von der Bank Aufwendungen in Höhe von 1.000 € berücksichtigt. Der Gewinn in Höhe von 4.000 € unterlag der Kapitalertragsteuer und wurde in der Steuerbescheinigung ausgewiesen. Keine Berücksichtigung fanden Beratungskosten in Höhe von 500 €.
Tragen Sie in der jeweiligen Zeile in die linke Spalte die Werte aus der Steuerbescheinigung und in die rechte Spalte den korrigierten Betrag ein und erläutern Sie die Eintragungen auf einem gesonderten Blatt.

ANLAGE KAP
Einkünfte aus Kapitalvermögen **2022**

Einkünfte aus Kapitalvermögen / Anrechnung von Steuern Ehefrau / Person B

Anträge 54

4	Ich beantrage die Günstigerprüfung für sämtliche Kapitalerträge. (Bei Zusammenveranlagung: Die Anlage KAP meines Ehegatten / Lebenspartners ist beigefügt.)	201/401	1	1 = Ja
5	Ich beantrage eine Überprüfung des Steuereinbehalts für bestimmte Kapitalerträge.	202/402	1	1 = Ja

Erklärung zur Kirchensteuerpflicht

6	Ich bin kirchensteuerpflichtig und habe Kapitalerträge erzielt, von denen Kapitalertragsteuer, aber keine Kirchensteuer einbehalten wurde.	203/403		1 = Ja

Kapitalerträge, die dem inländischen Steuerabzug unterlegen haben

			Beträge lt. Steuerbescheinigung(en) EUR		korrigierte Beträge (lt. gesonderter Aufstellung) EUR
7	Kapitalerträge	210/410	4000,–	220/420	3500,–
8	In Zeile 7 enthaltene Gewinne aus Aktienveräußerungen	212/412	4000,–	222/422	3500,–
9	In Zeile 7 enthaltene Einkünfte aus Stillhalterprämien und Gewinne aus Termingeschäften	611/811	,–	621/821	,–
10	In Zeile 7 enthaltene Gewinne aus der Veräußerung bestandsgeschützter Alt-Anteile i. S. d. § 56 Abs. 6 Satz 1 Nr. 2 InvStG	219/419	4000,–	229/429	3500,–
11	In Zeile 7 enthaltene Ersatzbemessungsgrundlage	214/414	,–	224/424	,–
12	Nicht ausgeglichene Verluste **ohne** Verluste aus der Veräußerung von Aktien	215/415	,–	225/425	,–
13	Nicht ausgeglichene Verluste aus der Veräußerung von Aktien	216/416	,–	226/426	,–
14	Verluste aus Termingeschäften	615/815	,–	625/825	,–
15	Verluste aus der ganzen oder teilweisen Uneinbringlichkeit einer Kapitalforderung, Ausbuchung, Übertragung wertlos gewordener Wirtschaftsgüter i. S. d. § 20 Abs. 1 EStG oder aus einem sonstigen Ausfall von Wirtschaftsgütern i. S. d. § 20 Abs. 1 EStG	616/816	,–	626/826	,–

Sparer-Pauschbetrag

			EUR
16	In Anspruch genommener Sparer-Pauschbetrag, der auf die in den Zeilen 7 bis 15, 30 und 33 erklärten Kapitalerträge entfällt (ggf. „0")	217/417	0,–
	Bei Eintragungen in den Zeilen 7 bis 15, 18 bis 27, 30, 33, 47 und 49 dieser Anlage, in den Zeilen 6 bis 27, 30 und 31 der Anlage KAP-BET sowie in der Anlage KAP-INV:		
17	In Anspruch genommener Sparer-Pauschbetrag, der auf die in der Anlage KAP **nicht** erklärten Kapitalerträge entfällt (ggf. „0")	218/418	,–

Kapitalerträge, die nicht dem inländischen Steuerabzug unterlegen haben

– ohne Investmenterträge lt. Anlage KAP-INV – EUR

Zeile 16 – 17 In Anspruch genommener Sparerpauschbetrag

Diesen Betrag entnehmen Sie ebenfalls der Steuerbescheinigung der Bank. **926**
Der Abzug der tatsächlich geleisteten Werbungskosten ist im Regelfall ausgeschlossen. Dafür gibt es den Sparerpauschbetrag von 801 €/1.602 € (Alleinstehende/Ehegatten).

Der Fiskus greift also erst zu, wenn Zinsen und andere Kapitalerträge den Betrag von 801 €/1.602 € pro Jahr übersteigen. Damit nicht schon zuvor Abgeltungsteuer erhoben wird, müssen die Sparer bei ihrer Bank einen Freistellungsauftrag (➤ Rz 931) stellen.

Für Ehegatten gut zu wissen: Der Sparerpauschbetrag verdoppelt sich auch dann, wenn nur einer der Ehegatten Kapitalerträge bezogen hat.

Beispiel

	Ehemann		Ehefrau
Dividenden	2.500 €		–
Zinsen	–		200 €
Summe	2.500 €		200 €
Insgesamt (2.500 € + 200 € =)		2.700 €	
./. Sparerpauschbetrag		– 1.602 €	
Einkünfte		1.098 €	

Nicht ausgeschöpfte Pauschbeträge fallen sang- und klanglos unter den Tisch.

927 **15.3.2 Steuerabzugsbeträge zu den Erträgen in den > Zeilen 7 – 25**

Die von den Erträgen der > Zeilen 7 – 15 einbehaltene Kapitalertragsteuer geben Sie entsprechend der Steuerbescheinigung in > Zeile 37 an. Die einbehaltenen Kirchensteuern und Solidaritätszuschläge zur Kapitalertragsteuer tragen Sie in den > Zeilen 38 und 39 ein.
Nach einigen DBA ist bei ausländischen Einkünften (Dividenden, Zinsen und Lizenzgebühren) auf die deutsche Einkommensteuer nicht die tatsächlich gezahlte, sondern eine fiktive Steuer anzurechnen, deren Höhe im jeweiligen DBA bestimmt ist. Diese fiktive Steuer tragen Sie in > Zeile 42 ein.

928 **15.4 Wichtige Hinweise rund um die Abgeltungsteuer**

929 **TIPP** **Eine raffinierte zeitliche Verschiebung**

Zinseinnahmen können Sie in spätere Jahre verlagern. Dabei bietet sich an, sich die Zinsen bis zur Höhe des Sparerpauschbetrags jährlich steuerfrei auszahlen zu lassen. Dafür müssen Sie der Bank einen Freistellungsauftrag erteilen (➤ Rz 931).
Den Rest versteuern Sie in einem späteren Lebensabschnitt, wenn Sie nur noch geringe (steuerpflichtige) Einkünfte haben. Dazu eignen sich z. B. Bundesschatzbriefe. Bei einer Vermögensanlage von 200.000 € könnten Sie z. B. 40.000 € in Bundesschatzbriefen Typ A (jährlicher Zufluss der Zinsen) anlegen. Die Zinsen daraus übersteigen nicht den Sparerpauschbetrag von 1.602 € (für Ehegatten), sind also praktisch steuerfrei. Die restlichen 160.000 € legen Sie in Bundesschatzbriefen Typ B an. Die Zinserträge aus solchen Wertpapieren oder aus abgezinsten Sparbriefen, Nullkupon-Anleihen etc. bestehen aus dem Unterschied zwischen dem Erwerbs- und dem Einlösungspreis

und sind erst zum Zeitpunkt der Einlösung zu versteuern (BFH v. 8.10.1991 – BStBl 1992 II S. 174).
Sind Sie also für den Lebensbedarf nicht unbedingt auf regelmäßige Zinseinnahmen angewiesen und ist Ihr Ruhestand nicht mehr allzu fern, kaufen Sie besser Bundesschatzbriefe Typ B oder abgezinste Sparbriefe und verlagern die Steuerpflicht der Zinsen in eine Zeit, in der Sie überhaupt keine oder nur wenig Steuern zahlen müssen.

Geld oder Wertpapiere im Schließfach 930

Wer reich ist, lebt nicht von der Hand in den Mund und bringt gern einen Teil seines Geldes auf die ganz sichere Seite, in ein Schließfach seiner Bank. Nicht nur Bargeld, sondern auch bestimmte Wertpapiere, die sog. Tafelpapiere. Man nennt sie Tafelpapiere, weil der Bankkunde sie eigenhändig – gegen Barzahlung versteht sich – über den Schalter (die Tafel) entgegennimmt. Wertpapiere mit angehefteten Kupons gibt es als körperliche Stücke nur noch ganz selten. Zu unpraktisch, und auch der Reiz des Anonymen ist verflogen. Kommt ein Kunde dennoch mit Kupons, werden diese von der Bank **nur zum Inkasso** angenommen, d.h., Zinsen oder Dividenden werden nicht bar ausbezahlt, auch nicht sofort gutgeschrieben, sondern der DWP-Bank in Frankfurt zur Prüfung vorgelegt. Die DWP-Bank wickelt die Auszahlung ab, indem sie Kapitalertragsteuer einbehält und den Nettobetrag an die Hausbank des Kunden überweist. Diese schreibt den Erlös dem Kundenkonto gut.
Nicht gut zu wissen: Die Banken sind verpflichtet, eine **Steuerbescheinigung für Tafelgeschäfte** auszustellen. Zum amtlichen Muster siehe ➤ Rz 934.

Was mehret meiner Sorgen Wucht?
Der Fiskus, der mein Konto sucht.
(Frei nach Don Quijote)

15.4.1 Freistellungsauftrag 931

Die Abgeltungsteuer können Sie – zumindest bis zur Höhe des Sparerpauschbetrages – vermeiden, indem Sie Ihrer Bank oder Ihrer Fondsgesellschaft einen Freistellungsauftrag erteilen (§ 44a Abs. 1 Nr. 1 EStG). Dies muss rechtzeitig geschehen, also noch vor Auszahlung der Kapitalerträge. Auf diese Weise wird der Sparerpauschbetrag nicht erst bei der Veranlagung berücksichtigt, sondern schon bei der Auszahlung der Kapitalerträge.

Der Freistellungsauftrag gilt nur für Erträge aus Konten und Wertpapierdepots, also nicht für Zinsen und Dividenden aus Tafelpapieren. Er darf den Höchstbetrag von 801 €/1.602 € (Alleinstehende/Ehegatten) nicht übersteigen, kann aber auf mehrere Banken aufgeteilt werden. Antragsformulare liegen bei den Banken aus. **Wer mehr als einen Freistellungsauftrag erteilt, sollte über die Verteilung und jede spätere Änderung genau Buch führen, denn Freistellungsaufträge gelten, sofern nicht anders vermerkt, zeitlich unbegrenzt.** Ein Widerruf ist jedoch mit Wirkung von einem Tag auf den anderen möglich.

Freistellungsauftrag als Fangeisen
Mit einem zu hohen Freistellungsauftrag holen Sie sich die Steuerfahnder ins Haus. Denn die Banken haben dem Bundeszentralamt für Steuern mitzuteilen, wem und in welcher Höhe Kapitalerträge steuerfrei ausgezahlt wurden. Der Super-Computer des Bundesamts für Finanzen filtert sodann all diejenigen Steuerzahler heraus, die über die Höchstbeträge hinaus steuerfrei kassiert haben, und informiert die Finanzämter. Schummeln ist also zwecklos. Wer nicht aufpasst und die Höchstbeträge nicht beachtet, macht sich beim Fiskus verdächtig. Dann schützt ihn niemand mehr, und der Fiskus kann nach eigenem Gutdünken die Bank um Auskünfte angehen. Also seien Sie auf der Hut!
Sind Sie längere Zeit arbeitslos, prüft die Agentur für Arbeit routinemäßig, ob Sie für die Arbeitslosenhilfe überhaupt bedürftig sind. Im Zuge dieser Prüfung kann die Agentur sich beim Bundesamt für Finanzen nach den von Ihnen erteilten Freistellungsaufträgen erkundigen. Das Bundesamt für Finanzen hat Amtshilfe nach § 111 AO zu leisten.

932 Haben Sie Zinsen oder Dividenden aus mehr als einer Bankverbindung, schätzen Sie überschlägig ab, was Sie jeweils erwarten können, und machen eine Aufstellung nach folgendem Muster

Geschätzte Zinsen und Dividenden bei	Bank A	Bank B
Zinsen aus Sparguthaben	....	....
Zinsen aus Festgeldern	....	....
Zinsen aus Bundesschatzbriefen	....	....
Zinsen aus Fondsanteilen	....	....
Dividenden aus Aktien	....	....
Dividenden aus Fondsanteilen	....	....
Summe	1.400 €	800 €

Als Verheirateter mit einem Freibetrag von 1.602 € erteilen Sie nun der Bank A einen Freistellungsauftrag über 1.400 € und der Bank B über den

Rest von 202 €. Haben Sie sich verkalkuliert, können Sie den Freistellungsauftrag mit Wirkung von einem Tag auf den anderen widerrufen oder ändern.

Bausparzinsen freistellen?
»Und was soll ich als Bausparer oder als Sparer nach dem Vermögensbildungsgesetz machen?«, möchten Sie wissen.

Dafür brauchen Sie keinen Freistellungsauftrag. Denn auf diesen Konten liegen die Zinsen jahrelang auf Eis, Sie bekommen sie also nicht ausbezahlt. Ohne Freistellungsauftrag drückt Ihnen aber die Bausparkasse oder die Bank eine Steuerbescheinigung in die Hand, aus der sich ergibt, dass 25 % Steuer einbehalten worden sind. Die Steuerbescheinigung fügen Sie Ihrer Steuererklärung bei und bekommen auf diese Weise die Abgeltungsteuer (= 25 % Ihrer Zinsen) vorzeitig angerechnet oder erstattet. Da sind Sie baff, oder?
»Doch wird die Bausparkasse leider nur 75 % der Zinsen als Sparleistung bescheinigen«, wenden Sie ein. Das ist richtig, aber Cash in der Hand zählt mehr.

TIPP Geringverdiener beantragen NV-Bescheinigung 933

Wollen Sie mehr, als ein Freistellungsauftrag bewirken kann, nämlich die unbeschränkte steuerfreie Auszahlung von Kapitalerträgen, dann beantragen Sie beim Finanzamt eine Nichtveranlagungsbescheinigung (NV-Bescheinigung; § 44a Abs. 1 Nr. 2 EStG). Voraussetzung für eine solche Bescheinigung ist, dass bei Ihnen eine Veranlagung zur Einkommensteuer nicht in Betracht kommt, weil Ihr zu versteuerndes Einkommen den Grundfreibetrag der Einkommensteuertabelle von 9.408/18.816 € (Alleinstehende/Verheiratete) nicht übersteigt (§ 32a EStG). Dies ist vielfach bei Rentnern und Studenten der Fall. Nach Vorlage der NV-Bescheinigung, deren Geltungsdauer höchstens drei Jahre beträgt, wird die Bank keine Abschlagsteuern mehr einbehalten.

Beispiel
Herbert ist 76 Jahre alt (Jahrgang 1944), verheiratet und Rentner. Seine Frau hat keine eigenen Einkünfte. Er bezieht seit 2005 eine Rente, die in 2021 monatlich 1.600 € betrug. Von der Rente zieht das Finanzamt einen Rentenfreibetrag in Höhe von 9.600 € ab (§ 22 EStG). Aus festverzinslichen Wertpapieren erzielt Herbert 4.500 € Zinsen und aus Aktien 2.500 € Dividende.

Herbert beantragt bei seinem Finanzamt eine NV-Bescheinigung. Und so rechnet das Finanzamt:

Zinseinnahmen	4.500 €		
Dividenden	2.500 €		
Summe der Kapitalerträge	7.000 €		
./. Sparerpauschbetrag	– 1.602 €		
Kapitaleinkünfte	5.398 €		> 5.398 €
Jahresbetrag der Rente		19.200 €	
./. Rentenfreibetrag =		– 9.600 €	
./. Werbungskostenpauschbetrag		– 102 €	
Renteneinkünfte		9.498 €	> 9.498 €
Summe der Einkünfte			14.896 €
./. Sonderausgabenpauschbetrag			– 72 €
./. Vorsorgeaufwendungen, geschätzt auf 6 % der Rente			– 1.152 €
Zu versteuerndes Einkommen			13.672 €

Da die Einkommensteuertabelle für 2021 (§ 32 a EStG) für Verheiratete ab 19.488 € beginnt, fällt für Herbert und seine Frau keine Einkommensteuer an, so dass ihm das Finanzamt eine NV-Bescheinigung ausstellt.

934 **15.4.2 Steuerbescheinigung**

Für Kapitalerträge, die dem Steuerabzug unterliegen, sind der Schuldner oder die auszahlende Stelle (z.B. Bank) nach § 45 a EStG verpflichtet, dem Gläubiger eine Steuerbescheinigung nach amtlich vorgeschriebenem Muster auszustellen, welche die in § 32 d EStG erforderlichen Angaben enthält. Nach Inhalt, Aufbau und Reihenfolge darf vom Muster nicht abgewichen werden.

Seite 22

<u>Muster I</u>

……………………………
……………………………
……………………………
(Bezeichnung der auszahlenden Stelle / des Schuldners der Kapitalerträge)

Adressfeld
……………………
……………………
……………………

Steuerbescheinigung

☐ Bescheinigung für alle Privatkonten und / oder -depots
☐ Verlustbescheinigung im Sinne des § 43a Abs. 3 Satz 4 EStG für alle Privatkonten und / oder -depots

Für
……………………………………………………………………………………………
(Name und Anschrift der Gläubigerin / des Gläubigers / der Gläubiger der Kapitalerträge)

werden für das Kalenderjahr ………… folgende Angaben bescheinigt:

☐ *Steuerbescheinigung für Treuhand- / Nießbrauch- / Anderkonto /Wohneigentümergemeinschaft / Tafelgeschäfte (Nichtzutreffendes streichen)*

Dem Kontoinhaber / Der Kontoinhaberin werden
☐ *für das Kalenderjahr ……………/* ☐ *für den Zahlungstag …………*

folgende Angaben bescheinigt:

Seite 23 Höhe der Kapitalerträge ....
Zeile 7 Anlage KAP
(ohne Erträge aus Lebensversicherungen im Sinne des § 20 Abs. 1 Nr. 6 Satz 2 EStG)

davon: Gewinn aus Kapitalerträgen im Sinne des § 20 Abs. 2 EStG ....
Zeile 8 Anlage KAP

davon: Gewinn aus Aktienveräußerungen im Sinne des
§ 20 Abs. 2 Satz 1 Nr. 1 EStG ....
Zeile 9 Anlage KAP

davon: Stillhalterprämien im Sinne des § 20 Abs. 1 Nr. 11 EStG ....
Zeile 10 Anlage KAP

Höhe der Kapitalerträge aus Lebensversicherungen im Sinne
des § 20 Abs. 1 Nr. 6 Satz 2 EStG ....

Ersatzbemessungsgrundlage im Sinne des § 43a Abs. 2 Satz 7, 10, 13 und 14 EStG ....
Enthalten in den bescheinigten Kapitalerträgen
Zeile 11 Anlage KAP

Höhe des nicht ausgeglichenen Verlustes **ohne** Verlust aus der Veräußerung von Aktien ......
Zeile 12 Anlage KAP

Höhe des nicht ausgeglichenen Verlustes aus der Veräußerung von Aktien im Sinne
des § 20 Abs. 2 Satz 1 Nr. 1 EStG ....
Zeile 13 Anlage KAP

Höhe des in Anspruch genommenen Sparer-Pauschbetrages ....
Zeile 14 oder 15 Anlage KAP

Kapitalertragsteuer ....
Zeile 50 Anlage KAP

Solidaritätszuschlag ....
Zeile 51 Anlage KAP

_ _ Kirchensteuer zur Kapitalertragsteuer ....
Zeile 52 Anlage KAP

Seite 24 Summe der angerechneten ausländischen Steuer
Zeile 53 Anlage KAP ....

Summe der anrechenbaren noch nicht angerechneten ausländischen Steuer
Zeile 54 Anlage KAP ....

Wir weisen Sie darauf hin, dass Sie bei negativem Ausweis verpflichtet sind, die hieraus resultierenden Erträge in Ihrer Einkommensteuererklärung – Zeile 17 der Anlage KAP - gemäß § 32d Absatz 3 EStG anzugeben.

☐ Leistungen aus dem Einlagekonto (§ 27 Abs. 1 – 7 KStG)

☐ Ausländischer thesaurierender Investmentfonds vorhanden
nur nachrichtlich:
Höhe der ausschüttungsgleichen Erträge aus ausländischen thesaurierenden Investmentvermögen und Mehr-/Mindestbeträge aus intransparenten Fonds ....
Zeile 17 Anlage KAP

Hierauf entfallende anrechenbare ausländische Steuer ....
Zeile 54 der Anlage KAP

☐ Im Zeitpunkt der Erstellung dieser Bescheinigung waren nicht alle Erträge der für Sie verwahrten ausländischen thesaurierenden Investmentvermögen bekannt. Wir weisen Sie darauf hin, dass Sie in Ihrer Einkommensteuererklärung in Zeile 17 der Anlage KAP sämtliche Erträge anzugeben haben.

Für folgende Investmentvermögen waren Erträge nicht bekannt:

Fondsbezeichnung	ISIN	Anzahl der Anteile

Bei Veräußerung / Rückgabe von Anteilen
Summe der als zugeflossen geltenden, noch nicht dem Steuerabzug unterworfenen Erträge aus Anteilen an ausländischen Investmentvermögen in Fällen des § 7 Abs. 1 Satz 1 Nr. 3 InvStG ....
(Diese Summe ist in der bescheinigten Höhe der Kapitalerträge enthalten und in der Anlage KAP von der Höhe der Kapitalerträge abzuziehen)

Quelle: BMF-Schreiben vom 20.12.2012, IV C 1 – S 2401/08/10001.

935 ## 15.5 Woran sich sonst noch denken ließe

14.5.1 Nutzen Sie die Freibeträge Ihres Kindes

»Himmel, hilf! Was kann ich bloß tun, die ungerechte Steuer auf Kapitalerträge abzuwenden?«, wollen Sie wissen.

Zunächst ist gut zu wissen: Der Sparerpauschbetrag bewirkt, dass Sie mit einem Kapital von weniger als 40.050 €/80.100 € (Alleinstehende/Verheiratete), das mit 2 % verzinst wird, steuerlich ungeschoren davonkommen (2 % von 40.050 €/80.100 € = 801/1.602 €). Alle Erträge, die 801 €/1.602 € übersteigen, müssen Sie allerdings mit 25 % versteuern. Es sei denn, Sie suchen nach Wegen, die Steuer auszutricksen. Einer davon ist folgender: Übertragen Sie Ihrem Kind Vermögen. Denn Ihr Kind hat hohe Freibeträge, die ansonsten – solange es keine Einkünfte bezieht – Jahr für Jahr ungenutzt bleiben. Und schließlich erbt es ja später doch mal alles. Insgesamt kann Ihr Kind Einkünfte aus Kapitalvermögen in folgender Höhe steuerfrei beziehen:

Grundfreibetrag 2021	9.744 €
Freibetrag bei Zinseinnahmen	801 €
Zusammen	10.545 €

Sie könnten also, eine Verzinsung von 2 % vorausgesetzt, Wertpapiere und Sparguthaben von immerhin 527.250 € übertragen, ohne dass für Ihr Kind Steuer anfällt (10.545 € ÷ 2 × 100 = 527.250 €).

Zugleich bringen Sie das Finanzamt bei einem zukünftigen Erbgang um einen erklecklichen Teil. Denn das Erbschaftsteuergesetz erlaubt alle zehn Jahre die steuerfreie Übertragung von Vermögen auf Kinder in Höhe des gesetzlichen Freibetrags von je 400.000 € (§§ 15 und 16 ErbStG).

Es ist aber ein Haken an der Sache: Das übertragene Vermögen muss endgültig in das Eigentum des Kindes übergegangen sein (BFH v. 24.4.1990 – BStBl 1990 II S. 539). Hinsichtlich übertragener Bankguthaben auf ein minderjähriges Kind hat der Bundesfinanzhof ausgeführt: »Richten die Eltern zwar ein Sparkonto auf den Namen des Kindes ein, verwalten dieses Vermögen aber nicht entsprechend den bürgerlichrechtlichen Vorschriften über die elterliche Vermögensfürsorge, sondern wie eigenes Vermögen, sind die Zinsen den Eltern zuzurechnen.«

Auf dem Kontoeröffnungsvordruck der Bank muss also das Kind als Gläubiger des Guthabens vermerkt sein. Daraus ergibt sich, dass die Eltern nur in ihrer Eigenschaft als gesetzliche Vertreter verfügungsberechtigt sind, also nur Anschaffungen für das Kind aus dem Guthaben tätigen dürfen.

Übrigens: Das Finanzamt will erst dann eine Steuererklärung von Ihrem Kind sehen, wenn seine Einkünfte den Betrag von 9.744 € übersteigen (§ 56 EStDV), da ansonsten ja ohnehin keine Steuer zu holen ist.

Vermögen für die Familie sichern
Wenn Sie Ihrem verheirateten Kind Vermögen übertragen, seien Sie klug und behalten Sie sich ein Rückforderungsrecht vor. Das übertragene Vermögen soll an Sie zurückfallen, falls Ihr Kind vor Ihnen sterben sollte. Dadurch verhindern Sie, dass Familienvermögen in den Besitz des Ehegatten Ihres Kindes und in dessen Familie übergeht.

Geldvermögen übertragen: der richtige Weg
Schenken Sie Ihrem Kind Geldvermögen, z.B. Sparguthaben oder Wertpapiere, argwöhnt der Fiskus schnell, die Schenkung sei nicht ernst gemeint. Deshalb müssen Sie mit handfesten Fakten aufwarten, damit überflüssige Erörterungen gar nicht erst aufkommen.

Dazu sollten Sie wissen: Die Zusage Ihrem Kind gegenüber, ihm Geldvermögen zu übertragen, bedarf eigentlich der notariellen Beurkundung (§ 518 Abs. 1 BGB). Wird diese Form nicht eingehalten, weil die Zusage gewöhnlich mündlich erfolgt, so wird der Formmangel durch den Vollzug, also die tatsächliche Übereignung des Geldvermögens, geheilt (§ 518 Abs. 2 BGB). Der Vollzug muss aber eindeutig sein.

Wollen Sie Wertpapiere in Form von Aktien, Anleihen, Pfandbriefen o. Ä. übertragen, wird dies durch Übergabe vollzogen (§§ 929 ff. BGB). Befinden sich die Wertpapiere jedoch im Depot einer Bank, so erfolgt die Übertragung durch die mündliche Einigung und die anschließende Abtretung des Herausgabeanspruchs gegen die Bank als Verwahrer (§§ 929, 931 BGB).

Die Abtretung des Herausgabeanspruchs sollten Sie als Beweis gegen den Fiskus in einem Schriftstück festhalten:

```
ABTRETUNGSERKLÄRUNG
Ich bin Eigentümer folgender Wertpapiere:
Bezeichnung        Stückzahl   Nennwert    Kurswert
. . . . . . .      . . . . . . . . . . . . . . . .
. . . . . . .      . . . . . . . . . . . . . . . .
. . . . . . .      . . . . . . . . . . . . . . . .
. . . . . . .      . . . . . . . . . . . . . . . .
in meinem Depot bei der . . . . . . Nr. . . . . . .
(Name der Bank/Sparkasse)
```

```
Hiermit trete ich den Herausgabeanspruch gegen die
. . . . . . . . . . . . (Name der Bank/Sparkasse)
hinsichtlich der oben genannten Wertpapiere ab an:
Herrn/Frau . . . . . . geb. am . . . . . .
wohnhaft in . . . . . . . . . . .

. . . . . . . . . . . .          . . . . . . . . . . . .
(Ort, Datum)                     (Unterschrift)
```

Mit dieser Abtretungserklärung gehen Sie zu Ihrer Bank und bitten um Übertragung der Wertpapiere auf das neu einzurichtende oder bereits bestehende Depot Ihres Kindes. Hierfür hat die Bank passende Formulare vorrätig. Lassen Sie sich eine Kopie aushändigen, die Sie auf Anfrage dem Finanzamt präsentieren. Wenn Sie so vorgehen, klappt der Laden.
»Alles schön und gut«, sagen Sie. »Aber mir gefällt nicht, mich schon auszuziehen, bevor ich schlafen gehe.«

Wovon du nicht sprechen kannst,
darüber musst du schweigen.
(Wittgenstein, Freund der Weisheit)

936 **15.5.2 Schnüffelei nach Inlandskonten**

Heutzutage noch klammheimlich bei einer Bank irgendwo in Deutschland ein schwarzes Konto zu unterhalten, wird Ihnen niemand mehr guten Gewissens empfehlen. Denn die Finanzämter, aber auch bestimmte andere Behörden, können auf relativ einfachem Weg alle inländischen Konten und Wertpapierdepots ausspionieren.
Zum Glück besteht bei Einkünften, die der Abgeltungsteuer unterliegen, grundsätzlich kein Ermittlungsbedarf mehr, denn die Konteninhaber können anonym bleiben (§ 43 Abs. 5 EStG). Deshalb ist bei Kapitalerträgen nur in dem von § 93 Abs. 7 AO gesetzten Rahmen ein **Kontenabruf zulässig** bei

- **Beantragung einer Einkommensteuerveranlagung** (Günstigerprüfung; § 32 d Abs. 6 EStG),
- Einbeziehung von Kapitalerträgen in andere steuerliche Grenzen, z.B. **Grenzen für Kinderfreibeträge, außergewöhnliche Belastungen** etc. (§ 2 Abs. 5 b EStG),
- Feststellung von **Einkünften aus Kapitalvermögen/Veräußerungsgeschäften bis zum Jahr 2010**.

Doch Vorsicht: Jeder Sachbearbeiter im Finanzamt kann ohne weiteres einen Kontenabruf starten, wenn ihm bei den Einkünften etwas verdächtig erscheint. Denn die Entscheidung über den Kontenabruf lässt sich leicht rechtfertigen.

Der Kontenabruf

Die Finanzbehörden können bei den Kreditinstituten über das Bundeszentralamt für Steuern Daten abrufen, wenn dies zur Festsetzung oder Erhebung von Steuern erforderlich ist und ein Auskunftsersuchen an den Steuerpflichtigen nicht zum Ziel geführt hat oder keinen Erfolg verspricht (§ 93 Abs. 7 i.V. m. § 93 b EStG). So lautet das Gesetz.

Der Betroffene ist zwar zu informieren, jedoch erst, wenn eine Kontoabfrage stattgefunden hat. Zunächst bekommt das Finanzamt lediglich mitgeteilt, ob und wenn ja welche Konten und Depots der Steuerzahler in Deutschland unterhält, aber nicht die Höhe der Kontostände. Dafür sind weitere Nachforschungen erforderlich. Hat der Bankkunde Steuerschulden, wird das Finanzamt das Konto pfänden. Sodann werden die Kontodaten für das Veranlagungsverfahren ausgewertet.

Im ersten Anlauf erhält das Finanzamt nur folgende Daten:

- die **Nummer eines Kontos oder Wertpapierdepots**,
- den **Tag der Einrichtung** und den Tag der **Auflösung des Kontos oder Depots**,
- den **Namen** sowie bei natürlichen Personen das **Geburtsdatum des Inhabers und eines Verfügungsberechtigten**,
- den **Namen** und die **Anschrift eines abweichend wirtschaftlich Berechtigten**.

»Ich verhalte mich ganz unauffällig, dann wird mir schon nichts passieren«, wenden Sie ein.

Wie ich weiß, haben Sie in den letzten Jahren gut verdient, aber in Ihren Steuererklärungen immer angegeben, dass Ihre Kapitalerträge unter dem Sparerpauschbetrag liegen. Eine Immobilie haben Sie auch nicht angeschafft. Der Finanzer könnte sich und bald auch Sie fragen: Wo ist das ganze Geld geblieben? Und wenn ihm Ihre Antwort »Alles verbraten« nicht plausibel erscheint, schwupp, ist ein Kontenabruf fällig. Haben Sie dem Finanzamt eine Bankverbindung verschwiegen, fliegen Sie nun auf. Denn der Finanzer kann nach einem Kontenabruf anhand der von Ihnen beigefügten Steuerbescheinigungen sofort erkennen, ob Sie alle Bankverbindungen offengelegt haben.

»Und wenn ich mein Geld auf dem Konto meiner Mutter gebunkert habe, die Rentnerin ist, ist das unauffällig genug?«, möchten Sie wissen.

Vielleicht, doch bedenken Sie: Ein Kontenabruf ist auch zulässig, um Konten oder Depots zu ermitteln, die nicht auf den Namen des Steuerzahlers lauten, über die er aber Kontovollmacht hat oder wirtschaftlich berechtigt ist, was das auch immer bedeuten mag.

Rechtzeitig das Schließfach räumen und Selbstanzeige erstatten

Doch nun spitzen Sie mal die Ohren: Die Finanzämter dürfen erst dann einen Kontenabruf tätigen, wenn ein Auskunftsersuchen an Sie nicht zum Ziel geführt hat. Allerdings droht auch dann ein Kontenabruf, wenn Sie sich kooperativ gezeigt haben, denn der Bearbeiter kann nach eigenem Gutdünken Ihre Auskünfte als nicht ausreichend einstufen.

Dies bedeutet: Der Finanzer muss Sie zunächst um Auskünfte bitten, bevor er einen Kontenabruf startet. Falls Sie aber Dreck am Stecken haben, ist es höchste Zeit, das Schließfach zu kündigen und zur Vermeidung eines Steuerstrafverfahrens nach § 371 AO ggfs. Selbstanzeige zu erstatten.

Nun könnte der Finanzer angewackelt kommen und behaupten, die Selbstanzeige komme zu spät, die Tat sei bereits entdeckt bzw. Sie hätten bei verständiger Würdigung der Sachlage damit rechnen müssen, dass die Tat entdeckt werde. In einem solchen Fall komme eine Selbstanzeige zu spät (§ 371 Abs. 2 AO). Damit liegt er aber voll daneben. Selbst nachdem ein Kontenabruf gestartet und erfolgreich ausgewertet wurde, ist eine wirksame Selbstanzeige noch möglich. Der Finanzer kann erst dann Ihre Selbstanzeige abschmettern, wenn der erfolgreiche Kontenabruf die Wahrscheinlichkeit beinhaltet, dass Sie eine Steuerhinterziehung begangen haben. Im Stadium des Kontenabrufs ist das aber nur Spekulation, keine Wahrscheinlichkeit.

Die Banken müssen alle Konten und Depots benennen, die in den letzten zehn Jahren – so lange gilt die **Aufbewahrungspflicht** für Kontounterlagen (§ 147 Abs. 3 AO) – geführt wurden. Zwar ist ein Kontenabruf erst ab dem 1.4.2005 zulässig, doch die schlichte Frage nach dem **»Tag der Errichtung«** eines Kontos oder Wertpapierdepots zwingt die Banken, alle Konten und Depots mitzuteilen, auf die sie noch Zugriff haben.

Was passiert nach einem erfolgreichen Kontenabruf?

Hat sich durch einen Kontenabruf herausgestellt, dass Sie nicht alle Konten und Depots angegeben haben, muss das Finanzamt Sie zunächst über das Ergebnis informieren. Es wird Sie also darauf hinweisen, dass es die betreffenden Kreditinstitute um Einzelauskunft (über Kontenstände und -bewegungen) ersuchen kann, wenn die Zweifel durch Ihre Angaben nicht ausgeräumt werden.

Merken Sie nun, wie raffiniert alles eingefädelt ist, um Sie zum gläsernen Steuerzahler zu degradieren? Oder soll ich Ihrer Phantasie noch etwas nachhelfen und Ihnen zeigen, was passieren kann?

Beispiel
Angenommen, Sie sind ins Visier des Finanzamts geraten, weil Sie trotz hoher Einkünfte erklärt haben, Ihre Kapitalerträge seien nicht höher als der Sparerpauschbetrag und Sie hätten keinerlei Spekulationsgewinne getätigt. Das Finanzamt hat daraufhin mit einem Kontenabruf gedroht und kurze Zeit später einen solchen gestartet. Dabei hat sich herausgestellt, dass Sie bei drei Banken Konten unterhalten und bei einer Bank seit 1999 ein Wertpapierdepot.
Das Finanzamt informiert Sie über das Ergebnis des Kontenabrufs und verlangt von Ihnen, die von den Banken erteilten Jahres- und Steuerbescheinigungen der letzten zehn Jahre (§ 44 a EStG) vorzulegen sowie für die letzten zehn Jahre die Zinsen und Erträge zu erklären. Gleichzeitig droht es mit einem Einzelauskunftsersuchen (§ 93 AO) bei den Banken, falls Sie die angeforderten Daten nicht vorlegen. Jetzt haben Sie den Salat.

Was darf ein Bankenprüfer alles aufschreiben?
Der Betriebsprüfer hat Zugang zu allen Bankunterlagen einschließlich der Kundenkonten. Er darf jedoch nicht so ohne weiteres Kontrollmitteilungen anfertigen, wenn es sich um Konten und Depots handelt, bei deren Errichtung eine Legitimationsprüfung vorgenommen worden ist (§ 30a Abs. 3 AO). Das umfasst aber nicht Kreditkonten und Zufallserkenntnisse mit Verdacht auf Steuerverkürzung. Solche Zufallserkenntnisse dürfen dem zuständigen Finanzamt sehr wohl mitgeteilt werden (BFH-Beschluss v. 2.8.2001 – VII B 290/99). Ein Verdacht auf Steuerverkürzung ist z.B. gegeben, wenn der Kunde Tafelgeschäfte außerhalb seiner Konten und Depots durch Bareinzahlungen und -abhebungen abwickelt.

Wird es Schwarzgeld immer geben?
Das jedenfalls behauptet Unternehmer Jochen K. »Andernfalls kann ich nirgendwo mitbieten und ein Schnäppchen machen«, so entschuldigt er sich.
Und wo bringt Jochen sein Schwarzgeld unter?
»Als Bargeld im Schließfach meiner Bank. Den größeren Rest als **Tafelpapiere eines thesaurierenden Rentenfonds in Luxemburg**. Ein thesaurierender Fonds schüttet keine Zinsen aus, sondern legt das Geld gleich wieder an. Das ist pflegeleicht, da brauche ich mich um nichts zu küm-

mern. Ich beobachte immer nur den aktuellen Preis. Kaufe die Papierchen in Luxemburg und lege sie dort in einen Safe.«
Jochen hat sich erkundigt und weiß, dass der Rentenfonds in Luxemburg auf die Zinserträge nur eine Abschlagsteuer (Quellensteuer) einbehält. (Siehe aber auch ➤ Rz 937.)

Das Schwarzgeld und die Erben

Wird ein Erbe dem lieben Anverwandten, der ihm Schwarzgeld hinterlassen hat, durch Selbstanzeige ein Strafverfahren anhängen wollen? Zumal der Erbe dann aus der Erbmasse eine Steuernachzahlung zu berappen hätte? Zu viel verlangt, oder? Obwohl er es nach dem Gesetz eigentlich tun müsste.
Oder: Lässt sich ohne Schwarzgeld ein gutes Schnäppchen machen, Mittelsmänner gut bei Laune halten? Wohl kaum. Selbst ein Weltkonzern wie Siemens musste jahrelang über fingierte Beraterverträge zig Millionen Euro in die Schweiz schmuggeln, um mit diesem Geld richtig ins Geschäft zu kommen.
»Was wollen Sie mir damit sagen?«, fragen Sie erstaunt.
Schwarzgeld wird es immer geben. Doch aufgepasst: Die Staatsbürokratie schreit nach Kohle, und ihr Büttel, der Fiskus, ist hinter Schwarzgeld her wie der Teufel hinter der armen Seele.
Der Fiskus betreibt seine Zinsschnüffelei höchst erfolgreich nicht nur im Inland (Kontenabrufverfahren), sondern dank CRS-Verfahren (CRS = Common Reporting Standard) auch im Ausland (siehe auch ➤ Rz 937).
Und dann gibt es da noch ein weiteres Problem: Irgendwann soll das Geld ja zurück nach Deutschland. Die Nummernkonten, von denen sich lange anonym Geld überweisen ließ, sind abgeschafft, denn Überweisungen hinterlassen Spuren, die das Finanzamt finden kann. Bleibt der Transport von Bargeld über die Grenze. Wer indessen mehr als 10.000 € an der Grenze nicht anmeldet, macht sich strafbar, so die EU-Verordnung 1889/2005. Darüber wachen auf beiden Seiten der Grenze die Zöllner.

Schwarzgeld im Schließfach

Ziemlich sicher aufgehoben ist Schwarzgeld – wie eh und je – im Schließfach einer Bank. Ein Schließfach deutet im Übrigen nicht unbedingt auf Schwarzgeld hin, auch nicht unbedingt auf Tafelpapiere, die im Gegensatz zu Bargeld goldene Eier legen. Es kann ebenso gut ein Aufbewahrungsort für wichtige Unterlagen sein, z.B. für ein Testament, für heikle Korrespondenz, für Münzen, Schmuck etc., ist also ziemlich unverdächtig. Die Bank muss zwar auf Anfrage des Fiskus Auskünfte darüber erteilen, ob der Kunde ein Schließfach unterhält, kann aber nichts über dessen Inhalt sagen.

Droht ein Kontenabruf, ist es aber allemal besser, das Schließfach zu kündigen, zumindest aber Schwarzgeld und Tafelpapiere rauszuräumen.

Was darf der Fiskus, wenn die Steuerfahndung Ihren Fall übernimmt?
Im steuerstrafrechtlichen Ermittlungsverfahren dürfen die Finanzämter für Steuerstrafsachen und Steuerfahndung von Banken ohne jegliche Einschränkungen Auskünfte verlangen. Dies gilt sogar europaweit (BGBl 2005 II S. 661). Die fiskalischen Strafverfolgungsstellen dürfen nach Einleitung eines Strafverfahrens (selbst wenn nur ein Verdacht auf Steuerhinterziehung besteht) Bankkonten inkl. Kontobewegungen und Empfängerkonten in anderen EU-Mitgliedstaaten erfragen. Dazu ist es nicht einmal erforderlich, dem Betroffenen Gelegenheit zu freiwilligen Auskünften zu geben. Bisher haben außer der Bundesrepublik Deutschland 14 weitere EU-Länder das Protokoll umgesetzt, darunter Österreich. Auch Länder außerhalb der EU haben sich zur gegenseitigen Amtshilfe bereit erklärt, z. B. die USA.

Wenn die Steuerfahndung wissen will, welche Konten Sie im Inland unterhalten, kann sie natürlich auch einen schlichten Kontenabruf starten.

Auch andere Strafverfolgungsbehörden können z. B. zur Bekämpfung von Terroristen und Schwerstkriminellen nach § 24 c KWG von Banken Auskünfte anfordern.

15.5.3 Schnüffelei nach Auslandskonten 937

Auch Auslandskonten sind vor dem Fiskus nicht mehr sicher. Denn von ausländischen Kapitalerträgen wird meistens vom ausländischen Staat Abschlagsteuer einbehalten (Quellensteuer genannt) und an den dortigen Fiskus abgeführt. Doch auch der deutsche Fiskus will sein Scherflein abhaben. Schließlich hat der Sparer seinen Wohnsitz in Deutschland und ist hier – prinzipiell mit seinen gesamten Einkünften – unbeschränkt steuerpflichtig. Damit der Sparer nicht doppelt geschröpft wird, vom ausländischen und vom hiesigen Fiskus, greifen sog. Doppelbesteuerungsabkommen (DBA) ein. Dem Namen zum Trotz sind es Abkommen zur Vermeidung einer doppelten Besteuerung.

Nach dem OECD-Musterabkommen hat bei Einkünften aus Kapitalvermögen grundsätzlich der **Wohnsitzstaat das Besteuerungsrecht**. Vielfach wurde aber auch die **Anrechnungsmethode** vereinbart, bei der prinzipiell jedem Staat das Besteuerungsrecht zuerkannt wird, aber die im Ausland gezahlte Steuer ganz oder zum Teil auf die einheimische (deutsche) Einkommensteuer angerechnet wird (§ 34 c EStG).

Der zwischenstaatliche Zinsinformationsaustausch

Die Deutschen sind reich, aber mehr als 500 Milliarden € ihres Vermögens sind unversteuertes Geld, das jenseits der Grenze lagert. In anderen Ländern ist es ähnlich. Deshalb verschärfen die Staaten rund um den Globus ihr Vorgehen gegen Steuersünder.

Mit dem CRS-Verfahren im Rücken wird Zinsschnüffelei in großem Stil betrieben. Dieses Verfahren verfolgt das Ziel, die effektive Besteuerung der Zinserträge von natürlichen Personen im Gebiet der OECD-Staaten sicherzustellen. Rechtliche Grundlage ist das Gesetz zum automatischen Austausch von Informationen über Finanzkonten in Steuersachen (FKAustG).

Quellensteuerabzug

Österreich, Luxemburg und Belgien haben für sich indessen eine Ausnahmeregelung durchgesetzt. Dort bestehen die Regierungen weiterhin auf dem Bankgeheimnis, verschicken auch keine Kontrollmitteilungen. Stattdessen haben sich diese drei Staaten für die von den EU-Partnern eröffnete Möglichkeit entschieden, von den Zinseinkünften der Ausländer eine Quellensteuer von 35 % abzuziehen, die zu 75 % an das Herkunftsland des Anlegers überwiesen wird. Die restlichen 25 % sind »Bearbeitungsgebühren«. Dies trifft weitgehend nur die kleineren Sparer. Wer höhere Beträge z.B. in eine Firma einbringt, entgeht der Quellensteuer.

Die Vernunft verfolgt mich,
doch ich bin schneller.
(Späte Erkenntnis)

Was so alles passiert, wenn Sie das Zeitliche segnen

Nach Ihrem Ableben schützen weder Datenschutz noch Dienst-, Bank- oder Steuergeheimnisse Ihre Erben, denn Ihr Finanzamt wird umfassend informiert: vom Standesamt über Ihr Ableben, was die Erbschaftsteuerstelle interessiert zur Kenntnis nimmt. Diese nimmt auch die Mitteilungen Ihrer Bank über Ihr Vermögen und Ihrer Lebensversicherung über die zur Auszahlung anstehenden Versicherungssummen entgegen. Außerdem meldet der Notar alle früheren Beurkundungen und Anordnungen, soweit sie für die Erbschaftsteuer von Bedeutung sein könnten. Ihre Erben brauchen sich also nicht zu wundern, wenn ihnen eine Erbschaftsteuererklärung ins Haus flattert und außerdem Einkommensteuerformulare für alte Jahre, die sie ausfüllen sollen, wenn nicht alle Zinsen angegeben wurden.

»Dann erfahren die Finanzämter gottlob erst nach meinem Tod, wie ehrlich ich es mit den Zinsen gehalten habe. Doch halt, meine Ersparnisse schlummern als Festverzinsliche und Finanzierungsschätzchen in meinem Schließfach«, sagen Sie.
Selbstverständlich muss die Bank auch Ihr Schließfach melden, aber nur dessen Existenz, nicht den Inhalt. Denn den Inhalt nimmt die Bank auch nach Ihrem Tod nicht zur Kenntnis, egal ob Ihre Erben eine Vollmacht für das Schließfach haben oder mit einem Erbschein kommen (Quelle: §§ 33 und 34 ErbStG).

Ruhig mal egoistisch sein? Zielgenau pleite!
Im Alter bescheiden von den Zinsen leben, diese auch noch gewissenhaft versteuern und dafür den Kindern ein Vermögen hinterlassen? Wenn Ihre Kinder gut versorgt sind, aus eigener Kraft ihr Auskommen haben, wer könnte es Ihnen da verdenken, wenn Sie Ihr Vermögen nach und nach aufzehren? Bei einem Kapital von 100.000 € können Sie mindestens 15 Jahre lang jedes Jahr 8.000 € verprassen, marktübliche Zinsen vorausgesetzt. Nach einem arbeitsreichen Leben zielgenau und behaglich mit dem Tod pleite, auch das ist Lebensplanung.

Der Mensch fürchtet die Zeit.
(Aus Arabien)

16 Die Anlagen R, R-AUS und R-AV/bAV

Renten und andere Leistungen 938

In diesem Kapitel erhalten Sie Hinweise zum Ausfüllen aller drei Anlagen für Rentner:

1. die **Anlage R** für Renten und andere Leistungen aus dem Inland,
2. die **Anlage R-AUS** für Renten und andere Leistungen aus ausländischen Versicherungen oder einem ausländischen Rentenvertrag; sie entspricht in Inhalt und Aufbau der Anlage R nahezu 1 zu 1. Die Hinweise zur Anlage R können daher getrost auf die Anlage R-AUS angewendet werden, weshalb wir im Folgenden nicht eigens auf die Anlage R-Aus eingehen,
3. die **Anlage R-AV/bAV** für Leistungen aus zertifizierten Altersvorsorgeverträgen und aus der inländischen betrieblichen Altersversorgung.

Auf diese Weise lassen sich Wiederholungen vermeiden und wird die Besteuerung der Renteneinkünfte deutlicher, da im Zusammenhang erläutert.
Nur selten bleiben Renteneinnahmen von der Steuer verschont. Steuerfrei sind beispielsweise

- Renten aus der gesetzlichen Unfallversicherung (z.B. Berufsgenossenschaftsrenten),
- Kriegs- und Schwerbeschädigtenrenten,
- Geldrenten, die unmittelbar zur Wiedergutmachung nationalsozialistischen oder DDR-Unrechts geleistet werden.
- Schadensersatzrenten zum Ausgleich vermehrter Bedürfnisse, für entgangenen Unterhalt oder entgangene Dienste sowie Schmerzensgeldrenten gehören ebenfalls nicht zu den steuerpflichtigen Einkünften.

Damit gilt im Umkehrschluss: Die meisten Renten sind einkommensteuerpflichtig.

Die Besteuerung der Renten unterteilt sich in folgende Gruppen:

- inländische Leibrenten aus den gesetzlichen Rentenversicherungen, der landwirtschaftlichen Alterskasse, den berufsständischen Versorgungseinrichtungen. Dazu gehören auch Renten aus eigenen zertifizierten Basisrentenverträgen (Anlage R),
- sonstige inländische – insbesondere private – Leibrenten (Anlage R),
- Leistungen aus Altersvorsorgeverträgen (sog. Riester-Rente) und aus der betrieblichen Altersversorgung, auch soweit es sich um Leibrenten aus dem umlagefinanzierten Teil von Zusatzversorgungskassen, wie z.B. der Versorgungsanstalt des Bundes und der Länder (VBL), handelt (Anlage R-AV/bAV),
- Renten und andere Leistungen aus ausländischen Versicherungen und/oder einem ausländischen Rentenvertrag (Anlage R-AUS).

Pensionen, z.B. Werkspensionen, für die Sie eine Lohnsteuerbescheinigung erhalten haben, tragen Sie in der Anlage N ein.

In jedem der drei Formulare ist Platz für je zwei Renten. Bei mehr als zwei Renten müssen Sie eine weitere Anlage R, R-AUS oder R-AV/(b)AV ausfüllen. Jedenfalls theoretisch, denn praktisch **entfällt seit 2019 für die meisten Rentenbezieher das Ausfüllen und damit auch die Abgabe der Anlage R. Das trifft ebenso auf die neue Anlage R-AV/bAV zu.**

Warum?

Daten für die mit »e« gekennzeichneten Zeilen werden von den Rentenversicherungsträgern elektronisch an Ihr Finanzamt übermittelt und müssen Sie daher nicht mehr eintragen. In den meisten Fällen werden sämtliche Daten übermittelt, die für eine korrekte Besteuerung Ihrer Rentenbezüge erforderlich sind.

Die Abgabe der Anlagen R und R-(b)AV entfällt daher, wenn

- die elektronisch übermittelten Daten zutreffen,
- in den Zeilen > 10 – 12 keine Eintragungen zur Öffnungsklausel vorgenommen werden müssen und
- die Werbungskosten den Pauschbetrag von 102 € – bzw. von 1.000 € bei Einnahmen aus einem Pensionsfonds – nicht übersteigen.

Der Fiskus fasst die Rentner immer härter an. In 2005 wurde der Besteuerungsanteil von vormals rd. 27 % auf 50 % angehoben und nimmt seitdem bei jedem neuen Rentnerjahrgang jährlich um 2 % zu, im Jahr 2040 werden es 100 % sein. Auch werden künftige Rentenanpassungen in voller Höhe besteuert. Ein ausgeklügeltes Kontrollsystem sorgt außerdem dafür, dass dem Fiskus kein Rentner durch die Lappen geht.

939 **Rasterfahndung**

Die Meldungen der Rentenkassen laufen durch ein Raster. Wer nur eine

Rente hat, ist meist fein raus. Dazu unten mehr. Wer Altersbezüge aus mehr als einer Quelle hat, egal wie hoch, bleibt im Raster hängen und muss damit rechnen, dass man ihn auffordert, eine Steuererklärung abzugeben.
Doch nicht jeder, der zur Abgabe einer Steuererklärung aufgefordert wird, muss tatsächlich Steuern zahlen. Auf vielerlei Art und Weise lässt sich das steuerpflichtige Einkommen drücken.

16.1 Das Wichtigste im Überblick

Der BFH hat in zwei Urteilen die aktuelle Rentenbesteuerung gerade **940**
noch als verfassungskonform bestätigt (BFH v. 19.5.2021 – X R 20/19 und X R 33/19, DB 2021 S. 1237). Noch liegt keine generelle »doppelte Besteuerung« von Renten vor, künftige Rentenjahrgänge ab 2025 könnten aber davon betroffen sein. Der Bundesfinanzminister hat angekündigt, dass nach der Bundestagswahl eine Steuerreform auf den Weg gebracht werden soll, die die Vorgaben des BFH erfüllt und auch in Zukunft eine »doppelte Besteuerung« von Renten vermeidet. Überlegt wird unter anderem, den 100 %igen Abzug der Beiträge zu Basisrentenversicherungen schon vor 2025 zu ermöglichen. Man darf gespannt sein, ob die hohe Politik Wort hält und eine für die zukunft gerechte Rentenbesteuerung hinbekommt.

Was ist von der Rente steuerpflichtig?
Renten sind grundsätzlich steuerpflichtig, nur einige Arten sind nach § 3 EStG in vollem Umfang steuerfrei und brauchen nicht angegeben zu werden. Dazu gehören etwa Renten aus der gesetzlichen Unfallversicherung (z.B. Berufsgenossenschaftsrenten), Kriegs- und Schwerbeschädigtenrenten. Die steuerpflichtigen Renten teilen sich in **drei Gruppen**:

Gruppe 1 (Anlage R, > Zeile 4 – 12)

- Leibrenten aus der gesetzlichen Rentenversicherung
- Leibrenten aus landwirtschaftlichen Alterskassen
- Leibrenten aus berufsständischen Versorgungseinrichtungen
- Leibrenten aus kapitalgedeckten Rentenversicherungen mit Laufzeit nach dem 31.12.2005 (sog. Rürup-Renten)

Renten der Gruppe 1 unterliegen nur mit einem bestimmten Anteil der Besteuerung, der sich nach dem Jahr des Rentenbeginns richtet. Bei Beginn der Rente im Jahr 2021 beträgt der Besteuerungsanteil 81 %.

Der Rentenfreibetrag
Wenn von einem gewissen Besteuerungsanteil die Rede ist, so ist das nur die halbe Wahrheit. In Wirklichkeit erhalten die Rentner einen Freibe-

trag, der lebenslang festgeschrieben wird. Auf diese Weise werden alle künftigen Rentenerhöhungen in voller Höhe steuerpflichtig. Zu diesem Skandal mehr unter ➤ Rz 984.

Gruppe 2 (Anlage R, > Zeile 13 – 18)

- Sonstige, insbesondere private Leibrenten

Leibrenten, die nicht in > Zeile 4 – 12 einzutragen sind, werden mit dem Ertragsanteil besteuert (Tabelle 2 und 3 ➤ Rz 966).

Gruppe 3 (Anlage R-AV/bAV, > Zeile 4 – 26)

- Leistungen aus Altersvorsorgeverträgen (sog. Riester-Rente)
- Leistungen aus der betrieblichen Altersversorgung
- Leistungen aus Zusatzversorgungskassen VBL oder ZVK

Diese Leistungen sind in voller Höhe steuerpflichtig. Zu den Ausnahmen siehe ➤ Rz 987.

Berechnungsschema für Renten der Anlage R

Leibrenten (1)			
laut Anlage R, > Zeile 4 *Rentenbetrag im Jahr 2021*			*........ €*
./. Rentenfreibetrag (➤ Rz 984)	*– .... €*		
./. Werbungskosten, mind. Pauschbetrag 102 €	*– .... €*		
Summe	*........ €*	*>*	*........ €*
Leibrenten (2)			
laut Anlage R, > Zeile 13 *Rentenbetrag im Jahr 2021*			*........ €*
davon Ertragsanteil nach Tabelle 2 oder 3 (➤ Rz 966)	*........ €*		
./. Werbungskosten, mind. Pauschbetrag 102 €	*– .... €*		
Summe	*........ €*	*>*	*........ €*
Renteneinkünfte 2021			*........ €*

Berechnungsschema für Renten der Anlage R-AV/bAV

Anlage R-AV/bAV laut > Zeile 4 – 26	*........ €*
./. Werbungskosten, mind. Pauschbetrag 102 €	*– .... €*
Einkünfte	*........ €*

Wenn beide Ehepartner Rente beziehen, muss ggf. jeder eine Anlage R bzw. R-(b)AV abgeben.

Beispiel
Sie haben in 2021 eine Jahresbruttorente (vor Abzug von Beiträgen zur Kranken- und Pflegeversicherung) in Höhe von 11.040 € bezogen. Diesen Betrag entnehmen Sie der Mitteilung über die Rentenanpassung zum 1.7.2021. Im Rentenbetrag sind Rentenanpassungen von 122 € enthalten. Rentenbeginn war am 1.3.2010.

Das Finanzamt berücksichtigt die Renteneinkünfte automatisch, da die Daten elektronisch von der Rentenkasse übermittelt wurden. Ein Ausfüllen der Anlage R ist somit nicht erforderlich. Wenn Sie möchten, tragen Sie auf Seite 1 ein:

Daten für die mit (e) gekennzeichneten Zeilen liegen im Regelfall vor und müssen nicht eingetragen werden – Bitte Infoblatt eDaten / Anleitung beachten –

Renten und andere Leistungen aus dem Inland

– Ohne Leistungen aus Altersvorsorgeverträgen und aus der betrieblichen Altersversorgung –

7

Leibrenten / Leistungen aus gesetzlichen Rentenversicherungen, landwirtschaftlicher Alterskasse, berufsständischen Versorgungseinrichtungen, eigenen zertifizierten Basisrentenverträgen

			1. Rente EUR		2. Rente EUR	
4	Rentenbetrag (einschließlich Einmalzahlung und Leistungen)	101	11040,-	151	,-	(e)
5	Rentenanpassungsbetrag (in Zeile 4 enthalten)	102	122,-	152	,-	(e)
6	Beginn der Rente	103	01032010	153	TTMMJJJJ	(e)

Da Sie in 2010 in Rente gegangen sind, erhalten Sie einen Rentenfreibetrag von 40 % (➤ Rz 984), den das Finanzamt auf der Grundlage Ihrer Jahresrente für 2010 festgestellt hat.
Sie versteuern für 2021:

Rentenbetrag > Zeile 5	11.040 €
./. Rentenfreibetrag (Jahresbruttorente – Rentenanpassungen × 40 %)	– 4.367 €
./. Werbungskostenpauschbetrag	– 102 €
Verbleiben als steuerpflichtige Renteneinkünfte	6.571 €

Mit Renteneinkünften in dieser Höhe sind Sie – auch als Alleinstehender – steuerlich voll und ganz aus dem Schneider, sofern nicht andere Einkünfte hinzukommen. Siehe dazu Fälle unter ➤ Rz 946 ff.

2021

Zeile		
1	Name	
2	Vorname	
3	Steuernummer	lfd. Nr. der Anlage

Anlage R-AV / bAV

Jeder Ehegatte / Lebenspartner mit Leistungen hat eine eigene Anlage R-AV / bAV abzugeben.

stpfl. Person / Ehemann / Person A

Ehefrau / Person B

Leistungen aus zertifizierten Altersvorsorgeverträgen und aus der inländischen betrieblichen Altersversorgung

Daten für die mit (e) gekennzeichneten Zeilen liegen im Regelfall vor und müssen nicht eingetragen werden.
– Bitte Infoblatt eDaten / Anleitung beachten –

7

Leistungen

Zeile		Kz.	1. Rente	Kz.	2. Rente	
			EUR		EUR	
4	Leistungen aus einem Altersvorsorgevertrag, einem Pensionsfonds, einer Pensionskasse oder aus einer Direktversicherung lt. Nummer 1 der Leistungsmitteilung	500	,-	550	,-	(e)
5	Leistungen aus einem Pensionsfonds lt. Nummer 2 der Leistungsmitteilung	501	,-	551	,-	(e)
6	Bemessungsgrundlage für den Versorgungsfreibetrag	502	,-	552	,-	
7	Maßgebendes Kalenderjahr des Versorgungsbeginns	524	JJJJ	574	JJJJ	
8	Bei unterjähriger Zahlung: Erster und letzter Monat, für die Versorgungsbezüge gezahlt wurden	522	Monat MM – 523 Monat MM	572	Monat MM – 573 Monat MM	
9	Leistungen zur Abfindung einer Kleinbetragsrente lt. Nummer 3 der Leistungsmitteilung	525	,-	575	,-	(e)
10	Leistungen aus einer betrieblichen Altersversorgung lt. Nummer 4 der Leistungsmitteilung	505	,-	555	,-	(e)
11	In Zeile 10 enthaltener Rentenanpassungsbetrag	526	,-	576	,-	(e)
12	Beginn der Leistung	506	TTMMJJJJ	556	TTMMJJJJ	(e)
13	Beginn der vorhergehenden Leistung	518	TTMMJJJJ	568	TTMMJJJJ	(e)
14	Ende der vorhergehenden Leistung	519	TTMMJJJJ	569	TTMMJJJJ	(e)
15	Leibrente aus einem Altersvorsorgevertrag oder aus einer betrieblichen Altersversorgung lt. Nummer 5 oder Leistungen wegen schädlicher Verwendung lt. Nummer 9a der Leistungsmitteilung	507	,-	557	,-	(e)
16	Beginn der Rente	508	TTMMJJJJ	558	TTMMJJJJ	(e)
17	Geburtsdatum des Erblassers bei Rentengarantiezeit	530	TTMMJJJJ	580	TTMMJJJJ	
18	Abgekürzte Leibrente aus einem Altersvorsorgevertrag oder aus einer betrieblichen Altersversorgung lt. Nummer 6 oder Leistungen wegen schädlicher Verwendung lt. Nummer 9b der Leistungsmitteilung	509	,-	559	,-	(e)
19	Beginn der Rente	510	TTMMJJJJ	560	TTMMJJJJ	(e)
20	Die Rente erlischt / wird umgewandelt spätestens am	511	TTMMJJJJ	561	TTMMJJJJ	(e)
21	Andere Leistungen lt. den Nummern 7, 8 und 10 oder Leistungen wegen schädlicher Verwendung lt. den Nummern 9c und 9d der Leistungsmitteilung oder der Auflösungsbetrag bei Aufgabe der Selbstnutzung oder der Reinvestitionsabsicht **vor** dem Beginn der Auszahlungsphase oder der Verminderungsbetrag lt. Bescheid der Zentralen Zulagenstelle für Altersvermögen	512	,-	562	,-	(e)
22	Auflösungsbetrag bei Wahl der Einmalbesteuerung des Wohnförderkontos lt. Bescheid der Zentralen Zulagenstelle für Altersvermögen	535	,-	585	,-	(e)
23	Auflösungsbetrag bei Aufgabe der Selbstnutzung oder der Reinvestitionsabsicht **nach** dem Beginn der Auszahlungsphase lt. Bescheid der Zentralen Zulagenstelle für Altersvermögen	536	,-	586	,-	(e)
24	Beginn der Auszahlungsphase	537	TTMMJJJJ	587	TTMMJJJJ	
25	Zeitpunkt der Aufgabe der Selbstnutzung oder Reinvestitionsabsicht	538	TTMMJJJJ	588	TTMMJJJJ	(e)
26	Nachzahlungen für mehrere vorangegangene Jahre (lt. Nummer 11 der Leistungsmitteilung)	516	,-	566	,-	(e)

2021AnlR-AVbAV341 – Juli 2021 – **2021AnlR-AVbAV341**

Leibrenten aus sonstigen Verpflichtungsgründen (z. B. Renten aus Veräußerungsgeschäften)

(ohne Renten lt. Zeile 4 bis 18)

Zeile			1. Rente EUR		2. Rente EUR
31	Rentenbetrag	141	,–	191	,–
32	Beginn der Rente	142	T T M M J J J J	192	T T M M J J J J
33	Geburtsdatum des Erblassers bei Garantiezeitrenten	146	T T M M J J J J	196	T T M M J J J J
34	Die Rente erlischt mit dem Tod von				
35	Die Rente erlischt / wird umgewandelt spätestens am	143	T T M M J J J J	193	T T M M J J J J
36	Nachzahlungen für mehrere vorangegangene Jahre (in Zeile 31 enthalten)	144	,–	194	,–

Werbungskosten

Die Eintragungen in den Zeilen 37 und 38 sind nur in der ersten Anlage R vorzunehmen.

Zeile			EUR
37	– zu den Zeilen 4, 13 und 31 – ohne Werbungskosten lt. Zeile 38 – (Art der Aufwendungen)	800	,–
38	– zu den Zeilen 9, 18 und 36 (Art der Aufwendungen)	801	,–

Steuerstundungsmodelle

Einkünfte aus Gesellschaften / Gemeinschaften / ähnlichen Modellen i. S. d. § 15b EStG (lt. gesonderter Aufstellung)

Zeile		EUR
39		,–

2021AnlR122 2021AnlR122

2021

Zeile				
1	Name			
2	Vorname			
3	Steuernummer		lfd. Nr. der Anlage	

Anlage R-AV / bAV

Jeder Ehegatte / Lebenspartner mit Leistungen hat eine eigene Anlage R-AV / bAV abzugeben.

stpfl. Person / Ehemann / Person A

Ehefrau / Person B

Daten für die mit (e) gekennzeichneten Zeilen liegen im Regelfall vor und müssen nicht eingetragen werden. – Bitte Infoblatt eDaten / Anleitung beachten –

Leistungen aus zertifizierten Altersvorsorgeverträgen und aus der inländischen betrieblichen Altersversorgung

7

Leistungen

Zeile		Kz.	1. Rente	Kz.	2. Rente	
			EUR		EUR	
4	Leistungen aus einem Altersvorsorgevertrag, einem Pensionsfonds, einer Pensionskasse oder aus einer Direktversicherung lt. Nummer 1 der Leistungsmitteilung	500	,–	550	,–	(e)
5	Leistungen aus einem Pensionsfonds lt. Nummer 2 der Leistungsmitteilung	501	,–	551	,–	(e)
6	Bemessungsgrundlage für den Versorgungsfreibetrag	502	,–	552	,–	
7	Maßgebendes Kalenderjahr des Versorgungsbeginns	524	J J J J	574	J J J J	
8	Bei unterjähriger Zahlung: Erster und letzter Monat, für den Versorgungsbezüge gezahlt wurden	522	Monat M M – 523 Monat M M	572	Monat M M – 573 Monat M M	
9	Leistungen zur Abfindung einer Kleinbetragsrente lt. Nummer 3 der Leistungsmitteilung	525	,–	575	,–	(e)
10	Leistungen aus einer betrieblichen Altersversorgung lt. Nummer 4 der Leistungsmitteilung	505	,–	555	,–	(e)
11	In Zeile 10 enthaltener Rentenanpassungsbetrag	526	,–	576	,–	(e)
12	Beginn der Leistung	506	T T M M J J J J	556	T T M M J J J J	(e)
13	Beginn der vorhergehenden Leistung	518	T T M M J J J J	568	T T M M J J J J	(e)
14	Ende der vorhergehenden Leistung	519	T T M M J J J J	569	T T M M J J J J	(e)
15	Leibrente aus einem Altersvorsorgevertrag oder aus einer betrieblichen Altersversorgung lt. Nummer 5 oder Leistungen wegen schädlicher Verwendung lt. Nummer 9a der Leistungsmitteilung	507	,–	557	,–	(e)
16	Beginn der Rente	508	T T M M J J J J	558	T T M M J J J J	(e)
17	Geburtsdatum des Erblassers bei Rentengarantiezeit	530	T T M M J J J J	580	T T M M J J J J	
18	Abgekürzte Leibrente aus einem Altersvorsorgevertrag oder aus einer betrieblichen Altersversorgung lt. Nummer 6 oder Leistungen wegen schädlicher Verwendung lt. Nummer 9b der Leistungsmitteilung	509	,–	559	,–	(e)
19	Beginn der Rente	510	T T M M J J J J	560	T T M M J J J J	(e)
20	Die Rente erlischt / wird umgewandelt spätestens am	511	T T M M J J J J	561	T T M M J J J J	(e)
21	Andere Leistungen lt. den Nummern 7, 8 und 10 oder Leistungen wegen schädlicher Verwendung lt. den Nummern 9c und 9d der Leistungsmitteilung oder der Auflösungsbetrag bei Aufgabe der Selbstnutzung oder der Reinvestitionsabsicht **vor** dem Beginn der Auszahlungsphase oder der Verminderungsbetrag lt. Bescheid der Zentralen Zulagenstelle für Altersvermögen	512	,–	562	,–	(e)
22	Auflösungsbetrag bei Wahl der Einmalbesteuerung des Wohnförderkontos lt. Bescheid der Zentralen Zulagenstelle für Altersvermögen	535	,–	585	,–	(e)
23	Auflösungsbetrag bei Aufgabe der Selbstnutzung oder der Reinvestitionsabsicht **nach** dem Beginn der Auszahlungsphase lt. Bescheid der Zentralen Zulagenstelle für Altersvermögen	536	,–	586	,–	(e)
24	Beginn der Auszahlungsphase	537	T T M M J J J J	587	T T M M J J J J	
25	Zeitpunkt der Aufgabe der Selbstnutzung oder Reinvestitionsabsicht	538	T T M M J J J J	588	T T M M J J J J	(e)
26	Nachzahlungen für mehrere vorangegangene Jahre (lt. Nummer 11 der Leistungsmitteilung)	516	,–	566	,–	(e)

2021AnlR-AVbAV341 – Juli 2021 – 2021AnlR-AVbAV341

Werbungskosten **Die Eintragungen in den Zeilen 31 bis 37 sind nur in der ersten Anlage R-AV / bAV vorzunehmen.**

31	– zu den Zeilen 4 und 21 (Art der Aufwendungen)	802	,–
32	– zu Zeile 5 (Art der Aufwendungen)	803	,–
33	– zu den Zeilen 10, 15 und 18 (Art der Aufwendungen)	806	,–
34	– zu Zeile 22 (Art der Aufwendungen)	808	,–
35	– zu Zeile 23 (Art der Aufwendungen)	809	,–
36	– zu Zeile 9 sowie zu Nachzahlungen (Zeile 26), die in den Einnahmen der Zeile 4 enthalten sind (Art der Aufwendungen)	805	,–
37	– zu Nachzahlungen (Zeile 26), die in den Einnahmen der Zeilen 5, 10, 15 und 18 enthalten sind (Art der Aufwendungen)	811	,–

2021AnlR-AVbAV342
2021AnlR-AVbAV342

16.2 Wann ist als Rentner eine Steuererklärung abzugeben?

941 Streng nach dem Buchstaben des Gesetzes aus § 56 EStDV ist eine Steuererklärung fällig, wenn der Gesamtbetrag der Einkünfte den Betrag von **9.744/19.488 €** (Alleinstehende/Ehegatten) übersteigt. Die Hürde, ab der tatsächlich Steuern anfallen, ist aber wesentlich höher. Ob der Einzelne aus seiner Rente Steuern zu zahlen hat, hängt von vielen unterschiedlichen Faktoren ab. Einfluss nehmen z. B. Familienstand, weitere Einkünfte, Höhe der Versicherungsbeiträge und außergewöhnliche Belastungen.

942 16.2.1 Das Finanzamt schickt Ihnen Steuerformulare ins Haus

Mal angenommen, Sie haben gut geerbt und bislang noch keine Steuererklärung abgegeben. Das könnte ein Anlass sein, Ihnen Steuerformulare zuzusenden mit der Aufforderung, die Erklärung bis zu einem bestimmten Termin abzugeben. Oder das Finanzamt hat über die Rentenbezugsmitteilungen ➤ Rz 985 von Ihrer guten Rente erfahren. Jetzt sind Sie dran.

Als »Klein-Rentner« husten Sie ihm was und schreiben:

An Finanzamt Neuhausen

Ihr Schreiben vom ....

Sehr geehrte Damen und Herren,
ich bitte Sie, mich von der Abgabe der Steuererklärung zu entbinden, die mir altersbedingt sehr viel Mühe macht. Nach dem Gesetz bin ich nicht erklärungspflichtig, weil meine Einkünfte den Betrag von 9.744 € (Alleinstehende)/19.488 € (Verheiratete) nicht übersteigen. Sofern Sie meinem Antrag entsprechen, erübrigt sich ein Bescheid.

Hochachtungsvoll
Walter Knecht

Nun warten Sie ab, was passiert.

943 16.2.2 Erklärungspflichten

Ob der Gesamtbetrag Ihrer Einkünfte **9.744/19.488 €** (Alleinstehende/Ehegatten) übersteigt und Sie somit zur Abgabe einer Steuererklärung verpflichtet sind, können Sie nach folgendem Schema berechnen:

Jahresbetrag der Rente	.... €
./. Freibetrag (➤ Rz 984)	– .... €
./. Werbungskostenpauschbetrag	– 102 €
Gesamtbetrag der Einkünfte	.... €

Bei der Berechnung Ihres zu versteuernden Einkommens werden vorab vom Gesamtbetrag der Einkünfte abgezogen:

- 1.500 €/3.000 € für sonstige Vorsorgeaufwendungen (Versicherungsbeiträge),
- 36 €/72 € als Pauschbetrag für Sonderausgaben (§ 10 c EStG),
- weitere Abzüge, wie z.B. als Behinderter, andere außergewöhnliche Belastungen wie Krankheitskosten, haushaltsnahe Dienstleistungen etc.,
- der Grundfreibetrag von **9.744/19.488 €** (§ 32 a EStG),
- der Altersentlastungsbetrag (➤ Rz 944) und der Versorgungsfreibetrag (➤ Rz 945).

Altrentner
Wer 2004 oder früher in Rente gegangen ist, bei dem sind 50 % der Rente steuerpflichtig. Berücksichtigt man die o.g. Abzüge, sind Altrentner erst ab einer Rente von ca. 19.000 €/37.800 € (Alleinstehende/Ehegatten) steuerpflichtig. Als Otto Normalrentner bleiben Sie somit von der Steuer verschont.

Neurentner
Für spätere Jahrgänge steigt der steuerpflichtige Anteil an, bis im Jahr 2040 die gesamte Rente zu versteuern ist (➤ Rz 984). Wer z.B. in 2021 in Rente geht, versteuert schon 81 % der Rente und ist somit ab etwa 13.800/27.400 € (Alleinstehende/Ehegatten) steuerpflichtig.

Rentenbezüge, bis zu denen 2021 keine Einkommensteuer anfällt
Unter Berücksichtigung des Grundfreibetrags von **9.744/19.488 €** und der als Sonderausgaben abzugsfähigen Beiträge zur Kranken- und Pflegeversicherung für Rentner (bei einem Eigenanteil zur Krankenversicherung von 7,85 % und zur Pflegeversicherung von 3,05 %) ergeben sich abhängig vom Jahr des Rentenbeginns folgende steuerfreie Rentenjahresbezüge.

Das Beste geben die Götter uns umsonst.
(Ernst Jünger in »Marmorklippen«)

Rentenbeginn	Ledige €	Verheiratete €
2005	19.459	38.717
2006	18.890	37.586
2007	18.379	36.568
2008	17.953	35.720
2009	17.627	35.072
2010	17.284	34.389
2011	16.850	33.526
2012	16.520	32.870
2013	16.185	32.203
2014	15.816	31.470
2015	15.520	30.880
2016	15.289	30.420
2017	15.054	29.953
2018	14.773	29.393
2019	14.516	28.882
2020	14.252	28.356
2021	14.117	28.089

Wenn weitere abzugsfähige Sonderausgaben wie Haftpflichtversicherungen, Kirchensteuern, Spenden etc. anfallen, erhöht sich der steuerfreie Rentenbetrag.

Nebeneinkünfte schön und gut, aber?

Bei Ihren Überlegungen sollten Sie nicht vergessen, Ihre weiteren Einkünfte in die Berechnung einzubeziehen. Mit zusätzlichen Nebeneinkünften z.B. aus

- einer nichtselbständigen Nebentätigkeit mit Lohnsteuerabzug (gilt auch für Beamten- und Betriebspensionen)
- oder Grundbesitz kommen viele auf einen Gesamtbetrag der Einkünfte, der zur Abgabe einer Steuererklärung verpflichtet.

Gut zu wissen:

Lohn aus einem 450-€-Job bleibt außen vor

Viele Rentner verdienen sich nebenbei etwas hinzu. Geschieht dies in einem Minijob bis 450 € im Monat, wird der Lohn pauschal vom Arbeitgeber übernommen, die Besteuerung ist damit abgegolten (§ 40 Abs. 3 EStG). In der Steuererklärung hat also Lohn aus einem Minijob nichts zu suchen, auch nicht in der eines Rentners.

Kapitalerträge bleiben wegen der Abgeltungsteuer ebenfalls außen vor, brauchen also nicht erklärt zu werden (§ 43 Abs. 5 und § 2 Abs.5 b Satz 1 EStG).

Der Altersentlastungsbetrag (§ 24 a EStG) 944

Der Altersentlastungsbetrag steht allen zu, die 65 Jahre und älter sind. Bezogen auf das Jahr 2021, muss der Steuerzahler dazu vor dem 2.1.1957 geboren sein. Dann erhält er erstmalig den Altersentlastungsbetrag in Höhe eines bestimmten Prozentsatzes auf die positive Summe seiner Einkünfte (ohne die Einkünfte aus Renten und Pensionen). Zugleich wird ein Höchstbetrag festgesetzt.

Prozentsatz und Höchstbetrag gelten ab da lebenslang unverändert!

Der Altersentlastungsbetrag wird für jeden Seniorenjahrgang bis zum Jahr 2040 – bis 2020 um 1,6, ab 2021 um 0,8 Prozentpunkte je Jahr – schrittweise abgeschmolzen (siehe Tabelle).

Der Altersentlastungsbetrag steht von Amts wegen zu, braucht also nicht beantragt zu werden. Das Finanzamt berücksichtigt ihn automatisch. Für die Frage, ob Sie eine Steuererklärung abgeben müssen, sollten Sie aber wissen, wie hoch er ist:

Festschreibung im auf die Vollendung des 64. Lebensjahres folgenden Kalenderjahr	Altersentlastungsbetrag in % der Einkünfte	Altersentlastungsbetrag Höchstbetrag in Euro
2005 (Jahrgang 1940 und früher)	40,0	1.900
2006 (Jahrgang 1941)	38,4	1.824
2007 (Jahrgang 1942)	36,8	1.748
2008 (Jahrgang 1943)	35,2	1.672
2009 (Jahrgang 1944)	33,6	1.596
2010 (Jahrgang 1945)	32,0	1.520
2011 (Jahrgang 1946)	30,4	1.444
2012 (Jahrgang 1947)	28,8	1.368
2013 (Jahrgang 1948)	27,2	1.292
2014 (Jahrgang 1949)	25,6	1.216
2015 (Jahrgang 1950)	24,0	1.140
2016 (Jahrgang 1951)	22,4	1.064
2017 (Jahrgang 1952)	20,8	988
2018 (Jahrgang 1953)	19,2	912
2019 (Jahrgang 1954)	17,6	836
2020 (Jahrgang 1955)	16,0	760
2021 (Jahrgang 1956)	15,2	722
2022 (Jahrgang 1957)	14,4	684
…	…	…
2040	0,0	0

Beispiel
Rentner Klaus, Jahrgang 1957, ist in 2021 64 Jahre alt geworden und hat deshalb ab dem Kalenderjahr 2022 Anspruch auf einen Altersentlastungsbetrag in Höhe von 14,4 % der positiven Summe seiner Einkünfte (ohne Renten und Pensionen), max. aber 684 €. Für seine Mieteinkünfte von 3.000 € steht ihm also ein Altersentlastungsbetrag von 14,4 % von 3.000 € = 432 € zu.

945 **Der Versorgungsfreibetrag (§ 19 Abs. 2 EStG)**

Besteht Ihre Altersversorgung nicht aus einer Rente, sondern aus einer Pension (Staats-, Dienstpension), so haben Sie diese als nachträglichen Arbeitslohn entsprechend Ihrer Steuerklasse zu versteuern. Von der Pension wird Lohnsteuer einbehalten. Steuerfrei bleibt praktisch nur der Versorgungsfreibetrag und der Werbungskostenpauschbetrag von 102 €.
Mehr zum Versorgungsfreibetrag, insbesondere zu dessen Höhe siehe ➤ Rz 659 ff.

946 **16.2.3 Einzelfälle für die Abgabe der Steuererklärung**

Am besten ist immer noch ein Beispiel aus der Praxis. Hier folgen daher vier exemplarische Fälle. Schauen Sie, ob einer davon auf Sie zutrifft und wie dabei gerechnet wird:

947 **Fall 1**

Gesetzliche Altersrente plus Witwenrente
Sie sind alleinstehend und beziehen eine Alters- und eine Witwenrente, die jeweils vor 2005 zu laufen begonnen haben. So wird gerechnet:

Gesetzliche Altersrente, Rentenbetrag im Jahr 2021	9.600 €		
./. Rentenfreibetrag 2005, angenommen	– 4.200 €		
Steuerpflichtig	5.400 €	>	5.400 €
Gesetzliche Witwenrente, Rentenbetrag im Jahr 2021	10.800 €		
./. Rentenfreibetrag 2005, angenommen	– 5.100 €		
Steuerpflichtig	5.700 €	>	5.700 €
Gesamt			11.100 €
./. Werbungskostenpauschbetrag			– 102 €
Gesamtbetrag der Einkünfte			10.998 €

Der Gesamtbetrag der Einkünfte übersteigt die kritische Grenze von 9.744 €. Es besteht die Verpflichtung zur Abgabe einer Steuererklärung.

Variante Fall 1 a

Gesetzliche Altersrente plus Privatrente
Angenommen, Sie haben anstelle der Witwenrente eine gleich hohe private Leibrente aus einer Rentenversicherung bezogen. Diese wird **nicht** nach Tabelle 1 (➤ Rz 951) mit mindestens 50 % besteuert, sondern mit dem Ertragsanteil aus Tabelle 2 (➤ Rz 966). Der Ertragsanteil beträgt 18 %, weil Sie mit 65 in Rente gegangen sind. Nunmehr betragen die steuerpflichtigen Einkünfte (18 % von 10.800 € =) 1.944 € abzgl. Werbungskostenpauschbetrag 102 € = 1.842 €. Der Gesamtbetrag der Einkünfte (5.400 € + 1.842 € = 7.242 €) übersteigt nicht die kritische Grenze von 9.744 €. Folge: Sie brauchen keine Steuererklärung abzugeben.
Nun fragen Sie sich vielleicht, warum einmal so und einmal so? Ganz einfach: Steuergesetzen liegt keine Logik zugrunde. Parteien, Gewerkschaften und Interessenverbände kungeln untereinander so lange, bis kaum noch einer das Gesetz versteht.

Fall 2 948

Ehepaar mit doppelter Rente
Als Ehepaar bezieht jeder von Ihnen eine eigene Rente. Beide Renten haben vor 2005 zu laufen begonnen. So wird gerechnet:

Rentenbetrag des Mannes im Jahr 2021	16.800 €		
./. Rentenfreibetrag aus 2005, angenommen	– 8.100 €		
./. Werbungskostenpauschbetrag	– 102 €		
Renteneinkünfte	8.598 €		> 8.598 €
Rentenbetrag der Frau im Jahr 2021		10.800 €	
./. Rentenfreibetrag aus 2005, angenommen		– 5.200 €	
./. Werbungskostenpauschbetrag		– 102 €	
Renteneinkünfte		5.498 €	> 5.498 €
Gesamtbetrag der Einkünfte			14.096 €

Der Gesamtbetrag der Einkünfte übersteigt nicht die kritische Grenze von 19.488 €. Sie müssen keine Steuererklärung abgeben.

Fall 3 949

Gesetzliche Altersrente plus Werkspension
Sie sind alleinstehend und beziehen neben Ihrer Rente eine Firmenpension auf Steuerkarte. Beide haben in 2005 zu laufen begonnen. Die Firmenpension ist aus Sicht des Fiskus nachträglicher Arbeitslohn. Merkmal

ist die laufende Lohnabrechnung durch den ehemaligen Arbeitgeber. So wird gerechnet:

Rentenbetrag im Jahr 2021	9.600 €		
./. Rentenfreibetrag aus 2005, angenommen	– 4.600 €		
./. Werbungskostenpauschbetrag	– 102 €		
Renteneinkünfte	4.898 €		> 4.898 €
Firmenpension in 2021 brutto		4.200 €	
./. Versorgungsfreibetrag (➤ Rz 659) 40 %, max. 3.000 €		– 1.680 €	
./. Zuschlag zum Versorgungsfreibetrag		– 900 €	
./. Werbungskostenpauschbetrag		– 102 €	
Einkünfte aus nichtselbständiger Arbeit		1.518 €	> 1.518 €
Gesamtbetrag der Einkünfte			6.416 €

Der Gesamtbetrag Ihrer Einkünfte übersteigt nicht die kritische Grenze von 9.744 €. Es besteht deshalb zunächst aus § 56 EStDV keine Erklärungspflicht, wohl aber aus § 46 Abs. 2 EStG. Nach dieser Vorschrift müssen Sie eine Steuererklärung abgeben, wenn Sie zusätzlich zu Einkünften aus nichtselbständiger Arbeit Nebeneinkünfte (hier: gesetzliche Rente) von mehr als 410 € bezogen haben.

Variante Fall 3 a
Als Ehepaar bezieht einer von Ihnen eine Beamtenpension und der andere eine gesetzliche Altersrente. In diesem Fall wird ähnlich wie oben gerechnet. Auch wenn Ihre Einkünfte die kritische Grenze von 19.488 € nicht übersteigen, müssen Sie gleichwohl – wegen § 46 Abs. 2 EStG/Nebeneinkünfte mehr als 410 € – eine Steuererklärung abgeben.

950 **Fall 4**

Gesetzliche Altersrente plus Zinsen und Dividenden
Sie sind verheiratet. Ihre Renteneinkünfte betragen (Rentenbeginn vor 2005):

Rentenbetrag für 2021	16.800 €
./. Rentenfreibetrag aus 2005, angenommen	– 8.200 €
./. Werbungskostenpauschbetrag	– 102 €
Einkünfte	8.498 €

Mit etwas Kapital auf der hohen Kante haben Sie in 2021 Zinsen und Dividenden in Höhe von 3.200 € bezogen. Diese unterliegen der Abgeltungsteuer und bleiben bei der Veranlagung unberücksichtigt.

Der Gesamtbetrag der Einkünfte übersteigt nicht die kritische Grenze von 19.488 €. Erklärungspflicht besteht also nicht. Sie sollten indessen freiwillig eine Steuererklärung abgeben und die Einbeziehung der Zinsen und Dividenden beantragen. Das Finanzamt führt eine Günstigerprüfung durch, die ggf. zur Erstattung von Abgeltungsteuer führt. Dazu mehr unter ➤ Rz 896.

Siehe jeder, wo er bleibe,
und wenn er stehe,
dass er nicht falle.
(Johann Wolfgang von Goethe)

16.3 Wie werden die Anlagen R und R-AV/bAV ausgefüllt?

16.3.1 Leibrenten – Anlage R, Zeile 4 – 12

Am unverschämtesten greift der Fiskus bei den gesetzlichen Altersrenten **951**
zu. Dazu gehören auch die Renten aus landwirtschaftlichen Alterskassen, berufsständischen Versorgungswerken, aber auch aus privaten kapitalgedeckten Leibrentenversicherungen (»Rürup-Rente«). Die Rürup-Rente ist aus der Sicht des Gesetzgebers die Basisrente für die selbständig Tätigen. Den gesetzlichen Altersrenten gleichgestellt sind die gesetzliche Berufsunfähigkeits- und Erwerbsminderungsrente und die kleine Witwenrente.

Rententabelle 1 aus § 22 Abs. 1 EStG – Besteuerungsanteil

Der Besteuerungsanteil dieser Renten beträgt seit 2005 mindestens 50 % und steigt bis 2040 nach und nach auf 100 % an. Für den Besteuerungsanteil ist das Jahr des Rentenbeginns maßgebend:

Jahr des Rentenbeginns	Besteuerungs-anteil in%	Jahr des Rentenbeginns	Besteuerungs-anteil in%
bis 2005	50	2011	62
2006	52	2012	64
2007	54	2013	66
2008	56	2014	68
2009	58	2015	70
2010	60	2016	72

2017	74	2022	82
2018	76	.....	.....
2019	78	2038	98
2020	80	2039	99
2021	81	2040	100

Sag Ja
zum Wandel!
(Internet-Pionier Jack Ma)

952 Zeile 4 Rentenbetrag einschließlich Einmalzahlung

Einzutragen ist stets der der Renten(anpassungs)mitteilung zu entnehmende **Jahres(brutto)rentenbetrag,** der in der Regel höher ist als der ausgezahlte Betrag. Anzugeben sind auch Rentennachzahlungen und Einmalzahlungen.
Der bei Auszahlung der Rente einbehaltene Eigenbeitrag zur Kranken- und Pflegeversicherung ist also nicht abzuziehen. Diesen machen Sie in > Zeile 16 und 18 der Anlage Vorsorgeaufwand geltend.

Typischer Fall für Einmalzahlungen:
Sie haben auf Ihren Rentenantrag im Jahr 2020 hin zunächst nur Abschläge erhalten. Erst nach Vorliegen Ihres Rentenbescheids im Jahr 2021 hat Ihnen die Deutsche Rentenversicherung Bund die Restbeträge nachgezahlt.
Obwohl es sich um eine Nachzahlung für 2020 handelt, wird sie in 2021 versteuert, weil sie in 2021 zugeflossen ist (§ 11 EStG/steuerliches Zuflussprinzip).

953 TIPP Eigenbeitrag zum Teil versteuern, zu 100 % absetzen!

Auch als Rentner kommen Sie nicht umhin, sich ausreichend zu versichern. Einen ganz dicken Batzen nimmt die Kranken- und Pflegeversicherung in Anspruch, für die Ihnen Monat für Monat eigene Beiträge von Ihrer Rente abgezogen werden.

Ärgerlich, in > Zeile 4 den ungekürzten Bruttobetrag ansetzen zu müssen. Diese Handhabung gerät Ihnen aber zum Vorteil, weil Sie Ihren Eigenbeitrag zwar versteuern müssen – wenn Sie z. B. 2021 in Rente gegangen sind, mit 80 %, weil Ihnen ein Freibetrag von 20 % zusteht (➤ Rz 951) –, ihn aber zu 100 % in der Anlage Vorsorgeaufwand geltend machen können.

TIPP Steuerfreie Renten bleiben außen vor! 954

Für steuerfreie Renten sehen die Erklärungsvordrucke keine Eintragungsmöglichkeiten vor. Wäre ja noch schöner! Steuerfreie Einnahmen brauchen also nicht erklärt zu werden.

Also aufgepasst: Möglicherweise können Sie vor der Eintragung des Rentenbetrags in > Zeile 4 steuerfreie Teile aus der Bruttorente herausrechnen. Steuerfrei sind:

- Renten und Kapitalabfindungen aus der gesetzlichen Unfallversicherung, das sind vor allem die von den Berufsgenossenschaften gezahlten Unfallrenten, Sterbegelder,
- Unfallversicherungsrenten aus der gesetzlichen Rentenversicherung, Renten aus ausländischen gesetzlichen Unfallversicherungen,
- Renten für Wehr- und Zivildienstschäden,
- Kriegsbeschädigtenrenten,
- »echte« Schadenersatzrenten zum Ausgleich vermehrter Bedürfnisse,
- Schmerzensgeldrenten, die nicht als Ersatz für entgangene/entgehende Einnahmen gezahlt werden.

Außerdem unterliegen folgende Leistungen im Zusammenhang mit einer an sich steuerpflichtigen Rente nicht der Besteuerung:

- Sachleistungen und Kinderzuschüsse (§ 3 Nr. 1 Buchst. b EStG). Das gilt aber nur für die gesetzliche Rentenversicherung. Bei Renten aus berufsständischen Versorgungswerken sind diese Leistungen steuerpflichtig;
- Beitragserstattungen an Witwen oder Witwer nach § 107 SGB VI (§ 3 Nr. 3 EStG),
- Zuschüsse zur freiwilligen oder privaten Krankenversicherung (§ 3 Nr. 14 EStG).

♦ *Musterfall Krause (Superrente und Betriebspension)* 955

Karl-Heinz Krause ist seit einigen Jahren Witwer. Am 1.7.2004 ist er im Alter von 65 Jahren in Rente gegangen. Nach der letzten Mitteilung der Rentenversicherung wurde ihm in 2021 ein monatlicher Rentenbetrag – vor Abzug der Eigenanteile zur Kranken- und Pflegeversicherung – von 1.940 € gezahlt. Der Jahresbruttobetrag beläuft sich also auf 23.280 €. Darin ist eine Rentenanpassung von 930 € enthalten. Von seinem früheren Arbeit-

geber, den Stadtwerken Köln, erhält er eine Betriebspension von mtl. brutto = netto 321 €. Dafür wird jeweils eine Lohnabrechnung erstellt. Mit dieser Altersversorgung gerät Karl-Heinz mächtig unter die Steuerpresse.

2021

1 Name: KRAUSE
2 Vorname: KARL-HEINZ
3 **Steuernummer** 123/4567/8901 lfd. Nr. der Anlage

Anlage R
Jeder Ehegatte / Lebenspartner mit Renten und Leistungen hat eine eigene Anlage R abzugeben.
X stpfl. Person / Ehemann / Person A
Ehefrau / Person B

Daten für die mit (e) gekennzeichneten Zeilen liegen im Regelfall vor und müssen nicht eingetragen werden. – Bitte Infoblatt eDaten / Anleitung beachten –

Renten und andere Leistungen aus dem Inland
– Ohne Leistungen aus Altersvorsorgeverträgen und aus der betrieblichen Altersversorgung –

7

Leibrenten / Leistungen aus gesetzlichen Rentenversicherungen, landwirtschaftlicher Alterskasse, berufsständischen Versorgungseinrichtungen, eigenen zertifizierten Basisrentenverträgen

Zeile			1. Rente EUR		2. Rente EUR	
4	Rentenbetrag (einschließlich Einmalzahlung und Leistungen)	101	23280,–	151	,–	e
5	Rentenanpassungsbetrag (in Zeile 4 enthalten)	102	930,–	152	,–	e
6	Beginn der Rente	103	01072004	153	T T M M J J J J	e

In > Zeile 5 wird die Rentenanpassung von 930 € berücksichtigt. Die > Zeilen 7 – 9 betreffen ihn nicht, da er vor seiner Altersrente keine vorangegangene Rente z.B. als Erwerbsminderungsrente bezogen hat, auch hat er keine Nachzahlung erhalten.
Seine Betriebspension gehört in die Anlage N:

Einkünfte aus nichtselbständiger Arbeit

Daten für die mit (e) gekennzeichneten Zeilen liegen im Regelfall vor und müssen nicht eingetragen werden. – Bitte Infoblatt eDaten / Anleitung beachten –

4

Angaben zum Arbeitslohn

Zeile			Lohnsteuerbescheinigung(en) Steuerklasse 1 – 5 (EUR, Ct)		Lohnsteuerbescheinigung(en) Steuerklasse 6 oder einer Urlaubskasse (EUR, Ct)	
5	Steuerklasse	168	1			e
6	Bruttoarbeitslohn	110	3852,—	111	,—	e
7	Lohnsteuer	140	,	141	,	e
8	Solidaritätszuschlag	150	,	151	,	e
9	Kirchensteuer des Arbeitnehmers	142	,	143	,	e
10	Nur bei Konfessionsverschiedenheit: Kirchensteuer für den Ehegatten / Lebenspartner	144	,	145	,	e

Zeile			1. Versorgungsbezug		2. Versorgungsbezug	
11	Steuerbegünstigte Versorgungsbezüge (in Zeile 6 enthalten)	200	3852,—	210	,—	e
12	Bemessungsgrundlage für den Versorgungsfreibetrag lt. Nr. 29 der Lohnsteuerbescheinigung	201	3852,—	211	,—	e
13	Maßgebendes Kalenderjahr des Versorgungsbeginns lt. Nr. 30 der Lohnsteuerbescheinigung	206	2004	216	J J J J	e

An Alterseinkünften hat Karl-Heinz 2021 zu versteuern:

Betriebspension	*3.852 €*		
./. Versorgungsfreibetrag (40 %)	*– 1.541 €*		
./. Zuschlag zum Versorgungsfreibetrag, max.	*– 900 €*		
./. Werbungskostenpauschbetrag	*– 102 €*		
Steuerpflichtige Versorgungsbezüge	*1.309 €*	*>*	*1.309 €*
Renteneinkünfte			
Altersrente brutto	*23.280 €*		
./. Freibetrag (2005)	*– 11.200 €*		
./. Werbungskostenpauschbetrag	*– 102 €*		
Steuerpflichtige Renteneinkünfte	*11.978 €*	*>*	*11.978 €*
Alterseinkünfte 2021			*13.287 €*

Zeile 5 Rentenanpassungsbetrag 956

Hier wird es kniffelig. Einzutragen ist der Betrag, um den die Rente 2021 höher ist als die **erste volle Jahresrente nach Rentenbeginn**. Das bedeutet, dass man regelrecht Buch führen muss, um die angesammelten Erhöhungsbeträge als Rentenanpassungsbetrag eintragen zu können. Den Rentenanpassungsbetrag können Sie aber auch evtl. der Rentenanpassungsmitteilung entnehmen oder ggf. bei Ihrem Versorgungsträger oder Ihrer Versicherung erfragen.

- Wann ist erstmals nach Rentenbeginn der Rentenanpassungsbetrag einzutragen?

Wie bereits gesagt, ist der Rentenanpassungsbetrag erstmals im Jahr nach der ersten vollen Jahresrente einzutragen.

Beispiel
Sie sind im Jahr 2020 in Rente gegangen. Die > Zeile 5 Rentenanpassungsbetrag lassen Sie in der Anlage R für 2020 und 2021 leer. Erst in der Steuererklärung 2022 wird die mögliche Rentenerhöhung als Rentenanpassungsbetrag (automatisch vom Finanzamt) angesetzt. In der Steuererklärung für 2023 ist dann als Rentenanpassungsbetrag die Rentenerhöhung 2022 plus 2023 anzusetzen.

- Wie berechne ich den Rentenanpassungsbetrag?

Der Rentenanpassungsbetrag ist die Summe der Rentenerhöhungen, die nach dem ersten vollen Rentenjahr gewährt worden sind. Die Rentenerhöhung des ersten vollen Jahres nach Rentenbeginn bleibt somit als Rentenanpassungsbetrag unberücksichtigt. Denn auf der Grundlage der ersten vollen Jahresrente ist zunächst der feste lebenslange Rentenfreibetrag festzustellen, weil im Rentenbeginnjahr regelmäßig keine vollen 12 Monate zusammenkommen.

Guter Rat: Man merkt sich am besten die Jahresrente im Jahr nach dem Rentenbeginn. Der Rentenpassungsbetrag ist dann jeweils der Betrag, um den die Rente im betreffenden Veranlagungszeitraum höher ist als der gemerkte Betrag. All dies unter der Voraussetzung, dass die Rente sich nur durch die üblichen Rentenerhöhungen geändert hat.

Die Rechnung für den Rentenanpassungsbetrag sieht so aus, wenn die Rente vor 2005 zu laufen begonnen hat:

Rentenbetrag des Jahres 2021	14.874 €
./. Rentenbetrag des Jahres 2005	– 14.400 €
Rentenanpassungsbetrag 2021 für > Zeile 5	474 €

Das Finanzamt setzt an:

5 Rentenanpassungsbetrag (in Zeile 4 enthalten) 102 474,- 152 ,- e

Der einfachste Weg: Sie lassen die entsprechenden Werte einfach vom Finanzamt ermitteln und ansetzen. Oder: Wenn Sie eine gesetzliche Altersrente beziehen, bitten Sie telefonisch bei der **Deutschen Rentenversicherung Bund** darum, Ihnen den Rentenanpassungsbetrag mitzuteilen (Service-Telefon: 0800 1000 480 70). Die Antwort kommt nur schriftlich, jedoch innerhalb weniger Tage. **Ist umständlich und auch nicht erforderlich.**

957 **TIPP**

Die Mütterrente wird nur anteilig besteuert

Müttern oder Vätern wird für die Erziehungszeiten ihrer vor 1992 geborenen Kinder die sog. Mütterrente gezahlt. Hierbei handelt es sich um einen Teil der Rente aus der gesetzlichen Rentenversicherung. Die Mütterente beträgt 2021 je berücksichtigungsfähigem Kind, das 1992 oder später geboren wurde, 3 Rentenpunkte und für Kinder, die vor 1992 geboren wurden, 2,5 Rentenpunkte, jeweils multipliziert mit dem aktuellen Rentenwert. Das macht

pro Kind, das ab 1992 geboren wurde

	Januar–Juni mtl.	Juli–Dezember mtl.	Jahresbetrag
West	102,57 €	102,57 €	1.230,84 €
Ost	99,69 €	100,41 €	1.200,60 €

pro Kind, das vor 1992 geboren wurde

	Januar–Juni mtl.	Juli–Dezember mtl.	Jahresbetrag
West	85,48 €	85,48 €	1.025,76 €
Ost	83,08 €	83,68 €	1.000,56 €

Hier stellt sich nun die Frage, in welcher Höhe die Mütterrente der Besteuerung unterliegt. Bei der Rentenerhöhung durch die Mütterrente handelt es sich nicht um eine regelmäßige Rentenanpassung, sondern um eine außerordentliche Neufestsetzung des Jahresbetrags der Rente. Deshalb wird der steuerfreie Teil der Rente neu berechnet. Der bisherige steuerfreie Teil wird um den steuerfreien Teil der Mütterrente erhöht. Diese wird dadurch nicht in vollem Umfang in die Besteuerung mit einbezogen, sondern nur mit dem Besteuerungsanteil, der auch für die übrige Rente gilt. Beziehen Sie Ihre Rente also z.B. bereits seit 2005 oder früher, beträgt der Besteuerungsanteil der Mütterrente, die ja erst seit Juli 2014 gezahlt wird, lediglich 50 Prozent. Der für die Zukunft festgeschriebene Rentenfreibetrag erhöht sich in diesem Fall um 50 % der Mütterrente des ersten vollen Zahlungsjahres 2015.

Zeile 6 - 8 Beginn der Rente, Ende der Rente 958

Der Rentenbeginn ist wichtig für die Höhe des Rentenfreibetrags (➤ Rz 984). Für den Rentnerjahrgang 2020 z.B. beträgt der Rentenfreibetrag 20 % der ersten vollen Jahresrente, also der Rente aus 2021.

Unter Beginn der Rente ist der Zeitpunkt zu verstehen, ab dem die Rente (ggf. nach rückwirkender Zubilligung) tatsächlich bewilligt wurde (vgl. ersten Rentenbescheid).

Kniffliger wird es, wenn eine Rente umgewandelt wurde. So gehen Sie vor, wenn einer der folgenden Fälle auf Sie zutrifft:

Fall 1: Erwerbsminderungsrente umgewandelt in reguläre Altersrente 959
Walter hat bis 31.5.2021 eine Erwerbsminderungsrente von mtl. 800 € bezogen, die am 1.4.2004 (also vor 2005) zu laufen begonnen hatte. Zum 1.6.2021 wurde sie in die gesetzliche Altersrente umgewandelt. Diese beträgt 1.200 €.
Das Finanzamt berücksichtigt (in aller Regel automatisch, ohne dass die Zeilen ausgefüllt werden müssten):

Renten und andere Leistungen aus dem Inland

– Ohne Leistungen aus Altersvorsorgeverträgen und aus der betrieblichen Altersversorgung –

Daten für die mit (e) gekennzeichneten Zeilen liegen im Regelfall vor und müssen nicht eingetragen werden. – Bitte Infoblatt eDaten / Anleitung beachten –

7

Leibrenten / Leistungen aus gesetzlichen Rentenversicherungen, landwirtschaftlicher Alterskasse, berufsständischen Versorgungseinrichtungen, eigenen zertifizierten Basisrentenverträgen

Zeile			1. Rente EUR		2. Rente EUR	
4	Rentenbetrag (einschließlich Einmalzahlung und Leistungen)	101	12400,–	151	,–	e
5	Rentenanpassungsbetrag (in Zeile 4 enthalten)	102	496,–	152	,–	e
6	Beginn der Rente	103	01062021	153	TTMMJJJJ	e
	Vorhergehende Rente:					
7	Beginn der Rente	105	01042004	155	TTMMJJJJ	e
8	Ende der Rente	106	31052021	156	TTMMJJJJ	e

Die Erwerbsminderungsrente und die Altersrente werden zusammengefasst, da sie beide zu den gesetzlichen Rentenversicherungen gehören und der gesetzliche Rentenbeginn identisch ist (800 € × 5 Monate + 1.200 € × 7 Monate = 12.400 €). Der Freibetrag für die Altersrente beträgt also nicht 22 % (➤ Rz 984), sondern 50 %. Der ursprüngliche Rentenfreibetrag von angenommen 4.200 € wird auf der Basis von 50 % Freibetrag erhöht.

960 **Fall 2: Altersrente plus Witwenrente**

Paula und ihr im Juli 2021 verstorbener Ehemann Peter bezogen jeder eine eigene Rente (Beginn der Rente für Peter 1.3.2004, für Paula 1.12.2004). Die monatliche Rente von Peter hatte 1.800 € betragen. Seit dem 1.8.2021 bezieht Paula zusätzlich zu ihrer eigenen Altersrente von mtl. 900 € eine Witwenrente von 990 €.

Das Finanzamt berücksichtigt (in aller Regel automatisch, ohne dass die Zeilen ausgefüllt werden müssten):

Renten und andere Leistungen aus dem Inland

– Ohne Leistungen aus Altersvorsorgeverträgen und aus der betrieblichen Altersversorgung –

Daten für die mit (e) gekennzeichneten Zeilen liegen im Regelfall vor und müssen nicht eingetragen werden. – Bitte Infoblatt eDaten / Anleitung beachten –

7

Leibrenten / Leistungen aus gesetzlichen Rentenversicherungen, landwirtschaftlicher Alterskasse, berufsständischen Versorgungseinrichtungen, eigenen zertifizierten Basisrentenverträgen

Zeile			1. Rente EUR		1 2. Rente EUR	
4	Rentenbetrag (einschließlich Einmalzahlung und Leistungen)	101	10800,–	151	4950,–	e
5	Rentenanpassungsbetrag (in Zeile 4 enthalten)	102	432,–	152	,–	e
6	Beginn der Rente	103	01042004	153	01032004	e

Bei einer Witwenrente ist der Beginn der Rente des verstorbenen Ehegatten maßgebend.

Paula weiß, dass sie für ihren verstorbenen Mann eine Anlage R abgeben muss, weil sie beide für das Todesjahr 2021 noch zusammen veranlagt werden.
Berücksichtigt wird (zumeist ohne Zutun des Steuerzahlers):

Daten für die mit (e) gekennzeichneten Zeilen liegen im Regelfall vor und müssen nicht eingetragen werden. – Bitte Infoblatt eDaten / Anleitung beachten –

Renten und andere Leistungen aus dem Inland
– Ohne Leistungen aus Altersvorsorgeverträgen und aus der betrieblichen Altersversorgung –

7

Leibrenten / Leistungen aus gesetzlichen Rentenversicherungen, landwirtschaftlicher Alterskasse, berufsständischen Versorgungseinrichtungen, eigenen zertifizierten Basisrentenverträgen

			1. Rente EUR		2. Rente EUR	
4	Rentenbetrag (einschließlich Einmalzahlung und Leistungen)	101	12600,-	151	,-	(e)
5	Rentenanpassungsbetrag (in Zeile 4 enthalten)	102	504,-	152	,-	(e)
6	Beginn der Rente	103	01122004	153	TTMMJJJJ	(e)

Zeile 9 Nachzahlungen für mehrere Jahre 961

Endlich haben Sie es geschafft, die Rente durchzukriegen, und erhalten nun eine dicke Nachzahlung, weil Sie auf Ihren Rentenantrag hin zunächst nur Abschlagzahlungen bekommen haben. Der Fiskus zeigt sich vernünftig, indem er die Nachzahlung ermäßigt besteuert. Dies ist auch geboten, weil mit der Nachzahlung Ihr Einkommen überproportional steigt und die Steuerprogression angeheizt wird. Die Nachzahlung versteuert der Fiskus nach der sog. Fünftelregelung gem. § 34 Abs. 1 EStG. Dabei wird der Betrag zunächst nur mit einem Fünftel angesetzt und die Steuer, die auf dieses Fünftel entfällt, sodann mit fünf multipliziert. Auf diese Weise wird der Steuerprogression die Spitze gebrochen. Damit dies gelingt, gehört die in > Zeile 4 enthaltene **Nachzahlung** zusätzlich in > Zeile 9.

TIPP Kassieren Sie Zinsen aus einer Rentennachzahlung steuerfrei! 962

Haben Sie eine Rentennachzahlung nebst Zinsen erhalten, können Sie diese Zinsen wie Sparzinsen versteuern (BFH-Urt. v. 9.6.2015, Az. VIII R 18/12), so dass lediglich die Abgeltungsteuer von 25 % anfällt. Bleiben die Zinseinnahmen insgesamt unterhalb des Sparerpauschbetrags von 801 €/1.602 €, fällt überhaupt keine Steuer an!

963 **TIPP Kranken- oder Arbeitslosengeld mit Nachzahlung verrechnet?**

Keiner sollte glauben, dass der Fiskus zu viel kassierte Steuern freiwillig herausrückt. Da hilft nur ein schriftlicher Antrag. Haben Sie in den Vorjahren Kranken- oder Arbeitslosengeld bezogen, könnte dieses mit der Nachzahlung verrechnet worden sein. Die Nachzahlung müssen Sie mit dem vollen Betrag eintragen. Das Kranken- oder Arbeitslosengeld hat aber möglicherweise bereits – indirekt, durch den Progressionsvorbehalt nach § 32 b EStG – der Besteuerung unterlegen. Deshalb müssen im Gegenzug die Steuerbescheide der Vorjahre berichtigt werden. Stellen Sie einen Antrag auf Berichtigung wegen eines rückwirkenden Ereignisses nach § 175 Abs. 1 Nr. 2 AO.

964 Zeile 10 – 12 Öffnungsklausel, hin zu weniger Steuern

Öffnungsklausel ist so ein nichtssagendes Wort, mit dem sich die Bürokraten untereinander verständigen. Es bedeutet, **aus der regulären Besteuerung auszuscheren.** Die Öffnungsklausel in § 22 Nr. 1 Satz 3 a) bb) Satz 2 EStG bietet Selbständigen, die viele Jahre hohe Beträge in ein berufsständisches Versorgungswerk eingezahlt haben, die Möglichkeit, dass ihre Rente günstiger besteuert wird. Denn im Gegensatz zu Arbeitnehmern sind sie nicht durch einen steuerfreien Arbeitgeberanteil entlastet worden. Auch war der Abzug der Beiträge als Sonderausgaben oft nicht sehr ergiebig. Diese Nachteile gilt es zu korrigieren.

Haben Sie bis zum 31.12.2004 mindestens zehn Jahre lang Beiträge oberhalb des Höchstbeitrags zur gesetzlichen Rentenversicherung geleistet, sind auf Antrag Teile der Leibrenten oder anderer Leistungen nicht mit 50 % oder mehr (Tabelle 1 in § 22 EStG, ➤ Rz 951), sondern mit einem wesentlich geringeren Ertragsanteil (Tabelle 2 in § 22 EStG oder Tabelle 3 in § 55 EStDV; ➤ Rz 966) steuerpflichtig. Ihre Rente wird dazu praktisch in zwei Beträge aufgeteilt. Der Teil, der aus den Beiträgen bis zum jeweiligen Höchstbeitrag stammt, wird mit 50 % oder mehr besteuert, wie bei allen regulären Altersrenten, der restliche Teil mit dem wesentlich günstigeren Ertragsanteil. Der Ertragsanteil beträgt bei einem Rentenbeginn ab Alter 65 nur 18 %.

965 Ihr Versorgungsträger bescheinigt Ihnen auf Wunsch, welcher Prozentsatz der Ertragsanteilsbesteuerung unterliegt. Der Nachweis ist einmalig zu erbringen. Den bescheinigten Prozentsatz tragen Sie in > Zeile 10 ein.

16.3.2 Sonstige Leibrenten – Anlage R, Zeile 13 – 36

Leibrenten, die nicht in > Zeile 4 der Anlage R oder in der Anlage R-AV/ bAV (> Zeile 4 – 26) anzusetzen sind, werden mit einem günstigeren – besonderen – Ertragsanteil aus den unten aufgeführten Tabellen 2 und 3 besteuert. Darunter fallen Renten aus privaten Rentenversicherungen (keine sog. Riester- oder Rürup-Renten), private Renten aus einer Unfall-, Berufs- oder Erwerbsunfähigkeitsversicherung, aber auch Renten aus Veräußerungsgeschäften, z.B. aus dem Verkauf eines Grundstücks auf Rentenbasis, ferner Renten aus Zusatzversorgungseinrichtungen (z.B. Versorgungsanstalt des Bundes und der Länder/VBL oder kommunale Zusatzversorgungskassen/ZVK). **966**

Rententabelle 2 aus § 22 EStG für private Leibrenten

Bei Beginn der Rente vollendetes Lebensjahr des Rentenberechtigten	Ertragsanteil in %	Bei Beginn der Rente vollendetes Lebensjahr des Rentenberechtigten	Ertragsanteil in %
45	34	55 – 56	26
46 – 47	33	57	25
48	32	58	24
49	31	59	23
50	30	60 – 61	22
51 – 52	29	62	21
53	28	63	20
54	27	64	19
		65 – 66	18

Erläuterungen

Die Höhe des steuerpflichtigen Ertragsanteils richtet sich nach dem Lebensalter des Rentenberechtigten zu Beginn des Rentenbezugs. Je älter der Rentenempfänger bei Rentenbeginn ist, desto niedriger ist der Ertragsanteil. Der Ertragsanteil bleibt während der gesamten Laufzeit der Rente **unverändert.**

Höhe der Steuer minimal:

Hat eine private Leibrente mit dem 65. Lebensjahr zu laufen begonnen, versteuert sie der Rentner mit einem Ertragsanteil von 18 %. Auf diesen Ertragsanteil ist der persönliche Steuersatz fällig. Bei einem Steuersatz von 25 % beträgt die Steuer auf die Rente lediglich (18 × 25 % =) 4,5 %.

Rententabelle 3 aus § 55 EStDV für zeitlich befristete Leibrenten

Beschränkung der Laufzeit der Rente auf ... Jahre ab Beginn des Rentenbezugs	Ertragsanteil in %
5	5
6	7
7	8
8	9
9	10
10	12
11	13
12	14
13	15
14 – 15	16
16 – 17	18
18	19
19	20
20	21

Erläuterungen
Ist die Leibrente befristet, also auf eine bestimmte Laufzeit (Höchstlaufzeit) beschränkt, ist der Ertragsanteil sowohl nach der Lebenserwartung (Tabelle 2) als auch nach der vorgesehenen Höchstlaufzeit zu ermitteln. Auch hier bleibt der Ertragsanteil während der gesamten Laufzeit der Rente unverändert.

Beispiel 1
Ein Steuerzahler bezieht ab dem Alter von 55 aus einer privaten Rentenversicherung eine Berufsunfähigkeitsrente. Die Rente wird höchstens bis zum 65. Lebensjahr gezahlt, ist also auf zehn Jahre befristet. Der Ertragsanteil nach Tabelle 3 beträgt 12 %.

Beispiel 2
Ein Steuerzahler erhält ab dem 65. Lebensjahr eine private Rentenversicherung, die aber höchstens 19 Jahre gezahlt wird. Nach Tabelle 3 beträgt der Ertragsanteil 20 %. Weil der Rentenberechtigte indessen zu Rentenbeginn bereits 65 war, gilt der niedrigere Ertragsanteil nach Tabelle 2 = 18 %.
»Warum bloß so knifflig?«, fragen Sie.
Hier hilft ein Blick auf die Lebenserwartung. Statistisch gesehen haben Männer im Alter von 66 Jahren eine mittlere Lebenserwartung von noch 17,9 Jahren, Frauen von weiteren 21,1 Jahren. Ein Mix daraus ergibt 19,5 Jahre. Bezogen auf unseren Fall wird Otto Normalrentner in etwa dann das Zeitliche segnen, wenn die Rente laufzeitbedingt endet. Somit muss der Ertragsanteil der Tabelle 2 entnommen werden.

Zeile 13 Rentenbetrag 967

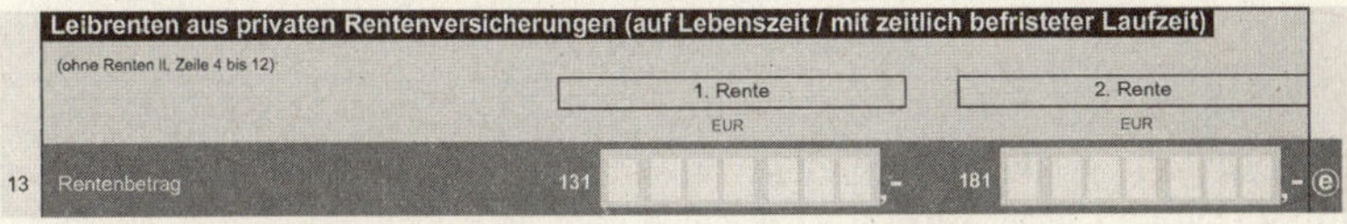
Leibrenten aus privaten Rentenversicherungen (auf Lebenszeit / mit zeitlich befristeter Laufzeit)
(ohne Renten lt. Zeile 4 bis 12)

		1. Rente EUR	2. Rente EUR
13	Rentenbetrag	131 ,-	181 ,-

Hier tragen Sie den Jahres(brutto)rentenbetrag ein. Ist der Schuldner ein Versicherungsunternehmen, wird Ihnen der Rentenbetrag in der Regel mitgeteilt. Dieser ist je nach Art der Rente nicht mit dem ausgezahlten Betrag identisch. Anzugeben sind auch Rentennachzahlungen.

Zeile 14 Beginn der Rente 968

Unter Beginn der Rente ist der Zeitpunkt zu verstehen, ab dem die Rente (ggf. nach rückwirkender Zubilligung) tatsächlich bewilligt wurde. Rentenbeginn und Lebensalter sind im Zusammenhang zu sehen. Je älter der Rentenempfänger bei Rentenbeginn ist, desto niedriger der Ertragsanteil. Ihr Lebensalter benötigt der Computer hier nicht, er kennt ja Ihr Geburtsdatum aus den persönlichen Angaben im Hauptvordruck.

Zeile 16 Rente erlischt mit dem Tod von … 969

Es kann im Rentenvertrag vereinbart sein, dass die Rente nicht mit Ihrem Tod erlischt, sondern mit dem Tod einer anderen Person. Wenn die Rente mit Ihrem Tod erlischt, tragen Sie ein: »Mir selbst«.

970 **Zeile 17 Rente erlischt/wird umgewandelt spätestens am …**

Ist die Laufzeit der Rente zeitlich befristet, richtet sich der Ertragsanteil sowohl nach dem Lebensalter des Berechtigten bei Rentenbeginn als auch nach der vereinbarten Laufzeit. In feinem Beamtendeutsch spricht man von »abgekürzten Leibrenten«. Siehe dazu ➤ Rz 982.

971 **Zeile 18 Nachzahlungen für mehrere Jahre**

Die in > Zeile 15 enthaltenen Nachzahlungen für mehrere Jahre werden hier (in der Regel automatisch) zusätzlich berücksichtigt. Sie werden begünstigt besteuert, ➤ Rz 961.

972 **Zeile 31 – 36 Leibrenten aus sonstigen Verpflichtungsgründen (z.B. Renten aus Veräußerungsgeschäften)**

Leibrenten aus sonstigen Verpflichtungsgründen (z.B. aus Veräußerungsgeschäften) werden nicht elektronisch übermittelt und müssen daher immer eingetragen werden.

Einzutragen ist in > Zeile 31 der Jahres(brutto)rentenbetrag, der je nach Art der Rente nicht mit dem ausgezahlten Betrag identisch sein muss. Anzugeben sind auch Rentennachzahlungen.

Unter Beginn der Rente in > Zeile 32 ist der Zeitpunkt zu verstehen, ab dem die Rente (ggf. nach rückwirkender Zubilligung) tatsächlich bewilligt worden ist.

Eintragungen in den > Zeilen 34 und 35 sind erforderlich, wenn Ihre Leibrente zeitlich befristet ist.

Die in > Zeile 31 enthaltenen Nachzahlungen für mehrere vorangegangene Jahre sind zusätzlich in > Zeile 36 einzutragen. Dabei sind Nachzahlungen für das laufende Kalenderjahr 2021 nicht zu berücksichtigen. Und die Formulierung »Nachzahlungen für mehrere Jahre« sagt es schon: Nachzahlungen, die nur ein Kalenderjahr betreffen, sind nicht einzutragen.

Aufgrund der Eintragung wird das Finanzamt prüfen, ob für die Nachzahlungen eine ermäßigte Besteuerung in Betracht kommt.

Zeile 37 Werbungskosten zu den Zeilen 4, 13 und 31 (Leibrenten) 973

Hier geht es um Kosten, die Ihnen im Zusammenhang mit Leibrenten entstanden sind, z.B.

- Beratungs-, Rechtsanwalts- oder Sozialgerichtskosten bei Durchsetzung des Rentenanspruchs (BMF-Schreiben v. 20.11.1997 – BStBl 1998 I S. 126); dazu gehören auch Reisekosten,
- Zinsen für einen Kredit, der zur freiwilligen Nachzahlung von Rentenversicherungsbeiträgen verwendet wurde (BFH-Urt. v. 21.7.1981 – BStBl 1982 II S. 41),
- Fahrtkosten, Kosten für Fachliteratur,
- Aufwendungen für die Beschaffung notwendiger Nachweise.

Werbungskosten, die Sie hier eintragen, wirken sich in voller Höhe steuerlich aus.

TIPP **Vorweggenommene Werbungskosten – Versorgungsausgleich** 974

Mussten Sie vor Rentenbezug für Ihre Rente kämpfen? Die entstandenen Kosten machen Sie hier in > Zeile 37 als Werbungskosten geltend. Nur so kann Ihnen der behördliche Rechner einen Rentenverlust ausweisen, der sodann mit anderen steuerpflichtigen Einkünften ausgeglichen, sprich verrechnet wird. Vorweggenommene Werbungskosten sind z. B. auch Schuldzinsen für ein Darlehen, mit dem im Scheidungsfall der Versorgungsausgleich finanziert wurde (BFH-Urt. v. 5.5.1993 – BStBl 1993 II S. 867).

Zeile 38 Werbungskosten zu den Zeilen 9, 18 und 36 (Nachzahlungen) 975

Nachzahlungen werden ermäßigt besteuert. Da für sie ein besonderer Steuersatz gilt, sind auch die Werbungskosten nur zum Teil absetzbar. Deshalb müssen die entsprechenden Werbungskosten den Nachzahlungen zugeordnet werden. Als Kosten kommen hier insbesondere Beratungs- und Gerichtskosten in Betracht.

Zeile 39 Steuerstundungsmodelle 976

Einkünfte aus Gesellschaften/Gemeinschaften/ähnlichen Modellen i. S. d. § 15 b EStG (Steuerstundungsmodelle) tragen Sie ausschließlich hier ein. Weder die Einnahmen noch die Werbungskosten dürfen in den vor-

angegangenen Zeilen enthalten sein. Weitere Angaben zur Bezeichnung der Steuerstundungsmodelle, zur Höhe der Einnahmen und der Werbungskosten machen Sie auf einem gesonderten Blatt.
Siehe auch Anlage KAP > Zeile 50.

977 **16.3.3 Leistungen aus zertifizierten Altersvorsorgeverträgen und aus der inländischen betrieblichen Altersversorgung – Anlage R-AV/bAV**

Auch hier gilt: Die meisten Eintragungen können Sie getrost dem Finanzamt überlassen!

Wer der elektronischen Datenübermittlung nicht traut, verfährt auf herkömliche Art und Weise und liest weiter …

Die Leistungsmitteilung als Navigator
Zum Glück ist das Ausfüllen der Anlage R-AV/bAV recht einfach, so dass es dafür eigentlich keiner steuerlichen Kenntnisse bedarf. Denn der Gesetzgeber hat die Leistungsträger/Anbieter dazu verdonnert, dem Empfänger auf **amtlich vorgeschriebenem Vordruck** – der »Mitteilung zur Vorlage beim Finanzamt über steuerpflichtige Leistungen aus einem Altersvorsorgevertrag (§ 22 Nr. 5 Satz 7 EStG)« – die Höhe der Rente mitzuteilen und die **verschiedenen Rentenarten mit einer Nummer** zu versehen. In der Anlage wiederum ist bei den einzelnen Zeilen angegeben, welche Rentenbeträge (z. B. »lt. Nummer 3 der Leistungsmitteilung«) einzutragen sind.
Die Leistungsmitteilung ist also praktisch ein Navigator, ausdrücklich als Hilfe für das Ausfüllen der Anlage R-AV/bAV gedacht.

(Bezeichnung und Anschrift des Anbieters)

Datum der Absendung

(Bekanntgabeadressat)

Wichtiger Hinweis:
Diese Mitteilung informiert Sie über die Höhe der steuerpflichtigen Leistungen aus Ihrem Altersvorsorgevertrag oder aus Ihrer betrieblichen Altersversorgung. Die nachstehend mitgeteilten Beträge sind bei der Erstellung der Einkommensteuererklärung auf **Seite 2 der Anlage R** einzutragen.

Mitteilung zur Vorlage beim Finanzamt

über steuerpflichtige Leistungen aus einem Altersvorsorgevertrag oder aus einer betrieblichen Altersversorgung (§ 22 Nr. 5 Satz 7 EStG)

für das Kalenderjahr ....

Name, Vorname	Geburtsdatum (soweit bekannt)
Straße, Hausnummer	
Postleitzahl, Wohnort	
Vertragsnummer (soweit vorhanden)	Sozialversicherungsnummer/ Zulagenummer (soweit vorhanden)
Anbieternummer (soweit vorhanden)	Zertifizierungsnummer (soweit vorhanden)

Grund für die Mitteilung

- ☐ erstmaliger Bezug von Leistungen im Sinne des § 22 Nr. 5 Satz 1, 2 oder 4 Alternative 1 EStG
- ☐ Änderung des Leistungsbetrags gegenüber dem Vorjahr
- ☐ Leistungen im Sinne des § 22 Nr. 5 Satz 3, 4 Alternative 2, 5, 6 oder 9 EStG
- ☐ Berichtigung der für dieses Kalenderjahr erstellten Mitteilung vom ....

Folgende Leistungen aus Ihrem Altersvorsorgevertrag oder aus Ihrer betrieblichen Altersversorgung im Kalenderjahr .... unterliegen der Besteuerung nach § 22 Nr. 5 EStG:

Nr.	Besteuerung nach	Betrag in Euro / Cent
1	§ 22 Nr. 5 Satz 1 EStG (1)	
2	§ 22 Nr. 5 Satz 1 i.V.m. § 52 Abs. 34c EStG (in Nr. 1 nicht enthalten) (2)	
3	§ 22 Nr. 5 Satz 2 Buchst. a i.V.m. § 22 Nr. 1 Satz 3 Buchst. a Doppelbuchst. aa EStG (3)	
4	§ 22 Nr. 5 Satz 2 Buchst. a i.V.m. § 22 Nr. 1 Satz 3 Buchst. a Doppelbuchst. bb EStG ggf. i.V.m. § 55 Abs. 1 Nr. 1 EStDV (4)	
5	§ 22 Nr. 5 Satz 2 Buchst. a i.V.m. § 22 Nr. 1 Satz 3 Buchst. a Doppelbuchst. bb Satz 5 EStG i.V.m. § 55 Abs. 2 EStDV ggf. i.V.m. § 55 Abs. 1 Nr. 1 EStDV (5)	
6	§ 22 Nr. 5 Satz 2 Buchst. b i.V.m. § 20 Abs. 1 Nr. 6 EStG ggf. i.V.m. § 52 Abs. 36 Satz 5 EStG (6)	
7	§ 22 Nr. 5 Satz 2 Buchst. c EStG (7)	
8a	§ 22 Nr. 5 Satz 3 i.V.m. Satz 2 Buchst. a i.V.m. § 22 Nr. 1 Satz 3 Buchst. a Doppelbuchst. bb EStG ggf. i.V.m. § 55 Abs. 1 Nr. 1 EStDV (8)	
8b	§ 22 Nr. 5 Satz 3 i.V.m. Satz 2 Buchst. a i.V.m. § 22 Nr. 1 Satz 3 Buchst. a Doppelbuchst. bb Satz 5 EStG i.V.m. § 55 Abs. 2 EStDV ggf. i.V.m. § 55 Abs. 1 Nr. 1 EStDV (8)	
8c	§ 22 Nr. 5 Satz 3 i.V.m. Satz 2 Buchst. b i.V.m. § 20 Abs. 1 Nr. 6 EStG ggf. i.V.m. § 52 Abs. 36 Satz 5 EStG (8)	
8d	§ 22 Nr. 5 Satz 3 i.V.m. Satz 2 Buchst. c EStG (8)	

9	§ 22 Nr. 5 Satz 4 EStG i.V.m. § 92a Abs. 2 Satz 5 EStG (9)	
10	§ 22 Nr. 5 Satz 4 EStG i.V.m. § 92a Abs. 3 Satz 5 EStG (10)	
11	§ 22 Nr. 5 Satz 5 EStG (11)	
12	§ 22 Nr. 5 Satz 6 EStG (12)	
13	§ 22 Nr. 5 Satz 9 EStG (13)	
14	In der Nr. ...... enthaltene Nachzahlungen für mehrere Jahre (14)	
Bei den Leistungen der Nummer(n) .... handelt es sich um Leistungen an den Rechtsnachfolger bei vereinbarter Rentengarantiezeit. (15)		

Diese Bescheinigung ist maschinell erstellt und daher nicht unterschrieben. Die bescheinigten Leistungen werden gemäß § 22a EStG auch der zentralen Stelle (§ 81 EStG) zur Übermittlung an die Landesfinanzbehörden mitgeteilt (Rentenbezugsmitteilungsverfahren).

Zeile 4 – 26 Leistungen aus Altersvorsorgeverträgen, Pensionsfonds, Pensionskassen und Direktversicherungen 978

Gehören Sie zu den wenigen, die bereits eine Riester-Rente beziehen, übertragen Sie die bescheinigten Leistungen sowie den Leistungsbeginn und das Leistungsende einfach nur in die entsprechenden Zeilen (> Zeile 4 – 26) – und fertig. Aber nicht vergessen, der Steuererklärung die Leistungsmitteilung beizufügen.
Gleichwohl wollen wir nicht versäumen, das Grundsätzliche aufzuzeigen. Das Gesetz unterscheidet:

a) Leistungen/Einnahmen aus einem privaten Altersvorsorgevertrag (Riester-Sparvertrag)

Das sind Einnahmen aus einer privaten Rentenversicherung, einem Bank- oder einem Fondssparplan (Riester-Rente). Die Leistungen sind zu **100 % steuerpflichtig** (§ 22 Nr. 5 EStG; § 82 Abs. 1 EStG).

b) Leistungen/Einnahmen aus einer betrieblichen Altersversorgung
Für die betriebliche Altersversorgung stehen fünf Durchführungswege zur Verfügung, zwischen denen der Arbeitgeber frei wählen kann. **Drei davon führen zu sonstigen Einkünften**, wenn ein Altersvorsorgevertrag (Riester-Sparvertrag) abgeschlossen wurde (§ 22 Nr. 5 EStG; § 82 Abs. 2 EStG):

- Pensionsfonds,
- Pensionskasse
- oder Direktversicherung.

Leistungen aus **betrieblicher Altersversorgung** sind in voller Höhe steuerpflichtig. Wenn die Beiträge allerdings pauschal versteuert wurden (z. B. im Fall der Direktversicherung), sind die Leistungen nur mit dem Ertragsanteil gem. Tabelle 2 ➤ Rz 966 steuerpflichtig (§ 22 Nr. 5 i. V. mit § 20 Abs. 1 Nr. 6 EStG).

Ein Riester-Sparvertrag kommt indessen als betriebliche Altersversorgung nur als Ausnahme in Betracht, da die Förderung über die Steuer lukrativer ist. Somit erscheint es vertretbar, an dieser Stelle nicht näher auf die betriebliche Altersversorgung einzugehen.

979 Zeile 31 – 37 Werbungskosten zu den Zeilen 4 – 26 der Anlage R-AV/bAV

Einnahmen aus Altersvorsorgeverträgen und aus betrieblicher Altersversorgung sind in voller Höhe steuerpflichtig. Daher sind auch die entsprechenden Werbungskosten in voller Höhe absetzbar.

In Frage kommen beispielsweise

- Beratungs-, Rechtsanwalts- oder Sozialgerichtskosten bei Durchsetzung des Rentenanspruchs (BMF-Schreiben v. 20.11.1997 – BStBl 1998 I S. 126); dazu gehören auch Reisekosten,
- Zinsen für einen Kredit, der zur freiwilligen Nachzahlung von Rentenversicherungsbeiträgen verwendet wurde (BFH-Urt. v. 21.7.1981 – BStBl 1982 II S. 41),
- Fahrtkosten, Kosten für Fachliteratur,
- Aufwendungen für die Beschaffung notwendiger Nachweise.

Sofern Sie keine höheren Werbungskosten haben, berücksichtigt das Finanzamt einen Pauschbetrag von 102 €.

16.4 Die Besteuerung der Alterseinkünfte – Gesetze mit Haken und Ösen 980

Warum die Rentner angesichts meist magerer Einkünfte und steigender Inflation auch noch vom Fiskus so brutal geschröpft werden, kann man eigentlich nicht nachvollziehen.

Das Alterseinkünftegesetz

Dass die Rentner vom Fiskus so krass zur Kasse gebeten werden, daran ist ein bestimmter Pensionär nicht ganz unbeteiligt. Der streitbare Mann war bis vor das Bundesverfassungsgericht gezogen, um feststellen zu lassen, dass seine Pension höher besteuert wird als eine vergleichbare Rente. Das Verfassungsgericht musste ihm beipflichten und verdonnerte den Gesetzgeber im Urteil vom 9.4.2002 dazu, schleunigst Abhilfe zu schaffen. Anstatt nun aber die Pensionen niedriger zu besteuern und so den Ausgleich zu schaffen, nutzte der Gesetzgeber die Gelegenheit, die Rentner ordentlich zu schröpfen (➤ Rz 984).

Im Gegenzug erhöhen sich zwar die als Sonderausgaben absetzbaren Altersversorgeaufwendungen (Anlage Vorsorgeaufwand), das nützt den jetzigen Rentner aber gar nichts.

Was ist eine Leibrente? 981

Hier einen Überblick zu gewinnen ist nicht einfach, gilt es doch, schon im Formular zwischen acht verschiedenen Leibrenten zu unterscheiden. Wichtig ist zunächst die Unterscheidung zwischen den gesetzlichen Altersrenten (Anlage R, > Zeile 5) und den sonstigen Leibrenten (Anlage R, > Zeile 13), denn sie werden unterschiedlich hoch besteuert.

Im Grundsatz sind Leibrenten lebenslange Renten. Denn wer zur Zahlung einer Leibrente verpflichtet ist, hat die Rente im Zweifel für die Lebensdauer des Gläubigers zu entrichten, so bestimmt es § 759 BGB. Leibrenten sind also an das Leben der rentenberechtigten Person gebunden, können aber unterschiedlich ausgestaltet sein.

a) Gesetzliche Altersrenten (Anlage R, > Zeile 5)

Die Altersrenten werden nach Tabelle 1 besteuert (➤ Rz 951).

b) Sonstige Leibrenten (Anlage R, > Zeile 13 und 31)

Die Leibrenten aus einer privaten Rentenversicherung oder aus sonstigen Verpflichtungsgründen (private Veräußerungsrente) werden nach Tabelle 2 besteuert (➤ Rz 966).

982 **c) Leibrenten mit zeitlich befristeter Laufzeit (Anlage R, > Zeile 8 und 35)**

Manchmal ist die Laufzeit einer Leibrente **befristet.** Die Rente wird nur für eine bestimmte Dauer (Frist) bezahlt, erlischt aber spätestens mit dem Tod des Berechtigten. Zu den befristeten Leibrenten gehören:

Private Rentenversicherungen
Die Rente aus einer privaten (nicht gesetzlichen) Unfall-, Berufsunfähigkeits- oder Erwerbsunfähigkeitsversicherung ist eine befristete Leibrente. Sie wird meistens nur bis zum 65. Lebensjahr gezahlt.

Witwen-/Witwerrente
Eine Witwen-/Witwerrente ist eine befristete Leibrente, wenn sie vor dem 45. Lebensjahr des Rentenberechtigten zu laufen begonnen hat. Sie wird höchstens bis zum 45. Lebensjahr gezahlt. Danach wird sie in eine lebenslange (große) Witwen-/Witwerrente umgewandelt.

983 **16.4.1 Die Besteuerung der gesetzlichen Altersrenten – Anlage R, Zeile 4**

Skandal hin oder her, wir müssen uns mit dem abfinden, was die Obrigkeit uns auferlegt. Die am häufigsten vorkommenden Renten in Deutschland werden am höchsten besteuert: die Renten aus der gesetzlichen Rentenversicherung, der landwirtschaftlichen Alterskasse und den berufsständischen Versorgungseinrichtungen. Auch die sog. Rürup-Rente, die als »Basis-Altersrente« der selbständig Tätigen gilt, gehört dazu.

984 **Der Rentenfreibetrag**
Wie brutal, aber auch mit List und Tücke die Rentner geschröpft werden, zeigt die Berechnung im Einzelnen. Vordergründig gesehen erhält der Rentner einen Freibetrag in Höhe des Unterschieds zwischen dem Jahresbetrag der Rente und dem steuerpflichtigen Anteil, so steht es im Gesetz. Aus dem Kleingedruckten ergibt sich aber: Steuerfrei bleibt nicht ein bestimmter Prozentsatz der Rente, sondern ein einmal festgeschriebener Betrag. Dieser wird vom Finanzamt im ersten vollen Rentenjahr auf der Basis eines bestimmten Prozentsatzes ermittelt und dann als **Festbetrag in Euro** »eingefroren«. Er gilt in dieser Höhe für die gesamte Laufzeit der Rente, bei Altersrenten somit lebenslang. Durch diesen gesetzgeberischen Bauerntrick hat es der Gesetzgeber erreicht, dass alle **in**

Zukunft anfallenden Rentenerhöhungen in voller Höhe steuerpflichtig sind.

Mit anderen Worten: Für die Ermittlung des steuerpflichtigen Rententeils ist das Jahr maßgebend, das auf das Jahr des Rentenbeginns folgt. Denn im Rentenbeginnjahr kommen meist keine vollen zwölf Monate zusammen.

Beispiel
Alfred ist im November 2020 in Rente gegangen. Sein Rentenfreibetrag wurde auf der Basis seiner Rente im Jahr 2021 festgeschrieben. Bis Juni 2021 bezog Alfred eine Rente von monatlich 1.100 €, ab 1.7.2021 erhielt er 1.120 €. Zum 1.7.2022 erhöht sich seine Rente auf 1.150 €.

Berechnung für	**2020**	**2021**	**2022**
Jahresbetrag der Rente	2.200 €	13.320 €	13.620 €
Besteuerungsanteil 80 %	1.760 €	10.656 €	
./. Rentenfreibetrag 20 % von 13.320 €			– 2.664 €
./. Werbungskostenpauschbetrag	– 102 €	– 102 €	– 102 €
Zu versteuern	1.658 €	10.554 €	10.854 €

Langfristig geht es mit dem Rentenfreibetrag nur abwärts:
Rentenfreibetrag in Prozent, abgeleitet aus Tabelle 1 in § 22 EStG (➤ Rz 951)
Für die Rentnerjahrgänge bis 2005 beträgt der Rentenfreibetrag 50 % der Bruttorente. Jeder Rentnerjahrgang danach erhält Jahr für Jahr einen niedrigeren Rentenfreibetrag.

Rentner-jahrgang	**bis 2005**	**2006**	**2007**	**2008**	**2009**	**2010**	**2011**	**2012**	**2013**	**2014**
Rentenfrei-betrag in %	50	48	46	44	42	40	38	36	34	32
Rentner-jahrgang	**2015**	**2016**	**2017**	**2018**	**2019**	**2020**	**2021**	**2022**	**2023**	**2024**
Rentenfrei-betrag in %	30	28	26	24	22	20	19	18	17	16

Am Generationenbeispiel wird deutlich, wie die Besteuerung künftig vonstattengeht: Alfred ist seit 2010 Rentner. Sein Sohn Peter wird 2030 in Rente gehen und sein Enkel Robert im Jahr 2050.

	Alfred	Sohn Peter	Enkel Robert
Besteuerungsanteil der Rente	60 %	90 %	100 %
Rentenfreibetrag	40 %	10 %	0 %

Was immer du tust,
du wirst es bereuen.
(Sokrates)

985 **Das Kontrollsystem des Fiskus: Rentenbezugsmitteilungen**

Auch der Fiskus setzt immer mehr auf elektronische Datenübertragung, und die bringt uns den totalen Überwachungsstaat. Bei den Kapitaleinkünften ist die Schlinge schon zu (➤ Rz 936 f.), dasselbe gilt durch den Datenaustausch zwischen Arbeitgebern und Betriebsfinanzamt bei Arbeitslöhnen.

Seit 2005 sind nun auch die Rentenversicherungsträger dazu verdonnert, den Fiskus umfassend über Rentenleistungen zu informieren. Nach § 22 a EStG müssen sie den Steuerbehörden in einer **Rentenbezugsmitteilung** – mittels Datenübertragung, versteht sich – bis zum **1. März** des folgenden Jahres folgende Daten übermitteln:

1. Identifikationsnummer (§ 139 b AO),
2. den **Betrag der Rente** und anderer Leistungen im Sinne des § 22 EStG. Der darin enthaltene Teil, der ausschließlich auf einer Anpassung der Rente beruht, ist gesondert mitzuteilen.
3. den Zeitpunkt des Beginns und des Endes des jeweiligen Leistungsbezugs.

Wer könnte ein Steuersünder sein?

Nicht nur Steuerflüchtlingen, die ihr Geld ins Ausland tragen, geht es an den Kragen. Mit der neuen Identifikationsnummer hat der Fiskus auch Zugriff auf alle Renten, Pensionen und Kapitalauszahlungen ab dem Jahr 2005. Wenn Sie nun bisher keine Steuererklärung eingereicht hatten, weil sie dachten, Sie bräuchten als Rentner keine Steuern zu zahlen, darf man Sie nicht der Steuerhinterziehung bezichtigen, weil Sie ja kein Steuerexperte sind und somit nicht vorsätzlich gehandelt haben. Aus diesem Grund darf das Finanzamt auch nur für höchstens vier Jahre Steuern nachfordern statt wie sonst (bei Vorsatz) für zehn Jahre.

Mit einer Nachzahlung muss aber nur ein Teil der Rentner rechnen, Otto Normalrentner bleibt verschont.

16.4.2 Die Besteuerung der sonstigen Leibrenten – Anlage R, Zeile 13 986

Diese werden weiterhin mit dem günstigeren – besonderen – Ertragsanteil aus den Tabellen 2 und 3 (➤ Rz 966) besteuert. Tabelle 2 enthält die Ertragsanteile für lebenslange Leibrenten, Tabelle 3 die für befristete Leibrenten.
Zu den niedrig besteuerten Renten gehören die aus **privaten Rentenversicherungen** (aber nicht die Riester- oder Rürup-Renten), private Renten aus einer Unfall-, Berufs- oder Erwerbsunfähigkeitsversicherung, aber auch Renten aus Veräußerungsgeschäften, z.B. aus dem Verkauf eines Grundstücks auf Rentenbasis.
Renten aus der **gesetzlichen Unfallversicherung** (z.B. Berufsgenossenschaftsrenten) sowie Kriegs- und Schwerbeschädigtenrenten sind übrigens steuerfrei.

16.4.3 Die Besteuerung der Leistungen aus Altersvorsorgeverträgen und betrieblicher Altersversorgung – Anlage R-AV/bAV 987

Renten aus Altersvorsorgeverträgen (Riester) und aus betrieblicher Altersversorgung werden in **voller Höhe** besteuert.

Ausnahmen:
- Wenn Beiträge zur betrieblichen Altersversorgung pauschal versteuert wurden (z.B. bei einer Direktversicherung), sind die Renten (nur) mit dem Ertragsanteil gem. Tabelle 2 ➤ Rz 966 steuerpflichtig.
- Wurde der Riester-Vertrag vor dem 1.1.2005 abgeschlossen, ist die spätere Rente ebenfalls nur mit dem Ertragsanteil steuerpflichtig.

Maßgebend sind die Angaben und Hinweise in der Leistungsmitteilung des Anbieters.

16.5 Hinzuverdienstgrenze, Sozialversicherungswerte

Viele Werktätige scheiden vorzeitig aus dem Arbeitsleben aus, weil sie 988
nicht mehr das volle Pensum schaffen. Auch Ihnen ist es so ergangen. Sie möchten sich jedoch nicht ganz aus dem Erwerbsleben zurückziehen, eine Halbtagsbeschäftigung wäre optimal. Sie fragen sich indessen, in welcher Höhe ein Hinzuverdienst möglich ist, ohne dass die Rente gefährdet wird, wenn die Rentenkasse davon erfährt, z.B. durch eine Betriebsprüfung bei Ihrem Arbeitgeber.

989 16.5.1 Hinzuverdienstgrenze

Wer wie viel zu seiner Rente hinzuverdienen darf, ohne seinen Rentenanspruch zu gefährden, hängt grundsätzlich vom Lebensalter ab.

1. Rentner über der Regelaltersgrenze
Ab der Regelaltersgrenze (65 Jahre für vor dem 1.1.1947 Geborene, schrittweise höher für nach dem 31.12.1946 Geborene) darf ein Rentner unbegrenzt hinzuverdienen und muss auch nichts angeben. Wer sich dafür entscheidet, regulär weiterzuarbeiten, erwirbt zusätzliche Rentenansprüche und darüber hinaus einen Zuschlag von 0,5 % für jeden Monat, in dem die Rente nicht in Anspruch genommen wird.

2. Rentner unter der Regelaltersgrenze
Wer die Regelaltersgrenze noch nicht erreicht hat und Rente bezieht, darf nur bis 450 € im Monat hinzuverdienen. Allerdings kann zweimal im Jahr (gedacht zum Urlaub oder zu Weihnachten) der Verdienst auf das Doppelte = 900 € steigen, was eigentlich recht großzügig erscheint. Doch aufgepasst: Schon bei geringfügigem Überschreiten der Grenze von 450 €/900 € kommt es zu einer Kürzung der Rente. Sie müssen damit rechnen, dass der Rentenversicherungsträger und die Kontrollstelle für Minijobs (Knappschaft Bahn See) sich untereinander austauschen und die Daten abgleichen. Schon hat man Sie am Kanthaken.

Guter Rat: Hinzuverdienstgrenze ausschöpfen
Der Betrag von 450 € kommt Ihnen bekannt vor? Richtig, er ist der Grenzbetrag für Minijobs, und es gelten deren Regeln, ohne dass allerdings für den Arbeitgeber Abgaben zur Kranken- und Rentenversicherung anfallen, weil Sie ja als Rentner ohnehin versichert sind. Dies bedeutet, dass auch Ihr Arbeitgeber in die Klemme kommt, wenn der Betrag von 450 € überschritten wird.
450 € sind nicht das Ende der Fahnenstange, denn Zugaben sind erlaubt. Sprechen Sie Ihren Arbeitgeber auf Berufskleidung, ein kostenfreies Handy oder Fahrtkostenersatz an.

Die Hinzuverdienstregelung ist ein Skandal, weil sie Zigtausenden von leistungswilligen Menschen, die Rente beziehen, völlig unnötig bürokratische Fesseln anlegt. Zudem werden der deutschen Wirtschaft wertvolle Arbeitskräfte entzogen. Völlig unverständlich ist auch die starre Regelung der Grenzwerte. Was denkt sich die Bürokratie dabei, einen Frührentner, der als leitender Angestellter sehr gut verdient hat, auf 450 € zu setzen? Dafür kann er höchstens die Post aus dem Briefkasten holen.

Ist der Hinzuverdienst zu hoch, zahlt die Rentenversicherung nur noch eine Zweidrittel-, Einhalb- oder Eindrittelrente. Wie hoch der Hinzuverdienst für diese verschiedenen Teilrenten sein darf, wird individuell berechnet. Es kommt auf den Beschäftigungsort an (West oder Ost) und auf den Lohn der letzten drei Kalenderjahre vor Beginn der Rente.

Restgehalt zinslos stunden

Sind 450 € im Monat nicht etwas wenig für die vielen Stunden, die Sie arbeiten?

»Na klar. Mein reguläres Gehalt beträgt 1.000 € im Monat. Weil ich aber bis zu meinem 65. nur 450 € hinzuverdienen darf, wird der Rest später – nach meinem 65. – in einer Summe nachbezahlt. Den nicht ausbezahlten Teil meines Gehalts stunde ich dem Boss, weil er derzeit knapp bei Kasse ist. So die offizielle Version. Das habe ich sogar schriftlich«, sagen Sie.

Gratuliere, die Nachzahlung ist später steuerbegünstigt.

Wichtig zu wissen: Solarstrom kann Rente zum Schmelzen bringen! Sind 990
Sie als Frührentner stolzer Besitzer einer Photovoltaikanlage? Ihre Freude über zusätzliche Einnahmen aus verkauftem Strom könnte getrübt werden, wenn diese 450 € im Monat übersteigen. In diesem Fall droht eine Rentenkürzung!

Auch wichtig zu wissen: Die Hinzuverdienstgrenze wurde aufgrund der Corona-Pandemie vorübergehend angehoben, und zwar für 2021 auf satte 46.060 €.

16.5.2 Beitrags- und Entgeltgrenzen für die Sozialversicherung 2020/2021

991

	West		Ost	
	2020	2021	2020	2021
Beitrag vom Arbeitsentgelt	%	%	%	%
Rentenversicherung	18,60	18,60	18,60	18,60
Arbeitslosenversicherung	2,40	2,40	2,40	2,40
Krankenversicherung (KV)	14,60	14,60	14,60	14,60
Sonderbeitrag zur KV[1]	1,10	1,30	1,10	1,30
Pflegeversicherung	3,05	3,05	3,05	3,05
Beitragsbemessungsgrenzen monatlich	€	€	€	€
Rentenversicherung	6.900,00	7.100,00	6.450,00	6.700,00

Arbeitslosenversicherung	6.900,00	7.100,00	6.450,00	6.700,00
Krankenversicherung	4.687,50	4.837,50	4.687,50	4.837,50
Pflegeversicherung	4.687,50	4.837,50	4.687,50	4.837,50
Versicherungspflichtgrenzen monatlich	€	€	€	€
am 31.12.2002 nicht Pflichtversicherte	4.687,50	4.837,50	4.687,50	4.837,50
Krankenversicherung	5.362,50	5.362,50	5.362,50	5.362,50
Entgeltgrenzen monatlich	€	€	€	€
Geringfügigkeit	450,00	450,00	450,00	450,00
Alleinige Beitragspflicht d. Arbeitgebers	325,00	325,00	325,00	325,00

[1] Sonderbeitrag (von jeder Krankenkasse individuell festgesetzt, in der Regel aber in 2020 1,1 % und in 2021 1,3 %); 020je zur Hälfte von Arbeitnehmer und Arbeitgeber.

17 Die Anlage SO

Sonstige Einkünfte (ohne Renten) 992

Berechnungsschema für »Sonstige Einkünfte«

Wiederkehrende Bezüge > Zeile 4	.... €	
Versorgungsausgleich > Zeile 5	.... €	
Unterhaltsleistungen > Zeile 6	.... €	
Summe	.... €	
./. Werbungskosten, mind. Pauschbetrag 102 €	– .... €	
Verbleiben	.... €	> .... €
Einnahmen aus Leistungen > Zeile 10 – 11	.... €	
Abgeordnetenbezüge > Zeile 16 – 24	.... €	
Private Veräußerungsgeschäfte	.... €	
Summe	.... €	
./. Werbungskosten, mind. Pauschbetrag 102 €	– .... €	
Verbleiben	.... €	> .... €
Sonstige Einkünfte (ohne Renten)		.... €

17.1 Wann ist eine Anlage SO abzugeben? 993

Unter die Einkünfte, die in der Anlage SO zu erklären sind, fallen insbesondere Einkünfte aus

- **Ausgleichsleistungen zur Vermeidung des Versorgungsausgleichs** (siehe dazu ➤ Rz 996),
- **Unterhaltsleistungen**, soweit sie beim Geber als Sonderausgaben abziehbar sind (§ 22 Nr. 1a EStG/➤ Rz 997),
- **Leistungen**, soweit sie mindestens 256 € im Kalenderjahr betragen. Hierunter fallen insbesondere Bestechungsgelder, Schmiergelder, Mitnahmegebühr für die Fahrt zur Arbeit und Einnahmen aus der Vermietung beweglicher Gegenstände (§ 22 Nr. 3 EStG/➤ Rz 999),
- **privaten Veräußerungsgeschäften** (§ 22 Nr. 2 EStG/➤ Rz 1004).

2021

1	Name / Gemeinschaft	**Anlage SO**
2	Vorname	zur Einkommensteuererklärung
3	**Steuernummer**	Diese Anlage ist bei Zusammenveranlagung von Ehegatten / Lebenspartnern gemeinsam auszufüllen. — zur Feststellungserklärung

Sonstige Einkünfte (ohne Renten und ohne Leistungen aus Altersvorsorgeverträgen) 55

Zeile		Kz	stpfl. Person / Ehemann / Person A / Gemeinschaft EUR	Kz	Ehefrau / Person B EUR
	Wiederkehrende Bezüge				
4	Einnahmen aus	158	,–	159	,–
	Ausgleichsleistungen zur Vermeidung des Versorgungsausgleichs		EUR		EUR
5	soweit sie vom Geber als Sonderausgaben abgezogen werden können	144	,–	145	,–
	Unterhaltsleistungen		EUR		EUR
6	soweit sie vom Geber als Sonderausgaben abgezogen werden können	146	,–	147	,–
	Werbungskosten		EUR		EUR
7	zu den Zeilen 4 bis 6	160	,–	161	,–
	Andere wiederkehrende Bezüge / Unterhaltsleistungen (Teileinkünfteverfahren)		EUR		EUR
8	Bezüge i. S. d. § 22 Nr. 1 Satz 2 EStG	180	,–	181	,–
9	Werbungskosten zu Zeile 8	182	,–	183	,–
	Leistungen		EUR		EUR
10	Einnahmen aus		,–		,–
11	Einnahmen aus	+	,–	+	,–
12	Summe der Zeilen 10 und 11	164	,–	165	,–
13	Werbungskosten zu den Zeilen 10 und 11	176 –	,–	177 –	,–
14	Einkünfte	=	,–	=	,–
15	Die 2020 nach Maßgabe des § 10d Abs. 1 EStG vorzunehmende Verrechnung nicht ausgeglichener negativer Einkünfte 2021 aus Leistungen (Zeile 14) soll wie folgt begrenzt werden	800	,–	801	,–
	Abgeordnetenbezüge		EUR		EUR
16	Steuerpflichtige Einnahmen ohne Vergütung für mehrere Jahre	200	,–	201	,–
17	In Zeile 16 enthaltene Versorgungsbezüge	202	,–	203	,–
18	Bemessungsgrundlage für den Versorgungsfreibetrag	204	,–	205	,–
19	Maßgebendes Kalenderjahr des Versorgungsbeginns	216	JJJJ	217	JJJJ
20	**Bei unterjähriger Zahlung:** Erster und letzter Monat, für den Versorgungsbezüge gezahlt wurden	206	Monat MM – 208 Monat MM	207	Monat MM – 209 Monat MM
21	Sterbegeld, Kapitalauszahlungen / Abfindungen und Nachzahlungen von Versorgungsbezügen (in Zeile 16 enthalten)	210	,–	211	,–
22	In Zeile 16 **nicht** enthaltene Vergütungen für mehrere Jahre (lt. gesonderter Aufstellung)	212	,–	213	,–
23	In Zeile 22 enthaltene Versorgungsbezüge	214	,–	215	,–
24	Aufgrund der vorgenannten Tätigkeit als Abgeordnete(r) bestand eine Anwartschaft auf Altersversorgung ganz oder teilweise ohne eigene Beitragsleistung	242	1 = Ja 2 = Nein	243	1 = Ja 2 = Nein
	Steuerstundungsmodelle		EUR		EUR
25	Einkünfte aus Gesellschaften / Gemeinschaften / ähnlichen Modellen i. S. d. § 15b EStG (lt. gesonderter Aufstellung)		,–		,–

2021AnlSO131 – April 2021 – 2021AnlSO131

ANLAGE SO
Sonstige Einkünfte

2022

Private Veräußerungsgeschäfte

Grundstücke und grundstücksgleiche Rechte (z. B. Erbbaurecht) In den Zeilen 35 bis 41 bitte nur den steuerpflichtigen Anteil erklären.

Bezeichnung des Grundstücks (Lage) / des Rechts

31

32 Zeitpunkt der Anschaffung (z. B. Datum des Kaufvertrags, Zeitpunkt der Entnahme aus dem Betriebsvermögen) T T M M J J J J — Zeitpunkt der Veräußerung (z. B. Datum des Kaufvertrags, auch nach vorheriger Einlage ins Betriebsvermögen) T T M M J J J J

Nutzung des Grundstücks bis zur Veräußerung

33 X zu eigenen Wohnzwecken — vom T T M M J J J J — bis T T M M J J J J — m²

34 X zu anderen Zwecken (z. B. als Arbeitszimmer, Vermietung) — vom T T M M J J J J — bis T T M M J J J J — m²

			EUR
35	Veräußerungspreis oder an dessen Stelle tretender Wert (z. B. Teilwert, gemeiner Wert)		,—
36	Anschaffungs- / Herstellungskosten oder an deren Stelle tretender Wert (z. B. Teilwert, gemeiner Wert) ggf. zzgl. nachträglicher Anschaffungs- / Herstellungskosten	–	,—
37	Absetzungen für Abnutzung / Erhöhte Absetzungen / Sonderabschreibungen	+	,—
38	Werbungskosten im Zusammenhang mit dem Veräußerungsgeschäft	–	,—
39	Gewinn / Verlust (zu übertragen nach Zeile 40)	=	,—

			stpfl. Person / Ehemann / Person A / Gemeinschaft EUR		Ehefrau / Person B EUR
40	**Zurechnung des Betrags aus Zeile 39**	110	,—	111	,—
41	Gewinne / Verluste aus weiteren Veräußerungen von Grundstücken und grundstücksgleichen Rechten (lt. gesonderter Aufstellung)	112	,—	113	,—

Andere Wirtschaftsgüter (Veräußerungen von Gegenständen des täglichen Gebrauchs sind ausgenommen)

Art des Wirtschaftsguts

42

43 Zeitpunkt der Anschaffung (z. B. Datum des Kaufvertrags) T T M M J J J J — Zeitpunkt der Veräußerung (z. B. Datum des Kaufvertrags) T T M M J J J J

			EUR
44	Veräußerungspreis oder an dessen Stelle tretender Wert (z. B. gemeiner Wert)		,—
45	Anschaffungskosten (ggf. gemindert um Absetzung für Abnutzung) oder an deren Stelle tretender Wert (z. B. Teilwert, gemeiner Wert)	–	,—
46	Werbungskosten im Zusammenhang mit dem Veräußerungsgeschäft	–	,—
47	Gewinn / Verlust (zu übertragen nach Zeile 48)	=	,—

			stpfl. Person / Ehemann / Person A / Gemeinschaft EUR		Ehefrau / Person B EUR
48	**Zurechnung des Betrags aus Zeile 47**	114	,—	115	,—
49	Gewinne / Verluste aus weiteren Veräußerungen von anderen Wirtschaftsgütern (lt. gesonderter Aufstellung)	116	,—	117	,—

Anteile an Einkünften

Gemeinschaft, Finanzamt und Steuernummer

50

			EUR		EUR
51	Anteil am Gewinn / Verlust	134	,—	135	,—

			EUR		EUR
52	Die 2020 nach Maßgabe des § 10d Abs. 1 EStG vorzunehmende Verrechnung nicht ausgeglichener negativer Einkünfte 2021 aus privaten Veräußerungsgeschäften soll wie folgt begrenzt werden	802	,—	803	,—

2021AnlSO132 2021AnlSO132

994 ## 17.2 Wie wird die Anlage SO ausgefüllt?

Gehen Sie nach den Vorgaben im Formular vor.

995 ### 17.2.1 Wiederkehrende Bezüge – Zeile 4

Wiederkehrende Bezüge sind als sonstige Einkünfte nach § 22 Nr. 1 EStG zu erfassen, wenn sie nicht zu anderen Einkunftsarten gehören. In Betracht kommen hier nur zwei Arten von wiederkehrenden Bezügen, die steuerpflichtig sind: bestimmte Zeitrenten und regelmäßige Einnahmen aus Vermögensübertragungen bei vorweggenommener Erbfolge.

Achtung: Wiederkehrende Bezüge sind voll steuerpflichtig.

Zeitrenten als wiederkehrende Bezüge
Unter wiederkehrenden Bezügen sind insbesondere die Renten versammelt, bei denen zwischen Leibrenten und Zeitrenten unterschieden wird. Leibrenten gehören in die Anlage R, Zeitrenten in die Anlage SO. Anders als bei Leibrenten wird eine Zeitrente über eine feste Zeitspanne vereinbart. Stirbt der Rentenberechtigte vorher, wird die Rente bis zum Zeitablauf weitergezahlt, meistens an die Erben.

Zeitrente aus einem Versicherungsvertrag
In nur einem Fall hat der BFH entschieden, dass eine Zeitrente steuerpflichtig ist. Die durch den Tod des Versicherungsnehmers ausgelöste Rente, die unabhängig von der Lebenszeit eines Menschen auf eine **bestimmte Zeit** befristet an die Erben gezahlt wird, sei keine Leibrente und deshalb als sog. wiederkehrender Bezug nach § 22 Abs. 1 Nr. 1 Satz 1 EStG **in voller Höhe einkommensteuerpflichtig** (Urt. v. 25.11.1980 – BStBl 1981 II S. 358).

Gut zu wissen: Zeitrente aus einem Grundstücksverkauf nicht voll steuerpflichtig
Solche Zeitrenten sind als Kaufpreisraten zu werten (BFH, zuletzt im Urt. v. 29.10.1974 – BStBl 1975 II S. 173). Die einzelnen Rentenzahlungen sind in einen Zins- und Tilgungsanteil zu zerlegen. Der Zinsanteil ist als Einnahme aus Kapitalvermögen zu versteuern, gehört also in > Zeile 14 der Anlage KAP.

Vermögensübertragungen als wiederkehrende Bezüge
Hier zeigt sich die Kehrseite eines gewieften Steuersparmodells. Wiederkehrende Leistungen aus Vermögensübertragungen können als Leib-

rente oder als dauernde Last ausgestaltet sein. Was der Leistende als Sonderausgaben absetzen kann, muss der Empfänger im Gegenzug versteuern. Ist die Vermögensübertragung als Leibrente ausgestaltet, ist der Betrag beim Leistenden mit dem Ertragsanteil absetzbar und beim Empfänger mit dem Ertragsanteil zu versteuern, zu erklären in der Anlage R (➤ Rz 966 ff.).

Anders hingegen, wenn die Vermögensübertragung als dauernde Last ausgestaltet ist. Dann ist der Betrag beim Leistenden in voller Höhe absetzbar, beim Empfänger aber auch in voller Höhe steuerpflichtig, einzutragen hier in > Zeile 4. Sofern Sie also wiederkehrende Bezüge aus dauernden Lasten bezogen haben, sind diese hier anzusetzen.

Freigrenze (Bagatellgrenze)
Schon mal erfreulich: Mit Einkünften aus Leistungen von weniger als **256 €** möchte sich der Fiskus nicht befassen. Einkünfte von mindestens 256 € greift er aber auf und will dann vom Gesamtbetrag die Steuer haben, also auch von den ersten 256 €.

17.2.2 Ausgleichsleistungen zur Vermeidung des Versorgungsausgleichs – Zeile 5 996

Der zahlungsverpflichtete Ehegatte/Lebenspartner (Geber) kann seine Ausgleichsleistungen zur Vermeidung des Versorgungsausgleichs an den geschiedenen Ehegatten bzw. den Lebenspartner einer aufgehobenen Lebenspartnerschaft oder den dauernd getrennt lebenden Ehegatten/Lebenspartner (Empfänger) als Sonderausgaben abziehen, wenn
– er dies ausdrücklich beantragt,
– der Empfänger diesem Antrag zustimmt und
– beide unbeschränkt steuerpflichtig sind.

Stimmt der Empfänger dem Antrag zu, werden ihm die Ausgleichsleistungen als sonstige Einkünfte zugerechnet und zusammen mit seinen anderen Einkünften der Einkommensbesteuerung unterworfen.

Gut zu wissen: Durch die steuerliche Zurechnung dieser Einkünfte kann nicht nur eine Einkommensteuerbelastung entstehen; sie kann auch zum Verlust von staatlichen Förderungsleistungen führen, z. B. der Wohnungsbauprämie, der Arbeitnehmer-Sparzulage für vermögenswirksame Leistungen, der Gewährung von Waisen-, Eltern- und Ausgleichsrenten nach dem Bundesversorgungsgesetz sowie von Leistungen nach dem Bundesausbildungsförderungsgesetz (BAföG). Nachteile können ferner bei Stipendien und bei Darlehensrückzahlungen nach dem Graduiertenförderungsgesetz eintreten, selbst wenn die Einkünfte nicht dem Stipendiaten selbst, sondern seinem Ehegatten/Lebenspartner zugerechnet werden.

Gleicht der Geber die Nachteile durch zusätzliche Zahlungen an den Empfänger aus, sind diese Mehrleistungen Unterhaltsleistungen (> Zeile 6). Durch die Zurechnung dieser Mehrbeträge können sich weitere Nachteile ergeben.

997 **17.2.3 Unterhaltsleistungen – Zeile 6**

Als Sie die Anlage U unterschrieben haben, war Ihnen doch hoffentlich klar, dass Sie die Unterhaltsleistungen, die Sie von Ihrem geschiedenen oder getrennt lebenden Ex erhalten, versteuern müssen.
Einzutragen sind die Unterhaltsleistungen, soweit Ihr Ex sie als Sonderausgaben abzieht (Anlage U und die Erläuterungen hierzu). Die Betonung liegt hier auf dem Wörtchen »soweit«. Zu versteuern sind also nur die Unterhaltsleistungen, die der Verpflichtete abziehen kann – und das sind max. 13.805 € im Jahr. Zahlt Ihr Ex mehr, sind trotzdem nur 13.805 € zu versteuern.

Von den Unterhaltszahlungen geht der Werbungskostenpauschbetrag von 102 € runter. Haben Sie höhere Rechtsberatungs-, Mahn-, Gerichts- oder sonstige Kosten im Zusammenhang mit den Unterhaltsleistungen, tragen Sie diese in > Zeile 7 ein.

Sonderausgabenabzug nicht vergessen!
Die vom Geber geleisteten Beiträge zu einer Basis-Kranken- und einer gesetzlichen Pflegeversicherung können vom Empfänger als Sonderausgaben abgezogen werden!

998 **TIPP Bei Luxusunterhalt aufpassen**

Vielleicht haben Sie sich wegen der Höhe des einzutragenden Betrags keine großen Gedanken gemacht, weil Ihr Ex ja die darauf entfallenden Steuern erstatten muss. Doch aufgepasst: Der Ex will Ihren Steuerbescheid sehen, und wenn dort als Unterhaltsleistungen 24.000 € ausgewiesen sind, kann er zu Recht die Erstattung der Steuern zunächst ablehnen und um eine neue Berechnung bitten, da er ja max. 13.805 € absetzen kann. Dieser Betrag gilt auch für Sie als Obergrenze.

Um zu erfahren, was Ihr Ex Ihnen an Steuern erstatten muss, müssen Sie nicht unbedingt einen Steuerberater aufsuchen. Das können Sie gut und gern selbst berechnen. Haben Sie neben den Unterhaltsbezügen noch andere Einkünfte bezogen, wie z. B. Arbeitslohn, stellen Sie zur Berechnung der auf die Unterhaltsbezüge entfallenden Steuern die Einkünfte ins Verhältnis.

Beispiel

Unterhaltsbezüge im Kalenderjahr	13.805 €
Arbeitslohn brutto	9.600 €

So wird gerechnet:	Sonstige Einkünfte	Einkünfte aus nichtselbständiger Arbeit	Insgesamt
Einnahmen	13.805,00 €	9.600,00 €	
./. Werbungskosten-pauschbetrag	–102,00 €	–1.000,00 €	
Einkünfte	13.703,00 €	8.600,00 €	22.303,00 €
Verhältnis	61,44 %	38,56 %	100,00 %
Einkommensteuer lt. Steuerbescheid (angenommen)			2.853,00 €
Auf die Unterhaltsbezüge entfallen 61,44 % =			1.752,88 €

Diesen Betrag muss Ihr Ex erstatten zzgl. des anteiligen Soli-Zuschlags von 61,44 % des Gesamt-Soli.

»Moment einmal, meine Ex rechnet aber ganz anders. Ohne Unterhalt würde keine Steuer anfallen (aufgrund des Grundfreibetrags von 9.744 €). Ihr Nachteil betrage daher die vollen 2.853 €.«

Ist wohl nicht so ganz von der Hand zu weisen. Hier geht es um den sog. »Nachteilsausgleich«, und ihr Nachteil beläuft sich in diesem Fall wohl tatsächlich auf die volle Steuerbelastung.

Ich rate Ihnen, Ihrer Ex zunächst die erste Berechnung zu präsentieren, denn auf den Arbeitslohn entfällt schließlich auch eine Steuer. Stellt sie sich quer, können Sie immer noch verhandeln …

Manchmal ist schnell Schluss

Sobald die Ex sich wiederverheiratet, erlischt der Unterhaltsanspruch nach § 1586 I BGB. Dann ist auch das finanzielle Band zerrissen. Lediglich für das Jahr der Eheschließung ergibt sich noch ein Problem. Die Ex wird schon in diesem Jahr mit dem neuen Partner zusammen veranlagt, zugleich sind aber bis zur Eheschließung Unterhaltsleistungen geflossen, die bei der Steuer zu berücksichtigen sind. Rechnen Sie aber auch hier genau so wie in dem Beispiel oben.

999 17.2.4 Leistungen – Zeile 10 – 15

Wenn es nach dem Fiskus ginge, würde für jedwede Leistung, die Geld bringt, auch der Staatssäckel klingeln. Dem ist aber nicht so. Der Katalog der steuerpflichtigen Einnahmen aus Leistungen ist begrenzt. Steuerpflichtig sind Einkünfte aus gelegentlichen Vermittlungen und aus der Vermietung beweglicher Gegenstände (§ 22 Nr. 3 EStG).

1000 Zeile 10 – 14 Leistungen

Was schon mal vorkommt: Ein Arbeitnehmer im Innendienst einer Versicherungsgesellschaft hat für die Vermittlung von Versicherungsgeschäften eine Provision erhalten. Diese Provision ist als sonstige Einkünfte aus gelegentlichen Vermittlungen zu versteuern (BFH-Urt. v. 7.10.1954 – IV 405/53 U). Ja sogar ein »werthaltiger Tipp« soll steuerpflichtig sein (BFH-Urt. v. 26.10.2004 – BStBl 2005 II S. 167).

Was außerdem alles steuerpflichtig sein soll:

- einmalige Bürgschaftsprovision (BFH v. 22.1.1965 – BStBl III S. 313),
- Entgelt für eine Beschränkung der Grundstücksnutzung (BFH v. 9.4.1965 – BStBl III S. 361),
- Entgelt für die Einräumung eines Vorkaufsrechts (BFH-Urt. v. 10.12.1985 – BStBl 1986 II S. 340); bei späterer Anrechnung des Entgelts auf den Kaufpreis entfällt der Tatbestand des § 22 Nr. 3 EStG rückwirkend,
- Entgelt für den Verzicht auf Einhaltung des gesetzlich vorgeschriebenen Grenzabstands eines auf dem Nachbargrundstück errichteten Gebäudes (BFH-Urt. v. 5.8.1976 – BStBl 1977 II S. 26),
- Entgelt für ein vereinbartes Wettbewerbsverbot (BFH-Urt. v. 12.6.1996 – BStBl 1996 II S. 516),
- Entgelt für die regelmäßige Mitnahme eines Arbeitskollegen auf der Fahrt zwischen Wohnung und Arbeitsstätte (BFH-Urt. v. 15.3.1994 – BStBl 1994 II S. 516),
- Entgelt an einen benachbarten Wohnungseigentümer für die Duldung eines Spielsalons (BFH-Urt. v. 21.11.1997 – BStBl 1998 II S. 133),

- Entgelt für die zeitweise Vermietung eines Wohnmobils an wechselnde Mieter (BFH v. 12.11.1997 – BStBl 1998 II S. 774), sofern die Vermietung nicht gewerblich ausgeübt wird,
- Bestechungsgelder, die einem Arbeitnehmer von Dritten gezahlt wurden (BFH-Urt. v. 26.1.2000 – BStBl 2000 II S. 396).

»Ach du meine Güte, wer soll das denn alles wissen?«, rufen Sie empört. Richtig. Doch das komplizierte Steuerrecht hat auch seine guten Seiten. Wer Einnahmen dieser Art versehentlich nicht angegeben hat, dem kann der Fiskus keine Steuerhinterziehung anhängen, denn Steuerhinterziehung setzt vorsätzliches Handeln oder zumindest grobe Fahrlässigkeit voraus. Und es ist nicht grob fahrlässig, von diesen exotischen Urteilen nichts gewusst zu haben.

Lesen Sie dazu den Tipp unter ➤ Rz 1141.

Nicht steuerpflichtig sind:

- eine Abfindung, die der Mieter einer Wohnung für eine Einschränkung seiner Mietposition erhalten hat (BFH-Urt. v. 5.8.1976 – BStBl 1976 II S. 27),
- Streikunterstützungen (BFH-Urt. v. 24.10.1990 – BStBl 1991 II S. 337),
- Zahlungen eines pflegebedürftigen Angehörigen für seine Pflege im Rahmen des familiären Zusammenlebens (BFH-Urt. v. 14.9.1999 – BStBl 1999 II S. 776).

Zeile 15 und 52 Begrenzung negativer Leistungen (Verlustabzug) 1001

Verluste sind wahrlich kein Grund zum Jubeln, es sei denn, sie stehen nur auf dem Papier. Hier kommt es aber noch schlimmer. Verluste aus Leistungen dürfen nur mit Gewinnen aus Leistungen verrechnet werden, nicht aber mit anderen Einkünften (§ 22 Nr. 3 EStG). Verluste, die mangels Gewinnen im selben Jahr nicht verrechnet werden können, sind nach § 10 d EStG rück- bzw. vortragsfähig. Vorrangig mindern sie den Gewinn des Vorjahres (durch Rücktrag). Dann wird der Steuerbescheid des Vorjahres berichtigt und zu viel gezahlte Steuer erstattet.

Falls Sie die Verrechnung nach Maßgabe des § 10d Abs. 1 EStG (Verlustrücktrag) begrenzen möchten, tragen Sie den gewünschten Betrag hier ein. Der »Restverlust« kann in künftige Jahre vorgetragen werden.

1002 **17.2.5 Abgeordnetenbezüge – Zeile 16 – 24**

Abgeordnete des Bundestags und der Länderparlamente erhalten Bezüge unterschiedlichster Art, auf die hier nicht im Einzelnen eingegangen werden kann. Ausführlich befasst sich mit den Abgeordnetenbezügen der Erlass FinMin Sachsen vom 28.8.2000 (Az 32 – S 2257a – 2/20 – 42030).

1003 **17.2.6 Steuerstundungsmodelle – Zeile 25**

Schiffsbeteiligungen, Medienfonds, geschlossene Immobilienfonds, aber auch die sog. New Energy Fonds (Windkraft, Solar, Biomasse, Biogas) sind dem Fiskus ein Dorn im Auge, weil sie dem Anleger anfangs Verluste bescheren. Diesen stehen indessen prinzipiell spätere Gewinne/Überschüsse gegenüber. Der Fiskus bezeichnet die Beteiligungen deswegen als »Steuerstundungsmodelle«, was besagen will: Aufgeschoben ist nicht aufgehoben. Steuerstundungsmodelle kommen in verschiedener Ausgestaltung vor. Im privaten Vermögensbereich ergeben sich daraus sonstige Einkünfte i. S. von § 22 Nr. 1 Satz 1 EStG (§ 15 b EStG), die hier einzutragen sind.
Weitere Angaben zur Bezeichnung der Steuerstundungsmodelle, zur Höhe der Einnahmen und der Werbungskosten machen Sie auf einem gesonderten Blatt.

Ich kann alles hingeben,
nur nicht meine Würde.
(Wolfgang Amadeus Mozart)

1004 **17.2.7 Private Veräußerungsgeschäfte – Zeile 31 – 52**

Private Veräußerungsgewinne, die innerhalb einer bestimmten Frist erzielt werden, werden umfassend besteuert (§ 23 EStG). Zu Veräußerungsgeschäften aus Kapitalanlagen mehr unter ➤ Rz 924 ff.

Was wird besteuert?
Die Spekulationssteuer zielt auf Gewinne aus der Veräußerung aller möglichen Güter: Grundstücke, Kunstgegenstände, Schmuck, Edelmetalle, Briefmarken, Münzen, Fremdwährungen – auch Kryptowährungen! –, Antiquitäten, Fahrzeuge – insbesondere Oldtimer –, Motorboote … Gewinne aus dem Verkauf von Wirtschaftsgütern des täglichen Bedarfs sowie eines bislang selbst genutzten Eigenheims werden hingegen nicht besteuert.

Gewinne aus dem Verkauf von Aktien, anderen Wertpapieren wie Anleihen oder aus Termingeschäften zählen, seit sie der Abgeltungsteuer (➤ Rz 882 ff.) unterworfen sind, nicht mehr zu den sonstigen Einkünften.

Freigrenze (Bagatellgrenze)
Eine Freigrenze, sprich Bagatellgrenze, deutet immer darauf hin, dass dem Fiskus die Arbeit an einem Sachverhalt teurer kommt, als die Steuer daraus einbringt. So will er sich mit privaten Veräußerungsgewinnen von weniger als 600 € nicht befassen. Einen Veräußerungsgewinn von mindestens 600 € greift er aber auf und will dann vom Gesamtbetrag die Steuer haben.

Fristen nach § 23 Abs. 1 Nr. 1 EStG
Bei privaten Veräußerungsgeschäften sind drei Fristen bedeutsam: Eine Zehnjahres-, eine Zweijahres- und eine Jahresfrist. Damit ein Veräußerungsgeschäft steuerfrei bleibt, muss die Frist mindestens einen Tag überschritten sein.

Fristen bei privaten Veräußerungsgeschäften

Grundstücke, grundstücksgleiche Rechte (z. B. Erbbaurechte)*	10 Jahre
Andere Wirtschaftsgüter jeglicher Art (z. B. Anteile, Kraftfahrzeuge, Computer etc.)	1 Jahr

*Mit Ausnahme von Grundstücken, die zu eigenen Wohnzwecken genutzt wurden.

Beispiel
Sie haben am 10.6.2012 einen Bauplatz gekauft. Die Zehnjahresfrist nach BGB beginnt am 11.6.2012 um 0 Uhr und endet am 10.6.2022 um 24 Uhr. Sie können also den Bauplatz frühestens am 11.6.2022 steuerfrei verkaufen. Für die Berechnung des Zeitraums zwischen Anschaffung und Veräußerung ist grundsätzlich das obligatorische Geschäft maßgebend, das der Anschaffung oder der Veräußerung zugrunde liegt. Bei Grundstücken ist das der Kaufvertrag vor dem Notar, bei anderen Wirtschaftsgütern der Vertragsabschluss, auch der per Handschlag.

Berechnung des Veräußerungsgewinns
Gewinn oder Verlust aus Veräußerungsgeschäften ist der Unterschied zwischen Veräußerungspreis einerseits und den Anschaffungs- oder Herstellungskosten und den Werbungskosten andererseits, so § 23 Abs. 3 EStG. Der ist leichter gesagt als berechnet.
Für die Berechnung bei Grundstücksgeschäften können Sie sich an den Musterfall Huber (➤ Rz 1010) halten.

1005 Zeile 31 - 41 Grundstücke und grundstücksgleiche Rechte

In > Zeile 39 ist der Gewinn oder Verlust aus einem privaten Grundstücksgeschäft zu erklären, bei dem der Zeitraum zwischen Anschaffung und Veräußerung nicht mehr als zehn Jahre beträgt. Dazu sind Angaben in den > Zeilen 31 – 38 zu machen. Schummeln ist zwecklos, denn die Notare melden den Finanzämtern alle beurkundeten Kaufverträge. Da ist es besser, langfristig zu planen und erst nach Ablauf der Spekulationsfrist zu verkaufen.

Gut zu wissen: Wenn anderswo ein neuer Job winkt
Eine Ausnahme von der Spekulationssteuer macht der Fiskus, wenn das Haus über einen bestimmten Zeitraum (siehe ➤ Rz 1008) zu eigenen Wohnzwecken genutzt wurde.
Nun will der Fiskus aber die Mobilität der Arbeitnehmer nicht unnötig behindern, die ja im Beruf so wichtig sein kann. Wenn es nicht gelingt, das Haus nach einem Wohnortwechsel sofort zu verkaufen, werden die Leerstandszeiten der Nutzung zu eigenen Wohnzwecken zugerechnet.

Beispiel
Sie sind wegen Arbeitsplatzwechsel aus Ihrer Eigentumswohnung ausgezogen. Erst vier Monate später konnten Sie die Wohnung verkaufen. Der Leerstand dieser vier Monate ist unschädlich (BMF-Schreiben v. 5.10.2000).
Als Nutzung zu eigenen Wohnzwecken gilt auch, wenn ein Haus einem nahen Angehörigen kostenlos überlassen wurde.

Anschaffung durch Erbschaft oder Schenkung
Bei einem Grundstück, das durch Erbschaft erworben wurde, ist die entgeltliche Anschaffung durch den Verstorbenen steuerlich dem Erben zuzurechnen. Somit fällt bei einem Verkauf Spekulationssteuer an, wenn das Grundstück nicht insgesamt zehn Jahre im Besitz des Erblassers und des Erben war, d.h.:

- Erben Sie ein Grundstück, das der Erblasser z.B. vor elf Jahren gekauft hatte, können Sie es sofort verkaufen, ohne dass Spekulationssteuer anfällt.
- Erben Sie ein Grundstück, das der Erblasser vor fünf Jahren gekauft hatte, müssen Sie mit dem Verkauf fünf Jahre warten, damit keine Spekulationssteuer anfällt.

Gleiches gilt für Schenkung, Vermächtnis oder Pflichtteil.
Entgeltlich angeschafft ist auch ein Grundstück, das nach einer Scheidung im Rahmen des Zugewinnausgleichs erworben wurde. Folge: Bei Verkauf innerhalb von zehn Jahren hält der Fiskus über die Spekulationssteuer die Hand auf.

Zeile 32 Zeitpunkt der Anschaffung/ Veräußerung 1006

Tragen Sie die entsprechenden Daten aus dem notariellen Kaufvertrag ein. Als Anschaffung gilt nach § 23 Abs. 1 EStG auch die Überführung des Grundstücks aus dem Betriebsvermögen in das Privatvermögen durch Entnahme.
Als Veräußerung eines Grundstücks gilt auch eine Einlage in das Betriebsvermögen, wenn die Veräußerung aus dem Betriebsvermögen innerhalb von zehn Jahren seit Anschaffung des Grundstücks oder grundstücksgleichen Rechts erfolgt. Die Gewinne oder Verluste sind in diesen Fällen jedoch erst in dem Kalenderjahr zu erfassen, in dem der Preis für die Veräußerung aus dem Betriebsvermögen zugeflossen ist.

TIPP 1007

Beginn der Frist bei einem Neubau

Für den Beginn der Zehnjahresfrist ist die Anschaffung des Grund und Bodens maßgebend, auch wenn erst danach gebaut wurde.
Angenommen, Sie haben am 1.7.2012 einen Bauplatz gekauft und im Jahr 2016 darauf ein Doppelhaus errichtet, das vermietet wird. Die Zehnjahresfrist beginnt mit dem Kauf des Bauplatzes – nicht mit der Bebauung –, also am 2.7.2012 0 Uhr und endet am 1.7.2022 24 Uhr. Sie könnten das bebaute Grundstück somit am 2.7.2022 steuerfrei verkaufen (BMF-Schreiben v. 5.10.2000). Ist also der Veräußerungsgewinn für den Grund und Boden wegen Fristablaufs steuerfrei, ist auch der auf das errichtete Gebäude entfallende Gewinn steuerfrei, da mit der Fertigstellung des Gebäudes keine neue Zehnjahresfrist zu laufen beginnt.
Im Rückschluss heißt das: Wird das Grundstück innerhalb der Spekulationsfrist verkauft, ist auch die Wertsteigerung des darauf errichteten Gebäudes steuerpflichtig.

Weltlich ausgerichtete Menschen
sollten sich nicht fundamental gebärden.
(Marjane Satrapi, Cartoonistin)

1008 Zeile 33 - 35 Nutzung des Grundstücks, Veräußerungspreis, Schwarzgeld

Nutzung zu eigenen Wohnzwecken
Nicht besteuert wird der Verkauf einer Immobilie – auch innerhalb von 10 Jahren nach Errichtung oder Erwerb –, soweit sie

- im Zeitraum zwischen Anschaffung und Veräußerung oder
- im Jahr der Veräußerung und in den beiden vorangegangenen Jahren

ausschließlich zu eigenen Wohnzwecken genutzt wurde.

Gut zu wissen:
Als Nutzung zu eigenen Wohnzwecken gilt auch die (unentgeltliche) Nutzung durch Kinder, für die Sie Kindergeld oder einen Kinderfreibetrag erhalten.
Auch die ausschließlich eigengenutzte Zweit- oder Ferienwohnung kann innerhalb der 10-Jahres-Frist steuerfrei veräußert werden

Nicht eigenen Wohnzwecken dient aber z.B. ein häusliches Arbeitszimmer, selbst wenn der Abzug der Aufwendungen als Werbungskosten ausgeschlossen oder eingeschränkt ist.
Haben Sie ein Grundstück veräußert, bei dem nur ein Teil der Besteuerung unterliegt (z.B. häusliches Arbeitszimmer, fremd vermietete Räume), machen Sie in den > Zeilen 35 – 40 nur Angaben zum steuerpflichtigen Teil.

Veräußerungspreis, Schwarzgeld
Der Anlage SO ist der vom Notar beurkundete Vertrag beizufügen, aus dem sich der Veräußerungspreis ergibt. Dennoch betrachtet der Fiskus den Veräußerungspreis durchaus skeptisch, ist ihm doch bekannt, dass vielfach Schwarzgeld gezahlt wird. Die Motive für Schwarzgeldzahlungen sind unterschiedlich. Für den Käufer kann interessant sein, Schwarzgeld unterzubringen, der Verkäufer sieht eine Möglichkeit, den offiziellen Kaufpreis zu drücken, um der Spekulationssteuer zu entgehen oder sie zumindest deutlich zu senken.

Nervenkitzel
Mit Schwarzgeld betrügen Sie nicht nur den Notar um einen Teil seines Honorars, sondern auch den Fiskus um einen Teil der Grunderwerbsteuer

und möglicherweise um Spekulationssteuer. Auch ist ein solches Geschäft nicht ohne Risiko. Wird das Schwarzgeld vor Abschluss/Beurkundung des Vertrags gezahlt, könnte der Verkäufer vom Verkauf Abstand nehmen und das Schwarzgeld einfach behalten. Soll das Schwarzgeld hingegen erst hinterher fließen, könnte sich der Käufer auf den im Vertrag beurkundeten Kaufpreis berufen und die Zahlung des Schwarzgelds, obwohl vorher versprochen, verweigern.
Gewiefte Leute finden aber immer einen Weg, der vielfach darin besteht, dass eine unauffällige Aktentasche, in der sich das Schwarzgeld befindet, unter dem Tisch des Notars den Eigentümer wechselt, aus der Hand des Käufers in die Hand des Verkäufers. Ist der Notar informiert, verlässt er für einen Moment das Zimmer. Wer so handelt, handelt betrügerisch, das ist doch wohl klar?

Verkauf weit unter Preis
Der Spekulationssteuer können Sie nicht dadurch entgehen, dass Sie weit unter Preis verkaufen, denn die Differenz zum Verkehrswert fällt unter »Schenkung«. Folge: Der Bearbeiter stuft den Vorgang als gemischte Schenkung ein, und neben Einkommen- und Grunderwerbsteuer kommt dann auch noch die Schenkungsteuer ins Spiel. Sie können sich also drehen, wie Sie wollen, der Fiskus holt sich immer seinen Teil.

Beispiel
Hans-Peter will eine kleine Eigentumswohnung verkaufen, weil er Geld braucht. Damit die Wohnung in der Familie bleibt, bietet er sie seiner Schwester Julia zum **Sonderpreis** von 36.600 € an, um den Freibetrag der Schenkungsteuer mitzunehmen.

Folgende Angaben zum Sachverhalt mögen genügen:
Anschaffung der Wohnung (52 qm, Baujahr 1970) in 2016 für 55.000 €
Verkehrswert der Wohnung in 2021:

Anschaffungskosten in 2016:	55.000 €	
./. Abschreibung vom Gebäudewert (80 % der Anschaffungskosten) 44.000 € × 2 % × 5 Jahre =	– 4.400 €	
	51.600 €	> 51.600 €

Verkauf der Wohnung an Julia in 2021 für 36.600 €
Wie rechnet der Fiskus?

1. Spekulationsgewinn

Veräußerungserlös	36.600 €
Wert der Schenkung (51.600 € – 36.600 € =)	15.000 €

Erlös insgesamt	51.600 € >	– 51.600 €
Spekulationsgewinn		0 €
2. Grunderwerbsteuer		
Steuersatz z.B. 6,5 % × Kaufpreis 36.600 € =		2.379 €
3. Schenkungsteuer		
Grundbesitzwert/gemeiner Wert (siehe oben)	51.600 €	
Davon 10 % steuerfrei, da zu Wohnzwecken vermietet (§ 13c ErbStG)	– 5.160 €	46.400 €
Davon anteilig 15,0/51,6 (15.000 € zu 51.600 €) als Wert der Schenkung	13.500 € >	13.500 €
./. Freibetrag Steuerklasse II		– 20.000 €
Verbleiben		0 €

»Ich verstehe, bei einem Geschäft mit Angehörigen lässt sich leichter ein Spekulationsgewinn vermeiden«, sagen Sie.

1009 Zeile 36 - 37 Anschaffungs-/Herstellungskosten, Absetzung für Abnutzung

Vom Veräußerungspreis sind die fortgeführten Anschaffungs-/Herstellungskosten abzusetzen. So ergibt sich der Gewinn/Verlust für > Zeile 39. Ausgangswert sind zunächst die ursprünglichen Anschaffungs-/Herstellungskosten, einzutragen in > Zeile 36. In > Zeile 37 kommt das Elefantengedächtnis des Fiskus zum Ausdruck, der nicht vergisst, dass Sie bei Ihren bisherigen Einkünften aus Vermietung und Verpachtung des verkauften Grundstücks Abschreibungen/erhöhte Absetzungen auf das Gebäude vorgenommen haben, die Sie daher hier eintragen müssen.

1010 ♦ *Musterfall Huber (Privates Veräußerungsgeschäft – Grundstück)*
Heribert Huber hatte im Jahr 2016 einiges an Geldvermögen geerbt und es sofort in einer Immobilie angelegt. Am 1.7.2016 erwarb er für 80.000 € ein unbebautes Grundstück und errichtete darauf ein kleines Mietwohnhaus. Die Bebauung war am 1.3.2018 abgeschlossen. Die Herstellungskosten beliefen sich auf 550.000 €. Mit Vertrag vom 1.7.2021 verkaufte Huber das bebaute Grundstück zu einem Preis von 650.000 €.
Bevor Huber die Anlage SO auszufüllen beginnt, rechnet er sich schon mal aus, was er als Spekulationsgewinn versteuern muss.
Er weiß, dass die von ihm als Werbungskosten in Anspruch genommene Abschreibung den Veräußerungsgewinn erhöht. Durch diese Regelung sol-

len Steuervorteile rückgängig gemacht werden, wenn sich Investoren kurzfristig von einem Mietobjekt trennen.

Veräußerungspreis			*650.000 €*
Anschaffungskosten			
Grundstück		*80.000 €*	
Gebäude	*550.000 €*		
./. Abschreibung			
550.000 € × 2 % × $^{40}/_{12}$	*– 36.667 €*		
Restwert Gebäude	*513.333 € >*	*513.333 €*	
Summe		*593.333 € >*	*– 593.333 €*
Spekulationsgewinn 2021			*56.667 €*

In die Anlage SO trägt Huber ein:

Private Veräußerungsgeschäfte

Grundstücke und grundstücksgleiche Rechte (z. B. Erbbaurecht) In den Zeilen 35 bis 41 bitte nur den steuerpflichtigen Anteil erklären.

Bezeichnung des Grundstücks (Lage) / des Rechts

31 Mietwohngrundstück Rosenheimer Str. 102 München

32 Zeitpunkt der Anschaffung (z. B. Datum des Kaufvertrags, Zeitpunkt der Entnahme aus dem Betriebsvermögen) 01072016 Zeitpunkt der Veräußerung (z. B. Datum des Kaufvertrags, auch nach vorheriger Einlage ins Betriebsvermögen) 01072021

Nutzung des Grundstücks bis zur Veräußerung

33 zu eigenen Wohnzwecken vom TTMMJJJJ bis TTMMJJJJ 230 m²

34 X zu anderen Zwecken (z. B. als Arbeitszimmer, Vermietung) vom TTMMJJJJ bis TTMMJJJJ m²

			EUR
35	Veräußerungspreis oder an dessen Stelle tretender Wert (z. B. Teilwert, gemeiner Wert)		650000,–
36	Anschaffungs- / Herstellungskosten oder an deren Stelle tretender Wert (z. B. Teilwert, gemeiner Wert) ggf. zzgl. nachträglicher Anschaffungs- / Herstellungskosten	–	630000,–
37	Absetzungen für Abnutzung / Erhöhte Absetzungen / Sonderabschreibungen	+	36667,–
38	Werbungskosten im Zusammenhang mit dem Veräußerungsgeschäft	–	,–
39	Gewinn / Verlust (zu übertragen nach Zeile 40)	=	56667,–

		stpfl. Person / Ehemann / Person A / Gemeinschaft EUR	Ehefrau / Person B EUR
40	**Zurechnung des Betrags aus Zeile 39**	110 56667,–	111 ,–
41	Gewinne / Verluste aus weiteren Veräußerungen von Grundstücken und grundstücksgleichen Rechten (lt. gesonderter Aufstellung)	112 ,–	113 ,–

Zeile 38 Werbungskosten 1011

Notarkosten, Kosten der Umschreibung im Grundbuch, Fahrtkosten tragen Sie hier ein.

Zeile 42 - 49 Andere Wirtschaftsgüter 1012

Hier sind Veräußerungen von Wirtschaftsgütern zu erklären, die nicht Grundstücke sind und bei denen der Zeitraum zwischen Anschaffung und Veräußerung nicht mehr als ein Jahr betrug. Siehe hierzu ➤ Rz 1004. Wird das veräußerte Wirtschaftsgut allerdings zur Einkunftserzielung eingesetzt (z.B. Vermietung eines Flugzeugs, Motorboots), verlängert sich die Frist auf zehn Jahre (§ 23 Abs. 1 Nr. 2 Satz 2 EStG). Diese Verlängerung gilt für alle Gegenstände, die auf der Basis eines nach dem 31.12.2008 abgeschlossenen Vertrags angeschafft werden (§ 52a Abs.11 Satz 3 EStG n.F.).

1013 Zeile 42 – 49 Bitcoin und Co.

Auch Einheiten einer virtuellen Währung wie z.B. Bitcoin oder Ethereum gelten als »anderes Wirtschaftsgut«. Gewinne aus der Veräußerung von Einheiten einer solchen Kryptowährung, die im Privatvermögen gehalten werden, stellen somit Einkünfte aus privaten Veräußerungsgeschäften im Sinne der > Zeilen 42 – 49 der Anlage SO dar, wenn der Zeitraum zwischen Anschaffung und Veräußerung nicht mehr als ein Jahr beträgt.
Als Anschaffung gilt auch, wenn Einheiten verschiedener Kryptowährungen gegeneinander getauscht oder wenn Einheiten einer Kryptowährung gegen eine Ware oder eine Dienstleistung eingetauscht werden. Entsprechend kann ein Tausch auch zur Veräußerung und damit zu Spekulationsgewinn führen!
Welche Anlagen innerhalb der Jahresfrist verkauft werden, ist nicht leicht zu überblicken, wenn immer wieder an- und verkauft wird, daher kommt die sog. FIFO-Methode (First In First Out) zur Anwendung: Es wird angenommen, dass die zuerst angeschafften Einheiten einer Kryptowährung auch als Erste veräußert wurden.
Für die Ermittlung der Jahresfrist können Sie den Anschaffungs- und Veräußerungszeitpunkt zugrunde legen, der sich aus Ihrem Transaktionskonto (dem sog. Wallet) ergibt.
Die Höhe Ihres Veräußerungsgewinns oder -verlusts ergibt sich zumeist aus den Angaben Ihrer Handelsplattform. Werden Einheiten einer virtuellen Währung gegen Einheiten einer anderen getauscht, ist als Veräußerungserlös der Marktkurs der erlangten Einheiten am Tauschtag anzusetzen. Vergessen Sie aber nicht, etwaige Anschaffungs- und Werbungskosten (z.B. Transaktionskosten) anzusetzen (> Zeilen 45 und 46.).

Gut zu wissen: Auch für Gewinne aus der Veräußerung virtueller Währungen gilt die Freigrenze von 600 € (➤ Rz 1004).

TIPP Verluste erklären und in folgenden Jahren oder für das Vorjahr Steuern sparen 1014

Hatten Sie in 2021 wenig Glück mit dem Handel von Bitcoin & Co.? Dann sollten Sie Ihre Verluste unbedingt in der Anlage SO erklären und so vom Finanzamt festschreiben lassen. Läuft es in den kommenden Jahren wieder besser, werden die Verluste mit den Gewinnen folgender Jahre verrechnet und bringen Ihnen einen Steuerrabatt. Auch ein Rücktrag in das Vorjahr ist möglich. Dann müssen Sie nicht einmal auf kommende Gewinne hoffen (siehe auch > Zeile 52).

52	Die 2020 nach Maßgabe des § 10d Abs. 1 EStG vorzunehmende Verrechnung nicht ausgeglichener negativer Einkünfte 2021 aus privaten Veräußerungsgeschäften soll wie folgt begrenzt werden	802	EUR ,—	803	EUR ,—

Erhalten ist mühsamer
als erwerben.
(Spruch)

18 Die Anlage V

Einkünfte aus Vermietung und Verpachtung 1015

Bauen ist süßes Armmachen, sagt ein Sprichwort, und da ist was Wahres dran. Bauen macht zwar Spaß, doch die Rendite ist oft erbärmlich, schlappe 2 bis 3 %. Andererseits gilt eine Immobilie in guter Lage als sichere Investition. Dies zeigte sich besonders in der letzten Finanzkrise, in der sich Immobilien als sichere Wertanlage entpuppten. Und wer gewitzt genug ist, kann mit einer Immobilie sogar Steuern sparen.

Die Einkünfte aus Vermietung und Verpachtung werden nach folgendem Schema berechnet:

Einnahmen	.... €
./. Werbungskosten	– .... €
Einkünfte	.... €

Für jedes vermietete Haus, jede vermietete Eigentumswohnung ist eine gesonderte Anlage V abzugeben.

18.1 Das Wichtigste im Überblick 1016

18.1.1 Verluste verrechnen, Wertsteigerungen steuerfrei kassieren

Besteuert wird der Überschuss der Mieteinnahmen über die Werbungskosten. Sind die Werbungskosten höher als die Mieteinnahmen, ergibt sich ein Verlust, der mit anderen Einkünften verrechnet wird und so das zu versteuernde Einkommen mindert. Ein Verlust ergibt sich insbesondere durch hohe **Schuldzinsen (Finanzierungskosten) oder Reparaturen (Erhaltungsaufwand).** Steuerlich vorteilhaft ist bei privatem Grundbesitz, dass ein Gewinn aus dem Verkauf eines Mietobjekts grundsätzlich nicht der Einkommensteuer unterliegt – es sei denn, Anschaffung und Verkauf erfolgen innerhalb der **Spekulationsfrist von zehn Jahren** (➤ Rz 1004 ff.).

2021

Zeile			
1	Name / Gemeinschaft		**Anlage V**
2	Vorname		zur Einkommensteuererklärung / zur Feststellungserklärung
3	**Steuernummer**	lfd. Nr. der Anlage	**Diese Anlage ist bei Zusammenveranlagung von Ehegatten / Lebenspartnern gemeinsam auszufüllen.**

Einkünfte aus Vermietung und Verpachtung

(Bei ausländischen Einkünften: Anlage AUS beachten)

Einkünfte aus dem bebauten Grundstück — 25

Lage des Grundstücks / der Eigentumswohnung

Zeile			
4	Straße, Hausnummer		Angeschafft am T T M M J J J J
5	Postleitzahl	Ort	Fertig gestellt am T T M M J J J J
6	Einheitswert-Aktenzeichen (ohne Sonderzeichen) 00	53	Veräußert / Übertragen am T T M M J J J J

Das in Zeile 4 bezeichnete Objekt wird ganz oder teilweise

Zeile			
7	als Ferienwohnung genutzt 61 (1 = Ja, 2 = Nein)	kurzfristig vermietet 63 (1 = Ja, 2 = Nein)	an Angehörige zu Wohnzwecken vermietet 62 (1 = Ja, 2 = Nein)
8	Gesamtwohnfläche 54 m²	davon eigengenutzter oder unentgeltlich an Dritte überlassener Wohnraum 55 m²	davon als Ferienwohnung genutzter Wohnraum 56 m²

Zeile		Erdgeschoss	1. Obergeschoss	2. Obergeschoss	weitere Geschosse		EUR
9	**Mieteinnahmen für Wohnungen** (ohne Umlagen)	€	€	€	€	01	,–
10		Anzahl / Wohnfläche m²	Anzahl / Wohnfläche m²	Anzahl / Wohnfläche m²	Anzahl / Wohnfläche m²		
11	**für andere Räume** (ohne Umlagen / Umsatzsteuer)	€	€	€	€	02	,–
12	**Einnahmen für an Angehörige zu Wohnzwecken vermietete Wohnungen** (ohne Umlagen)				Anzahl / Wohnfläche m²	03	,–

Umlagen, verrechnet mit Erstattungen (z. B. Wassergeld, Flur- u. Kellerbeleuchtung, Müllabfuhr, Zentralheizung usw.)

Zeile				EUR
13	auf die Zeilen 9 und 11 entfallen		04	,–
14	auf die Zeile 12 entfallen		05	,–
15	Vereinnahmte Mieten für frühere Jahre / verrechnete Mietkautionen / auf das Kalenderjahr entfallende Mietvorauszahlungen aus Baukostenzuschüssen		06	,–
16	Einnahmen aus Vermietung von Garagen, Werbeflächen, Grund und Boden für Kioske usw.		07	,–
17	Vereinnahmte Umsatzsteuer		09	,–
18	Vom Finanzamt erstattete und ggf. verrechnete Umsatzsteuer		10	,–
19	Öffentliche Zuschüsse nach dem Wohnraumförderungsgesetz oder zu Erhaltungsaufwendungen, Aufwendungszuschüsse, Guthabenzinsen aus Bausparverträgen und sonstige Einnahmen	Gesamtbetrag €		
20	davon entfallen auf eigengenutzte oder unentgeltlich an Dritte überlassene Wohnungen lt. Zeile 8	– €	= 08	,–
21	**Summe der Einnahmen**			,–
22	**Summe der Werbungskosten** (Übertrag aus Zeile 51)		–	,–
23	**Überschuss** (zu übertragen nach Zeile 24)		=	,–

Zeile		stpfl. Person / Ehemann / Person A / Gesellschaft EUR	Ehefrau / Person B EUR
24	**Zurechnung des Betrags aus Zeile 23**	20 ,–	21 ,–

Die Eintragungen in den Zeilen 25 bis 32 sind nur in der ersten Anlage V vorzunehmen.

Anteile an Einkünften aus (Gemeinschaft, Finanzamt und Steuernummer)

Zeile		stpfl. Person / Ehemann / Person A / Gesellschaft EUR	Ehefrau / Person B EUR
25	1. Grundstücksgemeinschaft	856 ,–	857 ,–
26	2. Grundstücksgemeinschaft	858 ,–	859 ,–
27	allen weiteren Grundstücksgemeinschaften	854 ,–	855 ,–
28	geschlossenen Immobilienfonds	874 ,–	875 ,–
29	Gesellschaften / Gemeinschaften / ähnlichen Modellen i. S. d. § 15b EStG	,–	,–

2021AnlV101 – April 2021 – 2021AnlV101

Andere Einkünfte

Zeile		stpfl. Person / Ehemann / Person A / Gesellschaft EUR	Ehefrau / Person B EUR
31	Einkünfte aus **Untervermietung** von gemieteten Räumen	866 ,—	867 ,—
32	Einkünfte aus Vermietung und Verpachtung **unbebauter Grundstücke,** von anderem **unbeweglichen Vermögen,** von **Sachinbegriffen** sowie aus **Überlassung von Rechten**	852 ,—	853 ,—

Werbungskosten

aus dem bebauten Grundstück in den Zeilen 4 und 5

Zeile		Gesamtbetrag EUR (1)	Ausgaben, die **nicht** mit Vermietungseinkünften zusammenhängen, wurden durch direkte Zuordnung ermittelt (2)	verhältnismäßig ermittelt (3)	Abzugsfähige Werbungskosten EUR (4)
	Nur ausfüllen, wenn die Aufwendungen für das Gebäude nur teilweise Werbungskosten sind (siehe Anleitung zu den Zeilen 33 bis 52)				
	Absetzung für Abnutzung für Gebäude (ohne Beträge in den Zeilen 34 und 35)			%	
33	linear / degressiv , % / wie 2020 / lt.ges. Erltg.				30 ,—
34	Sonderabschreibung für Mietwohnungsneubau nach § 7b EStG / wie 2020 / lt.ges. Erltg.				70 ,—
35	Erhöhte Absetzungen nach den §§ 7h, 7i EStG, Schutzbaugesetz / wie 2020 / lt.ges. Erltg.				31 ,—
36	Absetzung für Abnutzung für bewegliche Wirtschaftsgüter / wie 2020 / lt.ges. Erltg.				60 ,—
37	Schuldzinsen (ohne Tilgungsbeträge)				33 ,—
38	Geldbeschaffungskosten (z. B. Schätz-, Notar-, Grundbuchgebühren)				34 ,—
39	Renten, dauernde Lasten				35 ,—
40	2021 voll abzuziehende Erhaltungsaufwendungen, die direkt zugeordnet werden können		×		36 ,—
41	verhältnismäßig zugeordnet werden				37 ,—
42	Auf bis zu 5 Jahre zu verteilende Erhaltungsaufwendungen (§§ 11a, 11b EStG, § 82b EStDV) Gesamtaufwand 2021 EUR 57 ,— davon 2021 abzuziehen				38 ,—
43	zu berücksichtigender Anteil aus 2017				39 ,—
44	aus 2018				40 ,—
45	aus 2019				41 ,—
46	aus 2020				42 ,—
47	Grundsteuer, Straßenreinigung, Müllabfuhr, Wasserversorgung, Entwässerung, Hausbeleuchtung, Heizung, Warmwasser, Schornsteinreinigung, Hausversicherungen, Hauswart, Treppenreinigung, Fahrstuhl				52 ,—
48	Verwaltungskosten				48 ,—
49	Nur bei umsatzsteuerpflichtiger Vermietung: an das Finanzamt gezahlte und ggf. verrechnete Umsatzsteuer		×		58 ,—
50	Sonstiges				49 ,—
51	**Summe der Werbungskosten** (zu übertragen nach Zeile 22)				,—
52	Nur bei umsatzsteuerpflichtiger Vermietung: in Zeile 51 enthaltene abziehbare Vorsteuerbeträge				59 ,—

Zusätzliche Angaben

Zeile		stpfl. Person / Ehemann / Person A	Ehefrau / Person B
53	2021 vereinnahmte oder bewilligte Zuschüsse aus öffentlichen Mitteln zu den Anschaffungs- / Herstellungskosten (lt. gesonderter Aufstellung)	€	€

2021AnlV102 2021AnlV102

1017 ## 18.1.2 Liebhaberei abstreiten

Passen Sie auf, dass man Ihnen keine Liebhaberei anhängt! Worum geht es dabei?
Kein vernünftiger Mensch mag Verluste, es sei denn, sie stehen nur auf dem Papier. Solche Verluste wiederum mag der Fiskus nicht. Dann kommt er schnell mit § 42 Abgabenordnung angewackelt, der es verbietet, durch Missbrauch von Gestaltungsmöglichkeiten das Steuerrecht zu umgehen. Zu diesen Gestaltungsmöglichkeiten zählt auch die Liebhaberei, bei der es zu Verlusten kommt, weil der Steuerzahler seine Tätigkeit mehr als Hobby betrachtet und deswegen keine Überschüsse anstrebt. Folge: Verluste werden vom Fiskus nicht anerkannt. Gottlob ist die Absicht, einen Überschuss zu erzielen, ein innerer/gedanklicher Vorgang, der sich einer Überprüfung durch Dritte entzieht (FG Köln, Urt. v. 28.4.2009 – 8 K 1214/07). Deshalb stützt sich der Fiskus bei seinen Streichgelüsten gern auf äußere Merkmale, sog. Hilfstatsachen, aus denen er dann versucht, dem Steuerzahler einen Strick zu drehen.

Als Anzeichen für Liebhaberei gelten:

1. **Vermietung einer Ferienwohnung mit Verlust**
   Bei Vermietung einer Ferienwohnung können sich leicht dauerhafte Verluste einstellen. Dies ruft den Fiskus auf den Plan. Dazu ➤ Rz 1022 ff.
2. **Verbilligte Überlassung einer Wohnung an nahe Angehörige**
   Beträgt die vereinbarte Miete weniger als 50 % der ortsüblichen Marktmiete, sind die Kosten nur anteilig absetzbar (§ 21 Abs. 2 EStG). Dies bedeutet im Umkehrschluss: Ist die vereinbarte Miete höher als 50 %, sind die Kosten für die Wohnung in voller Höhe absetzbar. Dazu ➤ Rz 1027 ff.
3. **Nicht auf Dauer angelegte Vermietungstätigkeit**
   Wer ein vermietetes Haus oder eine vermietete Wohnung kauft und innerhalb von fünf Jahren dort selbst einzieht und zwischenzeitlich nur Verluste macht, kann die Verluste steuerlich nicht geltend machen (BFH v. 9.7.2002 – BStBl 2003 II S. 695).
   Andersherum machen Sie einen Schuh daraus: Bevor Sie selbst einziehen, vermieten Sie das Haus mindestens fünf Jahre. Als Vermieter können Sie sämtliche Hausunkosten einschließlich der Finanzierungskosten in der Steuererklärung unterbringen. Außerdem können Sie den Fiskus zur Kasse bitten, indem Sie das Haus gründlich aufmöbeln. Denn auch sämtliche Renovierungskosten vor Einzug sind als Werbungskosten absetzbar – selbst wenn sie über 15 % der Anschaffungskosten für das Gebäude hinausgehen, weil der bedenkliche Dreijah-

reszeitraum bereits abgelaufen ist. Zur 15-%-Grenze und zum Dreijahreszeitraum mehr unter ➤ Rz 1082.

4. **Leerstehende Immobilie**
   Als Beweisanzeichen für Liebhaberei wertet der Fiskus den Umstand, dass sich der Steuerzahler nach dem Kauf nicht entscheiden kann, ob er die Immobilie wieder verkaufen, selbst nutzen oder dauerhaft vermieten will. Verluste werden dann nicht anerkannt. Wenn sich der Steuerzahler indessen ernsthaft um eine Vermietung bemüht und dies nachweisen kann, sind die Aufwendungen trotz längeren Leerstands als Werbungskosten absetzbar (BFH v. 9.7.2003 – BStBl 2003 Teil II S. 940). Also: regelmäßig inserieren.

In seinem Urteil vom 11.8.2010 hat der BFH erneut zur Liebhaberei Stellung genommen (Az IX R 3/10). Aufwendungen für eine leerstehende Wohnung können als vorab entstandene Werbungskosten abziehbar sein, wenn der Steuerzahler sich endgültig entschlossen hat, Einnahmen zu erzielen, und diese Entscheidung später nicht wieder aufgegeben hat. Der endgültige Entschluss zu vermieten – die Einkünfteerzielungsabsicht – sei eine innere Tatsache, die wie alle inneren Vorgänge aber nur anhand äußerlicher Merkmale beurteilt werden könne. Für eine Einkünfteerzielungsabsicht können der zeitliche Zusammenhang zwischen Aufwendungen und späterer Vermietung, die Dauer der Renovierung oder auch die (fehlende) Absehbarkeit, ob und ggf. wann die Räume vermietet werden sollen, als Indizien herangezogen werden.

18.2 Wann ist eine Anlage V abzugeben?

Zu erklären sind Einkünfte aus **1018**

- einem bebauten Grundstück, z. B. vermietetes Haus, vermietete Eigentumswohnung (> Zeile 4 – 24),
- einer selbstgenutzten Immobilie, wenn einzelne Räume vermietet werden (> Zeile 4 – 24),
- Beteiligungen, z. B. Grundstücks- oder Erbengemeinschaften (> Zeilen 25 – 29),
- Untervermietung von gemieteten Räumen (> Zeile 31),
- unbebauten Grundstücken (z. B. Parkplatz), anderem unbeweglichem Vermögen (z. B. Schiffe) und Sachinbegriffen (z. B. Geschäftseinrichtung) sowie aus Überlassung von Rechten, z. B. Erbbaurechte, Urheberrechte, Kiesausbeuterechte (> Zeile 32).

Für ausschließlich zu eigenen Wohnzwecken bzw. eigenen gewerblichen/beruflichen Zwecken genutzte Gebäude und Gebäudeteile ist also mangels Einkünfte **keine Anlage V** auszufüllen.

Haben Sie ein vermietetes Grundstück im Ausland, geben Sie zusätzlich die Anlage AUS ab.

Gut zu wissen: Außenprüfung nicht zu erwarten
Vermietungseinkünfte werden nur vom Innendienst geprüft, und dies auch nur gelegentlich. Sie brauchen also nicht zu befürchten, dass Ihnen ein Steuerprüfer ins Haus kommt. Allerdings wird gelegentlich von höherer Warte angeordnet, bei der Veranlagung besondere Sachverhalte schwerpunktmäßig zu überprüfen. Dazu können auch die Einkünfte aus Vermietung und Verpachtung gehören. Dann sind Mietverträge, Kontoauszüge, Unterlagen über Mietstreitigkeiten/Mietausfälle etc. vorzulegen. Solange Sie dazu nicht aufgefordert werden, können Sie davon ausgehen, dass die Angaben in der Anlage V ungeprüft übernommen werden.
»Eingeklagte Mietausfälle sind bei mir schon mal auf ein Fremdkonto gegangen und nicht versteuert worden. Muss ich das nachmelden?«, so fragen Sie.
Selbstverständlich müssen Sie diese Mieteinnahmen nachmelden, und zwar in > Zeile 15.

1019 18.3 Wie wird die Anlage V ausgefüllt?

Wer mehrere Grundstücke vermietet hat, muss für jedes Grundstück eine gesonderte Anlage V abgeben.

1020 18.3.1 Einkünfte aus dem bebauten Grundstück – Zeile 4 – 24

Zeile 4 - 6 Lage des Grundstücks

Einkünfte aus dem bebauten Grundstück
25
Lage des Grundstücks / der Eigentumswohnung
Straße, Hausnummer
Angeschafft am
4 T T M M J J J J
Postleitzahl
Ort
Fertig gestellt am
5 T T M M J J J J
Einheitswert-Aktenzeichen (ohne Sonderzeichen)
Veräußert / Übertragen am
6 00
53 T T M M J J J J

Das Einheitswert-Aktenzeichen können Sie dem Einheitswert- oder dem Grundsteuermessbescheid entnehmen.
In wie feinem Deutsch sich die Fiskalbürokraten untereinander verständigen, offenbart die Verfügung der OFD Chemnitz vom 9.1.2007 (S 2532 – 114/8 – St 21). Dort heißt es: »Als Zuordnungskriterium für ein Risikomanagementsystem dient das Einheitswert-Aktenzeichen, für das eine Eintragungsmöglichkeit in Zeile 6 geschaffen wurde. Die Anlage wurde verkennziffert.«
Ach du meine Güte, was mag das bloß bedeuten?

Zeile 7 – 8 Wohnfläche teilweise eigengenutzt oder unentgeltlich an Dritte überlassen 1021

7	Das in Zeile 4 bezeichnete Objekt wird ganz oder teilweise als Ferienwohnung genutzt 61 (1 = Ja, 2 = Nein)	kurzfristig vermietet 63 (1 = Ja, 2 = Nein)	an Angehörige zu Wohnzwecken vermietet 62 (1 = Ja, 2 = Nein)
8	Gesamtwohnfläche 54 m²	davon eigengenutzter oder unentgeltlich an Dritte überlassener Wohnraum 55 m²	davon als Ferienwohnung genutzter Wohnraum 56 m²

Die Eintragung in > Zeile 8 Kästchen 2 ist nur von Belang, wenn ein vermietetes Haus teilweise eigengenutzt oder unentgeltlich an Dritte überlassen wurde. Man spricht dann von **»gemischter Nutzung«.**
Anhand der unterschiedlichen prozentualen Nutzung stellt der Bearbeiter fest, in welchem Umfang die Hauskosten auf die vermietete Wohnfläche entfallen, somit absetzbar sind, und in welchem Umfang auf die eigengenutzte oder die unentgeltlich überlassene Wohnfläche und daher nicht absetzbar sind.

Einkünfte aus dem bebauten Grundstück 25

Lage des Grundstücks / der Eigentumswohnung

4	Straße, Hausnummer: Heidestr. 12	Angeschafft am: 01032017
5	Postleitzahl, Ort: 21335 LÜNEBURG	Fertig gestellt am: 30062011
6	Einheitswert-Aktenzeichen (ohne Sonderzeichen): 00 213 / 028-3-01236.2	53 Veräußert / Übertragen am: TTMMJJJJ

7	Das in Zeile 4 bezeichnete Objekt wird ganz oder teilweise als Ferienwohnung genutzt 61 (1 = Ja, 2 = Nein)	kurzfristig vermietet 63 (1 = Ja, 2 = Nein)	an Angehörige zu Wohnzwecken vermietet 62 (1 = Ja, 2 = Nein)	
8	Gesamtwohnfläche 54: 190 m²	davon eigengenutzter oder unentgeltlich an Dritte überlassener Wohnraum 55: 110 m²	davon als Ferienwohnung genutzter Wohnraum 56 m²	

		Erdgeschoss	1. Obergeschoss	2. Obergeschoss	weitere Geschosse		EUR
9	Mieteinnahmen für Wohnungen (ohne Umlagen)	€	4800 €	€	€	01	4800,–
10		Anzahl / Wohnfläche m²	Anzahl 1 / Wohnfläche 80 m²	Anzahl / Wohnfläche m²	Anzahl / Wohnfläche m²		
11	für andere Räume (ohne Umlagen / Umsatzsteuer)	€	€	€	€	02	,–
12	Einnahmen für an Angehörige zu Wohnzwecken vermietete Wohnungen (ohne Umlagen)				Anzahl / Wohnfläche m²	03	,–

Beispiel
Ein Zweifamilienhaus hat eine Gesamtwohnfläche von 190 qm. Davon entfallen auf die eigengenutzte Wohnung 110 qm, also sind 80 qm vermietet. Die Mieteinnahmen ohne Umlagen haben 4.800 € betragen.
Der Bearbeiter rechnet blitzschnell: 80 qm ÷ 190 qm × 100 = 42,1 %. Es sind nur 42,1 % der Kosten, die auf das gesamte Haus entfallen (Grundsteuer, Versicherung, Abschreibung, Fassadenanstrich oder Dachreparatur), absetzbar.
Aufwendungen, die unmittelbar den vermieteten Teil betreffen (z.B. Reparatur der Dusche), sind in voller Höhe absetzbar.
Haben Sie die Wohnung einem Angehörigen **unentgeltlich überlassen,** sind, wie gesagt, die anteiligen Aufwendungen ebenfalls nicht absetzbar. Überlassen Sie aber einer in Ihrem Haushalt oder Ihrem Betrieb beschäftigten Person eine Wohnung unentgeltlich, ist der Mietwert ein Teil des Arbeitslohns (steuerpflichtiger Sachbezug). Sie müssen den als Lohn verrechneten Mietwert als Mieteinnahme in > Zeile 9 angeben und können ihn als Betriebsausgabe absetzen oder als Ausgabe für eine Haushaltshilfe, sofern die Voraussetzungen dafür vorliegen. Die anteiligen Hausunkosten sind **in voller Höhe** absetzbar.

Guter Rat:

1. **Wohnfläche genau vermessen (Wohnflächenverordnung vom 25.11.2003).**
   Wer die eigengenutzte oder unentgeltlich an Angehörige überlassene Wohnung zu großzügig bemisst, schadet sich selbst. Zur Wohnflächenberechnung mehr unter ➤ Rz 1023.
2. **Hauskosten steuergünstig zuordnen**
   Ordnen Sie die Kosten so weit als möglich dem vermieteten Teil zu, um sie zu 100 % abziehen zu können, was Ihre Steuerlast entscheidend mindert. Zur Aufteilung und Zuordnung der Kosten mehr unter ➤ Rz 1049 ff.

1022 Zeile 7 – 8 Als Ferienwohnung genutzter Wohnraum

Wenn Sie Ihre Ferienwohnung nicht nur vermieten, sondern auch selbst darin wohnen, können Sie nur die Kosten absetzen, die anteilig mit der Vermietung zusammenhängen. Der Steuererklärung ist auf gesondertem Blatt eine Aufstellung beizufügen, an wie vielen Kalendertagen die Woh-

nung vermietet, eigengenutzt, unentgeltlich an Dritte überlassen wurde oder leer stand. Da haben Sie den Salat.
Streitpunkt ist vielfach, in welchem Verhältnis die Werbungskosten infolge der gemischten Nutzung aufzuteilen sind. Nach der Rechtsprechung des BFH im Urteil vom 5.11.2002 (BStBl 2003 II S. 914) gilt dabei:

1. Wer seine Ferienwohnung nicht selbst nutzt, sondern ausschließlich an Feriengäste vermietet und in der übrigen Zeit hierfür bereithält, kann sämtliche Kosten absetzen, auch wenn sich jahrelang Verluste ergeben sollten.
2. Wird die Ferienwohnung gemischt genutzt, wird das Finanzamt bei langjährigen Verlusten prüfen, ob der Steuerzahler die Absicht hat, einen Überschuss zu erzielen. Hierzu kann das Finanzamt eine Prognose erstellen, ob dies in einem Zeitraum von 30 Jahren gelingen kann.

Beispiel einer Überschussprognose:

Einnahmen und Ausgaben der letzten fünf Jahre (laut Anlage V)		
Jahr	Einnahmen	Werbungskosten (50 % der gesamten Kosten, einschließlich 2 % Abschreibung)
2021	5.100 €	5.150 €
2020	3.800 €	4.800 €
2019	4.200 €	4.900 €
2018	2.900 €	5.100 €
2017	3.400 €	5.200 €
Durchschnitt	3.880 €	5.030 €
Hochrechnung auf 30 Jahre	116.400 €	150.900 €
Sicherheitszuschlag 10 %	11.640 €	
Sicherheitsabschlag 10 %		– 15.090 €
Einnahmen/Ausgaben geschätzt	128.040 €	135.810 €
Ergibt einen voraussichtlichen Verlust in Höhe von		7.770 €

Die Prognose sieht nicht gut aus. Vielleicht können Sie aber glaubhaft machen, dass in Zukunft Ihre Einnahmen höher sein werden oder die

Hauskosten niedriger. So kann sich rechnerisch ein Überschuss ergeben, und Sie sind aus dem Schneider.
Gern setzen die Finanzämter auch geschätzte Erhaltungsaufwendungen von 15,60 bis 19,50 € pro qm und Jahr an (§ 28 der II. Berechnungsverordnung), die bei Ihnen zu einem völlig falschen Ergebnis führen, weil Sie in eigener Regie viel kostengünstiger renovieren. Hier können Sie einhaken.

3. Die auf Leerstandszeiten entfallenden Kosten sind entsprechend dem zeitlichen Verhältnis der tatsächlichen Selbstnutzung zur tatsächlichen Vermietung aufzuteilen.
4. Kurzfristige Aufenthalte des Eigentümers zur Reinigung, für (Schönheits-)Reparaturen, Schlüsselübergabe, Wartungsarbeiten, allgemeine Kontrolle oder Teilnahme an Eigentümerversammlungen zählen nicht als Selbstnutzung, sondern sind den Vermietungszeiten zuzurechnen und erhöhen die absetzbare Quote. Bei Schönheitsreparaturen müssen Sie dem Fiskus aber nachweisen können, dass der Aufenthalt während der üblichen Arbeitszeit vollständig mit Arbeiten für die Wohnung ausgefüllt war (BFH v. 25.11.1993 – BStBl 1994 II S. 350). Dazu sind Aufzeichnungen notwendig, was Sie den ganzen Tag über für die Wohnung getan haben. Nun können Sie zusätzlich zu den Kosten für Reparatur und Reinigungsmaterial auch noch die Fahrtkosten und den Mehraufwand für Verpflegung absetzen.

Lässt sich nicht genau feststellen, in welchem Umfang Sie die Ferienwohnung selbst nutzen, so sind die nicht auf die Vermietung entfallenden Kosten zu jeweils 50 % der Selbstnutzung und der Vermietung zuzurechnen.

Gut zu wissen: Wer am selben Ort über zwei vergleichbare Ferienwohnungen verfügt, braucht eine Aufteilung der Werbungskosten nur für die am meisten selbstgenutzte Wohnung vorzunehmen (FG Münster v. 16.11.2000 – EFG 2002 S. 128).

1023 Zeile 9 – 12 und 16 – 18 Mieteinnahmen, Umsatzsteuer

Bei einem Gebäude mit mehreren Geschossen tragen Sie die Mieteinnahmen entsprechend den Vorgaben im Formular ein. Die neben der Miete erhobenen **Umlagen** sind stets in > Zeile 13 – 14 einzutragen.

Geben Sie in > Zeile 10 außerdem die Anzahl der Wohnungen und für jedes Geschoss die Wohnfläche an. Die Angaben zur Wohnfläche bieten dem Bearbeiter Anhaltspunkte, ob möglicherweise unter Marktwert vermietet wird. Dies eröffnet ihm die Handhabe, die Hauskosten nur anteilig zu berücksichtigen (➤ Rz 1021 und ➤ Rz 1049).

9	**Mieteinnahmen für Wohnungen** (ohne Umlagen)	€		€		€		€		01	,—
10		Anzahl	Wohnfläche m²	Anzahl	Wohnfläche m²	Anzahl	Wohnfläche m²	Anzahl	Wohnfläche m²		
11	**für andere Räume** (ohne Umlagen / Umsatzsteuer)	€		€		€		€		02	,—
12	**Einnahmen für an Angehörige zu Wohnzwecken vermietete Wohnungen** (ohne Umlagen)							Anzahl	Wohnfläche m²	03	,—
	Umlagen, verrechnet mit Erstattungen (z. B. Wassergeld, Flur- u. Kellerbeleuchtung, Müllabfuhr, Zentralheizung usw.)										
13	auf die Zeilen 9 und 11 entfallen									04	,—
14	auf die Zeile 12 entfallen									05	,—
15	Vereinnahmte Mieten für frühere Jahre / verrechnete Mietkautionen / auf das Kalenderjahr entfallende Mietvorauszahlungen aus Baukostenzuschüssen									06	,—
16	Einnahmen aus Vermietung von Garagen, Werbeflächen, Grund und Boden für Kioske usw.									07	,—
17	Vereinnahmte Umsatzsteuer									09	,—
18	Vom Finanzamt erstattete und ggf. verrechnete Umsatzsteuer									10	,—

Wohnflächenberechnung

Die Wohnflächenverordnung vom 25.11.2003 beinhaltet die gesetzliche Definition der Wohnfläche. Zubehörräume, z.B. Keller, Dachböden, Schuppen und Garagen, sind nicht zu berücksichtigen. Gemessen wird nach lichten Maßen. Raumteile mit einer lichten Höhe zwischen ein und zwei Metern sowie die Fläche von Balkonen, Loggien, Dachgärten und nicht beheizbaren Wintergärten können bis zur Hälfte angesetzt werden. Enthält das Gebäude mehr als zwei Geschosse, machen Sie die Angaben dazu auf einem Extrablatt.

Mieteinnahmen für andere Räume, Umsatzsteuer

In > Zeile 11 geben Sie die Einnahmen aus der Vermietung von Räumen an, die nicht Wohnzwecken, sondern gewerblichen, freiberuflichen oder anderen Zwecken dienen. Die Umlagen für diese Räume sind ebenfalls stets in die > Zeile 13 einzutragen.

Bei umsatzsteuerpflichtiger Vermietung ist die an das Finanzamt gezahlte (bzw. vom Finanzamt verrechnete) Umsatzsteuer als Werbungskosten in > Zeile 49 einzutragen.

49	Nur bei umsatzsteuerpflichtiger Vermietung: an das Finanzamt gezahlte und ggf. verrechnete Umsatzsteuer	×	58	,—
	Sonstiges			

TIPP Verzicht auf Umsatzsteuerbefreiung/Option zur Umsatzsteuer

An dieser Stelle ist ein kleiner Ausflug in das Umsatzsteuerrecht fällig. Die Vermietung eines Gebäudes ist immer eine unternehmerische Tätigkeit, weil sie nachhaltig erfolgt (§ 2 UStG). Sie ist allerdings nach § 4 Nr. 12 a UStG grundsätzlich umsatzsteuerfrei. Unter bestimmten Voraussetzungen kann der Vermieter aber auf die Steuerfreiheit verzichten. Das nennt man Optieren zur Umsatzsteuer (§ 9 UStG). Voraussetzung ist u. a., dass der Mieter selbst ein Unternehmer (Gewerbetreibender oder Freiberufler) ist. Bei Vermietung zu Wohnzwecken ist also eine Option zur Umsatzsteuer nicht möglich. Bei umsatzsteuerpflichtiger Vermietung steht ein Vorsteuerabzug zu. Dies bedeutet: Sie als Vermieter müssen zwar die Mieteinnahmen mit 19 % versteuern, erhalten aber die bei der Herstellung des Gebäudes gezahlten Vorsteuerbeträge sofort erstattet.
Bei umsatzsteuerpflichtiger Vermietung gehören die den Mietern in Rechnung gestellten Umsatzsteuerbeträge zu den Mieteinnahmen (> Zeile 17). Die vom Finanzamt erstattete Vorsteuer gehört in > Zeile 18. Die mit den Rechnungen gezahlte Vorsteuer tragen Sie **zusätzlich** in > Zeile 52 ein.

52	Nur bei umsatzsteuerpflichtiger Vermietung: in Zeile 51 enthaltene abziehbare Vorsteuerbeträge	59	,—

Geben ist seliger denn nehmen.
(Boxerprinzip)

1024 Zeile 9 Keine Mieteinnahmen

Konnte das Haus nicht vermietet werden, oder war der Mieter schlecht bei Kasse und hat keine Miete gezahlt, oder war das Haus im Veranlagungsjahr noch nicht bezugsfertig? Dann tragen Sie eine Null ein. Dies darf Sie aber nicht daran hindern, die Ausgaben für das Haus auf Seite 2 der Anlage V als Werbungskosten anzusetzen. So ergibt sich ein Verlust, der Ihnen eine Steuererstattung beschert.
Kommt der Fiskalvertreter mit Liebhaberei angewackelt, lesen Sie ➤ Rz 1017, Punkt 4.

1025 TIPP Mieteinnahmen den Kindern zuschanzen

Solange Kinder keine eigenen Einkünfte haben, gehen Jahr für Jahr deren steuerliche Freibeträge verloren. Das sind pro Kind:

Grundfreibetrag	9.744 €
Sonderausgabenpauschbetrag	36 €
Insgesamt	9.780 €

Sie könnten also Ihrem Kind jedes Jahr Mieteinkünfte bis zu 9.780 € steuerfrei zuschanzen. Ihre Einkünfte würden sich entsprechend verringern.
Vielleicht merken Sie schon, worauf ich hinauswill: Es geht um die Übertragung von Grundbesitz auf Ihre Kinder. Die formelle Übertragung erfordert entsprechende Verträge, bei volljährigen Kindern kein Problem. Bei minderjährigen Kindern muss aber ein **Ergänzungspfleger** den Vertrag mit unterschreiben, weil eine Grundstücksübertragung nicht immer vorteilhaft sein muss (§ 107 BGB). Den Ergänzungspfleger können Sie aus Ihrem Bekanntenkreis selbst bestimmen.

Gut zu wissen:

- Grundstückserwerbe unter Verwandten in gerader Linie (Großeltern, Eltern, Kinder) sind grunderwerbsteuerfrei (§ 8 Nr. 6 GrEStG).
- Bei Schenkungen an leibliche Kinder wird ein Freibetrag von 400.000 € berücksichtigt (§ 16 ErbStG).

TIPP Nießbrauch einräumen 1026

Sie können auch ohne Übertragung des Grundstücks Ihrem Kind Mieteinkünfte zuschanzen, indem Sie ihm ein Nießbrauchsrecht einräumen. Dann behalten Sie das Haus, das Kind erhält und versteuert die Mieten. Niemand kann auf das Grundstück zugreifen, wenn Ihr Kind mal in eine finanzielle Klemme geraten sollte. Den Nießbrauch können Sie sogar zeitlich begrenzen. Dem Kind als Nießbraucher sind die Mieteinkünfte steuerlich zuzurechnen. Auch hier der Pferdefuß wie oben: Das Kindergeld könnte gefährdet sein. Es kommt außerdem hinzu, dass der Nießbraucher nicht berechtigt ist, die Abschreibung für das vermietete Gebäude in Anspruch zu nehmen. Dies kann nur der Eigentümer, weil er die Abnutzung wirtschaftlich zu tragen hat – theoretisch. Praktisch kann er die Abschreibung nicht geltend machen, weil er aus dem Grundstück keine Einnahmen bezieht. Ist die Abschreibungssumme relativ gering, ist dieser Nachteil zu vernachlässigen.
Grundlage für die steuerliche Behandlung von Nießbrauchsverträgen ist der sog. Nießbrauchserlass vom 15.11.1984 (BStBl 1984 I S. 561) und die Rechtsprechung des BFH (insbesondere im Urt. v. 13.5.1980 – BStBl 1980 II

S. 297). Nießbrauch zwischen Eltern und Kindern bezeichnen die Fiskalbürokraten als »Zuwendungsnießbrauch«, weil die Eltern dem Kind etwas – ohne Gegenleistung – »zuwenden«.
Der Zuwendungsnießbrauch wird steuerlich nur anerkannt, wenn er im Grundbuch eingetragen ist. Außerdem ist der Nießbrauch vertragsgemäß durchzuführen. Dies bedeutet insbesondere, dass die Mietverträge auf den Nießbraucher umgestellt und die Mieten an ihn gezahlt werden müssen (BFH-Urt. v. 19.9.1978 – BStBl 1979 II S. 42).
Wie bei der Grundstücksübertragung zugunsten eines minderjährigen Kindes muss auch hier ein Ergänzungspfleger den Vertrag mit unterschreiben, denn ein Nießbrauchsrecht bringt auch Verpflichtungen mit sich, wie z. B. die aus dem Grundbesitz sich ergebenden Lasten (§ 107 BGB).

Jeder muss für sich selber sorgen und sehen,
was er sich leisten kann.
(Heinrich von Pierer, Siemens)

1027 Zeile 7 – 12 Einnahmen für an Angehörige vermietete Wohnungen

Ist in > Zeile 12 etwas eingetragen, wittert der Bearbeiter sogleich Mauschelei.

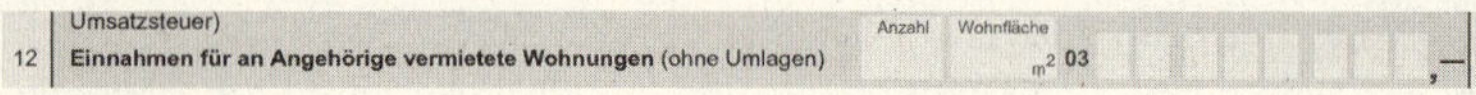
Umsatzsteuer) | Anzahl | Wohnfläche
12 | **Einnahmen für an Angehörige vermietete Wohnungen** (ohne Umlagen) | m² 03 | ,—

Allerdings muss er es gelten lassen, wenn Sie einem Angehörigen die Wohnung unter Preis vermieten. Sofern Sie mindestens 50 % der ortsüblichen Miete nehmen, liegt das im gesetzlichen Rahmen, und die Werbungskosten, die auf diese Wohnung entfallen, sind zu 100 % absetzbar (§ 21 Abs. 2 Satz 2 EStG). So ergeben sich oft Verluste, die mit Überschüssen verrechnet werden können.
Bei den Vermietungseinkünften verlangt der Fiskus genau wie bei anderen Einkunftsarten, dass Sie die Vermietung mit *Einkunftserzielungsabsicht* betreiben, d.h. langfristig gesehen ein Plus machen wollen. Das ganze Nachweistheater können Sie sich sparen, wenn Sie eine ganz normale, auf Dauer angelegte Vermietung betreiben. In diesem Fall muss das Finanzamt nämlich – Verluste hin oder her – Ihre Einkunftserzielungsabsicht schlichtweg unterstellen (BFH v. 10.5.2007 – BStBl 2007 II S. 873; BMF v. 8.10.2004 – BStBl 2004 I S. 933). Wie so oft müssen Sie aber auch hier die berühmten Ausnahmen kennen, die die Regel bestätigen.

Verbilligte Vermietung

Wenn Sie Wohnungen verbilligt an Angehörige vermieten, konnten Sie bis einschließlich 2020 Ihre Werbungskosten zu 100 % absetzen, wenn die vereinbarte Warmmiete, also inkl. Nebenkosten, mindestens 66 % der ortsüblichen Warmmiete betrug. Lagen Sie unter dieser Grenze, haben Ihnen die Fiskalritter gnadenlos Ihre Werbungskosten gekürzt.

Immer nach der Devise, warum einfach, wenn es auch kompliziert geht, hat der Fiskus die Regelungen zur verbilligten Vermietung verändert. Seit 2021 gilt Folgendes:

- Beträgt die Warmmiete mindestens 66 % der ortsüblichen Miete, ist weiterhin der volle Werbungskostenabzug möglich.
- Beträgt die Warmmiete zwischen 50 % und 66 % der ortsüblichen Miete, hängt der volle Werbungskostenabzug davon ab, ob Sie über einen Zeitraum von 30 Jahren insgesamt einen Überschuss aus der Vermietung der Immobilie erzielen. Ist die Überschussprognose (ein Muster finden Sie unter ➤ Rz 835) dagegen negativ, werden die Werbungskosten anteilig entsprechend der Mietverbilligung gekürzt;
- Beträgt die Warmmiete weniger als 50 % der ortsüblichen Miete, wird der Werbungskostenabzug ohne Wenn und Aber anteilig entsprechend der Mietverbilligung gekürzt.

Beispiel

Sie haben eine 80-qm-Wohnung an Ihren Bruder vermietet. Da er finanziell nicht gerade auf Rosen gebettet ist, zahlt er gerade mal 200 € Warmmiete im Monat. Auf dem freien Markt würde die Wohnung 500 € kosten. Da die Wohnung also lediglich zu 40 % entgeltlich vermietet ist, sind auch Werbungskosten nur zu 40 % abzugsfähig (§ 21 Abs. 2 EStG).

Kürzung Ihrer Werbungskosten:

Angenommene Kosten: 200 € mtl. × 12 Monate = 2.400 €, davon abzugsfähig 40 % = 960 €. 1.440 € fallen unter den Tisch.

Wenn die Miete mindestens 66 % der ortsüblichen Miete beträgt, in diesem Fall also 330 € oder mehr, entfällt die Kürzung und das Finanzamt kann keine auf die nächsten 30 Jahre hochgerechnete Überschussprognose verlangen.

Um allen Eventualitäten aus dem Weg zu gehen und sich den vollen Werbungskostenabzug zu sichern, sollten Sie mit der vereinbarten Miete demnach mindestens 66 % der ortsüblichen Miete erreichen.

Eine Überschussprognose müssen Sie allerdings weiterhin in folgenden Fällen erstellen:

- Die Warmmiete beträgt zwischen 50 % und 66 % der ortsüblichen Miete.
- Sie lassen ohne besonderes Konzept die laufenden Schuldzinsen immer weiter auflaufen und tilgen die Darlehen für das Vermietungsobjekt nicht (BFH v. 10.5.2007 – BStBl 2007 II S. 873).
- Sie vermieten eine Ferienwohnung, vgl. ➤ Rz 833.
- Die Vermietung ist von vornherein befristet, weil Sie die Immobilie danach selbst nutzen oder verkaufen wollen (BFH v. 9.7.2002 – BStBl 2003 II S. 695; BFH v. 29.3.2007 – BFH/NV 2007 S. 1847). Kurzfristige Selbstnutzungs- oder Verkaufsabsicht unterstellt der Fiskus regelmäßig, wenn Verkauf/Selbstnutzung innerhalb von fünf Jahren nach Anschaffung erfolgen.
- Sie vermieten eine besonders aufwendige Immobilie (Luxusobjekt) (BFH v. 6.10.2004 – BStBl 2005 II S. 386).
- Sie erzielen die Einkünfte aus einem Bauherren- oder Mietkaufmodell mit Rückkaufgarantie (BFH v. 30.9.1997 – BStBl 1998 II S. 771).
- Sie vermieten oder verpachten langfristig unbebaute Grundstücke (BFH v. 28.11.2007 – IX R9/06, Der Betrieb 2008 S. 556).
- Sie vermieten eine Gewerbeimmobilie, ein Ladenlokal oder Räume für eine Arztpraxis oder Freiberuflerkanzlei.

1028 **TIPP** **Bei der Vergleichsmiete zählt das für Sie günstigste Ergebnis**

Bei der Frage, ob die Grenze von 66 % der ortsüblichen Miete unterschritten ist, muss der Fiskus vorrangig auf den Mietspiegel für die betreffende Gemeinde zurückgreifen. Nur wenn ein solcher nicht vorhanden ist, kann die ortsübliche Marktmiete aus einer Vergleichsmiete für andere Wohnungen abgeleitet werden. Der Fiskus kann Ihnen dabei aber nicht lediglich mit einer Vergleichswohnung kommen. Mindestens drei vergleichbare Vermietungen müssen es schon sein, verlangt der BFH. Alternativ zu Vergleichsmieten bei fehlendem Mietspiegel kann der Nachweis der ortsüblichen Miete auch über das Gutachten eines Gutachtens eines öffentlich bestellten und vereidigten Sachverständigen erfolgen (BFH v. 22.02.2021 – IX R 7/20, DB 2021 S. 993). Haben Sie zum Beispiel in Ihrem Zweifamilienhaus eine Wohnung an ein Kind zu einem sehr günstigen Kurs vermietet, die zweite Wohnung dagegen an einen Fremden zu einer recht üppigen Miete, können Sie dennoch den Umfang der Entgeltlichkeit anhand der für Sie günstigeren Miete lt. Mietspiegel berechnen.

Lassen Sie sich bei den Vergleichen mit dem Mietspiegel nicht Ihr steuerliches Ergebnis schlechtrechnen. Die Mietspiegel weisen als Vergleichsgröße eine Spanne als übliche Miete aus, z.B. »Neubauwohnungen bis 100 qm 5,50 € – 7,10 €«. Die Vertreter des Fiskus gehen nun natürlich gern her und vergleichen Ihre tatsächliche Miete mit dem Mittelwert des Mietspiegels, in unserem Beispiel also 6,30 €. Das lassen Sie auf keinen Fall durchgehen! Wenn der Mietspiegel als untersten Wert 5,50 € ausweist, ist das eine zulässige Vergleichsmiete. Die Berechnung, ob und in welchem Umfang eine verbilligte Vermietung vorliegt, hat sich deshalb gefälligst an diesem – für Sie günstigeren Wert – zu orientieren. Was dem BFH für die Berechnung von Vorteilen aus der verbilligten Vermietung an Arbeitsnehmer recht war (BFH v. 17.8.2005 – BStBl 2006 II S.71), muss ja wohl auch für Sie gelten. Rückendeckung gibt es dabei von der Finanzverwaltung in Nordrhein-Westfalen (OFD Rheinland v. 17.12.2007 – Kurzinfo ESt 82/2007).

Etwas komplizierter wird die Angelegenheit, wenn Sie Ihre Wohnung möbliert vermieten. Auch hier müssen Sie die übliche Miete für eine nach Größe, Lage, Alter und Ausstattung entsprechende und zudem möblierte Wohnung mit der tatsächlichen Miete vergleichen.

Einfach ist es noch, wenn der Mietspiegel die Möblierung in Form eines pauschalen Zuschlags gegenüber nicht möblierten Wohnungen berücksichtigt. Dann gilt dieser Zuschlag als Maßstab für den aufgrund der Möblierung höheren Mietwert. Einen darüber hinausgehenden Möblierungszuschlag darf das Finanzamt nicht ansetzen. Insbesondere darf es nicht einfach einen Zuschlag in Höhe der Abschreibung für die Möbel ins Spiel bringen.

Ist im Mietspiegel kein solcher Zuschlag festgelegt, muss er anhand der üblichen Gepflogenheiten in Ihrer Gemeinde ermittelt werden. Wenn Sie da gar nicht fündig werden, bleibt als Ausweg immer noch, ein Sachverständigengutachten einzuholen. Lässt sich trotz aller Bemühungen nicht feststellen, dass üblicherweise keine besonderen Zuschläge für die überlassenen Möbel gezahlt werden, kommt ein Möblierungszuschlag nicht in Betracht. Insbesondere darf das Finanzamt keinen typisierten Mietrenditeaufschlag von 4 % ansetzen, wie es das FG Niedersachsen getan hat (Niedersächsisches FG, EFG 2011 S.628). Der BFH hat diese Entscheidung nämlich ausdrücklich als falsch bezeichnet (BFH v. 6.2.2018 – IX R 14/17).

TIPP Berechnung der 66-%-Grenze 1029

Angenommen, Sie haben Ihrer Tochter in Ihrem Zweifamilienhaus eine nette Wohnung eingerichtet. Ihre Tochter zahlt lt. Mietvertrag 350 € kalt und 72 €

pauschal als Umlagen. Die ortsübliche Kaltmiete beträgt 500 €, die umlagefähigen Kosten 120 €. So wird gerechnet: 422 € × 100 ÷ 620 € = 68 %. Die Grenze von mindestens 66 % ist eingehalten. Folge: Es werden 472 € Mieteinnahmen versteuert. Die Werbungskosten einschließlich der umlagefähigen Kosten sind in voller Höhe absetzbar.

1030 **Formalien beachten!**
Zur steuerlichen Anerkennung von Mietverträgen zwischen nahen Angehörigen haben sich die Fiskalbürokraten untereinander ganz penibel abgestimmt, u.a. in Verfügungen der Oberfinanzdirektionen, wie OFD Frankfurt vom 29.9.2006 (S 2253 A – 46 – St 214). Damit Sie ausreichend informiert sind, können wir ich Ihnen einige Ausführungen zu diesem Thema leider nicht ersparen:

Anerkennung von Verträgen zwischen nahen Angehörigen
Voraussetzung ist, dass

1. der Mietvertrag bürgerlich-rechtlich wirksam geschlossen wurde und
2. das Mietverhältnis ernsthaft vereinbart und die Vereinbarung tatsächlich durchgeführt wird.

Entsprechen der Mietvertrag und seine Durchführung nicht den üblichen Gepflogenheiten wie unter Dritten, wird ihn der Fiskus nicht anerkennen. Dies bedeutet aber nicht, dass jede geringfügige Abweichung vom Üblichen sofort die steuerliche Nichtanerkennung zur Folge hätte. Dies gilt insbesondere, wenn die geringfügige Abweichung durch geschäftliche Unerfahrenheit der Beteiligten verursacht ist. Entscheidend ist vielmehr, dass im Rahmen einer Gesamtwürdigung die ernsthafte Vereinbarung und die tatsächliche Durchführung des Mietvertrags mit hinreichender Sicherheit feststeht.
Mietverträge können grundsätzlich formlos geschlossen werden, was jedoch unüblich ist und bei Vermietung an nahe Angehörige im Rahmen der Gesamtbetrachtung zu einer Nichtanerkennung beitragen kann. Der Steuerzahler trägt die Beweislast für die Inhalte des Vertrags (vgl. FG Bremen 3.9.1993, EFG 1994 S.888). Beim Abschluss von Mietverträgen mit **Minderjährigen** ist die Bestellung und Mitwirkung eines Ergänzungspflegers zwingend erforderlich. Ansonsten ist der Vertrag nichtig oder schwebend unwirksam und damit auch steuerrechtlich nicht anzuerkennen (vgl. §§ 181, 1909 BGB, BFH v. 13.5.1980 – BStBl 1981 II S.297).

Ernsthafte Vereinbarung und tatsächliche Durchführung
Damit das Mietverhältnis ernsthaft vereinbart ist, muss der Mietvertrag in jedem Fall die Höhe des Mietzinses und die Mietsache bezeichnen

(§ 535 BGB). Fehlt eine Vereinbarung über Nebenkosten, ist das kein Beinbruch, kann aber im Rahmen der Gesamtbetrachtung ein weiteres Beweisanzeichen sein, dass das Mietverhältnis nicht ernst gemeint ist (BFH-Urt. v. 17.2.1998 – BStBl 1998 II S. 349).

Dies sind die Knackpunkte, auf die der Fiskus achtet:

1. Wurde überhaupt Miete gezahlt?
2. Wurde die Miete pünktlich (monatlich) gezahlt?
3. Handelt es sich um eine nicht abgeschlossene Wohnung im Haus der Eltern, die an unterhaltsberechtigte Kinder vermietet ist?

Besonders heikel ist, wenn Angehörige wechselseitig vermieten (BFH v. 25.1.1994 – BStBl 1994 II S. 738). Kein Problem ist es allerdings, wenn ein Kind den Eltern eine Wohnung vermietet und gleichzeitig unentgeltlich in einem Haus der Eltern wohnt (vgl. BFH v. 14.1.2003 – BStBl 2003 II S. 509).

Der Fiskus darf nicht beanstanden, wenn die Miete

1. in bar ohne Quittung bezahlt wird,
2. mit dem Unterhaltsanspruch des Kindes verrechnet wird (vgl. BFH-Urt. v. 19.9.1999, BStBl 2000 II S. 223),
3. bei Vermietung durch die Eltern mit deren Unterhaltsleistungen oder anderen Geldschenkungen gezahlt wird (vgl. BFH v. 28.1.1997 – BStBl 1997 II S. 599).

Je mehr Unüblichkeiten aber zusammentreffen, desto eher ist die steuerliche Anerkennung im Rahmen der Gesamtbetrachtung in Gefahr.

TIPP Vermietungsverlust plus Werbungskosten wegen doppelter Haushaltsführung 1031

Sie mögen es glauben oder nicht, aber die Richter beim BFH sehen keinen Missbrauch rechtlicher Gestaltungsmöglichkeiten (§ 42 AO), wenn die Ehefrau eine Wohnung in einer fremden Stadt kauft, sie unter Preis an ihren Mann vermietet und dieser dann auch noch doppelte Haushaltsführung beantragt (BFH-Urt. v. 11.3.2003 – BStBl II 2003 II S. 627).

Zum Sachverhalt: 1994 erwarb die Ehefrau eine Eigentumswohnung unweit des Arbeitsorts des Ehemannes. Zur Finanzierung des Kaufpreises der 63,31 qm großen Wohnung (215.000 DM) nahm sie zwei Darlehen auf, gesichert durch eine **Grundschuld** (auf die erworbene Wohnung) sowie durch eine **Bürgschaft** des Ehemannes. Ab dem 1.4.1994 vermietete sie die Eigentumswohnung an den Ehemann. Die monatliche Miete von 12 DM/qm überwies dieser vereinbarungsgemäß auf das Konto seiner Ehefrau.

Im Rahmen der gemeinsamen Einkommensteuererklärungen für die Streitjahre (1994 und 1995) machte die Ehefrau Werbungskostenüberschüsse **(das sind Verluste!!)** aus der Vermietung der Wohnung an ihren Ehemann geltend, und zwar 19.847 DM (1994), 6.573 DM (1995) und 5.113 DM (1996). Und der Ehemann begehrte den Abzug der Mieten in den Veranlagungszeiträumen 1994 und 1995 als Aufwendungen für doppelte Haushaltsführung!

Für den BFH ein klarer Fall: Anhaltspunkte, die für Missbrauch sprechen, liegen hier nicht vor. Der Mietvertrag wurde unter Bedingungen abgeschlossen, die einem Fremdvergleich standhalten. Nach den Feststellungen des Finanzgerichts, die den BFH nach § 118 Abs. 2 FGO binden, wurde der Vertrag außerdem wie vereinbart durchgeführt. Auch der Umstand, dass der Ehemann selbst eine Bürgschaft zur Sicherung der von seiner Frau abgeschlossenen Darlehen eingesetzt hat, spricht nicht gegen die steuerrechtliche Veranlassung der Vermietungstätigkeit (BFH-Urt. v. 15.10.2002 – BStBl 2003 II S. 243).
Zur geflissentlichen Nachahmung empfohlen!!

1032 **TIPP**

Studentenbude für den Nachwuchs kaufen

In Großstädten sind Appartements eine sichere und lukrative Kapitalanlage. Hat sich Ihr Kind für ein Studium an einer Großstadt-Uni entschieden, können Sie vielleicht, statt ein Appartement anzumieten, besser eines kaufen und es Ihrem Kind unter Preis vermieten. Dadurch produzieren Sie Verluste, die mit Ihren anderen Einkünften verrechnet werden. Doch kommt der Fiskus schnell mit § 42 der Abgabenordnung angewackelt, was bedeutet: Gestaltungsmissbrauch. Wegen der begrenzten Mietdauer würden offensichtlich Renditeüberlegungen keine Rolle spielen, so lautet meistens die Begründung (FG Saarland v. 14.6.1995 – EFG 1995 S. 837). Wenn Sie indessen das Studentenappartement als dauerhafte Investition betrachten und es nach dem Studium Ihres Nachwuchses behalten und weitervermieten, klappt der Laden.

1033 **TIPP**

Wenn Ihr Lebenspartner bei Ihnen wohnt

Ihr Lebenspartner hat seine eigene Wohnung aufgegeben und wohnt nun bei Ihnen? Wer den Nerv dazu hat, kann den Fiskus an den Kosten der Wohnung beteiligen. Damit das klappt, müssen Sie einen Raum Ihrer Wohnung dem Partner zur ausschließlichen Eigennutzung vermieten. Sie selbst dürfen diesen Raum also nicht mitbenutzen, müssten eigentlich bitte schön jedes Mal anklopfen, bevor Sie ihn betreten. Wer das kontrolliert? Keiner!

Wie so ein Mietvertrag mit Ihrem Partner aussehen könnte, hat der BFH im Urteil vom 8.8.1990 (BStBl 1991 II S. 171) vorgezeichnet:

Untermietvertrag

Zwischen . . . . (Vermieter)

und . . . . (Mieter)

Vermietet wird ein möbliertes Zimmer, 30 qm. Die Warmmiete einschließlich aller Nebenkosten beträgt 80% der ortsüblichen Vergleichsmiete zzgl. Umlagen = 40 €. Bei Änderung des Mietspiegels der Gemeinde ändert sich die Miete prozentual. Das Zimmer wird dem Mieter zur ausschließlichen Eigennutzung überlassen. Die Kündigungsfristen und die dem Vermieter zustehenden Rechte und Pflichten bestimmen sich nach den §§ 535 ff. BGB.

Wichtig zu wissen: Den Untermietvertrag wird das Finanzamt nur anerkennen, wenn die Mieten nachweisbar gezahlt werden. Einen solchen Nachweis können Sie nur durch Vorlage von Kontoauszügen erbringen. Also Barzahlung vermeiden! Wenn Ihnen die Wohnung nicht gehört, seien Sie gewitzt und melden das Untermietverhältnis Ihrem Vermieter. So bekunden Sie die Ernsthaftigkeit des Vertrags.
Steuerliches Ergebnis: Sie geben die Einkünfte (Einnahmen abzgl. Werbungskosten) in > Zeile 31 an. Die anteiligen Kosten für das Zimmer setzen Sie als Werbungskosten ab, außerdem die Abschreibung für die Zimmereinrichtung. Daraus ergibt sich meistens ein Verlust und eine Steuerrückerstattung.

TIPP Dem Lebenspartner zu Einkünften verhelfen 1034

Jedes Paar mit Trauschein kann sich über die Segnungen des Splittingtarifs freuen. Ihnen aber fehlt der Trauschein, und Sie sind deswegen zum Grundtarif verdonnert. Nicht einmal der Unterhalt für Ihren Lebenspartner ist abziehbar, weil der etwas nebenbei verdient. Klar, dass Sie das maßlos ärgert. Doch ich habe einen Kniff, gegen den beim Fiskus kein Kraut gewachsen ist.
Sie besitzen Eigentumswohnungen, die vermietet sind. Sobald eine frei wird, vermieten Sie diese an Ihren Lebenspartner für 1 € pro Monat mit dem Zugeständnis, die Wohnung zu beliebigen Konditionen weitervermieten zu dürfen. Sicherheitshalber begrenzen Sie den Mietvertrag mit Ihrem Lebenspartner

auf ein Jahr, danach ist jeweils Kündigung zum Quartalsende (nach BGB) möglich.
Ihr Lebenspartner vermietet die Wohnung anschließend zu 600 € pro Monat an einen Dritten. Daraus hat er zwar steuerpflichtige Vermietungseinkünfte, die aber wegen der Grundfreibeträge bei ihm nicht zu einer Steuerfestsetzung führen.
Sie selbst tragen in > Zeile 12 der Anlage V für die vermietete Wohnung 12 € Mieteinnahmen ein, machen aber keine Werbungskosten geltend. Der Pferdefuß ist, dass sich die Abschreibung nicht als Werbungskosten auswirken kann. Alle übrigen Ausgaben sind umlagefähig. Sie erklären also in > Zeile 23 einen Jahresüberschuss von 12 €.
Der Fiskalritter ist verdutzt, spitzt den Rotstift und setzt 66 % der üblichen Jahresmiete = 4.752 € als Mieteinnahmen an unter Hinweis auf § 21 Abs. 2 EStG in Verbindung mit dem BFH-Urteil vom 5.11.2002 (XI R 48/01). Danach müsse der Vermieter mindestens 66 % der Marktmiete nehmen, wenn er Angehörigen Wohnraum überlasse.
Sie entgegnen: »Dieser Einwand ist nicht einschlägig, weil nach § 21 Abs. 2 EStG bei weniger als 66 % lediglich die Werbungskosten gekürzt werden. Ich habe aber überhaupt keine Werbungskosten geltend gemacht.« Nach einiger Überlegung akzeptiert der Fiskalritter Ihr Argument, holt aber gleich zu einem neuen Schlag aus: Die Vermietung zum Spottpreis von 1 € sei eine unentgeltliche Zuwendung, die schenkungsteuerpflichtig sei. Schon nach ca. 18 Monaten sei der Freibetrag nach § 16 ErbStG von 20.000 € aufgezehrt. Dann seien 17 % als Schenkungsteuer fällig. Auf dieses Argument haben Sie aber nur gewartet und sagen gelassen: »Herr Oberinspektor, würden Sie mal so freundlich sein und einen Blick in § 13 Abs.1 Nr. 12 a ErbStG werfen. Nach dieser Vorschrift sind Zuwendungen unter Lebenspartnern zum Zweck des Unterhalts von der Schenkungsteuer befreit.«
Der Fiskalritter springt vor Zorn im Quadrat, kann aber nichts machen.

Der Wille macht gesund.
(Alte Weisheit)

1035 Zeile 13 – 14 Umlagen, verrechnet mit Erstattungen

Der Fiskus praktiziert ein umständliches Verfahren, die Einkünfte aus Vermietung und Verpachtung zu berechnen, indem er auch durchlaufende Posten, sprich Umlagen/Mietnebenkosten/Betriebskosten, den Einnahmen hinzurechnet. Diese Kosten sind hier einzutragen. Die Umlagen sind in dem Kalenderjahr zu erfassen, in dem sie dem Vermieter zugeflossen sind. Im Gegenzug sind die vom Vermieter getragenen umlagefähigen Betriebskosten im Kalenderjahr der Zahlung als Werbungskosten abziehbar (> Zeile 47). Nun ergibt sich aus der Nebenkostenabrechnung in aller Regel eine Nachzahlung oder eine Erstattung. Der vom Mieter nachgezahlte Betrag gehört mit in den Gesamtbetrag in > Zeile 13 – 14. Erstattungen an den Mieter für Umlagen des Vorjahres sind abzuziehen.

	Umlagen, verrechnet mit Erstattungen (z. B. Wassergeld, Flur- u. Kellerbeleuchtung, Müllabfuhr, Zentralheizung usw.)		
13	auf die Zeilen 9 und 11 entfallen	04	,—
14	auf die Zeile 12 entfallen	05	,—
	Vereinnahmte Mieten für frühere Jahre / verrechnete Mietkautionen / auf das Kalenderjahr		

Zu den umlagefähigen Betriebskosten gehören Frischwasser/Abwasser, Straßenreinigung, Müllabfuhr, Grundsteuer, Sach- und Haftpflichtversicherung, Kaminkehrer, Hausbeleuchtung, Wartungskosten für Heizung und Fahrstuhl, Hausmeister, Schneebeseitigung, Gartenpflege, Gemeinschaftsantenne, Satellitenschüssel, Kabelfernsehen (Betriebskostenverordnung v. 25.11.2003 – BGBl Teil I 2003 S. 2346).

TIPP Nicht umlagefähig, aber steuerlich absetzbar 1036

Die Nebenkosten sind inzwischen so hoch, dass man schon von einer zweiten Miete spricht. Was alles umlagefähig ist und was nicht, kann jeder Mieter lang und breit im Internet nachlesen. Für Sie als Vermieter ist wichtig, hier nicht auf dem falschen Fuß erwischt zu werden.
Nicht umlagefähig sind:

- Kosten der Hausverwaltung, z. B. Bürokosten, Lohn, Porto, Telefon,
- Reparaturkosten; vielfach erscheinen sie versteckt auf einer Rechnung über Wartungskosten für Heizung, Fahrstuhl etc. Das kann ins Auge gehen.
- Anteilige Betriebskosten für leerstehende Wohnungen. Sie müssen nicht von den anderen Mietern getragen werden.
- Neuanlage des Vorgartens. Nur die Kosten für Gartenpflege zählen zu den Betriebskosten.

TIPP Nebenkostenabrechnung leicht gemacht 1037

Viele, die zum ersten Mal eine Nebenkostenabrechnung erstellen müssen, tun sich schwer damit. Hier einige Grundregeln:

1. Heizkosten werden am besten über einen Dienstleister abgerechnet.
2. Wasserverbrauch, Müllabfuhr, Strom im Treppenhaus werden anteilig personenbezogen abgerechnet.

3. Hausversicherungen, Grundsteuer werden anteilig nach Größe der Wohnfläche abgerechnet.

Beispiel
Mehrfamilienhaus, Wohnfläche 446 qm, sechs Mietparteien mit insgesamt 14 Personen.

Nebenkostenabrechnung
Mieter Heckel, Wohnfläche 81 qm, 1 Person, Abschlagzahlung auf Umlagen mtl. 120 €.

1. Heizkosten lt. Abrechnung durch Fa. Kalorimeta	869,03 €
2. Wasser, Müll, Strom Treppenhaus insgesamt = 2.689,18 €	
Abrechnungseinheiten (14 Personen × 12 Monate =) 168	
Anteil Mieter Heckel $^{12}/_{168}$ =	192,08 €
3. Hausversicherungen, Grundsteuer insgesamt = 1.728,82 €	
Abrechnungseinheiten (Gesamtwohnfläche) 446 qm	
Anteil Mieter Heckel $^{81}/_{446}$ =	313,97 €
Gesamtkosten Wohnung Heckel	1.375,08 €
./. geleistete Abschlagzahlungen 12 × 120,00 € =	– 1.440,00 €
Guthaben von Mieter Heckel	64,92 €

Die Erstattung an Mieter Heckel von 64,92 € mindert den in > Zeile 13 einzutragenden Gesamtbetrag.

Streitthema Betriebskosten

Abrechnung zu spät? Verjährung droht!

Die Betriebskostenabrechnung muss spätestens zwölf Monate nach Ende des Abrechnungszeitraums beim Mieter sein, andernfalls ist die Forderung verjährt. Kommt sie auch nur einen Tag zu spät, braucht der Mieter nichts nachzuzahlen (§ 556 Abs. 2 BGB).
Allerdings ist der maßgebliche Abrechnungszeitraum das Kalenderjahr. Wenn nun das Mietverhältnis im Lauf des Kalenderjahres beendet wird, z. B. zum 31.5.2021, braucht die Betriebskostenabrechnung erst bis Ende 2021 vorzuliegen (§ 556 Abs. 3 Satz 2 BGB).

Zeitliche Abweichungen unvermeidlich

Der BGH hatte darüber zu befinden, ob es rechtens ist, wenn die Heizkosten über die typische Heizkostenperiode 1. August bis 31. Juli abgerechnet werden, die anderen Betriebskosten aber über das Kalenderjahr. Der BGH entschied, der Vermieter habe zu Recht die Heizkostenabrech-

nung komplett in die kalendermäßige Betriebskostenabrechnung eingestellt. Entscheidend sei, dass die geleisteten Vorauszahlungen für einen Jahreszeitraum abgerechnet werden (BGH VIII ZR 240/07).
Zieht der Mieter im Lauf eines Abrechnungszeitraums ein, so ist sein persönlicher Kostenteil nur zeitanteilig in Rechnung zu stellen.

Zahlen nach zwei Jahrzehnten

Sofern im Mietvertrag eine monatliche Pauschale vereinbart wurde, darf der Vermieter über die Kosten abrechnen. Dies gilt auch für den Fall, dass der Vermieter 20 Jahre lang keine Jahresabrechnung über die Betriebskosten angefertigt hat. Dass die Abrechnung über einen langen Zeitraum nicht erfolgt sei, hat nicht zur Folge, dass das Recht darauf sich stillschweigend ändere (BGH-Urt., Az. VIII ZR 14/06).

Abrechnung überprüfen

Der Mieter darf die Originalunterlagen in Ihren Geschäftsräumen einsehen. Er kann aber auch verlangen, dass Sie ihm Kopien zusenden, sofern sich Ihre Geschäftsräume in einer anderen Stadt befinden (BGH, Az. VIII ZR 78/05).

Keine Pflicht zum Check

Wartungskosten sind zwar umlagefähig, Wartung gehört aber nicht zum Pflichtprogramm. Der Vermieter sei nicht zur regelmäßigen Kontrolle der Elektroinstallation verpflichtet, so der Bundesgerichtshof in einem Urteil vom 15.10.2008 (Az. VIII ZR 321/07). Ohne konkreten Anlass oder Hinweise auf Mängel bestehe keine regelmäßige Überprüfungspflicht. Anlass war eine Klage auf Schadenersatz des Mieters wegen defekter Elektroanlage.

Endabrechnung

Nach dem Auszug erhält der Mieter eine zeitanteilige Endabrechnung der Betriebskosten. Zusätzlich kann Renovierungsaufwand in Rechnung gestellt werden.
So darf der Vermieter nach Auszug eine farblich neutrale Gestaltung der Wohnung verlangen. Am 22.10.2008 billigte der Bundesgerichtshof eine Mietklausel, nach der gestrichene Holzteile »in Weiß oder in hellen Farbtönen« zurückgegeben werden müssen (Az. VIII ZR 283/07), damit der Vermieter leichter einen Nachmieter finden kann. Auch ohne Vorgabe im Mietvertrag muss der Mieter die Wohnung in einem farblich neutralen Zustand zurückgeben, entschieden mehrere Gerichte.

1038 Zeile 15 – 16 Vereinnahmte Mieten für frühere Jahre, Vermietung von Garagen, Werbeflächen – erstattete Umsatzsteuer

Mietausfälle gibt es immer wieder. Kommt nach einem Prozess das Geld rein, tragen Sie den Betrag in > Zeile 15 ein.

15	Vereinnahmte Mieten für frühere Jahre / verrechnete Mietkautionen / auf das Kalenderjahr entfallende Mietvorauszahlungen aus Baukostenzuschüssen	06	,—
16	Einnahmen aus Vermietung von Garagen, Werbeflächen, Grund und Boden für Kioske usw.	07	,—

Einnahmen aus der Vermietung von Garagen etc. tragen Sie in > Zeile 16 ein. Hierher gehören auch Einnahmen aus der Vermietung von Grundstücksteilen für Mobilfunkantennen, Windkraftanlagen und WLAN-Hotspots. Zur Umsatzsteuer mehr unter ➤ Rz 1023.

1039 Zeile 19 – 20 Öffentliche Zuschüsse, Bausparzinsen

18	Vom Finanzamt erstattete und ggf. verrechnete Umsatzsteuer		10	,—
19	Öffentliche Zuschüsse nach dem Wohnraumförderungsgesetz oder zu Erhaltungsaufwendungen, Aufwendungszuschüsse, Guthabenzinsen aus Bausparverträgen und sonstige Einnahmen	Gesamtbetrag €		
20	davon entfallen auf eigengenutzte oder unentgeltlich an Dritte überlassene Wohnungen lt. Zeile 8	– €	▶ = 08	,—

Zuschüsse aus öffentlichen Mitteln zur Finanzierung von Erhaltungsaufwendungen sowie Aufwendungszuschüsse, z.B. zur Minderung der Zins- und Mietbelastungen, sind im Jahr des Zuflusses als Einnahmen in > Zeile 19 – 20 einzutragen. Zuschüsse, die eine Gegenleistung für eine Mietpreisbindung oder Nutzung durch einen bestimmten Personenkreis darstellen (z.B. Zuschüsse nach dem WoFG), können auf die Jahre des Bindungszeitraums verteilt werden, höchstens jedoch auf zehn Jahre (machen Sie Angaben hierzu auf einem eigenen Blatt). Zuschüsse zur Finanzierung von Anschaffungs- oder Herstellungskosten sind in > Zeile 53 einzutragen und von der Bemessungsgrundlage für die Abschreibungen abzuziehen.

Zusätzliche Angaben

		stpfl. Person / Ehemann / Person A	Ehefrau / Person B
53	2020 vereinnahmte oder bewilligte Zuschüsse aus öffentlichen Mitteln zu den Anschaffungs- / Herstellungskosten (lt. gesonderter Aufstellung)	€	€

Guthabenzinsen aus Bausparverträgen gehören z.B. zu den Einnahmen aus Vermietung und Verpachtung, wenn der Bausparvertrag in engem Zusammenhang mit der Anschaffung, Herstellung oder Erhaltung dieses Gebäudes steht.

2021

Zeile			
1	Name / Gemeinschaft: VOGT		**Anlage V**
			zur Einkommensteuererklärung
2	Vorname: DIETER		X zur Feststellungserklärung
3	**Steuernummer** 234/5678/9012	lfd. Nr. der Anlage 1	**Diese Anlage ist bei Zusammenveranlagung von Ehegatten / Lebenspartnern gemeinsam auszufüllen.**
	Einkünfte aus Vermietung und Verpachtung (Bei ausländischen Einkünften: Anlage AUS beachten)		
	Einkünfte aus dem bebauten Grundstück		25
	Lage des Grundstücks / der Eigentumswohnung		
4	Straße, Hausnummer: BURGSTR. 36		Angeschafft am: 01022017
5	Postleitzahl: 41569 Ort: NETTESHEIM		Fertig gestellt am: 01051986
6	Einheitswert-Aktenzeichen (ohne Sonderzeichen): 00 353/037-4-7510.4		53 Veräußert / Übertragen am: TTMMJJJJ

Das in Zeile 4 bezeichnete Objekt wird ganz oder teilweise

Zeile			
7	als Ferienwohnung genutzt 61 (1 = Ja, 2 = Nein)	kurzfristig vermietet 63 (1 = Ja, 2 = Nein)	an Angehörige zu Wohnzwecken vermietet 62 (1 = Ja, 2 = Nein)
8	Gesamtwohnfläche 54 m²	davon eigengenutzter oder unentgeltlich an Dritte überlassener Wohnraum 55 m²	davon als Ferienwohnung genutzter Wohnraum 56 m²

Zeile		Erdgeschoss	1. Obergeschoss	2. Obergeschoss	weitere Geschosse		EUR
9	**Mieteinnahmen für Wohnungen** (ohne Umlagen)	€	€	€	€	01	,–
10		Anzahl / Wohnfläche m²	Anzahl / Wohnfläche m²	Anzahl / Wohnfläche m²	Anzahl / Wohnfläche m²		
11	**für andere Räume** (ohne Umlagen / Umsatzsteuer)	€	€	€	€	02	,–
12	**Einnahmen für an Angehörige zu Wohnzwecken vermietete Wohnungen** (ohne Umlagen)				Anzahl 1, Wohnfläche 60 m²	03	3218,–

Zeile		Gesamtbetrag	Kz	EUR
	Umlagen, verrechnet mit Erstattungen (z. B. Wassergeld, Flur- u. Kellerbeleuchtung, Müllabfuhr, Zentralheizung usw.)			
13	auf die Zeilen 9 und 11 entfallen		04	,–
14	auf die Zeile 12 entfallen		05	644,–
15	Vereinnahmte Mieten für frühere Jahre / verrechnete Mietkautionen / auf das Kalenderjahr entfallende Mietvorauszahlungen aus Baukostenzuschüssen		06	,–
16	Einnahmen aus Vermietung von Garagen, Werbeflächen, Grund und Boden für Kioske usw.		07	,–
17	Vereinnahmte Umsatzsteuer		09	,–
18	Vom Finanzamt erstattete und ggf. verrechnete Umsatzsteuer		10	,–
19	Öffentliche Zuschüsse nach dem Wohnraumförderungsgesetz oder zu Erhaltungsaufwendungen, Aufwendungszuschüsse, Guthabenzinsen aus Bausparverträgen und sonstige Einnahmen	€		
20	davon entfallen auf eigengenutzte oder unentgeltlich an Dritte überlassene Wohnungen lt. Zeile 8	– €	= 08	,–
21	**Summe der Einnahmen**			3862,–

◆ *Musterfall Familie Vogt* 1040
(Teilweise vermietetes Zweifamilienhaus)

Dieter Vogt denkt wirtschaftlich. Er hatte sich im Jahr 2017 für den Kauf eines älteren Zweifamilienhauses entschieden. Die Wohnung im Erdgeschoss (135 qm) bewohnt er selbst. Die Einliegerwohnung hat er an seine Schwiegermutter Käthe vermietet. Vogt weiß, dass er mindestens 66 % der ortsüblichen Miete nehmen sollte. Er hat mit seiner Schwiegermutter mietvertraglich eine Miete in Höhe von 75 % der ortsüblichen Miete vereinbart und hält damit die 66 %-Grenze mehr als notwendig ein. Das sind 4,47 € je qm, bei 60 qm Wohnfläche aufs Jahr gerechnet 3.218 €. Diesen Betrag trägt er in > Zeile 12 ein. Für die Nebenkosten berechnet Vogt pauschal 20 % der Kaltmiete. Macht im Jahr 644 €, einzutragen in > Zeile 14.

Lieben und leben lassen.
(Peter von Zahn)

1041 18.3.2 Anteile an Einkünften – Zeile 25 – 29

Grundstücksgemeinschaften entstehen selten freiwillig, meistens als Erbengemeinschaft. Kaum jemand denkt daran, dass sich damit auch Steuern sparen lassen.

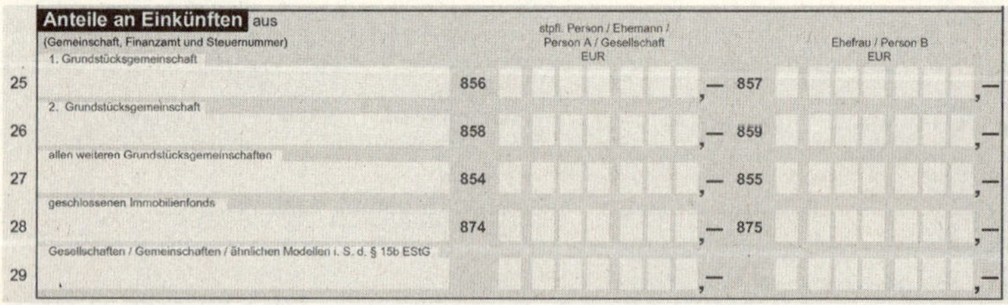

	Anteile an Einkünften aus (Gemeinschaft, Finanzamt und Steuernummer)		stpfl. Person / Ehemann / Person A / Gesellschaft EUR		Ehefrau / Person B EUR
25	1. Grundstücksgemeinschaft	856	,—	857	,—
26	2. Grundstücksgemeinschaft	858	,—	859	,—
27	allen weiteren Grundstücksgemeinschaften	854	,—	855	,—
28	geschlossenen Immobilienfonds	874	,—	875	,—
29	Gesellschaften / Gemeinschaften / ähnlichen Modellen i. S. d. § 15b EStG		,—		,—

1042 TIPP Mit einer Grundstücksgemeinschaft Steuern sparen

Warum beteiligen Sie Ihre beiden Kinder nicht zu je einem Viertel an Ihrem Mietshaus und drücken damit Ihre Steuerlast? Die Kinder erben später ohnehin alles. Und Sie vermindern die Einkünfte aus dem Mietshaus um die Hälfte. Die Übertragung der Anteile ist übrigens grunderwerbsteuerfrei.

Und so wird gerechnet:

	Eltern	1. Tochter	2. Tochter	Gesamt
Mieteinnahmen	30.000 €	15.000 €	15.000 €	60.000 €
./. Abschreibung	– 5.000 €	– 2.500 €	– 2.500 €	– 10.000 €
./. lfd. Hauskosten	– 8.000 €	– 4.000 €	– 4.000 €	– 16.000 €
Verteilung der Einkünfte	17.000 €	8.500 €	8.500 €	34.000 €

Weil Sie weniger zu versteuern haben, brechen Sie der Steuerprogression die Spitze. Das Geld bleibt trotzdem in der Familie.

Denken Sie an den notariellen Übertragungsvertrag, die Umstellung der Mietverträge auf die Gemeinschaft und die Einreichung einer sog. Feststellungserklärung beim Finanzamt. Die Gesellschafter erhalten anschließend vom Finanzamt einen Feststellungsbescheid, aus dem sich die Einkünfte ergeben, die Sie und Ihre Töchter jeweils in > Zeile 25 eintragen. So einfach ist das.

18.3.3 Andere Einkünfte – Zeile 31 – 32 1043

Vor > Zeile 31 – 32 setzt der Fiskus im Formular einen dicken Balken, d.h., er schlägt ein neues Kapitel auf. Das ist immer verdächtig.

	Andere Einkünfte		stpfl. Person / Ehemann / Person A / Gesellschaft EUR		Ehefrau / Person B EUR
31	Einkünfte aus **Untervermietung** von gemieteten Räumen	866	,–	867	,–
32	Einkünfte aus Vermietung und Verpachtung **unbebauter Grundstücke,** von anderem **unbeweglichen Vermögen,** von **Sachinbegriffen** sowie aus **Überlassung von Rechten**	852	,–	853	,–

Gewerbesteuer droht

Einkünfte aus Vermietung und Verpachtung hat nur, wer eine schlichte **Vermögensverwaltung** betreibt, ohne Zusatzleistungen. Folglich unterhält ein Hotelier, der Betreiber eines privaten Altenheims oder eines Wohnheims für Arbeiter oder Aussiedler/Asylanten **einen Gewerbebetrieb.** Desgleichen der Inhaber eines Parkhauses oder eines entgeltpflichtigen Parkplatzes für Kurzparker. Dasselbe kommt bei hotelmäßiger oder kurzfristiger Vermietung von Ferienwohnungen über die Vermittlung entsprechender Organisationen in Betracht. In diesen Fall müssen Sie eine Überschussrechnung erstellen und gewerbliche Einkünfte erklären.

Zeile 31 Untervermietung von gemieteten Räumen 1044

Hier gibt es eine Bagatellgrenze von 520 €. Betragen die **Einnahmen** aus Untervermietung im Jahr weniger als 520 €, ist nichts zu erklären (EStR 21.2).

Bei Mieteinnahmen von 520 € und mehr bittet der Fiskus um eine Berechnung auf gesondertem Blatt.

Berechnungsschema:

Mieteinnahmen aus Untervermietung (mind. 520 €)	. . . . . €
./. Werbungskosten (anteilige gezahlte Miete)	– . . . . . €
./. weitere Werbungskosten*	– . . . . . €
Einkünfte	. . . . . €

*Schätzbeträge für Licht, Heizung, Reinigung etc.

Die Sachverhalte bei Untervermietung sind so vielgestaltig – z.B. Untervermietung möblierter Zimmer an Studenten, an Einzelpersonen bei Messeveranstaltungen, Untervermietung an obdachlose Suchtkranke zur Vorbereitung auf selbständiges Wohnen, Zwischenvermietung von Altenwohnungen u.a.m. –, dass auf Einzelheiten hier nicht eingegangen werden kann.

1045 Zeile 32 Vermietung von unbebauten Grundstücken, anderem unbeweglichem Vermögen, Sachinbegriffen

Eintragungen sind nur auf der ersten Anlage V möglich. Auch hier erwartet der Fiskus eine **Berechnung auf einem eigenen Blatt.** »Anderes unbewegliches Vermögen« sind grundstückgleiche Rechte wie ein Erbbau- oder ein Nießbrauchsrecht. Ein Sachinbegriff ist z.B. ein Flugzeug. Wird ein Flugzeug vermietet, das in die Luftfahrzeugrolle eingetragen ist, so ist dies, wenn keine Sonderleistungen erbracht werden, keine gewerbliche Tätigkeit und führt somit zu Einkünften aus Vermietung und Verpachtung im Sinne des § 21 Abs. 1 Nr. 1 EStG (BFH-Urt. v. 2.5.2000 – BStBl 2000 II S. 467).

Ein lieber Chef ist kein guter Chef.
(Peter Merseburger, Journalist)

1046 18.3.4 Werbungskosten – Zeile 33 – 52

Sind die Werbungskosten höher als die Mieteinnahmen, haben Sie Verluste, die sich steuermindernd auf Ihr Einkommen auswirken. Aber wie kommen Sie an hohe Werbungskosten, ohne dass Sie sich finanziell arg strapazieren? Das ist die Frage überhaupt.
Was alles absetzbar ist, geht weit über die Auflistung in > Zeile 33 – 50 hinaus.

Werbungskosten bei Vermietung und Verpachtung sind prinzipiell alle Aufwendungen, die in wirtschaftlichem Zusammenhang mit derzeitigen oder künftigen Mieteinnahmen stehen (§ 9 EStG).

Die wichtigsten Werbungskosten sind

- **Abschreibungen**
Hier kommt es auf die höchstmögliche Abschreibungsgrundlage und den günstigsten Abschreibungssatz an (➤ Rz 1050 ff.).
- **Schuldzinsen**
Wichtig ist, bei gemischter Nutzung die Finanzierungskosten richtig zu verteilen, sie möglichst ausschließlich dem vermieteten Teil zuzuordnen (➤ Rz 1067 ff.).
- **Erhaltungsaufwendungen**
Hier geht es darum, den Erhaltungsaufwand vom Herstellungsaufwand abzugrenzen und bei gemischter Nutzung die Aufwendungen möglichst dem vermieteten Teil zuzuordnen (➤ Rz 1078 ff.).

Guter Rat: Folgen Sie Ihrem gesunden Rechtsempfinden
»Was ich nicht weiß, macht mich nicht heiß«, so lautet ein Sprichwort. Wer nach dieser Erkenntnis handelt, setzt frechweg alle Ausgaben an, die nach seinem gesunden Rechtsempfinden absetzbar sind. Das Wort »Steuerverkürzung« oder »Steuerhinterziehung« sollte dabei nicht schrecken, solange fein säuberlich alles vorgelegt wird. Denn der Fiskalritter kann ja entscheiden, ob er die »Steuerverkürzung« anerkennt oder nicht. Zückt er den Rotstift, muss er seinen Bescheid stichhaltig begründen. Überzeugt die Begründung nicht, legen Sie Einspruch ein und bitten um nähere Erläuterung. So gewinnen Sie Klarheit über das, was als Werbungskosten absetzbar ist oder nicht.

TIPP Vorschuss am Jahresende: ein ganz legaler Steuertrick 1047

Mit einer größeren Geldausgabe am Jahresende noch schnell der Steuerprogression die Spitze zu brechen ist ein ganz legaler Steuertrick, der sich auf § 11 EStG stützt. Nach dieser Vorschrift sind die Ausgaben »für das Kalenderjahr abzusetzen, in dem sie geleistet worden sind«. Wie wär's denn, wenn Sie für die ohnehin anstehende größere Reparatur dem Handwerker noch schnell am Jahresende einen Vorschuss zahlen? Ein Vorschuss von 10.000 € drückt Ihre Steuerlast von angenommen 40 % in der Spitze um 4.000 €. Es gilt zwar:

»Erst die Leistung, dann das Geld«, aber wenn Sie den Handwerker schon lange kennen, ist die Steuerersparnis ein kleines Risiko wert.

1048 **TIPP** **Bei Eigenbedarf den Fiskus leimen**

Wer nach längerer Vermietungszeit wegen Eigenbedarfs kündigt, wird oft von einem hohen Renovierungsbedarf überrascht. Zudem besteht die Gefahr, dass der Fiskus den Abzug der Renovierungskosten streicht. Begründung: Ohne Mieteinnahme kein Abzug als Werbungskosten (Urteile des FG Hessen v. 1.3.1991, EFG 1991 S. 471 und des FG Saarland v. 11.12.1997 – 2 K 29 197).

Deshalb gilt: Noch bevor Sie kündigen, vorausschauend all das renovieren, was richtig ins Geld geht: Badezimmer, Fenster, Türen, Heizung, Gasthermen, Bodenbeläge. Denn solange Sie Mieteinnahmen erklären, unterstellt der Fiskus, dass die Renovierung wegen der laufenden Vermietung erfolgt, und wird die Renovierungskosten anerkennen.

Es ist sehr schwer, etwas wiederzusehen,
das man für sich abgeschlossen hat.
(Nicolas Roeg, Regisseur)

1049 Zeile 33 – 50 Werbungskosten bei gemischter Nutzung

Bei gemischter Nutzung des Gebäudes wittert der Fiskalritter Morgenluft, weil sich da was deichseln lässt. Also aufgepasst! Zur Erinnerung: Gemischte Nutzung liegt vor, wenn ein Teil des Gebäudes vermietet ist und der andere Teil zu eigenen Wohnzwecken oder eigenen gewerblichen/freiberuflichen Zwecken genutzt wird. In diesen Fällen sind die Werbungskosten nur **anteilig** absetzbar.

Guter Rat:
Ordnen Sie die Kosten so weit als möglich dem vermieteten Teil zu, denn nur Kosten, die den vermieteten Teil betreffen, wirken sich steuerlich aus. **Aufgepasst:** Der Fiskus fragt gezielt nach den Ausgaben, die **nicht** mit Vermietungseinkünften zusammenhängen! Ganz schön hinterhältig, oder?

Die Spalten 1 (Gesamtbetrag) und 4 (abzugsfähige Werbungskosten) sind in jedem Fall auszufüllen. Nun unterscheiden Sie:

Direkte Zuordnung (Spalte 2) = zu 100 % absetzbar
Kosten, die nur den vermieteten Teil betreffen, wie Erneuerung der Fenster oder der Heizkörper, Badinstallation und dergleichen, sind durch direkte Zuordnung zu 100 % absetzbar.

Andere Einkunftsart:
Ebenso zu 100 % absetzbar sind Ausgaben, die im Zusammenhang mit Räumen stehen, die zu **eigenen gewerblichen/freiberuflichen Zwecken** genutzt werden. Nur sind die Ausgaben nicht hier als Werbungskosten bei den Einkünften aus Vermietung und Verpachtung geltend zu machen, sondern als Betriebsausgaben in der Anlage G oder S.

Verhältnismäßig ermittelt (Spalte 3) = anteilig absetzbar!
Kosten, die auf das gesamte Haus entfallen, wie Absetzung für Abnutzung, Schuldzinsen, Grundsteuer oder Versicherungen, sind prozentual nach dem Verhältnis der vermieteten zu den eigengenutzten Wohnflächen aufzuteilen. Das gilt ebenso für Wartungskosten und Erhaltungsaufwendungen, die das ganze Haus betreffen, wie z.B. an der gemeinschaftlichen Heizungsanlage, am Dach oder an der Hausfassade.

Einzutragen sind:
In Spalte 1 der Gesamtbetrag der Aufwendungen und

- entweder in Spalte 2 ein Kreuzchen, dass Sie den abziehbaren Anteil durch direkte Zuordnung ermittelt haben, sowie in Spalte 4 der entsprechende Betrag
- oder in Spalte 3 der Prozentsatz des nicht absetzbaren Anteils der Kosten und in Spalte 4 der absetzbare Betrag.

Erläutern Sie einen **erstmalig** verwendeten Aufteilungsmaßstab und die Zuordnung auf einem gesonderten Blatt.

Beispiel
Ein Gebäude hat eine Nutzfläche von 250 qm. Davon werden 180 qm = 72 % eigengewerblich genutzt. Eine Wohnung mit 70 qm Wohnfläche = 28 % ist vermietet. Die vermietete Wohnung hat für 1.500 € einen neuen Fußbodenbelag und das gesamte Gebäude für 7.000 € einen neuen Außenanstrich erhalten.

Den Fußbodenbelag können Sie zu 100 %, den Außenanstrich zu 28 % hier absetzen. Die restlichen Aufwendungen für den Außenanstrich (72 %) sind als **Betriebsausgaben** absetzbar.

Zeile 33 – 35 Absetzung für Abnutzung (AfA) bei Gebäuden

1050 Durch die Absetzung für Abnutzung (AfA) verteilen Sie die Anschaffungs- oder Herstellungskosten des Gebäudes auf dessen Nutzungsdauer (§ 7 Abs. 4, § 9 Abs.1 Nr. 7 EStG). Nutzungsdauer ist der Zeitraum, in dem das Gebäude voraussichtlich Miete abwerfen wird.

	Werbungskosten aus dem bebauten Grundstück in den Zeilen 4 und 5	Nur ausfüllen, wenn die Aufwendungen für das Gebäude nur teilweise Werbungskosten sind (siehe Anleitung zu den Zeilen 33 bis 52)			Abzugsfähige Werbungskosten
		Gesamtbetrag EUR	Ausgaben, die **nicht** mit Vermietungseinkünften zusammenhängen, wurden: durch direkte Zuordnung ermittelt	verhältnismäßig ermittelt	EUR
	Absetzung für Abnutzung für Gebäude (ohne Beträge in den Zeilen 34 und 35)	1	2	3 %	4
33	linear / degressiv , % / wie 2019 / lt. ges. Erltg.				30 ,—
34	Sonderabschreibung für Mietwohnungsneubau nach § 7b EStG / wie 2019 / lt. ges. Erltg.				70 ,—
35	Erhöhte Absetzungen nach den §§ 7h, 7i EStG, Schutzbaugesetz / wie 2019 / lt. ges. Erltg.				31 ,—

> **Gut zu wissen: Abschreibungen sind Verluste auf dem Papier**
> Die Abschreibung, im Fiskaldeutsch eben Absetzung für Abnutzung genannt, kostet Sie momentan nichts, strapaziert also nicht Ihr Bares. Wenn sich Mieten und laufende Kosten die Waage halten, beschert sie Ihnen einen steuerlichen Verlust und damit eine Steuerersparnis.

Beispiel

Mieteinnahmen einschl. Umlagen	12.000 €
./. laufende Kosten wie Schuldzinsen, Versicherungen, Steuern und Gebühren, Reparaturen, Betriebskosten usw.	– 12.000 €
Verbleiben	0 €
./. Abschreibung z. B. 2 % von 190.000 € Herstellungskosten für das Gebäude =	– 3.800 €
Verbleiben als Verlust aus Vermietung und Verpachtung	– 3.800 €
Steuerersparnis bei 35 %	1.330 €

Es gibt vier **verschiedene Absetzungsmethoden**, die sich unterschiedlich auswirken. Dabei haben Sie zu Beginn ein **Wahlrecht**, das Sie sorgfältig ausüben sollten, denn ein Wechsel der Abschreibungsmethode ist nicht zulässig.

1. Lineare AfA (> Zeile 33)
Bei linearer Absetzung werden die Anschaffungs- oder Herstellungskosten des Gebäudes **gleichmäßig** auf die Nutzungsdauer verteilt (AfA in gleichen Jahresbeträgen/§ 7 Abs. 4 EStG). Für die Steuer wird bei Gebäuden nicht die tatsächliche Nutzungsdauer von meistens 100 Jahren zugrunde gelegt, sondern eine fiktive Nutzungsdauer von höchstens 50 Jahren. Das führt zu einem typisierten **AfA-Satz von 2 %**. Siehe Übersicht ➤ Rz 1051, Nr. 1a.

Höheren AfA-Satz geltend machen
Haben Sie eine gebrauchte Immobilie erworben, können Sie entweder die Abschreibung mit dem typisierten AfA-Satz von 2 % vornehmen oder im Schätzungsweg eine kürzere Nutzungsdauer zugrunde legen. Dabei darf das Finanzamt die kürzere Nutzungsdauer nur beanstanden, wenn sie eindeutig außerhalb eines angemessenen Schätzungsrahmens liegt.
Bei Massivbauten ist aus technisch-wirtschaftlicher Sicht von einer tatsächlichen Gesamtnutzungsdauer von 60 Jahren auszugehen. Eine längere Nutzungsdauer von bis zu 100 Jahren wäre denkbar, erfordert indessen einen sehr hohen Modernisierungsaufwand, der nicht eingeplant zu werden braucht.
Deshalb kann z.B. die Restnutzungsdauer eines gebraucht erworbenen 30 Jahre alten Gebäudes aus wirtschaftlicher Sicht auf nur weitere 30 Jahre geschätzt werden. Daraus ergibt sich ein AfA-Satz von 3,33 % (FG Köln v. 23.1.2001 rechtskräftig – EFG 2001 S. 675). Im Urteilsfall hat der Kläger die Restnutzungsdauer von 30 Jahren durch ein Gutachten nachgewiesen.

Nachträgliche Herstellungskosten bei einem bestehenden Gebäude
Sind nachträgliche Herstellungskosten angefallen, wird die weitere AfA aus der erhöhten Bemessungsgrundlage – aus Vereinfachungsgründen – mit dem bisher angewandten Prozentsatz bemessen. Die nachträglichen Herstellungskosten werden also auf die bisherigen Herstellungs- oder Anschaffungskosten draufgeschlagen, und von der erhöhten Bemessungsgrundlage wird dann abgeschrieben wie bisher (Richtlinie 7.4 Abs. 9 EStR).

2. Degressive AfA (> Zeile 33)
Bei der degressiven Abschreibung (§ 7 Abs. 5 EStG) sind die Prozentsätze anfangs höher und verringern sich in Stufen (siehe ➤ Rz 1051 Nr. 2). Eine degressive Abschreibung ist nur bei Neubauten zulässig. Die Anwendung höherer oder niedrigerer Prozentsätze ist ausgeschlossen. Die degressive Gebäude-AfA ist aber ein Auslaufmodell (➤ Rz 1053).

3. Erhöhte AfA (> Zeile 34 und 35)

In Sonderfällen kann der Steuerzahler anstelle der linearen eine erhöhte Abschreibung vornehmen. Siehe dazu ➤ Rz 1051 Nr. 3, 4 und 5 und Rz 1055 ff.

4. Absetzung für Abnutzung für bewegliche Wirtschaftsgüter (> Zeile 36)

Betragen die Anschaffungskosten für Zubehör wie Mülltonne, Waschmaschine, Trockner nicht mehr als 800 € netto zzgl. Mehrwertsteuer = 952 € brutto, können Sie die Aufwendungen im Jahr der Anschaffung in voller Höhe als Werbungskosten absetzen (§ 9 Abs. 1 Nr. 7 i.V. mit § 6 Abs. 2 EStG). Dazu mehr unter ➤ Rz 1060.

1051

Schematische Übersicht zur Absetzung für Abnutzung (AfA) bei Gebäuden				
	Gebäude	ND*	AfA-Satz	Quelle (EStG)
1.	**Lineare Absetzungen (> Zeile 33 der Anlage V)** **a) Typisierte AfA-Sätze** Baujahr nach dem 31.12.1924 Baujahr vor dem 1.1.1925 **b) Höhere AfA-Sätze** Je nach Restnutzungsdauer z. B.	 50 J. 40 J. 30 J.	 2 % 2,5 % 3,33 %	 § 7 Abs. 4 § 7 Abs. 4 § 7 Abs. 4
2.	**Degressive Absetzungen (> Zeile 33 der Anlage V)** für selbsterrichtete Wohngebäude			
	a) Bauantrag zwischen 28.2.1989 und 31.12.1995	40 J.	4 J. 7,00 % 6 J. 5,00 % 6 J. 2,00 % 24 J. 1,25 %	§ 7 Abs. 5 Nr. 3a
	b) Bauantrag nach dem 31.12.1995 und vor dem 1.1.2004	50 J.	8 J. 5,00 % 6 J. 2,50 % 36 J. 1,25 %	§ 7 Abs. 5 Nr. 3b
	c) Bauantrag nach dem 31.12.2003 und vor dem 1.1.2006	50 J.	10 J. 4,00 % 8 J. 2,50 % 32 J. 1,25 %	§ 7 Abs. 5 Nr. 3c
	Bei Bauantrag/Erwerb nach 2005 ist nur noch die lineare AfA von 2 % möglich.			
3.	**Erhöhte Absetzungen (> Zeile 34 und 35 der Anlage V)** Sonderabschreibung für Neubauwohnungen bei Bauantrag in der Zeit vom 31.8.2018 bis 31.12.2021 bzw. Kauf bis zum Ende des Jahres der Fertigstellung (unter Beachtung o. g. zeitlicher Einschränkungen). Inanspruchnahme der Sonderabschreibung bis 2026 möglich.	40 J.	4 J. 5 % daneben 40 J. 2 %	§ 7b

Schematische Übersicht zur Absetzung für Abnutzung (AfA) bei Gebäuden				
	Gebäude	ND*	AfA-Satz	Quelle (EStG)
4.	**Erhöhte Absetzungen (> Zeile 35 der Anlage V)** Sanierung in städtebaulichen Entwicklungsgebieten	10 J.	10 J. 10 %	§ 7h
	Bei Beginn der Modernisierungs- und Instandsetzungsarbeiten nach dem 31.12.2003	12 J.	8 J. 9 % 4 J. 7 %	
5.	**Erhöhte Absetzungen (> Zeile 35 der Anlage V)** Sanierung bei Baudenkmälern	10 J.	10 J. 10 %	§ 7i
	Bei Beginn der Baumaßnahme nach dem 31.12.2003	12 J.	8 J. 9 % 4 J. 7 %	

* ND = Nutzungsdauer

Zeile 33 Lineare Absetzung für Abnutzung 1052

Durch die lineare Absetzung für Abnutzung verteilen Sie die Anschaffungs- oder Herstellungskosten des Gebäudes gleichmäßig auf dessen Nutzungsdauer. Es wird also ein immer **gleichbleibender Prozentsatz** angewendet (➤ Rz 1051 Nr. 1).

1. Haus gekauft?

Beispiel

Mietwohnhaus Baujahr 1980, angeschafft im Juli 2021, Anschaffungskosten 800.000 €. Die bisherige Nutzungsdauer des Gebäudes beträgt 40 Jahre. Ausgehend von einer Gesamtnutzungsdauer von 60 Jahren erscheint eine Restnutzungsdauer von max. 30 Jahren angebracht. Die AfA beträgt somit 3,33 %.

Anschaffungskosten	800.000 €
./. Anteil Grund und Boden 20 %	– 160.000 €
Gebäudeanteil	640.000 €
Abschreibung für ein Jahr $3\frac{1}{3}$ %	21.312 €
Abschreibung für 2021 zeitanteilig $\frac{6}{12}$ =	10.656 €

Auf einem Extrablatt machen Sie eine Aufstellung, wie sich die Anschaffungskosten von 800.000 € zusammensetzen (➤ Rz 1064 f.), und geben Anhaltspunkte für den Wert des Grund und Bodens. Aus Vereinfachungsgründen ist der Fiskus meistens mit einem Anteil von **20 %** am Gesamtkaufpreis einverstanden. Außerdem teilen Sie zur Vermeidung von Nachfragen mit, wie Sie die Anschaffung finanziert haben.

2. Haus gebaut?
Abgeschrieben wird von den Herstellungskosten (➤ Rz 1059 ff.).

3. Haus geerbt?
Haben Sie ein Haus geerbt, schreiben Sie so ab wie der Vorbesitzer. Die Vorschrift dazu aus § 11 d EStDV lautet: Soweit ein Gebäude oder eine Eigentumswohnung unentgeltlich erworben wurde, ist die Absetzung für Abnutzung nach dem Prozentsatz vorzunehmen, der für den Rechtsvorgänger maßgebend war.

4. Haus erhöht abgeschrieben? – Restwert-AfA § 7 b EStG
(alte Fassung)
Zu der in > Zeile 33 einzutragenden AfA gehört auch die Restwert-AfA nach § 7 b Abs. 1 EStG (alte Fassung) und §§ 14 a und 14 d BerlinFG. Hier geht es um die Restwert-AfA für Gebäude, die gem. dieser Paragraphen vor vielen (vielleicht 20) Jahren erhöht abgeschrieben wurden. Nach Ablauf des Zeitraums mit erhöhter AfA sind bis zur vollen Absetzung (auf 0 €) grundsätzlich jährlich 2,5 % des Restwerts abzuziehen. Restwert ist der Betrag, der nach Abzug aller im Begünstigungszeitraum bei dem Gebäude vorgenommenen Absetzungen verbleibt.
Der Fiskus hat für solche alten Kamellen ein Elefantengedächtnis, Abschreibungs-Vorblatt genannt. Wenn Ihnen Daten fehlen, sprechen Sie den Bearbeiter in Ihrem Veranlagungsbezirk an.

1053 Zeile 33 Degressive Absetzung für Abnutzung

Die degressive Abschreibung für Neubauten in Privatvermögen ist am 31.12.2005 ausgelaufen. Für Neubauten mit Bauantrag nach dem 31.12.2005 kommt seitdem nur noch die lineare Abschreibung in Betracht.

1054 Wie Gebäude mit Bauantrag vor dem 1.1.2006 degressiv abgeschrieben werden, entnehmen Sie ➤ Rz 1051 Nr. 2.

1055 Zeile 34 Sonderabschreibung für Mietwohnungsneubau

Nach § 7b EStG können Sie für die Anschaffung oder Herstellung neuer Wohnungen im Jahr der Anschaffung oder Herstellung und in den folgenden drei Jahren Sonderabschreibungen bis zu jährlich 5 % der Bemes-

sungsgrundlage neben der linearen Absetzung für Abnutzung nach § 7 Abs. 4 EStG (> Zeile 33) in Anspruch nehmen.
Begünstigt sind Baumaßnahmen, die aufgrund eines nach dem 31.8.2018 und vor dem 1.1.2022 gestellten Bauantrags oder einer in diesem Zeitraum getätigten Bauanzeige neue, bisher nicht vorhandene Wohnungen schaffen.
Voraussetzung für die Inanspruchnahme ist, dass

- die Wohnung in einem Mitgliedsstaat der Europäischen Union belegen ist und
- die Anschaffungs- oder Herstellungskosten dieser Wohnung 3.000 € je Quadratmeter Wohnfläche nicht übersteigen und
- die Wohnung im Jahr der Anschaffung oder Herstellung und in den folgenden neun Jahren entgeltlich zu Wohnzwecken überlassen wird.

Die Bemessungsgrundlage für die Sonderabschreibung darf maximal 2.000 € je Quadratmeter Wohnfläche betragen.

TIPP Die neue Sonderabschreibung für Neubauwohnungen kassieren 1056

Der Fiskus hat nach zähem Hin und Her nun doch noch eine Sonderabschreibung von 5 % in den ersten vier Jahren für neu gebauten und bezahlbaren Mietwohnraum geschaffen (§ 7 b EStG). Viel Zeit, von dieser Sonderabschreibung zu profitieren, haben Sie allerdings nicht. Mit Ihren Überlegungen, neu zu bauen oder einen Neubau zu kaufen, müssen Sie sich sputen. Die Sonderabschreibung gibt es nämlich nur, wenn Ihr Bauantrag oder die Bauanzeige aus der Zeit vom 31.8.2018 bis 31.12.2021 stammt. Wenn Sie nicht selbst bauen, sondern eine neue Immobilie kaufen, gelten diese zeitlichen Grenzen ebenfalls. »Neu« bedeutet, Sie müssen sie spätestens bis zum Ende des Jahres der Fertigstellung gekauft haben. Damit nicht genug, läuft die Sonderabschreibung maximal bis zum Jahr 2026. Wenn Sie also erst Ende 2021 den Bauantrag stellen und sich mit der Fertigstellung bis 2024 Zeit lassen, verlieren Sie eines der vier Sonderabschreibungsjahre, weil es die Abschreibung dann nur für 2024, 2025 und 2026 gibt.
So, nun aber das Gute an der Sonderabschreibung: Die 5 % gibt es zusätzlich. ***Zusätzlich*** bedeutet, dass auch noch die lineare Abschreibung von 2 % zum Tragen kommt. Im optimalen Fall schreiben Sie also in den ersten vier Jahren jeweils 7 % – insgesamt 28 %! – der Herstellungskosten bzw. der Anschaffungskosten ab.

Was genau ist begünstigt?

Unter die Sonderabschreibung fällt die Schaffung neuen Mietwohnraums. Damit sind folgende Baumaßnahmen begünstigt:

- Neubau von Ein-, Zwei- und Mehrfamilienhäusern,
- Neubau von Eigentumswohnungen,
- Umbau von Bestandsgebäuden, wenn dadurch erstmals eine Wohnung entsteht, z. B., weil ein Ladenlokal oder Praxisräume in Wohnräume umgebaut werden;
- Aufstockung oder Anbau bei schon existierenden Gebäuden,
- Ausbau eines Dachgeschosses, wenn dadurch erstmals eine Wohnung entsteht. Wenn Sie z. B. in Ihrem Zweifamilienhaus das Dachgeschoss zu einer Wohnung umbauen, ist dieser Umbau begünstigt, auch wenn Ihnen das Gebäude schon länger gehört und es bisher bereits zwei Wohnungen hatte. Was zählt, ist, dass im Dachgeschoss neuer, bisher nicht vorhandener Wohnraum geschaffen wurde.

Eine »Wohnung« liegt im Übrigen nur vor, wenn sie über eine eigene Küche, Bad oder Dusche und Toilette verfügt und mindestens 23 qm groß ist.

Ganz wichtig ist, dass Sie Ihre neue Wohnung in den ersten 10 Jahren durchgehend zu Wohnzwecken vermieten müssen. Wird die Wohnung in diesem Zeitraum zeitweilig selbst genutzt, ohne Entgelt überlassen oder nicht zu Wohnzwecken vermietet, verlieren Sie im Nachhinein die Sonderabschreibung und müssen die Steuervorteile zurückzahlen.

Die gute Nachricht dabei ist, dass Sie nicht an eine bestimmte Mindestmiete gebunden sind. Ob Sie sich mit der Miete am unteren oder oberen Rand des Mietspiegels bewegen, ist für die Sonderabschreibung ohne Bedeutung.

Wie hoch ist die Berechnungsgrundlage für die Sonderabschreibung?

Der neue § 7 b EStG begünstigt nur *bezahlbaren* neuen Wohnraum. Deshalb dürfen die Anschaffungs- bzw. Herstellungskosten (ohne Außenanlagen und ohne Kosten für das Grundstück) max. 3.000 € je Quadratmeter betragen. Sind die Kosten höher, entfällt die Sonderabschreibung komplett.

Für die Sonderabschreibung selbst werden die begünstigten Kosten allerdings auf max. 2.000 € je Quadratmeter begrenzt.

Beispiel

Sie haben eine neu gebaute Eigentumswohnung von 100 qm Größe erworben. Die Anschaffungskosten betragen nach Abzug des Grundstücksanteils 280.000 €.

Die Sonderabschreibung können Sie beantragen, weil die Kosten je Quadratmeter mit 2.800 € unter der magischen Grenze von 3.000 € liegen.

Die Abschreibungen betragen dann

Sonderabschreibung 100 qm × 2.000 € = 200.000 € × 5 %	10.000 €
Lineare Abschreibung = 280.000 € × 2 %	5.600 €
Abschreibung insgesamt	15.600 €

Zeile 35 Erhöhte Absetzung für Abnutzung 1057

Nach § 7 h EStG können Sie für Maßnahmen i. S. d. § 177 des Baugesetzbuchs, die an Gebäuden in einem förmlich festgelegten Sanierungsgebiet oder städtebaulichen Entwicklungsbereich durchgeführt wurden, anstelle der AfA nach § 7 Abs. 4 und 5 EStG folgende erhöhte Absetzungen vornehmen (siehe auch ➤ Rz 1051 Nr. 4.):

Bei Beginn der Modernisierungs- und Instandsetzungsarbeiten

vor dem 1.1.2004	10 Jahre jeweils bis zu 10 %
nach dem 31.12.2003	8 Jahre jeweils bis zu 9 % 4 Jahre jeweils bis zu 7 %
	der Bemessungsgrundlage

Entsprechendes gilt für Maßnahmen, die der Erhaltung, Erneuerung und funktionsgerechten Verwendung eines Gebäudes dienen, das wegen seiner geschichtlichen, künstlerischen oder städtebaulichen Bedeutung erhalten bleiben soll, und zu deren Durchführung sich der Eigentümer neben bestimmten Modernisierungsmaßnahmen gegenüber der Gemeinde verpflichtet hat. Voraussetzung ist der Nachweis durch eine Bescheinigung der zuständigen Gemeindebehörde, dass Sie Baumaßnahmen in dem genannten Sinn durchgeführt und die Aufwendungen hierfür selbst getragen haben.

Nach § 7 i EStG können Sie für bestimmte Baumaßnahmen bei Baudenkmalen anstelle der AfA nach § 7 Abs. 4 und 5 EStG erhöhte Absetzungen vornehmen, wenn die Voraussetzungen durch eine amtliche Bescheinigung nachgewiesen werden (siehe auch ➤ Rz 1051 Nr. 5).

Bei Beginn der Baumaßnahmen

vor dem 1.1.2004	10 Jahre jeweils bis zu 10 %
nach dem 31.12.2003	8 Jahre jeweils bis zu 9 % 4 Jahre jeweils bis zu 7 %
	der Herstellungs-/Anschaffungskosten

Als Beginn gilt bei Baumaßnahmen, für die eine Baugenehmigung erforderlich ist, der Zeitpunkt, in dem der Bauantrag gestellt wird, bei baugenehmigungsfreien Bauvorhaben, für die Bauunterlagen einzureichen sind, der Zeitpunkt, in dem die Bauunterlagen eingereicht werden.

1058 **TIPP**

Wenn Ihr Haus ein Denkmal ist ...

... können Sie sogar die Kosten für einen neuen Wintergarten mit 9 % absetzen. Diese Überraschung erlebten Steuerzahler, denen die zuständige Denkmalbehörde zuvor bescheinigt hatte, dass ihr vermietetes Wohnhaus ein Baudenkmal ist. Die Instandsetzungsarbeiten einschließlich der Aufwendungen für den Wintergarten sind steuerbegünstigt, denn die Bescheinigung der Denkmalbehörde ist für den Fiskus bindend (BFH-Urt. v. 5.11.1996 – BStBl 1997 II S. 244).

Gut zu wissen: Um die Sonderabschreibung einzustreichen, müssen Sie das Baudenkmal nicht einmal vermieten. Auch bei Selbstnutzung können Sie 9 % – und zwar als Sonderausgabe – absetzen (Quelle: § 10f EStG).

2021

1 Name

2 Vorname

3 Steuernummer

Anlage FW

Diese Anlage ist bei Zusammenveranlagung von Ehegatten / Lebenspartnern gemeinsam auszufüllen.

Förderung des Wohneigentums

Abzugsbetrag nach § 10f EStG 46

EUR

11 Bei Bauantrag / Einreichung der Bauunterlagen vor dem 1.1.2004: Aufwendungen | wie Vorjahr | Fertig gestellt 2021 | € | Abzugsbetrag bis zu 10% = 71

12 Bei Bauantrag / Einreichung der Bauunterlagen nach dem 31.12.2003: Aufwendungen | wie Vorjahr | Fertig gestellt 2021 | € | Abzugsbetrag bis zu 9% = 69

1059 **Zeile 33 – 35 Abschreibungsgrundlagen**

Grundlage für die AfA sind die **Herstellungs- oder die Anschaffungskosten des Gebäudes** oder der an deren Stelle tretende Wert, auch Bemessungsgrundlage genannt. Die Anschaffungskosten für **Grund und Boden** gehören **nicht** dazu.

Wird ein teilfertiges Gebäude erworben und anschließend fertiggestellt, gehören zu den Herstellungskosten die Kosten zur Anschaffung des teilfertigen Gebäudes und die zu dessen Fertigstellung.

Zeile 33 - 35 Herstellungskosten für das Gebäude 1060

Grundsätzlich sind die Herstellungskosten als Abschreibung auf die Dauer der Nutzung des Gebäudes abzusetzen (§ 7 Abs. 4 EStG). Herstellungskosten sind alle Aufwendungen, die erforderlich waren, um das Gebäude zu errichten und für den vorgesehenen Zweck nutzbar zu machen (§ 255 Abs. 2 und 3 HGB). **Gebäude** und **Außenanlagen** werden getrennt voneinander abgeschrieben. Davon sind abzugrenzen die **laufenden Hauskosten**. Sie sind im Jahr der Bezahlung in voller Höhe absetzbar.

Guter Rat: Sortieren Sie die Baurechnungen nach Kostenarten in vier Gruppen und heften diese getrennt ab. Bilden Sie für jede Gruppe eine Gesamtsumme. Damit haben Sie für Ihre Steuererklärung schon viel gewonnen.

Art der Kosten	Steuerliche Behandlung
1 = Anschaffungskosten für Grund und Boden	nicht absetzbar
2 = Herstellungskosten für das Gebäude	als Gebäude-AfA absetzbar
3 = Herstellungskosten für Außenanlagen	als AfA mit 10 % absetzbar
4 = laufende Hausunkosten	im Jahr der Zahlung voll absetzbar

Übersicht zur Zuordnung		Gruppe
1.	Baugrundstück (Kaufpreis)	1
2.	Makler (Vermittlung des Grundstücks)	1
3.	Notar (Kaufvertrag)	1
4.	Finanzamt (Grunderwerbsteuer)	1
5.	Amtsgericht (Grundbuch/Eigentumswechsel)	1
6.	Erschließungsbeiträge an die Kommune	1
7.	Vermessungsbüro (Grundstück)	1
8.	Handwerker, Architekt, Bauämter, Schorn-	

	steinfeger (auch Baugrube, Kachelofen, Trinkgelder, Richtfest, Bauschutt, Rodung, Hangabtragung, Zubehör: Mülltonne, Rasenmäher, Waschmaschine, Außen- und Flurbeleuchtung, Schrank- und Trennwände, die als Raumteiler dienen – EFG 1995 S. 103)	2
9.	Vermessungsbüro (Gebäudeeinmessung)	2
10.	Fußbodenbelag, auch Teppichboden auf Estrich	2
11.	Abwasseranschluss (Tiefbauunternehmer)	2
12.	Anschlusskosten (Strom, Gas, Wasser, Wärme)	2
13.	Umzäunung, auch grüne; Einbaumöbel	2
14.	Nacharbeiten wegen Baumängeln	2
15.	Hofbefestigungen, Wege, Terrassen, Grünanlagen	3
16.	Notar (Grundschuld)	4
17.	Finanzamt (Grundsteuer)	4
18.	Versicherung (Bauzeit + fertiges Gebäude)	4
19.	Amtsgericht (Grundbuch/Grundschuld)	4
20.	Fahrten zu 3. =	1
	Fahrten zu 8. =	2
	Fahrten zu 16. =	4

Bagatellgrenze
Ist nach Fertigstellung des Gebäudes weiterer Herstellungsaufwand angefallen, kann dieser sofort als Erhaltungsaufwand abgesetzt werden, wenn er pro Baumaßnahme im Kalenderjahr nicht mehr als **4.000 €** (Rechnungsbetrag ohne Umsatzsteuer) beträgt (R 21.1 Abs. 1 S. 2 EStR). Wie nachträglicher Herstellungsaufwand von mehr als 4.000 € steuerlich zu behandeln ist, dazu mehr in ➤ Rz 1051 Nr. 1.

Vorsicht: Grunderwerbsteuer plus Mehrwertsteuer auf das Haus
Bei bebauten Grundstücken wird die Grunderwerbsteuer von (zumeist) 6,5 % nicht nur auf den Wert des Grundstücks, sondern auch auf den Wert des darauf stehenden Hauses fällig. Gleiches gilt, wenn ein unbebautes Grundstück und noch ausstehende Bauleistungen in einem »einheitlichen Vertragswerk« vereinbart werden. Obwohl für die Bauleistungen Mehrwertsteuer zu zahlen ist, führt die Grunderwerbsteuer nicht zu einer rechtswidrigen Doppelbesteuerung, weil die Grunderwerbsteuer nicht der Mehrwertsteuer entspreche (EuGH v. 8.1.2009 – Az. C–C 156/08).

TIPP Vergessen Sie die Nebenkosten nicht 1061

Kleinvieh macht auch Mist. Während der Bauzeit wird leicht vergessen, die Nebenkosten für die Herstellung des Gebäudes zu notieren. Nebenkosten sind hauptsächlich Fahrtkosten für Fahrten zur Baustelle, zum Architekten, zum Bauamt (Terminkalender mit entsprechenden Eintragungen aufbewahren). Auch Telefon- und Portokosten gehören dazu, desgleichen Kosten für Speisen und Getränke zur Verpflegung der Bauhandwerker (BFH-Urt. v. 10.5.1995 – BStBl 1995 II S. 713).

Fügen Sie der Steuererklärung eine detaillierte Nebenkostenaufstellung bei; der Fiskalritter muss sie akzeptieren, denn er ist ja nicht dabei gewesen.

Aufstellung über Baunebenkosten

62 Fahrten zur Baustelle			
à 38 km	2.356 km		
4 Fahrten zum Architekten			
à 18 km	72 km		
Insgesamt	2.428 km	× 0,30 €	729 €
Telefonkosten geschätzt			250 €
Portokosten geschätzt			60 €
Speisen und Getränke während der Bauzeit für mitarbeitende Verwandte und Bekannte (Belege anbei)		645 €	
Davon Eigenanteil Bauherr		100 €	
Verbleiben		545 €	> 545 €
+ Richtfest (nur für Bauarbeiter)			480 €
Baunebenkosten insgesamt			2.045 €

TIPP Außenanlagen gehören zum Gebäudewert 1062

Die Außenanlagen wie Garagenzufahrt, Zugang zur Haustür, Terrasse (Plattierung) und Einfriedung des Grundstücks (Mauer oder Hecke) gehören zum Gebäudewert (BFH-Urt. v. 15.12.1977 – BStBl 1978 II S. 210).

Aber: Grünanlagen und Vorgärten gehören weder zum Gebäude noch zu Grund und Boden, sondern sind selbständige Wirtschaftsgüter. Die Kosten dafür sind über die Nutzungsdauer von **zehn Jahren** zu verteilen. Die jährli-

che AfA beträgt also 10 % (BFH-Urt. v. 15.10.1965 – BStBl 1966 III S. 12).
Zubehör: Bei einer für die Mieter angeschafften Waschmaschine nebst Trockner, Rasenmäher, Mülltonne etc. beträgt die Nutzungsdauer **fünf Jahre,** die jährliche Abschreibung also 20 % (BFH-Urt. v. 30.10.1970 – BStBl 1971 II S. 95). Jedoch sind ggf. die Vorschriften über **geringwertige Wirtschaftsgüter** gem. § 6 Abs.2 EStG (800 € + 19 % MwSt. =) 952 € anzuwenden. Also: Liegt der Kaufpreis unter 952 €, dann sofort komplett absetzen!!

Guter Rat: Werkzeug für den Hobbykeller
Zu den Herstellungskosten des Gebäudes gehört auch geschenktes Baumaterial, anzusetzen zum Marktpreis, ferner die Anschaffungskosten für Baumaschinen und die Raten für geleaste Maschinen. Außerdem alles andere an Werkzeug (Bohrmaschine, Stichsäge, Flex, Schweißapparat). Was später, wenn der Bau steht, davon noch zu gebrauchen ist, wandert sang- und klanglos in Ihren Hobbykeller, das ist doch wohl klar.

1063 **TIPP**

Der Fiskus kürzt die Baukosten. Was tun?

Der Fiskaljünger hat sich doch tatsächlich aus der Baukostenaufstellung einige Beträge herausgepickt, die er nicht anerkennen will. Er hat gestrichen:

1. Vergütungen an Ihre Freunde und Bekannten, die als Nichtunternehmer handwerkliche Arbeiten geleistet haben	3.500 €
2. Drei Einbauschränke der Schreinerei Holzwurm	1.800 €
3. Getränke für die Bauarbeiter	350 €
4. Einfriedung (Zaun)	1.820 €
5. Teppichboden	2.900 €
Summe	10.370 €

In einem Telefonat stellt sich der Fiskaljünger stur und beharrt auf seiner Streichliste. Die Mitarbeit von Freunden und Bekannten nennt er Schwarzarbeit. Die Finanzämter sind verpflichtet, zur Bekämpfung der illegalen Beschäftigung und des Leistungsmissbrauchs beizutragen (§ 31 a Abs. 2 AO). In Verdachtsfällen müssen sie die ansonsten geschützten Steuerverhältnisse den Leistungsbehörden melden. Den Betrag von 3.500 € will der Fiskaljünger nur akzeptieren, wenn Sie zusätzlich Lohnsteuer und Sozialabgaben entrichten.
Sie setzen dagegen: Die Mitarbeit von Freunden und Bekannten ist keine Schwarzarbeit. Also husten Sie ihm was und schreiben:

An Finanzamt Schönhausen

Betrifft: Beanstandete Baukosten; Ihr Schreiben vom …

Sehr geehrte Damen und Herren,

ich muss darauf bestehen, dass Sie die Beträge als Herstellungskosten berücksichtigen, und bitte, dieses Schreiben als Einspruch zu betrachten.

Zu 1. Mitarbeit von Freunden und Bekannten
Die bei mir am Bau tätigen Personen waren selbständig und keineswegs als Arbeitnehmer tätig, denn sie waren nicht meinen Weisungen unterworfen. Ihre Arbeitszeit konnten sie selbst bestimmen. Sie arbeiteten je nachdem, wie es ihre Zeit erlaubte. Als Beweis dafür dienen die von ihnen ausgestellten Quittungen, denen zu entnehmen ist, dass sie eine pauschale Tätigkeitsvergütung und keinen Lohn erhalten haben. Auch hatten sie, wie es bei Arbeitnehmern üblich wäre, keinen bezahlten Urlaubsanspruch. Der BFH sagt im Übrigen dazu: »Gegen die Unselbständigkeit spricht es, wenn jemandem zugestanden wird, die übernommene Arbeit auch durch eine andere Person ausführen zu lassen. Denn ein Arbeitnehmer muss in der Regel persönlich tätig werden.« (Urteile des Bundesfinanzhofs V 86/55 U v. 12.1.1956 – BStBl 1956 III S. 119 und v. 11.3.1960 – BStBl 1960 III S. 215, BFH v. 24.11.1961 – BStBl 1962 III 37). Das ist durch die Vielzahl meiner kurzfristigen Helfer eindeutig bestätigt. Und selbst wenn die Zeiteinteilung mit mir abgesprochen war, konnte ich meine Helfer nie zwingen, zu diesen Zeiten tatsächlich zu erscheinen.

Zudem ist weder das Kriterium der Schwarzarbeit noch das der Scheinselbständigkeit erfüllt, weil die tätigen Personen Fachleute waren (Handwerker mit Gesellenprüfung). Wohingegen erst unselbständige Schwarzarbeit zu prüfen ist, wenn die tätigen Personen Hilfsarbeiter sind.

Zu 2. Einbauschränke
Beachten Sie bitte diesbezüglich die Hinweise 6.4 EStH. Dort heißt es: Aufwendungen für Einbauten als unselbständige Gebäudeteile gehören zu den Herstellungskosten des Gebäudes (BFH v. 26.11.1973 – BStBl 1974 II S. 132). Eingebaut wurde nicht etwa eine Schranktrennwand, die mehr die Funktion einer Wohnungseinrichtung erfüllt, sondern Einbauteile unter Schrägen, eine Nischenverkleidung mit Tür als Garderobe und Holzverkleidung von Armaturen/Stromzählern.

Zu 3. Getränke für die Bauarbeiter
Was den fehlenden Nachweis über die Getränke betrifft, die ich im Lauf der Bauzeit für die Bauarbeiter ausgeben musste, ist Folgendes zu sagen: Nach der allgemeinen Lebenserfahrung (ein Begriff, den Sie ja selbst so gern und oft anführen, wenn es darum geht, etwas abzulehnen) ist ein Betrag von 350 € eher zu niedrig als zu hoch für das Trinkvermögen von Bauarbeitern zu erachten.

Zu 4. Einfriedung (Zaun)
Ich bin damit einverstanden, wenn Sie den Zaun zu den Außenanlagen rechnen und ihn mit 10% abschreiben. Allerdings heißt es in den amtlichen Hinweisen 6.4 EStH, an die Sie gebunden sind: »Aufwendungen für die Umzäunung eines Mietwohngrundstücks (z.B. Maschendrahtzaun) können in einem einheitlichen Nutzungs- und Funktionszusammenhang mit dem Gebäude stehen und gehören daher in der Regel zu den Gebäudeherstellungskosten (BFH v. 15.12.1977 – BStBl 1978 II S. 210). Diese Grundsätze gelten auch für angemessene Aufwendungen für das Anpflanzen von Hecken, Büschen und Bäumen an den Grundstücksgrenzen (lebende Umzäunung).«

Zu 5. Teppichboden
Hinsichtlich des Teppichbodens weise ich darauf hin, dass er auf Estrich verlegt und zudem mit dem Untergrund fest verbunden wurde. Ohne Teppichboden ist das Gebäude nicht bezugsfertig. Deshalb gehört der Bodenbelag zum Gebäude.

Mit freundlichen Grüßen
Walter Knecht

Nun warten Sie ab, was passiert.

Zeile 33 - 35 Anschaffungskosten für das Gebäude 1064

Der Kaufpreis für ein bebautes Grundstück schließt üblicherweise den Erwerb des Grund und Bodens mit ein. Weil nur der Gebäudeanteil abgeschrieben werden kann, müssen zunächst die gesamten Anschaffungskosten zusammengestellt und sodann aufgeteilt werden.
Zu den Anschaffungskosten eines Gebäudes gehören alle Aufwendungen, die erforderlich waren, das Grundstück zu erwerben und seine Betriebsbereitschaft, sprich Bezugsfertigkeit, herzustellen (§ 255 Abs. 1 HGB). Ein Gebäude ist betriebsbereit/bezugsfertig, wenn es entsprechend seiner Zweckbestimmung genutzt werden kann. Die Betriebsbereitschaft ist für jeden Teil des Gebäudes gesondert zu untersuchen. Dies ist in der Regel jede einzelne Wohnung, auch wenn nachträglich sämtliche Wohnungen ein einheitliches Gebäude bilden. Zu den Anschaffungskosten können auch nachträgliche Instandhaltungskosten gehören. Dazu ➤ Rz 1078 ff.

Aufteilung in Gebäudewert und Wert für Grund und Boden
Im Normalfall ist ein Grund- und Bodenanteil von 20 % der gesamten Anschaffungskosten zutreffend. Also könnten Sie folgende Rechnung aufmachen:

Kaufpreis für ein Doppelhaus lt. notariellem Vertrag	600.000 €
Grunderwerbsteuer, z. B. 6,5 % von 600.000 € =	39.000 €
Notargebühren und Grundbuchkosten (ca. 1,5 %)	9.000 €
Maklergebühren	5.355 €
Anschaffungskosten insgesamt	653.355 €
./. Anteil Grund und Boden 20 %	– 130.671 €
Gebäudeanteil	522.684 €

Gebäudeabschreibung für > Zeile 33 linear 2 % jährlich = 10.454 €

Gut zu wissen: So teilt das Finanzamt zwischen Gebäude- und Bodenanteil auf. Bei der Aufteilung von Anschaffungskosten in einen Gebäude- und einen Bodenanteil werden die Weichen für viele Jahre gestellt. Je höher der Gebäudeanteil ausfällt, desto höher sind Abschreibung und Werbungskosten in den folgenden Jahren. Dumm wäre es also, den Bodenanteil zu großzügig zu bemessen.
Auf der Internetseite des Bundesfinanzministeriums (www.bundesfinanzministerium.de) können Sie eine Probeberechnung durchführen. Unter »Arbeitshilfe zur Aufteilung eines Gesamtkaufpreises für ein bebautes Grundstück (Kaufpreisaufteilung)« können Sie die Daten für Ihr

Haus eintragen und sich ausrechnen lassen, welchen Bodenwert sich die Fiskalbürokraten in Ihrem Fall so vorstellen.

1065 **TIPP** **Wert für Grund und Boden: Wenn der Fiskalritter nicht mitmacht**

Will der Bearbeiter die pauschale Aufteilung des Gesamtkaufpreises von 653.355 € (siehe oben) im Verhältnis 80 % für das Gebäude und 20 % für Grund und Boden nicht akzeptieren und orientiert sich an ominösen Richtwertkarten und am Baupreisindex, behalten Sie ruhig Blut.

Der Fiskaljünger macht folgende Rechnung auf:

Fiktiver Wert Grund und Boden lt. Richtwertkarten:	
800 qm × 200 € =	160.000 €
Fiktiver Gebäudewert lt. Baupreisindex:	
150 qm × 2.500 € =	375.000 €
Fiktiver Gesamtwert	535.000 €
Anteil von Grund und Boden am Gesamtwert:	
160.000 € ÷ 535.000 € =	29,9 %
Anteil des Gebäudes am Gesamtwert:	
375.000 € ÷ 535.000 € =	70,1 %
Und so rechnet er weiter:	
Tatsächlicher Wert für Grund und Boden:	
29,9 % von 653.355 € =	195.353 €
Tatsächlicher Gebäudewert: 70,1 % von 653.355 € =	458.002 €

Richtwertkarten

Die Richtwertkarten werden von einem Gutachterausschuss erstellt, der nach getätigten Verkäufen in einer Gegend den dort gültigen Wert für unbebaute baureife Grundstücke in €/qm festlegt. Es ist zunächst bedenklich, für den Wert von Grund und Boden eines bebauten Grundstücks schlichtweg aus Richtwertkarten denselben Wert anzusetzen wie für unbebaute. Bebauter Grund ist weniger wert als unbebauter (BFH-Urt. v. 15.1.1985 – BStBl 1985 II S. 252). Wenn sich der Bearbeiter nach der Richtwertkarte für Bauland orientiert, muss er einen Abschlag für die bereits durchgeführte Bebauung vornehmen.

Auch ist es bedenklich, den Gebäudewert (vereinfacht) mit Wohnfläche × Baupreisindex festzustellen. Der Baupreisindex ist typisiert durch Verordnungen geregelt und wird unter Berücksichtigung üblicher Herstellungskosten (Stand 1913) und Preissteigerungen ermittelt.

Was jetzt? Lassen Sie sich als Erstes die Richtwertkarte zeigen. Vielleicht liegt Ihr Grundstück am Rand der 200-€/qm-Zone, gleich neben der 150-€/qm-Zone, so dass Sie den Bearbeiter schon mal auf 170-€/qm runterhandeln können. Außerdem ist Ihr Grundstück ja bebaut und somit weniger wert, als wenn es unbebaut wäre. Ungünstige Lage, Eckgrundstück, schlechter Zuschnitt rechtfertigen einen weiteren Abschlag von 50 €/qm auf 120 €/qm. Sie machen also folgende Gegenrechnung auf:

Fiktiver Wert Grund und Boden lt. Richtwertkarten:	
800 qm × 120 € =	96.000 €
Fiktiver Gebäudewert: 150 qm × 2.500 € =	375.000 €
Fiktiver Gesamtwert	471.000 €
Daraus ergibt sich ein Verhältnis von 20,4 % zu 79,6 %.	
Tatsächlicher Wert für Grund und Boden:	
20,4 % von 653.355 € =	133.284 €
Tatsächlicher Gebäudewert: 79,6 % von 653.355 € =	520.071 €

Nun warten Sie ab, was passiert. Meistens kommt es zum Vergleich.

Zeile 36 Abschreibung beweglicher Wirtschaftsgüter 1066

Vermieten Sie zugleich Einrichtungsgegenstände oder sonstiges Zubehör, können Sie auch diese Anschaffungskosten im Wege der Abschreibung steuerlich geltend machen.

Einbauküche über 10 Jahre gesondert abschreiben
Der Bundesfinanzhof hat mit Urteil vom 3.8.2016 (Az. IX R 14/15) beispielsweise entschieden, dass Aufwendungen für die vollständige Erneuerung einer Einbauküche (Spüle, Herd, Einbaumöbel und Elektrogeräte) in einem vermieteten Immobilienobjekt auf zehn Jahre abzuschreiben sind.

Zeile 37 Schuldzinsen 1067

Schuldzinsen für das selbstbewohnte Haus können Sie nicht absetzen, das ist klar. Auf Ihrem Mietshaus sind Ihre Bauschulden schon besser aufgehoben. Und hier verschenken Sie keinen Cent: Sie setzen an die laufenden **Zinsen** lt. Zinsplan der Bank und die Zinsen aus der Zinsbescheinigung der Bausparkasse nebst Verwaltungskosten und Kontoführungsgebühren. Auch ein **Disagio** gehört dazu. Und wenn Ihr Haus auf einem Erbbaugrundstück steht, dann setzen Sie hier die **Erbbauzinsen** an.

37 Schuldzinsen (ohne Tilgungsbeträge) 33 ,—

Immobilie im Erbbaurecht
Man erwirbt nur das Gebäude, nicht aber das Grundstück. Für das Grundstück bezahlt man ein monatliches Entgelt, den sog. Erbbauzins. Der Erbbauzins und die Laufzeit des Erbbaurechts werden vertraglich vereinbart. Der übliche Erbbauzins beträgt ca. 4 %, bezogen auf den Verkehrswert des Grund und Bodens. Als Laufzeit des Erbbaurechts sind höchstens 99 Jahre möglich. Bei längerer Laufzeit würde danach der Grund und Boden in das Eigentum des Erbbauberechtigten übergehen. Erlischt das Erbbaurecht durch Zeitablauf, so hat der Grundstückseigentümer dem Erbbauberechtigten eine Entschädigung für das Bauwerk zu leisten (§ 27 Erbbaurechtsgesetz).

Was selbstverständlich erscheint, aber erwähnt werden sollte: **Tilgungsbeiträge** sind keine Zinsen, somit nicht absetzbar. Wie Sie Zinsen bei gemischter Nutzung richtig zuordnen, dazu ➤ Rz 1070 ff.

Das Disagio-Steuersparmodell
Die Bank hat einen Trick parat, um die Einkommensteuer zu drücken. Indem Sie einen Teil der künftigen Schuldzinsen im Voraus leisten. Dafür fließt de facto kein bares Geld, vielmehr geschieht dies dadurch, dass die Bank das Darlehen nicht in voller Höhe auszahlt, sondern einen Abschlag, sprich Disagio, vornimmt. Das Disagio ist im Jahr der Auszahlung des – gekürzten – Darlehens absetzbar.

Ein Disagio entsteht – banktechnisch bedingt – in der Regel bei der Feinregulierung des Zinssatzes. Es kann aber ein höheres Disagio vereinbart werden als banktechnisch geboten. Dies kommt dann einer Zinsvorauszahlung gleich. Das höhere Disagio bewirkt eine geringere Zinslast in den folgenden Jahren.

Steuerzahler mit hohem Einkommen hätten es natürlich am liebsten, die künftigen Schuldzinsen gleich durch einen dicken Abschlag bezahlen zu können. Dies drückt sofort die Steuerlast. Doch da spielt der Fiskus nicht mit. Ein Disagio kann zum Zeitpunkt der Zahlung nur insoweit abgezogen werden, als es marktüblich ist. Von der Marktüblichkeit ist auszugehen, wenn der **Zinsfestschreibungszeitraum nicht mehr als fünf Jahre und das Disagio nicht mehr als 5 %** beträgt. Trifft dies nicht zu, sind die Aufwendungen gleichmäßig auf die Dauer des Zinsfestschreibungszeitraums zu verteilen. Wurde kein Zinsfestschreibungszeitraum vereinbart, ist die Verteilung auf die Laufzeit des Darlehens vorzunehmen.

Und so wird gerechnet:

Nennwert eines Darlehens, festgeschrieben auf 10 Jahre	100.000 €
Auszahlung zu 90 % =	90.000 €
Disagio 10 % =	10.000 €
Davon sofort abziehbar max. 5 % von 100.0.000 € =	5.000 €
Rest 5.000 € zu verteilen auf die folgenden 9 Jahre mit jährlich	555 €

Bauplatz auf Pump gekauft?

Die Zinsen vor Fertigstellung des Hauses können Sie im Jahr der Zahlung **1068** als – **vorweggenommene** – Werbungskosten hier absetzen, desgleichen die Zinsen für ein Darlehen zum Kauf eines Bauplatzes. Ihnen erscheint dies zunächst selbstverständlich. Der Fiskus argwöhnt aber leicht, Sie könnten vielleicht gar keine Bauabsichten haben und nur auf einen steuerfreien Spekulationsgewinn kalkulieren. In so einem Fall sind Schuldzinsen nicht absetzbar, weil sie mit steuerfreien Einkünften in Zusammenhang stehen. Mindestens zehn Jahre können Sie sich aber Zeit lassen, bevor das Finanzamt beginnt, den Rotstift anzusetzen. Ein Finanzamt in Baden-Württemberg hat sogar in einem Fall 15 Jahre lang Zinsen anerkannt (EFG 1995 S. 880).

Entsprechendes gilt bei Erwerb von Bauerwartungsland

Bis der Bebauungsplan in Kraft getreten ist und das Haus steht, können viele Jahre vergehen. Vergessen Sie nun aber nicht, sogleich ab Erwerb Schuldzinsen abzusetzen. Mieteinnahmen benötigen Sie dafür nicht (BFH-Urt. v. 4.6.1991 – BStBl 1991 II S. 761).

TIPP Schuldzinsen auch nach Verkauf des Hauses geltend machen! **1069**

Sie haben Ihr Haus verkauft und sind auf einem Teil der Kredite sitzengeblieben. Der kleinlichen Regelung des Fiskus, dass es mit dem Verkauf des Hauses auch mit dem Abzug Ihrer Schuldzinsen vorbei sein soll, hat der BFH den Garaus gemacht (BFH v. 20.6.2012 – BStBl 2013 S. 275). Diesem ersten Aufschlag ist der Fiskus inzwischen teilweise gefolgt und lässt unter folgenden Voraussetzungen Ihre nachträglich gezahlten Zinsen als Werbungskosten zu (BMF v. 28.3.2013 – BStBl 2013 I S. 508):

- Die Immobilie wurde steuerpflichtig innerhalb von 10 Jahren nach dem ursprünglichen Kauf verkauft.
- Der Veräußerungserlös reicht nicht aus, um die Darlehensverbindlichkeit zu tilgen.

- Bis zur Veräußerung bestand unverändert die Absicht, aus der Vermietung der Immobilie Einkünfte zu erzielen.

Ihre Streichgelüste lebten die Fiskalritter nun vor allem dann aus, wenn der Verkauf erst nach mehr als 10 Jahren erfolgte oder der Verkaufserlös statt zur Kredittilgung für andere Zwecke eingesetzt wurde.

Noch weiter ging der BFH in seinem zweiten Aufschlag (BFH v. 8.4.2014 – IX R 45/13, DStR 2014 S. 996). Demnach gibt es den nachträglichen Schuldzinsenabzug selbst dann, wenn Sie Ihre Immobilie nach der 10-Jahresfrist verkauft haben. Auch eine zwischenzeitliche Umfinanzierung verhindert den Schuldzinsenabzug nicht. Allerdings verlangt auch der BFH, dass Sie die Immobilie bis zur Veräußerung zur Erzielung von Einkünften aus Vermietung und Verpachtung genutzt haben oder zumindest die eindeutig belegbare Absicht dazu hatten.

Gut zu wissen: Wurde indessen das Darlehen zur Finanzierung von sofort abziehbaren Werbungskosten der Schrottimmobilie aufgenommen, beispielsweise für Instandhaltungsaufwendungen, können die Schuldzinsen auch nach dem Verkauf der Immobilie als **nachträgliche Werbungskosten** geltend gemacht werden, so der BFH (Urt. v. 16.9.1999 – BStBl 2001 II S. 528). Der Bundesfinanzminister hat dieses Urteil abgesegnet (BMF-Schreiben v. 3.5.2006 – BStBl 2006 I S. 363).

Schuldzinsen richtig zuordnen und so Steuern sparen

1070 Wer in Immobilien investiert, braucht meistens auch Fremdkapital. Die dafür gezahlten Schuldzinsen sind als Werbungskosten absetzbar. Wird die Immobilie indessen teils zu eigenen Wohnzwecken genutzt, sind die Schuldzinsen entsprechend aufzuteilen.

Der Kniff, hier Steuern zu sparen, besteht darin: Ihr Eigenkapital setzen Sie für die eigengenutzte Wohnung ein, den vermieteten Teil finanzieren Sie voll über Kredit. So sind die Schuldzinsen zu 100 % absetzbar.

Aber Achtung: Sind Eigenkapital und Fremdkapital erst einmal auf ein und demselben Konto gelandet, liegt das Kind im Brunnen. Dann werden die Bauzinsen **prozentual** der vermieteten und der eigengenutzten Wohnung zugeordnet, und Sie finanzieren steuerlich gesehen ungewollt eine vermietete Wohnung zum Teil mit Eigenmitteln. Und die eigengenutzte Wohnung zum Teil mit Fremdkapital, wodurch die Zinsen wirkungslos verpuffen.

Die Häme der Fiskalritter schmerzt zusätzlich: »Wer eigenes und fremdes Getreide in einen Sack schüttet, der weiß hinterher nicht mehr, welche Körner von ihm stammen und welche vom Nachbarn. Denn alle sehen gleich aus. So ist das auch mit eigenem Geld und mit fremdem Geld.«

Es gelten folgende Regeln: 1071

1. Zinszuordnung bei Eigentumswohnungen
Bei Erwerb eines Hauses mit Eigentumswohnungen lassen sich die Zinsen besonders einfach in den steuerwirksamen Bereich verlagern: Die vermieteten Wohnungen finanzieren Sie so weit wie möglich mit Fremdkapital, und für die eigene Wohnung setzen Sie möglichst Eigenkapital ein. Wichtig ist, für jede vermietete Wohnung einen gesonderten Darlehensvertrag abzuschließen und den Erwerb der Wohnung punktgenau mit dem entsprechenden Darlehen zu finanzieren.

2. Zinszuordnung bei Herstellung eines Gebäudes 1072
Um die Bauzinsen später voll bei der vermieteten Wohnung ansetzen zu können, sollten Sie dafür sorgen, dass deren Herstellung ausschließlich mit Fremdkapital finanziert wird. Dazu gehen Sie wie folgt vor:

- Sie lassen sich bei der finanzierenden Bank zwei Baukonten einrichten. **Konto 1** bedienen Sie mit **Fremdkapital** (Baudarlehen) und **Konto 2** mit **Eigenkapital.**
- Von den Handwerkern lassen Sie sich für alle Arbeiten, die ausschließlich eine bestimmte Wohnung betreffen, getrennte Rechnungen schreiben (z.B. für Türen, Bodenbeläge, Decken, Badezimmer, Elektroinstallationen, Malerarbeiten). Für Leistungen, für die Sie keine gesonderte Rechnung haben, können Sie die Aufteilung durch eine eigene Aufstellung ergänzen, in der Sie die einzelnen Rechnungspositionen der jeweiligen Wohnung zuordnen.
- Herstellungskosten, die das gesamte Gebäude betreffen, werden im Verhältnis der Wohnflächen aufgeteilt (z.B. der Kaufpreis für das Grundstück, die Kosten für Bodenaushub, Mauerwerk, Dachstuhl, Dacheindeckung, Treppenhaus, Gemeinschaftsräume, Heizungsanlage, Anschlussleitungen, Entwässerung etc.).

Wenn Sie so vorgehen, haben Sie nun für jede Wohnung getrennte 1073
Rechnungen.
Bei der Bezahlung gehen Sie wie folgt vor:

1. Rechnungsbeträge, die auf Ihre später selbst genutzte Wohnung entfallen, überweisen Sie von dem Baukonto mit Eigenkapital (Konto 2). Bei der Überweisung machen Sie das deutlich, indem Sie als Verwen-

dungszweck neben der Rechnungsnummer z.B. ergänzen: »Teilbetrag für Wohnung Erdgeschoss«.

2. Rechnungsbeträge, die auf die später vermietete Wohnung entfallen, überweisen Sie nur von dem Baukonto, auf dem die Baudarlehen gelandet sind (Konto 1). Auch hier machen Sie bei der Überweisung die Zuordnung deutlich, z.B.: »Teilbetrag für Einliegerwohnung 1. OG«.
3. Rechnungsbeträge, die das gesamte Gebäude betreffen, bezahlen Sie vom jeweiligen Konto im Verhältnis der Wohnflächen.

1074 **3. Zinszuordnung bei Kauf eines Hauses**

Beim Kauf eines Hauses brauchen Sie die Wohnungen nicht unbedingt vorher in Eigentumswohnungen aufzuteilen, um das Fremdkapital und Ihr Eigenkapital entsprechend zuzuordnen. Sie können im Prinzip dasselbe Strickmuster anwenden wie bei der Herstellung eines Gebäudes. Und so gehen Sie vor:

- **Bereits im Notarvertrag** wird der insgesamt vereinbarte Kaufpreis rechnerisch auf die selbstgenutzte Wohnung und den vermieteten Teil der Immobilie aufgeteilt. Wenn dabei nicht gerade völlig unrealistische Maßstäbe angelegt werden, wird das Finanzamt dieser Aufteilung folgen.
- Die Bezahlung erfolgt dann wieder in zwei Teilbeträgen: Den Anteil für die vermietete Wohnung überweisen Sie mit dem Verwendungszweck *»Teilkaufpreis Wohnung I. OG«* von Ihrem Fremdmittelkonto, den Anteil für die selbstgenutzte Wohnung von Ihrem Eigenmittelkonto und einen evtl. Restbetrag vom Darlehenskonto – jeweils mit dem Verwendungszweck *»Teilkaufpreis Wohnung Erdgeschoss«*.

Vielfach wird ein Notaranderkonto zwischengeschaltet. Dann verfahren Sie entsprechend. Dass der Notar später dem Verkäufer den gesamten Kaufpreis von seinem Notaranderkonto in einer Summe überweist, ist für Ihre Zuordnung nicht schädlich.

1075 **Wie Sie Ihre Immobilie steuergünstig mittels Privatdarlehen finanzieren, lesen Sie unter ➤ Rz 913.**

1076 Zeile 38 Geldbeschaffungskosten

38	Geldbeschaffungskosten (z. B. Schätz-, Notar-, Grundbuchgebühren)	34	,—

Zu den Geldbeschaffungskosten zählen alle Aufwendungen, das Bankdarlehen zu erhalten oder bereitstellen zu lassen: Abschlussgebühr für

Bausparvertrag, Gutachten über den Wert der Immobilie, Gebühr für Notar und Amtsgericht für die Eintragung der Hypothek im Grundbuch, Honorar für den Finanzierungsmakler sowie Fahrt- und Telefonkosten.

Zeile 39 Renten und dauernde Lasten 1077

Grundbesitz kann im Alter zu einer Last werden. Um finanziell abgesichert zu sein, wird dann vielfach auf Rentenbasis verkauft. Haben Sie auf diese Weise ein Haus erworben, können Sie die in den Rentenzahlungen enthaltenen Zinsanteile als Hauskosten absetzen. Das gilt ebenso für dauernde Lasten. Auch bei diesen Aufwendungen ist also nur der Zinsanteil absetzbar (BFH-Urt. v. 9.2.1994 – BStBl 1995 II S. 47).

Beispiel
Sie haben von einem 65 Jahre alten Verkäufer ein Mietshaus gegen Zahlung einer lebenslänglichen Rente von monatlich 2.000 € erworben.
In Höhe des Barwerts der Rente haben Sie Anschaffungskosten, die – soweit sie auf das Gebäude entfallen – nach § 7 EStG abgeschrieben werden. Als weitere Werbungskosten sind die in den Rentenzahlungen enthaltenen Ertragsanteile (Tabelle 2 zu § 22 EStG, ➤ Rz 966) von jährlich 18 % von 24.000 € = 4.320 € absetzbar. Im Gegenzug muss der Verkäufer die Ertragsanteile als sonstige Einkünfte versteuern.

♦ *Musterfall Familie Vogt (Teilweise vermietetes Zweifamilienhaus – Fortsetzung von ➤ Rz 1040)*

Auf *Seite 2 der Anlage V bestätigt sich für Vogt, dass es richtig war, ein Zweifamilienhaus zu kaufen. Weil er die Einliegerwohnung vermietet hat, kann er einen Teil der Hauskosten als Werbungskosten absetzen: entsprechend dem Verhältnis der Wohnflächen (eigengenutzt = 135 qm zu vermietet = 60 qm) 31 %.*
Die lineare Abschreibung für > Zeile 33 beträgt 2 % der Anschaffungskosten für das Gebäude von 380.000 € = 7.600 €, davon 31 % = 2.356 €.
Auch kann er 31 % der Schuldzinsen von insgesamt 9.699 € = 3.007 € als Werbungskosten in > Zeile 37 unterbringen. Von den Kosten für die Fassadenerneuerung von insgesamt 19.960 € trägt er prozentual 31 % = 6.188 € in > Zeile 41 ein.
Für die Renovierung der vermieteten Wohnung sind Aufwendungen von 2.720 € angefallen, die er der vermieteten Wohnung in > Zeile 40 direkt (zu 100 %) zuordnet.
Auch von den umlagefähigen Kosten (> Zeile 47) setzt er jeweils 31 % an.
Für verschiedene Kosten (Fahrten, Telefon, Porto) setzt er in > Zeile 48 pauschal 250 € an. Dafür hat er einige Ausgabenbelege in petto, die er dem

Finanzamt notfalls präsentieren kann. Auch davon sind 31 % = 78 € absetzbar.

Andere Einkünfte

Zeile		stpfl. Person / Ehemann / Person A / Gesellschaft EUR	Ehefrau / Person B EUR
31	Einkünfte aus **Untervermietung** von gemieteten Räumen	866 ,–	867 ,–
32	Einkünfte aus Vermietung und Verpachtung **unbebauter Grundstücke**, von anderem **unbeweglichen Vermögen**, von **Sachinbegriffen** sowie aus **Überlassung von Rechten**	852 ,–	853 ,–

Werbungskosten

Zeile	aus dem bebauten Grundstück in den Zeilen 4 und 5	Nur ausfüllen, wenn die Aufwendungen für das Gebäude nur teilweise Werbungskosten sind (siehe Anleitung zu den Zeilen 33 bis 52): Gesamtbetrag EUR (1)	Ausgaben, die **nicht** mit Vermietungseinkünften zusammenhängen, wurden durch direkte Zuordnung ermittelt (2)	verhältnismäßig ermittelt (3)		Abzugsfähige Werbungskosten EUR (4)
	Absetzung für Abnutzung für Gebäude (ohne Beträge in den Zeilen 34 und 35)			%		
33	X linear / degressiv 2,00 % / X wie 2019 / lt.ges. Erltg.	7.600		69	30	2356,–
34	Sonderabschreibung für Mietwohnungsneubau nach § 7b EStG / wie 2019 / lt.ges. Erltg.				70	,–
35	Erhöhte Absetzungen nach den §§ 7h, 7i EStG, Schutzbaugesetz / wie 2019 / lt.ges. Erltg.				31	,–
36	Absetzung für Abnutzung für bewegliche Wirtschaftsgüter / wie 2019 / lt.ges. Erltg.				60	,–
37	Schuldzinsen (ohne Tilgungsbeträge)				33	,–
38	Geldbeschaffungskosten (z. B. Schätz-, Notar-, Grundbuchgebühren): Hypothek (5.762)/Bausparkasse (3.937)	9.699		69	34	3007,–
39	Renten, dauernde Lasten				35	,–
40	2020 voll abzuziehende Erhaltungsaufwendungen, die direkt zugeordnet werden können	2.720	×		36	2720,–
41	verhältnismäßig zugeordnet werden	19.960		69	37	6188,–
42	Auf bis zu 5 Jahre zu verteilende Erhaltungsaufwendungen (§§ 11a, 11b EStG, § 82b EStDV) Gesamtaufwand 2020 EUR 57 ,– davon 2020 abzuziehen				38	,–
43	zu berücksichtigender Anteil aus 2016				39	,–
44	aus 2017				40	,–
45	aus 2018				41	,–
46	aus 2019				42	,–
47	Grundsteuer, Straßenreinigung, Müllabfuhr, Wasserversorgung, Entwässerung, Hausbeleuchtung, Heizung, Warmwasser, Schornsteinreinigung, Hausversicherungen, Hauswart, Treppenreinigung, Fahrstuhl				52	,–
48	Verwaltungskosten: lt. Aufstellung	2.875		69	48	892,–
49	Nur bei umsatzsteuerpflichtiger Vermietung: an das Finanzamt gezahlte und ggf. verrechnete Umsatzsteuer	250	×	69	58	78,–
50	Sonstiges				49	,–
51	**Summe der Werbungskosten** (zu übertragen nach Zeile 22)					,–
52	Nur bei umsatzsteuerpflichtiger Vermietung: in Zeile 51 enthaltene abziehbare Vorsteuerbeträge				59	15241,–

ANLAGE V
Einkünfte aus Vermietung und Verpachtung **2022**

Auf Formularseite 1 der Anlage V erhält Vogt durch diese Eintragungen bescheinigt: Er hat einen Verlust aus Vermietung und Verpachtung in Höhe von 11.379 €, der ihm bei einem Steuersatz von 35 % eine Steuererstattung von 3.983 € beschert.

21	**Summe der Einnahmen**			3862,–
22	**Summe der Werbungskosten** (Übertrag aus Zeile 51)		–	15241,–
23	**Überschuss** (zu übertragen nach Zeile 24)	stpfl. Person / Ehemann / Person A / Gesellschaft EUR	=	–11379,–
				Ehefrau / Person B EUR
24	**Zurechnung des Betrags aus Zeile 23**	20 –11379,–		21 ,–

Zeile 40 - 41 Erhaltungsaufwendungen 1078

Die Kosten für die laufende Instandhaltung des Gebäudes können Sie in voller Höhe im Jahr der Zahlung absetzen. Bei Erhaltungsaufwendungen bis 10.000 € (je Gebäude) genügt dem Fiskus zunächst eine Einzelaufstellung, in der neben dem Rechnungsbetrag das Rechnungsdatum, der Gegenstand der Leistung sowie das ausführende Unternehmen angegeben sind. Absetzbar sind alle Aufwendungen für Renovierung, Pflege, Wartung, unabhängig davon, ob die Maßnahmen aus technischen, wirtschaftlichen oder rechtlichen Gründen veranlasst waren.

Für einen späteren Nachweis reichen notfalls auch Kassenbons aus (Urt. des FG Niedersachsen v. 26.10.89 – VI 164/88; nv).

	2020 voll abzuziehende Erhaltungsaufwendungen, die			
40	direkt zugeordnet werden können	×	36	,–
41	verhältnismäßig zugeordnet werden		37	,–

Erhaltungsaufwand oder Herstellungsaufwand?

Der Fiskalvertreter kann sich drehen und wenden, wie er will, letztendlich ist jeder Euro, den Sie in Ihr Mietshaus investieren, als Werbungskosten absetzbar. Fragt sich nur, in welchem Jahr. Dabei gilt Folgendes:
Erhaltungsaufwendungen sind im Jahr der Zahlung in voller Höhe absetzbar (§ 11 EStG). Wahlweise können größere Erhaltungsaufwendungen auf zwei bis fünf Jahre verteilt werden (§ 82 b EStDV). Dazu mehr unter ➤ Rz 1084.
Anschaffungs- und Herstellungskosten sind nur über die AfA absetzbar (➤ Rz 1050 f.). Bei einem Altbau ist (nachträglicher) Herstellungsaufwand anzunehmen bei

1. Ausbau oder Anbau/Erweiterung,
2. grundlegender Modernisierung,
3. Erhaltungsaufwendungen innerhalb von drei Jahren nach Erwerb.

1. Herstellungsaufwand durch Ausbau oder Anbau/Erweiterung
Unter Ausbau versteht man die wesentliche Umwandlung von Räumen, die bisher anderen Zwecken dienten, z.B. den Ausbau eines leeren Dachgeschosses oder die Umwandlung von Kellerräumen. Der Bauaufwand für einen Ausbau kann in der Regel als wesentlich angesehen werden, wenn die Kosten hierfür etwa ein Drittel des für eine vergleichbare Neubauwohnung erforderlichen Bauaufwands erreichen. Dabei ist nach Auffassung der Finanzverwaltung der Wert der Eigenleistungen zu berücksichtigen, auch wenn diese mangels Aufwendungen nicht zu den Herstellungskosten gehören.
Unter Anbau/Erweiterung versteht man das Schaffen neuer Räume durch Aufstocken des Gebäudes oder eben durch Anbau (➤ Rz 1080).

2. Herstellungsaufwand durch grundlegende Modernisierung
Aufwendungen, um eine Wohnung oder ein Gebäude auf einen höheren Standard zu bringen, zählen zu den Herstellungs- oder Anschaffungskosten. Für den Standard eines Wohngebäudes sind vor allem die Ausstattung und die Qualität der Heizungs-, Sanitär- und Elektroinstallationen sowie der Fenster ausschlaggebend (➤ Rz 1081).

1079 **3. Erhaltungsaufwendungen innerhalb von drei Jahren nach Erwerb**
Zu den Herstellungskosten gehören Aufwendungen für Instandsetzungs- und Modernisierungsmaßnahmen, die innerhalb von drei Jahren nach der Anschaffung des Gebäudes durchgeführt werden, wenn sie (ohne Umsatzsteuer) 15 % der Anschaffungskosten des Gebäudes übersteigen (anschaffungsnahe Herstellungskosten). Siehe dazu auch ➤ Rz 1082.
Anschaffungskosten sind auch, wenn funktionsuntüchtige Teile wiederhergestellt werden, die für die Nutzung unerlässlich sind (z.B. eine defekte Heizung), oder wenn Wasser- oder Brandschäden behoben werden, die das Gebäude unbewohnbar machen. Auch Aufwendungen für eine Nutzungsänderung sind den Anschaffungskosten zuzurechnen, soweit sie vor der erstmaligen Nutzung entstanden sind (z.B. Umbau einer Wohnung in ein Büro).

1080 **TIPP**

Dachgeschoss: Ausbau, Umbau oder Erweiterung?

Bei Baumaßnahmen im Dachgeschoss eines bestehenden Gebäudes wird unterschieden zwischen:

- dem erstmaligen Ausbau eines Dachgeschosses,
- der Aufstockung eines Gebäudes,
- dem Umbau eines bereits ausgebauten Dachgeschosses.

Aufwendungen für den **erstmaligen Ausbau** eines Dachgeschosses und die **Aufstockung** eines Gebäudes führen zu nachträglichen Herstellungskosten, die Sie den ursprünglichen Anschaffungs- und Herstellungskosten zuschlagen und mit der üblichen AfA von 2 % jährlich abschreiben.

Der **Umbau** eines bereits ausgebauten Dachgeschosses fällt in der Regel unter Erhaltungsaufwand, den Sie somit sofort im Jahr der Zahlung absetzen können. Etwas anderes gilt indessen bei besonders hohen Baukosten. Übersteigen sie den Verkehrswert des Dachgeschosses vor Umbau, nimmt der Fiskus nachträgliche Herstellungskosten an, die Sie wieder mit nur 2 % jährlich abschreiben können.

TIPP Gebäudesanierung fällig? Jetzt aber aufgepasst! 1081

Ist für Ihr älteres Mietshaus eine grundlegende Sanierung fällig, laufen Sie Gefahr, dass der Fiskus die Aufwendungen als nachträgliche Herstellungskosten einstuft, die nur über die magere Abschreibung von jährlich 2 % absetzbar sind.
Wenn Sie aber **nach jahrelanger Nutzung** Ihr Gebäude grundlegend sanieren, sind die Instandsetzungs- und Modernisierungsaufwendungen sofort absetzbar (BMF-Schreiben v. 18.7.2003, BStBl Teil I S. 386).
Entscheidend ist: Führt ein Bündel von Baumaßnahmen bei mindestens drei der vier zentralen Ausstattungsmerkmale (Heizung, Sanitär- und Elektroinstallation, Fenster) zu einer Erhöhung und Erweiterung des Gebrauchswerts, hebt sich der Standard eines Gebäudes. Dann sind die Aufwendungen als nachträgliche Herstellungskosten zu behandeln.
Beim Gebäudestandard wird unterschieden:

Einfacher Standard: Ausstattung nur in nötigem Umfang, in sparsamer Ausführung und technisch überholtem Zustand.

Mittlerer Standard: Umfang und Ausführung werden durchschnittlichen bis höheren Ansprüchen gerecht.

Gehobener Standard: Nicht nur das Zweckmäßige ist vorhanden, sondern das technisch und optisch Mögliche und Machbare in hochwertiger Ausführung.

Beispiel 1

Ein Gebäude, im Jahr 1978 in mittlerem Standard gebaut, hatte nach heutigen Kriterien nur noch einfachen Standard. Der Steuerzahler hat im Jahr 2021 durch Renovierung – den nach heutigem Maßstab – mittleren Standard wiederhergestellt. Die Renovierungskosten sind sofort abziehbar. Vergleichsmaßstab ist also der ursprünglich mittlere Standard, nicht der zeitnahe (einfache) Zustand.

Beispiel 2

Ein Steuerzahler hat sein Mietshaus, das 1978 in einfachem Standard gebaut wurde, modernisiert, indem er die Fenster und die Heizungsanlage in mittlerem Standard erneuert hat. Die Kosten sind sofort abziehbar, da nur zwei der vier zentralen Ausstattungsmerkmale einen höheren Standard als zuvor aufweisen.

Das Fazit lautet also: Beim Renovieren entweder den ursprünglichen Standard beibehalten (Beispiel 1) oder nicht mehr als zwei Kriterien verbessern (Beispiel 2).

1082 **TIPP**

Bruchbude gekauft und flott über die Steuer saniert

Die kürzlich erworbene Bruchbude von Grund auf sanieren und durch Sofortabzug der Sanierungskosten eine dicke Steuererstattung einstreichen, da kommt Freude auf. Doch der Fiskus kommt mit dem Argument: Sie als Käufer haben den Sanierungsaufwand gedanklich dem Kaufpreis zugeschlagen. Deshalb sind die Sanierungskosten den Anschaffungskosten des Gebäudes hinzuzurechnen und nur über die Abschreibung absetzbar.

Dies gilt aber nur, wenn die Sanierungsmaßnahmen innerhalb von **drei Jahren** seit der Anschaffung durchgeführt werden und 15 % der Gebäudeanschaffungskosten (ohne die in Rechnung gestellte Umsatzsteuer) übersteigen (§ 6 Abs. 1 Nr. 1a EStG). Nicht in die **15-%-Grenze** werden einbezogen Aufwendungen für Erweiterungen (§ 255 Abs.2 HGB) des Gebäudes (solche Aufwendungen sind ohnehin nur über die AfA absetzbar) und für die jährlich üblicherweise anfallenden Erhaltungsarbeiten, die für sich gesehen sofort absetzbare Werbungskosten sind, insbesondere Schönheitsreparaturen und Wartungsarbeiten. Damit werden vor allem folgende Kosten ausgeklammert, die ohne besondere Prüfung sofort als Werbungskosten absetzbar sind:

- Streichen und Tapezieren von Decken und Wänden,
- Streichen von Fußböden, von Fenstern und Türen von innen, von Heizkörpern und Heizungsrohren,
- jährliche Inspektion der Heizung.

Zu den 15 % gehören allerdings alle Putz- und Maurerarbeiten, der Austausch von Fenstern, Türen etc. oder der Außenanstrich des Gebäudes.
Was tun? Wird die Grenze von 15 % voraussichtlich überschritten, dann lassen Sie nach der Anschaffung zunächst drei Jahre verstreichen. Danach können Sie unbesorgt sanieren und die Kosten dem Fiskus sogleich in voller Höhe aufs Auge drücken.

Oder Sie machen es anders:

TIPP Nach und nach renovieren 1083

Wichtig ist, wie Sie wissen, in den ersten drei Jahren mit den Renovierungskosten insgesamt unter 15 % zu bleiben. Dies kann gelingen, wenn Sie zunächst z. B. nur eine Wohnung renovieren. Denn die 15-%-Grenze bezieht sich immer auf das gesamte Gebäude.
Anders sieht es bei einer Eigentumswohnung aus. Da das Gesetz den Erwerb einer Eigentumswohnung mit dem Erwerb eines Gebäudes gleichstellt, ist die 15-%-Grenze auf die einzelne Wohnung anzuwenden.

Zeile 42 – 46 Auf bis zu 5 Jahre zu verteilende Erhaltungsaufwendungen 1084

Erhaltungsaufwendungen werden im Jahr der Zahlung in voller Höhe als Werbungskosten abgezogen (§ 11 Abs. 2 EStG). Davon gibt es Ausnahmen. **Größere Aufwendungen** können gleichmäßig auf zwei bis fünf Jahre verteilt werden (§ 82 b EStDV). Voraussetzung ist, dass die Grundfläche der Räume des Gebäudes, die Wohnzwecken dienen, mehr als die Hälfte der gesamten Nutzfläche beträgt. Unabhängig von der Art der Nutzung können größere Aufwendungen zur Erhaltung eines Gebäudes ebenfalls auf zwei bis fünf Jahre verteilt werden, wenn es sich um Aufwendungen handelt
- für Maßnahmen aufgrund eines Modernisierungs- und Instandsetzungsgebots der Gemeinden im Sinne des § 177 des Baugesetzbuchs (§ 11 a EStG),
- für Maßnahmen, die der Erhaltung, Erneuerung und funktionsgerechten Verwendung eines Gebäudes dienen, das wegen seiner geschichtlichen, künstlerischen oder städtebaulichen Bedeutung erhalten bleiben soll, und zu deren Durchführung sich der Eigentümer neben bestimmten Modernisierungsmaßnahmen gegenüber der Gemeinde verpflichtet hat (§ 11 a EStG),
- zur Erhaltung von Baudenkmalen (§ 11 b EStG).

	Auf bis zu 5 Jahre zu verteilende Erhaltungsaufwendungen (§§ 11a, 11b EStG, § 82b EStDV)			
	Gesamtaufwand 2020 EUR			
42	57 ,—	davon 2020 abzuziehen		38 ,—
43	zu berücksichtigender Anteil	aus 2016		39 ,—
44		aus 2017		40 ,—
45		aus 2018		41 ,—
46		aus 2019		42 ,—
	Grundsteuer, Straßenreinigung, Müllabfuhr, Wasserversorgung, Entwässerung, Hausbeleuchtung, Heizung, Warmwasser, Schornstein-			

1085 ◆ *Musterfall Familie Vogt (Teilweise vermietetes Zweifamilienhaus – Fortsetzung von ➤ Rz 1077)*

Dieter Vogt hat im Jahr 2021 für 19.960 € die Fassade seines Zweifamilienhauses erneuern lassen. Auf die vermietete Einliegerwohnung entfallen 31 % = 6.188 €. Nur dieser Anteil ist absetzbar. Vogt will wissen, was ihm die Verteilung der Kosten auf fünf Jahre steuerlich bringen würde. Dabei nehmen wir an, Vogt hat ein unverändert zu versteuerndes Einkommen (ohne Abzug der Erhaltungsaufwendungen) von 75.000 €. Sein Grenzsteuersatz liegt damit bei rd. 35 %.

1. Sofortabzug	
Einkommensteuer auf 75.000 €15.888 €	
Einkommensteuer auf (75.000 € – 6.188 € =) 68.812 €	*– 13.784 €*
Steuerminderung bei Sofortabzug	*2.104 €*
2. Verteilung über fünf Jahre	
Einkommensteuer auf 75.000 €	*15.888 €*
Einkommensteuer auf (75.000 € – 1.238 € =) 73.762 €	*– 15.460 €*
Steuerminderung pro Jahr	*428 €*
Steuerminderung über fünf Jahre (428 € × 5 Jahre =)	*2.140 €*

Wie Sie sehen, schlägt die Verteilung auf fünf Jahre mit 2.140 € zu Buche. Das sind nur 36 € mehr gegenüber dem Sofortabzug, eine Steuerersparnis, für die sich der Arbeitsaufwand nicht lohnt.

1086 Zeile 47 Betriebskosten

Die Betriebskosten entsprechen prinzipiell den vereinnahmten Umlagen, wenn man von den Nachzahlungen bzw. Erstattungen absieht, die sich durch die Jahresabrechnung mit den Mietern ergeben (➤ Rz 1035 ff.). Noch einfacher ist die Sache, wenn Sie eine Eigentumswohnung besitzen. Dann haben Sie alle Zahlen aus der Verwalterabrechnung parat.

47 | Grundsteuer, Straßenreinigung, Müllabfuhr, Wasserversorgung, Entwässerung, Hausbeleuchtung, Heizung, Warmwasser, Schornsteinreinigung, Hausversicherungen, Hauswart, Treppenreinigung, Fahrstuhl | 52 | ,–
Verwaltungskosten

Beiträge zur **Instandhaltungsrücklage** der Gemeinschaft der Wohnungseigentümer sind nicht bereits zum Zeitpunkt der Abführung als Werbungskosten abziehbar, sondern erst, wenn sie tatsächlich für Erhaltungsmaßnahmen verwendet wurden (siehe auch ➤ Rz 1095).

Fügen Sie bitte die Abrechnung der Eigentümergemeinschaft bei.

Zeile 48 Verwaltungskosten 1087

Gesondert aufgeführt werden die **Verwaltungskosten,** die nach der Betriebskostenverordnung vom 25.11.2003 (BGBl Teil I 2003 S. 2346) **nicht umlagefähig** sind.

48 | Verwaltungskosten | 48 | ,–

TIPP Setzen Sie als Pensionär oder Rentner Ihre vollen Arbeitszimmerkosten ab 1088

Sie als Rentner oder Pensionär haben in aktiven Zeiten mit dem Kauf einiger Immobilien Ihre Altersversorgung gesichert. Natürlich verwalten sich die Häuser nicht von allein. Um dem ganzen Papierkram Herr zu werden, haben Sie sich in Ihrem eigenen Haus ein schickes 25 qm großes Arbeitszimmer eingerichtet. Da Sie für die Immobilienverwaltung keinen anderen Arbeitsplatz haben, können Sie von Ihren Arbeitszimmerkosten mindestens 1.250 € im Jahr als Werbungskosten bei Ihren Vermietungseinkünften abziehen.
Wenn Sie neben Ihren Mieteinkünften nur Ihre Pension oder Rente beziehen, kracht es bei Ihren Arbeitszimmerkosten so richtig. Dann geht nämlich Ihr Arbeitszimmer als Mittelpunkt Ihrer gesamten Einkünfteerzielung durch. Das führt dazu, dass die Begrenzung auf 1.250 € im Jahr nicht gilt. Sie setzen in so einem Fall also jeden roten Heller, der für Ihr Arbeitszimmer anfällt, als Werbungskosten ab. Argumentiert ein übereifriger Fiskalritter, der Vollabzug der Arbeitszimmerkosten scheitere daran, dass Sie ja noch Renteneinkünfte hätten, weshalb das Arbeitszimmer nicht Mittelpunkt der Einkünfteerzielung sei, tragen Sie mal wieder zur Weiterbildung des Sachbearbeiters bei. Bei der Beurteilung des Mittelpunkts der gesamten betrieblichen und beruflichen Betätigung sind nämlich nur Einkunftsarten einzubeziehen, die eine aktive Tätig-

keit erfordern. Deshalb bleiben vor allem Pensionen oder Renten außer Betracht. Dass diese letztlich aus einer früher einmal aktiven Tätigkeit resultieren, spielt keine Rolle (Niedersächsisches Finanzgericht v. 8.11.2011 - 12 K 264/09).

1089 **An das Finanzamt gezahlte und ggf. verrechnete Umsatzsteuer – Zeile 49**
Siehe hierzu ➤ Rz 1023.

1090 Zeile 50 Sonstiges

Hier ist so allerhand unterzubringen, als da sind:

1091 **1. Prozesskosten**
Prozesskosten sind fiskalisch gesehen Folgekosten, und was das bedeutet, hat der BFH einem Finanzgericht ins Gebetbuch geschrieben. Das Finanzgericht hatte Prozesskosten im Zusammenhang mit Baumängeln in einem Neubau für abziehbar erklärt. Nichts da, so der BFH. Die Bemühungen des Vermieters, die Baumängel vom Bauunternehmer beseitigen zu lassen, fallen in den Bereich der Herstellung, gehören somit zu den Herstellungskosten und sind daher nur über die Abschreibung abziehbar (Urt. v. 1.12.1987 - IX R 134/83).
Klagt der Vermieter indessen im Zusammenhang mit abziehbaren Sanierungskosten, sind die Prozesskosten infolgedessen als Werbungskosten absetzbar.

1092 **2. Zahlung wegen Rücktritt vom Vertrag**
Besser ein Ende mit Schrecken als ein Schrecken ohne Ende, dachte wohl ein Investor, der einen Vertrag zum Kauf einer noch zu errichtenden Eigentumswohnung abgeschlossen hatte, und zahlte an den Bauträger 30.000 € für den Rücktritt vom Kaufvertrag. Den Vergleich hatte ein Anwalt ausgehandelt, der dafür 3.100 € Gebühren in Rechnung stellte.
Finanzamt und Finanzgericht wollten die 33.100 € nicht als Werbungskosten anerkennen. Ohne Einnahmen keine Werbungskosten, so deren schlichte Überlegung. Doch weit gefehlt! Der Investor habe zumindest die Absicht gehabt, Mieteinnahmen zu erzielen, so der BFH. Dies ergebe sich schon daraus, dass er einen Kaufvertrag abgeschlossen habe. Wenn er nun seine Absicht aufgegeben und sich anders orientiert habe, seien die entstandenen Aufwendungen als – vergebliche – Werbungskosten abziehbar (Urt. v. 15.11.2005 - IX R 3/04).

3. Vergessen Sie nicht die Umzugskosten! 1093

Geben Sie eine bisher selbstgenutzte Wohnung auf, um sie zu vermieten, setzen Sie Ihre Umzugskosten an. Schließlich machen Sie ja die Wohnung frei, um durch ihre Vermietung Einkünfte zu erzielen. Andere, mehr private Gründe, die bei dem Umzug vielleicht eine Rolle spielen (Finanzen, Ehe, Gesundheit, Ausbildung der Kinder usw.), brauchen Sie nicht anzugeben (FG des Saarlands v. 25.2.1993 – nv).

4. Arbeitszimmer geltend machen! 1094

Unter ➤ Rz 744 ff. haben Sie gesehen, dass Arbeitnehmer kaum noch Chancen haben, ihr häusliches Arbeitszimmer von der Steuer abzusetzen. Als Vermieter haben Sie allerdings gute Karten – vorausgesetzt, Sie nutzen den Raum nahezu ausschließlich für die Verwaltung Ihres Mietshauses, was sich ja einrichten lässt.

5. Instandhaltungsrückstellung? 1095

Die Vermietungseinkünfte sind durch **Überschussrechnung** zu ermitteln. Hierbei können leider **keine** Instandhaltungsrückstellungen als Werbungskosten berücksichtigt werden (BFH-Urt. v. 14.10.1980 – VIII R 22/76).

Das gilt auch für vermietete Eigentumswohnungen. Der Wohnungseigentümer ist zwar verpflichtet, die vom Verwalter nach § 28 des Gesetzes über Wohneigentum eingeforderten Beträge für die Bildung einer Instandhaltungsrücklage zu leisten. Diese Beiträge können beim einzelnen Wohnungseigentümer aber erst dann als Werbungskosten abgezogen werden, wenn der Verwalter sie tatsächlich für die Erhaltung des gemeinschaftlichen Eigentums aufgewendet hat.

Nicht gut zu wissen: Daher sind Wohngeldzahlungen bei vermieteten Eigentumswohnungen um die Beiträge zur Instandhaltungsrücklage zu kürzen.

6. Kontoführungsgebühren 1096

Wenn es sich um ein echtes Mietekonto handelt, sind die Bankgebühren in voller Höhe als Werbungskosten absetzbar, bei mehreren Mietobjekten ggf. anteilig. Wird das Konto auch privat genutzt, sind die Gebühren nach dem Verhältnis von mietbezogenen und privat veranlassten Kontenbewegungen aufzuteilen (BFH v. 9.5.1984 – BStBl 1984 II S. 560).

7. Kleinkram – doch jeder Cent zählt 1097

Vergessen Sie nicht die **Reisekosten**, als da sind Fahrten zum Abschluss eines Mietvertrags in der Wohnung des künftigen Mieters. Eine solche Fahrt lohnt: Notfalls können Sie immer noch vom Vertrag Abstand neh-

men, wenn Ihnen der Mieter nicht gefällt, sprich »Saustall angetroffen«. Fahrten mit Pkw setzen Sie mit **0,30 €** je km ab.
Vergessen Sie **Kosten für Porto und Telefon** nicht. Jedes Telefonat in Hausangelegenheiten mit geschätztem Betrag festhalten und die Kosten notieren.

1098 18.3.5 Woran Sie als Vermieter sonst noch denken sollten

1099

Guter Rat: Alles Geld in die Rückzahlung der Hypothek stecken
Eine Immobilie lastenfrei anzusparen für eine Miete im Alter, das ist oft ein Geschäft mit Haken und Ösen. Der übliche Fehler: Die Bank empfiehlt, die Tilgung der Hypothek auszusetzen und später in einer Summe zu tilgen. Dafür wird ein Spartopf angelegt, z. B. in Form eines Banksparplans oder gar einer Lebensversicherung. Bis zu deren Fälligkeit wird die Hypothek lediglich verzinst. Wenn nun aber die Hypothek 2 % an Zinsen kostet und der Spartopf nur 0,5 % bringt (jeweils vor Steuern), ist es doch offensichtlich vorteilhafter, alles Geld in die Rückzahlung der Hypothek zu stecken und diese schnellstens auf direktem Weg zu tilgen, statt es in einen Spartopf anzulegen.

1100 **Gewerblicher Grundstückshandel**
Gutsituierte Immobilienbesitzer stellen sich gern als Privatier vor. Doch das ist nur so lange richtig, bis ihnen der Fiskus offenbart, dass sie ja eigentlich Gewerbetreibende sind. Wie denn das?
Die Begründung lautet: »Sie haben innerhalb der letzten fünf Jahre mehr als drei Immobilienobjekte veräußert. Das sehen wir als nachhaltige gewerbliche Tätigkeit an und versteuern Ihre Gewinne, auch den aus dem Verkauf ihres selbstgenutzten Hauses.« Dann haben Sie den Salat.

Beherzigen Sie folgende Regeln:

1. Verkaufen Sie möglichst nicht mehr als drei Objekte. Übertragen Sie notfalls Grundstücke auf Familienangehörige und wickeln die Verkäufe dann über sie ab.
2. Zu den kritischen Grundstücksgeschäften zählt jedes Geschäft, bei dem zwischen An- und Verkauf nicht mehr als fünf Jahre gelegen haben (BFH-Urt. v. 23.10.1987 BStBl II 1988, 293). Lassen Sie zwischen An- und Verkauf am besten zehn Jahre verstreichen, dann droht weder gewerblicher Grundstückshandel noch ein privates Veräußerungsgeschäft (➤ Rz 1004).

3. Bei der Drei-Objekte-Grenze zählt jedes Haus, jede Wohnung, sogar ein unbebautes Grundstück. Haben Sie die Absicht, Ihr Mietshaus zu verkaufen, vermeiden Sie eine vorherige Aufteilung in Eigentumswohnungen, sonst hängen Ihnen die Fiskalritter Ihren Verkaufsgewinn als gewerbliche Einkünfte ans Bein. Ein Getränkehändler konnte mit Erfolg vorbringen, er habe die Wohnungen in seinem Mehrfamilienhaus nicht von vornherein verkaufen, sondern vermieten wollen. Deshalb liege kein Gewerbe vor (BFH v. 28.9.1987 – BStBl 1988 II S. 65).

Fehler dürfen Sie sich nicht leisten, denn als Immobilienbesitzer können Sie beim Fiskus kein Nachsehen erwarten. Sie gelten als profitable Melkkuh. Also keine Aufteilung vornehmen (s.o.), Garagen nicht gesondert abrechnen, darauf achten, dass keine gewerbliche Nutzung der Gebäude vorliegt, etc. Denn ansonsten unterstellt das Finanzamt schnell gewerbliche Tätigkeit statt der steuerlich unbeachtlichen **Vermögensverwaltung**, die Privatsache ist. Indiz für gewerbliche Tätigkeit ist auch die kurzfristige Überlassung/Vermietung von Immobilien an wechselnde Kunden.

TIPP Mit Schrottimmobilien Pech gehabt? 1101

Dann machen Sie sich die rigide fiskalische Handhabung zunutze und schalten Sie um: Haben Ihnen die Grundstücksgeschäfte nichts als Verluste eingebracht, beantragen Sie beim Finanzamt eine Betriebsprüfung. Bei dieser rücken Sie damit heraus, Sie hätten einen heimlichen Gewerbebetrieb gehabt und man möge die Verluste daraus von Ihren Einkünften absetzen … (BFH-Urt. – BStBl 1972 II S. 279, 291 u. 1973 II S. 661).

Höhere Miete durch Modernisierung 1102

Der Weg zu Mieterhöhungen bei Wohnraum ist gesetzlich vorgeschrieben, wobei es mehrere Arten von Mieterhöhungen gibt, so z.B. wegen Modernisierung (§ 559 BGB). Dabei beteiligt sich der Mieter an Kosten.

TIPP Steuern runter, Mieten rauf 1103

Haben Sie in einem älteren Mietshaus bauliche Änderungen durchgeführt, die den Gebrauchswert der Wohnungen nachhaltig erhöhen, die allgemeinen Wohnverhältnisse auf Dauer verbessern oder nachhaltig Einsparungen von Heizenergie oder Wasser bewirken, können Sie die aufgewendeten Kosten als Werbungskosten absetzen und außerdem die Jahresmiete um 11 % der aufgewendeten Kosten erhöhen (§ 559 BGB).

Dabei können Sie auch schrittweise vorgehen und sich eine Wohnung nach der anderen vornehmen.

Für die Anhebung der Mieten ist aber wichtig, dass Sie bestimmte Vorschriften beachten. Sie müssen Ihrem Mieter spätestens zwei Monate vor Beginn der baulichen Maßnahmen deren Art, Umfang, Beginn und voraussichtliche Dauer sowie die zu erwartende Erhöhung des Mietzinses mitteilen. Der Mieter ist sodann berechtigt, kurzfristig zu kündigen (§ 561 BGB).

Beispiel
Sie erneuern Fenster, Eingangs- und Balkontüren, Bäder/Toiletten und lassen die Elektroinstallation verstärken. Kostenpunkt pro Wohnung 11.500 €. Die Erhöhung der Jahresmiete aufgrund dieser Maßnahmen beträgt (11 % von 11.500 € =) 1.265 €. Die laufende Mietanpassung nach dem Mietspiegel geht extra, versteht sich. Pro Wohnung können Sie 11.500 € in > Zeile 40 als Werbungskosten absetzen.

»Das rechnet sich gut«, sagen Sie.

Dabei ist aber zu bedenken, dass der Wert des Hauses kaum um denselben Absolutbetrag wächst, der für die baulichen Änderungen eingesetzt wird. Die Wertsteigerung beträgt vielfach nur 70 % der Aufwendungen. Erst die Mischung aus dem umlegbaren Anteil, den die Mieter zu tragen haben, und den steuerlichen Möglichkeiten führt zu einer wirtschaftlich sinnvollen Investition.

1104 **TIPP**

Zum Ersten, zum Zweiten und … zum Dritten

So lauten ungefähr 40.000-mal jährlich in Deutschland die letzten Worte im Versteigerungsgericht, bevor de facto Grundeigentum in andere Hände übergeht, meistens rund 20 % unter dem Verkehrswert.
Wer bei einer Versteigerung letztlich der Leidtragende ist, stellt sich oft erst später heraus. Wenn hohe Folgekosten z. B. in Form unumgänglicher Reparaturen offenbar werden.

Wollen Sie Ihr Risiko möglichst gering halten, gehen Sie am besten wie folgt vor:

- Objekt von außen und (wenn möglich) von innen besichtigen, Informationen beim Amtsgericht beschaffen (gerichtliches Verkehrswertgutachten und Grundbuchauszug einsehen), ggf. mit Verwalter und Mieter des Objekts sprechen,

- Kontakt mit Gläubiger aufnehmen (da dieser Einfluss nehmen kann, zu welchem Gebot der Zuschlag erteilt wird),
- Finanzierung sicherstellen,
- Teilnahme an Versteigerungsterminen (zur Probe),
- Versteigerungstermin vorbereiten (Ausweis bereitlegen, Daten des Objekts notieren, Bietstrategie – Limit – festlegen, Sicherheitsleistung beschaffen – rd. 10 % des Verkehrswerts).

Zugreifen, notfalls auf Pump 1105

Für die Altersversorgung ist Grundbesitz die sicherste Kapitalanlage. Nun gibt es viele, die sich jahrelang mit der Frage herumschlagen, was wohl besser wäre, möglichst früh ein Grundstück zu kaufen, notfalls auf Pump, oder erst das nötige Geld voll anzusparen und unter Unständen bis zum Ruhestand mit dem Kauf zu warten.
Spitz gerechnet ist es natürlich vorteilhafter, den Kaufpreis anzusparen, das Geld zwischenzeitlich gut anzulegen und später ohne Kredit zu kaufen. Doch mein Rat lautet anders: Haben Sie in jungen Jahren das richtige Haus gefunden, sollten Sie sofort zugreifen, auch wenn Ihr Geld nicht ganz reicht. Der Grund ist einfach: Sie stehen dann in der vergleichsweise angenehmen Pflicht, den Kredit tilgen zu müssen, hinter dem aber ein Sachwert steht, der Ihnen Monat für Monat zuwächst. Dies mag sich zunächst merkwürdig anhören, doch der Druck, einen Kredit tilgen zu müssen, schützt Sie vor der Versuchung, Ihr Geld anderweitig zu verbraten. Eine Versuchung, der vor allem Menschen unterliegen, die gut verdienen und deswegen auf großem Fuß leben.

Das richtige Händchen und Glück gehabt

Ich kenne einen Spitzenverdiener in Weiß, der es richtig macht. Anstatt sein gutes Geld einem fremden Bauträger oder einem Immobilienfonds anzuvertrauen, legt er sich ältere Mietshäuser zu, immer eins nach dem anderen, so, wie gerade Bargeld da ist. Ein Immobilienmakler macht die Hausverwaltung. Für Reparaturen und die sonstige Pflege beschäftigt er einen Allround-Handwerker, dem er einen mit Werkzeug und Ersatzmaterial gut bestückten Transporter an die Hand gegeben hat. Inzwischen hat er sich 340 Wohnungen zugelegt und ist vielfacher Millionär. Aber das ist wirklich ein Ausnahmefall.
Otto Normalbürger genügt oft schon ein Selbstläufer: eine vermietete Eigentumswohnung, die vernünftig finanziert ist. Mieten und Kosten halten sich dann die Waage, und den Kleinkram erledigt der Hausverwalter. Die Abschreibung von 2 % führt zu einem Verlust und damit zu einer Steuerersparnis. Sofern die Vermietung auf Dauer angelegt ist, werden Dauer-

verluste ohne Wenn und Aber anerkannt (BMF-Schreiben v. 8.10.2004, BStBl 2004 I S. 933). Die Wertsteigerung ist zudem steuerfrei.

1106 **TIPP**

Alle erforderlichen Zahlen auf einem Blatt

Eigentum verpflichtet, und das nicht zu knapp: Als Vermieter sind Sie nach dem Einkommensteuergesetz verpflichtet, Ihrer Steuererklärung eine Anlage V beizufügen. Außerdem verpflichtet Sie die Betriebskostenverordnung, Ihrem Mieter zeitnah die Nebenkosten anzuzeigen und mit ihm abzurechnen. Zugleich treibt Sie Ihre Neugier, ob Sie mit Ihrer Liegenschaft schwarze Zahlen schreiben.

Hier haben Sie eine bewährte Vorlage, sprich Muster, das Ihnen für alle drei Erfordernisse die nötigen Zahlen liefert und Ihnen zugleich Übersicht verschafft. Wundern Sie sich nicht, wenn Sie den Eindruck haben, dass die Zahlen nicht so recht zusammenpassen. Die Steuergesetze schreiben vor, dass die Mieteinnahmen einschließlich Umlagen in dem Kalenderjahr anzusetzen sind, in dem sie auf Ihrem Konto eingegangen sind. Das Gesetz spricht hier von Zuflussprinzip. Die Hausabrechnung für die Mieter ergeht indessen immer um ein Jahr zeitversetzt. Die Nachzahlung des Mieters für 2020 ist also als Einnahme des Jahres 2021 anzusetzen, die Nachzahlung für 2021 in 2022.

Und wenn Sie sich schon mal die Arbeit machen, die Zahlen gleich für mehrere Jahre übersichtlich zusammenzustellen, fügen Sie das Arbeitspapier der Anlage V bei und zeigen dem Fiskalvertreter damit, dass bei Ihnen alles bestens geregelt ist. Umso eher wendet er sich von Ihnen ab und anderen Fällen zu.

Arbeitspapier

für die Anlage V, für die Abrechnung der Nebenkosten und für die Nachkalkulation

Liegenschaft: Doppelhaushälfte in ......

Baujahr 1995, Wohnungsgröße (vier Zimmer, Küche, Bad, Abstellraum, Garage) 105 qm

Herstellungskosten 1995 (umgerechnet in €)	108.000 €
Steuerliche Abschreibung degressiv nach § 7 Abs. 5 Nr. 1 EStG	
Bemessungsgrundlage =	108.000 €
Davon 4 Jahre (1995 bis 1998) = jrl. 7 %	14.786 DM/7.560 €
6 Jahre (1999 bis 2004) = jrl. 5 % =	10.562 DM/5.400 €
6 Jahre (2005 bis 2010) = jrl. 2 % =	2.160 €
24 Jahre ab 2011 = jrl. 1,25 % =	1.350 €

Nutzung
Vermietet an ... lt. Mietvertrag vom 27.12.2000 ab 1.4.2001
Kaution: keine

1. Vereinnahmte Mieterträge	**2019**	**2020**	**2021**
Nettomiete (> Zeile 9)	7.331,00 €	7.331,00 €	7.697,00 €
Umlage/Nebenkosten			
Pauschale Zahlungen	920,00 €	1.040,00 €	1.040,00 €
Nach-/Rückzahlung	+ 95,45 €	+ 267,45 €	+ 128,49 €
Umlage gesamt (> Zeile 13)	1.015,45 €	1.307,45 €	1.168,49 €
2. Werbungskosten			
Abschreibung (> Zeile 33)	1.350,00 €	1.350,00 €	1.350,00 €
Aufwendungen			
Schuldzinsen (> Zeile 37)	736,11 €	699,12 €	653,42 €
Erhaltungsaufwand (> Zeile 40)	93,00 €	–	–
Bankgebühren anteilig (> Zeile 50)	24,67 €	36,44 €	29,88 €
Summe	853,78 €	735,56 €	683,30 €
Umlagefähige Kosten/Nebenkosten			
Grundsteuer (> Zeile 47)	200,07 €	200,07 €	200,07 €
Müllabfuhr (> Zeile 47)	194,00 €	216,10 €	224,55 €
Wasserver-/-entsorgung (> Zeile 47)	458,20 €	468,44 €	487,45 €
Heizungsanlage/Wartung (> Zeile 47)	51,30 €	–	66,68 €
Gebäudeversicherung (> Zeile 47)	152,82 €	152,82 €	159,33 €
Grundstückshaftpflicht (> Zeile 47)	77,64 €	77,64 €	81,23 €
Schornsteinfeger (> Zeile 47)	53,42 €	53,42 €	59,46 €
Summe	1.187,45 €	1.168,49 €	1.278,77 €
3. Kalkulation			
Nettomiete	7.331,00 €	7.331,00 €	7.697,00 €
Umlagen	1.015,45 €	1.307,45 €	1.168,49 €
Summe	8.346,45 €	8.638,45 €	8.865,49 €
./. Aufwendungen (ohne Abschreibung)	– 853,78 €	– 735,56 €	– 683,30 €
Umlagefähige Kosten	– 1.187,45 €	– 1.168,49 €	– 1.278,77 €
Überschuss (cash flow)	6.305,22 €	6.734,40 €	6.903,42 €

19 Freibetrag beim Lohnsteuerabzug

Freuen Sie sich immer, wenn Sie vom Finanzamt eine dicke Erstattung erhalten? Nun überlegen Sie aber mal andersherum: Haben Sie dem Fiskus nicht eigentlich einen zinslosen Kredit eingeräumt? Würden Sie Ihr Geld auf der Bank liegen lassen, ohne Zinsen zu verlangen? Wohl kaum! Also rechnen Sie nach, ob Ihnen ein Freibetrag auf der Lohnsteuerkarte zusteht. Denn mit einem Freibetrag bleibt Ihnen jeden Monat mehr vom Bruttolohn übrig. Und mit der Abgabe der Steuererklärung können Sie sich Zeit lassen, besonders wenn der Freibetrag zu hoch war und Sie nachzahlen müssen. Dann haben Sie den zinslosen Kredit erhalten und nicht der Fiskus. 1107

Außerdem haben Sie einen dicken Vorteil in allen Fällen, in denen der Nettolohn möglichst hoch sein sollte, z.B. bei allen Lohnersatzleistungen wie Mutterschafts-, Kranken- oder Arbeitslosengeld. Hier gelten dieselben Überlegungen wie beim Wechsel der Steuerklasse (➤ Rz 508). Soll der Nettolohn hingegen besonders niedrig sein, weil Sie z.B. Unterhalt zahlen müssen, lassen Sie natürlich die Finger von Freibeträgen.

Sie können den Freibetrag für zwei Jahre im Voraus beantragen.
Ändert sich Ihr Freibetrag von Jahr zu Jahr nicht, können Sie ihn z.B. für 2022 *und* 2023 eintragen lassen. Das Finanzamt speichert ihn dann im elektronischen Lohnsteuerkartendatensatz, der automatisch an Ihren Arbeitgeber übermittelt wird. Das nächste Mal müssen Sie erst wieder für das Jahr 2024 zum Finanzamt, es sei denn, an Ihren Aufwendungen ändert sich zwischenzeitlich etwas.

Elektronische Lohnsteuerkarte
Die für den korrekten Abzug der Lohnsteuer relevanten Merkmale wie
- Steuerklasse,
- Zahl der Kinderfreibeträge,
- Religionszugehörigkeit/Kirchensteuerabzugsmerkmal,
- Freibetrag auf der Steuerkarte,
- Minderungsfaktor bei Steuerklasse IV/IV oder
- Hinzurechnungsbetrag wegen Freibetragseintragung bei Steuerklasse VI

sind in einer Datenbank beim Bundeszentralamt für Steuern gespeichert und werden vom Arbeitgeber bei Bedarf dort elektronisch abgerufen.

Sobald jemand eine Arbeitsstelle antritt und lohnsteuerpflichtig ist, teilt er seinem Arbeitgeber sein Geburtsdatum und seine Identifikationsnummer mit, ebenso einen evtl. beantragten Freibetrag oder einen Hinzurechnungsbetrag im Ermäßigungsverfahren, den der Arbeitgeber abrufen und beim Lohnsteuerabzug berücksichtigen soll.

Änderungen im Lohnsteuerabzug sind auschließlich beim Finanzamt zu beantragen. Ihr Sachbearbeiter

- trägt Freibeträge ein,
- sorgt dafür, dass Kinder beim Steuerabzug berücksichtigt werden oder
- notiert Änderungen hinsichtlich der Steuerklasse.

Die Meldebehörden (Städte und Gemeinden) bleiben weiterhin für die melderechtlichen Daten zuständig (z. B. Geburt eines Kindes, Kirchenaustritt, Heirat).

Ein Freibetrag auf der Lohnsteuerkarte bringt natürlich nichts, wenn Sie sowieso keine Lohnsteuern zu zahlen haben. Siehe hierzu ➤ Rz 44.

Das Schöne gehört jedem,
der es empfinden kann.
(Heinrich von Kleist)

19.1 Vereinfachter Antrag

1108 Wurde im Vorjahr bereits ein Freibetrag beim Lohnsteuerabzug berücksichtigt, können Sie den Freibetrag in einem vereinfachten Verfahren geltend machen.

1109 ♦ *Musterfall Steuerkötter (Freibetrag Lohnsteuerabzug)*
Heinz Steuerkötter wird beim Finanzamt Münster-Außenstadt unter der Steuernummer 336/2012/0937 geführt. Beim Bundeszentralamt ist für ihn die Steuerklasse III gespeichert, zudem werden ihm zwei Kinder unter 18 Jahren bescheinigt. Für 2021 hatte ihm das Finanzamt einen Freibetrag im Lohnsteuerabzug in Höhe von 2.352 € eingetragen (Grund: Auswärtstätigkeit). Diesen Freibetrag beantragt er auch für 2022.

2022

Antrag auf Lohnsteuer-Ermäßigung

Eingangsstempel

Folgende Anzahl der Anlagen sind beigefügt:

1 Anlage Werbungskosten | Anlage Kinder

2 Anlage Sonderausgaben / außergewöhnliche Belastung | Anlage Haushaltsnahe Aufwendungen / Energetische Maßnahmen

3 **Steuernummer** 336/2012/0937

An das Finanzamt

4 Münster-Außenstadt

Erläuterungen entnehmen Sie bitte der Anleitung zum Antrag.

Bei Wohnsitzwechsel: [illegible] Finanzamt

5 Ausdruck der ELStAM gewünscht X

Angaben zur Person

6 Telefonische Rücksprache unter Nummer

Antragstellende Person

Identifikationsnummer (IdNr.) | Geburtsdatum

7 1 2 3 4 5 6 7 8 9 0 1 | 18.07.1967

Name

8 Steuerkötter

Vorname

9 Heinz

Straße, Hausnummer

10 Zur Walbeke 23

Postleitzahl | Wohnort

11 48167 | Münster

Verheiratet/Verpartnert seit | Verwitwet seit | Geschieden/Lebenspart. aufgehoben seit | Dauernd getrennt lebend seit

12 13.05.1994

Ehegatte / Lebenspartner(in) nach dem Lebenspartnerschaftsgesetz

Identifikationsnummer (IdNr.) | Geburtsdatum

13 2 3 4 5 6 7 8 9 0 1 2 | 05.08.1969

Name

14 Steuerkötter

Vorname

15 Helga

Straße, Hausnummer *(falls abweichend)*

16

PLZ *(falls abweichend)* | Wohnort *(falls abweichend)*

17

Lohnsteuer-Ermäßigung im vereinfachten Verfahren

Die Verhältnisse haben sich gegenüber 2020 nicht wesentlich geändert. Es wird beantragt, folgende ELStAM zu berücksichtigen:

		Antragstellende Person		Ehegatte/Lebenspartner(in)	
18	Zahl der Kinderfreibeträge*	X wie 2021		wie 2021	
19	steuerfreier Jahresbetrag	X wie 2021	weniger als 2020 und zwar nur	wie 2021	weniger als 2020 und zwar nur
20	Hinzurechnungsbetrag	wie 2021	weniger als 2020 und zwar nur	wie 2021	weniger als 2020 und zwar nur

*Bei Änderungen bitte Anlage Kinder ausfüllen und Anleitung beachten.

Zweijährige Gültigkeit des Freibetrags

Die zweijährige Gültigkeit betrifft nicht Freibeträge für behinderte Menschen und Hinterbliebene sowie für Kinder, für die ein Anspruch auf Kindergeld besteht. Eine mehrjährige Gültigkeit dieser Freibeträge ist mit der Anlage Sonderausgaben / außergewöhnliche Belastungen oder mit der Anlage Kinder zu beantragen.

21 X Ich beantrage als antragstellende Person den Freibetrag **bis zum 31.12.2023** zu berücksichtigen.

22 X Ich beantrage als Ehegatte/Lebenspartner(in) den Freibetrag **bis zum 31.12.2023** zu berücksichtigen.

2021LStErm601 - Aug. 2020 - **2021LStErm601**

19.2 Normaler Antrag

1110 Zum Antrag auf Lohnsteuer-Ermäßigung gehören:

- der Hauptvordruck für die allgemeinen Angaben (siehe ➤ Rz 1109), die Lohnsteuer-Ermäßigung im vereinfachten Verfahren, die Berücksichtigung von haushaltsnahen Beschäftigungsverhältnissen, Dienst- und Handwerkerleistungen und die Übertragung eines Freibetrags/Hinzurechnungsbetrags,

- die Anlage Kinder,

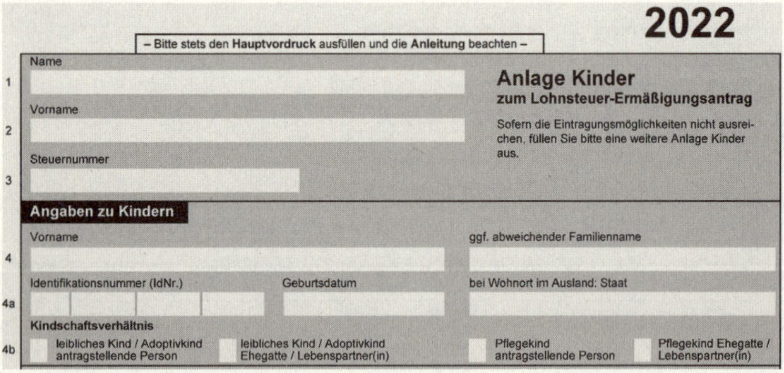

2022

– Bitte stets den **Hauptvordruck** ausfüllen und die **Anleitung** beachten –

1 Name

2 Vorname

3 Steuernummer

Anlage Kinder
zum Lohnsteuer-Ermäßigungsantrag

Sofern die Eintragungsmöglichkeiten nicht ausreichen, füllen Sie bitte eine weitere Anlage Kinder aus.

Angaben zu Kindern

4 Vorname | ggf. abweichender Familienname

4a Identifikationsnummer (IdNr.) | Geburtsdatum | bei Wohnort im Ausland: Staat

Kindschaftsverhältnis

4b leibliches Kind / Adoptivkind antragstellende Person | leibliches Kind / Adoptivkind Ehegatte / Lebenspartner(in) | Pflegekind antragstellende Person | Pflegekind Ehegatte / Lebenspartner(in)

- die Anlage Werbungskosten,

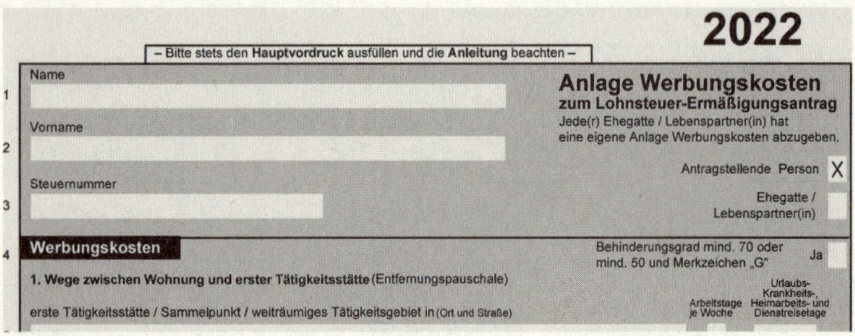

2022

– Bitte stets den **Hauptvordruck** ausfüllen und die **Anleitung** beachten –

1 Name

2 Vorname

3 Steuernummer

Anlage Werbungskosten
zum Lohnsteuer-Ermäßigungsantrag

Jede(r) Ehegatte / Lebenspartner(in) hat eine eigene Anlage Werbungskosten abzugeben.

Antragstellende Person X

Ehegatte / Lebenspartner(in)

4 **Werbungskosten** | Behinderungsgrad mind. 70 oder mind. 50 und Merkzeichen „G" Ja

1. Wege zwischen Wohnung und erster Tätigkeitsstätte (Entfernungspauschale)

erste Tätigkeitsstätte / Sammelpunkt / weiträumiges Tätigkeitsgebiet in (Ort und Straße) | Arbeitstage je Woche | Urlaubs-, Krankheits-, Heimarbeits- und Dienstreisetage

• die Anlage Sonderausgaben/außergewöhnliche Belastungen.

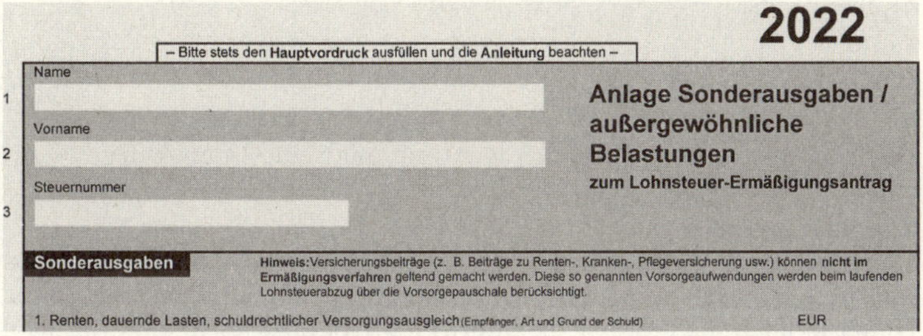
2022

– Bitte stets den **Hauptvordruck** ausfüllen und die **Anleitung** beachten –

Name

Vorname

Steuernummer

Anlage Sonderausgaben / außergewöhnliche Belastungen
zum Lohnsteuer-Ermäßigungsantrag

Sonderausgaben

Hinweis: Versicherungsbeiträge (z. B. Beiträge zu Renten-, Kranken-, Pflegeversicherung usw.) können **nicht im Ermäßigungsverfahren** geltend gemacht werden. Diese so genannten Vorsorgeaufwendungen werden beim laufenden Lohnsteuerabzug über die Vorsorgepauschale berücksichtigt.

1. Renten, dauernde Lasten, schuldrechtlicher Versorgungsausgleich (Empfänger, Art und Grund der Schuld) EUR

1. Kinder im Lohnsteuerabzug 1111

Kinder unter 18 Jahren bescheinigt die Gemeinde. Für Kinder über 18 bleibt Ihnen der Weg zum Finanzamt nicht erspart. Gottlob ist das Formular ähnlich aufgebaut wie die Anlage Kind. Lesen Sie dort nach, wenn Sie Fragen haben (➤ Rz 413 ff.).

2. Unbeschränkt antragsfähige Ermäßigungsgründe 1112

• **Behindertenpauschbetrag**

Wenn Sie ihn einmal haben eintragen lassen, druckt ihn die Gemeinde in den Folgejahren auf Anweisung des Finanzamts automatisch in die neu ausgestellte Lohnsteuerkarte ein, so wenigstens, wenn Sie in einer größeren Stadt wohnen.

• **Freibetrag für haushaltsnahe Beschäftigungsverhältnisse/Dienstleistungen/Handwerkerleistungen**

Für haushaltsnahe Beschäftigungsverhältnisse, Dienst- oder Handwerkerleistungen können Sie einen Ermäßigungsbetrag von bis zu 200 € direkt von Ihrer Steuer abziehen. Gleiches gilt für Pflege- und Betreuungsleistungen. Da vorher aber nicht absehbar ist, wie hoch Ihre Jahressteuer endgültig sein wird, trägt das Finanzamt hier erst einmal das Vierfache der zu erwartenden Steuerermäßigung ein.
Bei Beschäftigung einer Haushaltshilfe auf 450-€-Basis sind das (510 € Steuerermäßigung × 4 =) 2.040 €.

3. Beschränkt antragsfähige Ermäßigungsgründe 1113

Ab hier wird der Antrag kniffelig. Damit sich die Antragsarbeit lohnt, müssen Sie Ausgaben von mehr als 600 € nachweisen, denn das ist in etwa die Grenze, ab der ein Freibetrag eingetragen wird.

• **Werbungskosten**

Berufliche Ausgaben zählen dabei nur, soweit sie über dem Werbungskostenpauschbetrag von 1.000 € liegen. Sie sind beispielsweise mit von der Partie, wenn Sie an 230 Arbeitstagen mit dem Pkw 23 km (einfache Wegstrecke) zur Arbeit fahren:

230 Tage × 20 km × 0,30 € =	1.380 €
230 Tage × 3 km × 0,35 € =	242 €
Summe	1.622 €

Das Formular ist diesbezüglich identisch mit Seite 2 der Anlage N zur Einkommensteuererklärung (➤ Rz 680 ff.).

- **Sonderausgaben**

Vorsorgeaufwendungen, also private Versicherungen, können Sie vergessen, weil es dafür im Lohnsteuerverfahren die Vorsorgepauschale gibt. Daher können Sie hier nur die »übrigen Sonderausgaben« unterbringen (➤ Rz 164 ff.).

- **Außergewöhnliche Belastungen**

Auch hier ist formularmäßig alles identisch (➤ Rz 276 ff.).

Schema zum Prüfen der Antragsgrenze

Werbungskosten	.... €		
./. Werbungskostenpauschbetrag	– 1.000 €		
Verbleiben	..... €	>	..... €
Sonderausgaben			..... €
Außergewöhnliche Belastungen			..... €
Summe			..... €

Liegen Sie über der Antragsgrenze von 600 €? Glückwunsch! Sie haben die Hürde genommen und dürfen einen Antrag stellen. Ob sich der Antrag aber überhaupt lohnt, zeigt Ihnen folgende

Übersicht zur monatlichen Steuerersparnis bei Berücksichtigung eines Freibetrags beim Lohnsteuerabzug*

Arbeitslohn mtl.		Lohnsteuerersparnis bei					
	Steuerklasse	I bzw. IV		II		III	
	Freibetrag	100	500	100	500	100	500
€		€	€	€	€	€	€
1.500		23	85	19	49	0	0
2.000		26	126	25	119	14	16
2.500		28	137	27	133	20	89
3.000		31	149	30	145	24	115
3.500		33	161	32	156	25	125
4.000		35	175	34	168	26	130
4.500		38	184	37	180	27	136

*Werte näherungsweise ermittelt

Weitere nützliche Hinweise zum Verfahren sowie aktuelle Formulare finden Sie im Internet unter www.elster.de –> Arbeitnehmer –> elektronische Lohnsteuerkarte.

4. Eintragung eines Freibetrags für ein weiteres Dienstverhältnis (Hinzurechnungsbetrag) 1114

Als Minijobber ist es oft günstiger, eine Lohnsteuerkarte vorzulegen, weil dann oftmals überhaupt keine Steuer anfällt (➤ Rz 599), während ohne Steuerkarte eine Pauschalsteuer von 2 % erhoben wird.

»Ich habe zwei Minijobs. Der Steuerabzug über die zweite Steuerkarte mit Steuerklasse VI ist viel zu hoch. Was soll ich tun?«

Ganz einfach, verteilen Sie Ihren Grundfreibetrag auf beide Steuerkarten, und kassieren Sie auf diese Weise den Lohn aus beiden Minijobs steuergünstig.

Beispiel

Bei der Steuerklasse I bleibt im Jahr 2021 ein Jahresarbeitslohn von bis zu 13.453 € steuerfrei (siehe ➤ Rz 44). Da Sie im ersten Arbeitsverhältnis (Steuerklasse I) jedoch nur 665 € monatlich verdienen, benötigen Sie nur einen Freibetrag von (665 € × 12 Monate =) 7.980 €. Den restlichen Betrag von 5.473 € verwenden Sie für Ihren zweiten Minijob mit z.B. 240 € monatlich (Steuerklasse VI) und haben somit keinen Steuerabzug.

Steuerklasse	I	VI
Jahresfreibetrag		2.880 €
Hinzurechnungsbetrag	2.880 €	
Ohne Steuerabzug bleiben damit pro Jahr	13.453 €	
	– 2.880 €	
	10.573 €	2.880 €
entspricht monatlich	881 €	240 €

Für die Aufteilung der Freibeträge benötigen Sie einen »Antrag auf 1115
Lohnsteuer-Ermäßigung«.

36 **Freibetrag aufgrund Hinzurechnungsbetrag für** ☐ antragstellende Person ☐ Ehegatte / Lebenspartner(in) 1116

Der Jahresarbeitslohn* aus meinem ersten Dienstverhältnis beträgt voraussichtlich nicht mehr als (bei sozialversicherungspflichtigen Arbeitnehmern) mit

37 ☐ Steuerklasse I oder IV: 13.393 € ☐ Steuerklasse II: 18.058 € ☐ Steuerklasse III: 25.430 € ☐ Steuerklasse V: 1.301 €

(bei Empfängern von Betriebsrenten und Versorgungsempfängern) mit

38 ☐ Steuerklasse I oder IV: 15.615 € ☐ Steuerklasse II: 19.649 € ☐ Steuerklasse III: 26.445 € ☐ Steuerklasse V: 2.179 €

EUR

39 Bitte berücksichtigen Sie in meinen ELStAM für mein zweites Dienstverhältnis oder meine weiteren Dienstverhältnisse einen Freibetrag und einen entsprechenden Hinzurechnungsbetrag für das erste Dienstverhältnis in Höhe von

(Hinweis für den Antragsteller: Der Freibetrag kann von Ihrem zweiten oder weiteren Arbeitgeber nur berücksichtigt werden, wenn Sie ihm die Höhe des Freibetrags mitteilen.)

* Werte auf Grundlage des Entwurfs des Zweiten Familienentlastungsgesetzes - vorbehaltlich des endgültigen Gesetzesbeschlusses

1117 **TIPP**

Zahlen Sie bei zwei Jobs bloß nicht zu viel Sozialversicherung!

Aufgepasst, wenn Sie neben Ihrem Hauptberuf noch einen Nebenjob ausüben. Für die Sozialversicherung gelten schließlich Beitragsbemessungsgrenzen und damit Höchstbeiträge unabhängig davon, ob Sie ein oder mehrere Arbeitsverhältnisse haben. 2021 zahlen Sie Sozialversicherungsbeiträge höchstens bis zu folgenden monatlichen Arbeitslöhnen:

Kranken-/Pflegeversicherung	4.837,50 €	(West + Ost)
Renten-/Arbeitslosenversicherung	7.100/6.700 €	(West/Ost)

Für den Teil des Arbeitslohns, der darüber liegt, müssen Sie keine Beiträge zahlen. Angenommen, Sie verdienen im Hauptberuf 4.250 € im Monat und haben einen Nebenjob, der Ihnen 900 € im Monat einbringt. An sich müssten Sie Kranken- und Pflegeversicherung von insgesamt nur 4.837,50 € zahlen. Wenn Ihre beiden Arbeitgeber aber nichts voneinander wissen, werden sie jeweils die vollen Kranken- (15,9 %, inkl. Zusatzbeitrag von durchschnittlich 1,3 %) und Pflegeversicherungsbeiträge (3,05 %) abführen. 50 % davon tragen Sie und 50 % Ihre Arbeitgeber.

Sie zahlen also 50 % von 18,95 % von 5.150 € =	487,97 €
Korrekt wären 50 % von 18,95 % von 4.837,50 € =	458,36 €
Mithin jeden Monat zu viel	29,61 €
Macht im Jahr	355,32 €

Sie sollten also Ihre beiden Brötchengeber über den jeweils anderen Job informieren. Die Beiträge werden dann nur anteilig erhoben:

Arbeitgeber 1:

Bemessungsgröße für die Kranken- und Pflegeversicherung

$$\frac{4.250\ €}{5.150\ €} \times 4.837{,}50 = 3.992{,}11\ € \times 18{,}95\ \% \times 50\ \% = \qquad 378{,}26$$

Arbeitgeber 2:

Bemessungsgröße für die Kranken- und Pflegeversicherung

$$\frac{900\ €}{5.150\ €} \times 4.837{,}50\ € = 845{,}39\ € \times 18{,}95\ \% \times 50\ \% = \qquad 80{,}10$$

Ihr Gesamtbeitrag zur Kranken- und Pflegeversicherung beläuft sich nun wieder auf 458,36 €.

Wenn das Kind schon in den Brunnen gefallen ist, können Sie eine Erstattung der zu viel gezahlten Beiträge bei Ihrer Krankenkasse beantragen.

Legst du nicht aus,
so legst du unter.
(Juristenweisheit)

20 Umgang mit dem Finanzamt

20.1 Die Abgabe der Steuererklärung

Dieses Buch behandelt den Kampf zwischen zwei ungleichen Gegnern: 1118
dem überaus mächtigen und rücksichtslosen Staat auf der einen Seite und den Steuerzahlern auf der anderen. Die Steuerzahler wollen nichts anderes, als das Geld behalten, das sie sich erarbeitet haben. Auf genau dieses Geld hat der Staat es abgesehen, und er greift mit äußerst plumpen, aber wirkungsvollen Mitteln an.

Unter furchteinflößenden Drohungen verlangt der Staat, dass die Steuerzahler jährlich eine Steuererklärung abgeben und sich dadurch quasi damit einverstanden erklären, einen mehr oder weniger großen Teil ihres erarbeiteten Gelds an den Staat herauszugeben.

Sind Sie erst einmal beim Finanzamt als **Einkommensteuerzahler** erfasst – Kennzeichen ist die Vergabe einer Steuernummer –, zollen Sie fortan Jahr für Jahr der Steuerbürokratie Ihren Tribut durch Abgabe einer Einkommensteuererklärung. Diese Erklärung fordert von Ihnen mehr an Mühen, Nervenkraft und Zeitaufwand als irgendeine andere behördliche Auflage. Ist die Erklärung endlich fertig und abgegeben, müssen Sie meistens noch mit ergänzenden Nachweisen aufwarten. Am Schluss des Verfahrens werden Sie – per Nachzahlungsbescheid – über Ihren fiskalischen Obolus aufgeklärt. **Die Lohnsteuerzahler** zollen der Bürokratie denselben Tribut, wenn sie zu viel Lohnsteuer gezahlt haben und deshalb eine Steuererklärung abgeben, damit das Finanzamt eine Ausgleichsveranlagung durchführt.

Viele Steuerzahler fragen sich, ob das denn nicht etwas einfacher geht. Nein, lieber Leser, es geht nicht einfacher. **Denn der bürokratische Ungeist hat bei uns im Lauf von Jahrzehnten ein wirres und verrücktes Steuersystem geschaffen, das sich zwangsläufig in den Steuerformularen widerspiegelt.**

Hinzu kommen das unverständliche Beamtendeutsch und die umständliche Gestaltung. Von Logik keine Spur, da geht es wie Kraut und Rüben durcheinander.

Dazu sollten Sie wissen: Die Ausschüsse in den Ministerien zur Gestaltung der Steuerformulare arbeiten mit Scheuklappen. Sie haben ausschließlich den reibungslosen Ablauf der Bearbeitung in den Finanzämtern im Sinn. Und die Steuerberater und Lohnsteuerhilfevereine sollen sich gefälligst Mühe geben, mit den Steuerformularen fertig zu werden. Doch was ist mit den vielen Steuerzahlern, die es allein machen?

Sie schenken dem Finanzminister jährlich mehr als 400 Mio. €, weil sie die Vordrucke nicht verstehen und darum unvollständig oder falsch ausfüllen. Ein Lump, wer sich dabei Übles denkt?

1119 **Wovon ich nichts weiß**

In bestimmten Fällen müssen Sie von sich aus, also ohne besondere Aufforderung des Finanzamts, eine Steuererklärung abgeben. Sie können ja mal nachfragen, ob das auf Sie zutrifft. Wenn ja, bekommen Sie fortan die Formulare automatisch zugeschickt. Bei diesem Service erwartet das Finanzamt allerdings auch Ihre Rückantwort und vor allem: Ihr Geld!

1120 **TIPP »Gehe nicht zu deinem Fürst, wenn du nicht gerufen wirst!«**

Dieses alte deutsche Sprichwort trifft ebenso auf das Finanzamt zu. Wollen Sie womöglich mit Ihrer Steuererklärung persönlich im Amt vorsprechen? Dann lassen Sie sich gesagt sein, dass dort Ihr Fiskalritter der Hausherr ist – und entsprechend nicht aus der Ruhe zu bringen. Vielleicht möchte er von Ihnen genau den Beleg sehen, den Sie nicht mithaben, und schon fangen Sie an zu schwitzen. Das nutzt er dann weidlich aus. Oder er erklärt Ihnen ausführlichst, warum er diese oder jene Ausgabe streicht, nebelt Sie dabei mit Einzelheiten ein und wirft mit Paragraphen und Richtlinien nur so um sich. Ob Sie das hinterher noch alles nachvollziehen können, ist eine weitere Frage. Später heißt es dann: »Die Änderungen wurden Ihnen an Amtsstelle mitgeteilt.« Da haben Sie den Salat!

Dasselbe gilt, wenn Sie der Fiskalero in der Arbeit oder zu Hause anruft. Bestehen Sie daher stets darauf, dass er Ihnen schriftlich die Abweichungen von Ihrer Erklärung zusammenstellt, damit Sie ggf. per Einspruch doch noch einiges durchdrücken können.

1121 **Reichen Sie die Steuererklärung hingegen nicht persönlich ein, müssen Sie über etwaige Abweichungen in Kenntnis gesetzt werden. Auf ein solches »rechtliches Gehör« haben Sie einen gesetzlichen Anspruch!**

Wird er verletzt und Sie verpassen deshalb die Einspruchsfrist, sagen Sie das Zauberwort »Wiedereinsetzung in den vorigen Stand«, und schon sind Sie mit Ihrem Einspruch wieder im Rennen (Quelle: § 91 AO – Recht auf Gehör – § 110 AO – Wiedereinsetzung).

Erfolge bedürfen des Schmerzes.

(Aus China)

1122 **TIPP Bringen Sie mit einer Petition das Finanzamt zur Räson**

Eine begründete Petition an den Landtag (Artikel 17 Grundgesetz) ist ein Kaliber, das dem Finanzamt Respekt abnötigt. Schon die Ankündigung Ihrerseits, von Ihrem Petitionsrecht Gebrauch machen zu wollen, kann

das Finanzamt zur Räson bringen. Denn eine Petition macht ihm eine Heidenarbeit.
Zunächst fordert der Petitionsausschuss im Landtag vom Finanzminister einen ausführlichen Bericht. Der wiederum fordert die zuständige Oberfinanzdirektion zum Bericht auf und die Oberfinanzdirektion ihrerseits das betroffene Finanzamt.
Sodann zurück marsch, marsch: Das Finanzamt berichtet der Oberfinanzdirektion. Die Oberfinanzdirektion berichtet dem Finanzminister. Der Finanzminister berichtet dem Petitionsausschuss, der sodann über die Petition befindet.
Den Schwarzen Peter hat das Finanzamt, das den Zauber ausgelöst hat. Und Sie können mir glauben, dass dort alles Erdenkliche getan wird, es gar nicht erst so weit kommen zu lassen. Das ist Ihre Chance.

Nur wer sich isoliert, kann überleben.
(Gerd Binnig)

20.2 Abgabefrist für die Steuererklärung

Rechnen Sie mit einer Erstattung an Einkommensteuer, werden Sie nicht 1123
lange mit der Abgabe der Steuererklärung warten. **Im Fall einer zu erwartenden Nachzahlung sollten Sie sich aber bis zum letzten Moment Zeit lassen.**

Der Abgabetermin 31. Juli: Wunschdenken vom Allerfeinsten
Schon im Mai eines jeden Jahres wird in den Medien auf die Abgabefrist für die Steuererklärung zum 31. Juli hingewiesen. Dieses Vorgehen bringt viele unnötig in Stress, weil sie denken, das Finanzamt könnte Verspätungszuschläge erheben, wenn nicht bis dahin abgegeben wird. Nun ist zwar nach § 149 Abs. 2 AO die Steuererklärung spätestens sieben Monate nach Ende des Veranlagungszeitraums abzugeben. Das wäre bis zum 31. Juli. Weil aber Steuerberater und Lohnsteuerhilfevereine die Steuererklärungen für alle ihre Mandanten bis dahin rein arbeitsmäßig nicht erstellen können, steht ihnen eine allgemeine Fristverlängerung bis Ende Februar des folgenden Jahres zu (gleich lautende Erlasse der obersten Finanzbehörden der Länder). Diese Fristverlängerung gilt gerechterweise für alle Steuerzahler. **Dies bedeutet: Trotz des gesetzlichen Abgabetermins 31. Juli darf das Finanzamt keinen Verspätungszuschlag erheben, wenn jemand danach, aber vor Ende Februar des darauf folgenden Jahres abgegeben hat. Voraussetzung ist allerdings, dass Sie rechtzeitig – vor Ende Juli – einen Antrag auf Verlängerung Ihrer Abgabefrist stellen.**
Damit der Fortgang der Veranlagungsarbeiten und der zeitgerechte Abschluss der Veranlagung nicht in Gefahr gerät, können die Finanzämter indessen Erklärungen bereits vor Ablauf der Abgabefristen anfordern.

Erst wenn Sie diesen Termin nicht einhalten, laufen Sie Gefahr, dass Ihnen das Finanzamt einen Verspätungszuschlag aufbrummt.
Bevorzugt werden Steuererklärungen angefordert

- bei gewichtigen Steuerfällen,
- bei Steuerpflichtigen, die ihre Steuererklärungen in den Vorjahren erheblich verspätet oder überhaupt nicht abgegeben haben.

Sogar Ende Februar ist noch nicht das Ende der Fahnenstange.
Aufgrund eines begründeten Antrags (gesundheitliche Probleme, fehlende Unterlagen) muss das Finanzamt die Abgabefrist um zwei Monate verlängern – wie es das auch Steuerberatern auf besonderen Antrag gewährt. Logisch, dass Ihnen, der Sie nicht steuerlich beraten werden, das Recht auf diese Fristverlängerung ebenfalls zusteht. Eine weitergehende Fristverlängerung lehnen die Finanzämter aber grundsätzlich ab.
Also schreiben Sie dem Finanzamt Ende Dezember z.B.:

```
Fristverlängerung für Einkommensteuererklärung 2021;
Steuer-Nr. 123/456/7890
Datum: 28.2.2023

Sehr geehrte Damen und Herren,
ich bitte für meine ESt-Erklärung 2021 um Fristverlänge-
rung bis Ende April 2023. Aus gesundheitlichen Gründen
war ich bislang leider nicht in der Lage, die Steuerer-
klärung fertigzustellen. Ich werde mich bemühen, die
Erklärung früher als Ende Februar abzugeben. Ob das ge-
lingt, kann ich aber jetzt noch nicht übersehen. Sofern
Sie meiner Bitte entsprechen, erübrigt sich ein schrift-
licher Bescheid. Vielen Dank im Voraus.

Mit freundlichen Grüßen
Walter Knecht
```

1124 **Die Drohgebärden des Fiskus**
Haben Sie die Steuererklärung bis Ende Februar des übernächsten Jahres nicht abgegeben, mahnt sie das Finanzamt an und droht auch gleich mit Zwangsmitteln:

- **Erste Mahnung,** innerhalb von vier Wochen die ausstehende Erklärung abzugeben; Hinweis auf Festsetzung eines **Verspätungszuschlags** nach § 152 AO.
- **Zweite Mahnung,** die Erklärung innerhalb von vier Wochen einzureichen; es wird angedroht, andernfalls ein **Zwangsgeld** nach § 328 AO festzusetzen.

- **Dritte Mahnung,** die Erklärung innerhalb von vier Wochen einzureichen; zugleich wird das zuvor angedrohte Zwangsgeld festgesetzt und ein weiteres angedroht (meistens in doppelter Höhe wie vorher).
- **Vierte Mahnung,** die Erklärung innerhalb von vier Wochen einzureichen; zugleich wird das zweite zuvor angedrohte Zwangsgeld festgesetzt; außerdem wird darauf hingewiesen, andernfalls die Besteuerungsgrundlagen nach § 162 AO frei zu schätzen.
- Es ergeht ein **Schätzungsbescheid** mit einer horrenden Steuerforderung und Verspätungszuschlägen.

Gegen den Schätzungsbescheid werden Sie innerhalb eines Monats Einspruch einlegen, damit die Steuerforderung nicht bestandskräftig und damit vollstreckbar wird. Den Einspruch können Sie nur durch **Abgabe der ausstehenden Steuererklärung wirksam begründen.**

Zum Zwangsgeld sollten Sie wissen: Haben Sie die angemahnte Steuererklärung eingereicht, ist damit das Zwangsverfahren beendet, d.h., Sie müssen das festgesetzte Zwangsgeld nicht berappen. Dumm ist nur, wenn Sie es bereits gezahlt haben, denn zurück bekommen Sie es nicht. Also merken Sie sich: Wer sofort zahlt, den bestraft St. Fiskus!

Zum Verspätungszuschlag beachten Sie bitte: Er kann 10 % der **festgesetzten** Steuer betragen, also nicht etwa der Nachzahlung. Er ist der Höhe nach auf 25.000 € begrenzt. Die Finanzämter sind angewiesen, erst dann einen Verspätungszuschlag festzusetzen, wenn die Steuererklärung **wiederholt** nicht pünktlich abgegeben wurde (OFD Frankfurt/M. v. 10.10.1988 – S 0062 A).

Setzt das Finanzamt einen Verspätungszuschlag fest, gehen Sie dagegen **1125**
mit einem Einspruch an. Der Einspruch ist für Sie kostenfrei.

```
An das Finanzamt Neuhausen
Datum: 3.3.2023

Einkommensteuerbescheid für das Kj. 2021 vom . . . 2023;
St-Nr. . . . .
hier: Einspruch gegen die Festsetzung des Verspätungszu-
schlags in Höhe von . . . . . . €
Sehr geehrte Damen und Herren,
gegen die Festsetzung des Verspätungszuschlags lege ich
Einspruch ein.
```

Begründung: Die verspätete Abgabe der Erklärung hat offensichtlich den Gang der Veranlagung in Ihrer Behörde nicht beeinträchtigt, da ich den Steuerbescheid erst zwei Monate danach erhalten habe. Es waren also noch zahlreiche andere Veranlagungen durchzuführen, so dass ein Verspätungszuschlag nicht gerechtfertigt ist.
Sofern Sie meinem Einspruch nicht abhelfen und den Zuschlag nicht zurücknehmen, bitte ich um formelle Entscheidung.

Mit freundlichen Grüßen
Walter Knecht

Übrigens: Die Finanzämter müssen bei der Festsetzung von Verspätungszuschlägen von sich aus prüfen, ob die verspätete Abgabe der Erklärung entschuldbar erscheint. Also geben Sie gleich den Grund mit an, wenn Sie mit Ihrer Steuererklärung zu spät dran sind:

- Infolge hoher Arbeitsbelastung ist die Abgabe der Erklärung in Vergessenheit geraten.
- Längere Krankheit.
- Die Beschaffung von Unterlagen für die Erklärung hat sich verzögert.

Waren Sie der Meinung, die Steuererklärung sei erst nach besonderer Aufforderung des Finanzamts abzugeben, geben Sie dies unbedingt als Entschuldigungsgrund an. Er reicht nämlich aus, falls Sie steuerlich noch unerfahren sind.
»Nun sag doch mal ehrlich, wer so viel Theater mit seiner Steuererklärung macht, der ist doch beim Finanzamt ein für alle Mal unten durch?«, fragen Sie.
Wieso denn? Alle paar Jahre können Sie ruhig mal Theater machen. Außerdem können Sie sich ja auch von Ihrer netten Seite zeigen und sich mit der Halbierung des Verspätungszuschlags einverstanden erklären. Da treffen Sie sich in der Mitte, und alle sind zufrieden!

Automatisierter Verspätungszuschlag
Wer die Steuererklärung verspätet einreicht, muss mit der automatischen Festsetzung eines Verspätungszuschlags von mindestens 25 € je Monat der Verspätung rechnen.

Der Reichtum der Menschen
liegt nicht in der Erde vergraben,
sondern in ihren Gehirnen.
(Bankier Steinhart)

Antrag auf Fristverlängerung, zumal eine größere Nachzahlung droht 1126

»Letztes Jahr habe ich doch tatsächlich vergessen, meine Steuererklärung abzugeben«, sagen Sie. Na so was, aber das kann passieren. Wer denkt schon gern an seine Steuererklärung, besonders wenn eine höhere Nachzahlung droht. So etwas belastet, und belastende Dinge werden gern verdrängt, damit unser Wohlbefinden erhalten bleibt.

»Na schön, doch Anfang März wollte das Finanzamt innerhalb von vier Wochen die Steuererklärung haben. Das ist mir schwergefallen, weil ich damals krank war«, sagen Sie weiter. »Aber mir blieb ja nichts anderes übrig.«

Sie hätten Fristverlängerung beantragen sollen.

An das Finanzamt Neuhausen
Datum: 1.4.2023
Steuererklärung für das Kj. 2021; St-Nr. 231/222/1411
hier: Fristverlängerung

Sehr geehrte Damen und Herren,
die mit Schreiben vom . . . . angemahnte Einkommensteuererklärung für das Kj. 2021 kann ich leider nicht bis zu dem von Ihnen gesetzten Termin 10.4.2023 abgeben, weil ich mit einer fiebrigen Grippe zu Bett liege. Ich bitte um Fristverlängerung bis zum 31.5.2023. Sofern Sie meiner Bitte entsprechen, erübrigt sich ein schriftlicher Bescheid. Vielen Dank im Voraus.

Mit freundlichen Grüßen
Walter Knecht

Die Finanzämter akzeptieren außerdem folgende Antragsgründe:

- Ein längerer Erholungsurlaub steht kurz bevor.
- Es fehlen noch Unterlagen, die kurzfristig nicht zu beschaffen sind.

TIPP 1127

Antrag auf Nachfrist für die Steuererklärung

Kurz vor Ablauf der – ggf. stillschweigend gewährten – Fristverlängerung beantragen Sie eine Nachfrist von 14 Tagen, wenn Ihnen die Abgabe der Erklärung noch immer nicht möglich ist.

1128 **TIPP Einspruch**

Lehnt das Finanzamt die Nachfrist oder überhaupt eine Fristverlängerung ab, legen Sie dagegen Einspruch ein.

```
An das Finanzamt Neuhausen
Datum: 15.4.2023

Fristverlängerung für die Abgabe der Einkommensteuerer-
klärung für das Kj. 2021; StNr.231/222/1411
hier: Ihr ablehnender Bescheid vom . . . . . . . . .

Sehr geehrte Damen und Herren,
gegen Ihren ablehnenden Bescheid vom . . . . . . . . betr.
Fristverlängerung zur Abgabe der Einkommensteuererklä-
rung für das Kj. 2021 lege ich hiermit Einspruch ein. Die
Einspruchsgründe ergeben sich aus meinem Antrag auf
Fristverlängerung.
Sofern Sie dem Einspruch nicht abhelfen und keine Frist-
verlängerung gewähren, bitte ich um formelle Entschei-
dung.

Mit freundlichen Grüßen
Walter Knecht
```

Übrigens: Das Einspruchsverfahren ist für Sie kostenfrei. Die Finanzämter sind bestrebt, formelle Verfahren zu vermeiden, weil diese ihre Rechtsbehelfsstellen unnötig belasten. Da geben sie lieber nach und gewähren Fristverlängerung. Sie haben also eine gute Chance, doch noch eine Fristverlängerung zu erhalten.

1129 »Wenn das Finanzamt jetzt unbedingt meine Steuererklärung haben will, dann soll es doch, verdammt noch mal, die Steuererklärung bekommen. Ich trage einfach geschätzte Beträge ein«, sagen Sie. »Später, wenn ich alles zusammenhabe, kann ich die Erklärung ja berichtigen.«
Verspätungszuschläge haben Sie dann nicht zu befürchten, das ist klar, denn Sie haben die Steuererklärung ja fristgemäß abgegeben. **Man könnte Ihnen allerdings Steuerhinterziehung anhängen, wenn die zunächst erklärten Einkünfte zu niedrig sind. Die berichtigte Steuererklärung ist indessen als eine Selbstanzeige nach § 371 AO zu werten, die strafbefreiende Wirkung hat. Also kann Ihnen auch steuerstrafrechtlich nichts passieren.**

Aber so ein Spielchen sollten Sie, wenn überhaupt, nur ein Mal machen. Denn es könnte Ihnen passieren, dass das Finanzamt im nächsten Jahr gleich nach Eingang Ihrer ersten Steuererklärung eine Kurzprüfung anordnet. Dann käme Ihre Selbstanzeige in Form einer berichtigten Steuererklärung zu spät, denn sie wird nur dann als strafbefreiend gewertet, wenn das Finanzamt nicht vorher Kenntnis von der Unrichtigkeit der ersten Steuererklärung erlangt hat oder – und das ist wichtig zu wissen – die Erlangung der Kenntnis nicht unmittelbar bevorsteht, z.B. durch eine Kurzprüfung.

»Aha, sollte ich dann nicht besser in der Steuererklärung darauf hinweisen, dass ich geschätzte Beträge angebe?«, möchten Sie weiter wissen.

Nein, denn Sie tragen ja Beträge ein, die nach Ihrer Einschätzung den tatsächlichen Einkünften entsprechen. Wenn sich später herausstellt, dass die angegebenen Beträge falsch sind, geben Sie pflichtgemäß unverzüglich eine berichtigte Steuererklärung ab.

Nicht gut zu wissen: Das Finanzamt hat bei einer unzureichenden Steuererklärung einen Ermessensspielraum, die Erklärung als abgegeben anzusehen oder nicht. Bei Abgabe einer lückenhaften Erklärung wird das Finanzamt nach den Einzelumständen entscheiden, ob dies mit der Nichtabgabe der Steuererklärung gleichzusetzen ist. Es kommt lt. BFH entscheidend darauf an, ob die Angaben in der Steuererklärung ausreichen, ein ordnungsgemäßes Veranlagungsverfahren in Gang zu setzen: »Nur die Einreichung einer völlig unzureichenden Steuererklärung könnte der Nichteinreichung der Steuererklärung gleichstehen« (BFH-Urt. v. 6.11.1969, IV 249/64 – BStBl 1970 II S. 168). Eine »vorläufige« Erklärung steht nicht von vornherein einer Nichtabgabe gleich. Enthält sie allerdings nur geschätzte Zahlen oder weist sie in mehreren wesentlichen Punkten Lücken auf, ist von einer Nichtabgabe auszugehen. **Die fehlende Unterschrift ist kein so schwerwiegender Mangel, dass eine Nichtabgabe anzunehmen wäre. Dies gilt zumindest dann, wenn die Unterschrift zeitnah nachgeholt wird (LfSt Bayern, 25.2.2008, S 0323 – 7 St 41 M v. 25.2.2008).**

TIPP Veranlagungsverzug wegen fehlender Unterschrift 1130

»Habe ich doch letztes Jahr glatt vergessen, die Steuererklärung von meiner Frau unterschreiben zu lassen«, sagen Sie. »Ungefähr drei Wochen später kam die Erklärung vom Finanzamt zurück mit der Bitte, die fehlende Unterschrift nachzuholen.«

Das kann schon mal passieren. Dadurch haben Sie das Veranlagungsverfahren natürlich nicht unerheblich verzögert. Ihr Vorteil: Der erste Eingangsstempel des Finanzamts auf der Steuererklärung ist maßgebend dafür, wann sie abgegeben wurde. Alle Verzögerungen, die danach eintreten, rechtfertigen keinen Verspätungszuschlag, denn das Finanzamt konnte das Veranlagungsverfahren ja in Gang setzen.

1131 **TIPP** **Veranlagungsverzug wegen fehlender Belege**

Soll Ihnen das Finanzamt möglichst bald die Steuererstattung überweisen, vergessen Sie bloß nicht, der Erklärung alle wichtigen Belege beizufügen, wie z. B. die Lohnsteuerkarte oder den Kontoauszug der Bausparkasse. Denn wenn der Fiskalritter sich Ihre Erklärung zur Brust nimmt und sieht, dass wichtige Belege fehlen, dann fordert er diese erst einmal schriftlich bei Ihnen an, mit Frist von 14 Tagen. Ihre Erklärung schiebt er erst einmal beiseite. Sie warten natürlich keine 14 Tage, sondern bringen ihm die fehlenden Belege sofort vorbei. Aber vielleicht ist er dann gerade für drei Wochen in Urlaub, und so verschimmelt Ihr schönes Geld beim Finanzamt.

»Wenn ich aber nachzahlen muss, ist das mein Vorteil«, sagen Sie.

20.3 Abgabefrist für die Antrags bzw. Ausgleichsveranlagung

1132 Um zu viel gezahlte Lohnsteuer zurückzubekommen, müssen Sie einen »Antrag auf Veranlagung« stellen, indem Sie eine ganz normale Einkommensteuererklärung abgeben. Aufgrund dieser Erklärung führt das Finanzamt eine sog. Ausgleichsveranlagung durch.

Für den Antrag haben Sie **vier Jahre Zeit:** Bezogen auf 2021 endet die Frist also zum 31.12.2025.

Die Frist ist deshalb so großzügig bemessen, damit Sie den Antrag möglichst spät einreichen, weil Sie dadurch dem Fiskus ein zinsloses Darlehen in Höhe Ihres Erstattungsanspruchs gewähren. Und insgeheim hofft der Fiskus, Sie könnten in der langen Zeit den Antrag völlig vergessen; das passiert häufiger, als man denkt. Für viele Lohnsteuerzahler ist die Abgabe einer Steuererklärung auch zu schwierig, und sie lassen es gleich ganz bleiben. So bleiben dem Staatssäckel Milliarden erhalten.

Sie aber werden Ihre Mäuse weder beim Finanzamt verschimmeln lassen noch sie ganz vergessen, vielmehr möglichst bald nach Ablauf des Ausgleichsjahrs den Erstattungsantrag stellen.

Antragsfrist verpasst?

Kein Problem, geben Sie Ihre Steuererklärung trotzdem ab, und beantragen Sie »Wiedereinsetzung in den vorigen Stand«. Bei diesem Steuerchaos blickt kaum einer mehr richtig durch. Darum darf es Ihnen nicht verübelt werden, wenn Sie von der Frist nichts wussten (FG Niedersachsen v. 10.12.2003, Az 4 K 508/01).

TIPP 1133

Schneller an die Erstattung vom Finanzamt kommen

Normalerweise warten die Lohnsteuerzahler geduldig auf die Erstattung aus der Ausgleichsveranlagung.

Schneller an die Steuererstattung gelangen Sie, wenn Sie das Finanzamt über Ihre direkt bevorstehende Auswanderung informieren. Sie werden staunen, wie schnell eine Behörde da auf einmal arbeiten kann.

Es gibt aber noch eine andere Möglichkeit, schneller an Ihr Geld zu kommen:

Lassen Sie sich gegen Jahresende einen **Freibetrag als Lohnsteuerabzugsmerkmal** eintragen, indem Sie einen Antrag auf Lohnsteuerermäßigung stellen. Letzter Termin dafür ist der 30. 11. Zu dieser Zeit können Sie schon fast alle Jahresausgaben belegen, da ja nur noch die vom Dezember fehlen. Der Jahresfreibetrag, den Ihnen das Finanzamt bescheinigt, wird von der Firma beim internen Jahresausgleich in der Dezemberabrechnung berücksichtigt. So haben Sie als Erster die Steuer zurück – zumindest den größten Teil.

Bei Berücksichtigung eines Freibetrags beim monatlichen Lohnsteuerabzug sind Sie zur Abgabe einer Steuererklärung verpflichtet, weil das Finanzamt die Höhe des Freibetrags im Veranlagungswege überprüfen will (§ 46 Abs. 2 Nr. 4 EStG). Dies kommt Ihnen entgegen. **Denn gerade der Freibetrag als Lohnsteuerabzugsmerkmal führt dazu, dass die einbehaltene Jahreslohnsteuer – trotz vorangegangenen Ausgleichs durch die Firma – zu hoch ist**, weil Ihnen durch den Freibetrag die Vorsorgepauschale evtl. nicht in voller Höhe zugutekommt. Denn diese wird nach dem steuerpflichtigen Arbeitslohn berechnet, also nach Abzug steuerfreier Beträge.

Mit einer Erstattung kann rechnen: 1134

- Wer im Jahr nicht ununterbrochen gearbeitet hat, also z.B. Arbeitslose, Studenten, Wehrpflichtige, Berufsanfänger, Neurentner oder Saisonarbeiter.
- Wessen Arbeitslohn im Jahr stark geschwankt hat, ohne dass der Betrieb einen internen Jahresausgleich gemacht hat. Das sind insbesondere Werktätige im Akkord und Auszubildende, die ihre Prüfung bestanden haben und danach voll entlohnt werden.
- Wer einen Freibetrag als Lohnsteuerabzugsmerkmal hatte. Dadurch wird die Vorsorgepauschale zu niedrig berechnet. Haben Sie jedoch die

Eintragung des Freibetrags beantragt, müssen Sie sowieso eine Erklärung einreichen.

- Bei höheren Werbungskosten als dem Arbeitnehmerpauschbetrag von 1.000 €, höheren Sonderausgaben als dem Sonderausgabenpauschbetrag von 36/72 € (Alleinstehende/Verheiratete) und der Vorsorgepauschale oder bei außergewöhnlichen Belastungen, ferner bei Geburt eines Kindes oder nach Eheschließung.

20.4 Eine Ausgabe oder eine Steuervergünstigung nachträglich geltend machen

1135 Haben Sie bei der Abgabe Ihrer Steuererklärung eine Vergünstigung vergessen, reichen Sie einfach eine berichtigte Erklärung nach. Damit eilt es nicht, solange Sie noch keinen Steuerbescheid erhalten haben.

Doch aufgepasst: Halten Sie den Bescheid bereits in Händen, ist Eile geboten, denn vom Tag der Zustellung an haben Sie nur einen Monat Zeit, Änderungen zu reklamieren.
Danach haben Sie nur noch eine Chance, wenn Ihrerseits kein grobes Verschulden vorliegt (➤ Rz 1141).

Jede Wirkungseinheit muss sich durch Abgrenzung schützen.
(Gerd Binnig)

20.5 Der Steuerbescheid

1136 Eines der größten Rechte im Grundgesetz garantiert jedem Menschen, der »von der öffentlichen Gewalt in seinen Rechten verletzt« wird, dass ihm »der Rechtsweg offen« steht (Art. 19 GG). Das gilt auch für falsche Steuerbescheide.
Und, da beißt keine Maus den Faden ab: Fast jeder zweite Steuerbescheid ist falsch! Deshalb ist es wichtig, den Bescheid genauestens unter die Lupe zu nehmen. Da Steuerbescheide zu 99 % maschinell gefertigt werden, kommen formelle Mängel kaum vor. Dafür müssen Sie umso mehr mit inhaltlichen (materiellen) Mängeln rechnen.

1137 **Gehen Sie den Bescheid kritisch durch:** Lesen Sie zuerst die **Erläuterungen**. Ist das Finanzamt von der Steuererklärung abgewichen, muss es das im Steuerbescheid erläutern, z.B. Kürzung von außergewöhnlichen Belastungen, Kfz-Kosten usw. Teilt das Finanzamt nichts mit, bedeutet dies, dass es die Angaben in der Steuererklärung unverändert übernommen oder aber vergessen hat, Ihnen die Änderungen zu erläutern.

Gut zu wissen: Ist das Finanzamt von der Steuererklärung abgewichen, ohne Sie darüber zu informieren, wird der Steuerbescheid nicht bestandskräftig. Sie können dann auch nach Jahren »Wiedereinsetzung in den vorigen Stand« beantragen.

Ein starker Abgang krönt die Übung.
(Turnerweisheit)

Einspruch gegen fehlerhaften Steuerbescheid

Sind Sie nicht sicher, ob alles rechtens ist, dann legen Sie Einspruch gegen 1138
den Bescheid ein. Zugleich beantragen Sie Aussetzung der Vollziehung, sonst müssen Sie trotzdem zahlen.

An das
Finanzamt . . . .,

Datum: 4.4.2022
Einkommensteuerbescheid für . . . . vom . . . . . ., Steuernummer 123/456/7890

Sehr geehrte Damen und Herren,
gegen den obigen Bescheid lege ich Einspruch ein.
Begründung:
Der Bescheid ist unrichtig, weil . . . .
Gleichzeitig beantrage ich Aussetzung der Vollziehung des Bescheids, weil ernstliche Zweifel an seiner Rechtmäßigkeit bestehen, wie die obige Begründung zeigt.

Mit freundlichen Grüßen
Walter Knecht

Der Einspruch muss innerhalb der Rechtsmittelfrist von vier Wochen eingelegt werden, denn danach ist der Bescheid rechtskräftig und somit im Prinzip nicht mehr änderbar. Beginnt die Frist mit einem Ereignis, hier dem Tag der Bekanntgabe, dann zählt der Tag des Ereignisses nicht mit, d.h., die Frist beginnt mit dem darauffolgenden Tag zu laufen.
Die Rechtsmittelfrist beginnt bei Zustellung des Steuerbescheids mit einfachem Brief – das ist der Normalfall – drei volle Tage nach Aufgabe zur Post durch das Finanzamt.

Beispiel
Poststempel 14. 11. plus drei Tage = 17. 11.; Beginn der Rechtsmittelfrist ist also der 18. 11., null Uhr; Ende der Rechtsmittelfrist 17. 12., 24 Uhr. Das Einspruchsschreiben muss also spätestens am 18. 12. im Finanzamt sein.

Beachten Sie:
Enthält der Steuerbescheid eine Zahlungsaufforderung, so entspricht die Fälligkeit der Abschlusszahlung in der Regel dem Ende der Einspruchsfrist! So sparen Sie sich die Rechnerei.

Durch den Einspruch haben Sie nun Zeit gewonnen, in Ruhe den Bescheid zu überprüfen. Sie können im Einspruchsverfahren auch noch vergessene Abzüge geltend machen.
Gut zu wissen: Man muss nicht unbedingt Hase heißen, damit ein Steuerbescheid auch noch nach dessen Rechtskraft geändert werden kann. Dazu ➤ Rz 1141.

1139 **TIPP Null Euro Säumniszuschläge durch Aussetzung der Vollziehung**

Der Einspruch gegen den Steuerbescheid bewahrt Sie nicht davor, den angeforderten Betrag zum Fälligkeitszeitpunkt zahlen zu müssen. Wenn nicht pünktlich gezahlt wird, entstehen Säumniszuschläge in Höhe von 1 % des geschuldeten Betrags für jeden angefangenen Monat (§ 240 AO).
Wollen Sie nicht zahlen und auch Säumniszuschläge vermeiden, hilft nur ein Antrag auf Aussetzung der Vollziehung (§ 361 AO), den Sie damit begründen, dass »ernstliche Zweifel an der Richtigkeit des angefochtenen Steuerbescheids« bestehen. Am besten kombinieren Sie den Antrag auf Aussetzung der Vollziehung mit dem Einspruch wie oben.

1140 **Einspruchsfrist verpasst? Beantragen Sie Wiedereinsetzung!**
Ist der Steuerbescheid rechtskräftig, sollte man meinen, da ist nichts mehr zu machen. Doch mitnichten. Auch bestandskräftige Steuerbescheide muss das Finanzamt zu Ihren Gunsten ändern, wenn Sie nachträglich neue Tatsachen und Beweismittel vorbringen und Sie kein grobes Verschulden daran trifft, die Einspruchsfrist nicht eingehalten zu haben. Dann können Sie »Wiedereinsetzung in den vorigen Stand« beantragen (§ 110 AO). **Die Wiedereinsetzung in den vorigen Stand führt dazu, dass Sie so gestellt werden, als ob Sie die Frist nicht versäumt hätten.**

Die Tatsachen und Beweismittel können unterschiedlichster Art sein.

In den folgenden Fällen haben Sie einen Rechtsanspruch auf Wiedereinsetzung:

- **Abwesenheit von der Wohnung (bis zu sechs Wochen).** Wer länger wegbleibt, muss einen Dritten beauftragen, seine steuerlichen Angelegenheiten zu regeln.
- **Plötzliche schwere Erkrankung oder Unfall.** In so einer Situation denkt niemand an die Steuer, schon gar nicht daran, seinen Steuerbescheid zu prüfen und Einspruch einzulegen.
- **Andere Schicksalsschläge.** Ehegatte weggelaufen, Wasserrohrbruch oder ähnliche Fälle höherer Gewalt.
- **Nicht erhaltenen Steuerbescheid.** Wenn Sie überhaupt keinen Steuerbescheid erhalten haben, was ja vorkommen kann, wenn er auf dem Postwege verloren gegangen ist, konnten Sie auch keinen Einspruch einlegen, das ist klar (§ 122 AO; BFH, BStBl 1967 III S. 99, BStBl 1975 II S. 286). Aber jetzt spitzen Sie mal die Ohren. Der Fiskus urteilt nach dem Motto: Nur wer einen Steuerbescheid erhalten hat, reagiert auf eine Mahnung, und dreht Ihnen einen Strick daraus, wenn Sie nach Mahnung sogleich zahlen. Vorbei ist es dann mit der Wiedereinsetzung. Also werden Sie nach Eingang des Mahnbescheids zunächst einen Steuerbescheid anfordern und zugleich Wiedereinsetzung und den Erlass der im Mahnbescheid ausgewiesenen Säumniszuschläge beantragen.
- **Fehlende Begründung bei Abweichungen.** Ist das Finanzamt bei der Veranlagung von der Erklärung abgewichen, muss es dies im Steuerbescheid begründen. Andernfalls trägt das Finanzamt eine Mitschuld daran, dass Ihnen die Abweichung nicht gleich aufgefallen ist (§ 126 Abs. 3 AO) und Sie können Wiedereinsetzung beantragen, auch noch nach Jahren.

TIPP »Mein Name ist Hase, ich weiß nicht Bescheid …« 1141

Plötzlich stellt sich eine Ahnung ein: Habe ich eigentlich die Unfallkosten für die Autoreparatur in der letzten Steuererklärung angegeben? Wenn eine solche Ahnung sich bestätigt, nachdem die Einspruchsfrist abgelaufen ist, sollten Sie gleichwohl dies dem Finanzamt mitteilen und sich wegen der Verspätung auf Unwissenheit berufen. Sie können die Aufwendungen nachträglich geltend machen, sofern Sie kein grobes Verschulden trifft (§ 173 AO).
Sie beantragen Wiedereinsetzung in den vorigen Stand und erklären schlichtweg: »Wegen der vielen Gesetzesänderungen … (z. B. Pendlerpauschale) habe ich den Überblick verloren und erst jetzt von der Steuervergünstigung erfahren.« (BFH-Urt. v. 10.8.1988 – BStBl 1989 II S. 131 und v. 21.7.1989 – BStBl 1989 II S. 960). Das FG Saarland hat nicht einmal einem Volljuristen grobes Verschulden unterstellt, der vergessen hatte, die Kosten für sein häusliches Arbeitszimmer abzusetzen (Urt. v. 25.10.1989 – EFG 1990 S. 147). Selbst ein Fachanwalt für Steuerrecht, der die Bauspargebühr – Werbungskosten bei Vermietung und Verpachtung – auf dem Kontoauszug

übersehen hatte, bekam Rückendeckung vom Finanzgericht (FG Baden-Württemberg mit Urt. v. 17.10.1996 – EFG 1997 Nr. 97). Auch vergessene Scheidungskosten können Sie nachträglich geltend machen (FG Baden-Württemberg, Az 14 K 265/03).
Sie können auch einzelne Werbungskosten nachschieben, z. B. Kosten für Arbeitsmittel (Fachbuch, Schreibtischlampe, Aktentasche). Das Finanzgericht Baden-Württemberg jedenfalls haben Sie auf Ihrer Seite, denn dessen Richter haben erkannt: »Niemand ist perfekt«, und jeder kann einmal etwas vergessen oder einen Beleg übersehen (BFH-Urt. v. 10.2.2015 – Az. IX R 18/14). Recht so!
Schreiben Sie also höflich: »Hiermit beantrage ich die Änderung des Steuerbescheids vom . . . . Leider habe ich erst jetzt davon erfahren, dass meine Körperbehinderung steuerlich absetzbar ist.«

1142 **TIPP** **Säumniszuschläge? Spät zahlen und doch ohne Folgen**

Bei Zahlungsverzug ist mit dem Fiskus nicht zu spaßen. Wer nicht pünktlich zahlt, bekommt Säumniszuschläge aufgebrummt, und die sind nicht von Pappe: 1 % des ausstehenden Betrags pro angefangenen Monat (§ 240 AO).

Schonfrist ausnutzen

Sie können einen Zahlungsaufschub von drei Tagen erreichen, indem Sie die sog. Schonfrist ausnutzen. Erst danach ist mit Säumniszuschlägen zu rechnen (§ 240 AO). Aufgepasst: Bei der Überweisung des Steuerbetrags müssen Sie drei bis vier Tage zeitlichen Vorlauf berücksichtigen, so dass der Überweisungsauftrag spätestens am Fälligkeitstage erteilt werden muss.

1143 **TIPP** **Auf geschickte Weise Stundung beantragen**

Einen längeren Zahlungsaufschub können Sie durch Stundung erreichen, doch große Hoffnungen kann ich Ihnen nicht machen. Chancen auf Stundung haben Sie nur, wenn sich Steuernachzahlungen für mehrere Jahre zusammenballen (z. B. hohe Abschlusszahlung mit höheren Vorauszahlungen für das Vorjahr und für das laufende Jahr) oder unverschuldet geschäftliche Verluste eingetreten sind, z. B. durch Konjunktureinbruch, Krankheit.
Quelle: § 222 AO

Stundung auf kaltem Wege

Der Fiskus lehnt die meisten Stundungsanträge ab, mit der Begründung, Sie könnten sich von Ihrer Bank einen Kredit für die Steuerzahlung geben lassen. Weil Sie das wissen, haben Sie mit Ihrem Stundungsantrag lange gezögert, und das war gut so. Jetzt geht Ihr Stundungsantrag erst kurz vor dem Zahlungstermin im Finanzamt ein, und der Bearbeiter ist rein zeitlich nicht mehr in der Lage, den Antrag rechtzeitig, also vor Ihrem Zahlungstermin, abzulehnen. In dem ablehnenden Stundungsbescheid muss er Ihnen daher einen neuen Zahlungstermin geben – und der muss mindestens eine Woche nach Zugang des ablehnenden Stundungsbescheids liegen. Da wir alle wissen, wie langsam behördliche Mühlen mahlen, können Wochen verstreichen, bis der ablehnende Stundungsbescheid in Ihrem Briefkasten liegt, und Sie haben so – auf kaltem Wege – einen längeren Zahlungsaufschub erreicht.

Sie müssen aber damit rechnen, dass Ihnen der behördliche Computer erst einmal Säumniszuschläge berechnet, weil er zum Fälligkeitstermin Ihre Steuerzahlung vermisst und von Ihrem Stundungsantrag ja noch nichts weiß. Stellen Sie dann sofort einen Antrag auf Erlass der Säumniszuschläge mit der Begründung: »Ich habe vor Fälligkeit einen Stundungsantrag gestellt, und dieser wurde nach Fälligkeit abgelehnt. Die neue Zahlungsfrist habe ich eingehalten.« In diesem Fall werden Ihnen die Säumniszuschläge erlassen, abgesegnet durch das Finanzministerium NRW vom 2.1.1984 (S 0480 – I VA 1).

Nur dein Glaube
ist seine Macht.
(Aus Hoffmanns Erzählungen)

TIPP Erlass von Säumniszuschlägen 1144

Hat das Finanzamt wegen verspäteter Zahlung Säumniszuschläge festgesetzt, hilft nur noch ein Antrag auf Erlass (§ 227 AO). Säumniszuschläge müssen erlassen werden, wenn

- Sie wegen plötzlicher Erkrankung an der pünktlichen Zahlung gehindert waren und es nicht möglich war, einen Vertreter mit der Zahlung zu beauftragen;
- Sie als bisher pünktlicher Steuerzahler aus offenbarem Versehen nicht gezahlt haben (BFH-Urt. v. 15.5.1990 – BStBl II, S. 1007).
- Ihnen die rechtzeitige Zahlung der Steuern wegen Zahlungsunfähigkeit und Überschuldung nicht möglich war (BFH-Urt. v. 8.3.1984 – BStBl II, S. 415). Zu erlassen ist regelmäßig die Hälfte der Säumniszuschläge (BFH-Urt. v. 16.7.1997 – BStBl 1998 II, S. 7).
- Ihnen die Hauptschuld erlassen oder zinslos gestundet worden ist (§ 222 AO/BFH-Urt. v. 2351985 V R 124/79 – BStBl II, S. 489).

1145 **TIPP**

Sich in einen Musterprozess einklinken

Immer wieder werden Steuergesetze von den oberen Gerichten einkassiert. Von den Urteilen profitieren aber nur diejenigen, die entweder selbst vor Gericht gezogen sind oder sich in ein laufendes Verfahren eingeklinkt haben. Letzteres ist der einfachere Weg. Auf diese Weise müssen Sie nicht selbst klagen und Ihr Steuerbescheid bleibt offen. Entscheiden die Richter im Musterprozess zugunsten des Klägers, erhalten auch Sie zu Unrecht bezahlte Steuern zurück. Alle anderen, die ihre Steuerbescheide haben rechtskräftig werden lassen, gehen leer aus.

- **Der Weg durch die Instanzen**

In der Finanzgerichtsbarkeit gibt es nur zwei Instanzen. Da sind zunächst als erste Instanz die Finanzgerichte, die auf Länderebene angesiedelt sind, und als zweite Instanz der Bundesfinanzhof in München. Das Einspruchsverfahren ist keine Instanz, weil das Finanzamt in eigener Sache entscheidet.

Bei einem Musterprozess gilt es zu unterscheiden:

1. Musterprozess vor dem Bundesfinanzhof

Finden Sie heraus, ob in Ihrer Sache schon ein Musterprozess vor dem BFH anhängig ist. Wenn ja, legen Sie unter Hinweis auf diesen Musterprozess gegen Ihren Steuerbescheid Einspruch ein und beantragen Ruhen des Verfahrens.

2. Musterprozess vor dem EuGH oder dem BVerfG etc.

Entsprechend gehen Sie vor, wenn das Verfahren beim Europäischen Gerichtshof oder beim Bundesverfassungsgericht gelandet ist. Dort geht es um Fragen der Vereinbarkeit einer steuerlichen Vorschrift mit europäischem Recht oder mit dem deutschen Grundgesetz (§ 165 Abs. 1 Satz 2 Nr. 3 AO).

- **Steuerbescheid für vorläufig erklären**

Der Fiskus kann aber auch von sich aus Steuerbescheide, die beim BFH, beim EuGH oder beim BVerfG gelandet sind, von Amts wegen (maschinell) für vorläufig erklären und so die Flut der Einsprüche eindämmen.

- **Abwarten bis zur Entscheidung**

Hat ein Musterverfahren noch nicht den BFH, den EuGH oder das BVerfG erreicht, liegt es also noch beim Finanzgericht, darf das Finanzamt Ihren Einspruch nicht ruhen lassen, sondern muss darüber entscheiden. Sie können aber beantragen, mit der Entscheidung so lange zu warten, bis das Finanzgericht entschieden hat und feststeht, ob dieses Verfahren bis zum BFH, zum EuGH oder zum BVerfG gelangt.

- **Der Antrag**

Das Ruhen Ihres Verfahrens nach § 363 AO und/oder das Verschieben einer Entscheidung beantragen Sie, indem Sie schreiben:

```
An das Finanzamt Geldhausen                  Datum: 5.10.2022

Einkommensteuerbescheid 2021
vom . . . . . . . . . Steuer-Nr. 123/456/7890
hier: Einspruch und Aussetzung der Vollziehung

Sehr geehrte Damen und Herren,
gegen den obigen Bescheid lege ich in folgendem Punkt
Einspruch ein und beantrage bis zur rechtlichen Klärung
das Ruhen des Verfahrens nach § 363 Abs. 2 AO: Für meine
Werbungskosten aus nichtselbständiger Arbeit (Fahrtkos-
ten) beantrage ich den Abzug in Höhe von . . ., weil es
dazu ein Musterverfahren (Aktenzeichen . . . . .) beim
Bundesfinanzhof gibt. Kostenaufstellung als Anlage.
Außerdem beantrage ich zusätzliche Werbungskosten aus
Vermietung und Verpachtung (Schuldzinsen) in Höhe von
. . . . In einem gleich gelagerten Fall läuft ein Muster-
verfahren beim Finanzgericht . . . . . (Az . . . . . .).
Ich bitte, mit Ihrer Einspruchsentscheidung so lange zu
warten, bis das Finanzgericht entschieden hat. Gleich-
zeitig beantrage ich Aussetzung der Vollziehung des Be-
scheides, weil ernstliche Zweifel an dessen Rechtmäßig-
keit bestehen.

Mit freundlichen Grüßen
Walter Knecht
```

TIPP Ihre Kosten für den Steuerberater zahlt der Fiskus, die Amtshaftung macht's möglich 1146

Ihr Steuerbescheid war fehlerhaft, und nur unter Mitwirkung eines versierten Steuerberaters konnten Sie das Finanzamt im Einspruchsverfahren davon überzeugen. Sie fragen sich nun zu Recht, ob Sie auf den Kosten für den Steuerberater sitzenbleiben sollen, obwohl diese doch durch den Fehler des Finanzamts verursacht wurden.

»Amtshaftung« heißt hier das Zauberwort, mit dem Sie vom Finanzamt den Ersatz Ihrer Steuerberatungskosten verlangen können. Ein Amtshaftungsanspruch liegt vor, wenn jemand in Ausübung eines ihm anvertrauten öffentlichen Amts die ihm obliegende Amtspflicht einem Dritten gegenüber schuldhaft verletzt, dadurch einen Schaden verursacht und kein Haftungsausschlussgrund vorliegt (§ 839 BGB).

Als Verletzung der Amtspflicht kommt insbesondere in Betracht, wenn

- das Finanzamt die Regeln des Verwaltungsrechts missachtet, z. B. bei Erteilung einer unrichtigen oder unvollständigen Auskunft oder Verletzung der Pflicht zur sorgfältigen Sachverhaltsermittlung;
- der Finanzbeamte ohne ersichtlichen Grund gegen die Spruchpraxis eines Obersten Gerichts verstößt, also von der Rechtsprechung des Bundesfinanzhofs abweicht. Gleiches gilt, wenn er Verwaltungsvorschriften wie z. B. Richtlinien oder BMF-Schreiben missachtet.
- Auf diese Urteile können Sie sich berufen:
- BFH-Urteil nicht angewandt: OLG Koblenz vom 17.7.2002, Az 1 U 1588/01
- Eingabe der Werbungskosten vergessen: LG Duisburg vom 13.3.1992, 10 O 371/91.

1147 **Ein Wort zum Schluss**

Ich hoffe sehr, dieses Buch hat sich für alle Leser bezahlt gemacht.

Und wenn steuerlich nicht allzu viel herauszuholen war, so hat es bei vielen vielleicht in anderer Beziehung den Blick weiten und sie dazu veranlassen können, besser Vorsorge zu treffen für das, was noch auf uns zukommt.

Denn es ist ja nicht abzusehen, was den hohen Herren dort oben, die sich da gegenseitig die Taschen füllen, noch alles einfällt, um uns zu schröpfen. Auch erfüllt uns mit Abscheu, wie sich der Fiskus mit aller Macht an uns klammert und uns keinen Ausweg lassen will, der Steuerpflicht zu entgehen. Wenn der kleine Mann diesem Treiben schon ohnmächtig zusehen muss, dann soll er sich zumindest das bisschen Recht, das die Gesetze ihm zubilligen, nicht von unwissenden Beamten nehmen lassen.

21 Die Einkommensteuertabellen für 2021

Die folgenden Einkommensteuertabellen sind auf das zu versteuernde Einkommen anzuwenden. Dessen Berechnung erfolgt nach dem Veranlagungsschema unter ➤ Rz 37. 1148

Bei den Einkommensteuertabellen ist zwischen der Grundtabelle und der Splittingtabelle zu unterscheiden. Letztere ist wesentlich günstiger als die Grundtabelle. Zur Steuerprogression und zum Splittingtarif mehr unter ➤ Rz 41, Rz 77.

Die Splittingtabelle gilt für die Zusammenveranlagung von Eheleuten, ferner für Verwitwete, jedoch nur für das Todesjahr des Ehegatten und für das darauffolgende erste volle Witwenjahr (Witwensplitting). Die Splittingtabelle ist auch maßgebend für solche Personen, deren Ehe im Veranlagungsjahr durch Scheidung aufgelöst worden ist, sofern sie zu Beginn des Jahres noch nicht dauernd getrennt gelebt haben. Hat im Jahr der Scheidung einer der Ehegatten wieder geheiratet, so erhält er bereits in diesem Jahr mit seinem neuen Ehepartner die Splittingtabelle, sofern die Neuvermählten die Zusammenveranlagung wählen. Der andere Ehegatte, der nicht wieder geheiratet hat, erhält ebenfalls die Splittingtabelle, obwohl er einzeln veranlagt wird (Gnadensplitting).

In allen anderen Fällen richtet sich die Einkommensteuer nach der Grundtabelle.

zu versteuerndes Einkommen €	Einkommensteuer Grundtabelle €	Einkommensteuer Splittingtabelle €	zu versteuerndes Einkommen €	Einkommensteuer Grundtabelle €	Einkommensteuer Splittingtabelle €	zu versteuerndes Einkommen €	Einkommensteuer Grundtabelle €	Einkommensteuer Splittingtabelle €
7.400	0	0	8.650	0	0	9.900	22	0
7.425	0	0	8.675	0	0	9.925	25	0
7.450	0	0	8.700	0	0	9.950	29	0
7.475	0	0	8.725	0	0	9.975	32	0
7.500	0	0	8.750	0	0	10.000	36	0
7.525	0	0	8.775	0	0	10.025	40	0
7.550	0	0	8.800	0	0	10.050	43	0
7.575	0	0	8.825	0	0	10.075	47	0
7.600	0	0	8.850	0	0	10.100	51	0
7.625	0	0	8.875	0	0	10.125	54	0
7.650	0	0	8.900	0	0	10.150	58	0
7.675	0	0	8.925	0	0	10.175	62	0
7.700	0	0	8.950	0	0	10.200	65	0
7.725	0	0	8.975	0	0	10.225	69	0
7.750	0	0	9.000	0	0	10.250	73	0
7.775	0	0	9.025	0	0	10.275	77	0
7.800	0	0	9.050	0	0	10.300	80	0
7.825	0	0	9.075	0	0	10.325	84	0
7.850	0	0	9.100	0	0	10.350	88	0
7.875	0	0	9.125	0	0	10.375	92	0
7.900	0	0	9.150	0	0	10.400	96	0
7.925	0	0	9.175	0	0	10.425	99	0
7.950	0	0	9.200	0	0	10.450	103	0
7.975	0	0	9.225	0	0	10.475	107	0
8.000	0	0	9.250	0	0	10.500	111	0
8.025	0	0	9.275	0	0	10.525	115	0
8.050	0	0	9.300	0	0	10.550	119	0
8.075	0	0	9.325	0	0	10.575	123	0
8.100	0	0	9.350	0	0	10.600	127	0
8.125	0	0	9.375	0	0	10.625	131	0
8.150	0	0	9.400	0	0	10.650	135	0
8.175	0	0	9.425	0	0	10.675	138	0
8.200	0	0	9.450	0	0	10.700	142	0
8.225	0	0	9.475	0	0	10.725	146	0
8.250	0	0	9.500	0	0	10.750	150	0
8.275	0	0	9.525	0	0	10.775	154	0
8.300	0	0	9.550	0	0	10.800	158	0
8.325	0	0	9.575	0	0	10.825	162	0
8.350	0	0	9.600	0	0	10.850	167	0
8.375	0	0	9.625	0	0	10.875	171	0
8.400	0	0	9.650	0	0	10.900	175	0
8.425	0	0	9.675	0	0	10.925	179	0
8.450	0	0	9.700	0	0	10.950	183	0
8.475	0	0	9.725	0	0	10.975	187	0
8.500	0	0	9.750	0	0	11.000	191	0
8.525	0	0	9.775	4	0	11.025	195	0
8.550	0	0	9.800	7	0	11.050	199	0
8.575	0	0	9.825	11	0	11.075	203	0
8.600	0	0	9.850	14	0	11.100	208	0
8.625	0	0	9.875	18	0	11.125	212	0

Einkommensteuergrund- und Splittingtabellen für 2021

zu versteuerndes Einkommen €	Einkommensteuer Grundtabelle €	Einkommensteuer Splittingtabelle €	zu versteuerndes Einkommen €	Einkommensteuer Grundtabelle €	Einkommensteuer Splittingtabelle €	zu versteuerndes Einkommen €	Einkommensteuer Grundtabelle €	Einkommensteuer Splittingtabelle €
11.150	216	0	12.400	442	0	13.650	698	0
11.175	220	0	12.425	446	0	13.675	704	0
11.200	224	0	12.450	451	0	13.700	709	0
11.225	229	0	12.475	456	0	13.725	715	0
11.250	233	0	12.500	461	0	13.750	720	0
11.275	237	0	12.525	466	0	13.775	726	0
11.300	241	0	12.550	471	0	13.800	731	0
11.325	246	0	12.575	476	0	13.825	737	0
11.350	250	0	12.600	481	0	13.850	742	0
11.375	254	0	12.625	485	0	13.875	748	0
11.400	259	0	12.650	490	0	13.900	753	0
11.425	263	0	12.675	495	0	13.925	759	0
11.450	267	0	12.700	500	0	13.950	764	0
11.475	272	0	12.725	505	0	13.975	770	0
11.500	276	0	12.750	510	0	14.000	776	0
11.525	280	0	12.775	515	0	14.025	781	0
11.550	285	0	12.800	520	0	14.050	787	0
11.575	289	0	12.825	525	0	14.075	793	0
11.600	294	0	12.850	530	0	14.100	798	0
11.625	298	0	12.875	535	0	14.125	804	0
11.650	302	0	12.900	540	0	14.150	810	0
11.675	307	0	12.925	546	0	14.175	815	0
11.700	311	0	12.950	551	0	14.200	821	0
11.725	316	0	12.975	556	0	14.225	827	0
11.750	320	0	13.000	561	0	14.250	832	0
11.775	325	0	13.025	566	0	14.275	838	0
11.800	329	0	13.050	571	0	14.300	844	0
11.825	334	0	13.075	576	0	14.325	850	0
11.850	338	0	13.100	581	0	14.350	855	0
11.875	343	0	13.125	587	0	14.375	861	0
11.900	348	0	13.150	592	0	14.400	867	0
11.925	352	0	13.175	597	0	14.425	873	0
11.950	357	0	13.200	602	0	14.450	879	0
11.975	361	0	13.225	607	0	14.475	885	0
12.000	366	0	13.250	613	0	14.500	890	0
12.025	371	0	13.275	618	0	14.525	896	0
12.050	375	0	13.300	623	0	14.550	902	0
12.075	380	0	13.325	628	0	14.575	908	0
12.100	385	0	13.350	634	0	14.600	914	0
12.125	389	0	13.375	639	0	14.625	920	0
12.150	394	0	13.400	644	0	14.650	926	0
12.175	399	0	13.425	650	0	14.675	932	0
12.200	403	0	13.450	655	0	14.700	938	0
12.225	408	0	13.475	660	0	14.725	944	0
12.250	413	0	13.500	666	0	14.750	950	0
12.275	418	0	13.525	671	0	14.775	956	0
12.300	422	0	13.550	677	0	14.800	962	0
12.325	427	0	13.575	682	0	14.825	968	0
12.350	432	0	13.600	687	0	14.850	974	0
12.375	437	0	13.625	693	0	14.875	980	0

Einkommensteuergrund- und Splittingtabellen für 2021

zu versteuerndes Einkommen €	Einkommensteuer Grundtabelle €	Einkommensteuer Splittingtabelle €	zu versteuerndes Einkommen €	Einkommensteuer Grundtabelle €	Einkommensteuer Splittingtabelle €	zu versteuerndes Einkommen €	Einkommensteuer Grundtabelle €	Einkommensteuer Splittingtabelle €
14.900	986	0	16.150	1.289	0	17.400	1.600	0
14.925	992	0	16.175	1.296	0	17.425	1.606	0
14.950	998	0	16.200	1.302	0	17.450	1.612	0
14.975	1.004	0	16.225	1.308	0	17.475	1.618	0
15.000	1.010	0	16.250	1.314	0	17.500	1.625	0
15.025	1.016	0	16.275	1.320	0	17.525	1.631	0
15.050	1.022	0	16.300	1.326	0	17.550	1.637	0
15.075	1.028	0	16.325	1.332	0	17.575	1.644	0
15.100	1.034	0	16.350	1.339	0	17.600	1.650	0
15.125	1.040	0	16.375	1.345	0	17.625	1.656	0
15.150	1.046	0	16.400	1.351	0	17.650	1.662	0
15.175	1.052	0	16.425	1.357	0	17.675	1.669	0
15.200	1.058	0	16.450	1.363	0	17.700	1.675	0
15.225	1.064	0	16.475	1.369	0	17.725	1.681	0
15.250	1.070	0	16.500	1.376	0	17.750	1.688	0
15.275	1.076	0	16.525	1.382	0	17.775	1.694	0
15.300	1.082	0	16.550	1.388	0	17.800	1.700	0
15.325	1.088	0	16.575	1.394	0	17.825	1.707	0
15.350	1.094	0	16.600	1.400	0	17.850	1.713	0
15.375	1.100	0	16.625	1.406	0	17.875	1.719	0
15.400	1.106	0	16.650	1.413	0	17.900	1.725	0
15.425	1.112	0	16.675	1.419	0	17.925	1.732	0
15.450	1.119	0	16.700	1.425	0	17.950	1.738	0
15.475	1.125	0	16.725	1.431	0	17.975	1.744	0
15.500	1.131	0	16.750	1.437	0	18.000	1.751	0
15.525	1.137	0	16.775	1.444	0	18.025	1.757	0
15.550	1.143	0	16.800	1.450	0	18.050	1.763	0
15.575	1.149	0	16.825	1.456	0	18.075	1.770	0
15.600	1.155	0	16.850	1.462	0	18.100	1.776	0
15.625	1.161	0	16.875	1.469	0	18.125	1.782	0
15.650	1.167	0	16.900	1.475	0	18.150	1.789	0
15.675	1.173	0	16.925	1.481	0	18.175	1.795	0
15.700	1.179	0	16.950	1.487	0	18.200	1.802	0
15.725	1.185	0	16.975	1.493	0	18.225	1.808	0
15.750	1.192	0	17.000	1.500	0	18.250	1.814	0
15.775	1.198	0	17.025	1.506	0	18.275	1.821	0
15.800	1.204	0	17.050	1.512	0	18.300	1.827	0
15.825	1.210	0	17.075	1.518	0	18.325	1.833	0
15.850	1.216	0	17.100	1.525	0	18.350	1.840	0
15.875	1.222	0	17.125	1.531	0	18.375	1.846	0
15.900	1.228	0	17.150	1.537	0	18.400	1.852	0
15.925	1.234	0	17.175	1.543	0	18.425	1.859	0
15.950	1.240	0	17.200	1.550	0	18.450	1.865	0
15.975	1.246	0	17.225	1.556	0	18.475	1.872	0
16.000	1.253	0	17.250	1.562	0	18.500	1.878	0
16.025	1.259	0	17.275	1.568	0	18.525	1.884	0
16.050	1.265	0	17.300	1.575	0	18.550	1.891	0
16.075	1.271	0	17.325	1.581	0	18.575	1.897	0
16.100	1.277	0	17.350	1.587	0	18.600	1.903	0
16.125	1.283	0	17.375	1.593	0	18.625	1.910	0

Einkommensteuergrund- und Splittingtabellen für 2021

zu versteuerndes Einkommen €	Einkommensteuer Grundtabelle €	Einkommensteuer Splittingtabelle €	zu versteuerndes Einkommen €	Einkommensteuer Grundtabelle €	Einkommensteuer Splittingtabelle €	zu versteuerndes Einkommen €	Einkommensteuer Grundtabelle €	Einkommensteuer Splittingtabelle €
18.650	1.916	0	19.900	2.240	58	21.150	2.569	246
18.675	1.923	0	19.925	2.246	60	21.175	2.576	250
18.700	1.929	0	19.950	2.253	64	21.200	2.583	254
18.725	1.935	0	19.975	2.259	68	21.225	2.589	258
18.750	1.942	0	20.000	2.266	72	21.250	2.596	262
18.775	1.948	0	20.025	2.272	76	21.275	2.603	264
18.800	1.955	0	20.050	2.279	80	21.300	2.609	270
18.825	1.961	0	20.075	2.285	82	21.325	2.616	272
18.850	1.968	0	20.100	2.292	86	21.350	2.623	276
18.875	1.974	0	20.125	2.298	90	21.375	2.629	280
18.900	1.980	0	20.150	2.305	94	21.400	2.636	284
18.925	1.987	0	20.175	2.312	98	21.425	2.643	288
18.950	1.993	0	20.200	2.318	102	21.450	2.649	292
18.975	2.000	0	20.225	2.325	104	21.475	2.656	296
19.000	2.006	0	20.250	2.331	108	21.500	2.663	300
19.025	2.013	0	20.275	2.338	112	21.525	2.669	304
19.050	2.019	0	20.300	2.344	116	21.550	2.676	308
19.075	2.025	0	20.325	2.351	120	21.575	2.683	312
19.100	2.032	0	20.350	2.357	124	21.600	2.690	316
19.125	2.038	0	20.375	2.364	126	21.625	2.696	320
19.150	2.045	0	20.400	2.371	130	21.650	2.703	324
19.175	2.051	0	20.425	2.377	134	21.675	2.710	328
19.200	2.058	0	20.450	2.384	138	21.700	2.716	334
19.225	2.064	0	20.475	2.390	142	21.725	2.723	336
19.250	2.071	0	20.500	2.397	146	21.750	2.730	342
19.275	2.077	0	20.525	2.404	150	21.775	2.737	346
19.300	2.084	0	20.550	2.410	154	21.800	2.743	350
19.325	2.090	0	20.575	2.417	156	21.825	2.750	354
19.350	2.096	0	20.600	2.423	160	21.850	2.757	358
19.375	2.103	0	20.625	2.430	164	21.875	2.764	362
19.400	2.109	0	20.650	2.437	168	21.900	2.770	366
19.425	2.116	0	20.675	2.443	172	21.925	2.777	370
19.450	2.122	0	20.700	2.450	176	21.950	2.784	374
19.475	2.129	0	20.725	2.456	180	21.975	2.791	378
19.500	2.135	0	20.750	2.463	184	22.000	2.797	382
19.525	2.142	4	20.775	2.470	188	22.025	2.804	386
19.550	2.148	8	20.800	2.476	192	22.050	2.811	390
19.575	2.155	12	20.825	2.483	194	22.075	2.818	394
19.600	2.161	14	20.850	2.490	198	22.100	2.824	398
19.625	2.168	18	20.875	2.496	202	22.125	2.831	402
19.650	2.174	22	20.900	2.503	206	22.150	2.838	406
19.675	2.181	26	20.925	2.509	210	22.175	2.845	410
19.700	2.187	28	20.950	2.516	214	22.200	2.851	416
19.725	2.194	32	20.975	2.523	218	22.225	2.858	420
19.750	2.200	36	21.000	2.529	222	22.250	2.865	424
19.775	2.207	40	21.025	2.536	226	22.275	2.872	428
19.800	2.213	44	21.050	2.543	230	22.300	2.878	432
19.825	2.220	46	21.075	2.549	234	22.325	2.885	436
19.850	2.226	50	21.100	2.556	238	22.350	2.892	440
19.875	2.233	54	21.125	2.563	242	22.375	2.899	444

Einkommensteuergrund- und Splittingtabellen für 2021

zu versteuerndes Einkommen €	Einkommensteuer Grundtabelle €	Einkommensteuer Splittingtabelle €	zu versteuerndes Einkommen €	Einkommensteuer Grundtabelle €	Einkommensteuer Splittingtabelle €	zu versteuerndes Einkommen €	Einkommensteuer Grundtabelle €	Einkommensteuer Splittingtabelle €
22.400	2.906	448	23.650	3.248	668	24.900	3.598	902
22.425	2.912	452	23.675	3.255	672	24.925	3.605	908
22.450	2.919	458	23.700	3.262	676	24.950	3.612	912
22.475	2.926	462	23.725	3.269	682	24.975	3.619	916
22.500	2.933	466	23.750	3.276	686	25.000	3.626	922
22.525	2.940	470	23.775	3.283	690	25.025	3.633	926
22.550	2.946	474	23.800	3.290	696	25.050	3.640	932
22.575	2.953	478	23.825	3.297	700	25.075	3.647	936
22.600	2.960	482	23.850	3.304	704	25.100	3.654	942
22.625	2.967	486	23.875	3.311	708	25.125	3.661	946
22.650	2.974	492	23.900	3.318	714	25.150	3.668	952
22.675	2.980	496	23.925	3.325	718	25.175	3.675	956
22.700	2.987	500	23.950	3.332	722	25.200	3.683	962
22.725	2.994	504	23.975	3.339	728	25.225	3.690	966
22.750	3.001	508	24.000	3.346	732	25.250	3.697	970
22.775	3.008	512	24.025	3.353	736	25.275	3.704	976
22.800	3.015	518	24.050	3.359	742	25.300	3.711	980
22.825	3.021	522	24.075	3.366	746	25.325	3.718	986
22.850	3.028	526	24.100	3.373	750	25.350	3.725	990
22.875	3.035	530	24.125	3.380	754	25.375	3.732	996
22.900	3.042	534	24.150	3.387	760	25.400	3.739	1.000
22.925	3.049	538	24.175	3.394	764	25.425	3.746	1.006
22.950	3.056	544	24.200	3.401	770	25.450	3.754	1.010
22.975	3.062	548	24.225	3.408	774	25.475	3.761	1.016
23.000	3.069	552	24.250	3.415	778	25.500	3.768	1.020
23.025	3.076	556	24.275	3.422	784	25.525	3.775	1.026
23.050	3.083	560	24.300	3.429	788	25.550	3.782	1.030
23.075	3.090	566	24.325	3.436	792	25.575	3.789	1.036
23.100	3.097	570	24.350	3.443	798	25.600	3.796	1.040
23.125	3.104	574	24.375	3.450	802	25.625	3.803	1.046
23.150	3.110	578	24.400	3.457	806	25.650	3.810	1.050
23.175	3.117	582	24.425	3.464	812	25.675	3.818	1.056
23.200	3.124	588	24.450	3.471	816	25.700	3.825	1.060
23.225	3.131	592	24.475	3.478	820	25.725	3.832	1.066
23.250	3.138	596	24.500	3.485	826	25.750	3.839	1.070
23.275	3.145	600	24.525	3.492	830	25.775	3.846	1.076
23.300	3.152	604	24.550	3.499	836	25.800	3.853	1.080
23.325	3.159	610	24.575	3.506	840	25.825	3.860	1.086
23.350	3.166	614	24.600	3.513	844	25.850	3.868	1.092
23.375	3.172	618	24.625	3.520	850	25.875	3.875	1.096
23.400	3.179	622	24.650	3.527	854	25.900	3.882	1.102
23.425	3.186	628	24.675	3.534	858	25.925	3.889	1.106
23.450	3.193	632	24.700	3.541	864	25.950	3.896	1.112
23.475	3.200	636	24.725	3.548	868	25.975	3.903	1.116
23.500	3.207	640	24.750	3.555	874	26.000	3.911	1.122
23.525	3.214	646	24.775	3.563	878	26.025	3.918	1.126
23.550	3.221	650	24.800	3.570	884	26.050	3.925	1.132
23.575	3.228	654	24.825	3.577	888	26.075	3.932	1.136
23.600	3.235	658	24.850	3.584	892	26.100	3.939	1.142
23.625	3.241	664	24.875	3.591	898	26.125	3.946	1.148

Einkommensteuergrund- und Splittingtabellen für 2021

zu versteuerndes Einkommen €	Einkommensteuer Grundtabelle €	Einkommensteuer Splittingtabelle €	zu versteuerndes Einkommen €	Einkommensteuer Grundtabelle €	Einkommensteuer Splittingtabelle €	zu versteuerndes Einkommen €	Einkommensteuer Grundtabelle €	Einkommensteuer Splittingtabelle €
26.150	3.954	1.152	27.400	4.316	1.418	28.650	4.685	1.700
26.175	3.961	1.158	27.425	4.323	1.424	28.675	4.692	1.704
26.200	3.968	1.162	27.450	4.331	1.430	28.700	4.700	1.710
26.225	3.975	1.168	27.475	4.338	1.434	28.725	4.707	1.716
26.250	3.982	1.174	27.500	4.345	1.440	28.750	4.715	1.722
26.275	3.990	1.178	27.525	4.353	1.446	28.775	4.722	1.728
26.300	3.997	1.184	27.550	4.360	1.452	28.800	4.730	1.734
26.325	4.004	1.188	27.575	4.367	1.456	28.825	4.737	1.740
26.350	4.011	1.194	27.600	4.375	1.462	28.850	4.745	1.746
26.375	4.018	1.198	27.625	4.382	1.468	28.875	4.752	1.752
26.400	4.026	1.204	27.650	4.389	1.474	28.900	4.759	1.758
26.425	4.033	1.210	27.675	4.397	1.478	28.925	4.767	1.764
26.450	4.040	1.214	27.700	4.404	1.484	28.950	4.774	1.770
26.475	4.047	1.220	27.725	4.411	1.490	28.975	4.782	1.774
26.500	4.054	1.226	27.750	4.419	1.496	29.000	4.789	1.780
26.525	4.062	1.230	27.775	4.426	1.500	29.025	4.797	1.786
26.550	4.069	1.236	27.800	4.433	1.506	29.050	4.804	1.792
26.575	4.076	1.240	27.825	4.441	1.512	29.075	4.812	1.798
26.600	4.083	1.246	27.850	4.448	1.518	29.100	4.819	1.804
26.625	4.091	1.252	27.875	4.455	1.522	29.125	4.827	1.810
26.650	4.098	1.256	27.900	4.463	1.528	29.150	4.834	1.816
26.675	4.105	1.262	27.925	4.470	1.534	29.175	4.842	1.822
26.700	4.112	1.268	27.950	4.478	1.540	29.200	4.849	1.828
26.725	4.119	1.272	27.975	4.485	1.546	29.225	4.857	1.834
26.750	4.127	1.278	28.000	4.492	1.552	29.250	4.864	1.840
26.775	4.134	1.284	28.025	4.500	1.556	29.275	4.872	1.846
26.800	4.141	1.288	28.050	4.507	1.562	29.300	4.879	1.852
26.825	4.148	1.294	28.075	4.514	1.568	29.325	4.887	1.858
26.850	4.156	1.300	28.100	4.522	1.574	29.350	4.894	1.864
26.875	4.163	1.304	28.125	4.529	1.580	29.375	4.902	1.870
26.900	4.170	1.310	28.150	4.537	1.586	29.400	4.909	1.876
26.925	4.178	1.316	28.175	4.544	1.590	29.425	4.917	1.882
26.950	4.185	1.320	28.200	4.551	1.596	29.450	4.924	1.888
26.975	4.192	1.326	28.225	4.559	1.602	29.475	4.932	1.894
27.000	4.199	1.332	28.250	4.566	1.608	29.500	4.940	1.900
27.025	4.207	1.336	28.275	4.574	1.614	29.525	4.947	1.906
27.050	4.214	1.342	28.300	4.581	1.620	29.550	4.955	1.912
27.075	4.221	1.348	28.325	4.588	1.624	29.575	4.962	1.918
27.100	4.228	1.354	28.350	4.596	1.630	29.600	4.970	1.924
27.125	4.236	1.358	28.375	4.603	1.636	29.625	4.977	1.930
27.150	4.243	1.364	28.400	4.611	1.642	29.650	4.985	1.936
27.175	4.250	1.368	28.425	4.618	1.648	29.675	4.992	1.942
27.200	4.258	1.374	28.450	4.625	1.654	29.700	5.000	1.948
27.225	4.265	1.380	28.475	4.633	1.658	29.725	5.007	1.954
27.250	4.272	1.386	28.500	4.640	1.664	29.750	5.015	1.960
27.275	4.279	1.390	28.525	4.648	1.670	29.775	5.023	1.966
27.300	4.287	1.396	28.550	4.655	1.676	29.800	5.030	1.972
27.325	4.294	1.402	28.575	4.663	1.682	29.825	5.038	1.978
27.350	4.301	1.408	28.600	4.670	1.688	29.850	5.045	1.984
27.375	4.309	1.412	28.625	4.677	1.694	29.875	5.053	1.990

Einkommensteuergrund- und Splittingtabellen für 2021

zu versteuerndes Einkommen €	Einkommensteuer Grundtabelle €	Einkommensteuer Splittingtabelle €	zu versteuerndes Einkommen €	Einkommensteuer Grundtabelle €	Einkommensteuer Splittingtabelle €	zu versteuerndes Einkommen €	Einkommensteuer Grundtabelle €	Einkommensteuer Splittingtabelle €
29.900	5.060	1.996	31.150	5.442	2.298	32.400	5.831	2.604
29.925	5.068	2.002	31.175	5.450	2.304	32.425	5.839	2.610
29.950	5.076	2.008	31.200	5.458	2.310	32.450	5.847	2.616
29.975	5.083	2.014	31.225	5.465	2.316	32.475	5.854	2.622
30.000	5.091	2.020	31.250	5.473	2.322	32.500	5.862	2.628
30.025	5.098	2.026	31.275	5.481	2.328	32.525	5.870	2.634
30.050	5.106	2.032	31.300	5.489	2.334	32.550	5.878	2.640
30.075	5.113	2.038	31.325	5.496	2.340	32.575	5.886	2.646
30.100	5.121	2.044	31.350	5.504	2.346	32.600	5.894	2.652
30.125	5.129	2.050	31.375	5.512	2.352	32.625	5.901	2.658
30.150	5.136	2.056	31.400	5.520	2.358	32.650	5.909	2.664
30.175	5.144	2.062	31.425	5.527	2.364	32.675	5.917	2.670
30.200	5.151	2.068	31.450	5.535	2.370	32.700	5.925	2.678
30.225	5.159	2.074	31.475	5.543	2.376	32.725	5.933	2.684
30.250	5.167	2.080	31.500	5.550	2.384	32.750	5.941	2.690
30.275	5.174	2.086	31.525	5.558	2.388	32.775	5.949	2.696
30.300	5.182	2.092	31.550	5.566	2.396	32.800	5.957	2.702
30.325	5.190	2.098	31.575	5.574	2.402	32.825	5.964	2.708
30.350	5.197	2.104	31.600	5.581	2.408	32.850	5.972	2.714
30.375	5.205	2.110	31.625	5.589	2.414	32.875	5.980	2.720
30.400	5.212	2.116	31.650	5.597	2.420	32.900	5.988	2.726
30.425	5.220	2.122	31.675	5.605	2.426	32.925	5.996	2.732
30.450	5.228	2.128	31.700	5.612	2.432	32.950	6.004	2.738
30.475	5.235	2.134	31.725	5.620	2.438	32.975	6.012	2.744
30.500	5.243	2.140	31.750	5.628	2.444	33.000	6.020	2.752
30.525	5.251	2.146	31.775	5.636	2.450	33.025	6.028	2.758
30.550	5.258	2.152	31.800	5.644	2.456	33.050	6.035	2.764
30.575	5.266	2.158	31.825	5.651	2.462	33.075	6.043	2.770
30.600	5.273	2.164	31.850	5.659	2.468	33.100	6.051	2.776
30.625	5.281	2.170	31.875	5.667	2.474	33.125	6.059	2.782
30.650	5.289	2.176	31.900	5.675	2.480	33.150	6.067	2.788
30.675	5.296	2.182	31.925	5.682	2.486	33.175	6.075	2.794
30.700	5.304	2.188	31.950	5.690	2.492	33.200	6.083	2.800
30.725	5.312	2.194	31.975	5.698	2.498	33.225	6.091	2.806
30.750	5.319	2.200	32.000	5.706	2.506	33.250	6.099	2.812
30.775	5.327	2.206	32.025	5.714	2.512	33.275	6.107	2.818
30.800	5.335	2.212	32.050	5.721	2.518	33.300	6.115	2.826
30.825	5.342	2.218	32.075	5.729	2.524	33.325	6.123	2.832
30.850	5.350	2.224	32.100	5.737	2.530	33.350	6.130	2.838
30.875	5.358	2.230	32.125	5.745	2.536	33.375	6.138	2.844
30.900	5.365	2.238	32.150	5.753	2.542	33.400	6.146	2.850
30.925	5.373	2.242	32.175	5.760	2.548	33.425	6.154	2.856
30.950	5.381	2.250	32.200	5.768	2.554	33.450	6.162	2.862
30.975	5.388	2.256	32.225	5.776	2.560	33.475	6.170	2.868
31.000	5.396	2.262	32.250	5.784	2.566	33.500	6.178	2.874
31.025	5.404	2.268	32.275	5.792	2.572	33.525	6.186	2.880
31.050	5.412	2.274	32.300	5.800	2.578	33.550	6.194	2.888
31.075	5.419	2.280	32.325	5.807	2.584	33.575	6.202	2.894
31.100	5.427	2.286	32.350	5.815	2.592	33.600	6.210	2.900
31.125	5.435	2.292	32.375	5.823	2.596	33.625	6.218	2.906

Einkommensteuergrund- und Splittingtabellen für 2021

zu versteuerndes Einkommen €	Einkommensteuer Grundtabelle €	Einkommensteuer Splittingtabelle €	zu versteuerndes Einkommen €	Einkommensteuer Grundtabelle €	Einkommensteuer Splittingtabelle €	zu versteuerndes Einkommen €	Einkommensteuer Grundtabelle €	Einkommensteuer Splittingtabelle €
33.650	6.226	2.912	34.900	6.627	3.224	36.150	7.036	3.540
33.675	6.234	2.918	34.925	6.636	3.230	36.175	7.044	3.546
33.700	6.242	2.924	34.950	6.644	3.236	36.200	7.052	3.552
33.725	6.250	2.930	34.975	6.652	3.242	36.225	7.060	3.558
33.750	6.258	2.938	35.000	6.660	3.250	36.250	7.068	3.564
33.775	6.266	2.942	35.025	6.668	3.256	36.275	7.077	3.572
33.800	6.274	2.950	35.050	6.676	3.262	36.300	7.085	3.578
33.825	6.282	2.956	35.075	6.684	3.268	36.325	7.093	3.584
33.850	6.290	2.962	35.100	6.692	3.274	36.350	7.101	3.590
33.875	6.298	2.968	35.125	6.700	3.280	36.375	7.110	3.596
33.900	6.306	2.974	35.150	6.709	3.288	36.400	7.118	3.604
33.925	6.314	2.980	35.175	6.717	3.294	36.425	7.126	3.610
33.950	6.322	2.986	35.200	6.725	3.300	36.450	7.134	3.616
33.975	6.330	2.992	35.225	6.733	3.306	36.475	7.143	3.622
34.000	6.338	3.000	35.250	6.741	3.312	36.500	7.151	3.628
34.025	6.346	3.006	35.275	6.749	3.318	36.525	7.159	3.634
34.050	6.354	3.012	35.300	6.757	3.324	36.550	7.167	3.642
34.075	6.362	3.018	35.325	6.765	3.330	36.575	7.176	3.648
34.100	6.370	3.024	35.350	6.774	3.338	36.600	7.184	3.654
34.125	6.378	3.030	35.375	6.782	3.344	36.625	7.192	3.660
34.150	6.386	3.036	35.400	6.790	3.350	36.650	7.201	3.666
34.175	6.394	3.042	35.425	6.798	3.356	36.675	7.209	3.672
34.200	6.402	3.050	35.450	6.806	3.362	36.700	7.217	3.680
34.225	6.410	3.056	35.475	6.814	3.368	36.725	7.225	3.686
34.250	6.418	3.062	35.500	6.822	3.376	36.750	7.234	3.692
34.275	6.426	3.068	35.525	6.831	3.382	36.775	7.242	3.698
34.300	6.434	3.074	35.550	6.839	3.388	36.800	7.250	3.704
34.325	6.442	3.080	35.575	6.847	3.394	36.825	7.259	3.710
34.350	6.450	3.086	35.600	6.855	3.400	36.850	7.267	3.718
34.375	6.458	3.092	35.625	6.863	3.406	36.875	7.275	3.724
34.400	6.466	3.100	35.650	6.871	3.414	36.900	7.283	3.730
34.425	6.474	3.106	35.675	6.880	3.420	36.925	7.292	3.736
34.450	6.482	3.112	35.700	6.888	3.426	36.950	7.300	3.744
34.475	6.490	3.118	35.725	6.896	3.432	36.975	7.308	3.750
34.500	6.498	3.124	35.750	6.904	3.438	37.000	7.317	3.756
34.525	6.506	3.130	35.775	6.912	3.444	37.025	7.325	3.762
34.550	6.514	3.136	35.800	6.921	3.450	37.050	7.333	3.768
34.575	6.522	3.142	35.825	6.929	3.458	37.075	7.342	3.774
34.600	6.530	3.150	35.850	6.937	3.464	37.100	7.350	3.782
34.625	6.539	3.156	35.875	6.945	3.470	37.125	7.358	3.788
34.650	6.547	3.162	35.900	6.953	3.476	37.150	7.367	3.794
34.675	6.555	3.168	35.925	6.962	3.482	37.175	7.375	3.800
34.700	6.563	3.174	35.950	6.970	3.488	37.200	7.383	3.806
34.725	6.571	3.180	35.975	6.978	3.494	37.225	7.392	3.814
34.750	6.579	3.186	36.000	6.986	3.502	37.250	7.400	3.820
34.775	6.587	3.192	36.025	6.994	3.508	37.275	7.408	3.826
34.800	6.595	3.200	36.050	7.003	3.514	37.300	7.417	3.832
34.825	6.603	3.206	36.075	7.011	3.520	37.325	7.425	3.838
34.850	6.611	3.212	36.100	7.019	3.526	37.350	7.433	3.846
34.875	6.619	3.218	36.125	7.027	3.532	37.375	7.442	3.852

Einkommensteuergrund- und Splittingtabellen für 2021

zu versteuerndes Einkommen €	Einkommensteuer Grundtabelle €	Einkommensteuer Splittingtabelle €	zu versteuerndes Einkommen €	Einkommensteuer Grundtabelle €	Einkommensteuer Splittingtabelle €	zu versteuerndes Einkommen €	Einkommensteuer Grundtabelle €	Einkommensteuer Splittingtabelle €
37.400	7.450	3.858	38.650	7.871	4.180	39.900	8.299	4.506
37.425	7.458	3.864	38.675	7.880	4.186	39.925	8.308	4.512
37.450	7.467	3.870	38.700	7.888	4.192	39.950	8.316	4.518
37.475	7.475	3.878	38.725	7.897	4.200	39.975	8.325	4.524
37.500	7.484	3.884	38.750	7.905	4.206	40.000	8.333	4.532
37.525	7.492	3.890	38.775	7.914	4.212	40.025	8.342	4.538
37.550	7.500	3.896	38.800	7.922	4.218	40.050	8.351	4.544
37.575	7.509	3.902	38.825	7.931	4.226	40.075	8.359	4.550
37.600	7.517	3.910	38.850	7.939	4.232	40.100	8.368	4.558
37.625	7.525	3.916	38.875	7.948	4.238	40.125	8.377	4.564
37.650	7.534	3.922	38.900	7.956	4.244	40.150	8.385	4.570
37.675	7.542	3.928	38.925	7.965	4.252	40.175	8.394	4.576
37.700	7.551	3.936	38.950	7.973	4.258	40.200	8.403	4.584
37.725	7.559	3.942	38.975	7.982	4.264	40.225	8.411	4.590
37.750	7.567	3.948	39.000	7.990	4.270	40.250	8.420	4.596
37.775	7.576	3.954	39.025	7.999	4.276	40.275	8.428	4.604
37.800	7.584	3.960	39.050	8.007	4.284	40.300	8.437	4.610
37.825	7.593	3.966	39.075	8.016	4.290	40.325	8.446	4.616
37.850	7.601	3.974	39.100	8.024	4.296	40.350	8.454	4.624
37.875	7.609	3.980	39.125	8.033	4.302	40.375	8.463	4.630
37.900	7.618	3.986	39.150	8.042	4.310	40.400	8.472	4.636
37.925	7.626	3.992	39.175	8.050	4.316	40.425	8.480	4.642
37.950	7.635	4.000	39.200	8.059	4.322	40.450	8.489	4.650
37.975	7.643	4.006	39.225	8.067	4.328	40.475	8.498	4.656
38.000	7.651	4.012	39.250	8.076	4.336	40.500	8.506	4.662
38.025	7.660	4.018	39.275	8.084	4.342	40.525	8.515	4.668
38.050	7.668	4.026	39.300	8.093	4.348	40.550	8.524	4.676
38.075	7.677	4.032	39.325	8.101	4.354	40.575	8.533	4.682
38.100	7.685	4.038	39.350	8.110	4.362	40.600	8.541	4.688
38.125	7.694	4.044	39.375	8.118	4.368	40.625	8.550	4.694
38.150	7.702	4.050	39.400	8.127	4.374	40.650	8.559	4.702
38.175	7.710	4.058	39.425	8.136	4.380	40.675	8.567	4.708
38.200	7.719	4.064	39.450	8.144	4.388	40.700	8.576	4.714
38.225	7.727	4.070	39.475	8.153	4.394	40.725	8.585	4.722
38.250	7.736	4.076	39.500	8.161	4.400	40.750	8.593	4.728
38.275	7.744	4.082	39.525	8.170	4.408	40.775	8.602	4.734
38.300	7.753	4.090	39.550	8.179	4.414	40.800	8.611	4.742
38.325	7.761	4.096	39.575	8.187	4.420	40.825	8.620	4.748
38.350	7.770	4.102	39.600	8.196	4.426	40.850	8.628	4.754
38.375	7.778	4.108	39.625	8.204	4.434	40.875	8.637	4.760
38.400	7.786	4.116	39.650	8.213	4.440	40.900	8.646	4.768
38.425	7.795	4.122	39.675	8.221	4.446	40.925	8.654	4.774
38.450	7.803	4.128	39.700	8.230	4.452	40.950	8.663	4.780
38.475	7.812	4.134	39.725	8.239	4.460	40.975	8.672	4.788
38.500	7.820	4.142	39.750	8.247	4.466	41.000	8.681	4.794
38.525	7.829	4.148	39.775	8.256	4.472	41.025	8.689	4.800
38.550	7.837	4.154	39.800	8.264	4.480	41.050	8.698	4.808
38.575	7.846	4.160	39.825	8.273	4.486	41.075	8.707	4.814
38.600	7.854	4.168	39.850	8.282	4.492	41.100	8.716	4.820
38.625	7.863	4.174	39.875	8.290	4.498	41.125	8.724	4.826

Einkommensteuergrund- und Splittingtabellen für 2021

zu versteuerndes Einkommen €	Einkommensteuer Grundtabelle €	Einkommensteuer Splittingtabelle €	zu versteuerndes Einkommen €	Einkommensteuer Grundtabelle €	Einkommensteuer Splittingtabelle €	zu versteuerndes Einkommen €	Einkommensteuer Grundtabelle €	Einkommensteuer Splittingtabelle €
41.150	8.733	4.834	42.400	9.174	5.166	43.650	9.621	5.500
41.175	8.742	4.840	42.425	9.183	5.172	43.675	9.630	5.506
41.200	8.751	4.846	42.450	9.192	5.178	43.700	9.639	5.514
41.225	8.759	4.854	42.475	9.200	5.184	43.725	9.648	5.520
41.250	8.768	4.860	42.500	9.209	5.192	43.750	9.657	5.528
41.275	8.777	4.866	42.525	9.218	5.198	43.775	9.666	5.534
41.300	8.786	4.874	42.550	9.227	5.206	43.800	9.675	5.540
41.325	8.794	4.880	42.575	9.236	5.212	43.825	9.684	5.548
41.350	8.803	4.886	42.600	9.245	5.218	43.850	9.693	5.554
41.375	8.812	4.892	42.625	9.254	5.226	43.875	9.702	5.560
41.400	8.821	4.900	42.650	9.263	5.232	43.900	9.711	5.568
41.425	8.829	4.906	42.675	9.272	5.238	43.925	9.720	5.574
41.450	8.838	4.912	42.700	9.281	5.246	43.950	9.729	5.582
41.475	8.847	4.920	42.725	9.289	5.252	43.975	9.738	5.588
41.500	8.856	4.926	42.750	9.298	5.258	44.000	9.747	5.594
41.525	8.865	4.932	42.775	9.307	5.266	44.025	9.756	5.600
41.550	8.873	4.940	42.800	9.316	5.272	44.050	9.766	5.608
41.575	8.882	4.946	42.825	9.325	5.278	44.075	9.775	5.614
41.600	8.891	4.952	42.850	9.334	5.286	44.100	9.784	5.622
41.625	8.900	4.958	42.875	9.343	5.292	44.125	9.793	5.628
41.650	8.909	4.966	42.900	9.352	5.298	44.150	9.802	5.636
41.675	8.917	4.972	42.925	9.361	5.306	44.175	9.811	5.642
41.700	8.926	4.980	42.950	9.370	5.312	44.200	9.820	5.648
41.725	8.935	4.986	42.975	9.379	5.318	44.225	9.829	5.656
41.750	8.944	4.992	43.000	9.388	5.326	44.250	9.838	5.662
41.775	8.953	4.998	43.025	9.397	5.332	44.275	9.847	5.668
41.800	8.961	5.006	43.050	9.406	5.338	44.300	9.856	5.676
41.825	8.970	5.012	43.075	9.415	5.346	44.325	9.865	5.682
41.850	8.979	5.018	43.100	9.423	5.352	44.350	9.874	5.690
41.875	8.988	5.026	43.125	9.432	5.358	44.375	9.883	5.696
41.900	8.997	5.032	43.150	9.441	5.366	44.400	9.893	5.702
41.925	9.006	5.038	43.175	9.450	5.372	44.425	9.902	5.710
41.950	9.014	5.046	43.200	9.459	5.380	44.450	9.911	5.716
41.975	9.023	5.052	43.225	9.468	5.386	44.475	9.920	5.722
42.000	9.032	5.058	43.250	9.477	5.392	44.500	9.929	5.730
42.025	9.041	5.066	43.275	9.486	5.400	44.525	9.938	5.736
42.050	9.050	5.072	43.300	9.495	5.406	44.550	9.947	5.744
42.075	9.059	5.078	43.325	9.504	5.412	44.575	9.956	5.750
42.100	9.067	5.086	43.350	9.513	5.420	44.600	9.965	5.756
42.125	9.076	5.092	43.375	9.522	5.426	44.625	9.974	5.764
42.150	9.085	5.098	43.400	9.531	5.432	44.650	9.984	5.770
42.175	9.094	5.106	43.425	9.540	5.440	44.675	9.993	5.776
42.200	9.103	5.112	43.450	9.549	5.446	44.700	10.002	5.784
42.225	9.112	5.118	43.475	9.558	5.452	44.725	10.011	5.790
42.250	9.121	5.126	43.500	9.567	5.460	44.750	10.020	5.798
42.275	9.129	5.132	43.525	9.576	5.466	44.775	10.029	5.804
42.300	9.138	5.138	43.550	9.585	5.474	44.800	10.038	5.812
42.325	9.147	5.144	43.575	9.594	5.480	44.825	10.047	5.818
42.350	9.156	5.152	43.600	9.603	5.486	44.850	10.057	5.824
42.375	9.165	5.158	43.625	9.612	5.494	44.875	10.066	5.832

Einkommensteuergrund- und Splittingtabellen für 2021

zu versteuerndes Einkommen	Einkommensteuer		zu versteuerndes Einkommen	Einkommensteuer		zu versteuerndes Einkommen	Einkommensteuer	
	Grundtabelle	Splittingtabelle		Grundtabelle	Splittingtabelle		Grundtabelle	Splittingtabelle
€	€	€	€	€	€	€	€	€
44.900	10.075	5.838	46.150	10.535	6.180	47.400	11.002	6.524
44.925	10.084	5.844	46.175	10.544	6.186	47.425	11.011	6.532
44.950	10.093	5.852	46.200	10.554	6.194	47.450	11.021	6.538
44.975	10.102	5.858	46.225	10.563	6.200	47.475	11.030	6.544
45.000	10.111	5.866	46.250	10.572	6.208	47.500	11.040	6.552
45.025	10.121	5.872	46.275	10.581	6.214	47.525	11.049	6.558
45.050	10.130	5.880	46.300	10.591	6.220	47.550	11.058	6.566
45.075	10.139	5.886	46.325	10.600	6.228	47.575	11.068	6.572
45.100	10.148	5.892	46.350	10.609	6.234	47.600	11.077	6.580
45.125	10.157	5.900	46.375	10.619	6.242	47.625	11.087	6.586
45.150	10.166	5.906	46.400	10.628	6.248	47.650	11.096	6.594
45.175	10.176	5.912	46.425	10.637	6.256	47.675	11.106	6.600
45.200	10.185	5.920	46.450	10.647	6.262	47.700	11.115	6.608
45.225	10.194	5.926	46.475	10.656	6.268	47.725	11.124	6.614
45.250	10.203	5.934	46.500	10.665	6.276	47.750	11.134	6.622
45.275	10.212	5.940	46.525	10.674	6.282	47.775	11.143	6.628
45.300	10.221	5.948	46.550	10.684	6.290	47.800	11.153	6.636
45.325	10.231	5.954	46.575	10.693	6.296	47.825	11.162	6.642
45.350	10.240	5.960	46.600	10.702	6.304	47.850	11.172	6.650
45.375	10.249	5.968	46.625	10.712	6.310	47.875	11.181	6.656
45.400	10.258	5.974	46.650	10.721	6.318	47.900	11.190	6.664
45.425	10.267	5.982	46.675	10.730	6.324	47.925	11.200	6.670
45.450	10.277	5.988	46.700	10.740	6.332	47.950	11.209	6.678
45.475	10.286	5.994	46.725	10.749	6.338	47.975	11.219	6.684
45.500	10.295	6.002	46.750	10.758	6.344	48.000	11.228	6.692
45.525	10.304	6.008	46.775	10.768	6.352	48.025	11.238	6.698
45.550	10.313	6.016	46.800	10.777	6.358	48.050	11.247	6.706
45.575	10.323	6.022	46.825	10.786	6.366	48.075	11.257	6.712
45.600	10.332	6.030	46.850	10.796	6.372	48.100	11.266	6.718
45.625	10.341	6.036	46.875	10.805	6.380	48.125	11.276	6.726
45.650	10.350	6.042	46.900	10.814	6.386	48.150	11.285	6.732
45.675	10.359	6.050	46.925	10.824	6.392	48.175	11.295	6.740
45.700	10.369	6.056	46.950	10.833	6.400	48.200	11.304	6.746
45.725	10.378	6.064	46.975	10.842	6.406	48.225	11.314	6.754
45.750	10.387	6.070	47.000	10.852	6.414	48.250	11.323	6.760
45.775	10.396	6.076	47.025	10.861	6.420	48.275	11.333	6.768
45.800	10.406	6.084	47.050	10.871	6.428	48.300	11.342	6.774
45.825	10.415	6.090	47.075	10.880	6.434	48.325	11.352	6.782
45.850	10.424	6.098	47.100	10.889	6.442	48.350	11.361	6.788
45.875	10.433	6.104	47.125	10.899	6.448	48.375	11.371	6.796
45.900	10.443	6.112	47.150	10.908	6.456	48.400	11.380	6.802
45.925	10.452	6.118	47.175	10.917	6.462	48.425	11.390	6.810
45.950	10.461	6.124	47.200	10.927	6.470	48.450	11.399	6.816
45.975	10.470	6.132	47.225	10.936	6.476	48.475	11.409	6.824
46.000	10.480	6.138	47.250	10.946	6.482	48.500	11.418	6.830
46.025	10.489	6.146	47.275	10.955	6.490	48.525	11.428	6.838
46.050	10.498	6.152	47.300	10.964	6.496	48.550	11.437	6.844
46.075	10.507	6.158	47.325	10.974	6.504	48.575	11.447	6.852
46.100	10.517	6.166	47.350	10.983	6.510	48.600	11.456	6.858
46.125	10.526	6.172	47.375	10.993	6.518	48.625	11.466	6.866

Einkommensteuergrund- und Splittingtabellen für 2021

zu versteuerndes Einkommen €	Einkommensteuer Grundtabelle €	Einkommensteuer Splittingtabelle €	zu versteuerndes Einkommen €	Einkommensteuer Grundtabelle €	Einkommensteuer Splittingtabelle €	zu versteuerndes Einkommen €	Einkommensteuer Grundtabelle €	Einkommensteuer Splittingtabelle €
48.650	11.475	6.872	49.900	11.955	7.224	51.150	12.442	7.578
48.675	11.485	6.880	49.925	11.965	7.230	51.175	12.451	7.586
48.700	11.494	6.886	49.950	11.974	7.238	51.200	12.461	7.592
48.725	11.504	6.894	49.975	11.984	7.244	51.225	12.471	7.600
48.750	11.513	6.900	50.000	11.994	7.252	51.250	12.481	7.606
48.775	11.523	6.908	50.025	12.003	7.258	51.275	12.491	7.614
48.800	11.533	6.914	50.050	12.013	7.266	51.300	12.500	7.620
48.825	11.542	6.922	50.075	12.023	7.272	51.325	12.510	7.628
48.850	11.552	6.928	50.100	12.033	7.280	51.350	12.520	7.636
48.875	11.561	6.936	50.125	12.042	7.286	51.375	12.530	7.642
48.900	11.571	6.942	50.150	12.052	7.294	51.400	12.540	7.650
48.925	11.580	6.950	50.175	12.062	7.302	51.425	12.549	7.656
48.950	11.590	6.956	50.200	12.071	7.308	51.450	12.559	7.664
48.975	11.599	6.964	50.225	12.081	7.316	51.475	12.569	7.670
49.000	11.609	6.970	50.250	12.091	7.322	51.500	12.579	7.678
49.025	11.619	6.978	50.275	12.100	7.330	51.525	12.589	7.684
49.050	11.628	6.984	50.300	12.110	7.336	51.550	12.599	7.692
49.075	11.638	6.992	50.325	12.120	7.344	51.575	12.608	7.700
49.100	11.647	6.998	50.350	12.129	7.350	51.600	12.618	7.706
49.125	11.657	7.006	50.375	12.139	7.358	51.625	12.628	7.714
49.150	11.666	7.012	50.400	12.149	7.366	51.650	12.638	7.720
49.175	11.676	7.020	50.425	12.159	7.372	51.675	12.648	7.728
49.200	11.686	7.026	50.450	12.168	7.380	51.700	12.658	7.736
49.225	11.695	7.034	50.475	12.178	7.386	51.725	12.667	7.742
49.250	11.705	7.040	50.500	12.188	7.394	51.750	12.677	7.750
49.275	11.714	7.048	50.525	12.198	7.400	51.775	12.687	7.756
49.300	11.724	7.054	50.550	12.207	7.408	51.800	12.697	7.764
49.325	11.734	7.062	50.575	12.217	7.414	51.825	12.707	7.770
49.350	11.743	7.068	50.600	12.227	7.422	51.850	12.717	7.778
49.375	11.753	7.076	50.625	12.236	7.428	51.875	12.727	7.784
49.400	11.762	7.082	50.650	12.246	7.436	51.900	12.737	7.792
49.425	11.772	7.090	50.675	12.256	7.442	51.925	12.746	7.800
49.450	11.782	7.096	50.700	12.266	7.450	51.950	12.756	7.806
49.475	11.791	7.104	50.725	12.275	7.456	51.975	12.766	7.814
49.500	11.801	7.110	50.750	12.285	7.464	52.000	12.776	7.822
49.525	11.810	7.118	50.775	12.295	7.472	52.025	12.786	7.828
49.550	11.820	7.126	50.800	12.305	7.478	52.050	12.796	7.836
49.575	11.830	7.132	50.825	12.314	7.486	52.075	12.806	7.842
49.600	11.839	7.140	50.850	12.324	7.492	52.100	12.816	7.850
49.625	11.849	7.146	50.875	12.334	7.500	52.125	12.825	7.856
49.650	11.859	7.154	50.900	12.344	7.508	52.150	12.835	7.864
49.675	11.868	7.160	50.925	12.354	7.514	52.175	12.845	7.872
49.700	11.878	7.168	50.950	12.363	7.522	52.200	12.855	7.878
49.725	11.888	7.174	50.975	12.373	7.528	52.225	12.865	7.886
49.750	11.897	7.182	51.000	12.383	7.536	52.250	12.875	7.892
49.775	11.907	7.188	51.025	12.393	7.542	52.275	12.885	7.900
49.800	11.917	7.196	51.050	12.402	7.550	52.300	12.895	7.908
49.825	11.926	7.202	51.075	12.412	7.556	52.325	12.905	7.914
49.850	11.936	7.210	51.100	12.422	7.564	52.350	12.915	7.922
49.875	11.945	7.216	51.125	12.432	7.570	52.375	12.925	7.928

Einkommensteuergrund- und Splittingtabellen für 2021

zu versteuerndes Einkommen €	Einkommensteuer Grundtabelle €	Einkommensteuer Splittingtabelle €	zu versteuerndes Einkommen €	Einkommensteuer Grundtabelle €	Einkommensteuer Splittingtabelle €	zu versteuerndes Einkommen €	Einkommensteuer Grundtabelle €	Einkommensteuer Splittingtabelle €
52.400	12.934	7.936	53.650	13.434	8.296	54.900	13.940	8.662
52.425	12.944	7.942	53.675	13.444	8.304	54.925	13.950	8.668
52.450	12.954	7.950	53.700	13.454	8.312	54.950	13.960	8.676
52.475	12.964	7.958	53.725	13.464	8.318	54.975	13.970	8.682
52.500	12.974	7.964	53.750	13.474	8.326	55.000	13.981	8.690
52.525	12.984	7.972	53.775	13.484	8.332	55.025	13.991	8.698
52.550	12.994	7.980	53.800	13.494	8.340	55.050	14.001	8.706
52.575	13.004	7.986	53.825	13.504	8.348	55.075	14.011	8.712
52.600	13.014	7.994	53.850	13.514	8.356	55.100	14.021	8.720
52.625	13.024	8.000	53.875	13.525	8.362	55.125	14.032	8.726
52.650	13.034	8.008	53.900	13.535	8.370	55.150	14.042	8.734
52.675	13.044	8.014	53.925	13.545	8.376	55.175	14.052	8.742
52.700	13.054	8.022	53.950	13.555	8.384	55.200	14.062	8.750
52.725	13.064	8.030	53.975	13.565	8.392	55.225	14.073	8.756
52.750	13.074	8.036	54.000	13.575	8.398	55.250	14.083	8.764
52.775	13.084	8.044	54.025	13.585	8.406	55.275	14.093	8.770
52.800	13.094	8.052	54.050	13.595	8.414	55.300	14.103	8.778
52.825	13.104	8.058	54.075	13.605	8.420	55.325	14.113	8.786
52.850	13.114	8.066	54.100	13.615	8.428	55.350	14.124	8.794
52.875	13.123	8.072	54.125	13.625	8.434	55.375	14.134	8.800
52.900	13.133	8.080	54.150	13.636	8.442	55.400	14.144	8.808
52.925	13.143	8.086	54.175	13.646	8.450	55.425	14.154	8.814
52.950	13.153	8.094	54.200	13.656	8.456	55.450	14.165	8.822
52.975	13.163	8.102	54.225	13.666	8.464	55.475	14.175	8.830
53.000	13.173	8.108	54.250	13.676	8.472	55.500	14.185	8.838
53.025	13.183	8.116	54.275	13.686	8.478	55.525	14.195	8.844
53.050	13.193	8.124	54.300	13.696	8.486	55.550	14.206	8.852
53.075	13.203	8.130	54.325	13.706	8.492	55.575	14.216	8.860
53.100	13.213	8.138	54.350	13.716	8.500	55.600	14.226	8.866
53.125	13.223	8.144	54.375	13.727	8.508	55.625	14.236	8.874
53.150	13.233	8.152	54.400	13.737	8.516	55.650	14.247	8.882
53.175	13.243	8.160	54.425	13.747	8.522	55.675	14.257	8.888
53.200	13.253	8.166	54.450	13.757	8.530	55.700	14.267	8.896
53.225	13.263	8.174	54.475	13.767	8.536	55.725	14.277	8.904
53.250	13.273	8.182	54.500	13.777	8.544	55.750	14.288	8.910
53.275	13.283	8.188	54.525	13.787	8.552	55.775	14.298	8.918
53.300	13.293	8.196	54.550	13.798	8.558	55.800	14.308	8.926
53.325	13.303	8.202	54.575	13.808	8.566	55.825	14.319	8.932
53.350	13.313	8.210	54.600	13.818	8.574	55.850	14.329	8.940
53.375	13.323	8.216	54.625	13.828	8.580	55.875	14.339	8.948
53.400	13.334	8.224	54.650	13.838	8.588	55.900	14.349	8.956
53.425	13.344	8.232	54.675	13.848	8.596	55.925	14.360	8.962
53.450	13.354	8.238	54.700	13.859	8.602	55.950	14.370	8.970
53.475	13.364	8.246	54.725	13.869	8.610	55.975	14.380	8.976
53.500	13.374	8.254	54.750	13.879	8.618	56.000	14.391	8.984
53.525	13.384	8.260	54.775	13.889	8.624	56.025	14.401	8.992
53.550	13.394	8.268	54.800	13.899	8.632	56.050	14.411	9.000
53.575	13.404	8.274	54.825	13.909	8.640	56.075	14.421	9.006
53.600	13.414	8.282	54.850	13.920	8.646	56.100	14.432	9.014
53.625	13.424	8.290	54.875	13.930	8.654	56.125	14.442	9.022

Einkommensteuergrund- und Splittingtabellen für 2021

zu versteuerndes Einkommen €	Einkommensteuer Grundtabelle €	Einkommensteuer Splittingtabelle €	zu versteuerndes Einkommen €	Einkommensteuer Grundtabelle €	Einkommensteuer Splittingtabelle €	zu versteuerndes Einkommen €	Einkommensteuer Grundtabelle €	Einkommensteuer Splittingtabelle €
56.150	14.452	9.028	57.400	14.971	9.400	58.650	15.496	9.774
56.175	14.463	9.036	57.425	14.982	9.406	58.675	15.506	9.780
56.200	14.473	9.044	57.450	14.992	9.414	58.700	15.517	9.788
56.225	14.483	9.050	57.475	15.003	9.422	58.725	15.527	9.796
56.250	14.494	9.058	57.500	15.013	9.430	58.750	15.538	9.804
56.275	14.504	9.066	57.525	15.024	9.436	58.775	15.548	9.810
56.300	14.514	9.074	57.550	15.034	9.444	58.800	15.559	9.818
56.325	14.525	9.080	57.575	15.045	9.452	58.825	15.569	9.826
56.350	14.535	9.088	57.600	15.055	9.460	58.850	15.580	9.834
56.375	14.545	9.096	57.625	15.066	9.466	58.875	15.590	9.842
56.400	14.556	9.102	57.650	15.076	9.474	58.900	15.601	9.848
56.425	14.566	9.110	57.675	15.087	9.482	58.925	15.611	9.856
56.450	14.576	9.118	57.700	15.097	9.490	58.950	15.622	9.864
56.475	14.587	9.124	57.725	15.107	9.496	58.975	15.632	9.872
56.500	14.597	9.132	57.750	15.118	9.504	59.000	15.643	9.880
56.525	14.607	9.140	57.775	15.128	9.512	59.025	15.653	9.886
56.550	14.618	9.148	57.800	15.139	9.518	59.050	15.664	9.894
56.575	14.628	9.154	57.825	15.149	9.526	59.075	15.674	9.902
56.600	14.639	9.162	57.850	15.160	9.534	59.100	15.685	9.910
56.625	14.649	9.170	57.875	15.170	9.542	59.125	15.695	9.916
56.650	14.659	9.176	57.900	15.181	9.548	59.150	15.706	9.924
56.675	14.670	9.184	57.925	15.191	9.556	59.175	15.716	9.932
56.700	14.680	9.192	57.950	15.202	9.564	59.200	15.727	9.940
56.725	14.690	9.198	57.975	15.212	9.570	59.225	15.737	9.946
56.750	14.701	9.206	58.000	15.223	9.578	59.250	15.748	9.954
56.775	14.711	9.214	58.025	15.233	9.586	59.275	15.758	9.962
56.800	14.721	9.222	58.050	15.244	9.594	59.300	15.769	9.970
56.825	14.732	9.228	58.075	15.254	9.600	59.325	15.779	9.976
56.850	14.742	9.236	58.100	15.265	9.608	59.350	15.790	9.984
56.875	14.753	9.244	58.125	15.275	9.616	59.375	15.800	9.992
56.900	14.763	9.250	58.150	15.286	9.624	59.400	15.811	10.000
56.925	14.773	9.258	58.175	15.296	9.630	59.425	15.821	10.006
56.950	14.784	9.266	58.200	15.307	9.638	59.450	15.832	10.014
56.975	14.794	9.272	58.225	15.317	9.646	59.475	15.842	10.022
57.000	14.805	9.280	58.250	15.328	9.654	59.500	15.853	10.030
57.025	14.815	9.288	58.275	15.338	9.660	59.525	15.863	10.038
57.050	14.825	9.296	58.300	15.349	9.668	59.550	15.874	10.046
57.075	14.836	9.302	58.325	15.359	9.676	59.575	15.884	10.052
57.100	14.846	9.310	58.350	15.370	9.684	59.600	15.895	10.060
57.125	14.857	9.318	58.375	15.380	9.690	59.625	15.905	10.068
57.150	14.867	9.326	58.400	15.391	9.698	59.650	15.916	10.076
57.175	14.878	9.332	58.425	15.401	9.706	59.675	15.926	10.082
57.200	14.888	9.340	58.450	15.412	9.714	59.700	15.937	10.090
57.225	14.898	9.348	58.475	15.422	9.720	59.725	15.947	10.098
57.250	14.909	9.354	58.500	15.433	9.728	59.750	15.958	10.106
57.275	14.919	9.362	58.525	15.443	9.736	59.775	15.968	10.112
57.300	14.930	9.370	58.550	15.454	9.744	59.800	15.979	10.120
57.325	14.940	9.376	58.575	15.464	9.750	59.825	15.989	10.128
57.350	14.951	9.384	58.600	15.475	9.758	59.850	16.000	10.136
57.375	14.961	9.392	58.625	15.485	9.766	59.875	16.010	10.144

Einkommensteuergrund- und Splittingtabellen für 2021

zu versteuerndes Einkommen €	Einkommensteuer Grundtabelle €	Einkommensteuer Splittingtabelle €	zu versteuerndes Einkommen €	Einkommensteuer Grundtabelle €	Einkommensteuer Splittingtabelle €	zu versteuerndes Einkommen €	Einkommensteuer Grundtabelle €	Einkommensteuer Splittingtabelle €
59.900	16.021	10.152	61.150	16.546	10.532	62.400	17.071	10.916
59.925	16.031	10.158	61.175	16.556	10.538	62.425	17.081	10.922
59.950	16.042	10.166	61.200	16.567	10.546	62.450	17.092	10.930
59.975	16.052	10.174	61.225	16.577	10.554	62.475	17.102	10.938
60.000	16.063	10.182	61.250	16.588	10.562	62.500	17.113	10.946
60.025	16.073	10.188	61.275	16.598	10.570	62.525	17.123	10.954
60.050	16.084	10.196	61.300	16.609	10.578	62.550	17.134	10.962
60.075	16.094	10.204	61.325	16.619	10.584	62.575	17.144	10.970
60.100	16.105	10.212	61.350	16.630	10.592	62.600	17.155	10.978
60.125	16.115	10.218	61.375	16.640	10.600	62.625	17.165	10.984
60.150	16.126	10.226	61.400	16.651	10.608	62.650	17.176	10.992
60.175	16.136	10.234	61.425	16.661	10.616	62.675	17.186	11.000
60.200	16.147	10.242	61.450	16.672	10.624	62.700	17.197	11.008
60.225	16.157	10.250	61.475	16.682	10.630	62.725	17.207	11.016
60.250	16.168	10.258	61.500	16.693	10.638	62.750	17.218	11.024
60.275	16.178	10.264	61.525	16.703	10.646	62.775	17.228	11.030
60.300	16.189	10.272	61.550	16.714	10.654	62.800	17.239	11.040
60.325	16.199	10.280	61.575	16.724	10.662	62.825	17.249	11.046
60.350	16.210	10.288	61.600	16.735	10.670	62.850	17.260	11.054
60.375	16.220	10.294	61.625	16.745	10.676	62.875	17.270	11.062
60.400	16.231	10.302	61.650	16.756	10.684	62.900	17.281	11.070
60.425	16.241	10.310	61.675	16.766	10.692	62.925	17.291	11.078
60.450	16.252	10.318	61.700	16.777	10.700	62.950	17.302	11.086
60.475	16.262	10.326	61.725	16.787	10.708	62.975	17.312	11.092
60.500	16.273	10.334	61.750	16.798	10.716	63.000	17.323	11.100
60.525	16.283	10.340	61.775	16.808	10.722	63.025	17.333	11.108
60.550	16.294	10.348	61.800	16.819	10.730	63.050	17.344	11.116
60.575	16.304	10.356	61.825	16.829	10.738	63.075	17.354	11.124
60.600	16.315	10.364	61.850	16.840	10.746	63.100	17.365	11.132
60.625	16.325	10.372	61.875	16.850	10.754	63.125	17.375	11.140
60.650	16.336	10.380	61.900	16.861	10.762	63.150	17.386	11.148
60.675	16.346	10.386	61.925	16.871	10.768	63.175	17.396	11.154
60.700	16.357	10.394	61.950	16.882	10.776	63.200	17.407	11.162
60.725	16.367	10.402	61.975	16.892	10.784	63.225	17.417	11.170
60.750	16.378	10.410	62.000	16.903	10.792	63.250	17.428	11.178
60.775	16.388	10.416	62.025	16.913	10.800	63.275	17.438	11.186
60.800	16.399	10.424	62.050	16.924	10.808	63.300	17.449	11.194
60.825	16.409	10.432	62.075	16.934	10.816	63.325	17.459	11.202
60.850	16.420	10.440	62.100	16.945	10.824	63.350	17.470	11.210
60.875	16.430	10.448	62.125	16.955	10.830	63.375	17.480	11.216
60.900	16.441	10.456	62.150	16.966	10.838	63.400	17.491	11.224
60.925	16.451	10.462	62.175	16.976	10.846	63.425	17.501	11.232
60.950	16.462	10.470	62.200	16.987	10.854	63.450	17.512	11.240
60.975	16.472	10.478	62.225	16.997	10.862	63.475	17.522	11.248
61.000	16.483	10.486	62.250	17.008	10.870	63.500	17.533	11.256
61.025	16.493	10.494	62.275	17.018	10.876	63.525	17.543	11.264
61.050	16.504	10.502	62.300	17.029	10.884	63.550	17.554	11.272
61.075	16.514	10.508	62.325	17.039	10.892	63.575	17.564	11.280
61.100	16.525	10.516	62.350	17.050	10.900	63.600	17.575	11.288
61.125	16.535	10.524	62.375	17.060	10.908	63.625	17.585	11.294

Einkommensteuergrund- und Splittingtabellen für 2021

zu versteuerndes Einkommen €	Einkommensteuer Grundtabelle €	Einkommensteuer Splittingtabelle €	zu versteuerndes Einkommen €	Einkommensteuer Grundtabelle €	Einkommensteuer Splittingtabelle €	zu versteuerndes Einkommen €	Einkommensteuer Grundtabelle €	Einkommensteuer Splittingtabelle €
63.650	17.596	11.302	64.900	18.121	11.694	66.150	18.646	12.086
63.675	17.606	11.310	64.925	18.131	11.700	66.175	18.656	12.094
63.700	17.617	11.318	64.950	18.142	11.708	66.200	18.667	12.102
63.725	17.627	11.326	64.975	18.152	11.716	66.225	18.677	12.110
63.750	17.638	11.334	65.000	18.163	11.724	66.250	18.688	12.118
63.775	17.648	11.342	65.025	18.173	11.732	66.275	18.698	12.126
63.800	17.659	11.350	65.050	18.184	11.740	66.300	18.709	12.134
63.825	17.669	11.356	65.075	18.194	11.748	66.325	18.719	12.142
63.850	17.680	11.364	65.100	18.205	11.756	66.350	18.730	12.150
63.875	17.690	11.372	65.125	18.215	11.764	66.375	18.740	12.158
63.900	17.701	11.380	65.150	18.226	11.772	66.400	18.751	12.166
63.925	17.711	11.388	65.175	18.236	11.780	66.425	18.761	12.174
63.950	17.722	11.396	65.200	18.247	11.788	66.450	18.772	12.182
63.975	17.732	11.404	65.225	18.257	11.794	66.475	18.782	12.190
64.000	17.743	11.412	65.250	18.268	11.802	66.500	18.793	12.198
64.025	17.753	11.420	65.275	18.278	11.810	66.525	18.803	12.206
64.050	17.764	11.428	65.300	18.289	11.818	66.550	18.814	12.214
64.075	17.774	11.434	65.325	18.299	11.826	66.575	18.824	12.220
64.100	17.785	11.442	65.350	18.310	11.834	66.600	18.835	12.230
64.125	17.795	11.450	65.375	18.320	11.842	66.625	18.845	12.236
64.150	17.806	11.458	65.400	18.331	11.850	66.650	18.856	12.246
64.175	17.816	11.466	65.425	18.341	11.858	66.675	18.866	12.252
64.200	17.827	11.474	65.450	18.352	11.866	66.700	18.877	12.260
64.225	17.837	11.482	65.475	18.362	11.874	66.725	18.887	12.268
64.250	17.848	11.490	65.500	18.373	11.882	66.750	18.898	12.276
64.275	17.858	11.498	65.525	18.383	11.890	66.775	18.908	12.284
64.300	17.869	11.506	65.550	18.394	11.898	66.800	18.919	12.292
64.325	17.879	11.512	65.575	18.404	11.904	66.825	18.929	12.300
64.350	17.890	11.520	65.600	18.415	11.914	66.850	18.940	12.308
64.375	17.900	11.528	65.625	18.425	11.920	66.875	18.950	12.316
64.400	17.911	11.536	65.650	18.436	11.928	66.900	18.961	12.324
64.425	17.921	11.544	65.675	18.446	11.936	66.925	18.971	12.332
64.450	17.932	11.552	65.700	18.457	11.944	66.950	18.982	12.340
64.475	17.942	11.560	65.725	18.467	11.952	66.975	18.992	12.348
64.500	17.953	11.568	65.750	18.478	11.960	67.000	19.003	12.356
64.525	17.963	11.576	65.775	18.488	11.968	67.025	19.013	12.364
64.550	17.974	11.584	65.800	18.499	11.976	67.050	19.024	12.372
64.575	17.984	11.590	65.825	18.509	11.984	67.075	19.034	12.380
64.600	17.995	11.600	65.850	18.520	11.992	67.100	19.045	12.388
64.625	18.005	11.606	65.875	18.530	12.000	67.125	19.055	12.396
64.650	18.016	11.614	65.900	18.541	12.008	67.150	19.066	12.404
64.675	18.026	11.622	65.925	18.551	12.016	67.175	19.076	12.412
64.700	18.037	11.630	65.950	18.562	12.024	67.200	19.087	12.420
64.725	18.047	11.638	65.975	18.572	12.032	67.225	19.097	12.428
64.750	18.058	11.646	66.000	18.583	12.040	67.250	19.108	12.436
64.775	18.068	11.654	66.025	18.593	12.046	67.275	19.118	12.444
64.800	18.079	11.662	66.050	18.604	12.056	67.300	19.129	12.452
64.825	18.089	11.670	66.075	18.614	12.062	67.325	19.139	12.460
64.850	18.100	11.678	66.100	18.625	12.070	67.350	19.150	12.468
64.875	18.110	11.684	66.125	18.635	12.078	67.375	19.160	12.476

Einkommensteuergrund- und Splittingtabellen für 2021

zu versteuerndes Einkommen €	Einkommensteuer Grundtabelle €	Einkommensteuer Splittingtabelle €	zu versteuerndes Einkommen €	Einkommensteuer Grundtabelle €	Einkommensteuer Splittingtabelle €	zu versteuerndes Einkommen €	Einkommensteuer Grundtabelle €	Einkommensteuer Splittingtabelle €
67.400	19.171	12.484	68.650	19.696	12.884	69.900	20.221	13.288
67.425	19.181	12.492	68.675	19.706	12.892	69.925	20.231	13.296
67.450	19.192	12.500	68.700	19.717	12.900	69.950	20.242	13.304
67.475	19.202	12.508	68.725	19.727	12.908	69.975	20.252	13.312
67.500	19.213	12.516	68.750	19.738	12.916	70.000	20.263	13.320
67.525	19.223	12.524	68.775	19.748	12.924	70.025	20.273	13.328
67.550	19.234	12.532	68.800	19.759	12.932	70.050	20.284	13.336
67.575	19.244	12.540	68.825	19.769	12.940	70.075	20.294	13.344
67.600	19.255	12.548	68.850	19.780	12.948	70.100	20.305	13.352
67.625	19.265	12.556	68.875	19.790	12.956	70.125	20.315	13.360
67.650	19.276	12.564	68.900	19.801	12.964	70.150	20.326	13.368
67.675	19.286	12.572	68.925	19.811	12.972	70.175	20.336	13.376
67.700	19.297	12.580	68.950	19.822	12.980	70.200	20.347	13.384
67.725	19.307	12.588	68.975	19.832	12.988	70.225	20.357	13.392
67.750	19.318	12.596	69.000	19.843	12.996	70.250	20.368	13.400
67.775	19.328	12.604	69.025	19.853	13.004	70.275	20.378	13.408
67.800	19.339	12.612	69.050	19.864	13.012	70.300	20.389	13.418
67.825	19.349	12.618	69.075	19.874	13.020	70.325	20.399	13.424
67.850	19.360	12.628	69.100	19.885	13.028	70.350	20.410	13.434
67.875	19.370	12.634	69.125	19.895	13.036	70.375	20.420	13.442
67.900	19.381	12.644	69.150	19.906	13.044	70.400	20.431	13.450
67.925	19.391	12.650	69.175	19.916	13.052	70.425	20.441	13.458
67.950	19.402	12.660	69.200	19.927	13.060	70.450	20.452	13.466
67.975	19.412	12.666	69.225	19.937	13.068	70.475	20.462	13.474
68.000	19.423	12.676	69.250	19.948	13.078	70.500	20.473	13.482
68.025	19.433	12.682	69.275	19.958	13.084	70.525	20.483	13.490
68.050	19.444	12.692	69.300	19.969	13.094	70.550	20.494	13.498
68.075	19.454	12.698	69.325	19.979	13.100	70.575	20.504	13.506
68.100	19.465	12.708	69.350	19.990	13.110	70.600	20.515	13.514
68.125	19.475	12.714	69.375	20.000	13.118	70.625	20.525	13.522
68.150	19.486	12.724	69.400	20.011	13.126	70.650	20.536	13.530
68.175	19.496	12.732	69.425	20.021	13.134	70.675	20.546	13.538
68.200	19.507	12.740	69.450	20.032	13.142	70.700	20.557	13.548
68.225	19.517	12.748	69.475	20.042	13.150	70.725	20.567	13.554
68.250	19.528	12.756	69.500	20.053	13.158	70.750	20.578	13.564
68.275	19.538	12.764	69.525	20.063	13.166	70.775	20.588	13.572
68.300	19.549	12.772	69.550	20.074	13.174	70.800	20.599	13.580
68.325	19.559	12.780	69.575	20.084	13.182	70.825	20.609	13.588
68.350	19.570	12.788	69.600	20.095	13.190	70.850	20.620	13.596
68.375	19.580	12.796	69.625	20.105	13.198	70.875	20.630	13.604
68.400	19.591	12.804	69.650	20.116	13.206	70.900	20.641	13.612
68.425	19.601	12.812	69.675	20.126	13.214	70.925	20.651	13.620
68.450	19.612	12.820	69.700	20.137	13.222	70.950	20.662	13.628
68.475	19.622	12.828	69.725	20.147	13.230	70.975	20.672	13.636
68.500	19.633	12.836	69.750	20.158	13.238	71.000	20.683	13.644
68.525	19.643	12.844	69.775	20.168	13.246	71.025	20.693	13.652
68.550	19.654	12.852	69.800	20.179	13.254	71.050	20.704	13.662
68.575	19.664	12.860	69.825	20.189	13.262	71.075	20.714	13.670
68.600	19.675	12.868	69.850	20.200	13.272	71.100	20.725	13.678
68.625	19.685	12.876	69.875	20.210	13.278	71.125	20.735	13.686

Einkommensteuergrund- und Splittingtabellen für 2021

zu versteuerndes Einkommen €	Einkommensteuer Grundtabelle €	Einkommensteuer Splittingtabelle €	zu versteuerndes Einkommen €	Einkommensteuer Grundtabelle €	Einkommensteuer Splittingtabelle €	zu versteuerndes Einkommen €	Einkommensteuer Grundtabelle €	Einkommensteuer Splittingtabelle €
71.150	20.746	13.694	72.400	21.271	14.104	73.650	21.796	14.518
71.175	20.756	13.702	72.425	21.281	14.112	73.675	21.806	14.526
71.200	20.767	13.710	72.450	21.292	14.120	73.700	21.817	14.534
71.225	20.777	13.718	72.475	21.302	14.128	73.725	21.827	14.542
71.250	20.788	13.726	72.500	21.313	14.136	73.750	21.838	14.550
71.275	20.798	13.734	72.525	21.323	14.144	73.775	21.848	14.558
71.300	20.809	13.742	72.550	21.334	14.154	73.800	21.859	14.566
71.325	20.819	13.750	72.575	21.344	14.162	73.825	21.869	14.574
71.350	20.830	13.760	72.600	21.355	14.170	73.850	21.880	14.584
71.375	20.840	13.768	72.625	21.365	14.178	73.875	21.890	14.592
71.400	20.851	13.776	72.650	21.376	14.186	73.900	21.901	14.600
71.425	20.861	13.784	72.675	21.386	14.194	73.925	21.911	14.608
71.450	20.872	13.792	72.700	21.397	14.202	73.950	21.922	14.616
71.475	20.882	13.800	72.725	21.407	14.210	73.975	21.932	14.624
71.500	20.893	13.808	72.750	21.418	14.220	74.000	21.943	14.634
71.525	20.903	13.816	72.775	21.428	14.228	74.025	21.953	14.642
71.550	20.914	13.824	72.800	21.439	14.236	74.050	21.964	14.650
71.575	20.924	13.832	72.825	21.449	14.244	74.075	21.974	14.658
71.600	20.935	13.842	72.850	21.460	14.252	74.100	21.985	14.666
71.625	20.945	13.850	72.875	21.470	14.260	74.125	21.995	14.674
71.650	20.956	13.858	72.900	21.481	14.268	74.150	22.006	14.684
71.675	20.966	13.866	72.925	21.491	14.276	74.175	22.016	14.692
71.700	20.977	13.874	72.950	21.502	14.286	74.200	22.027	14.700
71.725	20.987	13.882	72.975	21.512	14.294	74.225	22.037	14.708
71.750	20.998	13.890	73.000	21.523	14.302	74.250	22.048	14.716
71.775	21.008	13.898	73.025	21.533	14.310	74.275	22.058	14.724
71.800	21.019	13.906	73.050	21.544	14.318	74.300	22.069	14.734
71.825	21.029	13.914	73.075	21.554	14.326	74.325	22.079	14.742
71.850	21.040	13.924	73.100	21.565	14.334	74.350	22.090	14.750
71.875	21.050	13.932	73.125	21.575	14.342	74.375	22.100	14.758
71.900	21.061	13.940	73.150	21.586	14.352	74.400	22.111	14.766
71.925	21.071	13.948	73.175	21.596	14.360	74.425	22.121	14.774
71.950	21.082	13.956	73.200	21.607	14.368	74.450	22.132	14.784
71.975	21.092	13.964	73.225	21.617	14.376	74.475	22.142	14.792
72.000	21.103	13.972	73.250	21.628	14.384	74.500	22.153	14.800
72.025	21.113	13.980	73.275	21.638	14.392	74.525	22.163	14.808
72.050	21.124	13.988	73.300	21.649	14.402	74.550	22.174	14.816
72.075	21.134	13.996	73.325	21.659	14.410	74.575	22.184	14.824
72.100	21.145	14.006	73.350	21.670	14.418	74.600	22.195	14.834
72.125	21.155	14.014	73.375	21.680	14.426	74.625	22.205	14.842
72.150	21.166	14.022	73.400	21.691	14.434	74.650	22.216	14.850
72.175	21.176	14.030	73.425	21.701	14.442	74.675	22.226	14.858
72.200	21.187	14.038	73.450	21.712	14.450	74.700	22.237	14.866
72.225	21.197	14.046	73.475	21.722	14.458	74.725	22.247	14.874
72.250	21.208	14.054	73.500	21.733	14.468	74.750	22.258	14.884
72.275	21.218	14.062	73.525	21.743	14.476	74.775	22.268	14.892
72.300	21.229	14.072	73.550	21.754	14.484	74.800	22.279	14.900
72.325	21.239	14.078	73.575	21.764	14.492	74.825	22.289	14.908
72.350	21.250	14.088	73.600	21.775	14.500	74.850	22.300	14.916
72.375	21.260	14.096	73.625	21.785	14.508	74.875	22.310	14.924

Einkommensteuergrund- und Splittingtabellen für 2021

zu versteuerndes Einkommen €	Einkommensteuer Grundtabelle €	Einkommensteuer Splittingtabelle €	zu versteuerndes Einkommen €	Einkommensteuer Grundtabelle €	Einkommensteuer Splittingtabelle €	zu versteuerndes Einkommen €	Einkommensteuer Grundtabelle €	Einkommensteuer Splittingtabelle €
74.900	22.321	14.934	76.150	22.846	15.354	77.400	23.371	15.776
74.925	22.331	14.942	76.175	22.856	15.362	77.425	23.381	15.784
74.950	22.342	14.950	76.200	22.867	15.370	77.450	23.392	15.794
74.975	22.352	14.958	76.225	22.877	15.378	77.475	23.402	15.802
75.000	22.363	14.968	76.250	22.888	15.388	77.500	23.413	15.810
75.025	22.373	14.976	76.275	22.898	15.396	77.525	23.423	15.818
75.050	22.384	14.984	76.300	22.909	15.404	77.550	23.434	15.828
75.075	22.394	14.992	76.325	22.919	15.412	77.575	23.444	15.836
75.100	22.405	15.000	76.350	22.930	15.420	77.600	23.455	15.844
75.125	22.415	15.008	76.375	22.940	15.428	77.625	23.465	15.852
75.150	22.426	15.018	76.400	22.951	15.438	77.650	23.476	15.862
75.175	22.436	15.026	76.425	22.961	15.446	77.675	23.486	15.870
75.200	22.447	15.034	76.450	22.972	15.454	77.700	23.497	15.878
75.225	22.457	15.042	76.475	22.982	15.462	77.725	23.507	15.886
75.250	22.468	15.050	76.500	22.993	15.472	77.750	23.518	15.896
75.275	22.478	15.058	76.525	23.003	15.480	77.775	23.528	15.904
75.300	22.489	15.068	76.550	23.014	15.488	77.800	23.539	15.912
75.325	22.499	15.076	76.575	23.024	15.496	77.825	23.549	15.920
75.350	22.510	15.084	76.600	23.035	15.506	77.850	23.560	15.930
75.375	22.520	15.092	76.625	23.045	15.514	77.875	23.570	15.938
75.400	22.531	15.102	76.650	23.056	15.522	77.900	23.581	15.946
75.425	22.541	15.110	76.675	23.066	15.530	77.925	23.591	15.954
75.450	22.552	15.118	76.700	23.077	15.540	77.950	23.602	15.964
75.475	22.562	15.126	76.725	23.087	15.548	77.975	23.612	15.972
75.500	22.573	15.134	76.750	23.098	15.556	78.000	23.623	15.980
75.525	22.583	15.142	76.775	23.108	15.564	78.025	23.633	15.988
75.550	22.594	15.152	76.800	23.119	15.572	78.050	23.644	15.998
75.575	22.604	15.160	76.825	23.129	15.582	78.075	23.654	16.006
75.600	22.615	15.168	76.850	23.140	15.590	78.100	23.665	16.014
75.625	22.625	15.176	76.875	23.150	15.598	78.125	23.675	16.022
75.650	22.636	15.186	76.900	23.161	15.606	78.150	23.686	16.032
75.675	22.646	15.194	76.925	23.171	15.614	78.175	23.696	16.040
75.700	22.657	15.202	76.950	23.182	15.624	78.200	23.707	16.048
75.725	22.667	15.210	76.975	23.192	15.632	78.225	23.717	16.058
75.750	22.678	15.218	77.000	23.203	15.640	78.250	23.728	16.066
75.775	22.688	15.226	77.025	23.213	15.648	78.275	23.738	16.074
75.800	22.699	15.236	77.050	23.224	15.658	78.300	23.749	16.084
75.825	22.709	15.244	77.075	23.234	15.666	78.325	23.759	16.092
75.850	22.720	15.252	77.100	23.245	15.674	78.350	23.770	16.100
75.875	22.730	15.260	77.125	23.255	15.682	78.375	23.780	16.108
75.900	22.741	15.270	77.150	23.266	15.692	78.400	23.791	16.118
75.925	22.751	15.278	77.175	23.276	15.700	78.425	23.801	16.126
75.950	22.762	15.286	77.200	23.287	15.708	78.450	23.812	16.134
75.975	22.772	15.294	77.225	23.297	15.716	78.475	23.822	16.142
76.000	22.783	15.302	77.250	23.308	15.726	78.500	23.833	16.152
76.025	22.793	15.310	77.275	23.318	15.734	78.525	23.843	16.160
76.050	22.804	15.320	77.300	23.329	15.742	78.550	23.854	16.168
76.075	22.814	15.328	77.325	23.339	15.750	78.575	23.864	16.176
76.100	22.825	15.336	77.350	23.350	15.760	78.600	23.875	16.186
76.125	22.835	15.344	77.375	23.360	15.768	78.625	23.885	16.194

Einkommensteuergrund- und Splittingtabellen für 2021

zu versteuerndes Einkommen €	Einkommensteuer Grundtabelle €	Einkommensteuer Splittingtabelle €	zu versteuerndes Einkommen €	Einkommensteuer Grundtabelle €	Einkommensteuer Splittingtabelle €	zu versteuerndes Einkommen €	Einkommensteuer Grundtabelle €	Einkommensteuer Splittingtabelle €
78.650	23.896	16.202	79.900	24.421	16.632	81.150	24.946	17.066
78.675	23.906	16.210	79.925	24.431	16.640	81.175	24.956	17.074
78.700	23.917	16.220	79.950	24.442	16.650	81.200	24.967	17.082
78.725	23.927	16.228	79.975	24.452	16.658	81.225	24.977	17.090
78.750	23.938	16.236	80.000	24.463	16.666	81.250	24.988	17.100
78.775	23.948	16.246	80.025	24.473	16.676	81.275	24.998	17.108
78.800	23.959	16.254	80.050	24.484	16.684	81.300	25.009	17.118
78.825	23.969	16.262	80.075	24.494	16.692	81.325	25.019	17.126
78.850	23.980	16.272	80.100	24.505	16.702	81.350	25.030	17.134
78.875	23.990	16.280	80.125	24.515	16.710	81.375	25.040	17.144
78.900	24.001	16.288	80.150	24.526	16.718	81.400	25.051	17.152
78.925	24.011	16.296	80.175	24.536	16.726	81.425	25.061	17.160
78.950	24.022	16.306	80.200	24.547	16.736	81.450	25.072	17.170
78.975	24.032	16.314	80.225	24.557	16.744	81.475	25.082	17.178
79.000	24.043	16.322	80.250	24.568	16.754	81.500	25.093	17.186
79.025	24.053	16.330	80.275	24.578	16.762	81.525	25.103	17.196
79.050	24.064	16.340	80.300	24.589	16.770	81.550	25.114	17.204
79.075	24.074	16.348	80.325	24.599	16.778	81.575	25.124	17.212
79.100	24.085	16.358	80.350	24.610	16.788	81.600	25.135	17.222
79.125	24.095	16.366	80.375	24.620	16.796	81.625	25.145	17.230
79.150	24.106	16.374	80.400	24.631	16.806	81.650	25.156	17.240
79.175	24.116	16.382	80.425	24.641	16.814	81.675	25.166	17.248
79.200	24.127	16.392	80.450	24.652	16.822	81.700	25.177	17.256
79.225	24.137	16.400	80.475	24.662	16.830	81.725	25.187	17.264
79.250	24.148	16.408	80.500	24.673	16.840	81.750	25.198	17.274
79.275	24.158	16.416	80.525	24.683	16.848	81.775	25.208	17.282
79.300	24.169	16.426	80.550	24.694	16.856	81.800	25.219	17.292
79.325	24.179	16.434	80.575	24.704	16.866	81.825	25.229	17.300
79.350	24.190	16.442	80.600	24.715	16.874	81.850	25.240	17.308
79.375	24.200	16.452	80.625	24.725	16.882	81.875	25.250	17.318
79.400	24.211	16.460	80.650	24.736	16.892	81.900	25.261	17.326
79.425	24.221	16.468	80.675	24.746	16.900	81.925	25.271	17.334
79.450	24.232	16.478	80.700	24.757	16.908	81.950	25.282	17.344
79.475	24.242	16.486	80.725	24.767	16.918	81.975	25.292	17.352
79.500	24.253	16.494	80.750	24.778	16.926	82.000	25.303	17.362
79.525	24.263	16.502	80.775	24.788	16.934	82.025	25.313	17.370
79.550	24.274	16.512	80.800	24.799	16.944	82.050	25.324	17.378
79.575	24.284	16.520	80.825	24.809	16.952	82.075	25.334	17.388
79.600	24.295	16.528	80.850	24.820	16.960	82.100	25.345	17.396
79.625	24.305	16.538	80.875	24.830	16.970	82.125	25.355	17.404
79.650	24.316	16.546	80.900	24.841	16.978	82.150	25.366	17.414
79.675	24.326	16.554	80.925	24.851	16.986	82.175	25.376	17.422
79.700	24.337	16.564	80.950	24.862	16.996	82.200	25.387	17.432
79.725	24.347	16.572	80.975	24.872	17.004	82.225	25.397	17.440
79.750	24.358	16.580	81.000	24.883	17.012	82.250	25.408	17.448
79.775	24.368	16.588	81.025	24.893	17.022	82.275	25.418	17.458
79.800	24.379	16.598	81.050	24.904	17.030	82.300	25.429	17.466
79.825	24.389	16.606	81.075	24.914	17.038	82.325	25.439	17.474
79.850	24.400	16.616	81.100	24.925	17.048	82.350	25.450	17.484
79.875	24.410	16.624	81.125	24.935	17.056	82.375	25.460	17.492

Einkommensteuergrund- und Splittingtabellen für 2021

zu versteuerndes Einkommen €	Einkommensteuer Grundtabelle €	Einkommensteuer Splittingtabelle €	zu versteuerndes Einkommen €	Einkommensteuer Grundtabelle €	Einkommensteuer Splittingtabelle €	zu versteuerndes Einkommen €	Einkommensteuer Grundtabelle €	Einkommensteuer Splittingtabelle €
82.400	25.471	17.502	83.650	25.996	17.940	84.900	26.521	18.384
82.425	25.481	17.510	83.675	26.006	17.948	84.925	26.531	18.392
82.450	25.492	17.518	83.700	26.017	17.958	84.950	26.542	18.400
82.475	25.502	17.528	83.725	26.027	17.966	84.975	26.552	18.410
82.500	25.513	17.536	83.750	26.038	17.976	85.000	26.563	18.418
82.525	25.523	17.544	83.775	26.048	17.984	85.025	26.573	18.428
82.550	25.534	17.554	83.800	26.059	17.994	85.050	26.584	18.436
82.575	25.544	17.562	83.825	26.069	18.002	85.075	26.594	18.446
82.600	25.555	17.572	83.850	26.080	18.012	85.100	26.605	18.454
82.625	25.565	17.580	83.875	26.090	18.020	85.125	26.615	18.462
82.650	25.576	17.588	83.900	26.101	18.028	85.150	26.626	18.472
82.675	25.586	17.598	83.925	26.111	18.038	85.175	26.636	18.480
82.700	25.597	17.606	83.950	26.122	18.046	85.200	26.647	18.490
82.725	25.607	17.614	83.975	26.132	18.054	85.225	26.657	18.498
82.750	25.618	17.624	84.000	26.143	18.064	85.250	26.668	18.508
82.775	25.628	17.632	84.025	26.153	18.072	85.275	26.678	18.516
82.800	25.639	17.642	84.050	26.164	18.082	85.300	26.689	18.526
82.825	25.649	17.650	84.075	26.174	18.090	85.325	26.699	18.534
82.850	25.660	17.658	84.100	26.185	18.100	85.350	26.710	18.544
82.875	25.670	17.668	84.125	26.195	18.108	85.375	26.720	18.552
82.900	25.681	17.676	84.150	26.206	18.118	85.400	26.731	18.562
82.925	25.691	17.684	84.175	26.216	18.126	85.425	26.741	18.570
82.950	25.702	17.694	84.200	26.227	18.134	85.450	26.752	18.578
82.975	25.712	17.702	84.225	26.237	18.144	85.475	26.762	18.588
83.000	25.723	17.712	84.250	26.248	18.152	85.500	26.773	18.596
83.025	25.733	17.720	84.275	26.258	18.162	85.525	26.783	18.606
83.050	25.744	17.730	84.300	26.269	18.170	85.550	26.794	18.614
83.075	25.754	17.738	84.325	26.279	18.178	85.575	26.804	18.624
83.100	25.765	17.746	84.350	26.290	18.188	85.600	26.815	18.632
83.125	25.775	17.756	84.375	26.300	18.196	85.625	26.825	18.640
83.150	25.786	17.764	84.400	26.311	18.206	85.650	26.836	18.650
83.175	25.796	17.772	84.425	26.321	18.214	85.675	26.846	18.658
83.200	25.807	17.782	84.450	26.332	18.224	85.700	26.857	18.668
83.225	25.817	17.790	84.475	26.342	18.232	85.725	26.867	18.676
83.250	25.828	17.800	84.500	26.353	18.242	85.750	26.878	18.686
83.275	25.838	17.808	84.525	26.363	18.250	85.775	26.888	18.694
83.300	25.849	17.818	84.550	26.374	18.258	85.800	26.899	18.704
83.325	25.859	17.826	84.575	26.384	18.268	85.825	26.909	18.712
83.350	25.870	17.834	84.600	26.395	18.276	85.850	26.920	18.722
83.375	25.880	17.844	84.625	26.405	18.286	85.875	26.930	18.730
83.400	25.891	17.852	84.650	26.416	18.294	85.900	26.941	18.740
83.425	25.901	17.860	84.675	26.426	18.302	85.925	26.951	18.748
83.450	25.912	17.870	84.700	26.437	18.312	85.950	26.962	18.758
83.475	25.922	17.878	84.725	26.447	18.320	85.975	26.972	18.766
83.500	25.933	17.888	84.750	26.458	18.330	86.000	26.983	18.776
83.525	25.943	17.896	84.775	26.468	18.338	86.025	26.993	18.784
83.550	25.954	17.906	84.800	26.479	18.348	86.050	27.004	18.794
83.575	25.964	17.914	84.825	26.489	18.356	86.075	27.014	18.802
83.600	25.975	17.922	84.850	26.500	18.366	86.100	27.025	18.812
83.625	25.985	17.932	84.875	26.510	18.374	86.125	27.035	18.820

Einkommensteuergrund- und Splittingtabellen für 2021

zu versteuerndes Einkommen €	Einkommensteuer Grundtabelle €	Einkommensteuer Splittingtabelle €	zu versteuerndes Einkommen €	Einkommensteuer Grundtabelle €	Einkommensteuer Splittingtabelle €	zu versteuerndes Einkommen €	Einkommensteuer Grundtabelle €	Einkommensteuer Splittingtabelle €
86.150	27.046	18.830	87.400	27.571	19.278	88.650	28.096	19.730
86.175	27.056	18.838	87.425	27.581	19.286	88.675	28.106	19.740
86.200	27.067	18.846	87.450	27.592	19.296	88.700	28.117	19.748
86.225	27.077	18.856	87.475	27.602	19.304	88.725	28.127	19.758
86.250	27.088	18.864	87.500	27.613	19.314	88.750	28.138	19.766
86.275	27.098	18.874	87.525	27.623	19.322	88.775	28.148	19.776
86.300	27.109	18.882	87.550	27.634	19.332	88.800	28.159	19.786
86.325	27.119	18.892	87.575	27.644	19.340	88.825	28.169	19.794
86.350	27.130	18.900	87.600	27.655	19.350	88.850	28.180	19.804
86.375	27.140	18.910	87.625	27.665	19.358	88.875	28.190	19.812
86.400	27.151	18.918	87.650	27.676	19.368	88.900	28.201	19.822
86.425	27.161	18.928	87.675	27.686	19.378	88.925	28.211	19.830
86.450	27.172	18.936	87.700	27.697	19.386	88.950	28.222	19.840
86.475	27.182	18.946	87.725	27.707	19.396	88.975	28.232	19.848
86.500	27.193	18.954	87.750	27.718	19.404	89.000	28.243	19.858
86.525	27.203	18.964	87.775	27.728	19.414	89.025	28.253	19.866
86.550	27.214	18.972	87.800	27.739	19.422	89.050	28.264	19.876
86.575	27.224	18.980	87.825	27.749	19.432	89.075	28.274	19.884
86.600	27.235	18.990	87.850	27.760	19.440	89.100	28.285	19.894
86.625	27.245	18.998	87.875	27.770	19.450	89.125	28.295	19.902
86.650	27.256	19.008	87.900	27.781	19.458	89.150	28.306	19.912
86.675	27.266	19.016	87.925	27.791	19.468	89.175	28.316	19.922
86.700	27.277	19.026	87.950	27.802	19.476	89.200	28.327	19.930
86.725	27.287	19.034	87.975	27.812	19.486	89.225	28.337	19.940
86.750	27.298	19.044	88.000	27.823	19.494	89.250	28.348	19.948
86.775	27.308	19.052	88.025	27.833	19.504	89.275	28.358	19.958
86.800	27.319	19.062	88.050	27.844	19.512	89.300	28.369	19.968
86.825	27.329	19.070	88.075	27.854	19.522	89.325	28.379	19.976
86.850	27.340	19.080	88.100	27.865	19.532	89.350	28.390	19.986
86.875	27.350	19.088	88.125	27.875	19.540	89.375	28.400	19.994
86.900	27.361	19.098	88.150	27.886	19.550	89.400	28.411	20.004
86.925	27.371	19.106	88.175	27.896	19.558	89.425	28.421	20.012
86.950	27.382	19.116	88.200	27.907	19.568	89.450	28.432	20.022
86.975	27.392	19.124	88.225	27.917	19.576	89.475	28.442	20.030
87.000	27.403	19.134	88.250	27.928	19.586	89.500	28.453	20.040
87.025	27.413	19.142	88.275	27.938	19.594	89.525	28.463	20.048
87.050	27.424	19.152	88.300	27.949	19.604	89.550	28.474	20.058
87.075	27.434	19.160	88.325	27.959	19.612	89.575	28.484	20.068
87.100	27.445	19.170	88.350	27.970	19.622	89.600	28.495	20.076
87.125	27.455	19.178	88.375	27.980	19.630	89.625	28.505	20.086
87.150	27.466	19.188	88.400	27.991	19.640	89.650	28.516	20.094
87.175	27.476	19.196	88.425	28.001	19.648	89.675	28.526	20.104
87.200	27.487	19.206	88.450	28.012	19.658	89.700	28.537	20.114
87.225	27.497	19.214	88.475	28.022	19.666	89.725	28.547	20.122
87.250	27.508	19.224	88.500	28.033	19.676	89.750	28.558	20.132
87.275	27.518	19.232	88.525	28.043	19.684	89.775	28.568	20.140
87.300	27.529	19.242	88.550	28.054	19.694	89.800	28.579	20.150
87.325	27.539	19.250	88.575	28.064	19.702	89.825	28.589	20.158
87.350	27.550	19.260	88.600	28.075	19.712	89.850	28.600	20.168
87.375	27.560	19.268	88.625	28.085	19.722	89.875	28.610	20.176

Einkommensteuergrund- und Splittingtabellen für 2021

zu versteuerndes Einkommen €	Einkommensteuer Grundtabelle €	Einkommensteuer Splittingtabelle €	zu versteuerndes Einkommen €	Einkommensteuer Grundtabelle €	Einkommensteuer Splittingtabelle €	zu versteuerndes Einkommen €	Einkommensteuer Grundtabelle €	Einkommensteuer Splittingtabelle €
89.900	28.621	20.186	91.150	29.146	20.646	92.400	29.671	21.108
89.925	28.631	20.194	91.175	29.156	20.654	92.425	29.681	21.116
89.950	28.642	20.204	91.200	29.167	20.664	92.450	29.692	21.126
89.975	28.652	20.214	91.225	29.177	20.672	92.475	29.702	21.134
90.000	28.663	20.222	91.250	29.188	20.682	92.500	29.713	21.144
90.025	28.673	20.232	91.275	29.198	20.690	92.525	29.723	21.154
90.050	28.684	20.242	91.300	29.209	20.700	92.550	29.734	21.162
90.075	28.694	20.250	91.325	29.219	20.710	92.575	29.744	21.172
90.100	28.705	20.260	91.350	29.230	20.718	92.600	29.755	21.182
90.125	28.715	20.268	91.375	29.240	20.728	92.625	29.765	24.252
90.150	28.726	20.278	91.400	29.251	20.738	92.650	29.776	21.200
90.175	28.736	20.286	91.425	29.261	20.746	92.675	29.786	21.210
90.200	28.747	20.296	91.450	29.272	20.756	92.700	29.797	21.218
90.225	28.757	20.304	91.475	29.282	20.764	92.725	29.807	21.228
90.250	28.768	20.314	91.500	29.293	20.774	92.750	29.818	21.238
90.275	28.778	20.324	91.525	29.303	20.784	92.775	29.828	21.246
90.300	28.789	20.332	91.550	29.314	20.792	92.800	29.839	21.256
90.325	28.799	20.342	91.575	29.324	20.802	92.825	29.849	21.264
90.350	28.810	20.352	91.600	29.335	20.812	92.850	29.860	21.274
90.375	28.820	20.360	91.625	29.345	20.820	92.875	29.870	21.284
90.400	28.831	20.370	91.650	29.356	20.830	92.900	29.881	21.294
90.425	28.841	20.378	91.675	29.366	20.838	92.925	29.891	21.302
90.450	28.852	20.388	91.700	29.377	20.848	92.950	29.902	21.312
90.475	28.862	20.396	91.725	29.387	20.856	92.975	29.912	21.320
90.500	28.873	20.406	91.750	29.398	20.866	93.000	29.923	21.330
90.525	28.883	20.414	91.775	29.408	20.876	93.025	29.933	21.340
90.550	28.894	20.424	91.800	29.419	20.886	93.050	29.944	21.348
90.575	28.904	20.434	91.825	29.429	20.894	93.075	29.954	21.358
90.600	28.915	20.442	91.850	29.440	20.904	93.100	29.965	21.368
90.625	28.925	20.452	91.875	29.450	20.912	93.125	29.975	21.376
90.650	28.936	20.462	91.900	29.461	20.922	93.150	29.986	21.386
90.675	28.946	20.470	91.925	29.471	20.930	93.175	29.996	21.396
90.700	28.957	20.480	91.950	29.482	20.940	93.200	30.007	21.404
90.725	28.967	20.488	91.975	29.492	20.950	93.225	30.017	21.414
90.750	28.978	20.498	92.000	29.503	20.960	93.250	30.028	21.424
90.775	28.988	20.506	92.025	29.513	20.968	93.275	30.038	21.432
90.800	28.999	20.516	92.050	29.524	20.978	93.300	30.049	21.442
90.825	29.009	20.526	92.075	29.534	20.986	93.325	30.059	21.452
90.850	29.020	20.534	92.100	29.545	20.996	93.350	30.070	21.460
90.875	29.030	20.544	92.125	29.555	21.004	93.375	30.080	21.470
90.900	29.041	20.554	92.150	29.566	21.014	93.400	30.091	21.480
90.925	29.051	20.562	92.175	29.576	21.024	93.425	30.101	21.488
90.950	29.062	20.572	92.200	29.587	21.034	93.450	30.112	21.498
90.975	29.072	20.580	92.225	29.597	21.042	93.475	30.122	21.508
91.000	29.083	20.590	92.250	29.608	21.052	93.500	30.133	21.516
91.025	29.093	20.598	92.275	29.618	21.060	93.525	30.143	21.526
91.050	29.104	20.608	92.300	29.629	21.070	93.550	30.154	21.536
91.075	29.114	20.618	92.325	29.639	21.080	93.575	30.164	21.544
91.100	29.125	20.626	92.350	29.650	21.088	93.600	30.175	21.554
91.125	29.135	20.636	92.375	29.660	21.098	93.625	30.185	21.564

Einkommensteuergrund- und Splittingtabellen für 2021

zu versteuerndes Einkommen	Einkommensteuer		zu versteuerndes Einkommen	Einkommensteuer		zu versteuerndes Einkommen	Einkommensteuer	
	Grundtabelle	Splittingtabelle		Grundtabelle	Splittingtabelle		Grundtabelle	Splittingtabelle
€	€	€	€	€	€	€	€	€
93.650	30.196	21.572	94.900	30.721	22.042	96.150	31.246	22.514
93.675	30.206	21.582	94.925	30.731	22.050	96.175	31.256	22.522
93.700	30.217	21.592	94.950	30.742	22.060	96.200	31.267	22.532
93.725	30.227	21.600	94.975	30.752	22.070	96.225	31.277	22.542
93.750	30.238	21.610	95.000	30.763	22.080	96.250	31.288	22.552
93.775	30.248	21.620	95.025	30.773	22.088	96.275	31.298	22.560
93.800	30.259	21.628	95.050	30.784	22.098	96.300	31.309	22.570
93.825	30.269	21.638	95.075	30.794	22.106	96.325	31.319	22.580
93.850	30.280	21.648	95.100	30.805	22.116	96.350	31.330	22.590
93.875	30.290	21.656	95.125	30.815	22.126	96.375	31.340	22.598
93.900	30.301	21.666	95.150	30.826	22.136	96.400	31.351	22.608
93.925	30.311	21.676	95.175	30.836	22.144	96.425	31.361	22.618
93.950	30.322	21.684	95.200	30.847	22.154	96.450	31.372	22.628
93.975	30.332	21.694	95.225	30.857	22.164	96.475	31.382	22.636
94.000	30.343	21.704	95.250	30.868	22.174	96.500	31.393	22.646
94.025	30.353	21.712	95.275	30.878	22.182	96.525	31.403	22.656
94.050	30.364	21.722	95.300	30.889	22.192	96.550	31.414	22.666
94.075	30.374	21.732	95.325	30.899	22.202	96.575	31.424	22.674
94.100	30.385	21.742	95.350	30.910	22.212	96.600	31.435	22.684
94.125	30.395	21.750	95.375	30.920	22.220	96.625	31.445	22.694
94.150	30.406	21.760	95.400	30.931	22.230	96.650	31.456	22.704
94.175	30.416	21.768	95.425	30.941	22.238	96.675	31.466	22.712
94.200	30.427	21.778	95.450	30.952	22.248	96.700	31.477	22.722
94.225	30.437	21.788	95.475	30.962	22.258	96.725	31.487	22.732
94.250	30.448	21.798	95.500	30.973	22.268	96.750	31.498	22.742
94.275	30.458	21.806	95.525	30.983	22.276	96.775	31.508	22.750
94.300	30.469	21.816	95.550	30.994	22.286	96.800	31.519	22.760
94.325	30.479	21.826	95.575	31.004	22.296	96.825	31.529	22.770
94.350	30.490	21.834	95.600	31.015	22.306	96.850	31.540	22.780
94.375	30.500	21.844	95.625	31.025	22.314	96.875	31.550	22.788
94.400	30.511	21.854	95.650	31.036	22.324	96.900	31.561	22.798
94.425	30.521	21.862	95.675	31.046	22.334	96.925	31.571	22.808
94.450	30.532	21.872	95.700	31.057	22.344	96.950	31.582	22.818
94.475	30.542	21.882	95.725	31.067	22.352	96.975	31.592	22.826
94.500	30.553	21.892	95.750	31.078	22.362	97.000	31.603	22.836
94.525	30.563	21.900	95.775	31.088	22.372	97.025	31.613	22.846
94.550	30.574	21.910	95.800	31.099	22.380	97.050	31.624	22.856
94.575	30.584	21.918	95.825	31.109	22.390	97.075	31.634	22.864
94.600	30.595	21.928	95.850	31.120	22.400	97.100	31.645	22.874
94.625	30.605	21.938	95.875	31.130	22.408	97.125	31.655	22.884
94.650	30.616	21.948	95.900	31.141	22.418	97.150	31.666	22.894
94.675	30.626	21.956	95.925	31.151	22.428	97.175	31.676	22.902
94.700	30.637	21.966	95.950	31.162	22.438	97.200	31.687	22.912
94.725	30.647	21.976	95.975	31.172	22.446	97.225	31.697	22.922
94.750	30.658	21.986	96.000	31.183	22.456	97.250	31.708	22.932
94.775	30.668	21.994	96.025	31.193	22.466	97.275	31.718	22.940
94.800	30.679	22.004	96.050	31.204	22.476	97.300	31.729	22.950
94.825	30.689	22.012	96.075	31.214	22.484	97.325	31.739	22.960
94.850	30.700	22.022	96.100	31.225	22.494	97.350	31.750	22.970
94.875	30.710	22.032	96.125	31.235	22.504	97.375	31.760	22.978

Einkommensteuergrund- und Splittingtabellen für 2021

zu versteuerndes Einkommen €	Einkommensteuer Grundtabelle €	Einkommensteuer Splittingtabelle €	zu versteuerndes Einkommen €	Einkommensteuer Grundtabelle €	Einkommensteuer Splittingtabelle €	zu versteuerndes Einkommen €	Einkommensteuer Grundtabelle €	Einkommensteuer Splittingtabelle €
97.400	31.771	22.988	98.650	32.296	23.468	99.900	32.821	23.948
97.425	31.781	22.998	98.675	32.306	23.476	99.925	32.831	23.958
97.450	31.792	23.008	98.700	32.317	23.486	99.950	32.842	23.968
97.475	31.802	23.016	98.725	32.327	23.496	99.975	32.852	23.978
97.500	31.813	23.026	98.750	32.338	23.506	100.000	32.863	23.988
97.525	31.823	23.036	98.775	32.348	23.514	100.025	32.873	23.996
97.550	31.834	23.046	98.800	32.359	23.524	100.050	32.884	24.006
97.575	31.844	23.056	98.825	32.369	23.534	100.075	32.894	24.016
97.600	31.855	23.066	98.850	32.380	23.544	100.100	32.905	24.026
97.625	31.865	23.074	98.875	32.390	23.554	100.125	32.915	24.036
97.650	31.876	23.084	98.900	32.401	23.564	100.150	32.926	24.046
97.675	31.886	23.094	98.925	32.411	23.572	100.175	32.936	24.054
97.700	31.897	23.104	98.950	32.422	23.582	100.200	32.947	24.066
97.725	31.907	23.112	98.975	32.432	23.592	100.225	32.957	24.074
97.750	31.918	23.122	99.000	32.443	23.602	100.250	32.968	24.084
97.775	31.928	23.132	99.025	32.453	23.610	100.275	32.978	24.094
97.800	31.939	23.142	99.050	32.464	23.620	100.300	32.989	24.104
97.825	31.949	23.150	99.075	32.474	23.630	100.325	32.999	24.114
97.850	31.960	23.160	99.100	32.485	23.640	100.350	33.010	24.124
97.875	31.970	23.170	99.125	32.495	23.650	100.375	33.020	24.132
97.900	31.981	23.180	99.150	32.506	23.660	100.400	33.031	24.142
97.925	31.991	23.188	99.175	32.516	23.668	100.425	33.041	24.152
97.950	32.002	23.198	99.200	32.527	23.678	100.450	33.052	24.162
97.975	32.012	23.208	99.225	32.537	23.688	100.475	33.062	24.172
98.000	32.023	23.218	99.250	32.548	23.698	100.500	33.073	24.182
98.025	32.033	23.228	99.275	32.558	23.708	100.525	33.083	24.190
98.050	32.044	23.238	99.300	32.569	23.718	100.550	33.094	24.200
98.075	32.054	23.246	99.325	32.579	23.726	100.575	33.104	24.210
98.100	32.065	23.256	99.350	32.590	23.736	100.600	33.115	24.220
98.125	32.075	23.266	99.375	32.600	23.746	100.625	33.125	24.230
98.150	32.086	23.276	99.400	32.611	23.756	100.650	33.136	24.240
98.175	32.096	23.284	99.425	32.621	23.766	100.675	33.146	24.248
98.200	32.107	23.294	99.450	32.632	23.776	100.700	33.157	24.258
98.225	32.117	23.304	99.475	32.642	23.784	100.725	33.167	24.268
98.250	32.128	23.314	99.500	32.653	23.794	100.750	33.178	24.278
98.275	32.138	23.322	99.525	32.663	23.804	100.775	33.188	24.288
98.300	32.149	23.332	99.550	32.674	23.814	100.800	33.199	24.298
98.325	32.159	23.342	99.575	32.684	23.822	100.825	33.209	24.308
98.350	32.170	23.352	99.600	32.695	23.834	100.850	33.220	24.318
98.375	32.180	23.362	99.625	32.705	23.842	100.875	33.230	24.326
98.400	32.191	23.372	99.650	32.716	23.852	100.900	33.241	24.336
98.425	32.201	23.380	99.675	32.726	23.862	100.925	33.251	24.346
98.450	32.212	23.390	99.700	32.737	23.872	100.950	33.262	24.356
98.475	32.222	23.400	99.725	32.747	23.880	100.975	33.272	24.366
98.500	32.233	23.410	99.750	32.758	23.890	101.000	33.283	24.376
98.525	32.243	23.418	99.775	32.768	23.900	101.025	33.293	24.384
98.550	32.254	23.428	99.800	32.779	23.910	101.050	33.304	24.396
98.575	32.264	23.438	99.825	32.789	23.920	101.075	33.314	24.404
98.600	32.275	23.448	99.850	32.800	23.930	101.100	33.325	24.414
98.625	32.285	23.458	99.875	32.810	23.938	101.125	33.335	24.424

Einkommensteuergrund- und Splittingtabellen für 2021

zu versteuerndes Einkommen €	Einkommensteuer Grundtabelle €	Einkommensteuer Splittingtabelle €	zu versteuerndes Einkommen €	Einkommensteuer Grundtabelle €	Einkommensteuer Splittingtabelle €	zu versteuerndes Einkommen €	Einkommensteuer Grundtabelle €	Einkommensteuer Splittingtabelle €
101.150	33.346	24.434	102.400	33.871	24.922	103.650	34.396	25.414
101.175	33.356	24.444	102.425	33.881	24.932	103.675	34.406	25.424
101.200	33.367	24.454	102.450	33.892	24.942	103.700	34.417	25.434
101.225	33.377	24.462	102.475	33.902	24.952	103.725	34.427	25.444
101.250	33.388	24.472	102.500	33.913	24.962	103.750	34.438	25.454
101.275	33.398	24.482	102.525	33.923	24.970	103.775	34.448	25.462
101.300	33.409	24.492	102.550	33.934	24.982	103.800	34.459	25.474
101.325	33.419	24.502	102.575	33.944	24.990	103.825	34.469	25.482
101.350	33.430	24.512	102.600	33.955	25.000	103.850	34.480	25.492
101.375	33.440	24.522	102.625	33.965	25.010	103.875	34.490	25.502
101.400	33.451	24.532	102.650	33.976	25.020	103.900	34.501	25.512
101.425	33.461	24.540	102.675	33.986	25.030	103.925	34.511	25.522
101.450	33.472	24.550	102.700	33.997	25.040	103.950	34.522	25.532
101.475	33.482	24.560	102.725	34.007	25.050	103.975	34.532	25.542
101.500	33.493	24.570	102.750	34.018	25.060	104.000	34.543	25.552
101.525	33.503	24.580	102.775	34.028	25.070	104.025	34.553	25.562
101.550	33.514	24.590	102.800	34.039	25.080	104.050	34.564	25.572
101.575	33.524	24.600	102.825	34.049	25.088	104.075	34.574	25.582
101.600	33.535	24.610	102.850	34.060	25.098	104.100	34.585	25.592
101.625	33.545	24.618	102.875	34.070	25.108	104.125	34.595	25.602
101.650	33.556	24.628	102.900	34.081	25.118	104.150	34.606	25.612
101.675	33.566	24.638	102.925	34.091	25.128	104.175	34.616	25.620
101.700	33.577	24.648	102.950	34.102	25.138	104.200	34.627	25.632
101.725	33.587	24.658	102.975	34.112	25.148	104.225	34.637	25.640
101.750	33.598	24.668	103.000	34.123	25.158	104.250	34.648	25.650
101.775	33.608	24.678	103.025	34.133	25.168	104.275	34.658	25.660
101.800	33.619	24.688	103.050	34.144	25.178	104.300	34.669	25.670
101.825	33.629	24.696	103.075	34.154	25.186	104.325	34.679	25.680
101.850	33.640	24.708	103.100	34.165	25.198	104.350	34.690	25.690
101.875	33.650	24.716	103.125	34.175	25.206	104.375	34.700	25.700
101.900	33.661	24.726	103.150	34.186	25.216	104.400	34.711	25.710
101.925	33.671	24.736	103.175	34.196	25.226	104.425	34.721	25.720
101.950	33.682	24.746	103.200	34.207	25.236	104.450	34.732	25.730
101.975	33.692	24.756	103.225	34.217	25.246	104.475	34.742	25.740
102.000	33.703	24.766	103.250	34.228	25.256	104.500	34.753	25.750
102.025	33.713	24.776	103.275	34.238	25.266	104.525	34.763	25.760
102.050	33.724	24.786	103.300	34.249	25.276	104.550	34.774	25.770
102.075	33.734	24.794	103.325	34.259	25.286	104.575	34.784	25.780
102.100	33.745	24.804	103.350	34.270	25.296	104.600	34.795	25.790
102.125	33.755	24.814	103.375	34.280	25.306	104.625	34.805	25.800
102.150	33.766	24.824	103.400	34.291	25.316	104.650	34.816	25.810
102.175	33.776	24.834	103.425	34.301	25.324	104.675	34.826	25.818
102.200	33.787	24.844	103.450	34.312	25.334	104.700	34.837	25.830
102.225	33.797	24.854	103.475	35.220	26.986	104.725	34.847	25.838
102.250	33.808	24.864	103.500	34.333	25.354	104.750	34.858	25.850
102.275	33.818	24.872	103.525	34.343	25.364	104.775	34.868	25.858
102.300	33.829	24.884	103.550	34.354	25.374	104.800	34.879	25.868
102.325	33.839	24.892	103.575	34.364	25.384	104.825	34.889	25.878
102.350	33.850	24.902	103.600	34.375	25.394	104.850	34.900	25.888
102.375	33.860	24.912	103.625	34.385	25.404	104.875	34.910	25.898

Einkommensteuergrund- und Splittingtabellen für 2021

zu versteuerndes Einkommen €	Einkommensteuer		zu versteuerndes Einkommen €	Einkommensteuer		zu versteuerndes Einkommen €	Einkommensteuer	
	Grundtabelle €	Splittingtabelle €		Grundtabelle €	Splittingtabelle €		Grundtabelle €	Splittingtabelle €
104.900	34.921	25.908	106.150	35.446	26.406	107.400	35.971	26.908
104.925	34.931	25.918	106.175	35.456	26.416	107.425	35.981	26.918
104.950	34.942	25.928	106.200	35.467	26.426	107.450	35.992	26.928
104.975	34.952	25.938	106.225	35.477	26.436	107.475	36.002	26.938
105.000	34.963	25.948	106.250	35.488	26.446	107.500	36.013	26.948
105.025	34.973	25.958	106.275	35.498	26.456	107.525	36.023	26.958
105.050	34.984	25.968	106.300	35.509	26.466	107.550	36.034	26.968
105.075	34.994	25.978	106.325	35.519	26.476	107.575	36.044	26.978
105.100	35.005	25.988	106.350	35.530	26.486	107.600	36.055	26.988
105.125	35.015	25.998	106.375	35.540	26.496	107.625	36.065	26.998
105.150	35.026	26.008	106.400	35.551	26.506	107.650	36.076	27.008
105.175	35.036	26.018	106.425	35.561	26.516	107.675	36.086	27.018
105.200	35.047	26.028	106.450	35.572	26.526	107.700	36.097	27.028
105.225	35.057	26.038	106.475	35.582	26.536	107.725	36.107	27.038
105.250	35.068	26.048	106.500	35.593	26.546	107.750	36.118	27.050
105.275	35.078	26.058	106.525	35.603	26.556	107.775	36.128	27.058
105.300	35.089	26.068	106.550	35.614	26.566	107.800	36.139	27.070
105.325	35.099	26.078	106.575	35.624	26.576	107.825	36.149	27.078
105.350	35.110	26.088	106.600	35.635	26.586	107.850	36.160	27.090
105.375	35.120	26.098	106.625	35.645	26.596	107.875	36.170	27.100
105.400	35.131	26.108	106.650	35.656	26.606	107.900	36.181	27.110
105.425	35.141	26.118	106.675	35.666	26.616	107.925	36.191	27.120
105.450	35.152	26.128	106.700	35.677	26.626	107.950	36.202	27.130
105.475	35.162	26.136	106.725	35.687	26.636	107.975	36.212	27.140
105.500	35.173	26.148	106.750	35.698	26.646	108.000	36.223	27.150
105.525	35.183	26.156	106.775	35.708	26.656	108.025	36.233	27.160
105.550	35.194	26.168	106.800	35.719	26.668	108.050	36.244	27.170
105.575	35.204	26.176	106.825	35.729	26.676	108.075	36.254	27.180
105.600	35.215	26.188	106.850	35.740	26.688	108.100	36.265	27.190
105.625	35.225	26.196	106.875	35.750	26.696	108.125	36.275	27.200
105.650	35.236	26.208	106.900	35.761	26.708	108.150	36.286	27.210
105.675	35.246	26.216	106.925	35.771	26.716	108.175	36.296	27.220
105.700	35.257	26.228	106.950	35.782	26.728	108.200	36.307	27.230
105.725	35.267	26.236	106.975	35.792	26.736	108.225	36.317	27.240
105.750	35.278	26.246	107.000	35.803	26.748	108.250	36.328	27.250
105.775	35.288	26.256	107.025	35.813	26.756	108.275	36.338	27.260
105.800	35.299	26.266	107.050	35.824	26.768	108.300	36.349	27.272
105.825	35.309	26.276	107.075	35.834	26.778	108.325	36.359	27.280
105.850	35.320	26.286	107.100	35.845	26.788	108.350	36.370	27.292
105.875	35.330	26.296	107.125	35.855	26.798	108.375	36.380	27.300
105.900	35.341	26.306	107.150	35.866	26.808	108.400	36.391	27.312
105.925	35.351	26.316	107.175	35.876	26.818	108.425	36.401	27.322
105.950	35.362	26.326	107.200	35.887	26.828	108.450	36.412	27.332
105.975	35.372	26.336	107.225	35.897	26.838	108.475	36.422	27.342
106.000	35.383	26.346	107.250	35.908	26.848	108.500	36.433	27.352
106.025	35.393	26.356	107.275	35.918	26.858	108.525	36.443	27.362
106.050	35.404	26.366	107.300	35.929	26.868	108.550	36.454	27.372
106.075	35.414	26.376	107.325	35.939	26.878	108.575	36.464	27.382
106.100	35.425	26.386	107.350	35.950	26.888	108.600	36.475	27.392
106.125	35.435	26.396	107.375	35.960	26.898	108.625	36.485	27.402

Einkommensteuergrund- und Splittingtabellen für 2021

zu versteuerndes Einkommen €	Einkommensteuer Grundtabelle €	Einkommensteuer Splittingtabelle €	zu versteuerndes Einkommen €	Einkommensteuer Grundtabelle €	Einkommensteuer Splittingtabelle €	zu versteuerndes Einkommen €	Einkommensteuer Grundtabelle €	Einkommensteuer Splittingtabelle €
108.650	36.496	27.412	109.900	37.021	27.920	111.150	37.546	28.432
108.675	36.506	27.422	109.925	37.031	27.930	111.175	37.556	28.442
108.700	36.517	27.432	109.950	37.042	27.940	111.200	37.567	28.452
108.725	36.527	27.442	109.975	37.052	27.950	111.225	37.577	28.462
108.750	36.538	27.454	110.000	37.063	27.962	111.250	37.588	28.472
108.775	36.548	27.462	110.025	37.073	27.972	111.275	37.598	28.482
108.800	36.559	27.474	110.050	37.084	27.982	111.300	37.609	28.494
108.825	36.569	27.484	110.075	37.094	27.992	111.325	37.619	28.504
108.850	36.580	27.494	110.100	37.105	28.002	111.350	37.630	28.514
108.875	36.590	27.504	110.125	37.115	28.012	111.375	37.640	28.524
108.900	36.601	27.514	110.150	37.126	28.022	111.400	37.651	28.534
108.925	36.611	27.524	110.175	37.136	28.032	111.425	37.661	28.544
108.950	36.622	27.534	110.200	37.147	28.042	111.450	37.672	28.554
108.975	36.632	27.544	110.225	37.157	28.052	111.475	37.682	28.564
109.000	36.643	27.554	110.250	37.168	28.064	111.500	37.693	28.576
109.025	36.653	27.564	110.275	37.178	28.074	111.525	37.703	28.586
109.050	36.664	27.574	110.300	37.189	28.084	111.550	37.714	28.596
109.075	36.674	27.584	110.325	37.199	28.094	111.575	37.724	28.606
109.100	36.685	27.596	110.350	37.210	28.104	111.600	37.735	28.616
109.125	36.695	27.604	110.375	37.220	28.114	111.625	37.745	28.626
109.150	36.706	27.616	110.400	37.231	28.124	111.650	37.756	28.638
109.175	36.716	27.626	110.425	37.241	28.134	111.675	37.766	28.646
109.200	36.727	27.636	110.450	37.252	28.146	111.700	37.777	28.658
109.225	36.737	27.646	110.475	37.262	28.154	111.725	37.787	28.668
109.250	36.748	27.656	110.500	37.273	28.166	111.750	37.798	28.678
109.275	36.758	27.666	110.525	37.283	28.176	111.775	37.808	28.688
109.300	36.769	27.676	110.550	37.294	28.186	111.800	37.819	28.698
109.325	36.779	27.686	110.575	37.304	28.196	111.825	37.829	28.708
109.350	36.790	27.696	110.600	37.315	28.206	111.850	37.840	28.720
109.375	36.800	27.706	110.625	37.325	28.216	111.875	37.850	28.730
109.400	36.811	27.718	110.650	37.336	28.226	111.900	37.861	28.740
109.425	36.821	27.726	110.675	37.346	28.236	111.925	37.871	28.750
109.450	36.832	27.738	110.700	37.357	28.248	111.950	37.882	28.760
109.475	36.842	27.748	110.725	37.367	28.258	111.975	37.892	28.770
109.500	36.853	27.758	110.750	37.378	28.268	112.000	37.903	28.782
109.525	36.863	27.768	110.775	37.388	28.278	112.025	37.913	28.792
109.550	36.874	27.778	110.800	37.399	28.288	112.050	37.924	28.802
109.575	36.884	27.788	110.825	37.409	28.298	112.075	37.934	28.812
109.600	36.895	27.798	110.850	37.420	28.308	112.100	37.945	28.822
109.625	36.905	27.808	110.875	37.430	28.318	112.125	37.955	28.832
109.650	36.916	27.818	110.900	37.441	28.330	112.150	37.966	28.842
109.675	36.926	27.828	110.925	37.451	28.340	112.175	37.976	28.852
109.700	36.937	27.840	110.950	37.462	28.350	112.200	37.987	28.864
109.725	36.947	27.848	110.975	37.472	28.360	112.225	37.997	28.874
109.750	36.958	27.860	111.000	37.483	28.370	112.250	38.008	28.884
109.775	36.968	27.870	111.025	37.493	28.380	112.275	38.018	28.894
109.800	36.979	27.880	111.050	37.504	28.390	112.300	38.029	28.904
109.825	36.989	27.890	111.075	37.514	28.400	112.325	38.039	28.914
109.850	37.000	27.900	111.100	37.525	28.412	112.350	38.050	28.926
109.875	37.010	27.910	111.125	37.535	28.422	112.375	38.060	28.936

Einkommensteuergrund- und Splittingtabellen für 2021

zu versteuerndes Einkommen €	Einkommensteuer Grundtabelle €	Einkommensteuer Splittingtabelle €	zu versteuerndes Einkommen €	Einkommensteuer Grundtabelle €	Einkommensteuer Splittingtabelle €	zu versteuerndes Einkommen €	Einkommensteuer Grundtabelle €	Einkommensteuer Splittingtabelle €
112.400	38.071	28.946	113.650	38.596	29.464	114.900	39.121	29.984
112.425	38.081	28.956	113.675	38.606	29.474	114.925	39.131	29.994
112.450	38.092	28.966	113.700	38.617	29.484	114.950	39.142	30.006
112.475	38.102	28.976	113.725	38.627	29.494	114.975	39.152	30.016
112.500	38.113	28.988	113.750	38.638	29.506	115.000	39.163	30.026
112.525	38.123	28.998	113.775	38.648	29.516	115.025	39.173	30.036
112.550	38.134	29.008	113.800	38.659	29.526	115.050	39.184	30.048
112.575	38.144	29.018	113.825	38.669	29.536	115.075	39.194	30.058
112.600	38.155	29.028	113.850	38.680	29.546	115.100	39.205	30.068
112.625	38.165	29.038	113.875	38.690	29.556	115.125	39.215	30.078
112.650	38.176	29.050	113.900	38.701	29.568	115.150	39.226	30.090
112.675	38.186	29.060	113.925	38.711	29.578	115.175	39.236	30.100
112.700	38.197	29.070	113.950	38.722	29.588	115.200	39.247	30.110
112.725	38.207	29.080	113.975	38.732	29.598	115.225	39.257	30.120
112.750	38.218	29.090	114.000	38.743	29.610	115.250	39.268	30.132
112.775	38.228	29.100	114.025	38.753	29.620	115.275	39.278	30.142
112.800	38.239	29.112	114.050	38.764	29.630	115.300	39.289	30.152
112.825	38.249	29.122	114.075	38.774	29.640	115.325	39.299	30.162
112.850	38.260	29.132	114.100	38.785	29.650	115.350	39.310	30.174
112.875	38.270	29.142	114.125	38.795	29.660	115.375	39.320	30.184
112.900	38.281	29.152	114.150	38.806	29.672	115.400	39.331	30.194
112.925	38.291	29.162	114.175	38.816	29.682	115.425	39.341	30.204
112.950	38.302	29.174	114.200	38.827	29.692	115.450	39.352	30.214
112.975	38.312	29.184	114.225	38.837	29.702	115.475	39.362	30.224
113.000	38.323	29.194	114.250	38.848	29.714	115.500	39.373	30.236
113.025	38.333	29.204	114.275	38.858	29.724	115.525	39.383	30.246
113.050	38.344	29.214	114.300	38.869	29.734	115.550	39.394	30.256
113.075	38.354	29.224	114.325	38.879	29.744	115.575	39.404	30.266
113.100	38.365	29.236	114.350	38.890	29.756	115.600	39.415	30.278
113.125	38.375	29.246	114.375	38.900	29.766	115.625	39.425	30.288
113.150	38.386	29.256	114.400	38.911	29.776	115.650	39.436	30.298
113.175	38.396	29.266	114.425	38.921	29.786	115.675	39.446	30.308
113.200	38.407	29.278	114.450	38.932	29.796	115.700	39.457	30.320
113.225	38.417	29.286	114.475	38.942	29.806	115.725	39.467	30.330
113.250	38.428	29.298	114.500	38.953	29.818	115.750	39.478	30.340
113.275	38.438	29.308	114.525	38.963	29.828	115.775	39.488	30.350
113.300	38.449	29.318	114.550	38.974	29.838	115.800	39.499	30.362
113.325	38.459	29.328	114.575	38.984	29.848	115.825	39.509	30.372
113.350	38.470	29.340	114.600	38.995	29.860	115.850	39.520	30.382
113.375	38.480	29.350	114.625	39.005	29.870	115.875	39.530	30.392
113.400	38.491	29.360	114.650	39.016	29.880	115.900	39.541	30.404
113.425	38.501	29.370	114.675	39.026	29.890	115.925	39.551	30.414
113.450	38.512	29.380	114.700	39.037	29.902	115.950	39.562	30.424
113.475	38.522	29.390	114.725	39.047	29.912	115.975	39.572	30.434
113.500	38.533	29.402	114.750	39.058	29.922	116.000	39.583	30.446
113.525	38.543	29.412	114.775	39.068	29.932	116.025	39.593	30.456
113.550	38.554	29.422	114.800	39.079	29.942	116.050	39.604	30.466
113.575	38.564	29.432	114.825	39.089	29.952	116.075	39.614	30.476
113.600	38.575	29.442	114.850	39.100	29.964	116.100	39.625	30.488
113.625	38.585	29.452	114.875	39.110	29.974	116.125	39.635	30.498

zu versteuerndes Einkommen €	Einkommensteuer Grundtabelle €	Einkommensteuer Splittingtabelle €	zu versteuerndes Einkommen €	Einkommensteuer Grundtabelle €	Einkommensteuer Splittingtabelle €	zu versteuerndes Einkommen €	Einkommensteuer Grundtabelle €	Einkommensteuer Splittingtabelle €
116.150	39.646	30.508	117.400	40.171	31.034	118.650	40.696	31.558
116.175	39.656	30.518	117.425	40.181	31.044	118.675	40.706	31.568
116.200	39.667	30.530	117.450	40.192	31.054	118.700	40.717	31.580
116.225	39.677	30.540	117.475	40.202	31.064	118.725	40.727	31.590
116.250	39.688	30.550	117.500	40.213	31.076	118.750	40.738	31.600
116.275	39.698	30.560	117.525	40.223	31.086	118.775	40.748	31.610
116.300	39.709	30.572	117.550	40.234	31.096	118.800	40.759	31.622
116.325	39.719	30.582	117.575	40.244	31.106	118.825	40.769	31.632
116.350	39.730	30.592	117.600	40.255	31.118	118.850	40.780	31.642
116.375	39.740	30.602	117.625	40.265	31.128	118.875	40.790	31.652
116.400	39.751	30.614	117.650	40.276	31.138	118.900	40.801	31.664
116.425	39.761	30.624	117.675	40.286	31.148	118.925	40.811	31.674
116.450	39.772	30.634	117.700	40.297	31.160	118.950	40.822	31.684
116.475	39.782	30.644	117.725	40.307	31.170	118.975	40.832	31.694
116.500	39.793	30.656	117.750	40.318	31.180	119.000	40.843	31.706
116.525	39.803	30.666	117.775	40.328	31.190	119.025	40.853	31.716
116.550	39.814	30.676	117.800	40.339	31.202	119.050	40.864	31.726
116.575	39.824	30.686	117.825	40.349	31.212	119.075	40.874	31.736
116.600	39.835	30.698	117.850	40.360	31.222	119.100	40.885	31.748
116.625	39.845	30.708	117.875	40.370	31.232	119.125	40.895	31.758
116.650	39.856	30.718	117.900	40.381	31.244	119.150	40.906	31.768
116.675	39.866	30.728	117.925	40.391	31.254	119.175	40.916	31.778
116.700	39.877	30.740	117.950	40.402	31.264	119.200	40.927	31.790
116.725	39.887	30.750	117.975	40.412	31.274	119.225	40.937	31.800
116.750	39.898	30.760	118.000	40.423	31.286	119.250	40.948	31.810
116.775	39.908	30.770	118.025	40.433	31.296	119.275	40.958	31.820
116.800	39.919	30.782	118.050	40.444	31.306	119.300	40.969	31.832
116.825	39.929	30.792	118.075	40.454	31.316	119.325	40.979	31.842
116.850	39.940	30.802	118.100	40.465	31.328	119.350	40.990	31.852
116.875	39.950	30.812	118.125	40.475	31.338	119.375	41.000	31.862
116.900	39.961	30.824	118.150	40.486	31.348	119.400	41.011	31.874
116.925	39.971	30.834	118.175	40.496	31.358	119.425	41.021	31.884
116.950	39.982	30.844	118.200	40.507	31.370	119.450	41.032	31.894
116.975	39.992	30.854	118.225	40.517	31.380	119.475	41.042	31.904
117.000	40.003	30.866	118.250	40.528	31.390	119.500	41.053	31.916
117.025	40.013	30.876	118.275	40.538	31.400	119.525	41.063	31.926
117.050	40.024	30.886	118.300	40.549	31.412	119.550	41.074	31.936
117.075	40.034	30.896	118.325	40.559	31.422	119.575	41.084	31.946
117.100	40.045	30.908	118.350	40.570	31.432	119.600	41.095	31.958
117.125	40.055	30.918	118.375	40.580	31.442	119.625	41.105	31.968
117.150	40.066	30.928	118.400	40.591	31.454	119.650	41.116	31.978
117.175	40.076	30.938	118.425	40.601	31.464	119.675	41.126	31.988
117.200	40.087	30.950	118.450	40.612	31.474	119.700	41.137	32.000
117.225	40.097	30.960	118.475	40.622	31.484	119.725	41.147	32.010
117.250	40.108	30.970	118.500	40.633	31.496	119.750	41.158	32.020
117.275	40.118	30.980	118.525	40.643	31.506	119.775	41.168	32.030
117.300	40.129	30.992	118.550	40.654	31.516	119.800	41.179	32.042
117.325	40.139	31.002	118.575	40.664	31.526	119.825	41.189	32.052
117.350	40.150	31.012	118.600	40.675	31.538	119.850	41.200	32.062
117.375	40.160	31.022	118.625	40.685	31.548	119.875	41.210	32.072

Einkommensteuergrund- und Splittingtabellen für 2021

zu versteuerndes Einkommen €	Einkommensteuer Grundtabelle €	Einkommensteuer Splittingtabelle €	zu versteuerndes Einkommen €	Einkommensteuer Grundtabelle €	Einkommensteuer Splittingtabelle €	zu versteuerndes Einkommen €	Einkommensteuer Grundtabelle €	Einkommensteuer Splittingtabelle €
119.900	41.221	32.084	121.150	41.746	32.608	122.400	42.271	33.134
119.925	41.231	32.094	121.175	41.756	32.618	122.425	42.281	33.144
119.950	41.242	32.104	121.200	41.767	32.630	122.450	42.292	33.154
119.975	41.252	32.114	121.225	41.777	32.640	122.475	42.302	33.164
120.000	41.263	32.126	121.250	41.788	32.650	122.500	42.313	33.176
120.025	41.273	32.136	121.275	41.798	32.660	122.525	42.323	33.186
120.050	41.284	32.146	121.300	41.809	32.672	122.550	42.334	33.196
120.075	41.294	32.156	121.325	41.819	32.682	122.575	42.344	33.206
120.100	41.305	32.168	121.350	41.830	32.692	122.600	42.355	33.218
120.125	41.315	32.178	121.375	41.840	32.702	122.625	42.365	33.228
120.150	41.326	32.188	121.400	41.851	32.714	122.650	42.376	33.238
120.175	41.336	32.198	121.425	41.861	32.724	122.675	42.386	33.248
120.200	41.347	32.210	121.450	41.872	32.734	122.700	42.397	33.260
120.225	41.357	32.220	121.475	41.882	32.744	122.725	42.407	33.270
120.250	41.368	32.230	121.500	41.893	32.756	122.750	42.418	33.280
120.275	41.378	32.240	121.525	41.903	32.766	122.775	42.428	33.290
120.300	41.389	32.252	121.550	41.914	32.776	122.800	42.439	33.302
120.325	41.399	32.262	121.575	41.924	32.786	122.825	42.449	33.312
120.350	41.410	32.272	121.600	41.935	32.798	122.850	42.460	33.322
120.375	41.420	32.282	121.625	41.945	32.808	122.875	42.470	33.332
120.400	41.431	32.294	121.650	41.956	32.818	122.900	42.481	33.344
120.425	41.441	32.304	121.675	41.966	32.828	122.925	42.491	33.354
120.450	41.452	32.314	121.700	41.977	32.840	122.950	42.502	33.364
120.475	41.462	32.324	121.725	41.987	32.850	122.975	42.512	33.374
120.500	41.473	32.336	121.750	41.998	32.860	123.000	42.523	33.386
120.525	41.483	32.346	121.775	42.008	32.870	123.025	42.533	33.396
120.550	41.494	32.356	121.800	42.019	32.882	123.050	42.544	33.406
120.575	41.504	32.366	121.825	42.029	32.892	123.075	42.554	33.416
120.600	41.515	32.378	121.850	42.040	32.902	123.100	42.565	33.428
120.625	41.525	32.388	121.875	42.050	32.912	123.125	42.575	33.438
120.650	41.536	32.398	121.900	42.061	32.924	123.150	42.586	33.448
120.675	41.546	32.408	121.925	42.071	32.934	123.175	42.596	33.458
120.700	41.557	32.420	121.950	42.082	32.944	123.200	42.607	33.470
120.725	41.567	32.430	121.975	42.092	32.954	123.225	42.617	33.480
120.750	41.578	32.440	122.000	42.103	32.966	123.250	42.628	33.490
120.775	41.588	32.450	122.025	42.113	32.976	123.275	42.638	33.500
120.800	41.599	32.462	122.050	42.124	32.986	123.300	42.649	33.512
120.825	41.609	32.472	122.075	42.134	32.996	123.325	42.659	33.522
120.850	41.620	32.482	122.100	42.145	33.008	123.350	42.670	33.532
120.875	41.630	32.492	122.125	42.155	33.018	123.375	42.680	33.542
120.900	41.641	32.504	122.150	42.166	33.028	123.400	42.691	33.554
120.925	41.651	32.514	122.175	42.176	33.038	123.425	42.701	33.564
120.950	41.662	32.524	122.200	42.187	33.050	123.450	42.712	33.574
120.975	41.672	32.534	122.225	42.197	33.060	123.475	42.722	33.584
121.000	41.683	32.546	122.250	42.208	33.070	123.500	42.733	33.596
121.025	41.693	32.556	122.275	42.218	33.080	123.525	42.743	33.606
121.050	41.704	32.566	122.300	42.229	33.092	123.550	42.754	33.616
121.075	41.714	32.576	122.325	42.239	33.102	123.575	42.764	33.626
121.100	41.725	32.588	122.350	42.250	33.112	123.600	42.775	33.638
121.125	41.735	32.598	122.375	42.260	33.122	123.625	42.785	33.648

Einkommensteuergrund- und Splittingtabellen für 2021

zu versteuerndes Einkommen	Einkommensteuer		zu versteuerndes Einkommen	Einkommensteuer		zu versteuerndes Einkommen	Einkommensteuer	
	Grundtabelle	Splittingtabelle		Grundtabelle	Splittingtabelle		Grundtabelle	Splittingtabelle
€	€	€	€	€	€	€	€	€
123.650	42.796	33.658	124.900	43.321	34.184	126.150	43.846	34.708
123.675	42.806	33.668	124.925	43.331	34.194	126.175	43.856	34.718
123.700	42.817	33.680	124.950	43.342	34.204	126.200	43.867	34.730
123.725	42.827	33.690	124.975	43.352	34.214	126.225	43.877	34.740
123.750	42.838	33.700	125.000	43.363	34.226	126.250	43.888	34.750
123.775	42.848	33.710	125.025	43.373	34.236	126.275	43.898	34.760
123.800	42.859	33.722	125.050	43.384	34.246	126.300	43.909	34.772
123.825	42.869	33.732	125.075	43.394	34.256	126.325	43.919	34.782
123.850	42.880	33.742	125.100	43.405	34.268	126.350	43.930	34.792
123.875	42.890	33.752	125.125	43.415	34.278	126.375	43.940	34.802
123.900	42.901	33.764	125.150	43.426	34.288	126.400	43.951	34.814
123.925	42.911	33.774	125.175	43.436	34.298	126.425	43.961	34.824
123.950	42.922	33.784	125.200	43.447	34.310	126.450	43.972	34.834
123.975	42.932	33.794	125.225	43.457	34.320	126.475	43.982	34.844
124.000	42.943	33.806	125.250	43.468	34.330	126.500	43.993	34.856
124.025	42.953	33.816	125.275	43.478	34.340	126.525	44.003	34.866
124.050	42.964	33.826	125.300	43.489	34.352	126.550	44.014	34.876
124.075	42.974	33.836	125.325	43.499	34.362	126.575	44.024	34.886
124.100	42.985	33.848	125.350	43.510	34.372	126.600	44.035	34.898
124.125	42.995	33.858	125.375	43.520	34.382	126.625	44.045	34.908
124.150	43.006	33.868	125.400	43.531	34.394	126.650	44.056	34.918
124.175	43.016	33.878	125.425	43.541	34.404	126.675	44.066	34.928
124.200	43.027	33.890	125.450	43.552	34.414	126.700	44.077	34.940
124.225	43.037	33.900	125.475	43.562	34.424	126.725	44.087	34.950
124.250	43.048	33.910	125.500	43.573	34.436	126.750	44.098	34.960
124.275	43.058	33.920	125.525	43.583	34.446	126.775	44.108	34.970
124.300	43.069	33.932	125.550	43.594	34.456	126.800	44.119	34.982
124.325	43.079	33.942	125.575	43.604	34.466	126.825	44.129	34.992
124.350	43.090	33.952	125.600	43.615	34.478	126.850	44.140	35.002
124.375	43.100	33.962	125.625	43.625	34.488	126.875	44.150	35.012
124.400	43.111	33.974	125.650	43.636	34.498	126.900	44.161	35.024
124.425	43.121	33.984	125.675	43.646	34.508	126.925	44.171	35.034
124.450	43.132	33.994	125.700	43.657	34.520	126.950	44.182	35.044
124.475	43.142	34.004	125.725	43.667	34.530	126.975	44.192	35.054
124.500	43.153	34.016	125.750	43.678	34.540	127.000	44.203	35.066
124.525	43.163	34.026	125.775	43.688	34.550	127.025	44.213	35.076
124.550	43.174	34.036	125.800	43.699	34.562	127.050	44.224	35.086
124.575	43.184	34.046	125.825	43.709	34.572	127.075	44.234	35.096
124.600	43.195	34.058	125.850	43.720	34.582	127.100	44.245	35.108
124.625	43.205	34.068	125.875	43.730	34.592	127.125	44.255	35.118
124.650	43.216	34.078	125.900	43.741	34.604	127.150	44.266	35.128
124.675	43.226	34.088	125.925	43.751	34.614	127.175	44.276	35.138
124.700	43.237	34.100	125.950	43.762	34.624	127.200	44.287	35.150
124.725	43.247	34.110	125.975	43.772	34.634	127.225	44.297	35.160
124.750	43.258	34.120	126.000	43.783	34.646	127.250	44.308	35.170
124.775	43.268	34.130	126.025	43.793	34.656	127.275	44.318	35.180
124.800	43.279	34.142	126.050	43.804	34.666	127.300	44.329	35.192
124.825	43.289	34.152	126.075	43.814	34.676	127.325	44.339	35.202
124.850	43.300	34.162	126.100	43.825	34.688	127.350	44.350	35.212
124.875	43.310	34.172	126.125	43.835	34.698	127.375	44.360	35.222

Einkommensteuergrund- und Splittingtabellen für 2021

zu versteuerndes Einkommen €	Einkommensteuer Grundtabelle €	Einkommensteuer Splittingtabelle €	zu versteuerndes Einkommen €	Einkommensteuer Grundtabelle €	Einkommensteuer Splittingtabelle €	zu versteuerndes Einkommen €	Einkommensteuer Grundtabelle €	Einkommensteuer Splittingtabelle €
127.400	44.371	35.234	128.400	44.791	35.654	129.400	45.211	36.074
127.425	44.381	35.244	128.425	44.801	35.664	129.425	45.221	36.084
127.450	44.392	35.254	128.450	44.812	35.674	129.450	45.232	36.094
127.475	44.402	35.264	128.475	44.822	35.684	129.475	45.242	36.104
127.500	44.413	35.276	128.500	44.833	35.696	129.500	45.253	36.116
127.525	44.423	35.286	128.525	44.843	35.706	129.525	45.263	36.126
127.550	44.434	35.296	128.550	44.854	35.716	129.550	45.274	36.136
127.575	44.444	35.306	128.575	44.864	35.726	129.575	45.284	36.146
127.600	44.455	35.318	128.600	44.875	35.738	129.600	45.295	36.158
127.625	44.465	35.328	128.625	44.885	35.748	129.625	45.305	36.168
127.650	44.476	35.338	128.650	44.896	35.758	129.650	45.316	36.178
127.675	44.486	35.348	128.675	44.906	35.768	129.675	45.326	36.188
127.700	44.497	35.360	128.700	44.917	35.780	129.700	45.337	36.200
127.725	44.507	35.370	128.725	44.927	35.790	129.725	45.347	36.210
127.750	44.518	35.380	128.750	44.938	35.800	129.750	45.358	36.220
127.775	44.528	35.390	128.775	44.948	35.810	129.775	45.368	36.230
127.800	44.539	35.402	128.800	44.959	35.822	129.800	45.379	36.242
127.825	44.549	35.412	128.825	44.969	35.832	129.825	45.389	36.252
127.850	44.560	35.422	128.850	44.980	35.842	129.850	45.400	36.262
127.875	44.570	35.432	128.875	44.990	35.852	129.875	45.410	36.272
127.900	44.581	35.444	128.900	45.001	35.864	129.900	45.421	36.284
127.925	44.591	35.454	128.925	45.011	35.874	129.925	45.431	36.294
127.950	44.602	35.464	128.950	45.022	35.884	129.950	45.442	36.304
127.975	44.612	35.474	128.975	45.032	35.894	129.975	45.452	36.314
128.000	44.623	35.486	129.000	45.043	35.906	130.000	45.463	36.326
128.025	44.633	35.496	129.025	45.053	35.916			
128.050	44.644	35.506	129.050	45.064	35.926			
128.075	44.654	35.516	129.075	45.074	35.936			
128.100	44.665	35.528	129.100	45.085	35.948			
128.125	44.675	35.538	129.125	45.095	35.958			
128.150	44.686	35.548	129.150	45.106	35.968			
128.175	44.696	35.558	129.175	45.116	35.978			
128.200	44.707	35.570	129.200	45.127	35.990			
128.225	44.717	35.580	129.225	45.137	36.000			
128.250	44.728	35.590	129.250	45.148	36.010			
128.275	44.738	35.600	129.275	45.158	36.020			
128.300	44.749	35.612	129.300	45.169	36.032			
128.325	44.759	35.622	129.325	45.179	36.042			
128.350	44.770	35.632	129.350	45.190	36.052			
128.375	44.780	35.642	129.375	45.200	36.062			

Register

Die Zahlen bezeichnen die Randziffern (➤ Rz). Halbfette Ziffern zeigen die Absätze an, in denen der betreffende Sachverhalt hauptsächlich dargestellt wird.

B

C

D

E

G

I

J

K

M

S

T

U

V